SCHÄFFER

POESCHEL

Ulrich Moser

Bewertung immaterieller Vermögenswerte

Grundlagen, Anwendung anhand eines Fallbeispiels, Bilanzierung, Goodwill

2., überarbeitete Auflage

2017
Schäffer-Poeschel Verlag Stuttgart

Autor:

WP/StB Prof. Dr. Ulrich Moser, CVA; ABWL, insbesondere betriebliche Steuerlehre und Rechnungswesen, Fachhochschule Erfurt

Für Galina

Bibliografische Information der Deutschen Nationalbibliothek
Die Deutsche Nationalbibliothek verzeichnet diese Publikation
in der Deutschen Nationalbibliografie; detaillierte bibliografische Daten
sind im Internet über < http://dnb.d-nb.de > abrufbar.

Gedruckt auf chlorfrei gebleichtem,
säurefreiem und alterungsbeständigem Papier

Print: ISBN 978-3-7910-3475-1   Bestell-Nr. 20381-0002
ePDF: ISBN 978-3-7992-7015-1   Bestell-Nr. 20381-0151

Umschlagentwurf: Goldener Westen, Berlin
Umschlaggestaltung: Kienle gestaltet, Stuttgart
Satz: DTP + TEXT Eva Burri, Stuttgart · www.dtp-text.de
Druck und Bindung: BELTZ Bad Langensalza GmbH, Bad Langensalza

Printed in Germany
September 2017

Schäffer-Poeschel Verlag Stuttgart
Ein Tochterunternehmen der Haufe Gruppe

Vorwort zur zweiten Auflage

Die Bedeutung, die der Bewertung immaterieller Vermögenswerte in der Bewertungspraxis zukommt, hat seit Erscheinen der ersten Auflage des vorliegenden Buches weiter zugenommen. Einige der Fragen, die damals ungeklärt waren, wurden zwischenzeitlich zwar beantwortet. Dennoch bestehen viele, z. T. grundlegende Fragestellungen – sowohl in der Praxis der Bewertung immaterieller Vermögenswerte als auch in der Theorie – fort.

Vor diesem Hintergrund wurde das vorliegende Buch grundlegend überarbeitet und wesentlich erweitert. Insbesondere wurde

- das konzeptionelle Grundmodell der Bewertung immaterieller Vermögenswerte vollständig überarbeitet,
- eine umfassende Konzeption zur Abstimmung der Bewertungsergebnisse und zur Analyse des Goodwill entwickelt,
- erweiterte Anwendungsüberlegungen zur Incremental Income Analysis, zur Relief-from-Royalty-Methode und zur Profit-Split-Analyse aufgenommen,
- die Analysen zur Anwendung der Multi-Period-Excess-Earnings-Methode vollständig neu gefasst,
- die Betrachtungen zum vermögenswertspezifischen Zinssatz um Untersuchungen zur Bestimmung des Einflusses der vermögenswertspezifischen Zinssätze auf die Bewertungsergebnisse erweitert,
- die Erläuterungen zum Cost Approach um konzeptionelle sowie um anwendungsbezogene Überlegungen ergänzt,
- das umfassende Fallbeispiel zu einer Kaufpreisallokation unter Berücksichtigung von IFRS 13 vollständig überarbeitet sowie
- die Analyse der Komponenten des Goodwill weiterentwickelt.

Darüber hinaus wurden zur Veranschaulichung der Betrachtungen zusätzliche Fallbeispiele aufgenommen. Zur besseren Nachvollziehbarkeit der verwendeten Beispiele wurden in die tabellarischen Darstellungen vielfach Verweise auf in Zusammenhang stehende Tabellen sowie Erläuterungen zu den Berechnungen aufgenommen.

Auch in die zweite Auflage dieses Buches sind sehr viele Gespräche, Diskussionen, Anregungen und Hinweise eingeflossen. Hierfür möchte ich allen Gesprächspartnern, Seminarteilnehmern und Kollegen danken. Mein besonderer Dank gilt Herrn Dr. Thomas Tesche und Herrn Wolfgang Kniest, deren Anregungen und kritische Anmerkungen wesentlich zur vorliegenden Fassung des Buches beigetragen haben, Herrn Prof. Dr. Heinz Goddar, Herrn Johannes Heselberger und Herrn Prof. Hermann Mohnkopf, die mich vor allem bei Fragen der Bewertung gewerblicher Schutzrechte unterstützt haben, sowie Herrn Prof. Christoph Hell, Herrn Andreas Creutzmann und meinem geschätzten Kollegen Herrn Prof. Dr. Tobias Hüttche. Weiter gilt mein besonderer Dank meinen früheren Mitarbeitern,

Herrn Dr. Martin Tettenborn und Frau Katja Heinrich. Frau Marita Mollenhauer und Frau Claudia Knapp gebührt mein herzlicher Dank für die vorzügliche verlegerische Betreuung.

Vorwort zur ersten Auflage

Die Bewertung immaterieller Vermögenswerte spielt in der Bewertungspraxis eine immer größere Rolle. Eine der wesentlichen Ursachen hierfür waren grundlegende Änderungen bei wichtigen Rechnungslegungsstandards, vor allem bei jenen zur Behandlung von Unternehmenszusammenschlüssen (beispielsweise nach IFRS 3) sowie zur Erfassung von Wertminderungen von (immateriellen) Vermögenswerten (z. B. nach IAS 36). Der damit verbundenen Bedeutung der Bewertung immaterieller Vermögenswerte steht jedoch die Beobachtung gegenüber, dass bei Durchführung derartiger Bewertungen – vor allem im Rahmen von Kaufpreisallokationen – verschiedene, z. T. grundlegende Fragestellungen auftreten, deren Beantwortung nicht geklärt ist und die in der Praxis oftmals sehr unterschiedlich behandelt werden. Dies beginnt bereits bei der Identifikation immaterieller Vermögenswerte und wird beispielsweise bei der Anwendung der verschiedenen Bewertungsansätze sowie bei der Interpretation des Goodwill besonders deutlich. Dabei sind auch regionale Unterschiede festzustellen, die u. a. in Verlautbarungen und Standards zur Bewertung immaterieller Vermögenswerte verschiedener Organisationen zum Ausdruck kommen.

Vor diesem Hintergrund werden in dem vorliegenden Buch zunächst die wesentlichen konzeptionellen Grundlagen der Identifikation und Bewertung immaterieller Vermögenswerte dargestellt. Hierdurch wird ein Rahmen geschaffen, der in vielen Fällen die Ableitung konsistenter Lösungen von im konkreten Bewertungsfall auftretenden Fragestellungen erlaubt bzw. in anderen Fällen die Grenzen aufzeigt, die diesem Bestreben gesetzt sind. Den zweiten Schwerpunkt dieses Buchs bildet das Vorgehen bei der Bewertung immaterieller Vermögenswerte im praktischen Fall, also die Umsetzung der konzeptionellen Grundlagen. Hierzu wird ein umfassender Praxisfall zur Abbildung eines Unternehmenszusammenschlusses nach IFRS 3 im Einzelnen erläutert. Diese Ausführungen lassen sich selbstverständlich auch auf andere Bewertungsanlässe übertragen, wozu lediglich die spezifischen Annahmen, die nach IFRS 3 der Analyse zugrunde zu legen sind, durch Annahmen zu ersetzen sind, die dem jeweiligen Bewertungsanlass adäquat sind. Den letzten Schwerpunkt des Buchs bildet die Betrachtung von Konzeption und Ableitung des Goodwill. Letzterer bedarf einer gesonderten Untersuchung, da im Goodwill die Verbindung zwischen dem Gesamtwert eines betrachteten Unternehmens (Entity Value) und den Werten der einzelnen Vermögenswerte dieser Einheit zum Ausdruck kommt und dieser deswegen für die Beurteilung der Plausibilität des Bewertungsergebnisses von zentraler Bedeutung ist.

Das Buch wendet sich an all diejenigen, die mit der Bewertung immaterieller Vermögenswerte in den unterschiedlichsten Zusammenhängen sowohl auf Unternehmensseite als auch auf Beraterseite sowie in Wissenschaft und Lehre befasst sind, also vor allem Leiter Rechnungswesen, Mitarbeiter im Rechnungswesen, Wirtschaftsprüfer, Steuerberater, Unternehmensberater, Patentanwälte sowie Hochschullehrer und Studenten.

In dieses Buch sind sehr viele Gespräche, Diskussionen und vor allem auch Anregungen und Hinweise eingeflossen. Hierfür möchte ich allen Gesprächspartnern, Seminarteilnehmern und Kollegen danken. Mein besonderer Dank gilt Herrn Wolfgang Kniest sowie – vor allem bei Fragen der Bewertung gewerblicher Schutzrechte – Herrn Prof. Dr. Heinz Goddar, Herrn Johannes Heselberger, Herrn Prof. Hermann Mohnkopf sowie meinem Kollegen Herrn Prof. Dr. Tobias Hüttche. Herrn Dave Weiler von RoyaltySource danke ich für die Zurverfügungstellung verschiedener Abbildungen. Die redaktionelle Bearbeitung des Manuskripts führte Herr Martin Tettenborn mit Unterstützung durch Frau Konstanze Eger durch. Auch ihnen gilt mein besonderer Dank.

Inhaltsverzeichnis

Abbildungsverzeichnis

Tabellenverzeichnis

Tab. 3.3.3-11: Überleitung von EBITA-bezogenen und umsatzbezogenen Lizenzsätzen 198

Tab. 3.3.3-12: Überleitung von EBITDA-bezogenen und umsatzbezogenen Lizenzsätzen 199

Tab. 3.3.4-1: Ableitung der Excess Earnings ausgehend vom Free Cashflow einschließlich Amortization und Liquidationserlösen 204

Tab. 3.3.4-2: Ableitung der Excess Earnings ausgehend vom Free Cashflow einschließlich Amortization ohne Einbeziehung von Liquidationserlösen 205

Tab. 3.3.4-3: Ableitung der Excess Earnings ausgehend vom Free Cashflow vor Amortization ohne Einbeziehung von Liquidationserlösen . . 206

Tab. 3.3.4-4: Ableitung der Excess Earnings ausgehend vom Tax-effecting EBITA 208

Tab. 3.3.4-5: Ableitung der Excess Earnings ausgehend vom EBITA 209

Tab. 3.3.4-6: Ableitung der Excess Earnings ausgehend vom Tax-effecting EBITDA 211

Tab. 3.3.4-7: Ableitung der den A-Kunden zuzuordnenden Excess Earnings ausgehend vom Free Cashflow vor Amortization bei Abschmelzen der Kundenbeziehungen 217

Tab. 3.3.4-8: Ableitung der den B-Kunden zuzuordnenden Excess Earnings ausgehend vom Free Cashflow vor Amortization bei Abschmelzen der Kundenbeziehungen 218

Tab. 3.3.4-9: Ableitung der Excess Earnings für C-Kunden und zukünftig zu akquirierende Kunden ausgehend vom Free Cashflow vor Amortization 219

Tab. 3.3.4-10: Ableitung der den A-Kunden zuzuordnenden Excess Earnings ausgehend vom Tax-effecting EBITA 220

Tab. 3.3.4-11: Ableitung der den B-Kunden zuzuordnenden Excess Earnings ausgehend vom Tax-effecting EBITA 221

Tab. 3.3.4-12: Ableitung der den C-Kunden und den zukünftig zu akquirierenden Kunden zuzuordnenden Excess Earnings ausgehend vom Tax-effecting EBITA 222

Tab. 3.3.4-13: Residuale Ableitung der den C-Kunden und den zukünftig zu akquirierenden Kunden zuzuordnenden Excess Earnings ausgehend vom EBITA nach Steuern 223

Tab. 3.3.4-14: Abstimmung der Einkommensbeiträge der Vermögenswerte von BU1 vor Amortization 223

Tab. 3.3.4-15: Abstimmung der Werte der Kundenbeziehungen von BU1 mit dem Ausgangsfall 225

Tab. 3.3.4-16: Investitions- und Abschreibungsplanung 240

Tab. 3.3.4-17: Ableitung der Leasing-Zahlungen 241

Tab. 3.3.4-18: Ableitung der Excess Earnings unter Zugrundelegung von Leasing-Zahlungen ausgehend vom Free Cashflow vor Amortization . . . 244

Tab. 3.3.4-19: Ableitung der Excess Earnings unter Zugrundelegung von Leasing-Zahlungen ausgehend vom Tax-effecting EBITA 246

Tab. 3.3.4-20: Ableitung der Excess Earnings unter Zugrundelegung von Leasing-Zahlungen ausgehend vom EBITDA nach Steuern 249

Abkürzungsverzeichnis

a. A.	anderer Auffassung
Abb.	Abbildung
Abs.	Absatz
ACM	Association for Computer Machinery
AG	Aktiengesellschaft
AICPA	American Institute of Certified Public Accountants
AktG	Aktiengesetz
APB	Appraisal Practices Board
ArbEG	Gesetz über Arbeitnehmerabfindungen
ASA	American Society of Appraisers
ASC	Accounting Standard Codification
Aufl.	Auflage
BB	Betriebsberater
BC	Basis for Conclusions
BDU	Bundesverband Deutscher Unternehmensberater
Bd.	Band
bearb.	bearbeitet
BFuP	Betriebswirtschaftliche Forschung und Praxis
BilMoG	Bilanzrechtsmodernisierungsgesetz
BilRuG	Bilanzrichtlinie-Umsetzungsgesetz
BMJ	Bundesministerium der Justiz
BVF	Brand Valuation Forum
BVR	Business Valuation Ressources
BVS	Business Valuation Standard
BWP	Bewertungspraktiker
bzgl.	bezühlich
bzw.	beziehungsweise
CA	Contributory Assets
ca.	circa
CAC	Contributory Asset Charges
CAPM	Capital Asset Pricing Model
CF	Cashflow
CFB	Corporate Finance Biz
CGU	Cash Generating Unit
c. p.	ceteris paribus
CR	Computer und Recht. Zeitschrift für die Praxis des Rechts der Informationstechnologien

DAX	Deutscher Aktienindex
DB	Der Betrieb
DBW	Die Betriebswirtschaft
DCF	Discounted Cashflow
DCF-Methode	Discounted Cashflow-Methode
d. h.	das heißt
DIN	Deutsches Institut für Normung e. V.
DPR	Deutsche Prüfstelle für Rechnungslegung DPR e. V., Berlin
DRS	Deutscher Rechnungslegungs Standard
DStR	Deutsches Steuerrecht
durchges.	durchgesehen
EBIT	Earnings before Interest and Taxes
EBITA	Earnings before Interest, Taxes, and Amortization
EBITDA	Earnings before Interest, Taxes, Depreciation, and Amortization
ED	Exposure Draft
EK	Eigenkapital
ERS	Entwurf Rechnungslegungsstandard
erw.	erweitert
ES	Entwurf Standard
EStG	Einkommensteuergesetz
EUR	Euro
EV	Entity Value
e. V.	eingetragener Verein
evtl.	eventuell
F	Framework for the Preparation and Presentation of Financial Statements
f.	folgende
ff.	fortfolgende
FASB	Financial Accounting Standards Board
FB	Finanzbetrieb
FCF	Free Cashflow
F&E	Forschung und Entwicklung
FN	Fachnachrichten
Fn.	Fußnote
FV	Fair Value
gem.	gemäß
G-E-M	Gesellschaft zur Erforschung des Markenwesens e.V.
ggf.	gegebenenfalls
GmbH	Gesellschaft mit beschränkter Haftung
GN	Guidance Note
HFA	Hauptfachausschuss
HGB	Handelsgesetzbuch
Hg./Hrsg.	Herausgeber
IAS	International Accounting Standards
IASB	International Accounting Standards Board

IC	Invested Capital
IDW	Institut der Wirtschaftsprüfer e.V., Düsseldorf
i.d.R	in der Regel
IE	Illustrative Examples
IFRS	International Financial Reporting Standards
insb.	Insbesondere
IP	Intellectual Property
IP R&D	In-Process Research and Development
ISO	International Organization for Standardization
i.V.m.	in Verbindung mit
Jg.	Jahrgang
IRZ	Zeitschrift für international Rechnungslegung
IVS	International Valuation Standards
IVSC	International Valuation Standards Council
	bis 2008: International Valuation Standards Committee
IPRA	Intellectual Property Research Associates
IRR	Internal Rate of Return
KoR	Zeitschrift für international und kapitalmarktorientierte Rechnungs-
	legung
LES	Licensing Executive Society
LESI	Licensing Executive Society International
M&A	Mergers and Acquisitions
MEEA	Multi-Period Excess Earnings Approach
MEEM	Multi-Period Excess Earnings Method
Mio.	Millionen
MPEEM	Multi-Period Excess Earnings Method
n.F.	neue Fassung
NOPLAT	Net Operating Profit Less Adjusted Taxes
NPV	Net Present Value
Nr.	Nummer
m.w.N.	mit weiteren Nachweisen
o.Jg.	ohne Jahrgang
PPA	Purchase Price Allocation
PAS	Publicly Available Specification
PEST	Political, Economic, Sociological and Technological
PFI	Projected Financial Information
PiR	Praxis der internationalen Rechnungslegung
PPD	Pre-Publication Draft
PV	Present Value
R & D	Research & Development
RefE	Referentenentwurf
RegE	Regierungsentwurf
rev.	revised
RoR	Rate of Return

RS	Rechnungslegungsstandard
RUL	Remaining Useful Life
RWZ	Zeitschrift für Recht und Rechnungswesen
S	Standard
S.	Seite
SEC	Securities and Exchange Commission
SFAS	Statement of Finanncial Accounting Standards
SG&A	Selling General & Administrative Expenses
StB	Der Steuerberater
StuB	Steuern und Bilanzen
StuW	Steuer und Wirtschaft
TAB	Tax Amortization Benefit
TAF	The Appraisal Foundation
Tab.	Tabelle
Tz.	Textziffer
u. a.	unter anderem
UM	Unternehmensbewertung und Management
US GAAP	United States Generally Accepted Accounting Principles
v.	von, vom
vgl.	vergleiche
Vol.	Volume (Jahrgang)
WACC	Weighted Average Cost of Capital
WARA	Weighted Average Rate of Return on Assets
WP	Wirtschaftsprüfer
WPg	Die Wirtschaftsprüfung
WRP	Wettbewerb in Recht und Praxis
z. B.	zum Beispiel
ZGE	Zahlungsmittelgenerierende Einheit
ZInsO	Zeitschrift für das gesamte Insolvenzrecht
z. T.	zum Teil

Symbolverzeichnis

A_{t+1}	Summe der steuerwirksamen Abschreibungen der immateriellen Vermögenswerte i (Amortization) in der in t + 1 endenden Periode
$A_{i,t+1}$	steuerwirksame Abschreibung des immateriellen Vermögenswertes i (Amortization) in der in t + 1 endenden Periode
$AK_{i,t^{AK}}$	steuerliche Anschaffungskosten des Vermögenswertes i im Anschaffungszeitpunkt t^{AK}
β	Beta
C	durchschnittlichen Jahresbezüge einschließlich Sozialleistungen der Mitarbeiter eines betrachteten Unternehmens
CF_{t+1}	im Zeitpunkt t + 1 zufließendes Einkommen eines betrachteten Unternehmens (siehe auch CF_{t+1}^{FCF})
$CF_{i,t+1}$	im Zeitpunkt t + 1 zufließender Einkommensbeitrag des Vermögenswertes i
$CF_{i,t+1}^{Dev}$	Investitionen zur Entwicklung bzw. zum Aufbau des Vermögenswertes i in der in t + 1 endenden Periode (nach Abzug von Ertragsteuern)
$CF_{n,t+1}^{EE}$	als Excess Earnings bestimmter Einkommensbeitrag des Vermögenswertes i = n in der in t + 1 endenden Periode (nach Abzug von Ertragsteuern)
$CF_{i,t+1}^{Excess\ pre\ Tax}$	als Ecxess Earnings abgeleiteter Einkommensbeitrag des Vermögenswertes i in der in t + 1 endenden Periode vor Abzug der Ertragsteuern
CF_{t+1}^{FCF}	im Zeitpunkt t + 1 zufließendes Einkommen eines betrachteten Unternehmens (siehe auch CF_{t+1})
$CF_{i,t+1}^{II\ pre\ Tax}$	als Incremental Income abgeleiteter Einkommensbeitrag des Vermögenswertes i in der in t + 1 endenden Periode vor Abzug von Ertragsteuern
$CF_{n,t+1}^{nichtEE}$	Einkommensbeitrag des Vermögenswertes i = n im Zeitpunkt t + 1 bei Bestimmung des dem Vermögenswert zuordneten Einkommensbeitrag nicht als Excess Earnings
$CF_{i,t+1}^{preDev}$	Einkommensbeitrag des Vermögenswerts i in der in t + 1 endenden Periode vor Berücksichtigung von Investitionen zur Entwicklung bzw. zum Aufbau des Vermögenswertes

$CF_{i,t+1}^{pre\ Tax}$	Einkommensbeitrag des Vermögenswertes i in der in t + 1 endenden Periode vor Abzug von Ertragsteuern
$CF_{n,t+1}^{EEpreA}$	als Excess Earnings bestimmter Einkommensbeitrag des Vermögenswertes i = n in der in t + 1 endenden Periode vor Berücksichtigung der aus den steuerlichen Abschreibungen des Vermögenswertes resultierenden Steuervorteilen
$CF_{i,t+1}^{preA}$	Einkommensbeitrag des immateriellen Vermögenswertes i in der in t + 1 endenden Periode vor Berücksichtigung der aus den steuerlichen Abschreibungen des Vermögenswertes resultierenden Steuervorteile
$CF_{i,t+1}^{RS\ pre\ Tax}$	als ersparte Lizenzzahlungen abgeleiteter Einkommensbeitrag des Vermögenswertes i in der in t + 1 endenden Periode vor Abzug von Ertragsteuern
$CF_{n,t+1}^{RV}$	Einkommensbeitrag des Vermögenswertes i = n bei Zuordnung des Residualeinkommens zu dem Vermögenswert in der in t + 1 endenden Periode
$CF_{n,t+1}^{RVpreA}$	Einkommensbeitrag des Vermögenswertes i = n bei Zuordnung des Residualeinkommens zu dem Vermögenswert in der in t + 1 endenden Periode vor Berücksichtigung der aus den steuerlichen Abschreibungen des Vermögenswertes resultierenden Steuervorteile
$D_{i,t+1}$	Rückfluss des in den Vermögenswert i investierten Kapitals in der in t + 1 endenden Periode
Db	Marktwert des Fremdkapitals
ε_{t+1}^{CF}	Einkommenskomponenten in der in t + 1 endenden Periode, die den Vermögenswerten i nicht zugeordnet werden können
$\varepsilon_{n,t}^{MPEEM}$	Differenz aus dem Entity Value und der Summe der Werte der Vermögenswerte des Unternehmens bei Bewertung des Vermögenswertes i = n mittels der MPEEM im Zeitpunkt t; Differenz zwischen dem mittels der Residual Value-Methode und dem mittels der MPEEM bestimmten Wert des Vermögenswertes i = n im Zeitpunkt t (Bewertungsdifferenz)
ε_{t+1}^{r}	Zinssatzkomponente, in deren Höhe die gewichteten Kapitalkosten eines betrachteten Unternehmens nicht durch die vermögenswertspezifischen Zinssätze der diesem zugeordneten Vermögenswerte in der in t + 1 endenden Periode erklärt werden können
ε_{t}^{V}	Wertkomponenten im Zeitpunkt t, die den Vermögenswerten i nicht zugeordnet werden können
E	Marktwert des Eigenkapitals

$EBIT_{t+1}$	Earnings before Interest, and Taxes in der in t + 1 endenden Periode
$EBITA_{t+1}$	Earnings before Interest, Taxes, and Amortization in der in t + 1 endenden Periode
$ebita_{t+1}$	in der in t + 1 endenden Periode erzielte EBITA-Marge
$ebita_{i,t+1}^{PS}$	EBITA-Marge zur Bestimmung von Lizenzzahlungen für den Vermögenswert i in der in t + 1 endenden Periode als Profit Split
$EBITDA_{t+1}$	Earnings before Interest, Taxes, Depreciation, and Amortization in der in t + 1 endenden Periode
$ebitda_{t+1}$	in der in t + 1 endenden Periode erzielte EBITDA-Marge
GW_t^o	originärer Goodwill im Zeitpunkt t
i	Bezeichnung der Vermögenswerte mit i = 1 bis n mit o + p + q = n sowie mit k + l + m = n. Es bezeichnen

	i = 1	Working Capital
	i = 2	Sachanlagenbestand
	i = 3 bis n	immaterielle Vermögenswerte
	i = 3 bis o	mittels des Cost Approach bewertete immaterielle Vermögenswerte
	i = o + 1 bis o + p	mittels der Incremental Income Analysis bzw. der Relief-from-Royalty-Methode bewertete immaterielle Vermögenswerte
	i = o + p + 1 bis o + p + q	mittels der MPEEM bewertete immaterielle Vermögenswerte
	i = o + p + 1 bis o + p + z	mittels der MPEEM bewertete, am Bewertungsstichtag verfügbare Vermögenswerte
	i = o + p + z + 1 bis o + p + q	mittels der MPEEM bewertete, zukünftig geplante Vermögenswerte
	i = 1 bis k	materielle und immaterielle, bilanzierungsfähige Vermögenswerte
	i = k + 1 bis k + l	nichtbilanzierungsfähige Vermögenswerte
	i = k + l + 1 bis k + l + m	zukünftig geplante Vermögenswerte, die bilanzierungsfähige und nicht bilanzierungsfähige Vermögenswerte in der betrachteten oder einer späteren Periode ersetzen werden

$inc_{i,t+1}$	der als Incremental Income ermittelte Einkommensbeitrag des Vermögenswertes i in der in t + 1 endenden Periode bezogen auf die zugrunde liegenden Umsatzerlöse $S_{i,t+1}^{II}$
j	Bezeichnung der Zeit mit j = t + 1 bis ∞ (2.6.2.2) der Produkte j = 1 bis o (3.3.2) der mittels der MPEEM bewerteten Vermögenswerte (3.3.4, 5.3.6) der Schulden j = 1 bis o (5.2, 5.3.2, 5.3.4)
n	Anzahl der Vermögenswerte des betrachteten Unternehmens
P_H	durchschnittliches Leistungsniveau eines neu eingestellten Mitarbeiters zu Beginn seiner Tätigkeit in Prozent der vollen Mitarbeiterleistung
PS	Profit Split-Faktor
r_{t+1}	gewichtete Kapitalkosten eines betrachteten Unternehmens in der in t + 1 endenden Periode
r_{Db}	Kosten der Fremdkapitalgeber
r_E	Kosten der Eigenkapitalgeber
r_f	risikofreier Zinssatz
$r_{GW,t+1}$	modellendogen abgeleiteter vermögenswertspezifischer Zinssatz, mit dem sich das in den originären Goodwill im Zeitpunkt t investierte Kapital in der in t + 1 endenden Periode verzinst
$r_{i,t+1}$	Zinssatz, mit dem sich das in den Vermögenswert i investierte Kapital in der in t + 1 endenden Periode verzinst (vermögenswertspezifischer Zinssatz)
r_M	Rendite des Marktportfolios
r_i^{irr}	interner Zinsfuß
$r_{i,t+1}^{L}$	laufzeitäquivalent abgeleitete gewichtete Kapitalkosten des Vermögenswertes i in der in t + 1 endenden Periode
$r_{n,t+1}^{MPEEM}$	modellexogen festgelegter, vermögenswertspezifischer Zinssatz des Vermögenswertes i = n in der in t + 1 endenden Periode bei der Bewertung des Vermögenswertes mittels der MPEEM
$r_{n,t+1}^{rpRV}$	modellendogen bestimmte vermögenswertspezifische Risikoanpassung des Vermögenswertes i in der in t + 1 endenden Periode

$r_{n,t+1}^{RV}$	vermögenswertspezifischer Zinssatz des Vermögenswertes $i = n$ in der in $t + 1$ endenden Periode, bei dem die Verzinsung des in diesen Vermögenswert investierten Kapitals gleich der Residualverzinsung ist (modellendogen bestimmter vermögenswertspezifischer Zinssatz)
$rrate_{i,t+1}$	bei einer Lizenzvereinbarung über die Nutzung des Vermögenswertes i auf die lizenzpflichtigen Umsatzerlöse bezogener Lizenzsatz in der in $t + 1$ endenden Periode
S_{t+1}	Umsatzerlöse des betrachteten Unternehmens in der in $t + 1$ endenden Periode
$S_{i,t+1}^{II}$	dem als Incremental Income ermittelten Einkommensbeitrag des Vermögenswertes i zugrunde liegende Umsatzerlöse in der in $t + 1$ endenden Periode
$S_{i,t+1}^{PS}$	Umsatzerlöse, die dem – bei Anwendung eines Profit Split-Faktors zur Bestimmung der Lizenzzahlungen für den Vermögenswert i in der in $t + 1$ endenden Periode – aufzuteilenden Ergebnis zugrunde liegen
$S_{i,t+1}^{Royalty}$	einer Lizenzvereinbarung über die Nutzung des Vermögenswertes i unterliegende Umsatzerlöse in der in $t + 1$ endenden Periode
s	Steuersatz
t	Bezeichnung des betrachteten Zeitpunktes mit $t = 0$ bis ∞
t_i^{AK}	Zeitpunkt der Anschaffung des Vermögenswertes i
t^B	Bewertungsstichtag
t_{P100}	bis zum Erreichen der vollen Leistungshöhe durchschnittlich benötigte Zeit eines neu eingestellten Mitarbeiters
t^{FV}	Bewertungsstichtag bei Bestimmung des beizulegenden Zeitwertes
T_i	(Rest-)Nutzungsdauer des Vermögenswertes i
T_i^{Tax}	steuerliche (Rest-)Nutzungsdauer des Vermögenswertes i
TAB_{i,t^B}	abschreibungsbedingter Steuervorteil (Tax Amortization Benefit) des Vermögenswertes i am Bewertungsstichtag
$tab_{i,t^{AK}}$	Zuschlagssatz für den abschreibungsbedingten Steuervorteil bezogen auf den Wert des Vermögenswertes i vor Berücksichtigung des abschreibungsbedingten Steuervorteils im Zeitpunkt der Anschaffung des Vermögenswertes

$tab_{i,t^{FV}}^{FV}$	Zuschlagssatz für den abschreibungsbedingten Steuervorteil bezogen auf den beizulegenden Zeitwert des Vermögenswertes i vor Berücksichtigung des abschreibungsbedingten Steuervorteils im Zeitpunkt der Bestimmung des beizulegenden Zeitwertes
V_t	Wert eines betrachteten Unternehmens i im Zeitpunkt t
$V_{i,t}$	Wert des Vermögenswertes i im Zeitpunkt t
$V_{i,t}^A$	Barwert der mit den steuerwirksamen Abschreibungen verbundenen Steuervorteile des immateriellen Vermögenswertes i im Zeitpunkt t
V_{i,t^B}^{AIII}	Wert des Vermögenswertes i am Bewertungsstichtag t^B unter Einbeziehung der ausgehend von den Anschaffungskosten des Vermögenswertes ermittelten steuerlichen Abschreibungen
$V_{i,t+1}^{Dev}$	Barwert der zukünftigen Investitionen zur Entwicklung bzw. zum Aufbau des Vermögenswertes i im Zeitpunkt t + 1
V_t^{FV}	unter Zugrundelegung der Annahmen der Market Participants abgeleiteter Entity Value
$V_{i,t^{FV}}^{FV}$	beizulegender Zeitwert des Vermögenswertes i am Stichtag der Ermittlung der Wertermittlung (einschließlich abschreibungsbedingtem Steuervorteil)
$V_{i,t^{FV}}^{FV\ pre\ TAB}$	beizulegender Zeitwert des Vermögenswertes i am Stichtag der Wertermittlung vor Einbeziehung des abschreibungsbedingten Steuervorteils
$V_{i,t^{AK}}^G$	Grenzpreis des Vermögenswertes i im Anschaffungzeitpunkt t^{AK}
$V_{i,t^{AK}}^{GpreTAB}$	Grenzpreis des Vermögenswertes i im Anschaffungzeitpunkt t^{AK} vor Berücksichtigung des abschreibungsbedingten Steuervorteils
$V_{n,t}^{MPEEM}$	Wert des Vermögenswertes i = n im Zeitpunkt t bei Anwendung der MPEEM
$V_{n,t}^{nichtRV}$	Wert des Vermögenswertes i = n im Zeitpunkt t bei Verzicht auf die Anwendung der Residual Value-Methode (Anwendung eines anderen Bewertungsansatzes)
$V_{i,t+1}^{pre\ DEV}$	Wert des Vermögenswerts i im Zeitpunkt t + 1 vor Berücksichtigung von Investitionen zur Entwicklung bzw. zum Aufbau des Vermögenswertes
$V_{n,t}^{RV}$	Wert des Vermögenswertes i = n im Zeitpunkt t bei Anwendung der Residual Value-Methode

WACC	gewichteten Kapitalkosten eines betrachteten Unternehmens (Weighted Average Cost of Capital)
$WARA_{t+1}^{GW}$	Summe der mit den anteiligen Werten gewichteten vermögenswertspezifischen Zinssätze der in die Goodwillableitung einbezogenen Vermögenswerte (i = 1 bis k) sowie des Goodwill in der in t + 1 endenden Periode (Weighted Average Rate of Return on Assets)

Kapitel 2

Anhang zu 2.6.2.1

$CF_{i,t+1}^{Vw}$	Einkommensbeitrag des Vermögenswertes i mit i = 1 bis k + l in der in t + 1 endenden Periode
$CF_{j,t+1}^{N1}$	Einkommensbeitrag des Vermögenswertes j mit j = k + l + 1 bis n, der den betrachteten Vermögenswerts i im Zeitpunkt T_i substituiert, in der in t + 1 endenden Periode
$CF_{i+j,t+1}^{Vw+N1}$	Summe der Einkommensbeiträge der Vermögenswerte i und j in der in t + 1 endenden Periode
$V_{i,t}^{Vw}$	Wert eines im Zeitpunkt t verfügbaren Vermögenswerts i mit i = 1 bis k + l im Zeitpunkt t
$V_{j,t}^{N1}$	Wert eines Vermögenswertes j mit j = k + l + 1 bis n, der den betrachteten Vermögenswerts i im Zeitpunkt T_i substituiert, im Zeitpunkt t

Anhang zu 2.6.3.4

$r_{n,t+1}^{RVS}$	modellendogen bestimmter vermögenswertspezifischer Zinssatz des Vermögenswertes i mit i = n (siehe $r_{n,t+1}^{RV}$) bei periodenunabhängigen vermögenswertspezifischen Zinssätzen der Vermögenswerte i für i = 1 bis n–1
$V_{i,t}^{S}$	Wert des Vermögenswertes i im Zeitpunkt t bei periodenunabhängigen vermögenswertspezifischen Zinssätzen der Vermögenswerte i für i = 1 bis n–1
$V_{n,t}^{RVS}$	Wert des Vermögenswertes i = n im Zeitpunkt t bei Anwendung der Residual Value-Methode bei periodenunabhängigen vermögenswertspezifischen Zinssätzen der Vermögenswerte i für i = 1 bis n–1

Kapitel 3

Abschnitt 3.3.2

A_{t+1}^{A}	Summe der steuerwirksamen Abschreibungen der immateriellen Vermögenswerte (Amortization) in der Periode t + 1 bei Verwendung des Vermögenswertes i

A_{t+1}^{NA}	Summe der steuerwirksamen Abschreibungen der immateriellen Vermögenswerte (Amortization) in der Periode t + 1 bei Verzicht auf die Nutzung des Vermögenswertes i
$CF_{i,t+1}^{A}$	Einkommen eines betrachteten Unternehmens in der in t + 1 endenden Periode bei Nutzung des Vermögenswertes i
$CF_{i,t+1}^{II\dagger}$	als Incremental Income abgeleiteter Einkommensbeitrag des Vermögenswertes i in der in t + 1 endenden Periode (vor Abzug von Ertragsteuern)
$CF_{i,t+1}^{NA}$	Einkommen eines betrachteten Unternehmens in der in t + 1 endenden Periode bei Verzicht auf die Verwendung des Vermögenswertes i
ΔCF_{t+1}	Differenz zwischen dem Einkommen eines betrachteten Unternehmens in der in t + 1 endenden Periode bei Nutzung des Vermögenswertes i und dessen Einkommen bei Verzicht auf die Verwendung des Vermögenswertes
$\Delta EBITA_{t+1}$	Differenz zwischen dem EBITA eines betrachteten Unternehmens in der in t + 1 endenden Periode bei Nutzung des Vermögenswertes i und dessen EBITA bei Verzicht auf die Verwendung des Vermögenswertes
$\Delta EBITA_{t+1}^{Approx}$	Differenz zwischen dem EBITA eines betrachteten Unternehmens in der in t + 1 endenden Periode bei Nutzung des betrachteten Vermögenswertes und dessen EBITA bei Verzicht auf die Verwendung des Vermögenswertes bei Nichtberücksichtigung möglicher Veränderungen der Absatzmenge
$\Delta EBITA_{2,t+1}^{Approx}$	EBITA-Veränderung bei Verzicht auf die Bereinigung der Preissenkung von Produkt j = 2 und der Mengenerhöhung bei diesem Produkt und Anwendung der EBITA-Margenveränderung auf den nach Preissenkung erzielten Absatzpreis bei gegebener Absatzmenge
$\Delta ebita_{j,t+1}$	Differenz zwischen der EBITA-Marge des Produktes j mit j = 1, 2 in der in t + 1 endenden Periode bei Nutzung des Vermögenswertes i und dessen EBITA-Marge bei Verzicht auf die Verwendung des Vermögenswertes
$\Delta ebita_{2,t+1}^{NAadj}$	Differenz zwischen der EBITA-Marge des Produktes j mit j = 2 bei Nichtnutzung des betrachteten Vermögenswertes und der auf den Absatzpreis des Produktes j = 2 nach Preissenkung bezogenen, um die mit dem betrachteten Vermögenswert verbundene Kosteneinsparung bereinigte EBITA-Marge

$\Delta m_{1,t+1}$ — Differenz zwischen der Absatzmenge des Produktes j mit j = 1,2 in der in t + 1 endenden Periode bei Nutzung des Vermögenswertes i und der Absatzmenge dieses Produktes bei Verzicht auf die Verwendung des Vermögenswertes

$\Delta p_{1,t+1}$ — Differenz zwischen dem Absatzpreis des Produktes j mit j = 1,2 in der in t + 1 endenden Periode bei Nutzung des Vermögenswertes i und dem Absatzpreis des Produktes bei Verzicht auf die Verwendung des Vermögenswertes

$\Delta\{V_{m,t+1} - V_{m,t}\}$ — Differenz zwischen der Veränderung des in das Working Capital und in die Sachanlagen investierten Kapitals bei Verwendung des Vermögenswertes i in der in t + 1 endenden Periode und der Veränderung des in diese Vermögenswerte investierten Kapitals bei Verzicht auf die Nutzung des Vermögenswertes i

$ebita^A_{j,t+1}$ — EBITA-Marge des Produktes j mit j = 1 bis o in der in t + 1 endenden Periode bei Verwendung des Vermögenswertes i

$ebita^{Aadj}_{2,t+1}$ — auf den Absatzpreis des Produktes j = 2 nach Preissenkung bezogene, um die mit dem betrachteten Vermögenswert verbundenen Kosteneinsparung bereinigte EBITA-Marge

$ebita^{NA}_{j,t+1}$ — EBITA-Marge des Produktes j mit j = 1 bis o in der Periode t + 1 bei Verzicht auf die Nutzung des Vermögenswertes i

j — Bezeichnung der Produkte j = 1 bis o

$m^A_{j,t+1}$ — abgesetzte Menge des Produktes j mit j = 1 bis o in der Periode t + 1 bei Verwendung des Vermögenswertes i

$m^{NA}_{j,t+1}$ — abgesetzte Menge des Produktes j mit j = 1 bis o in der Periode t + 1 bei Verzicht auf die Nutzung des Vermögenswertes i

$p^A_{j,t+1}$ — Absatzpreis des Produktes j mit j = 1 bis o in der Periode t + 1 bei Verwendung des Vermögenswertes i

$p^{NA}_{j,t+1}$ — Absatzpreis des Produktes j mit j = 1 bis o in der Periode t + 1 bei Verzicht auf die Nutzung des Vermögenswertes i

$V^A_{1,t}$ — in das Working Capital im Zeitpunkt t investiertes Kapital bei Nutzung des Vermögenswertes i

$V^A_{2,t}$ — in den Sachanlagenbestand im Zeitpunkt t investiertes Kapital bei Nutzung des Vermögenswertes i

$V^{NA}_{1,t}$ — in das Working Capital im Zeitpunkt t investiertes Kapital bei Verzicht auf die Nutzung des Vermögenswertes i

$V^{NA}_{2,t}$ — in den Sachanlagenbestand im Zeitpunkt t investiertes Kapital bei Verzicht auf die Nutzung des Vermögenswertes i

Abschnitt 3.3.3

$rr_{i,t+1}^{EBITA}$ bei einer Lizenzvereinbarung über die Nutzung des Vermögenswertes i auf das EBITA bezogener Lizenzsatz in der in t + 1 endenden Periode

$rr_{i,t+1}^{Sales}$ bei einer Lizenzvereinbarung über die Nutzung des Vermögenswertes i auf die lizenzpflichtigen Umsatzerlöse bezogener Lizenzsatz in der in t + 1 endenden Periode

$s_{i,t+1}^{Royalty}$ Umsatzadjustierungsfaktor

Tax_{t+1}^{EBIT} unter Zugrundelegung des in der in t + 1 endenden Periode erzielten EBIT bestimmte Ertragsteuer

Tax_{t+1}^{EBITA} unter Zugrundelegung des in der in t + 1 endenden Periode erzielten EBITA bestimmte Ertragsteuer

Tax_{t+1}^{EBITDA} unter Zugrundelegung des in der in t + 1 endenden Periode erzielten EBITDA bestimmte Ertragsteuer

V_{i,t^B}^{rr} Wert des Vermögenswertes i bei einer ersparten Lizenzzahlung in Höhe von rr ($rrate_i = rr$)

Abschnitt 3.3.4

a   Ergebnisaufteilungsfaktor

a_u unter Zugrundelegung des vermögenswertspezifischen Zinssatzes und der Nutzungsdauer der Sachanlage u ermittelter Annuitätenfaktor

a_{V2} unter Zugrundelegung der (gewichteten) durchschnittlichen Restnutzungsdauer der dem Sachanlagenbestand zugehörigen Sachanlagen sowie des zugehörigen vermögenswertspezifischen Zinssatzes ermittelter Annuitätenfaktor

$A_{j,t+1}$ Summe der steuerwirksamen, dem mittels der MPEEM bewerteten Vermögenswert j zuzurechnenden Abschreibungen der immateriellen Vermögenswerte i (Amortization) in der in t + 1 endenden Periode

$A_{ij,t+1}$ auf den mittels der MPEEM bewerteten Vermögenswert j entfallende steuerwirksame Abschreibungen des immateriellen Vermögenswertes i (Amortization) in der in t + 1 endenden Periode

$A_{jj,t+1}$ steuerwirksame Abschreibungen des immateriellen Vermögenswertes j (Amortization) in der in t + 1 endenden Periode

$adj_{i,t+1}^{S}$ Anpassungsfaktor zur Überleitung der Umsatzerlöse des Unternehmens auf die auf das Incremental Income bezogenen bzw. auf die lizenzpflichtigen Umsatzerlöse. Es gilt

$$S_{i,t+1}^{II} = adj_{i,t+1}^{S} \cdot S_{t+1} \text{ sowie } S_{i,t+1}^{Royalty} = adj_{i,t+1}^{S} \cdot S_{t+1}$$

$adj_{ij,t+1}^{S}$	Anpassungsfaktor zur Überleitung der dem – mittels der MPEEM bewerteten – Vermögenswert j zuzuordnenden Umsatzerlöse des Unternehmens auf die auf das Incremental Income bezogenen bzw. auf die lizenzpflichtigen Umsatzerlöse
$CapEx_{uj,t+1}$	dem – mittels der MPEEM bewerteten – Vermögenswert j zuzurechnende Investitionen in die Sachanlage u in der in t + 1 endenden Periode
$CapEx_{2j,t+1}$	dem – mittels der MPEEM bewerteten – Vermögenswert j zuzurechnende Investitionen in den Sachanlagenbestand i mit i = 2 in der in t + 1 endenden Periode
$CF_{ij,t+1}$	im Zeitpunkt t + 1 zufließender, dem – mittels der MPEEM bewerteten – Vermögenswert j zuzurechnender Einkommensbeitrag des Vermögenswertes i
$CF_{uj,t+1}$	im Zeitpunkt t + 1 zufließender, dem – mittels der MPEEM bewerteten – Vermögenswert j zuzurechnender Einkommensbeitrag der Sachanlage u
$CF_{j,t+1}^{AAB}$	dem Vermögenswert j zuzurechnende Excess Earnings in der in t + 1 endenden Periode bei Anwendung der "Average Annual Balance"-Methode
$CF_{i,t+1}^{Dev\ after\ Tax}$	Investitionen zur Entwicklung bzw. zum Aufbau des Vermögenswertes i in der in t + 1 endenden Periode nach Abzug von Ertragsteuern
$CF_{j,t+1}^{Dev\ after\ Tax}$	dem – mittels der MPEEM bewerteten – Vermögenswert j zuzurechnende Summe der Investitionen zur Entwicklung bzw. zum Aufbau der Vermögenswerte i mit i = 3 bis n in der in t + 1 endenden Periode nach Abzug von Ertragsteuern
$CF_{ij,t+1}^{Dev\ after\ Tax}$	dem – mittels der MPEEM bewerteten – Vermögenswert j zuzurechnende Investitionen zur Entwicklung bzw. zum Aufbau des Vermögenswertes i in der in t + 1 endenden Periode nach Abzug von Ertragsteuern
$CF_{jj,t+1}^{Dev\ after\ Tax}$	Investitionen zur Entwicklung bzw. zum Aufbau des Vermögenswertes j in der in t + 1 endenden Periode nach Abzug von Ertragsteuern
$CF_{j,t+1}^{EE}$	als Excess Earnings bestimmter Einkommensbeitrag des Vermögenswertes j in der in t + 1 endenden Periode (nach Abzug von Ertragsteuern)
$CF_{j,t+1}^{EED}$	dem Vermögenswert j zuzurechnende Excess Earnings in der in t + 1 endenden Periode bei vereinfachter Ermittlung der Verzinsung des in unterstützende materielle Vermögenswerte investierten Kapitals (nach Abzug von Ertragsteuern)

$CF_{j,t+1}^{EEL}$ dem Vermögenswert j zuzurechnende Excess Earnings in der in t + 1 endenden Periode bei Bestimmung der Einkommensbeiträge des Sachanlagenbestandes als Leasing-Zahlungen (nach Abzug von Ertragsteuern)

$CF_{n,t+1}^{EEUSA}$ als Excess Earnings bestimmter Einkommensbeitrag des Vermögenswertes i = n in der in t + 1 endenden Periode bei Gleichsetzung der auf mittels des Cost Approach bewerteten immateriellen Vermögenswerte entfallende Entwicklungsaufwendungen mit den Rückflüssen des in diese Vermögenswerte investierten Kapitals bei Nichtberücksichtigung dieser Aufwendungen in der Planungsrechnung (nach Abzug von Ertragsteuern)

$CF_{n,t+1}^{EEX}$ als Excess Earnings bestimmter Einkommensbeitrag des Vermögenswertes i = n in der in t + 1 endenden Periode bei Gleichsetzung der auf mittels des Cost Approach bewertete immaterielle Vermögenswerte entfallende Entwicklungsaufwendungen mit den Rückflüssen des in diese Vermögenswerte investierten Kapitals bei Berücksichtigung dieser Aufwendungen in der Planungsrechnung (nach Abzug von Ertragsteuern)

$CF_{j,t+1}^{FCF}$ im Zeitpunkt t + 1 zufließendes, dem – mittels der MPEEM bewerteten – Vermögenswert j zuzurechnendes Einkommen eines betrachteten Unternehmens nach Abzug von Ertragsteuern

$CF_{2j,t+1}^{L}$ dem – mittels der MPEEM bewerteten – Vermögenswert j zuzurechnender, als Leasing-Zahlung bestimmter Einkommensbeitrag des Sachanlagenbestandes i mit i = 2 nach Abzug von Ertragsteuern in der in t + 1 endenden Periode

CF_{t+1}^{NWC} im Zeitpunkt t + 1 zufließendes Einkommen eines betrachteten Unternehmens bei Einbeziehung der Verbindlichkeiten aus Lieferungen und Leistungen in das Net Working Capital nach Abzug von Ertragsteuern

$CF_{n,t+1}^{NWC}$ als Excess Earnings bestimmter Einkommensbeitrag des Vermögenswertes i = n in der in t + 1 endenden Periode bei Einbeziehung der Verbindlichkeiten aus Lieferungen und Leistungen in das Net Working Capital (nach Abzug von Ertragsteuern)

$CF_{i,t+1}^{of\ after\ Tax}$ Rückfluss des in den mittels des Cost Approach bewerteten immateriellen Vermögenswert i investierten Kapitals nach Abzug von Ertragsteuern in der in t + 1 endenden Periode

$CF_{ij,t+1}^{of\ after\ Tax}$ dem – mittels der MPEEM bewerteten – Vermögenswert j zuzurechnender Rückfluss des in den mittels des Cost Approach bewerteten immateriellen Vermögenswert i investierten Kapitals nach Abzug von Ertragsteuern in der in t + 1 endenden Periode

$CF_{2j,t+1}^{of\ pre\ Tax}$	auf den – mittels der MPEEM bewerteten – Vermögenswert j entfallender Rückfluss des in den Sachanlagenbestand investierten Kapitals vor Abzug von Ertragsteuern in der in t + 1 endenden Periode
$CF_{uj,t+1}^{pre\ Tax}$	dem – mittels der MPEEM bewerteten – Vermögenswert j zuzurechnender Einkommensbeitrag der Sachanlage u in der in t + 1 endenden Periode vor Abzug von Ertragsteuern
CF_{t+1}^{WC}	im Zeitpunkt t + 1 zufließendes Einkommen eines betrachteten Unternehmens bei Behandlung der im Zeitpunkt t bestehenden Verbindlichkeiten aus Lieferungen und Leistungen als verzinsliche Verbindlichkeiten
$CF_{n,t+1}^{WC}$	als Excess Earnings bestimmter Einkommensbeitrag des Vermögenswertes i = n in der in t + 1 endenden Periode (nach Abzug von Ertragsteuern) bei Behandlung der im Zeitpunkt t bestehenden Verbindlichkeiten aus Lieferungen und Leistungen als verzinsliche Verbindlichkeiten
$\Delta V_{1,t}$	Verbindlichkeiten aus Lieferungen und Leistungen
$D_{2,t+1}$	Abschreibungen der Sachanlagen in der t + 1 endenden Periode
$D_{2j,t+1}$	auf den – mittels der MPEEM bewerteten – Vermögenswert j entfallende Abschreibungen des Sachanlagenbestandes bzw. Rückflüsse des in den Sachanlagenbestand investierten Kapitals in der t + 1 endenden Periode
$D_{uj,t+1}$	dem – mittels der MPEEM bewerteten – Vermögenswert j zuzurechnende, mit den steuerlichen Abschreibungen gleichgesetzten Rückflüsse des in die Sachanlage u investierten Kapitals in der in t + 1 endenden Periode
$D_{uj,t+1}^{L}$	dem – mittels der MPEEM bewerteten – Vermögenswert j zuzurechnende Rückflüsse des in die Sachanlage u investierten Kapitals in der in t + 1 endenden Periode bei Vorgabe des zeitlichen Verlaufs der Einkommenszahlungen als Leasing-Zahlung
$D_{2j,t+1}^{linear}$	auf den – mittels der MPEEM bewerteten – Vermögenswert j entfallende Abschreibungen des Sachanlagenbestandes in der t + 1 endenden Periode bei linearer Abschreibung aller dem Sachanlagenbestand zugeordneten Sachanlagen
$d_{uj,t+1}$	auf den – auf den Vermögenswert j entfallenden – Wert der Sachanlage u im Zeitpunkt t = 0 bezogener Abschreibungssatz der in t + 1 endenden Periode

$\varepsilon_t^{MPEEMNWC}$ Bewertungsdifferenz (siehe $\varepsilon_{n,t}^{MPEEM}$) bei Berücksichtigung der Verbindlichkeiten aus Lieferungen und Leistungen im Net Working Capital im Zeitpunkt t

$\varepsilon_t^{MPEEMWC}$ Bewertungsdifferenz (siehe $\varepsilon_{n,t}^{MPEEM}$) bei Behandlung der Verbindlichkeiten aus Lieferungen und Leistungen als verzinsliche Verbindlichkeiten im Zeitpunkt t

$ebita_{t+1}^*$ in der in t + 1 endenden Periode erzielte EBITA-Marge ohne Abzug der Aufwendungen zum Aufbau bzw. zur Entwicklung der immateriellen Vermögenswerte

$ebita_{j,t+1}$ in der in t + 1 endenden Periode erzielte, dem mittels der MPEEM bewerteten Vermögenswert j zuzurechnende EBITA-Marge

$ebitda_{j,t+1}$ in der in t + 1 endenden Periode erzielte, dem mittels der MPEEM bewerteten Vermögenswert j zuzurechnende EBITDA-Marge

$incon_{i,t+1}$ mit $incon_{i,t+1} = inc_{i,t+1}$ bei Anwendung der Incremental Income Analysis und
mit $incon_{i,t+1} = rrate_{i,t+1}$ bei Anwendung der Relief-from-Royalty-Methode

j   Bezeichnung der mittels der MPEEM bewerteten Vermögenswerte

$L_{2j,t+1}$ auf den – mittels der MPEEM bewerteten – Vermögenswert j entfallende Leasing-Zahlungen des Sachanlagenbestandes i mit i = 2 in der in t + 1 endenden Periode vor Abzug von Ertragsteuern

$L_{uj,t+1}^{after\ Tax}$ auf den – mittels der MPEEM bewerteten – Vermögenswert j entfallende Leasing-Zahlung der Sachanlage u in der in t + 1 endenden Periode nach Abzug von Ertragsteuern

$L_{2j,t+1}^{after\ Tax}$ auf den – mittels der MPEEM bewerteten – Vermögenswert j entfallende Leasing-Zahlungen des Sachanlagenbestandes i mit i = 2 in der in t + 1 endenden Periode nach Abzug von Ertragsteuern

$L_{uj,t+1}^{D}$ auf den – mittels der MPEEM bewerteten – Vermögenswert j entfallende Leasing-Zahlung der Sachanlage u in der in t + 1 endenden Periode nach Abzug von Ertragsteuern zuzüglich des abschreibungsbedingten Steuervorteils

$L_{2j,t+1}^{D}$ auf den – mittels der MPEEM bewerteten – Vermögenswert j entfallende Leasing-Zahlungen des Sachanlagenbestandes i mit i = 2 in der in t + 1 endenden Periode nach Abzug von Ertragsteuern zuzüglich der abschreibungsbedingten Steuervorteile

L_{2j}^{PD}	auf den – mittels der MPEEM bewerteten – Vermögenswert j entfallende, als Annuität des beizulegenden Zeitwertes des Sachanlagenbestandes i mit i = 2 am Bewertungsstichtag berechnete Leasing-Zahlung
$L_{uj,\dagger t+1}^{pre\ Tax}$	auf den – mittels der MPEEM bewerteten – Vermögenswert j entfallende Leasing-Zahlung der Sachanlage u in der in t + 1 endenden Periode vor Abzug von Ertragsteuern
$r_{u,t+1}$	Zinssatz, mit dem sich das in die Sachanlage u investierte Kapital in der in t + 1 endenden Periode verzinst (vermögenswertspezifischer Zinssatz)
r_{1}^{LL}	Finanzierungskostensatz der Verbindlichkeiten aus Lieferungen und Leistungen
$r_{n,t+1}^{NWC}$	Zinssatz, mit dem sich das in den Vermögenswert i mit i = n investierte Kapital in der in t + 1 endenden Periode bei Einbeziehung der Verbindlichkeiten aus Lieferungen und Leistungen in das Net Working Capital verzinst
$r_{n,t+1}^{RVNWC}$	modellendogen bestimmter vermögenswertspezifischer Zinssatz des Vermögenswertes i mit i = n (siehe $r_{n,t+1}^{RV}$) bei Berücksichtigung der Verbindlichkeiten aus Lieferungen und Leistungen im Net Working Capital
$r_{n,t+1}^{RVWC}$	modellendogen bestimmter vermögenswertspezifischer Zinssatz des Vermögenswertes i mit i = n (siehe $r_{n,t+1}^{RV}$) bei Behandlung der Verbindlichkeiten aus Lieferungen und Leistungen als verzinsliche Verbindlichkeiten
r_{t+1}^{WC}	gewichtete Kapitalkosten eines betrachteten Unternehmens in der in t + 1 endenden Periode bei Behandlung der Verbindlichkeiten aus Lieferungen und Leistungen als verzinsliche Verbindlichkeiten
$r_{n,t+1}^{WC}$	Zinssatz, mit dem sich das in den Vermögenswert i mit i = n investierte Kapital in der in t + 1 endenden Periode bei Behandlung der Verbindlichkeiten aus Lieferungen und Leistungen als verzinsliche Verbindlichkeiten verzinst
$S_{j,t+1}$	dem – mittels der MPEEM bewerteten – Vermögenswert j zuzurechnende Umsatzerlöse des betrachteten Unternehmens in der in t + 1 endenden Periode
T^{Entity}	Lebensdauer des betrachteten Unternehmens
T_{u}	Nutzungsdauer der Sachanlage u

tab_{uj}	auf den – mittels der MPEEM bewerteten – Vermögenswert j entfallender Zuschlagssatz für den abschreibungsbedingten Steuervorteil bezogen auf den Wert der Sachanlage u vor Berücksichtigung des abschreibungsbedingten Steuervorteils
tab_{v2}	auf den – mittels der MPEEM bewerteten – Vermögenswert j entfallender Zuschlagssatz für den abschreibungsbedingten Steuervorteil bezogen auf den Wert des Sachanlagenbestandes i mit i = 2 vor Berücksichtigung des abschreibungsbedingten Steuervorteils unter Zugrundelegung der gewichteten Restnutzungsdauer des Sachanlagenbestandes und des diesem zugeordneten vermögenswertspezifischen Zinssatzes
u	Bezeichnung der Sachanlagen mit u = 1 bis v

$u = w_t^u$ bis w_t^o mit $w_t^u \leq w_t^o$ und $w_t^o \leq v$ im Zeitpunkt t verfügbare Sachanlagen

$u = w_t^o + 1$ bis v mit $w_t^o < v$ Sachanlagen, in die in einem späteren Zeitpunkt investiert wird

$V_{ij,t}$	dem – mittels der MPEEM bewerteten – Vermögenswert j zuzurechnender Wert des Vermögenswertes i im Zeitpunkt t
$V_{uj,t}$	dem – mittels der MPEEM bewerteten – Vermögenswert j zuzurechnender Wert der Sachanlage u im Zeitpunkt t
$V_{uj,t}^L$	dem – mittels der MPEEM bewerteten – Vermögenswert j zuzurechnender Wert der Sachanlage u im Zeitpunkt t bei Vorgabe des zeitlichen Verlaufs der Einkommenszahlungen als Leasing-Zahlung
V_t^{NWC}	Wert eines betrachteten Unternehmens i im Zeitpunkt t bei Einbeziehung der Verbindlichkeiten aus Lieferungen und Leistungen in das Working Capital
$V_{n,t}^{NWCRV}$	Wert des Vermögenswertes i mit i = n im Zeitpunkt t bei Anwendung der Residual Value-Methode bei Berücksichtigung der Verbindlichkeiten aus Lieferungen und Leistungen im Net Working Capital
V_t^{WC}	Wert eines betrachteten Unternehmens i im Zeitpunkt t bei Behandlung der Verbindlichkeiten aus Lieferungen und Leistungen als verzinsliche Verbindlichkeiten
$V_{n,t}^{WCRV}$	Wert des Vermögenswertes i mit i = n im Zeitpunkt t bei Anwendung der Residual Value-Methode bei Berücksichtigung der Verbindlichkeiten aus Lieferungen und Leistungen als verzinsliche Verbindlichkeiten

Abschnitt 3.3.5

ε_t^{MPEEML}	bei Bewertung des Vermögenswertes i = n mittels der MPEEM und Anwendung laufzeitäquivalent ermittelter Kapitalkosten als vermögenswertspezifische Zinssätze der Vermögenswerte i = 1 bis n nicht durch die Werte der Vermögenswerte erklärter Betrag des Unternehmenswertes
Δr_{t+1}^{C+I}	Veränderung des gewichteten Zinssatzes der vermögenswertspezifischen Zinssätze der mittels des Cost Approach und der mittels des Income Approach bewerteten Vermögenswerte in der in t + 1 endenden Periode gegenüber der in t endenden Periode
$\Delta r_{i,t+1}^{RV}$	Differenz zwischen dem modellendogen abgeleiteten vermögenswertspezifischen Zinssatz des – mittels der Residual Value-Methode bewerteten – Vermögenswertes i = n und dem modellexogen vorgegebenen Zinssatz des Vermögenswertes i mit i = 1 bzw. i = n-1 in der in t + 1 endenden Periode
$\Delta r_{n,t+2}^{RV}$	Veränderung des modellendogenen Zinssatzes des Vermögenswertes i mit i = n in der in t + 2 endenden Periode gegenüber der Vorperiode bei Verminderung des in den Vermögenswert i = k-1 investierten Kapitals im Zeitpunkt t + 1 gegenüber t und Erhöhung des in den den Vermögenswert i = k-1 substituierenden Vermögenswert i = n-1 investierten Kapitals im Zeitpunkt t + 1 gegenüber t
$\Delta r_{i,t+1}^{RV*}$	Differenz zwischen dem modellendogen unter Zugrundelegung der Annahme, dass der vermögenswertspezifische Zinssatz des Vermögenswertes i = 1 bzw. n-1 gleich dem modellendogenen Zinssatz ist ($r_{1,t+1}^{*} = r_{n,t+1}^{RV*}$ bzw. $r_{n-1,t+1}^{*} = r_{n,t+1}^{RV*}$) und dementsprechend $\Delta r_{1,t+1}^{RV*} = 0$ bzw. $\Delta r_{n-1,t+1}^{RV*} = 0$ gilt, abgeleiteten vermögenswertspezifischen Zinssatzes des Vermögenswertes i = n und dem modellexogen vorgegebenen Zinssatz des Vermögenswertes i $r_{i,t+1}$ mit i = 1 bzw. i = n-1 in der in t + 1 endenden Periode
$\Delta r_{i,t+1}^{RV\Delta V}$	Differenz zwischen dem modellendogen unter Zugrundelegung der Annahme, dass sich der Wert des Vermögenswertes i = 1 bzw. i = n-1 um $\Delta V_{1,t}$ bzw. $\Delta V_{n-1,t}$ ändert, abgeleiteten vermögenswertspezifischen Zinssatzes des Vermögenswertes i = n und dem modellexogen vorgegebenen Zinssatz des Vermögenswertes i $r_{i,t+1}$ mit i = 1 bzw. i = n-1 in der in t + 1 endenden Periode
$\Delta V_{i,t}$	modellexogen vorgegebene Veränderung des Wertes des Vermögenswertes i = 1 bzw. i = n-1 im Zeitpunkt t
$\Delta V_{k-1,t+1}$	Verminderung des in den den Vermögenswert i = k-1 investierten Kapitals im Zeitpunkt t + 1 gegenüber t

$\Delta V_{n-1,t+1}$ — Erhöhung des in den Vermögenswert i = k-1 substituierenden Vermögenswert i = n-1 investierten Kapitals im Zeitpunkt t + 1 gegenüber t

ΔV_{t+1}^{C+I} — Veränderung des insgesamt in die mittels des Cost Approach und in die mittels des Income Approach bewerteten Vermögenswerte investierten Kapitals im Zeitpunkt t + 1 gegenüber dem Zeitpunkt t

$\Delta V_{n,t}^{RVL}$ — Differenz aus dem – mittels der Residual Value-Methode bestimmten – Wert des Vermögenswertes i = n bei Verwendung risikoadjustierter vermögenswertspezifischer Zinssätze der Vermögenswerte i mit i = 1 bis n-1 und dem – nach diesem Bewertungsansatz bestimmten – Wert des Vermögenswertes i = n bei Verwendung laufzeitäquivalent bestimmter Kapitalkosten als vermögenswertspezifische Zinssätze

$r_{n,t+1}^{AdjCA}$ — Verminderung des modellendogen abgeleiteten vermögenswertspezifischen Zinssatzes des Vermögenswertes i = n aufgrund der Erhöhung der vermögenswertspezifischen Zinssätze der mittels des Cost Approach bewerteten Vermögenswerte bei Anwendung laufzeitäquivalenter Zinssätze als vermögenswertspezifische Zinssätze in der in t + 1 endenden Periode

$r_{n,t+1}^{AdjIA}$ — Erhöhung des modellendogen abgeleiteten vermögenswertspezifischen Zinssatzes des Vermögenswertes i = n aufgrund der Verminderung der vermögenswertspezifischen Zinssätze der mittels des Income Approach bewerteten Vermögenswerte bei Anwendung laufzeitäquivalenter Zinssätze als vermögenswertspezifische Zinssätze in der in t + 1 endenden Periode

r_{t+1}^{C+I} — gewichteter Zinssatz der vermögenswertspezifischen Zinssätze der mittels des Cost Approach und der mittels des Income Approach bewerteten Vermögenswerte in der in t + 1 endenden Periode

$r_{n,t+1}^{RV*}$ — modellendogen abgeleiteter vermögenswertspezifischer Zinssatz des – mittels der Residual Value-Methode bewerteten – Vermögenswertes i = n in der in t + 1 endenden Periode für $\Delta r_{1,t+1}^{RV} = 0$ mit $r_{1,t+1}^{*} = r_{n,t+1}^{RV*}$ bzw. für $\Delta r_{n-1,t+1}^{RV} = 0$ mit $r_{n-1,t+1}^{*} = r_{n,t+1}^{RV*}$

$r_{n,t+1}^{RV**}$ — modellendogen abgeleiteter Zinssatz, mit dem sich das insgesamt in die mittels des Income Approach bewerteten Vermögenswerte und den mittels des Residual Value-Ansatzes bewerteten Vermögenswert investierte Kapital verzinst, in der in t + 1 endenden Periode für $\Delta r_{1,t+1}^{RV} = 0$ mit $r_{1,t+1}^{*} = r_{n,t+1}^{RV*}$

r_{t+1}^{RVCA} — modellendogen abgeleiteter Zinssatz, mit dem sich das insgesamt in die mittels des Income Approach bewerteten Vermögenswerte und den mittels des Residual Value-Ansatzes bewerteten Vermögenswert investierte Kapital in der in t + 1 endenden Periode verzinst

$r_{n,t+1}^{RV\Delta V}$	modellendogen unter Zugrundelegung der Annahme, dass sich der Wert des Vermögenswertes i = 1 bzw. i = n-1 um $\Delta V_{1,t}$ bzw. $\Delta V_{n-1,t}$ ändert, abgeleiteter vermögenswertspezifische Zinssatz des Vermögenswertes i = n in der in t + 1 endenden Periode
$V\{r_{n-1}\}_{n-1,t}$	Wert des – mittels des Income Approach bewerteten – Vermögenswertes i mit i = n-1 im Zeitpunkt t in Abhängigkeit vom vermögenswertspezifischen Zinssatz des Vermögenswertes
$V_{n,t}^{AdjCAC}$	Verminderung des mittels der MPEEM abgeleiteten Wertes des Vermögenswertes i = n bei Verwendung laufzeitäquivalenter Kapitalkosten als vermögenswertspezifische Zinssätze im Vergleich zur Anwendung risikoadjustierter vermögenswertspezifischer Zinssätze aufgrund des Sinkens der Excess Earnings im Zeitpunkt t
$V_{n,t}^{AdjCACZins}$	Anstieg des mittels der MPEEM abgeleiteten Wertes des Vermögenswertes i = n bei Verwendung laufzeitäquivalenter Kapitalkosten als vermögenswertspezifische Zinssätze im Vergleich zur Anwendung risikoadjustierter vermögenswertspezifischer Zinssätze aufgrund Sinkens des modellexogen vorgegebenen vermögenswertspezifischen Zinssatzes des Vermögenswertes i = n im Zeitpunkt t
V_t^{C+I}	insgesamt in die mittels des Cost Approach und in die mittels des Income Approach bewerteten Vermögenswerte investiertes Kapital im Zeitpunkt t
$V_{i,t}^{L}$	Wert des Vermögenswertes i mit i = 1 bis n-1 bei Verwendung laufzeitäquivalent bestimmter Kapitalkosten als vermögenswertspezifische Zinssätze
$V_{n,t}^{MPEEML}$	mittels der MPEEM ermittelter Wert des Vermögenswertes i = n im Zeitpunkt t bei Verwendung laufzeitäquivalent bestimmter Kapitalkosten als vermögenswertspezifische Zinssätze der Vermögenswerte i = 1 bis n
V_t^{RVCA}	insgesamt in die mittels des Income Approach bewerteten Vermögenswerte und den mittels des Residual Value-Ansatzes bewerteten Vermögenswert investiertes Kapital
$V_{n,t}^{RVL}$	mittels der Residual Value-Methode ermittelter Wert des Vermögenswertes i = n im Zeitpunkt t bei Verwendung laufzeitäquivalent bestimmter Kapitalkosten als vermögenswertspezifische Zinssätze der Vermögenswerte i = 1 bis n-1
$V_{n,t}^{RVWACC}$	Wert des mittels der Residual Value-Methode bewerteten Vermögenswertes i = n im Zeitpunkt t bei einheitlicher Anwendung der gewichteten Kapitalkosten des betrachteten Unternehmens als vermögenswertspezifische Zinssätze der Vermögenswerte i = 1 bis n-1

$V_{i,t}^{WACC}$ unter Zugrundelegung der gewichteten Kapitalkosten als vermögenswertspezifischem Zinssatz bestimmter Wert des Vermögenswertes i für alle i = 1 bis n-1 im Zeitpunkt t

Abschnitt 3.4

$\Delta V_{i,t}^{T_i^D}$ Barwert der Einkommensdifferenzen im Zeitpunkt t, die in dem – durch die Entwicklung eines nutzungsäquivalenten Vermögenswertes bedingten – späteren Zufluss des aus der Nutzung des Vermögenswertes i resultierenden Einkommens begründet sind (3.4)

T_i^D Dauer der Entwicklung eines zum Vermögenswert i nutzungsäquivalenten Vermögenswertes

Kapitel 5

CT^{FVSD} beizulegender Zeitwert der vom Erwerber erbrachten Gegenleistung im Falle eines Share Deal

$\Delta \varepsilon_{i,t}$ Veränderung der Bewertungsdifferenz bei den mittels der MPEEM bewerteten Vermögenswerten bei Nichtberücksichtigung eines immateriellen Vermögenswertes i im Zeitpunkt t

$\Delta \varepsilon_{i,t}^{NEW}$ Veränderung der Bewertungsdifferenz bei den zukünftig geplanten, mittels der MPEEM bewerteten Vermögenswerten bei Nichtberücksichtigung eines immateriellen Vermögenswertes i im Zeitpunkt t

ΔGW_t^o Veränderung des originären Goodwill bei Nichtberücksichtigung eines bilanzierungsfähigen bzw. nichtbilanzierungsfähigen immateriellen Vermögenswertes i im Zeitpunkt t

$\Delta Syn_{i,t}^{ES-FV}$ Differenz aus der Summe der unter Einbeziehung erwerberspezifischer Synergien ermittelten Werte der Vermögenswerte i mit i = 1 bis n und der Summe der unter Berücksichtigung von Market Participant-Synrgien abgeleiteten beizulegenden Zeitwerte dieser Vermögenswerte im Zeitpunkt t

$\Delta V_{j,t}$ Veränderung des Wertes eines mittels der MPEEM bewerteten Vermögenswertes j mit j = o + p + 1 bis n bei Nichtberücksichtigung eines (unterstützenden) Vermögenswertes i* mit i* = 3 bis o + p

DT_t^a aktive latente Steuern im Zeitpunkt t

DT_t^p passive latente Steuern DT_t^a im Zeitpunkt t

GW_t^d derivativer Goodwill im Zeitpunkt t

j   Bezeichnung der
– mittels MPEEM bewerteten Vermögenswerte (3.3.4, 5.3.6)
– Schulden j = 1 bis o (5.2, 5.3.2, 5.3.4)

$L_{j,t}^{FV}$	beizulegender Zeitwert der übernommenen Schulden j im Zeitpunkt t
$R_{t+1}^{\Sigma Assetsex}$	Verzinsung des in alle bilanzierungsfähigen und nicht bilanzierungsfähigen Vermögenswerte investierten Kapitals in der in t + 1 endenden Periode bei Außerachtlassung von deren Zusammenwirken
$R_{t+1}^{\Sigma Assetsnew}$	Verzinsung des in alle bilanzierungsfähigen und nicht bilanzierungsfähigen Vermögenswerte zuzüglich des in die zukünftig geplanten Vermögenswerte investierten Kapitals in der in t + 1 endenden Periode bei Bewertung des Vermögenswertes i = n mittels der MPEEM
R_{t+1}^{EV}	Verzinsung des in alle bilanzierungsfähigen und nicht bilanzierungsfähigen Vermögenswerte investierten Kapitals in der in t + 1 endenden Periode bei deren Zusammenwirken
$R_{t+1}^{GCMPEEM}$	dem Going Concern-Element zuzurechnende Mehr-/Minderverzinsung der bilanzierungsfähigen und nicht bilanzierungsfähigen Vermögenswerte in der in t + 1 endenden Periode bei Bewertung des Vermögenswertes i = n mittels der MPEEM
R_{t+1}^{GC}	dem Going Concern-Element zuzurechnende Mehr-/Minderverzinsung der bilanzierungsfähigen und nicht bilanzierungsfähigen Vermögenswerte in der in t + 1 endenden Periode
R_{t+1}^{GCRV}	dem Going Concern-Element zuzurechnende Mehr-/Minderverzinsung der bilanzierungsfähigen und nicht bilanzierungsfähigen Vermögenswerte in der in t + 1 endenden Periode bei Bewertung des Vermögenswertes i = n mittels der Residual Value-Methode
V_{t}^{ES}	unter Einbeziehung erwerberspezifischer Synergien ermittelter Entity Value im Zeitpunkt t
$V_{i,t}^{ES}$	unter Berücksichtigung erwerberspezifischer Synergien abgeleiteter Wert des Vermögenswertes i im Zeitpunkt t
X	Ausgleichsfaktor von Ungleichungen
Y	Ausgleichsfaktor von Ungleichungen

1 Einführung

1.1 Anwendungsfälle der Bewertung immaterieller Vermögenswerte

Immaterielle Vermögenswerte werden regelmäßig aus unterschiedlichen Gründen bewertet, wobei insbesondere zwischen transaktionsbezogenen und nicht transaktionsbezogenen Anwendungsfällen unterschieden werden kann. Die transaktionsbezogenen Bewertungsanlässe können weiter danach eingeteilt werden, ob die an der Transaktion Beteiligten im Verhältnis zueinander als fremde Dritte zu betrachten sind oder ob zwischen den Beteiligten Beziehungen bestehen, insbesondere eine Abhängigkeit zwischen diesen gegeben ist. Transaktionen können zudem auch dadurch gekennzeichnet sein, dass diese erzwungen sind.

Den transaktionsbezogenen Bewertungsanlässen ist die Ermittlung von Preisober- bzw. Preisuntergrenzen von Käufer bzw. Verkäufer (Grenzpreise) zur Vorbereitung von Kaufpreisverhandlungen zuzuordnen. Grenzpreise sind jedoch nicht nur bei Kauf bzw. Verkauf des Bewertungsobjekts, sondern beispielsweise auch beim Eingehen von strategischen Partnerschaften oder der Ein- bzw. Auslizenzierung von Intellectual Property zu bestimmen.

In diese Gruppe von Bewertungsanlässen fallen oftmals auch Bewertungen immaterieller Vermögenswerte für Rechnungslegungszwecke[1], wobei der Abbildung von Unternehmenszusammenschlüssen nach IFRS 3, ASC 805 und § 301 HGB – neben der Erfassung von Wertminderungen, z. B. nach IAS 36, die jedoch grundsätzlich nicht transaktionsbezogen sind – wohl die größte Bedeutung zukommt. Die Bedeutung dieses Bewertungsanlasses spiegelt sich auch in den Prüfungsschwerpunkten der Deutschen Prüfstelle für Rechnungslegung DPR e. V., Berlin, wider, die seit 2007 fast jedes Jahr Kaufpreisallokation und/oder Überprüfung der Werthaltigkeit beinhalten (siehe hierzu http://www.frep.info/pruefverfahren/pruefungsschwerpunkte.php).[2]

Den transaktionsbezogenen Anwendungsfällen sind außerdem Bewertungen immaterieller Vermögenswerte im Rahmen gesellschaftsrechtlicher Gestaltungen sowie steuer-

---

[1] Zur bilanziellen Bedeutung immaterieller Vermögenswerte siehe insbesondere Rohleder/Tettenborn/Straub (2014), S. 521 ff.; Tran (2011), S. 538 ff.; Frey/Oehler (2009), S. 316 ff.

[2] Vgl. DPR (2016), DPR (2015), DPR (2014), DPR (2013), DPR (2012), DPR (2011), DPR (2010), DPR (2009), DPR (2008) sowie DPR (2007).

rechtlicher Umstrukturierungen[3] zuzurechnen. Bei diesen Anlässen kann u. a. eine Bewertung zur Beurteilung der Werthaltigkeit einer Sacheinlage durch gesellschaftsrechtliche Vorschriften (z. B. §§ 33, 183 AktG) vorgeschrieben oder der Nachweis von At-Arm's-Length-Bedingungen geboten sein. Zunehmende Bedeutung kommt der Bewertung immaterieller Vermögenswerte bei Funktionsverlagerungen[4] zu. Weitere transaktionsbezogene Bewertungsanlässe betreffen schließlich Finanzierungstransaktien,[5] bei denen etwa ein Beleihungswert zu bestimmen sein kann, sowie Bewertungen im Zusammenhang mit Schutzrechtsverletzungen.[6]

Bei den nicht transaktionsbezogenen Anwendungsfällen kommt Bewertungen immaterieller Vermögenswerte – etwa von Technologien oder Marken – vor allem im Rahmen des Portfolio-Managements eines Unternehmens eine besondere Bedeutung zu. Die strategische Planung[7] eines Unternehmens bestimmt die Zusammensetzung von dessen Geschäftsfeld-Portfolio, die Entwicklung der einzelnen strategischen Geschäftsfelder sowie die Entwicklung und Nutzung der Potenziale zur Umsetzung der Strategien. Auf diese Weise leitet sich beispielsweise die Technologie-Strategie eines Unternehmens aus der Unternehmensstrategie ab.[8] Strategische Planung in diesem Sinne stellt sich somit als komplexes Portfolio-Management dar, das das Geschäftsfeld-Portfolio, aber auch die Portfolios der Vermögenswerte des Unternehmens, also z. B. das Patent- oder Marken-Portfolio, umfasst. Folgt das Unternehmen dem Leitbild der Unternehmenswertsteigerung,[9] sollte auch das Portfolio-Management auf Wertüberlegungen und damit auf der Bewertung immaterieller Vermögenswerte aufbauen. In diesen Zusammenhang ist die Bewertung immaterieller Vermögenswerte im Rahmen des Innovationsmanagements einzuordnen.[10]

Den nicht transaktionsbezogenen Bewertungsanlässen sind schließlich auch die Fälle zuzuordnen, in denen Bewertungen immaterieller Vermögenswerte zu Kommunikationszwecken durchgeführt werden. Zum einen geht es um die Darstellung der Wertgenerierung innerhalb des Unternehmens, etwa des Forschungs- und Entwicklungsbereichs an die Geschäftsleitung oder der Geschäftsleitung an ein Aufsichtsorgan. Zum anderen ist die Kommunikation der Wertschaffung an Adressaten außerhalb des Unternehmens, vor allem an den Kapitalmarkt angesprochen.[11]

---

3   Zur Behandlung immaterieller Werte beim Substanzwert im Sinne des Bewertungsgesetzes Henselmann/Kniest (2011), S. 10 ff.

4   Hierzu beispielsweise Vögele (2014), S. 919 ff.; Nestler/Schaflitzl (2011), S. 235 ff.

5   Zu Finanzierungstransaktionen siehe beispielsweise Natusch (2009), S. 438 ff.

6   Zur Analyse immaterieller Vermögenswerte im Zusammenhang mit Schadenersatzermittlungen vgl. Reilly (2013), S. 7 ff.

7   Siehe zum Folgenden auch Bea/Haas (2005), S. 166 ff.

8   Zum Zusammenhang zwischen Unternehmens-, Forschungs- und Entwicklungs- sowie Patentstrategie siehe van Wijk (2001), S. 25 ff.; Sullivan/Edvinsson (1996), S. 249 ff. Grundsätzliche Überlegungen hierzu finden sich bei Germeraad/Harrison/Lucas (2003), S. 120 ff.

9   Den Zusammenhang zwischen wertorientierter Steuerung und IFRS-Rechnungslegung sprechen auch an Castedello/Beyer (2009), S. 152 ff.

10   Vgl. hierzu Moser (2014), S. 143 ff.; Moser (2013), S. 345 ff.

11   In diesem Zusammenhang ist auf das Value Reporting zu verweisen. Siehe hierzu z. B. bei Wolf (2004), S. 420 ff.

1.2 Aufbau des Buches

Kapitel 2 legt die Grundlagen der Bewertung immaterieller Vermögenswerte dar. Diese werden unabhängig von dem der Bewertung zugrunde liegenden Anlass und unabhängig von anzuwendenden Bewertungsmaßstäben betrachtet. Im Einzelnen werden die grundlegenden Wertermittlungskonzeptionen Income Approach, Market Approach und Cost Approach sowie deren Anwendung bei der Bewertung immaterieller Vermögenswerte betrachtet. Weiter werden die wesentlichen bei der Bewertung immaterieller Vermögenswerte zur Anwendung kommenden Ausgestaltungen des Income Approach, die Bestimmung des heranzuziehenden Diskontierungssatzes sowie die Berücksichtigung der Besteuerung im Bewertungskalkül dargestellt. Anschließend wird die Plausibilität der abgeleiteten Bewertungsergebnisse beurteilt. Insbesondere wird auf die Abstimmung der den Vermögenswerten des betrachteten Unternehmens zugeordneten Einkommensbeiträge, Zinssätze und abgeleiteten Werte mit dem Einkommen, den gewichteten Kapitalkosten und dem Wert dieses Unternehmens eingegangen. In diesem Zusammenhang wird auch der originäre Goodwill in die Analyse eingeführt. Zu Beginn von Kapital 2 werden zunächst immaterielle Vermögenswerte als Bewertungsobjekte, insbesondere deren Abgrenzung und deren Identifikation, betrachtet.

Im neu aufgenommenen Kapitel 3 werden ausgewählte Einzelfragen der Bewertung immaterieller Vermögenswerte behandelt. Zunächst werden bei der Bewertung immaterieller Vermögenswerte anzuwendende Bewertungsgrundsätze am Beispiel der International Valuation Standards angesprochen. In diesem Zusammenhang wird auch der beizulegende Zeitwert nach IFRS 13 eingeführt. Sodann werden bei der Anwendung des Income Approach vielfach auftretende Fragestellungen betrachtet. Im Einzelnen wird auf die Ableitung der dem Bewertungsobjekt zuzurechnenden Einkommensbeiträge als Incremental Income, als ersparte Lizenzzahlungen und als Excess Earnings sowie die Bestimmungsfaktoren der vermögenswertspezifischen Zinssätze und deren Festlegung eingegangen. Anschließend wird der Income Approach dem Cost Approach gegenübergestellt und auf dieser Grundlage die Ableitung des Wertes eines Bewertungsobjektes bei Anwendung des Cost Approach dargelegt.

In Kapitel 4 wird ein umfassendes, aus der Praxis stammendes Fallbeispiel zur Abbildung eines Unternehmenszusammenschlusses nach IFRS 3 behandelt. Anhand dieses Praxisfalls wird die Vorgehensweise bei einer Kaufpreisallokation im Einzelnen erläutert. Insbesondere werden folgende Aspekte betrachtet: Planung der Kaufpreisallokation, Identifikation und Ansatz der immateriellen Vermögenswerte des übernommenen Unternehmens, Abgrenzung und Analyse der den Ableitungen der beizulegenden Zeitwerte der immateriellen Vermögenswerte als Ausgangsdaten zugrunde zu legenden Planungsrechnungen und Kapitalkosten, Abgrenzungen und Annahmen, die nach IFRS 13 für die Bestimmung der beizulegenden Zeitwerte zu treffen sind, Aufbau eines umfassenden Bewertungsmodelles, Ermittlung der beizulegenden Zeitwerte der immateriellen Vermögenswerte sowie Beurteilung der Plausibilität der abgeleiteten Bewertungsergebnisse unter Zugrundelegung des in Kapitel 2 eingeführten Konzeptes. Das Fallbeispiel bezieht Kundenbeziehungen, Technologien, Software, eine Marke und den Mitarbeiterstamm als immaterielle Vermögenswerte des übernommenen Unternehmens ein. Die Betrachtungen in Kapitel 4 lassen sich auf andere Bewertungsanlässe übertragen. Hierzu sind die spezifischen Annahmen, die nach IFRS 3 und IFRS 13 der Ableitung beizulegender Zeitwerte zugrunde zu legen sind, durch Annahmen zu ersetzen, die durch den jeweiligen Bewertungsanlass und anzuwendenden Bewertungsmaßstab geprägt sind.

Kapitel 5 wendet sich dem derivativen Goodwill zu. Zunächst wird auf dessen Ableitung eingegangen, wobei anhand des Fallbeispiels von Kapitel 4 verschiedene Fallgestaltungen – Asset Deal, Share Deal, Einbeziehung von Schulden sowie von nicht kontrollierenden Gesellschaftern – betrachtet werden. Sodann wird der Goodwill analysiert, in seine Komponenten zerlegt und auf dieser Grundlage auf die zahlungsmittelgenerierenden Einheiten des erworbenen Unternehmens allokiert. Abschließend wird auf die für die bilanzielle Behandlung von Unternehmensübernahmen nach IFRS nicht bedeutsame, jedoch in den letzten Jahren immer wieder diskutierte Frage der Nutzungsdauer des Goodwill eingegangen.

2 Grundlagen der Bewertung immaterieller Vermögenswerte

2.1 Überblick

Im Folgenden werden zunächst immaterielle Vermögenswerte als Bewertungsobjekte betrachtet (2.2) und sodann die grundlegenden Bewertungskonzepte vorgestellt (2.3). Anschließend wird die Anwendung dieser Bewertungskonzepte bei der Bewertung immaterieller Vermögenswerte untersucht (2.4) und auf die in der Praxis verwendeten Ausgestaltungen des Income Approach eingegangen (2.5). Abschließend werden die abgeleiteten Bewertungsergebnisse beurteilt (2.6).

2.2 Immaterielle Vermögenswerte als Bewertungsobjekte

2.2.1 Überblick

Im Folgenden wird zunächst der Ausdruck immaterielle Vermögenswerte eingeführt (2.2.2). Sodann wird dargelegt, wie die immateriellen Vermögenswerte eines Unternehmens aufgefunden, d. h. identifiziert werden können (2.2.3); das Erfordernis der Identifizierung immaterieller Vermögenswerte ist darin begründet, dass nicht ohne Weiteres davon ausgegangen werden kann, dass die immateriellen Vermögenswerte des betrachteten Unternehmens bekannt sind und beispielsweise dessen Jahresabschluss entnommen werden können.

2.2.2 Abgrenzung immaterieller Vermögenswerte

2.2.2.1 Abgrenzung immaterieller Vermögenswerte in der Internationalen Rechnungslegung

Immaterielle Vermögenswerte haben in den letzten Jahren insbesondere in der Internationalen Rechnungslegung eine erhebliche Bedeutung erlangt. Dementsprechend bietet es sich an, zunächst die vom IASB eingeführte Definition des Ausdrucks »immaterieller Vermögenswert« zu betrachten.

IFRS 3[12] Appendix A definiert einen immateriellen Vermögenswert als einen Vermögenswert, der identifizierbar und nicht monetär ist sowie keine physische Substanz aufweist. Der in dieser Definition verwendete Ausdruck »Vermögenswert« wird in IAS 38.8[13] definiert. Danach ist unter einem Vermögenswert eine Ressource zu verstehen, die von einem Unternehmen aufgrund von Ereignissen der Vergangenheit beherrscht wird und von der ein künftiger wirtschaftlicher Nutzenzufluss erwartet wird.[14]

Aus diesen Definitionen[15] resultiert, dass vom Vorliegen eines immateriellen Vermögenswertes dann auszugehen ist, wenn – neben dem nicht monetären Charakter[16] und der mangelnden physischen Substanz[17] – folgende, in IAS 38.9–17 herausgestellte Voraussetzungen erfüllt sind (Abb. 2-1).
* Erwartung eines künftigen wirtschaftlichen Nutzenzuflusses,
* Beherrschung (Verfügungsmacht) sowie
* Identifizierbarkeit.

Diese Voraussetzungen werden in IFRS 3, IAS 38 und im Framework weiter erläutert:
* Der künftige wirtschaftliche Nutzen eines Vermögenswertes stellt »das Potenzial, direkt oder indirekt zum Zufluss von Zahlungsmitteln und Zahlungsmitteläquivalenten zum Unternehmen beizutragen«, dar.[18] Bei immateriellen Vermögenswerten kommt der künftige wirtschaftliche Nutzenzufluss etwa in »Erlöse(n) aus dem Verkauf von Produkten oder der Erbringung von Dienstleistungen, Kosteneinsparungen oder andere(n) Vorteile(n), die sich für das Unternehmen aus der Eigenverwertung des Vermögenswertes ergeben«, zum Ausdruck.[19]
* Die Verfügungsmacht über einen immateriellen Vermögenswert ist gegeben, wenn ein »Unternehmen die Macht hat, sich den künftigen wirtschaftlichen Nutzen ... zu verschaffen, und es den Zugriff Dritter auf diesen Nutzen beschränken kann«[20]. Im Falle juristisch durchsetzbarer Ansprüche – etwa bei Patenten – wirft diese Voraussetzung

---

12 Eine gleichlautende Definition findet sich in IAS 38.8.
13 Siehe F.53 ff.
14 Siehe F.49 (a) sowie IAS 38.8.
15 Zur Definition immaterieller Vermögenswerte siehe statt vieler Tettenborn (2015), S. 5 ff.
16 IAS 38.8 definiert monetäre Vermögenswerte als »money held and assets to be received in fixed or determinable amounts of money.«
17 Siehe hierzu z. B. Appraisal Practice Board (2013).
18 F.53.
19 IAS 38.17.
20 IAS 38.13.

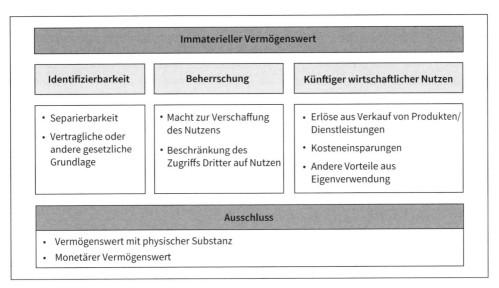

Abb. 2-1: Voraussetzungen für das Vorliegen immaterieller Vermögenswerte

keine Probleme auf. Die Verfügungsmacht kann allerdings auch ohne eine juristische Durchsetzbarkeit – etwa bei Betriebsgeheimnissen – gegeben sein.

- Die Identifizierbarkeit eines Vermögenswertes liegt vor, wenn der Vermögenswert entweder[21]
  - »separierbar« ist – »er kann vom Unternehmen getrennt und somit verkauft, übertragen, lizenziert, vermietet oder getauscht werden« (Separability-Kriterium) – oder wenn der Vermögenswert
  - »aus vertraglichen oder anderen gesetzlichen Rechten« entsteht (Contractual-Legal-Kriterium).

Für das Verständnis des Ausdrucks »immaterieller Vermögenswert«, das den Internationalen Rechnungslegungsstandards zugrunde liegt, kommt dem Kriterium der Identifizierbarkeit eine besondere Bedeutung zu. Die Identifizierbarkeit zielt – dies stellt IAS 38.11[22] heraus – darauf ab, immaterielle Vermögenswerte vom Goodwill zu unterscheiden.[23] Dies bedeutet, dass – nicht monetäre und physisch substanzlose – Vermögenswerte, die weder »separierbar« sind noch »aus vertraglichen oder anderen gesetzlichen Regelungen« resultieren, dem Goodwill und nicht den immateriellen Vermögenswerten zugeordnet werden.

Auf dieser Grundlage bietet sich eine Unterscheidung an zwischen
- monetären Vermögenswerten,
- materiellen Vermögenswerten,
- immateriellen Vermögenswerten sowie dem
- Goodwill zugeordneten Vermögenswerten.

---

21   IFRS 3 App. A; IAS 38.12.
22   Ausführlich hierzu IFRS 3.BC157 ff.
23   Vgl. IFRS 3.BC157 ff. sowie IAS 38.11.

Im Schrifttum werden Definitionen des Ausdrucks »immaterieller Vermögenswert« gegeben, die der Definition der Internationalen Rechnungslegungsstandards ähnlich, tendenziell jedoch weiter sind; insbesondere wird auf die Ausgrenzung der dem Goodwill zuzuordnenden Vermögenswerte verzichtet. So definieren etwa Smith/Parr[24] immaterielle Vermögenswerte als »all the elements of a business enterprise that exist separately from monetary and tangible assets«[25].

Die weiteren Betrachtungen folgen der vom IASB eingeführten Definition immaterieller Vermögenswerte. Ressourcen, die im Sinne der dargelegten Definitionen keine Vermögenswerte bzw. keine immateriellen Vermögenswerte darstellen und dem Goodwill zuzuordnen sind, werden erforderlichenfalls besonders gekennzeichnet.

2.2.2.2 Beispiele immaterieller Vermögenswerte

Im Schrifttum werden verschiedene Kategorisierungen immaterieller Vermögenswerte[26] vorgeschlagen. Besonders hervorzuheben ist eine Einteilung immaterieller Werte, von der der Arbeitskreis »Immaterielle Werte im Rechnungswesen« der Schmalenbach-Gesellschaft für Betriebswirtschaft e.V.[27] ausgeht (Abb. 2-2). Diese zeichnet sich vor allem dadurch aus, dass sie verdeutlicht, dass sich immaterielle Werte ganz überwiegend auf alle Bereiche eines Unternehmens erstrecken. Hieraus resultiert für die unter 2.2.3 betrachtete Identifikation immaterieller Vermögenswerte das Erfordernis, dass alle Unternehmensbereiche in die Analyse einzubeziehen sind.

Eine andere Einteilung immaterieller Vermögenswerte, deren Heranziehung sich für Zwecke der bilanziellen Abbildung von Unternehmenszusammenschlüssen anbietet und die den weiteren Ausführungen zugrunde gelegt wird, ergibt sich aus den Illustrative Examples zu IFRS 3[28] (Abb. 2-3). Die Abbildung gibt zu jedem dort aufgeführten Typ immaterieller Vermögenswerte auch an, ob dessen Identifizierbarkeit typischerweise auf dem Separability-Kriterium oder dem Contractual-Legal-Kriterium beruht. Die Abbildung macht deutlich, dass ganz überwiegend das zuletzt genannte Kriterium bestimmend ist.

---

24   Smith/Parr (2005), S. 13 (Zitat im Original kursiv).
25   Ähnlich auch Schmalenbach-Gesellschaft (2001), S. 990, die zur Unterscheidung von den im Handelsrecht bzw. im Steuerrecht verwendeten Ausdrücken »immaterieller Vermögensgegenstand« und »immaterielles Wirtschaftsgut« von »immateriellen Werten« spricht.
26   Zu immateriellen Vermögenswerten in der Betriebswirtschaftslehre siehe z.B. auch Möller/Gamerschlag (2009), S. 3 ff.
27   Schmalenbach-Gesellschaft (2001), S. 990 f.; siehe hierzu auch Haller (2009), S. 97 ff.
28   IFRS 3.IE18 – IE44.

Kategorie	Erläuterung	Beispiele
Innovation Capital	Immaterielle Werte im Bereich Produkt-, Dienstleistungs- und Verfahrensinnovationen	• Software • Patente • Filme • ungeschützte Rezepturen
Human Capital	Immaterielle Werte im Personalbereich	• Ausbildung • Mitarbeiter-Know-how • Betriebsklima • Knowledge-Datenbanken • Personal- und Managementwissen
Customer Capital	Immaterielle Werte im Absatzbereich	• Kundenlisten • Marktanteile • Kundenzufriedenheit • Marken • Abnahmeverträge
Supplier Capital	Immaterielle Werte im Beschaffungsbereich	• Beschaffungsverträge für knappe Ressourcen
Investor Capital	Immaterielle Werte im Finanzbereich	• bonitätsmäßige Einstufung zur Verbesserung von Kreditkonditionen
Process Capital	Immaterielle Werte, insbesondere im Organisationsbereich im Zusammenhang mit Ablauf- und Aufbauorganisation	• funktionierendes Vertriebsnetz • hochwertige Qualitätssicherung • gutes Kommunikationsnetz
Location Capital	Immaterielle Werte, die sich aus dem Standort ergeben	• Standortvorteile, die auf einer günstigen Verkehrsanbindung beruhen • lokale Steuervorteile

Abb. 2-2: Einteilung immaterieller Werte nach Arbeitskreis »Immaterielle Werte im Rechnungswesen« der Schmalenbach-Gesellschaft

	Basis
A. Marketingbezogene Immaterielle Vermögenswerte (IFRS 3 IE18)	
Handelsmarken, Dienstleistungsmarken, Zertifizierungen	vertraglich
Trade dress	vertraglich
Zeitungstitel	vertraglich
Internet Domains	vertraglich
Wettbewerbsverbote	vertraglich
B. Kundenbezogene Immaterielle Vermögenswerte (IFRS 3 IE 23)	
Kundenlisten	nicht vertraglich
Auftragsbestand	vertraglich
Kundenverträge und damit verbundene Kundenbeziehungen	vertraglich
Nicht vertragliche Kundenbeziehungen	nicht vertraglich
C. Kunstbezogene Immaterielle Vermögenswerte (IFRS 3 IE 32)	
Bühnenstücke, Opern und Ballettaufführungen	vertraglich
Bücher, Zeitschriften, Zeitungen und andere literarische Werke	vertraglich
Musikalische Werke wie Kompositionen, Liedtexte und Werbemelodien	vertraglich
Bilder und Fotografien	vertraglich
Videos und audiovisuelles Material, einschließlich Filme, Musikvideos und Fernsehprogramme	vertraglich
D. Vertragliche Immaterielle Vermögenswerte (IFRS 3 IE 34)	
Lizenzverträge, Stillhalteabkommen	vertraglich
Werbe-, Bau-, Management-, Service- oder Lieferverträge	vertraglich
Miet-, Pachtverträge	vertraglich
Baugenehmigungen	vertraglich
Franchise-Verträge	vertraglich
Betreiber- und Senderechte	vertraglich
Service-Verträge	vertraglich
Arbeitsverträge	vertraglich
Nutzungsrechte wie Bohrrechte, Wasser-, Luft- und Straßennutzungsrechte	vertraglich
E. Technologiebezogene Immaterielle Vermögenswerte (IFRS 3 IE 39)	
Patentierte Technologien	vertraglich
Computer-Software	vertraglich
Nicht patentierte Technologien	nicht vertraglich
Datenbanken	nicht vertraglich
Betriebs- und Geschäftsgeheimnisse wie geheime Formeln, Prozesse oder Rezepte	vertraglich

Abb. 2-3: Einteilung immaterieller Vermögenswerte nach IFRS 3

Eine ähnliche, jedoch weiterführende Kategorisierung, die u. a. Goodwill-bezogene immaterielle Vermögenswerte einbezieht, nennen Reilly/Schweihs (Abb. 2-4).[29] Darüber hinaus werden in einigen Beiträgen im Schrifttum[30] mehr oder weniger ausführliche Kataloge immaterieller Vermögenswerte aufgeführt.[31]

---

29   Vgl. Reilly/Schweihs (1999), S. 19 f.
30   Z. B. Anson/Suchy (2005), S. 11 ff.; Reilly/Schweihs (1999), S. 65.
31   Zu den verschiedenen Arten geistigen Eigentums siehe Goddar (1995), S. 357–360; Ulrich (2012), S. 5 ff.; Koch/Simon (2014), Rn. 10 ff.

Kategorie
1. Marketing-related intangible assets   • Trademarks   • Trade names   • Brand names   • Logos
2. Technology-related intangble assets   • Process patents   • Patent applications   • Technical documentation, e.g., laboratory notebooks   • Technical know-how
3. Artistic-related intagible assets   • Literary works and copyrights   • Musical compositions   • Copyrights   • Maps   • Engraving
4. Data processing-related intangible assets   • Proprietary computer software   • Software copyrights   • Automated databases   • Integrated circuit masks and masters
5. Engineering-related intangible assets   • Industrial designs   • Product patents   • Trade secrets   • Engineering drawings and schematics   • Blueprints   • Proprietary documentation
6. Customer-related intangibel assets   • Customer lists   • Customer contracts   • Customer relationships   • Open purchase orders
7. Contract-related intangible assets   • Favorable supplier contracts   • License agreements   • Franchise agreements   • Noncompete agreements
8. Human capital-related intangible assets   • Trained and assembled workforce   • Employment agreements   • Union contracts
9. Locational-related intangile assets   • Leasehold interests   • Mineral exploitation rights   • Easements   • Air rights   • Water rights
10. Goodwill-related intangible assets   • Institutional goodwill   • Professional practice goodwill   • Personal goodwill of a professional   • Celebrity goodwill   • General business going-concern value

Abb. 2-4: Einteilung immaterieller Vermögenswerte nach Reilly/Schweihs

In der Praxis werden oftmals nach Branchen spezifizierte Zusammenstellungen immaterieller Vermögenswerte als Ausgangspunkt der Identifikation immaterieller Vermögenswerte gewählt. Derartige Zusammenstellungen können etwa vorliegenden Auswertungen veröffentlichter Kaufpreisallokationen[32] entnommen werden. Diese Vorgehensweise zur Identifikation immaterieller Vermögenswerte wird auch als »indirekte Vorgehensweise« bezeichnet.[33]

2.2.2.3 Ausgewählte Einzelfragen der Abgrenzung immaterieller Vermögenswerte

IFRS 3.B31 ff. gibt weitere Erläuterungen zur Identifizierbarkeit von Vermögenswerten:

Separierbarkeitskriterium
Nach IFRS 3.B33 kommt es für das Vorliegen der Separierbarkeit nicht darauf an, dass der Vermögenswert einzeln »vom Unternehmen getrennt und somit verkauft, übertragen, lizenziert, vermietet oder getauscht werden« kann; vielmehr ist es ausreichend, wenn dies zusammen mit einem Vertrag, einem identifizierbaren Vermögenswert oder einer Schuld möglich ist. Eine Absicht des Unternehmens zur Separierung muss nicht gegeben sein.

Die Separierbarkeit von Vermögenswerten kann nach IFRS 3.B33 dadurch dargelegt werden, dass Transaktionen, deren Gegenstand derartige immaterielle Vermögenswerte oder mit diesen vergleichbare Vermögenswerte sind, nachgewiesen werden. Hierfür ist es unerheblich, wie häufig diese Transaktionen erfolgen bzw. ob der Erwerber an diesen beteiligt ist oder nicht. IFRS 3.B33 nennt als Beispiel für Vermögenswerte, deren Separierbarkeit regelmäßig über das Vorliegen entsprechender Transaktionen nachgewiesen wird, Kundenlisten. App. B33 führt weiter aus, dass der Separierbarkeit nicht entgegensteht, dass das übernommene Unternehmen davon ausgeht, dass dessen Kundenlisten im Vergleich zu denen, die Gegenstand der Transaktionen sind, Besonderheiten aufweisen. Eine Kundenliste ist allerdings dann nicht mehr separierbar, wenn deren Veräußerung, Übertragung usw. aufgrund rechtlicher Vereinbarungen, z. B. Vertraulichkeitsklauseln, ausgeschlossen ist.

Die Separierbarkeit einer nicht patentierten Technologie ist nach IFRS 3.B34 (b) beispielsweise dann gegeben, wenn diese zur Herstellung der unter einer Produktmarke vertriebenen Produkte unabdingbar ist. Eine Veräußerung der Marke, die das Contractual-Legal-Kriterium erfüllt, an einen Dritten ist ohne gleichzeitige Übertragung der Technologie nicht möglich.

---

32   Siehe hierzu z. B. BVR (2015); BVR (2012); Houlihan/Lokey (2016); Houlihan/Lokey (2015); Houlihan/ Lokey (2014); Houlihan/Lokey (2013); Houlihan/Lokey (2012b); Houlihan/Lokey (2011b); Ernst & Young (2009); KPMG (2009). In diesem Zusammenhang ist insbesondere auch die Untersuchung von Günther/Ott (2008), S. 917 ff. zu beachten.
33   So etwa Schmalenbach-Gesellschaft (2009) S. 9 f., die zutreffend darauf hinweist, dass diese Vorgehensweise lediglich »als erster Einstieg und zur Vervollständigung und Kontrolle« herangezogen werden sollte.

Contractual-Legal-Kriterium

Für das Vorliegen des Contractual-Legal-Kriteriums kommt es nach IFRS 3.B32 nicht darauf an, ob der Vermögenswert übertragbar ist oder vom Unternehmen oder von anderen Rechten oder Pflichten getrennt werden kann. Beispielsweise begründet das Contractual-Legal-Kriterium die Identifizierbarkeit bei patentgeschützten Technologien, bei Marken sowie bei Vermögenswerten, die durch Urheberrechte geschützt sind.

Beispiele nicht identifizierbarer Vermögenswerte

IFRS 3 App. B nennt schließlich zwei Beispiele für Fälle, in denen die Vermögenswerte mangels Identifizierbarkeit dem Goodwill zuzuordnen sind:

- Für den Mitarbeiterstamm (Assembled Workforce) schreibt IFRS 3.B37 fest, dass dessen Identifizierbarkeit nicht gegeben ist.[34]
- Bei Verträgen des erworbenen Unternehmens mit neu akquirierten Kunden, die am Übernahmestichtag noch nicht abgeschlossen waren, über die vielmehr noch verhandelt wurde, stellt IFRS 3.B38 klar, dass am Übernahmestichtag noch kein Vermögenswert vorliegt; zu diesem Zeitpunkt ist das Contractual-Legal-Kriterium nicht erfüllt.

2.2.3   Identifikation immaterieller Vermögenswerte

2.2.3.1 Ausgangsüberlegungen

Ein Unternehmen verfügt typischerweise über ein individuelles »Portfolio«[35] von materiellen und immateriellen Vermögenswerten. Dieses ist vor allem durch die Geschäftstätigkeit, insbesondere die Branche, in der das Unternehmen tätig ist, und durch dessen Geschäftsmodell geprägt. Beispielsweise kommt bei Unternehmen, die im Bereich Food & Beverage tätig sind, oftmals Marken eine große Bedeutung zu. Dies gilt jedoch dann nicht, wenn das Unternehmen ausschließlich für Handelsmarken (Private Label) produziert; in diesem Fall sind regelmäßig die Kundenbeziehungen bedeutsam. Das Portfolio immaterieller Vermögenswerte von Unternehmen, die etwa in einer Technologiebranche tätig sind, sieht demgegenüber völlig anders aus.

Ausgehend von diesem Verständnis eines Unternehmens als individuellem Portfolio der diesem zugeordneten Vermögenswerte erfordert die Identifikation der immateriellen Vermögenswerte eines betrachteten Unternehmens – neben detaillierten Kenntnissen der verschiedenen immateriellen Vermögenswerte – ein umfassendes Verständnis von dessen Geschäftstätigkeit und von dessen Geschäftsmodell. Im Schrifttum wird dementsprechend darauf hingewiesen, dass zur Identifikation immaterieller Vermögenswerte ein Verständnis des Geschäftsmodells[36] zu erlangen ist und Werttreiberanalysen, denen mehr oder weniger umfangreiche Unternehmens- und Umweltanalysen zugrunde zu legen sind,

---

34   Zu Einzelheiten siehe IFRS 3.BC176 ff.
35   Auf den Ausdruck »Portfolio« wird unter 2.4.2 eingegangen.
36   So z. B. die inzwischen aufgehobene Stellungnahme IDW RS HFA 16, Tz. 42.

durchzuführen sind.[37] Abgesehen davon, dass ganz überwiegend[38] nicht erläutert wird, was in diesem Zusammenhang unter einem Werttreiber zu verstehen ist, bietet sich für die Identifikation immaterieller Vermögenswerte ein anderer Ansatzpunkt an: Immaterielle Vermögenswerte sind dadurch gekennzeichnet, dass ihre Nutzung einem Unternehmen grundsätzlich Wettbewerbsvorteile verschaffen soll.[39]

Im Folgenden wird zunächst der Zusammenhang zwischen immateriellen Vermögenswerten und der Erzielung von Wettbewerbsvorteilen betrachtet (2.2.3.2) und daran anknüpfend das Vorgehen bei der Identifikation immaterieller Vermögenswerte im konkreten Anwendungsfall erläutert (2.2.3.3).

2.2.3.2 Wettbewerbsvorteile durch Nutzung immaterieller Vermögenswerte

Wettbewerbsvorteile lassen sich nach Porter[40] in zwei Grundtypen einteilen: niedrige Kosten und Differenzierung, wobei beide Vorteile relativ, also im Vergleich zu den Wettbewerbern eines betrachteten Unternehmens zu sehen sind. Niedrige Kosten können beispielsweise aus der Anwendung eines speziellen, nicht patentgeschützten Produktionsverfahrens oder einer effizienten Steuerung der Produktion resultieren, aber auch in einer niedrigen Ausschussquote zum Ausdruck kommen. Differenzierungsvorteile weisen etwa Konsumgüterprodukte auf, die unter einer bekannten Marke verkauft werden, oder Produkte, deren besondere Eigenschaften durch Patente geschützt sind. Differenzierungsvorteile können jedoch auch durch den charakteristischen Geschmack von Lebensmitteln, eine hochwertige Produktqualität oder kurze Lieferzeiten aufgrund niedriger Auftragsdurchlaufzeiten erzielt werden.

Die Beispiele zeigen, dass Wettbewerbsvorteilen zwar nicht zwingend, jedoch oftmals immaterielle Vermögenswerte zugrunde liegen (Abb. 2-5). Bei Marken, Patenten, nicht patentgeschützten Technologien (Betriebsgeheimnissen), wie z. B. Produktionsverfahren, sowie Rezepturen, die den Geschmack von Lebensmitteln bestimmen, ist dies offensichtlich. In den anderen genannten Fällen – niedrige Ausschussquoten, hochwertige Produkt

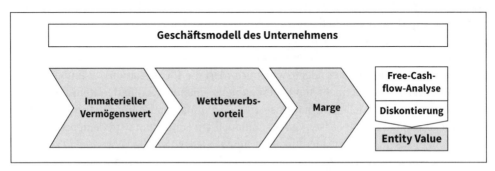

Abb. 2-5: Wettbewerbsvorteile durch immaterielle Vermögenswerte

37   So etwa Beyer/Zwirner (2014), S. 196; Zelger (2014), S. 157.
38   Anders wohl Mackenstedt/Fladung/Himmel (2006), S. 1038.
39   Verschiedene Ansätze zur Identifikation immaterieller Vermögenswerte werden erörtert bei Rogler/Schmidt/ Tettenborn (2014), S. 577 ff.
40   Vgl. Porter (1992), insbesondere S. 31 f.

qualität und kurze Lieferzeiten – können die Wettbewerbsvorteile auf Prozessen basieren, die möglicherweise Know-how verkörpern. Im Falle der effizienten Steuerung der Produktion kann der zugrunde liegende Prozess zudem mittels einer Software umgesetzt sein.

Damit ist ersichtlich, dass der Analyse der Wettbewerbsvorteile eines Unternehmens bei der Identifikation von dessen immateriellen Vermögenswerten eine besondere Bedeutung zuzumessen ist.

2.2.3.3 Vorgehen bei der Identifikation immaterieller Vermögenswerte

Wettbewerbsvorteile finden typischerweise ihren Niederschlag in der Gewinnspanne eines Unternehmens (Abb. 2-5).[41] Dementsprechend stellt sich regelmäßig ein erstes, überschlägiges Bild der immateriellen Vermögenswerte, die ein Unternehmen prägen, zumeist schon bei der Analyse von dessen Ergebnisrechnung bzw. der Ableitung des Free Cashflow[42] ein. Die dabei anzuwendende Vorgehensweise entspricht im Grundsatz den Überlegungen, die bei der Untersuchung des Einflusses eines immateriellen Vermögenswerts auf das Einkommen des betrachteten Unternehmens anzuwenden sind.[43]

Ein auf diese Weise erlangtes erstes und vorläufiges Verständnis der immateriellen Vermögenswerte des betrachteten Unternehmens ist sodann durch eine systematische Analyse von dessen Wettbewerbsvorteilen weiter zu konkretisieren. Hierzu kommen verschiedene Instrumente in Betracht, insbesondere Potenzialanalysen,[44] etwa die Wertkettenanalyse von Porter[45] bzw. die Analyse branchenspezifischer Wertketten. Mittels derartiger Analysen können auch immaterielle Vermögenswerte identifiziert werden, mit denen keine Wettbewerbsvorteile verbunden sind, deren Nutzung jedoch Voraussetzung für die Ausübung der Geschäftstätigkeit ist; dies ist oftmals bei Software zu beobachten. Darüber hinaus bietet es sich – angesichts der Einbindung der Wertkette in die Branchenstruktur – an, eine Branchenstrukturanalyse[46] durchzuführen. Die zuletzt genannte Untersuchung führt regelmäßig zu Erkenntnissen, auf die insbesondere bei der Analyse und Bewertung von Kundenbeziehung zurückzugreifen ist.

Neben den dargestellten Untersuchungen sind alle verfügbaren Informationen in die Identifikation einzubeziehen. Beispielsweise können sich im Einzelfall Hinweise auf mögliche immaterielle Vermögenswerte auch aus Akquisitionsmotiven ergeben, die – im konkreten Fall – etwa in dem gezielten Erwerb eines bestimmten immateriellen Vermögenswerts, z. B. einer Technologie, einer Marke oder einer Kundenbeziehung, liegen können.[47]

Das Vorgehen bei der Identifikation immaterieller Vermögenswerte fasst Abbildung 2-6 zusammen.

---

41   Ausführlich hierzu Porter (1992), S. 63 ff., insbes. S. 64.
42   Der Ansatz an der Free-Cashflow-Ermittlung anstelle der Ergebnisrechnung folgt den Untersuchungen von Rappaport (1995), S. 83 ff.
43   Siehe hierzu unter 2.5.3.
44   Siehe hierzu z. B. Bea/Haas (2005), S. 111 ff.
45   Siehe im Einzelnen Porter (1992), S. 59 ff.
46   Siehe hierzu Porter (2008), S. 35 ff.
47   So auch Schmalenbach-Gesellschaft (2009), S. 9; Beyer/Zwirner (2014), S. 195.

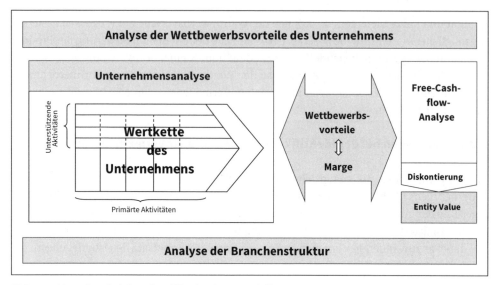

Abb. 2-6: Vorgehen bei der Identifikation immaterieller Vermögenswerte

2.3   Grundlegende Bewertungsansätze

2.3.1   Ausgangsüberlegungen

Der Wert eines Objektes,[48] z. B. einer patentgeschützten Technologie oder aber auch eines ganzen Unternehmens, leitet sich aus dem Nutzen ab, den es für dessen Eigentümer stiftet.[49] Zur Messung dieses Nutzens kann grundsätzlich zurückgegriffen werden auf:

- Einkommenszahlungen, die das zu bewertende Objekt bei dessen Nutzung in Zukunft voraussichtlich generieren wird,
- Marktpreise, die für das Bewertungsobjekt oder vergleichbare Objekte verfügbar sind,
- Kosten, die zur Beschaffung oder Herstellung eines Objektes mit identischen oder vergleichbaren Verwendungs- oder Nutzungsmöglichkeiten erforderlich sind.[50]

Dementsprechend wird zwischen drei grundlegenden Bewertungsansätzen unterschieden (Abb. 2-7):[51]

---

48   Zu Einzelheiten der Bewertung immaterieller Vermögenswerte siehe insbesondere auch Moser/Goddar (2007), S. 594 ff., 655 ff. m. w. N.; Moser/Goddar (2008), S. 121 ff.; Moser/Goddar (2010), S. 391 ff.
49   Siehe statt vieler z. B. Born (2003), S. 21; Smith/Parr (2005), S. 141 ff.
50   Siehe z. B. Smith/Parr (2005), S. 148 ff.
51   Siehe z. B. PPD IVS 105; Aschauer/Purtscher (2011), S. 106 ff.; Born (2003), S. 22 ff.; Mandl/Rabel (1997), S. 10 f; Smith/Parr (2005), S. 148 f.; Seppelfricke (2003), S. 15–17, der allerdings unzutreffend den Liquidationswert den kostenorientierten und nicht den erfolgsorientierten Verfahren zuordnet; IDW S 5 (2015), Tz. 18 ff.; zu IDW S 5 siehe statt aller Dörschell/Ihlau/Lackum (2010), S. 978 ff.; Beyer/Menninger (2009), S. 113 ff. Im Zusammenhang mit der Patentbewertung vgl. auch Goddar (1995), S. 357–366; Khoury/Lukeman (2002), S. 50; sowie Drews (2007), S. 365 ff.

- Income Approach (auch »kapitalwertorientierte oder erfolgsorientierte Verfahren« genannt)
- Market Approach (auch als »marktpreisorientierte oder marktorientierte Verfahren« bezeichnet)
- Cost Approach (auch »kostenorientierte Verfahren« genannt).

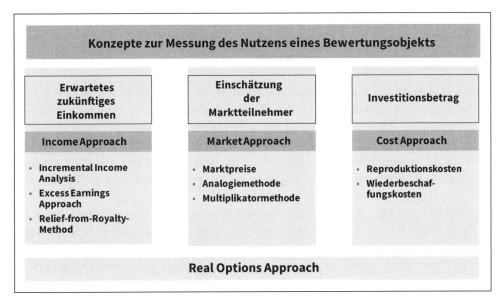

Abb. 2-7: Grundlegende Bewertungskonzepte

Als weiterer grundlegender Bewertungsansatz ist der Real Option Approach[52] zu nennen, bei dessen Anwendung in der Praxis allerdings regelmäßig besondere Schwierigkeiten auftreten. Da diesem Ansatz bei der Bewertung immaterieller Vermögenswerte[53] derzeit keine Bedeutung zukommt, wird er in die folgenden Betrachtungen nicht einbezogen.

In diesem Zusammenhang ist schließlich auch auf Beiträge im Schrifttum hinzuweisen, die den Anspruch erheben, neben den drei grundlegenden Konzepten weitere Bewertungsverfahren entwickelt zu haben.[54] Die Analyse dieser Ansätze zeigt jedoch, dass sie nur Ausgestaltungen der Grundkonzepte, insbesondere des Income Approach, darstellen und dementsprechend keine eigenständige Bedeutung haben.[55]

Im Folgenden werden die drei grundlegenden Bewertungsansätze kurz erläutert (2.3.2–2.3.4). Die Ausführungen beschränken sich auf die Darstellung der Grundlagen und ver-

---

52 Vgl. zu diesem Ansatz z. B. Copeland/Antikarov (2001); Mun (2002). Zur Anwendung des Ansatzes bei der Bewertung von Patenten bzw. von Technologien siehe insbesondere Khoury, (2001), S. 87–90; Kidder/Mody (2003), S. 190–192; Kossovsky/Arrow (2000), S. 139–142; Pries/Astebro/Obeidi (2003), S. 184–186; Razgaitis (1999), S. 223 ff.

53 Siehe auch AICPA (2001), 2.1.17 – 2.1.20.

54 So etwa Anson/Martin (2004), S. 7–10; Poredda/Wildschütz (2004), S. 77–85.

55 So auch Reilly/Schweihs (1999), S. 96; Smith/Parr (2005), S. 148 f.; Khoury/Daniele/Germeraad (2001), S. 79.

zichten deswegen grundsätzlich auf die Einbeziehung der Besonderheiten, die beispielsweise bei der Ermittlung beizulegender Zeitwerte[56] zu beachten sind. Die Anwendung der Bewertungskonzepte und deren Ausprägungen werden unter 2.5 und 2.6 sowie in Kapitel 3 und 4 im Einzelnen dargelegt.

2.3.2   Income Approach

2.3.2.1 Konzeption des Income Approach

Der Income Approach setzt, wie bereits ausgeführt, an den Einkommenszahlungen[57] an, die in Zukunft voraussichtlich aus dem Bewertungsobjekt zu erwarten sind. Beispielsweise können diese bei einem auslizenzierten Patent oder einer auslizenzierten Marke aus den zukünftigen Lizenzzahlungen an dessen Eigentümer resultieren, bei einem Unternehmen aus den zukünftigen Ausschüttungen an die Anteilseigner bzw. den Zahlungen an alle Kapitalgeber. Ansatzpunkt des Bewertungsansatzes ist die Fähigkeit des Bewertungsobjektes, künftig Einkommen zu erwirtschaften.[58]

Zur Ableitung des Wertes wird beim Income Approach das aus dem Bewertungsobjekt zu erwartende zukünftige Einkommen mit dem Einkommen verglichen, das aus einer alternativen Anlagemöglichkeit zukünftig voraussichtlich erzielbar ist.[59] Der Wert des Bewertungsobjektes entspricht dem Betrag, der zur Erlangung der Alternativanlage zu investieren ist. Im Einzelnen gilt: Ein Objekt i mit i = 1 bis n weist eine Nutzungsdauer von einem Jahr auf und erzielt in t = 1 ein Einkommen von $CF_{i,1}$. Eine zu dieser Investition alternative Anlage verzinst sich in der Periode t = 1 mit einem Zinssatz von $r_{i,1}$. Der Wert des Objektes i im Zeitpunkt t = 0 ergibt sich aus der Beziehung

$$V_{i,0} = \frac{CF_{i,1}}{1+r_{i,1}}$$

Weist das Objekt i im Zeitpunkt t = 0 eine Nutzungsdauer von 2 Jahren auf und erzielt in t = 2 ein Einkommen von $CF_{i,2}$, ergibt sich auf dieser Grundlage in t = 1 ein Wert von

$$V_{i,1} = \frac{CF_{i,2}}{1+r_{i,2}}$$

und in t = 0 von

$$V_{i,0} = \frac{V_{i,1}+CF_{i,1}}{1+r_{i,1}}$$

$r_{i,2}$ bezeichnet den Zinssatz, mit dem sich das in eine zur betrachteten Investition alternative Anlage investierte Kapital in t = 2 verzinst.

---

56   Zum beizulegenden Zeitwert siehe unter 3.2.4.

57   Im Folgenden wird z. T. kurz der Ausdruck »Einkommen« verwendet. Dieser ist im Sinne von »Einkommenszahlungen« zu verstehen.

58   Vgl. z. B. Smith/Parr (2005), S. 150 ff.; IDW S 5 (2015), Tz. 22.

59   Vgl. z. B. Gebhardt/Danske (2005), S. 650.

Durch Weiterführung dieser Überlegung kann aufgezeigt werden, dass der Wert eines Bewertungsobjekts i mit i = 1 bis n im Zeitpunkt t mit t = 0 bis ∞ durch die Beziehung

$$V_{i,t} = \frac{V_{i,t+1} + CF_{i,t+1}}{1 + r_{i,t+1}}$$

bestimmt ist. Dieses Vorgehen zur Ermittlung des Barwertes eines Bewertungsobjektes wird als Roll-back-Verfahren bezeichnet.[60]

Tabelle 2-1 verdeutlicht im oberen Teil das Vorgehen nach dem Income Approach anhand eines einfachen Beispiels.

Tab. 2-1: Beispiel zum Income Approach

Mio. EUR		0	1	2	3	4
Income				10,0	20,0	25,0	22,0
Present Value	10,0%	59,4	55,4	40,9	20,0	
Return on Invested Capital	10,0%		5,9	5,5	4,1	2,0
Return of Invested Capital			4,1	14,5	20,9	20,0
Income			10,0	20,0	25,0	22,0

Das betrachtete Bewertungsobjekt i = 1, z. B. eine patentgeschützte Technologie, weist eine Nutzungsdauer von 4 Jahren auf (T_1 = 4); eine zu dieser Investition alternative Anlage verzinst sich in jedem Jahr des Betrachtungszeitraumes mit 10 % ($r_{1,t+1}$ = r_1 = 10 % für t = 0 bis 3). Aus der Tabelle ergibt sich, dass der Wert des Bewertungsobjektes zu Beginn eines jeden betrachteten Jahres $V_{1,t}$ für t = 0 bis 3 sich bestimmt als Barwert der Summe aus dem Wert des Bewertungsobjektes am Ende des Betrachtungsjahres $V_{1,t+1}$ und der Einkommenszahlung dieser Periode $CF_{1,t+1}$, wobei aufgrund der Nutzungsdauer von 4 Jahren $V_{1,4}$ = 0 gilt. Auf die Einbeziehung der Besteuerung – wird zur Vereinfachung des Beispiels – verzichtet.

Die Beziehung für $V_{i,t}$ kann – bei einer verbleibenden (Rest-)Nutzungsdauer des Bewertungsobjekts i von T_i Perioden mit 0 < T_i ≤ ∞ und einer im Zeitablauf konstanten Verzinsung der Alternativanlage $r_{i,t+1}$ = r_1 für alle t = 0 bis ∞ – durch rekursives Vorgehen und Einsetzen der Beziehung für $V_{i,t+1}$ in die Beziehung für $V_{i,t}$ für alle t = 0 bis T_i-1 in die auf den Bewertungsstichtag t = 0 bezogene Barwertformel überführt werden. Es ergibt sich

$$V_{i,0} = \sum_{t=1}^{T_i} CF_{i,t} \cdot \left(1 + r_i\right)^{-t}$$

Der auf dieser Grundlage ermittelte Wert des Bewertungsobjektes stellt – bei Einführung einer Kauf- bzw. Verkaufstransaktion – entweder die Preisobergrenze des Käufers oder die Preisuntergrenze des Verkäufers dar und wird deswegen auch als Grenzpreis bezeichnet. Aus Sicht des Erwerbers ist der Grenzpreis der Betrag, den dieser für den Erwerb eines Objektes höchstens bezahlen darf, ohne eine Verschlechterung seiner Vermögensposition

---

60   Siehe hierzu auch Henselmann/Kniest (2015), S. 90 ff.; Enzinger/Kofler (2011), S. 2–10.

im Vergleich zur Unterlassung des Erwerbs zu erfahren. Für den Veräußerer gilt in entsprechender Weise, dass er beim Verkauf eines Objektes mindestens den Grenzpreis erzielen muss, wenn er eine Verschlechterung seiner Vermögensposition im Vergleich zur Unterlassung des Verkaufs vermeiden möchte.

Dem Income Approach sind im Bereich der Unternehmensbewertung die Discounted-Cashflow-Verfahren sowie die Ertragswertmethode zuzuordnen.[61]

2.3.2.2 Anwendungsvoraussetzungen des Income Approach

Die Beziehung für $V_{i,t}$ zeigt, dass die Anwendung des Income Approach die Ableitung des dem Bewertungsobjekt zuzuordnenden zukünftigen Einkommens sowie die Abgrenzung einer zu dieser Investition alternativen Anlage erfordert. Für die weiteren Betrachtungen kommt zwei Fragestellungen eine besondere Bedeutung zu:

Bei der Ableitung des Einkommens des Bewertungsobjektes ist zu berücksichtigen, dass die Einkommenszahlungen $CF_{i,t+1}$ mit i = 1 bis n für alle t = 0 bis T_i-1 nicht einwertig, sondern risikobehaftet sind.[62] Das Risiko dieser Zahlungen kommt in deren Volatilität zum Ausdruck[63] und kann dadurch im Bewertungskalkül abgebildet werden, dass die Erwartungswerte[64] bzw. die Sicherheitsäquivalente[65] der zukünftigen Einkommenszahlungen bestimmt und der Wertermittlung zugrunde gelegt werden. Die weiteren Betrachtungen gehen davon aus, dass $CF_{i,t+1}$ den Erwartungswert der Verteilung der Einkommenszahlungen des Bewertungsobjektes i mit i = 1 bis n im Zeitpunkt t mit t = 0 bis ∞ bezeichnet.

An die Alternativanlage ist die Anforderung zu stellen, dass diese äquivalent zum zu diskontierenden Einkommensstrom des Bewertungsobjektes ist.[66] Aus dieser Anforderung resultiert, dass sich Währung, Laufzeit, Kapitaleinsatz, Geldwert, Risiko und Verfügbarkeit des Einkommensstromes des Bewertungsobjektes und der Alternativanlage entsprechen. Die bisherigen Betrachtungen lassen bereits die Bedeutung erkennen, die der Laufzeit- und Risikoäquivalenz von zu diskontierendem Einkommen und Alternativanlage zukommt.

2.3.2.3 Komponenten der Einkommenszahlungen

Dem Income Approach liegt ein Verständnis der in das Barwertkalkül eingehenden Einkommenszahlungen zugrunde, dem für die weiteren Untersuchungen eine grundlegende Bedeutung zukommt. Die Auflösung der Beziehung

---

61   Zu diesen Ansätzen siehe statt vieler Drukarczyk/Schüler (2016), S. 137 ff.; Kniest (2010), S. 65 ff.; Aschauer/
     Purtscher (2011), S. 106 ff., 111 ff.
62   Vgl. statt vieler Ballwieser/Hachmeister (2013), S. 69 f.
63   Vgl. Moser/Schieszl (2001), S. 530 ff. m. w. N.
64   Siehe hierzu Ballwieser/Hachmeister (2013), S. 83 ff.
65   Vgl. zu Sicherheitsäquivalenten Ballwieser/Hachmeister (2013), S. 70 ff.
66   Grundlegend zu den Äquivalenzprinzipien siehe Moxter (1991), S. 155 ff.; Ballwieser/Hachmeister (2013),
     S. 86 ff.; Rammert (2014), S. 645 ff.

$$V_{i,t} = \frac{V_{i,t+1} + CF_{i,t+1}}{1 + r_{i,t+1}}$$

nach $CF_{i,t+1}$ führt zu

$$CF_{i,t+1} = V_{i,t} - V_{i,t+1} + V_{i,t} \cdot r_{i,t+1}$$

Danach setzt sich das Einkommen des Bewertungsobjekts i (mit i = 1 bis n) einer beliebigen, in t + 1 endenden Periode mit t = 0 bis ∞ aus folgenden Komponenten zusammen: dem

- Rückfluss des in das Bewertungsobjekt investierten Kapitals ($V_{i,t} - V_{i,t+1}$), der – zur Vereinfachung der Betrachtungen – im Zeitpunkt t + 1 zufließt, sowie der
- Verzinsung des in das Bewertungsobjekt am Ende der Periode t investierten Kapitals ($V_{i,t} \cdot r_{i,t+1}$).

Die erste Komponente wird auch als »return of invested capital«, die zweite als »return on invested capital« bezeichnet.

Im unteren Teil von Tabelle 2-1 werden Verzinsung (Return on Invested Capital) und Rückfluss (Return of Invested Capital) des in das Bewertungsobjekt i = 1 investierten Kapitals abgeleitet. Die Verzinsung eines betrachteten Jahres ergibt sich durch Anwendung des vermögenswertspezifischen Zinssatzes auf das investierte Kapital am Ende der Vorperiode, der Rückfluss dieser Periode als Veränderung des investierten Kapitals am Ende des Jahres gegenüber dem Ende der Vorperiode. Die Summe aus beiden Komponenten ist in jedem Jahr des Betrachtungszeitraums gleich der Einkommenszahlung.

2.3.3 Market Approach

Konzeption des Market Approach

Der Market Approach[67] geht, wie dargelegt, vom Marktpreis des Bewertungsobjektes oder vom Marktpreis eines mit diesem vergleichbaren Objektes aus und stellt damit zur Bewertung eines Objektes auf die Nutzeneinschätzung der Marktteilnehmer ab. Grundlage dieses Ansatzes ist der Gedanke, dass sich auf kompetitiven Märkten – bei Vorliegen weiterer Voraussetzungen – für die dort gehandelten Objekte Marktpreise einstellen.[68]

Der Wert des Bewertungsobjektes bestimmt sich nach diesem Ansatz bei einem Bewertungsobjekt, das

- auf einem aktiven Markt gehandelt wird, als Marktpreis des Bewertungsobjektes, und bei einem Bewertungsobjekt, das
- nicht auf einem aktiven Markt gehandelt wird, durch Übertragung der Marktpreise vergleichbarer Objekte auf das Bewertungsobjekt (Analogiemethode).[69]

67　Zum Market Approach siehe statt vieler Moser/Auge-Dickhut (2003a), S. 10 ff.; Moser/Auge-Dickhut (2003b), S. 213 ff.; Krolle/Schmitt/Schwetzler (2005); Hanlin/Claywell (2010), S. 37 ff.; Abrams (2012), S. 8 ff.; Löhnert/Böckmann (2012), S. 679 ff.; Hall (2016), S. 16 ff.

68　Vgl. hierzu z. B. Smith/Parr (2005), S. 148–150; Reilly/Schweihs (1999), S. 101 f.

69　Vgl. auch IDW S 5 (2015), Tz. 19–21.

Ein aktiver Markt ist nach IFRS 13 App. A definiert als »a market in which transactions for the asset or liability take place with sufficient frequency and volume to provide pricing information on an ongoing basis«.

Bei Anwendung der Analogiemethode ist zunächst ein Multiplikator als Relation zwischen dem Marktpreis des Vergleichsobjektes und einer Bezugsgröße abzuleiten. Zur Abschätzung des Marktpreises des Bewertungsobjektes wird dieser Multiplikator sodann auf die betreffende Bezugsgröße beim Bewertungsobjekt angewendet. Beispielsweise kann im Falle der Bewertung eines Patentes der bekannte Marktpreis eines vergleichbaren Patentes auf den aktuellen Jahresumsatz (Bezugsgröße) des durch das Vergleichspatent geschützten Produktes bezogen werden. Die Anwendung des so ermittelten Multiplikators auf den aktuellen Jahresumsatz des durch das zu bewertende Patent geschützten Produktes führt zum gesuchten Patentwert.

Der Marktpreis des Vergleichsobjektes kann sich
* aus einem aktiven Markt ergeben oder
* aus Vergleichstransaktionen abgeleitet werden.

Auf Vergleichstransaktionen ist immer dann abzustellen, wenn das Vergleichsobjekt nicht auf einem aktiven Markt gehandelt wird. Bei deren Anwendung ist zu beachten, dass die Transaktionen einer eingehenden Analyse zu unterziehen sind, in die insbesondere die detaillierten Konditionen sowie die Bedingungen des Zustandekommens der Transaktionen einzubeziehen sind (z. B. zwischenzeitliche Veränderungen der Marktgegebenheiten, Einflüsse käuferspezifischer Motive).

Anwendungsvoraussetzungen des Market Approach
Die Betrachtungen zeigen, dass die Anwendung des Market Approach voraussetzt, dass entweder das Bewertungsobjekt auf einem aktiven Markt gehandelt wird oder, wenn diese Voraussetzung nicht erfüllt ist, ein mit dem Bewertungsobjekt vergleichbares Objekt verfügbar ist und für dieses Vergleichsobjekt ein Marktpreis bekannt ist. Angesichts dieser Anwendungsvoraussetzungen ist unmittelbar erkennbar, dass der Anwendungsbereich des Market Approach begrenzt ist.

Komponenten der Einkommenszahlungen
Die Einkommenszahlungen, die mit einem nach dem Market Approach bewerteten Bewertungsobjekt verbunden sind, setzen sich wiederum aus den Komponenten Return on Invested Capital und Return of Invested Capital zusammen.[70] Die Ableitung dieser Komponenten folgt dem beim Cost Approach dargestellten Vorgehen, das unter 2.3.4.5 erläutert wird.

---

70   Vgl. 2.3.2.3.

2.3.4 Cost Approach

2.3.4.1 Ausgangsüberlegungen des Cost Approach

Der Wert des Bewertungsobjekts bestimmt sich beim Cost Approach[71] durch den Betrag, der erforderlich ist, um ein Objekt zu erlangen, das dem Eigentümer die Verwendungs- oder Nutzungsmöglichkeiten eröffnet, die ihm das zu bewertende Objekt vermittelt. Es handelt sich somit um den Betrag, den der Eigentümer aufwenden muss, um das zu bewertende Objekt durch ein entsprechendes Objekt zu substituieren. Das dem Ansatz zugrunde liegende Prinzip ist dasjenige der Substitution.[72]

Aus dem Prinzip der Substitution folgt, dass der Cost Approach eine Wertobergrenze determiniert: Ein rational handelnder Investor bezahlt für ein Objekt – auch wenn dessen z. B. mittels Income Approach ermittelter Wert höher ist – maximal den Betrag, den er zur Erlangung eines anderen Objektes, das ihm die entsprechenden Verwendungs- oder Nutzungsmöglichkeiten vermittelt, aufwenden muss. Hieran anknüpfend definiert das IVSC[73] den Cost Approach als »valuation approach based on the economic principle that a buyer will pay no more for an asset than the cost to obtain an asset of equal utility, whether by purchase or by construction«.

Im Folgenden werden zunächst die wesentlichen Ausgestaltungen des Cost Approach betrachtet (2.3.4.2) und sodann die Ableitung des Wertes nach diesem Ansatz (2.3.4.3) sowie dessen Anwendungsbereich (2.3.4.4) dargelegt. Abschließend wird auf die dem Bewertungsobjekt zuzuordnenden Einkommenszahlungen eingegangen (2.3.4.5). In Kapitel 3 werden die konzeptionellen Grundlagen des Cost Approach im Einzelnen herausgearbeitet.

2.3.4.2 Ausprägungen des Cost Approach

Der Ableitung der in die Cost-Approach-Analyse einzubeziehenden Kostenkomponenten können unterschiedliche Annahmen über die Ausgestaltung des das Bewertungsobjekt substituierenden Vergleichsobjektes zugrunde gelegt werden. Typischerweise[74] wird unterschieden zwischen den

- Reproduction Cost (Reproduktionskostenwert) – diese gehen von der identischen Reproduktion des zu bewertenden Objektes – einem »exakten Duplikat«[75] – aus; und den

---

71 Ausführlich zum Cost Approach siehe Moser/Tesche/Hell (2015a), S. 98 ff.; Moser/Tesche/Hell (2015b), S. 146 ff.; Holloway/Reilly (2012), S. 18 ff.; Smith/Parr (2005), insbes. S. 156 ff.; Reilly/Schweihs (1999), insbes. S. 118 ff.; Chen/Barreca (2010), S. 19 ff.

72 Vgl. hierzu und zum Folgenden z. B. Reilly/Schweihs (1999), S. 96 f., 119 ff.; Smith/Parr (2005), S. 148 f.

73 IVSC (TIP 3), Tz. 2; vgl. auch IFRS 13.B9.

74 Vgl. statt vieler Reilly/Schweihs (1999), S. 97 f., 122 f.; Smith/Parr (2005), S. 146; Chen/Barreca (2010), S. 20.

75 IDW S 5 (2015), Tz. 49.

- Replacement Cost (Wiederbeschaffungskostenwert) – diese stellen auf die Beschaffung bzw. Herstellung eines Objektes mit äquivalenten Nutzungs- oder Verwendungsmöglichkeiten ab.

Beide Vorgehensweisen[76] betrachten regelmäßig[77] einen neuen und nicht einen gebrauchten Vermögenswert und gehen von den Preisverhältnisse am Bewertungsstichtag aus. Sie unterscheiden sich jedoch u. a. dadurch, dass bei den Replacement Cost im Gegensatz zu den Reproduction Cost Bestandteile, die das zu bewertende Objekt zwar aufweist, denen jedoch aus Sicht des Bewertungszeitpunkts für die Verwendung oder Nutzung des Bewertungsobjektes keine Bedeutung zukommt, keine Berücksichtigung finden; sie unterscheiden sich weiter dadurch, dass technologische Weiterentwicklungen nur in die Replacement Cost, nicht jedoch in die Reproduction Cost eingehen. Die Replika bei Anwendung der Reproduction Cost bezieht demgegenüber alle Ineffizienzen, die das Bewertungsobjekt kennzeichnen, ein. Damit wird deutlich, dass sich das der Ableitung der Replacement Cost zugrunde gelegte Objekt wesentlich vom zu bewertenden Objekt unterscheiden kann.

Im Schrifttum[78] werden verschiedene, z.T. vereinfachende Vorgehensweisen vorgestellt, die in der Praxis der Ermittlung der Reproduction Cost bzw. der Replacement Cost zugrunde gelegt werden. Insbesondere werden genannt[79] die

- Direct-Unit-Pricing-Methode (Unit-Cost-Methode) – dieser Ansatz geht von der detaillierten Analyse und Zusammenstellung der für die Herstellung oder Entwicklung des Bewertungsobjektes anfallenden Aufwendungen aus; die
- Trended-Historic-Cost-Methode (Historical Cost Trending)[80] – diese Methode wendet auf die für das Bewertungsobjekt angefallenen historischen Kosten auf den Bewertungsstichtag bezogene Preisindizes an; sowie die
- Unit-of-Production-Methode – hierbei handelt es sich um Praktikerregeln (»rules of thumb«), die auf Multiplikatoren zurückgreifen.

Den historischen Kosten, die bei Anschaffung bzw. Herstellung des zu bewertenden Objektes angefallen sind, kommt demgegenüber beim Cost Approach keine eigenständige Bedeutung zu.

---

76   Vgl. zum Folgenden insbesondere Reilly/Schweihs (1999), S. 97 ff., 122 f.
77   So z. B. Smith/Parr (2005), S. 162; Chen/Barreca (2010), S. 20 ff.
78   Vgl. Chen/Barreca (2010), S. 22 ff.; Smith/Parr (2005), S. 159 ff. Siehe dort auch zu Einzelheiten dieser Ansätze. Im deutschen Schrifttum ist insbesondere auf Beiträge zu den Substanzwertverfahren zu verweisen, z. B. Born (2003), S. 139 ff.; Seppelfricke (2003), S. 167 ff.
79   Zu Einzelheiten der im Folgenden aufgeführten Ansätze siehe die in Fn. 78 angegebenen Fundstellen.
80   Zu den Grenzen der Anwendung dieses Ansatzes bei der Bewertung immaterieller Vermögenswerte siehe Reilly/Schweihs (1999), S. 130 f.

2.3.4.3 Ableitung des Wertes nach dem Cost Approach

2.3.4.3.1 Vorgehen bei der Ableitung des Wertes

Die Ableitung des Wertes eines Bewertungsobjektes mittels des Cost Approach geht von den Kosten aus, die für die Herstellung oder Entwicklung eines – zumeist neuen – identischen bzw. nutzungsäquivalenten Vermögenswertes anfallen. Die Summe dieser Kosten reflektiert den – als Grenzpreis verstandenen – Wert eines substituierbaren Bewertungsobjektes jedoch nicht zwingend; dies gilt insbesondere dann,[81] wenn am Bewertungsstichtag mit dem Bewertungsobjekt – im Vergleich zum angenommenen identischen oder nutzungsäquivalenten Objekt – nur eingeschränkte, möglicherweise überhaupt keine Nutzungs- oder Verwendungsmöglichkeiten verbunden sind oder nur ein Ersatz des Bewertungsobjektes durch andere, z.B. wesentlich verbesserte oder weiterentwickelte Vermögenswerte in Betracht kommt. Dementsprechend sind – bei Anwendung des Cost Approach – die dem Bewertungsobjekt zugeordneten Herstell- bzw. Entwicklungskosten durch Anpassungen, die u.a. die eingeschränkten Nutzungs- bzw. Verwendungsmöglichkeiten des Vermögenswertes erfassen, in den Wert des Vermögenswertes überzuleiten.

Im Folgenden werden zunächst die in die Analyse einzubeziehenden Kostenkomponenten abgegrenzt (2.3.4.3.2) und sodann erforderliche Anpassungen der Herstell- bzw. Entwicklungskosten betrachtet (2.3.4.3.3). Abschließend wird die Überleitung der Herstell- bzw. Entwicklungskosten in den Wert des Bewertungsobjektes dargestellt (2.3.4.3.4).

2.3.4.3.2 Abgrenzung der in die Cost-Approach-Analyse einzubeziehenden Kostenkomponenten

Im Schrifttum werden – unabhängig von der gewählten Ausgestaltung des Vergleichsobjektes – zumeist folgende Komponenten[82] angeführt, die dem Bewertungsobjekt zuzurechnen sind:
- Einzelkosten (insbesondere Material- und Personaleinzelkosten, bezogene Leistungen),
- Gemeinkosten,
- Opportunitätskosten für die aufgrund der Herstellung bzw. Entwicklung des Objektes nicht realisierte Investitionsalternative – z.T. wird auch von Enterpreneurial Incentive gesprochen – sowie
- eine auch als Developer's Profit bezeichnete Gewinnkomponente, die z.T. als Verzinsung der durch die Herstellung bzw. Entwicklung des Objektes in Material, Personal etc. gebundenen Mittel bzw. als Gewinnaufschlag verstanden wird.[83]

Das IVSC[84] weist zudem darauf hin, dass erforderlichenfalls die steuerliche Abzugsfähigkeit der genannten Komponenten zu berücksichtigen ist.

---

81 Ausführlich Reilly/Schweihs (1999), S. 99 f., 127.
82 Auf diese Komponenten gehen im Einzelnen beispielsweise ein Reilly/Schweihs (1999), S. 124 ff.; Chen/Barreca (2010), S. 21 f.; siehe auch IVSC (TIP 3), 7.5.
83 Die beiden zuletzt genannten Komponenten werden beispielsweise nicht genannt bei Kasperzak/Nestler (2010), S. 63.
84 Vgl. IVSC (TIP 3), 7.6.

Einzelfragen der Abgrenzung der in die Betrachtungen einzubeziehenden Komponenten werden in Kapitel 3 erörtert.

2.3.4.3.3 Anpassungserfordernisse der Herstell- bzw. Entwicklungskosten

Anpassungserfordernisse der Herstell- bzw. Entwicklungskosten können begründet sein in der

- physischen Abnutzung, der
- funktionalen Veralterung und/oder der
- wirtschaftlichen Veralterung

des zu bewertenden Vermögenswertes.[85]

Die physische Abnutzung eines Vermögenswertes[86] resultiert beispielsweise aus Verschleiß, Ermüdung, Beschädigungen und/oder unterbliebenen Wartungen und führt zu einer Verminderung des Leistungspotenzials des Vermögenswertes. Der physischen Abnutzung kommt bei immateriellen Vermögenswerten allenfalls ausnahmsweise eine Bedeutung zu.

Die funktionale Veralterung[87] wird üblicherweise dadurch abgegrenzt, dass der Vermögenswert aufgrund der ihm gegebenen Ausgestaltung nicht mehr oder nur noch begrenzt in der Lage ist, die ihm ursprünglich zugewiesenen Aufgaben oder Funktionen auszuführen. Dieser Veralterung wird auch die technologische Veralterung[88] zugeordnet, die Reilly/ Schweihs[89] dadurch kennzeichnen, dass der Vermögenswert die ihm zugewiesene Funktion weiterhin erfüllt, die Bedeutung dieser Funktion jedoch aufgrund von technischem Fortschritt reduziert ist. Die funktionale Veralterung führt regelmäßig zu – zumindest relativ – eingeschränkten Nutzungs- oder Verwendungsmöglichkeiten des Vermögenswertes.

Barreca[90] nennt verschiedene Einflussfaktoren, die funktionale Veralterung nach sich ziehen können. Hierzu gehören beispielsweise regulatorische und gesetzliche Veränderungen, zunehmender Wettbewerb, Änderungen im Nachfrageverhalten, verbesserte Leistungsfähigkeit, erweiterter Funktionsumfang und/oder niedrigere Preise neuer Vermögenswerte.

Die wirtschaftliche Veralterung,[91] die der externen Veralterung zugeordnet wird, resultiert aus Einflussfaktoren, die nicht im Zusammenhang mit der gegenwärtigen Nutzung und/oder Ausgestaltung des Vermögenswertes (»external«) stehen und zumeist vom Eigentümer des Bewertungsobjektes nicht beeinflusst werden können. Als Einflussfaktoren werden beispielsweise[92] genannt rückläufige Produktnachfrage, zunehmender Wettbewerb, gestiegene Rohstoff- und Lohnkosten sowie regulatorische Veränderungen. Der

---

85   Statt vieler Reilly/Schweihs (1999), S. 99 f.; Smith/Parr (2005), S. 157 ff., 162 ff.
86   Siehe z. B. Chen/Barreca (2010), S. 26; Reilly/Schweihs (1999), S. 99, 127.
87   Vgl. Reilly/Schweihs (1999), S. 100, 127; Chen/Barreca (2010), S. 26 f.
88   So Reilly/Schweihs (1999), S. 100; Barreca, (o.J.), S. 6.
89   Vgl. Reilly/Schweihs (1999), S. 100, 132 f.
90   Vgl. Barreca (1999), S. 7; Chen/Barreca (2010), S. 27.
91   Vgl. Reilly/Schweihs (1999), S. 100, 128; Chen/Barreca (2010), S. 27.
92   Vgl. Chen/Barreca (2010), S. 31; IVSC (TIP 2), Tz. 37.

Vergleich dieser Faktoren mit den Einflussfaktoren der funktionalen Veralterung zeigt, dass einige Einflussfaktoren sowohl die funktionale als auch die wirtschaftliche Veralterung bestimmen können; die Zuordnung dieser Faktoren hängt vom Einzelfall ab. Im Schrifttum[93] wird vorgeschlagen, als Indikation für das Vorliegen einer wirtschaftlichen Veralterung darauf abzustellen, ob der Zinssatz, mit dem sich das in den Vermögenswert investierte Kapital verzinst, angemessenen ist oder nicht.

Mit diesen Anpassungen ist weiter verbunden, dass der mittels des Cost Approach abgeleitete Wert eines substituierbaren Vermögenswertes insbesondere einen bei Anwendung des Income Approach zu ermittelnden Wert nicht übersteigt.

Zur Bemessung der Veralterungen wurden verschiedene Konzepte entwickelt, auf die im Folgenden nicht eingegangen wird. Hierzu wird auf das Schrifttum[94] verwiesen.

2.3.4.3.4 Überleitung der Herstell- bzw. Entwicklungskosten in den Wert des Bewertungsobjektes

Reilly/Schweihs[95] leiten die Herstell- bzw. Entwicklungskosten in den Wert des Bewertungsobjektes nach folgendem Schema über:

	Reproduction Cost
./.	Curable functional and technological obsolescence
=	Replacement Cost
./.	Physical deterioration
./.	Economic obsolescence
./.	Incurable functional and technological obsolescence
=	Value

wobei von Curable bzw. Incurable Obsolescence[96] dann auszugehen ist, wenn die – aus einer Veränderung des Bewertungsobjektes zur Beseitigung der Verschlechterung resultierende – Werterhöhung die dafür anfallenden Kosten übersteigt bzw. nicht erreicht.

Die Abbildung macht deutlich, dass die Reproduction Cost in die Replacement Cost übergeleitet werden können[97] und somit beide Vorgehensweisen grundsätzlich zum gleichen Wert des Bewertungsobjektes führen. Dementsprechend wird im Schrifttum[98] vorgeschlagen, die Wahl der Ausgangsgröße der Wertermittlung (Reproduction Cost oder Replacement Cost) an den verfügbaren Informationen auszurichten. Diese bestimmt sodann die in die Wertanalyse einzubeziehenden Wertminderungen.

---

93 So Reilly/Schweihs (1999), S. 133 f.; Smith/Parr (2005), S. 162 f.

94 Reilly/Schweihs (1999), S. 131 ff., Chen/Barreca (2010), S. 29 ff.; Barreca (o.J.); Barreca (1999); IVSC (TIP 2), Tz. 27 ff.

95 Vgl. Reilly/Schweihs (1999), S. 128, 133 f.

96 Vgl. Chen/Barreca (2010), S. 25; ähnlich Reilly/Schweihs (1999), S. 128.

97 Ebenso Chen/Barreca (2010), S. 20 f., 25. Diese gehen allerdings wohl davon aus, dass in die Überleitung von den Reproduction Cost in die Replacement Cost auch »external obsolescence« eingehen kann und in den Replacement Cost nicht zwingend alle »curable functional obsolescence« erfasst ist.

98 So Reilly/Schweihs (1999), S. 123; Chen/Barreca (2010), S. 20 f.

2.3.4.4 Anwendungsbereich des Cost Approach

Der Anwendungsbereich des Cost Approach ist durch die diesem zugrunde liegenden Anwendungsvoraussetzungen bestimmt. Die bisherigen Betrachtungen zeigen, dass eine Anwendung dieses Bewertungsansatzes nur dann in Betracht kommt, wenn

- das Bewertungsobjekt substituierbar ist,
- die Herstell- bzw. Entwicklungskosten des Substitutes abgrenzbar sind und zudem
- mögliche Anpassungserfordernisse der abgeleiteten Herstell- bzw. Entwicklungskosten erfasst werden können.

Angesichts dieser Voraussetzungen ist ersichtlich, dass dem Cost Approach bei der Bewertung von Vermögenswerten lediglich ein eingeschränkter Anwendungsbereich zukommt. Die Betrachtungen machen auch deutlich, dass nicht alle im Schrifttum gegenüber dem Cost Approach vorgetragenen Vorbehalte zu überzeugen vermögen.[99] Insbesondere werden immaterielle Vermögenswerte, bei denen die Anwendungsvoraussetzungen des Cost Approach nicht vorliegen, als Beispiele für die bei der Anwendung des Ansatzes auftretenden »praktischen Probleme«[100] bzw. zur Begründung von dessen »theoretischen« Schwächen[101] herangezogen. Darüber hinaus wird darauf hingewiesen, dass aus dem Anfall von Kosten nicht auf den Wert eines Vermögenswertes geschlossen werden kann.[102] Dieser Argumentation ist entgegenzuhalten, dass der Cost Approach nicht von dieser Gleichsetzung ausgeht, sondern den Wert des Bewertungsobjektes unter Einbeziehung der aufgezeigten Anpassungen aus den Herstell- bzw. Entwicklungskosten ableitet.

2.3.4.5 Ableitung der dem Bewertungsobjekt zuzuordnenden Einkommenszahlungen

Die Einkommenszahlungen, die mit einem nach dem Cost Approach bewerteten Vermögenswert verbunden sind, können unter Zugrundelegung der Annahme, dass sich diese aus den Komponenten Return on Invested Capital und Return of Invested Capital zusammensetzen, aus der unter 2.3.2.3 hergeleiteten Beziehung

$$CF_{i,t+1} = V_{i,t} - V_{i,t+1} + V_{i,t} \cdot r_{i,t+1}$$

abgeleitet werden.

Aus der Beziehung ergibt sich, dass für die Bestimmung der im Zeitpunkt t + 1 zufließenden Einkommenszahlung der Wert des Bewertungsobjektes im Zeitpunkt t und im Zeitpunkt t + 1 bekannt sein muss. Dies bedeutet, dass die Ableitung der Einkommenszahlungen eines Bewertungsobjektes mit einer mehrere Perioden umfassenden Nutzungsdauer voraussetzt, dass der Wert des Bewertungsobjektes zu Beginn jeder Periode des Betrachtungszeitraums bekannt ist. Da der Wert des Bewertungsobjektes mittels des Cost

---

99   Ausführlich werden Vorbehalte gegenüber dem Cost Approach dargelegt bei Smith/Parr (2005), S. 165 ff.
100 IDW (2014), Tz. 66 f.; ähnlich z. B. Beyer/Zwirner (2014), S. 220.
101 Vgl. z. B. Kasperzak/Nestler (2010), S. 67 f.
102 So z. B. Beyer/Zwirner (2014), S. 221; IDW (2014), Tz. 66 f.

Approach zumeist nur bezogen auf den Bewertungsstichtag ermittelt wird, bietet sich die Einführung einer Annahme an, die den Verlauf des Rückflusses bzw. der Veränderungen des in den Vermögenswert investierten Kapitals für die Perioden der Nutzungsdauer festlegt. Dieses Vorgehen erlaubt eine Fortschreibung des auf den Bewertungsstichtags ermittelten Wertes des Bewertungsobjektes über die Perioden des Betrachtungszeitraumes. Der Wert des Bewertungsobjektes i im Zeitpunkt t + 1 ergibt sich bei einem angenommenen Rückfluss des in den Vermögenswert investierten Kapitals in der in t + 1 endenden Periode in Höhe von $D_{i,t+1}$ aus der Beziehung

$$V_{i,t+1} = V_{i,t} - D_{i,t+1}$$

Zum Zinssatz, der der Ableitung der Verzinsung des investierten Kapitals zugrunde zu legen ist, kann auf die Ausführungen unter 2.3.2.2 verwiesen werden.

Tabelle 2-2 leitet die dem Bewertungsobjekt i = 3 – bei diesem handelt es sich beispielsweise um eine Sachanlage – in den in t = 1 bis 4 endenden Perioden zuzurechnenden Einkommenszahlungen ab. Der Wert des Vermögenswertes wurde mittels des Cost Approach bestimmt und beträgt am Bewertungsstichtag t = 0 TEUR 100. Eine zu der Investition in die Sachanlage alternative Anlage verzinst sich in jedem Jahr des Betrachtungszeitraumes mit 10 %. Das Bewertungsobjekt weist eine Nutzungsdauer von 4 Jahren auf.

Tab. 2-2: Beispiel zum Cost Approach

Mio. EUR		0	1	2	3	4
Invested Capital		100,0	75,0	50,0	25,0	0,0
Return on Invested Capital	10,0%		10,0	7,5	5,0	2,5
Return of Invested Capital			25,0	25,0	25,0	25,0
Income			35,0	32,5	30,0	27,5

Zur Ableitung der dem Bewertungsobjekt zuzurechnenden Einkommenszahlungen wird zunächst das in den Vermögenswert in t = 0 in Höhe von TEUR 100 investierte Kapital in das in t = 1 bis 4 investierte Kapital fortgeschrieben. Hierzu wird angenommen, dass von einem über die Nutzungsdauer des Bewertungsobjektes gleichbleibenden Rückfluss des investierten Kapitals in Höhe von TEUR 25 je Periode auszugehen ist. Die Verzinsung des in den Vermögenswert investierten Kapitals in den Zeitpunkten t = 1 bis 4 ergibt sich durch Anwendung des Zinssatzes von 10 % auf das zu Beginn der jeweiligen Periode (t = 0 bis 3) investierte Kapital. Die gesuchten Einkommenszahlungen ergeben sich für jede betrachtete Periode als Summe aus Verzinsung und Rückfluss des investierten Kapitals der Periode.

2.4 Anwendung der grundlegenden Bewertungskonzepte bei der Bewertung immaterieller Vermögenswerte

2.4.1 Überblick

Im Folgenden wird zunächst der Anwendungsbereich der unter 2.3 vorgestellten Bewertungskonzepte bei der Bewertung immaterieller Vermögenswerte betrachtet (2.4.2). Sodann wird dargelegt, dass die Bewertung immaterieller Vermögenswerte als Disaggregierung des Entity Value zu verstehen ist (2.4.3).

2.4.2 Anwendungsbereich der grundlegenden Bewertungskonzepte bei der Bewertung immaterieller Vermögenswerte

Vermögenswerte sind – unabhängig davon, ob es sich um materielle oder immaterielle Vermögenswerte handelt – oftmals einer übergeordneten Einheit, insbesondere einem Unternehmen oder Unternehmensbereich[103], zugeordnet. Die dieser Einheit zugeordneten Vermögenswerte erzielen durch ihr Zusammenwirken den der Einheit zuzurechnenden Einkommensstrom, bestimmen das in der Volatilität des Einkommensstroms zum Ausdruck kommende Risiko[104] und generieren den – beispielsweise auf der Grundlage des Income Approach zu messenden – Wert der Einheit. In diesem Sinne verstehen Smith/Parr[105] ein Unternehmen als ein Portfolio der diesem zugehörigen Vermögenswerte (Abb. 2-8).

Vielfach sind Vermögenswerte dadurch gekennzeichnet, dass sie ohne ein Zusammenwirken mit anderen Vermögenswerten nicht in der Lage sind, Einkommen zu erzielen.[106] Dies wird beispielsweise anhand einer patentgeschützten Technologie deutlich, die wesentlichen Komponenten eines Produktes zugrunde liegt. Die Einkommenserzielung erfordert neben der Anwendung der Technologie in den Produkten des Unternehmens insbesondere Herstellung und Vertrieb der Produkte, also Produktionseinrichtungen, Produktions-Know-how, mehr oder weniger erfahrene Produktionsmitarbeiter, Working Capital, eine entsprechende Vertriebsmannschaft, Kundenbeziehungen usw.

Eine unmittelbare Zurechnung von Anteilen am Einkommen des Unternehmens und von Beiträgen zum Unternehmensrisiko zu einzelnen Vermögenswerten des Unternehmens ist grundsätzlich nicht gegeben.[107] Dies ist darin begründet, dass das Einkommen eines Unternehmens und das mit diesem verbundene Risiko zwar durch die Vermögenswerte und deren Zusammenwirken bestimmt sind, jedoch nur für das Unternehmen als

---

103 Die folgenden Betrachtungen sprechen von Unternehmen, gelten jedoch gleichermaßen für Unternehmensbereiche.

104 Siehe hierzu unter 2.3.2.2.

105 Grundlegend zu diesem Verständnis Smith/Parr (2005), S. 194–204, 359–364; demgegenüber findet bei IVSC ED GN 16, 4.13, sowie IVSC ED 2007, 4.37 ff., der Ausdruck »Portfolio« insbesondere unter Beschränkung auf die Betrachtung ähnlicher bzw. identischer Vermögenswerte Verwendung.

106 Zum Zusammenwirken der Vermögenswerte eines Unternehmens vgl. auch Kaplan/Norton (2004).

107 So beispielsweise auch Schildbach (IRZ 2011), S. 74.

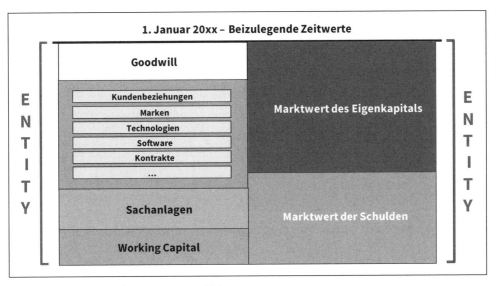

Abb. 2-8: Abgrenzung des Bewertungsobjekts

Einheit abgeleitet werden können; ein Zusammenhang zu Einkommensbeiträgen und Risikobeiträgen der Vermögenswerte ist nicht ersichtlich. Die Betrachtung der das Unternehmenseinkommens bestimmenden Faktoren macht dies deutlich.

Das als Free Cashflow[108] verstandene Einkommen des betrachteten Unternehmens der Periode t + 1 mit t = 0 bis ∞ ergibt sich aus der Beziehung

$$CF_{t+1} = EBITA_{t+1} \cdot (1-s) + s \cdot A_{t+1} - (V_{1,t+1} - V_{1,t}) - (V_{2,t+1} - V_{2,t})$$

bzw. mit $EBITA_{t+1} = S_{t+1} \cdot ebita_{t+1}$ aus der Beziehung

$$CF_{t+1} = S_{t+1} \cdot ebita_{t+1} \cdot (1-s) + s \cdot A_{t+1} - (V_{1,t+1} - V_{1,t}) - (V_{2,t+1} - V_{2,t})$$

wobei $V_{1,t}$ das im Zeitpunkt t in das Working Capital und $V_{2,t}$ das in diesem Zeitpunkt in die als Sachanlagenbestand verstandene Sachanlagen investierte Kapital, S_{t+1} die Umsatzerlöse der betrachteten Periode, $ebita_{t+1}$ die EBITA-Marge dieser Periode und s den Unternehmenssteuersatz bezeichnen; A_{t+1} bringt die Summe der Abschreibungen der immateriellen Vermögenswerte (Amortization) der Periode t + 1 zum Ausdruck. Die Beziehung zeigt, dass das Einkommen des Unternehmens – neben dem Steuersatz – vom Umsatz, der EBITA-Marge sowie den Investitionen in Working Capital und Sachanlagen abhängig ist.

Die Komponenten dieser Beziehung können regelmäßig weiter erklärt werden durch Bestimmungsgrößen wie etwa Verkaufspreise, Absatzmengen, Kostenstrukturen und Investitionserfordernisse.[109] Diese Bestimmungsgrößen werden entscheidend geprägt durch das Zusammenwirken der Vermögenswerte des betrachteten Unternehmens, insbe-

---

108 Zu dessen Definition siehe statt vieler Rappaport (1995), S. 53 ff.; Copeland/Koller/Murrin (2002), S. 210 ff.; Smith/Parr (2005), S. 196 f., sprechen vom »debt free operating net income«.

109 Auf die Darstellung der so erweiterten Beziehung für das Einkommen des Unternehmens kann im hier gegebenen Rahmen verzichtet werden.

sondere durch die dadurch erzielten Wettbewerbsvorteile; sie können jedoch in der Beziehung für das Einkommen des Unternehmens nicht in Abhängigkeit von diesen Vermögenswerten dargestellt werden. Dies bedeutet, dass das Einkommen des Unternehmens nicht durch die Einkommensbeiträge der Vermögenswerte erklärt werden kann.

Beispielsweise bestimmen die bekannte Marke, der mit den Rezepturen verbundene charakteristische Geschmack sowie die hohe, auf Produktionstechnologien beruhende Qualität der Produkte eines Unternehmens deren Verkaufspreise und Absatzmengen; Rezepturen und Technologie bestimmen u. a. auch die Kostenstrukturen sowie Investitionen in Working Capital und Sachanlagen. Allerdings ist nicht erkennbar, in welchem Umfang die Absatzpreise, Absatzmengen, Produktionskosten etc. durch diese Vermögenswerte, deren Zusammenwirken und die dadurch erzielten Wettbewerbsvorteile beeinflusst sind.

Die Betrachtungen machen deutlich, dass für die Anwendung der Grundform des Income Approach zur Bewertung immaterieller Vermögenswerte unerlässliche Daten – zumindest bei Unternehmen zugeordneten Vermögenswerten – regelmäßig nicht verfügbar sind. Da bei immateriellen Vermögenswerten zudem einer Anwendung von Market und Cost Approach enge Grenzen gesetzt sind, sind zumindest für diese Vermögenswerte die Voraussetzungen einer unmittelbaren Wertbemessung mittels der grundlegenden Bewertungskonzepte zumeist nicht gegeben.

Die Grenzen der Anwendung von Market[110] und Cost Approach werden bei Betrachtung der unter 2.3.3 bzw. 2.3.4 dargelegten Anwendungsvoraussetzungen dieser Bewertungsansätze ersichtlich:
- Grenzen einer Anwendung des Market Approach zur Bewertung von immateriellen Vermögenswerten resultieren insbesondere daraus, dass
  - immaterielle Vermögenswerte allenfalls ausnahmsweise auf aktiven Märkten gehandelt werden, dass
  - Vergleichsobjekte für immaterielle Vermögenswerte nur begrenzt verfügbar sind, dass
  - dennoch zu identifizierende Vergleichsobjekte vielfach nicht Gegenstand von Transaktionen sind, sowie dass
  - die Konditionen von ausnahmsweise verfügbaren Vergleichstransaktionen vielfach nicht zugänglich sind.
- Grenzen einer Anwendung des Cost Approach zur Bewertung von immateriellen Vermögenswerten resultieren vielfach daraus, dass
  - Schutzrechte, z. B. Patente, bestehen, die der Substituierbarkeit eines Vermögenswertes entgegenstehen können, sowie dass
  - Herstell- bzw. Entwicklungskosten, etwa bei proprietären Lösungen, oftmals nicht abgegrenzt werden können.

---

110 So schon Khoury (2001), S. 88; Khoury/Daniele/Germeraad (2001), S. 77–86; Woodward (2002), S. 49 f.; ebenso Mackenstedt/Fladung/Himmel (2006), S. 1038.

2.4.3   Abgrenzung der Werte immaterieller Vermögenswerte als Disaggregierung des Entity Value

2.4.3.1 Ausgangsüberlegungen

Die Anwendung des Income Approach zur Bewertung immaterieller Vermögenswerte kann – bei Einbindung des Bewertungsobjektes in ein Unternehmen – dadurch erreicht werden, dass zusätzliche Annahmen in die Betrachtung eingeführt werden, die eine Abgrenzung des Beitrags des Bewertungsobjektes zum Einkommen des Unternehmens und dessen Beitrag zum Risiko des Unternehmens erlauben. Beispielsweise können die zukünftigen Einkommensbeiträge einer Verfahrenstechnologie dadurch abgegrenzt werden, dass Annahmen über die Höhe der Produktionskosten bei Verzicht auf die Anwendung der Technologie getroffen werden und die so bestimmten Produktionskosten den geplanten Produktionskosten bei Nutzung der Technologie gegenübergestellt werden.

Durch dieses Vorgehen wird erreicht, dass jedem in die Analyse einbezogenen Bewertungsobjekt ein Anteil am Wert des betrachteten Unternehmens zugewiesen werden kann und so dessen Beitrag zum Unternehmenswert abgegrenzt wird. Die Bewertung immaterieller Vermögenswerte stellt sich bei diesem Vorgehen als Wertallokation dar, die – in Abhängigkeit von den in die Untersuchung einbezogenen Vermögenswerten – zu einer teilweisen oder vollständigen Disaggregierung des Unternehmenswertes führt.

Die Betrachtung kann dadurch erweitert werden, dass diese auf alle einem Unternehmen zugeordneten Vermögenswerte, insbesondere auch die Vermögenswerte, die unabhängig von deren Einbindung in ein Unternehmen mittels des Market Approach oder Cost Approach bewertet werden können, ausgedehnt wird. Bei den zuletzt genannten Vermögenswerten wird oftmals die Annahme zugrunde gelegt werden können, dass die so bestimmten Werte deren Beiträge zum Unternehmenswert zum Ausdruck bringen. Diese Erweiterung der Analyse führt dazu, dass jedem Vermögenswert des Unternehmens ein Anteil am Wert des betrachteten Unternehmens zugeordnet wird.

2.4.3.2 Bewertungen immaterieller Vermögenswerte als Partialkalküle

Mit der Einführung von Annahmen zur Abgrenzung der Einkommens- und Risikobeiträge der einbezogenen Vermögenswerte ist verbunden, dass die Wertanalysen der Vermögenswerte unabhängig voneinander durchgeführt werden können; die Analysen können als Partialbetrachtungen verstanden werden. Bei diesem Vorgehen ist jedoch nicht gewährleistet, dass die den Bewertungen der Vermögenswerte zugrunde gelegten Annahmen untereinander sowie mit den Annahmen, von denen die Ermittlung des Entity Value ausgeht, – vollständig oder zumindest teilweise – abgestimmt sind. Hieraus kann resultieren, dass die Aggregierung (Aufsummierung) der mittels Annahmen abgegrenzten Wertbeiträge der Vermögenswerte nicht zwingend zur Ausgangsgröße der Disaggregierung – dem Unternehmenswert – führt.

Die Betrachtungen machen deutlich, dass die als Disaggregierung verstandene Bewertung von Vermögenswerten um eine Abstimmung der Ergebnisse dieser Bewertungen mit dem Wert des Unternehmens sowie um eine Abstimmung der den Bewertungen zugrunde liegenden Parameter zu ergänzen ist. Die Partialbetrachtungen sind um eine Totalbetrachtung zu erweitern.

Die Abstimmung der Bewertungsergebnisse kommt in folgenden Beziehungen zum Ausdruck:

Der Zusammenhang zwischen dem Wert eines Unternehmens[111] V_t im Zeitpunkt t mit t = 0 bis ∞ und den Werten der dem Unternehmen zugeordneten Vermögenswerte $V_{i,t}$ mit i = 1 bis n in diesem Zeitpunkt kann durch die Beziehung

$$V_t = \sum_{i=1}^{n} V_{i,t} + \varepsilon_t^V$$

beschrieben werden, wobei ε_t^V mögliche Wertkomponenten, die den Vermögenswerten nicht zugeordnet werden können, erfasst. Entsprechend ergibt sich der Zusammenhang zwischen dem Einkommen des Unternehmens CF_{t+1}, das zur Vereinfachung der Betrachtungen im Zeitpunkt t + 1 mit t = 0 bis ∞ zufließt, und den in t + 1 zufließenden Einkommensbeiträgen der Vermögenswerte $CF_{i,t+1}$ mit i = 1 bis n aus dem Ausdruck

$$CF_{t+1} = \sum_{i=1}^{n} CF_{i,t+1} + \varepsilon_{t+1}^{CF}$$

wobei ε_{t+1}^{CF} mögliche Einkommenskomponenten erfasst, die den Vermögenswerten nicht zugeordnet werden können.

Aus diesen Beziehungen kann der Ausdruck

$$r_{t+1} = \frac{\sum_{i=1}^{n} V_{i,t} \cdot r_{i,t+1} - \left(\varepsilon_t^V - \varepsilon_{t+1}^V\right) + \varepsilon_{t+1}^{CF}}{V_t} = \frac{\sum_{i=1}^{n} V_{i,t} \cdot r_{i,t+1}}{V_t} - \frac{\varepsilon_t^V - \varepsilon_{t+1}^V}{V_t} + \frac{\varepsilon_{t+1}^{CF}}{V_t}$$

abgeleitet werden, der die gewichteten Kapitalkosten des Unternehmens r_{t+1}, mit denen sich das in dieses Unternehmen investierte Kapital V_t in der Periode t + 1 mit t = 0 bis ∞ verzinst, durch die mit dem anteiligen investierten Kapital $\dfrac{V_{i,t}}{V_t}$ gewichteten Zinssätze der Vermögenswerte $r_{i,t+1}$ mit i = 1 bis n, mit denen sich das in diese Vermögenswerte investierte Kapital $V_{i,t}$ in der Betrachtungsperiode verzinst, zuzüglich der Komponente $\varepsilon_{t+1}^r = -\dfrac{\varepsilon_t^V - \varepsilon_{t+1}^V}{V_t} + \dfrac{\varepsilon_{t+1}^{CF}}{V_t}$ erklärt. Die Ableitung dieser Beziehung wird unter 2.6.2 erläutert.

---

111 Die Überlegung, dass der Wert eines Unternehmens durch die diesem zugeordneten Werte zu erklären ist, findet sich auch bei Marmann (2008).

2.5 Anwendung des Income Approach bei der Bewertung immaterieller Vermögenswerte

2.5.1 Überblick

Unter 2.4 wurde dargelegt, dass die Abgrenzung des Beitrags des Bewertungsobjektes zum Einkommen und zum Risiko des Unternehmens durch die Einführung von Annahmen in die Analyse erfolgt. Diese Annahmen werden durch die in der Praxis der Bewertung immaterieller Vermögenswerte verwendeten Ausgestaltungen des Income Approach bzw. die Ansätze zur Abgrenzung der – im vermögenswertspezifischen Zinssatz zum Ausdruck kommenden – Alternativanlage spezifiziert.

Im Folgenden wird zunächst der Einfluss eines zu bewertenden Vermögenswertes auf das zukünftige Einkommen eines betrachteten Unternehmens am Beispiel einer patentgeschützten Technologie untersucht (2.5.3). Auf dieser Grundlage wird sodann ein Überblick über die verschiedenen Ausgestaltungen des Income Approach zur Bewertung immaterieller Vermögenswerte gegeben (2.5.4). Im Einzelnen wird auf die Incremental Income Analysis (2.5.4.1), die Royalty Analysis, insbesondere die Relief-from-Royalty-Methode (2.5.4.2), sowie die Excess-Earnings-Methode (Multi-Period-Excess-Earnings-Methode) und den Residual-Value-Ansatz (2.5.4.3) eingegangen;[112] weiter wird dargelegt, dass der Methode der unmittelbaren Cashflow-Prognose keine eigenständige Bedeutung zukommt (2.5.4.4). Anschließend werden die Grundlagen der Bestimmung des vermögenswertspezifischen Zinssatzes, der der Ermittlung des Barwertes der abgegrenzten zukünftigen Einkommensbeiträge des Bewertungsobjektes zugrunde zu legen ist, aufgezeigt (2.5.5). Die Einbeziehung der Besteuerung in die Ableitung des Wertes des Bewertungsobjektes wird abschließend erläutert (2.5.6). Die Ausführungen unter 2.5.4 bis 2.5.6 werden anhand eines einfachen Fallbeispiels veranschaulicht, dessen Ausgangsdaten vorab dargelegt werden (2.5.2); das Fallbeispiel liegt teilweise auch den Betrachtungen in Kapitel 3 zugrunde.

Die dargelegten Ausgestaltungen des Income Approach zur Bewertung immaterieller Vermögenswerte sind – dies zeigt die Praxis der Bewertung immaterieller Vermögenswerte – nicht abschließend. Insbesondere wird auf die Distributor Method nicht eingegangen.[113]

2.5.2 Ausgangsdaten des Fallbeispiels

Die Geschäftseinheit BU1 der AS GmbH (im Folgenden kurz: BU1) wurde zum 1. Januar 2017 im Wege eines Asset Deal von der Erwerber AG vollständig übernommen. Gegenstand der Übernahme waren – abgesehen von dem Working Capital zuzurechnenden Schulden – ausschließlich Vermögenswerte. Die steuerliche Behandlung der Transaktion folgt der Kaufpreisallokation.

---

112 Einen kurzen Überblick über die Ableitung der Cashflows nach diesen Ansätzen geben z.B. Tettenborn/Straub/Rogler (2013), S. 223 ff.

113 Siehe zu diesem Ansatz beispielsweise PPD IVS 60.33 ff.; Appraisal Practices Board (2016), S. 39 ff.

BU1 stellt hoch spezialisierte Produkte für industrielle Abnehmer her. Grundlage dieser Produkte ist eine patentgeschützte Technologie (im Folgenden auch als Basistechnologie bezeichnet). Die Geschäftseinheit verfügt über eine weitere Technologie, die zu Kosteneinsparungen bei der Herstellung ihrer Produkte führt und durch ein Verfahrenspatent geschützt ist (im Folgenden als Verfahrenstechnologie abgekürzt). Die Kunden von BU1 zeichnen sich dadurch aus, dass sie – unter der Voraussetzung, dass sie mit Qualität und Preis der Produkte zufrieden sind – eine sehr hohe Loyalität zum Unternehmen aufweisen. Darüber hinaus erfordert die Ausübung der Geschäftstätigkeit der Geschäftseinheit – zur Vereinfachung der Betrachtungen – keine weiteren immateriellen Vermögenswerte, wie etwa Marken, Software oder einen Mitarbeiterstamm.

BU1 beabsichtigt, im Geschäftsjahr 2017 umfangreiche Forschungs- und Entwicklungsaktivitäten zur Entwicklung der nächsten Generation der Basistechnologie aufzunehmen; nach derzeitiger Planung soll die neue Technologie im Laufe des Jahres 2024 in den Markt eingeführt werden. Die Forschungs- und Entwicklungsaktivitäten erstrecken sich derzeit nicht auf die Entwicklung einer neuen Verfahrenstechnologie.

Aus Tabelle 2-3 ergibt sich die Planungsrechnung von BU1, deren Planungshorizont die verbleibende Nutzungsdauer der Basistechnologie umfasst. Diese berücksichtigt die angesprochenen Forschungs- und Entwicklungsaufwendungen in Höhe von jährlich 4,2 % des Umsatzes. Sachanlagenbestand und Working Capital der Gesellschaft wurden zum Bewertungsstichtag neu bewertet. Der beizulegende Zeitwert des Sachanlagenbestandes beträgt am Bewertungsstichtag EUR 100 Mio., der mittels des Cost Approach bestimmte Wert des Working Capital EUR 75 Mio. Der Ertragsteuersatz des Unternehmens liegt bei 30 %.

Tab. 2-3: Planergebnisrechnung von BU1

Mio. EUR		2017	2018	2019	2020	2021	2022	2023	2024
Sales		360,0	388,8	404,4	412,4	420,7	429,1	437,7	437,7
Cost of Sales		-241,2	-258,9	-270,4	-275,8	-281,3	-287,0	-292,7	-292,7
Gross Profit		118,8	129,9	133,9	136,6	139,3	142,1	145,0	145,0
Selling, General & Administration		-61,2	-66,7	-68,4	-69,7	-71,1	-72,6	-74,0	-74,0
EBITA		57,6	63,2	65,6	66,9	68,2	69,6	71,0	71,0
Tax	30,0%	-17,3	-19,0	-19,7	-20,1	-20,5	-20,9	-21,3	-21,3
Tax-effecting EBITA		40,3	44,2	45,9	46,8	47,7	48,7	49,7	49,7

Zur weiteren Vereinfachung der Untersuchung wird auf die Anwendung der Midyear Convention[114] verzichtet. Die Ergebnisse, die sich bei deren Berücksichtigung ergeben, lassen sich durch Aufzinsung der abgeleiteten Werte um ein halbes Jahr mit dem jeweils angewandten Diskontierungszinssatz berechnen.[115]

---

114   Siehe hierzu statt vieler Kniest (2010), S. 70 f.
115   Vgl. Moser/Goddar (2007), S. 655.

2.5.3   Analyse des Einflusses immaterieller Vermögenswerte auf das Einkommen eines Unternehmens am Beispiel einer patentgeschützten Technologie

2.5.3.1 Vorgehen

Im Schrifttum[116] werden zur Analyse des Einflusses eines immateriellen Vermögenswertes auf das Einkommen des Unternehmens, dem der Vermögenswert zuzurechnen ist, folgende Vorgehensweisen vorgeschlagen: Die

- externe Betrachtung, die das Einkommen des den immateriellen Vermögenswert nutzenden Unternehmens mit dem Einkommen eines Unternehmens vergleicht, das diesen bzw. einen vergleichbaren Vermögenswert nicht verwendet; sowie die
- interne Betrachtung, die das Einkommen des Unternehmens bei Nutzung des immateriellen Vermögenswerts mit dem Einkommen vergleicht, das c. p. unter Zugrundelegung der Annahme abzuleiten ist, dass das Unternehmen den betreffenden Vermögenswert nicht verwendet.

Die externe Betrachtung setzt zunächst voraus, dass ein geeignetes Vergleichsunternehmen identifiziert werden kann. Bei der Auswahl dieses Unternehmens ist insbesondere zu beachten, dass dessen Geschäftsmodell mit dem des den Vermögenswert nutzenden Unternehmens vergleichbar ist. Hiervon kann beispielsweise beim Vergleich eines als Lohnfertiger tätigen Unternehmens mit einem im Bereich Konsumgüter tätigen Markenartikelherstellers grundsätzlich nicht ausgegangen werden. Weiter setzt dieses Vorgehen voraus, dass alle für die Durchführung des Vergleichs erforderlichen Daten des Vergleichsunternehmens zugänglich sind. Angesichts dieser Voraussetzungen ist unmittelbar ersichtlich, dass die externe Betrachtung allenfalls ausnahmsweise zur Anwendung kommen kann.

Die interne Betrachtung geht davon aus, dass c. p. ein hypothetisches Einkommen unter Zugrundelegung der Annahme, dass das Unternehmen den betreffenden Vermögenswert nicht verwendet, abgeleitet werden kann. Die Bestimmung dieses Vergleichseinkommens erfordert die Einführung von Annahmen, die den Einfluss des betrachteten Vermögenswertes auf das Einkommen des Unternehmens abgrenzen. Damit setzt diese Betrachtung allerdings voraus, dass mögliche Einflüsse des betrachteten oder eines vergleichbaren Vermögenswertes auf das Einkommen eines Unternehmens bereits bekannt sind.

Die Ausführungen zeigen, dass weder die externe noch die interne Betrachtung geeignet ist, den Einfluss des Bewertungsobjektes auf das Einkommen des Unternehmens zu untersuchen. Aus diesem Grund wird im Folgenden zunächst nach dem möglichen Nutzen gefragt, der sich aus der Verwendung des betreffenden Vermögenswertes ziehen lässt, und sodann der Niederschlag dieses Nutzens im Einkommen des Unternehmens untersucht. Die Überlegungen stellen keine abschließende Analyse dar; sie betrachten lediglich exemplarisch ausgewählte Zusammenhänge.

---

116   So insbesondere Smith/Parr (2005), S. 185 ff., insbes. S. 197.

2.5.3.2 Betrachtung patentgeschützter Technologien

Patentgeschützte Technologien[117] zeichnen sich – dies wurde bereits bei der Identifikation immaterieller Vermögenswerte unter 2.2.3 dargelegt – insbesondere dadurch aus, dass sie deren Nutzer in die Lage versetzen können, Wettbewerbsvorteile in Form von Differenzierungsvorteilen oder Kostenvorteilen zu erzielen. Dementsprechend ist zur Bestimmung des Niederschlages einer patentgeschützten Technologie im Einkommen des Unternehmens zu betrachten, welchen Einfluss die mit dieser Technologie verbundenen Differenzierungs- bzw. Kostenvorteile auf die Komponenten des Free Cashflow ausüben können.

Eine patentgeschützte Technologie kann eine Erhöhung der Umsatzerlöse des betrachteten Unternehmens bewirken, wenn sie c. p. die Durchsetzung höherer Absatzpreise erlaubt und/oder höhere Absatzmengen nach sich zieht:

- Höhere Absatzpreise können die Folge von Differenzierungsvorteilen sein. Beispielsweise lassen sich Preisprämien im Pharmabereich bei einem Vergleich der Preise von patentgeschützten Medikamenten mit jenen von Generika identifizieren. Gleiches gilt oftmals auch bei Produkten, die – von den Verwendern geschätzte – Funktionen aufweisen, die die Produkte der Wettbewerber nicht haben; dies ist z. B. bei Kameras zu beobachten.
- Eine Steigerung der Absatzmenge kann etwa dadurch zu realisieren sein, dass ein Produkt, das Differenzierungsvorteile aufweist, zum Preis der Wettbewerberprodukte angeboten wird. Auch technologieinduzierte Vorteile bei den Cost of Sales können Mengensteigerungen zur Folge haben, beispielsweise wenn diese durch Preissenkungen an die Abnehmer weitergegeben werden. Bei unveränderter Stückmarge führt dies c. p. zu einer proportionalen Erhöhung des Gross Profit. Derartige Kostenvorteile sind oftmals mit Verfahrenstechnologien, die zu Material- und/oder Personaleinsparungen führen, verbunden.

Erhöhungen des Free Cashflow aufgrund patentgeschützter Technologien können außerdem aus Verminderungen der Selling General & Administrative Expenses (SG&A), des erforderlichen Working Capital sowie der zu tätigenden Investitionen (CapEx) resultieren. Reduktionen der Selling General & Administrative Expenses sowie des Working Capital werden häufig durch verbesserte Geschäftsprozesse realisiert, die über Business-Process-Patente geschützt sein können. Wertsteigernde Effekte bei den Investitionen beschränken sich nicht auf eine Reduktion von deren Umfang, sie können auch aus deren Verlagerung in spätere Geschäftsjahre resultieren.

Diese Einflüsse patentgeschützter Technologien auf den Free Cashflow des betrachteten Unternehmens können weitere Wirkungen auf die Komponenten des Free Cashflow nach sich ziehen:

---

117 Zur Analyse patentgeschützter Technologien als Bewertungsobjekte siehe Moser/Goddar (2007), S. 599 ff. m. w. N.; Moser/Goddar (2008), S. 121 ff.; eine Definition des Ausdrucks »Technologie« gibt z. B. Boer (1999), S. 4 ff.: »Technology is the application of knowledge to useful objectives. It is usually built on previous technology by adding new technology input or new scientific knowledge.«

Beispielsweise führen zusätzliche Funktionen eines Produktes regelmäßig zu einer Erhöhung der Cost of Sales, die sich zudem über die Erhöhung der Herstellungskosten auch im Working Capital[118] niederschlagen können. Die Herstellung des Produktes mit dieser zusätzlichen Funktion kann möglicherweise weitere Investitionen erfordern. Weiterhin können differenzierungsbedingte Preisprämien etwa auch die Marketing-Ausgaben und damit die Selling General & Administrative Expenses berühren, wobei sowohl deren Erhöhung als auch deren Verminderung vorstellbar ist.

Erhöhungen der Absatzmenge – um ein weiteres Beispiel zu nennen – sind selbstverständlich mit den durch die Herstellung der zusätzlichen Menge verursachten Cost of Sales verbunden. Regelmäßig werden Mehrmengen auch zu zusätzlichen Lager- und Debitorenbeständen mit der Folge einer Erhöhung des Working Capital c. p. führen. In Bezug auf die vorhandenen Kapazitäten ist sowohl an die Realisierung von Economies of Scale als auch an die Notwendigkeit der Tätigung weiterer Investitionen zu denken.

Für andere immaterielle Vermögenswerte, z.B. Marken, können entsprechender Betrachtungen angestellt werden.

2.5.4 Ansätze zur Bewertung immaterieller Vermögenswerte auf der Grundlage des Income Approach

2.5.4.1 Incremental Income Analysis

Grundlagen der Incremental Income Analysis

Unter 2.5.3 wurde am Beispiel patentgeschützter Technologien dargelegt, welche Einflüsse von immateriellen Vermögenswerten auf das als Free Cashflow verstandene Einkommen eines Unternehmens ausgehen können. Insbesondere wurde aufgezeigt, dass immaterielle Vermögenswerte zur Erzielung von Preisprämien, Kostenvorteilen und Mehrmengen sowie weiteren, diesen Vorteilen möglicherweise entgegenlaufenden Kosten- und Mengenwirkungen führen können. Die Incremental Income Analysis[119] geht von dieser Betrachtung aus und grenzt den Einkommensbeitrag des Bewertungsobjektes als diesem zuzurechnende Veränderungen des zukünftigen Einkommens des Unternehmens ab. Der Wert des Bewertungsobjekts ergibt sich nach diesem Ansatz – unter Berücksichtigung steuerlicher Wirkungen – als Barwert des so bestimmten Incremental Income.

Smith/Parr[120] bezeichnen die Incremental Income Analysis – aufgrund der mit dieser verbundenen Analyse des Einflusses des Bewertungsobjektes auf das Einkommen des Unternehmens – als »direct technique« und ordnen die unter 2.5.4.2 und 2.5.4.3 zu betrachtenden Bewertungsansätze (Relief-from-Royalty-Methode und Excess-Earnings-

---

118 Eine Erhöhung des Working Capital kann außerdem Folge höherer Debitorenbestände sein, die mit differenzierungsbedingt höheren Preisen verbunden sein können.

119 So z. B. Reilly/Schweihs (1999), S. 159 ff.; siehe auch PPD IVS 2017, 60.22 ff. Die Terminologie ist im Schrifttum nicht einheitlich. Z. T. wird auch von Incremental Cashflow Method (Mehrgewinnmethode) oder Incremental Revenue Analysis gesprochen, vgl. z. B. IDW S 5 (2015), Tz. 33–36. PPD IVS 210.60.5, 60.22 ff. spricht von »premium profit method« und von »with and without method«.

120 So insbesondere Smith/Parr (2005), S. 185 ff.

Methode) den »indirect techniques« zu.[121] Im Zusammenhang mit der Bewertung von Marken wird z.T. auch die Auffassung vertreten, dass die Incremental Income Analysis die »theoretisch zu bevorzugende Methode« ist.[122]

Abgrenzung der dem Bewertungsobjekt zuzurechnenden Einkommensbeiträge

Grundlage der Abgrenzung der dem Bewertungsobjekt zuzurechnenden Einkommensbeiträge ist der – auf dessen verbleibende Nutzungsdauer bezogene – Vergleich des Einkommens, das das Unternehmen bei Nutzung des zu bewertenden Vermögenswertes erzielt, mit dem Einkommen, das sich c.p. bei Verzicht auf die Verwendung des Bewertungsobjektes bzw. eines mit diesem vergleichbaren Vermögenswertes ergibt. Diesem Vergleich können die unter 2.5.3.1 eingeführte externe und interne Betrachtung zugrunde gelegt werden. Bei der

- externen Betrachtung ist – wie dargelegt – das Vergleichseinkommen bestimmt durch das Einkommen eines Unternehmens, das das Bewertungsobjekt bzw. einen vergleichbaren Vermögenswert nicht verwendet; bei der
- internen Betrachtung ist – wie ausgeführt – das Vergleichseinkommen c.p. unter Zugrundelegung der Annahme abzuleiten, dass das betrachtete Unternehmen das Bewertungsobjekt nicht nutzt.

Die Abgrenzung der dem Bewertungsobjekt zuzuordnenden Einkommensbeiträge setzt dementsprechend voraus, dass die Erzielung eines Einkommens ohne Nutzung des zu bewertenden bzw. eines vergleichbaren Vermögenswertes c.p. möglich ist.

Unabhängig von der gewählten Betrachtung sind die dem Bewertungsobjekt zuzurechnenden Einkommensbeiträge durch Annahmen bestimmt. Die Anwendung der

- externen Betrachtung erfordert insbesondere Annahmen über die Zuordnung der Differenzen, die zwischen dem Einkommen des das Bewertungsobjekt nutzenden Unternehmens und dem Einkommen des Vergleichsunternehmens bestehen, zu Vermögenswerten, insbesondere dem Bewertungsobjekt; die Anwendung der
- internen Betrachtung setzt Annahmen – etwa über Preise, Mengen und Kosten – voraus, die eine Festlegung des Einkommens erlauben, das sich bei Verzicht auf die Nutzung des Bewertungsobjektes ergibt.

Beispielsweise erfordert die Zuordnung von Kostenvorteilen (Cost Savings Approach[123]) zu einer Verfahrenstechnologie bei Anwendung der externen Betrachtung die Annahme, dass identifizierte Einkommensdifferenzen, insbesondere Differenzen bei den Herstellungskosten der zugrunde liegenden Produkte, ausschließlich durch die zu bewertende Technologie bedingt sind. Bei Anwendung der internen Betrachtung setzt diese Zuordnung z.B. Annahmen über die Höhe der Material- und Personalkosten bei Verzicht auf die

---

121   Hierzu Smith/Parr (2005), S.192 ff.
122   IDW S 5 (2015), Tz.61; vgl. auch Castedello/Schmusch (2008), S.354; weitergehend Castedello/Klingbeil/
       Schröder (2006), S.1033.
123   Vgl. z.B. Woodward (2002), S.49; Smith/Parr (2005), S.187.

Nutzung der Technologie voraus; diese Annahmen können etwa dadurch getroffen werden, dass auf die Material- und Personalkosten vor Einführung der Verfahrenstechnologie abgestellt wird. Weiter baut diese Zuordnung bei beiden Betrachtungen u. a. auf Annahmen über die Weitergabe möglicher Kostenvorteile über die Absatzpreise an Kunden sowie damit ggf. verbundenen Veränderungen der Absatzmenge auf.

Ausgewählte Einzelfragen der Abgrenzung des dem Bewertungsobjekt zuzurechnenden Incremental Income werden in Kapitel 3 betrachtet.

Ableitung des Wertes des Bewertungsobjektes

Der auf den Bewertungsstichtag t^B ermittelte Wert des Vermögenswertes i mit i = o + 1 bis o + p V_{i,t^B} ergibt sich nach der Incremental Income Analysis aus der Beziehung

$$V_{i,t^B} = \sum_{t=t^B}^{T_i+t^B-1} CF_{i,t+1}^{II\ preTax} \cdot (1-s) \cdot (1+r_i)^{-(t-t^B+1)} + TAB_{i,t^B}$$

$CF_{i,t+1}^{II\ preTax}$ bezeichnet den als Incremental Income abgeleiteten Einkommensbeitrag des Vermögenswertes i der in t + 1 endenden Periode mit t = 0 bis ∞ vor Abzug von Ertragsteuern, s den Ertragsteuersatz, T_i die Lebensdauer des Vermögenswertes, r_i den dem Vermögenswert zugeordneten vermögenswertspezifischen Zinssatz und TAB_{i,t^B} den abschreibungsbedingten Steuervorteil (Tax Amortization Benefit). Die Bestimmung des vermögenswertspezifischen Zinssatzes wird unter 2.5.5 erörtert; der Abzug der Ertragsteuern vom Einkommensbeitrag vor Steuern und die Ableitung des abschreibungsbedingten Steuervorteils werden unter 2.5.6 dargelegt. Die Beziehung geht – zur Erhöhung der Übersichtlichkeit der Darstellung – von einem periodenunabhängigen vermögenswertspezifischen Zinssatz r_i mit $r_{i,t+1} = r_i$ für alle t = 0 bis ∞ aus.

Bei auf die Umsatzerlöse bezogenem Einkommensbeitrag des Bewertungsobjektes ist dessen Wert bestimmt durch die Beziehung

$$V_{i,t^B} = \sum_{t=t^B}^{T_i+t^B-1} inc_{i,t+1} \cdot S_{i,t+1}^{II} \cdot (1-s) \cdot (1+r_i)^{-(t-t^B+1)} + TAB_{i,t^B}$$

mit $S_{i,t+1}^{II}$ als die in der in t + 1 endenden Periode erzielten Umsatzerlöse, mit denen die Einkommensbeiträge des Bewertungsobjektes verbunden sind, und $inc_{i,t+1}$ als der in der Betrachtungsperiode auf diese Umsatzerlöse bezogene Einkommensbeitrag des Bewertungsobjektes.

Anwendungsbereich

Der Anwendungsbereich der Incremental Income Analysis ist angesichts der Anwendungsvoraussetzungen dieses Bewertungsansatzes eingeschränkt. Die externe Betrachtung setzt – dies wurde bereits unter 2.5.3.1 ausgeführt – die Verfügbarkeit eines geeigneten Vergleichsunternehmens sowie die Zugänglichkeit aller für die Durchführung des Vergleichs erforderlichen Daten dieses Unternehmens voraus; diese Voraussetzungen sind allenfalls ausnahmsweise erfüllt. Die interne Betrachtung kann nur dann zur Anwendung kommen, wenn die zur Abgrenzung des Vergleichseinkommens einzuführenden Annahmen einer nachvollziehbaren Begründung zugänglich sind;[124] auch diese Voraussetzung ist regelmäßig nicht gegeben.

Darüber hinaus können sich für die Incremental Income Analysis Anwendungsgrenzen auch in Fällen ergeben, die dadurch gekennzeichnet sind, dass Einkommensdifferenzen zwar identifizierbar sind, deren Zuordnung zu einzelnen Vermögenswerten jedoch nicht begründbar ist. Dies kann beispielsweise bei Produkten auftreten, die unter einer sehr bekannten Marke vertrieben werden, einen mit Rezepturen verbundenen einzigartigen Geschmack sowie eine ausgesprochen hohe, auf der angewendeten Produktionstechnologie beruhende Qualität aufweisen. Ähnlich kann bei Produkten, die über eine besondere, durch Patente geschützte Funktion – Wettbewerberprodukte weisen diese Funktion nicht auf – verfügen, ein im Vergleich zu den Produkten der Wettbewerber relativ höherer Preis möglicherweise auch durch andere Vermögenswerte des Unternehmens, etwa eine Marke, beeinflusst sein. In derartigen Fällen wird zur Abgrenzung der Einkommensbeiträge der einzelnen Vermögenswerte z. T. auf die Anwendung der – allerdings sehr aufwendigen – Conjoint-Analyse verwiesen.[125]

Als typische Anwendungsfälle der Incremental Income Analysis sind beispielsweise Bewertungen von Verfahrenstechnologien zu nennen,[126] die identifizierbare Kosteneinsparungen nach sich ziehen, insbesondere zur Reduktion der Material- und/oder Personalkosten führen. Andere bedeutsame Anwendungsfälle dieses Ansatzes bilden Bewertungen von vorteilhaften Verträgen.

Fallbeispiel

BU1 verfügt – wie dargelegt – über eine Verfahrenstechnologie[127], die zu Kosteneinsparungen bei der Herstellung ihrer Produkte führt. Nach im Einzelnen begründeter Auffassung des Managements sind die Produktionskosten, die sich vor Einführung der Verfahrenstechnologie ergaben, – unter Berücksichtigung erforderlicher Anpassungen – eine geeignete Vergleichsbasis zur Abgrenzung der der Technologie zuzuordnenden Kostenvorteile. Das Management geht weiter davon aus, dass diese Kostenvorteile über die nächsten 8 Jahre in vollem Umfang realisiert werden können.

Der Bewertung der Verfahrenstechnologie wird, da die hierfür erforderlichen Daten vorliegen, die Incremental Income Analysis zugrunde gelegt. Die Bewertung dieser Technologie auf den Bewertungsstichtag 1. Januar 2017 ergibt sich aus Tabelle 2-4.

---

124 IDW S 5 (2015), Tz. 36, stellt hierauf wohl ebenfalls ab, wenn ausgeführt wird, »dass die zukünftigen Cashflows … verlässlich ermittelt werden können«.

125 Zur Anwendung der Conjoint-Analyse siehe z. B. Ensthaler/Strübbe (2006), S. 185 ff.; Neuburger (2005), insbes. S. 101 ff.

126 Siehe hierzu bereits unter 2.5.3.2.

127 Zur Bewertung von Technologien siehe z. B. Boer (1999); Razgaitis (1999); zur Bewertung von Patenten beispielsweise Pitkethly (1997); Spranger (2006); Moser/Goddar (2007), S. 594 ff., 655 ff.; Moser/Goddar (2009), S. 113 ff.; Moser/Goddar (2011), S. 109 ff.; Ensthaler/Strübbe (2006); Neuburger (2005); Wurzer/Reinhardt (2006); Reitzig (2002); IDW S 5 (2015), Tz. 109 ff.; Reilly (2015), S. 1 ff.; sowie PAS 1070 und die sich anschließende DIN 77100; hierzu Grünewald/Wurzer (2012) sowie Menninger/Wurzer (2014). Zur Bewertung unpatentierter Technologien z. B. Nestler (2010), S. 487 ff. Zur Bewertung von Patentportfolios vgl. Brückner (2005), S. 149 ff.

Tab. 2-4: Bewertung der Verfahrenstechnologie

Mio. EUR	Tab.		2016	2017	2018	2019	2020	2021	2022	2023	2024
Sales											
Generated by Entity	2-3			360,0	388,8	404,4	412,4	420,7	429,1	437,7	437,7
Related to Process Technology*				360,0	388,8	404,4	412,4	420,7	429,1	437,7	364,7
Cost Savings as Percentage of Sales											
Related to Entity[1]				0,98%	0,99%	1,02%	1,02%	1,02%	1,02%	1,02%	0,85%
Related to Process Technology[2]				0,98%	0,99%	1,02%	1,02%	1,02%	1,02%	1,02%	1,02%
Cost Savings[3]		1		3,5	3,8	4,1	4,2	4,3	4,4	4,5	3,7
Tax[4]		30,00%		-1,1	-1,2	-1,2	-1,3	-1,3	-1,3	-1,3	-1,1
Cost Savings after Tax				2,5	2,7	2,9	2,9	3,0	3,1	3,1	2,6
Invested Capital[5]	2-12	7,82%	16,4	15,2	13,7	11,9	9,8	7,6	5,1	2,4	
including TAB		1,28	20,9								
Return on Invested Capital[6]		7,82%		1,3	1,2	1,1	0,9	0,8	0,6	0,4	0,2
Return of Invested Capital[7]				1,2	1,5	1,8	2,0	2,2	2,5	2,7	2,4
Return on and of Invested Capital				2,5	2,7	2,9	2,9	3,0	3,1	3,1	2,6
Amortization[8]		8,0		2,6	2,6	2,6	2,6	2,6	2,6	2,6	2,6
Tax Benefit of Amortization[9]		30,00%		0,8	0,8	0,8	0,8	0,8	0,8	0,8	0,8
Cashflow incl. Tax Benefit				3,3	3,5	3,7	3,7	3,8	3,8	3,9	3,4
Invested Capital incl. TAB[10]			20,9	19,3	17,3	15,0	12,4	9,6	6,5	3,1	
Tax Amortization Benefit (TAB)											
Percentage of Amortization per Year[11]		8		12,5%	12,5%	12,5%	12,5%	12,5%	12,5%	12,5%	12,5%
Present Value[12]		7,82%	72,3%	65,5%	58,1%	50,1%	41,6%	32,3%	22,3%	11,6%	
Tax Benefit[13]		30,00%	21,7%								
Step up Factor[14]			1,28								

* Projection based on management best estimate	8 Invested Capital 2016 incl. TAB / Useful Life
1 Cost Savings / Sales related to entity	9 Amortization * Tax Rate
2 Cost Savings / Sales related to Process Technology	10 (Invested Capital incl. TAB t+1 + Cashflow
3 Based on management analysis	incl. Tax Benefit t+1) / (1 + Asset Specific Rate
4 Cost Savings * Tax Rate	of Return)
5 (Invested Capital t+1 + Cost Savings t+1) / (1 + Asset	11 1 / Useful Life
Specific Rate of Return)	12 see 5 and 10
6 Invested Capital t-1 * Asset Specific Rate of Return	13 Present Value of Amortization * Tax Rate
7 Invested Capital t-1 ./. Invested Capital t	14 1 / (1 - Tax Benefit)

In der Tabelle sind die von der Geschäftseinheit für jedes Jahr der verbleibenden Nutzungs-
dauer der Verfahrenstechnologie ermittelten Kosteneinsparungen, die Umsatzerlöse der
Geschäftseinheit, die Umsatzerlöse, bei deren Erzielung diese Kostenvorteile realisiert werden,
sowie die Kosteneinsparungen in Prozent dieser Umsatzerlöse zusammengestellt. Auf dieser
Grundlage bestimmt sich der Wert der Verfahrenstechnologie zu Beginn eines betrachteten
Jahres – bei Anwendung des unter 2.3.2.1 eingeführten Roll-back-Verfahrens – als Barwert der
Summe aus dem Wert der Verfahrenstechnologie am Ende diesen Jahres und den dieser Periode zuzurechnenden Kosteneinsparung nach Steuern; zur Vereinfachung der Analyse wird
davon ausgegangen, dass diese Kosteneinsparungen am Ende der betrachteten Periode erzielt
werden.

Der Barwertermittlung liegt ein vorläufig festgelegter vermögenswertspezifischer Zinssatz in
Höhe von 7,82 % zugrunde, der erforderlichenfalls bei der Beurteilung der Plausibilität der
Bewertungsergebnisse unter 2.6.3 bzw. 2.6.4 anzupassen ist. Der Abzug der Ertragsteuern von
den Kosteneinsparungen und die Ableitung des bei der Wertermittlung berücksichtigten
abschreibungsbedingten Steuervorteils (Tax Amortization Benefit) werden unter 2.5.6 erläutert.

Im mittleren Teil der Tabelle werden Verzinsung (Return on Invested Capital) und Rückfluss
(Return of Invested Capital) des in die Verfahrenstechnologie investierten Kapitals abgeleitet.
Die Verzinsung ergibt sich durch Anwendung des vermögenswertspezifischen Zinssatzes auf
das investierte Kapital der jeweiligen Vorperiode, der Rückfluss als Veränderung des investierten Kapitals am Ende des jeweiligen Jahrs gegenüber dem Ende der Vorperiode. Die Summe
aus beiden Komponenten ist in jedem Jahr des Betrachtungszeitraums gleich den Kosteneinsparungen nach Steuern.

2.5.4.2 Royalty Analysis

2.5.4.2.1 Relief-from-Royalty-Methode

Grundlagen der Relief-from-Royalty-Methode
Die Nutzung eines immateriellen Vermögenswertes, z. B. einer patentgeschützten Technologie oder einer Marke, ist – vorbehaltlich entgegenstehender Schutzrechte – einem
betrachteten Unternehmen dann möglich, wenn dem Unternehmen
* der Vermögenswert zuzurechnen ist oder wenn dem Unternehmen
* das Recht zur Nutzung des Vermögenswertes durch einen mit einem Dritten geschlossenen Lizenzvertrag – üblicherweise gegen Zahlung eines Entgeltes – eingeräumt wird.

Das Unternehmen hat unter der Voraussetzung, dass diesem der Vermögenswert zusteht,
für die Nutzung des Vermögenswertes – im Vergleich zu dessen Nutzung im Rahmen einer
Lizenzvereinbarung – keine Lizenzzahlungen zu leisten; das Unternehmen ist von diesen
Zahlungen »befreit«. Die Relief-from-Royalty-Methode[128] folgt dieser Betrachtung und
grenzt den Einkommensbeitrag des Bewertungsobjektes als in diesem Sinne verstandene
»ersparte« Lizenzzahlungen (»royalty savings«) ab. Der Wert des Bewertungsobjektes

---

128   Vgl. z. B. Smith/Parr (2005), S. 185; PPD IVS 210.60.18 ff.

ergibt sich nach diesem Ansatz – unter Berücksichtigung steuerlicher Wirkungen – als Barwert der zukünftig »ersparten« Lizenzzahlungen.[129]

Der Relief-from-Royalty-Ansatz ist konzeptionell dem Income Approach zuzurechnen.[130] Da die Ableitung der bewertungsrelevanten Lizenzzahlungen zumeist von verfügbaren Lizenzverträgen ausgeht, sind die Einkommensbeiträge des Bewertungsobjektes insoweit durch einen auf Marktpreise zurückzuführenden Parameter begründet. Aufgrund dieses Bezugs zu Marktpreisen wird die Relief-from-Royalty-Methode im Schrifttum auch als hybrider Ansatz bezeichnet,[131] z. T. sogar dem Market Approach zugerechnet.[132]

Abgrenzung der dem Bewertungsobjekt zuzurechnenden Einkommensbeiträge
Die Relief-from-Royalty-Methode weist dem Bewertungsobjekt die Lizenzzahlungen zu, die vom betrachteten Unternehmen für die Nutzung des zu bewertenden Vermögenswertes während dessen verbleibenden Nutzungsdauer – aufgrund der Zurechnung des Vermögenswertes zum Unternehmen – nicht zu leisten sind. Diese Abgrenzung der Einkommensbeiträge des Bewertungsobjektes kann – entsprechend dem Vorgehen bei der Incremental Income Analysis – durch Vergleich des Einkommens des Unternehmens mit einem Vergleichseinkommen beschrieben werden. Im Unterschied zur Incremental Income Analysis ist das der Relief-from-Royalty-Methode zugrunde liegende Vergleichseinkommen durch die Nutzung des Bewertungsobjektes bestimmt, wobei davon auszugehen ist, dass das Recht zur Nutzung des zu bewertenden Vermögenswertes in einer Lizenzvereinbarung begründet ist.

Lizenzvereinbarungen sehen – zumeist neben weiteren Vertragskonditionen – typischerweise vor, dass die vom Lizenznehmer an den Lizenzgeber zu leistenden Lizenzzahlungen durch Anwendung eines Lizenzsatzes auf eine Bemessungsgrundlage zu ermitteln sind, wobei diese Parameter mengen- oder wertbezogen festgelegt sein können. Vielfach wird auf die Umsatzerlöse als Bemessungsgrundlage und einen darauf bezogenen prozentualen Lizenzsatz abgestellt.

Die Ermittlung der in die Bewertung nach der Relief-from-Royalty-Methode einzubeziehenden Lizenzzahlungen erfordert dementsprechend die
- Zuordnung eines Lizenzsatzes sowie einer zugehörigen Bemessungsgrundlage zum Bewertungsobjekt und – für die Jahre der verbleibenden Nutzungsdauer des zu bewertenden Vermögenswertes – die
- Planung der als Bemessungsgrundlage herangezogenen Größe, z. B. der Umsatzerlöse.

Die Zuordnung eines Lizenzsatzes sowie einer Bemessungsgrundlage zu einem Bewertungsobjekt wird überwiegend dadurch begründet, dass die Lizenzsätze[133] und deren

---

129 Siehe z. B. Anson/Suchy (2005), S. 35 f.

130 IDW (2014), Tz. 42 lässt die eindeutige Zuordnung zum Income Approach offen.

131 So z. B. Khoury/Daniele/Germeraad (2001), S. 81; Anson/Suchy (2005), S. 35. IDW (2014), Tz. 42 führt weitergehend aus, dass »faktisch kapitalwertorientierte, kostenorientierte und marktpreisorientierte Verfahren zusammengeführt« werden.

132 Vgl. z. B. Reilly/Schweihs (1999), S. 441 f.; Reilly (2016).

133 Zur Bestimmung von Lizenzsätzen siehe beispielsweise Nestler (2015), S. 811 ff.; Nestler (2008), S. 2002 ff.; Kasperzak/Nestler (2010), S. 139 ff.; Lu (2010), S. 160 ff.; Joppich/Nestler (2003), S. 1409 ff.; sowie die unter 3.3.3 durchgeführten Analysen. Weiter ist auf die Untersuchung von Varner (2012), S. 28 ff. hinzuweisen.

Bemessungsgrundlagen sowie gegebenenfalls weitere Vertragskonditionen aus Lizenzverträgen, die über die Nutzung von mit dem Bewertungsobjekt möglichst vergleichbaren Vermögenswerten geschlossen wurden, abgeleitet werden.[134] Zur Identifikation von Vergleichstransaktionen kommen – neben Rechtsprechung und Literatur[135] – Datenbanken verschiedener Anbieter, etwa[136] von *RoyaltySource*®[137] oder Markables,[138] in Betracht. Die Ableitung der als Bemessungsgrundlage gewählten Größe, z. B. der Umsatzerlöse, für die Jahre des Betrachtungszeitraumes geht regelmäßig von der der Wertanalyse zugrunde liegenden Planungsrechnung aus, wobei die Konditionen der Vergleichstransaktionen im Einzelnen abzubilden sind.

Ausgewählte Einzelfragen der Abgrenzung der dem Bewertungsobjekt zuzurechnenden Lizenzzahlungen werden in Kapitel 3 betrachtet.

Ableitung des Wertes des Bewertungsobjektes

Der auf den Bewertungsstichtag t^B ermittelte Wert des Vermögenswertes i mit i = o + 1 bis o + p V_{i,t^B} ergibt sich nach der Relief-from-Royalty-Methode aus der Beziehung

$$V_{i,t^B} = \sum_{t=t^B}^{T_i+t^B-1} CF_{i,t+1}^{RS\ preTax} \cdot (1-s) \cdot (1+r_i)^{-(t-t^B+1)} + TAB_{i,t^B}$$

$CF_{i,t+1}^{RS\ preTax}$ bezeichnet den als ersparte Lizenzzahlungen abgeleiteten Einkommensbeitrag des Vermögenswertes i der in t + 1 endenden Periode mit t = 0 bis ∞ vor Abzug von Ertragsteuern, s den Steuersatz, T_i die Lebensdauer des Vermögenswertes, r_i den dem Vermögenswert zugeordneten vermögenswertspezifischen Zinssatz und TAB_{i,t^B} den abschreibungsbedingten Steuervorteil (Tax Amortization Benefit). Die Bestimmung des vermögenswertspezifischen Zinssatzes, der Abzug der Ertragsteuern und die Ableitung des abschreibungsbedingten Steuervorteils werden unter 2.5.5 bzw. 2.5.6 dargelegt. Die Beziehung geht wiederum von einem periodenunabhängigen vermögenswertspezifischen Zinssatz r_i mit $r_{i,t+1} = r_i$ für alle t = 0 bis ∞ aus.

Bei auf die Umsatzerlöse bezogenen ersparten Lizenzzahlungen ist der Wert des Bewertungsobjektes bestimmt durch die Beziehung

$$V_{i,t^B} = \sum_{t=t^B}^{T_i+t^B-1} rrate_{i,t+1} \cdot S_{i,t+1}^{Royalty} \cdot (1-s) \cdot (1+r_i)^{-(t-t^B+1)} + TAB_{i,t^B}$$

mit $S_{i,t+1}^{Royalty}$ als die in der in t + 1 endenden Periode erzielten Umsatzerlöse, die bei angenommener Lizenzvereinbarung dieser unterliegen, und $rrate_{i,t+1}$ als der in der Betrach-

---

134 Zur Ableitung von Benchmark-Daten siehe auch Binder (2016).

135 Siehe hierzu z. B. Hellebrand/Himmelmann (2011); Parr (2007); IPRA (Technology); IPRA (Pharmaceuticals); LES (2012); Groß/Rohrer (2012); Groß (1998), S. 1321–1323; Groß (1995), S. 885–891; Stasik (2010), S. 114 ff.; Varner (2010), S. 120 ff.; KPMG (2012).

136 Eine Zusammenstellung bekannter Datenbanken wird unter 3.3.3.2.2 gegeben.

137 www.royaltysource.com.

138 www.markables.net.

tungsperiode auf diese Umsatzerlöse bezogener Lizenzsatz, der vielfach periodenunabhängig festgelegt wird. Mit $rrate_{i,t+1} = rrate_i$ für alle t = 0 bis ∞ gilt

$$V_{i,t^B} = rrate_i \cdot \sum_{t=t^B}^{T_i+t^B-1} S_{i,t+1}^{Royalty} \cdot (1-s) \cdot (1+r_i)^{-(t-t^B+1)} + TAB_{i,t^B}$$

Anwendungsbereich

Der Anwendungsbereich der Relief-from-Royalty-Methode ist dadurch bestimmt, dass – wie dargelegt – wesentliche Parameter, die in die dem Bewertungsobjekt zugeordneten Lizenzzahlungen eingehen, überwiegend aus Vergleichstransaktionen abgeleitet werden. Die Anwendung dieses Bewertungsansatzes setzt dementsprechend voraus, dass Markttransaktionen, die als Grundlage der Ableitung dieser Parameter in Betracht kommen, zu beobachten sind und zudem die wesentlichen Bedingungen, zu denen diese Transaktionen durchgeführt wurden, verfügbar sind. Die Kenntnis der Bedingungen der Vergleichstransaktionen ist vor allem auch für die Beurteilung der Frage bedeutsam, welche Transaktionen in die Analyse einzubeziehen sind, insbesondere inwieweit die diesen zugrundeliegenden Vermögenswerte mit dem Bewertungsobjekt vergleichbar sind.

Dem Anwendungsbereich der Relief-from-Royalty-Methode ist – entgegen einer vor allem im deutschen Schrifttum verbreiteten Auffassung[139] – regelmäßig auch der Fall zuzuordnen, dass das betrachtete Unternehmen das Bewertungsobjekt nicht selbst nutzt, sondern mit einem Dritten eine exklusive Lizenzvereinbarung getroffen hat, die dem Dritten das Recht zur Nutzung des zu bewertenden Vermögenswertes gegen Entrichtung von Lizenzzahlungen einräumt.[140] Das in diesem Fall vom betrachteten Unternehmen als Lizenzgeber erzielte Lizenzeinkommen (Royalty Income) kann dem Einkommen entsprechen, das sich unter Zugrundelegung von marktüblichen Konditionen ergibt; es kann jedoch auch von diesem Vergleichseinkommen abweichen. Der Differenzbetrag zwischen dem vom Unternehmen erzielten Lizenzeinkommen und dem Marktbedingungen folgenden Vergleichseinkommen ist einem gesondert zu erfassenden Vermögenswert bzw. einer Schuld zuzuordnen. Eine positive Differenz bringt einen vorteilhaften Vertrag, eine negative Differenz einen nachteiligen Vertrag zum Ausdruck.[141]

Fallbeispiel

BU1 verfügt – wie unter 2.5.2 ausgeführt – über eine patentgeschützte Basistechnologie, der nach Auffassung des Managements eine noch verbleibende Nutzungsdauer von etwa 8 Jahren zukommt; zur Begründung dieser Einschätzung verweist das Management auf den im betreffenden Technologiefeld zu beobachtenden Technologielebenszyklus. Die Patentrestlaufzeit beträgt 10 Jahre.

---

139 Vgl. beispielsweise Beyer/Mackenstedt (2008), S. 344; Castedello/Schmusch (2008), S. 352; sowie Rzepka/Scholze (2010), S. 299; diese sehen einen Anwendungsfall der unter 2.5.4.4 zu erörternden Methode der unmittelbaren Cashflow-Prognose.

140 Teilweise ist der Bewertung in diesem Fall auch die unter 2.5.4.3 erörterte Excess-Earnings-Methode zugrunde zu legen.

141 So auch Smith/Parr (2005), S. 499; sowie schon Smith/Parr (2000), S. 399.

Tab. 2-5: Bewertung der Basistechnologie

Mio. EUR	Tab.			2016	2017	2018	2019	2020	2021	2022	2023	2024
Sales related to Core Technology*	2-4				360,0	388,8	404,4	412,4	420,7	429,1	437,7	364,7
Royalty Savings[1]		8,00%			28,8	31,1	32,3	33,0	33,7	34,3	35,0	29,2
Tax[2]		30,00%			-8,6	-9,3	-9,7	-9,9	-10,1	-10,3	-10,5	-8,8
Royalty Savings after Tax					20,2	21,8	22,6	23,1	23,6	24,0	24,5	20,4
Invested Capital[3]	2-12	7,82%	129,7	119,7	107,3	93,0	77,2	59,7	40,3	18,9		
incl. TAB		1,28	165,6									
Return on Invested Capital[4]					10,1	9,4	8,4	7,3	6,0	4,7	3,2	1,5
Return of Invested Capital[5]					10,0	12,4	14,3	15,8	17,5	19,4	21,4	18,9
Return on and of Invested Capital					20,2	21,8	22,6	23,1	23,6	24,0	24,5	20,4
Amortization[6]					20,7	20,7	20,7	20,7	20,7	20,7	20,7	20,7
Tax Benefit of Amortization[7]					6,2	6,2	6,2	6,2	6,2	6,2	6,2	6,2
Cashflow incl. Tax Benefit					26,4	28,0	28,9	29,3	29,8	30,2	30,7	26,6
Invested Capital incl. TAB[8]				165,6	152,2	136,1	117,9	97,8	75,7	51,4	24,7	
Tax Amortization Benefit (TAB)												
Percentage of Amortization per Year[9]		8,0			12,5%	12,5%	12,5%	12,5%	12,5%	12,5%	12,5%	12,5%
Present Value[10]		7,82%	72,3%	65,5%	58,1%	50,1%	41,6%	32,3%	22,3%	11,6%		
Tax Benefit[11]		30,00%	21,7%									
Step up Factor[12]		1,28										

*	Projection based on management best estimate	6 Invested Capital 2016 incl. TAB / Useful Life
1	Sales * Royalty Rate	7 Amortization * Tax Rate
2	Royalty Savings * Tax Rate	8 (Invested Capital incl. TAB t+1 + Cashflow incl. Tax
3	(Invested Capital t+1 + Royalty Savings t+1) / (1 + Asset Specific Rate of Return)	Benefit t+1) / (1 + Asset Specific Rate of Return)
4	Invested Capital t-1 * Asset Specific Rate of Return	9 1 / Useful Life
5	Invested Capital t-1 ./. Invested Capital t	10 see 3 and 8
		11 Present Value of Amortization * Tax Rate
		12 1 / (1 - Tax Benefit)

Mit dieser Technologie vergleichbare Technologien sind regelmäßig Gegenstand von – zumeist auf bestimmte geografische Regionen begrenzten – exklusiven Lizenzverträgen. Letztere dienen typischerweise der Begründung strategischer Partnerschaften, die den Lizenzgebern eine Präsenz auf wichtigen Märkten ermöglichen. Eine Analyse entsprechender Lizenzverträge zeigte, dass für die Basistechnologie ein Lizenzsatz von rund 8 % der Umsatzerlöse angemessen ist; weitere Zahlungskomponenten werden regelmäßig nicht vereinbart.

Die Bewertung der Basistechnologie mittels der Relief-from-Royalty-Methode auf den Bewertungsstichtag 1. Januar 2017 ist in Tabelle 2-5 zusammengefasst. Grundlage der Wertermittlung sind die bis zum Ende der Nutzungsdauer der Technologie geplanten Umsatzerlöse, die die Geschäftseinheit voraussichtlich mit den Produkten erzielen wird, die auf der Basistechnologie aufbauen. Auf diese Umsatzerlöse wird – zur Bestimmung der ersparten Lizenzzahlungen – der Lizenzsatz von 8 % angewendet. Auf dieser Grundlage ergibt sich der Wert der zu bewertenden Technologie zu Beginn eines betrachteten Jahres – bei Anwendung des Roll-back-Verfahren – als Barwert der Summe aus dem Wert der Technologie am Ende dieser Periode und den dieser Periode zuzurechnenden ersparten Lizenzzahlungen nach Steuern; zur Vereinfachung der Analyse wird davon ausgegangen, dass die ersparten Lizenzzahlungen am Ende der betrachteten Periode erzielt werden.

Der Barwertermittlung liegt ein vorläufig festgelegter vermögenswertspezifischer Zinssatz in Höhe von 7,82 % zugrunde, der erforderlichenfalls bei der Beurteilung der Plausibilität der Bewertungsergebnisse unter 2.6.3 bzw. 2.6.4 anzupassen ist. Der Abzug der Ertragsteuern von den ersparten Lizenzzahlungen und die Ableitung des bei der Wertermittlung berücksichtigten abschreibungsbedingten Steuervorteils werden unter 2.5.6 erläutert.

Im mittleren Teil der Tabelle werden Verzinsung (Return on Invested Capital) und Rückfluss (Return of Invested Capital) des in die Basistechnologie investierten Kapitals abgeleitet. Da die Vorgehensweise bei deren Ermittlung mit der Bestimmung dieser Komponenten für die Verfahrenstechnologie identisch ist, wird insoweit auf die Ausführungen unter 2.5.4.1 verwiesen.

2.5.4.2.2 Profit-Split-Analyse

Grundlagen der Profit-Split-Analyse

In verschiedenen Branchen kommen »Praktikerregeln«[142] zur Anwendung, die Lizenzzahlungen, die für die Nutzung eines immateriellen Vermögenswertes zu leisten sind, durch Aufteilung des Ergebnisses (Profit Split) des den Vermögenswert nutzenden Unternehmens (Lizenznehmer) auf Lizenznehmer und Lizenzgeber durch Anwendung eines vorgegebenen Aufteilungsfaktors (Profit-Split-Faktor) bestimmen. Das aufzuteilende Ergebnis wird zumeist als EBIT oder EBITDA verstanden.

Bei der Bewertung immaterieller Vermögenswerte können Profit-Split-Regeln oder Profit-Split-Annahmen insbesondere der

- Ermittlung von »ersparten« Lizenzzahlungen,[143] die in die Relief-from-Royalty-Methode einbezogen werden,[144] zugrunde gelegt werden; sie können jedoch auch zur
- Beurteilung der Plausibilität von Bewertungsparametern und -ergebnissen, beispielsweise von aus Markttransaktionen abgeleiteten Lizenzsätzen,[145] herangezogen werden.

---

142 Kritisch zu »Praktikerregeln« Smith/Parr (2005), S. 374–375, 410–426; Smith/Parr (2000), S. 366, führten aus: »Rules of thumb cannot dismissed summarily, but their use must be viewed with caution ...«

143 So auch PPD IVS 210.60.19; IVSC (TIP 3), 6.20.

144 Demgegenüber interpretiert TAF (2010a), 3.5.03, die Relief-from-Royalty-Methode als besondere Ausprägung der Profit-Split-Analyse.

145 In dieser Anwendung sahen Smith/Parr (2000), S. 368, die wesentliche Bedeutung von Profit-Split-Analysen. So auch IVSC GN 4, 5.21 f.; sowie IVSC ED 2007, 6.39 ff.

Abgrenzung der dem Bewertungsobjekt zuzurechnenden Einkommensbeiträge

In der Lizenzierungspraxis kommt der »25 %-Regel«[146] eine besondere Bedeutung zu. Diese Regel spricht sich dafür aus, dass 25 % des Ergebnisses demjenigen, dem der Vermögenswert zuzurechnen ist, also dem Lizenzgeber, und 75 % dem den Vermögenswert nutzenden Unternehmen, also dem Lizenznehmer, zuzuordnen sind. Zur Begründung dieser Ergebnisaufteilung wird auf die Risikoverteilung zwischen den beiden Parteien verwiesen und ausgeführt, dass das den Vermögenswert nutzende Unternehmen aufgrund der Investitionen, die von diesem in andere Vermögenswerte zu tätigen sind, das größere Risiko trägt.[147] Weiter ist die »Knoppe«-Formel/Regel[148] zu nennen, nach der ein Aufteilungsfaktor von 33 % anzuwenden ist.

Ausgewählte Einzelfragen der Profit-Split-Analyse werden in Kapitel 3 betrachtet.

Ableitung des Wertes des Bewertungsobjektes

Der auf den Bewertungsstichtag t^B ermittelte Wert des Vermögenswertes i mit i = o + 1 bis o + p V_{i,t^B} ergibt sich bei Ermittlung der ersparten Lizenzzahlungen unter Zugrundelegung einer auf das EBITA-bezogenen Profit-Split-Annahme aus der Beziehung

$$V_{i,t^B} = PS \cdot \sum_{t=t^B}^{T_i+t^B-1} S_{i,t+1}^{PS} \cdot ebita_{i,t+1}^{PS} \cdot (1-s) \cdot (1+r_i)^{-(t-t^B+1)} + TAB_{i,t^B}$$

$S_{i,t+1}^{PS}$ bezeichnet die Umsatzerlöse und $ebita_{i,t+1}^{PS}$ die EBITA-Marge der in t + 1 endenden Periode, die das aufzuteilende, dem Bewertungsobjekt zuzurechnende EBITA bestimmen; PS gibt den Profit-Split-Faktor an. s bringt wiederum den Steuersatz, T_i die Lebensdauer des Vermögenswertes, r_i den dem Vermögenswert zugeordneten vermögenswertspezifischen Zinssatz und TAB_{i,t^B} den abschreibungsbedingten Steuervorteil zum Ausdruck. Bei Anwendung des EBITDA als Ausgangsgröße der Ergebnisaufteilung ist von der EBITDA-Marge anstelle der EBITA-Marge auszugehen.

Anwendungsbereich

Eine Anwendung der Profit-Split-Analyse kommt grundsätzlich nur in Branchen in Betracht, die dadurch gekennzeichnet sind, dass entsprechende Profit-Split-Annahmen der Bestimmung von Lizenzzahlungen zugrunde gelegt werden. Diese Voraussetzung ist beispielsweise für die 25 %-Regel in Bereichen des Maschinenbaus erfüllt. Bemerkenswert ist, dass in Branchen bzw. Branchensegmenten, in denen die 25 %-Regel grundsätzlich Beachtung findet, regelmäßig festzustellen ist, dass in Lizenzverträgen vereinbarte Lizenzsätze, insbesondere auch Umsatzlizenzen, durch diese Regel geprägt sind.[149]

---

146 Ausführlich zu dieser Regel Goldscheider (2012), S. 1 ff.; Goldscheider/Jarosz/Mulhern (2002), S. 123 ff.; Binder/Nestler (2015), S. 203 ff.; Binder/Nestler (2015a), S. 6 ff. Kritisch Smith/Parr (2005), S. 374–375, 410–426.

147 Ausführlich zur Begründung der 25 %-Regel Nestler (2013), S. 2027 ff.

148 Vögele/de Homont/Witt/Braukmann/Pusch (2014), Rn. 12, 14.

149 Smith/Parr (2000), S. 366, sprachen in diesem Zusammenhang von »self-fulfilling prophecies«. Zur empirischen Überprüfung der 25 %-Regel siehe Smith/Parr (2005), S. 421–426.

Weiter ist zu beachten, dass eine Anwendung von Profit-Split-Annahmen stets voraussetzt, dass die Zuordnung des der Regel folgenden Ergebnisanteils zu einem immateriellen Vermögenswert begründbar ist. Dies ist beispielsweise dann anzuzweifeln, wenn der Vermögenswert, der zwar Gegenstand eines Lizenzvertrages sein kann, für die Erzielung des der Aufteilung zugrunde liegenden Ergebnisses nicht bedeutsam ist.

Fallbeispiel

Der Wert der Basistechnologie wird in Tabelle 2-6 und Tabelle 2-7 – wie bereits in Tabelle 2-5 – mittels der Relief-from-Royalty-Methode auf den Bewertungsstichtag 1. Januar 2017 ermittelt. Im Unterschied zu Tabelle 2-5 folgt die Ableitung der der Bewertung zugrunde gelegten, ersparten Lizenzzahlungen in den Tabellen 2-6 und 2-7 der 25 %-Regel, wobei die Ergebnisaufteilungen vom EBITA (Tab. 2-6) bzw. vom EBITDA (Tab. 2-7) ausgehen.

Die Ergebnisgrößen EBITA und EBITDA werden durch Anwendung der aus Tabelle 2-3 abgeleiteten EBITA-Margen auf die bis zum Ende der Nutzungsdauer der Technologie geplanten Umsatzerlöse, die BU1 voraussichtlich mit den Produkten erzielen wird, die auf der Basistechnologie aufbauen, bestimmt; in Tabelle 2-7 werden zu den so bestimmten Ergebnissen die Abschreibungen, die aus Tabelle 2-9 übernommen werden, zur Ermittlung des EBITDA hinzugerechnet. Diese Ergebnisse werden um die in Höhe von 4,2 % des Umsatzes geplanten Forschungs- und Entwicklungsaufwendungen, die der Entwicklung der nächsten Generationen der Basistechnologie dienen, bereinigt; diese Bereinigung ist darin begründet werden, dass die Entwicklungsaufwendungen auf die Entwicklung der nächsten Generation der Basistechnologie gerichtet sind und nicht der Weiterentwicklung der bestehenden Basistechnologie dienen. Zur Verdeutlichung des Einflusses dieser Bereinigung auf den Wert der Basistechnologie werden in den Tabellen auch die Werte der Basistechnologie bei Verzicht auf diese Bereinigung angegeben.

Zur Bestimmung der ersparten Lizenzzahlungen wird schließlich auf die so abgeleiteten Ergebnisse (EBITA bzw. EBITDA) der Profit-Split-Faktor von 25 % angewendet. Auf dieser Grundlage ergibt sich der Wert der zu bewertenden Technologie zu Beginn eines betrachteten Jahres – bei Anwendung des Roll-back-Verfahren – als Barwert der Summe aus dem Wert der Technologie am Ende dieser Periode und den dieser Periode zuzurechnenden ersparten Lizenzzahlungen nach Steuern; zur Vereinfachung der Analyse wird davon ausgegangen, dass die ersparten Lizenzzahlungen am Ende der betrachteten Periode erzielt werden.

Tab. 2-6: Bewertung der Basistechnologie bei Ableitung der ersparten Lizenzzahlungen mittels der 25 %-Regel ausgehend vom EBITA

Mio. EUR	Tab.		2016	2017	2018	2019	2020	2021	2022	2023	2024
Sales related to Core Technology*	2-4			360,0	388,8	404,4	412,4	420,7	429,1	437,7	364,7
EBITA	2-3			57,6	63,2	65,6	66,9	68,2	69,6	71,0	59,1
Adjustment R & D Expenses		4,20%		15,1	16,3	17,0	17,3	17,7	18,0	18,4	15,3
EBITA adjusted				72,7	79,5	82,5	84,2	85,9	87,6	89,3	74,5
Royalty Savings[1]		25,00%		18,2	19,9	20,6	21,0	21,5	21,9	22,3	18,6
Tax[2]		30,00%		-5,5	-6,0	-6,2	-6,3	-6,4	-6,6	-6,7	-5,6
Royalty Savings after Tax				12,7	13,9	14,4	14,7	15,0	15,3	15,6	13,0
Invested Capital[3]	2-12	7,82%	82,6	76,4	68,4	59,3	49,2	38,1	25,7	12,1	
incl. TAB		1,28	105,5									
Return on Invested Capital[4]				6,5	6,0	5,4	4,6	3,9	3,0	2,0	0,9
Return of Invested Capital[5]				6,3	7,9	9,1	10,1	11,2	12,4	13,6	12,1
Return on and of Invested Capital				12,7	13,9	14,4	14,7	15,0	15,3	15,6	13,0
Amortization[6]				13,2	13,2	13,2	13,2	13,2	13,2	13,2	13,2
Tax Benefit of Amortization[7]				4,0	4,0	4,0	4,0	4,0	4,0	4,0	4,0
Cashflow incl. Tax Benefit				16,7	17,9	18,4	18,7	19,0	19,3	19,6	17,0
Invested Capital incl. TAB[8]			105,5	97,1	86,8	75,2	62,4	48,3	32,8	15,8	
Tax Amortization Benefit (TAB)												
Percentage of Amortization per Year[9]		8,0		12,5%	12,5%	12,5%	12,5%	12,5%	12,5%	12,5%	12,5%
Present Value[10]		7,82%	72,3%	65,5%	58,1%	50,1%	41,6%	32,3%	22,3%	11,6%	
Tax Benefit[11]		30,00%	21,7%									
Step up Factor[12]		1,28										
Readjustement R & D Expenses												
Invested Capital Readjusted			65,6	60,7	54,3	47,1	39,1	30,2	20,4	9,6	
incl. TAB			83,8									

* Projection based on management best estimate
1 EBITA * Split Factor
2 Royalty Savings * Tax Rate
3 (Invested Capital t+1 + Royalty Savings t+1) / (1 + Asset Specific Rate of Return)
4 Invested Capital t-1 * Asset Specific Rate of Return
5 Invested Capital t-1 ./. Invested Capital t
6 Invested Capital 2016 incl. TAB / Useful Life
7 Amortization * Tax Rate
8 (Invested Capital incl. TAB t+1 + Cashflow incl. Tax Benefit t+1) / (1 + Asset Specific Rate of Return)
9 1 / Useful Life
10 see 3 and 8
11 Present Value of Amortization * Tax Rate
12 1 / (1 - Tax Benefit)

Tab. 2-7: Bewertung der Basistechnologie bei Ableitung der ersparten Lizenzzahlungen mittels der 25 %-Regel ausgehend vom EBITDA

Mio. EUR	Tab.		2016	2017	2018	2019	2020	2021	2022	2023	2024
Sales related to Core Technology*	2-4			360,0	388,8	404,4	412,4	420,7	429,1	437,7	364,7
EBITA	2-3			57,6	63,2	65,6	66,9	68,2	69,6	71,0	59,1
Depreciation	2-9			37,0	42,0	36,0	36,0	36,0	36,0	36,0	30,0
Adjustment R & D Expenses		4,20%		15,1	16,3	17,0	17,3	17,7	18,0	18,4	15,3
EBITDA adjusted				109,7	121,5	118,5	120,2	121,9	123,6	125,3	104,5
Royalty Savings[1]		25,00%		27,4	30,4	29,6	30,0	30,5	30,9	31,3	26,1
Tax[2]		30,00%		-8,2	-9,1	-8,9	-9,0	-9,1	-9,3	-9,4	-7,8
Royalty Savings after Tax				19,2	21,3	20,7	21,0	21,3	21,6	21,9	18,3
Invested Capital[3]	2-12	7,82%	119,6	109,7	97,0	83,9	69,4	53,5	36,1	17,0	
incl. TAB		1,28	152,7									
Return on Invested Capital[4]				9,4	8,6	7,6	6,6	5,4	4,2	2,8	1,3
Return of Invested Capital[5]				9,9	12,7	13,2	14,5	15,9	17,4	19,1	17,0
Return on and of Invested Capital				19,2	21,3	20,7	21,0	21,3	21,6	21,9	18,3
Amortization[6]				19,1	19,1	19,1	19,1	19,1	19,1	19,1	19,1
Tax Benefit of Amortization[7]				5,7	5,7	5,7	5,7	5,7	5,7	5,7	5,7
Cashflow incl. Tax Benefit				24,9	27,0	26,5	26,8	27,1	27,4	27,7	24,0
Invested Capital incl. TAB[8]			152,7	139,7	123,7	106,9	88,5	68,3	46,3	22,3	
Tax Amortization Benefit (TAB)												
Percentage of Amortization per Year[9]		8,0		12,5%	12,5%	12,5%	12,5%	12,5%	12,5%	12,5%	12,5%
Present Value[10]		7,82%	72,3%	65,5%	58,1%	50,1%	41,6%	32,3%	22,3%	11,6%	
Tax Benefit[11]		30,00%	21,7%									
Step up Factor[12]		1,28										
Readjustement R & D Expenses												
Invested Capital Readjusted			102,6	94,0	83,0	71,7	59,3	45,7	30,8	14,5	
incl. TAB			131,0									

*   Projection based on management best estimate
1   EBITDA * Split Factor
2   Royalty Savings * Tax Rate
3   (Invested Capital t+1 + Royalty Savings t+1) / (1 + Asset Specific Rate of Return)
4   Invested Capital t-1 * Asset Specific Rate of Return
5   Invested Capital t-1 ./. Invested Capital t
6   Invested Capital 2016 incl. TAB / Useful Life
7   Amortization * Tax Rate
8   (Invested Capital incl. TAB t+1 + Cashflow incl. Tax Benefit t+1) / (1 + Asset Specific Rate of Return)
9   1 / Useful Life
10 see 3 and 8
11 Present Value of Amortization * Tax Rate
12 1 / (1 - Tax Benefit)

Der Barwertermittlung liegt ein vorläufig festgelegter vermögenswertspezifischer Zinssatz in Höhe von 7,82 % zugrunde, der erforderlichenfalls bei der Beurteilung der Plausibilität der Bewertungsergebnisse unter 2.6.3 bzw. 2.6.4 anzupassen ist. Der Abzug der Ertragsteuern von den ersparten Lizenzzahlungen und die Ableitung des bei der Wertermittlung berücksichtigten abschreibungsbedingten Steuervorteils werden unter 2.5.6 erläutert.

Im mittleren Teil der Tabellen werden Verzinsung (Return on Invested Capital) und Rückfluss (Return of Invested Capital) des in die Basistechnologie investierten Kapitals abgeleitet. Da die Vorgehensweise bei deren Ermittlung mit der Bestimmung dieser Komponenten für die Verfahrenstechnologie identisch ist, wird insoweit auf die Ausführungen unter 2.5.4.1 verwiesen. Die abgeleiteten Ergebnisse bei Anwendung der 25 %-Regel werden in Kapitel 3 mit den in Tabelle 2-5 bestimmten Ergebnissen abgestimmt.

2.5.4.3 Excess Earnings Approach (Multi-Period Excess Earnings Method) und Residual-Value-Methode

Grundlagen des Excess-Earnings- und des Residual-Value-Ansatzes

Unter 2.4.3 wurde eine Beziehung in die Betrachtung eingeführt, die das Einkommen eines Unternehmens durch die Einkommensbeiträge der diesem zugeordneten Vermögenswerte erklärt. Diese Beziehung kann so umgeformt werden, dass sie den Einkommensbeitrag eines dem Unternehmen zugehörigen Vermögenswertes bestimmt. Für den Vermögenswert i = n ergibt sich – unter Außerachtlassung möglicher Einkommenskomponenten ε_{t+1}^{CF} – ein Einkommensbeitrag in der Periode t + 1 in Höhe von

$$CF_{n,t+1}^{EE} = CF_{t+1} - \sum_{i=1}^{n-1} CF_{i,t+1}$$

mit t = 0 bis T_i, wobei T_i die verbleibende Nutzungsdauer des Bewertungsobjektes zum Ausdruck bringt. Die Beziehung legt dar, dass der Einkommensbeitrag des Vermögenswertes i = n durch das Einkommen des Unternehmens und die Einkommensbeiträge der Vermögenswerte i mit i = 1 bis n-1 bestimmt ist.

Der Excess-Earnings-Ansatz,[150] der auch als Multi-Period Excess Earnings Method[151] (insbesondere abgekürzt als MPEEM[152]) bezeichnet wird, knüpft an dieser Betrachtung an und grenzt den dem Bewertungsobjekt zuzurechnenden Einkommensbeitrag als Residualeinkommen ab, das dadurch bestimmt ist, dass vom Einkommensstrom des betrachteten Unternehmens die Einkommensbeiträge aller Vermögenswerte mit Ausnahme des Bewertungsobjektes – diese Einkommensbeiträge werden zumeist als Contributory Asset Charges (kurz CAC) bezeichnet – abgezogen werden. Der Wert des zu bewertenden Vermögenswertes ergibt sich – unter Berücksichtigung von Steuern – als Barwert der so bestimmten »Excess Earnings«.

---

150 Siehe auch PPD IVS 210.60.5 ff.
151 So z. B. AICPA (2011), 1.17; sowie bereits AICPA (2001), 2.1.10 und 16.
152 Diese Abkürzung verwendet insbesondere TAF (2010a), 1.2; teilweise wird auch von MEEM (so beispielsweise Beyer/Mackenstedt (2008), S. 345; Rzepka/Scholze (2010), S. 299) oder MEEA (so Lüdenbach/Prusaczyk (2004b), S. 418) gesprochen.

Unter 2.4.3 wurde eine weitere Beziehung in die Betrachtung eingeführt, die den Wert eines Unternehmens durch die Wertbeiträge der diesem zugeordneten Vermögenswerte erklärt. Diese Beziehung kann so umgeformt werden, dass sie den Wertbeitrag eines ausgewählten Vermögenswertes des Unternehmens bestimmt. Danach ergibt sich für den Vermögenswert i = n im Zeitpunkt t mit t = 0 bis T_i – bei Nichtberücksichtigung möglicher Wertkomponenten ε_t^V – ein Wertbeitrag in Höhe von

$$V_{n,t} = V_t - \sum_{i=1}^{n-1} V_{i,t}$$

Die Beziehung bringt zum Ausdruck, dass der Wertbeitrag des Vermögenswertes i = n durch den Wert des Unternehmens und die Wertbeiträge der Vermögenswerte i mit i = 1 bis n-1 bestimmt ist.

Der Residual Value Approach geht von dieser Betrachtung aus und grenzt den Wertbeitrag des zu bewertenden Vermögenswertes zum Unternehmenswert dadurch ab, dass vom Wert des betrachteten Unternehmens die Wertbeiträge aller Vermögenswerte mit Ausnahme des Bewertungsobjektes – diese Vermögenswerte werden zumeist als unterstützende Vermögenswerte (»supporting assets«) oder Contributory Assets bezeichnet – abgezogen werden.

Abbildung 2-9 stellt der Vorgehensweise des Excess-Earnings-Ansatzes das Vorgehen nach der Residual-Value-Methode gegenüber. Diese Betrachtung macht deutlich, dass sich beide Ansätze nicht konzeptionell, sondern lediglich in der technischen Umsetzung der Wertbestimmung unterscheiden. Dabei ist zu beachten, dass die Einkommensbeiträge der Vermögenswerte, die mittels des Market Approach bzw. des Cost Approach bewertet wer-

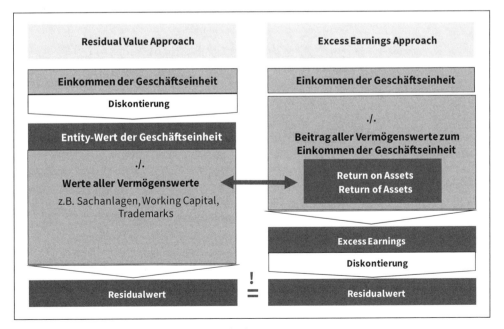

Abb. 2-9: Ansätze zur Bestimmung des Residualwertes

den, als Verzinsung und Veränderung (Rückfluss abzüglich Investitionen) des in diese investierten Kapitals – entsprechend den Ausführungen unter 2.3.3 und 2.3.4 – aus deren Werten abzuleiten sind.

Der Zusammenhang zwischen beiden Bewertungsansätzen zeigt sich darin, dass die Residual-Value-Methode – unter bestimmten Voraussetzungen[153] – dem Bewertungsobjekt die Excess Earnings als Einkommensbeitrag zuordnet. Der Einkommensbeitrag des Vermögenswertes $i = n$ setzt sich aus Verzinsung und Rückfluss des in den Vermögenswert investierten Kapitals zusammen und ergibt sich aus der Beziehung

$$CF_{n,t+1} = V_{n,t} \cdot r_{n,t+1} + V_{n,t} - V_{n,t+1}$$

Die Verzinsung des in das Bewertungsobjekt investierten Kapitals ($V_{n,t} \cdot r_{n,t+1}$) kann durch Umformung der unter 2.4.3 eingeführten Beziehung[154]

$$r_{t+1} = \frac{\sum_{i=1}^{n} V_{i,t} \cdot r_{i,t+1}}{V_t} - \frac{\varepsilon_t^V - \varepsilon_{t+1}^V}{V_t} + \frac{\varepsilon_{t+1}^{CF}}{V_t}$$

bei Nichtberücksichtigung der Wertkomponenten ε_t^V und der Einkommenskomponenten ε_{t+1}^{CF} residual abgeleitet werden als

$$V_{n,t} \cdot r_{n,t+1} = V_t \cdot r_{t+1} - \sum_{i=1}^{n-1} V_{i,t} \cdot r_{i,t+1}$$

Unter Einbeziehung dieser Beziehung und den mittels der Residual-Value-Methode bestimmten Werten für $V_{n,t}$ und $V_{n,t+1}$ kann die Bestimmungsgleichung für das Einkommen des Bewertungsobjekts überführt werden in die Beziehung

$$CF_{n,t+1} = V_t \cdot r_{t+1} - \sum_{i=1}^{n-1} V_{i,t} \cdot r_{i,t+1} + V_t - \sum_{i=1}^{n-1} V_{i,t} - \left(V_{t+1} - \sum_{i=1}^{n-1} V_{i,t+1} \right)$$

Nach Umstellung ergibt sich

$$CF_{n,t+1} = V_t \cdot r_{t+1} + V_t - V_{t+1} - \left(\sum_{i=1}^{n-1} V_{i,t} \cdot r_{i,t+1} + \sum_{i=1}^{n-1} V_{i,t} - \sum_{i=1}^{n-1} V_{i,t+1} \right)$$

sowie mit

$$CF_{t+1} = V_t \cdot r_{t+1} + V_t - V_{t+1}$$

und

---

153 Ausführlich wird auf diesen Zusammenhang unter 2.6.3 eingegangen.
154 Zur Ableitung dieser Beziehung siehe unter 2.6.2.

$$\sum_{i=1}^{n-1} CF_{i,t+1} = \sum_{i=1}^{n-1} V_{i,t} \cdot r_{i,t+1} + \sum_{i=1}^{n-1} V_{i,t} - \sum_{i=1}^{n-1} V_{i,t+1}$$

in die Bestimmungsgleichung der Excess Earnings

$$CF_{n,t+1} = CF_{t+1} - \sum_{i=1}^{n-1} CF_{i,t+1}$$

In Abbildung 2-10 wird der Zusammenhang zwischen Excess-Earnings-Methode und Residual-Value-Ansatz anhand eines sehr vereinfachten Zahlenbeispiels aufgezeigt. Ein Unternehmen verfügt über folgende Vermögenswerte, deren Nutzungsdauern unbestimmt sind: eine Technologie, Sachanlagen, Working Capital sowie Kundenbeziehungen. Der jährliche Free Cashflow des Unternehmens beträgt EUR 100, der jährliche Einkommensbeitrag der Technologie EUR 30. Die Werte der Sachanlagen und des Working Capital wurden mittels des Cost Approach in Höhe von EUR 200 bzw. 400 bestimmt. Weiterhin soll gelten, dass die Investitionen gleich den Abschreibungen sind und die Umsatzerlöse in allen Jahren auf gleichem Niveau sind. Der Diskontierungszinssatz beträgt einheitlich für Unternehmen und zu bewertende Vermögenswerte 10 %; Steuern fallen nicht an.

	Residual Value	Excess Earnings	
	Present Value	Income	Rate of Return
Entity	1.000	100	10%
Technology	-300	30	10%
Tangible Fixed Assets	-200	20	10%
Working Capital	-400	40	10%
Excess Earnings		10	10%
Present Value Excess Earnings		100	
Residual Value	100		

Abb. 2-10: Residual Value und Excess Earnings Approach – Beispiel

Auf dieser Grundlage ergibt sich für das Unternehmen – nach dem Income Approach als Barwert einer ewigen Rente – ein Entity Value in Höhe von EUR 1.000; der Wert der Technologie beträgt – wiederum nach dem Income Approach als Barwert einer ewigen Rente – EUR 300. Unter Berücksichtigung der Werte von Sachanlagen und Working Capital kann der Wert der Kundenbeziehungen mittels des Residual-Value-Ansatzes in Höhe von EUR 100 abgeleitet werden.

Zur Bestimmung der den Kundenbeziehungen zuzurechnenden Excess Earnings sind vom Free Cashflow des Unternehmens (EUR 100) die Einkommensbeiträge der Technologie (EUR 30) sowie der Sachanlagen und des Working Capital abzuziehen. Die Einkommensbeiträge der beiden zuletzt genannten Vermögenswerte können angesichts der unbestimmten Nutzungsdauern und den weiteren zugrunde gelegten Annahmen als Verzinsung

des in diese investierten Kapitals ermittelt werden. Damit ergeben sich jährlich gleichbleibende Excess Earnings in Höhe von EUR 10. Der Wert der Kundenbeziehungen, der dem
Barwert der Excess Earnings entspricht, beträgt wiederum EUR 100. Damit ist dargelegt,
dass beide Bewertungsansätze unter Zugrundelegung identischer Annahmen zum gleichen Ergebnis führen.

Die Bezeichnung »Residual Value Approach« wird teilweise als Oberbegriff für Residu-
al-Value- und Excess-Earnings-Ansatz verwendet. Im Folgenden werden die Ausdrücke
»Residual-Value-Methode« bzw. »Residual-Value-Ansatz« oder »Residual Value Approach«
grundsätzlich für die Grundform dieses Bewertungsansatzes verwendet. Der Excess-Earnings-Ansatz wird insbesondere als Multi-Period-Excess-Earnings-Methode oder kurz als
MPEEM bezeichnet.

Abgrenzung der dem Bewertungsobjekt zuzurechnenden Einkommensbeiträge
Die Excess-Earnings-Methode grenzt die dem Bewertungsobjekt zuzurechnenden Einkommensbeiträge – wie dargelegt – als Residualeinkommen ab, das nach Abzug der Einkommensbeiträge aller anderen Vermögenswerte des Unternehmens vom als Free Cashflow
verstandenen Einkommen des Unternehmens verbleibt. Der Vergleich des Free Cashflow
mit den Einkommensbeiträgen der Vermögenswerte zeigt, dass Komponenten der Einkommensbeiträge verschiedener Vermögenswerte in die Free-Cashflow-Ermittlung eingehen. Aus diesem Grund können bei der Ableitung der Excess Earnings dadurch Vereinfachungen erzielt werden, dass diese nicht vom Free Cashflow, sondern vom EBITA oder
EBITDA – vor oder nach Abzug von Steuern – ausgeht.[155] Beispielsweise umfassen bei
Wahl des EBITA nach Abzug von Steuern als Ausgangsgröße der Excess-Earnings-Ermittlung die zu berücksichtigenden Einkommensbeiträge der Sachanlagen und des Working
Capital lediglich die Verzinsungskomponente und nicht Verzinsung und Veränderung
(Rückfluss abzüglich Investitionen) des in diese Vermögenswerte investierten Kapitals.

Bei der Ableitung der Excess Earnings im konkreten Anwendungsfall treten regelmäßig
verschiedene Fragestellungen auf, die insbesondere in der Praxis der Bewertung immaterieller Vermögenswerte oftmals kontrovers behandelt werden. Dies belegt beispielsweise
die Veröffentlichung einer umfangreichen Best-Practice-Studie durch The Appraisal Foundation[156] (im Folgenden kurz: TAF), die die in der Praxis zu dem besonders bedeutsamen
Fragenkomplex der Bestimmung der Contributory Asset Charges entwickelten unterschiedlichen Lösungen zusammenstellt. Ähnliche Hinweise ergeben sich auch aus dem
deutschsprachigen Schrifttum, wo etwa Mackenstedt/Fladung/Himmel[157] betonen, dass
»die Residualwertmethode (verstanden als MPEEM; Anm. d. Verf.) eine Bündelung der
Bewertungsprobleme aller anderer Verfahren dar(stellt)«.

In Kapitel 3 werden ausgewählte, bei der Abgrenzung der Excess Earnings auftretende
Fragestellungen betrachtet.

---

155   Einzelheiten der Ableitung der Excess Earnings werden unter 3.3.4 dargelegt.
156   TAF (2010a) sowie TAF (2010b). Dieser Studie gingen zwei Diskussionspapiere im Juni 2008 und Februar
      2009 voraus; vgl. TAF (2008) und TAF (2009).
157   Mackenstedt/Fladung/Himmel (2006), S. 1042.

Ableitung des Wertes des Bewertungsobjektes mittels der Excess-Earnings-Methode

Der auf den Bewertungsstichtag t^B ermittelte Wert des Vermögenswertes i mit i = o + p + 1 bis o + p + q V_{i,t^B} ergibt sich nach der Excess-Earnings-Methode aus der Beziehung

$$V_{i,t^B} = \sum_{t=t^B}^{T_i + t^B - 1} CF_{i,t+1}^{EE} \cdot (1-s) \cdot (1+r_i)^{-(t-t^B+1)} + TAB_{i,t^B}$$

$CF_{i,t+1}^{EE}$ bezeichnet den als Ecxess Earnings abgeleiteten Einkommensbeitrag des Vermögenswertes i der in t + 1 endenden Periode mit t = 0 bis ∞ vor Abzug der Ertragsteuern, s den Steuersatz, T_i die Lebensdauer des Vermögenswertes, r_i den dem Vermögenswert zugeordneten vermögenswertspezifischen Zinssatz und TAB_{i,t^B} den abschreibungsbedingten Steuervorteil (Tax Amortization Benefit). Die Bestimmung des vermögenswertspezifischen Zinssatzes, der Abzug der Ertragsteuern und die Ableitung des abschreibungsbedingten Steuervorteils werden unter 2.5.5 bzw. 2.5.6 dargelegt. Die Beziehung geht – zur Erhöhung der Übersichtlichkeit der Darstellung – wiederum von einem periodenunabhängigen vermögenswertspezifischen Zinssatz r_i mit $r_{i,t+1} = r_i$ für alle t = 0 bis ∞ aus.

Anwendungsbereich des Excess-Earnings- und des Residual-Value-Ansatzes

Der Anwendungsbereich der Excess-Earnings- bzw. der Residual-Value-Methode ist dadurch bestimmt, dass die Zurechnung der Excess Earnings bzw. des Residual Value zum Bewertungsobjekt einer Begründung bedarf. In der Praxis der Kaufpreisallokation in Deutschland wird regelmäßig darauf verwiesen, dass die MPEEM »der Bewertung des für das Geschäftsmodell bedeutsamsten immateriellen Vermögenswertes«[158] des Unternehmens zugrunde zu legen ist. Dieser Vermögenswert wird weiter dadurch beschrieben, dass er »einen erheblichen Einfluss auf die Cashflows«[159] ausübt und den zentralen Werttreiber[160] des Unternehmens darstellt. Der so gekennzeichnete Vermögenswert wird oftmals als »leading asset« bezeichnet.

Die Bedeutung des Bewertungsobjektes für die Erzielung des Einkommens des Unternehmens bzw. für die Generierung des Unternehmenswertes als Voraussetzung der Anwendung der beiden Bewertungsansätze wird bei Betrachtung des der Wertbestimmung zugrunde liegenden Vorgehens ersichtlich. Die Ansätze ordnen dem zu bewertenden Vermögenswert zunächst das Einkommen bzw. den Wert des Unternehmens zu und berücksichtigen sodann die Einkommens- bzw. Wertbeiträge aller anderen Vermögenswerte, die zur Einkommenserzielung bzw. Wertgenerierung notwendig sind bzw. dazu beitragen. Diesem Vorgehen entspricht, dass ein die Anwendung der Bewertungsansätze begründender Einfluss eines Vermögenswertes auf das Einkommen bzw. den Wert eines betrachteten Unternehmens zumindest dann anzunehmen ist, wenn das Unternehmen ohne diesen Vermögenswert c. p. nicht in der Lage ist, ein Einkommen zu erzielen bzw. einen Wert zu generieren, und zudem die Substitution des Vermögenswertes nicht mög-

---

158 Mackenstedt/Fladung/Himmel (2006), S. 1042.
159 IDW S 5 (2015), Tz. 40. IDW HFA RS 16, Tz. 58, verwendete die Formulierung »mit dem größten Einfluss auf die Cashflows«; ebenso IDW S 5 (2007), Tz. 40.
160 So Mackenstedt/Fladung/Himmel (2006), S. 1042.

lich ist, insbesondere die Einräumung eines Nutzungsrechtes am Vermögenswert durch einen Lizenzvertrag nicht in Betracht kommt.

Diese Voraussetzung ist vielfach bei Kundenbeziehungen, Kundenverträgen sowie Auftragsbeständen erfüllt. Weitere typische Anwendungsfälle der MPEEM bzw. der Residual-Value-Methode sind dominierende Marken und grundlegende Technologien.

Bei Anwendung der MPEEM und der Residual-Value-Methode ist zu beachten, dass mit diesen Bewertungsansätzen die Gefahr einer Überbewertung des Bewertungsobjekts verbunden sein kann.[161] Dies ist darin begründet, dass die hier betrachteten Ansätze dem zu bewertenden Vermögenswert mögliche Wertkomponenten (ε_t^V) bzw. Einkommenskomponenten (ε_{t+1}^{CF}), die den Vermögenswerten des Unternehmens nicht zugeordnet werden können, zuweisen.[162] Die Gefahr einer Überbewertung resultiert weiter auch daraus, dass sich bei Anwendung dieser Bewertungsansätze die Werte aller Vermögenswerte, die nicht identifiziert und bewertet werden, – ganz oder teilweise – im Wert des Bewertungsobjektes niederschlagen.[163] Dieser Zusammenhang verdeutlicht insbesondere die zentrale Bedeutung, die der Identifikation der Vermögenswerte eines Unternehmens zukommt.

Fallbeispiel

Die Kunden von BU1 weisen – wie unter 2.5.2 dargelegt – unter der Voraussetzung, dass sie mit Qualität und Preis der Produkte zufrieden sind, eine sehr hohe Loyalität zum Unternehmen auf. Die Erfahrungen der letzten Jahre haben gezeigt, dass die Kundenbindung in engem Zusammenhang mit dem Produktlebenszyklus, der wiederum dem der Basistechnologie zugrunde liegenden Lebenszyklus folgt, steht. Aufgrund der gegebenen Marktstruktur geht das Management insbesondere auch davon aus, dass während der verbleibenden Nutzungsdauer der Basistechnologie weder mit einem wesentlichen Verlust bestehender Kunden zu rechnen, noch eine bedeutsame Gewinnung neuer Kunden zu erwarten ist. Die von BU1 mit ihren Kunden geschlossenen Verträge haben – in Abhängigkeit vom einzelnen Kunden – eine Laufzeit von 6 bis 12 Monaten. Die Bewertung der Kundenbeziehungen[164] der BU1 mittels der MPEEM ist in Tabelle 2-8 zusammengefasst.

---

161 So nun auch IDW (2014), 50. A.A. wohl Castedello/Klingbeil/Schröder (2006), S. 1033.

162 Zum Nachweis dieser Zuordnung siehe unter 2.6.3.1 und 2.6.3.3.1.

163 Zur Analyse dieses Zusammenhangs siehe 5.3.6.1.

164 Zur Bewertung von Kundenbeziehungen siehe z. B. Appraisal Practice Board (2016); TAF (2012); Klamar/Linning (2016), S. 223 ff.; IDW S 5 (2015), Tz. 81 ff.; Ruffalo (2010), S. 241 ff.; Dörschell/Ihlau/Lackum (2010), S. 978 ff.; Bissinger/Dornauer/Schneemann (2010), S. 240 ff.; Rzepka/Scholze (2010), S. 297 ff.; Lüdenbach/Prusaczyk (2004a), S. 204 ff.

Tab. 2-8: Bewertung der Kundenbeziehungen

Mio. EUR	Tab.		2016	2017	2018	2019	2020	2021	2022	2023	2024
Sales related to Customer Relationship*	2-4		300	360,0	388,8	404,4	412,4	420,7	429,1	437,7	364,7
EBITA[1]	2-3			57,6	63,2	65,6	66,9	68,2	69,6	71,0	59,1
Adjustment Customer Acquisition Expenses[2]		0,80%		2,9	3,1	3,2	3,3	3,4	3,4	3,5	2,9
Adjustment R & D Expenses[3]		4,20%		15,1	16,3	17,0	17,3	17,7	18,0	18,4	15,3
EBITA adjusted				75,6	82,6	85,8	87,5	89,2	91,0	92,8	77,4
Tax		30,00%		-22,7	-24,8	-25,7	-26,2	-26,8	-27,3	-27,9	-23,2
Tax-effecting EBITA adjusted				52,9	57,8	60,0	61,2	62,5	63,7	65,0	54,2
Return on Invested Capital after Tax												
Tangible Fixed Assets[4]	2-9			-5,5	-4,8	-4,7	-6,7	-5,8	-3,8	-5,4	-4,3
Working Capital[5]	2-10			-2,3	-2,7	-2,9	-2,9	-3,0	-3,1	-3,1	-2,7
Income Contribution after Tax												
Core Technology[6]	2-5	8,00%		-20,2	-21,8	-22,6	-23,1	-23,6	-24,0	-24,5	-20,4
Process Technology[7]	2-4			-2,5	-2,7	-2,9	-2,9	-3,0	-3,1	-3,1	-2,6
Excess Earnings after Tax				22,5	25,8	26,9	25,6	27,1	29,7	28,8	24,1
Invested Capital	2-12	8,82%	145,5	135,8	121,9	105,8	89,6	70,4	46,9	22,2	
incl. TAB		1,26	183,9									
Return on Invested Capital		8,82%		12,8	12,0	10,8	9,3	7,9	6,2	4,1	2,0
Return of Invested Capital				9,7	13,8	16,2	16,2	19,2	23,5	24,7	22,2
Return on and of Invested Capital				22,5	25,8	26,9	25,6	27,1	29,7	28,8	24,1
Amortization				23,0	23,0	23,0	23,0	23,0	23,0	23,0	23,0
Tax Savings				6,9	6,9	6,9	6,9	6,9	6,9	6,9	6,9
Cash Flow incl. Tax savings				29,4	32,7	33,8	32,5	34,0	36,6	35,7	31,0
Invested Capital incl. TAB			183,9	170,7	153,1	132,8	112,0	87,9	59,0	28,5	
Tax Amortization Benefit (TAB)												
Percentage of Amortization per Year		8,0		12,5%	12,5%	12,5%	12,5%	12,5%	12,5%	12,5%	12,5%
Present Value		8,82%		69,7%	63,3%	56,4%	48,8%	40,7%	31,7%	22,0%	11,5%
Tax Benefit		30,00%		20,9%								
Step up Factor		1,26										

*   Projection based on management best estimate
1   EBITA-Margin * Sales
2   Customer Acquisition Expenses as % of Sales * Sales
3   R & D Expenses as % of Sales * Sales
4   Invested Capital t-1 as % of Sales t * Sales t * Asset Specific Rate of Return (Tangible Fixed Assets)
5   Invested Capital t-1 as % of Sales t * Sales t * Asset Specific Rate of Return (Working Capital)
6   Royalty Rate * Sales * (1 - Tax Rate)
7   Cost Savings as % of Sales * Sales * (1- Tax Rate)

Zur Ableitung der Excess Earnings – diese geht vom EBITA nach Steuern aus – sind zunächst die von BU1 geplanten, in Tabelle 2-8 zusammengestellten EBITA um die in Höhe von 0,8 % des Umsatzes enthaltenen Kundenakquisitionskosten zu bereinigen. Diese Anpassung ist darin begründet, dass die zu bewertenden Kundenbeziehungen am Bewertungsstichtag bereits vorhanden sind und dementsprechend keiner Akquisition bedürfen. Außerdem sind die in Höhe von 4,2 % des Umsatzes vorgesehenen Forschungs- und Entwicklungsaufwendungen, die der Entwicklung der nächsten Generation der Basistechnologie dienen, zu eliminieren; diese Bereinigung resultiert daraus, dass für die Geschäftseinheit unter Zugrundelegung der Annahme, dass sie auch die Nachfolgegeneration der Basistechnologie einlizenzieren wird, kein Erfordernis zur Entwicklung dieser Technologie besteht. Von dem so bereinigten EBITA sind – nach Abzug der Steuern – die Einkommensbeiträge der unterstützenden Vermögenswerte Sachanlagenbestand, Working Capital, Basis- und Verfahrenstechnologie abzuziehen.

Die Einkommensbeiträge der

- Sachanlagen und des Working Capital sind als Verzinsung des in diese Vermögenswerte investierten Kapitals zu bestimmen; aufgrund der Wahl des EBITA nach Steuern als Ausgangsgröße der Excess Earnings erübrigt sich die Berücksichtigung der Rückflusskomponente.

  Das in diese Vermögenswerte investierte Kapital wurde von BU1für jeden Zeitpunkt des Betrachtungszeitraums – unter Einbeziehung des Rückflusses des in die Sachanlagen investierten Kapitals sowie von Investitionen in dieses bzw. unter Berücksichtigung der Veränderung des Working Capital – weiterentwickelt und in Tabelle 2-9 bzw. Tabelle 2-10 zusammengestellt; aus diesen Tabellen ergeben sich auch die vorläufig festgelegten vermögenswertspezifischen Zinssätze dieser Vermögenswerte. Die Einkommensbeiträge der

- Basistechnologie und der Verfahrenstechnologie ergeben sich als ersparte Lizenzzahlungen bzw. als Kosteneinsparungen nach Steuern, da diese Einkommensbeiträge sich – dies wird in Tabelle 2-4 bzw. Tabelle 2-5 dargelegt – aus Verzinsung und Rückfluss des in diese Vermögenswerte investierten Kapitals zusammensetzen.

Tab. 2-9: Planung der Sachanlagen

Mio. EUR	Tab.		2016	2017	2018	2019	2020	2021	2022	2023	2024	2025
Return on Invested Capital[1]	2-12	5,49%		5,5	4,8	4,7	6,7	5,8	3,8	5,4	5,2	6,5
Return of Invested Capital[2]				37,0	42,0	36,0	36,0	36,0	36,0	36,0	36,0	36,0
Capital Expenditure[3]				-25,0	-40,0	-72,0	-20,0	0,0	-65,0	-32,0	-60,0	-36,0
Return of Invested Capital less CapEx				12,0	2,0	-36,0	16,0	36,0	-29,0	4,0	-24,0	0,0
Net Cashflow				17,5	6,8	-31,3	22,7	41,8	-25,2	9,4	-18,8	6,5
Invested Capital			100,0	88,0	86,0	122,0	106,0	70,0	99,0	95,0	119,0	
as Percentage of Sales			33,33%	24,44%	22,12%	30,17%	25,70%	16,64%	23,07%	21,71%	27,19%	27,19%
as Percentage of Sales t+1				27,78%	22,63%	21,27%	29,58%	25,20%	16,31%	22,62%	21,71%	27,19%

1   Invested Capital t-1 * Asset Specific Rate of Return
2   Return of Invested Capital = Depreciation
3   Based on Projection of Tangible Fixed Assets

Tab. 2-10: Planung des Working Capital

Mio. EUR	Tab.		2016	2017	2018	2019	2020	2021	2022	2023	2024
Return on Invested Capital[1]	2-12	3,03%		2,3	2,7	2,9	2,9	3,0	3,1	3,1	3,2
Incremental Working Capital[2]				-15,0	-5,3	-1,8	-1,9	-2,0	-2,0	-2,1	0,0
Net Cashflow				-12,7	-2,5	1,1	1,0	1,0	1,0	1,1	3,2
Invested Capital			75,0	90,0	95,3	97,0	99,0	101,0	103,0	105,0	105,0
as Percentage of Sales			25,0%	25,0%	24,5%	24,0%	24,0%	24,0%	24,0%	24,0%	24,0%
as Percentage of Sales t+1				20,83%	23,15%	23,56%	23,53%	23,53%	23,53%	23,53%	24,00%

1 Invested Capital t-1 * Asset Specific Rate of Return
2 Invested Capital t-1 ./. Invested Capital t

Auf dieser Grundlage bestimmt sich der Wert der Kundenbeziehungen zu Beginn einer betrachteten Periode – bei Anwendung des Roll-back-Verfahrens – als Barwert der Summe aus dem Wert der Kundenbeziehungen am Ende dieser Periode und den dieser Periode zugerechneten Excess Earnings; zur Vereinfachung der Analyse wird davon ausgegangen, dass die Excess Earnings am Ende der betrachteten Periode erzielt werden.

Der Barwertermittlung liegt ein vorläufig festgelegter vermögenswertspezifischer Zinssatz in Höhe von 8,82 % zugrunde, der erforderlichenfalls bei der Beurteilung der Plausibilität der Bewertungsergebnisse unter 2.6.3 bzw. 2.6.4 anzupassen ist. Der Abzug der Ertragsteuern bei der Ermittlung der Excess Earnings sowie die Ableitung des bei der Wertermittlung berücksichtigten abschreibungsbedingten Steuervorteils werden unter 2.5.6 erläutert.

2.5.4.4 Methode der unmittelbaren Cashflow-Prognose als Grundform des Income Approach

In der Praxis der Bewertung immaterieller Vermögenswerte in Deutschland[165] sowie im deutschsprachigen Schrifttum[166] wird als ein weiterer, dem Income Approach zuzuordnender Bewertungsansatz die »Methode der unmittelbaren Cashflow-Prognose« genannt. Nach IDW S 5[167] zeichnet sich diese Methode dadurch aus, dass »dem Vermögenswert direkt zurechenbare Cashflows mit dem vermögenswertspezifischen risikoadjustierten Kapitalisierungszinssatz diskontiert (werden)«. Weiter führt IDW S 5 aus, dass die Anwen-

---

165 Vgl. IDW S 5 (2015), Tz. 30.
166 Siehe statt vieler Beyer/Zwirner (2014), S. 207; Kasperzak/Nestler (2010), S. 113 f.; Beyer/Mackenstedt (2008), S. 344.
167 IDW S 5 (2015), Tz. 30.

dung dieses Ansatzes insbesondere voraussetzt, »dass die den immateriellen Vermögenswerten direkt zurechenbaren Cashflows ermittelbar sind«.

Unter 2.4.2 wurde dargelegt, dass die – unter 2.3.2 betrachtete – Grundform des Income Approach bei der Bewertung immaterieller Vermögenswerte ganz überwiegend nicht zur Anwendung kommen kann, da eine unmittelbare Zurechnung eines Einkommens zu einzelnen Vermögenswerten allenfalls ausnahmsweise möglich ist. Die Anwendung der Methode der unmittelbaren Cashflow-Prognose setzt jedoch – wie IDW S 5 darlegt – genau diese Zurechnung voraus. Dies bedeutet, dass immer dann, wenn die genannte Anwendungsvoraussetzung der Methode der unmittelbaren Cashflow-Prognose vorliegt, die Grundvoraussetzung für die Anwendung der Grundform des Income Approach erfüllt ist. Die Einführung von Annahmen, die das dem Bewertungsobjekt zuzuordnende Einkommen abgrenzen, ist nicht erforderlich. Damit ist ersichtlich, dass die »Methode der unmittelbaren Cashflow-Prognose« nicht als eigenständige Ausprägung des Income Approach verstanden werden kann.[168]

Als Beispiel für die Anwendung der Methode der unmittelbaren Cashflow-Prognose wird im Schrifttum[169] auf den Fall verwiesen, dass ein betrachtetes Unternehmen das Bewertungsobjekt, etwa eine Marke oder eine Technologie, nicht selbst nutzt, sondern mit einem Dritten eine exklusive Lizenzvereinbarung getroffen hat, die dem Dritten das Recht zur Nutzung des zu bewertenden Vermögenswertes gegen die Entrichtung von Lizenzzahlungen einräumt. Die an den Lizenzgeber zu entrichtenden Lizenzzahlungen werden als dem Bewertungsobjekt »direkt zurechenbare Cashflows« angesehen. Unter 2.5.4.2.1 wurde dargelegt, dass in derartigen Fällen zumeist die Relief-from-Royalty-Methode der Bewertung zugrunde zu legen ist. Darüber hinaus kann – in Abhängigkeit vom Bewertungsobjekt und dem Geschäftsmodell des diesen Vermögenswert nutzenden Unternehmens – auch ein Anwendungsfall der MPEEM bzw. Residual-Value-Methode gegeben sein.

Ein weiteres, im Schrifttum genanntes Beispiel[170] betrachtet die Bewertung der Domain eines Unternehmens, dessen Geschäftskonzept darin besteht, über eine Internet-Plattform Online-Umsätze zu erzielen. Die »direkt zurechenbaren Cashflows« der Domain werden – unter der Voraussetzung, dass materiellen und finanziellen Vermögenswerten für die Geschäftstätigkeit keine Bedeutung zukommt – mit den Free Cashflows des Unternehmens und damit der Wert der Domain mit dem Entity Value gleichgesetzt. Dieses Vorgehen berücksichtigt nicht, dass die Domain ohne ein Zusammenwirken mit anderen Vermögenswerten – im Beispiel werden Software und Mitarbeiterstamm genannt – nicht in der Lage ist, ein Einkommen zu erzielen. Die Einbeziehung der Einkommensbeiträge der unterstützenden Vermögenswerte zeigt, dass ein Anwendungsfall der MPEEM vorliegt und die Voraussetzungen der Anwendung der Grundform des Income Approach nicht erfüllt sind.

---

168 Ebenso IDW (2014), Tz. 39; sowie Schmalenbach-Gesellschaft (2009), S. 35.
169 Vgl. z. B. Bansbach/Dornbach/Petersen (2014), S. 490 f.; Beyer/Mackenstedt (2008), S. 344; Castedello/Schmusch (2008), S. 352. Unzutreffend auch Tettenborn/Straub/Rogler (2013), S. 224.
170 Vgl. Kasperzak/Nestler (2010), S. 179 f.

2.5.5 Bestimmung des vermögenswertspezifischen Zinssatzes

2.5.5.1 Vorgehen bei der Festlegung des Diskontierungszinssatzes

Der Wert eines Bewertungsobjekts ergibt sich – wie unter 2.3.2.1 ausgeführt – bei Anwendung des Income Approach durch Vergleich des diesem zugeordneten zukünftigen Einkommensstroms mit einer alternativen Anlagemöglichkeit, die im Diskontierungszinssatz zum Ausdruck kommt. An die Alternativanlage ist – wie dargelegt – die Anforderung zu stellen, dass sie äquivalent zum zu diskontierenden Einkommensstrom des Bewertungsobjekts ist.[171] Aus dieser Anforderung resultiert insbesondere, dass sich Laufzeit und Risiko des Einkommensstromes des Bewertungsobjekts und der Alternativanlage entsprechen, d. h. die Alternativanlage laufzeit- und risikoäquivalent zum zu diskontierenden Einkommen ist. Der Diskontierungszinssatz, der diese Voraussetzung erfüllt, wird im Folgenden als vermögenswertspezifischer Zinssatz bezeichnet. Im deutschsprachigen Schrifttum[172] wird demgegenüber überwiegend von vermögenswertspezifischen Kapitalkosten gesprochen.

Als Ausgangspunkt der Ableitung des vermögenswertspezifischen Zinssatzes werden üblicherweise die gewichteten Kapitalkosten des betrachteten Unternehmens gewählt.[173] Diese werden zunächst – zur Abbildung der Laufzeitäquivalenz – unter Zugrundelegung der (verbleibenden) Nutzungsdauer des Bewertungsobjektes festgelegt (2.5.5.2). Die so bestimmten laufzeitäquivalenten Kapitalkosten werden sodann – zur Berücksichtigung der Risikoäquivalenz – an das spezifische Risiko des Bewertungsobjektes angepasst (2.5.5.3).[174]

2.5.5.2 Ermittlung der laufzeitäquivalenten Kapitalkosten

Die gewichteten Kapitalkosten eines Unternehmens (Weighted Average Cost of Capital oder kurz WACC)[175] setzen sich aus den Kosten der Eigenkapitalgeber (r_E) und denen der Fremdkapitalgeber (r_{Db}) zusammen, die entsprechend ihrem Anteil am Gesamtunternehmenswert (Entity Value) gewichtet werden. Der Entity Value ergibt sich als Summe aus dem Marktwert des Eigenkapitals (E) und dem Marktwert des Fremdkapitals (Db). Bei den Fremdkapitalkosten ist zudem deren steuerliche Abzugsfähigkeit als Betriebsausgabe mittels des Tax Shields (1 – s) zu berücksichtigen.[176] Es gilt

---

171 Zu den Äquivalenzprinzipien siehe die Fundstellen in Fn. 66.
172 Statt aller Schmalenbach-Gesellschaft (2009), S. 42 f.; IDW S 5 (2015), Tz. 41 ff.; Tettenborn/Straub/Rogler (2012), S. 483 ff.; TAF (2010a), 4.2, spricht von »rate of return«.
173 Statt vieler TAF (2010a), 4.2.03; IDW S 5 (2015), Tz. 41; Schmalenbach-Gesellschaft (2009), S. 42 f.; Tettenborn/Straub/Rogler (2012), S. 483 ff.
174 Zur Bestimmung des Diskontierungszinssatzes bei der Bewertung immaterieller Vermögenswerte siehe z. B. auch Rammert (2014), S. 639 ff.; Reimsbach (2011), S. 230 ff.; Steginik/Schauten/de Graaff (2007); IDW S 5 (2015) Tz. 41–44.
175 Zu deren Ermittlung statt vieler Aschauer/Purtscher (2011), S. 161 ff.; Dörschell/Franken/Schulte (2012); Franken/Schulte/Brunner/Dörschell (2016); Ballwieser/Wiese (2010), S. 129 ff.; Dörschell/Franken/Schulte (2006), S. 2–7; Zeidler/Tschöpel/Bertram (2012), S. 70 ff.
176 Auf die Abbildung steuerlicher Besonderheiten, beispielsweise der Zinsschranke, wird im Folgenden nicht eingegangen; siehe hierzu 2.5.6.

$$WACC = \frac{r_{\mathrm{E}} \cdot \mathrm{E} + r_{\mathrm{Db}} \cdot (1-s) \cdot \mathrm{Db}}{\mathrm{E} + \mathrm{Db}}$$

Zur Bestimmung der Eigenkapitalkosten wird zumeist auf das Capital Asset Pricing Model (CAPM) zurückgegriffen.[177] Danach setzten sich die Eigenkapitalkosten aus dem risikofreien Zinssatz (r_f) und einer Risikoprämie zusammen. Der risikofreie Zinssatz ist laufzeitäquivalent, d. h. entsprechend der (verbleibenden) Nutzungsdauer des Bewertungsobjektes, aus der aktuellen Zinsstrukturkurve abzuleiten.[178] Die Risikoprämie ergibt sich aus der Multiplikation der Marktrisikoprämie[179] ($r_M - r_f$) mit dem Beta (β).[180] Es gilt

$$r_{\mathrm{E}} = r_f + \beta \cdot (r_M - r_f)$$

mit r_M als Rendite des Marktportfolios.

Die Kosten der Fremdkapitalgeber sind gleichfalls unter Berücksichtigung der Laufzeit- und Risikoäquivalenz zu ermitteln.[181] Bei deren Bestimmung ist auch die Einbeziehung des Debt Beta in Betracht zu ziehen.[182]

Bei der Gewichtung der Kosten der Eigenkapitalgeber und der Kosten der Fremdkapitalgeber kann Berücksichtigung finden, dass die Finanzierungsstruktur des Bewertungsobjektes von der des Unternehmens abweichen kann.[183] Im Schrifttum wird darauf hingewiesen, dass immaterielle Vermögenswerte tendenziell mit einem – im Vergleich zur Finanzierung materieller Vermögenswerte – höheren Eigenkapitalanteil, möglicherweise sogar ausschließlich mit Eigenkapital finanziert werden.[184]

Fallbeispiel

Die gewichteten Kapitalkosten von BU1 betragen 7,53 %. Diese setzen sich aus Eigenkapitalkosten in Höhe von 9,62 % und Fremdkapitalkosten von 3,80 % bei einer Eigenkapitalquote (Fremdkapitalquote) von 70 % (30 %) und einem Steuersatz von 30 % zusammen. Den Eigenkapitalkosten liegen ein risikoloser Zinssatz von 1,75 %, eine Marktrisikoprämie von 6,5 % sowie ein Beta von 1,21 zugrunde. Die laufzeitäquivalent abgeleiteten gewichteten Kapitalkosten sind in Tabelle 2-11 zusammengestellt.

---

177 Zu diesem Modell sowie dessen Anwendungsmöglichkeiten und -probleme im Rahmen der Unternehmensbewertung siehe z. B. Franke/Hax (2009), S. 354–361; Henselmann/Kniest (2015), S. 237 ff.; Timmreck (2004), S. 61–67; ein knapper Überblick findet sich auch bei Peemöller (2005a), S. 157–160; Peemöller (2005b), S. 222–224. Ein anderer Ansatz zur Bestimmung der Eigenkapitalkosten ist beispielsweise das Build-up-Modell; siehe hierzu etwa Essler/Dodel (2008), S. 2 ff.

178 Hierzu Gebhardt/Daske (2005), S. 649–655; Kniest (2005), S. 9–12; Obermaier (2009), S. 550 ff.; Ballwieser/Hachmeister (2013), S. 87 ff.

179 Hierzu z. B. Ruiz de Vargas (2012), S. 813 ff.

180 Der Beta eines Wertpapiers i ist definiert als die Kovarianz zwischen der Renditeerwartung dieses Wertpapiers und der des Marktportfolios, dividiert durch die Varianz der Rendite des Marktportfolios. Siehe hierzu und zu dessen Ermittlung bereits die in Fn. 177 aufgeführten Fundstellen sowie Stellbrink/Brückner (2011), S. 2 ff.; Kern/Mölls (2010), S. 440 ff.; Creutzmann (2012), S. 56 ff.; Meitner/Streitferdt (2012), S. 511 ff.

181 Zur Bestimmung der Fremdkapitalkosten siehe z. B. Breitenbücher/Ernst (2004), S. 77–97; Behr/Güttler (2004), S. 7–12.

182 Vgl. hierzu Enzinger/Kofler (2011a), S. 52 ff.; Schulte/Franken/Koelen/Lehmann (2010), S. 13 ff.

183 Hierfür spricht sich insbesondere TAF (2010a) 4.2 aus; ähnliche Überlegungen finden sich auch bei IVSC ED 2007, 6.77 f.; Smith/Parr (2005), S. 69 f.

184 Vgl. TAF (2010a) 4.2.07; Smith/Parr (2005), S. 69 f.

Tab. 2-11: Ableitung der laufzeitäquivalenten Kapitalkosten

Useful life of assets (years)	0,25	0,5	1	2	3	4	5	6	7	8	9	10	15	20	Perpetuity
Risk-free Rates	-0,10%	-0,10%	-0,07%	-0,08%	-0,07%	-0,03%	0,06%	0,17%	0,29%	0,42%	0,55%	0,66%	1,11%	1,38%	1,75%
Market Risk Premium	6,50%	6,50%	6,50%	6,50%	6,50%	6,50%	6,50%	6,50%	6,50%	6,50%	6,50%	6,50%	6,50%	6,50%	6,50%
Beta levered	1,21	1,21	1,21	1,21	1,21	1,21	1,21	1,21	1,21	1,21	1,21	1,21	1,21	1,21	1,21
Risk Premium	7,87%	7,87%	7,87%	7,87%	7,87%	7,87%	7,87%	7,87%	7,87%	7,87%	7,87%	7,87%	7,87%	7,87%	7,87%
Cost of Equity	**7,77%**	**7,77%**	**7,80%**	**7,79%**	**7,79%**	**7,84%**	**7,92%**	**8,03%**	**8,16%**	**8,29%**	**8,41%**	**8,53%**	**8,98%**	**9,24%**	**9,62%**
Debt Spread	2,05%	2,05%	2,05%	2,05%	2,05%	2,05%	2,05%	2,05%	2,05%	2,05%	2,05%	2,05%	2,05%	2,05%	2,05%
Pre-tax Cost of Debt	1,95%	1,95%	1,98%	1,97%	1,97%	2,02%	2,10%	2,22%	2,34%	2,47%	2,59%	2,71%	3,16%	3,42%	3,80%
Tax Rate	30,00%	30,00%	30,00%	30,00%	30,00%	30,00%	30,00%	30,00%	30,00%	30,00%	30,00%	30,00%	30,00%	30,00%	30,00%
After-tax Cost of Debt	**1,37%**	**1,37%**	**1,38%**	**1,38%**	**1,38%**	**1,41%**	**1,47%**	**1,55%**	**1,64%**	**1,73%**	**1,82%**	**1,90%**	**2,21%**	**2,40%**	**2,66%**
Equity Ratio	70,00%	70,00%	70,00%	70,00%	70,00%	70,00%	70,00%	70,00%	70,00%	70,00%	70,00%	70,00%	70,00%	70,00%	70,00%
Debt Ratio	30,00%	30,00%	30,00%	30,00%	30,00%	30,00%	30,00%	30,00%	30,00%	30,00%	30,00%	30,00%	30,00%	30,00%	30,00%
WACC	**5,85%**	**5,85%**	**5,87%**	**5,87%**	**5,87%**	**5,91%**	**5,99%**	**6,09%**	**6,20%**	**6,32%**	**6,43%**	**6,54%**	**6,95%**	**7,19%**	**7,53%**

2.5.5.3 Berücksichtigung des vermögenswertspezifischen Risikos

Im Schrifttum[185] und in der Bewertungspraxis[186] wird zumeist[187] davon ausgegangen, dass mit immateriellen Vermögenswerten typischerweise ein höheres Risiko verbunden ist als mit materiellen Vermögenswerten,[188] wobei regelmäßig dem Goodwill das höchste und dem Working Capital das niedrigste Risiko zugeschrieben wird; das Risiko der nicht dem Goodwill zugeordneten immateriellen Vermögenswerte wird niedriger als das des Goodwill, jedoch höher als das mit den Sachanlagen verbundene Risiko betrachtet (Abb. 2-11).[189] In Einzelfällen, etwa bei Spezialanlagen, bei Standardsoftware aus Sicht des Anwenders oder bei einzelnen Komponenten des Goodwill[190], kann etwas anderes gelten.

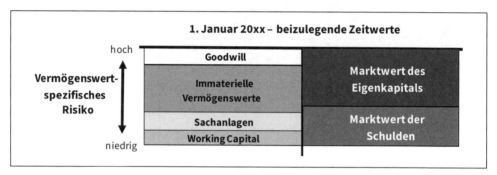

Abb. 2-11: Vermögenswertspezifisches Risiko

Die Zuweisung eines im Vergleich zu materiellen Vermögenswerten höheren Risikos zu immateriellen Vermögenswerten kann grundsätzlich darauf gestützt werden, dass mit immateriellen Vermögenswerten tendenziell Wettbewerbsvorteile verbunden[191] sind, wohingegen materielle Vermögenswerte zumeist nicht zur Erzielung von Wettbewerbsvorteilen beitragen. Wettbewerbsvorteile[192] führen zu der Erwartung, dass sie positive Wirkungen für das Unternehmen, dem die betrachteten Vermögenswerte zugeordnet sind, entfalten; mit Wettbewerbsvorteilen ist allerdings auch die Gefahr verbunden, dass sich diese verflüchtigen. Deswegen geht von den Wettbewerbsvorteilen eines Unternehmens regelmäßig ein bestimmender Einfluss auf dessen Einkommen und dessen – als Volatilität dieses Einkommens verstandenes – Risiko[193] aus. Damit bietet es sich an, die Beiträge der Vermögenswerte eines Unternehmens zum Unternehmensrisiko grundsätzlich über die

185   Ausführlich Smith/Parr (2005), S. 69 ff.; siehe auch Kasperzak/Nestler (2010), S. 30 f., 109 ff.; Schmalen-
      bach-Gesellschaft (2009), S. 42 f.; Tettenborn/Straub/Rogler (2012), S. 485 f.
186   Beispielsweise TAF (2010a) 4.2.02, 4.2.05 ff.
187   Wohl im Zusammenhang mit der Abbildung von Unternehmenszusammenschlüssen nach IFRS 3 a. A. Vet-
      tinger/Hirzel (2010), S. 387 ff.
188   So auch die Untersuchung von Stegink/Schauten/de Graaff (2007).
189   So z. B. auch TAF (2010a) 4.2.07; Schmalenbach-Gesellschaft (2009), S. 42 f.
190   Vgl. TAF (2010a) 4.2.09 f.
191   Ausführlich hierzu unter 2.2.3.
192   Siehe hierzu Porter (1992), insbesondere S. 31 f.
193   Siehe hierzu bereits unter 2.3.2.2.

Bedeutung dieser Vermögenswerte für die Wettbewerbsvorteile des Unternehmens abzugrenzen.

Zur Berücksichtigung des so charakterisierten vermögenswertspezifischen Risikos der zu bewertenden Vermögenswerte werden in Schrifttum[194] und Praxis[195] zwei grundsätzliche Vorgehensweisen vorgeschlagen: die

- kapitalmarktbasierte Ableitung der vermögenswertspezifischen Zinssätze unter Zugrundelegung vermögenswertspezifischer Betas und die
- Anwendung von vermögenswertspezifischen Risikozuschlägen und Risikoabschlägen.[196]

Der kapitalmarktbasierte Ansatz erweist sich als kaum praktikabel, da vermögenswertspezifische Betas allenfalls in Ausnahmefällen verfügbar sind.[197] In der Bewertungspraxis hat sich dementsprechend die Anpassung an das vermögenswertspezifische Risiko durch Anwendung von vermögenswertspezifischen Risikozuschlägen und Risikoabschlägen weitgehend durchgesetzt.

Im Schrifttum wird diesem Vorgehen entgegengehalten, dass die Bemessung der Risikoanpassungen die Vornahme subjektiver Schätzungen erfordert und deswegen deren intersubjektive Nachprüfbarkeit nicht gegeben ist.[198] Ausgehend von dieser Überlegung wird vereinzelt der Verzicht auf die Einbeziehung vermögenswertspezifischer Risikoanpassungen vorgeschlagen bzw. gefordert und die Anwendung laufzeitäquivalent ermittelter Kapitalkosten[199] als vermögenswertspezifische Zinssätze empfohlen bzw. die Anwendung der gewichteten Kapitalkosten des Unternehmens[200] vertreten.

Ein weiterer, in der Praxis verwendeter Ansatz zur Berücksichtigung des mit immateriellen Vermögenswerten verbundenen vermögenswertspezifischen Risikos wurde von TAF[201] in einer Entwurfsfassung der bereits genannten Best-Practice-Studie genannt, allerdings nicht in die überarbeitete bzw. finale Fassung der Studie übernommen. Nach diesem Vorgehen ist auf den (risikobehafteten) Zinssatz abzustellen, mit dem sich das in alle immateriellen Vermögenswerte investierte Kapital – bei gegebenen vermögenswertspezifischen Zinssätzen des in die materiellen Vermögenswerte investierten Kapitals – verzinst; dieser Zinssatz wird unter Zugrundelegung einer einperiodischen Betrachtung ermittelt, könnte jedoch grundsätzlich auch mehrperiodisch als interner Zinsfuß verstanden werden.

In Kapitel 3 werden der Einfluss vermögenswertspezifischer Risikoanpassungen auf die Bewertungsergebnisse sowie die Folgen eines Verzichts auf vermögenswertspezifische Risikoanpassungen untersucht.

---

194 Vgl. z.B. Kasperzak/Nestler (2010), S.109ff.; Tettenborn/Straub/Rogler (2012), S.485.

195 Vgl. z.B. IVSC GN 4, 5.40ff.; IVSC ED 2007, 6.73ff.

196 Vgl. etwa auch Beyer/Mackenstedt (2008), S.346; Mackenstedt/Fladung/Himmel (2006), S.1045f.; für den Fall der bilanziellen Abbildung von Unternehmenszusammenschlüssen nach IFRS 3 sprechen sich Mackenstedt/Fladung/Himmel (2006), S.1046, dafür aus, dass »vereinfachend auch der Laufzeitäquivalenz mit einem pauschalen Zu- bzw. Abschlag auf den WACC ... Rechnung getragen werden (kann)«.

197 So z.B. IVSC GN 4, 5.42; IVSC ED 2007, 6.80; sowie die in Fn. 194 genannten Beiträge.

198 Vgl. etwa Schmalenbach-Gesellschaft (2009) S.42f., Vettinger/Hirzel (2010) S.387ff.

199 So Schmalenbach-Gesellschaft (2009), S.42f.

200 So Vettinger/Hirzel (2010), S.387ff.; zur Anwendung des WACC siehe auch TAF (2008), 4.3.10.

201 Vgl. TAF (2008), 4.3.09.

Fallbeispiel

Die vermögenswertspezifischen Zinssätze der Vermögenswerte von BU1 sind in Tabelle 2-12 zusammengestellt. Die berücksichtigten Risikozuschläge und Risikoabschläge wurden unter Zugrundelegung vorläufiger Risikoeinschätzungen festgelegt. Diese Risikoanpassungen sind, wie bereits dargelegt, erforderlichenfalls bei der Beurteilung der Plausibilität der Bewertungsergebnisse unter 2.6.3 bzw. 2.6.4 anzupassen.

Tab. 2-12: Vermögenswertspezifische Zinssätze der Vermögenswerte von BU1

Asset	Tab.	WACC adjusted	Risk adjust.	Rate of return
Core Technology new	2-14	6,32%	2,20%	8,52%
Customer Relationship	2-8	6,32%	2,50%	8,82%
Core Technology	2-5	6,32%	1,50%	7,82%
Process Technology	2-4	6,32%	1,50%	7,82%
Tangible Fixed Assets	2-9	5,99%	-0,50%	5,49%
Working Capital	2-10	5,85%	-2,82%	3,03%

2.5.6   Berücksichtigung der Besteuerung bei der Bewertung immaterieller Vermögenswerte

2.5.6.1 Steuerrelevante Fragestellungen

Im Folgenden wird zunächst auf die Einbeziehung der Besteuerung in das Bewertungskalkül (2.5.6.2) und sodann auf die Berücksichtigung des abschreibungsbedingten Steuervorteils (2.5.6.3) eingegangen.

2.5.6.2 Einbeziehung der Besteuerung in das Bewertungskalkül

Bei Anwendung des Income Approach zur Bewertung von Vermögenswerten sind – wie bei der Unternehmensbewertung[202] – Ertragsteuern zu berücksichtigen. Dementsprechend sind die dem Bewertungsobjekt zugeordneten Einkommensströme um Ertragsteuern zu kürzen. Das Erfordernis der Berücksichtigung von Ertragsteuern beim Diskontierungszinssatz hängt davon ab, ob es sich bei diesem um einen Vor- oder Nachsteuerzinssatz handelt.

Der Abzug von Ertragsteuern bei der Ableitung der einem Vermögenswert zuzuordnenden Einkommenszahlungen ist bei Vermögenswerten, denen – ausnahmsweise – ein Einkommensstrom unmittelbar zugerechnet werden kann, darin begründet, dass diese Einkommenszahlungen grundsätzlich der Besteuerung unterliegen. Bei Vermögenswerten, bei denen diese Voraussetzung nicht erfüllt ist, resultiert das Erfordernis des Abzugs

---

202   Vgl. z.B. Moser (1999), S. 117 ff.

der Ertragsteuern daraus, dass die Einkommenszahlungen als Beitrag des Bewertungsobjektes zum der Besteuerung unterliegenden Einkommen des betrachteten Unternehmens zu verstehen sind. Dies gilt auch bei Anwendung der Relief-from-Royalty-Methode, da die ersparten Lizenzzahlungen die Einkommensbeiträge des Bewertungsobjektes zum Unternehmenseinkommen abgrenzen und nicht zu einem Wegfall steuerlich abzugsfähiger Betriebsausgaben führen.[203]

In die Ermittlung der Ertragsteuern werden lediglich die Unternehmenssteuern einbezogen.[204] Eine Berücksichtigung der persönlichen Ertragsteuern der Anteilseigner[205] des Unternehmens, dem das Bewertungsobjekt zuzuordnen ist, erübrigt sich, da – dies wurde unter 2.4.3 dargelegt – die Analyse der Werte von immateriellen Vermögenswerten als Partialkalküle zu betrachten sind. Die persönlichen Ertragsteuern der Anteilseigner können erforderlichenfalls auf Unternehmensebene bei Ableitung des Unternehmenswertes ihren Niederschlag finden. Auf Unternehmensebene können auch steuerliche Besonderheiten, wie etwa eine Zinsschranke (§§ 4h EStG, 8a KStG), abgebildet werden, weswegen deren Erfassung im Tax Shield (2.5.5.2) unterbleiben kann.

2.5.6.3 Abschreibungsbedingter Steuervorteil (Tax Amortization Benefit)

2.5.6.3.1 Abschreibungsbedingter Steuervorteil beim Erwerb von Vermögenswerten

Beim gesonderten Erwerb eines immateriellen Vermögenswertes, etwa eines Patentes oder einer Marke, ist der Erwerber nach den Steuergesetzen der meisten Länder berechtigt, die Anschaffungskosten im Wege der Abschreibung mit steuerlicher Wirkung auf dessen Nutzungsdauer zu verteilen (z. B. §§ 5 Abs. 2, 6 Abs. 1 Nr. 1 EStG).[206] Hieraus resultiert eine Verminderung der jährlichen Steuerbelastung, die sich durch Anwendung des Steuersatzes des Erwerbers auf den jährlichen Abschreibungsbetrag des betrachteten Vermögenswertes berechnet.[207]

Der Wert eines Vermögenswertes i mit i = 1 bis n ergibt sich bei Einbeziehung dieses Steuervorteils aus der Beziehung

$$V_{i,t^B}^{Am} = \sum_{t=t^B}^{T_i+t^B-1} \left[\left(CF_{i,t+1}^{preTax} - A_{i,t+1} \right) \cdot (1-s) + A_{i,t+1} \right] \cdot \left(1 + r_i \right)^{-\left(t - t^B + 1 \right)}$$

bzw.

---

203 Anders noch die Vorauflage (Moser (2011), S. 38).

204 So auch IDW S 5 (2015), Tz. 45 f.

205 Siehe hierzu z. B. bei Moser (1999) S. 117 ff.

206 Einzelheiten zu den steuerlichen Regelungen zur Abschreibung immaterieller Vermögenswerte in ausgewählten Ländern sind zusammengestellt unter www.taxamortisation.com/tax-amortisation-benefit.html (Abruf 28.02.2015).

207 Dies setzt voraus, dass der Erwerber in jedem Jahr vor Berücksichtigung dieser Abschreibung mindestens einen steuerlichen Gewinn in Höhe dieses Betrags erzielt und über keine steuerlich relevanten Verlustvorträge verfügt. Bei Betrachtung der Bewertung immaterieller Vermögenswerte als Partialkalküle (2.4.3.2) ist dann, wenn die genannten Voraussetzungen nicht erfüllt sind und abschreibungsbedingte Steuervorteile dennoch berücksichtigt werden, bei der Gesamtbetrachtung eine Korrektur erforderlich.

$$V_{i,t^B}^{Am} = \sum_{t=t^B}^{T_i+t^B-1} \left[CF_{i,t+1}^{preTax} \cdot (1-s) + s \cdot A_{i,t+1} \right] \cdot (1+r_i)^{-(t-t^B+1)}$$

wobei zur Erhöhung der Übersichtlichkeit der Darstellungen von einem periodenunabhängigen vermögenswertspezifischen Zinssatz r_i mit $r_{i,t+1} = r_i$ für alle $t = 0$ bis ∞ ausgegangen wird. V_{i,t^B}^{Am} bringt zum Ausdruck, dass der Wert des Vermögenswertes unter Einbeziehung der steuerlichen Abschreibung von dessen Anschaffungskosten ermittelt wird. $CF_{i,t+1}^{preTax}$ bezeichnet den Einkommensbeitrag des Vermögenswertes i, der in der in $t+1$ endenden Periode zufließt, vor Abzug der Ertragsteuern, $A_{i,t+1}$ den Abschreibungsbetrag dieser Periode, s den Steuersatz, T_i die Lebensdauer des Vermögenswertes und t^B den Bewertungsstichtag. Die Einkommensbeiträge $CF_{i,t+1}^{preTax}$ des betrachteten Vermögenswertes können als Incremental Income, als ersparte Lizenzzahlungen oder als Excess Earnings abgegrenzt werden.

Mit $AK_{i,t^{AK}}$ als steuerliche Anschaffungskosten des Vermögenswertes i im Anschaffungszeitpunkt t^{AK} und einer steuerlichen Nutzungsdauer T_i^{Tax}, für die zur Vereinfachung der Darstellungen $T_i^{Tax} \leq T_i$ gilt, ergibt sich der jährliche Abschreibungsbetrag bei angenommener linearer steuerlicher Abschreibung periodenunabhängig aus dem Ausdruck

$$A_i = \frac{AK_{i,t^{AK}}}{T_i^{Tax}}$$

und der Wert des betrachteten Vermögenswertes aus der Beziehung

$$V_{i,t^B}^{Am} = \sum_{t=t^B}^{T_i+t^B-1} \left[CF_{i,t+1}^{preTax} \cdot (1-s) \right] \cdot (1+r_i)^{-(t-t^B+1)} + s \cdot \frac{AK_{i,t^{AK}}}{T_i^{Tax}} \cdot \sum_{t=t^B}^{T_i^{Tax}+t^B-1} (1+r_i)^{-(t-t^B+1)}$$

Der mit der steuerwirksamen Abschreibung des Vermögenswertes i verbundene abschreibungsbedingte Steuervorteil $TAB_{i,B}$ am Bewertungsstichtag t^B ist somit unter den dargelegten Annahmen bestimmt durch den Ausdruck

$$TAB_{i,B} = s \cdot \frac{AK_{i,t^{AK}}}{T_i^{Tax}} \cdot \sum_{t=t^B}^{T_i^{Tax}+t^B-1} (1+r_i)^{-(t-t^B+1)}$$

Dieser Ausdruck kann mit

$$\sum_{t=t^B}^{T_i^{Tax}+t^B-1} (1+r_i)^{-(t-t^B+1)} = \sum_{t=1}^{T_i^{Tax}} (1+r_i)^{-t}$$

und

$$\sum_{t=1}^{T_i^{Tax}} (1+r_i)^{-t)} = \frac{(1+r_i)^{T_i^{Tax}} - 1}{(1+r_i)^{T_i^{Tax}} \cdot r_i}$$

auch dargestellt werden als

$$TAB_{i,t^B} = s \cdot \frac{AK_{i,t^{AK}}}{T_i^{Tax}} \cdot \frac{\left(1+r_i\right)^{T_i^{Tax}} - 1}{\left(1+r_i\right)^{T_i^{Tax}} \cdot r_i}$$

2.5.6.3.2 Einbeziehung des abschreibungsbedingten Steuervorteils in die Ermittlung von Grenzpreisen

Der Income Approach führt – wie unter 2.3.2 ausgeführt – zur Ableitung des Grenzpreises[208], der aus Sicht des Erwerbers den Betrag darstellt, den dieser beim Erwerb eines Vermögenswertes höchstens bezahlen darf, ohne eine Verschlechterung seiner Vermögensposition im Vergleich zur Unterlassung des Erwerbes zu erfahren (Preisobergrenze). Der abschreibungsbedingte Steuervorteil erhöht den Grenzpreis des Erwerbers und ist dementsprechend in dessen Ermittlung einzubeziehen. Somit ist in den Fällen, in denen die Voraussetzungen für die Realisierung des abschreibungsbedingten Steuervorteils erfüllt sind, der abschreibungsbedingte Steuervorteil bei Anwendung des Income Approach bzw. bei Ermittlung von Grenzpreisen[209] zu berücksichtigen.[210]

Bei der Ableitung des Grenzpreises des Erwerbers ist zu beachten, dass der Grenzpreis als Preisobergrenze – abgesehen von möglichen steuerlichen Besonderheiten – zugleich die Obergrenze der Anschaffungskosten des Bewertungsobjektes darstellt und deswegen an die Stelle der Anschaffungskosten tritt. Der als Grenzpreis verstandene Wert $V_{i,t^{AK}}^G$ des Vermögenswertes i im Anschaffungzeitpunkt t^{AK} ergibt sich dementsprechend mit $AK_{i,t^{AK}} = V_{i,t^{AK}}^G$ aus der Beziehung

$$V_{i,t^{AK}}^G = \sum_{t=t^{AK}}^{T_i+t^{AK}-1} \left[CF_{i,t+1}^{preTax} \cdot (1-s)\right] \cdot (1+r_i)^{-\left(t-t^{AK}+1\right)} + s \cdot \frac{V_{i,t^{AK}}^G}{T_i^{Tax}} \cdot \sum_{t=t^{AK}}^{T_i^{Tax}+t^{AK}-1} (1+r_i)^{-\left(t-t^{AK}+1\right)}$$

sowie nach Auflösung nach $V_{i,t^{AK}}^G$ aus der Beziehung

$$V_{i,t^{AK}}^G = \left[\sum_{t=t^{AK}}^{T_i+t^{AK}-1} \left[CF_{i,t+1}^{preTax} \cdot (1-s)\right] \cdot (1+r_i)^{-\left(t-t^{AK}+1\right)}\right] \cdot \left(1 - \frac{s}{T_i^{Tax}} \cdot \sum_{t=t^{AK}}^{T_i^{Tax}+t^{AK}-1} (1+r_i)^{-\left(t-t^{AK}+1\right)}\right)^{-1}$$

Mit

$$V_{i,t^{AK}}^{GpreTAB} = \sum_{t=t^{AK}}^{T_i+t^{AK}-1} \left[CF_{i,t+1}^{preTax} \cdot (1-s)\right] \cdot (1+r_i)^{-\left(t-t^{AK}+1\right)}$$

208 Zur Dokumentation der Bestimmung des abschreibungsbedingten Steuervorteils bei der Ableitung von beizulegenden Zeitwerten siehe Corporate and Intangibles Valuation Organization (2017), S. 10 f.

209 Unzutreffend Beyer/Mackenstedt (2008), S. 347 f.; http://www.taxamortisation.com/theoretical-background.html (Abruf 21.02.2015) lässt die Behandlung des Tax Amortization Benefit bei Anwendung des Cost Approach offen.

210 Zur Berücksichtigung des abschreibungsbedingten Steuervorteils siehe auch PPD IVS 2015, 110.

und

$$tab_{i,t^{AK}} = \left(1 - \frac{s}{T_i^{Tax}} \cdot \sum_{t=t^{AK}}^{T_i^{Tax}+t^{AK}-1} \left(1+r_i\right)^{-\left(t-t^{AK}+1\right)}\right)^{-1}$$

ist der Grenzpreis des Vermögenswertes i nach Einbeziehung des abschreibungsbedingten Steuervorteils bestimmt durch die Beziehung

$$V_{i,t^{AK}}^G = V_{i,t^{AK}}^{GpreTAB} \cdot tab_{i,t^{AK}}$$

$tab_{i,t^{AK}}$ bezeichnet den Zuschlagssatz für den abschreibungsbedingten Steuervorteil bezogen auf den Wert des Bewertungsobjektes vor Berücksichtigung des abschreibungsbedingten Steuervorteils $V_{i,t^{AK}}^{GpreTAB}$.[211]

Mit der Anwendung des abschreibungsbedingten Steuervorteils, insbesondere dessen Berücksichtigung bei der Ableitung des beizulegenden Zeitwertes, sind verschiedene Fragestellungen[212] verbunden. Auf diese wird im Rahmen der weiteren Untersuchungen nicht eingegangen.

Fallbeispiel

Die Ableitungen der abschreibungsbedingten Steuervorteile, die in die Werte der Verfahrenstechnologie, der Basistechnologie sowie der Kundenbeziehungen eingehen, ergeben sich aus Tabelle 2-4 bis Tabelle 2-8.

Bei einer Nutzungsdauer von 8 Jahren und linearer Abschreibung beträgt die jährliche Abschreibung in Prozent des Wertes einschließlich abschreibungsbedingtem Steuervorteil als Abschreibungsbemessungsgrundlage 12,5 % und – bei einem Steuersatz von 30 % – die damit verbundene jährliche Steuerersparnis 3,75 %. Der abschreibungsbedingte Steuervorteil des Vermögenswertes i mit i = 1 bis n im Zeitpunkt der Bestimmung des Wertes einschließlich des abschreibungsbedingten Steuervorteils t^{FV} mit $t^{FV} = 0$ bis ∞ bezogen auf den Wert einschließlich des abschreibungsbedingten Steuervorteils ($tab_{i,t^{FV}}^{FV}$) ergibt sich somit als Summe der Barwerte der jährlichen prozentualen Steuerersparnis. Da der Wert einschließlich des abschreibungsbedingten Steuervorteils des betrachteten Vermögenswertes ($V_{i,t^{FV}}^{FV}$) den abschreibungsbedingten Steuervorteil einschließt und als Barwert der Einkommensbeiträge des Bewertungsobjektes nach Steuern ($V_{i,t^{FV}}^{FV\,preTAB}$) zuzüglich abschreibungsbedingtem Steuervorteil ($V_{i,t^{FV}}^{FV} \cdot tab_{i,t^{FV}}^{FV}$) zu bestimmen ist, bedarf es der Umrechnung der so ermittelten Summe

---

211   Nicht nachvollziehbar Schmalenbach Gesellschaft (2009), S.44, die ausführen, dass die Lösung des in der Beziehung $V_{i,t^{AK}}^G = \sum_{t=t^{AK}}^{T_i+t^{AK}-1} \left[CR_{i,t+1}^{preTax} \cdot (1-s)\right] \cdot (1+r_i)^{-(t-t^{AK}+1)} + s \cdot \frac{V_{i,t^{AK}}^G}{T_i^{Tax}} \cdot \sum_{t=t^{AK}}^{T_i+t^{AK}-1} (1+r_i)^{-(t-t^{AK}+1)}$ auftretenden Zirkularitätsproblems »ein rechnerisch aufwendiges Iterationsverfahren« erfordert sowie dass auf den durch Auflösung dieser Beziehung abgeleiteten »Step-up«-Faktor tab_{i,t^A} »(a)us Vereinfachungsgründen ... zurückgegriffen (wird)«.

212   Siehe hierzu z.B. bei Kasperzak/Nestler (2007), S.473–478; Hommel/Dehmel (2010), S.281 ff.; Jaskolski (2013).

der Barwerte der jährlichen prozentualen Steuerersparnis in einen Zuschlagsatz ($tab_{i,t^{FV}}$), der auf den Barwert der Einkommensbeiträge des Bewertungsobjektes nach Steuern anzuwenden ist. Es gilt:

$$V_{i,t^{FV}}^{FV} = V_{i,t^{FV}}^{FV\ preTAB} + V_{i,t^{FV}}^{FV} \cdot tab_{i,t^{FV}}^{FV}$$

bzw.

$$V_{i,t^{FV}}^{FV} = \frac{1}{1 - tab_{i,t^{FV}}^{FV}} \cdot V_{i,t^{FV}}^{FV\ preTAB}$$

sowie

$$V_{i,t^{FV}}^{FV} = tab_{i,t^{FV}} \cdot V_{i,t^{FV}}^{FV\ preTAB}$$

mit

$$tab_{i,t^{FV}} = \frac{1}{1 - tab_{i,t^{FV}}^{FV}}$$

2.6   Abstimmung der Bewertungsergebnisse

2.6.1   Überblick

Unter 2.4.3 wurde die Betrachtung der Bewertungen immaterieller Vermögenswerte, die einem Unternehmen zugeordnet sind, als Partialkalküle eingeführt. Mit dieser Betrachtung ist verbunden, dass die abgeleiteten Werte der Vermögenswerte untereinander sowie mit dem Wert des Unternehmens im Rahmen einer Totalbetrachtung abzustimmen sind. Als Grundlage dieser Abstimmung werden im Folgenden der Zusammenhang zwischen dem Wert des Unternehmens – verstanden als Entity Value – und den Werten der diesem zugeordneten Vermögenswerte, dem Einkommen des Unternehmens und den Einkommensbeiträgen der Vermögenswerte sowie den gewichteten Kapitalkosten und den vermögenswertspezifischen Zinssätzen untersucht.[213]

Die Untersuchungen werden zunächst unter Zugrundelegung der Annahme, dass der Wert eines ausgewählten Vermögenswerts des Unternehmens als Residualwert zu bestimmen ist (2.6.3), dargelegt. Sodann wird diese Annahme aufgegeben und dieser Vermögenswert mittels der MPEEM bewertet (2.6.4). Anschließend wird betrachtet, inwieweit die Ergebnisse der Untersuchungen zur Erklärung des originären Goodwill (2.6.5) führen. Abschließend werden Annahmen eingeführt, die den Untersuchungen in Kapitel 3 bis 5 zugrunde gelegt werden (2.6.6). Zuvor werden die Grundlagen der Untersuchung dargelegt (2.6.2).

---

213   Siehe hierzu schon Moser (2013), S. 392 ff.; Moser (2013a), S. 285 ff.; Moser (2013b), S. 355 ff.; Moser (2012), S. 15 ff.; Moser (2014), S. 192 ff.; Moser (2017); sowie bereits auch Moser (2008c), S. 788 ff.; Moser (2008d), S. 732 ff.; Moser (2009c), S. 24 ff.

2.6.2   Grundlagen der Untersuchung

2.6.2.1 Ausgangsüberlegungen

Das betrachtete Unternehmen verfügt – in Erweiterung der unter 2.4.3 dargestellten Untersuchungen – zum Zeitpunkt t mit t = 0 bis ∞ über k materielle und immaterielle Vermögenswerte, die bilanzierungsfähig[214] sind, und über l Vermögenswerte, die nicht bilanzierungsfähig sind. m zukünftig geplante Vermögenswerte werden die bilanzierungsfähigen und nicht bilanzierungsfähigen Vermögenswerte in der betrachteten oder einer späteren Periode ersetzen. Insgesamt sind dem Unternehmen somit n = k + l + m gegenwärtig genutzte und zukünftig geplante Vermögenswerte im Zeitpunkt t zuzurechnen. Es ist zu beachten, dass die zukünftig geplanten Vermögenswerte im Zeitpunkt t noch nicht die unter 2.2.2.1 eingeführten Voraussetzungen eines Vermögenswertes erfüllen.

Als Beispiele für Vermögenswerte, die im Zeitpunkt t verfügbare Vermögenswerte in Zukunft ersetzen werden, sind in diesem Zeitpunkt in Entwicklung befindliche Technologien sowie in bzw. nach diesem Zeitpunkt aufzubauende Kundenbeziehungen zu nennen. Darüber hinaus können auch andere Vermögenswerte, deren Entwicklung oder Aufbau in Zukunft geplant ist und die keine im Zeitpunkt t bilanzierungsfähige bzw. nicht bilanzierungsfähige Vermögenswerte ersetzen, in die Betrachtung einbezogen werden. Insoweit davon auszugehen ist, dass zukünftig geplante Vermögenswerte am Ende von deren Nutzungsdauer zu ersetzen sind, kann die Analyse dadurch vereinfacht werden, dass dieser die Annahme zugrunde gelegt wird, dass die betreffenden zukünftigen Vermögenswerte eine unendliche bzw. unbestimmte[215] Nutzungsdauer[216] aufweisen. Im Anhang zu 2.6.2.1 wird dargelegt, dass mit dieser Annahme bei konsistenter Abbildung unter den der Analyse zugrunde liegenden weiteren Annahmen keine Wertauswirkungen verbunden sind.

Die Einkommensbeiträge der im Zeitpunkt t bilanzierungsfähigen und nicht bilanzierungsfähigen Vermögenswerte sind durch die Annahmen, die den verschiedenen, bei der Bewertung von Vermögenswerten anzuwendenden Ausprägungen des Income Approach zugrunde liegen, bestimmt bzw. werden aus den mittels des Market Approach oder des Cost Approach ermittelten Werten der mittels dieser Ansätze bewerteten Vermögenswerten abgeleitet. Zur Bestimmung der Einkommensbeiträge der Vermögenswerte, die die am Bewertungsstichtag verfügbaren Vermögenswerte in Zukunft ersetzen werden, wird – unter Berücksichtigung der zum Aufbau bzw. zur Entwicklung dieser Vermögenswerte

---

214 Zum Ansatz immaterieller Vermögenswerte nach IFRS siehe 4.4.2.

215 Die Verwendung des Ausdrucks »unendlich« ist in der im Anhang zu 2.6.2.1 dargestellten Grenzwertbetrachtung begründet. Smith/Parr (2005), S. 235, legen für Marken dar, dass bei diesen nicht von einer unendlichen Lebensdauer ausgegangen werden kann. IAS 38 führt den Ausdruck »unbestimmt« (IAS 38.88) ein und weist darauf hin, dass »(t)he terme ›indefinite‹ does not mean ›infinite‹«.

216 Zur Bestimmung der Nutzungsdauer immaterieller Vermögenswerte siehe beispielsweise Reilly/Schweihs (1999), S. 205 ff., 238 ff.; Appraisal Practice Board (2016), S. 25 ff.; BVR (2012); BVR (2015); Garland/Reilly (2003), S. 6 ff.; Garland (2004), S. 5 ff.; Karamehmedovic (2008), S. 56 ff.; Kasperzak/Kalantary (2011), S. 1114 ff.; Kasperzak/Kalantary (2011a), S. 1171 ff.; Tettenborn/Straub/Rogler (2013a), S. 185 ff.; Klamar/Linning (2016), S. 223 ff.; Rüssli/Binder (2015), S. 22 ff.; Binder/Morrison (2015), S. 1 ff.

erforderlichen Investitionen[217] – grundsätzlich auf die Annahmen zurückgegriffen, die der Ableitung der Einkommensbeiträge der zu ersetzenden Vermögenswerte zugrunde gelegt wurden. Werden beispielsweise die Einkommensbeiträge eines am Bewertungsstichtag vorhandenen Vermögenswerts als ersparte zukünftige Lizenzzahlungen abgebildet, so werden – von im Einzelfall möglichen Ausnahmen abgesehen – die Einkommensbeiträge des diesen Vermögenswert in Zukunft ersetzenden Vermögenswertes ebenfalls als ersparte Lizenzzahlungen – abzüglich der für dessen Entwicklung anfallenden Aufwendungen – erfasst. Die Abgrenzung der einbezogenen, zukünftig geplanten Vermögenswerte ist somit vor allem auch durch die der Free-Cashflow-Planung des Unternehmens sowie der Ableitung des nachhaltigen Free Cashflow[218] zugrunde gelegten Annahmen bestimmt.

Der als Entity Value verstandene Wert des Unternehmens V_t im Zeitpunkt t für t = 0 bis ∞ kann über die Beziehung

$$V_t = \frac{V_{t+1} + CF_{t+1}}{1 + r_{t+1}}$$

bestimmt werden, der Wert des Vermögenswerts i mit i = 1 bis n im Zeitpunkt t für t = 0 bis ∞ als

$$V_{i,t} = \frac{V_{i,t+1} + CF_{i,t+1}}{1 + r_{i,t+1}}$$

wobei CF_{t+1} das als Free Cashflow verstandene Einkommen des Unternehmens und r_{t+1} dessen Kapitalkosten in der in t + 1 endenden Periode zum Ausdruck bringt; $V_{i,t}$ bezeichnet den Wert, $CF_{i,t+1}$ den Einkommensbeitrag und $r_{i,t+1}$ den vermögenswertspezifischen Zinssatz des Vermögenswerts i für i = 1 bis n in dieser Periode. Zur Vereinfachung der Betrachtungen wird davon ausgegangen, dass das Einkommen des Unternehmens und die Einkommensbeiträge der Vermögenswerte am Ende der Betrachtungsperiode im Zeitpunkt t + 1 für t = 0 bis ∞ zufließen.

Der Zusammenhang zwischen dem Entity Value und den Werten der Vermögenswerte i für alle i = 1 bis n wird durch die unter 2.4.3 eingeführte Beziehung

$$V_t = \sum_{i=1}^{n} V_{i,t} + \varepsilon_t^V$$

beschrieben.

Das Einkommen des Unternehmens ist bestimmt durch die unter 2.3.2.3 abgeleitete Beziehung

$$CF_{t+1} = V_t - V_{t+1} + V_t \cdot r_{t+1}$$

der Einkommensbeitrag des Vermögenswertes i (mit i = 1 bis n) durch die Beziehung

---

217   Hierbei kann es sich insbesondere um Forschungs- und Entwicklungsaufwendungen zur Entwicklung von neuen Technologien, Marketingaufwendungen zum Aufbau neuer Marken sowie um Kundenakquisition-Aufwendungen zum Aufbau neuer Kundenbeziehungen handeln.
218   Siehe hierzu Moser (2002), S. 17 ff.

$$CF_{i,t+1} = V_{i,t} - V_{i,t+1} + V_{i,t} \cdot r_{i,t+1}$$

Der Zusammenhang zwischen dem Einkommen des Unternehmens und den Einkommensbeiträgen der Vermögenswerte i für alle i = 1 bis n ergibt sich aus dem unter 2.4.3 eingeführten Ausdruck

$$CF_{t+1} = \sum_{i=1}^{n} CF_{i,t+1} + \varepsilon_{t+1}^{CF}$$

Diese Beziehung kann durch Einsetzen der Bestimmungsgleichungen für CF_{t+1} und $CF_{i,t+1}$ überführt werden in den Ausdruck

$$V_t - V_{t+1} + V_t \cdot r_{t+1} = \sum_{i=1}^{n} V_{i,t} - \sum_{i=1}^{n} V_{i,t+1} + \sum_{i=1}^{n} V_{i,t} \cdot r_{i,t+1} + \varepsilon_{t+1}^{CF}$$

sowie mit $\sum_{i=1}^{n} V_{i,t} = V_t - \varepsilon_t^V$ und $\sum_{i=1}^{n} V_{i,t+1} = V_{t+1} - \varepsilon_{t+1}^V$ in den Ausdruck

$$V_t - V_{t+1} + V_t \cdot r_{t+1} = V_t - \varepsilon_t^V - \left(V_{t+1} - \varepsilon_{t+1}^V\right) + \sum_{i=1}^{n} V_{i,t} \cdot r_{i,t+1} + \varepsilon_{t+1}^{CF}$$

bzw.

$$V_t \cdot r_{t+1} = \sum_{i=1}^{n} V_{i,t} \cdot r_{i,t+1} - \left(\varepsilon_t^V - \varepsilon_{t+1}^V\right) + \varepsilon_{t+1}^{CF}$$

Durch Auflösung dieses Ausdrucks nach r_{t+1} ergibt sich die Beziehung für die gewichteten Kapitalkosten des betrachteten Unternehmens

$$r_{t+1} = \frac{\sum_{i=1}^{n} V_{i,t} \cdot r_{i,t+1} - \left(\varepsilon_t^V - \varepsilon_{t+1}^V\right) + \varepsilon_{t+1}^{CF}}{V_t} = \frac{\sum_{i=1}^{n} V_{i,t} \cdot r_{i,t+1}}{V_t} - \frac{\varepsilon_t^V - \varepsilon_{t+1}^V}{V_t} + \frac{\varepsilon_{t+1}^{CF}}{V_t}$$

Die Beziehung legt dar, dass die gewichteten Kapitalkosten r_{t+1}, mit dem sich das in das betrachtete Unternehmen investierte Kapital V_t in der in t + 1 endenden Periode mit t = 0 bis ∞ verzinst, gleich der Summe der mit dem anteiligen investierten Kapital $\frac{V_{i,t}}{V_t}$ gewichteten Zinssätze $r_{i,t+1}$ der Vermögenswerte i mit i = 1 bis n, mit denen sich das in diese Vermögenswerte investierte Kapital $V_{i,t}$ verzinst, zuzüglich der Komponente $\varepsilon_{t+1}^r = -\frac{\varepsilon_t^V - \varepsilon_{t+1}^V}{V_t} + \frac{\varepsilon_{t+1}^{CF}}{V_t}$ sind. Sie macht weiter deutlich, dass die gewichteten Kapitalkosten durch den Entity Value, das in die Vermögenswerte investierte Kapital, die vermögenswertspezifischen Zinssätze sowie die nicht zugeordneten Wert- und Einkommenskomponenten, die wiederum durch den Entity Value und das in die Vermögenswerte investierte Kapital bzw. das Einkommen des Unternehmens und die Einkommensbeiträge der Vermögenswerte determiniert sind, vollständig erklärt werden können.

Fallbeispiel

Die Ableitung des Entity Value der Beispiel GmbH ergibt sich – für jedes Jahr des Betrachtungszeitraums – aus Tabelle 2-13. Grundlage der Bestimmung dieser Werte sind die Free Cashflows der Gesellschaft, die mit deren gewichteten Kapitalkosten – diese wurden unter 2.5.5.2 in Höhe von 7,53 % abgeleitet – zu diskontieren sind. Die Diskontierung folgt dem – bereits bei der Bewertung der Basis- und Verfahrenstechnologie sowie der Kundenbeziehungen angewendeten – Roll-back-Verfahren. Zur Vereinfachung der Betrachtungen wird von Wachstum des Unternehmens nach dem Planungshorizont abgesehen.

Tab. 2-13: Ermittlung des Entity Value

Mio. EUR	Tab.		2016	2017	2018	2019	2020	2021	2022	2023	2024	perpetual
Sales generated by Entity*	2-3			360,0	388,8	404,4	412,4	420,7	429,1	437,7	437,7	437,7
EBITA	2-3			57,6	63,2	65,6	66,9	68,2	69,6	71,0	71,0	71,0
Adjustment Cost Savings[1]	2-4			0,0	0,0	0,0	0,0	0,0	0,0	0,0	-0,7	-4,5
EBITA adjusted				57,6	63,2	65,6	66,9	68,2	69,6	71,0	70,2	66,5
Tax adjusted		30,00%		-17,3	-19,0	-19,7	-20,1	-20,5	-20,9	-21,3	-21,1	-19,9
Tax-effecting EBITA				40,3	44,2	45,9	46,8	47,7	48,7	49,7	49,2	46,5
Amortization												
Customer Relationship	2-8	8,0	183,9	23,0	23,0	23,0	23,0	23,0	23,0	23,0	23,0	
Core Technology	2-5	8,0	165,6	20,7	20,7	20,7	20,7	20,7	20,7	20,7	20,7	
Process Technology	2-4	8,0	20,9	2,6	2,6	2,6	2,6	2,6	2,6	2,6	2,6	
Amortization Total				46,3	46,3	46,3	46,3	46,3	46,3	46,3	46,3	0,0
Tax Benefit Amortization		30,00%		13,9	13,9	13,9	13,9	13,9	13,9	13,9	13,9	0,0
Tax-effecting EBITA adjusted incl. Tax Benefit Amortization				54,2	58,1	59,8	60,7	61,6	62,6	63,6	63,0	46,5
Incremental Working Capital	2-10			-15,0	-5,3	-1,8	-1,9	-2,0	-2,0	-2,1	0,0	0,0
CapEx less Depreciation	2-9			12,0	2,0	-36,0	16,0	36,0	-29,0	4,0	-24,0	0,0
Free Cash Flow				51,2	54,9	22,0	74,8	95,7	31,6	65,5	39,0	46,5
Invested Capital		7,53%	662,9	661,6	656,5	684,0	660,7	614,8	629,5	611,3	618,3	

* Projection based on management best estimate
1 Cost Savings Included in EBITA ./. Realized Cost Savings

Ausgangspunkt der Ableitung der Free Cashflows, die der unter 2.4.2 eingeführten Beziehung

$$CF_{t+1} = EBITA_{t+1} \cdot (1-s) + s \cdot A_{t+1} - \left(V_{1,t+1} - V_{1,t}\right) - \left(V_{2,t+1} - V_{2,t}\right)$$

folgt, sind die von der Gesellschaft bis ins Jahr 2024 geplanten EBITA; diese werden aus Tabelle 2-3 übernommen. Nach dem Planungszeitraum ist ein nachhaltig zu erzielendes EBITA anzusetzen, da das Management davon ausgeht, dass das Unternehmen die Geschäftstätigkeit auch nach 2024 fortführen wird. Als nachhaltiges EBITA wird das für 2024 geplante EBITA angesetzt; dieses EBITA ist – nach begründeter Darlegung des Managements – für die Jahre nach dem Planungszeitraum als repräsentativ zu betrachten.

Die vom Management vorgelegte EBITA-Planung berücksichtigt nicht, dass die mit der Verfahrenstechnologie verbundenen Kosteneinsparungen nur bis ins Jahr 2024 erzielt werden können. Insoweit diese Kostenvorteile ab 2024 nicht mehr realisiert werden können, sind das EBITA des Jahres 2024 sowie das als nachhaltig anzusetzende EBITA zu bereinigen. Auf die so angepassten Ergebnisse von BU1 werden die Ertragsteuern berechnet und von diesen abgezogen. Da die immateriellen Vermögenswerte Verfahrenstechnologie, Basistechnologie und Kundenbeziehungen – unter Zugrundelegung der Annahme von deren Einzelerwerb – mit steuerlicher Wirkung abgeschrieben werden können, sind die daraus resultierenden Steuervorteile dem bereinigten EBITA nach Ertragsteuern hinzuzurechnen; die Abschreibungsbeträge werden aus Tabelle 2-4, Tabelle 2-5 und Tabelle 2-8 übernommen.[219] Durch Abzug der Veränderungen des Working Capital sowie der Investitionen in Sachanlagen abzüglich der Abschreibungen auf Sachanlagen, die in Tabelle 2-9 bzw. Tabelle 2-10 zusammengestellt sind, vom bereinigten EBITA nach allen Steuerwirkungen ergeben sich die Free Cashflows der Geschäftseinheit.

Die Bewertung der Nachfolgegenerationen der Basistechnologie, der – der Bewertung der Basistechnologie folgend – die Relief-from-Royalty-Methode zugrunde gelegt wird, ergibt sich – für jedes Jahr des Betrachtungszeitraums – aus Tabelle 2-14. Der Ermittlung der ersparten Lizenzzahlungen wird wiederum der Lizenzsatz von 8 % zugrunde gelegt.

Die Bewertung geht – wie dargelegt – von einer unendlichen (unbestimmten) Nutzungsdauer aus und bezieht die zur Entwicklung der zukünftigen Basistechnologien erforderlichen Entwicklungsaufwendungen ein. Diese Aufwendungen sind – dies wurde unter 2.5.2 dargelegt – in der Planungsrechnung der Gesellschaft in Höhe von 4,2 % der Umsatzerlöse berücksichtigt. Aufgrund des im Vergleich zur verfügbaren Basistechnologie höher einzuschätzenden Risikos der Nachfolgegenerationen dieser Technologie wurde der vorläufig festgelegte vermögenswertspezifische Zinssatz adjustiert und in Höhe von 8,52 % angesetzt.

Tab. 2-14: Bewertung der Nachfolgegenerationen der Basistechnologie

Mio. EUR	Tab.		2016	2017	2018	2019	2020	2021	2022	2023	2024	perpetual
Sales¹				0,0	0,0	0,0	0,0	0,0	0,0	0,0	72,9	437,7
Royalty Savings²	2-5	8,00%		0,0	0,0	0,0	0,0	0,0	0,0	0,0	5,8	35,0
R & D Expenses³		4,20%		-15,1	-16,3	-17,0	-17,3	-17,7	-18,0	-18,4	-18,4	-18,4
Income Contribution before Tax				-15,1	-16,3	-17,0	-17,3	-17,7	-18,0	-18,4	-12,5	16,6
Tax⁴		30,00%		-4,5	-4,9	-5,1	-5,2	-5,3	-5,4	-5,5	-3,8	5,0
Income Contribution after Tax				-10,6	-11,4	-11,9	-12,1	-12,4	-12,6	-12,9	-8,8	11,6
Invested Capital⁵	2-12	8,52%	5,8	16,9	29,7	44,1	60,0	77,5	96,7	117,8	136,7	

1   Sales generated by Entity less sales related to Core Technology
2   Sales * Royalty Rate
3   R & D Expenses as % of Sales * Sales generated by Entity
4   Income Contribution * Tax Rate
5   (Invested Capital t+1 + Cost Savings t+1) / (1 + Asset Specific Rate of Return)

---

219 Aus der Transaktionsstruktur resultierende Steueranpassungen, die im zugrunde liegenden Sachverhalt von untergeordneter Bedeutung sind, werden im Folgenden zur Vereinfachung der Betrachtungen nicht berücksichtigt. Siehe zu diesen Anpassungen unter 5.3.5.

Auf die Bewertung zukünftiger Generationen der Verfahrenstechnologie kann verzichtet werden, da nach derzeitigem technischen Stand davon auszugehen ist, dass eine Entwicklung dieser Nachfolgetechnologien nicht möglich sein wird.

Der Wert der zukünftig geplanten Kundenbeziehungen der Beispiel GmbH wird sowohl mittels der Residual-Value-Methode als auch mittels der MPEEM bestimmt. Bei Anwendung der Residual-Value-Methode ergibt sich der Wert dieser Kundenbeziehungen für jedes Jahr des Betrachtungszeitraums durch Abzug des Werts der Nachfolgegenerationen der Basistechnologie (Tab. 2-14), des Werts der bestehenden Kundenbeziehungen (Tab. 2-8), der Werte der verfügbaren Basistechnologie (Tab. 2-5) und Verfahrenstechnologie (Tab. 2-4) sowie der Werte der Sachanlagen (Tab. 2-9) und des Working Capital (Tab. 2-10) vom Entity Value (Tab. 2-13). Tabelle 2-15 stellt die Ableitungen der auf dieser Grundlage ermittelten Werte der zukünftigen Kundenbeziehungen für den Betrachtungszeitraum zusammen.

Tab. 2-15: Ableitung des Werts der zukünftigen Kundenbeziehungen mittels der Residual-Value-Methode

Mio. EUR	Tab.	2016	2017	2018	2019	2020	2021	2022	2023	2024
Entity Value	2-13	662,9	661,6	656,5	684,0	660,7	614,8	629,5	611,3	618,3
Assets										
Core Technology new	2-14	5,8	16,9	29,7	44,1	60,0	77,5	96,7	117,8	136,7
Customer Relationship	2-8	183,9	170,7	153,1	132,8	112,0	87,9	59,0	28,5	0,0
Core Technology	2-5	165,6	152,2	136,1	117,9	97,8	75,7	51,4	24,7	0,0
Process Technology	2-4	20,9	19,3	17,3	15,0	12,4	9,6	6,5	3,1	0,0
Tangible Fixed Assets	2-9	100,0	88,0	86,0	122,0	106,0	70,0	99,0	95,0	119,0
Working Capital	2-10	75,0	90,0	95,3	97,0	99,0	101,0	103,0	105,0	105,0
Total		551,3	537,1	517,5	528,9	487,3	421,7	415,7	374,2	360,7
Customer Relationship new		111,6	124,5	139,0	155,1	173,4	193,0	213,8	237,1	257,6

Die Anwendung der MPEEM zur Bewertung der zukünftigen Kundenbeziehungen erfordert die Bestimmung der diesen Kundenbeziehungen zuzurechnenden Excess Earnings. In Tabelle 2-16 werden zunächst die allen – also den bestehenden und den zukünftig geplanten – Kundenbeziehungen zuzurechnenden Excess Earnings unter Zugrundelegung einer unbestimmten Nutzungsdauer ermittelt, von denen sodann die in Tabelle 2-8 abgeleiteten, den bestehenden Kundenbeziehungen zuzurechnenden Excess Earnings abgezogen werden. Die Ermittlung der allen Kundenbeziehungen zuzurechnenden Excess Earnings folgt im Grundsatz der Ableitung der Excess Earnings der bestehenden Kundenbeziehungen. Allerdings unterbleibt dabei die Bereinigung der Kundenakquisitionskosten, da diese Kundenbeziehungen auch die zukünftig zu akquirierenden Kundenbeziehungen einschließen. Aufgrund des im Vergleich zu den bestehenden Kundenbeziehungen höher einzuschätzenden Risikos der zukünftig aufzubauenden Kundenbeziehungen wurde der vorläufig festgelegte vermögenswertspezifische Zinssatz adjustiert und in Höhe von 9,82 % angesetzt.

Tab. 2-16: Ableitung des Werts der zukünftigen Kundenbeziehungen mittels MPEEM bei Bestimmung der Excess Earnings mittels Differenzbetrachtung

Mio. EUR	Tab.		2016	2017	2018	2019	2020	2021	2022	2023	2024	perpe-tual
Sales generated by Entity*	2-3		300,0	360,0	388,8	404,4	412,4	420,7	429,1	437,7	437,7	437,7
EBITA related to Entity	2-3			57,6	63,2	65,6	66,9	68,2	69,6	71,0	71,0	71,0
Adjustment Cost Savings[1]	2-4			0,0	0,0	0,0	0,0	0,0	0,0	0,0	-0,7	-4,5
Adjustment Customer Acquisition Expenses[2]		0,00%		0,0	0,0	0,0	0,0	0,0	0,0	0,0	0,0	0,0
Adjustment R & D Expenses[3]		4,20%		15,1	16,3	17,0	17,3	17,7	18,0	18,4	18,4	18,4
EBITA adjusted				72,7	79,5	82,5	84,2	85,9	87,6	89,3	88,6	84,9
Tax		30,00%		-21,8	-23,9	-24,8	-25,3	-25,8	-26,3	-26,8	-26,6	-25,5
Tax-effecting EBITA adjusted				50,9	55,7	57,8	58,9	60,1	61,3	62,5	62,0	59,4
Return on Invested Capital after Tax													
Tangible Fixed Assets[4]	2-9			-5,5	-4,8	-4,7	-6,7	-5,8	-3,8	-5,4	-5,2	-6,5
Working Capital[5]	10			-2,3	-2,7	-2,9	-2,9	-3,0	-3,1	-3,1	-3,2	-3,2
Income Contribution after Tax													
Core Technology[6]	2-5	8,00%		-20,2	-21,8	-22,6	-23,1	-23,6	-24,0	-24,5	-24,5	-24,5
Process Technology[7]	2-4			-2,5	-2,7	-2,9	-2,9	-3,0	-3,1	-3,1	-2,6	0,0
Excess Earnings after Tax													
Customer Relationship indefinite				20,5	23,6	24,6	23,3	24,7	27,3	26,4	26,5	25,2
Customer Relationship acquired	2-8			-22,5	-25,8	-26,9	-25,6	-27,1	-29,7	-28,8	-24,1	0,0
Customer Relationship new				-2,0	-2,2	-2,3	-2,3	-2,4	-2,4	-2,5	2,4	25,2
Invested Capital	2-12	9,82%	111,3	124,3	138,7	154,5	172,0	191,3	212,5	235,8	256,6	

* Projection based on management best estimate
1 Cost Savings Included in EBITA ./. Realized Cost Savings
2 Adjustment not required (Acquisition of Customer Relationship new)
3 R & D Expenses as % of Sales * Sales
4 Invested Capital t-1 as % of Sales t * Sales t * Asset Specific Rate of Return (Tangible Fixed Assets)
5 Invested Capital t-1 as % of Sales t * Sales t * Asset Specific Rate of Return (Working Capital)
6 Royalty Rate * Sales * (1 - Tax Rate)
7 Cost Savings as % of Sales * Sales * (1- Tax Rate)

Tabelle 2-17 zeigt, dass die unmittelbare Ableitung der den zukünftig zu akquirierenden Kundenbeziehungen zuzuordnenden Excess Earnings zu den in Tabelle 2-16 ermittelten Excess Earnings führt.

Tab. 2-17: Ableitung des Werts der zukünftigen Kundenbeziehungen mittels MPEEM bei unmittelbarer Bestimmung der Excess Earnings

Mio. EUR	Tab.		2016	2017	2018	2019	2020	2021	2022	2023	2024	perpe-tual
Sales generated by Entity*	2-3		0,0	0,0	0,0	0,0	0,0	0,0	0,0	0,0	72,9	437,7
EBITA related to Entity	2-3			0,0	0,0	0,0	0,0	0,0	0,0	0,0	11,8	71,0
Adjustment Cost Savings[1]	2-4			0,0	0,0	0,0	0,0	0,0	0,0	0,0	-0,7	-4,5
Adjustment Customer Acquisition Expenses[2]		0,00%		-2,9	-3,1	-3,2	-3,3	-3,4	-3,4	-3,5	-2,9	0,0
Adjustment R & D Expenses[3]		4,20%		0,0	0,0	0,0	0,0	0,0	0,0	0,0	3,1	18,4
EBITA adjusted				-2,9	-3,1	-3,2	-3,3	-3,4	-3,4	-3,5	11,2	84,9
Tax		30,00%		0,9	0,9	1,0	1,0	1,0	1,0	1,1	-3,4	-25,5
Tax-effecting EBITA adjusted				-2,0	-2,2	-2,3	-2,3	-2,4	-2,4	-2,5	7,9	59,4
Return on Invested Capital after Tax													
Tangible Fixed Assets[4]	2-9			0,0	0,0	0,0	0,0	0,0	0,0	0,0	-0,9	-6,5
Working Capital[5]	10			0,0	0,0	0,0	0,0	0,0	0,0	0,0	-0,5	-3,2
Income Contribution after Tax													
Core Technology[6]	2-5	8,00%		0,0	0,0	0,0	0,0	0,0	0,0	0,0	-4,1	-24,5
Process Technology[7]	2-4			0,0	0,0	0,0	0,0	0,0	0,0	0,0	0,0	0,0
Excess Earnings after Tax													
Customer Relationship new	2-16			-2,0	-2,2	-2,3	-2,3	-2,4	-2,4	-2,5	2,4	25,2
Invested Capital	2-12	9,82%	111,3	124,3	138,7	154,5	172,0	191,3	212,5	235,8	256,6	

*   Projection based on management best estimate
1   Cost Savings Included in EBITA ./. Realized Cost Savings
2   Allocation Customer Acquisition Expenses (Customer Relationship)
3   R & D Expenses as % of Sales * Sales
4   Invested Capital t-1 as % of Sales t * Sales t * Asset Specific Rate of Return (Tangible Fixed Assets)
5   Invested Capital t-1 as % of Sales t * Sales t * Asset Specific Rate of Return (Working Capital)
6   Royalty Rate * Sales * (1 - Tax Rate)
7   Cost Savings as % of Sales * Sales * (1- Tax Rate)

2.6.2.2 Wertbeitrag zukünftig zu entwickelnder immaterieller Vermögenswerte

Der Wert des mittels des Income Approach[220] bewerteten Vermögenswertes i mit i = k + l + 1 bis n zum Zeitpunkt t für t = 0 bis ∞ kann – in Erweiterung der Ausführungen unter 2.6.2.1 – unter Berücksichtigung der zur Entwicklung bzw. zum Aufbau des betrachteten Vermögenswertes erforderlichen Investitionen[221] dargestellt werden. Mit

$$CF_{i,t+1} = CF_{i,t+1}^{preDev} - CF_{i,t+1}^{Dev} \text{ und } V_{i,t+1} = V_{i,t+1}^{preDev} - V_{i,t+1}^{Dev}$$

---

220   Auf den Wertbeitrag mittels des Cost Approach bewerteter Vermögenswerte, die in Zukunft andere mittels des Cost Approach bewertete Vermögenswerte ersetzen werden, wird in Kapitel 3 eingegangen.

221   Im Folgenden wird zur Vereinfachung der Ausführungen lediglich von Entwicklungsinvestitionen gesprochen.

gilt[222]

$$V_{i,t} = \frac{V_{i,t+1} + CF_{i,t+1}}{1 + r_{i,t+1}} = \frac{V_{i,t+1}^{preDev} + CF_{i,t+1}^{preDev}}{1 + r_{i,t+1}} - \frac{V_{i,t+1}^{Dev} + CF_{i,t+1}^{Dev}}{1 + r_{i,t+1}}$$

mit $V_{i,t+1}^{preDev}$ bzw. $CF_{i,t+1}^{preDev}$ als Wert bzw. Einkommenszahlung des Vermögenswerts i im Zeitpunkt t + 1 vor Berücksichtigung der Entwicklungsinvestitionen, $CF_{i,t+1}^{Dev}$ der im Zeitpunkt t + 1 für den Vermögenswert i zu tätigenden Entwicklungsinvestition und $V_{i,t+1}^{Dev}$ als auf den Zeitpunkt t + 1 bezogener Barwert der zukünftigen Entwicklungsinvestitionen in diesen Vermögenswert. Im Falle eines gegenwärtig verfügbaren, d. h. eines bereits entwickelten Vermögenswertes i mit i = 1 bis l gilt $CF_{i,t+1}^{Dev} = 0$ sowie $CF_{i,t+1} = CF_{i,t+1}^{preDev}$.

Die weitere Umformung der Beziehung zu

$$V_{i,t} = \sum_{j=t+1}^{\infty} CF_{i,j}^{preDev} \cdot \prod_{j^*=t+1}^{j} (1 + r_{i,j^*})^{-1} - \sum_{j=t+1}^{\infty} CF_{i,j}^{Dev} \cdot \prod_{j^*=t+1}^{j} (1 + r_{i,j^*})^{-1}$$

bzw. zu

$$V_{i,t} = \sum_{j=t+1}^{\infty} \left(CF_{i,j}^{preDev} - CF_{i,j}^{Dev} \right) \cdot \prod_{j^*=t+1}^{j} (1 + r_{i,j^*})^{-1}$$

bzw. bei Verwendung eines periodenunabhängigen vermögenswertspezifischen Zinssatzes $r_{i,t+1} = r_i$ für alle t = 0 bis ∞ zu

$$V_{i,t} = \sum_{j=t+1}^{\infty} \left(CF_{i,j}^{preDev} - Dev_{i,j} \right) \cdot (1 + r_i)^{-(j-t)}$$

zeigt, dass der Wert des zukünftig geplanten Vermögenswerts i für i = k + l + 1 bis n dann positiv (negativ) ist, wenn sich die Entwicklungsinvestitionen in diesen Vermögenswert $V_{i,t}^{Dev}$ mit einem Zinssatz verzinsen, der dessen vermögenswertspezifischen Zinssatz r_i übersteigt (unterschreitet). Für $V_{i,t} > 0$ ($V_{i,t} < 0$) übersteigt (unterschreitet) der aus der Beziehung für $V_{i,t}$ abzuleitende interne Zinsfuß r_i^{irr} den vermögenswertspezifischen Zinssatz. Es gilt $r_i^{irr} > r_i$ ($r_i^{irr} < r_i$). Bei Gleichheit dieser Zinssätze kommt dem zukünftigen Vermögenswert kein Wert zu; für $V_{i,t} = 0$ gilt $r_i^{irr} = r_i$. Dies bedeutet, dass in dem Fall, in dem ein zukünftig geplanter Vermögenswert einen positiven (negativen) Beitrag zum Entity Value leistet, sich die in der Planungsrechnung des Unternehmens bzw. bei der Ableitung des nachhaltigen Free Cashflow berücksichtigten Entwicklungsinvestitionen in diesen Vermögenswert mit einem Zinssatz (interner Zinsfuß) verzinsen, der dessen vermögenswertspezifischen Zinssatz übersteigt (unterschreitet).

Als mögliche Begründung der (höheren oder niedrigeren) Verzinsung der Entwicklungsinvestitionen in einen Vermögenswert kommt – bei gegebener Plausibilität der der Planungsrechnung und der der Ableitung des nachhaltigen Free Cashflow zugrunde lie-

---

222 Zur Ableitung der folgenden Beziehung siehe Anhang zu 2.6.2.2.

genden Annahmen – das Zusammenwirken der Vermögenswerte im Unternehmen in Betracht.[223]

Fallbeispiel

Die Nachfolgegenerationen der Basistechnologie weisen einen (leicht) positiven Wert auf, da sich die Investitionen in deren Entwicklung mit 9,09 % bei einem vermögenswertspezifischen Zinssatz von 8,52 % verzinsen. Demgegenüber ist der Wert der zukünftig geplanten Kundenbeziehungen deutlich höher, was darin begründet ist, dass sich die Investitionen in deren Aufbau mit 38,13 % bei einem der Anwendung der MPEEM zugrunde gelegten vermögenswertspezifischen Zinssatz von 9,82 % verzinsen.

Auf die Darstellung der Ableitung der internen Zinssätze wird im hier gegebenen Rahmen verzichtet.

2.6.3   Analyse bei Anwendung der Residual-Value-Methode

2.6.3.1 Abstimmung der Werte der Vermögenswerte

Die Residual-Value-Methode zeichnet sich – wie unter 2.5.4.3 dargestellt – in der einfachsten Ausgestaltung dadurch aus, dass der Wert des Bewertungsobjekts durch Abzug der Werte aller anderen Vermögenswerte des Unternehmens von dessen Entity Value abgeleitet wird. Die Verwendung dieses Ansatzes zur Bewertung des Vermögenswerts i = n führt zu einem Wert des Bewertungsobjekts ($V_{n,t}^{RV}$) im Zeitpunkt t für alle t = 0 bis ∞ von

$$V_{n,t}^{RV} = V_t - \sum_{i=1}^{n-1} V_{i,t}$$

Die Auflösung dieser Beziehung nach V_t zeigt, dass bei Anwendung der Residual-Value-Methode die Erklärung des Entity Value des betrachteten Unternehmens durch die Werte der diesem zugeordneten Vermögenswerte stets gegeben ist. Durch Umformung der unter 2.4.3 eingeführten Bestimmungsgleichung $V_t = \sum_{i=1}^{n} V_{i,t} + \varepsilon_t^V$ zu $V_t = V_{n,t}^{nichtRV} + \sum_{i=1}^{n-1} V_{i,t} + \varepsilon_t^V$ und Einsetzen dieses Ausdrucks in die Beziehung für $V_{n,t}^{RV}$ wird weiter ersichtlich, dass dieser Bewertungsansatz die in ε_t^V zum Ausdruck kommenden Wertkomponenten dem Bewertungsobjekt zuweist. Es gilt

$$V_{n,t}^{RV} = V_{n,t}^{nichtRV} + \varepsilon_t^V$$

---

223 Diese Erklärung legen auch die Ergebnisse der Untersuchung von Casta/Paugam/Stolowy (2011) nahe.

Fallbeispiel

Tabelle 2-18 übernimmt die Werte der Vermögenswerte von BU1 aus den Bewertungsmodellen der Vermögenswerte. Die Tabelle legt dar, dass der Entity Value in jedem Jahr des Betrachtungszeitraums durch die verfügbaren und die zukünftig geplanten Vermögenswerte von BU1 vollständig erklärt wird.

Tab. 2-18: Erklärung des Entity Value bei Bewertung der zukünftigen Kundenbeziehungen mittels der Residual-Value-Methode

Mio. EUR	Tab.	2016	2017	2018	2019	2020	2021	2022	2023	2024
Value of Assets										
Customer Relationship new	2-15	111,6	124,5	139,0	155,1	173,4	193,0	213,8	237,1	257,6
Core Technology new	2-14	5,8	16,9	29,7	44,1	60,0	77,5	96,7	117,8	136,7
Customer Relationship	2-8	183,9	170,7	153,1	132,8	112,0	87,9	59,0	28,5	0,0
Core Technology	2-5	165,6	152,2	136,1	117,9	97,8	75,7	51,4	24,7	0,0
Process Technology	2-4	20,9	19,3	17,3	15,0	12,4	9,6	6,5	3,1	0,0
Tangible Fixed Assets	2-9	100,0	88,0	86,0	122,0	106,0	70,0	99,0	95,0	119,0
Working Capital	2-10	75,0	90,0	95,3	97,0	99,0	101,0	103,0	105,0	105,0
Total (Entity Value)	2-13	662,9	661,6	656,5	684,0	660,7	614,8	629,5	611,3	618,3
Total Invested Capital in Intangible Assets		487,9	483,6	475,3	464,9	455,7	443,8	427,5	411,3	394,3
Incremental			4,3	8,3	10,4	9,2	11,9	16,3	16,2	17,0

2.6.3.2 Abstimmung der vermögenswertspezifischen Zinssätze

Die gewichteten Kapitalkosten des betrachteten Unternehmens, deren Ableitung dem unter 2.6.2.1 dargelegten Vorgehen folgt, reflektieren die dargelegte Zuordnung der in ε_t^V erfassten Wertkomponenten zum Bewertungsobjekt. Mit $CF_{n,t+1} = V_{n,t}^{RV} - V_{n,t+1}^{RV} + V_{n,t}^{RV} \cdot r_{n,t+1}$ ergibt sich nach Einsetzen von CF_{t+1} und $CF_{i,t+1}$ für i = 1 bis n in den Ausdruck $CF_{t+1} = \sum_{i=1}^{n} CF_{i,t+1} + \varepsilon_{t+1}^{CF}$ die Beziehung

$$V_t - V_{t+1} + V_t \cdot r_{t+1} = V_{n,t}^{RV} + \sum_{i=1}^{n-1} V_{i,t} - \left(V_{n,t+1}^{RV} + \sum_{i=1}^{n-1} V_{i,t+1} \right) + V_{n,t}^{RV} \cdot r_{n,t+1} + \sum_{i=1}^{n-1} V_{i,t} \cdot r_{i,t+1} + \varepsilon_{t+1}^{CF}$$

sowie mit $V_t = V_{n,t}^{RV} + \sum_{i=1}^{n-1} V_{i,t}$ und $V_{t+1} = V_{n,t+1}^{RV} + \sum_{i=1}^{n-1} V_{i,t+1}$ nach Umformung der Ausdruck für die gewichteten Kapitalkosten

$$r_{t+1} = \frac{V_{n,t}^{RV} \cdot r_{n,t+1} + \sum_{i=1}^{n-1} V_{i,t} \cdot r_{i,t+1}}{V_t} + \frac{\varepsilon_{t+1}^{CF}}{V_t}$$

Diese Beziehung kann dadurch vereinfacht werden, dass nicht nur der Wert, sondern auch die Verzinsung des in den Vermögenswert i = n investierten Kapitals residual ermittelt wird. Die Residualverzinsung kann durch Umformung aus der Beziehung für die gewichteten Kapitalkosten abgeleitet werden als

$$V_{n,t}^{RV} \cdot r_{n,t+1} + \varepsilon_{t+1}^{CF} = V_t \cdot r_{t+1} - \sum_{i=1}^{n-1} V_{i,t} \cdot r_{i,t+1}$$

und ist mit $V_{n,t}^{RV} \cdot r_{n,t+1}^{RV} = V_{n,t}^{RV} \cdot r_{n,t+1} + \varepsilon_{t+1}^{CF}$ bestimmt durch den Ausdruck

$$V_{n,t}^{RV} \cdot r_{n,t+1}^{RV} = V_t \cdot r_{t+1} - \sum_{i=1}^{n-1} V_{i,t} \cdot r_{i,t+1}$$

$r_{n,t+1}^{RV}$ bezeichnet den vermögenswertspezifischen Zinssatz des Vermögenswertes i = n, bei dem die Verzinsung des in diesen Vermögenswert investierten Kapitals gleich der Residualverzinsung ist. Durch Auflösung dieses Ausdrucks nach r_{t+1} ergeben sich die – bei Zuordnung der Residualverzinsung zum Vermögenswert i = n – abgeleiteten gewichteten Kapitalkosten aus der Beziehung

$$r_{t+1} = \frac{V_{n,t}^{RV} \cdot r_{n,t+1}^{RV} + \sum_{i=1}^{n-1} V_{i,t} \cdot r_{i,t+1}}{V_t}$$

Unter Einbeziehung der Zuordnung des Residualwertes und der Residualverzinsung zum Vermögenswert i = n zeigt der Abgleich dieser Beziehung mit den unter 2.6.2.1 eingeführten Ausgangsdaten der Untersuchung, dass mit Ausnahme des Wertes ($V_{n,t}^{RV}$) und des vermögenswertspezifischen Zinssatzes des Vermögenswertes i = n ($r_{n,t+1}^{RV}$) alle anderen Größen einschließlich der gewichteten Kapitalkosten gegeben sind. Da der Wert des Vermögenswertes i = n mittels der Residual-Value-Methode ermittelt wird und deswegen ebenfalls bekannt ist, verbleibt als einzige unbekannte Größe dieser Beziehung der vermögenswertspezifische Zinssatz des Vermögenswerts i = n. Dies bedeutet, dass dieser Zinssatz durch die Bestimmungsgleichung für die gewichteten Kapitalkosten determiniert ist und durch Auflösung dieser Beziehung nach $r_{n,t+1}^{RV}$ modellendogen abgeleitet werden kann. Er ergibt sich aus der Beziehung

$$r_{n,t+1}^{RV} = \frac{V_t \cdot r_{t+1} - \sum_{i=1}^{n-1} V_{i,t} \cdot r_{i,t+1}}{V_{n,t}^{RV}} = \frac{V_t \cdot r_{t+1} - \sum_{i=1}^{n-1} V_{i,t} \cdot r_{i,t+1}}{V_t - \sum_{i=1}^{n-1} V_{i,t}}$$

Damit ist ersichtlich, dass die Abstimmung der Bewertungsergebnisse bei Anwendung der Residual-Value-Methode – und Zuordnung der Residualverzinsung zum Vermögenswert i = n – über den modellendogen bestimmten vermögenswertspezifischen Zinssatz des Vermögenswertes i = n erfolgt. Die Bewertungsergebnisse können – den Ausführungen unter 2.5.5.3 folgend – dann als konsistent betrachtet werden, wenn der abgeleitete modellendogene Zinssatz das vermögenswertspezifische Risiko dieses Vermögenswertes abbildet und auch die vermögenswertspezifischen Zinssätze der Vermögenswerte i = 1 bis n-1 die vermögenswertspezifischen Risiken dieser Vermögenswerte zum Ausdruck bringen. Zur Vornahme dieser Einschätzung kann die dem modellendogenen Zinssatz $r_{n,t+1}^{RV}$ zuzurechnende vermögenswertspezifische Risikoanpassung $r_{n,t+1}^{rpRV}$ durch Abzug der laufzeitäquivalent abgeleiteten Kapitalkosten r_n^{L} von diesem Zinssatz ermittelt werden. Es gilt

$$r_{n,t+1}^{rpRV} = r_{n,t+1}^{RV} - r_n^L$$

Die Beziehung für $r_{n,t+1}^{RV}$ macht weiter deutlich, dass bei der Beurteilung, ob die bei der Ableitung der vermögenswertspezifischen Zinssätze der Vermögenswerte i = 1 bis n-1 angesetzten vermögenswertspezifischen Risikoanpassungen sowie die dem Vermögenswert i = n zuzuordnende vermögenswertspezifische Risikoanpassung die spezifischen Risiken dieser Vermögenswerte zum Ausdruck bringen, die Einbindung der Vermögenswerte in das betrachtete Unternehmen zu berücksichtigen ist. Dies bedeutet, dass die Risiken der Vermögenswerte in Relation zueinander und zum Risiko des Unternehmens zu betrachten sind.[224]

Bei Verzicht auf die Zuordnung der Residualverzinsung zum Vermögenswert i = n kann die Abstimmung der Bewertungsergebnisse über die Komponente $\frac{\varepsilon_{t+1}^{CF}}{V_t}$ bzw. die Komponente[225] $\frac{\varepsilon_{t+1}^{CF}}{V_{n,t}^{RV}}$ erfolgen. Die Bewertungsergebnisse können dann als konsistent betrachtet werden, wenn die Abstimmungskomponente vernachlässigbar ist. Diese Betrachtung setzt weiter voraus, dass die vermögenswertspezifischen Zinssätze der Vermögenswerte i = 1 bis n die vermögenswertspezifischen Risiken dieser Vermögenswerte – unter Berücksichtigung der Einbindung der Vermögenswerte in das betrachtete Unternehmen – abbilden.

Fallbeispiel

Der modellendogen abgeleitete vermögenswertspezifische Zinssatz der zukünftig zu akquirierenden Kundenbeziehungen der Beispiel GmbH wird in Tabelle 2-19 für jedes Jahr des Untersuchungszeitraums 2017 bis 2025 abgeleitet. Hierzu werden zunächst die Verzinsungen des in die gegenwärtig verfügbaren und zukünftig geplanten Vermögenswerte von BU1 investierten Kapitals – mit Ausnahme der Verzinsung des in die zukünftig geplanten Kundenbeziehungen investierten Kapitals – zusammengestellt. Die Verzinsung des in einen betrachteten Vermögenswert investierten Kapitals bestimmt sich für ein gegebenes Jahr durch Anwendung des periodenbezogenen vermögenswertspezifischen Zinssatzes des Vermögenswertes auf das am Ende der Vorperiode in den Vermögenswert investierten Kapitals. Durch Abzug der Summe dieser Verzinsungen von der Verzinsung des in das Unternehmen investierten Kapitals, die für ein betrachtetes Jahr durch Anwendung der periodenbezogenen gewichteten Kapitalkosten auf das am Ende des Vorjahres in das Unternehmen investierten Kapitals zu ermitteln ist, ergibt sich sodann die Residualverzinsung. Der modellendogene Zinssatz der zukünftig geplanten Kundenbeziehungen des betrachteten Jahres leitet sich durch Bezug der Residualverzinsung der Periode auf das am Ende der Vorperiode in diesen Vermögenswert investierten Kapitals ab.

Die Abstimmung dieser Zinssätze mit den vermögenswertspezifischen Zinssätzen aller anderen Vermögenswerte des Unternehmens indiziert – unter Einbeziehung der Risikoeinschätzung

---

224 Vgl. hierzu bereits 2.4.3.

225 Diese Komponente ergibt sich durch Umformung der Beziehung $V_{n,t}^{RV} \cdot r_{n,t+1}^{RV} = V_{n,t}^{RV} \cdot r_{n,t+1} + \varepsilon_{t+1}^{CF}$ zu $r_{n,t+1}^{RV} - r_{n,t+1} = \frac{\varepsilon_{t+1}^{CF}}{V_{n,t}^{RV}}$.

der zukünftig zu akquirierenden Kundenbeziehungen – für jedes Jahr des Untersuchungszeitraums, dass die abgeleiteten Bewertungsergebnisse als plausibel zu betrachten sind. Dementsprechend ist eine Anpassung der vorläufig festgelegten vermögenswertspezifischen Zinssätze nicht erforderlich.

Tab. 2-19: Abstimmung der vermögenswertspezifischen Zinssätze bei Anwendung der Residual-Value-Methode

Mio. EUR	Tab.			2016	2017	2018	2019	2020	2021	2022	2023	2024	2025
Return on Entity Value[1]	2-13	7,53%			49,9	49,8	49,4	51,5	49,7	46,3	47,4	46,0	46,5
Return on Assets[2]													
Core Technology new	2-14	8,52%			0,5	1,4	2,5	3,8	5,1	6,6	8,2	10,0	11,6
Customer Relationship	2-8	8,82%			16,2	15,1	13,5	11,7	9,9	7,8	5,2	2,5	0,0
Core Technology	2-5	7,82%			13,0	11,9	10,6	9,2	7,7	5,9	4,0	1,9	0,0
Process Technology	2-4	7,82%			1,6	1,5	1,4	1,2	1,0	0,8	0,5	0,2	0,0
Tangible Fixed Assets	2-9	5,49%			5,5	4,8	4,7	6,7	5,8	3,8	5,4	5,2	6,5
Working Capital	2-10	3,03%			2,3	2,7	2,9	2,9	3,0	3,1	3,1	3,2	3,2
Total					39,1	37,5	35,6	35,5	32,4	27,9	26,5	23,1	21,4
Return on Customer Relationship new					10,8	12,3	13,8	16,0	17,3	18,4	20,9	22,9	25,2
Rate of Return[3]					9,71%	9,92%	9,92%	10,31%	9,98%	9,51%	9,76%	9,66%	9,78%

1 Entity Value (t - 1) * WACC
2 Invested Capital (t - 1) * Asset Specific Rate of Return
3 Return on Customer Relationship new / Customer Relationship new (t - 1)

2.6.3.3 Abstimmung der Einkommensbeiträge der Vermögenswerte

2.6.3.3.1 Erklärung des Einkommens des Unternehmens

Der Einkommensbeitrag des Vermögenswertes i = n ist bestimmt durch die Beziehung

$$CF_{n,t+1} = V_{n,t}^{RV} - V_{n,t+1}^{RV} + V_{n,t}^{RV} \cdot r_{n,t+1}$$

Bei Zuordnung der Residualverzinsung zum betrachteten Vermögenswert ist die so abgegrenzte Verzinsung in die Beziehung für $CF_{n,t+1}$ einzusetzen. Diese Verzinsung ist dadurch bestimmt, dass sich das in den Vermögenswert i = n investierte Kapital mit dem unter 2.6.3.2 modellendogen abgeleiteten Zinssatz $r_{n,t+1}^{RV}$ verzinst. Der Einkommensbeitrag des Vermögenswertes i = n ergibt sich auf dieser Grundlage als

$$CF_{n,t+1}^{RV} = V_{n,t}^{RV} - V_{n,t+1}^{RV} + V_{n,t}^{RV} \cdot r_{n,t+1}^{RV}$$

Dieser Ausdruck kann mit $V_{n,t}^{RV} \cdot r_{n,t+1}^{RV} = V_t \cdot r_{t+1} - \sum_{i=1}^{n-1} V_{i,t} \cdot r_{i,t+1}$, $V_{n,t}^{RV} = V_t - \sum_{i=1}^{n-1} V_{i,t}$ und

$V_{n,t+1}^{RV} = V_{t+1} - \sum_{i=1}^{n-1} V_{i,t+1}$ überführt werden in die Beziehung

$$CF_{n,t+1}^{RV} = V_t - \sum_{i=1}^{n-1} V_{i,t} - \left(V_{t+1} - \sum_{i=1}^{n-1} V_{i,t+1} \right) + V_t \cdot r_{t+1} - \sum_{i=1}^{n-1} V_{i,t} \cdot r_{i,t+1}$$

sowie mit $CF_{t+1} = V_t - V_{t+1} + V_t \cdot r_{t+1}$ und $CF_{i,t+1} = V_{i,t} - V_{i,t+1} + V_{i,t} \cdot r_{i,t+1}$ in den Ausdruck

$$CF_{n,t+1}^{RV} = CF_{t+1} - \sum_{i=1}^{n-1} CF_{i,t+1}$$

Der Vergleich dieser Beziehung mit der unter 2.5.4.3 eingeführten Bestimmungsgleichung der Excess Earnings zeigt, dass der so abgegrenzte Einkommensbeitrag des Vermögenswertes i = n gleich den Excess Earnings ist. Dies bedeutet, dass die Residual-Value-Methode dem danach bewerteten Vermögenswert die Excess Earnings als Einkommensbeitrag immer dann zuordnet, wenn auch die Verzinsung des in das Bewertungsobjekt investierten Kapitals residual bestimmt ist.

Die Auflösung der Beziehung für $CF_{n,t+1}^{RV}$ nach CF_{t+1} zeigt, dass bei Zuordnung der Excess Earnings zu einem Vermögenswert des betrachteten Unternehmens die Erklärung des Einkommens dieses Unternehmens durch die Einkommensbeiträge der diesem zugeordneten Vermögenswerte stets gegeben ist. Es gilt

$$CF_{t+1} = CF_{n,t+1}^{RV} + \sum_{i=1}^{n-1} CF_{i,t+1}$$

Durch Umformung der unter 2.4.3 eingeführten Bestimmungsgleichung $CF_{t+1} = \sum_{i=1}^{n} CF_{i,t+1} + \varepsilon_{t+1}^{CF}$ zu $CF_{t+1} = CF_{n,t+1}^{nichtEE} + \sum_{i=1}^{n-1} CF_{i,t+1} + \varepsilon_{t+1}^{CF}$ und Einsetzen dieses Ausdrucks in die Beziehung für $CF_{n,t+1}^{RV}$ kann weiter aufgezeigt werden, dass die Excess Earnings dem Bewertungsobjekt die in ε_{t+1}^{CF} erfassten Einkommenskomponenten zuweisen. Es gilt

$$CF_{n,t+1}^{RV} = CF_{n,t+1}^{nichtEE} + \varepsilon_{t+1}^{CF}$$

Fallbeispiel

Tabelle 2-20 übernimmt – abgesehen vom Einkommensbeitrag der zukünftig aufzubauenden Kundenbeziehungen – die Einkommensbeiträge der Vermögenswerte von BU1 aus den Bewertungsmodellen der Vermögenswerte. Der Einkommensbeitrag der zukünftigen Kundenbeziehungen setzt sich zusammen aus der Tabelle 2-19 zu entnehmenden Verzinsung und der aus Tabelle 2-15 abzuleitenden Veränderung des in diesen Vermögenswert investierten Kapitals. Der Vergleich dieses Einkommensbeitrags mit den in Tabelle 2-16 bestimmten Excess Earnings bestätigt, dass die Residual-Value-Methode den zukünftigen Kundenbeziehungen die Excess Earnings als Einkommensbeitrag zuordnet.

Die Tabelle zeigt, dass – unter den der Untersuchung zugrunde liegenden Annahmen – das als Free Cashflow verstandene Einkommen von BU1 exakt auf die Einkommensbeiträge der gegenwärtig verfügbaren und der zukünftig geplanten Vermögenswerte der Geschäftseinheit aufgeteilt werden kann.

Tab. 2-20: Abstimmung der Einkommensbeiträge der Vermögenswerte von BU1 bei Anwendung der Residual-Value-Methode

Mio. EUR	Tab.	2017	2018	2019	2020	2021	2022	2023	2024	2025
Customer Relationship new										
Return on Invested Capital	2-19	10,8	12,3	13,8	16,0	17,3	18,4	20,9	22,9	25,2
Return of Invested Capital[1]	2-15	-12,9	-14,5	-16,1	-18,3	-19,7	-20,8	-23,3	-20,5	0,0
Excess Earnings	2-16	-2,0	-2,2	-2,3	-2,3	-2,4	-2,4	-2,5	2,4	25,2
Core Technology new	2-14	-10,6	-11,4	-11,9	-12,1	-12,4	-12,6	-12,9	-8,8	11,6
Customer Relationship	2-8	22,5	25,8	26,9	25,6	27,1	29,7	28,8	24,1	0,0
Tax Benefit of Amortization	2-8	6,9	6,9	6,9	6,9	6,9	6,9	6,9	6,9	0,0
Core Technology	2-5	26,4	28,0	28,9	29,3	29,8	30,2	30,7	26,6	0,0
Process Technology	2-4	3,3	3,5	3,7	3,7	3,8	3,8	3,9	3,4	0,0
Tangible Fixed Assets	2-9	17,5	6,8	-31,3	22,7	41,8	-25,2	9,4	-18,8	6,5
Working Capital	2-10	-12,7	-2,5	1,1	1,0	1,0	1,0	1,1	3,2	3,2
Total	2-13	51,2	54,9	22,0	74,8	95,7	31,6	65,5	39,0	46,5

1   Invested Capital (t-1) - Invested Capital t

2.6.3.3.2 Erklärung des EBITA nach Steuern

Die unter 2.6.3.3.1 abgeleitete Beziehung[226]

$$CF_{t+1} = CF_{n,t+1}^{RV} + \sum_{i=1}^{n-1} CF_{i,t+1}$$

kann durch Einsetzen der Ausdrücke für $CF_{n,t+1}^{RV}$ und $CF_{i,t+1}$ für i = 1 bis n-1 überführt werden in die Beziehung

$$CF_{t+1} = V_{n,t}^{RV} - V_{n,t+1}^{RV} + V_{n,t}^{RV} \cdot r_{n,t+1}^{RV} + \sum_{i=1}^{n-1} V_{i,t} - \sum_{i=1}^{n-1} V_{i,t+1} + \sum_{i=1}^{n-1} V_{i,t} \cdot r_{i,t+1}$$

bzw. in die Beziehung

$$CF_{t+1} = V_{n,t}^{RV} \cdot r_{n,t+1}^{RV} + V_{n,t}^{RV} - V_{n,t+1}^{RV} + \sum_{i=1}^{n-1} V_{i,t} \cdot r_{i,t+1} + \sum_{i=3}^{n-1} V_{i,t} - \sum_{i=3}^{n-1} V_{i,t+1} + V_{1,t} - V_{1,t+1} + V_{2,t} - V_{2,t+1}$$

$V_{1,t}$ und $V_{2,t}$ sowie $V_{1,t+1}$ und $V_{2,t+1}$ bezeichnen das im Zeitpunkt t bzw. t + 1 in das Working Capital bzw. das in diesem Zeitpunkt in die Sachanlagen investierte Kapital.

Diese Beziehung kann mit der unter 2.4.2 eingeführten Bestimmungsgleichung für das als Free Cashflow verstandene Einkommen des Unternehmens

$$CF_{t+1} = EBITA_{t+1} \cdot (1-s) + (V_{1,t} - V_{1,t+1}) + (V_{2,t} - V_{2,t+1}) + s \cdot A_{t+1}$$

---

226   Zum Folgenden siehe auch Moser/Tesche/Hell (2017).

gleichgesetzt und nach $EBITA_{t+1} \cdot (1-s)$ aufgelöst werden. Die sich ergebende Beziehung erklärt das EBITA nach Steuern. Es gilt

$$EBITA_{t+1} \cdot (1-s) + s \cdot A_{t+1} = V_{n,t}^{RV} \cdot r_{n,t+1}^{RV} + V_{n,t}^{RV} - V_{n,t+1}^{RV} + \sum_{i=1}^{n-1} V_{i,t} \cdot r_{i,t+1} + \sum_{i=3}^{n-1} V_{i,t} - \sum_{i=3}^{n-1} V_{i,t+1}$$

A_{t+1} bringt die Summe der Abschreibungen der immateriellen Vermögenswerte i mit i = 3

bis k der in t + 1 endenden Periode $A_{i,t+1}$ zum Ausdruck; es gilt $A_{t+1} = \sum_{i=3}^{k} A_{i,t+1}$.

Der Ausdruck zeigt, dass sich das um Steuern verminderte EBITA zuzüglich des mit den Abschreibungen der immateriellen Vermögenswerte verbundenen Steuervorteils ($s \cdot A_{t+1}$) zusammensetzt aus den Verzinsungen des in die immateriellen und materiellen Vermögenswerte des Unternehmens investierten Kapitals ($\sum_{i=1}^{n} V_{i,t} \cdot r_{i,t+1}$ mit $V_{n,t} = V_{n,t}^{RV}$ und

$r_{n,t+1} = r_{n,t+1}^{RV}$) sowie den Veränderungen des in die immateriellen Vermögenswerte inves-

tierten Kapitals ($\sum_{i=3}^{n} V_{i,t} - \sum_{i=3}^{n} V_{i,t+1}$). Die Einbeziehung des mit den Abschreibungen der

immateriellen Vermögenswerte verbundenen Steuervorteils ($s \cdot A_{t+1}$) ist darin begründet, dass die Werte der Vermögenswerte die abschreibungsbedingten Steuervorteile grundsätzlich einschließen, diese sich jedoch nicht im um Steuern verminderten EBITA niedergeschlagen haben. Weiter kann aufgezeigt werden, dass gilt

$$s \cdot A_{i,t+1} = V_{i,t}^{A} \cdot r_{i,t+1} + V_{i,t}^{A} - V_{i,t+1}^{A}$$

$V_{i,t}^{A}$ bezeichnet den Barwert der mit den steuerwirksamen Abschreibungen verbundenen Steuervorteile des immateriellen Vermögenswertes i im Zeitpunkt t. Unter Berücksichtigung der Ausdrücke für $CF_{n,t+1}^{RV}$ und $CF_{i,t+1}$ für i = 3 bis n-1 ergibt sich die Beziehung

$$EBITA_{t+1} \cdot (1-s) = CF_{n,t+1}^{RV} + \sum_{i=3}^{n-1} CF_{i,t+1} + \sum_{i=1}^{2} V_{i,t} \cdot r_{i,t+1} - s \cdot A_{t+1}$$

die weiter verdeutlicht, dass das EBITA nach Steuern – bei Bereinigung der mit den Abschreibungen der immateriellen Vermögenswerte verbundenen Steuervorteile ($s \cdot A_{t+1}$) – durch die Einkommensbeiträge der immateriellen Vermögenswerte zuzüglich der Verzinsung des in die materiellen Vermögenswerte investierten Kapitals zu erklären ist. Da die Einkommensbeiträge der immateriellen Vermögenswerte i mit i = 3 bis k die mit den steuerwirksamen Abschreibungen dieser Vermögenswerte verbundenen Steuervorteile enthalten, kann die Beziehung für $EBITA_{t+1} \cdot (1-s)$ durch Bereinigung dieser Steuerwirkungen vereinfacht werden. Dies führt zu dem Ausdruck

$$EBITA_{t+1} \cdot (1-s) = CF_{n,t+1}^{RVpreA} + \sum_{i=3}^{n-1} CF_{i,t+1}^{preA} + \sum_{i=1}^{2} V_{i,t} \cdot r_{i,t+1}$$

wobei $CF_{i,t+1}^{preA}$ die Einkommensbeiträge der Vermögenswerte i = 3 bis n vor Berücksichtigung der aus den Abschreibungen dieser Vermögenswerte resultierenden Steuervorteile bezeichnen. Für i = k + 1 bis n gilt

$$CF_{i,t+1}^{preA} = CF_{i,t+1}$$

Die Betrachtungen können dadurch erweitert werden, dass der Zusammenhang zwischen der Verzinsung des in das Unternehmen investierten Kapitals und dem EBITA nach Steuern einbezogen wird. Durch Einsetzen von

$$V_t \cdot r_{t+1} = V_{n,t}^{RV} \cdot r_{n,t+1}^{RV} + \sum_{i=1}^{n-1} V_{i,t} \cdot r_{i,t+1}$$

in den ersten für $EBITA_{t+1} \cdot (1-s)$ abgeleiteten Ausdruck ergibt sich die Beziehung

$$EBITA_{t+1} \cdot (1-s) = V_t \cdot r_{t+1} + V_{n,t}^{RV} - V_{n,t+1}^{RV} + \sum_{i=3}^{n-1} V_{i,t} - \sum_{i=3}^{n-1} V_{i,t+1} - s \cdot A_{t+1}$$

bzw. mit

$$V_{n,t}^{RV} - V_{n,t+1}^{RV} + \sum_{i=3}^{n-1} V_{i,t} - \sum_{i=3}^{n-1} V_{i,t+1} = V_t - V_{t+1} - \left(V_{1,t} - V_{1,t+1} \right) - \left(V_{2,t} - V_{2,t+1} \right)$$

die Beziehung

$$EBITA_{t+1} \cdot (1-s) = V_t \cdot r_{t+1} + V_t - V_{t+1} - \left(V_{1,t} - V_{1,t+1} \right) - \left(V_{2,t} - V_{2,t+1} \right) - s \cdot A_{t+1}$$

Damit ist ersichtlich, dass sich das EBITA nach Steuern auch bestimmt als Verzinsung des in das Unternehmen investierten Kapitals $V_t \cdot r_{t+1}$ zuzüglich der Veränderung des in die immateriellen Vermögenswerte investierten Kapitals $\sum_{i=3}^{n} V_{i,t} - \sum_{i=3}^{n} V_{i,t+1}$ abzüglich der mit der Abschreibung der immateriellen Vermögenswerte verbundenen Steuerminderung $s \cdot A_{t+1}$. Dabei kann die Veränderung des in die immateriellen Vermögenswerte investierten Kapitals auch durch die Veränderung des in das Unternehmen investierten Kapitals abzüglich der Veränderung des in die materiellen Vermögenswerte investierten Kapitals dargestellt werden.

Durch Auflösung der Beziehungen für das um Steuern verminderte EBITA nach $V_t \cdot r_{t+1}$ wird die Überleitung des EBITA in die Verzinsung des in das Unternehmen investierten Kapitals deutlich. Dies führt zu

$$V_t \cdot r_{t+1} = EBITA_{t+1} \cdot (1-s) - \left(V_{n,t}^{RV} - V_{n,t+1}^{RV} + \sum_{i=3}^{n-1} V_{i,t} - \sum_{i=3}^{n-1} V_{i,t+1} - s \cdot A_{t+1} \right)$$

bzw.

$$V_t \cdot r_{t+1} = EBITA_{t+1} \cdot (1-s) - \left(V_t - V_{t+1} - \left(V_{1,t} - V_{1,t+1} \right) - \left(V_{2,t} - V_{2,t+1} \right) - s \cdot A_{t+1} \right)$$

Fallbeispiel

Tabelle 2-21 stellt im oberen Teil für die Vermögenswerte der BU1 die Verzinsungen und Veränderungen des in diese investierten Kapitals, die den in Tabelle 2-20 erfassten Einkommensbeiträgen der Vermögenswerte zugrunde liegen, zusammen; die betrachteten Komponenten werden aus den Bewertungsmodellen der Vermögenswerte bzw. – für die zukünftig geplanten Kundenbeziehungen – aus Tabelle 2-20 übernommen.

Tab. 2-21: Abstimmung des Tax-effecting EBITA zzgl. abschreibungsbedingter Steuervorteile bei Anwendung der Residual-Value-Methode

Mio. EUR	Tab.	2017	2018	2019	2020	2021	2022	2023	2024	2025
EBITA/Free Cashflow Analysis										
Customer Relationship new										
Return on Invested Capital	2-19	10,8	12,3	13,8	16,0	17,3	18,4	20,9	22,9	25,2
Return of Invested Capital[1]	2-15	-12,9	-14,5	-16,1	-18,3	-19,7	-20,8	-23,3	-20,5	0,0
Excess Earnings	2-16	-2,0	-2,2	-2,3	-2,3	-2,4	-2,4	-2,5	2,4	25,2
Core Technology new										
Return on Invested Capital	2-19	0,5	1,4	2,5	3,8	5,1	6,6	8,2	10,0	11,6
Return of Invested Capital[1]	2-14	-11,1	-12,9	-14,4	-15,9	-17,5	-19,2	-21,1	-18,8	0,0
Customer Relationship										
Return on Invested Capital	2-19	16,2	15,1	13,5	11,7	9,9	7,8	5,2	2,5	0,0
Return of Invested Capital[1]	2-8	13,2	17,7	20,3	20,8	24,1	28,9	30,5	28,5	0,0
Core Technology										
Return on Invested Capital	2-19	13,0	11,9	10,6	9,2	7,7	5,9	4,0	1,9	0,0
Return of Invested Capital[1]	2-5	13,4	16,1	18,2	20,1	22,1	24,3	26,7	24,7	0,0
Process Technology										
Return on Invested Capital	2-19	1,6	1,5	1,4	1,2	1,0	0,8	0,5	0,2	0,0
Return of Invested Capital[1]	2-4	1,6	2,0	2,3	2,6	2,8	3,1	3,4	3,1	0,0
Tangible Fixed Assets										
Return on Invested Capital	2-19	5,5	4,8	4,7	6,7	5,8	3,8	5,4	5,2	6,5
Working Capital										
Return on Invested Capital	2-19	2,3	2,7	2,9	2,9	3,0	3,1	3,1	3,2	3,2
Tax-effecting EBITA incl.										
Tax Benefit Amortization	2-13	54,2	58,1	59,8	60,7	61,6	62,6	63,6	63,0	46,5
Tangible Fixed Assets										
Return of Invested Capital[1]	2-9	12,0	2,0	-36,0	16,0	36,0	-29,0	4,0	-24,0	0,0
Working Capital										
Return of Invested Capital[1]	2-10	-15,0	-5,3	-1,8	-1,9	-2,0	-2,0	-2,1	0,0	0,0
Free Cashflow	2-13	51,2	54,9	22,0	74,8	95,7	31,6	65,5	39,0	46,5
Return on Invested Capital Total Assets		49,9	49,8	49,4	51,5	49,7	46,3	47,4	46,0	46,5
Incremental Invested Capital Total Assets		1,3	5,1	-27,4	23,3	45,9	-14,7	18,1	-7,0	0,0
Free Cashflow	2-13	51,2	54,9	22,0	74,8	95,7	31,6	65,5	39,0	46,5
EBITA Reconciliation										
Tax-effecting EBITA incl.										
Tax Benefit Amortization	2-13	54,2	58,1	59,8	60,7	61,6	62,6	63,6	63,0	46,5
Incremental Invested Capital										
Entity Value	2-13	1,3	5,1	-27,4	23,3	45,9	-14,7	18,1	-7,0	0,0
less Tangible Assets		-3,0	-3,3	-37,8	14,1	34,0	-31,0	1,9	-24,0	0,0
Intangible Assets		-4,3	-8,3	-10,4	-9,2	-11,9	-16,3	-16,2	-17,0	0,0
Return on Entity Value	2-19	49,9	49,8	49,4	51,5	49,7	46,3	47,4	46,0	46,5

1 Invested Capital (t-1) - Invested Capital t

Die Tabelle 2-21 zeigt, dass sich das EBITA nach Abzug der Ertragsteuern zuzüglich der mit den Abschreibungen der immateriellen Vermögenswerte Kundenbeziehungen, Basis- und Verfahrenstechnologie verbundenen Steuervorteile durch die Verzinsungen des in die immateriellen und materiellen Vermögenswerte investierten Kapitals sowie durch die Veränderungen des in die immateriellen Vermögenswerte investierten Kapitals erklärt. Die Einbeziehung der Veränderungen des in die materiellen Vermögenswerte Working Capital und Sachanlagen investierten Kapitals leitet das EBITA nach den genannten Steuerwirkungen in das als Free Cashflow verstandene Einkommen der Geschäftseinheit über. Anschließend wird die Summe der Verzinsungen des in die immateriellen und materiellen Vermögenswerte investierten Kapitals sowie die Summe der Veränderungen des in diese Vermögenswerte investierten Kapitals gebildet, die zusammen wieder zum Free Cashflow führen.

Im unteren Teil von Tabelle 2-21 wird das EBITA nach Ertragsteuern zuzüglich der einbezogenen abschreibungsbedingten Steuervorteile in die Verzinsung des in das Unternehmen investierten Kapitals übergeleitet. Aus der Tabelle ergibt sich, dass hierzu die Veränderungen des in die immateriellen Vermögenswerte investierten Kapitals zu bereinigen sind. Die Tabelle legt weiter dar, dass die Veränderungen des in die immateriellen Vermögenswerte investierten Kapitals gleich den Veränderungen des in das Unternehmen investierten Kapitals abzüglich der Veränderungen des in die materiellen Vermögenswerte investierten Kapitals sind.

Tabelle 2-22 lässt bei den Einkommensbeiträgen der Kundenbeziehungen, der Basis- und der Verfahrenstechnologie die mit den steuerlichen Abschreibungen dieser Vermögenswerte verbundenen Steuervorteile außer Betracht und legt dadurch die Erklärung des EBITA nach Steuern dar. Dieses wird sodann wiederum in den Free Cashflow übergeleitet.

Tab. 2-22: Abstimmung des Tax-effecting EBITA bei Anwendung der Residual-Value-Methode bei um abschreibungsbedingte Steuervorteile bereinigten Einkommensbeiträgen der Vermögenswerte

Mio. EUR	Tab.	2017	2018	2019	2020	2021	2022	2023	2024	2025
EBITA / Free Cashflow Analysis										
Customer Relationship new										
Return on Invested Capital	2-19	10,8	12,3	13,8	16,0	17,3	18,4	20,9	22,9	25,2
Return of Invested Capital[1]	2-15	-12,9	-14,5	-16,1	-18,3	-19,7	-20,8	-23,3	-20,5	0,0
Excess Earnings	2-16	-2,0	-2,2	-2,3	-2,3	-2,4	-2,4	-2,5	2,4	25,2
Core Technology new										
Return on Invested Capital	2-19	0,5	1,4	2,5	3,8	5,1	6,6	8,2	10,0	11,6
Return of Invested Capital[1]	2-14	-11,1	-12,9	-14,4	-15,9	-17,5	-19,2	-21,1	-18,8	0,0
Customer Relationship less TAB										
Return on Invested Capital	2-8	12,8	12,0	10,8	9,3	7,9	6,2	4,1	2,0	0,0
Return of Invested Capital[1]	2-8	9,7	13,8	16,2	16,2	19,2	23,5	24,7	22,2	0,0
Core Technology less TAB										
Return on Invested Capital	2-5	10,1	9,4	8,4	7,3	6,0	4,7	3,2	1,5	0,0
Return of Invested Capital[1]	2-5	10,0	12,4	14,3	15,8	17,5	19,4	21,4	18,9	0,0
Process Technology less TAB										
Return on Invested Capital	2-4	1,3	1,2	1,1	0,9	0,8	0,6	0,4	0,2	0,0
Return of Invested Capital[1]	2-4	1,2	1,5	1,8	2,0	2,2	2,5	2,7	2,4	0,0

Mio. EUR	Tab.	2017	2018	2019	2020	2021	2022	2023	2024	2025
Tangible Fixed Assets										
Return on Invested Capital	2-19	5,5	4,8	4,7	6,7	5,8	3,8	5,4	5,2	6,5
Working Capital										
Return on Invested Capital	2-19	2,3	2,7	2,9	2,9	3,0	3,1	3,1	3,2	3,2
Tax-effecting EBITA	2-13	40,3	44,2	45,9	46,8	47,7	48,7	49,7	49,2	46,5
Tax Benefit Amortization	2-13	13,9	13,9	13,9	13,9	13,9	13,9	13,9	13,9	0,0
Tangible Fixed Assets										
Return of Invested Capital[1]	2-9	12,0	2,0	-36,0	16,0	36,0	-29,0	4,0	-24,0	0,0
Working Capital										
Return of Invested Capital[1]	2-10	-15,0	-5,3	-1,8	-1,9	-2,0	-2,0	-2,1	0,0	0,0
Free Cashflow	2-13	51,2	54,9	22,0	74,8	95,7	31,6	65,5	39,0	46,5
Return on Invested Capital Total Assets		43,3	43,9	44,1	46,9	45,9	43,3	45,3	45,0	46,5
Incremental Invested Capital Total Assets										
less Tax Amortization Benefit		-6,0	-2,9	-36,0	14,0	35,8	-25,6	6,3	-19,8	0,0
Tax Benefit Amortization	2-13	13,9	13,9	13,9	13,9	13,9	13,9	13,9	13,9	0,0
Free Cashflow	2-13	51,2	54,9	22,0	74,8	95,7	31,6	65,5	39,0	46,5
EBITA Reconciliation										
Tax-effecting EBITA	2-13	40,3	44,2	45,9	46,8	47,7	48,7	49,7	49,2	46,5
Adjustment Amortization		13,9	13,9	13,9	13,9	13,9	13,9	13,9	13,9	0,0
Incremental Invested Capital										
Intangible Assets less Tax Amortization Benefit		3,0	-0,4	-1,8	0,1	-1,8	-5,4	-4,3	-4,2	0,0
Adjustment Tax Amortization Benefit		-7,3	-7,9	-8,6	-9,3	-10,1	-10,9	-11,8	-12,8	0,0
Return on Entity Value	2-19	49,9	49,8	49,4	51,5	49,7	46,3	47,4	46,0	46,5

1   Invested Capital (t-1) - Invested Capital t

2.6.3.4 Abgrenzung des Betrachtungszeitraumes

Das unter 2.6.3.2 betrachtete Beispiel geht von einem Untersuchungszeitraum von 9 Jahren aus. Es zeigt, dass der modellendogen abgeleitete vermögenswertspezifische Zinssatz der Kundenbeziehungen bei Anwendung der Residual-Value-Methode während dieses Zeitraums nicht konstant ist und deswegen die Ergebnisse einer betrachteten Periode nicht auf andere Perioden übertragen werden können. Diese Beobachtung wirft die Frage auf, unter welchen Voraussetzungen die Analysen mehrperiodisch durchzuführen sind bzw. unter welchen Voraussetzungen die Betrachtungen auf eine Periode begrenzt werden können.

Der Beziehung für den modellendogen abgeleiteten vermögenswertspezifischen Zinssatz des Vermögenswertes i = n $r_{n,t+1}^{RV}$ kann unmittelbar entnommen werden, dass dieser Zinssatz bei Vorliegen vereinfachender Voraussetzungen für alle in t + 1 endenden Perioden mit t = 0 bis ∞ periodenunabhängig ist: Bei Konstanz des in das Unternehmen investierten Kapitals, periodenunabhängigen gewichteten Kapitalkosten des Unternehmens,

Konstanz des in den Vermögenswert i investierten Kapitals für alle i = 1 bis n-1 sowie periodenunabhängigen vermögenswertspezifischen Zinssätzen dieser Vermögenswerte gilt für alle t mit t = 0 bis ∞

$$V_t = V$$

$$r_{t+1} = r$$

$$V_{i,t} = V_i$$

sowie

$$r_{i,t+1} = r_i$$

und nach Einsetzen in die Beziehung für den modellendogenen Zinssatz

$$r_{n,t+1}^{RV} = \frac{V \cdot r - \sum_{i=1}^{n-1} V_i \cdot r_i}{V - \sum_{i=1}^{n-1} V_i}$$

Da der Ausdruck $\dfrac{V \cdot r - \sum_{i=1}^{n-1} V_i \cdot r_i}{V - \sum_{i=1}^{n-1} V_i}$ unabhängig von t ist, gilt

$$r_{n,t+1}^{RV} = r_n^{RV}$$

Damit ist aufgezeigt, dass der modellendogene Zinssatz unter den genannten Voraussetzungen periodenunabhängig ist.

Für periodenunabhängige gewichtete Kapitalkosten sowie für periodenunabhängige vermögenswertspezifische Zinssätze der Vermögenswerte i = 1 bis n-1 kann weiter abgeleitet werden, dass der modellendogene vermögenswertspezifische Zinssatz des Vermögenswertes i = n dann periodenunabhängig ist, wenn das Verhältnis des in den Vermögenswert i für alle i = 1 bis n-1 investierten Kapitals zum in den Vermögenswert i = n investierten Kapital im Zeitablauf konstant ist. Im Anhang zu 2.6.3.4 wird nachgewiesen, dass dann, wenn die Bedingung

$$\frac{V_{i,t+1}}{V_{n,t+1}} = \frac{V_{i,t}}{V_{n,t}}$$

für alle i = 1 bis n-1 und für alle t = 0 bis ∞ erfüllt ist,

$$r_{n,t+1}^{RV} = r_n^{RV}$$

gilt.

Diese Betrachtungen legen weiter dar, dass in den Fällen, in denen die genannten Voraussetzungen nicht erfüllt sind, der vermögenswertspezifische Zinssatz des Vermögenswertes i = n nicht periodenunabhängig ist und die für eine betrachtete, in t + 1 endende Periode abgeleiteten Ergebnisse nicht auf eine andere, in t* + 1 endende Periode übertragen werden können (mit t = 0 bis ∞ und t* = 0 bis ∞ sowie t* ≠ t). Der Analysezeitraum beginnt in diesen Fällen in der in t = 1 endenden Periode und ist durch die in T + 1 mit 0 ≤ T < ∞ endende Periode, die dadurch gekennzeichnet ist, dass in dieser Periode die aufgezeigten Voraussetzungen erstmalig erfüllt sind, begrenzt.

Fallbeispiel

Die Bewertungsmodelle der Tabellen 2-4, 2-5, 2-8, 2-9, 2-10, 2-13, 2-14 und 2-15 zeigen, dass das in die Vermögenswerte und das in das Unternehmen investierte Kapital ab 2024 unveränderlich ist. Folglich ist der modellendogen abgeleitete vermögenswertspezifische Zinssatz der zukünftig zu akquirierenden Kundenbeziehungen in allen folgenden Jahren konstant und beträgt 9,78 %. Damit kann sich der Betrachtungszeitraum auf die Jahre 2017 bis 2025 beschränken.

2.6.4   Analyse bei Anwendung der MPEEM

2.6.4.1 Vorgehen

Die MPEEM leitet – wie unter 2.5.4.3 dargelegt – den Wert des Bewertungsobjekts dadurch ab, dass die diesem zugeordneten Excess Earnings mit dessen vermögenswertspezifischem Zinssatz diskontiert werden. Dieser Zinssatz kann modellendogen entsprechend dem unter 2.6.3.2 dargelegten Vorgehen periodenspezifisch bestimmt oder modellexogen vorgegeben werden. Im Folgenden wird die Anwendung der MPEEM unter Zugrundelegung dieser beiden Ansätze zur Bestimmung des vermögenswertspezifischen Zinssatzes des Bewertungsobjekts (2.6.4.2 und 2.6.4.3) dargelegt.

2.6.4.2 Anwendung des modellendogen abgeleiteten vermögenswertspezifischen Zinssatzes

Die Anwendung des modellendogen abgeleiteten vermögenswertspezifischen Zinssatzes $r_{n,t+1}^{RV}$ bei der Bewertung des Vermögenswerts i = n mittels der MPEEM führt – unter den der Analyse zugrunde gelegten Annahmen – zu genau dem Wert des Bewertungsobjekts, der unter 2.6.3 mittels der Residual-Value-Methode bestimmt wurde. Für den Vermögenswert i = n wird im Anhang zu 2.6.4.2 aufgezeigt, dass der mittels der Residual-Value-Methode ermittelte Wert $V_{n,t}^{RV}$ im Zeitpunkt t mit t = 0 bis ∞ bei Anwendung der MPEEM unter Zugrundelegung des modellendogen abgeleiteten Zinssatzes $r_{n,t+1}^{RV}$ auch durch die Beziehung

$$V_{n,t}^{RV} = \frac{V_{n,t+1}^{RV} + CF_{n,t+1}^{EE}}{1 + r_{n,t+1}^{RV}}$$

bestimmt ist.[227]

Fallbeispiel

Im oberen Teil von Tabelle 2-23 werden die Excess Earnings aus Tabelle 2-16 bzw. Tabelle 2-17 übernommen und mit den in Tabelle 2-19 modellendogen abgeleiteten vermögenswertspezifischen Zinssätzen abgezinst. Der Vergleich der so bestimmten Werte der zukünftigen Kundenbeziehungen mit den in Tabelle 2-15 mittels der Residual-Value-Methode abgeleiteten Werten dieses Vermögenswertes bestätigt, dass die Anwendung der MPEEM unter Zugrundelegung des modellendogenen Zinssatzes zu genau dem Wert des Bewertungsobjektes führt, der sich bei Anwendung der Residual-Value-Methode ergibt.

---

227 Siehe hierzu bereits Moser (2013a), S. 291.

Tab. 2-23: Analyse des Differenzbetrages zwischen dem Wert der zukünftigen Kundenbeziehungen bei Anwendung der Residual-Value-Methode und bei Anwendung der MPEEM

Mio. EUR	Tab.	2007	2017	2018	2019	2020	2021	2022	2023	2024	2025
Analysis Difference Invested Capital											
Customer Relationship new											
Excess Earnings	2-16		-2,0	-2,2	-2,3	-2,3	-2,4	-2,4	-2,5	2,4	25,2
Implied Rate of Return Application Residual Value Method	2-19		9,71%	9,92%	9,92%	10,31%	9,98%	9,51%	9,76%	9,66%	9,78%
Present Value	2-15	111,6	124,5	139,0	155,1	173,4	193,0	213,8	237,1	257,6	257,6
Asset Specific Rate of Return	2-16		9,82%	9,82%	9,82%	9,82%	9,82%	9,82%	9,82%	9,82%	9,82%
Present Value	2-16	111,3	124,3	138,7	154,5	172,0	191,3	212,5	235,8	256,6	256,6
Difference		0,3	0,2	0,4	0,5	1,3	1,8	1,3	1,3	1,1	1,1
Reconciliation Rate of Return											
Asset Specific Rate of Return			9,82%	9,82%	9,82%	9,82%	9,82%	9,82%	9,82%	9,82%	9,82%
Invested Capital MPEEM / Invested Capital Residual Value Method (t-1)			99,72%	99,82%	99,74%	99,66%	99,22%	99,09%	99,38%	99,44%	99,59%
Incremental Valuation Difference/ Invested Capital Residual Value Method (t-1)			0,08%	-0,11%	-0,12%	-0,52%	-0,24%	0,22%	0,00%	0,11%	0,00%
Implied Rate of Return Application Residual Value Method			9,71%	9,92%	9,92%	10,31%	9,98%	9,51%	9,76%	9,66%	9,78%

1   Invested Capital t less Invested Capital t+1

2.6.4.3 Anwendung eines modellexogen vorgegebenen vermögenswert-spezifischen Zinssatzes

2.6.4.3.1 Überblick

Im Folgenden werden die Erklärung des Entity Value durch die Werte der Vermögenswerte des Unternehmens (2.6.4.3.2) und die Abstimmung der diesen Vermögenswerten zugeordneten vermögenswertspezifischen Zinssätze mit den gewichteten Kapitalkosten des Unternehmens (2.6.4.3.3) bei Anwendung der MPEEM unter Zugrundelegung eines modellexogen vorgegebenen vermögenswertspezifischen Zinssatzes betrachtet. Die Abstimmung der Einkommensbeiträge der Vermögenswerte kann sich auf die Erklärung des EBITA nach Steuern beschränken (2.6.4.3.4). Auf die Darstellung der Erklärung des Einkommens des Unternehmens durch die Einkommensbeiträge der Vermögenswerte des Unternehmens kann dagegen verzichtet werden, da bei Anwendung der MPEEM dem danach bewerteten Vermögenswert als Einkommensbeiträge die Excess Earnings zugewiesen werden und deswegen – wie unter 2.5.4.3 dargelegt – das Unternehmenseinkommens gleich der Summe der Einkommensbeiträge aller Vermögenswerte ist. Abschließend wird die Abgrenzung des Betrachtungszeitraumes dargelegt (2.6.4.3.5).

2.6.4.3.2 Abstimmung der Werte der Vermögenswerte

Die Verwendung eines modellexogen festgelegten, vermögenswertspezifischen Zinssatzes $r_{n,t+1}^{MPEEM}$ bei der Bewertung des Vermögenswerts i = n mittels der MPEEM führt zu einem Wert des Bewertungsobjekts $V_{n,t}^{MPEEM}$ im Zeitpunkt t für t = 0 bis ∞ von

$$V_{n,t}^{MPEEM} = \frac{V_{n,t+1}^{MPEEM} + CF_{n,t+1}^{EE}}{1 + r_{n,t+1}^{MPEEM}}$$

Unter Zugrundelegung des so abgeleiteten Wertes dieses Vermögenswertes kann der Wert des Unternehmens dann nicht mehr durch die Werte der dem Unternehmen zugeordneten Vermögenswerte vollständig erklärt werden, wenn der modellexogen festgelegte vermögenswertspezifische Zinssatz vom modellendogen bestimmten Zinssatz abweicht. Es verbleibt ein Betrag in Höhe der Differenz aus dem mittels der Residual-Value-Methode bestimmten Wert des Vermögenswertes i = n und dem mittels der MPEEM abgeleiteten Wert dieses Vermögenswerts. Mit

$$V_t = V_{n,t}^{RV} + \sum_{i=1}^{n-1} V_{i,t}$$

ergibt sich die Differenz $\varepsilon_{n,t}^{MPEEM}$ aus dem Entity Value und der Summe der Werte der Vermögenswerte des Unternehmens bei Bewertung des Vermögenswertes i = n mittels der MPEEM als

$$\varepsilon_{n,t}^{MPEEM} = V_t - \left(V_{n,t}^{MPEEM} + \sum_{i=1}^{n-1} V_{i,t} \right) = V_{n,t}^{RV} - V_{n,t}^{MPEEM}$$

sowie nach Einsetzen des Ausdrucks für $V_{n,t}^{MPEEM}$, der unter 2.6.4.2 eingeführten Beziehung für $V_{n,t}^{RV}$ und weiteren Umformungen[228] als

---

228 Zur Ableitung dieser Beziehung siehe Anhang zu 2.6.4.3.2.

$$\varepsilon_{n,t}^{MPEEM} = V_{n,t}^{RV} - V_{n,t}^{MPEEM} = \sum_{j=t+1}^{\infty} CF_{n,j}^{EE} \cdot \left[\prod_{j^*=t+1}^{j} (1+r_{n,j^*}^{RV})^{-1} - \prod_{j^*=t+1}^{j} (1+r_{n,j^*}^{MPEEM})^{-1} \right]$$

Diese Beziehung zeigt, dass der Differenzbetrag $\varepsilon_{n,t}^{MPEEM}$ mit t = 0 bis ∞ daraus resultiert, dass die dem Vermögenswert i = n zugeordneten Excess Earnings $CF_{n,t+1}^{EE}$ mit unterschiedlichen vermögenswertspezifischen Zinssätzen – dem modellendogenen Zinssatz $r_{n,t+1}^{RV}$ einerseits und dem modellexogen vorgegebenen Zinssatzes $r_{n,t+1}^{MPEEM}$ andererseits – diskontiert werden.[229] Der Differenzbetrag $\varepsilon_{n,t}^{MPEEM}$ bringt dementsprechend eine Bewertungsdifferenz zum Ausdruck.[230]

Damit ist ersichtlich, dass die Abstimmung der Bewertungsergebnisse bei Anwendung der MPEEM unter Zugrundelegung modellexogen vorgegebener Zinssätze über den Differenzbetrag $\varepsilon_{n,t}^{MPEEM}$ erfolgt. Die Bewertungsergebnisse können dann als konsistent betrachtet werden, wenn $\varepsilon_{n,t}^{MPEEM}$ vernachlässigbar ist. Voraussetzung der Konsistenz der Bewertungsergebnisse ist weiter, dass die vermögenswertspezifischen Zinssätze der Vermögenswerte i = 1 bis n deren vermögenswertspezifische Risiken – unter Berücksichtigung der Einbindung dieser Vermögenswerte in das betrachtete Unternehmen – abbilden.

Fallbeispiel

Tabelle 2-24 übernimmt die Werte der Vermögenswerte von BU1 aus den Bewertungsmodellen und stellt der Summe der Werte der Vermögenswerte den Entity Value gegenüber. Die Tabelle zeigt, dass bei Bewertung der zukünftigen Kundenbeziehungen mittels der MPEEM unter Zugrundelegung eines modellexogen vorgegebenen vermögenswertspezifischen Zinssatzes in Höhe von 9,82 % der Entity Value durch die Werte der Vermögenswerte nicht mehr erklärt werden kann. Der Vergleich des mittels der MPEEM bestimmten Wertes der zukünftig geplanten Kundenbeziehungen mit dem mittels der Residual-Value-Methode abgeleiteten Wert dieses Vermögenswertes legt dar, dass der nicht erklärte Betrag am Entity Value gleich dem zwischen den beiden Werten der zukünftigen Kundenbeziehungen bestehenden Differenzbetrag ist.

Im oberen Teil von Tabelle 2-23 werden diese Differenzbeträge erklärt. Die Tabelle zeigt, dass die aufgetretenen Unterschiedsbeträge daraus resultieren, dass die Excess Earnings bei Anwendung der MPEEM unter Zugrundelegung des modellexogen vorgegebenen vermögenswertspezifischen Zinssatzes mit einem Zinssatz diskontiert werden, der von den modellendogen in Tabelle 2-19 abgeleiteten Zinssätzen abweicht. Die Anwendung der MPEEM unter Zugrundelegung der zuletzt genannten Zinssätze führt – wie unter 2.6.4.2 dargelegt – zu den mittels der Residual-Value-Methode bestimmten Werten der zukünftigen Kundenbeziehungen. Damit ist ersichtlich, dass die Differenzbeträge Bewertungsdifferenzen darstellen.

Die Tabellen zeigen weiter, dass die auftretenden Bewertungsdifferenzen vernachlässigbar sind, und indizieren – unter Einbeziehung der Einschätzung der vermögenswertspezifischen Risiken der Vermögenswerte von BU1 – für jedes Jahr des Betrachtungszeitraumes, dass die abgeleiteten Bewertungsergebnisse als plausibel zu betrachten sind. Dementsprechend ist eine Anpassung der vorläufig festgelegten vermögenswertspezifischen Zinssätze nicht erforderlich.

---

229 Die Beziehung zeigt weiter, dass $\varepsilon_{n,t}^{MPEEM} = 0$ gilt für $r_{n,t+1}^{MPEEM} = r_{n,t+1}^{RV}$ für alle t = 0 bis ∞. Dies bedeutet, dass die Bewertungsdifferenz dann nicht auftritt, wenn der modellexogen vorgegebene vermögenswertspezifische Zinssatz gleich dem modellendogen abgeleiteten Zinssatz ist.

230 Vgl. Moser (2013a), S. 291 f.

Tab. 2-24: Abstimmung der Werte der Vermögenswerte mit dem Entity Value bei Anwendung der MPEEM

Mio. EUR	Tab.	Rate of Return	2016	2017	2018	2019	2020	2021	2022	2023	2024	2025
Assets												
Customer Relationship new (MPEEM)	2-16	9,82%	111,3	124,3	138,7	154,5	172,0	191,3	212,5	235,8	256,6	256,6
Core Technology new	2-14	8,52%	5,8	16,9	29,7	44,1	60,0	77,5	96,7	117,8	136,7	136,7
Customer Relationship	2-8	8,82%	183,9	170,7	153,1	132,8	112,0	87,9	59,0	28,5	0,0	0,0
Core Technology	2-5	7,82%	165,6	152,2	136,1	117,9	97,8	75,7	51,4	24,7	0,0	0,0
Process Technology	2-4	7,82%	20,9	19,3	17,3	15,0	12,4	9,6	6,5	3,1	0,0	0,0
Tangible Fixed Assets	2-9	5,49%	100,0	88,0	86,0	122,0	106,0	70,0	99,0	95,0	119,0	119,0
Working Capital	2-10	3,03%	75,0	90,0	95,3	97,0	99,0	101,0	103,0	105,0	105,0	105,0
Total			662,6	661,4	656,2	683,4	659,3	613,0	628,1	610,0	617,3	617,3
Entity Value	2-13		662,9	661,6	656,5	684,0	660,7	614,8	629,5	611,3	618,3	618,3
less Value of Total Assets			-662,6	-661,4	-656,2	-683,4	-659,3	-613,0	-628,1	-610,0	-617,3	-617,3
Difference	2-23		0,3	0,2	0,4	0,5	1,3	1,8	1,3	1,3	1,1	1,1
Incremental				0,1	-0,1	-0,2	-0,8	-0,4	0,4	0,0	0,3	0,0

2.6.4.3.3 Abstimmung der vermögenswertspezifischen Zinssätze mit den gewichteten Kapitalkosten

Die Abstimmung der vermögenswertspezifischen Zinssätze mit den gewichteten Kapitalkosten des Unternehmens folgt dem unter 2.6.2.1 dargelegten Vorgehen. Bei Zuweisung der den Vermögenswerten nicht zuordenbaren Einkommensdifferenzen ε_{t+1}^{CF} zum Einkommen des Vermögenswertes i = n ergeben sich die gewichteten Kapitalkosten aus der Beziehung[231]

$$r_{t+1} = \frac{V_{n,t}^{MPEEM} \cdot r_{n,t+1}^{MPEEM} + \sum_{i=1}^{n-1} V_{i,t} \cdot r_{i,t+1} - \left(\varepsilon_t^{MPEEM} - \varepsilon_{t+1}^{MPEEM}\right)}{V_t}$$

bzw.

$$r_{t+1} = \frac{V_{n,t}^{MPEEM} \cdot r_{n,t+1}^{MPEEM} + \sum_{i=1}^{n-1} V_{i,t} \cdot r_{i,t+1}}{V_t} - \frac{\varepsilon_t^{MPEEM} - \varepsilon_{t+1}^{MPEEM}}{V_t}$$

Die Beziehung macht deutlich, dass der Abstimmung der Bewertungsergebnisse – anstelle der unter 2.6.4.3.2 herausgearbeiteten Bewertungsdifferenz ε_t^{MPEEM} – auch die Komponente $\dfrac{\varepsilon_t^V - \varepsilon_{t+1}^V}{V_t}$ zugrunde gelegt werden kann.

Durch Auflösung der Beziehung für r_{t+1} nach $V_t \cdot r_{t+1}$

$$V_t \cdot r_{t+1} = V_{n,t}^{MPEEM} \cdot r_{n,t+1}^{MPEEM} + \sum_{i=1}^{n-1} V_{i,t} \cdot r_{i,t+1} - \left(\varepsilon_t^{MPEEM} - \varepsilon_{t+1}^{MPEEM}\right)$$

und Gleichsetzung des so erhaltenen Ausdrucks mit der Bestimmungsgleichung der Verzinsung des in das Unternehmen investierten Kapitals bei Anwendung der Residual-Value-Methode und Zuordnung der Residualverzinsung zum Vermögenswert i = n

$$V_t \cdot r_{t+1} = V_{n,t}^{RV} \cdot r_{n,t+1}^{RV} + \sum_{i=1}^{n-1} V_{i,t} \cdot r_{i,t+1}$$

ergibt sich die Beziehung

$$V_{n,t}^{MPEEM} \cdot r_{n,t+1}^{MPEEM} + \sum_{i=1}^{n-1} V_{i,t} \cdot r_{i,t+1} - \left(\varepsilon_t^{MPEEM} - \varepsilon_{t+1}^{MPEEM}\right) = V_{n,t}^{RV} \cdot r_{n,t+1}^{RV} + \sum_{i=1}^{n-1} V_{i,t} \cdot r_{i,t+1}$$

bzw. nach Vereinfachungen

$$\varepsilon_t^{MPEEM} - \varepsilon_{t+1}^{MPEEM} = V_{n,t}^{MPEEM} \cdot r_{n,t+1}^{MPEEM} - V_{n,t}^{RV} \cdot r_{n,t+1}^{RV}$$

Die Beziehung legt dar, dass die Veränderung des Differenzbetrags zwischen dem Wert des Vermögenswertes i = n bei Anwendung der Residual-Value-Methode und dem Wert dieses Vermögenswertes bei Anwendung der MPEEM ($\varepsilon_t^{MPEEM} - \varepsilon_{t+1}^{MPEEM}$) gleich der Diffe-

---

231 Zur Ableitung dieser Beziehung siehe Anhang zu 2.6.4.3.3.

renz ist, die zwischen der Verzinsung des in den betrachteten Vermögenswert investierten Kapitals bei dessen Bewertung mittels der MPEEM und der Verzinsung des in diesen Vermögenswert investierten Kapitals bei Anwendung der Residual-Value-Methode auftritt. Durch Einsetzen der Ausdrücke für ε_t^{MPEEM} und $\varepsilon_{t+1}^{MPEEM}$ wird weiter ersichtlich, dass diese Zinsdifferenz gleich der Differenz aus der Veränderung des in den Vermögenswert i = n investierten Kapitals bei dessen Bewertung mittels der Residual-Value-Methode ($V_{n,t}^{RV} - V_{n,t+1}^{RV}$) und der Veränderung des investierten Kapitals bei Anwendung der MPEEM ($V_{n,t}^{MPEEM} - V_{n,t+1}^{MPEEM}$) ist. Es gilt:

$$V_{n,t}^{RV} - V_{n,t+1}^{RV} - \left(V_{n,t}^{MPEEM} - V_{n,t+1}^{MPEEM} \right) = V_{n,t}^{MPEEM} \cdot r_{n,t+1}^{MPEEM} - V_{n,t}^{RV} \cdot r_{n,t+1}^{RV}$$

Der aufgezeigte Zusammenhang ist darin begründet, dass die Differenz ε_t^{MPEEM} – wie dargelegt – eine Bewertungsdifferenz darstellt.[232] Dies bestätigt die weitere Umstellung der Beziehung in den Ausdruck

$$V_{n,t}^{RV} - V_{n,t+1}^{RV} + V_{n,t}^{RV} \cdot r_{n,t+1}^{RV} = V_{n,t}^{MPEEM} - V_{n,t+1}^{MPEEM} + V_{n,t}^{MPEEM} \cdot r_{n,t+1}^{MPEEM}$$

der darlegt, dass die Residual-Value-Methode und die MPEEM unter den der Analyse zugrunde liegenden Annahmen dem Bewertungsobjekt die gleichen Einkommensbeiträge zuweisen.

Die Auflösung der Beziehung für $\varepsilon_t^{MPEEM} - \varepsilon_{t+1}^{MPEEM}$ nach $r_{n,t+1}^{MPEEM}$ bzw. $r_{n,t+1}^{RV}$ erklärt schließlich die Differenz zwischen dem modellexogen vorgegebenen und dem modellendogen abgeleiteten vermögenswertspezifischen Zinssatz des Vermögenswertes i = n. Dies zeigen die Ausdrücke

$$r_{n,t+1}^{MPEEM} = r_{n,t+1}^{RV} \cdot \frac{V_{n,t}^{RV}}{V_{n,t}^{MPEEM}} + \frac{\varepsilon_t^{MPEEM} - \varepsilon_{t+1}^{MPEEM}}{V_{n,t}^{MPEEM}}$$

und

$$r_{n,t+1}^{RV} = r_{n,t+1}^{MPEEM} \cdot \frac{V_{n,t}^{MPEEM}}{V_{n,t}^{RV}} - \frac{\varepsilon_t^{MPEEM} - \varepsilon_{t+1}^{MPEEM}}{V_{n,t}^{RV}}$$

Damit ist ersichtlich, dass die Abstimmung der Bewertungsergebnisse bei Anwendung der MPEEM unter Zugrundelegung modellexogen vorgegebener vermögenswertspezifischer Zinssätze auch über die Veränderung des Unterschiedsbetrags zwischen dem mittels der Residual-Value-Methode und dem mittels der MPEEM abgeleiteten Wert des Vermögenswertes i = n im Zeitpunkt t + 1 gegenüber dem Zeitpunkt t erfolgen kann.

Fallbeispiel

Tabelle 2-25 stellt die Verzinsungen des in die Vermögenswerte investierten Kapitals, die – abgesehen von den zukünftig zu akquirierenden Kundenbeziehungen – den Bewertungsmodellen entnommen werden, zusammen. Die Verzinsung des in die zukünftig geplanten Kundenbeziehungen investierten Kapitals wird durch Anwendung des diesen zugeordneten vermögenswertspezifischen Zinssatzes auf das in Tabelle 2-16 abgeleitete investierte Kapital

---

232 Vgl. Moser (2013a), S. 294 ff.

bestimmt. Durch Vergleich mit der sich aus Tabelle 2-19 ergebenden Verzinsung des in das Unternehmen investierten Kapitals zeigt die Tabelle, dass die Summe der Verzinsungen der Vermögenswerte unter Einbeziehung der Veränderung der Differenz zwischen dem mittels der MPEEM und dem mittels der Residual-Value-Methode bestimmten Wert der zukünftig geplanten Kundenbeziehungen, die sich aus Tabelle 2-24 ergibt, in jedem betrachteten Jahr gleich der Verzinsung des in den Entity Value investierten Kapitals ist. Dementsprechend ergeben sich durch Bezug der so bestimmten Größe auf das in das Unternehmen investierte Kapital in jedem Jahr die gewichteten Kapitalkosten.

Tab. 2-25: Erklärung der gewichteten Kapitalkosten bei Anwendung der MPEEM

Mio. EUR	Tab.		2017	2018	2019	2020	2021	2022	2023	2024	2025
Return on Assets[1]											
Customer Relationship new (MPEEM)	2-16	9,82%	10,9	12,2	13,6	15,2	16,9	18,8	20,9	23,2	25,2
Core Technology new	2-19	8,52%	0,5	1,4	2,5	3,8	5,1	6,6	8,2	10,0	11,6
Customer Relationship	2-19	8,82%	16,2	15,1	13,5	11,7	9,9	7,8	5,2	2,5	0,0
Core Technology	2-19	7,82%	13,0	11,9	10,6	9,2	7,7	5,9	4,0	1,9	0,0
Process Technology	2-19	7,82%	1,6	1,5	1,4	1,2	1,0	0,8	0,5	0,2	0,0
Tangible Fixed Assets	2-19	5,49%	5,5	4,8	4,7	6,7	5,8	3,8	5,4	5,2	6,5
Working Capital	2-19	3,03%	2,3	2,7	2,9	2,9	3,0	3,1	3,1	3,2	3,2
Subtotal			50,0	49,7	49,3	50,7	49,3	46,7	47,4	46,3	46,5
less Incremental Valuation Difference	2-24		-0,1	0,1	0,2	0,8	0,4	-0,4	0,0	-0,3	0,0
Total	2-19		49,9	49,8	49,4	51,5	49,7	46,3	47,4	46,0	46,5
Rate of Return[2]			7,53%	7,53%	7,53%	7,53%	7,53%	7,53%	7,53%	7,53%	7,53%

1   Invested Capital (t - 1) * Asset Specific Rate of Return
2   Total / Entity Value (t-1)

In Tabelle 2-26 werden der Verzinsung und der Veränderung des in die zukünftigen Kundenbeziehungen investierten Kapitals bei Anwendung der Residual-Value-Methode Verzinsung und Veränderung des in diesen Vermögenswert investierten Kapitals bei Anwendung der MPEEM gegenübergestellt. Die Tabelle bestätigt, dass die bei den Verzinsungen auftretenden Differenzen betragsmäßig gleich den Differenzen beim Rückfluss des investierten Kapitals sind. Damit ist nachvollziehbar, dass der den zukünftigen Kundenbeziehungen bei deren Bewertung mittels der Residual-Value-Methode zugeordnete Einkommensbeitrag gleich der den MPEEM zugrunde gelegten Excess Earnings ist. Der Vergleich mit Tabelle 2-24 zeigt weiter, dass diese Differenzen gleich der Veränderung des Differenzbetrags zwischen dem mittels der Residual-Value-Methode und der MPEEM abgeleiteten Wert sind.

Im unteren Teil von Tabelle 2-23 wird die Überleitung des modellexogen vorgegebenen vermögenswertspezifischen Zinssatzes in den modellendogen abgeleiteten Zinssatz, der sich bei Anwendung der Residual-Value-Methode ergibt, dargestellt. Auf die Darstellung der Überleitung des modellendogen abgeleiteten Zinssatzes in den modellexogen vorgegebenen vermögenswertspezifischen Zinssatz, die der dargestellten Überleitung entspricht, kann verzichtet werden.

Tab. 2-26: Vergleich der Excess Earnings bei Anwendung der Residual-Value-Methode und bei Anwendung der MPEEM

Mio. EUR	Tab.	2017	2018	2019	2020	2021	2022	2023	2024	2025
Return on Invested Capital Customer Relationship new										
Application of Residual Value Method	2-19	10,8	12,3	13,8	16,0	17,3	18,4	20,9	22,9	25,2
Application of MPEEM	2-25	10,9	12,2	13,6	15,2	16,9	18,8	20,9	23,2	25,2
Difference		-0,1	0,1	0,2	0,8	0,4	-0,4	0,0	-0,3	0,0
Incremental Invested Capital Customer Relationship new										
Application of Residual Value Method	2-15	-12,9	-14,5	-16,1	-18,3	-19,7	-20,8	-23,3	-20,5	0,0
Application of MPEEM	2-16	-12,9	-14,4	-15,9	-17,5	-19,2	-21,2	-23,3	-20,8	256,6
Difference		0,1	-0,1	-0,2	-0,8	-0,4	0,4	0,0	0,3	-256,6

2.6.4.3.4 Erklärung des EBITA nach Steuern

Die unter 2.5.4.3 abgeleitete Beziehung[233]

$$CF_{t+1} = CF_{n,t+1}^{EE} + \sum_{i=1}^{n-1} CF_{i,t+1}$$

kann – dem Vorgehen unter 2.6.3.3.2 folgend – durch Einsetzen der Ausdrücke für $CF_{n,t+1}^{EE}$ und $CF_{i,t+1}$ für i = 1 bis n-1 überführt werden in die Beziehung

$$CF_{t+1} = V_{n,t}^{MPEEM} \cdot r_{n,t+1}^{MPEEM} + V_{n,t}^{MPEEM} - V_{n,t+1}^{MPEEM} + \sum_{i=1}^{n-1} V_{i,t} \cdot r_{i,t+1}$$

$$+ \sum_{i=3}^{n-1} V_{i,t} - \sum_{i=3}^{n-1} V_{i,t+1} + V_{1,t} - V_{1,t+1} + V_{2,t} - V_{2,t+1}$$

Die Gleichsetzung dieser Beziehung mit der unter 2.4.2 eingeführten Bestimmungsgleichung für das als Free Cashflow verstandene Einkommen des Unternehmens

$$CF_{t+1} = EBITA_{t+1} \cdot (1-s) + (V_{1,t} - V_{1,t+1}) + (V_{2,t} - V_{2,t+1}) + s \cdot A_{t+1}$$

führt nach Auflösung nach $EBITA_{t+1} \cdot (1-s)$ zur Bestimmungsgleichung des um Steuern verminderten EBITA. Es gilt

---

233 Zum Folgenden siehe auch Moser/Tesche/Hell (2017).

$$EBITA_{t+1} \cdot (1-s) + s \cdot A_{t+1} = V_{n,t}^{MPEEM} \cdot r_{n,t+1}^{MPEEM} + V_{n,t}^{MPEEM} - V_{n,t+1}^{MPEEM}$$

$$+ \sum_{i=1}^{n-1} V_{i,t} \cdot r_{i,t+1} + \sum_{i=3}^{n-1} V_{i,t} - \sum_{i=3}^{n-1} V_{i,t+1}$$

Der Ausdruck zeigt, dass sich das um Steuern verminderte EBITA zuzüglich der mit den Abschreibungen der immateriellen Vermögenswerte verbundenen Steuervorteile[234] ($s \cdot A_{t+1}$) zusammensetzt aus den Verzinsungen des in die immateriellen und materiellen Vermögenswerte des Unternehmens investierten Kapitals ($\sum_{i=1}^{n} V_{i,t} \cdot r_{i,t+1}$ mit $V_{n,t} = V_{n,t}^{MPEEM}$ und $r_{n,t+1} = r_{n,t+1}^{MPEEM}$) sowie den Veränderungen des in die immateriellen Vermögenswerte investierten Kapitals ($\sum_{i=3}^{n} V_{i,t} - \sum_{i=3}^{n} V_{i,t+1}$).

Unter Berücksichtigung der Ausdrücke für $CF_{n,t+1}^{EE}$ und $CF_{i,t+1}$ für i = 3 bis n-1 ergibt sich die Beziehung

$$EBITA_{t+1} \cdot (1-s) = CF_{n,t+1}^{EE} + \sum_{i=3}^{n-1} CF_{i,t+1} + \sum_{i=1}^{2} V_{i,t} \cdot r_{i,t+1} - s \cdot A_{t+1}$$

die weiter verdeutlicht, dass das um Steuern verminderte EBITA – bei Bereinigung des mit den Abschreibungen der immateriellen Vermögenswerte verbundenen Steuervorteils ($s \cdot A_{t+1}$) – durch die Einkommensbeiträge der immateriellen Vermögenswerte, die sich aus Verzinsungen und Veränderungen des in die Vermögenswerte investierten Kapitals zusammensetzen, zuzüglich der Verzinsung des in die materiellen Vermögenswerte investierten Kapitals zu erklären ist. Da die Einkommensbeiträge der immateriellen Vermögenswerte i mit i = 3 bis k die mit den steuerwirksamen Abschreibungen dieser Vermögenswerte verbundenen Steuervorteile enthalten, kann die Beziehung für $EBITA_{t+1} \cdot (1-s)$ durch Bereinigung dieser Steuerwirkungen vereinfacht werden. Dies führt zu dem Ausdruck

$$EBITA_{t+1} \cdot (1-s) = CF_{n,t+1}^{EEpreA} + \sum_{i=3}^{n-1} CF_{i,t+1}^{preA} + \sum_{i=1}^{2} V_{i,t} \cdot r_{i,t+1}$$

wobei $CF_{i,t+1}^{preA}$ die Einkommensbeiträge der Vermögenswerte i = 3 bis n vor Berücksichtigung der aus den Abschreibungen dieser Vermögenswerte resultierenden Steuervorteile bezeichnen. Für i = k + 1 bis n gilt

$$CF_{i,t+1}^{preA} = CF_{i,t+1}$$

Unter 2.6.3.3.1 wurde abgeleitet, dass die Residual-Value-Methode unter den der Analyse zugrunde gelegten Annahmen dem Bewertungsobjekt die Excess Earnings als Einkommensbeitrag zuweist. Durch Einsetzen von $CF_{n,t+1}^{RV} = CF_{n,t+1}^{EE}$ kann die Beziehung für das EBITA zuzüglich der mit den Abschreibungen der immateriellen Vermögenswerte verbundenen Steuervorteile in die unter 2.6.3.3.2 abgeleitete Beziehung

---

234 Das Erfordernis der Einbeziehung dieser Steuervorteile folgt den unter 2.6.3.3.2 dargelegten Gründen.

$$EBITA_{t+1} \cdot (1-s) = CF_{n,t+1}^{RV} + \sum_{i=3}^{n-1} CF_{i,t+1} + \sum_{i=1}^{2} V_{i,t} \cdot r_{i,t+1} - s \cdot A_{t+1}$$

überführt werden. Damit ist dargelegt, dass die Erklärung des EBITA unabhängig davon ist, ob die Residual-Value-Methode oder die MPEEM der Bewertung des Vermögenswertes i = n zugrunde gelegt wird.

Die Betrachtungen können dadurch erweitert werden, dass der Zusammenhang zwischen der Verzinsung des in das Unternehmen investierten Kapitals und dem EBITA nach Steuern einbezogen wird. Durch Einsetzen des aus der Beziehung der gewichteten Kapitalkosten unter 2.6.4.3.3 abgeleiteten Ausdrucks

$$V_t \cdot r_{t+1} + \left(\varepsilon_t^{MPEEM} - \varepsilon_{t+1}^{MPEEM}\right) = V_{n,t}^{MPEEM} \cdot r_{n,t+1}^{MPEEM} + \sum_{i=1}^{n-1} V_{i,t} \cdot r_{i,t+1}$$

in den ersten für $EBITA_{t+1} \cdot (1-s)$ abgeleiteten Ausdruck ergibt sich die Beziehung

$$EBITA_{t+1} \cdot (1-s) = V_t \cdot r_{t+1} + V_{n,t}^{MPEEM} - V_{n,t+1}^{MPEEM} + \sum_{i=3}^{n-1} V_{i,t} - \sum_{i=3}^{n-1} V_{i,t+1} + \varepsilon_t^{MPEEM} - \varepsilon_{t+1}^{MPEEM} - s \cdot A_{t+1}$$

bzw. mit

$$V_{n,t}^{MPEEM} + \varepsilon_{n,t}^{MPEEM} - V_{n,t+1}^{MPEEM} - \varepsilon_{n,t+1}^{MPEEM} + \sum_{i=3}^{n-1} V_{i,t} - \sum_{i=3}^{n-1} V_{i,t+1}$$

$$= V_t - V_{t+1} - \left(V_{1,t} - V_{1,t+1}\right) - \left(V_{2,t} - V_{2,t+1}\right)$$

die Beziehung

$$EBITA_{t+1} \cdot (1-s) = V_t \cdot r_{t+1} + V_t - V_{t+1} - \left(V_{1,t} - V_{1,t+1}\right) - \left(V_{2,t} - V_{2,t+1}\right) - s \cdot A_{t+1}$$

Damit ist ersichtlich, dass sich das EBITA nach Steuern auch bestimmt als Verzinsung des in das Unternehmen investierten Kapitals $V_t \cdot r_{t+1}$ zuzüglich der Veränderung des in die immateriellen Vermögenswerte investierten Kapitals $\sum_{i=3}^{n} V_{i,t} - \sum_{i=3}^{n} V_{i,t+1}$ sowie der Veränderung der Bewertungsdifferenz ($\varepsilon_t^{MPEEM} - \varepsilon_{t+1}^{MPEEM}$), die bei Anwendung der MPEEM im Vergleich zur Anwendung der Residual-Value-Methode auftritt, abzüglich der mit der Abschreibung der immateriellen Vermögenswerte verbundenen Steuerminderung $s \cdot A_{t+1}$. Dabei kann die Veränderung des in die immateriellen Vermögenswerte investierten Kapitals auch durch die Veränderung des in das Unternehmen investierten Kapitals abzüglich der Veränderung des in die materiellen Vermögenswerte investierten Kapitals dargestellt werden.

Durch Auflösung der Beziehungen für das um Steuern verminderte EBITA nach $V_t \cdot r_{t+1}$ wird wiederum die Überleitung des EBITA in die Verzinsung des in das Unternehmen investierten Kapitals deutlich. Dies führt zu

$$V_t \cdot r_{t+1} = EBITA_{t+1} \cdot (1-s) - \left(V_{n,t}^{MPEEM} - V_{n,t+1}^{MPEEM} + \sum_{i=3}^{n-1} V_{i,t} - \sum_{i=3}^{n-1} V_{i,t+1} + \varepsilon_t^{MPEEM} - \varepsilon_{t+1}^{MPEEM} - s \cdot A_{t+1} \right)$$

bzw.

$$V_t \cdot r_{t+1} = EBITA_{t+1} \cdot (1-s) - \left(V_t - V_{t+1} - \left(V_{1,t} - V_{1,t+1} \right) - \left(V_{2,t} - V_{2,t+1} \right) - s \cdot A_{t+1} \right)$$

Fallbeispiel

Die Erklärung des EBITA nach Steuern – unter Einbeziehung der mit den Abschreibungen der immateriellen Vermögenswerte Kundenbeziehungen, Basis- und Verfahrenstechnologie verbundenen Steuerminderungen – bei Anwendung der MPEEM ergibt sich aus dem oberen Teil von Tabelle 2-27. Der Vergleich der Tabelle mit Tabelle 2-21 legt dar, dass sich diese Erklärung von der Betrachtung bei Anwendung der Residual-Value-Methode nur dadurch unterscheidet, dass die Verzinsung und Veränderung des in die zukünftig zu akquirierenden Kundenbeziehungen investierten Kapitals bei Anwendung der MPEEM von der Verzinsung und Veränderung des in diesen Vermögenswert investierten Kapitals bei Anwendung der Residual-Value-Methode abweicht. Da sich die Differenzen bei Verzinsung und Veränderung des investierten Kapitals – dies wurde in Tabelle 2-26 aufgezeigt – ausgleichen und folglich der Einkommensbeitrag der zukünftigen Kundenbeziehungen bei Anwendung der Residual-Value-Methode gleich den der Anwendung der MPEEM zugrunde liegenden Excess Earnings ist, gehen von diesen Differenzen keine Einflüsse auf die Erklärung des EBITA und des Free Cashflow aus.

Tab. 2-27: Abstimmung des Tax-effecting EBITA bei Anwendung der MPEEM

Mio. EUR	Tab.	2017	2018	2019	2020	2021	2022	2023	2024	2025
EBITA / Free Cashflow Analysis										
Customer Relationship new										
Return on Invested Capital	2-25	10,9	12,2	13,6	15,2	16,9	18,8	20,9	23,2	25,2
Return of Invested Capital[1]	2-16	-12,9	-14,4	-15,9	-17,5	-19,2	-21,2	-23,3	-20,8	0,0
Excess Earnings	2-16	-2,0	-2,2	-2,3	-2,3	-2,4	-2,4	-2,5	2,4	25,2
Core Technology new										
Return on Invested Capital	2-19	0,5	1,4	2,5	3,8	5,1	6,6	8,2	10,0	11,6
Return of Invested Capital[1]	2-14	-11,1	-12,9	-14,4	-15,9	-17,5	-19,2	-21,1	-18,8	0,0
Customer Relationship										
Return on Invested Capital	2-19	16,2	15,1	13,5	11,7	9,9	7,8	5,2	2,5	0,0
Return of Invested Capital[1]	2-8	13,2	17,7	20,3	20,8	24,1	28,9	30,5	28,5	0,0
Core Technology										
Return on Invested Capital	2-19	13,0	11,9	10,6	9,2	7,7	5,9	4,0	1,9	0,0
Return of Invested Capital[1]	2-5	13,4	16,1	18,2	20,1	22,1	24,3	26,7	24,7	0,0
Process Technology										
Return on Invested Capital	2-19	1,6	1,5	1,4	1,2	1,0	0,8	0,5	0,2	0,0
Return of Invested Capital[1]	2-4	1,6	2,0	2,3	2,6	2,8	3,1	3,4	3,1	0,0
Tangible Fixed Assets										
Return on Invested Capital	2-19	5,5	4,8	4,7	6,7	5,8	3,8	5,4	5,2	6,5
Working Capital										
Return on Invested Capital	2-19	2,3	2,7	2,9	2,9	3,0	3,1	3,1	3,2	3,2

Mio. EUR	Tab.	2017	2018	2019	2020	2021	2022	2023	2024	2025
Tax-effecting EBITA incl.										
Tax Benefit Amortization	2-13	54,2	58,1	59,8	60,7	61,6	62,6	63,6	63,0	46,5
Tangible Fixed Assets										
Return of Invested Capital[1]	2-9	12,0	2,0	-36,0	16,0	36,0	-29,0	4,0	-24,0	0,0
Working Capital										
Return of Invested Capital[1]	2-10	-15,0	-5,3	-1,8	-1,9	-2,0	-2,0	-2,1	0,0	0,0
Free Cashflow	2-13	51,2	54,9	22,0	74,8	95,7	31,6	65,5	39,0	46,5
Return on Invested Capital Total Assets		50,0	49,7	49,3	50,7	49,3	46,7	47,4	46,3	46,5
Incremental Invested Capital Total Assets		1,2	5,2	-27,3	24,1	46,3	-15,1	18,1	-7,2	0,0
Free Cashflow	2-13	51,2	54,9	22,0	74,8	95,7	31,6	65,5	39,0	46,5
EBITA Reconciliation										
Tax-effecting EBITA incl.										
Tax Benefit Amortization	2-13	54,2	58,1	59,8	60,7	61,6	62,6	63,6	63,0	46,5
Incremental Invested Capital										
Entity Value	2-13	1,3	5,1	-27,4	23,3	45,9	-14,7	18,1	-7,0	0,0
less Tangible Assets		-3,0	-3,3	-37,8	14,1	34,0	-31,0	1,9	-24,0	0,0
Intangible Assets		-4,2	-8,5	-10,5	-10,0	-12,3	15,9	16,2	-16,8	0,0
Incremental Valuation Difference	2-24	-0,1	0,1	0,2	0,8	0,4	-0,4	0,0	-0,3	0,0
Return on Entity Value	2-19	49,9	49,8	49,4	51,5	49,7	46,3	47,4	46,0	46,5

1 Invested Capital (t-1) - Invested Capital t

Im unteren Teil von Tabelle 2-27 wird das EBITA nach Ertragsteuern zuzüglich der einbezogenen abschreibungsbedingten Steuervorteile in die Verzinsung des in das Unternehmen investierten Kapitals übergeleitet. Der Vergleich der Tabelle mit Tabelle 2-26 zeigt, dass sich die Überleitung bei Anwendung der MPEEM von der Betrachtung bei Anwendung der Residual-Value-Methode dadurch unterscheidet, dass neben den Veränderungen des in die immateriellen Vermögenswerte investierten Kapitals zusätzlich die Veränderung des Differenzbetrags zwischen dem mittels der MPEEM und dem mittels der Residual-Value-Methode abgeleiteten Wert der zukünftigen Kundenbeziehungen einzubeziehen ist.

Auf die Darstellung der Erklärung des EBITA nach Steuern bei Außerachtlassung der mit den Abschreibungen der immateriellen Vermögenswerte verbundenen Steuervorteile wird verzichtet, da sie zu keinen zusätzlichen Erkenntnissen führt.

2.6.4.3.5 Abgrenzung des Betrachtungszeitraumes

Der Untersuchungszeitraum kann, wie unter 2.6.3.4 bei Anwendung der Residual-Value-Methode erläutert, auf eine Periode begrenzt werden, wenn die für eine ausgewählte Periode abgeleiteten Bewertungsergebnisse auf alle anderen Perioden übertragen werden können. Zur Vereinfachung der weiteren Ausführungen gehen die Betrachtungen von periodenunabhängigen vermögenswertspezifischen Zinssätzen aus. Dementsprechend gilt für alle t = 0 bis ∞

$$r_{t+1} = r$$

$$r_{n,t+1}^{MPEEM} = r_n^{MPEEM}$$

sowie für i = 1 bis n-1

$$r_{i,t+1} = r_i$$

Abstimmung der Bewertungsergebnisse über die Bewertungsdifferenz

Bei Abstimmung der Bewertungsergebnisse über den Differenzbetrag zwischen dem mittels der Residual-Value-Methode abgeleiteten Wert des Vermögenswertes i = n und dem mittels der MPEEM bestimmten Wert dieses Vermögenswertes ($\varepsilon_{n,t}^{MPEEM}$) können die für eine betrachtete Periode abgeleiteten Ergebnisse auf alle anderen Perioden übertragen werden, wenn der der Abstimmung zugrunde gelegte Differenzbetrag sich nicht von Periode zu Periode verändert. Für alle t = 0 bis ∞ gilt

$$\varepsilon_{n,t}^{MPEEM} = \varepsilon_{n,t+1}^{MPEEM}$$

bzw. nach Einsetzen von $\varepsilon_{n,t}^{MPEEM}$ und $\varepsilon_{n,t+1}^{MPEEM}$

$$V_{n,t}^{RV} - V_{n,t}^{MPEEM} = V_{n,t+1}^{RV} - V_{n,t+1}^{MPEEM}$$

Diese Beziehung ist dann erfüllt, wenn das in den Vermögenswert i = n investierte Kapital im Zeitablauf unveränderlich ist; für alle t = 0 bis ∞ gilt

$$V_{n,t+1}^{RV} = V_{n,t}^{RV}$$

sowie

$$V_{n,t+1}^{MPEEM} = V_{n,t}^{MPEEM}$$

Der mittels der Residual-Value-Methode bestimmte Wert des Vermögenswertes i = n $V_{n,t}^{RV}$ ist immer dann im Zeitablauf unveränderlich – dies zeigt die Bestimmungsgleichung dieses Bewertungsansatzes –, wenn das in das Unternehmen und das in die Vermögenswerte i = 1 bis n-1 investierte Kapital für alle t = 0 bis ∞ konstant ist. Unter dieser Voraussetzung sind – unter den der Betrachtung zugrunde gelegten Annahmen – auch die Einkommensbeiträge des Unternehmens, die Einkommensbeiträge der Vermögenswerte i = 1 bis n-1 sowie – dies zeigt die Bestimmungsgleichung der Excess Earnings – die dem Vermögenswert i = n zugeordneten Excess Earnings unveränderlich. Damit ist auch das bei Anwendung der MPEEM in den Vermögenswert i = n investierte Kapital $V_{n,t}^{MPEEM}$ im Zeitablauf konstant. Die Zusammenhänge werden im Anhang zu 2.6.4.3.5 aufgezeigt.

Die unter 2.6.4.3.3 abgeleitete Beziehung für die gewichteten Kapitalkosten legt dar, dass diese unter den genannten Voraussetzungen vollständig erklärt werden können. Für $\varepsilon_{n,t}^{MPEEM} = \varepsilon_{n,t+1}^{MPEEM}$ für alle t = 0 bis ∞ gilt

$$r = \frac{V_n^{MPEEM} \cdot r_n^{MPEEM} + \sum_{i=1}^{n-1} V_i \cdot r_i}{V}$$

Abstimmung der Bewertungsergebnisse über die Zinsdifferenz

Bei Abstimmung der Bewertungsergebnisse über die Komponente

$$\frac{\varepsilon_t^V - \varepsilon_{t+1}^V}{V_t}$$

können die für eine betrachtete Periode abgeleiteten Ergebnisse auf alle anderen Perioden übertragen werden, wenn für alle t = 0 bis ∞ gilt

$$\frac{\varepsilon_t^{MPEEM} - \varepsilon_{t+1}^{MPEEM}}{V_t} = \frac{\varepsilon_{t+1}^{MPEEM} - \varepsilon_{t+2}^{MPEEM}}{V_{t+1}}$$

Durch Auflösung der unter 2.6.4.3.3 abgeleiteten Beziehung für die gewichteten Kapitalkosten ergibt sich der Ausdruck

$$\frac{\varepsilon_t^{MPEEM} - \varepsilon_{t+1}^{MPEEM}}{V_t} = \frac{V_{n,t}^{MPEEM} \cdot r_n^{MPEEM} + \sum_{i=1}^{n-1} V_{i,t} \cdot r_i}{V_t} - r$$

sowie für t + 1 der Ausdruck

$$\frac{\varepsilon_{t+1}^{MPEEM} - \varepsilon_{t+2}^{MPEEM}}{V_{t+1}} = \frac{V_{n,t+1}^{MPEEM} \cdot r_n^{MPEEM} + \sum_{i=1}^{n-1} V_{i,t+1} \cdot r_i}{V_{t+1}} - r$$

Durch Gleichsetzen dieser Beziehungen ergibt sich der Ausdruck

$$\frac{V_{n,t}^{MPEEM} \cdot r_n^{MPEEM} + \sum_{i=1}^{n-1} V_{i,t} \cdot r_i}{V_t} = \frac{V_{n,t+1}^{MPEEM} \cdot r_n^{MPEEM} + \sum_{i=1}^{n-1} V_{i,t+1} \cdot r_i}{V_{t+1}}$$

bzw.

$$\left(\frac{V_{n,t}^{MPEEM}}{V_t} - \frac{V_{n,t+1}^{MPEEM}}{V_{t+1}} \right) \cdot r_n^{MPEEM} = \sum_{i=1}^{n-1} \left(\frac{V_{i,t+1}}{V_{t+1}} - \frac{V_{i,t}}{V_t} \right) \cdot r_i$$

Diese Beziehung ist dann erfüllt, wenn das Verhältnis des in den Vermögenswert i für alle i = 1 bis n investierten Kapitals zum in das Unternehmen investierte Kapital für t = 0 bis ∞ konstant ist.

Die Betrachtungen zeigen, dass in den Fällen, in denen die genannten Voraussetzungen nicht erfüllt sind, die Abstimmungsdifferenzen nicht periodenunabhängig sind und die für eine betrachtete, in t + 1 endende Periode abgeleiteten Ergebnisse nicht auf eine andere, in t* + 1 endende Periode übertragen werden können (mit t = 0 bis ∞ und t* = 0 bis ∞ sowie t* ≠ t). Der Analysezeitraum beginnt in diesen Fällen in der in t = 1 endenden Periode und ist durch die in T + 1 mit 0 ≤ T < ∞ endende Periode, die dadurch gekennzeichnet ist, dass in dieser Periode die aufgezeigten Voraussetzungen erstmalig erfüllt sind, begrenzt.

Fallbeispiel

Die Bewertungsmodelle der Tabellen 2-4, 2-5, 2-8, 2-9, 2-10, 2-13, 2-14 und 2-16 zeigen, dass das in die Vermögenswerte und das in das Unternehmen investierte Kapital ab 2024 unveränderlich ist. Folglich ist der Differenzbetrag zwischen dem mittels der Residual-Value-Methode bestimmten Wert der zukünftig zu akquirierenden Kundenbeziehungen und dem bei Anwendung der MPEEM abgeleiteten Wert dieses Vermögenswertes in allen folgenden Jahren konstant und beträgt EUR 1,1 Mio. Damit kann sich der Betrachtungszeitraum auf die Jahre 2017 bis 2025 beschränken.

2.6.5 Abstimmung mit dem Goodwill

2.6.5.1 Ableitung und Erklärung des Goodwill

Der originäre Goodwill (Internally Generated Goodwill) – im Folgenden wird der Ausdruck »Goodwill« im Sinne des originären Goodwill verwendet und der derivative Goodwill als solcher bezeichnet – eines betrachteten Unternehmens im Zeitpunkt t (GW_t^O) kann – bezogen auf diesen Zeitpunkt – als Entity Value abzüglich der Werte der bilanzierungsfähigen Vermögenswerte verstanden werden.[235] Bei Ansatz der in die Goodwill-Analyse einzubeziehenden Vermögenswerte i für i = 1 bis k mit den neubewerteten Werten $V_{i,t}$ ergibt sich der Goodwill aus der Beziehung

$$GW_t^O = V_t - \sum_{i=1}^{k} V_{i,t}$$

Durch Auflösung der Beziehung für den Wert des mittels der Residual-Value-Methode bewerteten Vermögenswerts i = n nach V_i und Einsetzen in die Bestimmungsgleichung für den Goodwill kann diese Gleichung mit $V_{n,t} = V_{n,t}^{RV}$ überführt werden in die Beziehung

$$GW_t^O = \sum_{i=1}^{n} V_{i,t} - \sum_{i=1}^{k} V_{i,t} = \sum_{i=k+1}^{n} V_{i,t} = \sum_{i=k+1}^{k+l} V_{i,t} + \sum_{i=k+l+1}^{n} V_{i,t}$$

Diese Beziehung legt dar, dass der Goodwill im Zeitpunkt t vollständig durch die nicht bilanzierungsfähigen Vermögenswerte ($\sum_{i=k+1}^{k+l} V_{i,t}$) sowie durch die zukünftig geplanten Vermögenswerte ($\sum_{i=k+l+1}^{n} V_{i,t}$) erklärt werden kann. Er unterscheidet sich – dessen Definitionsgleichung folgend – vom Entity Value lediglich durch die Summe der Werte der bilanzierungsfähigen Vermögenswerte ($\sum_{i=1}^{k} V_{i,t}$).

---

235 Einzelheiten der Ableitung und Analyse des Goodwill werden in Kapitel 5 dargelegt.

Fallbeispiel

Der originäre Goodwill von BU1 wird in Tabelle 2-28 für jedes Jahr des Untersuchungszeitraums abgeleitet. Er ergibt sich für ein betrachtetes Jahr durch Abzug der Werte der anzusetzenden materiellen und immateriellen Vermögenswerte Sachanlagen (Tab. 2-9), Working Capital (Tab. 2-10), Basis- und Verfahrenstechnologie (Tab. 2-4 und Tab. 2-5) sowie bestehende Kundenbeziehungen (Tab. 2-8) vom Entity Value, der Tabelle 2-13 zu entnehmen ist. Tabelle 2-29 legt dar, dass der originäre Goodwill der BU1 in jedem Jahr des Betrachtungszeitraums vollständig durch den Wert der zukünftig zu akquirierenden Kundenbeziehungen und den Wert der Nachfolgegenerationen der Basistechnologie zu erklären ist.

Tab. 2-28: Ableitung des originären Goodwill

Mio. EUR	Tab.	2016	2017	2018	2019	2020	2021	2022	2023	2024	2025
Entity Value	2-13	662,9	661,6	656,5	684,0	660,7	614,8	629,5	611,3	618,3	618,3
Assets											
Customer Relationship	2-8	183,9	170,7	153,1	132,8	112,0	87,9	59,0	28,5	0,0	0,0
Core Technology	2-5	165,6	152,2	136,1	117,9	97,8	75,7	51,4	24,7	0,0	0,0
Process Technology	2-4	20,9	19,3	17,3	15,0	12,4	9,6	6,5	3,1	0,0	0,0
Tangible Fixed Assets	2-9	100,0	88,0	86,0	122,0	106,0	70,0	99,0	95,0	119,0	119,0
Working Capital	2-10	75,0	90,0	95,3	97,0	99,0	101,0	103,0	105,0	105,0	105,0
Total		545,5	520,2	487,8	484,7	427,3	344,2	318,9	256,4	224,0	224,0
Internal Generated Goodwill		117,4	141,4	168,7	199,2	233,4	270,5	310,5	354,9	394,3	394,3

Tab. 2-29: Erklärung des originären Goodwill bei Anwendung der Residual-Value-Methode

Mio. EUR	Tab.	2016	2017	2018	2019	2020	2021	2022	2023	2024	2025
Assets											
Customer Relationship new (Residual Value)	2-15	111,6	124,5	139,0	155,1	173,4	193,0	213,8	237,1	257,6	257,6
Core Technology new	2-14	5,8	16,9	29,7	44,1	60,0	77,5	96,7	117,8	136,7	136,7
Internal Generated Goodwill		117,4	141,4	168,7	199,2	233,4	270,5	310,5	354,9	394,3	394,3
Customer Relationship	2-8	183,9	170,7	153,1	132,8	112,0	87,9	59,0	28,5	0,0	0,0
Core Technology	2-5	165,6	152,2	136,1	117,9	97,8	75,7	51,4	24,7	0,0	0,0
Process Technology	2-4	20,9	19,3	17,3	15,0	12,4	9,6	6,5	3,1	0,0	0,0
Tangible Fixed Assets	2-9	100,0	88,0	86,0	122,0	106,0	70,0	99,0	95,0	119,0	119,0
Working Capital	2-10	75,0	90,0	95,3	97,0	99,0	101,0	103,0	105,0	105,0	105,0
Total	2-13	662,9	661,6	656,5	684,0	660,7	614,8	629,5	611,3	618,3	618,3

Unter 2.6.4.3.2 wurde herausgearbeitet, dass der Entity Value bei Anwendung der MPEEM in Höhe der Bewertungsdifferenz $\varepsilon_{n,t}^{MPEEM} = V_{n,t}^{RV} - V_{n,t}^{MPEEM}$ durch die Werte der Vermögenswerte des Unternehmens nicht erklärt werden kann. Der Entity Value kann dementsprechend bestimmt werden über die Beziehung

$$V_t = \varepsilon_{n,t}^{MPEEM} + V_{n,t}^{MPEEM} + \sum_{i=1}^{n-1} V_{i,t}$$

Durch Einsetzen dieser Beziehung in die Bestimmungsgleichung für den Goodwill zeigt sich, dass bei Anwendung der MPEEM auch der Goodwill in Höhe der Bewertungsdifferenz $\varepsilon_{n,t}^{MPEEM}$ nicht erklärt werden kann. Es gilt

$$GW_t^O = \varepsilon_{n,t}^{MPEEM} + V_{n,t}^{MPEEM} + \sum_{i=k+1}^{n-1} V_{i,t}$$

Fallbeispiel

Tabelle 2-30 fasst die Erklärung des Goodwill bei Anwendung der MPEEM zur Bewertung der zukünftig zu akquirierenden Kundenbeziehungen zusammen. Aus der Tabelle ergibt sich, dass der Goodwill durch den Wert der zukünftig geplanten Kundenbeziehungen und den Wert der zukünftig zu entwickelnden Basistechnologie nicht mehr vollständig erklärt werden kann. Die Erklärung des Goodwill erfordert zusätzlich die Einbeziehung des Differenzbetrages, der zwischen dem Wert der zukünftigen Kundenbeziehungen bei deren Bewertung mittels der MPEEM und dem Wert dieses Vermögenswertes bei Anwendung der Residual-Value-Methode auftritt.

Tab. 2-30: Erklärung des originären Goodwill bei Anwendung der MPEEM

Mio. EUR	Tab.	2016	2017	2018	2019	2020	2021	2022	2023	2024	2025
Assets											
Customer Relationship new (Residual Value)	2-16	111,3	124,3	138,7	154,5	172,0	191,3	212,5	235,8	256,6	256,6
Valuation Difference	2-24	0,3	0,2	0,4	0,5	1,3	1,8	1,3	1,3	1,1	1,1
Core Technology new	2-14	5,8	16,9	29,7	44,1	60,0	77,5	96,7	117,8	136,7	136,7
Internal Generated Goodwill		117,4	141,4	168,7	199,2	233,4	270,5	310,5	354,9	394,3	394,3
Customer Relationship	2-8	183,9	170,7	153,1	132,8	112,0	87,9	59,0	28,5	0,0	0,0
Core Technology	2-5	165,6	152,2	136,1	117,9	97,8	75,7	51,4	24,7	0,0	0,0
Process Technology	2-4	20,9	19,3	17,3	15,0	12,4	9,6	6,5	3,1	0,0	0,0
Tangible Fixed Assets	2-9	100,0	88,0	86,0	122,0	106,0	70,0	99,0	95,0	119,0	119,0
Working Capital	2-10	75,0	90,0	95,3	97,0	99,0	101,0	103,0	105,0	105,0	105,0
Total	2-13	662,9	661,6	656,5	684,0	660,7	614,8	629,5	611,3	618,3	618,3

2.6.5.2 Beurteilung der Plausibilität der Bewertungsergebnisse in der Praxis der Kaufpreisallokation

In der Praxis der Kaufpreisallokation beschränkt sich die Beurteilung der Plausibilität der abgeleiteten Bewertungsergebnisse zumeist auf die Abstimmung der vermögenswertspezifischen Zinssätze untereinander sowie mit den gewichteten Kapitalkosten des Unternehmens. Auf die Erklärung des Entity Value wird verzichtet und anstelle der zukünftig geplanten Vermögenswerte und der am Bewertungsstichtag verfügbaren, nicht bilanzierungsfähigen Vermögenswerte der Goodwill in die Abstimmung einbezogen. Teilweise werden die Betrachtungen dadurch erweitert, dass ausgewählte nicht bilanzierungsfähige Vermögenswerte, insbesondere der Mitarbeiterstamm, gesondert berücksichtigt werden. Die Analyse wird zudem ganz überwiegend nur einperiodisch – bezogen auf den Bewertungsstichtag – durchgeführt, wobei nicht überprüft wird, ob die unter 2.6.3.4 bzw. 2.6.4.3.5 eingeführten Voraussetzungen einer einperiodischen Betrachtung erfüllt sind.

Der Zusammenhang, der in der Praxis der Kaufpreisallokation der Abstimmung der vermögenswertspezifischen Zinssätze zugrunde liegt, kann aus der unter 2.6.3.2 eingeführten Beziehung für die Erklärung der gewichteten Kapitalkosten eines Unternehmens durch die vermögenswertspezifischen Zinssätze der diesem zugeordneten Vermögenswerte abgeleitet werden. Die Beziehung

$$r_{t+1} = \frac{V_{n,t}^{RV} \cdot r_{n,t+1}^{RV} + \sum_{i=1}^{n-1} V_{i,t} \cdot r_{i,t+1}}{V_t}$$

bzw. mit $V_{n,t} = V_{n,t}^{RV}$

$$r_{t+1} = \frac{\sum_{i=k+1}^{n} V_{i,t} \cdot r_{i,t+1} + \sum_{i=1}^{k} V_{i,t} \cdot r_{i,t+1}}{V_t}$$

kann mit

$$\sum_{i=k+1}^{n} V_{i,t} \cdot r_{i,t+1} = V_t \cdot r_{t+1} - \sum_{i=1}^{k} V_{i,t} \cdot r_{i,t+1}$$

und mit

$$GW_t^O \cdot r_{GW,t+1} = V_t \cdot r_{t+1} - \sum_{i=1}^{k} V_{i,t} \cdot r_{i,t+1}$$

überführt werden in die Beziehung

$$r_{t+1} = \frac{GW_t^O \cdot r_{GW,t+1} + \sum_{i=1}^{k} V_{i,t} \cdot r_{i,t+1}}{V_t}$$

wobei $r_{GW,t+1}$ den modellendogen abzuleitenden vermögenswertspezifischen Zinssatz des Goodwill bezeichnet.

Der Ausdruck kann – bei Bezeichnung der Summe der mit den anteiligen Werten gewichteten vermögenswertspezifischen Zinssätzen der Vermögenswerte i = 1 bis k und des Goodwill als $WARA_{t+1}^{GW}$ [236] (Weighted Average Rate of Return on Assets) – mit

$$WARA_{t+1}^{GW} = \frac{GW_t^O \cdot r_{GW,t+1} + \sum_{i=1}^{k} V_{i,t} \cdot r_{i,t+1}}{V_t}$$

und mit $WACC_{t+1} = r_{t+1}$ übergeleitet werden in die Beziehung

$$WACC_{t+1} = WARA_{t+1}^{GW}$$

bzw. – bezogen auf den Bewertungsstichtag t = 0 – in die Beziehung

$$WACC_1 = WARA_1^{GW}$$

---

236 Siehe statt vieler IVSC GN 4, 5.38. Ohne Bezug auf den Goodwill kann $WARA_{t+1}$ definiert werden als

$$WARA_{t+1} = \frac{V_{n,t}^{RV} \cdot r_{n,t+1}^{RV} + \sum_{i=1}^{n-1} V_{i,t} \cdot r_{i,t+1}}{V_t}.$$

Ausgehend von dieser auch als WACC-2-WARA-Bedingung genannten Beziehung wird die Abstimmung der vermögenswertspezifischen Zinssätze in der Praxis der Kaufpreisallokation regelmäßig als WACC-2-WARA- oder einfach WARA-Analyse[237] sowie als WACC-Reconciliation[238] bezeichnet (Abb. 2-12).[239]

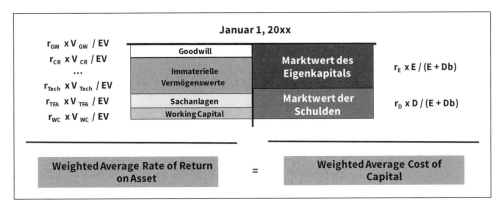

Abb. 2-12: WACC-2-WARA-Analyse

Fallbeispiel

Tabelle 2-31 fasst die WACC-2-WARA-Analysen, die zur Beurteilung der Plausibilität der in Tabelle 2-12 vorläufig festgelegten vermögenswertspezifischen Zinssätze durchgeführt werden, für den Betrachtungszeitraum zusammen. Die Analysen zeigen, dass in jedem Jahr des Betrachtungszeitraums – bei einem dem Goodwill zugeordneten Zinssatz zwischen 9,22 % und 9,61 % – die gewichtete durchschnittliche Verzinsung aller bilanzierungsfähigen Vermögenswerte sowie des Goodwill (WARA) gleich den gewichteten Kapitalkosten des Unternehmens ist, d. h., die Bedingung $WACC_{t+1} = WARA_{t+1}$ ist für alle $t = 0$ bis 8 erfüllt. Der Vergleich der vermögenswertspezifischen Zinssätze der bilanzierungsfähigen Vermögenswerte des Unternehmens sowie des dem Goodwill zugeordneten Zinssatzes legt für jedes Jahr des Untersuchungszeitraums dar, dass diese Zinssätze die erwartete Risikoeinschätzung der Vermögenswerte und des Goodwill in Relation zueinander unter der Voraussetzung widerspiegeln, dass der Goodwill ein höheres Risiko als die angesetzten Vermögenswerte aufweist. Damit indiziert diese Analyse, dass die Plausibilität der Bewertungsergebnisse unter der genannten Voraussetzung gegeben ist; insoweit erscheint eine Korrektur der vorläufig festgelegten vermögenswertspezifischen Zinssätze nicht geboten.

---

237   So z.B. TAF (2010a), 4.3.06.
238   Vgl. Beyer/Mackenstedt (2008), S.348 f.; Schmalenbach-Gesellschaft (2009), S.43.
239   Zur WACC-2-WARA-Analyse siehe auch Zülch/Stork genannt Wersborg/Detzen (2015), S.306 ff.; Rammert (2014), S.656 ff.

Tab. 2-31: WACC-2-WARA-Analyse

Mio. EUR	Tab.		2017	2018	2019	2020	2021	2022	2023	2024	2025
Return onEntity Value[1]	2-19	7,53%	49,9	49,8	49,4	51,5	49,7	46,3	47,4	46,0	46,5
Return on Assets[2]											
Customer Relationship	2-19	8,82%	16,2	15,1	13,5	11,7	9,9	7,8	5,2	2,5	0,0
Core Technology	2-19	7,82%	13,0	11,9	10,6	9,2	7,7	5,9	4,0	1,9	0,0
Process Technology	2-19	7,82%	1,6	1,5	1,4	1,2	1,0	0,8	0,5	0,2	0,0
Tangible Fixed Assets	2-19	5,49%	5,5	4,8	4,7	6,7	5,8	3,8	5,4	5,2	6,5
Working Capital	2-19	3,03%	2,3	2,7	2,9	2,9	3,0	3,1	3,1	3,2	3,2
Total			38,6	36,0	33,1	31,7	27,3	21,3	18,3	13,1	9,7
Return on Goodwill			11,3	13,8	16,3	19,8	22,4	25,0	29,1	32,9	36,8
Rate of Return[3]			9,65%	9,75%	9,67%	9,91%	9,61%	9,22%	9,37%	9,28%	9,34%

1 Entity Value (t - 1) * WACC
2 Invested Capital (t - 1) * Asset Specific Rate of Return
3 Return on Goodwill / Goodwill (t - 1)

Das Fallbeispiel zeigt, dass die Beurteilung der Plausibilität der Bewertungsergebnisse unter Zugrundelegung des in der Praxis zumeist anzutreffenden Vorgehens voraussetzt, dass eine Annahme über das dem Goodwill – im Vergleich zu den angesetzten Vermögenswerten – zuzuordnende Risiko getroffen wird. Demgegenüber macht die unter 2.6.5.1 eingeführte Konzeption den Goodwill transparent und verlangt die explizite Einschätzung der Risiken der zukünftig geplanten Vermögenswerte, die den Goodwill konstituieren. Das Fallbeispiel zeigt weiter, dass die unter 2.6.3.4 aufgezeigten Voraussetzungen für eine Beschränkung auf eine einperiodische Betrachtung erstmals in der im Jahr 2025 endenden Periode vorliegen.

2.6.6   Den weiteren Untersuchungen zugrunde gelegte Annahmen

Zur Vereinfachung der weiteren Untersuchungen werden den Betrachtungen folgende Annahmen zugrunde gelegt:
* Der Wert des mittels der Residual-Value-Methode bzw. der MPEEM bewerteten Vermögenswertes ist positiv;
* die Verzinsung des in diesen Vermögenswert investierten Kapitals ist positiv;
* die Summe der Werte aller Vermögenswerte i mit i = 1 bis n-1 ist positiv.

Somit gilt:

$$V_{n,t}^{RV} = V_t - \sum_{i=1}^{n-1} V_{i,t} > 0$$

bzw.

$$V_{n,t}^{MPEEM} > 0$$

sowie

$$r_{n,t+1}^{RV} \cdot V_{n,t}^{RV} > 0$$

bzw.

$$r_{n,t+1}^{MPEEM} \cdot V_{n,t}^{MPEEM} > 0$$

und

$$\sum_{i=1}^{n-1} V_{i,t} > 0$$

Aus $V_{n,t}^{RV} > 0$ und $\displaystyle\sum_{i=1}^{n-1} V_{i,t} > 0$ resultiert

$$V_t > 0$$

Anhang zu Kapitel 2

Anhang zu 2.6.2.1: Wertirrelevanz der Zugrundelegung der Annahme einer unendlichen bzw. unbestimmten Nutzungsdauer bei der Bewertung der einen Vermögenswert in Zukunft substituierenden Vermögenswerte

Der Wert eines Vermögenswerts i $V_{i,t}^{Vw}$ für i = 1 bis k+1 im Zeitpunkt t für t = 0 bis ∞ ergibt sich als

$$V_{i,t}^{Vw} = \frac{V_{i,t+1}^{Vw} + CF_{i,t+1}^{Vw}}{1 + r_{i,t+1}}$$

Wird dieser Vermögenswert im Zeitpunkt T_i substituiert, gilt
- $CF_{i,t}^{Vw} = 0$ für t > T_1 und
- $V_{i,t}^{Vw} = 0$ für t $\geq$ T_i.

Der Wert des Vermögenswertes j $V_{j,t}^{N1}$ für j = k+1+1 bis n, der den betrachteten Vermögenswerts i im Zeitpunkt T_i substituiert, beträgt im Zeitpunkt t für t = 0 bis ∞

$$V_{j,t}^{N1} = \frac{V_{j,t+1}^{N1} + CF_{j,t+1}^{N1}}{1 + r_{i,t+1}}$$

Wird dieser Vermögenswert im Zeitpunkt 2 T_i substituiert, gilt
- $CF_{j,t}^{N1} = 0$ für t > 2 T_i und
- $V_{j,t}^{N1} = 0$ für t $\geq$ 2 T_i.

Der zusammengefasste Wert des Vermögenswertes i und des Nachfolgers j beträgt im Zeitpunkt 2 T_i-1

$$V_{i+j,2T_i-1}^{Vw+N1} = V_{i,2T_i-1}^{Vw} + V_{j,2T_i-1}^{N1} = \frac{V_{i,2T_i}^{Vw} + CF_{i,2T_i}^{Vw}}{1 + r_{i,2T_i}} + \frac{V_{j,2T_i}^{N1} + CF_{j,2T_i}^{N1}}{1 + r_{i,2T_i}} = \frac{CF_{j,2T_i}^{N1}}{1 + r_{i,2T_i}}$$

In gleicher Weise kann der zusammengefasste Wert des Vermögenswertes i und des Nachfolgers j für den Zeitpunkt 2 T_i-2 abgeleitet werden als

$$V_{i+j,2T_i-2}^{Vw+N1} = V_{i,2T_i-2}^{Vw} + V_{j,2T_i-2}^{N1} = \frac{V_{i,2T_i-1}^{Vw} + CF_{i,2T_i-1}^{Vw}}{1 + r_{i,2T_i-1}} + \frac{V_{j,2T_i-1}^{N1} + CF_{j,2T_i-1}^{N1}}{1 + r_{i,2T_i-1}} = \frac{V_{j,2T_i-1}^{N1} + CF_{j,2T_i-1}^{N1}}{1 + r_{i,2T_i-1}}$$

sowie mit dem Ausdruck $V_{i+j,2T_i-1}^{Vw+N1} = V_{i,2T_i-1}^{Vw} + V_{j,2T_i-1}^{N1}$ und mit $CF_{i+j,2T_i-1}^{Vw+N1} = CF_{i,2T_i-1}^{Vw} + CF_{j,2T_i-1}^{N1}$ als

$$V_{i+j,2T_i-2}^{Vw+N1} = V_{i,2T_i-2}^{Vw} + V_{j,2T_i-2}^{N1} = \frac{V_{i+j,2T_i-1}^{Vw+N1} + CF_{i+j,2T_i-1}^{Vw+N1}}{1 + r_{i,2T_i-1}}$$

Diese Betrachtung kann ausgedehnt werden und auf alle Zeitpunkte t mit t < 2T angewendet werden. Es gilt:

$$V_{i+j,t}^{Vw+N1} = V_{i,t}^{Vw} + V_{j,t}^{N1} = \frac{V_{i,t+1}^{Vw+N1} + CF_{j,t+1}^{Vw+N1}}{1 + r_{i,t+1}}$$

Damit ist aufgezeigt, dass der zusammengefasste Wert aus dem Wert des Vermögenswertes i und dem Wert des Nachfolgers j als Wert eines fiktiven Vermögenswerts unter Zugrundelegung folgender Voraussetzungen bestimmt werden kann:

- Die Nutzungsdauer des Bewertungsobjektes (2 T_i) setzt sich aus den (identischen) Nutzungsdauern der beiden Vermögenswerte zusammen;
- das Einkommen ergibt sich aus den Einkommensbeiträgen der beiden Vermögenswerte ($CF_{i+j,t}^{Vw+N1} = CF_{i,t}^{Vw} + CF_{j,t}^{N1}$);
- der vermögenswertspezifische Zinssatz ist gleich den identischen vermögenswertspezifischen Zinssätzen, die den Bewertungen des Vermögenswertes und dessen Nachfolgers zugrunde liegen, und beträgt $r_{i,t+1}$.

Die Untersuchung kann dadurch erweitert werden, dass der Nachfolger des Nachfolgers des betrachteten Vermögenswerts Berücksichtigung findet. Diese Erweiterung führt zu einem dem oben abgeleiteten Ergebnis entsprechenden Ergebnis. Da weiter jeder Nachfolger eines nachfolgenden Vermögenswerts in die Analyse eingeführt werden kann, ist die generelle Gültigkeit des betrachteten Zusammenhangs aufgezeigt. Dies bedeutet, dass von der Zugrundelegung der Annahme einer unendlichen bzw. unbestimmten Nutzungsdauer des einen am Bewertungsstichtag verfügbaren Vermögenswert substituierenden Vermögenswertes kein Werteinfluss ausgeht.

Anhang zu 2.6.2.2: Bestimmung des Wertes eines zukünftigen Vermögenswertes unter Einbeziehung von Entwicklungsaufwendungen

Ein Vermögenswert i mit i = 1 bis n hat eine verbleibende Nutzungsdauer T_i. Dies ist darin begründet, dass der Vermögenswert nach diesem Zeitpunkt keine Einkommensbeträge erzielt und ihm deswegen nach diesem Zeitpunkt kein Wert beizumessen ist. Es gilt

$$CF_{i,T_i+1} = CF_{i,T_i+1}^{preDev} - CF_{i,T_i+1}^{Dev} = 0$$

sowie

$$V_{i,T_i+1} = V_{i,T_i+1}^{preDev} - V_{i,T_i+1}^{Dev} = 0$$

Im Zeitpunkt T_i ergibt sich für diesen Vermögenswert ein Wert in Höhe von

$$V_{i,T_i} = V_{i,T_i}^{preDev} - V_{i,T_i}^{Dev} = \frac{V_{i,T_i+1}^{preDev} + CF_{i,T_i+1}^{preDev}}{1 + r_{i,T_i+1}} - \frac{V_{i,T_i+1}^{Dev} + CF_{i,T_i+1}^{Dev}}{1 + r_{i,T_i+1}} = 0$$

Da am Ende der Nutzungsdauer Entwicklungsaktivitäten für diesen Vermögenswert nicht mehr getätigt werden, gilt in der Periode T_i $CF_{i,T_i}^{Dev} = 0$ und folglich

$$CF_{i,T_i} = CF_{i,T_i}^{preDev} - CF_{i,T_i}^{Dev} = CF_{i,T_i}^{preDev}$$

Somit beträgt der Wert des Vermögenswerts im Zeitpunkt T_i-1

$$V_{i,T_i-1} = V_{i,T_i-1}^{preDev} - V_{i,T_i-1}^{Dev} = \frac{V_{i,T_i}^{preDev} + CF_{i,T_i}^{preDev}}{1+r_{i,T_i}} - \frac{V_{i,T_i}^{Dev} + CF_{i,T_i}^{Dev}}{1+r_{i,T_i}} = \frac{CF_{i,T_i}^{preDev}}{1+r_{i,T_i}}$$

Im Zeitpunkt T_i-2 ergibt sich

$$V_{i,T_i-2} = V_{i,T_i-2}^{preDev} - V_{i,T_i-2}^{Dev} = \frac{V_{i,T_i-1}^{preDev} + CF_{i,T_i-1}^{preDev}}{1+r_{i,T_i-1}} - \frac{V_{i,T_i-1}^{Dev} + CF_{i,T_i-1}^{Dev}}{1+r_{i,T_i-1}}$$

und mit $V_{i,T_i-1} = V_{i,T_i-1}^{preDev} - V_{i,T_i-1}^{Dev}$ sowie mit $CF_{i,T_i-1} = CF_{i,T_i-1}^{preDev} - CF_{i,T_i-1}^{Dev}$

$$V_{i,T_i-2} = \frac{V_{i,T_i-1} + CF_{i,T_i-1}}{1+r_{i,T_i-1}}$$

Diese Ableitungen lassen sich für weitere Zeitpunkt durchführen, sodass allgemein für alle t mit t = 0 bis ∞ gilt

$$V_{i,t} = V_{i,t}^{preDev} - V_{i,t}^{Dev} = \frac{V_{i,t+1}^{preDev} + CF_{i,t+1}^{preDev}}{1+r_{i,t+1}} - \frac{V_{i,t+1}^{Dev} + CF_{i,t+1}^{Dev}}{1+r_{i,t+1}} = \frac{V_{i,t+1} + CF_{i,t+1}}{1+r_{i,t+1}}$$

Anhang zu 2.6.3.4: Ableitung der Bedingung für Periodenunabhängigkeit des modellendogen abgeleiteten vermögenswertspezifischen Zinssatzes

Die Beziehung für den modellendogenen vermögenswertspezifischen Zinssatz kann bei periodenunabhängigen gewichteten Kapitalkosten und periodenunabhängigen vermögenswertspezifischen Zinssätzen der Vermögenswerte i = 1 bis n-1 mit

$$r_{t+1} = r$$

und

$$r_{i,t+1} = r_i$$

für alle t = 0 bis ∞ dargestellt werden als

$$r_{n,t+1}^{RVS} = \frac{V_t \cdot r - \sum_{i=1}^{n-1} V_{i,t}^S \cdot r_i}{V_{n,t}^{RVS}} = \frac{V_t \cdot r - \sum_{i=1}^{n-1} V_{i,t}^S \cdot r_i}{V_t - \sum_{i=1}^{n-1} V_{i,t}^S}$$

wobei $r_{n,t+1}^{RVS}$, $V_{i,t}^S$ und $V_{n,t}^{RVS} = V_t - \sum_{i=1}^{n-1} V_{i,t}^S$ zum Ausdruck bringen, dass die vermögens-

wertspezifischen Zinssätze der Vermögenswerte i für alle i = 1 bis n-1 periodenunabhängig sind.[240] Diese Beziehung kann unter Berücksichtigung von $V_t = V_{n,t}^{RVS} + \sum\limits_{i=1}^{n-1} V_{i,t}^{S}$ umgeformt werden zu

$$r_{n,t+1}^{RVS} = \frac{V_{n,t}^{RVS} \cdot r + \sum\limits_{i=1}^{n-1} V_{i,t}^{S} \cdot r - \sum\limits_{i=1}^{n-1} V_{i,t}^{S} \cdot r_i}{V_{n,t}^{RVS}}$$

bzw. zu

$$r_{n,t+1}^{RVS} = r + \frac{\sum\limits_{i=1}^{n-1} V_{i,t}^{S} \cdot (r - r_i)}{V_{n,t}^{RVS}}$$

In entsprechender Weise kann die Beziehung für den modellendogenen vermögenswertspezifischen Zinssatz des Vermögenswerts i = n in der Periode t + 2 mit t = 0 bis ∞ dargestellt werden als

$$r_{n,t+2}^{RVS} = r + \frac{\sum\limits_{i=1}^{n-1} V_{i,t+1}^{S} \cdot (r - r_i)}{V_{n,t+1}^{RVS}}$$

Der modellendogene vermögenswertspezifische Zinssatz ist genau dann periodenunabhängig, wenn

$$r_{n,t+1}^{RVS} = r_{n,t+2}^{RVS}$$

für alle t mit t = 0 bis ∞ gilt. Durch Einsetzen der Ausdrücke für $r_{n,t+1}^{RVS}$ und $r_{n,t+2}^{RVS}$ ergibt sich

$$r + \frac{\sum\limits_{i=1}^{n-1} V_{i,t}^{S} \cdot (r - r_i)}{V_{n,t}^{RVS}} = r + \frac{\sum\limits_{i=1}^{n-1} V_{i,t+1}^{S} \cdot (r - r_i)}{V_{n,t+1}^{RVS}}$$

bzw.

$$\frac{\sum\limits_{i=1}^{n-1} V_{i,t}^{S} \cdot (r - r_i)}{V_{n,t}^{RVS}} = \frac{\sum\limits_{i=1}^{n-1} V_{i,t+1}^{S} \cdot (r - r_i)}{V_{n,t+1}^{RVS}}$$

Diese Beziehung kann weiter umgeformt werden zu

$$\sum\limits_{i=1}^{n-1} \frac{V_{i,t}^{S}}{V_{n,t}^{RVS}} \cdot (r - r_i) - \sum\limits_{i=1}^{n-1} \frac{V_{i,t+1}^{S}}{V_{n,t+1}^{RVS}} \cdot (r - r_i) = 0$$

bzw. zu

---

240 Unter der Voraussetzung, dass $r_{t+1} = r$ bereits unter 2.6.2 bis 2.6.3.3 erfüllt war, kann auf eine Anpassung der Bezeichnung V_t verzichtet werden. Hiervon wird im Folgenden ausgegangen.

$$\sum_{i=1}^{n-1}\left[\frac{V_{i,t}^{S}}{V_{n,t}^{RVS}}\cdot(r-r_i) - \frac{V_{i,t+1}^{S}}{V_{n,t+1}^{RVS}}\cdot(r-r_i)\right]=0$$

sowie zu

$$\sum_{i=1}^{n-1}\left(\frac{V_{i,t}^{S}}{V_{n,t}^{RVS}} - \frac{V_{i,t+1}^{S}}{V_{n,t+1}^{RVS}}\right)\cdot(r-r_i)=0$$

Diese Bedingung ist dann erfüllt, wenn für alle i = 1 bis n-1 gilt

$$\frac{V_{i,t}^{S}}{V_{n,t}^{RVS}} = \frac{V_{i,t+1}^{S}}{V_{n,t+1}^{RVS}}$$

bzw.

$$\frac{V_{n,t}^{RVS}}{V_{n,t+1}^{RVS}} = \frac{V_{i,t}^{S}}{V_{i,t+1}^{S}}$$

Damit ist aufgezeigt, dass der modellendogene vermögenswertspezifische Zinssatz des Vermögenswertes i = n periodenunabhängig ist, wenn das Verhältnis des in den Vermögenswert i für alle i = 1 bis n-1 investierten Kapitals zum in den Vermögenswert i – n investierten Kapitals im Zeitablauf konstant ist.

Anhang zu 2.6.4.2: Nachweis der Ableitung des mittels der Residual-Value-Methode abgeleiteten Wertes eines Vermögenswertes bei Anwendung der MPEEM unter Zugrundelegung des modellendogen abgeleiteten Zinssatzes

Der Wert des Vermögenswertes i = n im Zeitpunkt T_i-1 ergibt sich für $V_{n,T_i}^{MPEEM}=0$ bei Anwendung der MPEEM aus der Beziehung

$$V_{n,T_i-1}^{MPEEM} = \frac{CF_{n,T_i}^{EE}}{1+r_{n,T_i}^{MPEEM}}$$

Bei Diskontierung der Excess Earnings der in T_i endenden Periode mit dem modellendogen abgeleiteten vermögenswertspezifischen Zinssatz

$$r_{n,T_i}^{RV} = \frac{V_{T_i-1}\cdot r_{T_i} - \sum_{i=1}^{n-1}V_{i,T_i-1}\cdot r_{i,T_i}}{V_{T_i-1} - \sum_{i=1}^{n-1}V_{i,T_i-1}}$$

d.h. mit $r_{n,T_i}^{MPEEM} = r_{n,T_i}^{RV}$, kann dieser Ausdruck überführt werden in die Beziehung

$$V_{n,T_i-1}^{MPEEM} = \frac{CF_{n,T_i}^{EE}}{1+\dfrac{V_{T_i-1}\cdot r_{T_i} - \sum_{i=1}^{n-1}V_{i,T_i-1}\cdot r_{i,T_i}}{V_{T_i-1} - \sum_{i=1}^{n-1}V_{i,T_i-1}}}$$

bzw. zu

$$V_{n,T_i-1}^{MPEEM} = \frac{CF_{n,T_i}^{EE}}{\dfrac{V_{T_i-1} - \sum_{i=1}^{n-1} V_{i,T_i-1} + V_{T_i-1} \cdot r_{T_i} - \sum_{i=1}^{n-1} V_{i,T_i-1} \cdot r_{i,T_i}}{V_{T_i-1} - \sum_{i=1}^{n-1} V_{i,T_i-1}}}$$

sowie mit den unter 2.6.3 abgeleiteten Ausdrücken

$$V_{n,T_i-1}^{RV} = V_{T_i-1} - \sum_{i=1}^{n-1} V_{i,T_i-1}$$

$$V_{n,T_i-1}^{RV} \cdot r_{n,T_i}^{RV} = V_{T_i-1} \cdot r_{T_i} - \sum_{i=1}^{n-1} V_{i,T_i-1} \cdot r_{i,T_i}$$

und

$$CF_{n,T_i}^{EE} = V_{n,T_i-1}^{RV} + V_{n,T_i-1}^{RV} \cdot r_{n,T_i}^{RV}$$

schließlich zu

$$V_{n,T_i-1}^{MPEEM} = V_{T_i-1} - \sum_{i=1}^{n-1} V_{i,T_i-1}$$

Damit gilt

$$V_{n,T_i-1}^{MPEEM} = V_{n,T_i-1}^{RV}$$

Der Wert des Vermögenswertes i = n im Zeitpunkt T_i-2 beträgt bei Anwendung der MPEEM

$$V_{n,T_i-2}^{MPEEM} = \frac{V_{n,T_i-1}^{MPEEM} + CF_{n,T_i-1}^{EE}}{1 + r_{n,T_i-1}^{RV}}$$

Mit

$$r_{n,T_i-1}^{RV} = \frac{V_{T_i-2} \cdot r_{T_i-1} - \sum_{i=1}^{n-1} V_{i,T_i-2} \cdot r_{i,T_i-1}}{V_{T_i-2} - \sum_{i=1}^{n-1} V_{i,T_i-2}}$$

und

$$V_{n,T_i-1}^{MPEEM} = V_{n,T_i-1}^{RV}$$

ergibt sich

$$V_{n,T_i-2}^{MPEEM} = \frac{V_{n,T_i-1}^{RV} + CF_{n,T_i-1}^{EE}}{1 + \dfrac{V_{T_i-2} \cdot r_{T_i-1} - \sum_{i=1}^{n-1} V_{i,T_i-2} \cdot r_{i,T_i-1}}{V_{T_i-2} - \sum_{i=1}^{n-1} V_{i,T_i-2}}}$$

bzw.

$$V_{n,T_i-2}^{MPEEM} = \frac{V_{n,T_i-1}^{RV} + CF_{n,T_i-1}^{EE}}{\dfrac{V_{T_i-2} - \sum_{i=1}^{n-1} V_{i,T_i-2} + V_{T_i-2} \cdot r_{T_i-1} - \sum_{i=1}^{n-1} V_{i,T_i-2} \cdot r_{i,T_i-1}}{V_{T_i-2} - \sum_{i=1}^{n-1} V_{i,T_i-2}}}$$

Mit den unter 2.6.3 abgeleiteten Ausdrücken

$$V_{n,T_i-2}^{RV} = V_{T_i-2} - \sum_{i=1}^{n-1} V_{i,T_i-2}$$

und

$$V_{n,T_i-2}^{RV} \cdot r_{n,T_i-1}^{RV} = V_{T_i-2} \cdot r_{T_i-1} - \sum_{i=1}^{n-1} V_{i,T_i-2} \cdot r_{i,T_i-1}$$

ergibt sich weiter

$$V_{n,T_i-2}^{MPEEM} = \frac{V_{n,T_i-1}^{RV} + CF_{n,T_i-1}^{EE}}{\dfrac{V_{n,T_i-2}^{RV} + V_{n,T_i-2}^{RV} \cdot r_{n,T_i-1}^{RV}}{V_{T_i-2} - \sum_{i=1}^{n-1} V_{i,T_i-2}}}$$

sowie mit

$$CF_{n,T_i-1}^{EE} = V_{n,T_i-2}^{RV} - V_{n,T_i-1}^{RV} + V_{n,T_i-2}^{RV} \cdot r_{n,T_i-1}^{RV}$$

die Beziehung

$$V_{n,T_i-2}^{MPEEM} = V_{T_i-2} - \sum_{i=1}^{n-1} V_{i,T_i-2}$$

Damit gilt

$$V_{n,T_i-2}^{MPEEM} = V_{n,T_i-2}^{RV}$$

Der Wert des Vermögenswertes i = n kann in gleicher Weise für die Zeitpunkte T_i-3, T_i-4 und weiter für alle Zeitpunkte t mit t = 0 bis ∞ bestimmt werden. Damit ist aufgezeigt, dass bei Diskontierung der Excess Earnings mit dem modellendogen abgeleiteten vermögenswertspezifischen Zinssatz der so bestimmte Wert des Vermögenswertes i = n gleich dem mittels der Residual-Value-Methode abgeleiteten Wert ist. Es gilt:

$$V_{n,t}^{MPEEM} = V_{n,t}^{RV}$$

mit

$$V_{n,t}^{MPEEM} = \frac{V_{n,t+1} + CF_{n,t+1}}{1 + r_{n,t+1}^{MPEEM}}$$

$$r_{n,t+1}^{MPEEM} = r_{n,t+1}^{RV}$$

$$r_{n,t+1}^{RV} = \frac{V_t \cdot r_{t+1} - \sum_{i=1}^{n-1} V_{i,t} \cdot r_{i,t+1}}{V_t - \sum_{i=1}^{n-1} V_{i,t}}$$

und

$$V_{n,t}^{RV} = V_t - \sum_{i=1}^{n-1} V_{i,t}$$

Anhang zu 2.6.4.3.2: Erklärung des Differenzbetrages zwischen dem mittels der MPEEM und dem mittels der Residual-Value-Methode abgeleiteten Wert des Vermögenswertes i = n

Bei einer verbleibenden Nutzungsdauer des Vermögenswertes i = n von T_i Jahren gilt im Zeitpunkt T_i-1

$$V_{n,T_i-1}^{RV} = \frac{CF_{n,T_i}}{1 + r_{n,T_i}^{RV}}$$

und

$$V_{n,T_i-1}^{MPEEM} = \frac{CF_{n,T_i}}{1 + r_{n,T_i}^{MPEEM}}$$

Der Differenzbetrag zwischen den beiden Werten ist bestimmt durch die Beziehung

$$\varepsilon_{n,T_i-1}^{MPEEM} = V_{n,T_i-1}^{RV} - V_{n,T_i-1}^{MPEEM}$$

bzw. nach Einsetzen der Ausdrücke für V_{n,T_i-1}^{RV} und V_{n,T_i-1}^{MPEEM} durch

$$\varepsilon_{n,T_i-1}^{MPEEM} = \frac{CF_{n,T_i}}{1 + r_{n,T_i}^{RV}} - \frac{CF_{n,T_i}}{1 + r_{n,T_i}^{MPEEM}}$$

bzw.

$$\varepsilon_{n,T_i-1}^{MPEEM} = CF_{n,T_i} \cdot \left(\frac{1}{1 + r_{n,T_i}^{RV}} - \frac{1}{1 + r_{n,T_i}^{MPEEM}} \right)$$

Im Zeitpunkt T_i-2 gilt

$$V_{n,T_i-2}^{RV} = \frac{V_{n,T_i-1}^{RV} + CF_{n,T_i-1}}{1 + r_{n,T_i-1}^{RV}}$$

und

$$V_{n,T_i-2}^{MPEEM} = \frac{V_{n,T_i-1}^{MPEEM} + CF_{n,T_i-1}}{1 + r_{n,T_i-1}^{MPEEM}}$$

Der Differenzbetrag zwischen den beiden Werten ist bestimmt durch die Beziehung

$$\varepsilon_{n,T_i-2}^{MPEEM} = V_{n,T_i-2}^{RV} - V_{n,T_i-2}^{MPEEM}$$

bzw. nach Einsetzen der Ausdrücke für V_{n,T_i-2}^{RV} und V_{n,T_i-2}^{MPEEM} durch

$$\varepsilon_{n,T_i-2}^{MPEEM} = \frac{V_{n,T_i-1}^{RV} + CF_{n,T_i-1}}{1 + r_{n,T_i-1}^{RV}} - \frac{V_{n,T_i-1}^{MPEEM} + CF_{n,T_i-1}}{1 + r_{n,T_i-1}^{MPEEM}}$$

Diese Beziehung kann mit

$$V_{n,T_i-1}^{RV} = \frac{CF_{n,T_i}}{1 + r_{n,T_i}^{RV}}$$

und

$$V_{n,T_i-1}^{MPEEM} = \frac{CF_{n,T_i}}{1 + r_{n,T_i}^{MPEEM}}$$

überführt werden zu

$$\varepsilon_{n,T_i-2}^{MPEEM} = CF_{n,T_i} \cdot \frac{1}{1 + r_{n,T_i}^{RV}} \cdot \frac{1}{1 + r_{n,T_i-1}^{RV}} + CF_{n,T_i-1} \cdot \frac{1}{1 + r_{n,T_i-1}^{RV}} - CF_{n,T_i} \cdot \frac{1}{1 + r_{n,T_i}^{MPEEM}} \cdot \frac{1}{1 + r_{n,T_i-1}^{MPEEM}}$$

$$+ CF_{n,T_i-1} \cdot \frac{1}{1 + r_{n,T_i-1}^{MPEEM}}$$

bzw.

$$\varepsilon_{n,T_i-2}^{MPEEM} = CF_{n,T_i} \cdot \left(\frac{1}{1 + r_{n,T_i}^{RV}} \cdot \frac{1}{1 + r_{n,T_i-1}^{RV}} - \frac{1}{1 + r_{n,T_i}^{MPEEM}} \cdot \frac{1}{1 + r_{n,T_i-1}^{MPEEM}} \right) + CF_{n,T_i-1} \cdot \left(\frac{1}{1 + r_{n,T_i-1}^{RV}} - \frac{1}{1 + r_{n,T_i-1}^{MPEEM}} \right)$$

Durch Weiterführung dieser Betrachtungen ergibt sich schließlich

$$\varepsilon_{n,t}^{MPEEM} = V_{n,t}^{RVS} - V_{n,t}^{MPEEM} = \sum_{j=t+1}^{\infty} CF_{n,j} \cdot \left[\prod_{j^*=t+1}^{j} (1 + r_{n,j^*}^{RV})^{-1} - \prod_{j^*=t+1}^{j} (1 + r_{n,j^*}^{MPEEM})^{-1} \right]$$

Anhang zu 2.6.4.3.3: Ableitung der Beziehung für die gewichteten Kapitalkosten bei Anwendung der MPEEM

Die Beziehung

$$CF_{t+1} = CF_{n,t+1}^{EE} + \sum_{i=1}^{n-1} CF_{i,t+1}$$

kann durch Einsetzen der Ausdrücke für CF_{t+1} und $CF_{i,t+1}$ für i = 1 bis n-1 sowie mit

$$CF_{n,t+1}^{EE} = V_{n,t}^{MPEEM} - V_{n,t+1}^{MPEEM} + V_{n,t}^{MPEEM} \cdot r_{n,t+1}^{MPEEM}$$

überführt zu

$$V_t - V_{t+1} + V_t \cdot r_{t+1} = V_{n,t}^{MPEEM} + \sum_{i=1}^{n-1} V_{i,t} - \left(V_{n,t+1}^{MPEEM} + \sum_{i=1}^{n-1} V_{i,t+1} \right) + V_{n,t}^{MPEEM} \cdot r_{n,t+1}^{MPEEM} + \sum_{i=1}^{n-1} V_{i,t} \cdot r_{i,t+1}$$

Mit $V_t = V_{n,t}^{MPEEM} + \sum_{i=1}^{n-1} V_{i,t} + \varepsilon_{n,t}^{MPEEM}$ und $V_{t+1} = V_{n,t+1}^{MPEEM} + \sum_{i=1}^{n-1} V_{i,t} + \varepsilon_{n,t+1}^{MPEEM}$ ergibt sich

$$V_t - V_{t+1} + V_t \cdot r_{t+1} = V_t - \varepsilon_{n,t}^{MPEEM} - \left(V_{t+1} - \varepsilon_{n,t+1}^{MPEEM}\right) + V_{n,t}^{MPEEM} \cdot r_{n,t+1}^{MPEEM} + \sum_{i=1}^{n-1} V_{i,t} \cdot r_{i,t+1}$$

bzw.

$$V_t \cdot r_{t+1} = V_{n,t}^{MPEEM} \cdot r_{n,t+1}^{MPEEM} + \sum_{i=1}^{n-1} V_{i,t} \cdot r_{i,t+1} - \left(\varepsilon_{n,t}^{MPEEM} - \varepsilon_{n,t+1}^{MPEEM}\right)$$

sowie nach Auflösung nach den gewichteten Kapitalkosten

$$r_{t+1} = \frac{V_{n,t}^{MPEEM} \cdot r_{n,t+1}^{MPEEM} + \sum_{i=1}^{n-1} V_{i,t} \cdot r_{i,t+1} - \left(\varepsilon_{t}^{MPEEM} - \varepsilon_{t+1}^{MPEEM}\right)}{V_t}$$

Anhang zu 2.6.4.3.5: Bedingung für Konstanz des in Vermögenswert i = n investierten Kapitals bei Anwendung der MPEEM

Das in das Unternehmen und das in die Vermögenswerte i = 1 bis n-1 investierte Kapital ist für alle t = 0 bis ∞ unveränderlich, wenn

$$V_t = V$$

und für alle i = 1 bis n-1

$$V_{i,t} = V_i$$

gilt. Auf dieser Grundlage ergibt sich der mittels der Residual-Value-Methode ermittelte Wert des Vermögenswertes i = n aus der Beziehung

$$V_{n,t}^{RV} = V - \sum_{i=1}^{n-1} V_i$$

und ist, da diese Beziehung unabhängig von t ist, im Betrachtungszeitraum konstant. Für alle t = 0 bis ∞ gilt

$$V_{n,t}^{RV} = V_n^{RV}$$

Die Einkommensbeiträge des Unternehmens und der Vermögenswerte i = 1 bis n-1 können aus den Beziehungen

$$V = \frac{V + CF_{t+1}}{1 + r}$$

und

$$V_i = \frac{V_i + CF_{i,t+1}}{1 + r_i}$$

abgeleitet werden als

$$CF_{t+1} = V \cdot r$$

bzw.

$$CF_{i,t+1} = V_i \cdot r_i$$

Die Beziehungen zeigen, dass diese Einkommensbeiträge unabhängig von t und damit konstant sind.

Mit $CF_{t+1} = CF$ und $CF_{i,t+1} = CF_i$ ergeben sich die Ecxess Earnings aus der Beziehung

$$CF_{n,t+1}^{EE} = CF - \sum_{i=1}^{n-1} CF_i$$

Diese sind gleichfalls unabhängig von t und dementsprechend im Zeitablauf konstant.

Der Wert des Vermögenswertes i = n ergibt sich bei konstanten Excess Earnings unter Zugrundelegung der MPEEM aus der Beziehung

$$V_{n,t}^{MPEEM} = \frac{CF_n^{EE}}{r_n^{MPEEM}}$$

Diese Beziehung ist unabhängig von t und damit ist der Wert des Vermögenswertes i = n konstant.

3 Einzelfragen der Bewertung immaterieller Vermögenswerte

3.1 Überblick

Im Folgenden werden ausgewählte Einzelfragen der Bewertung immaterieller Vermögenswerte betrachtet. Im Einzelnen wird eingegangen auf

- Bewertungsgrundsätze, die als Grundlage der Bewertung immaterieller Vermögenswerte in Betracht kommen (3.2), auf
- Anwendungsfragen des Income Approach (3.3) sowie auf
- Anwendungsfragen des Cost Approach (3.4).

3.2 Bewertungsgrundsätze

3.2.1 Vorgehen

Im Folgenden werden zunächst ausgewählte Bewertungsgrundsätze, die nach den International Valuation Standards (IVS) anzuwenden sind, sowie die von den IVS vorgegebenen Bases of Value betrachtet. Sodann wird auf den in IFRS 13 geregelten beizulegenden Zeitwert (Fair Value) als Beispiel einer nicht von den IVS vorgegebenen Basis of Value eingegangen.[241] Vorab wird ein Überblick über Verlautbarungen zur Bewertung immaterieller Vermögenswerte gegeben.

Den Betrachtungen liegt der im Dezember 2016 veröffentlichte Pre-publication Draft der IVS 2017[242] zugrunde.

---

241 Zu den Bewertungsmaßstäben des deutschen Steuerrechts siehe z. B. Beumer/Duscha (2012), S. 1143 ff.

242 Im Folgenden auch als PPD IVS 2017 zitiert. ED IVS 2017 bezeichnet den im April 2016 veröffentlichten Exposure Draft der IVS 2017.

3.2.2 Verlautbarungen zur Bewertung immaterieller Vermögenswerte im Überblick

Verschiedene nationale, internationale und supranationale Institutionen, beispielsweise das Institut der Wirtschaftsprüfer in Deutschland e. V. (IDW), Düsseldorf, oder das International Valuation Standards Council (IVSC), London,[243] haben Standards, Guidelines sowie Best-Practice- bzw. Benchmark-Studien zur Bewertung immaterieller Vermögenswerte in endgültiger Fassung bzw. in Entwurfsfassung veröffentlicht. Die Verlautbarungen weisen teilweise einen eingegrenzten Anwendungsbereich auf und beziehen sich nur auf bestimmte Bewertungsanlässe, insbesondere die bilanzielle Abbildung von Unternehmenszusammenschlüssen, oder ausgewählte Vermögenswerte, vor allem Marken oder Patente; teilweise sind sie auch genereller Natur. Abbildung 3.2.2-1 stellt ausgewählte Verlautbarungen zusammen.[244] In die Abbildung wurden auch einige zwischenzeitlich aufgehobene bzw. nicht finalisierte Verlautbarungen aufgenommen, aus denen sich bedeutsame Aussagen zur Bewertung immaterieller Vermögenswerte ergeben.

Die der Bewertung zugrunde zu legenden Standards sind unter Berücksichtigung von Bewertungsanlass und Bewertungsauftrag sowie der Qualität der Standards festzulegen. Das dabei anzuwendende Vorgehen legen die IVS 2017 ausführlich dar.

Autor Publisher	Publication	Type	Assets	Purpose of Valuation	State	Date
IDW	IDW RS HFA 16: Bewertungen bei der Abbildung von Unternehmenserwerben und bei Werthaltigkeitsprüfungen nach IFRS	Standard	all types of intangible assets	PPA, Impairment Test (IFRS)	deleted	2005
IDW	IDW S 5: Grundsätze zur Bewertung immaterieller Vermögenswerte	Standard	all types / Trademarks, Customer Relationship, Technology	Multi Purpose	released	2015
IDW	IDW RS HFA 40: Einzelfragen zur Wertminderung von Vermögenswerten nach IAS 36	Guideline	all types of intangible assets	Impairment Test (IFRS)	released	2015
IDW	IDW RS HFA 47: Einzelfragen zur Ermittlung des Fair Value nach IFRS 13	Guideline	all types of intangible assets	Accounting (IFRS)	released	2015
BVF	Zehn Grundsätze der monetären Markenbewertung	-	Trademarks	Multi Purpose	released	2007
BDU	Grundsätze ordnungsgemäßer Markenbewertung	-	Trademarks	Multi Purpose	released	2015
SIGNO-Projektmanagement	Standard für das SIGNO-Gutachten Patentwert	Standard	Patente	Multi Purpose	released	2010
DIN	PAS 1070: Grundsätze ordnungsmäßiger Patentbewertung	-	Patents	Multi Purpose	released	2007

---

243 Zu dessen Zielsetzung, Geschichte und Organisation siehe Bollmann (2010), S. 16 ff.
244 Siehe zu Verlautbarungen zur Bewertung immaterieller Vermögenswerte auch Kasperzak/Nestler (2010), S. 54 ff. Zu Standards zur Patentbewertung in USA vgl. Perdue (2013), S. 130 ff.; zu den BDU-Grundsätzen ordnungsgemäßer Markenbewertung siehe Nestler (2016), S. 809 ff.

Autor Publisher	Publication	Type	Assets	Purpose of Valuation	State	Date
DIN (NA 159-01-07-AA)	DIN 77100 Grundsätze der monetären Patentbewertung	Standard	Patents and similar technology-based Assets	Multi Purpose	released	2012
DIN ISO	DIN ISO 10668: Markenbewertung – Anforderungen an die monetäre Markenbewertung	Standard	Trademarks	Multi Purpose	released	2010/ 2011
ASA	BVS-IX Intangible Asset Valuation	Standard	all types of intangible assets	Multi Purpose	released	2008
AICPA	Assets Acquired to Be Used in Research and Development Activities	Guideline	Technology	Accounting (ASC)	Working Draft	2011
TAF	APB #1: The Identification of Contributory Assets and Calculation of Economic Rents	Best Practice Study	all types of intangible assets	Financial Reporting Related (FAS)	released	2010
TAF	APB #2: The Valuation of Customer-related Assets	Best Practice Study	Customer-related Assets	Accounting (ASC, IFRS)	released	2016
IRS	4.48.5 Intangible Property Valuation Guidelines	Guideline	all types of intangible assets	Tax Purposes	released	2006
IVSC	Discussion paper: Determination of Fair Value of Intangible Assets for IFRS Reporting Purposes	Best Practice Study	all types of intangible assets	Financial Reporting Related (IFRS)	ED	2007
IVSC	GN 4: Valuation of Intangible Assets	Guidance Note	all types of intangible assets	Multi Purpose	superseded by TIP 3	2009
IVSC	GN 16: Valuation of Intangible Assets for IFRS Reporting Purposes	Guidance Note	all types of intangible assets	Financial Reporting Related (IFRS)	ED	2009
IVSC	TIP 3: The Valuation of Intangible Assets	Guideline	all types of intangible assets	Multi Purpose	deleted	2016
IVSC	International Valuation Standards 2017	Standard	all types of intangible assets	Multi Purpose	released	2016

Abb. 3.2.2-1: Ausgewählte Verlautbarungen zur Bewertung immaterieller Vermögenswerte

3.2.3 Bewertungsgrundsätze der IVS 2017

3.2.3.1 Überblick

Der IVS 104 Bases of Value[245] legt – dies stellt die Basis for Conclusions zu ED IVS 104 ausdrücklich heraus – die übergreifenden Bewertungsgrundsätze dar, die bei allen den IVS 2017 folgenden Bewertungen anzuwenden sind. Insbesondere behandelt PPD IVS 104 die

---

245 Im Folgenden auch als PPD IVS 104 zitiert. ED IVS 104 bezeichnet den Exposure Draft.

nach PPD IVS 2017 zugrunde zu legenden Bases of Value. Im Folgenden[246] wird ein Überblick über den Standard gegeben.

Die Betrachtungen unter 3.2.3.2 bis 3.2.3.4 folgen dem Aufbau von PPD IVS 104 Bases of Value. Dieser ist grundsätzlich[247] in drei Teile gegliedert: Im ersten Teil »Introduction« wird der Ausdruck »Basis of Value« definiert und auf zentrale Bewertungsannahmen eingegangen, zu denen die meisten Bases of Values – explizit oder implizit – eine Aussage treffen. Im zweiten Teil »Bases of Value« werden die bei Bewertungen nach PPD IVS 2017 anzuwendenden Bases of Value vorgestellt und erläutert. Der letzte Teil wendet sich einzelnen »Valuation Concepts« zu, die im Zusammenhang mit den Bases of Value zu betrachten sind.

Abbildung 3.2.3-1 stellt wesentliche Definitionen des Glossary der IVS 2017 zusammen.

Asset or Assets
… refer generally to items that might be subject to a valuation engagement. Unless otherwise specified in the standard, these terms can be considered to mean »asset, group of assets, liability, group of liabilities, or group of assets and liabilities«.
Participant
… refers to the relevant participants pursuant to the basis (or bases) of value used in a valuation engagement (see IVS 104 Bases of Value). Different bases of value require valuers to consider different perspectives, such as those of »market participants« (e.g. Market Value, IFRS Fair Value) or a particular owner or prospective buyer (e.g. Investment Value).
Purpose (Valuation Purpose or Purpose of Valuation)
… refers to the reason(s) a valuation is performed. Common purposes include (but are not limited to) financial reporting, tax reporting, litigation support, transaction support, and to support secured lending decisions.

Abb. 3.2.3-1: Ausgewählte Definitionen des Glossary der IVS 2017

3.2.3.2 Bases of Value als grundlegende Bewertungsannahmen

PPD 10.1[248] definiert Bases of Value – diese werden auch als Standards of Value bezeichnet – als »the fundamental premises on which the reported values will be based«.

Unter PPD 10.3–10.7 werden im Standardentwurf drei zentrale Bewertungsannahmen erläutert, zu denen die meisten Bases of Value eine Aussage treffen. Diese Bewertungsannahmen sowie deren mögliche Ausprägungen und Charakteristika sind in Abbildung 3.2.3-2 zusammengestellt.

---

246 Siehe hierzu auch Moser/Tesche/Hell (2016), S. 89 ff.

247 Der dritte Teil wird im Standardentwurf nicht gesondert kenntlich gemacht. Die Abgrenzung als eigener Teil ergibt sich aus der in ED IVS 104 vorgestellten »Introduction to Exposure Draft« sowie der Basis for Conclusions zu ED IVS 104.

248 Diese und die folgenden Fundstellen beziehen sich auf PPD IVS 104.

Assumed Transaction
a) a hypothetical transaction, b) an actual transaction, c) a purchase (or entry) transaction, d) a sale (or exit) transaction, and/or e) a transaction in a particular or hypothetical market with specified characteristics.
Assumed Date of the Transaction
… will influence what information and data a valuer considers in a valuation. Most bases of value prohibit the consideration of information or market sentiment that would not be known or knowable with reasonable due diligence on the measurement/valuation date by participants.
Assumed Parties of a Transaction
Bases of Value provide a certain level of description of the parties.
a) hypothetical, b) known or specific parties, c) members of an identified/described group of potential parties, d) whether the parties are subject to particular conditions or motivations at the assumed date (e.g., duress), and/or e) an assumed knowledge level.

Abb. 3.2.3-2: Ausprägungen und Charakteristika zentraler Bewertungsannahmen nach PPD IVS 104.10

PPD 10.1 stellt weiter heraus, dass die Basis of Value unter Berücksichtigung des Bewertungsauftrages und des Bewertungsanlasses (»purpose«) festzulegen ist. Zur Begründung dieser Anforderung weist der Standardentwurf auf den Einfluss hin, der von der Basis of Value auf Methodenwahl, Inputparameter sowie Annahmen und somit auf das Bewertungsergebnis ausgehen kann.

3.2.3.3 Bases of Value der IVS 2017

3.2.3.3.1 Überblick über die Bases of Value des Standardentwurfs

Der Standardentwurf unterscheidet in PPD 20 zwischen IVS-defined Bases of Value und non-IVS-defined Bases of Value (Other Bases of Value). IVS-defined Bases of Value werden in PPD IVS 104 eingeführt; bei den non-IVS-defined Bases of Value handelt es sich um durch andere Organisationen, z.B. das IASB, die OECD oder nationale Gesetzgeber, vorgegebene Bases of Value.[249] Die Other Bases of Value sind dann anwenden, wenn dies der zugrunde liegende Bewertungsanlass, z.B. aufgrund gesetzlicher Vorschriften oder internationaler Vereinbarungen, erfordert. Abbildung 3.2.3-3 stellt die in PPD IVS 104 eingeführten IVS-defined Bases of Value sowie die dort beispielhaft genannten »Other Bases of Value« (»non-IVS-defined«) unter Einbeziehung der in PPD IVS 104 gegebenen Definitionen zusammen.[250]

---

249 Vgl. auch PPD 20.5.
250 Zum Fair Market Value in USA siehe z.B. Ruthardt/Hachmeister (2016), S.1048ff. Weitergehend Ruthardt/Hachmeister (2014), S.428ff.

IVS-defined Bases of Value
Market Value … is the estimated amount for which an asset or liability should exchange on the valuation date between a willing buyer and a willing seller in an arm's length transaction, after proper marketing and where the parties had each acted knowledgeably, prudently and without compulsion
Market Rent … is the estimated amount for which an interest in real property should be leased on the valuation date between a willing lessor and a willing lessee on appropriate lease terms in an arm's length transaction, after proper marketing and where the parties had each acted knowledgeably, prudently and without compulsion
Equitable Value … is the estimated price for the transfer of an asset or liability between identified knowledgeable and willing parties that reflects the respective interests of those parties
Investment Value/Worth … is the value of an asset to a particular owner or prospective owner for individual investment or operational objectives
Synergistic Value … is the result of a combination of two or more assets or interests where the combined value is more than the sum of the separate values
Liquidation Value … is the amount that would be realised when an asset or group of assets are sold on a piecemeal basis
Non IVS-defined Bases of Value
Fair Value (International Financial Reporting Standards) IFRS 13 defines Fair Value as the price that would be received to sell an asset or paid to transfer a liability in an orderly transaction between market participants at the measurement date
Fair Market Value (OECD) The OECD defines Fair Market Value as the price a willing buyer would pay a willing seller in a transaction on the open market
Fair Market Value (United States Internal Revenue Services) For United States tax purposes, Regulation §20.2031–1 states: »The fair market value is the price at which the property would change hands between a willing buyer and a willing seller, neither being under any compulsion to buy or to sell and both having reasonable knowledge of relevant facts.«
Fair Value (Legal/Statutory) in different jurisdictions Many national, state and local agencies use Fair Value as a basis of value in a legal context. The definitions can vary significantly and may be the result of legislative action or those established by courts in prior cases

Abb. 3.2.3-3: Bases of Value gemäß PPD IVS 104

Für die Durchführung von Bewertungen nach PPD IVS 2017 stellt PPD IVS 104 die non-IVS-defined den IVS-defined Bases of Value gleich. Dadurch erreicht der Entwurf, dass auch Bewertungen, denen eine non-IVS-defined Basis of Value zugrunde zu legen ist, in Übereinstimmung mit den IVS durchgeführt werden können.[251]

Nach der Basis for Conclusions zu ED IVS 104 folgt der Standardentwurf dem Grundsatz, dass es einzig in der Verantwortung des Bewerters liegt, die – unter Berücksichtigung

---

251 Vgl. hierzu auch die Basis for Conclusions zu ED IVS 104.

von Bewertungsanlass und Bewertungsauftrag – zutreffende Basis of Value festzulegen; dieser Grundsatz wird in PPD 20.2 eingeführt. In PPD 20.4 wird weiter herausgestellt, dass der Bewerter gleichfalls dafür verantwortlich ist, bestehende Vorschriften, Rechtsprechung sowie Interpretationen zur Basis of Value zu verstehen.

3.2.3.3.2 IVS-defined Bases of Value

Der Standardentwurf legt für die Anwendung des Market Value ein »conceptual framework« vor. Abbildung 3.2.3-4 gibt dieses Conceptual Framework wieder:

»the estimated amount«
… refers to a price expressed in terms of money payable for the asset in an arm's length market transaction. Market Value is the most probable price reasonably obtainable in the market on the valuation date in keeping with the market value definition. It is the best price reasonably obtainable by the seller and the most advantageous price reasonably obtainable by the buyer. This estimate specifically excludes an estimated price inflated or deflated by special terms or circumstances such as atypical financing, sale and leaseback arrangements, special considerations or concessions granted by anyone associated with the sale, or any element of value available only to a specific owner or purchaser,

---

»an asset or liability should exchange«
… refers to the fact that the value of an asset or liability is an estimated amount rather than a predetermined amount or actual sale price. It is the price in a transaction that meets all the elements of the Market Value definition at the valuation date,

---

»on the valuation date«
… requires that the value is time-specific as of a given date. Because markets and market conditions may change, the estimated value may be incorrect or inappropriate at another time. The valuation amount will reflect the market state and circumstances as at the valuation date, not those at any other date,

---

»between a willing buyer«
… refers to one who is motivated, but not compelled to buy. This buyer is neither overeager nor determined to buy at any price. This buyer is also one who purchases in accordance with the realities of the current market and with current market expectations, rather than in relation to an imaginary or hypothetical market that cannot be demonstrated or anticipated to exist. The assumed buyer would not pay a higher price than the market requires. The present owner is included among those who constitute »the market«,

---

»and a willing seller«
… is neither an overeager nor a forced seller prepared to sell at any price, nor one prepared to hold out for a price not considered reasonable in the current market. The willing seller is motivated to sell the asset at market terms for the best price attainable in the open market after proper marketing, whatever that price may be. The factual circumstances of the actual owner are not a part of this consideration because the willing seller is a hypothetical owner,

---

»in an arm's length transaction«
… is one between parties who do not have a particular or special relationship, eg, parent and subsidiary companies or landlord and tenant, that may make the price level uncharacteristic of the market or inflated because of an element of special value. The Market Value transaction is presumed to be between unrelated parties, each acting independently,

---

»after proper marketing«
… means that the asset would be exposed to the market in the most appropriate manner to effect its disposal at the best price reasonably obtainable in accordance with the market value definition. The method of sale is deemed to be that most appropriate to obtain the best price in the market to which the seller has access. The length of exposure time is not a fixed period but will vary according to the type of asset and market conditions. The only criterion is that there must have been sufficient time to allow the asset to be brought to the attention of an adequate number of market participants. The exposure period occurs prior to the valuation date,

---

»where the parties had each acted knowledgeably, prudently«
… presumes that both the willing buyer and the willing seller are reasonably informed about the nature and characteristics of the asset, its actual and potential uses, and the state of the market as of the valuation date. Each is further presumed to use that knowledge prudently to seek the price that is most favourable for their respective positions in the transaction. Prudence is assessed by referring to the state of the market at the valuation date, not with the benefit of hindsight at some later date. For example, it is not necessarily imprudent for a seller to sell assets in a market with falling prices at a price that is lower than previous market levels. In such cases, as is true for other exchanges in markets with changing prices, the prudent buyer or seller will act in accordance with the best market information available at the time,

---

»and without compulsion«
… establishes that each party is motivated to undertake the transaction, but neither is forced or unduly coerced to complete it.

Comments (PPD 30.3- 30.7)

The concept of Market Value presumes a price negotiated in an open and competitive market where the participants are acting freely. The market for an asset could be an international market or a local market. The market could consist of numerous buyers and sellers, or could be one characterised by a limited number of market participants. The market in which the asset is presumed exposed for sale is the one in which the asset notionally being exchanged is normally exchanged.

The Market Value of an asset will reflect its highest and best use.[1] The highest and best use is the use of an asset that maximises its potential and that is possible, legally permissible and financially feasible. The highest and best use may be for continuation of an asset's existing use or for some alternative use. This is determined by the use that a market participant would have in mind for the asset when formulating the price that it would be willing to bid.

The nature and source of the valuation inputs must be consistent with the basis of value, which in turn must have regard to the valuation purpose. For example, various approaches and methods may be used to arrive at an opinion of value providing they use market-derived data. The market approach will, by definition, use market-derived inputs. To indicate Market Value, the income approach should be applied, using inputs and assumptions that would be adopted by participants. To indicate Market Value using the cost approach, the cost of an asset of equal utility and the appropriate depreciation should be determined by analysis of market-based costs and depreciation.

The data available and the circumstances relating to the market for the asset being valued must determine which valuation method or methods are most relevant and appropriate. If based on appropriately analysed market-derived data, each approach or method used should provide an indication of Market Value.

Market Value does not reflect attributes of an asset that are of value to a specific owner or purchaser that are not available to other buyers in the market. Such advantages may relate to the physical, geographic, economic or legal characteristics of an asset. Market Value requires the disregard of any such element of value because at any given date it is only assumed that there is a willing buyer, not a particular willing buyer.

---

1   Vgl. zu diesem Konzept unter 3.2.3.4.2.

Abb. 3.2.3-4: Conceptual Framework zur Anwendung des Market Value

Die anderen IVS-defined Bases of Value werden von PPD IVS 104 kurz kommentiert und teilweise dem Market Value gegenübergestellt. Die Ausführungen des Pre-publication Draft zu den anderen Bases of Value werden in Abbildung 3.2.3-5 zusammengefasst.

Market Rent
… may be used as a basis of value when valuing a lease or an interest created by a lease. In such cases, it is necessary to consider the contract rent and, where it is different, the market rent (PPD 40.2).
The conceptual framework supporting the definition of Market Value shown above can be applied to assist in the interpretation of market rent (PPD 40.3).

Equitable Value
… requires the assessment of the price that is fair between two specific, identified parties considering the respective advantages or disadvantages that each will gain from the transaction. In contrast, Market Value requires any advantages that would not be available to or incurred by market participants generally to be disregarded (PPD 50.2).

Investment Value/Worth
… is an entity-specific basis of value. Although the value of an asset to the owner may be the same as the amount that could be realised from its sale to another party, this basis of value reflects the benefits received by an entity from holding the asset and, therefore, does not involve a presumed exchange. Investment Value reflects the circumstances and financial objectives of the entity for which the valuation is being produced. It is often used for measuring investment performance (PPD 60.2).

Synergistic Value
If the synergies are only available to one specific buyer then Synergistic Value will differ from Market Value, as the Synergistic Value will reflect particular attributes of an asset that are only of value to a specific purchaser. The added value above the aggregate of the respective interests is often referred to as "marriage value" (PPD 70.1).

Liquidation Value
… should take into account the costs of getting the assets into saleable condition as well as those of the disposal activity. Liquidation Value can be determined under two different premises of value:
a) an orderly transaction with a typical marketing period, or
b) a forced transaction with a shortened marketing period) (PPD 80.1).

Abb. 3.2.3-5: Zusammenfassende Übersicht der Anmerkungen zu den übrigen IVS-defined Bases of Value

3.2.3.4 Einzelfragen zur Anwendung der Bases of Value von PPD IVS 2017

3.2.3.4.1 Überblick
PPD IVS 104 behandelt weitere, im Zusammenhang mit den Bases of Value zu betrachtende Fragestellungen. Im Einzelnen geht der Standardentwurf auf die Premise of Value, Entity Specific Factors, Synergien, die Unterscheidung zwischen Assumptions und Special Assumptions sowie Transaktionskosten ein. Im Folgenden werden die in PPD IVS 104 dargelegten Erläuterungen kurz vorgestellt.

3.2.3.4.2 Premise of Value
PPD 130.1 definiert »(a) premise of value or assumed use describes the circumstances of how an asset or liability is used«. Abbildung 3.2.3-6 stellt die in PPD 130 bis 170 eingeführten und erläuterten Premises of Value zusammen.

Highest and Best Use
… is the use from a participant perspective that would produce the highest value for an asset
Current Use/Existing Use
… is the current way an asset, liability, or group of assets and/or liabilities is used. The current use may be, but is not necessarily, also the highest and best use
Orderly Liquidation
… describes the value of a group of assets that could be realised in a liquidation« sale, given a reasonable period of time to find a purchaser (or purchasers), with the seller being compelled to sell on an as-is, where-is basis. The reasonable period of time to find a purchaser (or purchasers) may vary by asset type.
Forced Sale
… is often used in circumstances where a seller is under compulsion to sell and that, as consequence, a proper marketing period is not possible and buyers may not be able to undertake due diligence.

Abb. 3.2.3-6: Premises of Value

Die Premises »Highest and Best Use« (HABU) und »Forced Sale« werden im Standardentwurf weiter dargelegt. Die Erläuterungen des Entwurfs zu diesen Annahmen werden in Abbildung 3.2.3-7 zusammengefasst:

IVS 104	Premise of Value – Highest and Best Use
140.2	The highest and best use must be physically possible (where applicable), financially feasible, legally allowed and result in the highest value. If different from the current use, the costs to convert an asset to its highest and best use would impact the value.
140.3	The highest and best use for an asset may be its current or existing use when it is being used optimally. However, highest and best use may differ from current use or even be an orderly liquidation.
140.4	The highest and best use of an asset valued on a standalone basis may be different from its highest and best use as part of a group of assets, when its contribution to the overall value of the group must be considered.
140.5	The determination of the highest and best use involves consideration of the following: a) to establish whether a use is physically possible, regard will be had to what would be considered reasonable by participants, b) to reflect the requirement to be legally permissible, any legal restrictions on the use of the asset … need to be taken into account as well as the likelihood that these restrictions will change, and c) the requirement that the use be financially feasible takes into account whether an alternative use … will generate sufficient return to a typical participant, after taking into account the costs of conversion to that use, over and above the return on the existing use.
	Premise of Value – Forced Sale
170.1	The price that could be obtained in these circumstances will depend upon the nature of the pressure on the seller and the reasons why proper marketing cannot be undertaken. It may also reflect the consequences for the seller of failing to sell within the period available. Unless the nature of and the reason for the constraints on the seller are known, the price obtainable in a forced sale cannot be realistically estimated. … A »forced sale« is a description of the situation under which the exchange takes place, not a distinct basis of value.

170.2	… it will be necessary to clearly identify the reasons for the constraint on the seller, including the consequences of failing to sell in the specified period by setting out appropriate assumptions. If these circumstances do not exist at the valuation date, these must be clearly identified as special assumptions.[1]
170.3	A forced sale typically reflects the most probable price that a specified property is likely to bring under all of the following conditions: a) consummation of a sale within a short time period, b) the asset is subjected to market conditions prevailing as of the date of valuation or assumed timescale within which the transaction is to be completed, c) both the buyer and the seller are acting prudently and knowledgeably, d) the seller is under extreme compulsion to sell, e) the buyer is typically motivated, f) both parties are acting in what they consider their best interests, g) a normal marketing effort is not possible due to the brief exposure time, h) payment will be made in cash.
170.4	Sales in an inactive or falling market are not automatically „forced sales" simply because a seller might hope for a better price if conditions improved. Unless the seller is compelled to sell by a deadline that prevents proper marketing, the seller will be a willing seller within the definition of market value.
1 Zu Special Assumption siehe unter 3.2.3.4.5.	

Abb. 3.2.3-7: Erläuterung der Premises of Value »Highest and Best Use« und »Forced Sale« in PPD IVS 104

3.2.3.4.3 Entity Specific Factors

Nach PPD 180.1 zeichnen sich »Entity Specific Factors« dadurch aus, dass sie käufer- bzw. verkäuferspezifisch und deswegen Participants nicht zugänglich sind. Der Entwurf führt folgende Beispiele für Entity Specific Factors an:
a) additional value or reduction in value derived from the creation of a portfolio of similar assets,
b) unique synergies between the asset and other assets owned by the entity,
c) legal rights or restrictions applicable only to the entity,
d) tax benefits or tax burdens unique to the entity, and
e) an ability to exploit an asset that is unique to that entity.

Die Einordnung von Sachverhalten als »entity specific« ist nach PPD 180.2 anhand des konkreten Einzelfalles vorzunehmen. Der Entwurf gibt hierfür folgendes Beispiel: »an asset may not normally be transacted as a standalone item but as part of a group of assets. Any synergies with related assets would transfer to participants along with the transfer of the group and therefore are not entity-specific.«

Die Berücksichtigung von Entity Specific Factors bei der Ableitung eines Wertes ist nach ED 180.3 durch die Basis of Value bestimmt. Die Einbeziehung entsprechender Faktoren kommt beispielsweise beim Investment Value/Worth, nicht jedoch bei marktorientierten Bases of Value[252] in Betracht.

---

252 Vgl. hierzu auch ED 190.1.

3.2.3.4.4 Synergies

PPD 190.1 versteht unter Synergien »the benefits associated with combining assets. When synergies are present, the value of a group of assets and liabilities is greater than the sum of the values of the individual assets and liabilities on a standalone basis.« Der Entwurf verweist insbesondere auf Umsatz-, Kosten- und Risikosynergien.

Der Umfang der bei der Ableitung eines Wertes zu berücksichtigenden Synergien, insbesondere inwieweit nur die Participants zugänglichen Synergien oder auch darüber hinaus im konkreten Bewertungsfall geplante Synergien einzubeziehen sind, ist nach PPD 190.2 durch die Basis of Value bestimmt. PPD 190.3 legt dar, dass bei der Abgrenzung der Participants zugänglichen Synergien grundsätzlich auf den Umfang und nicht die Erzielung der Synergie abzustellen ist.

3.2.3.4.5 Assumptions and Special Assumptions

Assumptions
… may be the result of a limitation on the extent of the investigations or enquiries undertaken by the valuer
Examples: a) an assumption that a business is transferred as a complete operational entity, b) an assumption that assets employed in a business are transferred without the business, either individually or as a group, c) an assumption that an individually valued asset is transferred together with other complementary assets, and d) an assumption that a holding of shares is transferred either as a block or individually.
Special Assumptions
Special assumptions are often used to illustrate the effect of possible changes on the value of an asset.
… are designated as »special« so as to highlight to a valuation user that the valuation conclusion is contingent upon a change in the current circumstances or that it reflects a view that would not be taken by participants generally on the valuation date.
Examples: a) an assumption that a property is freehold with vacant possession, b) an assumption that a proposed building had actually been completed on the valuation date, c) an assumption that a specific contract was in existence on the valuation date which had not actually been completed, and d) an assumption that a financial instrument is valued using a yield curve that is different from that which would be used by a market participant.

Abb. 3.2.3-8: Erläuterungen zu Assumptions und Special Assumptions in PPD IVS 104.200

PPD 200.1f. unterscheidet bei Annahmen, die – ergänzend zur Basis of Value – in Bezug auf den Zustand des Bewertungsobjektes oder die Umstände von dessen Übertragung zu treffen sind, zwischen

- Assumptions – hierbei handelt es sich um »assumed facts that are consistent with, or could be consistent with, those existing at the date of valuation« – und
- Special Assumptions – hierunter werden verstanden »assumed facts that differ from those existing at the date of valuation«.

Weitere Einzelheiten zu dieser Unterscheidung sowie Beispiele zu Assumptions und Special Assumptions ergeben sich aus PPD 200.3 f. Diese sind in Abbildung 3.2.3-8 zusammengestellt.

An Assumptions und Special Assumptions sind nach PPD 200.5 die Anforderungen zu stellen, dass sie – bezogen auf den Bewertungsanlass (»purpose«) – angemessen und relevant sind.

3.2.3.4.6 Transaktionskosten

ED 210.1 weist darauf hin, dass die meisten Bases of Value Transaktionskosten bei der Wertermittlung nicht berücksichtigen.

3.2.4 Beizulegender Zeitwert als Bewertungsmaßstab

3.2.4.1 Überblick

Die International Financial Reporting Standards[253] behandeln den Bewertungsmaßstab des beizulegenden Zeitwertes[254] in IFRS 13 Fair Value Measurement.[255] Der Standard definiert zunächst den beizulegenden Zeitwert und erläutert anschließend die zentralen Bestandteile der Definition. Sodann betrachtet IFRS 13 die Anwendung des beizulegenden Zeitwertes bei verschiedenen Vermögenswerten und Schulden und geht schließlich auf die Bestimmung des beizulegenden Zeitwertes ein. In Anhang B legt IFRS 13 u. a. das Vorgehen zur Ableitung beizulegender Zeitwerte dar.[256]

Im Folgenden wird auf die angesprochenen Bereiche eingegangen (3.2.4.2–3.2.4.5). Die Ausführungen beschränken sich auf die Betrachtung des beizulegenden Zeitwertes von nicht finanziellen Vermögenswerten, insbesondere von immateriellen Vermögenswerten; finanzielle Vermögenswerte und Schulden[257] werden nicht einbezogen.[258]

---

253 Zur Bestimmung des beizulegenden Zeitwertes nach US GAAP siehe Accounting Standard Codification (ASC) 820. Zu SFAS 157 vgl. Hitz (2006), S. 357 ff.

254 Zum Umfang der Fair-Value-Bilanzierung deutscher Unternehmen des DAX 30 vgl. Kirsch/Dettenrieder/Ewelt-Knauer/Köhling (2015), S. 1 ff.

255 Zu IFRS 13 siehe beispielsweise Castedello/Klingbeil (2012), S. 482 ff.; Rzepka/Scholze (2012), S. 1146 ff.; Hitz/Zachow (2011), S. 964 ff.; Große (2011), S. 286 ff.; sowie zum Exposure Draft Castedello (2009), S. 914 ff. Zur Ermittlung des beizulegenden Zeitwertes siehe statt vieler King (2010), S. 1 ff.; Jäger/Himmel (2003), S. 417 ff. Kritisch zum beizulegenden Zeitwert u. a. Schildbach (2009), S. 371 ff.; Schildbach (2010), S. 69 ff.; Kümpel/Oldewurthel/Wolz (2012), S. 103 ff. Zur Fair-Value-Ermittlung siehe auch die Untersuchungen von Kramer (2010); sowie Frey/Herberger/Oehler (2011), S. 141 ff.

256 Zu IFRS 13 siehe auch IDW RS HFA 47 sowie hierzu Zwirner/Boecker (2014), S. 50 ff.

257 Zur Ermittlung des beizulegenden Zeitwertes von Schulden vgl. Küting/Lauer (2012), S. 275 ff.; Bertram/Kessler (2012), S. 985 ff.

258 Zu Analysen und zu Dokumentationserfordernissen bei der Ableitung von beizulegenden Zeitwerten siehe auch Corporate and Intangibles Valuation Organization (2017).

3.2.4.2 Konzeption des beizulegenden Zeitwerts

3.2.4.2.1 Definition des beizulegenden Zeitwerts

IFRS 13.9 definiert den beizulegenden Zeitwert »... as the price that would be received to sell an asset or paid to transfer a liability in an orderly transaction between market participants at measurement date«.

Die zentralen Bestandteile dieser Definition – »Vermögenswert«, »Transaktion«, »Marktteilnehmer« sowie »Preis« – werden in IFRS 13.11 – 26 erläutert. Im Folgenden werden diese Bestandteile betrachtet.

3.2.4.2.2 Vermögenswert

Nach IFRS 13.11 sind in die Ableitung des beizulegenden Zeitwertes eines Vermögenswertes alle Eigenschaften des Vermögenswertes einzubeziehen, die Market Participants am Bewertungsstichtag als für die Preisfindung erheblich betrachten. Als Beispiele derartiger Eigenschaften nennt der Standard

- Zustand und Standort des Vermögenswerts sowie
- Beschränkungen, die möglicherweise bei der Veräußerung bzw. bei der Nutzung des Vermögenswertes zu beachten sind.

Der beizulegende Zeitwert kann nach IFRS 13.13 grundsätzlich auf Ebene

- eines eigenständigen (stand-alone) Vermögenswertes oder auf Ebene
- einer Gruppe von Vermögenswerten oder einer Gruppe von Vermögenswerten und Schulden (z. B. eine zahlungsmittelgenerierende Einheit oder ein Unternehmen)

abgeleitet werden. Der anzuwendende Aggregierungs- bzw. Disaggregierungsgrad des Bewertungsobjektes wird – dies führt IFRS 13.14 aus – durch die Unit of Account[259] bestimmt. Diese ist – abgesehen von in IFRS 13 vorgesehenen Ausnahmen – in Übereinstimmung mit dem IFRS festzulegen, der die Bewertung zum beizulegenden Zeitwert fordert bzw. erlaubt.

3.2.4.2.3 Transaktion

IFRS 13.15 führt aus, dass bei der Bestimmung des beizulegenden Zeitwertes von einer »orderly transaction« auszugehen ist. Nach IFRS 13 App. A ist darunter eine Transaktion zu verstehen, »... that assumes exposure to the market for a period before the measurement date to allow for marketing activities that are usual and customary for transactions involving such assets or liabilities; it is not a forced transaction (eg a forced liquidation or distress sale)«.

Bei der Ableitung des beizulegenden Zeitwertes ist nach IFRS 13.16 anzunehmen, dass die Transaktion durchgeführt wird auf dem

---

259   IFRS 13 App. A definiert die Unit of Account als »... level at which an asset or liability is aggregated or disaggregated in an IFRS for recognition purposes«.

- Hauptmarkt (»principal market«), auf dem der Vermögenswert gehandelt wird. Hierbei handelt es sich um den Markt »... with the greatest volume and level of activity for the asset or liability«.[260]
IFRS 13.18 stellt heraus, dass der so bestimmte Preis auch dann zur Anwendung kommt, wenn der in einem anderen Markt zu erzielende Preis vorteilhafter ist; oder – unter der Voraussetzung, dass ein Hauptmarkt nicht identifiziert werden kann – auf dem
- vorteilhaftesten Markt (»most advantageous market«) für den Vermögenswert. Dies ist der Markt, »... that maximises the amount that would be received to sell the asset..., after taking into account transaction costs and transport costs«.[261]

Zur Identifikation des Hauptmarktes bzw. vorteilhaftesten Marktes führt IFRS 13.17 aus, dass diese keine vollständige Analyse aller denkbaren Märkte erfordert, jedoch alle Informationen, die »reasonably avaiable« sind, in die Untersuchung einzubeziehen sind. Weiter wird die widerlegbare Vermutung eingeführt, dass der Markt, in dem das Unternehmen normalerweise den Vermögenswert veräußern würde, als Hauptmarkt bzw. als vorteilhaftester Markt zu betrachten ist. Das Unternehmen muss – dies ergibt sich aus IFRS 13.19 f. – Zugang zum Hauptmarkt bzw. vorteilhaftesten Markt haben; es kommt jedoch nicht darauf an, dass das Unternehmen den Vermögenswert am Bewertungsstichtag dort veräußern kann. IFRS 13.IE18 – IE22 gibt ein Beispiel zur Bestimmung des Hauptmarktes bzw. des vorteilhaftesten Marktes.

Das Vorgehen in den Fällen, in denen am Bewertungsstichtag ein Markt, aus dem preisrelevante Daten abgeleitet werden können, nicht identifizierbar ist, wird in IFRS 13.21 dargelegt. Danach ist der Preis des Vermögenswertes unter Zugrundelegung einer Annahme über eine am Bewertungsstichtag durchgeführte Transaktion abzuleiten, wobei von einem Market Participant auszugehen ist, dem der Vermögenswert zuzurechnen ist. Im Schrifttum[262] wird z. T. von der Abgrenzung eines hypothetischen Marktes gesprochen.

3.2.4.2.4 Market Participant

IFRS 13.22 verlangt, dass der Ermittlung des beizulegenden Zeitwertes eines Vermögenswertes die Annahmen zugrunde zu legen sind, von denen wirtschaftlich rational handelnde Market Participants bei der Preisfindung ausgehen. Unter Market Participants sind nach IFRS 13 App. A zu verstehen

»Buyers and sellers in the principal (or most advantageous) market for the asset or liability that have all of the following characteristics:
a) They are independent of each other, ie they are not related parties as defined in IAS 24, although the price in a related party transaction may be used as an input to a fair value measurement if the entity has evidence that the transaction was entered into at market terms.

---

260 IFRS 13 App. A.
261 IFRS 13 App. A.
262 Vgl. z. B. Mard/Hitchner/Hyden (2011), S. 25.

b) They are knowledgeable, having a reasonable understanding about the asset or liability and the transaction using all available information, including information that might be obtained through due diligence efforts that are usual and customary.

c) They are able to enter into a transaction for the asset or liability.

d) They are willing to enter into a transaction for the asset or liability, ie they are motivated but not forced or otherwise compelled to do so.«

Für die Ableitung der Annahmen der Market Participants ist es – dies führt IFRS 13.23 aus – nicht erforderlich, Market Participants konkret zu benennen. Vielmehr reicht es aus, die Eigenschaften zu identifizieren, die verschiedene Market Participants voneinander unterscheiden. In diese Betrachtung sind einzubeziehen

- der Vermögenswert,
- der Hauptmarkt bzw. vorteilhafteste Markt für den Vermögenswert sowie
- Market Participants, mit denen das Unternehmen im relevanten Markt kontrahieren würde.

Aus IFRS 13.IE4 ergibt sich, dass als mögliche Market Participants grundsätzlich

- strategische Erwerber – beispielsweise Wettbewerber des erworbenen Unternehmens, mit dem Erwerber vergleichbare Unternehmen oder Unternehmen, die beabsichtigen, zu diversifizieren – und
- Finanzinvestoren – etwa Private-Equity- oder Venture-Capital-Gesellschaften –

in Betracht kommen. Abbildung 3.2.4-1 stellt beispielhaft Unterlagen zusammen, die bei der Identifikation möglicher Market Participants hilfreich sein können.

Transaktionsbezogene Informationen
<ul><li>Pressemitteilungen über den Unternehmenszusammenschluss</li><li>Management-Präsentationen</li><li>Due Diligence-Berichte</li><li>Zusammenstellung aller Bieter in einem Bietungsverfahren</li><li>Zusammenstellung der mit dem übernommenen sowie dem erwerbenden Unternehmen vergleichbarer Unternehmen</li></ul>
Nicht-transaktionsbezogene Informationen
<ul><li>Markt- und Branchenanalysen</li><li>Analystenberichte</li></ul>

Abb. 3.2.4-1: Ausgewählte Unterlagen zur Identifikation möglicher Market Participants

3.2.4.2.5 Preis

IFRS 13.24 stellt heraus, dass der beizulegende Zeitwert als Exit Price[263] zu verstehen ist. Dies gilt unabhängig davon, ob dieser unmittelbar beobachtbar ist oder mittels Bewertungstechniken bestimmt wird.

IFRS 13.25 f. gehen auf Transaktionskosten und Transportkosten ein. Im Einzelnen gilt:[264]

- Transaktionskosten[265] sind nicht als Eigenschaft eines Vermögenswertes, sondern bezogen auf eine Transaktion – diese bestimmt die Höhe, in der diese Kosten anfallen – zu betrachten. Dementsprechend darf der am Hauptmarkt bzw. vorteilhaftesten Markt zu beobachtende Preis nicht um diese korrigiert werden.
- Transportkosten – diese sind nicht als Bestandteil der Transaktionskosten zu verstehen – sind dann einem Vermögenswert zuzurechnen, wenn der Standort des Vermögenswertes – den Ausführungen unter 3.2.4.2.2 folgend – als bewertungsrelevante Eigenschaft zu betrachten ist. Unter dieser Voraussetzung ist der auf dem relevanten Markt beobachtete Preis um die Kosten anzupassen, die für den Transport des Vermögenswertes von dessen Standort zum Markt anfallen.

3.2.4.3 Anwendung des beizulegenden Zeitwertes auf nicht finanzielle Vermögenswerte

IFRS 13.27 führt aus, dass »a fair value measurement of a non-financial asset takes into account a market participant's ability to generate economic benefits by using the asset in its *highest and best use* or by selling it to another market participant that would use the asset in its highest and best use«. Die Bedeutung, die dem Highest and Best Use für die Bestimmung des beizulegenden Zeitwertes eines nicht finanziellen Vermögenswertes zukommt, wird aus IFRS 13.31 ersichtlich: Der Highest and Best Use des nicht finanziellen Vermögenswertes begründet die Bewertungsannahme, die der Ableitung des beizulegenden Zeitwertes des Vermögenswertes zugrunde zu legen ist.[266]

---

263 IFRS 13 App. A definiert einen Exit Price als »(t)he price that would be received to sell an asset or paid to transfer a liability«.

264 Zur Behandlung von Transaktionskosten und Transportkosten bei der Bestimmung des vorteilhaftesten Marktes siehe bereits unter 3.2.4.2.3.

265 IFRS 13 App. A gibt folgende Definition: »The costs to sell an asset or transfer a liability in the principal (or most advantageous) market for the asset or liability that are directly attributable to the disposal of the asset or the transfer of the liability and meet both of the following criteria:
(a) They result directly from and are essential to that transaction.
(b) They would not have been incurred by the entity had the decision to sell the asset or transfer the liability not been made (similar to costs to sell, as defined in IFRS 5).«

266 Siehe zur Anwendung der Highest-and-Best-Use-Annahme auch die in IFRS 13.IE3–IE9 dargelegten Beispiele.

Highest and Best Use

Der »Highest and Best Use« wird in IFRS 13.A definiert als die Nutzung eines nicht finanziellen Vermögenswertes durch Market Participants, die den Wert des Vermögenswertes bzw. der Gruppe von Vermögenswerten und Schulden, der der Vermögenswert zuzurechnen ist, maximiert.

Die gegenwärtige Nutzung eines nicht finanziellen Vermögenswertes kann nach IFRS 13.29 widerlegbar als dessen Highest and Best Use betrachtet werden. Diese Annahme ist zu überprüfen, wenn Anhaltspunkte gegeben sind, die erkennen lassen, dass möglicherweise eine andere Verwendung des Vermögenswertes durch Market Participants dessen Wert maximiert.[267]

Aus IFRS 13.29 ergibt sich weiter, dass der Bestimmung des Highest and Best Use eines nicht finanziellen Vermögenswertes auch dann die Market-Participant-Betrachtung zugrunde zu legen ist, wenn die vom Unternehmen beabsichtigte Verwendung von der Nutzung durch Market Participants abweicht. Dies gilt nach IFRS 13.30 insbesondere auch in den Fällen, in denen ein Unternehmen beabsichtigt, einen erworbenen nicht finanziellen Vermögenswert nicht aktiv oder nicht entsprechend dem Highest and Best Use zu nutzen.[268]

An den Highest and Best Use eines nicht finanziellen Vermögenswertes sind nach IFRS 13.28 folgende Anforderungen zu stellen: Die Nutzung des Vermögenswertes muss

- physisch möglich sein – diese Anforderung ist durch die physischen Eigenschaften des Vermögenswertes bestimmt, die Market Participants bei der Preisfindung berücksichtigen; sie muss
- rechtlich zulässig sein – bei dieser Anforderung ist auf bestehende rechtliche Beschränkungen abzustellen, die Market Participants in die Preisfindung einbeziehen; sie muss
- finanziell tragfähig sein – diese Anforderung ist auf die Erzielung der von Market Participants geforderten Verzinsung des investierten Kapitals gerichtet, wobei auch Aufwendungen zu berücksichtigen sind, die möglicherweise anfallen, um den Vermögenswert der Verwendung zuzuführen.

Bewertungsannahme für nicht finanzielle Vermögenswerte

Der Ableitung des beizulegenden Zeitwertes eines nicht finanziellen Vermögenswertes ist nach IFRS 13.31 die Annahme (Bewertungsannahme oder Valuation Premise) zugrunde zu legen, dass der Vermögenswert[269]

- zusammen mit anderen Vermögenswerten in einer Gruppe (in der bestehenden oder einer anderen Zusammenstellung der Vermögenswerte)[270] bzw. zusammen mit anderen Vermögenswerten und Schulden (z. B. in einem Unternehmen) genutzt wird, wenn diese Nutzung zum maximalen Wert für Market Participants führt; bzw. dass der Vermögenswert

267 So auch das in IFRS 13.IE3 – IE6 gegebene Beispiel.
268 Vgl. hierzu auch das in IFRS 13.IE9 gegebene Beispiel eines R-&-D-Projektes sowie das Beispiel von Richter (2013), S. 88 ff. Siehe auch Schmachtenberg/Pfister/Schäfer (2009), S. 100 ff.
269 Siehe hierzu auch das in IFRS 13.IE7 – IE8 dargelegte Beispiel.
270 Dies wird in dem in IFRS 13.IE3 – IE6 erläuterten Beispiel deutlich.

- eigenständig genutzt wird (on a stand-alone basis), wenn sich bei dieser Nutzung der maximale Wert für Market Participants ergibt.

In Abhängigkeit von der zugrunde gelegten Bewertungsannahme kommt nach IFRS 13.31 der beizulegende Zeitwert des nicht finanziellen Vermögenswertes in dem Preis zum Ausdruck, der in einer gegenwärtigen Transaktion erzielt wird bei
- Veräußerung des Vermögenswertes unter Zugrundelegung der Annahme von dessen Zusammenwirken mit anderen Vermögenswerten (und gegebenenfalls auch Schulden); bzw. bei
- Verkauf an Market Participants, die den Vermögenswert eigenständig nutzen.

Die Anwendung der Bewertungsannahme des Zusammenwirkens des Vermögenswertes mit anderen Vermögenswerten (und gegebenenfalls auch Schulden) wird in IFRS 13.31 weiter erläutert. Im Einzelnen werden dort folgende Vorgaben gemacht:
- Die anderen Vermögenswerte und Schulden der Gruppe (komplementäre Vermögenswerte und zugehörigen Schulden) sind Market Participants zugänglich.
- Die einzubeziehenden Schulden schließen Schulden ein, die das Working Capital finanzieren; Schulden, die nicht der Gruppe zuzurechnende Vermögenswerte finanzieren, dürfen nicht einbezogen werden.
- Die Annahmen zum Highest and Best Use sind für alle nicht finanziellen Vermögenswerte, die einer Gruppe von Vermögenswerten (und gegebenenfalls auch Schulden) zuzurechnen sind und für die der Highest and Best Use relevant ist, konsistent festzulegen.

Ausgewählte Beispiele zur Ableitung des beizulegenden Zeitwertes bei Anwendung der Bewertungsannahme des Zusammenwirkens des Vermögenswertes mit anderen Vermögenswerten (und gegebenenfalls auch Schulden) gibt IFRS 13.B3.
IFRS 13.32 stellt heraus, dass bei der Ermittlung des beizulegenden Zeitwertes eines nicht finanziellen Vermögenswertes davon auszugehen ist, dass der Vermögenswert »consistently with the unit of account« veräußert wird. Dies gilt auch dann, wenn der Bewertung des nicht finanziellen Vermögenswertes die Bewertungsannahme das Zusammenwirken des zu bewertenden Vermögenswertes mit anderen Vermögenswerten in einer Gruppe – gegebenenfalls auch unter Einbeziehung von Schulden – zur Anwendung kommt.[271] Dies bedeutet, dass der beizulegende Zeitwert – unabhängig von der zugrunde gelegten Bewertungsannahme – für den unter Zugrundelegung der Unit of Account abgegrenzten Vermögenswert zu ermitteln ist.

---

271 Zur Begründung verweist IFRS 13.32 auf die oben genannte Annahme, dass komplementäre Vermögenswerte und Schulden Market Participants zugänglich sind.

3.2.4.4 Ableitung des beizulegenden Zeitwertes

3.2.4.4.1 Überblick

Im Folgenden wird auf die Regelungen von IFRS 13 zum beizulegenden Zeitwert bei dessen erstmaliger Erfassung (3.2.4.4.2), zu den anzuwendenden Bewertungsverfahren und den diesen Verfahren zugrunde zu legenden Annahmen (3.2.4.4.3) sowie zu der vom Standard eingeführten Fair-Value-Hierarchie eingegangen (3.2.4.4.4).

3.2.4.4.2 Beizulegender Zeitwert bei erstmaliger Erfassung

IFRS 13.57 ff. gehen auf das Verhältnis des – wie dargelegt – als Exit Price zu verstehenden beizulegenden Zeitwertes zum als Entry Price[272] zu verstehenden Transaktionspreis ein, zu dem ein Vermögenswert erworben wird. IFRS 13.58 legt dar, dass beide Preise sich vielfach nicht unterscheiden.

Bei der Beurteilung, ob die beiden Preise auseinanderfallen oder nicht, ist nach IFRS 13.59 auf die Besonderheiten der Transaktion und des Vermögenswertes abzustellen. IFRS 13.B4 nennt folgende Beispiele für Fälle, in denen der Transaktionspreis möglicherweise vom beizulegenden Zeitwert abweicht:

- Transaktionen zwischen nahestehenden Unternehmen und Personen;
- Transaktionen unter Zwang;
- Auseinanderfallen der Units of Account, die Transaktionspreis und beizulegendem Zeitwert zugrunde liegen;
- Transaktionen auf unterschiedlichen Märkten.

Nach IFRS 13.60 ist die sich – bei einem Auseinanderfallen von Transaktionspreis und beizulegendem Zeitwert – ergebende Differenz dann erfolgswirksam zu erfassen, wenn nicht der IFRS, der die Anwendung des beizulegenden Zeitwertes vorschreibt oder erlaubt, eine andere Behandlung der Differenz verlangt.

3.2.4.4.3 Bewertungsverfahren und Bewertungsannahmen

IFRS 13.61 führt aus, «(t)hat an entity shall use valuation techniques that are appropriate in the circumstances and for which sufficient data are available to measure fair value, maximising the use of relevant observable inputs and minimizing the use of unobservable inputs«. Im Folgenden wird zunächst auf die Bewertungsverfahren (»valuation techniques«) und sodann auf die diesen zugrunde gelegten Bewertungsannahmen (»inputs«) eingegangen.

Bewertungsverfahren (valuation techniques)

Das Ziel der Anwendung von Bewertungsverfahren wird in IFRS 13.62 dargelegt. Danach ist sie darauf gerichtet, den Preis abzuschätzen, »at which an orderly transaction to sell the asset ... would take place between market participants at the measurement date under current market conditions«.

---

272 IFRS 13 App. A definiert den Entry Price als »(t)he price paid to acquire an asset or received to assume a liability in an exchange transaction«.

Nach IFRS 13.62 kommen für die Ableitung beizulegender Zeitwerte die bereits in Kapitel 2 eingeführten Bewertungsansätze – Market Approach, Cost Approach sowie Income Approach – in Betracht. Die Ansätze werden in IFRS 13 App. A definiert und in IFRS 13.B5 – B30 erläutert. Die Definitionen sind in Abbildung 3.2.4-2 zusammengestellt; zu Einzelheiten der Bewertungsansätze wird auf die Darstellungen unter 2.3 verwiesen.[273]

Market Approach
A valuation technique that uses prices and other relevant information generated by market transactions involving identical or comparable (ie similar) assets, liabilities or a group of assets and liabilities, such as a business.
Cost Approach
A valuation technique that reflects the amount that would be required currently to replace the service capacity of an asset (often referred to as current replacement cost).
Income Approach
Valuation techniques that convert future amounts (eg cash flows or income and expenses) to a single current (ie discounted) amount. The fair value measurement is determined on the basis of the value indicated by current market expectations about those future amounts.

Abb. 3.2.4-2: Definitionen der grundlegenden Bewertungsansätze nach IFRS 13 App. A

Zu den anzuwendenden Bewertungsmethoden führt IFRS 13.62 aus, dass diese mit einem oder mehreren der genannten Bewertungsansätze vereinbar sein sollen. Als Beispiele für dem Income Approach zuzuordnende Bewertungsmethoden nennt IFRS 13.B11 Barwertmethoden, Optionspreismodelle – wie das Black-Scholes-Merton-Modell und das Binomial-Modell – sowie die MPEEM.

Bei der Ermittlung beizulegender Zeitwerte können Fälle auftreten, in denen die Anwendung mehrerer Bewertungsverfahren in Betracht kommt. Das Vorgehen in derartigen Fällen legt IFRS 13.63 dar: »(T)he results (ie respective indications of fair value) shall be evaluated considering the reasonableness of the range of values indicated by those results. A fair value measurement is the point within that range that is most representative of fair value in the circumstances.«[274]

Bewertungsannahmen (Inputs)

IFRS 13 App. A definiert die Ausdrücke »inputs«, »observable inputs« und »unobservable inputs«. Abbildung 3.2.4-3 stellt diese Definitionen zusammen.

---

273   Zu Betrachtungen und Dokumentationserfordernissen bei der Wahl der Bewertungsmethode siehe Corporate and Intangibles Valuation Organization (2017), S. 3 ff.
274   Siehe hierzu auch die in IFRS 13.IE11 – IE17 gegebenen Beispiele.

Inputs
The assumptions that market participants would use when pricing the asset or liability, including assumptions about risk, such as the following: a) the risk inherent in a particular valuation technique used to measure fair value (such as a pricing model); and b) the risk inherent in the inputs to the valuation technique. Inputs may be observable or unobservable.
Observable inputs
Inputs that are developed using market data, such as publicly available information about actual events or transactions, and that reflect the assumptions that market participants would use when pricing the asset or liability.
Unobservable inputs
Inputs for which market data are not available and that are developed using the best information available about the assumptions that market participants would use when pricing the asset or liability.

Abb. 3.2.4-3: Definition von »inputs«, »observable inputs« und »unobservable inputs« nach IFRS 13 App. A

IFRS 13.68 nennt Beispiele für Märkte, aus denen sich möglicherweise »observable inputs« für Vermögenswerte ergeben können; im Einzelnen verweist der Standard auf Börsen (»exchange markets), Händler-Märkte (»dealer markets«), Broker-Märkte (»brokered markets«) sowie Direkt-Märkte (»principal-to-principal markets«). Diese Märkte werden in IFRS 13.B34 weiter erläutert.

Die Inputs sind nach IFRS 13.69 »consistent with the characteristics of the asset ... that market participants would take into account in a transaction for the asset« festzulegen. IFRS 13.69 weist weiter darauf hin, dass hieraus Anpassungserfordernisse, insbesondere Zu- oder Abschläge, resultieren können. Bei Zu- bzw. Abschlägen ist zu beachten, dass diese nur dann zulässig sind, wenn sie auf die Unit of Account bezogen sind. Der Standard erläutert die Zusammenhänge am Beispiel von »size premiums«.

3.2.4.4.4 Fair-Value-Hierarchie

IFRS 13 geht von einer dreistufigen Fair-Value-Hierarchie[275] aus. Grundlage dieser Hierarchie ist die Einteilung der in die Bewertungsansätze eingehenden Bewertungsannahmen (Inputs) in folgende drei Kategorien:

- Level 1 inputs: Quoted prices (unadjusted) in active markets for identical assets or liabilities that the entity can access at the measurement date.[276]
- Level 2 inputs: Inputs other than quoted prices included within Level 1 that are observable for the asset or liability, either directly or indirectly.[277]
- Level 3 inputs: Unobservable inputs for the asset or liability.[278]

---

275   Zur Fair-Value-Hierarchie auch Küting/Cassel (2012), S. 322 ff.
276   IFRS 13.76 sowie IFRS 13 App. A.
277   IFRS 13.81 sowie IFRS 13 App. A.
278   IFRS 13.86 sowie IFRS 13 App. A.

Nach IFRS 13.72 kommt der ersten Kategorie die höchste, der dritten die niedrigste Priorität zu.

Die Zuordnung des abgeleiteten beizulegenden Zeitwertes zu diesen Hierarchiestufen richtet sich nach folgenden Regeln:

- IFRS 13.73 behandelt die Fälle, in denen Inputfaktoren in die Ermittlung des beizulegenden Zeitwertes eines Vermögenswertes eingehen, die unterschiedlichen Hierarchiestufen zuzurechnen sind. In diesen Fällen wird die Ebene der Fair-Value-Hierarchie, der das Bewertungsergebnis insgesamt zuzuordnen ist, durch den Input bestimmt, der der niedrigsten Hierarchiestufe zuzuordnen ist und der »significant to the entire measurement« ist; die Beurteilung der Bedeutung eines Inputs für das Bewertungsergebnis hat nach IFRS 13.73 die Besonderheiten des Vermögenswertes zu berücksichtigen.
- Nach IFRS 13.73 sind Anpassungen des beizulegenden Zeitwertes bei der Bestimmung der Ebene, der ein abgeleiteter beizulegender Zeitwert zuzuordnen ist, nicht zu berücksichtigen. Dies gilt beispielsweise für die Abgangskosten bei der Ermittlung des beizulegenden Zeitwerts abzüglich Abgangskosten nach IAS 36.
- Die Adjustierung eines beobachtbaren Inputfaktors, der ein nicht beobachtbarer Input zugrunde gelegt wird, führt nach IFRS 13.75 dazu, dass der ermittelte beizulegende Zeitwert als Level 3 zu qualifizieren ist. Hiervon ist jedoch nur dann auszugehen, wenn die Adjustierung ein erheblich höheres oder niedrigeres Bewertungsergebnis nach sich zieht.

IFRS 13.74 weist darauf hin, dass Verfügbarkeit und Subjektivität der Inputfaktoren die Auswahl des anzuwendenden Bewertungsverfahrens bestimmen können. In diesem Zusammenhang wird auch herausgestellt, dass die Fair-Value-Hierarchie keine Rangfolge der Bewertungsverfahren vorgibt.

Der Standard gibt zu den drei Ebenen der Fair-Value-Hierarchie insbesondere folgende Erläuterungen:

Level 1

IFRS 13.77 legt dar, dass ein notierter Preis auf einem aktiven Markt[279] zur »most reliable evidence of fair value« führt. Notierte Preise sollen – abgesehen von den in IFRS 13.79 vorgesehenen Ausnahmen – ohne Anpassungen angewendet werden.

Auf die weiteren Ausführungen zu Level-1-Inputs, die IFRS 13.78 – 80 geben, wird im Folgenden nicht eingegangen, da für immaterielle Vermögenswerte ganz überwiegend keine aktiven Märkte bestehen.

Level 2

IFRS 13.82 nennt folgende Beispiele für Level-2-Inputs:

a) quoted prices for similar assets or liabilities in active markets;
b) quoted prices for identical or similar assets or liabilities in markets that are not active;

---

279 Zur in IFRS 13 App. A gegebenen Definition eines aktiven Marktes siehe bereits unter 2.3.3.

c) inputs other than quoted prices that are observable for the asset or liability, for example:
   i) interest rates and yield curves observable at commonly quoted intervals;
   ii) implied volatilities; and
   iii) credit spreads;
d) market-corroborated inputs[280].

Level-2-Inputs sind nach IFRS 13.83 dann anzupassen, wenn dies aufgrund der Besonderheiten des Bewertungsobjektes erforderlich ist. Anpassungen können insbesondere bedingt sein durch den
- Zustand und Standort des Vermögenswerts, durch den
- Bezug der Inputs auf vergleichbare Vermögenswerte sowie durch den
- Umfang der Aktivitäten in den Märkten, die der Beobachtung der Level-2-Inputs zugrunde liegen.

Nach IFRS 13.84 ist zu beachten, dass derartige Adjustierungen dazu führen können, dass das Bewertungsergebnis Stufe 3 der Fair-Value-Hierarchie zuzuordnen ist.

IFRS 13.B35 führt Beispiele für Level-2-Inputs für ausgewählte Vermögenswerte an. Buchstabe (e) nennt den Fall einer bei einem Unternehmenszusammenschluss erworbenen Lizenzvereinbarung, die das übernommene Unternehmen zeitnah mit einer nicht nahestehenden Person geschlossen hat. In diesem Beispiel ist der der Vereinbarung zugrunde liegende Lizenzsatz Level 2 zuzuordnen.

Level 3

IFRS 13.87 führt aus, dass nicht beobachtbare Inputfaktoren dann zur Anwendung kommen, wenn beobachtbare Inputs nicht verfügbar sind. Da das Ziel der Ermittlung des beizulegenden Zeitwertes unverändert ein »exit price at the measurement date from the perspective of a market participant that holds the asset« ist, verlangt der Standard weiter, dass nicht beobachtbare Inputs die Annahmen abbilden, die Market Participants der Preisfindung zugrunde legen. Dies gilt insbesondere für Annahmen über das Risiko.

IFRS 13.89 geht auf die Ableitung nicht beobachtbarer Inputfaktoren ein und führt dazu aus:

> *»An entity shall develop unobservable inputs using the best information available in the circumstances, which might include the entity's own data. In developing unobservable inputs, an entity may begin with its own data, but it shall adjust those data if reasonably available information indicates that other market participants would use different data or there is something particular to the entity that is not available to other market participants (eg an entity-specific synergy). An entity need not undertake exhaustive efforts to obtain information about market participant assumptions. However, an entity shall take into account all information about market participant assumptions that is reasonably available.*

---

280 IFRS 13 App. A definiert Market Corroborated Inputs als »(i)nputs that are derived principally from or corroborated by observable market data by correlation or other means«.

Unobservable inputs developed in the manner described above are considered market participant assumptions and meet the objective of a fair value measurement.«

Beispiele für Level 3 Inputs für ausgewählte Vermögenswerte werden in IFRS 13.B36 angeführt. Da diese Beispiele immaterielle Vermögenswerte nicht einbeziehen, wird auf deren Wiedergabe verzichtet.

3.2.4.5 Vorgehen bei der Bestimmung beizulegender Zeitwerte

Nach IFRS 3.B2 erfordert die Ableitung beizulegender Zeitwerte »to determine the following:
a) the particular asset or liability that is the subject of the measurement (consistently with its unit of account).
b) for a non-financial asset, the valuation premise that is appropriate for the measurement (consistently with its highest and best use).
c) the principal (or most advantageous) market for the asset or liability.
d) the valuation technique(s) appropriate for the measurement, considering the availability of data with which to develop inputs that represent the assumptions that market participants would use when pricing the asset or liability and the level of the fair value hierarchy within which the inputs are categorised.«

Abbildung 3.2.4-4 fasst das Vorgehen zur Bestimmung beizulegender Zeitwerte nicht finanzieller Vermögenswerte in einem Arbeitsblatt zusammen.

Vermögenswert _____
Abgrenzung des Bewertungsobjektes entsprechend der Unit of Account
• Erläuterung einer vorgenommenen Aggregierung bzw. Disaggregierung • Erforderlichenfalls Angabe der aus Sicht der Market Participants wertbestimmenden Eigenschaften des Vermögenswertes
Analyse der Valuation Premise

• Erläuterung der bisherigen Nutzung des Vermögenswertes, die, wenn nicht Anhaltspunkte gegen diese Annahme sprechen, als Highest and Best Use betrachtet wird
• Erläuterung – von der bisherigen Nutzung – abweichender Nutzungen
  – unter Beachtung der Anforderungen an den Highest and Best Use
    - physisch möglich
    - rechtlich zulässig
    - finanziell tragfähig
• Angabe der zugrunde gelegten Bewertungsannahme

Bestimmung des relevanten Marktes

• Principle Market
   – The market with the greatest volume and level of activity for the asset or liability.
• Most Advantageous Market
   – The market that maximises the amount that would be received to sell the asset or minimises the amount that would be paid to transfer the liability, after taking into account transaction costs and transportation costs.
• Abgrenzung eines hypothetischen Marktes
   – Zusammenstellung möglicher Market Participants
     - Strategische Erwerber
     - Finanzinvestoren
   – Analyse der Annahmen der identifizierten Market Participants
   – Angabe der zugrunde gelegten Market Participants

Festlegung der anzuwendenden Bewertungsverfahren

• Analyse der verfügbaren Daten zur Ableitung der erforderlichen Bewertungsannahmen (IFRS 13.A »inputs«)
   – Maximierung der beobachtbaren Inputs, Minimierung der nicht beobachtbaren Daten
• Bewertungsverfahren
   – Market Approach
     - Preise und andere aus Transaktionen abgeleitete Informationen für identische bzw. vergleichbare Vermögenswerte
     - aus Transaktionen vergleichbarer Vermögenswerte abgeleitete Multiples ...
   – Income Approach
     - Incremental Income, Royalty Rates, Contributory Asset Charges ...
   – Cost Approach
     - Reproduktionskosten
     - Wiederbeschaffungskosten
     - Veralterungen ...
   – Angabe des Levels der Fair-Value-Hierarchie der Inputfaktoren

Bestimmung des beizulegenden Zeitwerts
• Beurteilung der abgeleiteten Wertspanne und Festlegung des beizulegenden Zeitwerts als repräsentativsten Wert bei Anwendung mehrerer Bewertungsverfahren • Angabe des Levels der Fair-Value-Hierarchie des Bewertungsergebnisses

Abb. 3.2.4-4: Arbeitsblatt Bewertungsannahmen nach IFRS 13

3.3 Einzelfragen der Anwendung des Income Approach

3.3.1 Überblick

Im Folgenden werden ausgewählte Einzelfragen der Anwendung des Income Approach betrachtet. Zunächst wird auf Fragestellungen eingegangen, die bei der Ableitung der einem Bewertungsobjekt zuzuordnenden Einkommensbeiträge als

- Incremental Income (3.3.2), als
- ersparte Lizenzzahlungen (3.3.3) sowie als
- Excess Earnings (3.3.4)

auftreten. Sodann werden die Bestimmungsfaktoren der vermögenswertspezifischen Zinssätze untersucht und – auf Grundlage der dabei abgeleiteten Ergebnisse – die Ansätze zur Festlegung der vermögenswertspezifischen Risikoanpassungen beurteilt (3.3.5).

3.3.2 Analyse des Incremental Income

3.3.2.1 Ausgangsüberlegungen

Das dem Vermögenswert i mit $i = o + 1$ bis $o + p$ in der Periode $t + 1$ zuzurechnende Incremental Income[281] $CF_{i,t+1}^{II}$ wird – dies wurde unter 2.5.4.1 dargelegt – abgeleitet durch Vergleich des Einkommens, das ein betrachtetes Unternehmen bei Nutzung des zu bewertenden Vermögenswertes in der Periode $t + 1$ erzielt, mit dem Einkommen, das sich c. p. bei Verzicht auf die Verwendung des Bewertungsobjektes bzw. eines mit diesem vergleichbaren Vermögenswertes ergibt. Es gilt

$$CF_{i,t+1}^{II} = CF_{i,t+1}^{A} - CF_{i,t+1}^{NA}$$

und

$$CF_{i,t+1}^{II} = \Delta CF_{i,t+1}$$

mit $CF_{i,t+1}^{A}$ als Einkommen des Unternehmens bei Nutzung des Vermögenswertes und $CF_{i,t+1}^{NA}$ als dessen Einkommen bei Verzicht auf die Verwendung des Vermögenswertes.

Ausgehend von den Betrachtungen unter 2.5.3.2 kann das Einkommen des Unternehmens bei Nutzung des Bewertungsobjektes beschrieben werden durch die Beziehung

$$CF_{t+1}^{A} = \sum_{j=1}^{o} p_{j,t+1}^{A} \cdot m_{j,t+1}^{A} \cdot ebita_{j,t+1}^{A} \cdot (1 - s) + s \cdot A_{t+1}^{A} - \left(V_{1,t+1}^{A} - V_{1,t}^{A} \right) - \left(V_{2,t+1}^{A} - V_{2,t}^{A} \right)$$

und bei Verzicht auf die Verwendung des Vermögenswertes durch den Ausdruck

$$CF_{t+1}^{NA} = \sum_{j=1}^{o} p_{j,t+1}^{NA} \cdot m_{j,t+1}^{NA} \cdot ebita_{j,t+1}^{NA} \cdot (1 - s) + s \cdot A_{t+1}^{NA} - \left(V_{1,t+1}^{NA} - V_{1,t}^{NA} \right) - \left(V_{2,t+1}^{NA} - V_{2,t}^{NA} \right)$$

---

281 Zur Beurteilung der Plausibilität des Incremental Income siehe IVSC GN 4, 5.23 ff.; sowie IVSC ED 2007, 6.44 ff.

$p_{j,t+1}^A$, $m_{j,t+1}^A$ und $ebita_{j,t+1}^A$ bezeichnen Absatzpreis, abgesetzte Menge und EBITA-Marge des Produktes j mit j = 1 bis o in der Periode t + 1 bei Verwendung des zu bewertenden Vermögenswertes, $p_{j,t+1}^{NA}$, $m_{j,t+1}^{NA}$ und $ebita_{j,t+1}^{NA}$ Absatzpreis, Menge und EBITA-Marge des Produktes bei Verzicht auf dessen Nutzung. Die Veränderung des in das Working Capital und in die Sachanlagen[282] investierten Kapitals bei Nutzung des betrachteten Vermögenswertes bzw. bei Verzicht auf dessen Nutzung wird erfasst durch $\left(V_{1,t+1}^A - V_{1,t}^A\right)$ und $\left(V_{2,t+1}^A - V_{2,t}^A\right)$ bzw. $\left(V_{1,t+1}^{NA} - V_{1,t}^{NA}\right)$ und $\left(V_{2,t+1}^{NA} - V_{2,t}^{NA}\right)$. $s \cdot A_{t+1}^A$ bzw. $s \cdot A_{t+1}^{NA}$ bringt entsprechend die mit den Abschreibungen der immateriellen Vermögenswerte verbundenen Steuervorteile zum Ausdruck.

Durch Einsetzen dieser Beziehungen in den Ausdruck für das Incremental Income ergibt sich die Beziehung

$$\Delta CF_{t+1} = \sum_{j=1}^o p_{j,t+1}^A \cdot m_{j,t+1}^A \cdot ebita_{j,t+1}^A \cdot (1-s) + s \cdot A_{t+1}^A - \left(V_{1,t+1}^A - V_{1,t}^A\right) - \left(V_{2,t+1}^A - V_{2,t}^A\right)$$

$$- \sum_{j=1}^o p_{j,t+1}^{NA} \cdot m_{j,t+1}^{NA} \cdot ebita_{j,t+1}^{NA} \cdot (1-s) - s \cdot A_{t+1}^{NA} + \left(V_{1,t+1}^{NA} - V_{1,t}^{NA}\right) + \left(V_{2,t+1}^{NA} - V_{2,t}^{NA}\right)$$

sowie mit

$$\Delta EBITA_{t+1} = \sum_{j=1}^o p_{j,t+1}^A \cdot m_{j,t+1}^A \cdot ebita_{j,t+1}^A - \sum_{j=1}^o p_{j,t+1}^{NA} \cdot m_{j,t+1}^{NA} \cdot ebita_{j,t+1}^{NA}$$

$$\Delta\{V_{m,t+1} - V_{m,t}\} = \left(V_{1,t+1}^A - V_{1,t}^A\right) + \left(V_{2,t+1}^A - V_{2,t}^A\right) - \left(V_{1,t+1}^{NA} - V_{1,t}^{NA}\right) - \left(V_{2,t+1}^{NA} - V_{2,t}^{NA}\right)$$

und

$$s \cdot \Delta A_{t+1} = s \cdot A_{t+1}^A - s \cdot A_{t+1}^{NA}$$

die Beziehung

$$\Delta CF_{t+1} = \Delta EBITA_{t+1} - \Delta\{V_{m,t+1} - V_{m,t}\} + s \cdot \Delta A_{t+1}$$

Die Beziehungen zeigen, dass das Incremental Income grundsätzlich bestimmt ist durch den Einfluss des Bewertungsobjektes auf

* das EBITA, auf
* die Veränderung des in die materiellen Vermögenswerte Working Capital und Sachanlagen investierten Kapitals sowie auf
* die mit den Abschreibungen der immateriellen Vermögenswerte verbundenen Steuervorteile.

Im Folgenden wird der Einfluss des Bewertungsobjektes auf das EBITA ausgehend von den unter 2.5.3.2 beispielhaft aufgezeigten Wirkungen auf Absatzpreis, Absatzmenge und EBITA-Marge anhand ausgewählter Fallgestaltungen betrachtet. Im Einzelnen wird davon

---

282 Die Sachanlagen werden im Folgenden als Sachanlagenbestand verstanden.

ausgegangen, dass das Bewertungsobjekt dem Unternehmen die Durchsetzung höherer Absatzpreise (3.3.2.2) sowie die Erzielung von Kostenvorteilen (3.3.2.3) erlaubt.

Die Einflüsse, die vom Bewertungsobjekt auf die Veränderungen des in das Working Capital und in die Sachanlagen investierten Kapitals ausgehen können, wurden – soweit diese für die Ableitung des Incremental Income bedeutsam sind – bereits unter 2.5.3.2 dargelegt. Insbesondere wurden dort genannt die von Veränderungen der abgesetzten Menge ausgehenden möglichen Wirkungen auf die Herstellungskosten der Erzeugnisse, die sich in der Bewertung der Bestände an fertigen und unfertigen Erzeugnissen und damit im Working Capital niederschlagen, sowie die Wirkungen auf die Investitionen und dementsprechend auch die Abschreibungen, die zusammen den Sachanlagenbestand bestimmen. Weiter wurde verwiesen auf Preisprämien, die sich c. p. über höhere Debitorenbestände auf das Working Capital auswirken können, sowie auf Bewertungsobjekte, wie etwa Prozess-Knowhow, mit denen unmittelbar eine Verminderung des Working Capital verbunden sein kann.

Die Einflüsse des Bewertungsobjektes auf die mit den Abschreibungen von immateriellen Vermögenswerten verbundenen Steuervorteile können durch die Abschreibung des Bewertungsobjektes selbst bedingt sein. Diese können jedoch auch mit Änderungen der Werte anderer immaterieller Vermögenswerte, beispielsweise der Kundenbeziehungen, verbunden sein.

3.3.2.2 Bestimmung des Incremental Income bei Erzielung von Preisprämien

3.3.2.2.1 Abgrenzung des Incremental Income unter Zugrundelegung vereinfachender Annahmen

Das betrachtete Unternehmen verfügt über einen immateriellen Vermögenswert – etwa eine Marke oder eine Technologie –, der dessen Produkt j = 1 von den Produkten der Wettbewerber differenziert. Dieser Differenzierungsvorteil erlaubt es dem Unternehmen, beim Produkt j = 1 einen – im Vergleich zu den Preisen der Wettbewerberprodukte – höheren Absatzpreis am Markt durchzusetzen. Weiteren immateriellen Vermögenswerten des Unternehmens kommt, insbesondere aufgrund der Eigenschaften von Produkt j = 1, für die Erzielung des Preisvorteils keine Bedeutung zu. Absatzpreise, Absatzmengen und EBITA-Margen der Produkte j = 2 bis o werden durch den immateriellen Vermögenswert nicht berührt.

Für das betrachtete Unternehmen vereinfacht sich die unter 3.3.2.1 eingeführte Beziehung für die Veränderung des EBITA mit $p_{j,t+1}^{A} = p_{j,t+1}^{NA}$, $m_{j,t+1}^{A} = m_{j,t+1}^{NA}$ und $ebita_{j,t+1}^{A} = ebita_{j,t+1}^{NA}$ für j = 2 bis o sowie $\Delta\{V_{m,t+1} - V_{m,t}\} = 0$ und $A_{t+1}^{A} = A_{t+1}^{NA}$ zu

$$\Delta EBITA_{t+1} = p_{1,t+1}^{A} \cdot m_{1,t+1}^{A} \cdot ebita_{1,t+1}^{A} - p_{1,t+1}^{NA} \cdot m_{1,t+1}^{NA} \cdot ebita_{1,t+1}^{NA}$$

Die im Absatzpreis des Produktes j = 1 enthaltene Preisprämie $\Delta p_{1,t+1}$ kann – IDW S 5[283] folgend – durch Vergleich mit den Absatzpreisen von Produkten, die nicht über den genannten Differenzierungsvorteil verfügen, abgeschätzt werden. Durch diese Preisprä-

---

283   Vgl. IDW S 5 (2015), Tz. 61.

mie ist der Preis des Produktes j = 1 bei fehlender Differenzierung $p_{1,t+1}^{NA}$ durch den Ausdruck

$$p_{1,t+1}^{NA} = p_{1,t+1}^{A} - \Delta p_{1,t+1}$$

bestimmt. Nach Umstellung kann diese Beziehung in den Ausdruck für die Veränderung des EBITA eingesetzt werden und führt zu der Beziehung

$$\Delta EBITA_{t+1} = \left(\Delta p_{1,t+1} + p_{1,t+1}^{NA} \right) \cdot m_{1,t+1}^{A} \cdot ebita_{1,t+1}^{A} - p_{1,t+1}^{NA} \cdot m_{1,t+1}^{NA} \cdot ebita_{1,t+1}^{NA}$$

bzw.

$$\Delta EBITA_{t+1} = \Delta p_{1,t+1} \cdot m_{1,t+1}^{A} \cdot ebita_{1,t+1}^{A} + p_{j,t+1}^{NA} \cdot m_{1,t+1}^{A} \cdot ebita_{1,t+1}^{A} - p_{1,t+1}^{NA} \cdot m_{1,t+1}^{NA} \cdot ebita_{1,t+1}^{NA}$$

Mit dem höheren Absatzpreis ist – im Vergleich zum Preis des undifferenzierten Produktes – c. p. eine höhere produktbezogene EBITA-Marge verbunden. Mit $m_{1,t+1}^{A} = m_{1,t+1}^{NA}$ und unveränderten Produktions-, Vetriebs-, und Verwaltungskosten gilt

$$\Delta EBITA_{t+1} = \Delta p_{1,t+1} \cdot m_{1,t+1}^{NA} + p_{j,t+1}^{NA} \cdot m_{1,t+1}^{NA} \cdot ebita_{1,t+1}^{NA} - p_{1,t+1}^{NA} \cdot m_{1,t+1}^{NA} \cdot ebita_{1,t+1}^{NA}$$

bzw.

$$\Delta EBITA_{t+1} = \Delta p_{1,t+1} \cdot m_{1,t+1}^{NA}$$

Unter diesen Voraussetzungen ist die an die Preisprämie angepasste EBITA-Marge bestimmt durch den Ausdruck

$$ebita_{1,t+1}^{A} = \frac{\Delta p_{1,t+1} \cdot m_{1,t+1}^{NA} + p_{j,t+1}^{NA} \cdot m_{1,t+1}^{NA} \cdot ebita_{1,t+1}^{NA}}{\Delta p_{1,t+1} \cdot m_{1,t+1}^{NA} + p_{j,t+1}^{NA} \cdot m_{1,t+1}^{NA}}$$

Die EBITA-Marge kann allerdings auch durch Änderungen der Produktionskosten – diese können beispielsweise bei Betrachtung einer Technologie auf das differenzierende Produkt-Feature entfallen oder etwa durch eine veränderte Absatzmenge bedingt sein – sowie durch Änderungen der Vertriebs- und Verwaltungskosten – diese können beispielweise bei Betrachtung einer Marke für die Markenpflege anfallen – beeinflusst sein. Im Weiteren wird davon ausgegangen, dass die Veränderung der EBITA-Marge des Produktes j = 1 – vorbehaltlich der Kenntnis der Mengenänderung – abschätzbar ist. Damit ist die EBITA-Marge bei undifferenziertem Produkt j = 1 $ebita_{1,t+1}^{NA}$ bestimmt durch die Beziehung

$$ebita_{1,t+1}^{NA} = ebita_{1,t+1}^{A} - \Delta ebita_{1,t+1}$$

Die Beziehung für die Veränderung des EBITA kann mit $ebita_{1,t+1}^{A} = \Delta ebita_{1,t+1} + ebita_{1,t+1}^{NA}$ dargestellt werden als

$$\Delta EBITA_{t+1} = \Delta p_{1,t+1} \cdot m_{1,t+1}^{A} \cdot ebita_{1,t+1}^{A} + p_{1,t+1}^{NA} \cdot m_{1,t+1}^{A}$$
$$\cdot \left(\Delta ebita_{1,t+1} + ebita_{1,t+1}^{NA} \right) - p_{1,t+1}^{NA} \cdot m_{1,t+1}^{NA} \cdot ebita_{1,t+1}^{NA}$$

bzw.

$$\Delta EBITA_{t+1} = \Delta p_{1,t+1} \cdot m_{1,t+1}^{A} \cdot ebita_{1,t+1}^{A} + p_{1,t+1}^{NA} \cdot m_{1,t+1}^{A} \cdot \Delta ebita_{1,t+1}$$
$$+ p_{1,t+1}^{NA} \cdot \left(m_{1,t+1}^{A} - m_{1,t+1}^{NA} \right) \cdot ebita_{1,t+1}^{NA}$$

Weiter kann mit dem – im Vergleich zum Preis des undifferenzierten Produktes – höheren Absatzpreis des Produktes j = 1 eine Veränderung der Absatzmenge verbunden sein. Eine Mengenwirkung tritt dann auf, wenn die für das differenzierte Produkt abgeleitete Preisprämie von der Preisprämie abweicht (im Folgenden als Indifferenzpreisprämie bezeichnet), die aus Sicht der Nachfrager den Differenzierungsvorteil des differenzierten Produktes im Vergleich zum undifferenzierten Produkt genau ausgleicht. Bei einer Preisprämie des differenzierten Produktes, die die Indifferenzpreisprämie übersteigt (unterschreitet), ist – bei einer fallenden Preis-Absatz-Funktion – von einer Verminderung (Erhöhung) der Absatzmenge auszugehen.[284]

Zur Bestimmung der Indifferenzpreisprämie sowie der Mengenveränderung ist von den Preis-Absatz-Funktionen des differenzierten Produktes und des undifferenzierten Produktes auszugehen. Im Folgenden wird – zur weiteren Vereinfachung der Betrachtungen – davon ausgegangen, dass die mit der Preisprämie des differenzierten Produktes verbundene Mengenänderung bekannt ist.

Mit

$$\Delta m_{1,t+1} = m_{1,t+1}^{A} - m_{1,t+1}^{NA}$$

ergibt sich die Veränderung des EBITA aus der Beziehung[285]

$$\Delta EBITA_{t+1} = \Delta p_{1,t+1} \cdot m_{1,t+1}^{A} \cdot ebita_{1,t+1}^{A} + p_{1,t+1}^{NA} \cdot m_{1,t+1}^{NA} \cdot \Delta ebita_{1,t+1} + p_{1,t+1}^{NA} \cdot \Delta m_{1,t+1} \cdot ebita_{1,t+1}^{A}$$

Die Beziehung zeigt, dass sich die EBITA-Veränderung – ausgehend vom EBITA des undifferenzierten Produktes – zusammensetzt aus

- dem Ergebnis, das aufgrund der Preisprämie zusätzlich erzielt wird ($\Delta p_{1,t+1} \cdot m_{1,t+1}^{A} \cdot ebita_{1,t+1}^{A}$; Feld 2 in Abb. 3.3.2-1), aus
- der Anpassung des bei undifferenziertem Produkt erzielten Ergebnisses an die Veränderung der EBITA-Marge ($p_{1,t+1}^{NA} \cdot m_{1,t+1}^{NA} \cdot \Delta ebita_{1,t+1}$; Feld 3 in Abb. 3.3.2-1), die für $\Delta ebita_{1,t+1} > 0$ zu einer Ergebniserhöhung führt, sowie aus
- der Anpassung des bei undifferenziertem Produkt erzielten Ergebnisses an die Veränderung der Absatzmenge ($p_{1,t+1}^{NA} \cdot \Delta m_{1,t+1} \cdot ebita_{1,t+1}^{A}$; Feld 4 in Abb. 3.3.2-1), die für $\Delta m_{1,t+1} > 0$ zu einer Ergebnisverminderung führt.

---

284 Zur Ableitung von Preisprämien bei der Bewertung von Marken siehe z. B. auch Kasperzak/Nestler (2010), S. 162 ff.

285 Die Beziehung

$$\Delta EBITA_{t+1} = \Delta p_{1,t+1} \cdot m_{1,t+1}^{A} \cdot ebita_{1,t+1}^{A} + p_{1,t+1}^{NA} \cdot m_{1,t+1}^{A} \cdot \Delta ebita_{1,t+1} + p_{1,t+1}^{NA} \cdot \left(m_{1,t+1}^{A} - m_{1,t+1}^{NA} \right) \cdot ebita_{1,t+1}^{NA}$$

kann mit

$$\Delta m_{1,t+1} = m_{1,t+1}^{A} - m_{1,t+1}^{NA}$$

überführt werden in den Ausdruck

$$\Delta EBITA_{t+1} = \Delta p_{1,t+1} \cdot m_{1,t+1}^{A} \cdot ebita_{1,t+1}^{A} + p_{1,t+1}^{NA} \cdot (m_{1,t+1}^{NA} + \Delta m_{1,t+1}) \cdot \Delta ebita_{1,t+1} + p_{1,t+1}^{NA} \cdot \left(m_{1,t+1}^{A} - m_{1,t+1}^{NA} \right) \cdot ebita_{1,t+1}^{NA}$$

bzw.

$$\Delta EBITA_{t+1} = \Delta p_{1,t+1} \cdot m_{1,t+1}^{A} \cdot ebita_{1,t+1}^{A} + p_{1,t+1}^{NA} \cdot m_{1,t+1}^{NA} \cdot \Delta ebita_{1,t+1} + p_{1,t+1}^{NA} \cdot \Delta m_{1,t+1} \cdot \left(\Delta ebita_{1,t+1} + ebita_{1,t+1}^{NA} \right)$$

Abbildung 3.3.2-1 veranschaulicht die Veränderung des EBITA. Feld 1 erfasst das Ergebnis des undifferenzierten Produktes ($p_{j,t+1}^{NA} \cdot m_{1,t+1}^{NA} \cdot ebita_{1,t+1}^{NA}$). Das EBITA des differenzierten Produktes setzt sich aus den Ergebniskomponenten der Felder 1 bis 4 zusammen.

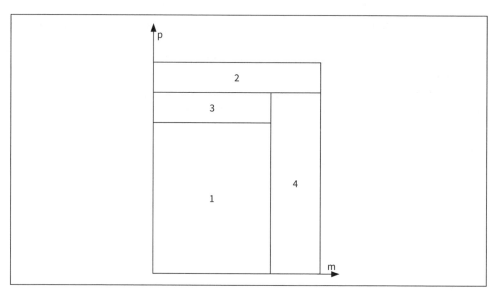

Abb. 3.3.2-1: Erklärung der EBITA-Veränderung ausgehend von der Preisprämie

Für $\Delta p_{1,t+1} = 0$ bildet die Beziehung den Fall ab, dass das Unternehmen keine Preisprämie erzielt, sondern der Differenzierungsvorteil – bei fallender Preis-Absatz-Funktion – zu einer höheren Absatzmenge ($\Delta m_{1,t+1} > 0$) führt. Bei mit der Differenzierung verbundenen höheren Kosten ergibt sich mit $\Delta ebita_{1,t+1} < 0$ dann eine Erhöhung des EBITA, wenn das auf die Mehrmenge entfallende zusätzliche Ergebnis ($p_{1,t+1}^{NA} \cdot \Delta m_{1,t+1} \cdot ebita_{1,t+1}^{A}$) die Verminderung des Ergebnisses ohne Nutzung des differenzierenden Vermögenswertes um die Differenzierungskosten ($p_{1,t+1}^{NA} \cdot m_{1,t+1}^{NA} \cdot \Delta ebita_{1,t+1} < 0$) übersteigt. Es gilt

$$\Delta EBITA_{t+1} > 0$$

für

$$p_{1,t+1}^{NA} \cdot m_{1,t+1}^{NA} \cdot \Delta ebita_{1,t+1} + p_{1,t+1}^{NA} \cdot \Delta m_{1,t+1} \cdot ebita_{1,t+1}^{A} > 0$$

Diese Betrachtung wirft die Frage auf, ob ein Erfordernis für die insbesondere in der Praxis anzutreffende Unterscheidung[286] zwischen der »Preisprämienmethode« und der »Volumenprämienmethode« besteht.

Durch Umformung der Beziehung für $\Delta EBITA_{t+1}$ zu[287]

---

286 So z. B. Menninger (2012), S. 924 f.
287 Die Beziehung
$$\Delta EBITA_{t+1} = \Delta p_{1,t+1} \cdot m_{1,t+1}^{A} \cdot ebita_{1,t+1}^{A} + p_{1,t+1}^{NA} \cdot m_{1,t+1}^{A} \cdot \Delta ebita_{1,t+1} + p_{1,t+1}^{NA} \cdot \left(m_{1,t+1}^{A} - m_{1,t+1}^{NA} \right) \cdot ebita_{1,t+1}^{NA}$$
kann mit $\Delta m_{1,t+1} = m_{1,t+1}^{A} - m_{1,t+1}^{NA}$ umgeformt werden in den Ausdruck

$$\Delta EBITA_{t+1} = \Delta p_{1,t+1} \cdot m_{1,t+1}^{NA} \cdot ebita_{1,t+1}^{A} + p_{1,t+1}^{NA} \cdot m_{1,t+1}^{NA} \cdot \Delta ebita_{1,t+1} + p_{1,t+1}^{A} \cdot \Delta m_{1,t+1} \cdot ebita_{1,t+1}^{A}$$

bzw. zu[288]

$$\Delta EBITA_{t+1} = \Delta p_{1,t+1} \cdot m_{1,t+1}^{A} \cdot ebita_{1,t+1}^{NA} + p_{1,t+1}^{A} \cdot m_{1,t+1}^{A} \cdot \Delta ebita_{1,t+1} + p_{1,t+1}^{NA} \cdot \Delta m_{1,t+1} \cdot ebita_{1,t+1}^{NA}$$

kann der Einfluss der Veränderung der Absatzmenge bzw. der Veränderung der EBITA-Marge auf das EBITA – ausgehend vom undifferenzierten Produkt – aufgezeigt werden. Die Beziehungen werden in Abbildung 3.3.2-2 und Abbildung 3.3.2-3 veranschaulicht. In Abbildung 3.3.2-2 erfassen

- Feld 1 $\quad p_{j,t+1}^{NA} \cdot m_{1,t+1}^{NA} \cdot ebita_{1,t+1}^{NA}$
- Feld 2 $\quad \Delta p_{1,t+1} \cdot m_{1,t+1}^{NA} \cdot ebita_{1,t+1}^{A}$
- Feld 3 $\quad p_{1,t+1}^{NA} \cdot m_{1,t+1}^{NA} \cdot \Delta ebita_{1,t+1}$
- Feld 4 $\quad p_{1,t+1}^{A} \cdot \Delta m_{1,t+1} \cdot ebita_{1,t+1}^{A}$

in Abbildung 3.3.2-3

- Feld 1 $\quad p_{j,t+1}^{NA} \cdot m_{1,t+1}^{NA} \cdot ebita_{1,t+1}^{NA}$
- Feld 2 $\quad p_{1,t+1}^{A} \cdot m_{1,t+1}^{A} \cdot \Delta ebita_{1,t+1}$
- Feld 3 $\quad \Delta p_{1,t+1} \cdot m_{1,t+1}^{A} \cdot ebita_{1,t+1}^{NA}$
- Feld 4 $\quad p_{1,t+1}^{NA} \cdot \Delta m_{1,t+1} \cdot ebita_{1,t+1}^{NA}$

$$\Delta EBITA_{t+1} = \Delta p_{1,t+1} \cdot \left(\Delta m_{1,t+1} + m_{1,t+1}^{NA}\right) \cdot ebita_{1,t+1}^{A} + p_{1,t+1}^{NA} \cdot \left(\Delta m_{1,t+1} + m_{1,t+1}^{NA}\right) \cdot \Delta ebita_{1,t+1} + p_{1,t+1}^{NA} \cdot \Delta m_{1,t+1} \cdot ebita_{1,t+1}^{NA}$$

bzw.

$$\Delta EBITA_{t+1} = \Delta p_{1,t+1} \cdot \Delta m_{1,t+1} \cdot ebita_{1,t+1}^{A} + \Delta p_{1,t+1} \cdot m_{1,t+1}^{NA} \cdot ebita_{1,t+1}^{A} + p_{1,t+1}^{NA} \cdot \Delta m_{1,t+1} \cdot \Delta ebita_{1,t+1}$$
$$+ p_{1,t+1}^{NA} \cdot m_{1,t+1}^{NA} \cdot \Delta ebita_{1,t+1} + p_{1,t+1}^{NA} \cdot \Delta m_{1,t+1} \cdot ebita_{1,t+1}^{NA}$$

bzw.

$$\Delta EBITA_{t+1} = \left(\Delta p_{1,t+1} \cdot \Delta m_{1,t+1} \cdot ebita_{1,t+1}^{A} + p_{1,t+1}^{NA} \cdot \Delta m_{1,t+1} \cdot \Delta ebita_{1,t+1} + p_{1,t+1}^{NA} \cdot \Delta m_{1,t+1} \cdot ebita_{1,t+1}^{NA}\right)$$
$$+ \Delta p_{1,t+1} \cdot m_{1,t+1}^{NA} \cdot ebita_{1,t+1}^{A} + p_{1,t+1}^{NA} \cdot m_{1,t+1}^{NA} \cdot \Delta ebita_{1,t+1}$$

sowie

$$\Delta EBITA_{t+1} = \Delta p_{1,t+1} \cdot m_{1,t+1}^{NA} \cdot ebita_{1,t+1}^{A} + p_{1,t+1}^{NA} \cdot m_{1,t+1}^{NA} \cdot \Delta ebita_{1,t+1} + p_{1,t+1}^{A} \cdot \Delta m_{1,t+1} \cdot ebita_{1,t+1}^{A}$$

288 Der Ausdruck

$$\Delta EBITA_{t+1} = \Delta p_{1,t+1} \cdot m_{1,t+1}^{A} \cdot ebita_{1,t+1}^{A} + p_{1,t+1}^{NA} \cdot m_{1,t+1}^{A} \cdot \Delta ebita_{1,t+1} + p_{1,t+1}^{NA} \cdot \Delta m_{1,t+1} \cdot ebita_{1,t+1}^{NA}$$

kann mit $ebita_{1,t+1}^{A} = ebita_{1,t+1}^{NA} + \Delta ebita_{1,t+1}$ überführt werden in die Beziehung

$$\Delta EBITA_{t+1} = \Delta p_{1,t+1} \cdot m_{1,t+1}^{A} \cdot (\Delta ebita_{1,t+1} + ebita_{1,t+1}^{NA}) + p_{1,t+1}^{NA} \cdot m_{1,t+1}^{A} \cdot \Delta ebita_{1,t+1} + p_{1,t+1}^{NA} \cdot \Delta m_{1,t+1} \cdot ebita_{1,t+1}^{NA}$$

bzw. in

$$\Delta EBITA_{t+1} = \Delta p_{1,t+1} \cdot m_{1,t+1}^{A} \cdot ebita_{1,t+1}^{NA} + p_{1,t+1}^{A} \cdot m_{1,t+1}^{A} \cdot \Delta ebita_{1,t+1} + p_{1,t+1}^{NA} \cdot \Delta m_{1,t+1} \cdot ebita_{1,t+1}^{NA}$$

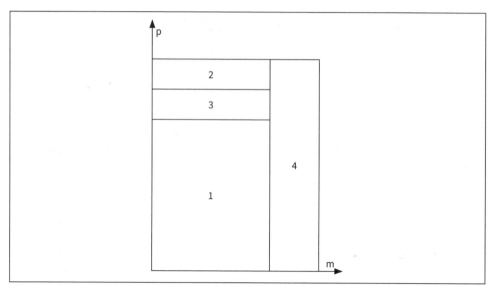

Abb. 3.3.2-2: Erklärung der EBITA-Veränderung ausgehend von der Mengenveränderung

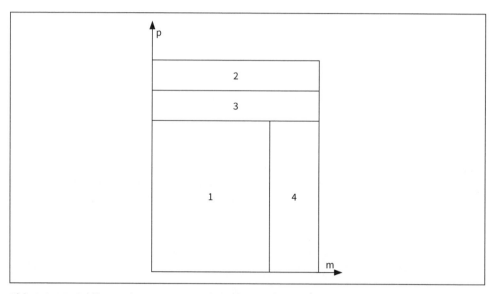

Abb. 3.3.2-3: Erklärung der EBITA-Veränderung ausgehend von der Veränderung des EBITA

Die abgeleiteten Beziehungen geben für $\Delta m_{1,t+1} = 0$ und $m_{1,t+1}^{NA} = m_{1,t+1}^{A}$ die Veränderung des EBITA an, die sich dann ergibt, wenn ausgehend vom differenzierten Produkt die EBITA-Veränderung ohne Einbeziehung der Veränderung der Absatzmenge ermittelt wird.

3.3.2.2.2 Beispiel zur Ableitung des Incremental Income unter vereinfachenden Annahmen

Tabelle 3.3.2-1 stellt Absatzpreis, Absatzmenge und EBITA-Marge des differenzierten Produktes j = 1 für eine ausgewählte Periode zusammen. Aus der Tabelle ergeben sich weiter die mit dem Produkt in der betrachteten Periode erzielten Umsatzerlöse sowie das EBITA.

Tab. 3.3.2-1: Ausgangsdaten des differenzierten und des undifferenzierten Produktes

Data	Product Differentiated	Product Undifferentiated	Difference
Price	9,0	8,0	1,0
Volume	120,0	100,0	20,0
Margin	33,3%	25,0%	8,3%
Calculation of EBITA			
Sales	1.080,0	800,0	280,0
EBITA	360,0	200,0	160,0
Margin	33,3%	25,0%	8,3%

Zur Ableitung der in dem Absatzpreis des Produktes enthaltenen Preisprämie wurden undifferenzierte Vergleichsprodukte identifiziert und im Einzelnen analysiert. Dieses Vorgehen führte – bei einem dem undifferenzierten Produkt zugeordneten Vergleichspreis von EUR 8,0 – zu einer Preisprämie in Höhe von EUR 1,0.

Die Bestimmung der mit der Preisprämie verbundenen Veränderung der Absatzmenge des Produktes j = 1 geht von den Preis-Absatz-Funktionen des differenzierten und des undifferenzierten Produktes, die auszugsweise in Abbildung 3.3.2-4 dargestellt sind, aus. Diese Funktionen erlauben die Ermittlung der Absatzmenge, die sich für einen vorgegebenen Absatzpreis des differenzierten bzw. des undifferenzierten Produktes ergibt. Im oberen Teil von Tabelle 3.3.2-2 werden für Absatzpreise des differenzierten Produktes zwischen EUR 7,0 und EUR 11,0 bzw. des undifferenzierten Produktes zwischen EUR 5,0 und EUR 9,0 die zugehörigen Absatzmengen zusammengestellt. Die Tabelle zeigt, dass die Indifferenzpreisprämie bei allen betrachteten Absatzmengen EUR 2,0 beträgt. Dies bedeu-

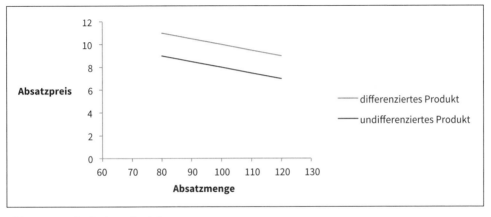

Abb. 3.3.2-4: Preisabsatzfunktion

tet, dass die oben für das Produkt j = 1 abgeleitete Preisprämie von EUR 1,0 von der Indifferenzpreisprämie abweicht und damit von einer mit der Preisprämie verbundenen Veränderung der Absatzmenge des Produktes j = 1 auszugehen ist.

Tab. 3.3.2-2: Auszug aus den Preis-Absatz-Funktionen des differenzierten und des undifferenzierten Produktes

Data									
Volume	80,0	90,0	100,0	110,0	120,0	130,0	140,0	150,0	160,0
Sales Price of Product									
Differentiated	11,0	10,5	10,0	9,5	9,0	8,5	8,0	7,5	7,0
Undifferentiated	9,0	8,5	8,0	7,5	7,0	6,5	6,0	5,5	5,0
Analysis									
Implied Price Premium	2,0	2,0	2,0	2,0	2,0				
Reference Price			8,0						
Related Price Premium	3,0	2,5	2,0	1,5	1,0	0,5	0,0		
Reference Volume			100,0						
Related Incremental Volume	-20,0	-10,0	0,0	10,0	20,0	30,0	40,0		
EBITA-Margin adjusted	45,5%	42,9%	40,0%	36,8%	33,3%	29,4%	25,0%		

Im unteren Teil von Tabelle 3.3.2-2 wird die der Preisprämie von EUR 1,0 zuzuordnende Mengenveränderung ermittelt. Hierzu werden zunächst die sich für die unterschiedlichen Absatzpreise ergebenden, auf den Vergleichspreis von EUR 8,0 bezogenen Preisprämien ermittelt. Sodann werden die Mengenveränderungen bestimmt, die sich bezogen auf die – dem Vergleichspreis von EUR 8,0 zugehörige – Absatzmenge von 100,0 ergeben. Aus der Tabelle ist zu entnehmen, dass bei einer Preisprämie von EUR 1,0 von einer Mengensteigerung von 20,0 auszugehen ist.

Auf dieser Grundlage werden in Tabelle 3.3.2-1 Umsatz und EBITA ermittelt, die unter Zugrundelegung der Annahme erzielt werden, dass auf die Differenzierung des Produktes verzichtet wird. Die dabei verwendete EBITA-Marge von 25,0 % wurde aus der EBITA-Marge des differenzierten Produktes von 33,0 % durch Bereinigung der Preisprämie abgeleitet; dabei wurde zur Vereinfachung der Betrachtungen auf die Berücksichtigung von mit dem differenzierten Produkt verbundenen Kostenveränderungen verzichtet. Die Tabelle legt dar, dass die Differenzierung des Produktes insgesamt zu einer Erhöhung des EBITA von EUR 160,0 führt.

Die Erhöhung des EBITA kann durch die oben abgeleiteten Beziehungen für $\Delta EBITA_{t+1}$ erklärt werden. Tabelle 3.3.2-3 grenzt – ausgehend vom undifferenzierten Produkt – im oberen Teil den Einfluss der Preisprämie, im mittleren Teil den Einfluss der Veränderung der Absatzmenge sowie im unteren Teil den Einfluss der Veränderung der EBITA-Marge auf das EBITA ab. Aus dem unteren Teil ergibt sich weiter, dass bei Ableitung der EBITA-Veränderung ausgehend vom differenzierten Produkt bei Nichtberücksichtigung der Erhöhung der Absatzmenge um 20,0 Mengeneinheiten die EBITA-Veränderung um EUR 40,0 unterschätzt wird.

Tab. 3.3.2-3: Erklärung der Veränderung des EBITA

Analysis of Price Premium			
Incremental EBITA based on	Incremental Sales Price	Adjustment Volume	Adjustment EBITA-Margin
Price	1,0	8,0	8,0
Volume	120,0	20,0	100,0
Margin	33,3%	33,3%	8,3%
Calculation of EBITA			
Sales	120,0	160,0	800,0
EBITA	40,0	53,3	66,7
Total			160,0
Analysis of Incremental Volume			
Incremental EBITA based on	Adjustment Sales Price	Incremental Volume	Adjustment EBITA-Margin
Price	1,0	9,0	8,0
Volume	100,0	20,0	100,0
Margin	33,3%	33,3%	8,3%
EBITA	33,3	60	66,7
Total			160,0
Analysis of Incremental EBITA-Margin			
Incremental EBITA based on	Adjustment Sales Price	Adjustment Volume	Incremental EBITA-Margin
Price	1,0	8,0	9,0
Volume	120,0	20,0	120,0
Margin	25,0%	25,0%	8,3%
EBITA	30,0	40	90,0
Total			160,0

Tabelle 3.3.2-4 und Tabelle 3.3.2-5 betrachten die Veränderung des EBITA in Abhängigkeit von der Höhe der Preisprämie, der Veränderung der Absatzmenge sowie der Veränderung der EBITA-Marge. Die Tabellen gehen von den der Preis-Absatz-Funktion zugrunde gelegten Preisprämien und Mengenveränderungen des differenzierten Produktes sowie den diesen in Tabelle 3.3.2-2 zugeordneten EBITA-Margen, die zusätzlich um mit dem differenzierten Produkt verbundene Kostenveränderungen vermindert wurden, aus. In Tabelle 3.3.2-2 wird die EBITA-Marge des differenzierten Produktes von 33 % an die Preisprämien ohne Einbeziehung von mit dem differenzierten Produkt verbundenen Kostenveränderungen angepasst. Die Kombinationen von Preisprämie und Veränderung der Absatzmenge bzw. Veränderung der EBITA-Marge, die der Preis-Absatz-Funktion folgen, sind in Tabelle 3.3.2-4 und Tabelle 3.3.2-5 hervorgehoben. Tabelle 3.3.2-4 stellt die Veränderung des EBITA in Abhängigkeit von der Höhe der Preisprämie und der Veränderung der Absatzmenge bei vorgegebenen, an die Preisprämien angepassten Veränderungen der EBITA-Marge zusammen; Tabelle 3.3.2-5 betrachtet die Veränderung des EBITA in Abhängigkeit von der Höhe der Preisprämie und der Veränderung der EBITA-Marge bei den Preisprämien entsprechenden Veränderungen der Absatzmenge.

Die beiden Tabellen bilden auch die Fälle ab, die dadurch gekennzeichnet sind, dass das Unternehmen keine Preisprämie erzielt, sondern der Differenzierungsvorteil zu einer höheren Absatzmenge führt. Bei Betrachtung dieser Fälle ist zu beachten, dass die zur Anwendung kommende EBITA-Marge von 25,0 % nicht um differenzierungsbedingte Kostenerhöhungen vermindert wurde.

Tab. 3.3.2-4: Analyse des Einflusses von Preisprämie und Mengenveränderung auf das EBITA

		Incremental Volume							EBITA-Margin
		-20,0	-10,0	0,0	10,0	20,0	30,0	40,0	
	0,0	-40,0	-20,0	0,0	20,0	40,0	60,0	80,0	25,0%
	0,5	-6,8	17,3	41,5	65,6	89,8	114,0	138,1	28,4%
Price	1,0	22,0	49,8	77,5	105,3	133,0	160,8	188,5	30,8%
Premium	1,5	45,8	76,5	107,3	138,0	168,7	199,4	230,2	32,3%
	2,0	68,0	101,5	135,0	168,5	202,0	235,5	269,0	33,5%
	2,5	88,6	124,7	160,8	196,8	232,9	269,0	305,1	34,4%
	3,0	107,6	146,1	184,5	223,0	261,4	299,9	338,3	35,0%
Volume		80	90	100	110	120	130	140	

Tab. 3.3.2-5: Analyse des Einflusses von Preisprämie und EBITA-Marge auf das EBITA

		EBITA-Margin							Volume
		25,0%	28,4%	30,8%	32,3%	33,5%	34,4%	35,0%	
	0,0	80,0	118,2	145,3	162,2	175,2	184,8	191,5	140,0
	0,5	76,2	114,0	140,7	157,4	170,2	179,6	186,2	130,0
Price	1,0	70,0	106,8	133,0	149,3	161,8	171,1	177,5	120,0
Premium	1,5	61,2	96,9	122,2	138,0	150,1	159,0	165,3	110,0
	2,0	50,0	84,1	108,3	123,4	135,0	143,6	149,5	100,0
	2,5	36,2	68,5	91,4	105,6	116,6	124,7	130,3	90,0
	3,0	20,0	50,0	71,3	84,6	94,8	102,3	107,6	80,0

3.3.2.2.3 Grenzen der Ableitung des Incremental Income

Die Betrachtungen zeigen, dass die Ermittlung der Veränderung des EBITA voraussetzt, dass die

- Preisprämie, die
- Veränderung der EBITA-Marge sowie die
- Veränderung der Absatzmenge

bestimmt werden können.

Preisprämien können – den bisherigen Ausführungen folgend – aus den Preisen undifferenzierter Vergleichsprodukte abgeleitet werden. Dieses Vorgehen kommt jedoch nur dann in Betracht, wenn geeignete Vergleichsprodukte verfügbar sind; hiervon kann jedoch insbesondere bei komplexen Produkten nicht ausgegangen werden. Der Anwendung anderer Ansätze zur Ableitung von Preisprämien, insbesondere der unter 2.5.4.1 bereits genannten Conjoint-Analyse, steht regelmäßig zumindest[289] der mit diesen Ansätzen verbundene, zumeist erhebliche Aufwand entgegen.

Zur Bestimmung der Veränderung der EBITA-Marge sind – neben der Anpassung der EBITA-Marge an die Preisprämie sowie der Berücksichtigung mengeninduzierter Kostenänderungen – die mit der Produktdifferenzierung verbundenen Kosten abzugrenzen. Inwieweit die Abschätzung der Differenzierungskosten durch unternehmensinterne Analysen sowie unter Einbeziehung externer Daten nachvollziehbar begründet werden kann, ist im konkreten Anwendungsfall zu beurteilen.

Die Ermittlung der Veränderung der Absatzmenge[290] geht von den Preis-Absatz-Funktionen des differenzierten Produktes und des undifferenzierten Produktes aus und setzt damit deren Kenntnis voraus. Da die Ableitung von Preis-Absatz-Funktionen regelmäßig mit erheblichem Aufwand verbunden ist, sind der Abschätzung der Mengenveränderung zumeist enge Grenzen gesetzt sind.

Auf die Kenntnis der Mengenveränderung kann lediglich dann verzichtet werden, wenn davon ausgegangen werden kann, dass die Preisprämie nicht wesentlich von der Indifferenzpreisprämie abweicht. Die so geschätzte EBITA-Veränderung, die aus der Beziehung

$$\Delta\,EBITA_{t+1} = \Delta\,p_{1,t+1} \cdot m_{1,t+1}^A \cdot ebita_{1,t+1}^{NA} + p_{1,t+1}^A \cdot m_{1,t+1}^A \cdot \Delta\,ebita_{1,t+1} + p_{1,t+1}^{NA} \cdot \Delta\,m_{1,t+1} \cdot ebita_{1,t+1}^{NA}$$

für $\Delta\,m_{1,t+1} = 0$ abgeleitet werden kann und sich aus der Beziehung

$$\Delta\,EBITA_{t+1}^{Approx} = \Delta\,p_{1,t+1} \cdot m_{1,t+1}^A \cdot ebita_{1,t+1}^{NA} + p_{1,t+1}^A \cdot m_{1,t+1}^A \cdot \Delta\,ebita_{1,t+1}$$

ergibt, führt bei einem fallenden Verlauf der Preis-Absatz-Funktionen sowie bei einer Preisprämie, die unter der Indifferenzpreisprämie liegt, zu einer Unterschätzung der Erhöhung des EBITA. Bei Vorliegen dieser Voraussetzungen gilt $\Delta\,m_{j,t+1} > 0$ und damit für $\Delta\,p_{j,t+1} > 0$ und $\Delta\,ebita_{j,t+1} > 0$

$$\Delta\,EBITA_{t+1} > \Delta\,EBITA_{j,t+1}^{Approx}$$

Weiter ist zu berücksichtigen, dass den Betrachtungen vereinfachende Annahmen zugrunde gelegt wurden, die insbesondere die Zurechnung der EBITA-Veränderung zum Bewertungsobjekt erlaubten. Unter 2.5.4.1 wurde bereits darauf hingewiesen, dass die Zuordnung identifizierter Einkommensdifferenzen zu einzelnen immateriellen Vermögenswerten, insbesondere bei komplexen Produkten, oftmals – zumindest mit vertretbarem Aufwand – nicht nachvollziehbar begründbar ist. Darüber hinaus wurden Einflüsse des Bewertungsobjektes auf die Veränderungen des in das Working Capital und des in die Sachanlagen investierten Kapitals nicht näher betrachtet.

---

289 Zu methodischen Einwendungen siehe Hommel/Buhleier/Pauley (2007), S. 374.
290 Im Schrifttum wird vielfach darauf hingewiesen, dass die Mengenveränderung zu berücksichtigen ist, deren Ermittlung wird jedoch offengelassen. Vgl. z. B. Menninger (2012), S. 925; Castedello (2014), S. 260 f.

3.3.2.3 Bestimmung des Incremental Income bei Erzielung von Kosteneinsparungen

3.3.2.3.1 Abgrenzung des Incremental Income unter Zugrundelegung vereinfachender Annahmen

Das betrachtete Unternehmen verfügt über einen immateriellen Vermögenswert – etwa eine Technologie oder einen vorteilhaften Vertrag –, der zu einer Verminderung der Produktionskosten von Produkt j = 2 führt. Weiteren immateriellen Vermögenswerten des Unternehmens kommt für die Erzielung der Kosteneinsparungen keine Bedeutung zu. Absatzpreise, Absatzmengen und EBITA-Margen der Produkte j = 1 und 3 bis o werden durch den immateriellen Vermögenswert nicht berührt.

Für das betrachtete Unternehmen vereinfacht sich die unter 3.3.2.1 eingeführte Beziehung für die Veränderung des EBITA zu

$$\Delta EBITA_{t+1} = p_{2,t+1}^{A} \cdot m_{2,t+1}^{A} \cdot ebita_{2,t+1}^{A} - p_{2,t+1}^{NA} \cdot m_{2,t+1}^{NA} \cdot ebita_{2,t+1}^{NA}$$

Bei einem Verzicht auf die Weitergabe des Kostenvorteils an die Abnehmer des Produktes durch Senkung des Absatzpreises vereinfacht sich die Beziehung mit

$$p_{2,t+1}^{A} = p_{2,t+1}^{NA}$$

und

$$m_{2,t+1}^{A} = m_{2,t+1}^{NA}$$

weiter zu

$$\Delta EBITA_{t+1} = p_{2,t+1}^{NA} \cdot m_{2,t+1}^{NA} \cdot \left(ebita_{2,t+1}^{A} - ebita_{2,t+1}^{NA} \right)$$

sowie mit

$$\Delta ebita_{2,t+1} = ebita_{2,t+1}^{A} - ebita_{2,t+1}^{NA}$$

zu

$$\Delta EBITA_{t+1} = p_{2,t+1}^{NA} \cdot m_{2,t+1}^{NA} \cdot \Delta ebita_{2,t+1}$$

mit

$$\Delta ebita_{2,t+1} > 0$$

Bei einer teilweisen oder vollständigen Weitergabe des Kostenvorteils durch Senkung des Absatzpreises an die Abnehmer des Produktes kann die Beziehung in die unter 3.3.2.2.1 abgeleiteten Beziehungen

$$\Delta EBITA_{t+1} = \Delta p_{2,t+1} \cdot m_{2,t+1}^{A} \cdot ebita_{2,t+1}^{A} + p_{2,t+1}^{NA} \cdot m_{2,t+1}^{NA} \cdot \Delta ebita_{2,t+1} + p_{2,t+1}^{NA} \cdot \Delta m_{2,t+1} \cdot ebita_{2,t+1}^{A}$$

$$\Delta EBITA_{t+1} = \Delta p_{2,t+1} \cdot m_{2,t+1}^{NA} \cdot ebita_{2,t+1}^{A} + p_{2,t+1}^{NA} \cdot m_{2,t+1}^{NA} \cdot \Delta ebita_{2,t+1} + p_{2,t+1}^{A} \cdot \Delta m_{2,t+1} \cdot ebita_{2,t+1}^{A}$$

und

$$\Delta EBITA_{t+1} = \Delta p_{2,t+1} \cdot m_{2,t+1}^{A} \cdot ebita_{2,t+1}^{NA} + p_{2,t+1}^{A} \cdot m_{2,t+1}^{A} \cdot \Delta ebita_{2,t+1} + p_{2,t+1}^{NA} \cdot \Delta m_{2,t+1} \cdot ebita_{2,t+1}^{NA}$$

übergeleitet werden. $\Delta p_{2,t+1} = p_{2,t+1}^{A} - p_{2,t+1}^{NA}$ mit $\Delta p_{2,t+1} < 0$ bringt die Preissenkung und $\Delta m_{2,t+1} = m_{2,t+1}^{A} - m_{2,t+1}^{NA}$ mit $\Delta m_{2,t+1} > 0$ die – bei einer fallenden Preis-Absatz-Funktion – damit verbundene Erhöhung der Absatzmenge zum Ausdruck. $\Delta ebita_{2,t+1}$ $= ebita_{2,t+1}^{A} - ebita_{2,t+1}^{NA}$ bezeichnet die Veränderung der EBITA-Marge, die die Kostenreduktion sowie die Anpassung der EBITA-Marge an die Preissenkung berücksichtigt.

Die zweite Beziehung zeigt, dass sich die EBITA-Veränderung bezogen auf das EBITA vor Berücksichtigung der Kosteneinsparungen und damit vor Senkung des Absatzpreises zusammensetzt aus

- dem Ergebnis, das aufgrund der Erhöhung der Absatzmenge zusätzlich erzielt wird ($p_{2,t+1}^{A} \cdot \Delta m_{2,t+1} \cdot ebita_{2,t+1}^{A}$), sowie aus
- der Anpassung des Ergebnisses, das ohne Nutzung des zu der Kostenreduktion führenden Vermögenswertes erzielt wird, an die
  - Veränderung der EBITA-Marge ($p_{2,t+1}^{NA} \cdot m_{2,t+1}^{NA} \cdot \Delta ebita_{2,t+1}$) sowie an die
  - Preissenkung ($\Delta p_{2,t+1} \cdot m_{2,t+1}^{NA} \cdot ebita_{2,t+1}^{A}$).

3.3.2.3.2 Beispiel zur Ableitung des Incremental Income unter vereinfachenden Annahmen

Bei dem betrachteten immateriellen Vermögenswert handelt es sich um eine Technologie, deren Anwendung zur Erzielung von Kosteneinsparungen bei der Herstellung von Produkt j = 2 führt. Tabelle 3.3.2-6 stellt Absatzpreis, Absatzmenge, EBITA-Marge, Stückkosten, Umsatzerlöse und EBITA des Produktes für eine ausgewählte Periode zusammen. Die Tabelle bezieht folgende Fallgestaltungen ein:

- Verzicht auf die Anwendung der Technologie (Base Case),
- Anwendung der Technologie ohne Weitergabe der Kosteneinsparungen an die Abnehmer (Cost Savings Case),
- Anwendung der Technologie mit teilweiser Weitergabe der Kosteneinsparungen an die Abnehmer durch Senkung des Absatzpreises (Cost Savings Price Reduction Case).

Die EBITA-Margen wurden aus den Stückkosten und den Absatzpreisen ermittelt. Die preissenkungsbedingte Erhöhung der Absatzmenge ergibt sich aus der Preis-Absatz-Funktion von Produkt j = 2. Zur Vereinfachung der Ausführungen wird angenommen, dass sich diese Preis-Absatz-Funktion nicht von der Preis-Absatz-Funktion des differenzierten Produktes j = 1, die sich auszugsweise aus Abbildung 3.3.2-4 und Tabelle 3.3.2-2 ergibt, unterscheidet.

Tab. 3.3.2-6: Ausgangsdaten der Analyse des EBITA bei Erzielung der Kosteneinsparungen

Case	Base	Cost Savings	Difference	Cost Savings Price Reduction	Difference
Cost Savings	-	+		+	
Price Reduction	-	-		+	
Data					
Price	9,0	9,0	0,0	8,5	-0,5
Volume	120,0	120,0	0,0	130,0	10,0
Margin	33,3%	44,4%	11,1%	41,2%	7,8%
Cost/Unit	6,0	5,0	-1,0	5,0	-1,0
Calculation of EBITA					
Sales	1.080,0	1.080,0	0,0	1.105,0	25,0
EBITA	360,0	480,0	120,0	455,0	95,0

Tabelle 3.3.2-6 zeigt, dass sich das EBITA bei Verzicht auf die Weitergabe der Kosteneinsparungen an die Abnehmer um EUR 120,0, bei deren Weitergabe durch Senkung der Absatzpreise dagegen nur um EUR 95,0 erhöht. Die Erhöhung des EBITA im ersten Fall ist ausschließlich auf die Verbesserung der EBITA-Marge durch die Kosteneinsparungen von 33,3 % auf 44,4 % zurückzuführen. Im Fall der Anwendung der Technologie bei teilweiser Weitergabe der Kosteneinsparungen an die Abnehmer kann die EBITA-Erhöhung durch die unter 3.3.2.2.1 abgeleiteten Beziehungen für $\Delta EBITA_{t+1}$ erklärt werden. Tabelle 3.3.2-7 grenzt – ausgehend vom EBITA vor Erzielung der Kosteneinsparungen – im oberen Teil den Einfluss der Preissenkung, im mittleren Teil den Einfluss der Erhöhung der Absatzmenge sowie im unteren Teil den Einfluss der Veränderung der EBITA-Marge auf das EBITA ab.

Tab. 3.3.2-7: Erklärung der Erhöhung des EBITA bei teilweiser Weitergabe der Kosteneinsparungen an die Abnehmer

Analysis of Price Reduction Incremental EBITA based on	Incremental Sales Price	Adjustment Volume	Adjustment EBITA-Margin
Price	-0,5	9,0	9,0
Volume	130,0	10,0	120,0
Margin	41,2%	41,2%	7,8%
Calculation of EBITA			
Sales	-65,0	90,0	1.080,0
EBITA	-26,8	37,1	84,7
Total			95,0
Analysis of Incremental Volume Incremental EBITA based on	Adjustment Sales Price	Incremental Volume	Adjustment EBITA-Margin
Price	-0,5	8,5	9,0
Volume	120,0	10,0	120,0
Margin	41,2%	41,2%	7,8%
EBITA	-24,7	35	84,7
Total			95,0
Analysis of Incremental EBITA-Margin Incremental EBITA based on	Adjustment Sales Price	Adjustment Volume	Incremental EBITA-Margin
Price	-0,5	9,0	8,5
Volume	130,0	10,0	130,0
Margin	33,3%	33,3%	7,8%
EBITA	-21,7	30	86,7
Total			95,0

In Tabelle 3.3.2-8 wird die Veränderung des EBITA in Abhängigkeit von der Höhe der Preissenkung und der Veränderung der Absatzmenge dargestellt. Die Tabelle geht von den der Preis-Absatz-Funktion zugrunde gelegten Absatzpreisen und Absatzmengen sowie den den Preissenkungen unter Berücksichtigung der Kosteneinsparungen zuzuordnenden

EBITA-Margen aus. Die Kombinationen von Preissenkung und Veränderung der Absatzmenge, die der Preis-Absatz-Funktion folgen, sind in Tabelle 3.3.2-8 hervorgehoben.

Tab. 3.3.2-8: Analyse des Einflusses von Preissenkung und Mengenveränderung auf das EBITA

		Incremental Volume					EBITA-Margin
		0,0	10,0	20,0	30,0	40,0	
	0,0	120,0	160,0	200,0	240,0	280,0	44,4%
	-0,5	60,0	95,0	130,0	165,0	200,0	41,2%
Price	-1,0	0,0	30,0	60,0	90,0	120,0	37,5%
Reduction	-1,5	-60,0	-35,0	-10,0	15,0	40,0	33,3%
	-2,0	-120,0	-100,0	-80,0	-60,0	-40,0	28,6%
Volume		120	130	140	150	160	

Zur Vereinfachung des Vorgehens im praktischen Anwendungsfall kann in Betracht gezogen werden, auf die Bereinigung der Preissenkung und der zugehörigen Mengenveränderung zu verzichten und die Veränderung des EBITA durch Anwendung der EBITA-Margen-Erhöhung auf den nach Preissenkung erzielten Absatzpreis und die dabei realisierte Absatzmenge zu ermitteln. Die EBITA-Margen-Erhöhung ergibt sich durch Vergleich der nach Kosteneinsparungen erzielten EBITA-Marge mit der sich nach Bereinigung der Kosteneinsparungen ergebenden EBITA-Marge. Die Vereinfachung resultiert daraus, dass dieses Vorgehen lediglich die Abgrenzung der Kosteneinsparungen erfordert.

Tabelle 3.3.2-9 und Tabelle 3.3.2-10 betrachten dieses Vorgehen. Aus Tabelle 3.3.2-9 ergibt sich, dass die Anwendung der Vereinfachung zu einer EBITA-Erhöhung in Höhe von EUR 130,0 führt, die die bei Verzicht auf die vereinfachende Annahme in Tabelle 3.3.2-6 ermittelte EBITA-Veränderung von EUR 95,0 um EUR 35,0, also rund 36,8 %, übersteigt. Tabelle 3.3.2-10 leitet das EBITA, das sich unter Zugrundelegung der betrachteten Vereinfachung – ausgehend vom erzielten Absatzpreis, der realisierten Absatzmenge und der um die Kosteneinsparungen bereinigten EBITA-Marge – in Höhe von EUR 325,0 aus Tabelle 3.3.2-9 ergibt, in das EBITA des in Tabelle 3.3.2-6 dargestellten Ausgangsfalles in Höhe von EUR 360,0 über, das ausgehend vom Absatzpreis vor Preissenkung mit zugehöriger Absatzmenge und EBITA-Marge bestimmt wurde. Die Tabelle legt dar, dass diese EBITA-Erhöhung bestimmt ist als Saldo aus den EBITA-Veränderungen, die resultieren aus der

*   Erhöhung der EBITA-Marge, die mit dem höheren Absatzpreis vor Berücksichtigung der Preissenkung verbunden ist, aus der
*   Erhöhung des Absatzpreises, die aus der Bereinigung der Preissenkung resultiert, und aus der
*   Verminderung der Absatzmenge, die mit dem höheren Absatzpreis verbunden ist.

Die Überleitung erklärt zugleich auch die mit dem in Tabelle 3.3.2-9 aufgezeigten vereinfachten Vorgehen – gegenüber der in Tabelle 3.3.2-6 dargestellten vollständigen Betrachtung – verbundene Erhöhung des EBITA.

Tab. 3.3.2-9: Ableitung der Veränderung des EBITA unter Zugrundelegung von vereinfachenden Annahmen

	Base Case adjusted	Cost Savings Price Reduction	Difference
Cost Savings	-	+	
Price Reduction	-	+	
Data			
Price	8,5	8,5	0,0
Volume	130,0	130,0	0,0
Margin	29,4%	41,2%	11,8%
Cost/Unit	6,0	5,0	-1,0
Calculation of EBITA			
Sales	1.105,0	1.105,0	0,0
EBITA	325,0	455,0	130,0

Tab. 3.3.2-10: Erklärung der EBITA-Differenz bei vereinfachter Ableitung der Veränderung des EBITA

Reconciliation Incremental EBITA based on	Base Case adjusted	Adjustment EBITA-Margin	Adjustment Sales Price	Adjustment Volume	Base Case
Price	8,5	8,5	0,5	9,0	9,0
Volume	130,0	130,0	130,0	-10,0	120,0
Margin	29,4%	3,9%	33,3%	33,3%	33,3%
Calculation of EBITA					
Sales	1.105,0	1.105,0	65	-90	1.080,0
EBITA	325,0	43,3	21,7	-30	360,0
Total	325,0			35,0	360,0

Insgesamt legt die Analyse des vereinfachten Vorgehens dar, dass im vorliegenden Sachverhalt dessen Anwendung aufgrund der deutlichen Überschätzung der EBITA-Erhöhung nicht in Betracht zu ziehen ist. In entsprechender Weise können weitere Fallgestaltungen untersucht werden, auf deren Darstellung im Folgenden jedoch verzichtet wird. Beispielsweise ist an den Fall zu denken, dass die Preissenkung nicht auf die Weitergabe der Kosteneinsparungen an die Abnehmer zur Erzielung einer höheren Absatzmenge gerichtet, sondern wettbewerbsinduziert ist und zu keiner Änderung der Absatzmenge führt.

3.3.2.3.3 Grenzen der Ableitung des Incremental Income

Die Betrachtungen zeigen, dass die Ermittlung der Veränderung des EBITA voraussetzt, dass die

- Preissenkung, die
- Veränderung der EBITA-Marge sowie die
- Erhöhung der Absatzmenge

bestimmt werden können.

Die Abgrenzung der Preissenkung erfordert – entsprechend dem Vorgehen zur Bestimmung der einem differenzierten Produkt zuzuordnenden Preisprämie – das Vorliegen eines Vergleichspreises. Dieser kann möglicherweise – in Abhängigkeit vom konkreten Anwendungsfall – aus Absatzpreisen des betrachteten Produktes z. B. der Vergangenheit oder aus Absatzpreisen vergleichbarer Produkte des Unternehmens oder von Wettbewerbern abgeleitet werden.

Zur Bestimmung der Veränderung der EBITA-Marge sind – neben der Anpassung der EBITA-Marge an die Preissenkung sowie der Berücksichtigung mengeninduzierter Kostenänderungen – die Kosteneinsparungen abzugrenzen. Inwieweit die Abschätzung der Kosteneinsparungen durch unternehmensinterne Analysen sowie unter Einbeziehung externer Daten nachvollziehbar begründet werden kann, ist im konkreten Anwendungsfall zu beurteilen.

Die Ermittlung der Erhöhung der Absatzmenge geht von der Preis-Absatz-Funktion des betrachteten Produktes aus und setzt damit deren Kenntnis voraus. Aufgrund des mit der Ableitung von Preis-Absatz-Funktionen verbundenen erheblichen Aufwandes wird eine Abschätzung der Mengenveränderung vielfach nicht vertretbar sein.

Die EBITA-Erhöhung des im Beispiel erörterten vereinfachten Vorgehens, das auf die Bereinigung der Preissenkung und der Mengenerhöhung verzichtet und die EBITA-Veränderung durch Anwendung der EBITA-Margenveränderung auf den nach Preissenkung erzielten Absatzpreis bei gegebener Absatzmenge ermittelt, ist bestimmt durch die Beziehung

$$\Delta EBITA_{2,t+1}^{Approx} = p_{2,t+1}^A \cdot m_{2,t+1}^A \cdot ebita_{2,t+1}^A - p_{2,t+1}^A \cdot m_{2,t+1}^A \cdot ebita_{2,t+1}^{Aadj}$$

mit $ebita_{2,t+1}^{Aadj}$ als auf den Absatzpreis nach Preissenkung bezogene, um die Kosteneinsparung bereinigte EBITA-Marge. Dieser Ausdruck kann übergeleitet werden in die Beziehung[291]

$$\Delta EBITA_{t+1}^{Approx} = \Delta EBITA_{t+1} + p_{2,t+1}^A \cdot m_{2,t+1}^A \cdot \Delta ebita_{2,t+1}^{NAadj} - \Delta p_{2,t+1} \cdot m_{2,t+1}^A \cdot ebita_{2,t+1}^{NA}$$

$$- p_{2,t+1}^{NA} \cdot \Delta m_{2,t+1} \cdot ebita_{2,t+1}^{NA}$$

mit $\Delta ebita_{2,t+1}^{NAadj} = ebita_{2,t+1}^{NA} - ebita_{2,t+1}^{Aadj}$ und $\Delta ebita_{2,t+1}^{NAadj} > 0$.

Die Beziehung zeigt, dass dieses Vorgehen im Vergleich zur Berücksichtigung der Preis- und Mengenwirkungen für

---

291   Zur Herleitung der folgenden Beziehung siehe Anhang zu 3.3.2.3.3.

$$p_{2,t+1}^{A} \cdot m_{2,t+1}^{A} \cdot \Delta \, ebita_{2,t+1}^{NAadj} - \Delta \, p_{2,t+1} \cdot m_{2,t+1}^{A} \cdot ebita_{2,t+1}^{NA} - p_{2,t+1}^{NA} \cdot \Delta \, m_{2,t+1} \cdot ebita_{2,t+1}^{NA} > 0$$

mit

$$p_{2,t+1}^{A} \cdot m_{2,t+1}^{A} \cdot \Delta \, ebita_{2,t+1}^{NAadj} > 0$$

$$\Delta \, p_{2,t+1} \cdot m_{2,t+1}^{A} \cdot ebita_{2,t+1}^{NA} < 0$$

sowie

$$p_{2,t+1}^{NA} \cdot \Delta \, m_{2,t+1} \cdot ebita_{2,t+1}^{NA} > 0$$

zu einer Überschätzung der EBITA-Veränderung führt. Unter dieser Voraussetzung gilt

$$\Delta \, EBITA_{t+1}^{Approx} > \Delta \, EBITA_{t+1}$$

Die Betrachtung macht deutlich, dass die Annahme, dass auf eine auch nur teilweise Weitergabe der Kosteneinsparungen durch Preissenkungen an die Abnehmer verzichtet wurde, einer nachvollziehbaren Begründung bedarf.

Weiter ist zu berücksichtigen, dass den Untersuchungen vereinfachende Annahmen zugrunde gelegt wurden, die insbesondere die Zurechnung der EBITA-Veränderung zum Bewertungsobjekt erlaubten. Inwieweit diese Voraussetzung erfüllt ist, bedarf der Beurteilung im konkreten Einzelfall. Darüber hinaus wurden Einflüsse des Bewertungsobjektes auf die Veränderungen des in das Working Capital und des in die Sachanlagen investierten Kapitals nicht einbezogen.

3.3.3   Ableitung der Einkommensbeiträge bei Anwendung der Royalty Analysis

3.3.3.1 Überblick

Unter 2.5.4.2 wurde dargelegt, dass die in die Relief-from-Royalty-Methode eingehenden ersparten Lizenzzahlungen bestimmt werden können

- unter Zugrundelegung von Lizenzverträgen, die die Nutzungsüberlassung von mit dem Bewertungsobjekt vergleichbaren Vermögenswerten beinhalten, oder
- durch Anwendung von Profit-Split-Annahmen.

Im Folgenden wird zunächst auf die Anwendung von Vergleichstransaktionen im Rahmen der Ableitung von ersparten Lizenzzahlungen eingegangen (3.3.3.2). Sodann werden ausgewählte Einzelfragen der Anwendung von Profit-Split-Annahmen betrachtet (3.3.3.3).

3.3.3.2 Anwendung von Vergleichstransaktionen zur Ableitung ersparter Lizenzzahlungen

3.3.3.2.1 Vorgehen

Ersparte Lizenzzahlungen werden regelmäßig – dies wurde unter 2.5.4.2 dargelegt – durch Zuordnung von Lizenzsätzen und Bemessungsgrundlagen zu Bewertungsobjekten ermittelt, wobei zur Begründung dieser Zuordnung zumeist Lizenzsätze und Bemessungsgrundlagen, die aus Lizenzverträgen über die Nutzung von mit dem zu bewertenden Vermögenswert (möglichst) vergleichbaren Vermögenswerten abgeleitet werden, herangezogen werden. Die Anwendung von Vergleichstransaktionen zur Ableitung ersparter Lizenzzahlungen erfordert die Beurteilung der Vergleichbarkeit der möglichen Vergleichstransaktionen zugrunde liegenden Vermögenswerte mit dem Bewertungsobjekt, die Analyse der wesentlichen Bestimmungsfaktoren der vereinbarten Lizenzsätze, die Aufbereitung und Aggregation der in Betracht kommenden Lizenzsätze sowie die Abgrenzung der Bemessungsgrundlage.

Im Folgenden wird die diesem Vorgehen folgende Ableitung ersparter Lizenzzahlungen betrachtet (3.3.3.2.4 bis 3.3.3.2.8).[292] Zuvor werden die Beschaffung der Ausgangsdaten möglicher Vergleichstransaktionen (3.3.3.2.2) aufgezeigt sowie der Einfluss des Lizenzsatzes und der Bemessungsgrundlage auf den Wert des Bewertungsobjektes (3.3.3.2.3) dargelegt.

3.3.3.2.2 Ausgangsdaten der Ableitung von Lizenzsätzen

Vergütungsrelevante Vereinbarungen, die in Lizenzverträgen getroffen wurden, können – dies wurde bereits unter 2.5.4.2 ausgeführt – Rechtsprechung und Schrifttum entnommen sowie mittels Recherche in Datenbanken verschiedener Anbieter erhoben werden. Abbildung 3.3.3-1 stellt bekannte Anbieter entsprechender Datenbanken – unter Angabe einiger grundlegender Informationen zu deren Leistungen – zusammen.

Service Provider	Services	Related Services	Main Data Source	Number of royalty rates	Pricing	Website
ktMINE	Royalty Rates	Various other services	–	> 60.000	–	www.ktmine.com
MARKABLES	Royalty Rates (Trademarkes)	PPA benchmark data	PPA-Data	> 8.800	USD 25 per transaction / case	www.markables.net
recap	Biopharma deal data	Various other services	–	–	–	www.recap.com
Royalty Range	Royalty Rates	Benchmark Studies	SEC-Filings and others	–	Subscription / per Search	www.royaltyrange.com
Royaltysource	Royalty Rates	–	SEC-Filings	–	USD 350 / 100 per 10 transactions	www.royaltysource.com
Royaltystat	Royalty Rates	Company Financials, Annual Reports	SEC-Filings	17.654	Subscription	www.royaltystat.com

Abb. 3.3.3-1: Zusammenstellung ausgewählter Lizenzsatz-Datenbanken

---

292 Zur Dokumentation der Bestimmung von Lizenzsätzen bei der Ableitung von beizulegenden Zeitwerten siehe auch Corporate and Intangibles Valuation Organization (2017), S. 22 f.

3.3.3.2.3 Einfluss von Lizenzsatz und Bemessungsgrundlage auf das Bewertungsergebnis

Unter 2.5.4.2 wurde für den Wert eines mittels der Relief-from-Royalty-Methode bewerteten Vermögenswertes bei einem periodenunabhängigen Lizenzsatz die Beziehung

$$V_{i,t^B} = rrate_i \cdot \sum_{t=t^B}^{T_i-1} s_{i,t+1}^{Royalty} \cdot (1-s) \cdot (1+r_i)^{-(t-t^B+1)} + TAB_{i,t^B}$$

eingeführt. Der Ausdruck zeigt, dass zwischen dem Lizenzsatz und dem Wert des Bewertungsobjektes ein linearer Zusammenhang besteht. Unter Zugrundelegung der Annahme, dass für $rrate_i = rr$ der Wert des betrachteten Vermögenswertes V_{i,t^B}^{rr} beträgt, ergibt sich für $rrate_i = x \cdot rr$ ein Wert des Vermögenswertes in Höhe von $x \cdot V_{i,t^B}^{rr}$. Dies bedeutet, dass beispielsweise eine Verdopplung des Lizenzsatzes (x = 2) zu einer Verdopplung des Wertes des Bewertungsobjektes führt bzw. eine Halbierung des Lizenzsatzes (x = 0,5) eine Halbierung des Wertes nach sich zieht.

Durch Einführung eines Umsatzadjustierungsfaktors $s_{i,t+1}^{Royalty}$, der beispielsweise einen in der in t + 1 endenden Periode zur Anwendung kommenden Rabattsatz zum Ausdruck bringen kann, in die Beziehung für V_{i,t^B} wird der Einfluss der Abgrenzung der Umsatzerlöse, die der Ermittlung der ersparten Lizenzzahlungen zugrunde gelegt werden, auf den Wert des Bewertungsobjektes ersichtlich. Der Zusammenhang wird bei einem periodenunabhängigen Umsatzadjustierungsfaktor $s_{i,t+1}^{Royalty} = s_i^{Royalty}$ für alle t = 0 bis ∞ besonders deutlich. Es gilt:

$$V_{i,t^B} = rrate_i \cdot s_i^{Royalty} \cdot \sum_{t=t^B}^{T_i-1} s_{i,t+1}^{Royalty} \cdot (1-s) \cdot (1+r_i)^{-(t-t^B+1)} + TAB_{i,t^B}$$

Die unter 2.5.4.1 und 2.5.4.2 eingeführten Beziehungen legen weiter dar, dass dieser Einfluss des Lizenzsatzes und der Umsatzabgrenzung auch dann auftritt, wenn der Relief-from-Royalty-Methode periodenspezifische Lizenzsätze zugrunde gelegt werden, sowie dass auch bei Anwendung der Incremental Income Analysis zwischen dem Incremental Income und dem Wert des Bewertungsobjektes ein linearer Zusammenhang besteht. Tabelle 3.3.3-1, die den Wert der Basistechnologie von BU1 in Abhängigkeit von der Höhe des periodenunabhängigen Lizenzsatzes und eines periodenunabhängigen Umsatzadjustierungsfaktors darstellt, und Tabelle 3.3.3-2, die den Wert der Verfahrenstechnologie in Abhängigkeit von einem auf die Umsatzerlöse bezogenen periodenunabhängigen Incremental-Income-Adjustierungsfaktor und eines periodenunabhängigen Umsatzadjustierungsfaktors darstellt, bestätigen die linearen Zusammenhänge.

Tab. 3.3.3-1: Wert der Basistechnologie in Abhängigkeit von Lizenzsatz und Umsatz

		Royalty Rate							
	129,7	4,0%	6,0%	8,0%	10,0%	12,0%	14,0%	16,0%	
	70,0%	45,4	68,1	90,8	113,5	136,2	158,9	181,6	400,0%
	80,0%	51,9	77,8	103,8	129,7	155,6	181,6	207,5	400,0%
Sales	90,0%	58,4	87,5	116,7	145,9	175,1	204,3	233,5	400,0%
Adjust-	100,0%	64,9	97,3	129,7	162,1	194,6	227,0	259,4	400,0%
ment	110,0%	71,3	107,0	142,7	178,3	214,0	249,7	285,3	400,0%
	120,0%	77,8	116,7	155,6	194,6	233,5	272,4	311,3	400,0%
	130,0%	84,3	126,5	168,6	210,8	252,9	295,1	337,2	400,0%
	140,0%	90,8	136,2	181,6	227,0	272,4	317,8	363,2	400,0%
		200,0%	200,0%	200,0%	200,0%	200,0%	200,0%	200,0%	

Tab. 3.3.3-2: Wert der Verfahrenstechnologie in Abhängigkeit von Incremental Income und Umsatz

		Incremental Income Adjustment							
	16,4	50,0%	75,0%	100,0%	125,0%	150,0%	175,0%	200,0%	
	70,0%	5,7	8,6	11,5	14,3	17,2	20,1	22,9	400,0%
	80,0%	6,5	9,8	13,1	16,4	19,6	22,9	26,2	400,0%
Sales	90,0%	7,4	11,1	14,7	18,4	22,1	25,8	29,5	400,0%
Adjust-	100,0%	8,2	12,3	16,4	20,5	24,6	28,7	32,7	400,0%
ment	110,0%	9,0	13,5	18,0	22,5	27,0	31,5	36,0	400,0%
	120,0%	9,8	14,7	19,6	24,6	29,5	34,4	39,3	400,0%
	130,0%	10,6	16,0	21,3	26,6	31,9	37,2	42,6	400,0%
	140,0%	11,5	17,2	22,9	28,7	34,4	40,1	45,8	400,0%
		200,0%	200,0%	200,0%	200,0%	200,0%	200,0%	200,0%	

Damit stellen die Betrachtungen die Bedeutung heraus, die der Ableitung des Lizenzsatzes und der Abgrenzung der von der Lizenzvereinbarung erfassten Umsatzerlöse für das Bewertungsergebnis bei Anwendung der Relief-from-Royalty-Methode zukommt.

3.3.3.2.4 Analyse der Vergleichbarkeit von Vergleichsobjekt und Bewertungsobjekt

Lizenzvereinbarungen sehen ganz überwiegend vor, dass dem Lizenzgeber für die Überlassung des der Vereinbarung zugrunde liegenden Vermögenswertes eine Vergütung eingeräumt wird. Diese Vergütung kann als der dem Vermögenswert durch die Vereinbarung zugewiesener Anteil am Einkommen des den Vermögenswert nutzenden Unternehmens verstanden werden. Aus diesem Verständnis resultiert, dass die Heranziehung von Vergleichstransaktionen zur Begründung der Zuordnung eines Lizenzsatzes und einer Bemessungsgrundlage zu einem Bewertungsobjekt sich als Übertragung wesentlicher Parameter der Einkommensabgrenzungen der den Transaktionen zugrunde liegenden Vermögenswerte auf die Abgrenzung des Einkommensbeitrages des Bewertungsobjektes darstellt. Die Betrachtung macht deutlich, dass es sich im gegebenen Zusammenhang anbietet, dann von der Vergleichbarkeit der den Vergleichstransaktionen zugrunde liegenden Vermögenswerte mit dem Bewertungsobjekt auszugehen, wenn die Einflüsse der genannten Vermögenswerte und der Einfluss des Bewertungsobjektes auf das Einkommen der die zu vergleichenden Vermögenswerte nutzenden Unternehmen sowie die Einkommenserzielung dieser Unternehmen, die insbesondere durch deren Geschäftsmodelle geprägt sind, weitgehend vergleichbar sind.

Der Beurteilung der Vergleichbarkeit der den Vergleichstransaktionen zugrunde liegenden Vermögenswerte mit dem Bewertungsobjekt, die diesem Vorgehen folgt, sind allerdings regelmäßig Grenzen gesetzt. Die unter 2.5.3 erläuterte Analyse des Einflusses eines immateriellen Vermögenswertes auf das Einkommen des den Vermögenswert nutzenden Unternehmens stellt beispielhaft die Informationserfordernisse heraus, die mit dieser Untersuchung verbunden sind. Diese Informationen werden jedoch vielfach schon deswegen nicht verfügbar sein, weil die Durchführung der Untersuchung sich nicht auf das Bewertungsobjekt beschränkt, sondern auch für die den Vergleichstransaktionen unterliegenden Vermögenswerte geboten ist.

In den Fällen, in denen die dem dargestellten Vorgehen folgende Beurteilung der Vergleichbarkeit von Vergleichsobjekt und Bewertungsobjekt aus den genannten Gründen nicht in Betracht kommt, besteht die Möglichkeit, Indikatoren heranzuziehen, von denen im konkreten Einzelfall erwartet wird, dass sie den Einfluss der zu vergleichenden Vermögenswerte auf das Einkommen des Unternehmens widerspiegeln. Beispielsweise ist zu denken an Kriterien wie die Branche bzw. das Branchensegment der die Vermögenswerte nutzenden Unternehmen, die Positionierung des geschützten bzw. markierten Produktes im Markt, die mit dem Bewertungsobjekt verbundenen Wettbewerbsvorteile, bei Technologien deren Anwendungsbereiche sowie technische Eigenschaften oder bei Marken deren Stellung im Markt; im Einzelfall sind derartige Kriterien weiter zu spezifizieren.

3.3.3.2.5 Analyse der Bestimmungsfaktoren vereinbarter Lizenzsätze

Die Begründung der Zuordnung von Lizenzsätzen und Bemessungsgrundlagen zu Bewertungsobjekten durch Heranziehung und Analyse von Lizenzverträgen über die Nutzung von mit dem zu bewertenden Vermögenswert vergleichbaren Vermögenswerten geht von der Überlegung aus, dass der einer Lizenzvereinbarung zugrunde liegende Vermögenswert den zentralen Bestimmungsfaktor des Lizenzsatzes bildet. Lizenzsätze können darüber hinaus bestimmt sein insbesondere durch die sich dem Lizenznehmer eröffnenden Nutzungsmöglichkeiten des der Vereinbarung unterliegenden Vermögenswertes, Vergütungsvereinbarungen, Vereinbarungen über die Übernahme weiterer Leistungen durch Lizenzgeber und/oder Lizenznehmer sowie Besonderheiten, die beim Zustandekommen des Lizenzvertrages gegeben waren bzw. zu diesem führten.[293]

Die Nutzungsmöglichkeiten von Vermögenswerten sind – unabhängig von der Rechtsgrundlage der Nutzung – oftmals durch mit Vermögenswerten verbundene Schutzrechte, beispielsweise Patente oder Marken, und die durch diese vermittelten Schutzwirkungen bestimmt. Bei der durch Lizenzvereinbarungen eingeräumten Nutzung von Vermögenswerten kommt hinzu, dass die Nutzungsmöglichkeiten des Lizenznehmers durch die diesem gewährten Rechte festgelegt werden. Besondere Bedeutung kommt etwa der Verein-

---

293   Zum Folgenden siehe auch Smith/Parr (2005), S. 367 ff.

barung einer exklusiven Nutzung, dem vereinbarten territorialen Bereich, auf den sich die Nutzung erstreckt, sowie der Laufzeit der Vereinbarung zu.

In Lizenzverträgen werden oftmals sehr unterschiedliche Vergütungsvereinbarungen getroffen. Ganz überwiegend werden laufende Lizenzzahlungen vereinbart, die durch Regelungen über Mindest- oder Höchstlizenzzahlungen sowie umsatzabhängige Staffelungen ergänzt werden können. Zu den laufenden Lizenzzahlungen kommen vielfach auch Einmalzahlungen, etwa in Form von »upfront payments«, sowie – etwa bei Lizenzvereinbarungen im Bereich der Biotechnologie beim Erreichen von im Lizenzvertrag festgelegten Ergebnissen – Meilensteinzahlungen hinzu. Als Bemessungsgrundlagen werden – beispielsweise bei umsatzbezogenen Lizenzzahlungen – regelmäßig unterschiedliche Umsatzdefinitionen herangezogen.

Darüber hinaus finden sich in Lizenzvereinbarungen vielfach Regelungen, die die Verpflichtung zur Erbringung verschiedener Leistungen den Vertragsparteien zuordnen. Hierzu gehören beispielsweise die Übernahme der für die Aufrechterhaltung der Schutzrechte anfallenden Gebühren, die Erbringung zukünftiger Forschungs- und Entwicklungsleistungen, die Übernahme von Marketingaktivitäten, die Erbringung technischer Unterstützungsleistungen sowie die Verteidigung des lizenzierten Schutzrechtes bei Angriffen Dritter.

Das Zustandekommen von Lizenzvereinbarungen ist u. a. durch die beteiligten Parteien, deren wirtschaftliche Verhältnisse im Zeitpunkt des Abschlusses der Vereinbarung sowie den in diesem Zeitpunkt bestehenden Erwartungen geprägt. Beispielsweise ist daran zu denken, dass eine Lizenzvereinbarung nicht marktübliche Konditionen aufweist, wenn die Vereinbarung zwischen nahestehende Personen getroffen wird und diese von außerhalb der Transaktion liegenden Motiven bei deren Abschluss ausgehen oder wenn eine Partei sich in einer wirtschaftlichen Zwangslage befindet, die diese Partei zum Abschluss der Vereinbarung zwingt. Nicht marktübliche Bedingungen von Lizenzvereinbarungen können sich etwa auch dann ergeben, wenn die Vereinbarung im Zusammenhang mit einer Schutzrechtsverletzung steht.

3.3.3.2.6 Aufbereitung und Aggregation der Lizenzsätze

Die Anwendung von Vergleichstransaktionen zur Begründung der Zuordnung eines Lizenzsatzes zu einem Bewertungsobjekt erfordert die Aggregation der sich aus den Vergleichstransaktionen ergebenden Lizenzsätze. Da Lizenzsätze – dies legen die Ausführungen unter 3.3.3.2.5 dar – durch verschiedene Faktoren, beispielsweise die Ausgestaltung der Vergütung für die Nutzungsüberlassung oder die Erbringung zusätzlicher Leistungen durch die Vertragsparteien im Zusammenhang mit der Nutzungsüberlassung, beeinflusst sein können, ist vor der Aggregation für jeden verfügbaren Lizenzsatz einzuschätzen, ob eine Bereinigung und/oder Anpassung des Lizenzsatzes erforderlich ist.[294]

Eine Aufbereitung von Lizenzsätzen durch Bereinigungen bzw. Anpassungen setzt allerdings voraus, dass die hierfür erforderlichen Daten zugänglich sind. In den Fällen, in denen diese Informationen für einen Lizenzsatz nicht verfügbar sind, ist zu beurteilen, ob der Lizenzsatz aus der weiteren Untersuchung auszuschließen ist oder ob den Anpas-

---

sungs- bzw. Bereinigungserfordernissen im Rahmen der Aggregation der Lizenzsätze Rechnung getragen werden kann.

Der Aggregation der verfügbaren Lizenzsätze können insbesondere folgende Vorgehensweisen zugrunde gelegt werden:

- Auswahl des anzuwendenden Lizenzsatzes bzw. einer Bandbreite von Lizenzsätzen, die über die Vergleichbarkeit der den Vergleichstransaktionen zugrunde liegenden Vermögenswerte mit dem Bewertungsobjekt – unter Einbeziehung ausgewählter Bestimmungsfaktoren der Lizenzsätze – begründet werden;
- Ermittlung des anzuwendenden Lizenzsatzes durch Anwendung von Scoring-Modellen, die ausgehen von den Indikatoren, die zur Beurteilung der Vergleichbarkeit der den Vergleichstransaktionen zugrunde liegenden Vermögenswerte mit dem Bewertungsobjekt herangezogen werden, sowie von weiteren Kriterien, die zur Erfassung ausgewählter Bestimmungsfaktoren der Lizenzsätze geeignet erscheinen.

Eine Anwendung von Durchschnittsgrößen und/oder Quantilen zur Aggregation der verfügbaren Lizenzsätze kommt – abgesehen von Glättungen – allenfalls in Ausnahmefällen in Betracht. Dies ist vor allem in der unter 3.3.3.2.3 aufgezeigten Sensitivität des Bewertungsergebnisses bei Veränderungen des Lizenzsatzes begründet.

3.3.3.2.7 Abgrenzung der Bemessungsgrundlage

Die Bemessungsgrundlage, die der Ableitung der ersparten Lizenzzahlung zugrunde gelegt wird, ist in Übereinstimmung mit dem dem Bewertungsobjekt zugeordneten Lizenzsatz festzulegen. Dies setzt voraus, dass die in die Untersuchung einbezogenen Lizenzsätze, die auf unterschiedliche Bemessungsgrundlagen bezogen sein können, bei deren Aufbereitung an eine einheitliche Bemessungsgrundlage angepasst werden; dieser Anpassung steht allerdings oftmals entgegen, dass die erforderlichen Daten nicht verfügbar sind.

Bei der Abgrenzung der Bemessungsgrundlage ist regelmäßig festzustellen, dass die in Lizenzvereinbarungen verwendeten Bemessungsgrundlagen nicht eindeutig umschrieben sind und deswegen einen Interpretationsspielraum aufweisen können.[295] Hieraus kann eine Unschärfe der abgeleiteten ersparten Lizenzzahlungen resultieren, von der – angesichts der unter 3.3.3.2.3 aufgezeigten Sensitivität des Bewertungsergebnisses bei Veränderungen der Bemessungsgrundlage – ein erheblicher Einfluss auf das Bewertungsergebnis ausgehen kann.

3.3.3.2.8 Vorgehen in der Praxis

In Anlehnung an ein vom IVSC[296] gegebenes Beispiel bietet sich die Anwendung der in Abbildung 3.3.3-2 dargestellten Übersicht bei der Analyse von technologiebezogenen Lizenzsätzen an. Das Arbeitsblatt ist erforderlichenfalls an die im konkreten Anwendungsfall bestehenden Besonderheiten abzupassen. In Teil 4 wird dieses Arbeitsblatt der Analyse von technologiebezogenen Vergleichstransaktionen zugrunde gelegt.

---

295 So auch Kasperzak/Nestler (2010), S. 145.
296 Vgl. IVSC ED 2007, 6.36.

Comparable technology for which royalty observed	Period of license	Sophistication of technology	Geographic region of license	Exclusive license	Royalty rate as multiple of turnover	Subject asset royalty rate higher or lower than comparable
Subject technology						
Technology A						
Technology B						
...						
...						

Abb. 3.3.3-2: Arbeitsblatt zur Analyse technologiebezogener Lizenzsätze nach IVSC ED 2007

Das IVSC[297] führt ein weiteres Beispiel an, das als Ausgangspunkt der Auswertung von Vergleichstransaktionen, denen »Brands« zugrunde liegen, in Betracht kommt. Die vom IVSC verwendete Übersicht ergibt sich aus Abbildung 3.3.3-3.

Brands involved in transactions	Market position	Geographic coverage	B2C or B2B market	Multiple of most recent historic turnover implicit in transaction	Subject brand multiple higher or lower than comparable
Subject brand					
Brand A					
Brand B					
Brand C					
Brand D					

Abb. 3.3.3-3: Arbeitsblatt zur Analyse markenbezogener Lizenzsätze nach IVSC ED 2007

3.3.3.3 Ableitung von Lizenzzahlungen mittels Profit-Split-Analysen

3.3.3.3.1 Ausgangsüberlegungen

Unter 2.5.4.2 wurde dargelegt, dass in verschiedenen Branchen Lizenzzahlungen durch Aufteilung des Ergebnisses des lizenznehmenden Unternehmens auf Lizenzgeber und Lizenznehmer mittels eines Profit-Split-Faktors bestimmt werden. Das aufzuteilende Ergebnis wird dabei zumeist als EBIT oder EBITDA verstanden. Ein typisches Beispiel einer Profit-Split-Regel ist die bereits dargestellte »25 %-Regel«.[298]

Mit diesem Vorgehen sind verschiedene Fragestellungen verbunden:

- Aus den Betrachtungen unter 2.4 und 2.5 ergibt sich, dass Lizenzzahlungen nicht als Beiträge von Vermögenswerten zum Ergebnis, sondern als deren Beiträge zum Einkommen eines Unternehmens zu verstehen sind. Dies bedeutet für die Profit-Split-Ana-

---

297 Vgl. IVSC ED 2007, 6.25.
298 Zur Untersuchung des Zusammenhangs zwischen Profitabilität und Lizenzsatz nach Branchen siehe KPMG (2012).

lyse, dass sie die Einkommensbeiträge von Vermögenswerten ausgehend von Ergebnisgrößen allokiert. Damit stellt sich die Frage, inwieweit die der Analyse zugrunde gelegten Ergebnisgrößen geeignet sind, Einkommensbeiträge von Vermögenswerten abzugrenzen.

- In der Lizenzierungspraxis werden Profit-Split-Annahmen verwendet, die – wie oben dargelegt – von sehr pauschalen Aufteilungen der Ergebnisgrößen ausgehen und zu entsprechend pauschalen Einkommenszuordnungen führen. Hieraus resultiert das Erfordernis, die Angemessenheit der so abgeleiteten Einkommensbeiträge von Vermögenswerten zu beurteilen, sowie die damit verbundene Frage, wie bei dieser Einschätzung vorzugehen ist.

- Profit-Split-Annahmen kommen in der Lizenzierungspraxis oftmals neben – zumeist umsatzbezogenen – Lizenzsätzen, die aus Lizenzverträgen abgeleitet werden, zur Anwendung. Dies führt zu der weiteren Frage, welcher Zusammenhang zwischen umsatzbezogenen Lizenzsätzen und Profit-Split-Faktoren besteht.

Im Folgenden werden diese Fragestellungen erörtert.

Die Betrachtungen berücksichtigen grundsätzlich die mit den steuerwirksamen Abschreibungen der einbezogenen immateriellen Vermögenswerte verbundenen Steuervorteile. Durch einfache Bereinigung dieser Steuervorteile können die abgeleiteten Ergebnisse in die Ergebnisse überführt werden, die sich bei einem Verzicht auf die Einbeziehung der steuerwirksamen Abschreibungen ergeben.

3.3.3.3.2 Analyse ausgewählter Ergebnisgrößen als Grundlage der Profit-Split-Analyse

3.3.3.3.2.1 Vorgehen

Im Folgenden wird die Eignung von EBITA bzw. EBIT und EBITDA als Ausgangsgröße einer Einkommensallokation untersucht. Die Betrachtungen gehen von der Erklärung des Einkommens eines Unternehmens durch die Einkommensbeiträge der diesem zugerechneten Vermögenswerte aus (3.3.3.3.2.2) und identifizieren durch Ableitung der genannten Ergebnisgrößen aus dem Unternehmenseinkommen die Komponenten der Einkommensbeiträge der Vermögenswerte des Unternehmens, die das EBITA bzw. EBIT (3.3.3.3.2.3) sowie das EBITDA (3.3.3.3.2.4) nicht bestimmen.

3.3.3.3.2.2 Analyse des Unternehmenseinkommens

Das als Free Cashflow verstandene Einkommen eines Unternehmens wurde unter 2.6.3.3 sowie 2.6.4.3.4 untersucht. Dort wurde dargelegt, dass dieses – unter den der Analyse zugrunde gelegten Annahmen – durch die Einkommensbeiträge der dem Unternehmen zugeordneten Vermögenswerte und damit durch die Verzinsungen und Veränderungen des in diese Vermögenswerte investierten Kapitals vollständig zu erklären ist. Bei Bewertung des Vermögenswertes i = n mittels der MPEEM ergibt sich das Einkommen des betrachteten Unternehmens aus der bereits eingeführten Beziehung

$$CF_{t+1} = V_{n,t}^{MPEEM} \cdot r_{n,t+1}^{MPEEM} + V_{n,t}^{MPEEM} - V_{n,t+1}^{MPEEM} + \sum_{i=1}^{n-1} V_{i,t} \cdot r_{i,t+1} + \sum_{i=3}^{n-1} V_{i,t}$$

$$-\sum_{i=3}^{n-1} V_{i,t+1} + V_{1,t} - V_{1,t+1} + V_{2,t} - V_{2,t+1}$$

3.3.3.3.2.3 Analyse von EBITA und EBIT

Das EBITA nach Steuern – dies wurde unter 2.6.4.3.4 dargelegt – ist bestimmt durch die Beziehung[299]

$$EBITA_{t+1} \cdot (1-s) = V_{n,t}^{MPEEM} \cdot r_{n,t+1}^{MPEEM} + V_{n,t}^{MPEEM} - V_{n,t+1}^{MPEEM} + \sum_{i=1}^{n-1} V_{i,t} \cdot r_{i,t+1} + \sum_{i=3}^{n-1} V_{i,t} - \sum_{i=3}^{n-1} V_{i,t+1} - s \cdot A_{t+1}$$

Durch Auflösung dieser Beziehung nach

$$V_{n,t}^{MPEEM} \cdot r_{n,t+1}^{MPEEM} + V_{n,t}^{MPEEM} - V_{n,t+1}^{MPEEM} + \sum_{i=1}^{n-1} V_{i,t} \cdot r_{i,t+1} + \sum_{i=3}^{n-1} V_{i,t} - \sum_{i=3}^{n-1} V_{i,t+1} = EBITA_{t+1} \cdot (1-s) + s \cdot A_{t+1}$$

und Einsetzen dieses Ausdrucks in die Beziehung für CF_{t+1} ergibt sich nach Umformungen die Beziehung

$$EBITA_{t+1} \cdot (1-s) = CF_{t+1} - \left(V_{1,t} - V_{1,t+1}\right) - \left(V_{2,t} - V_{2,t+1}\right) - s \cdot A_{t+1}$$

Durch Abzug der Summe der Abschreibungen der immateriellen Vermögenswerte nach Steuern ($A_{t+1} \cdot (1-s)$) kann der Ausdruck für das EBITA nach Steuern in das EBIT nach Steuern übergeleitet werden. Dies führt zu der Beziehung

$$EBITA_{t+1} \cdot (1-s) - A_{t+1} \cdot (1-s) = CF_{t+1} - \left(V_{1,t} - V_{1,t+1}\right) - \left(V_{2,t} - V_{2,t+1}\right) - s \cdot A_{t+1} - A_{t+1} \cdot (1-s)$$

bzw.

$$EBIT_{t+1} \cdot (1-s) = CF_{t+1} - \left(V_{1,t} - V_{1,t+1}\right) - \left(V_{2,t} - V_{2,t+1}\right) - A_{t+1}$$

Diese Beziehungen können schließlich durch Hinzurechnung der Steuern, die durch die Ausdrücke $Tax_{t+1}^{EBITA} = s \cdot EBITA_{t+1}$ und $Tax_{t+1}^{EBIT} = s \cdot EBIT_{t+1}$ beschrieben werden, in die Beziehungen vor Steuern übergeleitet werden. Für das EBITA gilt

$$EBITA_{t+1} \cdot (1-s) + s \cdot EBITA_{t+1} = CF_{t+1} - \left(V_{1,t} - V_{1,t+1}\right) - \left(V_{2,t} - V_{2,t+1}\right) - s \cdot A_{t+1} + s \cdot EBITA_{t+1}$$

bzw.

$$EBITA_{t+1} = CF_{t+1} - \left(V_{1,t} - V_{1,t+1}\right) - \left(V_{2,t} - V_{2,t+1}\right) - s \cdot A_{t+1} + s \cdot EBITA_{t+1}$$

bzw. mit

$$Tax_{t+1}^{EBIT} = s \cdot EBIT_{t+1} = s \cdot EBITA_{t+1} - s \cdot A_{t+1}$$

$$EBITA_{t+1} = CF_{t+1} - \left(V_{1,t} - V_{1,t+1}\right) - \left(V_{2,t} - V_{2,t+1}\right) + Tax_{t+1}^{EBIT}$$

sowie für das EBIT

---

299 Zur Ableitung der entsprechenden Beziehung bei Anwendung der Residual-Value-Methode siehe 2.6.3.3.

$$EBIT_{t+1} \cdot (1 - s) + s \cdot EBIT_{t+1} = CF_{t+1} - \left(V_{1,t} - V_{1,t+1}\right) - \left(V_{2,t} - V_{2,t+1}\right) - A_{t+1} + s \cdot EBIT_{t+1}$$

bzw.

$$EBIT_{t+1} = CF_{t+1} - \left(V_{1,t} - V_{1,t+1}\right) - \left(V_{2,t} - V_{2,t+1}\right) - A_{t+1} + Tax_{t+1}^{EBIT}$$

Die Beziehungen für das EBITA und das EBIT machen deutlich, dass diese Ergebnisgrößen die Veränderungen des in die materiellen Vermögenswerte Sachanlagen und Working Capital investierten Kapitals nicht einschließen und damit die Einkommensbeiträge dieser Vermögenswerte nicht vollständig abbilden. Die Bereinigung der auf das EBIT bezogenen Steuern, die die mit den Abschreibungen der immateriellen Vermögenswerte verbundenen Steuervorteile ($s \cdot A_{t+1}$) berücksichtigen, bewirkt, dass die Ergebnisgrößen die genannten Steuervorteile nicht beinhalten. Aus den Beziehungen ergibt sich weiter, dass das EBIT – im Unterschied zum EBITA – durch die Abschreibungen der immateriellen Vermögenswerte (A_{t+1}) verzerrt ist.

Fallbeispiel

Tabelle 3.3.3-3 erklärt das EBITA des Geschäftsbereichs BU1 der in Teil 2 eingeführten SP GmbH und leitet dieses in das als Free Cashflow verstandene Einkommen des Geschäftsbereichs über. Die Tabelle geht von den Einkommensbeiträgen der immateriellen Vermögenswerte und den Verzinsungen des in die materiellen Vermögenswerte investierten Kapitals vor Steuern, die aus den in Tabelle 2-21 zusammengestellten Beträgen nach Steuern abgeleitet wurden, aus. Diese Komponenten erklären – nach Bereinigung der in den Einkommensbeiträgen der Kundenbeziehungen sowie der Basis- und Verfahrenstechnologie berücksichtigten, mit der Abschreibung dieser Vermögenswerte verbundenen Steuervorteile – das EBITA. Durch Abzug der Steuern auf das so bestimmte EBITA, Hinzurechnung der mit den Abschreibungen der genannten immateriellen Vermögenswerte verbundenen Steuervorteile sowie Berücksichtigung der Veränderungen des in die Sachanlagen und das Working Capital investierten Kapitals wird das EBITA in den Free Cashflow überführt; der Saldo der beiden Steuerkomponenten führt zu den unter Zugrundelegung des EBIT berechneten Steuern, die sich aus Tabelle 3.3.3-4 ergeben.

Die Tabelle bestätigt, dass das EBITA die Einkommensbeiträge der materiellen Vermögenswerte nicht vollständig – dieses erfasst die Veränderungen des in die Sachanlagen und das Working Capital investierten Kapitals nicht – sowie die mit den Abschreibungen der Kundenbeziehungen sowie der Abschreibungen der Basis- und Verfahrenstechnologie verbundenen Steuervorteile nicht abbildet.

Das EBIT von BU1 ergibt sich nach Abzug der Abschreibungen der Kundenbeziehungen sowie der Abschreibungen der Basis- und Verfahrenstechnologie vom in Tabelle 3.3.3-3 abgeleiteten EBITA; dies legt Tabelle 3.3.3-4 dar. Die Tabelle leitet sodann das EBIT in den Free Cashflow über durch Abzug der auf das EBIT bezogenen Steuern, Hinzurechnung der Abschreibungen der genannten immateriellen Vermögenswerte sowie Berücksichtigung der Veränderungen des in die Sachanlagen und das Working Capital investierten Kapitals.

Aus Tabelle 3.3.3-4 wird deutlich, dass das EBIT im Vergleich zum EBITA zusätzlich durch den Abzug der Abschreibungen der immateriellen Vermögenswerte verzerrt ist.

Tab. 3.3.3-3: Analyse des EBITA als Ausgangsgröße der Anwendung des Profit-Split-Ansatzes

Mio. EUR	Tab.		2017	2018	2019	2020	2021	2022	2023	2024	2025
EBITA / Free Cashflow Analysis											
Customer Relationship new											
Return on Invested Capital	2-21		15,5	17,6	19,7	22,8	24,7	26,2	29,8	32,7	36,0
Return of Invested Capital[1]	2-21		-18,4	-20,7	-22,9	-26,1	-28,1	-29,6	-33,3	-29,3	0,0
Excess Earnings	2-16		-2,9	-3,1	-3,2	-3,3	-3,4	-3,4	-3,5	3,4	36,0
Core Technology new											
Return on Invested Capital	2-21		0,7	2,1	3,6	5,4	7,3	9,4	11,8	14,3	16,6
Return of Invested Capital	2-14		-15,8	-18,4	-20,6	-22,7	-25,0	-27,5	-30,2	-26,9	
Customer Relationship											
Return on Invested Capital	2-21		23,2	21,5	19,3	16,7	14,1	11,1	7,4	3,6	0,0
Return of Invested Capital	2-8		18,9	25,2	29,0	29,7	34,4	41,2	43,6	40,7	0,0
Core Technology											
Return on Invested Capital	2-21		18,5	17,0	15,2	13,2	10,9	8,5	5,7	2,8	0,0
Return of Invested Capital	2-5		19,2	23,0	26,0	28,7	31,6	34,7	38,1	35,3	0,0
Process Technology											
Return on Invested Capital	2-21		2,3	2,2	1,9	1,7	1,4	1,1	0,7	0,4	0,0
Return of Invested Capital	2-4		2,3	2,8	3,3	3,7	4,0	4,4	4,9	4,5	0,0
Tangible Fixed Assets											
Return on Invested Capital	2-21		7,8	6,9	6,7	9,6	8,3	5,5	7,8	7,4	9,3
Working Capital											
Return on Invested Capital	2-21		3,2	3,9	4,1	4,2	4,3	4,4	4,5	4,5	4,5
EBITA incl. Tax Benefit of Amortization			77,4	83,0	85,4	86,7	88,1	89,4	90,8	90,1	66,5
Adjustment Tax Benefit of Amortization pre Tax	2-13		-19,8	-19,8	-19,8	-19,8	-19,8	-19,8	-19,8	-19,8	0,0
EBITA			57,6	63,2	65,6	66,9	68,2	69,6	71,0	70,2	66,5
Tax	2-13	30,0%	-17,3	-19,0	-19,7	-20,1	-20,5	-20,9	-21,3	-21,1	-19,9
Tax-effecting EBITA			40,3	44,2	45,9	46,8	47,7	48,7	49,7	49,2	46,5
Tax Benefit of Amortization	2-13		13,9	13,9	13,9	13,9	13,9	13,9	13,9	13,9	0,0
Tangible Fixed Assets											
Return of Invested Capital	2-9		12,0	2,0	-36,0	16,0	36,0	-29,0	4,0	-24,0	0,0
Working Capital											
Return of Invested Capital	2-10		-15,0	-5,3	-1,8	-1,9	-2,0	-2,0	-2,1	0,0	0,0
Free Cashflow	2-13		51,2	54,9	22,0	74,8	95,7	31,6	65,5	39,0	46,5

Tab. 3.3.3-4: Analyse des EBIT als Ausgangsgröße der Anwendung des Profit-Split-Ansatzes

Mio. EUR	Tab.		2017	2018	2019	2020	2021	2022	2023	2024	2025
EBIT / Free Cashflow Analysis											
Customer Relationship new											
Return on Invested Capital	2-21		15,5	17,6	19,7	22,8	24,7	26,2	29,8	32,7	36,0
Return of Invested Capital	2-21		-18,4	-20,7	-22,9	-26,1	-28,1	-29,6	-33,3	-29,3	0,0
Excess Earnings	2-16		-2,9	-3,1	-3,2	-3,3	-3,4	-3,4	-3,5	3,4	36,0
Core Technology new											
Return on Invested Capital	2-21		0,7	2,1	3,6	5,4	7,3	9,4	11,8	14,3	16,6
Return of Invested Capital	2-14		-15,8	-18,4	-20,6	-22,7	-25,0	-27,5	-30,2	-26,9	
Customer Relationship											
Return on Invested Capital	2-21		23,2	21,5	19,3	16,7	14,1	11,1	7,4	3,6	0,0
Return of Invested Capital	2-8		18,9	25,2	29,0	29,7	34,4	41,2	43,6	40,7	0,0
Core Technology											
Return on Invested Capital	2-21		18,5	17,0	15,2	13,2	10,9	8,5	5,7	2,8	0,0
Return of Invested Capital	2-5		19,2	23,0	26,0	28,7	31,6	34,7	38,1	35,3	0,0
Process Technology											
Return on Invested Capital	2-21		2,3	2,2	1,9	1,7	1,4	1,1	0,7	0,4	0,0
Return of Invested Capital	2-4		2,3	2,8	3,3	3,7	4,0	4,4	4,9	4,5	0,0
Tangible Fixed Assets											
Return on Invested Capital	2-21		7,8	6,9	6,7	9,6	8,3	5,5	7,8	7,4	9,3
Working Capital											
Return on Invested Capital	2-21		3,2	3,9	4,1	4,2	4,3	4,4	4,5	4,5	4,5
EBITA incl. Tax Benefit of Amortization			77,4	83,0	85,4	86,7	88,1	89,4	90,8	90,1	66,5
Adjustment Tax Benefit of Amortization pre Tax	2-13		-19,8	-19,8	-19,8	-19,8	-19,8	-19,8	-19,8	-19,8	0,0
EBITA			57,6	63,2	65,6	66,9	68,2	69,6	71,0	70,2	66,5
less Amortization	2-13		-46,3	-46,3	-46,3	-46,3	-46,3	-46,3	-46,3	-46,3	0,0
EBIT			11,3	16,9	19,2	20,6	21,9	23,3	24,7	23,9	66,5
less Tax	2-13	30,0%	-3,4	-5,1	-5,8	-6,2	-6,6	-7,0	-7,4	-7,2	-19,9
Tax-effecting EBIT			7,9	11,8	13,5	14,4	15,3	16,3	17,3	16,7	46,5
add Amortization	2-13		46,3	46,3	46,3	46,3	46,3	46,3	46,3	46,3	0,0
Tangible Fixed Assets											
Return of Invested Capital	2-9		12,0	2,0	-36,0	16,0	36,0	-29,0	4,0	-24,0	0,0
Working Capital											
Return of Invested Capital	2-10		-15,0	-5,3	-1,8	-1,9	-2,0	-2,0	-2,1	0,0	0,0
Free Cashflow	2-13		51,2	54,9	22,0	74,8	95,7	31,6	65,5	39,0	46,5

Tabelle 3.3.3-5 und Tabelle 3.3.3-6 stellen die Anteile der Einkommensbeiträge der Vermögenswerte am EBIT bzw. EBITA und damit die zugrunde liegenden Profit-Split-Faktoren zusammen. Die Tabellen gehen – zur Vermeidung von Verzerrungen – im Unterschied zu den Betrachtungen in Tabelle 3.3.3-3 und Tabelle 3.3.3-4 von den Einkommensbeiträgen der Kundenbeziehungen, der Basis- und der Verfahrenstechnologie vor Einbeziehung der mit den Abschreibungen dieser Vermögenswerte verbundenen Steuervorteile aus.[300] Zur Vereinfachung der Betrachtungen werden die im Betrachtungszeitpunkt bestehenden Kundenbeziehungen mit den zukünftigen Kundenbeziehungen zusammengefasst. Weiter ist zu beachten, dass bei den Einkommensbeiträgen der zukünftigen Basistechnologien die Entwicklungskosten nicht bereinigt wurden. Tabelle 3.3.3-6 zeigt wiederum die mit den Abschreibungen der Kundenbeziehungen, der Basis- und der Verfahrenstechnologie verbundene Verzerrung des EBIT.

Tab. 3.3.3-5: Anteile der Einkommensbeiträge der Vermögenswerte am EBITA

Mio. EUR	Tab.	2017	2018	2019	2020	2021	2022	2023	2024	2025
Income Contribution related to EBITA										
Customer Relationship		50,9%	53,5%	53,7%	49,7%	51,8%	56,1%	53,1%	53,9%	54,1%
Core Technology new		-26,3%	-25,8%	-25,9%	-25,9%	-25,9%	-25,9%	-25,9%	-17,9%	25,0%
Core Technology		50,0%	49,2%	49,3%	49,3%	49,3%	49,3%	49,3%	41,6%	0,0%
Process Technology		6,1%	6,1%	6,3%	6,3%	6,3%	6,3%	6,3%	5,3%	0,0%
Tangible Fixed Assets		13,6%	10,9%	10,3%	14,3%	12,2%	7,9%	10,9%	10,6%	14,0%
Working Capital		5,6%	6,2%	6,3%	6,3%	6,3%	6,3%	6,3%	6,5%	6,8%
Total		100,0%	100,0%	100,0%	100,0%	100,0%	100,0%	100,0%	100,0%	100,0%

Tab. 3.3.3-6: Anteile der Einkommensbeiträge der Vermögenswerte am EBIT

Mio. EUR	Tab.	2017	2018	2019	2020	2021	2022	2023	2024	2025
Income Contribution related to EBIT										
Customer Relationship		259,6%	200,0%	182,9%	161,6%	161,4%	167,8%	152,7%	158,4%	54,1%
Core Technology new		-133,9%	-96,7%	-88,2%	-84,3%	-80,7%	-77,5%	-74,6%	-52,5%	25,0%
Core Technology		255,1%	184,2%	168,1%	160,5%	153,7%	147,6%	142,0%	122,1%	0,0%
Process Technology		31,2%	22,8%	21,4%	20,5%	19,6%	18,8%	18,1%	15,6%	0,0%
Tangible Fixed Assets		69,4%	40,9%	35,0%	46,5%	38,0%	23,6%	31,5%	31,2%	14,0%
Working Capital		28,7%	23,1%	21,4%	20,4%	19,6%	18,8%	18,1%	19,0%	6,8%
Amortization		-410,2%	-274,2%	-240,6%	-225,3%	-211,5%	-199,1%	-187,9%	-193,7%	0,0%
Total		100,0%	100,0%	100,0%	100,0%	100,0%	100,0%	100,0%	100,0%	100,0%

Die Betrachtungen legen dar, dass das EBITA nach Abzug der – unter Berücksichtigung der mit den Abschreibungen immaterieller Vermögenswerte verbundenen Steuervorteile ermittelten – Steuern dann nicht wesentlich vom Einkommen des Unternehmens abweicht und folglich diese Ergebnisgröße grundsätzlich als Ausgangsgröße der Profit-Split-Analyse herangezogen werden kann, wenn insbesondere

• den materiellen Vermögenswerten eine untergeordnete Bedeutung zukommt oder
• Veränderungen des in diese Vermögenswerte investierten Kapitals zu vernachlässigen sind.

Sie zeigen weiter, dass die Eignung des EBIT nach Steuern als Ausgangsgröße der Profit-Split-Analyse darüber hinaus davon bestimmt ist, welche Bedeutung den Abschreibungen der immateriellen Vermögenswerte zukommt.

Die genannten Voraussetzungen können im Einzelfall, aber auch in bestimmten Branchen erfüllt sein. Möglicherweise kommen in Fällen, in denen die Voraussetzungen nicht gegeben sind, Anpassungen des EBITA bzw. des EBITA nach Steuern in Betracht, die im Einzelfall diese Ergebnisgröße an das Unternehmenseinkommen so annähern, dass eine Anwendung der Profit-Split-Analyse unter Zugrundelegung dieser Ergebnisgröße zulässig erscheint.

3.3.3.3.2.4 Analyse des EBITDA

Das EBITDA nach Steuern kann aus der Beziehung für das EBITA nach Steuern durch Erweiterung um die Abschreibungen auf Sachanlagen nach Steuern ($D_{t+1} \cdot (1-s)$), die – wie dargelegt – mit dem Rückfluss des in diese investierten Kapitals gleichgesetzt werden, abgeleitet werden. Dies führt zu der Beziehung

$$EBITDA_{t+1} \cdot (1-s) = V_{n,t}^{MPEEM} \cdot r_{n,t+1}^{MPEEM} + V_{n,t}^{MPEEM} - V_{n,t+1}^{MPEEM} + \sum_{i=1}^{n-1} V_{i,t} \cdot r_{i,t+1} + \sum_{i=3}^{n-1} V_{i,t} - \sum_{i=3}^{n-1} V_{i,t+1}$$

$$+ D_{t+1} \cdot (1-s) - s \cdot A_{t+1}$$

bzw. zu

$$EBITDA_{t+1} \cdot (1-s) = CF_{t+1} - \left(V_{1,t} - V_{1,t+1}\right) - \left(V_{2,t} - V_{2,t+1}\right) + D_{t+1} \cdot (1-s) - s \cdot A_{t+1}$$

sowie mit $V_{2,t} - V_{2,t+1} = D_{t+1} - CapEx_{t+1}$ zu der Beziehung

$$EBITDA_{t+1} \cdot (1-s) = CF_{t+1} - \left(V_{1,t} - V_{1,t+1}\right) + CapEx_{t+1} - s \cdot D_{t+1} - s \cdot A_{t+1}$$

Auf dieser Grundlage ergibt sich das EBITDA mit $Tax_{t+1}^{EBITDA} = s \cdot EBITDA_{t+1}$ und $Tax_{t+1}^{EBIT} = s \cdot EBITDA_{t+1} - s \cdot D_{t+1} - s \cdot A_{t+1}$ aus der Beziehung

$$EBITDA_{t+1} = CF_{t+1} - \left(V_{1,t} - V_{1,t+1}\right) + CapEx_{t+1} + s \cdot EBITDA_{t+1} - s \cdot D_{t+1} - s \cdot A_{t+1}$$

bzw.

$$EBITDA_{t+1} = CF_{t+1} - \left(V_{1,t} - V_{1,t+1}\right) + CapEx_{t+1} + Tax_{t+1}^{EBIT}$$

Die Beziehung macht deutlich, dass das EBITDA die Veränderungen des in das Working Capital investierten Kapitals ($V_{1,t} - V_{1,t+1}$) sowie die Investitionen in die Sachanlagen ($CapEx_{t+1}$) nicht einschließt. Die Bereinigung der auf das EBIT bezogenen Steuern, die die mit den Abschreibungen der immateriellen Vermögenswerte ($s \cdot A_{t+1}$) und die mit den Abschreibungen der Sachanlagen ($s \cdot D_{t+1}$) verbundenen Steuervorteile berücksichtigen, bewirkt, dass das EBITDA die genannten Steuervorteile nicht beinhaltet. Damit bildet auch das EBITDA die Einkommensbeiträge dieser Vermögenswerte nicht vollständig ab.

Fallbeispiel

Tab. 3.3.3-7: Analyse des EBITDA als Ausgangsgröße der Anwendung des Profit-Split-Ansatzes

Mio. EUR	Tab.		2017	2018	2019	2020	2021	2022	2023	2024	2025
EBITDA / Free Cashflow Analysis											
Customer Relationship new											
Return on Invested Capital	2-21		15,5	17,6	19,7	22,8	24,7	26,2	29,8	32,7	36,0
Return of Invested Capital	2-21		-18,4	-20,7	-22,9	-26,1	-28,1	-29,6	-33,3	-29,3	0,0
Excess Earnings	2-16		-2,9	-3,1	-3,2	-3,3	-3,4	-3,4	-3,5	3,4	36,0
Core Technology new											
Return on Invested Capital	2-21		0,7	2,1	3,6	5,4	7,3	9,4	11,8	14,3	16,6
Return of Invested Capital	2-14		-15,8	-18,4	-20,6	-22,7	-25,0	-27,5	-30,2	-26,9	
Customer Relationship											
Return on Invested Capital	2-21		23,2	21,5	19,3	16,7	14,1	11,1	7,4	3,6	0,0
Return of Invested Capital	2-8		18,9	25,2	29,0	29,7	34,4	41,2	43,6	40,7	0,0
Core Technology											
Return on Invested Capital	2-21		18,5	17,0	15,2	13,2	10,9	8,5	5,7	2,8	0,0
Return of Invested Capital	2-5		19,2	23,0	26,0	28,7	31,6	34,7	38,1	35,3	0,0
Process Technology											
Return on Invested Capital	2-21		2,3	2,2	1,9	1,7	1,4	1,1	0,7	0,4	0,0
Return of Invested Capital	2-4		2,3	2,8	3,3	3,7	4,0	4,4	4,9	4,5	0,0
Tangible Fixed Assets											
Return on Invested Capital	2-21		7,8	6,9	6,7	9,6	8,3	5,5	7,8	7,4	9,3
Return of Invested Capital	2-9		52,9	60,0	51,4	51,4	51,4	51,4	51,4	51,4	51,4
Working Capital											
Return on Invested Capital	2-21		3,2	3,9	4,1	4,2	4,3	4,4	4,5	4,5	4,5
EBITDA incl. Tax Benefit of Amortization			130,3	143,0	136,8	138,1	139,5	140,8	142,2	141,5	117,9
Adjustment Tax Benefit of Amortization and Depreciation pre Tax			-35,7	-37,8	-35,3	-35,3	-35,3	-35,3	-35,3	-35,3	-15,4
EBITDA			94,6	105,2	101,6	102,9	104,2	105,6	107,0	106,2	102,5
less Tax		30,0%	-28,4	-31,6	-30,5	-30,9	-31,3	-31,7	-32,1	-31,9	-30,7
Tax-effecting EBITDA			66,2	73,6	71,1	72,0	72,9	73,9	74,9	74,4	71,7
Tax Benefit											
Depreciation	2-9		11,1	12,6	10,8	10,8	10,8	10,8	10,8	10,8	10,8
Amortization	2-13		13,9	13,9	13,9	13,9	13,9	13,9	13,9	13,9	0,0
Tangible Fixed Assets											
CapEx	2-9		-25,0	-40,0	-72,0	-20,0	0,0	-65,0	-32,0	-60,0	-36,0
Working Capital											
Return of Invested Capital	2-10		-15,0	-5,3	-1,8	-1,9	-2,0	-2,0	-2,1	0,0	0,0
Free Cashflow	2-13		51,2	54,9	22,0	74,8	95,7	31,6	65,5	39,0	46,5

Tabelle 3.3.3-7 erklärt das EBITDA des Geschäftsbereichs BU1 und leitet dieses in das als Free Cashflow verstandene Einkommen des Geschäftsbereichs über. Das EBITDA ergibt sich durch Einbeziehung der mit den Abschreibungen gleichgesetzten Rückflüsse des in die Sachanlagen investierten Kapitals in die unter 3.3.3.3.2.3 dargelegte Ableitung des EBITA. Damit ist das EBITDA bestimmt durch die

- Einkommensbeiträge der immateriellen Vermögenswerte vor Steuern, die
- Verzinsungen des in die materiellen Vermögenswerte investierten Kapitals vor Steuern, die
- Bereinigung der mit den Abschreibungen der Vermögenswerte Kundenbeziehungen, Basis- und Verfahrenstechnologie sowie Sachanlagen verbundenen Steuervorteile sowie die
- Rückflüsse des in die Sachanlagen investierten Kapitals.

Durch Abzug der Steuern, Einbeziehung der mit den Abschreibungen der immateriellen Vermögenswerte und den Abschreibungen der Sachanlagen verbundenen Steuervorteile, Abzug der Investitionen in Sachanlagen sowie Berücksichtigung der Veränderungen des in das Working Capital investierten Kapitals wird das EBITDA in den Free Cashflow überführt; der Saldo der genannten Steuerkomponenten führt zu den unter Zugrundelegung des EBIT berechneten Steuern, die sich aus Tabelle 3.3.3-4 ergeben.

Tab. 3.3.3-8: Anteile der Einkommensbeiträge der Vermögenswerte am EBITDA

Mio. EUR	Tab.	2017	2018	2019	2020	2021	2022	2023	2024	2025
Income Contribution related to EBITDA										
Customer Relationship		31,0%	32,1%	34,7%	32,3%	33,9%	37,0%	35,2%	35,7%	35,1%
Core Technology new		-16,0%	-15,5%	-16,7%	-16,8%	-17,0%	-17,1%	-17,2%	-11,8%	16,2%
Core Technology		30,4%	29,6%	31,9%	32,1%	32,3%	32,5%	32,7%	27,5%	0,0%
Process Technology		3,7%	3,7%	4,1%	4,1%	4,1%	4,1%	4,2%	3,5%	0,0%
Tangible Fixed Assets		47,4%	46,5%	42,1%	44,3%	42,5%	39,3%	40,9%	40,9%	44,2%
Working Capital		3,4%	3,7%	4,1%	4,1%	4,1%	4,1%	4,2%	4,3%	4,4%
Total		100,0%	100,0%	100,0%	100,0%	100,0%	100,0%	100,0%	100,0%	100,0%

Damit bestätigt die Tabelle, dass das EBITDA die Einkommensbeiträge der materiellen Vermögenswerte nicht vollständig abbildet; dieses erfasst die Veränderungen des in das Working Capital investierten Kapitals sowie die Investitionen in die Sachanlagen nicht. Sie bestätigt weiter, dass im EBITDA auch die mit den Abschreibungen der immateriellen Vermögenswerte und den Abschreibungen der Sachanlagen verbundenen Steuervorteile nicht berücksichtigt werden. Weiter ist zu beachten, dass bei den Einkommensbeiträgen der zukünftigen Basistechnologien die Entwicklungskosten nicht bereinigt wurden.

Tabelle 3.3.3-8 stellt die Anteile der Einkommensbeiträge der Vermögenswerte am EBITDA und damit die zugrunde liegenden Profit-Split-Faktoren zusammen. Die Tabelle geht – wie Tabelle 3.3.3-5 und Tabelle 3.3.3-6 – von den Einkommensbeiträgen der Kundenbeziehungen, der Basis- und der Verfahrenstechnologie vor Einbeziehung der mit den Abschreibungen dieser Vermögenswerte verbundenen Steuervorteile aus.[301] Zur Vereinfachung der Betrachtungen werden wiederum die im Betrachtungszeitpunkt bestehenden Kundenbeziehungen mit den zukünftigen Kundenbeziehungen zusammengefasst.

Die Betrachtungen legen dar, dass das EBITDA nach Abzug der – unter Berücksichtigung der mit den Abschreibungen immaterieller Vermögenswerte und den Abschreibungen der

Sachanlagen verbundenen Steuervorteile ermittelten – Steuern dann nicht wesentlich vom Einkommen des Unternehmens abweicht und folglich diese Ergebnisgröße grundsätzlich als Ausgangsgröße des Profit Split herangezogen werden kann, wenn

- dem Working Capital keine Bedeutung zukommt oder dessen Veränderungen zu vernachlässigen sind und
- den Sachanlagen keine Bedeutung zukommt oder die Investitionen in die Sachanlagen zu vernachlässigen sind.

Die genannten Voraussetzungen können im Einzelfall oder in bestimmten Branchen grundsätzlich erfüllt sein. Möglicherweise kommen auch Anpassungen des EBITDA bzw. EBITDA nach Steuern in Betracht, die im Einzelfall diese Ergebnisgröße an das Unternehmenseinkommen annähern und dadurch eine Anwendung der Profit-Split-Analyse auf deren Grundlage erlauben.

3.3.3.3.3 Beurteilung der Angemessenheit der mittels Profit-Split-Analyse abgeleiteten Lizenzsätze

Die unter 2.5.4.2 angesprochenen Profit-Split-Regeln weisen dem zu lizenzierenden Vermögenswert, z.B. einer Technologie oder einer Marke, einen beträchtlichen Anteil an der zugrunde liegenden Ergebnisgröße zu. Dementsprechend ist – dies wurde oben dargelegt – der Anwendungsbereich der Profit-Split-Regeln bei deren unmittelbaren Anwendung insbesondere auf Vermögenswerte beschränkt, die für die Erzielung des der Aufteilung zugrunde liegenden Ergebnisses bedeutsam sind.

Bei Unternehmen, die über Vermögenswerte verfügen, vor allem Technologien oder Marken, bei denen eine unmittelbare Anwendung von Profit-Split-Regeln auf Ergebnisgrößen des Unternehmens oder von Unternehmensbereichen in Betracht kommt, ist die Einkommenserzielung – neben dem betrachteten Vermögenswert – oftmals durch andere Vermögenswerte, insbesondere die Kundenbeziehungen des Unternehmens, entscheidend geprägt. Der Bewertung dieser Vermögenswerte wird – aufgrund von deren Bedeutung für die Einkommenserzielung des Unternehmens – regelmäßig die MPEEM zugrunde gelegt. Die Anwendung dieses Bewertungsansatzes führt zur Zuordnung der Excess Earnings als Einkommensbeiträge zu diesen Vermögenswerten.

In Fällen, in denen die Profit-Split-Analyse zur Anwendung kommt, bietet es sich dementsprechend grundsätzlich an, die Angemessenheit der einem Vermögenswert mittels einer Profit-Split-Annahme zugeordneten Einkommensbeiträge dadurch zu beurteilen, dass diese Einkommenszahlungen in Relation zu den Excess Earnings betrachtet werden.

Dieser Betrachtung können im konkreten Anwendungsfall häufig Vereinfachungen zugrunde gelegt werden. Insbesondere ist zu überlegen, inwieweit auf eine Differenzierung zwischen den verfügbaren Vermögenswerten und den diese Vermögenswerte in Zukunft ersetzenden Vermögenswerten verzichtet und diesen Vermögenswerten für die Durchführung der Analyse eine unbestimmte Nutzungsdauer zugeordnet werden kann. Darüber hinaus ist – vor allem bei Anwendung der Profit-Split-Analyse bei der Bewertung von Vermögenswerten im Unterschied zur Ableitung von Lizenzzahlungen – die aufzuteilende Ergebnisgröße zu analysieren und zu beurteilen, inwieweit bei deren Ermittlung abgezogene, dem betrachteten Vermögenswert und/oder dessen zukünftigen Substituten zuzuordnende Entwicklungsaufwendungen zu bereinigen sind.[300]

Fallbeispiel

Tab. 3.3.3-9: Beurteilung der Angemessenheit von mittels der 25 %-Regel auf Basis des EBITA abgeleiteten Lizenzzahlungen

Mio. EUR	Tab.		2017	2018	2019	2020	2021	2022	2023	2024	2025
Free Cashflow	2-13		51,2	54,9	22,0	74,8	95,7	31,6	65,5	39,0	46,5
Income Contribution after Tax											
Core Technology Indefinite Lifetime		25,0%	-12,7	-13,9	-14,4	-14,7	-15,0	-15,3	-15,6	-15,5	-14,9
Process Technology	2-4		-3,3	-3,5	-3,7	-3,7	-3,8	-3,8	-3,9	-3,4	0,0
Tangible Fixed Assets	2-9		-17,5	-6,8	31,3	-22,7	-41,8	25,2	-9,4	18,8	-6,5
Working Capital	2-10		12,7	2,5	-1,1	-1,0	-1,0	-1,0	-1,1	-3,2	-3,2
Excess Earnings Indefinite Lifetime pre Adjustments			30,5	33,2	34,1	32,6	34,0	36,5	35,5	35,8	22,0
Adjustments											
R & D Expenses after Tax	2-14		10,6	11,4	11,9	12,1	12,4	12,6	12,9	12,9	12,9
Tax Benefit of Amortization											
Customer Relationship	2-8		-6,9	-6,9	-6,9	-6,9	-6,9	-6,9	-6,9	-6,9	0,0
Core Technology	2-5		-6,2	-6,2	-6,2	-6,2	-6,2	-6,2	-6,2	-6,2	0,0
Excess Earnings Indefinite Lifetime adjusted			27,9	31,5	32,8	31,6	33,3	36,0	35,2	35,5	34,8
Income Contribution after Tax											
Customer Relationship Indefinite Lifetime			27,9	31,5	32,8	31,6	33,3	36,0	35,2	35,5	34,8
as Percentage of Excess Earnings			68,7%	69,4%	69,5%	68,2%	68,9%	70,1%	69,3%	69,6%	70,1%
Core Technology Indefinite Lifetime			12,7	13,9	14,4	14,7	15,0	15,3	15,6	15,5	14,9
as Percentage of Excess Earnings			31,3%	30,6%	30,5%	31,8%	31,1%	29,9%	30,7%	30,4%	29,9%
Total			40,7	45,4	47,3	46,4	48,3	51,4	50,9	51,0	49,7
as Percentage of Excess Earnings			100,0%	100,0%	100,0%	100,0%	100,0%	100,0%	100,0%	100,0%	100,0%
Profit Split Analysis											
Excess Earnings pre Contributory Asset Charge											
Core Technology			40,7	45,4	47,3	46,4	48,3	51,4	50,9	51,0	49,7
Income Contribution of Core Technology											
Profit Split		25,0%	10,2	11,4	11,8	11,6	12,1	12,8	12,7	12,8	12,4
Profit Split		50,0%	20,3	22,7	23,6	23,2	24,1	25,7	25,4	25,5	24,9

---

300 Der Einfluss, der mit derartigen Bereinigungen im Einzelfall verbunden sein kann, sowie der daraus möglicherweise resultierende Gestaltungsspielraum wurde in dem unter 2.5.4.2 betrachteten Fallbeispiel zur Profit-Split-Analyse bereits aufgezeigt.

Tab. 3.3.3-10: Beurteilung der Angemessenheit von mittels der 25%-Regel auf Basis des EBITDA abgeleiteten Lizenzzahlungen

Mio. EUR	Tab.		2017	2018	2019	2020	2021	2022	2023	2024	2025
Free Cashflow	2-13		51,2	54,9	22,0	74,8	95,7	31,6	65,5	39,0	46,5
Income Contribution after Tax											
Core Technology Indefinite Lifetime		25,0%	-19,2	-21,3	-20,7	-21,0	-21,3	-21,6	-21,9	-21,8	-21,2
Process Technology	2-4		-3,3	-3,5	-3,7	-3,7	-3,8	-3,8	-3,9	-3,4	0,0
Tangible Fixed Assets	2-9		-17,5	-6,8	31,3	-22,7	-41,8	25,2	-9,4	18,8	-6,5
Working Capital	2-10		12,7	2,5	-1,1	-1,0	-1,0	-1,0	-1,1	-3,2	-3,2
Excess Earnings Indefinite Lifetime pre Adjustments			24,0	25,8	27,8	26,3	27,7	30,2	29,2	29,5	15,7
Adjustments											
R & D Expenses after Tax	2-14		10,6	11,4	11,9	12,1	12,4	12,6	12,9	12,9	12,9
Tax Benefit of Amortization											
Customer Relationship	2-8		-6,9	-6,9	-6,9	-6,9	-6,9	-6,9	-6,9	-6,9	0,0
Core Technology	2-5		-6,2	-6,2	-6,2	-6,2	-6,2	-6,2	-6,2	-6,2	0,0
Excess Earnings Indefinite Lifetime adjusted			21,5	24,2	26,5	25,3	27,0	29,7	28,9	29,2	28,5
Income Contribution after Tax											
Customer Relationship Indefinite Lifetime			21,5	24,2	26,5	25,3	27,0	29,7	28,9	29,2	28,5
as Percentage of Excess Earnings			52,8%	53,2%	56,1%	54,6%	55,8%	57,9%	56,9%	57,3%	57,4%
Core Technology Indefinite Lifetime			19,2	21,3	20,7	21,0	21,3	21,6	21,9	21,8	21,2
as Percentage of Excess Earnings			47,2%	46,8%	43,9%	45,4%	44,2%	42,1%	43,1%	42,7%	42,6%
Total			40,7	45,4	47,3	46,4	48,3	51,4	50,9	51,0	49,7
as Percentage of Excess Earnings			100,0%	100,0%	100,0%	100,0%	100,0%	100,0%	100,0%	100,0%	100,0%
Profit Split Analysis											
Excess Earnings pre Contributory Asset Charge											
Core Technology			40,7	45,4	47,3	46,4	48,3	51,4	50,9	51,0	49,7
Income Contribution of Core Technology											
Profit Split		25,0%	10,2	11,4	11,8	11,6	12,1	12,8	12,7	12,8	12,4
Profit Split		50,0%	20,3	22,7	23,6	23,2	24,1	25,7	25,4	25,5	24,9

Tabelle 3.3.3-9 und Tabelle 3.3.3-10 stellen die mittels der 25%-Regel abgeleiteten Einkommensbeiträge der von BU1 genutzten Basistechnologie den – den Kundenbeziehungen zugeordneten – Excess Earnings gegenüber. Tabelle 3.3.3-9 wendet die 25%-Regel auf das EBITA, Tabelle 3.3.3-10 auf das EBITDA an. Zur Vereinfachung der Betrachtungen wird auf eine Unterscheidung zwischen den zu Beginn des Betrachtungszeitraums bestehenden und den zukünftigen Kundenbeziehungen sowie zwischen der in diesem Zeitpunkt verfügbaren Basistechnologie und den Nachfolgegenerationen dieser Technologie verzichtet. Aus diesem Grund wird denAbleitungen der Einkommensbeiträge dieser Vermögenswerte eine unbestimmte Nutzungsdauer zugrunde gelegt.

Die Einkommensbeiträge der Basistechnologie ergeben sich durch Anwendung der 25 %-Regel auf das – um die Entwicklungskosten der zukünftigen Generationen dieser Technologie bereinigte – EBITA bzw. EBITDA des Geschäftsbereiches nach Steuern. Diese Bereinigung der Ergebnisgrößen ist darin begründet, dass bei der Nutzung eines Vermögenswertes im Rahmen einer Lizenzvereinbarung für den Nutzer grundsätzlich keine Notwendigkeit besteht, den Vermögenswert zu entwickeln.

Zur Ableitung der den Kundenbeziehungen zuzurechnenden Excess Earnings werden vom Einkommen des Geschäftsbereichs die Einkommensbeiträge der Basistechnologie, der Verfahrenstechnologie sowie der Sachanlagen und des Working Capital abgezogen. Die so bestimmten, vorläufigen Excess Earnings werden bereinigt um die

- Aufwendungen zur Entwicklung der zukünftigen Generationen der Basistechnologie – diese Bereinigung folgt der Bereinigung dieser Aufwendungen bei der Ermittlung der Einkommensbeiträge der Basistechnologie – sowie um die
- Steuervorteile, die mit den Abschreibungen der bestehenden Kundenbeziehungen und der verfügbaren Basistechnologie verbunden sind – diese Anpassungen sind darin begründet, dass diese Steuervorteile gem. Tabelle 2-13 unter Zugrundelegung der in Tabelle 2-5 und Tabelle 2-8 bestimmten Werte dieser Vermögenswerte in den Free Cashflow eingegangen sind.

Tabelle 3.3.3-9 zeigt, dass bei Anwendung der 25 %-Regel auf das bereinigte EBITA in jedem Jahr des Betrachtungszeitraums rund 31 % (69 %) der Summe aus Einkommensbeitrag der Kundenbeziehungen und Einkommensbeitrag der Basistechnologie auf die Basistechnologie (Kundenbeziehungen) entfallen. Aus Tabelle 3.3.3-10 ergibt sich, dass bei Anwendung der 25 %-Regel auf das bereinigte EBITDA der Anteil der Basistechnologie (Kundenbeziehungen) an der Summe aus Einkommensbeitrag der Kundenbeziehungen und Einkommensbeitrag der Basistechnologie im Betrachtungszeitraum von rund 47 % (53 %) auf etwa 42 % (58 %) zurückgeht (ansteigt).

Die dargelegten Überlegungen können dahingehend weitergeführt werden, dass in Betracht gezogen wird, Profit-Split-Annahmen nicht auf Ergebnisgrößen, beispielsweise EBIT, EBITA oder EBITDA, sondern auf die Excess Earnings zu beziehen. Die Umsetzung dieses Ansatzes erfordert zusätzliche Betrachtungen, die im Folgenden nicht erörtert werden.

Fallbeispiel

Im unteren Teil von Tabelle 3.3.3-9 und Tabelle 3.3.3-10 wird ein Profit-Split-Faktor von 25 % bzw. 50 % auf die Excess Earnings, die sich vor Abzug des Einkommensbeitrags der Basistechnologie ergeben, angewendet.

3.3.3.3.4 Überleitung zwischen Profit-Split-Faktoren und umsatzbezogenen Lizenzsätzen

Der Zusammenhang zwischen umsatzbezogenen Lizenzsätzen und Profit-Split-Faktoren folgt der Beziehung, die zwischen den Umsatzerlösen und der Ergebnisgröße besteht, die der Profit-Split-Analyse zugrunde liegt. Bei Anwendung der Profit-Split-Annahme auf das EBITA ist dieser Zusammenhang durch die EBITA-Marge bestimmt. Es gilt:

$$EBITA_{t+1} = S_{t+1} \cdot ebita_{t+1}$$

mit S_{t+1} als Umsatzerlöse des betrachteten Unternehmens in der Periode t + 1 mit t = 0 bis ∞ und $ebita_{t+1}$ als dessen EBITA-Marge in dieser Periode.

Die Lizenzzahlung, die einem Vermögenswert i mit i = o + 1 bis p^* mit $p^* \leq o + p$ in der Periode t + 1 als Einkommensbeitrag $CF_{i,t+1}$ zugeordnet wird, ergibt sich bei einer umsatzbezogenen Lizenzvereinbarung aus der Beziehung

$$CF_{i,t+1} = S_{t+1} \cdot rr_{i,t+1}^{Sales}$$

$rr_{i,t+1}^{Sales}$ bezeichnet den umsatzbezogenen Lizenzsatz, der zur Vereinfachung der Betrachtungen periodenspezifisch verstanden wird. Bei Ableitung der Lizenzzahlung $CF_{i,t+1}$ durch Anwendung eines Profit-Split-Faktors auf das EBITA ist diese Zahlung bestimmt durch den Ausdruck

$$CF_{i,t+1} = EBITA_{t+1} \cdot rr_{i,t+1}^{EBITA}$$

sowie mit $EBITA_{t+1} = S_{t+1} \cdot ebita_{t+1}$ durch den Ausdruck

$$CF_{i,t+1} = S_{t+1} \cdot ebita_{t+1} \cdot rr_{i,t+1}^{EBITA}$$

mit $rr_{i,t+1}^{EBITA}$ als auf das EBITA bezogener periodenspezifischer Profit-Split-Faktor.

Aus diesen Beziehungen kann die Bestimmungsgleichung des zu einem gegebenen Profit-Split-Faktor äquivalenten umsatzbezogenen Lizenzsatzes durch Gleichsetzen der beiden Ausdrücke für $CF_{i,t+1}$ und Auflösung nach $rr_{i,t+1}^{Sales}$ abgeleitet werden. Es ergibt sich die Beziehung

$$rr_{i,t+1}^{Sales} = ebita_{t+1} \cdot rr_{i,t+1}^{EBITA}$$

Dieser Ausdruck kann überführt werden in die Bestimmungsgleichung des zu einem gegebenen umsatzbezogenen Lizenzsatz äquivalenten Profit-Split-Faktors

$$rr_{i,t+1}^{EBITA} = \frac{rr_{i,t+1}^{Sales}}{ebita_{t+1}}$$

sowie in die Bestimmungsgleichung der EBITA-Marge, bei der ein gegebener Profit-Split-Faktor und ein gegebener umsatzbezogener Lizenzsatz äquivalent sind

$$ebita_{t+1} = \frac{rr_{i,t+1}^{Sales}}{rr_{i,t+1}^{EBITA}}$$

Bei im Zeitablauf konstanten Lizenzsätzen und konstanten Profit-Split-Faktoren ist zu beachten, dass mögliche, von Periode zu Periode auftretende Schwankungen der EBITA-Marge zu Verwerfungen führen. Für $rr_{i,t+1}^{Sales} = rr_i^{Sales}$ und $rr_{i,t+1}^{EBITA} = rr_i^{EBITA}$ für alle t mit t = 0 bis ∞ sind die Beziehungen

$$rr_i^{Sales} = ebita_{t+1} \cdot rr_i^{EBITA}$$

und

$$rr_i^{EBITA} = \frac{rr_i^{Sales}}{ebita_{t+1}}$$

nur dann erfüllt, wenn für alle t gilt

$$ebita_{t+1} = ebita$$

Die Streuung von

$$rr_{i,t+1}^{Sales} = ebita_{t+1} \cdot rr_i^{EBITA}$$

bzw.

$$rr_{i,t+1}^{EBITA} = \frac{rr_i^{Sales}}{ebita_{t+1}}$$

ist bestimmt durch die Bandbreite, innerhalb der die EBITA-Marge im Zeitablauf schwankt.

Die dargestellten Zusammenhänge gelten nicht nur für das EBITA; sie können auf andere Ergebnisgrößen, beispielsweise EBIT und EBITDA, übertragen werden.

Fallbeispiel

Tabelle 3.3.3-11 und Tabelle 3.3.3-12 leiten den der Bewertung der Basistechnologie von BU1 in Tabelle 2-5 zugrunde gelegten umsatzbezogenen Lizenzsatz von 8,0 % in äquivalente Profit-Split-Faktoren sowie den der Bewertung dieser Technologie in Tabelle 2-6 und in Tabelle 2-7 zugrunde gelegten Profit-Split-Faktor von 25,0 % in äquivalente umsatzbezogene Lizenzsätze über. Tabelle 3.3.3-11 geht bei der Profit-Split-Analyse vom EBITA, Tabelle 3.3.3-12 vom EBITDA aus.

Tab. 3.3.3-11: Überleitung von EBITA-bezogenen und umsatzbezogenen Lizenzsätzen

Mio. EUR	Tab.	2016	2017	2018	2019	2020	2021	2022	2023	2024
Basic Data										
Sales	2-5		360,0	388,8	404,4	412,4	420,7	429,1	437,7	364,7
EBITA-Margin adjusted[1]	2-6		20,2%	20,5%	20,4%	20,4%	20,4%	20,4%	20,4%	20,4%
Royalty Rates										
Royalty Research	2-5		8,0%	8,0%	8,0%	8,0%	8,0%	8,0%	8,0%	8,0%
Profit Split[2]			5,1%	5,1%	5,1%	5,1%	5,1%	5,1%	5,1%	5,1%
Profit Split										
Royalty Research[3]			39,6%	39,1%	39,2%	39,2%	39,2%	39,2%	39,2%	39,2%
Profit Split			25,0%	25,0%	25,0%	25,0%	25,0%	25,0%	25,0%	25,0%
Royalty Savings pre Tax based on										
Royalty Research	2-5		28,8	31,1	32,3	33,0	33,7	34,3	35,0	29,2
Profit Split	2-6		18,2	19,9	20,6	21,0	21,5	21,9	22,3	18,6
as Percentage of Royalty Savings based on Research			63,1%	63,9%	63,8%	63,8%	63,8%	63,8%	63,8%	63,8%
Value of Technology pre TAB based on										
Royalty Research	2-5	129,7	119,7	107,3	93,0	77,2	59,7	40,3	18,9	
Profit Split	2-6	82,6	76,4	68,4	59,3	49,2	38,1	25,7	12,1	
as Percentage of Value based on Research		63,7%	63,8%	63,8%	63,8%	63,8%	63,8%	63,8%	63,8%	

1 EBITA adjusted / Sales related to Technology
2 EBITA-Margin * 25,0%
3 Royalty Rate Research / EBITA-Margin adjusted

Tab. 3.3.3-12: Überleitung von EBITDA-bezogenen und umsatzbezogenen Lizenzsätzen

Mio. EUR	Tab.	2016	2017	2018	2019	2020	2021	2022	2023	2024
Basic Data										
Sales	2-5		360,0	388,8	404,4	412,4	420,7	429,1	437,7	364,7
EBITDA-Margin adjusted[1]	2-7		30,5%	31,3%	29,3%	29,1%	29,0%	28,8%	28,6%	28,6%
Royalty Rates										
Royalty Research	2-5		8,0%	8,0%	8,0%	8,0%	8,0%	8,0%	8,0%	8,0%
Profit Split[2]			7,6%	7,8%	7,3%	7,3%	7,2%	7,2%	7,2%	7,2%
Profit Split										
Royalty Research[3]			26,2%	25,6%	27,3%	27,5%	27,6%	27,8%	27,9%	27,9%
Profit Split			25,0%	25,0%	25,0%	25,0%	25,0%	25,0%	25,0%	25,0%
Royalty Savings pre Tax based on										
Royalty Research	2-5		28,8	31,1	32,3	33,0	33,7	34,3	35,0	29,2
Profit Split	2-7		27,4	30,4	29,6	30,0	30,5	30,9	31,3	26,1
as Percentage of Royalty Savings based on Research			95,2%	97,7%	91,6%	91,1%	90,5%	90,0%	89,5%	89,5%
Value of Technology pre TAB based on										
Royalty Research	2-5	129,7	119,7	107,3	93,0	77,2	59,7	40,3	18,9	
Profit Split	2-7	119,6	109,7	97,0	83,9	69,4	53,5	36,1	17,0	
as Percentage of Value based on Research		92,2%	91,7%	90,5%	90,2%	89,9%	89,7%	89,5%	89,5%	

1   EBITDA adjusted / Sales related to Technology
2   EBITA-Margin * 25,0%
3   Royalty Rate Research / EBITDA-Margin adjusted

Die Tabellen zeigen insbesondere, dass die auf das EBITDA bezogenen Profit-Split-Faktoren, die aus dem umsatzbezogenen Lizenzsatz von 8,0 % abgeleitet werden, etwa im Bereich von rund 26 % bis 28 % liegen und damit von der 25 %-Regel überschaubar abweichen. Dieses Ergebnis ist darin begründet, dass die EBITDA-Marge im Betrachtungszeitraums zwischen 28,6 % und 31,3 % schwankt und dementsprechend in einzelnen Perioden der EBITDA-Marge von 32,0 % nahekommt, bei der der umsatzbezogene Lizenzsatz von 8,0 % und der Profit-Split-Faktor von 25,0 % äquivalent sind. Allerdings ist zu beachten, dass die Bandbreite der Schwankungen der EBITDA-bezogenen Profit-Split-Faktoren, die zwischen 25,6 % und 27,9 % liegen, deutlich größer ist als der Schwankungsbereich der EBITA-bezogenen Profit-Split-Faktoren, die sich zwischen 39,1 % und 39,6 % bewegen.
Im unteren Teil der Tabellen werden die so abgeleiteten Lizenzzahlungen und die auf deren Grundlage bestimmten Werte der Basistechnologie – vor Einbeziehung des abschreibungsbedingten Steuervorteils – vergleichend gegenübergestellt.

3.3.4   Einzelfragen der Ableitung der Excess Earnings

3.3.4.1 Überblick

Unter 2.5.4.3 wurde die MPEEM – neben der Residual-Value-Methode – eingeführt. Dabei wurde u. a. herausgestellt, dass mit der Ableitung der Excess Earnings im konkreten Anwendungsfall vielfach verschiedene Fragestellungen verbunden sind, die in Schrifttum und Praxis der Bewertung immaterieller Vermögenswerte oftmals kontrovers behandelt werden.[301]

Im Folgenden wird zunächst auf die Grundlagen der Abgrenzung der Excess Earnings eingegangen (3.3.4.2) und sodann die Bestimmung der Einkommensbeiträge ausgewählter unterstützender Vermögenswerte betrachtet (3.3.4.3). Abschließend werden die verschiedenen Ansätze zur Ableitung der Excess Earnings einander vergleichend gegenübergestellt (3.3.4.4). Die Betrachtungen werden wiederum anhand des unter 2.5.2 eingeführten Fallbeispiels veranschaulicht.[302]

Auf mit der Residual-Value-Methode verbundene Anwendungsfragen wird im gegebenen Rahmen nicht gesondert eingegangen.[303] Dies ist darin begründet, dass die Anwendung dieses Ansatzes im Vergleich zur Anwendung der MPEEM oftmals sehr komplex ist und deswegen die Anwendung der MPEEM einer Anwendung der Residual-Value-Methode vorzuziehen ist. Zudem kommt der Residual-Value-Methode in der Praxis der Bewertung immaterieller Vermögenswerte keine Bedeutung zu.

3.3.4.2 Grundlagen der Abgrenzung der Excess Earnings

3.3.4.2.1 Vorgehen

Im Folgenden wird zunächst die Ableitung der Excess Earnings ausgehend von der unter 2.5.4.3 eingeführten Beziehung zur Bestimmung des einem ausgewählten Vermögenswert zugeordneten Residualeinkommens dargelegt. Es wird – mittels Umformung dieser Beziehung – aufgezeigt, dass der Ableitung der Excess Earnings als Ausgangsgröße der Free Cashflow, das EBITA vor bzw. nach Abzug von Steuern sowie das EBITDA vor bzw. nach Abzug von Steuern zugrunde gelegt werden können; die Betrachtungen gehen von der Zuordnung der Excess Earnings zu einem Vermögenswert aus (3.3.4.2.2). Sodann werden die Betrachtungen dadurch erweitert, dass Excess Earnings mehreren Vermögenswerten zugeordnet werden (3.3.4.2.3). Abschließend werden ausgewählte Vorgehensweisen, die in der Praxis der Kaufpreisallokation bei der Abgrenzung der Excess Earnings zur Anwendung kommen, vorgestellt (3.3.4.2.4).

---

301   Zur MPEEM siehe bereits Moser (2008a), S. 8 ff.; Moser (2008b), S. 10 ff.; Moser (2009a), S. 8 ff.; Moser (2009b), S. 24 ff.; Moser (2010a), S. 20 ff.; Moser (2010b), S. 20 ff.

302   Zur Dokumentation der Einkommensbeiträge der unterstützenden Vermögenswerte bei der Ableitung von beizulegenden Zeitwerten siehe auch Corporate and Intangibles Valuation Organization (2017), S. 22 f.

303   Siehe hierzu die Vorauflage (Moser (2011), S. 44 ff., 198 ff.).

3.3.4.2.2 Zuordnung der Excess Earnings zu einem Vermögenswert

Free Cashflow als Ausgangsgröße der Ableitung der Excess Earnings

Nach der unter 2.5.4.3 eingeführten Beziehung

$$CF_{n,t+1}^{EE} = CF_{t+1} - \sum_{i=1}^{n} CF_{i,t+1}$$

sind die dem Vermögenswert i = n in der in t + 1 endenden Periode mit t = 0 bis ∞ zuzuordnenden Excess Earnings bestimmt durch das Einkommen des Unternehmens und die Einkommensbeiträge der diesem zugehörigen Vermögenswerte.

Das Einkommen des Unternehmens, das – wie dargelegt – als Free Cashflow zu verstehen ist, ergibt sich aus der unter 2.4.2 eingeführten Beziehung

$$CF_{t+1} = S_{t+1} \cdot ebita_{t+1} \cdot (1 - s) + s \cdot A_{t+1} - \left(V_{1,t+1} - V_{1,t}\right) - \left(V_{2,t+1} - V_{2,t}\right)$$

Für die Einkommensbeiträge der Vermögenswerte i mit i = 1 bis n-1 – die Einkommensbeiträge dieser Vermögenswerte werden auch als Contributory Asset Charges[304] bezeichnet – gilt:

- Die Einkommensbeiträge eines mittels des Cost Approach bewerteten Vermögenswertes i mit i = 1 bis o und o < n setzen sich, wie unter 2.3.4 dargelegt, aus der Verzinsung und der Veränderung des in den Vermögenswert investierten Kapitals zusammen, wobei die Veränderung des in den Vermögenswert investierten Kapitals den Saldo aus Rückfluss des investierten Kapitals und Investitionen in das investierte Kapital darstellt. Der Rückfluss des in den Vermögenswert investierten Kapitals wird – wie unter 2.3.4.5 dargelegt – vielfach[305] durch explizite Vorgabe von dessen zeitlichen Verlauf bestimmt.

Für die materiellen Vermögenswerte i = 1 (Working Capital) und i = 2 (als Sachanlagenbestand verstandene Sachanlagen) gilt

$$CF_{i,t+1} = V_{i,t} \cdot r_i + V_{i,t} - V_{i,t+1}$$

für die immateriellen, mittels des Cost Approach bewerteten Vermögenswerte i = 3 bis o, z. B. Mitarbeiterstamm oder Operating Software,

$$CF_{i,t+1} = V_{i,t} \cdot r_i + V_{i,t} - V_{i,t+1} + s \cdot A_{i,t+1}$$

bzw. mit

$$V_{i,t+1} = V_{i,t} - CF_{i,t+1}^{of\ after\ Tax} + CF_{i,t+1}^{Dev\ after\ Tax}$$

$$CF_{i,t+1} = V_{i,t} \cdot r_i + CF_{i,t+1}^{of\ after\ Tax} - CF_{i,t+1}^{Dev\ after\ Tax} + s \cdot A_{i,t+1}$$

---

304 So z. B. TAF (2010a).

305 Dies gilt zumeist nicht für das Working Capital; das in diesen Vermögenswert investierte Kapital wird üblicherweise durch Anwendung einer Annahme über dessen Relation zu einer Bezugsgröße, beispielsweise die Umsatzerlöse, über den Betrachtungszeitraum fortgeschrieben.

$CF_{i,t+1}^{of\ after\ Tax}$ bezeichnet den Rückfluss des in die immateriellen Vermögenswerte investierten Kapitals.

- Die Einkommensbeiträge eines mittels der Incremental Income Analysis bzw. der Relief-from-Royalty-Methode bewerteten Vermögenswertes i = o + 1 bis o + p mit o + p = n-1 können aus den unter 2.5.4.1 und 2.5.4.2 eingeführten Beziehungen für die Werte der mittels dieser Ansätze bewerteten Vermögenswerte entnommen werden. Es gilt

$$CF_{i,t+1} = inc_{i,t+1} \cdot adj_{i,t+1}^S \cdot S_{t+1} \cdot (1-s) - CF_{i,t+1}^{Dev\ after\ Tax} + s \cdot A_{i,t+1}$$

bzw.

$$CF_{i,t+1} = rrate_{i,t+1} \cdot adj_{i,t+1}^S \cdot S_{t+1} \cdot (1-s) - CF_{i,t+1}^{Dev\ after\ Tax} + s \cdot A_{i,t+1}$$

sowie mit $incon_{i,t+1} = inc_{i,t+1}$ bei Anwendung der Incremental Income Analysis und $incon_{i,t+1} = rrate_{i,t+1}$ bei Anwendung der Relief-from-Royalty-Methode

$$CF_{i,t+1} = incon_{i,t+1} \cdot adj_{i,t+1}^S \cdot S_{t+1} \cdot (1-s) - CF_{i,t+1}^{Dev\ after\ Tax} + s \cdot A_{i,t+1}$$

$adj_{i,t+1}^S$ berücksichtigt, dass das Incremental Income auf einen Teil der Umsatzerlöse des Unternehmens bezogen sein kann bzw. dass die Lizenzpflicht auf einen Teil der Umsatzerlöse des Unternehmens begrenzt sein kann. Es gilt:

$$S_{i,t+1}^{II} = adj_{i,t+1}^S \cdot S_{t+1}$$

sowie

$$S_{i,t+1}^{Royalty} = adj_{i,t+1}^S \cdot S_{t+1}$$

Durch Einsetzen der Ausdrücke für das Einkommen des Unternehmens und die Einkommensbeiträge der Vermögenswerte i = 1 bis o + p in die Bestimmungsgleichung der Excess Earnings ergeben sich diese ausgehend vom Free Cashflow aus der Beziehung

$$CF_{n,t+1}^{EE} = S_{t+1} \cdot ebita_{t+1} \cdot (1-s) + s \cdot A_{t+1} - \left(V_{1,t+1} - V_{1,t}\right)$$

$$- \left(V_{2,t+1} - V_{2,t}\right) - \sum_{i=1}^{2}\left(V_{i,t} \cdot r_i + V_{i,t} - V_{i,t+1}\right)$$

$$- \sum_{i=3}^{o}\left(V_{i,t} \cdot r_i + CF_{i,t+1}^{of\ after\ Tax} - CF_{i,t+1}^{Dev\ after\ Tax} + s \cdot A_{i,t+1}\right)$$

$$- \sum_{i=o+1}^{o+p}\left(incon_{i,t+1} \cdot adj_{i,t+1}^S \cdot S_{t+1} \cdot (1-s) - CF_{i,t+1}^{Dev\ after\ Tax} + s \cdot A_{i,t+1}\right)$$

Diese Beziehung kann mit

$$A_{t+1} = \sum_{i=3}^{n} A_{i,t+1}$$

und

$$CF_{t+1}^{Dev\ after\ Tax} = \sum_{i=3}^{o+p} CF_{i,t+1}^{Dev\ after\ Tax} + CF_{n,t+1}^{Dev\ after\ Tax}$$

zusammengefasst werden zu

$$CF_{n,t+1}^{EE} = S_{t+1} \cdot ebita_{t+1} \cdot (1-s) + CF_{t+1}^{Dev\ after\ Tax} - CF_{n,t+1}^{Dev\ after\ Tax}$$

$$+ s \cdot A_{n,t+1} - \left(V_{1,t+1} - V_{1,t}\right) - \left(V_{2,t+1} - V_{2,t}\right)$$

$$- \sum_{i=1}^{2} \left(V_{i,t} \cdot r_i + V_{i,t} - V_{i,t+1}\right)$$

$$- \sum_{i=3}^{o} \left(V_{i,t} \cdot r_i + CF_{i,t+1}^{of\ after\ Tax}\right)$$

$$- \sum_{i=o+1}^{o+p} incon_{i,t+1} \cdot adj_{i,t+1}^{S} \cdot S_{t+1} \cdot (1-s)$$

Die Beziehung macht ersichtlich, dass die Einbeziehung der Abschreibungen der immateriellen Vermögenswerte i mit i = 3 bis o + p für die Ableitung der Excess Earnings unerheblich ist. Sie zeigt weiter, dass dann, wenn die auf den Aufbau bzw. die Entwicklung der Vermögenswerte i mit i = 3 bis o + p entfallenden Aufwendungen bei der Ermittlung des EBITA abgesetzt wurden, diese Aufwendungen die Excess Earnings nicht beeinflussen. Für die mit dem Aufbau bzw. der Entwicklung des Vermögenswertes i = n verbundenen Aufwendungen gilt: Die Aufwendungen

- üben keinen Einfluss auf die Excess Earnings aus, wenn der Vermögenswert am Bewertungsstichtag verfügbar ist; unter 2.6.2.2 wurde – zur Vereinfachung der Betrachtungen – die Annahme eingeführt, dass für einen am Bewertungsstichtag verfügbaren immateriellen Vermögenswert keine Entwicklungsaufwendungen anfallen und somit für den Vermögenswert i = n bei dessen Verfügbarkeit am Bewertungsstichtag $CF_{n,t+1}^{Dev\ after\ Tax} = 0$ gilt; die Aufwendungen
- mindern die Excess Earnings, wenn der Vermögenswert am Bewertungsstichtag nicht verfügbar, also ein zukünftig geplanter Vermögenswert ist.

Fallbeispiel

Die den Kundenbeziehungen von BU1 zuzuordnenden Excess Earnings werden in Tabelle 3.3.4-1 bis Tabelle 3.3.4-3 ausgehend vom Free Cashflow abgeleitet. Die Ermittlung der Free Cashflows folgt grundsätzlich dem bei der Bestimmung des Entity Value unter 2.6.2.1 dargelegten Vorgehen. Im Unterschied zu diesen Betrachtungen werden die Free Cashflows jedoch auf die mit den Kundenbeziehungen verbundenen Umsatzerlöse, die sich aus Tabelle 2-8 ergaben, bezogen; weiter werden die in Tabelle 2-8 berücksichtigten Bereinigungen der Kundenakquisitionskosten in Höhe von 0,8 % des Umsatzes sowie die in Höhe von 4,2 % des Umsatzes geplanten Forschungs- und Entwicklungsaufwendungen übernommen.

Tab. 3.3.4-1: Ableitung der Excess Earnings ausgehend vom Free Cashflow einschließlich Amortization und Liquidationserlösen

Mio. EUR	Tab.		2016	2017	2018	2019	2020	2021	2022	2023	2024
Sales generated by Entity*			300,0	360,0	388,8	404,4	412,4	420,7	429,1	437,7	364,7
EBITA				57,6	63,2	65,6	66,9	68,2	69,6	71,0	59,1
Adjustment Cost Savings[1]	2-4			0,0	0,0	0,0	0,0	0,0	0,0	0,0	0,0
Adjustment Customer Acquisition Expenses[2]		0,8%		2,9	3,1	3,2	3,3	3,4	3,4	3,5	2,9
Adjustment R & D Expenses[3]		4,2%		15,1	16,3	17,0	17,3	17,7	18,0	18,4	15,3
EBITA adjusted				75,6	82,6	85,8	87,5	89,2	91,0	92,8	77,4
Tax adjusted		30,0%		-22,7	-24,8	-25,7	-26,2	-26,8	-27,3	-27,9	-23,2
Tax-effecting EBITA adjusted				52,9	57,8	60,0	61,2	62,5	63,7	65,0	54,2
Amortization												
Customer Relationship	2-8	8,0	183,9		0,0	0,0	0,0	0,0	0,0	0,0	0,0
Core Technology	2-5	8,0	165,6	20,7	20,7	20,7	20,7	20,7	20,7	20,7	20,7
Process Technology	2-4	8,0	20,9	2,6	2,6	2,6	2,6	2,6	2,6	2,6	2,6
Amortization Total				23,3	23,3	23,3	23,3	23,3	23,3	23,3	23,3
Tax Benefit Amortization[4]		30,0%		7,0	7,0	7,0	7,0	7,0	7,0	7,0	7,0
Tax-effecting EBITA adjusted incl. Tax Benefit Amortization				59,9	64,8	67,0	68,2	69,5	70,7	72,0	61,2
Incremental Working Capital	2-7			-15,0	-5,3	-1,8	-1,9	-2,0	-2,0	15,4	87,5
CapEx less Depreciation	2-6			12,0	2,0	-36,0	16,0	36,0	-29,0	19,8	79,2
Free Cash Flow adjusted				56,9	61,6	29,2	82,3	103,5	39,7	107,3	227,9
Income Contribution after Tax												
Working Capital[5]	2-10			12,7	2,5	-1,1	-1,0	-1,0	-1,0	-18,6	-90,2
Tangible Fixed Assets[6]	2-9			-17,5	-6,8	31,3	-22,7	-41,8	25,2	-25,3	-83,5
Core Technology[7]	2-5			-26,4	-28,0	-28,9	-29,3	-29,8	-30,2	-30,7	-26,6
Process Technology[8]	2-4			-3,3	-3,5	-3,7	-3,7	-3,8	-3,8	-3,9	-3,4
Excess Earnings	2-8			22,5	25,8	26,9	25,6	27,1	29,7	28,8	24,1

* Projection based on management best estimate
1 Cost Savings Included in EBITA ./. Realized Cost Savings
2 Customer Acquisition Expenses as % of Sales * Sales
3 R & D Expenses as % of Sales * Sales
4 Amortization Total * Tax Rate
5 Invested Capital t-1 as % of Sales t * Sales t * Asset Specific Rate of Return (Working Capital) + Incremental Working Capital as % of Sales * Sales
6 Invested Capital t-1 as % of Sales t * Sales t * Asset Specific Rate of Return (Tangible Fixed Assets) + Incremental Invested Capital as % of Sales * Sales
7 Royalty Rate * Sales * (1 - Tax Rate) + Tax Benefit Amortization
8 Cost Savings as % of Sales * Sales * (1- Tax Rate) + Tax Benefit Amortization

Tab. 3.3.4-2: Ableitung der Excess Earnings ausgehend vom Free Cashflow einschließlich Amortization ohne Einbeziehung von Liquidationserlösen

Mio. EUR	Tab.		2016	2017	2018	2019	2020	2021	2022	2023	2024
Sales generated by Entity*			300,0	360,0	388,8	404,4	412,4	420,7	429,1	437,7	364,7
EBITA				57,6	63,2	65,6	66,9	68,2	69,6	71,0	59,1
Adjustment Cost Savings[1]	2-4			0,0	0,0	0,0	0,0	0,0	0,0	0,0	0,0
Adjustment Customer Acquisition Expenses[2]		0,8%		2,9	3,1	3,2	3,3	3,4	3,4	3,5	2,9
Adjustment R & D Expenses[3]		4,2%		15,1	16,3	17,0	17,3	17,7	18,0	18,4	15,3
EBITA adjusted				75,6	82,6	85,8	87,5	89,2	91,0	92,8	77,4
Tax adjusted		30,0%		-22,7	-24,8	-25,7	-26,2	-26,8	-27,3	-27,9	-23,2
Tax-effecting EBITA				52,9	57,8	60,0	61,2	62,5	63,7	65,0	54,2
Amortization												
Customer Relationship	2-8	8,0	183,9		0,0	0,0	0,0	0,0	0,0	0,0	0,0
Core Technology	2-5	8,0	165,6	20,7	20,7	20,7	20,7	20,7	20,7	20,7	20,7
Process Technology	2-4	8,0	20,9	2,6	2,6	2,6	2,6	2,6	2,6	2,6	2,6
Amortization Total				23,3	23,3	23,3	23,3	23,3	23,3	23,3	23,3
Tax Benefit Amortization[4]		30,0%		7,0	7,0	7,0	7,0	7,0	7,0	7,0	7,0
Tax-effecting EBITA adjusted												
incl. Tax Benefit Amortization				59,9	64,8	67,0	68,2	69,5	70,7	72,0	61,2
Incremental Working Capital	2-10			-15,0	-5,3	-1,8	-1,9	-2,0	-2,0	-2,1	0,0
CapEx less Depreciation	2-9			12,0	2,0	-36,0	16,0	36,0	-29,0	4,0	-20,0
Free Cash Flow				56,9	61,6	29,2	82,3	103,5	39,7	73,9	41,2
Income Contribution after Tax												
Working Capital[5]	2-10			12,7	2,5	-1,1	-1,0	-1,0	-1,0	-1,1	-2,7
Tangible Fixed Assets[6]	2-9			-17,5	-6,8	31,3	-22,7	-41,8	25,2	-9,4	15,7
Core Technology[7]	2-5			-26,4	-28,0	-28,9	-29,3	-29,8	-30,2	-30,7	-26,6
Process Technology[8]	2-4			-3,3	-3,5	-3,7	-3,7	-3,8	-3,8	-3,9	-3,4
Excess Earnings	2-8			22,5	25,8	26,9	25,6	27,1	29,7	28,8	24,1

* Projection based on management best estimate
1 Cost Savings Included in EBITA ./. Realized Cost Savings
2 Customer Acquisition Expenses as % of Sales * Sales
3 R & D Expenses as % of Sales * Sales
4 Amortization Total * Tax Rate
5 Invested Capital t-1 as % of Sales t * Sales t * Asset Specific Rate of Return (Working Capital) + Incremental Working Capital as % of Sales * Sales
6 Invested Capital t-1 as % of Sales t * Sales t * Asset Specific Rate of Return (Tangible Fixed Assets) + Incremental Invested Capital as % of Sales * Sales
7 Royalty Rate * Sales * (1 - Tax Rate) + Tax Benefit Amortization
8 Cost Savings as % of Sales * Sales * (1- Tax Rate) + Tax Benefit Amortization

Tab. 3.3.4-3: Ableitung der Excess Earnings ausgehend vom Free Cashflow vor Amortization ohne Einbeziehung von Liquidationserlösen

Mio. EUR	Tab.		2016	2017	2018	2019	2020	2021	2022	2023	2024
Sales generated by Entity*			300,0	360,0	388,8	404,4	412,4	420,7	429,1	437,7	364,7
EBITA				57,6	63,2	65,6	66,9	68,2	69,6	71,0	59,1
Adjustment Cost Savings[1]	2-4			0,0	0,0	0,0	0,0	0,0	0,0	0,0	0,0
Adjustment Customer Acquisition Expenses[2]		0,8%		2,9	3,1	3,2	3,3	3,4	3,4	3,5	2,9
Adjustment R & D Expenses[3]		4,2%		15,1	16,3	17,0	17,3	17,7	18,0	18,4	15,3
EBITA adjusted				75,6	82,6	85,8	87,5	89,2	91,0	92,8	77,4
Tax adjusted		30,0%		-22,7	-24,8	-25,7	-26,2	-26,8	-27,3	-27,9	-23,2
Tax-effecting EBITA adjusted				52,9	57,8	60,0	61,2	62,5	63,7	65,0	54,2
Incremental Working Capital	2-10			-15,0	-5,3	-1,8	-1,9	-2,0	-2,0	-2,1	0,0
CapEx less Depreciation	2-9			12,0	2,0	-36,0	16,0	36,0	-29,0	4,0	-20,0
Free Cash Flow				49,9	54,6	22,3	75,3	96,5	32,7	66,9	34,2
Income Contribution after Tax											
Working Capital[4]	2-10			12,7	2,5	-1,1	-1,0	-1,0	-1,0	-1,1	-2,7
Tangible Fixed Assets[5]	2-9			-17,5	-6,8	31,3	-22,7	-41,8	25,2	-9,4	15,7
Core Technology[6]	2-5			-20,2	-21,8	-22,6	-23,1	-23,6	-24,0	-24,5	-20,4
Process Technology[7]	2-4			-2,5	-2,7	-2,9	-2,9	-3,0	-3,1	-3,1	-2,6
Excess Earnings	2-8			22,5	25,8	26,9	25,6	27,1	29,7	28,8	24,1

* Projection based on management best estimate
1 Cost Savings Included in EBITA ./. Realized Cost Savings
2 Customer Acquisition Expenses as % of Sales * Sales
3 R & D Expenses as % of Sales * Sales
4 Invested Capital t-1 as % of Sales t * Sales t * Asset Specific Rate of Return (Working Capital) + Incremental Working Capital as % of Sales * Sales
5 Invested Capital t-1 as % of Sales t * Sales t * Asset Specific Rate of Return (Tangible Fixed Assets) + Incremental Invested Capital as % of Sales * Sales
6 Royalty Rate * Sales * (1 - Tax Rate)
7 Cost Savings as % of Sales * Sales * (1- Tax Rate)

Von den so bestimmten Free Cashflows werden die – auf die mit den Kundenbeziehungen verbundenen Umsatzerlöse bezogenen – Einkommensbeiträge nach Steuern des Working Capital, der Sachanlagen sowie der Basis- und Verfahrenstechnologie abgezogen. Die Einkommensbeiträge des Working Capital und der Sachanlagen beziehen – abweichend von den Darlegungen unter 2.5.4.3 – auch die Veränderungen der Werte dieser Vermögenswerte, die sich als Saldo aus den Investitionen in das in diese Vermögenswerte investierten Kapitals und den Rückflüssen des investierten Kapitals ergeben, ein.

Die Free Cashflows in Tabelle 3.3.4-1 und Tabelle 3.3.4-2 berücksichtigen die steuerlichen Abschreibungen der Basis- und der Verfahrenstechnologie. Dementsprechend wurden auch in die Einkommensbeiträge dieser Vermögenswerte die zugehörigen abschreibungsbedingten Steuervorteile einbezogen. Tabelle 3.3.4-3 zeigt, dass von der Verrechnung der in den Free Cashflows berücksichtigten Steuervorteile mit den in die Einkommensbeiträge der genannten Vermögenswerte einbezogenen Steuervorteilen keine Auswirkungen auf die Excess Earnings ausgehen. Auf den Ansatz der steuerlichen Abschreibungen der zu bewertenden Kundenbeziehungen wurde verzichtet, da der Wert dieses Vermögenswertes zu bestimmen ist und deswegen deren steuerliche Abschreibungen noch nicht bekannt sind.

In Tabelle 3.3.4-1 wurden bei der Ableitung der Free Cashflows und der Bestimmung der Einkommensbeiträge der Sachanlagen und des Working Capital die Veräußerungserlöse dieser Vermögenswerte in Höhe von EUR 99,2 Mio. bzw. EUR 87,5 Mio. berücksichtigt. Da sich die Veräußerungserlöse durch deren Einbeziehung in die Free Cashflows und in die Einkommensbeiträge der Sachanlagen und des Working Capital ausgleichen, resultiert aus deren Bereinigung kein Einfluss auf die Höhe der Excess Earnings; dies legen Tabelle 3.3.4-2 und Tabelle 3.3.4-3 dar. In diesem Fall kann eine anderweitige Verwendung dieser Vermögenswerte am Ende der Nutzungsdauer der Kundenbeziehungen angenommen werden.[306]

EBITA nach Abzug von Steuern als Ausgangsgröße der Ableitung der Excess Earnings
Nach weiteren Zusammenfassungen ergibt sich die Beziehung

$$CF_{n,t+1}^{EE} = S_{t+1} \cdot ebita_{t+1} \cdot (1-s) + CF_{t+1}^{Dev\ after\ Tax} - CF_{n,t+1}^{Dev\ after\ Tax} + s \cdot A_{n,t+1}$$

$$- \sum_{i=1}^{2} V_{i,t} \cdot r_i - \sum_{i=3}^{o} \left(V_{i,t} \cdot r_i + CF_{i,t+1}^{of\ after\ Tax} \right) - \sum_{i=o+1}^{o+p} incon_{i,t+1} \cdot adj_{i,t+1}^{S} \cdot S_{t+1} \cdot (1-s)$$

die die Ableitung der Excess Earnings ausgehend vom EBITA nach Abzug von Steuern (Tax-effecting EBITA[307]) darlegt. Die Beziehung zeigt, dass sich die Ableitung der Excess Earnings auf dieser Grundlage dadurch vereinfacht, dass die einzubeziehenden Einkommensbeiträge der mittels des Cost Approach bewerteten materiellen Vermögenswerte Working Capital und Sachanlagenbestand lediglich die Verzinsung des in diese Vermögenswerte investierten Kapitals umfassen; der Berücksichtigung der Veränderungskomponente bedarf es dagegen nicht.

Damit setzen sich die Einkommensbeiträge der unterstützenden Vermögenswerte bei der Bestimmung der Excess Earnings ausgehend vom Tax-effecting EBITA zuzüglich der Aufwendungen zum Aufbau bzw. zur Entwicklung der immateriellen Vermögenswerte zusammen aus der

- Verzinsung des in die – mittels des Cost Approach bewerteten – materiellen Vermögenswerte Working Capital und Sachanlagen investierten Kapitals nach Steuern sowie der
- Verzinsung und dem Rückfluss des in die immateriellen Vermögenswerte investierten Kapitals; bei diesen Vermögenswerten ist es unerheblich, ob sie mittels des Income Approach oder des Cost Approach bewertet werden.

Fallbeispiel
Die den Kundenbeziehungen von BU1 zuzuordnenden Excess Earnings werden in Tabelle 3.3.4-4 ausgehend vom Tax-effecting EBITA abgeleitet. Die so ermittelten Excess Earnings können aus Tabelle 3.3.4-3 dadurch abgeleitet werden, dass die in die Free-Cashflow-Ermittlung einbezogenen Veränderungen des in das Working Capital und in die Sachanlagen investierten Kapitals mit den von den Free Cashflows abgezogenen Einkommensbeiträgen dieser Vermögenswerte, die diese Veränderungskomponenten, wie dargelegt, gleichfalls umfassen, verrechnet werden.

---

306 So auch TAF (2010a), 3.2.01.
307 Zum Tax-effecting EBITDA und Tax-effecting EBIT siehe TAF (2010a), 3.4.03.

Tab. 3.3.4-4: Ableitung der Excess Earnings ausgehend vom Tax-effecting EBITA

Mio. EUR	Tab.		2016	2017	2018	2019	2020	2021	2022	2023	2024
Sales generated by Entity*			300,0	360,0	388,8	404,4	412,4	420,7	429,1	437,7	364,7
EBITA				57,6	63,2	65,6	66,9	68,2	69,6	71,0	59,1
Adjustment Cost Savings[1]	2-4			0,0	0,0	0,0	0,0	0,0	0,0	0,0	0,0
Adjustment Customer Acquisition Expenses[2]		0,8%		2,9	3,1	3,2	3,3	3,4	3,4	3,5	2,9
Adjustment R & D Expenses[3]		4,2%		15,1	16,3	17,0	17,3	17,7	18,0	18,4	15,3
EBITA adjusted				75,6	82,6	85,8	87,5	89,2	91,0	92,8	77,4
Tax adjusted		30,0%		-22,7	-24,8	-25,7	-26,2	-26,8	-27,3	-27,9	-23,2
Tax-effecting EBITA				52,9	57,8	60,0	61,2	62,5	63,7	65,0	54,2
Return on Invested Capital after Tax												
Working Capital[4]	2-10			-2,3	-2,7	-2,9	-2,9	-3,0	-3,1	-3,1	-2,7
Tangible Fixed Assets[5]	2-9			-5,5	-4,8	-4,7	-6,7	-5,8	-3,8	-5,4	-4,3
Income Contribution after Tax												
Core Technology[6]	2-5			-20,2	-21,8	-22,6	-23,1	-23,6	-24,0	-24,5	-20,4
Process Technology[7]	2-4			-2,5	-2,7	-2,9	-2,9	-3,0	-3,1	-3,1	-2,6
Excess Earnings	2-8			22,5	25,8	26,9	25,6	27,1	29,7	28,8	24,1

* Projection based on management best estimate
1 Cost Savings Included in EBITA ./. Realized Cost Savings
2 Customer Acquisition Expenses as % of Sales * Sales
3 R & D Expenses as % of Sales * Sales
4 Invested Capital t-1 as % of Sales t * Sales t * Asset Specific Rate of Return (Working Capital)
5 Invested Capital t-1 as % of Sales t * Sales t * Asset Specific Rate of Return (Tangible Fixed Assets)
6 Royalty Rate * Sales * (1 - Tax Rate)
7 Cost Savings as % of Sales * Sales * (1- Tax Rate)

Der Vergleich der so bestimmten Excess Earnings mit den in Tabelle 3.3.4-1 bis Tabelle 3.3.4-3 ermittelten Excess Earnings zeigt, dass die betrachtete Vorgehensweise zu genau den Excess Earnings führt, die sich bei Ableitung der Excess Earnings ausgehend vom Free Cashflow ergeben.

EBITA vor Abzug von Steuern als Ausgangsgröße der Ableitung der Excess Earnings

Die weitere Umformung der Beziehung für die Excess Earnings führt zu deren Ableitung ausgehend vom EBITA vor Steuern. Es ergibt sich der Ausdruck

$$CF_{n,t+1}^{EE} = \left[S_{t+1} \cdot ebita_{t+1} + CF_{t+1}^{Dev\ pre\ Tax} - CF_{n,t+1}^{Dev\ pre\ Tax} + \frac{s}{1-s} \cdot A_{n,t+1} \right.$$

$$\left. -\sum_{i=1}^{2} \frac{V_{i,t} \cdot r_i}{1-s} - \sum_{i=3}^{o} \frac{V_{i,t} \cdot r_i + CF_{i,t+1}^{of\ after\ Tax}}{1-s} - \sum_{i=o+1}^{o+p} incon_{i,t+1} \cdot adj_{i,t+1}^{S} \cdot S_{t+1} \right] \cdot (1-s)$$

der darlegt, dass die zu berücksichtigenden Einkommensbeiträge der Vermögenswerte i = 1 bis o + p in Vorsteuergrößen umzurechnen sind. Die Beziehung kann vereinfachend auch dargestellt werden als

$$CF_{n,t+1}^{EE} = \left[S_{t+1} \cdot \left(ebita_{t+1} - \sum_{i=o+1}^{o+p} incon_{i,t+1} \cdot adj_{i,t+1}^{S} \right) + CF_{t+1}^{Dev\ pre\ Tax} - CF_{n,t+1}^{Dev\ pre\ Tax} + \frac{s}{1-s} \cdot A_{n,t+1} \right.$$

$$\left. - \sum_{i=1}^{2} \frac{V_{i,t} \cdot r_i}{1-s} - \sum_{i=3}^{o} \frac{V_{i,t} \cdot r_i + CF_{i,t+1}^{of\ after\ Tax}}{1-s} \right] \cdot (1-s)$$

Fallbeispiel

Die den Kundenbeziehungen von BU1 zuzuordnenden Excess Earnings werden in Tabelle 3.3.4-5 ausgehend vom EBITA vor Abzug von Steuern bestimmt. Die Tabelle legt – im Vergleich zu Tabelle 3.3.4-4 – dar, dass die Excess Earnings dadurch nicht beeinflusst werden, dass die Einkommensbeiträge der Vermögenswerte Working Capital, Sachanlagen sowie Basis- und Verfahrenstechnologie um Steuern erhöht werden und vom EBITA vor Abzug von Steuern abgesetzt werden.

Tab. 3.3.4-5: Ableitung der Excess Earnings ausgehend vom EBITA

Mio. EUR	Tab.		2016	2017	2018	2019	2020	2021	2022	2023	2024
Sales generated by Entity*			300,0	360,0	388,8	404,4	412,4	420,7	429,1	437,7	364,7
EBITA				57,6	63,2	65,6	66,9	68,2	69,6	71,0	59,1
Adjustment Cost Savings[1]	2-4			0,0	0,0	0,0	0,0	0,0	0,0	0,0	0,0
Adjustment Customer Acquisition Expenses[2]		0,8%		2,9	3,1	3,2	3,3	3,4	3,4	3,5	2,9
Adjustment R & D Expenses[3]		4,2%		15,1	16,3	17,0	17,3	17,7	18,0	18,4	15,3
EBITA adjusted				75,6	82,6	85,8	87,5	89,2	91,0	92,8	77,4
Return on Invested Capital before Tax												
Working Capital[4]	2-10			-3,2	-3,9	-4,1	-4,2	-4,3	-4,4	-4,5	-3,8
Tangible Fixed Assets[5]	2-9			-7,8	-6,9	-6,7	-9,6	-8,3	-5,5	-7,8	-6,2
Income Contribution before Tax												
Core Technology[6]	2-5			-28,8	-31,1	-32,3	-33,0	-33,7	-34,3	-35,0	-29,2
Process Technology[7]	2-4			-3,5	-3,8	-4,1	-4,2	-4,3	-4,4	-4,5	-3,7
Excess Earnings pre Tax				32,2	36,9	38,4	36,5	38,7	42,5	41,1	34,5
Tax adjusted		30,0%		-9,7	-11,1	-11,5	-11,0	-11,6	-12,7	-12,3	-10,3
Tax-effecting EBITA	2-8			22,5	25,8	26,9	25,6	27,1	29,7	28,8	24,1

* Projection based on management best estimate
1 Cost Savings Included in EBITA ./. Realized Cost Savings
2 Customer Acquisition Expenses as % of Sales * Sales
3 R & D Expenses as % of Sales * Sales
4 Invested Capital t-1 as % of Sales t * Sales t * Asset Specific Rate of Return (Working Capital) / (1 - Tax Rate)
5 Invested Capital t-1 as % of Sales t * Sales t * Asset Specific Rate of Return (Tangible Fixed Assets) / (1 - Tax Rate)
6 Royalty Rate * Sales
7 Cost Savings as % of Sales * Sales

EBITDA nach Abzug von Steuern als Ausgangsgröße der Ableitung der Excess Earnings

Das EBITDA nach Steuern (Tax-effecting EBITDA) als Ausgangsgröße der Abgrenzung der Excess Earnings ergibt sich durch Einsetzen von

$$S_{t+1} \cdot ebita_{t+1} = S_{t+1} \cdot ebitda_{t+1} - D_{2,t+1}$$

– mit $D_{2,t+1}$ als Abschreibungen auf den Sachanlagenbestand – in die Beziehung für die Excess Earnings ausgehend vom Tax-effecting EBITA. Dies führt zu

$$CF_{n,t+1}^{EE} = \left(S_{t+1} \cdot ebitda_{t+1} - D_{2,t+1}\right) \cdot (1-s) + CF_{t+1}^{Dev\ after\ Tax}$$

$$-CF_{n,t+1}^{Dev\ after\ Tax} + s \cdot A_{n,t+1} - \sum_{i=1}^{2} V_{i,t} \cdot r_i - \sum_{i=3}^{o} \left(V_{i,t} \cdot r_i + CF_{i,t+1}^{of\ after\ Tax}\right)$$

$$- \sum_{i=o+1}^{o+p} incon_{i,t+1} \cdot adj_{i,t+1}^{S} \cdot S_{t+1} \cdot (1-s)$$

bzw. zu

$$CF_{n,t+1}^{EE} = S_{t+1} \cdot ebitda_{t+1} \cdot (1-s) + CF_{t+1}^{Dev\ after\ Tax} - CF_{n,t+1}^{Dev\ after\ Tax} + s \cdot A_{n,t+1}$$

$$- \sum_{i=1}^{2} V_{i,t} \cdot r_i - D_{2,t+1} \cdot (1-s) - \sum_{i=3}^{o} \left(V_{i,t} \cdot r_i + CF_{i,t+1}^{of\ after\ Tax}\right)$$

$$- \sum_{i=o+1}^{o+p} incon_{i,t+1} \cdot adj_{i,t+1}^{S} \cdot S_{t+1} \cdot (1-s)$$

Die Beziehung zeigt, dass die Ableitung der Excess Earnings ausgehend vom EBITDA nach Steuern zusätzlich die Einbeziehung der um Steuern verminderten – steuerlichen – Abschreibungen des Sachanlagenbestandes erfordert. Sie zeigt weiter, dass dann, wenn die Rückflüsse des in den Sachanlagenbestand investierten Kapitals mit den steuerlichen Abschreibungen gleichgesetzt werden, bei Ableitung der Excess Earnings ausgehend vom EBITDA nach Steuern die um Steuern verminderten Rückflüsse des in den Sachanlagenbestand investierten Kapitals einzubeziehen sind.

Die Gleichsetzung der Rückflüsse des in den Sachanlagenbestand investierten Kapitals mit den steuerlichen Abschreibungen kann darauf gestützt werden, dass – dies wurde unter 2.3.4.5 dargelegt – die Bestimmung der Rückflüsse des in mittels des Cost Approach bewertete Sachanlagen investierten Kapitals grundsätzlich die Einführung einer Annahme voraussetzt. Bei Aufgabe dieser Gleichsetzung ist zu prüfen, ob eine gesonderte Steuerposition zu berücksichtigen ist.

Zu der Gleichsetzung der Rückflüsse des in den Sachanlagenbestand investierten Kapitals mit den steuerlichen Abschreibungen vertritt TAF die Auffassung, dass hiervon grundsätzlich nicht ausgegangen werden kann. Allerdings führt TAF kein Vorgehen an, das die Bestimmung des Rückflusses des in die Sachanlagen investierten Kapitals erlaubt, und lässt die Gleichsetzung als Vereinfachung zu.[308]

---

308   Siehe hierzu auch TAF (2010a), 3.4.09. Zur Gleichsetzung des Rückflusses des investierten Kapitals mit den Abschreibungen siehe auch IVSC GN 4, 5.32–5.34.

Damit setzen sich die Einkommensbeiträge der unterstützenden Vermögenswerte bei der Bestimmung der Excess Earnings ausgehend vom EBITDA nach Steuern zuzüglich der Aufwendungen zum Aufbau bzw. zur Entwicklung der immateriellen Vermögenswerte zusammen aus der

- Verzinsung des in das Working Capital investierten Kapitals nach Steuern, der
- Verzinsung und dem mit den steuerlichen Abschreibungen gleichgesetzten Rückfluss des in die Sachanlagen investierten Kapitals nach Steuern sowie der
- Verzinsung und dem Rückfluss des in die immateriellen Vermögenswerte investierten Kapitals; bei diesen Vermögenswerten ist es unerheblich, ob sie mittels des Income Approach oder des Cost Approach bewertet werden.

Fallbeispiel

Tabelle 3.3.4-6 fasst die Ableitung der Excess Earnings der zu bewertenden Kundenbeziehungen ausgehend vom EBITDA nach Abzug von Steuern zusammen. Die Betrachtung unterscheidet sich von dem in Tabelle 3.3.4-4 dargestellten Vorgehen dadurch, dass das einer Periode zugeordnete EBITA durch Erhöhung um die aus Tabelle 2-9 übernommenen, durch Bezug auf die mit den Kundenbeziehungen verbundenen Umsatzerlöse angepassten Abschreibungen in das EBITDA überführt wird und in die Einkommensbeiträge der Sachanlagen die – mit diesen Abschreibungen gleichgesetzten – Rückflüsse des investierten Kapitals nach Abzug von Steuern einbezogen werden. Die Tabelle bestätigt, dass die Excess Earnings von diesen Anpassungen nicht berührt werden.

Tab. 3.3.4-6: Ableitung der Excess Earnings ausgehend vom Tax-effecting EBITDA

Mio. EUR	Tab.			2016	2017	2018	2019	2020	2021	2022	2023	2024
Sales generated by Entity*				300,0	360,0	388,8	404,4	412,4	420,7	429,1	437,7	364,7
EBITA					57,6	63,2	65,6	66,9	68,2	69,6	71,0	59,1
Depreciation[1]	2-9				37,0	42,0	36,0	36,0	36,0	36,0	36,0	30,0
EBITDA					94,6	105,2	101,6	102,9	104,2	105,6	107,0	89,1
Adjustment Cost Savings[2]	2-4				0,0	0,0	0,0	0,0	0,0	0,0	0,0	0,0
Adjustment Customer Acquisition Expenses[3]		0,8%			2,9	3,1	3,2	3,3	3,4	3,4	3,5	2,9
Adjustment R & D Expenses[4]		4,2%			15,1	16,3	17,0	17,3	17,7	18,0	18,4	15,3
EBITDA adjusted					112,6	124,6	121,8	123,5	125,2	127,0	128,8	107,4
Tax adjusted	2-1	30,0%			-33,8	-37,4	-36,5	-37,0	-37,6	-38,1	-38,7	-32,2
Tax-effecting EBITDA					78,8	87,2	85,2	86,4	87,7	88,9	90,2	75,2
Return on Invested Capital after Tax													
Working Capital[5]	2-10				-2,3	-2,7	-2,9	-2,9	-3,0	-3,1	-3,1	-2,7
Tangible Fixed Assets[6]	2-9				-5,5	-4,8	-4,7	-6,7	-5,8	-3,8	-5,4	-4,3
Return of Invested Capital after Tax													
Tangible Fixed Assets[7]	2-9				-25,9	-29,4	-25,2	-25,2	-25,2	-25,2	-25,2	-21,0
Income Contribution after Tax													
Core Technology[8]	2-5				-20,2	-21,8	-22,6	-23,1	-23,6	-24,0	-24,5	-20,4
Process Technology[9]	2-4				-2,5	-2,7	-2,9	-2,9	-3,0	-3,1	-3,1	-2,6
Excess Earnings	2-8				22,5	25,8	26,9	25,6	27,1	29,7	28,8	24,1

* Projection based on management best estimate
1 Depreciation (= Return of Invested Capital) as % of Sales * Sales
2 Cost Savings Included in EBITA ./. Realized Cost Savings
3 Customer Acquisition Expenses as % of Sales * Sales
4 R & D Expenses as % of Sales * Sales
5 Invested Capital t-1 as % of Sales t * Sales t * Asset Specific Rate of Return (Working Capital)
6 Invested Capital t-1 as % of Sales t * Sales t * Asset Specific Rate of Return (Tangible Fixed Assets)
7 Return of Invested Capital (= Depreciation) as % of Sales * Sales * (1 - Tax Rate)
8 Royalty Rate * Sales * (1 - Tax Rate)
9 Cost Savings as % of Sales * Sales * (1 - Tax Rate)

EBITDA vor Abzug von Steuern als Ausgangsgröße der Ableitung der Excess Earnings

Die vom EBITDA nach Abzug von Steuern ausgehende Beziehung der Excess Earnings kann überführt werden in die Bestimmung der Excess Earnings ausgehend vom EBITDA vor Steuern. Es gilt

$$
CF_{n,t+1}^{EE} = \left[S_{t+1} \cdot ebitda_{t+1} + CF_{t+1}^{Dev\ pre\ Tax} - CF_{n,t+1}^{Dev\ pre\ Tax} + \frac{s}{1-s} \right.
$$

$$
\cdot A_{n,t+1} - \sum_{i=1}^{2} \frac{V_{i,t} \cdot r_i}{1-s} - D_{2,t+1}
$$

$$
- \sum_{i=3}^{o} \frac{V_{i,t} \cdot r_i + CF_{i,t+1}^{of\ after\ Tax}}{1-s}
$$

$$
\left. - \sum_{i=o+1}^{o+p} incon_{i,t+1} \cdot adj_{i,t+1}^{S} \cdot S_{t+1} \right] \cdot (1-s)
$$

bzw.

$$
CF_{n,t+1}^{EE} = \left[S_{t+1} \cdot \left(ebitda_{t+1} - \sum_{i=o+1}^{o+p} incon_{i,t+1} \cdot adj_{i,t+1}^{S} \right) + CF_{t+1}^{Dev\ pre\ Tax} - CF_{n,t+1}^{Dev\ pre\ Tax} + \frac{s}{1-s} \cdot A_{n,t+1} \right.
$$

$$
\left. - \sum_{i=1}^{2} \frac{V_{i,t} \cdot r_i}{1-s} - D_{2,t+1} - \sum_{i=3}^{o} \frac{V_{i,t} \cdot r_i + CF_{i,t+1}^{of\ after\ Tax}}{1-s} \right] \cdot (1-s)
$$

Fallbeispiel

Die Ableitung der Excess Earnings der Kundenbeziehungen von BU1 ausgehend vom EBITDA vor Abzug von Steuern folgt den bisherigen Betrachtungen. Aus diesem Grund kann auf die Darstellung dieser Ableitung verzichtet werden.

Ableitung des Wertes der Kundenbeziehungen im Fallbeispiel

Die ausgehend vom Free Cashflow, vom EBITA vor bzw. nach Abzug von Steuern sowie vom EBITDA vor bzw. nach Abzug von Steuern abgeleiteten Excess Earnings der betrachteten Kundenbeziehungen unterscheiden sich nicht von den unter 2.5.4.3 bestimmten Excess Earnings. Bei Anwendung des der Bewertung der Kundenbeziehungen unter 2.5.4.3

zugrunde gelegten vermögenswertspezifischen Zinssatzes von 8,82 % ergibt sich der in Tabelle 2-8 ermittelte Wert der Kundenbeziehungen in Höhe von EUR 145,5 Mio. ohne Berücksichtigung des abschreibungsbedingten Steuervorteils bzw. in Höhe von EUR 183,9 Mio. bei Einbeziehung des abschreibungsbedingten Steuervorteils.

3.3.4.2.3 Zuordnung von Excess Earnings zu mehreren Vermögenswerten

3.3.4.2.3.1 Überblick
Im Folgenden wird zunächst ein Vorgehen erläutert, das eine Zuordnung von Excess Earnings zu mehreren Vermögenswerten erlaubt (3.3.4.2.3.3). Sodann werden die Grenzen aufgezeigt, die einer Zuordnung von Excess Earnings zu mehreren Vermögenswerten entgegenstehen (3.3.4.2.3.4). Zur Veranschaulichung der Untersuchungen wird das den bisherigen Betrachtungen zugrunde gelegte Fallbeispiel erweitert (3.3.4.2.3.2).

3.3.4.2.3.2 Erweiterung des Fallbeispiels
Das den bisherigen Ausführungen zugrunde gelegte Fallbeispiel geht davon aus, dass die Kunden von BU1 als Gesamtheit betrachtet werden können und deren Zusammenfassung die Bewertungsergebnisse nicht berührt. Dieses Vorgehen setzt voraus, dass die Kunden der Geschäftseinheit – in Bezug auf die deren Werte bestimmenden Parameter – sich nicht wesentlich unterscheiden und der Kundenbestand dementsprechend als homogen betrachtet werden kann. Dem Fallbeispiel liegt darüber hinaus die weitere, vereinfachende Annahme zugrunde, dass – aufgrund der sehr hohen Loyalität der Kunden zur Geschäftseinheit – während der Nutzungsdauer der übernommenen Kundenbeziehungen weder mit einem wesentlichen Verlust bestehender Kunden zu rechnen, noch eine bedeutsame Gewinnung neuer Kunden zu erwarten ist.

Im Folgenden werden diese vereinfachenden Annahmen aufgegeben. Die Betrachtungen gehen – unter ansonsten im Wesentlichen unveränderten Annahmen – davon aus, dass die Kunden von BU1 in A-, B- und C-Kunden eingeteilt werden können. Weiter beziehen die Untersuchungen ein, dass BU1 im Zeitablauf bestehende Kunden – beispielsweise durch Abwanderung zu Wettbewerbern – verlieren und neue Kunden – beispielsweise durch Abwerbung von Wettbewerbern – gewinnen wird.

Die Kundensegmente des Geschäftsbereiches sind insbesondere durch folgende Parameter gekennzeichnet:

Customer Class	A	B	C
Sales of Segment as Percentage of Sales of BU1	30 %	50 %	20 %
Customer Retention per Year	70 %	50 %	n/a
Useful Life	8	8	n/a

Zur Vereinfachung der Untersuchungen wird angenommen, dass sich die in den Kunden-segmenten erzielten EBITA-Margen sowie die auf die Akquisition von Neukunden entfal-lenden Aufwendungen der Kundensegmente nicht wesentlich unterscheiden.

3.3.4.2.3.3 Vorgehen bei der Zuordnung von Excess Earnings zu mehreren Vermögenswerten

Free Cashflow als Ausgangsgröße der Ableitung der Excess Earnings

Excess Earnings können mehreren, mittels der MPEEM zu bewertenden Vermögenswerten j mit $j = o + p + 1$ bis $o + p + q$ des betrachteten Unternehmens dadurch zugeordnet wer-den, dass das als Free Cashflow verstandene Einkommen des Unternehmens und die Ein-kommensbeiträge der Vermögenswerte i mit $i = 1$ bis $o + p$ auf die Vermögenswerte j mit $j = o + p + 1$ bis $o + p + q$ aufgeteilt werden; es gilt $o + p + q = n$. Diese Aufteilung kann dadurch erreicht werden, dass für den Vermögenswert j mit $j = o + p + 1$ bis $o + p + q$ für die in $t + 1$ endende Periode mit $t = 0$ bis ∞ abgegrenzt werden die

- Umsatzerlöse, die mit dem Vermögenswert verbunden sind, die
- EBITA-Marge, die diesen Umsatzerlösen zugehörig ist, sowie die
- anteiligen Einkommensbeiträge der Vermögenswerte i mit $i = 1$ bis $o + p$, die zur Erzie-lung der dem Vermögenswert zugeordneten Umsatzerlöse mit zugehöriger EBITA-Marge erforderlich sind.[309]

Auf dieser Grundlage ergibt sich das dem Vermögenswert j mit $j = o + p + 1$ bis $o + p + q$ zuzurechnende anteilige Einkommen des Unternehmens aus der Beziehung

$$CF_{j,t+1}^{FCF} = S_{j,t+1} \cdot ebita_{j,t+1} \cdot (1 - s) + s \cdot A_{j,t+1} - \left(V_{1j,t+1} - V_{1j,t} \right) - \left(V_{2j,t+1} - V_{2j,t} \right)$$

$CF_{j,t+1}^{FCF}$, $S_{j,t+1}$, $ebita_{j,t+1}$ $A_{j,t+1}$ sowie $V_{ij,t}$ und $V_{ij,t+1}$ mit $i = 1$ und 2 bringen den Bezug auf den Vermögenswert j zum Ausdruck.

Bei vollständiger Aufteilung der Umsatzerlöse, des EBITA sowie der Veränderungen des in die Vermögenswerte $i = 1$ und $i = 2$ investierten Kapitals auf die mittels der MPEEM zu bewertenden Vermögenswerte j mit $j = o + p + 1$ bis $o + p + q$ gilt

$$S_{t+1} = \sum_{j=o+p+1}^{o+p+q} S_{j,t+1}$$

$$S_{t+1} \cdot ebita_{t+1} = \sum_{j=o+p+1}^{o+p+q} S_{j,t+1} \cdot ebita_{j,t+1}$$

sowie

$$CF_{t+1} = \sum_{j=o+p+1}^{o+p+q} CF_{j,t+1}^{FCF}$$

---

309 Vgl. auch PPD IVS 210.60.12. Zur Allokation der Einkommensbeiträge dieser Vermögenswerte siehe auch TAF (2010a), 3.1.09.

Die anteiligen Einkommensbeiträge der Vermögenswerte i mit i = 1 bis o + p für j = o + p + 1 bis n sind bestimmt für i = 1 und 2 durch die Beziehung

$$CF_{ij,t+1} = V_{ij,t} \cdot r_i + V_{ij,t} - V_{ij,t+1}$$

für i = 3 bis o durch die Beziehung

$$CF_{ij,t+1} = V_{ij,t} \cdot r_i + V_{ij,t} - V_{ij,t+1} + s \cdot A_{ij,t+1}$$

bzw. mit $V_{ij,t} - V_{ij,t+1} = CF_{ij,t+1}^{of\ after\ Tax} - CF_{ij,t+1}^{Dev\ after\ Tax}$ durch die Beziehung

$$CF_{ij,t+1} = V_{ij,t} \cdot r_i + CF_{ij,t+1}^{of\ after\ Tax} - CF_{ij,t+1}^{Dev\ after\ Tax} + s \cdot A_{ij,t+1}$$

sowie für i = o + 1 bis o + p durch die Beziehung

$$CF_{ij,t+1} = incon_{i,t+1} \cdot adj_{ij,t+1}^{S} \cdot S_{j,t+1} \cdot (1-s) - CF_{ij,t+1}^{Dev\ after\ Tax} + s \cdot A_{ij,t+1}$$

mit

$$CF_{i,t+1} = \sum_{j=o+p+1}^{n} CF_{ij,t+1}$$

und

$$V_{i,t+1} = \sum_{j=o+p+1}^{n} V_{ij,t+1}$$

Durch Einsetzen dieser Ausdrücke in die Bestimmungsgleichung der Excess Earnings des Vermögenswertes j mit j = o + p + 1 bis o + p + q

$$CF_{j,t+1}^{EE} = CF_{j,t+1}^{FCF} - \sum_{i=1}^{o+p} CF_{ij,t+1}$$

ergibt sich die Beziehung für die ausgehend vom Free Cashflow abgeleiteten Excess Earnings des Vermögenswertes j mit $A_{j,t+1} = \sum_{i=3}^{o+p} A_{ij,t+1} + A_{jj,t+1}$ und mit $CF_{j,t+1}^{Dev\ after\ Tax} = \sum_{i=3}^{n} CF_{ij,t+1}^{Dev\ after\ Tax}$ als

$$CF_{j,t+1}^{EE} = S_{j,t+1} \cdot ebita_{j,t+1} \cdot (1-s) + CF_{j,t+1}^{Dev\ after\ Tax} - CF_{jj,t+1}^{Dev\ after\ Tax}$$

$$+ s \cdot A_{jj,t+1} - \left(V_{1j,t+1} - V_{1j,t}\right) - \left(V_{2j,t+1} - V_{2j,t}\right)$$

$$- \sum_{i=1}^{2} \left(V_{ij,t} \cdot r_i + V_{ij,t} - V_{ij,t+1}\right)$$

$$- \sum_{i=3}^{o} \left(V_{ij,t} \cdot r_i + CF_{ij,t+1}^{of\ after\ Tax}\right)$$

$$-\sum_{i=o+1}^{o+p} incon_{i,t+1} \cdot adj_{ij,t+1}^{S} \cdot S_{j,t+1} \cdot (1-s)$$

Die Beziehung $CF_{j,t+1}^{Dev\ after\ Tax} = \sum_{i=3}^{n} CF_{ij,t+1}^{Dev\ after\ Tax}$ geht davon aus, dass die dem Vermö-

genswert j zugeordneten EBITA-Marge $ebita_{j,t+1}$ um die auf den Aufbau- bzw. die Entwicklung der Vermögenswerte j* mit j* = o + p + 1 bis o + p + q und j* ≠ j entfallenden Aufwendungen noch nicht bereinigt wurde.

Durch Auflösung der Beziehung

$$CF_{j,t+1}^{EE} = CF_{j,t+1}^{FCF} - \sum_{i=1}^{o+p} CF_{ij,t+1}$$

nach $CF_{j,t+1}^{FCF}$ und Einsetzen in die Beziehung

$$CF_{t+1} = \sum_{j=o+p+1}^{o+p+q} CF_{j,t+1}^{FCF}$$

ergibt sich

$$CF_{t+1} = \sum_{j=o+p+1}^{n} CF_{j,t+1}^{EE} + \sum_{j=o+p+1}^{n} \sum_{i=1}^{o+p} CF_{ij,t+1}$$

sowie mit $\sum_{i=1}^{o+p} \sum_{j=o+p+1}^{n} CF_{ij,t+1} = \sum_{j=o+p+1}^{n} \sum_{i=1}^{o+p} CF_{ij,t+1}$ und $CF_{i,t+1} = \sum_{j=o+p+1}^{n} CF_{ij,t+1}$

$$CF_{t+1} = \sum_{j=o+p+1}^{n} CF_{j,t+1}^{EE} + \sum_{i=1}^{o+p} CF_{i,t+1}$$

und mit $\sum_{i=o+p+1}^{n} CF_{i,t+1} = \sum_{j=o+p+1}^{n} CF_{j,t+1}^{EE}$

$$CF_{t+1} = \sum_{i=1}^{n} CF_{i,t+1}$$

Damit ist dargelegt, dass unter den den Betrachtungen zugrunde liegenden Annahmen
auch bei Zuordnung der Excess Earnings zu mehreren Vermögenswerten das Einkommen
des Unternehmens durch die Einkommensbeiträge von dessen Vermögenswerten vollständig erklärt werden kann.

Fallbeispiel

In Tabelle 3.3.4-7 bis Tabelle 3.3.4- 9 werden die den am Bewertungsstichtag bestehenden bzw. die den zukünftig zu akquirierenden Kundenbeziehungen zuzuordnenden Excess Earnings ausgehend vom Free Cashflow abgeleitet. Die Excess Earnings werden für die A-Kunden (Tab. 3.3.4-7) und die B-Kunden (Tab. 3.3.4-8) gesondert bestimmt; die C-Kunden und die zukünftig zu akquirierenden Kunden werden für die Ermittlung der Excess Earnings – zur Vereinfachung der Betrachtungen – zusammengefasst (Tab. 3.3.4-9).

Tab. 3.3.4-7: Ableitung der den A-Kunden zuzuordnenden Excess Earnings ausgehend vom Free Cashflow vor Amortization bei Abschmelzen der Kundenbeziehungen

Mio. EUR	Tab.			2016	2017	2018	2019	2020	2021	2022	2023	2024
Sales generated by Entity*		70,0%	90,0	108,0	81,6	59,4	42,4	30,3	21,6	15,4	10,8
EBITA[1]	2-13				17,3	13,3	9,6	6,9	4,9	3,5	2,5	1,7
Adjustment Customer Acquisition Expenses[2]		0,8%			0,9	0,7	0,5	0,3	0,2	0,2	0,1	0,1
Adjustment R & D Expenses[3]		4,2%			4,5	3,4	2,5	1,8	1,3	0,9	0,6	0,5
EBITA adjusted					22,7	17,4	12,6	9,0	6,4	4,6	3,3	2,3
Tax adjusted		30,0%			-6,8	-5,2	-3,8	-2,7	-1,9	-1,4	-1,0	-0,7
Tax-effecting EBITA adjusted					15,9	12,1	8,8	6,3	4,5	3,2	2,3	1,6
Incremental Working Capital	2-10				-4,5	-1,1	-0,3	-0,2	-0,1	-0,1	-0,1	0,0
CapEx less Depreciation	2-9				3,6	0,4	-5,3	1,6	2,6	-1,5	0,1	-0,6
Free Cash Flow					15,0	11,5	3,3	7,7	7,0	1,6	2,4	1,0
Income Contribution after Tax												
Working Capital[4]	2-10				3,8	0,5	-0,2	-0,1	-0,1	-0,1	0,0	-0,1
Tangible Fixed Assets[5]	2-9				-5,2	-1,4	4,6	-2,3	-3,0	1,3	-0,3	0,5
Core Technology[6]	2-5				-6,0	-4,6	-3,3	-2,4	-1,7	-1,2	-0,9	-0,6
Process Technology[7]	2-4				-0,7	-0,6	-0,4	-0,3	-0,2	-0,2	-0,1	-0,1
Excess Earnings					6,8	5,4	4,0	2,6	2,0	1,5	1,0	0,7

* Projection based on management best estimate
1 EBITA margin adjusted for Cost Savings related to Process Technology * Sales
2 Customer Acquisition Expenses as % of Sales * Sales
3 R & D Expenses as % of Sales * Sales
4 Invested Capital t-1 as % of Sales t * Sales t * Asset Specific Rate of Return (Working Capital) + Incremental Working Capital as % of Sales * Sales
5 Invested Capital t-1 as % of Sales t * Sales t * Asset Specific Rate of Return (Tangible Fixed Assets) + Incremental Invested Capital as % of Sales * Sales
6 Royalty Rate * Sales * (1 - Tax Rate)
7 Cost Savings as % of Sales * Sales * (1- Tax Rate)

Tab. 3.3.4-8: Ableitung der den B-Kunden zuzuordnenden Excess Earnings ausgehend vom Free Cashflow vor Amortization bei Abschmelzen der Kundenbeziehungen

Mio. EUR	Tab.		2016	2017	2018	2019	2020	2021	2022	2023	2024
Sales generated by Entity*		50,0%	150,0	180,0	97,2	50,5	25,8	13,1	6,7	3,4	1,7
EBITA[1]				28,8	15,8	8,2	4,2	2,1	1,1	0,6	0,3
Adjustment Customer Acquisition Expenses[2]		0,8%		1,4	0,8	0,4	0,2	0,1	0,1	0,0	0,0
Adjustment R & D Expenses[3]		4,2%		7,6	4,1	2,1	1,1	0,6	0,3	0,1	0,1
EBITA adjusted				37,8	20,7	10,7	5,5	2,8	1,4	0,7	0,4
Tax adjusted		30,0%		-11,3	-6,2	-3,2	-1,6	-0,8	-0,4	-0,2	-0,1
Tax-effecting EBITA adjusted				26,5	14,5	7,5	3,8	2,0	1,0	0,5	0,3
Incremental Working Capital	2-10			-7,5	-1,3	-0,2	-0,1	-0,1	0,0	0,0	0,0
CapEx less Depreciation	2-9			6,0	0,5	-4,5	1,0	1,1	-0,5	0,0	-0,1
Free Cash Flow				25,0	13,6	2,8	4,7	3,0	0,5	0,5	0,2
Income Contribution after Tax												
Working Capital[4]	2-10			6,4	0,6	-0,1	-0,1	0,0	0,0	0,0	0,0
Tangible Fixed Assets[5]	2-9			-8,7	-1,7	3,9	-1,4	-1,3	0,4	-0,1	0,1
Core Technology[6]	2-5			-10,1	-5,4	-2,8	-1,4	-0,7	-0,4	-0,2	-0,1
Process Technology[7]	2-4			-1,2	-0,7	-0,4	-0,2	-0,1	0,0	0,0	0,0
Excess Earnings				11,3	6,5	3,4	1,6	0,8	0,5	0,2	0,1

* Projection based on management best estimate
1 EBITA margin adjusted for Cost Savings related to Process Technology * Sales
2 Customer Acquisition Expenses as % of Sales * Sales
3 R & D Expenses as % of Sales * Sales
4 Invested Capital t-1 as % of Sales t * Sales t * Asset Specific Rate of Return (Working Capital) + Incremental Working Capital as % of Sales * Sales
5 Invested Capital t-1 as % of Sales t * Sales t * Asset Specific Rate of Return (Tangible Fixed Assets) + Incremental Invested Capital as % of Sales * Sales
6 Royalty Rate * Sales * (1 - Tax Rate)
7 Cost Savings as % of Sales * Sales * (1- Tax Rate)

Die den so abgegrenzten Kundengruppen zuzuordnenden Free Cashflows werden – entsprechend dem bereits unter 3.3.4.2.2 eingeführten Vorgehen – ausgehend von den mit diesen Kunden erzielten Umsatzerlösen abgeleitet. Die Umsatzerlöse der A- und B-Kunden ergeben sich für die Jahre des Betrachtungszeitraumes durch Fortschreibung des anteiligen, auf das Kundensegment entfallenden Umsatzes des ersten Planjahres mit den Umsatzwachstumsraten der Planungsrechnung von BU1 sowie unter Berücksichtigung der oben eingeführten Customer Retention Rate, die die nach Kundenabwanderungen verbleibenden Kunden erfasst; die Umsatzwachstumsraten wurden aus Tabelle 2-3 abgeleitet. Die Umsatzerlöse der – aus den C-Kunden und den zukünftig zu akquirierenden Kunden zusammengesetzten – dritten Kundengruppe werden durch Abzug der Umsatzerlöse der A- und der B-Kunden von den Umsatzerlösen der Planungsrechnung von BU1 ermittelt.

Auf diese Umsatzerlöse werden die aus Tabelle 2-13 abgeleiteten EBITA-Margen, die berücksichtigen, dass die mit der Verfahrenstechnologie erzielten Kosteneinsparungen im letzten Planjahr nur noch teilweise erzielt werden können, angewendet. Nach Vornahme der unter 3.3.4.2.2 erläuterten Bereinigungen der EBITA sowie Berücksichtigung der Ertragsteuern ergeben sich die Free Cashflows durch Abzug der Veränderungen des in das Working Capital und in die Sachanla-

Tab. 3.3.4-9: Ableitung der Excess Earnings für C-Kunden und zukünftig zu akquirierende Kunden ausgehend vom Free Cashflow vor Amortization

Mio. EUR	Tab.	2016	2017	2018	2019	2020	2021	2022	2023	2024	perpetual
Sales generated by Entity*		60,0	72,0	210,0	294,4	344,2	377,2	400,8	418,8	425,2	437,7
EBITA			11,5	34,1	47,7	55,8	61,2	65,0	67,9	68,2	66,5
Adjustment Customer Acquisition Expenses[2]	0,8%		-2,3	-1,4	-0,9	-0,5	-0,3	-0,2	-0,2	-0,1	0,0
Adjustment R & D Expenses[3]	4,2%		3,0	8,8	12,4	14,5	15,8	16,8	17,6	17,9	18,4
EBITA adjusted			12,2	41,5	59,2	69,7	76,7	81,6	85,3	86,0	84,9
Tax adjusted	30,0%		-3,7	-12,5	-17,8	-20,9	-23,0	-24,5	-25,6	-25,8	-25,5
Tax-effecting EBITA adjusted			8,6	29,1	41,4	48,8	53,7	57,1	59,7	60,2	59,4
Incremental Working Capital	2-7		-3,0	-2,8	-1,3	-1,6	-1,8	-1,9	-2,0	0,0	0,0
CapEx less Depreciation	2-6		2,4	1,1	-26,2	13,4	32,3	-27,1	3,8	-23,3	0,0
Free Cash Flow			8,0	27,3	13,9	60,5	84,2	28,1	61,6	36,9	59,4
Income Contribution after Tax											
Working Capital[4]	2-10		2,5	1,4	-0,8	-0,8	-0,9	-1,0	-1,0	-3,1	-3,2
Tangible Fixed Assets[5]	2-9		-3,5	-3,7	22,8	-18,9	-37,5	23,5	-9,0	18,2	-6,5
Core Technology[6]	2-5		-4,0	-11,8	-16,5	-19,3	-21,1	-22,4	-23,5	-23,8	-24,5
Process Technology[7]	2-4		-0,5	-1,5	-2,1	-2,5	-2,7	-2,9	-3,0	-2,5	0,0
Excess Earnings			2,5	11,8	17,3	19,0	21,9	25,4	25,1	25,7	25,2

* Projection based on management best estimate
1 EBITA margin adjusted for Cost Savings related to Process Technology * Sales
2 Customer Acquisition Expenses Allocation A + B Customer
3 R & D Expenses as % of Sales * Sales
4 Invested Capital t-1 as % of Sales t * Sales t * Asset Specific Rate of Return (Working Capital) + Incremental Working Capital as % of Sales * Sales
5 Invested Capital t-1 as % of Sales t * Sales t * Asset Specific Rate of Return (Tangible Fixed Assets) + Incremental Invested Capital as % of Sales * Sales
6 Royalty Rate * Sales * (1 - Tax Rate)
7 Cost Savings as % of Sales * Sales * (1- Tax Rate)

gen investierten Kapitals; die Zuordnung der Veränderungen des in diese Vermögenswerte investierten Kapitals zu den Kundengruppen erfolgt durch deren Bezug auf die Umsatzerlöse.

Von den so bestimmten, den Kundengruppen zugeordneten Free Cashflows werden die auf die Umsatzerlöse bezogenen Einkommensbeiträge nach Steuern des Working Capital, der Sachanlagen sowie der Basis- und Verfahrenstechnologie abgezogen. Die Einkommensbeiträge des Working Capital und der Sachanlagen beziehen wiederum die Veränderungen der Werte dieser Vermögenswerte ein.

Die Berücksichtigung der steuerlichen Abschreibungen der Basis- und Verfahrenstechnologie ist – dies wurde unter 3.3.4.2.2 bereits ersichtlich – für die Ableitung der Excess Earnings unerheblich; Gleiches gilt für die Einbeziehung der Veräußerungserlöse des Working Capital und der Sachanlagen am Ende der Nutzungsdauer der Bewertungsobjekte. Aus diesem Grund wurde auf den Ansatz dieser Komponenten verzichtet.

Tax-effecting EBITA als Ausgangsgröße der Ableitung der Excess Earnings

Nach weiteren Zusammenfassungen ergibt sich die Beziehung

$$CF_{j,t+1}^{EE} = S_{j,t+1} \cdot ebita_{j,t+1} \cdot (1-s) + CF_{j,t+1}^{Dev \; after \; Tax} - CF_{jj,t+1}^{Dev \; after \; Tax} + s \cdot A_{jj,t+1} - \sum_{i=1}^{2} V_{ij,t} \cdot r_i$$

$$- \sum_{i=3}^{o} \left(V_{ij,t} \cdot r_i + CF_{ij,t+1}^{of \; after \; Tax} \right) - \sum_{i=o+1}^{o+p} incon_{i,t+1} \cdot adj_{ij,t+1}^{S} \cdot S_{j,t+1} \cdot (1-s)$$

die die Ableitung der Excess Earnings des Vermögenswertes j mit j = o + p + 1 bis o + p + q ausgehend vom EBITA nach Abzug von Steuern (Tax-effecting EBITA[310]) darlegt. Die Beziehung zeigt wiederum, dass sich die Ableitung der Excess Earnings auf dieser Grundlage dadurch vereinfacht, dass die einzubeziehenden Einkommensbeiträge der materiellen Vermögenswerte Working Capital und Sachanlagenbestand lediglich die Verzinsung des in diese Vermögenswerte investierten Kapitals umfassen.

Fallbeispiel

Die den am Bewertungsstichtag bestehenden bzw. die den zukünftig zu akquirierenden Kundenbeziehungen von BU1 zuzuordnenden Excess Earnings werden für die oben abgegrenzten Kundengruppen in Tabelle 3.3.4-10 bis Tabelle 3.3.4-12 ausgehend vom Tax-effecting EBITA abgeleitet. Die so ermittelten Excess Earnings können aus Tabelle 3.3.4-7 bis Tabelle 3.3.4-9 dadurch abgeleitet werden, dass die in die Free-Cashflow-Ermittlung einbezogenen Veränderungen des in das Working Capital und in die Sachanlagen investierten Kapitals mit den von den Free Cashflows abgezogenen Einkommensbeiträgen dieser Vermögenswerte verrechnet werden. Der Vergleich der so bestimmten Excess Earnings mit den in Tabelle 3.3.4-7 bis Tabelle 3.3.4-9 ermittelten Excess Earnings zeigt, dass die betrachtete Vorgehensweise zu genau den Excess Earnings führt, die sich bei Ableitung der Excess Earnings ausgehend vom Free Cashflow ergeben.

Tab. 3.3.4-10: Ableitung der den A-Kunden zuzuordnenden Excess Earnings ausgehend vom Tax-effecting EBITA

Mio. EUR	Tab.		2016	2017	2018	2019	2020	2021	2022	2023	2024
Sales generated by Entity*			90,0	108,0	81,6	59,4	42,4	30,3	21,6	15,4	10,8
EBITA[1]				17,3	13,3	9,6	6,9	4,9	3,5	2,5	1,7
Adjustment Customer Acquisition Expenses[2]		0,8%		0,9	0,7	0,5	0,3	0,2	0,2	0,1	0,1
Adjustment R & D Expenses[3]		4,2%		4,5	3,4	2,5	1,8	1,3	0,9	0,6	0,5
EBITA adjusted				22,7	17,4	12,6	9,0	6,4	4,6	3,3	2,3
Tax adjusted		30,0%		-6,8	-5,2	-3,8	-2,7	-1,9	-1,4	-1,0	-0,7
Tax-effecting EBITA				15,9	12,1	8,8	6,3	4,5	3,2	2,3	1,6
Return on Invested Capital after Tax												
Working Capital[4]	2-10			-0,7	-0,6	-0,4	-0,3	-0,2	-0,2	-0,1	-0,1
Tangible Fixed Assets[5]	2-9			-1,6	-1,0	-0,7	-0,7	-0,4	-0,2	-0,2	-0,1

---

310 Vgl. Fn. 309.

Mio. EUR	Tab.		2016	2017	2018	2019	2020	2021	2022	2023	2024
Income Contribution after Tax												
Core Technology[6]	2-5			-6,0	-4,6	-3,3	-2,4	-1,7	-1,2	-0,9	-0,6
Process Technology[7]	2-4			-0,7	-0,6	-0,4	-0,3	-0,2	-0,2	-0,1	-0,1
Excess Earnings	3.3.4-7			6,8	5,4	4,0	2,6	2,0	1,5	1,0	0,7
Invested Capital		8,8%	18,8	13,7	9,5	6,4	4,4	2,8	1,5	0,7	0,0
Tax Benefit of Amortization				0,9	0,9	0,9	0,9	0,9	0,9	0,9	0,9
Tax Amortizaton Benefit			5,0	4,5	4,0	3,5	2,9	2,3	1,6	0,8	0,0
Invested Capital incl. Tax Amortization Benefit			23,8	18,3	13,6	9,9	7,3	5,1	3,1	1,5	0,0

* Projection based on management best estimate
1 EBITA margin adjusted for Cost Savings related to Process Technology * Sales
2 Customer Acquisition Expenses as % of Sales * Sales
3 R & D Expenses as % of Sales * Sales
4 Invested Capital t-1 as % of Sales t * Sales t * Asset Specific Rate of Return (Working Capital)
5 Invested Capital t-1 as % of Sales t * Sales t * Asset Specific Rate of Return (Tangible Fixed Assets)
6 Royalty Rate * Sales * (1 - Tax Rate)
7 Cost Savings as % of Sales * Sales * (1- Tax Rate)

Tab. 3.3.4-11: Ableitung der den B-Kunden zuzuordnenden Excess Earnings ausgehend vom Tax-effecting EBITA

Mio. EUR	Tab.		2016	2017	2018	2019	2020	2021	2022	2023	2024
Sales generated by Entity*			150,0	180,0	97,2	50,5	25,8	13,1	6,7	3,4	1,7
EBITA[1]				28,8	15,8	8,2	4,2	2,1	1,1	0,6	0,3
Adjustment Customer Acquisition Expenses[2]		0,8%		1,4	0,8	0,4	0,2	0,1	0,1	0,0	0,0
Adjustment R & D Expenses[3]		4,2%		7,6	4,1	2,1	1,1	0,6	0,3	0,1	0,1
EBITA adjusted				37,8	20,7	10,7	5,5	2,8	1,4	0,7	0,4
Tax adjusted		30,0%		-11,3	-6,2	-3,2	-1,6	-0,8	-0,4	-0,2	-0,1
Tax-effecting EBITA				26,5	14,5	7,5	3,8	2,0	1,0	0,5	0,3
Return on Invested Capital after Tax												
Working Capital[4]	2-10			-1,1	-0,7	-0,4	-0,2	-0,1	0,0	0,0	0,0
Tangible Fixed Assets[5]	2-9			-2,7	-1,2	-0,6	-0,4	-0,2	-0,1	0,0	0,0
Income Contribution after Tax												
Core Technology[6]	2-5			-10,1	-5,4	-2,8	-1,4	-0,7	-0,4	-0,2	-0,1
Process Technology[7]	2-4			-1,2	-0,7	-0,4	-0,2	-0,1	0,0	0,0	0,0
Excess Earnings	3.3.4-8			11,3	6,5	3,4	1,6	0,8	0,5	0,2	0,1
Invested Capital		8,8%	20,6	11,1	5,6	2,8	1,4	0,7	0,3	0,1	0,0
Tax Benefit of Amortization				1,0	1,0	1,0	1,0	1,0	1,0	1,0	1,0
Tax Amortizaton Benefit			5,4	4,9	4,4	3,8	3,2	2,5	1,7	0,9	0,0
Invested Capital incl. Tax Amortization Benefit			26,0	16,1	10,0	6,6	4,6	3,2	2,0	1,0	0,0

* Projection based on management best estimate
1 EBITA margin adjusted for Cost Savings related to Process Technology * Sales
2 Customer Acquisition Expenses as % of Sales * Sales
3 R & D Expenses as % of Sales * Sales

4 Invested Capital t-1 as % of Sales t * Sales t * Asset Specific Rate of Return (Working Capital)
5 Invested Capital t-1 as % of Sales t * Sales t * Asset Specific Rate of Return (Tangible Fixed Assets)
6 Royalty Rate * Sales * (1 - Tax Rate)
7 Cost Savings as % of Sales * Sales * (1- Tax Rate)

Tab. 3.3.4-12: Ableitung der den C-Kunden und den zukünftig zu akquirierenden Kunden zuzuordnenden Excess Earnings ausgehend vom Tax-effecting EBITA

Mio. EUR	Tab.	2016	2017	2018	2019	2020	2021	2022	2023	2024	perpetual
Sales generated by Entity*		60,0	72,0	210,0	294,4	344,2	377,2	400,8	418,8	425,2	437,7
EBITA[1]			11,5	34,1	47,7	55,8	61,2	65,0	67,9	68,2	66,5
Adjustment Customer Acquisition Expenses[2]	0,8%		-2,3	-1,4	-0,9	-0,5	-0,3	-0,2	-0,2	-0,1	0,0
Adjustment R & D Expenses[3]	4,2%		3,0	8,8	12,4	14,5	15,8	16,8	17,6	17,9	18,4
EBITA adjusted			12,2	41,5	59,2	69,7	76,7	81,6	85,3	86,0	84,9
Tax adjusted	30,0%		-3,7	-12,5	-17,8	-20,9	-23,0	-24,5	-25,6	-25,8	-25,5
Tax-effecting EBITA			8,6	29,1	41,4	48,8	53,7	57,1	59,7	60,2	59,4
Return on Invested Capital after Tax											
Working Capital[4]	2-10		-0,5	-1,5	-2,1	-2,5	-2,7	-2,9	-3,0	-3,1	-3,2
Tangible Fixed Assets[5]	2-9		-1,1	-2,6	-3,4	-5,6	-5,2	-3,6	-5,2	-5,1	-6,5
Income Contribution after Tax											
Core Technology[6]	2-5		-4,0	-11,8	-16,5	-19,3	-21,1	-22,4	-23,5	-23,8	-24,5
Process Technology[7]	2-4		-0,5	-1,5	-2,1	-2,5	-2,7	-2,9	-3,0	-2,5	0,0
Excess Earnings	3.3.4-9		2,5	11,8	17,3	19,0	21,9	25,4	25,1	25,7	25,2
Invested Capital	9,8%	212,8	231,2	242,2	248,6	254,0	257,0	256,9	257,0	256,6	

* Projection based on management best estimate
1 EBITA margin adjusted for Cost Savings related to Process Technology * Sales
2 Customer Acquisition Expenses as % of Sales * Total Sales
3 R & D Expenses as % of Sales * Sales
4 Invested Capital t-1 as % of Sales t * Sales t * Asset Specific Rate of Return (Working Capital)
5 Invested Capital t-1 as % of Sales t * Sales t * Asset Specific Rate of Return (Tangible Fixed Assets)
6 Royalty Rate * Sales * (1 - Tax Rate)
7 Cost Savings as % of Sales * Sales * (1- Tax Rate)

In Tabelle 3.3.4-13 werden die den C-Kunden und den zukünftig zu akquirierenden Kunden zuzuordnenden Excess Earnings dadurch abgeleitet, dass von den Excess Earnings, die den bestehenden und den zukünftig zu akquirierenden Kunden von BU1 insgesamt – ohne Differenzierung zwischen den abgegrenzten Kundengruppen – zuzuordnen sind, die Excess Earnings der A- und der B-Kunden abgezogen werden. Dieses Vorgehen führt zu den bereits in Tabelle 3.3.4-12 für diese Kundengruppe abgeleiteten Excess Earnings.

Zur Abstimmung der Einkommensbeiträge der Vermögenswerte von BU1 mit dem Einkommen der Geschäftseinheit werden die den betrachteten Kundengruppen zugeordneten Excess Earnings und die Einkommensbeiträge aller anderen Vermögenswerte von BU1 in Tabelle 3.3.4-14 zusammengestellt. Die Tabelle zeigt, dass die Einkommensbeiträge dieser Vermögenswerte das Einkommen der Geschäftseinheit vollständig erklären.

Tab. 3.3.4-13: Residuale Ableitung der den C-Kunden und den zukünftig zu akquirierenden Kunden zuzuordnenden Excess Earnings ausgehend vom EBITA nach Steuern

Mio. EUR	Tab.		2016	2017	2018	2019	2020	2021	2022	2023	2024	perpetual
Sales generated by Entity*	2-3		300,0	360,0	388,8	404,4	412,4	420,7	429,1	437,7	437,7	437,7
EBITA[1]				57,6	63,2	65,6	66,9	68,2	69,6	71,0	70,2	66,5
Adjustment Customer Acquisition Expenses[2]		0,0%		0,0	0,0	0,0	0,0	0,0	0,0	0,0	0,0	0,0
Adjustment R & D Expenses[3]		4,2%		15,1	16,3	17,0	17,3	17,7	18,0	18,4	18,4	18,4
EBITA adjusted				72,7	79,5	82,5	84,2	85,9	87,6	89,3	88,6	84,9
Tax		30,0%		-21,8	-23,9	-24,8	-25,3	-25,8	-26,3	-26,8	-26,6	-25,5
Tax-effecting EBITA adjusted				50,9	55,7	57,8	58,9	60,1	61,3	62,5	62,0	59,4
Return on Invested Capital after Tax												
Tangible Fixed Assets[4]	2-9			-5,5	-4,8	-4,7	-6,7	-5,8	-3,8	-5,4	-5,2	-6,5
Working Capital[5]	2-10			-2,3	-2,7	-2,9	-2,9	-3,0	-3,1	-3,1	-3,2	-3,2
Income Contribution after Tax												
Core Technology[6]	2-5	8,0%		-20,2	-21,8	-22,6	-23,1	-23,6	-24,0	-24,5	-24,5	-24,5
Process Technology[7]	2-4			-2,5	-2,7	-2,9	-2,9	-3,0	-3,1	-3,1	-2,6	0,0
Excess Earnings after Tax												
Customer Relationship indefinite	2-16			20,5	23,6	24,6	23,3	24,7	27,3	26,4	26,5	25,2
Customer Relationship acquired	3.3.4-10 + 11			-18,0	-11,9	-7,3	-4,2	-2,8	-2,0	-1,2	-0,8	0,0
Customer Relationship new	3.3.4-12			2,5	11,8	17,3	19,0	21,9	25,4	25,1	25,7	25,2
Invested Capital		9,8%	212,8	231,2	242,2	248,6	254,0	257,0	256,9	257,0	256,6	

*   Projection based on management best estimate
1   EBITA margin adjusted for Cost Savings related to Process Technology * Sales
2   Adjustment not required (Acquisition of Customer Relationship new)
3   R & D Expenses as % of Sales * Sales
4   Invested Capital t-1 as % of Sales t * Sales t * Asset Specific Rate of Return (Tangible Fixed Assets)
5   Invested Capital t-1 as % of Sales t * Sales t * Asset Specific Rate of Return (Working Capital)
6   Royalty Rate * Sales * (1 - Tax Rate)
7   Cost Savings as % of Sales * Sales * (1- Tax Rate)

Tab. 3.3.4-14: Abstimmung der Einkommensbeiträge der Vermögenswerte von BU1 vor Amortization

Mio. EUR	Tab.	2017	2018	2019	2020	2021	2022	2023	2024	2025
Customer Relationship new Excess Earnings	3.3.4-12	2,5	11,8	17,3	19,0	21,9	25,4	25,1	25,7	25,2
Core Technology new	2-14	-10,6	-11,4	-11,9	-12,1	-12,4	-12,6	-12,9	-8,8	11,6
Customer Relationship A	3.3.4-10	6,8	5,4	4,0	2,6	2,0	1,5	1,0	0,7	0,0
Customer Relationship B	3.3.4-11	11,3	6,5	3,4	1,6	0,8	0,5	0,2	0,1	0,0
Core Technology	2-5	20,2	21,8	22,6	23,1	23,6	24,0	24,5	20,4	0,0
Process Technology	2-4	2,5	2,7	2,9	2,9	3,0	3,1	3,1	2,6	0,0
Tangible Fixed Assets	2-9	17,5	6,8	-31,3	22,7	41,8	-25,2	9,4	-18,8	6,5
Working Capital	2-10	-12,7	-2,5	1,1	1,0	1,0	1,0	1,1	3,2	3,2
Total	2-13	37,3	41,0	8,1	60,9	81,8	17,7	51,6	25,2	46,5

EBITA vor Abzug von Steuern als Ausgangsgröße der Ableitung der Excess Earnings

Die weitere Umformung der Beziehung für die Excess Earnings führt zu deren Ableitung ausgehend vom EBITA vor Steuern. Diese ergibt sich nach Umstellung aus dem Ausdruck

$$
CF_{j,t+1}^{EE} = \left[S_{j,t+1} \cdot \left(ebita_{j,t+1} - \sum_{i=o+1}^{o+p} incon_{i,t+1} \cdot adj_{ij,t+1}^{S} \right) + CF_{j,t+1}^{Dev\ pre\ Tax} \right.
$$

$$
\left. -CF_{jj,t+1}^{Dev\ pre\ Tax} + \frac{s}{1-s} \cdot A_{jj,t+1} - \sum_{i=1}^{2} \frac{V_{ij,t} \cdot r_i}{1-s} - \sum_{i=3}^{o} \frac{V_{ij,t} \cdot r_i + CF_{ij,t+1}^{of\ after\ Tax}}{1-s} \right] \cdot (1-s)
$$

> **Fallbeispiel**
>
> Die Ableitung der Excess Earnings der Kundenbeziehungen von BU1 ausgehend vom EBITA vor Abzug von Steuern folgt den bisherigen Betrachtungen. Aus diesem Grund wird auf die Darstellung dieser Ableitung verzichtet.

EBITDA nach Abzug von Steuern als Ausgangsgröße der Ableitung der Excess Earnings

Das EBITDA nach Steuern (Tax-effecting EBITDA) als Ausgangsgröße der Abgrenzung der Excess Earnings ergibt sich durch Einsetzen von

$$
S_{j,t+1} \cdot ebita_{j,t+1} = S_{j,t+1} \cdot ebitda_{j,t+1} - D_{2j,t+1}
$$

in die Beziehung für die Excess Earnings ausgehend vom Tax-effecting EBITA. Dies führt nach Umformung zu

$$
CF_{j,t+1}^{EE} = S_{j,t+1} \cdot ebitda_{j,t+1} \cdot (1-s) + CF_{j,t+1}^{Dev\ after\ Tax}
$$

$$
-CF_{jj,t+1}^{Dev\ after\ Tax} + s \cdot A_{jj,t+1} - \sum_{i=1}^{2} V_{ij,t} \cdot r_i - D_{2j,t+1}
$$

$$
\cdot (1-s) - \sum_{i=3}^{o} \left(V_{ij,t} \cdot r_i + CF_{ij,t+1}^{of\ after\ Tax} \right)
$$

$$
- \sum_{i=o+1}^{o+p} incon_{i,t+1} \cdot adj_{ij,t+1}^{S} \cdot S_{j,t+1} \cdot (1-s)
$$

Auf die Darstellung der Ableitungen der Excess Earnings für die betrachteten Kundengruppen des Fallbeispiels ausgehend vom EBITDA nach Abzug von Steuern wird aus dem oben genannten Grund verzichtet.

EBITDA vor Abzug von Steuern als Ausgangsgröße der Ableitung der Excess Earnings

Die vom EBITDA nach Abzug von Steuern ausgehende Beziehung der Excess Earnings kann überführt werden in die Bestimmung der Excess Earnings ausgehend vom EBITDA vor Abzug von Steuern. Es gilt

$$CF_{j,t+1}^{EE} = \left[S_{j,t+1} \cdot \left(ebitda_{j,t+1} - \sum_{i=o+1}^{o+p} incon_{i,t+1} \cdot adj_{ij,t+1}^{S} \right) + CF_{j,t+1}^{Dev\ pre\ Tax} - CF_{jj,t+1}^{Dev\ pre\ Tax} \right.$$

$$\left. + \frac{s}{1-s} \cdot A_{jj,t+1} - \sum_{i=1}^{2} \frac{V_{ij,t} \cdot r_i}{1-s} - D_{2j,t+1} - \sum_{i=3}^{o} \frac{V_{ij,t} \cdot r_i + CF_{ij,t+1}^{of\ after\ Tax}}{1-s} \right] \cdot (1-s)$$

Auf die Darstellung der Ableitungen der Excess Earnings für die betrachteten Kundengruppen des Fallbeispiels ausgehend vom EBITDA vor Abzug von Steuern wird wiederum verzichtet.

Ableitung der Werte der Kundenbeziehungen im Fallbeispiel
In Tabelle 3.3.4-15 werden die Werte der am Bewertungsstichtag mit A-, B- und C-Kunden bestehenden sowie der zukünftig zu akquirierenden Kundenbeziehungen von BU1 im Roll-back-Verfahren bestimmt und den Werten der bestehenden und der zukünftig zu akquirierenden Kundenbeziehungen des Ausgangsfalles gegenübergestellt. Die Tabelle zeigt, dass unter den den Wertermittlungen zugrunde liegenden Annahmen die Summe der Werte der hier betrachteten Kundenbeziehungen gleich der Summe der Werte der Kundenbeziehungen des Ausgangsfalles ist.

Die Wertableitungen gehen unabhängig davon, ob bestehende oder zukünftig zu akquirierende Kundenbeziehungen bewertet werden, von einem vermögenswertspezifischen Zinssatz von 8,82 % aus; dies gilt auch für die bestehenden und zukünftig zu akquirierenden Kundenbeziehungen des Ausgangsfalles. Weiter wird auf die Einbeziehung von abschreibungsbedingten Steuervorteilen verzichtet.

Tab. 3.3.4-15: Abstimmung der Werte der Kundenbeziehungen von BU1 mit dem Ausgangsfall

Mio. EUR	Tab.		2016	2017	2018	2019	2020	2021	2022	2023	2024
Base Case											
Customer Relationship new		8,8%	135,0	149,0	164,3	181,0	199,3	219,2	241,0	264,7	285,7
Customer Relationship ex TAB	2-8		145,5	135,8	121,9	105,8	89,6	70,4	46,9	22,2	0,0
Total			280,5	284,8	286,2	286,8	288,9	289,6	287,8	286,9	285,7
Attrition Case											
Customer Relationship											
New and C Customer		8,8%	241,1	259,9	271,0	277,6	283,1	286,1	286,0	286,1	285,7
A Customer ex TAB	3.3.4-10		18,8	13,7	9,5	6,4	4,4	2,8	1,5	0,7	0,0
B Customer ex TAB	3.3.4-11		20,6	11,1	5,6	2,8	1,4	0,7	0,3	0,1	0,0
Total			280,5	284,8	286,2	286,8	288,9	289,6	287,8	286,9	285,7

3.3.4.2.3.4 Grenzen der Zuordnung von Excess Earnings zu mehreren Vermögenswerten

Ausgangsüberlegungen

In der Praxis der Kaufpreisallokation sind teilweise Fälle zu beobachten, die dadurch gekennzeichnet sind, dass dem Zusammenwirken von zwei Vermögenswerten – beispielsweise einer Technologie bzw. Marke und den Kundenbeziehungen – für die Geschäftstätigkeit des Unternehmens und die Erzielung von dessen Einkommensstroms eine zentrale Bedeutung zukommt. Zudem sind wesentliche Daten, die zur Bewertung dieser Vermögenswerte mittels des Market Approach, der Relief-from-Royalty-Methode sowie der Incremental Income Analysis erforderlich sind, nicht verfügbar; eine Anwendung des Cost Approach scheidet ebenfalls aus, da die Substitutionsvoraussetzung bei beiden Vermögenswerten nicht gegeben ist. In derartigen Fällen wird oftmals die Frage aufgeworfen, ob der Bewertung beider Vermögenswerte die MPEEM zugrunde gelegt werden kann, d. h. eine mehrfache Anwendung der MPEEM auf den gleichen Einkommensstrom möglich ist.

Im Folgenden wird – über diese Fragestellung hinausgehend – zunächst die mehrfache Anwendung des Residual-Value-Ansatzes betrachtet. Anschließend wird auf die mehrfache Anwendung der MPEEM eingegangen. Vorab werden ausgewählte, im Schrifttum zu der Fragestellung vorgetragene Auffassungen dargestellt.

Auffassungen im Schrifttum

TAF[311] vertritt die Auffassung, dass eine mehrfache Anwendung der MPEEM auf den gleichen Einkommensstrom nicht als Best Practice zu betrachten und zu vermeiden ist. Als alternatives Vorgehen empfiehlt sie einen »revenue/Cashflow split« des den betreffenden Vermögenswerten zuzuordnenden Einkommensstroms bzw., einen der beiden Vermögenswerte mittels einer anderen Methode zu bewerten.[312] Im Entwurf der Best-Practice-Studie von 2009 sprach sich TAF[313] zwar ebenfalls grundsätzlich gegen eine mehrfache Anwendung der MPEEM aus. Für die Fälle, in denen die genannten alternativen Vorgehensweisen als nicht anwendbar erscheinen, schlug TAF eine mehrfache Anwendung der MPEEM ohne Ansatz von wechselseitigen Contributory Asset Charges (»cross charges«)[314] vor. In die Bewertung des für die Erzielung der Cashflow bedeutenderen der beiden Vermögenswerte (»primary asset«) ist keine Contributory Asset Charge für den anderen Vermögenswert (»secondary asset«) einzubeziehen, wohingegen bei der Bewertung des zuletzt genannten Vermögenswerts eine Contributory Asset Charge des bedeutenderen Vermögenswerts zu berücksichtigen ist. TAF hat in der Entwurfsfassung schließlich auch darauf hingewiesen, dass die mehrfache Anwendung der MPEEM nicht zu einer eindeutigen Lösung führt.

---

311   Siehe TAF (2010a), 3.5.04 – 3.5.07.
312   Im Ergebnis so auch PPD IVS 210.17.
313   Siehe TAF (2009), 3.5.05 – 3.5.09
314   TAF (2010a), 3.5.04, sieht in »cross charges ... an attempt to adjust for overlapping revenues/cashflows«.

IDW S 5[315] führt, wie schon der durch IDW RS HFA 40[316] aufgehobene IDW RS 16[317], zur mehrfachen Anwendung der MPEEM lediglich aus, dass »sicherzustellen (ist), dass eine mehrfache Zuordnung derselben Cashflows auf verschiedene Vermögenswerte ausgeschlossen ist«. Hieraus ist lediglich zu entnehmen, dass IDW S 5 grundsätzlich von einer mehrfachen Anwendung der MPEEM ausgeht.[318]

Rzepka/Scholze[319] weisen darauf hin, dass in den betrachteten Fällen die MPEEM »theoretisch mehrfach anzuwenden wäre« und dabei »ein echtes Zirkularitätsproblem« entsteht. Nach deren Auffassung herrschen »(i)n der Praxis ... verschiedene Lösungsansätze, die letztlich aber nur das Bewertungsergebnis gegenüber der theoretisch richtigen Lösung verzerren ...«. Weitere Erläuterungen zur »theoretisch richtigen Lösung« sowie den Lösungsansätzen der Praxis werden nicht gegeben.

Residual Value Approach als Referenzbetrachtung

Die Anwendung der Residual-Value-Methode zur Bewertung der Vermögenswerte $i_1 = n$ und $i_2 = n\text{-}1$, die beide zur Erzielung des Einkommensstromes des betrachteten Unternehmens zusammenwirken, im Zeitpunkt t mit t = 0 bis ∞ kommt zum Ausdruck in den Beziehungen

$$V_{n,t} = V_t - V_{n-1,t} - \sum_{i=1}^{n-2} V_{i,t}$$

und

$$V_{n-1,t} = V_t - V_{n,t} - \sum_{i=1}^{n-2} V_{i,t}$$

Durch Einsetzen von $V_{n-1,t}$ in die Beziehung für $V_{n,t}$ bzw. von $V_{n,t}$ in die Beziehung für $V_{n-1,t}$ ergibt sich der Ausdruck

$$V_{n,t} = V_{n,t}$$

bzw. der Ausdruck

$$V_{n-1,t} = V_{n-1,t}$$

Die Ausdrücke zeigen, dass für die Variablen $V_{n-1,t}$ und $V_{n,t}$ und damit für Werte der beiden Vermögenswerte eine eindeutige Lösung nicht gegeben ist.

Ein Verzicht auf die Berücksichtigung der wechselseitigen Abhängigkeit der Werte der beiden Vermögenswerte durch Außerachtlassung der Abhängigkeit des Wertes von Vermögenswert $i_2 = n\text{-}1$ vom Wert von Vermögenswert $i_1 = n$ führt zu den Beziehungen

$$V_{n,t} = V_t - V_{n-1,t} - \sum_{i=1}^{n-2} V_{i,t}$$

---

315 IDW S 5 (2015), Tz. 40.
316 Vgl. IDW RS HFA 40.
317 IDW HFA RS 16, Tz. 58.
318 Siehe hierzu beispielsweise auch Beyer/Zwirner (2014), S. 212; sowie schon Beyer (2008), S. 172.
319 Vgl. Rzepka/Scholze (2010), S. 306.

und

$$V_{n-1,t} = V_t - \sum_{i=1}^{n-2} V_{i,t}$$

Nach Einsetzen von $V_{n-1,t}$ in den Ausdruck für $V_{n,t}$ ergibt sich

$$V_{n,t} = V_t - \left(V_t - \sum_{i=1}^{n-2} V_{i,t} \right) - \sum_{i=1}^{n-2} V_{i,t} = 0$$

Die Beziehung legt dar, dass die betrachtete Vorgehensweise den Wert ausschließlich dem Vermögenswert $i_2 = n\text{-}1$ zuweist.

Für

$$V_{n,t} = V_t - \sum_{i=1}^{n-2} V_{i,t}$$

und

$$V_{n-1,t} = V_t - V_{n,t} - \sum_{i=1}^{n-2} V_{i,t}$$

kann entsprechend aufgezeigt werden, dass die Außerachtlassung der Abhängigkeit des Wertes von Vermögenswert $i_1 = n$ vom Wert von Vermögenswert $i_2 = n\text{-}1$ zu $V_{n-1,t} = 0$ führt.

Durch Umformung der Beziehung zur Bestimmung des Residual Value kann weiter gezeigt werden, dass diesem Bewertungsansatz ein Bewertungsobjekt zugrunde gelegt werden kann, das mehrere Vermögenswerte umfasst. Bei Betrachtung der Vermögenswerte $i_1 = n$ und $i_2 = n\text{-}1$ gilt

$$V_{n,t} + V_{n-1,t} = V_t - \sum_{i=1}^{n-2} V_{i,t}$$

Der so ermittelte Wert ist dem einheitlichen Bewertungsobjekt unabhängig von dessen Abgrenzung zuzuordnen. Er bringt, wenn das Bewertungsobjekt mehrere Vermögenswerte umfasst, den Gesamtwert der zum Bewertungsobjekt zusammengefassten Vermögenswerte zum Ausdruck. Die Aufteilung des Bewertungsergebnisses auf die einzelnen Vermögenswerte kann die Residual-Value-Methode nicht leisten. Damit ist ersichtlich, dass die Konzeption der Residual-Value-Methode nur die Ableitung eines (einheitlichen) Residualwertes erlaubt und deswegen unter den dargelegten Annahmen eine mehrfache Anwendung dieser Methode ausscheidet.

Betrachtung der Anwendung der MPEEM

Die Excess Earnings der Vermögenswerte $i_1 = n$ und $i_2 = n\text{-}1$, die beide zur Erzielung des Einkommensstromes des betrachteten Unternehmens zusammenwirken, im Zeitpunkt $t + 1$ mit $t = 0$ bis ∞ sind bestimmt durch die Beziehungen

$$CF_{n,t+1} = CF_{t+1} - CF_{n-1,t+1} - \sum_{i=1}^{n-2} CF_{i,t+1}$$

und

$$CF_{n-1,t+1} = CF_{t+1} - CF_{n,t+1} - \sum_{i=1}^{n-2} CF_{i,t+1}$$

Durch Einsetzen von $CF_{n-1,t+1}$ in die Beziehung für $CF_{n,t+1}$ bzw. von $CF_{n,t+1}$ in die Beziehung für $CF_{n-1,t+1}$ ergibt sich der Ausdruck

$$CF_{n,t+1} = CF_{n,t+1}$$

bzw. der Ausdruck

$$CF_{n-1,t+1} = CF_{n-1,t+1}$$

Die Ausdrücke zeigen, dass für die Variablen $CF_{n-1,t+1}$ und $CF_{n,t+1}$ und damit für die den beiden Vermögenswerten zuzuordnenden Excess Earnings eine eindeutige Lösung nicht gegeben ist.

Die Betrachtung kann dadurch erweitert werden, dass die Excess Earnings des Vermögenswertes $i_2 = n-1$ vorläufig ohne Berücksichtigung der Abhängigkeit vom Einkommensbeitrag des Vermögenswerts $i_1 = n$ festgelegt werden in Höhe von

$$CF_{n-1,t+1} = a \cdot \left(CF_{t+1} - \sum_{i=1}^{n-2} CF_{i,t+1} \right)$$

mit $0 \leq a \leq 1$. Durch Einsetzen dieser Beziehung in die Bestimmungsgleichung von $CF_{n,t+1}$ ergibt sich für die Excess Earnings des Vermögenswertes $i_1 = n$ der Ausdruck

$$CF_{n,t+1} = (1-a) \cdot \left(CF_{t+1} - \sum_{i=1}^{n-2} CF_{i,t+1} \right)$$

Die Excess Earnings des Vermögenswertes $i_2 = n-1$ können nun dadurch bestimmt werden, dass der Ausdruck für $CF_{n,t+1}$ in die Ausgangsbeziehung für die Excess Earnings des Vermögenswertes $i_2 = n-1$

$$CF_{n-1,t+1} = CF_{t+1} - CF_{n,t+1} - \sum_{i=1}^{n-2} CF_{i,t+1}$$

eingesetzt wird. Es ergibt sich

$$CF_{n-1,t+1} = a \cdot \left(CF_{t+1} - \sum_{i=1}^{n-2} CF_{i,t+1} \right)$$

und damit die Beziehung, die zur Abgrenzung der vorläufig festgelegten Excess Earnings des Vermögenswertes $i_2 = n-1$ eingeführt wurde.

Die so abgeleiteten Beziehungen legen dar, dass der Faktor a nicht durch das Excess-Earnings-Modell bestimmt, sondern modellexogen vorzugeben ist. In dem Faktor a kommt der oben angesprochene, von TAF als alternatives Vorgehen empfohlene »Cashflow split« des den betreffenden Vermögenswerten zuzuordnenden Einkommensstroms zum Ausdruck.

Die Betrachtung zeigt weiter, dass für a = 1 (a = 0) die wechselseitige Abhängigkeit der Excess Earnings der beiden Vermögenswerte dadurch aufgelöst wird, dass bei der Ermittlung der Excess Earnings des Vermögenswertes i_2 = n-1 (i_1 = n) auf die Berücksichtigung des Einkommensbeitrags des Vermögenswert i_1 = n (i_2 = n-1) verzichtet wird. Die Excess Earnings werden unter dieser Voraussetzung allerdings in vollem Umfang dem Vermögenswert i_2 = n-1 (i_1 = n) zugeordnet. Es gilt $CF_{n-1,t+1} = CF_{t+1} - \sum_{i=1}^{n-2} CF_{i,t+1}$ und $CF_{n,t+1} = 0$ ($CF_{n,t+1} = CF_{t+1} - \sum_{i=1}^{n-2} CF_{i,t+1}$ und $CF_{n-1,t+1} = 0$). Mit diesem Ergebnis ist verbunden, dass die von TAF im Entwurf der Best-Practice-Studie vorgeschlagene mehrfache Anwendung der MPEEM ohne Ansatz wechselseitiger Contributory Asset Charges die Bestimmung der Excess Earnings nur für einen der betrachteten Vermögenswerte erlaubt.

Durch Umformung der Beziehung für die Bestimmung der Excess Earnings kann weiter gezeigt werden, dass diese nur die Ableitung eines (einheitlichen) Residualeinkommens erlaubt, das auch mehreren Vermögenswerten zuzuordnen sein kann. Bei Betrachtung der Vermögenswerte i_1 = n und i_2 = n-1 gilt

$$CF_{n,t+1} + CF_{n-1,t+1} = CF_{t+1} - \sum_{i=1}^{n-2} CF_{i,t+1}$$

Die Einbeziehung dieser Excess Earnings in die MPEEM führt dazu, dass dieser ein Bewertungsobjekt zugrunde liegt, das die beiden (oder auch mehrere) Vermögenswerte umfasst. Der mittels der MPEEM abgeleitete Wert ist dem so abgegrenzten Bewertungsobjekt zuzurechnen und bildet den Gesamtwert der beiden (oder mehreren) Vermögenswerte ab. Die Aufteilung des Bewertungsergebnisses auf die einzelnen Vermögenswerte kann die MPEEM nicht leisten. Eine mehrfache Anwendung der MPEEM kommt demzufolge unter den dargelegten Annahmen nicht in Betracht.

Die dargestellte Argumentation geht davon aus, dass die Einkommensbeiträge der unterstützenden Vermögenswerte gegeben sind, insbesondere den auf dem Income Approach beruhenden Bewertungsmodellen dieser Vermögenswerte entnommen werden können. Dementsprechend könnte der Untersuchung entgegengehalten werden, dass in der Praxis die Contributory Asset Charges typischerweise nicht deren Bewertungsmodellen entnommen werden, sondern aus den beizulegenden Zeitwerten der unterstützenden Vermögenswerte abgeleitet werden. In der ersten Auflage[320] wurde auf der Grundlage des unter 2.5.2 verwendeten Fallbeispiels dargelegt, dass diesem Einwand nicht gefolgt werden kann. Dadurch wird auch deutlich, dass in den Fällen, in denen in der praktischen Anwendung der MPEEM deren mehrfache Anwendung zu mehr oder weniger nachvollziehbaren Ergebnissen führt, zumindest davon auszugehen ist, dass der Ableitung der Contributory Asset Charges inkonsistente Vereinfachungen zugrunde gelegt wurden.

---

320 Vgl. Moser (2011), S. 126.

3.3.4.2.4 Ausgewählte Vorgehensweisen in der Praxis der Kaufpreisallokation

TAF[321] führt einen in USA verwendeten Ansatz zur Bestimmung der Contributory Asset Charges auf den Sachanlagenbestand an, dem das unter 3.3.4.2.2 und 3.3.4.2.3 dargestellte Vorgehen zur Ableitung der Excess Earnings zugrunde liegt (1.). In der deutschen Praxis der Kaufpreisallokation kommt teilweise ein am EBITA vor bzw. nach Steuern anknüpfender Ansatz zur Anwendung, der durch vereinfacht abgeleitete Contributory Asset Charges für ausgewählte Vermögenswerte gekennzeichnet ist (2.).

1. Die »Average-Annual-Balance«-Methode von TAF

Die von TAF als »Average-Annual-Balance«-Methode bezeichnete Vorgehensweise wählt das Tax-effecting EBITA (Debt Free Net Income) als Ausgangspunkt der Bestimmung der Excess Earnings und ermittelt dementsprechend den Einkommensbeitrag des Sachanlagenbestandes als Verzinsung des in diesen Vermögenswert investierten Kapitals. Der Ansatz unterscheidet sich dadurch von dem unter 3.3.4.2.2 und 3.3.4.2.3 dargestellten Vorgehen, dass TAF der Berechnung der Verzinsung des in die Sachanlagen investierten Kapitals den Jahresdurchschnittsbestand des in die Sachanlagen investierten Kapitals zugrunde legt.

TAF weist, wie unter 3.3.4.2.2 bereits ausgeführt, ausdrücklich auf die von ihr vertretene Auffassung hin, dass Rückfluss des investierten Kapitals und Abschreibung grundsätzlich nicht identisch sind, sondern lediglich zur Vereinfachung der Analyse gleichgesetzt werden dürfen.[322] Aus diesem Grund unterscheidet sich deren Vorgehen formal von dem unter 3.3.4.2.2 und 3.3.4.2.3 erläuterten Vorgehen. TAF rechnet zuerst dem Tax-effecting EBITA die Abschreibung hinzu, um sodann den Rückfluss des investierten Kapitals in Höhe der Abschreibungen wieder abzuziehen. Die Ableitung der Excess Earnings nach der Average-Annual-Balance-Methode kommt zum Ausdruck in der Beziehung

$$CF_{j,t+1}^{AAB} = S_{j,t+1} \cdot ebita_{j,t+1} \cdot (1-s) + CF_{j,t+1}^{Dev\ after\ Tax} - CF_{jj,t+1}^{Dev\ after\ Tax}$$

$$+ s \cdot A_{jj,t+1} - \sum_{i=1}^{2} \frac{V_{ij,t} + V_{ij,t+1}}{2} \cdot r_i + D_{2j,t+1} \cdot (1-s) - CF_{2j,t+1}^{of\ pre\ Tax} \cdot (1-s)$$

$$- \sum_{i=3}^{o} \left(\frac{V_{ij,t} + V_{ij,t+1}}{2} \cdot r_i + CF_{ij,t+1}^{of\ after\ Tax} \right) - \sum_{i=o+1}^{o+p} incon_{i,t+1} \cdot adj_{ij,t+1}^{S} \cdot S_{j,t+1} \cdot (1-s)$$

mit $CF_{2j,t+1}^{of\ pre\ Tax}$ als Rückfluss des in die Sachanlagen investierten Kapitals der in $t+1$ endenden Periode und $CF_{2j,t+1}^{of\ pre\ Tax} = D_{2j,t+1}$. Die dargestellte Beziehung geht weiter davon aus, dass der Berechnung der Verzinsung des in alle mittels des Cost Approach bewerteten Vermögenswerte i mit i = 1 bis o investierten Kapitals der Jahresdurchschnittsbestand des in diese Vermögenswerte investierten Kapitals zugrunde zu legen ist.

Hervorzuheben ist weiter, dass TAF ausdrücklich verlangt, dass der Ermittlung von Verzinsung und Rückfluss des investierten Kapitals eine detaillierte Planung der Sachan-

---

321 TAF (2010a), 3.4.01.
322 Siehe bereits Fn. 310.

lagen zugrunde zu legen ist.[323] Darüber hinaus wird klargestellt, dass Investitionen in die dargestellte Berechnung der Contributory Asset Charges nicht einbezogen werden dürfen.

2. Vereinfachte Ermittlung der Verzinsung des in unterstützende materielle Vermögenswerte investierten Kapitals in der deutschen Praxis der Kaufpreisallokation

In der Praxis der Kaufpreisallokation in Deutschland werden bei der Ableitung der Excess Earnings ausgehend vom EBITA – vor oder nach Abzug von Steuern – zum Teil Vereinfachungen vorgenommen. Insbesondere werden die Verzinsung des in den Sachanlagenbestand investierten Kapitals und die Verzinsung des in das Working Capital investierten Kapitals unter Zugrundelegung der Werte dieser Vermögenswerte am Bewertungsstichtag ermittelt und die so bestimmten Verzinsungen über die Nutzungsdauer des mittels der MPEEM bewerteten Vermögenswertes unverändert als Contributory Asset Charges angesetzt. Bei der Berechnung der Verzinsung kommen zumeist die vermögenswertspezifischen Zinssätze nach Steuern bzw. vor Steuern zur Anwendung. Die nach diesem Vorgehen abgeleiteten Excess Earnings – ausgehend vom Tax-effecting EBITA – sind bestimmt durch die Beziehung

$$CF_{j,t+1}^{EED} = S_{j,t+1} \cdot ebita_{j,t+1} \cdot (1-s) + CF_{j,t+1}^{Dev\ after\ Tax} - CF_{jj,t+1}^{Dev\ after\ Tax}$$

$$+s \cdot A_{jj,t+1} - \sum_{i=1}^{2} V_{ij,0} \cdot r_i - \sum_{i=3}^{o} \left(V_{ij,t} \cdot r_i + CF_{ij,t+1}^{of\ after\ Tax} \right)$$

$$-\sum_{i=o+1}^{o+p} incon_{i,t+1} \cdot adj_{ij,t+1}^{S} \cdot S_{j,t+1} \cdot (1-s)$$

$CF_{j,t+1}^{EED}$ kennzeichnet das betrachtete vereinfachte Vorgehen.

Eine Erweiterung dieses Ansatzes verändert das Vorgehen dadurch, dass der Berechnung der Verzinsung der Durchschnitt aus dem Wert des Sachanlagenbestandes bzw. dem Wert des Working Capital am Bewertungsstichtag und dem am Ende der Nutzungsdauer des mittels der MPEEM bewerteten Vermögenswertes in den Sachanlagenbestand bzw. das Working Capital noch investierten Kapitals zugrunde gelegt wird.

Die Abweichung der unter Berücksichtigung dieser Vereinfachung ermittelten Excess Earnings von den Excess Earnings, die nach dem unter 3.3.4.2.2 und 3.3.4.2.3 erläuterten Vorgehen abgeleitet werden, zeigt sich bei einem Vergleich der Beziehung für $CF_{j,t+1}^{EED}$ mit der Beziehung für $CF_{j,t+1}^{EE}$. Es gilt

$$CF_{j,t+1}^{EE} - CF_{j,t+1}^{EED} = \sum_{i=1}^{2} V_{ij,0} \cdot r_i - \sum_{i=1}^{2} V_{ij,t} \cdot r_i$$

Der Ausdruck macht deutlich, dass die vereinfacht bestimmten Excess Earnings immer dann gleich den unter Verzicht auf die Vereinfachung abgeleiteten Excess Earnings sind, wenn das in den Sachanlagenbestand investierte Kapital sowie das in das Working Capital

---

323 Vgl. TAF (2010a), 3.4.

investierte Kapital im Zeitablauf konstant sind und dementsprechend für i = 1 und 2 $V_{ij,t} = V_{ij,0}$ für alle t mit t = 0 bis ∞ gilt. In allen anderen Fällen treten zwischen den nach den beiden Vorgehensweisen ermittelten Excess Earnings Differenzen auf, wobei diese Differenzen durch den Umfang der Veränderungen des investierten Kapitals im Zeitablauf bestimmt sind. TAF[324] erachtet ein derartiges Vorgehen nur dann als zulässig, wenn die betreffenden Vermögenswerte von untergeordneter Bedeutung sind.

3.3.4.3 Bestimmung der Einkommensbeiträge ausgewählter unterstützender Vermögenswerte

3.3.4.3.1 Überblick

Bei der Abgrenzung der Einkommensbeiträge der unterstützenden Vermögenswerte treten verschiedene Fragestellungen auf, die in Schrifttum und Praxis der Bewertung immaterieller Vermögenswerte oftmals kontrovers behandelt werden. Diese Fragestellungen stehen insbesondere in Zusammenhang mit der

- Bestimmung der Einkommensbeiträge der Sachanlagen als Leasing-Zahlungen, mit der
- Berücksichtigung von Vereinfachungen bei der Ermittlung der Einkommensbeiträge von immateriellen Vermögenswerten sowie mit der
- Bemessung der dem Working Capital zuzuordnenden Einkommensbeiträge.

Im Folgenden werden diese Fragestellungen im Einzelnen erörtert (3.3.4.3.2 bis 3.3.4.3.4).

3.3.4.3.2 Abbildung der Einkommensbeiträge des Sachanlagenbestandes als Leasing-Zahlungen

3.3.4.3.2.1 Vorgehen

Die MPEEM wird – insbesondere in der Praxis der Kaufpreisallokation – vielfach unter Zugrundelegung der Annahme angewendet, dass die Sachanlagen nicht im Eigentum des betrachteten Unternehmens stehen, sondern auf der Grundlage eines (Operating) Leasing-Verhältnisses genutzt werden. Die Anwendung der MPEEM setzt bei diesem Vorgehen voraus, dass die den Sachanlagen zuzurechnenden Einkommensbeiträge als Leasing-Zahlungen bemessen werden.

Im Folgenden wird zunächst die Ableitung von Leasing-Zahlungen dargelegt, wobei ausgehend von der Betrachtung einer einzelnen Sachanlage die einem Sachanlagenbestand zuzuordnenden Leasing-Zahlungen bestimmt werden (3.3.4.3.2.2). Auf dieser Grundlage werden sodann die Excess Earnings unter Einbeziehung von Leasing-Zahlungen ermittelt (3.3.4.3.2.3) und der Einfluss, der von der Anwendung von Leasing-Zahlungen auf die Excess Earnings ausgeht, abgegrenzt (3.3.4.3.2.4). Abschließend werden ausgewählte Vorgehensweisen, die insbesondere in der Praxis der Kaufpreisallokation bei der Abgrenzung der Excess Earnings zur Anwendung kommen, vorgestellt (3.3.4.3.2.5).

Die Anwendung von Leasing-Zahlungen als Einkommensbeiträge unterstützender Vermögenswerte ist nicht auf Sachanlagen begrenzt. In der Praxis der Bewertung immateriel-

---

324 Vgl. TAF (2010a), 3.4.14 f.

ler Vermögenswerte werden teilweise auch die Einkommensbeiträge von Vermögenswerten wie etwa des Working Capital, von Marken, von Technologien[325] oder des Mitarbeiterstammes als Leasing-Zahlungen abgegrenzt. Hierauf wird im Folgenden nicht gesondert eingegangen.

3.3.4.3.2.2 Ableitung von Leasing-Zahlungen

Betrachtung einer Sachanlage

1. Bestimmung der Leasing-Zahlung der Sachanlage
Die Betrachtungen gehen zu deren Vereinfachung davon aus, dass
- die steuerliche Nutzungsdauer der Sachanlage deren verbleibender Nutzungsdauer entspricht,
- die Dauer der Leasing-Vereinbarung gleich der Nutzungsdauer der Sachanlage ist und
- am Ende der Nutzungsdauer der Sachanlage kein Restwert zu berücksichtigen ist.

Das einer in $t = 0$ angeschafften Sachanlage u mit $u = 1$ bis v in der in $t + 1$ endenden Periode mit $t = 0$ bis T_u zuzurechnende Einkommen nach Abzug von Steuern ergibt sich – bei einem periodenunabhängigen vermögenswertspezifischen Zinssatz r_u und bei Bezug auf den mittels der MPEEM bewerteten Vermögenswert j mit $j = o + p + 1$ bis $o + p + q$ – aus der bereits eingeführten Beziehung

$$CF_{uj,t+1} = V_{uj,t} \cdot r_u + V_{uj,t} - V_{uj,t+1}$$

sowie mit $V_{uj,t} - V_{uj,t+1} = D_{uj,t+1} - CapEx_{uj,t+1}$ aus der Beziehung

$$CF_{uj,t+1} = V_{uj,t} \cdot r_u + D_{uj,t+1} - CapEx_{uj,t+1}$$

$D_{uj,t+1}$ bezeichnet die mit den steuerlichen Abschreibungen gleichgesetzten und durch diese Annahme vorgegebenen Rückflüsse des in den Vermögenswert investierten Kapitals, $CapEx_{uj,t+1}$ die Investitionen und T_u die Nutzungsdauer der Sachanlage.

Unter der weiteren Annahme, dass sich die Investitionen in die Sachanlage auf die Anschaffung bzw. Herstellung der Anlage im Zeitpunkt $t = 0$ beschränken und somit $CapEx_{uj,t+1} = 0$ für $t = 0$ bis ∞ gilt, sind das Einkommen des Vermögenswertes in der in $t + 1$ endenden Periode und das in den Vermögenswert am Ende der Periode $t + 1$ investierte Kapital bestimmt durch die Beziehung

$$CF_{uj,t+1} = V_{uj,t} \cdot r_u + D_{uj,t+1}$$

bzw. durch die Beziehung

$$V_{uj,t+1} = V_{uj,t} - D_{uj,t+1}$$

---

325 Bei Patenten und Marken sind Leasing-Vereinbarungen vor allem im Rahmen von Sale-&-Lease-back-Gestaltungen bedeutsam. Typischerweise werden bei diesen Vermögenswerten jedoch Lizenzvereinbarungen abgeschlossen.

Der Ausdruck für das Einkommen der Sachanlage kann erweitert werden in die Beziehung

$$CF_{uj,t+1} = \frac{V_{uj,t} \cdot r_u}{1-s} - \frac{V_{uj,t} \cdot r_u}{1-s} \cdot s + D_{uj,t+1} - \left(D_{uj,t+1} - D_{uj,t+1}\right) \cdot s$$

aus der sich – durch Hinzurechnung der Steuerzahlung auf das Einkommen der Sachanlage in Höhe von $\frac{V_{uj,t} \cdot r_u}{1-s} \cdot s + \left(D_{uj,t+1} - D_{uj,t+1}\right) \cdot s$ – die Einkommenszahlung der Sachanlage vor Abzug von Steuern ergibt als

$$CF_{uj,t+1}^{pre\ Tax} = \frac{V_{uj,t} \cdot r_u}{1-s} + D_{uj,t+1}$$

Die Leasing-Zahlung vor Abzug von Steuern, die dem Vermögenswert zuzuordnen ist, ergibt sich als Annuität des Barwertes der Einkommenszahlungen vor Steuern und ist bestimmt durch die Beziehung

$$L_{uj}^{pre\ Tax} = \left[\sum_{t=0}^{T_u} CF_{uj,t+1}^{pre\ Tax} \cdot \left(1+r_u\right)^{-(t+1)}\right] \cdot a_u$$

bzw. die Beziehung

$$L_{uj}^{pre\ Tax} = \left[\sum_{t=0}^{T_u} \left(\frac{V_{uj,t} \cdot r_u}{1-s} + D_{uj,t+1}\right) \cdot \left(1+r_u\right)^{-(t+1)}\right] \cdot a_u$$

bzw. die Beziehung

$$L_{uj}^{pre\ Tax} = \frac{r_u}{1-s} \cdot \sum_{t=0}^{T_u} V_{uj,t} \cdot \left(1+r_u\right)^{-(t+1)} \cdot a_u + \sum_{t=0}^{T_u} D_{uj,t+1} \cdot \left(1+r_u\right)^{-(t+1)} \cdot a_u$$

mit

$$\frac{1}{a_u} = \frac{1}{r_u} - \frac{1}{r_u \cdot \left(1+r_u\right)^{T_u}} = \frac{\left(1+r_u\right)^{T_u} - 1}{r_u \cdot \left(1+r_u\right)^{T_u}}$$

Die Beziehung zeigt, dass sich die Leasing-Zahlung vor Abzug von Steuern aus der Annuität des Barwertes der Verzinsungen des in den Vermögenswert investierten Kapitals vor Abzug von Steuern und der Annuität des Barwertes der mit den steuerlichen Abschreibungen gleichgesetzten Rückflüsse des investierten Kapitals zusammensetzt.

Bei Annahme einer linearen Abschreibung mit $D_{uj,t+1} = D_{uj}$ für t = 0 bis T_u–1 sowie mit $\sum_{t=0}^{T_u} \left(1+r_u\right)^{-(t+1)} \cdot a_u = 1$ vereinfacht sich die Beziehung zu

$$L_{uj}^{pre\ Tax} = \frac{r_u}{1-s} \cdot \sum_{t=0}^{T_u} V_{uj,t} \cdot \left(1+r_u\right)^{-(t+1)} \cdot a_u + D_{uj}$$

Die Leasing-Zahlung nach Abzug von Steuern kann durch Einsetzen von $L_{uj}^{pre\ Tax}$ in den Ausdruck

$$L_{uj}^{after\ Tax} = L_{uj}^{pre\ Tax} \cdot \left(1-s\right)$$

bestimmt werden als

$$L_{uj}^{after\ Tax} = r_u \cdot \sum_{t=0}^{T_u} V_{uj,t} \cdot \left(1+r_u\right)^{-(t+1)} \cdot a_u + \sum_{t=0}^{T_u} D_{uj,t+1} \cdot \left(1+r_u\right)^{-(t+1)} \cdot a_u \cdot \left(1-s\right)$$

bzw.

$$L_{uj}^{after\ Tax} = \sum_{t=0}^{T_u} \left[V_{uj,t} \cdot r_u + D_{uj,t+1}\right] \cdot \left(1+r_u\right)^{-(t+1)} \cdot a_u \cdot - s \cdot \sum_{t=0}^{T_u} D_{uj,t+1} \cdot \left(1+r_u\right)^{-(t+1)} \cdot a_u$$

Mit dem oben abgeleiteten Ausdruck

$$CF_{uj,t+1} = V_{uj,t} \cdot r_u + D_{uj,t+1}$$

und mit

$$V_{uj,0} = \sum_{t=0}^{T_u} CF_{uj,t+1} \cdot \left(1+r_u\right)^{-(t+1)}$$

ergibt sich die Beziehung[326]

$$L_{uj}^{after\ Tax} = V_{uj,0} \cdot a_u - s \cdot \sum_{t=0}^{T_u} D_{uj,t+1} \cdot \left(1+r_u\right)^{-(t+1)} \cdot a_u$$

bzw. die Beziehung

$$L_{uj}^{after\ Tax} = \left[V_{uj,0} - s \cdot \sum_{t=0}^{T_u} D_{uj,t+1} \cdot \left(1+r_u\right)^{-(t+1)}\right] \cdot a_u$$

Die Beziehung legt dar, dass sich die Leasing-Zahlung nach Abzug von Steuern als Annu-ität des um den abschreibungsbedingten Steuervorteil verminderten Wertes der Sachan-lage in t = 0 ergibt. Sie kann mit

$$D_{uj,t+1} = d_{uj,t+1} \cdot V_{uj,0}$$

überführt werden in die Beziehung

$$L_{uj}^{after\ Tax} = V_{uj,0} \cdot a_u \cdot \left(1 - s \cdot \sum_{t=0}^{T_u} d_{uj,t+1} \cdot \left(1+r_u\right)^{-(t+1)}\right)$$

mit $d_{uj,t+1}$ als auf den Wert der Sachanlage u im Zeitpunkt t = 0 bezogener Abschreibungs-satz der in t + 1 endenden Periode. Nach Erweiterung des unter 2.5.6.3.2 eingeführten Aus-drucks für den Zuschlagssatz des abschreibungsbedingten Steuervorteils durch Berück-sichtigung von nicht linearen Abschreibungen zu

$$tab_{uj} = \frac{1}{1 - s \cdot \sum_{t=0}^{T_u} d_{uj,t+1} \cdot \left(1+r_u\right)^{-(t+1)}}$$

---

326 Bei linearer Abschreibung kann die folgende Beziehung mit $\frac{1}{a_u} = \sum_{t=0}^{T_u} \left(1+r_u\right)^{-(t+1)}$ dargestellt werden als $L_{uj}^{after\ Tax} = V_{uj,0} \cdot a_u - s \cdot D_{uj}$.

und Einbeziehung dieses Ausdrucks in die Beziehung für die Leasing-Zahlung nach Steuern ist diese bestimmt durch die Beziehung

$$L_{uj}^{after\ Tax} = \frac{V_{uj,0}}{tab_{uj}} \cdot a_u$$

Die Beziehung zeigt, dass die Bereinigung des Wertes der Sachanlage in t = 0 um den abschreibungsbedingten Steuervorteil durch Anwendung des Zuschlagssatzes für den abschreibungsbedingten Steuervorteil tab_{uj} vereinfacht werden kann.

Der Ausdruck für die Leasing-Zahlung nach Abzug von Steuern

$$L_{uj}^{after\ Tax} = V_{uj,0} \cdot a_u - s \cdot \sum_{t=0}^{T_u} D_{uj,t+1} \cdot \left(1 + r_u\right)^{-(t+1)} \cdot a_u$$

kann in die Leasing-Zahlung nach Abzug von Steuern zuzüglich des abschreibungsbedingten Steuervorteils L_{uj}^D übergeleitet werden. Die so abgegrenzte Leasing-Zahlung ergibt sich aus der Beziehung

$$L_{uj}^D = L_{uj}^{after\ Tax} + s \cdot \sum_{t=0}^{T_u} D_{uj,t+1} \cdot \left(1 + r_u\right)^{-(t+1)} \cdot a_u$$

bzw. der Beziehung

$$L_{uj}^D = V_{uj,0} \cdot a_u$$

sowie mit

$$L_{uj}^{after\ Tax} = \frac{V_{uj,0}}{tab_{uj}} \cdot a_u$$

aus der Beziehung

$$L_{uj}^D = L_{uj}^{after\ Tax} \cdot tab_{uj}$$

Die Beziehung legt dar, dass die Leasing-Zahlung nach Abzug von Steuern zuzüglich des abschreibungsbedingten Steuervorteils bestimmt ist durch den Wert der Sachanlage im Zeitpunkt t = 0 sowie – über den Annuitätenfaktor – durch den vermögenswertspezifischen Zinssatz und die Dauer der Leasing-Vereinbarung. Damit ist aufgezeigt, dass die Ableitung von Leasing-Zahlungen aus dem Wert des Leasing-Objektes zur Leasing-Zahlung nach Abzug von Steuern zuzüglich des abschreibungsbedingten Steuervorteils führt.

Die Umformung der Beziehung zu

$$V_{uj,0} = \frac{L_{uj}^D}{a_u}$$

bestätigt den zwischen dem Barwert der betrachteten Leasing-Zahlung und dem Wert der Sachanlage in t = 0 bestehenden Zusammenhang.[327]

---

327   Mit $\dfrac{1}{a_u} = \displaystyle\sum_{t=0}^{T_u} \left(1 + r_u\right)^{-(t+1)}$ kann die Beziehung dargestellt werden als $V_{u,0}^j = L_u^{jD} \cdot \displaystyle\sum_{t=0}^{T_u} \left(1 + r_u\right)^{-(t+1)}$

2. Vergleich der Leasing-Zahlung mit der Ausgangsbeziehung des Einkommens nach Steuern

Die Betrachtungen zeigen, dass die einer Sachanlage zuzuordnenden Einkommensbeiträge bestimmt werden können durch Vorgabe des zeitlichen Verlaufs der

- Rückflüsse des in den Vermögenswert investierten Kapitals – beispielsweise durch deren Gleichsetzung mit den steuerlichen Abschreibungen – oder durch Vorgabe des zeitlichen Verlaufs der
- Einkommenszahlungen – beispielsweise als periodisch gleichbleibende Leasing-Zahlungen.

Bei Vorgabe des zeitlichen Verlaufs der Einkommenszahlungen als Leasing-Zahlung kann der Rückfluss des in den Vermögenswert investierten Kapitals der in t = 1 endenden Periode abgeleitet werden als

$$D_{uj,1}^{L} = L_{uj}^{D} - V_{uj,0} \cdot r_{uj}$$

das in den Vermögenswert investierte Kapital am Ende dieser Periode ergibt sich als

$$V_{uj,1}^{L} = V_{uj,0} - D_{u,j1}^{L}$$

Der Rückfluss des investierten Kapitals in den nachfolgenden Perioden und das in den Vermögenswert am Ende dieser Perioden investierte Kapital können in entsprechender Weise ermittelt werden. Für die in t + 1 endende Periode bzw. den Zeitpunkt t + 1 mit t = 0 bis $T_u - 1$ mit T_u = 1 bis ∞ gilt

$$D_{uj,t+1}^{L} = L_{uj}^{D} - V_{uj,t}^{L} \cdot r_u$$

sowie

$$V_{uj,t+1}^{L} = V_{uj,t}^{L} - D_{uj,t+1}^{L}$$

Der Vergleich dieser Beziehungen mit dem sich bei Vorgabe des zeitlichen Verlaufs des Rückflusses des investierten Kapitals ergebenden Einkommen der in t + 1 endenden Periode mit t = 0 bis $T_u - 1$

$$CF_{uj,t+1} = V_{uj,t} \cdot r_u + D_{uj,t+1}$$

bzw. dem sich ergebenden investierten Kapital im Zeitpunkt t + 1

$$V_{uj,t+1} = V_{uj,t} - D_{uj,t+1}$$

zeigt, dass für $D_{uj,1} = D_{uj,1}^{L}$ die Beziehungen

$$CF_{uj,1} = L_{uj}^{D} \quad \text{und} \quad V_{uj,1} = V_{uj,1}^{L}$$

erfüllt sind. Der Vergleich zeigt weiter, dass für t = 0 bis $T_u - 1$ die Beziehungen

$$CF_{uj,t+1} = L_{uj}^{D} \quad \text{und} \quad V_{uj,t+1} = V_{uj,t+1}^{L}$$

nur dann gelten, wenn für alle $t^* = 0$ bis t die Bedingung

$$D_{uj,t^*+1} = D^L_{uj,t^*+1}$$

erfüllt ist.

Damit ist aufgezeigt, dass beide Ansätze zur Bestimmung der Einkommensbeiträge des betrachteten Vermögenswertes nur dann zu identischen Einkommensbeiträgen führen, wenn in jeder Periode des Betrachtungszeitraums der vorgegebene zeitliche Verlauf der Rückflüsse des in den Vermögenswert investierten Kapitals gleich dem aus einer vorgegebenen zeitlichen Verteilung der Einkommensbeiträge folgenden Verlauf der Rückflüsse des investierten Kapitals ist.

Betrachtung eines Sachanlagenbestandes

Die Sachanlagen u mit u = 1 bis v bilden einen Sachanlagenbestand, der vereinfachend als ein Vermögenswert i mit i = 2 erfasst wird. Zur weiteren Vereinfachung wird davon ausgegangen, dass $r_u = r_2$ für alle u mit u = 1 bis v gilt. Die Sachanlagen u mit u = w^u_t bis w^o_t und $w^u_t \leq w^o_t$ sowie $w^o_t \leq v$ sind im Zeitpunkt t mit t = 0 bis ∞ verfügbar; für $w^o_t < v$ wird in die Sachanlagen u mit u = $w^o_t + 1$ bis v in einem späteren Zeitpunkt investiert.

Die dem betrachteten Sachanlagenbestand in der in t + 1 endenden Periode zuzurechnende Leasing-Zahlung ergibt sich als Summe der Leasing-Zahlungen der im Zeitpunkt t verfügbaren Sachanlagen. Die Leasing-Zahlungen kommen in folgenden Beziehungen zum Ausdruck:

- vor Abzug von Steuern

$$L_{2j,t+1} = \sum_{u=w^u_t}^{w^o_t} L^{pre\ Tax}_{uj}$$

- nach Abzug von Steuern

$$L^{after\ Tax}_{2j,t+1} = \sum_{u=w^u_t}^{w^o_t} L^{after\ Tax}_{uj}$$

- nach Abzug von Steuern zuzüglich des abschreibungsbedingten Steuervorteils

$$L^D_{2j,t+1} = \sum_{u=w^u_t}^{w^o_t} L^D_{uj}$$

bzw.

$$L^D_{2j,t+1} = L^{after\ Tax}_{2j,t+1} + \sum_{u=w^u_t}^{w^o_t} \left(s \cdot \sum_{t=0}^{T_u} D_{uj,t+1} \cdot (1+r_u)^{-(t+1)} \cdot a_u \right)$$

Die Investitionen $CapEx_{2j,t+1}$ in den Sachanlagenbestand im Zeitpunkt t + 1 und der Rückfluss des in den Sachanlagenbestand investierten Kapitals $D_{2j,t+1}$ in der in t + 1 endenden Periode, der gleich den steuerlichen Abschreibungen auf den Sachanlagenbestand in der Betrachtungsperiode gesetzt wird, sind entsprechend bestimmt. Somit gilt

$$CapEx_{2j,t+1} = \sum_{u=w_{t+1}^u}^{w_{t+1}^o} CapEx_{uj,t+1}$$

sowie

$$D_{2j,t+1} = \sum_{u=w_t^u}^{w_t^o} D_{uj,t+1}$$

Fallbeispiel

Tabelle 3.3.4-16 fasst die Investitions- und Abschreibungsplanung des Geschäftsbereichs BU1 der AS GmbH für die Jahre des Betrachtungszeitraumes zusammen. Aus der Tabelle ergeben sich das in die einzelnen Sachanlagen des Sachanlagenbestandes investierte Kapital, die Nutzungsdauern der Anlagen, die geplanten Investitionen sowie die auf dieser Grundlage bestimmten Abschreibungen.

Tab. 3.3.4-16: Investitions- und Abschreibungsplanung

Asset		2016	2017	2018	2019	2020	2021	2022	2023	2024
CapEx	useful life									
1	5									
2	4									
3	5		0	0	40	0	0	0	0	40
4	4		0	0	32	0	0	0	32	0
5	4		0	0	0	20	0	0	0	20
6	5		25	0	0	0	0	25	0	0
7	4			40	0	0	0	40	0	0
Total			25	40	72	20	0	65	32	60
as Percentage of Sales t			6,9%	10,3%	17,8%	4,8%	0,0%	15,1%	7,3%	13,7%
Invested Capital										
1		12	6	0						
2		20	10	0						
3		24	16	8	40	32	24	16	8	40
4		24	16	8	32	24	16	8	32	24
5		20	15	10	5	20	15	10	5	20
6			25	20	15	10	5	25	20	15
7				40	30	20	10	40	30	20
Total		100	88	86	122	106	70	99	95	119
as Percentage of Sales t+1		27,8%	22,6%	21,3%	29,6%	25,2%	16,3%	22,6%	21,7%	
Depreciation										
1			6	6	0					
2			10	10	0					
3			8	8	8	8	8	8	8	8
4			8	8	8	8	8	8	8	8
5			5	5	5	5	5	5	5	5
6				5	5	5	5	5	5	5
7					10	10	10	10	10	10
Total			37	42	36	36	36	36	36	36
as Percentage of Sales t			10,3%	10,8%	8,9%	8,7%	8,6%	8,4%	8,2%	8,2%

Die Ableitung der den einzelnen Sachanlagen von BU1 zuzuordnenden Leasing-Zahlungen wird in Tabelle 3.3.4-17 dargelegt. Zunächst werden – gesondert für jede Sachanlage des Bestandes – die Einkommensbeiträge vor Abzug von Steuern ermittelt; der Einkommensbeitrag einer Anlage vor Abzug von Steuern ergibt sich als Summe aus der um Steuern erhöhten Verzinsung des in die Anlage investierten Kapitals und dem mit der linearen Abschreibung gleichgesetzten Rückfluss des investierten Kapitals. Sodann werden die Barwerte dieser Einkommensbeiträge bestimmt und mit den unter Zugrundelegung der Nutzungsdauern und vermögenswertspezifischen Zinssätze der Anlagen bestimmten Annuitätenfaktoren in Leasing-Zahlungen vor Abzug von Steuern umgerechnet. Zur Vereinfachung der Betrachtungen kommt ein einheitlicher vermögenswertspezifischer Zinssatz bei allen Anlagen des Sachanlagenbestandes zur Anwendung.

Tab. 3.3.4-17: Ableitung der Leasing-Zahlungen

Asset		2016	2017	2018	2019	2020	2021	2022	2023	2024
Income pre Tax	30%									
1	5,49%		6,9	6,5						
2	5,49%		11,6	10,8						
3	5,49%		9,9	9,3	8,6					
3	5,49%					11,1	10,5	9,9	9,3	8,6
4	5,49%		9,9	9,3	8,6					
4	5,49%						10,5	9,9	9,3	8,6
5	5,49%		6,6	6,2	5,8	5,4				
5	5,49%						6,6	6,2	5,8	5,4
6	5,49%			7,0	6,6	6,2	5,8	5,4		
7	5,49%				13,1	12,4	11,6	10,8		
Total			44,8	48,9	42,7	45,6	44,3	41,5	23,7	14,0
Present Value										
1	5,49%	12,4	6,1							
2	5,49%	20,7	10,2							
3	5,49%	25,0	16,5	8,2						
3	5,49%				42,5	33,7	25,0	16,5	8,2	
4	5,49%	25,0	16,5	8,2						
4	5,49%					33,7	25,0	16,5	8,2	
5	5,49%	21,1	15,6	10,3	5,1					
5	5,49%					21,1	15,6	10,3	5,1	
6	5,49%		26,6	21,1	15,6	10,3	5,1			
7	5,49%			42,1	31,3	20,7	10,2			
Total		104,2	91,6	89,9	128,2	110,8	72,5	35,0	13,3	0,0
Annuity Factor	useful life									
1	2		0,54							
2	2		0,54							
3	3		0,37							
3	5					0,23				
4	3		0,37							
4	4					0,29				
5	4		0,29							
5	4						0,29			
6	5			0,23						
7	4				0,29					

Asset		2016	2017	2018	2019	2020	2021	2022	2023	2024
Lease Payments before Tax	useful life									
1	2		6,7	6,7						
2	2		11,2	11,2						
3	3		9,3	9,3	9,3					
3	5					9,9	9,9	9,9	9,9	9,9
4	3		9,3	9,3	9,3					
4	4					9,6	9,6	9,6	9,6	
5	4		6,0	6,0	6,0	6,0				
5	4						6,0	6,0	6,0	6,0
6	5			6,2	6,2	6,2	6,2	6,2		
7	4				12,0	12,0	12,0	12,0		
Other Successors									18,2	27,8
Total			42,5	48,7	42,8	43,8	43,8	43,8	43,8	43,8
Lease Payments after Tax	step up									
1	1,38		4,7	4,7						
2	1,38		7,8	7,8						
3	1,37		6,5	6,5	6,5					
3	1,34					7,0	7,0	7,0	7,0	7,0
4	1,37		6,5	6,5	6,5					
4	1,36					6,7	6,7	6,7	6,7	
5	1,36		4,2	4,2	4,2	4,2				
5	1,36						4,2	4,2	4,2	4,2
6	1,34			4,4	4,4	4,4	4,4	4,4		
7	1,36				8,4	8,4	8,4	8,4		
Other Successors									12,8	19,5
Total			29,7	34,1	30,0	30,7	30,7	30,7	30,7	30,7
as Percentage of Sales			8,3%	8,8%	7,4%	7,4%	7,3%	7,1%	7,0%	7,0%
Lease Payments incl. Tax Benefit of Depreciation										
1			6,5	6,5						
2			10,8	10,8						
3			8,9	8,9	8,9					
3						9,4	9,4	9,4	9,4	9,4
4			8,9	8,9	8,9					
4						9,1	9,1	9,1	9,1	
5			5,7	5,7	5,7	5,7				
5							5,7	5,7	5,7	5,7
6				5,9	5,9	5,9	5,9	5,9		
7					11,4	11,4	11,4	11,4		
Other Successors									17,3	26,4
Total			40,8	46,7	40,8	41,5	41,5	41,5	41,5	41,5
as Percentage of Sales			11,3%	12,0%	10,1%	10,1%	9,9%	9,7%	9,5%	9,5%

Aus der Tabelle ergeben sich für jede Sachanlage von BU1 weiter die Leasing-Zahlungen nach Abzug von Steuern sowie die Leasing-Zahlungen nach Abzug von Steuern zuzüglich des aus den steuerlichen Abschreibungen der Sachanlagen resultierenden Steuervorteils. Die Leasing-Zahlung nach Abzug von Steuern einer Anlage kann durch Abzug der Steuern aus der Vorsteuer-Leasing-Zahlung abgeleitet werden; sie kann auch als Annuität des um den abschreibungsbedingten Steuervorteil bereinigten Wertes der Anlage bestimmt werden. Die Leasing-Zahlung nach Abzug von Steuern zuzüglich des abschreibungsbedingten Steuervorteils einer Anlage ergibt sich durch Multiplikation der Leasing-Zahlung nach Steuern mit dem Zuschlagsatz für den abschreibungsbedingten Steuervorteil bzw. als Annuität des Wertes der Anlage. Die Tabelle fasst für den Sachanlagenbestand von BU1 die abgeleiteten Leasing-Zahlungen zusammen.

3.3.4.3.2.3 Ableitung der Excess Earnings bei Anwendung von Leasing-Zahlungen

Free Cashflow als Ausgangsgröße der Ableitung der Excess Earnings

Der Einkommensbeitrag des Vermögenswertes i = 2, der sich aus den Sachanlagen u mit u = 1 bis v zusammensetzt, in der in t + 1 endenden Periode mit t = 0 bis ∞ ist – bei Bezug auf den mittels der MPEEM bewerteten Vermögenswert j mit j = o + p + 1 bis o + p + q – bestimmt durch die Beziehung

$$CF^L_{2j,t+1} = L_{2j,t+1} - s \cdot \left(L_{2j,t+1} - D_{2j,t+1} \right) - CapEx_{2j,t+1}$$

bzw. die Beziehung

$$CF^L_{2j,t+1} = L_{2j,t+1} \cdot \left(1 - s \right) + s \cdot D_{2j,t+1} - CapEx_{2j,t+1}$$

Durch Ersetzen des Einkommensbeitrags des Sachanlagenbestandes $CF_{2j,t+1} = V_{2j,t} \cdot r_2 + V_{2j,t+1} - V_{2j,t+1}$ in der ausgehend vom Free Cashflow unter 3.3.4.2.3 abgeleiteten Beziehung für die Excess Earnings des Vermögenswertes j mit j = o + p + 1 bis o + p + q

$$CF^{EE}_{j,t+1} = S_{j,t+1} \cdot ebita_{j,t+1} \cdot \left(1 - s \right) + CF^{Dev\ after\ Tax}_{j,t+1} - CF^{Dev\ after\ Tax}_{jj,t+1} + s \cdot A_{jj,t+1}$$

$$- \left(V_{1j,t+1} - V_{1j,t} \right) - \left(V_{2j,t+1} - V_{2,jt} \right) - \sum_{i=1}^{2} \left(V_{ij,t} \cdot r_i + V_{ij,t} - V_{ij,t+1} \right)$$

$$- \sum_{i=3}^{o} \left(V_{ij,t} \cdot r_i + CF^{of\ after\ Tax}_{ij,t+1} \right) - \sum_{i=o+1}^{o+p} incon_{i,t+1} \cdot adj^S_{ij,t+1} \cdot S_{j,t+1} \cdot \left(1 - s \right)$$

durch $CF^L_{2j,t+1}$ ergibt sich die Beziehung für die unter Zugrundelegung von Leasing-Zahlungen abgeleiteten Excess Earnings als

$$CF^{EEL}_{j,t+1} = S_{j,t+1} \cdot ebita_{j,t+1} \cdot \left(1 - s \right) + CF^{Dev\ after\ Tax}_{j,t+1} - CF^{Dev\ after\ Tax}_{jj,t+1} + s \cdot A_{jj,t+1} - \left(V_{1j,t+1} - V_{1j,t} \right)$$

$$- \left(V_{2j,t+1} - V_{2j,t} \right) - \left(V_{1j,t} \cdot r_1 + V_{1j,t} - V_{1j,t+1} \right) - \left(L_{2j,t+1} \cdot \left(1 - s \right) + s \cdot D_{2j,t+1} - CapEx_{2j,t+1} \right)$$

$$- \sum_{i=3}^{o} \left(V_{1j,t} \cdot r_1 + CF^{of\ after\ Tax}_{ij,t+1} \right) - \sum_{i=o+1}^{o+p} incon_{i,t+1} \cdot adj^S_{ij,t+1} \cdot S_{j,t+1} \cdot \left(1 - s \right)$$

Fallbeispiel

Die Ableitung der Excess Earnings der Geschäftseinheit BU1 bei Anwendung von Leasing-Zahlungen ausgehend vom Free Cashflow der Geschäftseinheit ergibt sich aus Tabelle 3.3.4-18. Die Free Cashflows von BU1 sowie die Einkommensbeiträge des Working Capital, der Basis- und der Verfahrenstechnologie wurden unverändert aus Tabelle 3.3.4-3 übernommen.

Tab. 3.3.4-18: Ableitung der Excess Earnings unter Zugrundelegung von Leasing-Zahlungen ausgehend vom Free Cashflow vor Amortization

Mio. EUR	Tab.		2016	2017	2018	2019	2020	2021	2022	2023	2024
Sales generated by Entity*			300,0	360,0	388,8	404,4	412,4	420,7	429,1	437,7	364,7
EBITA	2-3			57,6	63,2	65,6	66,9	68,2	69,6	71,0	59,1
Adjustment Cost Savings[1]	2-4			0,0	0,0	0,0	0,0	0,0	0,0	0,0	0,0
Adjustment Customer Acquisition Expenses[2]		0,8%		2,9	3,1	3,2	3,3	3,4	3,4	3,5	2,9
Adjustment R & D Expenses[3]		4,2%		15,1	16,3	17,0	17,3	17,7	18,0	18,4	15,3
EBITA adjusted				75,6	82,6	85,8	87,5	89,2	91,0	92,8	77,4
Tax adjusted		30,0%		-22,7	-24,8	-25,7	-26,2	-26,8	-27,3	-27,9	-23,2
Tax-effecting EBITA adjusted				52,9	57,8	60,0	61,2	62,5	63,7	65,0	54,2
Incremental Working Capital	2-10			-15,0	-5,3	-1,8	-1,9	-2,0	-2,0	-2,1	0,0
CapEx less Depreciation incl. Disposal	2-9			12,0	2,0	-36,0	16,0	36,0	-29,0	4,0	-20,0
Free Cash Flow				49,9	54,6	22,3	75,3	96,5	32,7	66,9	34,2
Income Contribution after Tax												
Working Capital[4]	2-10			12,7	2,5	-1,1	-1,0	-1,0	-1,0	-1,1	-2,7
Tangible Fixed Assets				-15,8	-6,7	31,2	-21,5	-41,5	23,5	-9,5	15,5
Core Technology[5]	2-5			-20,2	-21,8	-22,6	-23,1	-23,6	-24,0	-24,5	-20,4
Process Technology[6]	2-4			-2,5	-2,7	-2,9	-2,9	-3,0	-3,1	-3,1	-2,6
Excess Earnings				24,2	26,0	26,9	26,8	27,5	28,1	28,8	23,9
Income Contribution of Tangible Fixed Assets												
Lease Payment after Tax[7]	3.3.4-17			29,7	34,1	30,0	30,7	30,7	30,7	30,7	25,5
Tax Benefit of Depreciation[8]	3.3.4-16			11,1	12,6	10,8	10,8	10,8	10,8	10,8	9,0
CapEx[9]	3.3.4-16			-25,0	-40,0	-72,0	-20,0	0,0	-65,0	-32,0	-50,0
Total				15,8	6,7	-31,2	21,5	41,5	-23,5	9,5	-15,5

* Projection based on management best estimate
1 Cost Savings Included in EBITA ./. Realized Cost Savings
2 Customer Acquisition Expenses as % of Sales * Sales
3 R & D Expenses as % of Sales * Sales
4 Invested Capital t-1 as % of Sales t * Sales t * Asset Specific Rate of Return (Working Capital) + Incremental Working Capital as % of Sales * Sales
5 Royalty Rate * Sales * (1 - Tax Rate)
6 Cost Savings as % of Sales * Sales * (1- Tax Rate)
7 Lease Payment after Tax as % of Sales * Sales
8 Depreciation as % of Sales * Sales * Tax Rate
9 CapEx as % of Sales * Sales

Die Einkommensbeiträge der Sachanlagen, die im unteren Teil der Tabelle abgeleitet werden, setzen sich zusammen aus den – jeweils auf die den Kundenbeziehungen zuzuordnenden Umsatzerlöse bezogenen –

- Leasing-Zahlungen nach Abzug von Steuern, den
- mit den Abschreibungen verbundenen Steuervorteilen sowie den hiervon abgezogenen
- Investitionen in den Sachanlagenbestand.

Ein Vergleich mit den in Tabelle 3.3.4-1 bis Tabelle 3.3.4-6 bestimmten Excess Earnings zeigt, dass die bei Anwendung von Leasing-Zahlungen abgeleiteten Excess Earnings von den in den genannten Tabellen ermittelten Excess Earnings – diese sind dadurch gekennzeichnet, dass der Verlauf des Rückflusses des in die Sachanlagen investierten Kapitals durch die steuerlichen Abschreibungen bestimmt ist – abweichen.

Tax-effecting EBITA als Ausgangsgröße der Ableitung der Excess Earnings

Die ausgehend vom Free Cashflow abgeleitete Beziehung für die Excess Earnings kann mit $V_{2j,t+1} - V_{2j,t} = CapEx_{2j,t+1} - D_{2j,t+1}$ nach Zusammenfassungen dargestellt werden als

$$CF_{j,t+1}^{EEL} = S_{j,t+1} \cdot ebita_{j,t+1} \cdot (1-s) + CF_{j,t+1}^{Dev\ after\ Tax} - CF_{jj,t+1}^{Dev\ after\ Tax} + s \cdot A_{jj,t+1}$$

$$-\left(CapEx_{2j,t+1} - D_{2j,t+1}\right) - V_{1j,t} \cdot r_1 - \left(L_{2j,t+1} \cdot (1-s) + s \cdot D_{2j,t+1} - CapEx_{2j,t+1}\right)$$

$$-\sum_{i=3}^{o}\left(V_{ij,t} \cdot r_i + CF_{ij,t+1}^{of\ after\ Tax}\right) - \sum_{i=o+1}^{o+p} incon_{i,t+1} \cdot adj_{ij,t+1}^{S} \cdot S_{j,t+1} \cdot (1-s)$$

bzw. als

$$CF_{j,t+1}^{EEL} = S_{j,t+1} \cdot ebita_{j,t+1} \cdot (1-s) + CF_{j,t+1}^{Dev\ after\ Tax} - CF_{jj,t+1}^{Dev\ after\ Tax}$$

$$+s \cdot A_{jj,t+1} + D_{2j,t+1} \cdot (1-s) - V_{1,jt} \cdot r_1 - L_{2,jt+1} \cdot (1-s)$$

$$-\sum_{i=3}^{o}\left(V_{ij,t} \cdot r_i + CF_{ij,t+1}^{of\ after\ Tax}\right) - \sum_{i=o+1}^{o+p} incon_{i,t+1} \cdot adj_{ij,t+1}^{S} \cdot S_{j,t+1} \cdot (1-s)$$

Die Beziehung zeigt, dass sich die Excess Earnings bei Anwendung von Leasing-Zahlungen ergeben durch Abzug vom EBITA nach Steuern

- der Verzinsung des in das Working Capital investierten Kapitals,
- der auf den Sachanlagenbestand entfallenden Leasing-Zahlung der Betrachtungsperiode nach Abzug der Steuern abzüglich der Abschreibungen nach Steuern,
- von Verzinsung und Rückfluss des in die mittels des Cost Approach bewerteten immateriellen Vermögenswerte,
- der Einkommensbeiträge der mittels des Income Approach bewerteten Vermögenswerte

sowie Hinzurechnung der mit der steuerlichen Abschreibung des Wertes des Bewertungsobjektes verbundenen Steuervorteile.

Bei linearer Abschreibung aller Sachanlagen des Sachanlagenbestandes kann die Leasing-Zahlung nach Steuern als Leasing-Zahlung nach Steuern zuzüglich des abschreibungsbedingten Steuervorteils dargestellt werden. Durch Einsetzen von

$$L_{2j,t+1} \cdot (1-s) = L_{2j,t+1}^{D} - s \cdot D_{2j,t+1}^{linear}$$

ergibt sich

$$CF_{j,t+1}^{EEL} = S_{j,t+1} \cdot ebita_{j,t+1} \cdot (1-s) + CF_{j,t+1}^{Dev\ after\ Tax} - CF_{jj,t+1}^{Dev\ after\ Tax}$$

$$+ s \cdot A_{jj,t+1} - V_{1j,t} \cdot r_1 - \left(L_{2j,t+1}^{D} - D_{2j,t+1}^{linear} \right) - \sum_{i=3}^{o} \left(V_{ij,t} \cdot r_i + CF_{ij,t+1}^{of\ after\ Tax} \right)$$

$$- \sum_{i=o+1}^{o+p} incon_{i,t+1} \cdot adj_{ij,t+1}^{S} \cdot S_{j,t+1} \cdot (1-s)$$

Auf die Darstellung der Überleitung dieser Beziehungen auf das EBITA vor Abzug von Steuern als Ausgangsgröße der Ableitung der Excess Earnings wird verzichtet. Diese Überleitung folgt dem unter 3.3.4.2 erläuterten Vorgehen.

Fallbeispiel

Tabelle 3.3.4-19 legt die Ableitung der Excess Earnings der Geschäftseinheit BU1 bei Anwendung von Leasing-Zahlungen ausgehend vom Tax-effecting EBITA dar. Das Tax-effecting EBITA sowie die Einkommensbeiträge des Working Capital, der Basis- und der Verfahrenstechnologie wurden unverändert aus Tabelle 3.3.4-4 übernommen.

Tab. 3.3.4-19: Ableitung der Excess Earnings unter Zugrundelegung von Leasing-Zahlungen ausgehend vom Tax-effecting EBITA

Mio. EUR	Tab.		2016	2017	2018	2019	2020	2021	2022	2023	2024
Sales generated by Entity*			300,0	360,0	388,8	404,4	412,4	420,7	429,1	437,7	364,7
EBITA	2-3			57,6	63,2	65,6	66,9	68,2	69,6	71,0	59,1
Adjustment Cost Savings[1]	2-4			0,0	0,0	0,0	0,0	0,0	0,0	0,0	0,0
Adjustment Customer Acquisition Expenses[2]		0,8%		2,9	3,1	3,2	3,3	3,4	3,4	3,5	2,9
Adjustment R & D Expenses[3]		4,2%		15,1	16,3	17,0	17,3	17,7	18,0	18,4	15,3
EBITA adjusted				75,6	82,6	85,8	87,5	89,2	91,0	92,8	77,4
Tax adjusted		30,0%		-22,7	-24,8	-25,7	-26,2	-26,8	-27,3	-27,9	-23,2
Tax-effecting EBITA				52,9	57,8	60,0	61,2	62,5	63,7	65,0	54,2
Return on Invested Capital after Tax												
Working Capital[4]	2-10			-2,3	-2,7	-2,9	-2,9	-3,0	-3,1	-3,1	-2,7
Income Contribution after Tax												
Tangible fixed assets				-3,8	-4,7	-4,8	-5,5	-5,5	-5,5	-5,5	-4,5
Core Technology[5]	2-5			-20,2	-21,8	-22,6	-23,1	-23,6	-24,0	-24,5	-20,4
Process Technology[6]	2-4			-2,5	-2,7	-2,9	-2,9	-3,0	-3,1	-3,1	-2,6
Excess Earnings	3.3.4-18			24,2	26,0	26,9	26,8	27,5	28,1	28,8	23,9

Mio. EUR	Tab.		2016	2017	2018	2019	2020	2021	2022	2023	2024
Income Contribution after Tax of Tangible Fixed Assets incl. Tax Adjustment											
Lease Payment after Tax[7]	3.3.4-17		29,7	34,1	30,0	30,7	30,7	30,7	30,7	25,5	
less Depreciation after Tax[8]	3.3.4-16		-25,9	-29,4	-25,2	-25,2	-25,2	-25,2	-25,2	-21,0	
Remaining			3,8	4,7	4,8	5,5	5,5	5,5	5,5	4,5	
In case of straight line depreciation											
Lease Payment after Tax incl. Tax Benefit of Depreciation[9]	3.3.4-17		40,8	46,7	40,8	41,5	41,5	41,5	41,5	34,5	
less Depreciation[10]	3.3.4-16		-37,0	-42,0	-36,0	-36,0	-36,0	-36,0	-36,0	-30,0	
Remaining			3,8	4,7	4,8	5,5	5,5	5,5	5,5	4,5	

* Projection based on management best estimate
1 Cost Savings Included in EBITA ./. Realized Cost Savings
2 Customer Acquisition Expenses as % of Sales * Sales
3 R & D Expenses as % of Sales * Sales
4 Invested Capital t-1 as % of Sales t * Sales t * Asset Specific Rate of Return (Working Capital)
5 Royalty Rate * Sales * (1 - Tax Rate)
6 Cost Savings as % of Sales * Sales * (1- Tax Rate)
7 Lease Payment after Tax as % of Sales * Sales
8 Depreciation as % of Sales * Sales *(1- Tax Rate)
9 Lease Payment after Tax incl. Tax Benefit as % of Sales * Sales
10 Depreciation as % of Sales * Sales

Die Einkommensbeiträge der Sachanlagen, deren Ableitung im unteren Teil der Tabelle dargestellt wird, können bestimmt werden als – auf die den Kundenbeziehungen zuzuordnenden Umsatzerlöse bezogenen –

• Leasing-Zahlungen nach Abzug von Steuern abzüglich der Abschreibungen nach Abzug von Steuern oder – aufgrund der Anwendung linearer Abschreibungen – als

• Leasing-Zahlungen nach Abzug von Steuern zuzüglich der mit den Abschreibungen verbundenen Steuervorteile abzüglich der Abschreibungen.

Der Vergleich der so bestimmten Excess Earnings mit den in Tabelle 3.3.4-18 ermittelten Excess Earnings zeigt, dass die betrachtete Vorgehensweise zu genau den Excess Earnings führt, die sich bei Anwendung von Leasing-Zahlungen bei Ableitung der Excess Earnings ausgehend vom Free Cashflow ergeben.

EBITDA nach Abzug von Steuern als Ausgangsgröße der Ableitung der Excess Earnings

Die ausgehend vom EBITA abgeleitete Beziehung für die Excess Earnings kann mit $S_{j,t+1} \cdot ebita_{j,t+1} = S_{j,t+1} \cdot ebitda_{j,t+1} - D_{2j,t+1}$ weiter umgeformt werden zu

$$CF_{j,t+1}^{EEL} = S_{j,t+1} \cdot ebitda_{j,t+1} \cdot (1-s) - D_{2j,t+1} \cdot (1-s) + CF_{j,t+1}^{Dev\ after\ Tax} - CF_{jj,t+1}^{Dev\ after\ Tax}$$

$$+ s \cdot A_{j,t+1} + D_{2j,t+1} \cdot (1-s) - V_{1j,t} \cdot r_1 - L_{2j,t+1} \cdot (1-s)$$

$$- \sum_{i=3}^{o} \left(V_{ij,t} \cdot r_i + CF_{ij,t+1}^{of\ after\ Tax} \right) - \sum_{i=o+1}^{o+p} incon_{i,t+1} \cdot adj_{ij,t+1}^{S} \cdot S_{j,t+1} \cdot (1-s)$$

bzw.

$$CF_{j,t+1}^{EEL} = S_{j,t+1} \cdot ebitda_{j,t+1} \cdot (1-s) + CF_{j,t+1}^{Dev\ after\ Tax} - CF_{jj,t+1}^{Dev\ after\ Tax}$$

$$+ s \cdot A_{jj,t+1} - V_{1j,t} \cdot r_1 - L_{2j,t+1} \cdot (1-s) - \sum_{i=3}^{o} \left(V_{ij,t} \cdot r_i + CF_{ij,t+1}^{of\ after\ Tax} \right)$$

$$- \sum_{i=o+1}^{o+p} incon_{i,t+1} \cdot adj_{ij,t+1}^{S} \cdot S_{j,t+1} \cdot (1-s)$$

Der Ausdruck macht deutlich, dass sich die Excess Earnings bei Anwendung von Leasing-Zahlungen ergeben durch Abzug vom EBITDA nach Steuern
- der Verzinsung des in das Working Capital investierten Kapitals,
- der auf den Sachanlagenbestand entfallenden Leasing-Zahlung der Betrachtungsperiode nach Abzug der Steuern,
- von Verzinsung und Rückfluss der in die mittels des Cost Approach bewerteten immateriellen Vermögenswerte,
- der Einkommensbeiträge der mittels des Income Approach bewerteten Vermögenswerte

sowie Hinzurechnung der mit der steuerlichen Abschreibung des Wertes des Bewertungsobjektes verbundenen Steuervorteile.

Bei linearer Abschreibung aller Sachanlagen des Sachanlagenbestandes kann die Beziehung für die Excess Earnings unter Einbeziehung der Leasing-Zahlung nach Steuern zuzüglich des abschreibungsbedingten Steuervorteils mit

$$L_{2j,t+1} \cdot (1-s) = L_{2j,t+1}^{D} - s \cdot D_{2j,t+1}^{linear}$$

überführt werden in den Ausdruck

$$CF_{j,t+1}^{EEL} = S_{j,t+1} \cdot ebitda_{j,t+1} \cdot (1-s) + CF_{j,t+1}^{Dev\ after\ Tax} - CF_{jj,t+1}^{Dev\ after\ Tax} + s \cdot A_{jj,t+1}$$

$$+ s \cdot D_{2j,t+1}^{linear} - V_{1j,t} \cdot r_1 - L_{2j,t+1}^{D} - \sum_{i=3}^{o} \left(V_{ij,t} \cdot r_i + CF_{ij,t+1}^{of\ after\ Tax} \right)$$

$$- \sum_{i=o+1}^{o+p} incon_{i,t+1} \cdot adj_{ij,t+1}^{S} \cdot S_{j,t+1} \cdot (1-s)$$

Fallbeispiel

In Tabelle 3.3.4-20 wird die Ableitung der Excess Earnings der Geschäftseinheit BU1 bei Anwendung von Leasing-Zahlungen ausgehend vom EBITDA nach Steuern dargestellt. Das EBITDA nach Steuern sowie die Einkommensbeiträge des Working Capital, der Basis- und der Verfahrenstechnologie wurden unverändert aus Tabelle 3.3.4-6 übernommen.

Tab. 3.3.4-20: Ableitung der Excess Earnings unter Zugrundelegung von Leasing-Zahlungen ausgehend vom EBITDA nach Steuern

Mio. EUR	Tab.		2016	2017	2018	2019	2020	2021	2022	2023	2024
Sales generated by Entity*			300,0	360,0	388,8	404,4	412,4	420,7	429,1	437,7	364,7
EBITA	2-3			57,6	63,2	65,6	66,9	68,2	69,6	71,0	59,1
Depreciation[1]	3.3.4-16			37,0	42,0	36,0	36,0	36,0	36,0	36,0	30,0
EBITDA				94,6	105,2	101,6	102,9	104,2	105,6	107,0	89,1
Adjustment Cost Savings[2]	2-4			0,0	0,0	0,0	0,0	0,0	0,0	0,0	0,0
Adjustment Customer Acquisition Expenses[3]		0,8%		2,9	3,1	3,2	3,3	3,4	3,4	3,5	2,9
Adjustment R & D Expenses[4]		4,2%		15,1	16,3	17,0	17,3	17,7	18,0	18,4	15,3
EBITDA adjusted				112,6	124,6	121,8	123,5	125,2	127,0	128,8	107,4
Tax adjusted		30,0%		-33,8	-37,4	-36,5	-37,0	-37,6	-38,1	-38,7	-32,2
Tax-effecting EBITDA				78,8	87,2	85,2	86,4	87,7	88,9	90,2	75,2
Return on Invested Capital after Tax												
Working Capital[5]	2.10			-2,3	-2,7	-2,9	-2,9	-3,0	-3,1	-3,1	-2,7
Income Contribution after Tax												
Tangible Fixed Assets				-29,7	-34,1	-30,0	-30,7	-30,7	-30,7	-30,7	-25,5
Income Contribution after Tax												
Core Technology[6]	2-5			-20,2	-21,8	-22,6	-23,1	-23,6	-24,0	-24,5	-20,4
Process Technology[7]	2-4			-2,5	-2,7	-2,9	-2,9	-3,0	-3,1	-3,1	-2,6
Excess Earnings	3.3.4-19			24,2	26,0	26,9	26,8	27,5	28,1	28,8	23,9
Income Contribution of Tangible Fixed Assets after Tax												
Lease Payment after Tax incl. Tax Benefit of Depreciation[8]	3.3.4-17			40,8	46,7	40,8	41,5	41,5	41,5	41,5	34,5
Tax Benefit of Depreciation[9]	3.3.4-16			11,1	12,6	10,8	10,8	10,8	10,8	10,8	9,0
Lease Payment after Tax	3.3.4-17			29,7	34,1	30,0	30,7	30,7	30,7	30,7	25,5

* Projection based on management best estimate
1 Depreciation as % of Sales * Sales
2 Cost Savings Included in EBITA ./. Realized Cost Savings
3 Customer Acquisition Expenses as % of Sales * Sales
4 R & D Expenses as % of Sales * Sales
5 Invested Capital t-1 as % of Sales t * Sales t * Asset Specific Rate of Return (Working Capital)
6 Royalty Rate * Sales * (1 - Tax Rate)
7 Cost Savings as % of Sales * Sales * (1- Tax Rate)
8 Lease Payment after Tax incl. Tax Benefit as % of Sales * Sales
9 Depreciation as % of Sales * Sales *(1- Tax Rate)

Die Einkommensbeiträge der Sachanlagen sind bei der betrachteten Ausgangsgröße der Ableitung der Excess Earnings als – auf die den Kundenbeziehungen zuzuordnenden Umsatzerlöse bezogene – Leasing-Zahlungen nach Steuern zu bemessen. Die Leasing-Zahlungen nach Steuern können bei Anwendung linearer Abschreibungen – dies wird im unteren Teil der Tabelle aufgezeigt – auch dadurch bestimmt werden, dass die Leasing-Zahlungen nach Abzug von Steuern zuzüglich der mit den Abschreibungen verbundenen Steuervorteile um die auf die Abschreibungen entfallenden Steuervorteile korrigiert werden. Diese Vorgehensweise erlaubt eine einfache Bestimmung der Leasing-Zahlungen nach Steuern, da – dies wurde unter 3.3.4.3.2.2 dargelegt – die Leasing-Zahlungen nach Abzug von Steuern zuzüglich der mit den Abschreibungen verbundenen Steuervorteile als Annuitäten der Werte der Anlagen des betrachteten Sachanlagenbestandes abgeleitet werden können.

Die so ermittelten Excess Earnings sind wiederum gleich den ausgehend vom Free Cashflow bzw. vom Tax-effecting EBITA abgeleiteten Excess Earnings.

EBITDA vor Abzug von Steuern als Ausgangsgröße der Ableitung der Excess Earnings

Die Beziehung, die die Excess Earnings ausgehend vom EBITDA nach Steuern bei Anwendung von Leasing-Zahlungen ableitet, kann in die Bestimmungsgleichung der Excess Earnings ausgehend vom EBITDA vor Steuern überführt werden. Es gilt

$$
CF_{j,t+1}^{EEL} = \left[S_{j,t+1} \cdot \left(ebitda_{j,t+1} - \sum_{i=o+1}^{o+p} incon_{i,t+1} \cdot adj_{ij,t+1}^{S} \right) + CF_{j,t+1}^{Dev\ pre\ Tax} \right.
$$

$$
\left. -CF_{jj,t+1}^{Dev\ pre\ Tax} - L_{2j,t+1} + \frac{s}{1-s} \cdot A_{jj,t+1} - \frac{V_{1j,t} \cdot r_1}{1-s} - \sum_{i=3}^{o} \frac{V_{ij,t} \cdot r_i + CF_{ij,t+1}^{of\ after\ Tax}}{1-s} \right] \cdot (1-s)
$$

Die Beziehung zeigt, dass bei Ableitung der Excess Earnings ausgehend vom EBITDA vor Abzug von Steuern die zu berücksichtigenden Einkommensbeiträge der anderen Vermögenswerte vor Abzug von Steuern anzusetzen sind. Dementsprechend sind die Verzinsung des in das Working Capital investierten Kapitals sowie die Einkommensbeiträge der mittels des Cost Approach bewerteten immateriellen Vermögenswerte in Vorsteuerbeträge umzurechnen; Gleiches gilt für die mit der steuerlichen Abschreibung des Wertes des Bewertungsobjektes verbundenen Steuervorteile.

Fallbeispiel

Die Ableitung der Excess Earnings der Kundenbeziehungen von BU1 bei Anwendung von Leasing-Zahlungen ausgehend vom EBITDA vor Abzug von Steuern folgt den bisherigen Betrachtungen. Aus diesem Grund wird auf die Darstellung dieser Ableitung verzichtet.

3.3.4.3.2.4 Abgrenzung des Einflusses von Leasing-Zahlungen auf die Excess Earnings

Der Einfluss, der von der Ableitung der Einkommensbeiträge der Sachanlagen als Leasing-Zahlungen auf die Excess Earnings ausgeht, kann dadurch abgegrenzt werden, dass die unter Zugrundelegung der so festgelegten Einkommensbeiträge der Sachanlagen bestimmten Excess Earnings mit den Excess Earnings verglichen werden, die unter 3.3.4.2 ausgehend von einem vorgegebenen zeitlichen Verlauf der Rückflüsse des in die Sachanlagen investierten Kapitals ermittelt wurden. Diese Gegenüberstellung führt zu der Beziehung

$$CF_{n,t+1}^{EE} - CF_{j,t+1}^{EEL} = L_{2j,t+1} \cdot (1-s) - V_{2j,t} \cdot r_2 - D_{2j,t+1} \cdot (1-s)$$

bzw. zu

$$CF_{n,t+1}^{EE} - CF_{j,t+1}^{EEL} = L_{2j,t+1} \cdot (1-s) - V_{2j,t} \cdot r_2 - D_{2j,t+1} + s \cdot D_{2j,t+1}$$

Mit

$$L_{2j,t+1} \cdot (1-s) = L_{2j,t+1}^D - \sum_{u=w_t^u}^{w_t^o} \left(s \cdot \sum_{t=0}^{T_u} D_{uj,t+1} \cdot (1+r_2)^{-(t+1)} \cdot a_u \right)$$

und

$$D_{2j,t+1} = \sum_{u=w_t^u}^{w_t^o} D_{uj,t+1}$$

sowie

$$L_{2j,t+1}^D = V_{2j,t}^L \cdot r_2 + D_{2j,t+1}^L$$

ergibt sich

$$CF_{n,t+1}^{EE} - CF_{j,t+1}^{EEL} = V_{2j,t}^L \cdot r_2 + D_{2j,t+1}^L - V_{2j,t} \cdot r_2 - D_{2j,t+1}$$

$$- \sum_{u=w_t^u}^{w_t^o} \left(s \cdot \sum_{t=0}^{T_u} D_{uj,t+1} \cdot (1+r_u)^{-(t+1)} \cdot a_u \right) + s \cdot \sum_{u=w_t^u}^{w_t^o} D_{uj,t+1}$$

Bei linearer Abschreibung aller dem Sachanlagenbestand zugehörigen Sachanlagen vereinfacht sich die Beziehung zu

$$CF_{n,t+1}^{EE} - CF_{j,t+1}^{EEL} = V_{2j,t}^L \cdot r_2 + D_{2j,t+1}^L - V_{2j,t} \cdot r_2 - D_{2j,t+1}$$

Die Beziehungen zeigen, dass Differenzen zwischen den betrachteten Excess Earnings auf unterschiedliche zeitliche Verläufe der Rückflüsse des in den Vermögenswert i = 2 investierten Kapitals sowie die damit verbundenen unterschiedlichen Verzinsungen des in den Vermögenswert investierten Kapitals zurückzuführen sind. Weiter legen die Beziehungen dar, dass bei Abschreibungsverläufen, die nicht von der linearen Abschreibung ausgehen, Differenzbeträge auch daraus resultieren, dass bei Anwendung von Leasing-Zahlungen der auf die Rückflüsse des investierten Kapitals entfallende Steuervorteil nicht dem Abschreibungsverlauf folgt, sondern sich aus den Annuitäten der Steuervorteile der Rückflüsse der dem Sachanlagenbestand zugehörigen Sachanlagen zusammensetzt.

Fallbeispiel

Tabelle 3.3.4-21 betrachtet den Differenzbetrag, der bei der Ableitung der den Kundenbeziehungen des Geschäftsbereiches BU1 zuzuordnenden Excess Earnings bei Anwendung von Leasing-Zahlungen im Vergleich zur Gleichsetzung der Rückflüsse des in die Sachanlagen investierten Kapitals mit den linearen Abschreibungen auftritt. Die Tabelle zeigt, dass dieser Unterschiedsbetrag gleich der Differenz aus

- Verzinsung und Rückfluss des in die Sachanlagen von BU1 investierten Kapitals bei Anwendung von Leasing-Zahlungen und

- Verzinsung und Rückfluss des in die Sachanlagen des Geschäftsbereichs investierten Kapitals bei mit den linearen Abschreibungen gleichgesetzten Rückflüssen des in die Sachanlagen investierten Kapitals ist.

Tab. 3.3.4-21: Erklärung des Differenzbetrags der unter Zugrundelegung von Leasing-Zahlungen abgeleiteten Excess Earnings zu den bei Gleichsetzung des Rückflusses des in die Sachanlagen investierten Kapitals mit den linearen Abschreibungen abgeleiteten Excess Earnings

Mio. EUR	Tab.		2016	2017	2018	2019	2020	2021	2022	2023	2024
Excess Earnings Base Case	3.3.4-1			22,5	25,8	26,9	25,6	27,1	29,7	28,8	24,1
less Excess Earnings Lease Case	3.3.4-18			-24,2	-26,0	-26,9	-26,8	-27,5	-28,1	-28,8	-23,9
Remaining				-1,7	-0,2	0,0	-1,2	-0,4	1,6	0,0	0,2
Invested Capital in Tangible Fixed Assets Lease Assumption[1]			100,0	89,7	87,9	124,0	109,3	73,9	101,5	97,6	118,4
Capital Expenditure[2]	3.3.4-16			25,0	40,0	72,0	20,0	0,0	65,0	32,0	50,0
Lease Payment incl. Tax Benefit of Depreciation[3]	3.3.4-17			40,8	46,7	40,8	41,5	41,5	41,5	41,5	34,5
Return on Invested Capital[4]		5,49%		5,5	4,9	4,8	6,8	6,0	4,1	5,6	5,4
Return of Invested Capital[5]				35,3	41,8	35,9	34,7	35,5	37,4	35,9	29,2
Total return				40,8	46,7	40,8	41,5	41,5	41,5	41,5	34,5
Invested Capital in Tangible Fixed Assets Base Case[6]	2-10		100,0	88,0	86,0	122,0	106,0	70,0	99,0	79,2	0,0
Capital Expenditure[2]	3.3.4-16			25,0	40,0	72,0	20,0	0,0	65,0	32,0	50,0
Disposal				0,0	0,0	0,0	0,0	0,0	0,0	15,8	99,2
Return of invested capital[7]	3.3.4-16			37,0	42,0	36,0	36,0	36,0	36,0	36,0	30,0
Return on invested capital[4]		5,49%		5,5	4,8	4,7	6,7	5,8	3,8	5,4	4,3
Total return				42,5	46,8	40,7	42,7	41,8	39,8	41,4	34,3
Difference												
Total return				-1,7	-0,2	0,0	-1,2	-0,4	1,6	0,0	0,2

1 Invested Capital t-1 + CapEx t - Return on Invested Capital ($\neq$ Depreciation)
2 CapEx as % of Sales * Sales
3 Lease Payment after Tax incl. Tax Benefit as % of Sales * Sales
4 Invested Capital t-1 * Asset Specific Rate of Return (Tangible Fixed Assets)
5 Lease Payment after Tax incl. Tax Benefit less Return on Invested Capital
6 Invested Capital t-1 + CapEx t - Return on Invested Capital (= Depreciation)
7 Depreciation as % of Sales * Sales

Im mittleren Teil von Tabelle 3.3.4-21 werden Verzinsung und Rückfluss des in die Sachanlagen von BU1 investierten Kapitals bei Anwendung von Leasing-Zahlungen abgeleitet. Hierzu wird ausgehend vom in die Sachanlagen zu Beginn des Betrachtungszeitraumes investierten Kapital zunächst die dem ersten Jahr des Planungszeitraums zuzurechnende Verzinsung des investierten Kapitals bestimmt und sodann durch Abzug dieser Verzinsung von der Leasing-Zahlung der Periode der auf die Periode entfallende Rückfluss des investierten Kapital ermittelt. Das am Ende des ersten Planjahres in die Sachanlagen investierte Kapital ergibt sich durch Fortschreibung des zu Beginn der Periode investierten Kapitals mit dem Rückfluss des investierten Kapitals sowie den in der betrachteten Periode getätigten Investitionen. In der zweiten und allen folgenden Perioden des Betrachtungszeitraums ist entsprechend vorzugehen.

Die Ableitung von Verzinsung und Rückfluss des in Sachanlagen investierten Kapitals bei Gleichsetzung der Rückflüsse mit den linearen Abschreibungen ergibt sich aus dem unteren Teil von Tabelle 3.3.4-21. Diese folgt dem bereits unter 2.5.4.3 dargelegten Vorgehen.

3.3.4.3.2.5 Vorgehensweise in der Praxis der Kaufpreisallokation

Im Folgenden wird zunächst ein von TAF vorgestelltes Vorgehen zur Ableitung der einem Sachanlagenbestand zuzurechnenden Einkommensbeiträge, das von Leasing-Zahlungen ausgeht, betrachtet (1.). Sodann wird ein insbesondere in Deutschland verbreitetes Vorgehen zur vereinfachten Ableitung von Leasing-Zahlungen erläutert (2.).

1. Berechnung der Einkommensbeiträge der Sachanlagen nach der »Level-Payment«-Methode von TAF

TAF[328] führt neben der unter 3.3.4.2.4 betrachteten »Average-Annual-Balance«-Methode ein weiteres, als »Level-Payment«-Methode bezeichnetes Vorgehen zur Bestimmung der einem Sachanlagenbestand zuzuordnenden Einkommenszahlungen an. Nach diesem Ansatz ist der Einkommensbeitrag eines Sachanlagenbestandes eines betrachteten Jahres als Summe der Leasing-Zahlungen der Anlagen zu bestimmen, die dem Bestand in dieser Periode zuzurechnen sind. Die Leasing-Zahlungen der einzelnen Anlagen sind als Annuitäten aus den Investitionen in die betrachteten Anlagen abzuleiten, wobei den Annuitätsberechnungen die Nutzungsdauern und die vermögenswertspezifischen Zinssätze der Anlagen zugrunde zu legen sind. Die so bestimmten Einkommensbeiträge der Sachanlagen sind – zur Bestimmung des Excess Earnings – vom Tax-effecting EBITA zuzüglich der Abschreibungen abzusetzen.[329]

Die Excess Earnings, der Einkommensbeitrag des als Vermögenswert i = 2 betrachteten Sachanlagenbestandes und die Leasing-Zahlung der Sachanlage u mit u = 1 bis v in der in t + 1 endenden Periode mit t = 0 bis ∞ bei Anwendung der »Level-Payment«-Methode können durch die unter 3.3.4.3.2.2 und 3.3.4.3.2.3 eingeführten Beziehungen

$$CF_{j,t+1}^{EEL} = S_{j,t+1} \cdot ebita_{j,t+1} \cdot (1-s) + D_{2j,t+1}^{linear} + CF_{j,t+1}^{Dev\ after\ Tax} - CF_{jj,t+1}^{Dev\ after\ Tax}$$

$$+ s \cdot A_{jj,t+1} - V_{1j,t} \cdot r_1 - L_{2j,t+1}^{D} - \sum_{i=3}^{o} \left(V_{ij,t} \cdot r_i + CF_{ij,t+1}^{of\ after\ Tax} \right)$$

$$- \sum_{i=o+1}^{o+p} incon_{i,t+1} \cdot adj_{ij,t+1}^{S} \cdot S_{j,t+1} \cdot (1-s),$$

---

328 Vgl. TAF (2010a), 3.4.10 – 3.4.12.
329 Vgl. TAF (2010a), 3.4.03. TAF (2010a), 3.4.16, weist darauf hin, dass bei konsistentem Vorgehen auch von einer Vorsteuerbetrachtung ausgegangen werden kann.

$$L^D_{2j,t+1} = \sum_{u=w^u_t}^{w^o_t} L^D_{uj}$$

und

$$L^D_{uj} = V_{uj,0} \cdot a_u$$

beschrieben werden. Bei der Ableitung dieser Beziehungen wurde deutlich, dass das dargelegte Vorgehen voraussetzt, dass die steuerlichen Abschreibungen nach der linearen Methode ermittelt werden. Damit sind die Anwendungsvoraussetzungen der »Level-Payment«-Methode ersichtlich:

- Ableitung der Excess Earnings ausgehend Tax-effecting EBITA zuzüglich der Abschreibungen und
- lineare Abschreibung der Sachanlagen.

Fallbeispiel

Tabelle 3.3.4-22 fasst die Ableitung der Excess Earnings der Geschäftseinheit BU1 bei Anwendung der »Level-Payment«-Methode zusammen.

Tab. 3.3.4-22: Ableitung der Excess Earnings ausgehend vom Tax-effecting EBITA bei Anwendung der Level-Payment-Methode

Mio. EUR	Tab.		2016	2017	2018	2019	2020	2021	2022	2023	2024
Sales generated by Entity*			300,0	360,0	388,8	404,4	412,4	420,7	429,1	437,7	364,7
EBITA				57,6	63,2	65,6	66,9	68,2	69,6	71,0	59,1
Adjustment Cost Savings[1]	2-4			0,0	0,0	0,0	0,0	0,0	0,0	0,0	0,0
Adjustment Customer Acquisition Expenses[2]		0,8%		2,9	3,1	3,2	3,3	3,4	3,4	3,5	2,9
Adjustment R & D Expenses[3]		4,2%		15,1	16,3	17,0	17,3	17,7	18,0	18,4	15,3
EBITA adjusted				75,6	82,6	85,8	87,5	89,2	91,0	92,8	77,4
Tax adjusted		30,0%		-22,7	-24,8	-25,7	-26,2	-26,8	-27,3	-27,9	-23,2
Tax-effecting EBITA				52,9	57,8	60,0	61,2	62,5	63,7	65,0	54,2
Depreciation[4]	3.3.4-16			37,0	42,0	36,0	36,0	36,0	36,0	36,0	30,0
Return on Invested Capital after Tax												
Working Capital[5]	2-10			-2,3	-2,7	-2,9	-2,9	-3,0	-3,1	-3,1	-2,7
Income Contribution after Tax												
Tangible fixed assets[6]	3.3.4-17			-40,8	-46,7	-40,8	-41,5	-41,5	-41,5	-41,5	-34,5
Core Technology[7]	2-5			-20,2	-21,8	-22,6	-23,1	-23,6	-24,0	-24,5	-20,4
Process Technology[8]	2-4			-2,5	-2,7	-2,9	-2,9	-3,0	-3,1	-3,1	-2,6
Excess Earnings	3.3.4-20			24,2	26,0	26,9	26,8	27,5	28,1	28,8	23,9

* Projection based on management best estimate
1 Cost Savings Included in EBITA ./. Realized Cost Savings
2 Customer Acquisition Expenses as % of Sales * Sales
3 R & D Expenses as % of Sales * Sales
4 Depreciation as % of Sales * Sales
5 Invested Capital t-1 as % of Sales t * Sales t * Asset Specific Rate of Return (Working Capital)
6 Lease Payment after Tax incl. Tax Benefit as % of Sales * Sales
7 Royalty Rate * Sales * (1 - Tax Rate)
8 Cost Savings as % of Sales * Sales * (1- Tax Rate)

Unter 3.3.4.2.4 wurde bereits darauf hingewiesen, dass TAF ausdrücklich verlangt, dass der Ableitung der Einkommensbeiträge der Sachanlagen eine detaillierte Planung der Sachanlagen zugrunde zu legen ist.[330] TAF[331] führt allerdings auch zwei Vorgehensweisen an, die Vereinfachungen der zumeist umfangreichen Berechnungen erlauben:

- Die Investitionen eines jeden Jahres des Betrachtungszeitraums werden in Gruppen von Vermögenswerten mit gleichen Nutzungsdauern aufgeteilt. Für jede dieser Gruppen wird – unter Zugrundelegung der ihr zugeordneten Nutzungsdauer – eine Leasing-Zahlung als Annuität abgeleitet.
- Die gesamten Investitionen eines jeden Jahres des Betrachtungszeitraums werden unter Zugrundelegung der gewichteten durchschnittlichen Nutzungsdauer in Annuitäten transformiert.

Eine zusätzliche Vereinfachung des Vorgehens ist damit verbunden, dass TAF einheitlich vom vermögenswertspezifischen Zinssatz der Sachanlagen ausgeht und auf weitere, insbesondere laufzeitäquivalente Differenzierungen verzichtet.

2. Berechnung der Leasing-Zahlungen als Annuität des Wertes der Sachanlagen

Abgrenzung der Leasing-Zahlung

Eine in Deutschland – insbesondere bei Kaufpreisallokationen – verbreitete Vorgehensweise, die in mehreren, im Detail zu unterscheidenden Ausprägungen zur Anwendung kommt, geht davon aus, dass die den Sachanlagen im Betrachtungszeitraum zuzuordnenden Leasing-Zahlungen als Annuität des beizulegenden Zeitwertes des Sachanlagenbestandes am Bewertungsstichtag zu bestimmen sind.[332] Der Berechnung der Annuität werden die gewichtete durchschnittliche Restnutzungsdauer des Sachanlagenbestandes sowie der zugehörige vermögenswertspezifische Zinssatz zugrunde gelegt. Zur Vermeidung einer doppelten Erfassung des Rückflusses des in die Sachanlagen investierten Kapitals wird grundsätzlich das EBITDA als Ausgangspunkt der Ableitung der Excess Earnings gewählt.[333]

Die Vertreter dieses Vorgehens sehen z.T. darin eine Schwierigkeit, dass der vermögenswertspezifische Zinssatz der Sachanlagen, der der Annuitätenberechnung zugrunde zu legen ist, eine Nachsteuergröße ist. Hieraus wird geschlossen, dass die sich ergebende

---

330   Vgl. TAF (2010a), 3.4.

331   TAF (2010a), 3.4.10 – 3.4.12.

332   So beispielsweise Rzepka/Scholze (2010), S. 302 ff., insbes. S. 304. Die der dort dargestellten Ableitung der Leasing-Zahlungen zugrunde liegende Systematik ist allerdings nicht erkennbar: Zunächst wird der Barwert von nicht näher erläuterten Leasing-Zahlungen nach Steuern ermittelt, der nach Hinzurechnung des TAB als Fair Value bezeichnet wird. Sodann wird durch Umformung dieses Betrags in eine Annuität wiederum die als Ausgangsgröße der Berechnung herangezogene Leasing-Rate berechnet. Ebenfalls nicht nachvollziehbar Kasperzak/Nestler (2010), S. 123 f., die bei der Ableitung der Leasing-Zahlung das Erfordernis einer Iterationsrechnung sehen. Dörschell/Ihlau/Lackum (2010), S. 983, folgen im Grundsatz ebenfalls diesem Ansatz, weisen jedoch darauf hin, dass »Erweiterungsinvestitionen bei den unterstützenden Vermögenswerten zur Erzielung eines höheren Umsatzniveaus notwendig sind«.

333   So wohl Mackenstedt/Fladung/Himmel (2006), S. 1042 f.

Annuität eine Nachsteuer-Leasing-Zahlung zum Ausdruck bringt. Konsequenterweise wird diese Leasing-Zahlung dann vom EBITDA nach Steuern[334] abgezogen.

Analyse der vereinfacht bestimmten Leasing-Zahlung
Die über den gesamten Betrachtungszeitraum anzuwendende Leasing-Zahlung des im Vermögenswert i = 2 abgebildeten Sachanlagenbestand ergibt sich nach diesem Vorgehen für t = 0 als Bewertungsstichtag aus der Beziehung

$$L_{2j}^{PD} = V_{2j,0} \cdot a_{V2}$$

sowie mit

$$V_{2j,0} = \sum_{u=w_0^u}^{w_0^o} V_{uj}$$

aus der Beziehung

$$L_{2j}^{PD} = \sum_{u=w_0^u}^{w_0^o} V_{uj} \cdot a_{V2}$$

Die unter 3.3.4.3.2.2 abgeleitete, dem Sachanlagenbestand zuzuordnende Leasing-Zahlung nach Steuern zuzüglich des abschreibungsbedingten Steuervorteils beträgt in der in t = 1 endende Periode

$$L_{2j,1}^{D} = \sum_{u=w_0^u}^{w_0^o} L_{uj}^{D}$$

sowie mit

$$L_{uj}^{D} = V_{uj} \cdot a_u$$

$$L_{2j,1}^{D} = \sum_{u=w_0^u}^{w_0^o} V_{uj} \cdot a_u$$

Der Vergleich der beiden Ausdrücke führt zu der Beziehung

$$L_{2j}^{PD} - L_{2j,1}^{D} = \sum_{u=w_0^u}^{w_0^o} V_{uj} \cdot \left(a_{V2} - a_u\right)$$

die zeigt, dass ein zwischen den beiden Leasing-Zahlungen auftretender Differenzbetrag dadurch bedingt ist, dass in die vereinfachte Ermittlung der Leasing-Zahlungen eine gewichtete Restnutzungsdauer sowie ein einheitlicher vermögenswertspezifischer Zinssatz eingeht, wohingegen die unter 3.3.4.3.2.2 ermittelte Zahlung von vermögenswertspezifischen Restnutzungsdauern und Zinssätzen ausgeht.

Die unter 3.3.4.3.2.2 abgeleitete, dem Sachanlagenbestand zuzuordnende Leasing-Zahlung nach Steuern zuzüglich des abschreibungsbedingten Steuervorteils beträgt in der in t + 1 endende Periode mit t = 0 bis ∞.

---

334 So z. B. Beyer/Zwirner (2014), S. 211 f.; siehe hierzu auch TAF (2010a), 3.4.03.

$$L_{2j,t+1}^{D} = \sum_{u=w_t^u}^{w_t^o} V_{uj} \cdot a_u$$

Der Unterschiedsbetrag dieser Leasing-Zahlung zur vereinfacht ermittelten Leasing-Zahlung in Höhe von

$$L_{2j}^{PD} - L_{2j,t+1}^{D} = \sum_{u=w_0^u}^{w_0^o} V_{uj} \cdot a_{V2} - \sum_{u=w_t^u}^{w_t^o} V_{uj} \cdot a_u$$

ist neben der aus der Anwendung des einheitlichen Annuitätenfaktors resultierenden Differenz darin begründet, dass die vereinfacht ermittelte Leasing-Zahlung unterstellt, dass die im Zeitpunkt t = 0 gegebene Zusammensetzung des Sachanlagenbestandes über den gesamten Betrachtungszeitraum unverändert fortbesteht; auf diesen Zeitraum entfallende Anlagenabgänge und -zugänge berühren die vereinfacht ermittelte Leasing-Zahlung nicht.

Fallbeispiel

Bei Anwendung des vereinfachten Vorgehens ergibt sich für das Sachanlagevermögen der Geschäftseinheit BU1 eine Leasing-Zahlung nach Steuern zuzüglich des abschreibungsbedingten Steuervorteils in Höhe von EUR 38,5 Mio. Diese Zahlung wurde durch Anwendung des unter Zugrundelegung einer gewichteten durchschnittlichen Restnutzungsdauer der Sachanlagen von 2,88 Jahren und des den Sachanlagen zugeordneten vermögenswertspezifischen Zinssatzes von 5,49 % bestimmten Annuitätenfaktors von 0,3848 auf das am Bewertungsstichtag in die Sachanlagen investierte Kapital von EUR 100 Mio. ermittelt.

Tabelle 3.3.4-23 leitet die so bestimmte Leasing-Zahlung in die nach der Level-Payment-Methode bestimmte Leasing-Zahlungen über. Im oberen Teil der Tabelle wird die vereinfacht ermittelte Leasing-Zahlung in Höhe von EUR 38,5 Mio. auf die einzelnen, am Bewertungsstichtag vorhandenen Sachanlagen aufgeteilt. Hierzu wird der Annuitätenfaktor von 0,3848 auf das in die Anlagen 1 bis 5 am Bewertungsstichtag investierte Kapital angewendet. Diesen Zahlungen werden die Zahlungen gegenübergestellt, die der nach der Level-Payment-Methode bestimmten Leasing-Zahlung des ersten Planjahres in Höhe von EUR 41,2 Mio. zugrunde liegen. Der Vergleich der Zahlungen macht deutlich, dass der Differenzbetrag zwischen den beiden Leasing-Zahlungen in Höhe von EUR 2,3 Mio. darin begründet ist, dass die vereinfachte Vorgehensweise jeder Sachanlage implizit die gewichtete durchschnittliche Restnutzungsdauer zuordnet, wohingegen bei der Level-Payment-Methode die individuellen Restnutzungsdauern der Sachanlagen bei der Bestimmung der Leasing-Zahlung Berücksichtigung finden. Im mittleren Teil von Tabelle 3.3.4-23 werden für den Betrachtungszeitraum die mit Veränderungen in der Zusammensetzung des geleasten Sachanlagenbestandes verbundenen Veränderungen der Leasing-Zahlungen nach der Level-Payment-Methode – gesondert für Abgänge und Zugänge – zusammengestellt.

Tab. 3.3.4-23: Überleitung der vereinfacht bestimmten Leasing-Zahlungen in die Leasing-Zahlungen nach der Level-Payment-Methode

Asset		2017	2018	2019	2020	2021	2022	2023	2024
Data									
Remaining Useful Life	2,88								
Asset Specific Rate of Return (Tangible Fixed Assets)	5,49%								
Annuity Factor	0,38								
Tax Benefit Step up Factor	1,37								
Lease Payment after Tax incl. Tax Benefit of Depreciation	38,5								
Lease Payment after Tax incl. Tax Benefit of Depreciation									
based on Weighted Average Remaining Useful Life									
1		4,6	4,6	4,6	4,6	4,6	4,6	4,6	4,6
2		7,7	7,7	7,7	7,7	7,7	7,7	7,7	7,7
3		9,2	9,2	9,2	9,2	9,2	9,2	9,2	9,2
4		9,2	9,2	9,2	9,2	9,2	9,2	9,2	9,2
5		7,7	7,7	7,7	7,7	7,7	7,7	7,7	7,7
Total		38,5	38,5	38,5	38,5	38,5	38,5	38,5	38,5
based on Remaining Useful Life of Assets (Tab. 3.3.4-17)									
1		6,5	6,5	6,5	6,5	6,5	6,5	6,5	6,5
2		10,8	10,8	10,8	10,8	10,8	10,8	10,8	10,8
3		8,9	8,9	8,9	8,9	8,9	8,9	8,9	8,9
4		8,9	8,9	8,9	8,9	8,9	8,9	8,9	8,9
5		5,7	5,7	5,7	5,7	5,7	5,7	5,7	5,7
Total		40,8	40,8	40,8	40,8	40,8	40,8	40,8	40,8
Difference		-2,3	-2,3	-2,3	-2,3	-2,3	-2,3	-2,3	-2,3
Adjustment lease Payment after Tax									
Replaced Assets (Tab. 3.3.4-17)									
1				-6,5	-6,5	-6,5	-6,5	-6,5	-6,5
2				-10,8	-10,8	-10,8	-10,8	-10,8	-10,8
3					-8,9	-8,9	-8,9	-8,9	-8,9
4					-8,9	-8,9	-8,9	-8,9	-8,9
5						-5,7	-5,7	-5,7	-5,7
Total				-17,3	-35,1	-40,8	-40,8	-40,8	-40,8
Additional Lease Payments (Tab. 3.3.4-17)									
1									
2									
3					9,4	9,4	9,4	9,4	9,4
4					9,1	9,1	9,1	9,1	
5						5,7	5,7	5,7	5,7
6			5,9	5,9	5,9	5,9	5,9		
7				11,4	11,4	11,4	11,4		
Other Successors								17,3	26,4
Total		0,0	5,9	17,3	35,8	41,5	41,5	41,5	41,5
Lease Payment after Tax									
based on Level Payment Method (Tab. 3.3.4-17)		40,8	46,7	40,8	41,5	41,5	41,5	41,5	41,5

Die Tabelle legt dar, dass die den Sachanlagen von BU1 zuzurechnende, nach der Level-Payment-Methode ermittelte Leasing-Zahlung einer betrachteten Periode aus der vereinfacht bestimmten Leasing-Zahlung abgeleitet werden kann durch

- Bereinigung des Einflusses, der von der Anwendung der gewichteten durchschnittlichen Restnutzungsdauer der Sachanlagen am Bewertungsstichtag anstelle der anlagenspezifischen Restnutzungsdauern auf die Leasing-Zahlung der ersten Periode ausgeht, sowie durch
- Einbeziehung der Veränderungen der Leasing-Zahlungen, die aus im Betrachtungszeitraum auftretenden Änderungen im Leasing-Bestand resultieren.

Analyse der Ausgangsgröße der Ableitung der Excess Earnings

Oben wurde aufgezeigt, dass bei der Ableitung der Excess Earnings ausgehend vom EBITDA nach Abzug von Steuern Leasing-Zahlungen nach Steuern anzusetzen sind. Diese sind bestimmt durch die Beziehung

$$L_{2j,t+1}^{after\ Tax} = \sum_{u=w_t^u}^{w_t^o} L_{uj}^{after\ Tax}$$

sowie mit

$$L_{uj}^{after\ Tax} = \frac{V_{uj}}{tab_{uj}} \cdot a_u$$

durch die Beziehung

$$L_{2j,t+1}^{after\ Tax} = \sum_{u=w_t^u}^{w_t^o} \frac{V_{uj}}{tab_{uj}} \cdot a_u$$

Aus dieser Beziehung resultiert für die Anwendung des vereinfachten Vorgehens der Ermittlung der Leasing-Zahlung, dass bei Wahl des EBITDA nach Abzug von Steuern als Ausgangsgröße der Ableitung der Excess Earnings der dem Sachanlagenbestand zuzurechnende beizulegende Zeitwert um den abschreibungsbedingten Steuervorteil zu bereinigen ist. Bei Bestimmung des Zuschlagssatzes für den abschreibungsbedingten Steuervorteil unter Zugrundelegung der gewichteten Restnutzungsdauer des Sachanlagenbestandes und des diesem zugeordneten vermögenswertspezifischen Zinssatzes – dieser wird mit tab_{v2} bezeichnet – ergibt sich die Leasing-Zahlung aus dem Ausdruck

$$L_{2j}^{PD} = \sum_{u=w_0^u}^{w_0^o} \frac{V_{uj}}{tab_{v2}} \cdot a_{V2} = \frac{a_{V2}}{tab_{v2}} \cdot \sum_{u=w_0^u}^{w_0^o} V_{uj}$$

Aus den Untersuchungen unter 3.3.4.3.2.3 ergibt sich weiter, dass der Ansatz von Leasing-Zahlungen nach Steuern zuzüglich des abschreibungsbedingten Steuervorteils – unter der zusätzlichen Voraussetzung, dass die Sachanlagen linear abgeschrieben werden – die Hinzurechnung des auf die Sachanlagen entfallenden abschreibungsbedingten Steuervorteils zum EBITDA nach Steuern erfordert. Da die Beziehung

$$L_{2j}^{PD} = \sum_{u=w_0^u}^{w_0^o} V_{uj} \cdot a_{V2}$$

eine Leasing-Zahlung nach Abzug von Steuern zuzüglich des abschreibungsbedingten Steuervorteils zum Ausdruck bringt, ist diese vom EBITDA nach Steuern zuzüglich des abschreibungsbedingten Steuervorteils – bei linearer Abschreibung der Sachanlagen – abzusetzen.

Fallbeispiel

Tabelle 3.3.4-24 fasst die Ableitung der Excess Earnings ausgehend vom EBITDA nach Abzug von Steuern bei Anwendung des vereinfachten Vorgehens zur Bestimmung der Leasing-Zahlung zusammen. Die Leasing-Zahlung nach Abzug von Steuern zuzüglich des abschreibungsbedingten Steuervorteils wird aus Tabelle 3.3.4-23 übernommen und durch Abzug des mit den Abschreibungen verbundenen Steuervorteils in die vereinfacht bestimmte Leasing-Zahlung nach Steuern überführt. Durch Vergleich mit den Excess Earnings, die sich bei Bestimmung der Leasing-Zahlungen nach der Level-Payment-Methode ergeben, wird der Einfluss des vereinfachten Vorgehens auf die Excess Earnings deutlich.

Tab. 3.3.4-24: Ableitung der Excess Earnings ausgehend vom EBITDA nach Steuern bei Anwendung des vereinfachten Vorgehens

Mio. EUR	Tab.			2016	2017	2018	2019	2020	2021	2022	2023	2024
Sales generated by Entity*				300,0	360,0	388,8	404,4	412,4	420,7	429,1	437,7	364,7
EBITA					57,6	63,2	65,6	66,9	68,2	69,6	71,0	59,1
Depreciation[1]	3.3.4-16				37,0	42,0	36,0	36,0	36,0	36,0	36,0	30,0
EBITDA					94,6	105,2	101,6	102,9	104,2	105,6	107,0	89,1
Adjustment Cost Savings[2]	2-4				0,0	0,0	0,0	0,0	0,0	0,0	0,0	0,0
Adjustment Customer Acquisition Expenses[3]		0,8%			2,9	3,1	3,2	3,3	3,4	3,4	3,5	2,9
Adjustment R & D Expenses[4]		4,2%			15,1	16,3	17,0	17,3	17,7	18,0	18,4	15,3
EBITDA adjusted					112,6	124,6	121,8	123,5	125,2	127,0	128,8	107,4
Tax adjusted		30,0%			-33,8	-37,4	-36,5	-37,0	-37,6	-38,1	-38,7	-32,2
Tax-effecting EBITDA					78,8	87,2	85,2	86,4	87,7	88,9	90,2	75,2
Return on Invested Capital after Tax												
Working Capital[5]	2-10				-2,3	-2,7	-2,9	-2,9	-3,0	-3,1	-3,1	-2,7
Income Contribution after Tax												
Tangible Fixed Assets					-28,1	-28,1	-28,1	-28,1	-28,1	-28,1	-28,1	-28,1
Income Contribution after Tax												
Core Technology[6]	2-5				-20,2	-21,8	-22,6	-23,1	-23,6	-24,0	-24,5	-20,4
Process Technology[7]	2-4				-2,5	-2,7	-2,9	-2,9	-3,0	-3,1	-3,1	-2,6
Excess Earnings					25,9	32,0	28,8	29,4	30,0	30,7	31,4	21,4
based on Level Payment Method	3.3.4-22				24,2	26,0	26,9	26,8	27,5	28,1	28,8	23,9
Difference					1,7	6,0	1,9	2,6	2,6	2,6	2,6	-2,5

Mio. EUR	Tab.		2016	2017	2018	2019	2020	2021	2022	2023	2024
Income Contribution of Tangible Fixed Assets after Tax												
Lease Payment after Tax incl. Tax Benefit of Depreciation	3.3.4-23			38,5	38,5	38,5	38,5	38,5	38,5	38,5	38,5
Tax Benefit of Depreciation[8]	3.3.4-23	1,37		10,4	10,4	10,4	10,4	10,4	10,4	10,4	10,4
Lease Payment after Tax				28,1	28,1	28,1	28,1	28,1	28,1	28,1	28,1

* Projection based on management best estimate
1 Depreciation as % of Sales * Sales
2 Cost Savings Included in EBITA ./. Realized Cost Savings
3 Customer Acquisition Expenses as % of Sales * Sales
4 R & D Expenses as % of Sales * Sales
5 Invested Capital t-1 as % of Sales t * Sales t * Asset Specific Rate of Return (Working Capital)
6 Royalty Rate * Sales * (1 - Tax Rate)
7 Cost Savings as % of Sales * Sales * (1- Tax Rate)
8 Lease Payment after Tax incl. Tax Benefit * (1 - 1 / TAB Step up Factor)

Die Tabelle macht beispielsweise auch deutlich, dass bei Wahl des EBITDA nach Steuern als Ausgangsgröße der Bestimmung der Excess Earnings und Abzug der als Annuität des in die Sachanlagen am Bewertungsstichtag investierten Kapitals ermittelten Leasing-Zahlung die Excess Earnings in Höhe des mit den Abschreibungen verbundenen Steuervorteils zu niedrig ausgewiesen werden. Dies ist darin begründet, dass die so bestimmte Leasing-Zahlung die Leasing-Zahlung nach Abzug von Steuern zuzüglich des abschreibungsbedingten Steuervorteils zum Ausdruck bringt.

Abschließend ist festzuhalten, dass die Anwendung des in Deutschland verbreiteten Vorgehens zur vereinfachten Ermittlung des dem Sachanlagenbestand zuzurechnenden Einkommensbeitrages voraussetzt, dass Veränderungen der Zusammensetzung des Sachanlagenbestandes während des Betrachtungszeitraumes keine Bedeutung zukommt. Weiter ist bei diesem Vorgehen darauf zu achten, dass der dem Sachanlagenbestand zuzurechnende abschreibungsbedingte Steuervorteil in Leasing-Zahlung und Ausgangsgröße der Ableitung der Excess Earnings kongruent abgebildet wird.

3.3.4.3.3 Vereinfachungen bei der Abgrenzung der Einkommensbeiträge von immateriellen Vermögenswerten

3.3.4.3.3.1 Überblick

Im Folgenden wird zunächst eine in der Praxis verwendete Vereinfachung bei der Ermittlung der Einkommensbeiträge von unterstützenden immateriellen Vermögenswerten dargelegt (3.3.4.3.3.2). Sodann wird der Anwendungsbereich möglicher Vereinfachungen bei der Abgrenzung der Einkommensbeiträge von unterstützenden immateriellen Vermögenswerten aufgezeigt (3.3.4.3.3.3). Abschließend werden die Betrachtungen dadurch erweitert, dass das Wachstum der unterstützenden immateriellen Vermögenswerte einbezogen wird (3.3.4.3.3.4).

3.3.4.3.3.2 Vorgehen in der Praxis

In der Praxis der Kaufpreisallokation in den USA[335] wird oftmals angenommen, dass die

*   Aufwendungen zur Aufrechterhaltung – ggf. auch zum Ausbau – eines immateriellen Vermögenswertes in der Planungsrechnung des betrachteten Unternehmens als Aufwand berücksichtigt wurden und dass die
*   Aufwendungen näherungsweise die Rückflüsse des in den Vermögenswert investierten Kapitals abbilden.

Durch diese Annahmen erübrigen sich die Hinzurechnung dieser Aufwendungen zur Ausgangsgröße der Ableitung der Excess Earnings sowie der Abzug der Rückflüsse des in den Vermögenswert investierten Kapitals. Die bei der Ableitung der Excess Earnings anzusetzenden Einkommensbeiträge dieses Vermögenswertes reduzieren sich auf die Verzinsung des am Bewertungsstichtag in den Vermögenswert investierten Kapitals.

TAF[336] betrachtet diese Vorgehensweise – angesichts der Schwierigkeiten, die bei der Bestimmung der Aufwendungen zur Aufrechterhaltung des investierten Kapitals und der Berechnung von dessen Rückflüssen auftreten können – als eine angemessene Vereinfachung; TAF weist allerdings darauf hin, dass bei der Ableitung beizulegender Zeitwerte[337] zu gewährleisten ist, dass die Vereinfachung den Annahmen der Market Participants folgt. Im Entwurf der Best-Practice-Studie von 2009 wurde noch ausgeführt: »Attempts to separate out expenses associated with maintaining or enhancing intangible assets, coupled with calculating an appropriate *return of* for a particular contributory intangible asset might actually result in a less accurate estimate of value for the subject intangible asset or assets which utilize such contributory intangible assets.«[338] Das IVSC vertritt in GN 4[339] – bezogen auf den Mitarbeiterstamm – wohl die gleiche Auffassung; es spricht sich dort lediglich für den Ansatz der Verzinsung des beizulegenden Zeitwerts des Mitarbeiterstamms aus.

Der Anwendungsbereich dieses Vorgehens ist nach TAF nicht auf die Abgrenzung der Einkommensbeiträge bestimmter immaterieller Vermögenswerte, z. B. des Mitarbeiterstamms, begrenzt. TAF[340] spricht sich allerdings – ohne Angabe einer nachvollziehbaren Begründung[341] – gegen die Anwendung der Vereinfachung bei Vermögenswerten aus, die mittels der Relief-from-Royalty-Methode bewertet werden; auf das Vorgehen bei Vermögenswerten, die mittels der Incremental Income Analysis bewertet werden, geht TAF nicht ein. Die betrachtete Vereinfachung ist nach TAF[342] auch dann nicht anzuwenden, wenn der Verlauf des Rückflusses des in den unterstützenden immateriellen Vermögenswert investierten Kapitals und die Aufwendungen für Erhaltung und Ausbau des Vermögenswertes offensichtlich auseinanderfallen.

---

335 So TAF (2010a), 3.5.01.
336 Vgl. TAF (2010a), 3.5.01 f.
337 Zum beizulegenden Zeitwert siehe unter 3.2.4.
338 TAF (2009), 3.5.02.
339 Vgl. IVSC GN 4, 5.36; demgegenüber unklar IVSC ED 2007, 6.64.
340 Vgl. TAF (2010a), 3.5.03.
341 TAF (2010a), 3.5.03, führt lediglich aus, dass nach deren Auffassung die Relief-from-Royalty-Methode als Ausprägung des Profit Split zu verstehen ist.
342 TAF (2010a), 3.5.02.

TAF[343] weist weiter darauf hin, dass der vereinfachten Vorgehensweise auch dann Grenzen gesetzt sind, wenn von Wachstum des immateriellen Vermögenswertes auszugehen ist. Die auf das Wachstum entfallenden Aufwendungen sind gesondert einzubeziehen, es sei denn, dass sie unwesentlich sind.[344] Für die Aufwendungen zur Aufrechterhaltung des am Bewertungsstichtag in den Vermögenswert investierten Kapitals und dessen Rückfluss kann es bei der vereinfachenden Annahme und deren Verrechnung bleiben.

3.3.4.3.3.3 Anwendungsbereich möglicher Vereinfachungen bei der Ermittlung der Einkommensbeiträge von immateriellen Vermögenswerten

Gleichsetzung von Entwicklungsaufwendungen mit den Rückflüssen bei Anwendung des Cost Approach

Das in einen mittels des Cost Approach bewerteten immateriellen Vermögenswertes i mit i = 3 bis o investierte Kapital bleibt im Zeitablauf dann konstant, wenn die Aufwendungen zum Aufbau bzw. zur Entwicklung des Vermögenswertes gleich dem Rückfluss des in den Vermögenswert investierten Kapitals sind. Die Beziehung

$$V_{i,t+1} = V_{i,t} + CF_{i,t+1}^{Dev\ after\ Tax} - CF_{i,t+1}^{of\ after\ Tax}$$

kann überführt werden in den Ausdruck

$$V_{i,t^B} = V_{i,0} + \sum_{t=0}^{t^B-1} CF_{i,t+1}^{Dev\ after\ Tax} - \sum_{t=1}^{t^B-1} CF_{i,t+1}^{of\ after\ Tax}$$

t^B bezeichnet den Betrachtungszeitpunkt. Dieser Ausdruck vereinfacht sich dann zu

$$V_{i,t^B} = V_{i,0}$$

wenn für alle t mit t = 0 bis t^B-1

$$CF_{i,t+1}^{Dev\ after\ Tax} = CF_{i,t+1}^{of\ after\ Tax}$$

gilt.

Durch Einsetzen dieser Ausdrücke in die Bestimmungsgleichungen der Excess Earnings kann deren Ableitung vereinfacht werden. Bei Betrachtung der ausgehend vom Tax-effecting EBITA abgeleiteten Excess Earnings und Anwendung der Vereinfachung auf alle mittels des Cost Approach bewerteten immateriellen Vermögenswerte (für alle i mit i = 3 bis o) ergibt sich die Beziehung

---

343 Vgl. TAF (2010a), 3.7.02 – 3.7.04.
344 TAF (2010a), 3.7.04, geht allerdings davon aus, dass die erforderlichen Anpassungen typischerweise unwesentlich sein werden.

$$CF_{n,t+1}^{EEX} = S_{t+1} \cdot ebita_{t+1} \cdot (1-s) + \sum_{i=o+1}^{n} CF_{i,t+1}^{Dev \; after \; Tax} - CF_{n,t+1}^{Dev \; after \; Tax} + s \cdot A_{n,t+1}$$

$$- \sum_{i=1}^{2} V_{i,t} \cdot r_i - \sum_{i=3}^{o} V_{i,0} \cdot r_i - \sum_{i=o+1}^{o+p} incon_{i,t+1} \cdot adj_{i,t+1}^{S} \cdot S_{t+1} \cdot (1-s)$$

Gleichsetzung von Entwicklungsaufwendungen mit den Rückflüssen bei Anwendung des Income Approach

Das in einen mittels des Income Approach bewerteten Vermögenswert i mit i = o + 1 bis n investierte Kapital folgt nicht zwingend der Beziehung

$$V_{i,t+1} = V_{i,t} + CF_{i,t+1}^{Dev \; after \; Tax} - CF_{i,t+1}^{of \; after \; Tax}$$

Der Zusammenhang gilt allenfalls im Einzelfall. Die Ableitung der Excess Earnings bei Anwendung des Income Approach vereinfacht sich dementsprechend nur dann, wenn für alle t mit t = 0 bis T_i die Bedingungen

$$V_{i,t+1} = V_{i,t} + CF_{i,t+1}^{Dev \; after \; Tax} - CF_{i,t+1}^{of \; after \; Tax}$$

und

$$CF_{i,t+1}^{Dev \; after \; Tax} = CF_{i,t+1}^{of \; after \; Tax}$$

erfüllt sind. Da davon auszugehen ist, dass diese Bedingungen nur selten erfüllt sind, wird auf die Darstellung der Ableitung der Excess Earnings unter Zugrundelegung der Vereinfachungen bei mittels des Income Approach bewerteten Vermögenswerten verzichtet.

Annahme der Berücksichtigung von Entwicklungsaufwendungen in der Planungsrechnung

Unter 3.3.4.2.2 wurde dargelegt, dass die Aufwendungen zum Aufbau bzw. zur Entwicklung der immateriellen Vermögenswerte bei der Ermittlung der Ausgangsgröße der Ableitung der Excess Earnings abzusetzen sind. Dementsprechend erlangt die unter 3.3.4.3.3.2 angesprochene weitere Annahme, dass diese Aufwendungen in der Planungsrechnung des betrachteten Unternehmens als Aufwand berücksichtigt wurden, nur dann Bedeutung, wenn diese Voraussetzung nicht erfüllt ist bzw. nicht bekannt ist, ob die Voraussetzung erfüllt ist. Mit $ebita_{t+1}^{*}$ als EBITA-Marge bei unzutreffender Abbildung der genannten Aufwendungen im EBITA ergeben sich die Excess Earnings aus der Beziehung

$$CF_{n,t+1}^{EEUSA} = S_{t+1} \cdot ebita_{t+1}^{*} \cdot (1-s) + \sum_{i=o+1}^{n} CF_{i,t+1}^{Dev \; after \; Tax} - CF_{n,t+1}^{Dev \; after \; Tax} + s \cdot A_{n,t+1}$$

$$- \sum_{i=1}^{2} V_{i,t} \cdot r_i - \sum_{i=3}^{o} V_{i,0} \cdot r_i - \sum_{i=o+1}^{o+p} incon_{i,t+1} \cdot adj_{i,t+1}^{S} \cdot S_{t+1} \cdot (1-s)$$

Durch Vergleich dieser Beziehung mit der Beziehung für die Excess Earnings, die auf die Anwendung der vereinfachenden Annahmen verzichtet, ergibt sich die mögliche Abweichung der vereinfacht ermittelten Excess Earnings vom zutreffenden Ergebnis. Dies zeigt der Ausdruck

$$CF_{n,t+1}^{EE} - CF_{n,t+1}^{EEUSA} = S_{t+1} \cdot \left(ebita_{t+1} - ebita_{t+1}^* \right) \cdot (1-s)$$

$$+ \sum_{i=3}^{o} \left(CF_{i,t+1}^{Dev\ after\ Tax} - CF_{i,t+1}^{of\ after\ Tax} \right) - \sum_{i=3}^{o} \left(V_{i,t} - V_{i,0} \right) \cdot r_i$$

sowie mit

$$V_{i,t} - V_{i,0} = \sum_{t^*=1}^{t} CF_{i,t^*}^{Dev\ after\ Tax} - \sum_{t^*=1}^{t} CF_{i,t^*}^{of\ after\ Tax}$$

der Ausdruck

$$CF_{n,t+1}^{EE} - CF_{n,t+1}^{EEUSA} = S_{t+1} \cdot \left(ebita_{t+1} - ebita_{t+1}^* \right) \cdot (1-s)$$

$$+ \sum_{i=3}^{o} \left(CF_{i,t+1}^{Dev\ after\ Tax} - CF_{i,t+1}^{of\ after\ Tax} \right) - \sum_{i=3}^{o}\sum_{t^*=1}^{t} \left(CF_{i,t^*}^{Dev\ after\ Tax} - CF_{i,t^*}^{of\ after\ Tax} \right) \cdot r_i$$

mit $t^* = 1$ bis t. Die Beziehung legt dar, dass die Abweichung von den zutreffend ermittelten Excess Earnings bestimmt ist durch den Betrag der unzutreffenden Berücksichtigung der Aufbau- bzw. Entwicklungsaufwendungen im Tax-effecting EBITA, die der Betrachtungsperiode zuzurechnende Differenz aus diesen Aufwendungen und dem Rückfluss des investierten Kapitals sowie der Verzinsung der kumulierten Differenzen der Vorperioden.[345]

Fallbeispiel

BU1 verfügt – unter Erweiterung des bisher betrachteten Fallbeispiels – über einen Mitarbeiterstamm sowie eine substituierbare Software-Lösung als weitere Vermögenswerte. Die Werte dieser Vermögenswerte wurden mittels des Cost Approach in Höhe von EUR 10 Mio. bzw. EUR 40 Mio. ermittelt. Auf die Darstellung der Bewertungsmodelle[345] kann verzichtet werden, da deren Kenntnis für die folgenden Betrachtungen nicht erforderlich ist.

Tabelle 3.3.4-25 fasst die Entwicklung des in den Mitarbeiterstamm investierten Kapitals im Betrachtungszeitraum sowie die Ableitung der Verzinsungen des in den Vermögenswert investierten Kapitals in diesem Zeitraum zusammen. Aus der Tabelle ergibt sich, dass den Rückflüssen des investierten Kapitals in gleicher Höhe Aufwendungen für die Erhaltung des Vermögenswertes gegenüberstehen; eine über die Erhaltung hinausgehende Erweiterung des Mitarbeiterstammes ist von der Geschäftseinheit nicht geplant. Das in den Vermögenswert investierte Kapital und dessen Verzinsungen verändern sich dementsprechend in den betrachteten Perioden nicht.

---

345 Auf die Bewertung von Software-Lösungen sowie die Bewertung des Mitarbeiterstammes wird in Kapitel 4 eingegangen.

Tab. 3.3.4-25: Entwicklung des in den Mitarbeiterstamm investierten Kapitals

Mio. EUR	Tab.		2016	2017	2018	2019	2020	2021	2022	2023	2024	perpetual
Number of Employees			2.000,0	2.000,0	2.000,0	2.000,0	2.000,0	2.000,0	2.000,0	2.000,0	2.000,0	2.000,0
Return on Invested Capital[1]	2-12	7,53%		0,8	0,8	0,8	0,8	0,8	0,8	0,8	0,8	0,8
Return of Invested Capital[2]				2,0	2,0	2,0	2,0	2,0	2,0	2,0	2,0	2,0
Development Expenses[3]				-2,0	-2,0	-2,0	-2,0	-2,0	-2,0	-2,0	-2,0	-2,0
Return of Invested Capital less Development Expenses				0,0	0,0	0,0	0,0	0,0	0,0	0,0	0,0	0,0
Net Cashflow				0,8	0,8	0,8	0,8	0,8	0,8	0,8	0,8	0,8
Invested Capital			10,0	10,0	10,0	10,0	10,0	10,0	10,0	10,0	10,0	
as Percentage of Sales			3,33%	2,78%	2,57%	2,47%	2,42%	2,38%	2,33%	2,28%	2,28%	2,28%
as Percentage of Sales t+1				2,78%	2,57%	2,47%	2,42%	2,38%	2,33%	2,28%	2,28%	2,28%

1 Invested Capital t-1 * Asset Specific Rate of Return
2 Return of Invested Capital = Depreciation
3 Based on Projection of Assembled Workforce

Tab. 3.3.4-26: Entwicklung des in die Software-Lösung investierten Kapitals

Mio. EUR	Tab.		2016	2017	2018	2019	2020	2021	2022	2023	2024	perpetual
Return on Invested Capital[1]	2-12	7,53%		3,0	2,3	1,5	0,8	3,0	2,3	1,5	0,8	3,0
Return of Invested Capital[2]				10,0	10,0	10,0	10,0	10,0	10,0	10,0	10,0	10,0
Development Expenses[3]							-40,0				-40,0	-10,0
Return of Invested Capital less Development Expenses				10,0	10,0	10,0	-30,0	10,0	10,0	10,0	-30,0	0,0
Net Cashflow				13,0	12,3	11,5	-29,2	13,0	12,3	11,5	-29,2	3,0
Invested Capital			40,0	30,0	20,0	10,0	40,0	30,0	20,0	10,0	40,0	40,0
as Percentage of Sales			13,33%	8,33%	5,14%	2,47%	9,70%	7,13%	4,66%	2,28%	9,14%	9,14%
as Percentage of Sales t+1				11,11%	7,72%	4,95%	2,42%	9,51%	6,99%	4,57%	2,28%	9,14%
Return of Invested Capital as Percentage of Sales t				2,78%	2,57%	2,47%	2,42%	2,38%	2,33%	2,28%	2,28%	

1 Invested Capital t-1 * Asset Specific Rate of Return
2 Return of Invested Capital = Depreciation
3 Based on projections provided by management

Tab. 3.3.4-27: Ableitung der Excess Earnings ausgehend vom EBITA nach Steuern bei Einbeziehung des Mitarbeiterstamms und der Software

Mio. EUR	Tab.		2016	2017	2018	2019	2020	2021	2022	2023	2024
Sales generated by Entity*			300,0	360,0	388,8	404,4	412,4	420,7	429,1	437,7	364,7
EBITA				57,6	63,2	65,6	66,9	68,2	69,6	71,0	59,1
Adjustment Cost Savings[1]	2-4			0,0	0,0	0,0	0,0	0,0	0,0	0,0	0,0
Adjustment Customer Acquisition Expenses[2]		0,8%		2,9	3,1	3,2	3,3	3,4	3,4	3,5	2,9
Adjustment R & D Expenses[3]		4,2%		15,1	16,3	17,0	17,3	17,7	18,0	18,4	15,3
EBITA adjusted				75,6	82,6	85,8	87,5	89,2	91,0	92,8	77,4
Tax adjusted		30,0%		-22,7	-24,8	-25,7	-26,2	-26,8	-27,3	-27,9	-23,2
Tax-effecting EBITA				52,9	57,8	60,0	61,2	62,5	63,7	65,0	54,2
Return on Invested Capital after Tax												
Assembled Workforce[4]	3.3.4-25			-0,8	-0,8	-0,8	-0,8	-0,8	-0,8	-0,8	-0,6
Working Capital[5]	2-10			-2,3	-2,7	-2,9	-2,9	-3,0	-3,1	-3,1	-2,7
Tangible Fixed Assets[6]	2-9			-5,5	-4,8	-4,7	-6,7	-5,8	-3,8	-5,4	-4,3
Income Contribution after Tax												
Software[7]	3.3.4-26			-13,0	-12,3	-11,5	-10,8	-13,0	-12,3	-11,5	-9,0
Core Technology[8]	2-5			-20,2	-21,8	-22,6	-23,1	-23,6	-24,0	-24,5	-20,4
Process Technology[9]	2-4			-2,5	-2,7	-2,9	-2,9	-3,0	-3,1	-3,1	-2,6
Excess Earnings				8,8	12,8	14,6	14,1	13,3	16,7	16,5	14,5

* Projection based on management best estimate
1 Cost Savings Included in EBITA ./. Realized Cost Savings
2 Customer Acquisition Expenses as % of Sales * Sales
3 R & D Expenses as % of Sales * Sales
4 Invested Capital t-1 as % of Sales t * Sales t * Asset Specific Rate of Return
5 Invested Capital t-1 as % of Sales t * Sales t * Asset Specific Rate of Return (Working Capital)
6 Invested Capital t-1 as % of Sales t * Sales t * Asset Specific Rate of Return (Tangible Fixed Assets)
7 Invested Capital t-1 as % of Sales t * Sales t * Asset Specific Rate of Return+ Return of Invested Capital t as % of Sales t * Sales t
8 Royalty Rate * Sales * (1 - Tax Rate)
9 Cost Savings as % of Sales * Sales * (1- Tax Rate)

Die Analyse der sich aus Tabelle 2-3 ergebenden Planungsrechnung von BU1 – auf die Darstellung dieser Untersuchung wird im Folgenden verzichtet – zeigte, dass die Aufwendungen zur Erhaltung des Vermögenswertes bei der EBITA-Ermittlung in jedem Jahr des Betrachtungszeitraums berücksichtigt wurden. Da diese Aufwendungen gleich den Rückflüssen des in den Mitarbeiterstamm investierten Kapitals sind, erübrigt sich bei der Ableitung der den Kundenbeziehungen zuzurechnenden Excess Earnings die Hinzurechnung der Aufwendungen und der Abzug der Rückflüsse des in den Vermögenswert investierten Kapitals. Der in die Ableitung der Excess Earnings der Kundenbeziehungen einzubeziehende Einkommensbeitrag des Mitarbeiterstammes kann sich folglich auf die Verzinsungskomponente beschränken. Die Ableitung der Excess Earnings unter Einbeziehung der Verzinsungen des in den Mitarbeiterstamm investierten Kapitals ergibt sich aus Tabelle 3.3.4-27.

Die Entwicklung des in die substituierbare Software-Lösung investierten Kapitals im Betrachtungszeitraum sowie die Verzinsungen des investierten Kapitals in diesen Perioden werden in

Tabelle 3.3.4-26 dargestellt. Die Entwicklung des investierten Kapitals – und damit auch dessen Verzinsung – ist dadurch bestimmt, dass die Gesellschaft von einem linearen Verlauf des Rückflusses des in den Vermögenswert investierten Kapitals sowie einem Ersatz der Software-Lösung durch eine Nachfolgegeneration zu Beginn des Jahres 2021 sowie deren Ersatz zu Beginn des Jahres 2025 ausgeht. Dementsprechend fallen bei diesem Vermögenswert – im Unterschied zum Mitarbeiterstamm – Rückfluss des investierten Kapitals und Aufwendungen für die Entwicklung der Nachfolgegenerationen der Software-Lösung in jedem Jahr des Betrachtungszeitraums auseinander.

In der sich aus Tabelle 2-3 ergebenden Planungsrechnung von BU1 wurden die für die Entwicklung der Nachfolgegenerationen der Software-Lösung anfallenden Aufwendungen bei der Ermittlung des EBITA in den Jahren 2020 und 2024 nicht berücksichtigt; dies zeigte die – im Folgenden nicht wiedergegebene – Analyse der Planungsrechnung der Geschäftseinheit. Mit dieser Feststellung ist verbunden, dass die Planungsrechnung von BU1 insoweit anzupassen ist.

Bei der Ableitung der den Kundenbeziehungen zuzurechnenden Excess Earnings unter Einbeziehung der betrachteten Software-Lösung sowie der Nachfolgegenerationen der Software-Lösung sind zunächst die in der angepassten Planung berücksichtigten Aufwendungen für die Entwicklung der Nachfolgegenerationen der Software-Lösung dem EBITA wieder hinzuzurechnen. Da sich die Korrektur der Entwicklungsaufwendungen in der Planungsrechnung und die Hinzurechnung dieser Aufwendungen zum EBITA ausgleichen, kann – zur Vereinfachung des Vorgehens – das nicht angepasste EBITA aus der Planungsrechnung übernommen und auf die Hinzurechnung der Entwicklungsaufwendungen verzichtet werden. Sodann sind – zur Ableitung der Excess Earnings – die sich aus Rückfluss und Verzinsung des investierten Kapitals zusammensetzenden Einkommensbeiträge der Software-Lösung bzw. der Nachfolgegenerationen dieses Vermögenswertes abzuziehen. Die Ableitung der Excess Earnings unter Einbeziehung der Software-Lösung ergibt sich aus Tabelle 3.3.4-27.

Die Betrachtungen machen deutlich, dass die von der Schmalenbach-Gesellschaft[346] – in Anlehnung an die in Deutschland verbreitete Praxis – vorgeschlagene Vorgehensweise des Ansatzes »eine(r) fiktive(n) Abschreibungskomponente auf den Mitarbeiterstamm« eine – von der Schmalenbach-Gesellschaft nicht verlangte – Eliminierung der Ausgaben zur Aufrechterhaltung und zum Ausbau des Mitarbeiterstamms voraussetzt bzw. implizit davon ausgeht, dass diese Aufwendungen bei der Ableitung des EBITA keine Berücksichtigung fanden.

3.3.4.3.3.4 Erweiterung der Betrachtung durch Einbeziehung von Wachstum der immateriellen Vermögenswerte

Bei Wachstum eines mittels des Cost Approach bewerteten immateriellen Vermögenswertes[347] i mit i = 3 bis o übersteigen die Aufbau- bzw. Entwicklungsaufwendungen den Rückfluss des in den Vermögenswert investierten Kapitals. Aus der Beziehung

$$V_{i,t+1} = V_{i,t} + CF_{i,t+1}^{Dev\ after\ Tax} - CF_{i,t+1}^{of\ after\ Tax}$$

---

346 Vgl. Schmalenbach-Gesellschaft (2009), S. 41 f.

347 Auf die Betrachtung von mittels des Income Approach bewerteten immateriellen Vermögenswerten wird aus den unter 3.3.4.3.3.3 genannten Gründen verzichtet.

folgt, dass für

$$CF_{i,t+1}^{Dev\ after\ Tax} > CF_{i,t+1}^{of\ after\ Tax}$$

gilt

$$V_{i,t+1} > V_{i,t}$$

Die ausgehend vom Tax-effecting EBITA abgeleiteten Excess Earnings ergeben sich bei Verrechnung der Aufbau- bzw. Entwicklungsaufwendungen mit den Rückflüssen des investierten Kapitals aller mittels des Cost Approach bewerteten immateriellen Vermögenswerte (für alle i mit i = 3 bis o) unter Berücksichtigung von Wachstum aus der Beziehung

$$CF_{n,t+1}^{EEX} = S_{t+1} \cdot ebita_{t+1} \cdot (1-s) + \sum_{i=o+1}^{n} CF_{i,t+1}^{Dev\ after\ Tax} - CF_{n,t+1}^{Dev\ after\ Tax}$$

$$+ \sum_{i=3}^{o} \left(CF_{i,t+1}^{Dev\ after\ Tax} - CF_{i,t+1}^{of\ after\ Tax} \right) + s \cdot A_{n,t+1} - \sum_{i=1}^{2} V_{i,t} \cdot r_i$$

$$- \sum_{i=3}^{o} V_{i,t} \cdot r_i - \sum_{i=o+1}^{o+p} incon_{i,t+1} \cdot adj_{i,t+1}^{S} \cdot S_{t+1} \cdot (1-s)$$

Die Beziehung legt dar, dass das Tax-effecting EBITA bei Wachstum einzelner oder aller mittels des Cost Approach bewerteten Vermögenswerte eine Anpassung in Höhe der die Rückflüsse des in diese Vermögenswerte investierten Kapitals übersteigenden Aufwendungen zum Aufbau bzw. zur Entwicklung der wachsenden Vermögenswerte erfordert. Weiter zeigt die Beziehung, dass die Verzinsungen des in die Vermögenswerte investierten Kapitals insoweit nicht unter Zugrundelegung des am Bewertungsstichtag, sondern des zu Beginn der betrachteten Periode investierten Kapitals zu bestimmen ist.

Für einen schrumpfenden unterstützenden immateriellen Vermögenswert können entsprechende Betrachtungen vorgenommen werden.

Fallbeispiel

BU1 geht – in Erweiterung des Fallbeispiels – davon aus, dass im Betrachtungszeitraum der Mitarbeiterbestand der Geschäftseinheit entsprechend dem Umsatzwachstum steigen wird. Tabelle 3.3.4-28 stellt die sich auf dieser Grundlage in den Jahren 2017 bis 2025 ergebende Entwicklung des Mitarbeiterbestandes, die Entwicklung des in den Mitarbeiterstamm investierten Kapitals sowie die Verzinsungen des in den Vermögenswert investierten Kapitals zusammen.

Tab. 3.3.4-28: Entwicklung des in den Mitarbeiterstamm investierten Kapitals bei Wachstum

Mio. EUR	Tab.	2016	2017	2018	2019	2020	2021	2022	2023	2024	perpetual
Number of Employees	2-12	2.000,0	2.400,0	2.592,0	2.695,7	2.749,6	2.804,6	2.860,7	2.917,9	2.917,9	2.917,9
Return on Invested Capital[1]	7,53%		0,8	0,9	1,0	1,0	1,0	1,1	1,1	1,1	1,1
Return of Invested Capital[2]			2,0	2,4	2,6	2,7	2,7	2,8	2,9	2,9	2,9
Development Expenses[3]			-4,0	-3,4	-3,1	-3,0	-3,0	-3,1	-3,1	-2,9	-2,9
Return of Invested Capital less Development Expenses			-2,0	-1,0	-0,5	-0,3	-0,3	-0,3	-0,3	0,0	0,0
Net Cashflow			-1,2	-0,1	0,5	0,7	0,8	0,8	0,8	1,1	1,1
Invested Capital		10,0	12,0	13,0	13,5	13,7	14,0	14,3	14,6	14,6	
as Percentage of Sales		3,33%	3,33%	3,33%	3,33%	3,33%	3,33%	3,33%	3,33%	3,33%	3,33%
as Percentage of Sales t+1			2,78%	3,09%	3,21%	3,27%	3,27%	3,27%	3,27%	3,33%	3,33%

1 Invested Capital t-1 * Asset Specific Rate of Return
2 Return of Invested Capital = Depreciation
3 Based on Projection of Assembled Workforce

Die Tabelle zeigt, dass in den Jahren 2017 bis 2023 die Aufwendungen in die Entwicklung des Mitarbeiterstammes den Rückfluss des in diesen Vermögenswert investierten Kapitals übersteigen und sich dementsprechend ein Aufbau des investierten Kapitals ergibt. Hieraus folgt für die Ableitung der den Kundenbeziehungen zuzuordnenden Excess Earnings, dass die – in der Planungsrechnung von BU1 erfassten – Entwicklungsaufwendungen vor Abzug von Steuern dem EBITA hinzuzurechnen und die Rückflüsse des investierten Kapitals nach Steuern in die vom Tax-effecting EBITA abzuziehenden Einkommensbeiträge des Mitarbeiterstammes einzubeziehen sind. Zur Vereinfachung des Vorgehens kann der Saldo aus beiden Größen vor Abzug von Steuern dem EBITA bzw. nach Abzug von Steuern dem Tax-effecting EBITA hinzugerechnet werden. Da der Saldo aus Entwicklungsaufwendungen nach Abzug von Steuern und Rückfluss

Tab. 3.3.4-29: Ableitung der Excess Earnings ausgehend vom EBITA nach Steuern bei Einbeziehung des Mitarbeiterstamms bei Wachstum

Mio. EUR	Tab.		2016	2017	2018	2019	2020	2021	2022	2023	2024
Sales generated by Entity*			300,0	360,0	388,8	404,4	412,4	420,7	429,1	437,7	364,7
EBITA	2-3			57,6	63,2	65,6	66,9	68,2	69,6	71,0	59,1
Adjustment Cost Saving[1]	2-4			0,0	0,0	0,0	0,0	0,0	0,0	0,0	0,0
Adjustment Customer Acquisition Expenses[2]		0,8%		2,9	3,1	3,2	3,3	3,4	3,4	3,5	2,9
Adjustment R & D Expenses[3]		4,2%		15,1	16,3	17,0	17,3	17,7	18,0	18,4	15,3
Adjustment Development Expenses AWF pre Tax[4]	3.3.4-28			2,9	1,4	0,7	0,4	0,4	0,4	0,4	0,0
EBITA adjusted				78,5	84,0	86,5	87,9	89,6	91,4	93,3	77,4
Tax adjusted		30,0%		-23,5	-25,2	-26,0	-26,4	-26,9	-27,4	-28,0	-23,2
Tax-effecting EBITA				54,9	58,8	60,6	61,5	62,7	64,0	65,3	54,2
Return on Invested Capital after Tax												
Assembled Workforce[5]	3.3.4-28			-0,8	-0,9	-1,0	-1,0	-1,0	-1,1	-1,1	-0,9
Working Capital[6]	2-10			-2,3	-2,7	-2,9	-2,9	-3,0	-3,1	-3,1	-2,7
Tangible Fixed Assets[7])	2-9			-5,5	-4,8	-4,7	-6,7	-5,8	-3,8	-5,4	-4,3
Income Contribution after Tax												
Software[8]	3.3.4-26			-13,0	-12,3	-11,5	-10,8	-13,0	-12,3	-11,5	-9,0
Core Technology[9]	2-5			-20,2	-21,8	-22,6	-23,1	-23,6	-24,0	-24,5	-20,4
Process Technology[10]	2-4			-2,5	-2,7	-2,9	-2,9	-3,0	-3,1	-3,1	-2,6
Excess Earnings				10,8	13,6	14,9	14,1	13,3	16,7	16,5	14,3
Invested Capital		7,53%	82,3	77,7	70,0	60,3	50,8	41,3	27,7	13,3	0,0

*   Projection based on management best estimate
1   Cost Savings Included in EBITA ./. Realized Cost Savings
2   Customer Acquisition Expenses as % of Sales * Sales
3   R & D Expenses as % of Sales * Sales
4   Development Expenses / (1 - Tax Rate)
5   Invested Capital t-1 as % of Sales t * Sales t * Asset Specific Rate of Return (Assembled Workforce)
6   Invested Capital t-1 as % of Sales t * Sales t * Asset Specific Rate of Return (Working Capital)
7   Invested Capital t-1 as % of Sales t * Sales t * Asset Specific Rate of Return (Tangible Fixed Assets)
8   Invested Capital t-1 as % of Sales t * Sales t * Asset Specific Rate of Return+ Return of Invested Capital t as % of Sales t * Sales t
9   Royalty Rate * Sales * (1 - Tax Rate)
10 Cost Savings as % of Sales * Sales * (1- Tax Rate)

des investierten Kapitals nach Abzug von Steuern einer betrachteten Periode gleich der Veränderung des in den Mitarbeiterstamm investierten Kapitals in dieser Periode gegenüber der Vorperiode ist, kann auch die Veränderung des in den Vermögenswert investierten Kapitals bei der Ermittlung der Excess Earnings angesetzt werden. Die Ableitung der Excess Earnings unter Einbeziehung des wachsenden Mitarbeiterstammes ergibt sich aus Tabelle 3.3.4-29.

3.3.4.3.4 Bestimmung der Einkommensbeiträge des Working Capital

3.3.4.3.4.1 Überblick
Im Folgenden werden zunächst Abgrenzung und Umfang des Working Capital betrachtet (3.3.4.3.4.2). Sodann wird die Abbildung des Working Capital bei der Ableitung des Entity Value untersucht (3.3.4.3.4.3) und auf dieser Grundlage der Einfluss aufgezeigt, der von der Abbildung des Working Capital auf die Excess Earnings sowie die Abstimmung der vermögenswertspezifischen Zinssätze ausgeht. Da MPEEM und Residual-Value-Methode – unter den dargelegten Voraussetzungen – zu identischen Werten führen, wird zuvor der Einfluss der Behandlung des Working Capital auf den mittels der Residual-Value-Methode abgeleiteten Wert und die daraus abgeleiteten Excess Earnings dargelegt (3.3.4.3.4.4). Abschließend wird das Vorgehen bei der Ableitung der in die Excess Earnings einzubeziehenden Einkommensbeiträge des Working Capital zusammengefasst (3.3.4.3.4.5).

Die Ausführungen beschränken sich auf die Ableitung der Excess Earnings ausgehend vom Tax-effecting EBITA.

3.3.4.3.4.2 Abgrenzung und Umfang des Working Capital
Das Working Capital[348] wird üblicherweise dahingehend abgegrenzt, dass diesem die Vermögenswerte und – vielfach auch – die Schulden zugerechnet werden, die dem operativen Geschäftsbetrieb zuzuordnen sind. Die einbezogenen Vermögenswerte umfassen insbesondere das Vorratsvermögen, die Forderungen aus Lieferungen und Leistungen sowie den Kassenbestand, die berücksichtigten Schulden, vor allem die Verbindlichkeiten aus Lieferungen und Leistungen, sowie dem operativen Bereich zuzurechnende Rückstellungen.[349] Das als Saldo aus Vermögenswerten und Schulden zusammengesetzte Working Capital wird – zur Abgrenzung von einem nur Vermögenswerte einbeziehenden Working Capital – regelmäßig als Net Working Capital bezeichnet.

Der Umfang, in dem diese Komponenten in das Working Capital einzubeziehen sind, ist gleichfalls durch die operative Geschäftstätigkeit des betrachteten Unternehmens bestimmt. Insoweit diese Vermögenswerte und Schulden den so abgegrenzten Umfang übersteigen, sind sie bei der Bemessung des Working Capital nicht zu berücksichtigen.

Die Betrachtungen machen deutlich, dass das Net Working Capital auch negativ sein kann. Hiervon ist dann auszugehen, wenn ein Überhang der einbezogenen Schulden, ins-

---

348   Zum Working Capital und dessen Management siehe z. B. Bösch (2009), S. 14, 26 f., 382 ff. Die Entwicklung des Working Capital in ausgewählten Branchen wird regelmäßig von Deloitte untersucht, siehe z. B. Deloitte (2016).
349   Vgl. auch TAF (2010a), 2.2.04 ff.

besondere der Verbindlichkeiten aus Lieferungen und Leistungen, gegeben ist. Ein negatives Working Capital ist beispielsweise bei Handelsunternehmen, vor allem im Lebensmittelhandel,[350] zu beobachten.

Das Working Capital bzw. das Net Working Capital wird zur Vereinfachung der Ausführungen weiterhin als einheitlicher Vermögenswert behandelt.

Fallbeispiel

Das Working Capital von BU1 wird für die folgenden Betrachtungen dahingehend modifiziert, dass davon ausgegangen wird, dass

- das sich aus Tabelle 2-10 ergebende Working Capital lediglich die dem Working Capital zuzuordnenden Vermögenswerte zusammenstellt sowie dass
- die Geschäftseinheit – im Vergleich zum Ausgangsfall – zusätzlich über Verbindlichkeiten aus Lieferungen und Leistungen verfügt.

Zur Vereinfachung der Ausführungen wird davon abgesehen, dass BU1 über weitere, dem Net Working Capital zuzuordnende Verbindlichkeiten verfügt.

Tabelle 3.3.4-30 leitet das sich aus Tabelle 2-10 ergebende Working Capital durch Einbeziehung der Verbindlichkeiten aus Lieferungen und Leistungen in das Net Working Capital über. Aus der Tabelle ergibt sich, dass das im Folgenden betrachtete Net Working Capital von BU1 negativ ist.

Tab. 3.3.4-30: Überleitung des Working Capital in das Net Working Capital

Mio. EUR	Tab.		2016	2017	2018	2019	2020	2021	2022	2023	2024	2025
Working Capital	2-10	3,0%	75,0	90,0	95,3	97,0	99,0	101,0	103,0	105,0	105,0	105,0
as Percentage of Sales			25,0%	25,0%	24,5%	24,0%	24,0%	24,0%	24,0%	24,0%	24,0%	24,0%
as Percentage of Sales t+1				20,83%	23,15%	23,56%	23,53%	23,53%	23,53%	23,53%	24,00%	24,00%
Incremental Working Capital as Percentage of Sales				-4,17%	-1,35%	-0,44%	-0,47%	-0,47%	-0,47%	-0,47%	0,00%	0,00%
Accounts Payable		12,0%	90,0	108,0	116,6	121,3	123,7	126,2	128,7	131,3	131,3	131,3
as Percentage of Sales			30,0%	30,0%	30,0%	30,0%	30,0%	30,0%	30,0%	30,0%	30,0%	30,0%
as Percentage of Sales t+1				25,0%	27,8%	28,8%	29,4%	29,4%	29,4%	29,4%	30,0%	30,0%
Net Working Capital			-15,0	-18,0	-21,4	-24,3	-24,7	-25,2	-25,7	-26,3	-26,3	-26,3
as Percentage of Sales t+1				-4,2%	-4,6%	-5,3%	-5,9%	-5,9%	-5,9%	-5,9%	-6,0%	-6,0%

3.3.4.3.4.3 Abbildung des Working Capital bei der Ableitung des Entity Value

Die unter 2.6.2.1 dargelegte Ableitung des Entity Value eines betrachteten Unternehmens geht von dem als Free Cashflow verstandenen Einkommen des Unternehmens aus, das regelmäßig unter Zugrundelegung der Veränderung des Net Working Capital und nicht der Veränderung des Working Capital bestimmt wird. Bei der Ableitung des Entity Value wird dementsprechend üblicherweise zwischen einem negativen Net Working Capital und einem positiven Net Working Capital nicht unterschieden. Zur Verdeutlichung dieses Vor-

---

350 Vgl. Elfers (2006), S. 80 ff.

gehens wird die unter 2.6.2.1 eingeführte Bestimmungsgleichung des Entity Value im Zeitpunkt t mit t = 0 bis ∞ im Folgenden dargestellt als

$$V_t^{NWC} = \frac{CF_{t+1}^{NWC} + V_{t+1}^{NWC}}{1+r}$$

Copeland/Koller/Murrin[351] legen dar, dass die Einbeziehung des Net Working Capital in
das Bewertungskalkül eine Vereinfachung darstellt. Sie führen im Einzelnen aus, dass dieses Vorgehen darin begründet ist, dass mit den bei der Ermittlung des Net Working Capital
abgezogenen Verbindlichkeiten implizite Finanzierungskosten[352] – diese schlagen sich in
den Cost of Sales nieder – verbunden sind, deren »Aussonderung ... eine schwierige und
zeitaufwendige Prozedur [wäre], die die Bewertung nicht verbessern würde«.[353]

Der Einfluss, der von dieser Vereinfachung möglicherweise auf den Entity Value ausgeht, kann dadurch abgegrenzt werden, dass der bei Anwendung der Vereinfachung abgeleitete Entity Value in den Entity Value übergeleitet wird, der sich bei Zuordnung der bei
der Ermittlung des Net Working Capital abgezogenen Schulden zu den zinstragenden Verbindlichkeiten ergibt. Zur Vereinfachung der Ausführungen werden in die weiteren
Betrachtungen lediglich die Verbindlichkeiten aus Lieferungen und Leistungen einbezogen. Die so erzielten Ergebnisse können auf alle anderen, bei der Ermittlung des Net Working Capital abgesetzten Schulden, mit denen implizite Finanzierungskosten verbunden
sind, übertragen werden.

Das als Free Cashflow verstandene Einkommen des zu bewertenden Unternehmens
(CF_{t+1}^{WC}) der in t + 1 endenden Periode mit t = 0 bis ∞, das sich bei Behandlung der im Zeitpunkt t mit t = 0 bis ∞ bestehenden Verbindlichkeiten aus Lieferungen und Leistungen
($\Delta V_{1,t}$) als zinstragende Verbindlichkeiten ergibt, kann aus dem Unternehmenseinkommens abgeleitet werden (CF_{t+1}^{NWC}), das sich bei Einbeziehung dieser Verbindlichkeiten in
das Net Working Capital ergibt. Diese Ableitung erfordert die Bereinigung der in den Cost
of Sales enthaltenen impliziten Finanzierungskosten der Verbindlichkeiten aus Lieferungen und Leistungen ($\Delta V_{1,t} \cdot r_1^{LL}$) sowie die Bereinigung der in den Veränderungen des Net
Working Capital berücksichtigten Veränderungen der betrachteten Verbindlichkeiten
($\Delta V_{1,t} - \Delta V_{1,t+1}$); r_1^{LL} bezeichnet den Finanzierungskostensatz der Verbindlichkeiten aus
Lieferungen und Leistungen. Das so abgegrenzte Einkommen ist bestimmt durch die
Beziehung

$$CF_{t+1}^{WC} = CF_{t+1}^{NWC} + \Delta V_{1,t} \cdot r_1^{LL} + \Delta V_{1,t} - \Delta V_{1,t+1}$$

Dieser Ausdruck kann nach CF_{t+1}^{NWC} aufgelöst und in den Ausdruck für den Entity Value
bei Verrechnung der Verbindlichkeiten aus Lieferungen und Leistungen im Net Working
Capital eingesetzt werden. Es ergibt sich die Beziehung

$$V_t^{NWC} = \frac{CF_{t+1}^{WC} - \Delta V_{1,t} \cdot r_1^{LL} - \Delta V_{1,t} + \Delta V_{1,t+1} + V_{t+1}^{NWC}}{1+r}$$

---

351 Vgl. Copeland/Koller/Murrin (2002), S. 203.
352 Zu den Finanzierungskosten von Verbindlichkeiten aus Lieferungen und Leistungen siehe z. B. Perridon/
      Steiner (2007), S. 418 f.; Bösch (2009), S. 184 ff., 215.
353 Copeland/Koller/Murrin (1993), S. 194.

die umgeformt werden kann zu

$$V_t^{NWC} + \Delta V_{1,t} = CF_{t+1}^{WC} + V_{t+1}^{NWC} + \Delta V_{1,t+1} - \left(V_t^{NWC} \cdot r + \Delta V_{1,t} \cdot r_1^{LL}\right)$$

Durch Multiplikation dieses Ausdrucks mit $\dfrac{1}{1+\dfrac{V_t^{NWC} \cdot r + \Delta V_{1,t} \cdot r_1^{LL}}{V_t^{NWC} + \Delta V_{1,t}}}$ ergibt sich nach Umformung die Beziehung

$$\frac{V_t^{NWC} + \Delta V_{1,t}}{1+\dfrac{V_t^{NWC} \cdot r + \Delta V_{1,t} \cdot r_1^{LL}}{V_t^{NWC} + \Delta V_{1,t}}} + \frac{V_t^{NWC} \cdot r + \Delta V_{1,t} \cdot r_1^{LL}}{1+\dfrac{V_t^{NWC} \cdot r + \Delta V_{1,t} \cdot r_1^{LL}}{V_t^{NWC} + \Delta V_{1,t}}} = \frac{CF_{t+1}^{WC} + V_{t+1}^{NWC} + \Delta V_{1,t+1}}{1+\dfrac{V_t^{NWC} \cdot r + \Delta V_{1,t} r_1^{LL}}{V_t^{NWC} + \Delta V_{1,t}}}$$

bzw.

$$\frac{\dfrac{V_t^{NWC} + \Delta V_{1,t} + V_t^{NWC} \cdot r + \Delta V_{1,t} \cdot r_1^{LL}}{V_t^{NWC} + \Delta V_{1,t} + V_t^{NWC} \cdot r + \Delta V_{1,t} \cdot r_1^{LL}}}{V_t^{NWC} + \Delta V_{1,t}} = \frac{CF_{t+1}^{WC} + V_{t+1}^{NWC} + \Delta V_{1,t+1}}{1+\dfrac{V_t^{NWC} \cdot r + \Delta V_{1,t} \cdot r_1^{LL}}{V_t^{NWC} + \Delta V_{1,t}}}$$

sowie nach Vereinfachungen die Beziehung

$$V_t^{NWC} + \Delta V_{1,t} = \frac{CF_{t+1}^{WC} + V_{t+1}^{NWC} + \Delta V_{1,t+1}}{1+\dfrac{V_t^{NWC} \cdot r + \Delta V_{1,t} \cdot r_1^{LL}}{V_t^{NWC} + \Delta V_{1,t}}}$$

sowie mit

$$r_{t+1}^{WC} = \frac{V_t^{NWC} \cdot r + \Delta V_{1,t} \cdot r_1^{LL}}{V_t^{NWC} + \Delta V_{1,t}}$$

$$V_t^{NWC} + \Delta V_{1,t} = \frac{CF_{t+1}^{WC} + V_{t+1}^{NWC} + \Delta V_{1,t+1}}{1+r_{t+1}^{WC}}$$

Durch rekursives Vorgehen für j = 1 bis T^{Entity} mit T^{Entity} als Lebensdauer des Unternehmens kann mit

$$V_t^{WC} = \frac{CF_{t+1}^{WC} + V_{t+1}^{WC}}{1+r_{t+1}^{WC}}$$

aufgezeigt werden, dass für alle t = 0 bis ∞ gilt

$$V_t^{WC} = V_t^{NWC} + \Delta V_{1,t}$$

Die Beziehung legt dar, dass der sich bei Zurechnung der Verbindlichkeiten aus Lieferungen und Leistungen zu den zinstragenden Verbindlichkeiten ergebende Entity Value gleich dem unter Einbeziehungen dieser Verbindlichkeiten in das Net Working Capital bestimmten Entity Value zuzüglich der Verbindlichkeiten aus Lieferungen und Leistungen ist. Damit ist aufgezeigt, dass beide betrachtete Vorgehensweisen zur Ableitung des Entity Value nach Anpassung der Verbindlichkeiten aus Lieferungen und Leistungen zum gleichen Ergebnis führen. Die Beziehung gilt unabhängig davon, ob das Net Working Capital positiv oder negativ ist.

Der abgeleitete Zusammenhang setzt voraus, dass die gewichteten Kapitalkosten r durch die gewählte Abbildung der Verbindlichkeiten aus Lieferungen und Leistungen nicht beeinflusst werden. Diese Voraussetzung ist c. p. dann erfüllt, wenn den Beta-Ableitungen bei beiden Vorgehensweisen zur Bestimmung des Entity Value die gleiche Kapitalstruktur zugrunde zu legen ist. Hiervon ist auszugehen, da die Kapitalstruktur – neben der Höhe des Wertes des Eigenkapitals – durch die Höhe der zinstragenden Verbindlichkeiten, nicht jedoch durch die Abbildung der Verbindlichkeiten aus Lieferungen und Leistungen im Bewertungskalkül bestimmt ist.

Abschließend ist darauf hinzuweisen, dass die Verrechnung der Verbindlichkeiten aus Lieferungen und Leistungen im Net Working Capital im Vergleich zu deren Erfassung als verzinsliche Verbindlichkeiten grundsätzlich der Unterscheidung zwischen Equity Approach und Entity Approach folgt.[354] Unter Heranziehung der für diese Ansätze teilweise auch verwendeten Bezeichnungen »Nettomethode« und »Bruttomethode«[355] kann die Verrechnung der Verbindlichkeiten aus Lieferungen und Leistungen im Net Working Capital insoweit auch als eine Nettodarstellung betrachtet werden.

Fallbeispiel

Tabelle 3.3.4-31 fasst die Ableitung des Entity Value von BU1 unter Zugrundelegung des modifizierten, sich aus Tabelle 3.3.4-30 ergebenden Net Working Capital zusammen. Die Bestimmung dieses Wertes folgt dem bereits unter 2.6.2.1 dargelegten Vorgehen, auf das verwiesen werden kann.

Tab. 3.3.4-31: Ermittlung des Entity Value ausgehend vom Net Working Capital

Mio. EUR	Tab.		2016	2017	2018	2019	2020	2021	2022	2023	2024	perpetual
Sales generated by Entity				360,0	388,8	404,4	412,4	420,7	429,1	437,7	437,7	437,7
EBITA				57,6	63,2	65,6	66,9	68,2	69,6	71,0	71,0	71,0
Adjustment Cost Savings	2-4			0,0	0,0	0,0	0,0	0,0	0,0	0,0	-0,7	-4,5
EBITA adjusted				57,6	63,2	65,6	66,9	68,2	69,6	71,0	70,2	66,5
Tax adjusted		30,00%		-17,3	-19,0	-19,7	-20,1	-20,5	-20,9	-21,3	-21,1	-19,9
Tax-effecting EBITA				40,3	44,2	45,9	46,8	47,7	48,7	49,7	49,2	46,5
Amortization												
Customer Relationship	3.3.4-35	8,0	276,9	34,6	34,6	34,6	34,6	34,6	34,6	34,6	34,6	
Core Technology	3.3.4-35	8,0	159,7	20,0	20,0	20,0	20,0	20,0	20,0	20,0	20,0	
Process Technology	3.3.4-35	8,0	20,2	2,5	2,5	2,5	2,5	2,5	2,5	2,5	2,5	
Amortization Total				57,1	57,1	57,1	57,1	57,1	57,1	57,1	57,1	0,0
Tax Benefit Amortization		30,00%		17,1	17,1	17,1	17,1	17,1	17,1	17,1	17,1	0,0

---

354 Zum Nachweis dieses Zusammenhanges siehe bereits Moser (2005).
355 Siehe zu dieser Terminologie z. B. Matschke/Brösel (2007), insbesondere S. 659 f.

Mio. EUR	Tab.		2016	2017	2018	2019	2020	2021	2022	2023	2024	perpetual
Tax-effecting EBITA adjusted												
incl. Tax Benefit Amortization				57,4	61,4	63,0	63,9	64,9	65,8	66,8	66,3	46,5
Incremental Working Capital	3.3.4-30			3,0	3,4	2,9	0,5	0,5	0,5	0,5	0,0	0,0
CapEx less Depreciation	2-9			12,0	2,0	-36,0	16,0	36,0	-29,0	4,0	-24,0	0,0
Free Cashflow				72,4	66,7	29,9	80,4	101,4	37,3	71,3	42,3	46,5
Invested Capital		7,53%	716,5	698,0	683,8	705,4	678,1	627,7	637,7	614,4	618,3	

Die Ermittlung des Entity Value von BU1 bei Behandlung der sich aus Tabelle 3.3.4-30 ergebenden Verbindlichkeiten aus Lieferungen und Leistungen als verzinsliche Verbindlichkeiten wird in Tabelle 3.3.4-32 dargestellt. Die Ableitung der Free Cashflows unterscheidet sich von dem in Tabelle 3.3.4-31 dargestellten Vorgehen dadurch, dass das EBITA um die in diesem berücksichtigten impliziten Finanzierungskosten der Verbindlichkeiten aus Lieferungen und Leistungen vor Abzug von Steuern bereinigt wird. Weiter wird die Veränderung des Working Capital und nicht die Veränderung des Net Working Capital in die Free-Cashflow-Ermittlung einbezogen. Die Überleitung des in Tabelle 3.3.4-31 bestimmten Free Cashflow in den hier ermittelten Free Cashflow – unter Einbeziehung dieser Komponenten – wird im unteren Teil von Tabelle 3.3.4-32 zusammengefasst.

Tab. 3.3.4-32: Ermittlung des Entity Value bei Behandlung der Verbindlichkeiten aus Lieferungen und Leistungen als verzinsliche Verbindlichkeiten

Mio. EUR	Tab.		2016	2017	2018	2019	2020	2021	2022	2023	2024	perpetual
Sales generated by Entity				360,0	388,8	404,4	412,4	420,7	429,1	437,7	437,7	437,7
EBITA				57,6	63,2	65,6	66,9	68,2	69,6	71,0	71,0	71,0
Adjustment Interest Payments pre Tax		12,00%		15,4	18,5	20,0	20,8	21,2	21,6	22,1	22,5	22,5
Adjustment Cost Savings	2-4			0,0	0,0	0,0	0,0	0,0	0,0	0,0	-0,7	-4,5
EBITA adjusted				73,0	81,7	85,6	87,7	89,4	91,2	93,0	92,7	89,0
Tax adjusted		30,00%		-21,9	-24,5	-25,7	-26,3	-26,8	-27,4	-27,9	-27,8	-26,7
Tax-effecting EBITA				51,1	57,2	59,9	61,4	62,6	63,8	65,1	64,9	62,3
Amortization												
Customer Relationship	3.3.4-36	8,0	276,9	34,6	34,6	34,6	34,6	34,6	34,6	34,6	34,6	
Core Technology	3.3.4-36	8,0	159,7	20,0	20,0	20,0	20,0	20,0	20,0	20,0	20,0	
Process Technology	3.3.4-36	8,0	20,2	2,5	2,5	2,5	2,5	2,5	2,5	2,5	2,5	
Amortization Total				57,1	57,1	57,1	57,1	57,1	57,1	57,1	57,1	0,0
Tax Benefit Amortization		30,00%		17,1	17,1	17,1	17,1	17,1	17,1	17,1	17,1	0,0

Mio. EUR	Tab.		2016	2017	2018	2019	2020	2021	2022	2023	2024	perpetual
Tax-effecting EBITA adjusted incl. Tax Benefit Amortization				68,2	74,3	77,0	78,5	79,7	81,0	82,2	82,0	62,3
Incremental Working Capital	3.3.4-30			-15,0	-5,3	-1,8	-1,9	-2,0	-2,0	-2,1	0,0	0,0
CapEx less Depreciation	2-9			12,0	2,0	-36,0	16,0	36,0	-29,0	4,0	-24,0	0,0
Free Cashflow				65,2	71,1	39,2	92,6	113,7	50,0	84,2	58,0	62,3
Entity Value incl. Accounts Payable			806,5	806,0	800,4	826,7	801,8	753,9	766,4	745,7	749,6	
Estimation of WACC												
Equity			501,6	488,6	478,7	493,8	474,6	439,4	446,4	430,0	432,8	
Iteration	2-11	9,62%	501,6	488,6	478,7	493,8	474,6	439,4	446,4	430,0	413,9	
Debt less Accounts Payable	2-11	2,66%	215,0	209,4	205,1	211,6	203,4	188,3	191,3	184,3	185,5	
Accounts Payable		12,00%	90,0	108,0	116,6	121,3	123,7	126,2	128,7	131,3	131,3	131,3
WACC				8,03%	8,13%	8,18%	8,18%	8,22%	8,28%	8,28%	8,32%	8,28%
Reconciliation Free Cashflow												
Free Cashflow Base Case	3.3.4-31			72,4	66,7	29,9	80,4	101,4	37,3	71,3	42,3	46,5
Adjustment Interest Payment after Tax				10,8	13,0	14,0	14,6	14,8	15,1	15,4	15,8	15,8
Adjustment Working Capital				-18,0	-8,6	-4,7	-2,4	-2,5	-2,5	-2,6	0,0	0,0
Free Cashflow Adjusted				65,2	71,1	39,2	92,6	113,7	50,0	84,2	58,0	62,3
Reconciliation Entity Value												
Entity Value Base Case	3.3.4-31		716,5	698,0	683,8	705,4	678,1	627,7	637,7	614,4	618,3	
Adjustment Accounts Payable			90,0	108,0	116,6	121,3	123,7	126,2	128,7	131,3	131,3	
Entity Value adjusted			806,5	806,0	800,4	826,7	801,8	753,9	766,4	745,7	749,6	

Im mittleren Teil von Tabelle 3.3.4-32 wird die Ableitung der gewichteten Kapitalkosten, die der Diskontierung der Free Cashflows zugrunde gelegt werden, dargelegt. Diese Kapitalkosten werden – unter Einbeziehung der Verbindlichkeiten aus Lieferungen und Leistungen sowie dem diesen zugeordneten Finanzierungskostensatz – iterativ bestimmt.

Im unteren Teil von Tabelle 3.3.4-32 wird der in Tabelle 3.3.4-31 ausgehend von einer Net Working Capital-Betrachtung abgeleitete Entity Value in den Entity Value übergeleitet, der sich bei Behandlung der Verbindlichkeiten aus Lieferungen und Leistungen als verzinsliche Verbindlichkeiten ergibt. Die Tabelle bestätigt, dass sich die beiden Unternehmenswerte genau in Höhe der Verbindlichkeiten aus Lieferungen und Leistungen unterscheiden.

3.3.4.3.4.4 Einfluss der Abbildung des Working Capital auf die Excess Earnings

Residual-Value-Methode als Vergleichsbetrachtung

Der Wert des Vermögenswertes i mit i = n im Zeitpunkt t mit t = 0 bis ∞ ergibt sich bei Anwendung der Residual-Value-Methode für gegebene Werte der Vermögenswerte i mit i = 1 bis n-1

- bei Berücksichtigung der Verbindlichkeiten aus Lieferungen und Leistungen im Net Working Capital aus der Beziehung

$$V_{n,t}^{NWCRV} = V_t^{NWC} - \sum_{i=1}^{n-1} V_{i,t}$$

- bei Berücksichtigung der Verbindlichkeiten aus Lieferungen und Leistungen als verzinsliche Verbindlichkeiten aus der Beziehung

$$V_{n,t}^{WCRV} = V_t^{WC} - \sum_{i=1}^{n-1} V_{i,t} - \Delta V_{1,t}$$

Die zweite Beziehung kann mit $V_t^{WC} = V_t^{NWC} + \Delta V_{1,t}$ überführt werden in den Ausdruck

$$V_{n,t}^{WCRV} = V_t^{NWC} + \Delta V_{1,t} - \sum_{i=1}^{n-1} V_{i,t} - \Delta V_{1,t}$$

sowie mit der ersten Beziehung zu

$$V_{n,t}^{WCRV} = V_{n,t}^{NWCRV}$$

Damit ist dargelegt, dass die Ableitung des mittels der Residual-Value-Methode bestimmten Wertes c.p. unabhängig von der Behandlung der Verbindlichkeiten aus Lieferungen und Leistungen ist.

Die Excess Earnings können – dies wurde unter 2.5.4.3 dargelegt – durch Auflösung der Beziehungen

$$V_{n,t}^{WCRV} = \frac{CF_{n,t+1}^{WC} + V_{n,t+1}^{WCRV}}{1 + r_n^{WC}}$$

und

$$V_{n,t}^{NWCRV} = \frac{CF_{n,t+1}^{NWC} + V_{n,t+1}^{NWCRV}}{1 + r_n^{NWC}}$$

nach $CF_{n,t+1}^{WC}$ bzw. $CF_{n,t+1}^{NWC}$ bestimmt werden. Es kann aufgezeigt werden, dass bei gegebenem vermögenswertspezifischem Zinssatz auch die Excess Earnings unabhängig von der Behandlung der Verbindlichkeiten aus Lieferungen und Leistungen sind. Für $V_{n,t+j}^{WCRV} = V_{n,t+1}^{NWCRV}$ für alle j = 0 bis T_n und $r_n^{WC} = r_n^{NWC}$ gilt $CF_{n,t+1}^{WC} = CF_{n,t+1}^{NWC}$.

Fallbeispiel

Bei BU1 wird die Residual-Value-Methode der Bewertung der zukünftigen Kundenbeziehungen, deren Werte für die Abstimmung der Bewertungsergebnisse erforderlich sind, zugrunde gelegt. Die Ableitung der Werte dieses Vermögenswertes ergibt sich

- bei Verrechnung der Verbindlichkeiten aus Lieferungen und Leistungen im Net Working Capital aus dem mittleren Teil von Tabelle 3.3.4-35 sowie
- bei Zurechnung der Verbindlichkeiten aus Lieferungen und Leistungen zu den verzinslichen Verbindlichkeiten aus dem mittleren Teil von Tabelle 3.3.4-36.

Ein Vergleich der so bestimmten Werte der zukünftigen Kundenbeziehungen zeigt, dass die mittels der Residual-Value-Methode abgeleiteten Werte – bei gegebenen Werten aller anderen Vermögenswerte – unabhängig von der Behandlung der Verbindlichkeiten aus Lieferungen und Leistungen sind.

Bei den Ableitungen der Residualwerte ist zu beachten, dass die Werte der am Bewertungsstichtag verfügbaren Kundenbeziehungen, der verfügbaren und der zukünftigen Basistechnologie sowie der Verfahrenstechnologie von den Werten abweichen, die im Ausgangsfall für diese Vermögenswerte bestimmt wurden. Dies ist darin begründet, dass mit der Erweiterung des den Betrachtungen zugrunde liegenden Sachverhaltes durch explizite Einbeziehung der Verbindlichkeiten aus Lieferungen und Leistungen Anpassungen der den Vermögenswerten von BU1 zuzuordnenden vermögenswertspezifischen Zinssätze sowie hieraus resultierende Veränderungen der abschreibungsbedingten Steuervorteile[356] verbunden sind. Hierauf wird bei der Abstimmung vermögenswertspezifischen Zinssätzen eingegangen.

Ableitung der Excess Earnings

Unter 3.3.4.2.2 wurden die Beziehungen für die Excess Earnings ausgehend vom Free Cashflow abgeleitet. Da in die Ermittlung des Free Cashflow – wie dargelegt – die Veränderungen des Net Working Capital und nicht des Working Capital einbezogen werden und korrespondierend hierzu bei der Excess-Earnings-Bestimmung die Einkommensbeiträge des Net Working Capital und nicht des Working Capital angesetzt werden, gehen auch die für die Excess Earnings abgeleiteten Beziehungen vom Net Working Capital aus. Die dem Vermögenswert i = n in der in t + 1 endenden Periode mit t = 0 bis ∞ zuzurechnenden Excess Earnings bei Berücksichtigung der Verbindlichkeiten aus Lieferungen und Leistungen im Net Working Capital ergeben sich dementsprechend aus der oben eingeführten Beziehung

$$CF_{n,t+1}^{NWC} = S_{t+1} \cdot ebita_{t+1} \cdot (1-s) + CF_{t+1}^{Dev\ after\ Tax} - CF_{n,t+1}^{Dev\ after\ Tax} + s \cdot A_{n,t+1}$$

$$- \sum_{i=1}^{2} V_{i,t} \cdot r_i - \sum_{i=3}^{o} \left(V_{i,t} \cdot r_i + CF_{i,t+1}^{of\ after\ Tax} \right) - \sum_{i=o+1}^{o+p} incon_{i,t+1} \cdot adj_{i,t+1}^{S} \cdot S_{t+1} \cdot (1-s)$$

$CF_{n,t+1}^{NWC}$ kennzeichnet den Bezug zum Net Working Capital.

Die Excess Earnings, die dem Vermögenswert i = n in der in t + 1 endenden Periode mit t = 0 bis ∞ bei Berücksichtigung der Verbindlichkeiten aus Lieferungen und Leistungen als verzinsliche Verbindlichkeiten zuzurechnen sind, können unter Einbeziehung des unter Zugrundelegung dieser Behandlung der Verbindlichkeiten aus Lieferungen und Leistungen ermittelten Free Cashflow sowie des entsprechend abgegrenzten Einkommensbeitrags des Working Capital abgeleitet werden. Dies führt – ausgehend vom EBITA nach Abzug von Steuern – zu der Beziehung[357]

$$CF_{n,t+1}^{WC} = S_{t+1} \cdot ebita_{t+1} \cdot (1-s) + \Delta V_{1,t} \cdot r_1^{LL} + CF_{t+1}^{Dev\ after\ Tax} - CF_{n,t+1}^{Dev\ after\ Tax} + s \cdot A_{n,t+1}$$

$$- \sum_{i=1}^{2} V_{i,t} \cdot r_i - \Delta V_{1,t} \cdot r_1 - \sum_{i=3}^{o} \left(V_{i,t} \cdot r_i + CF_{i,t+1}^{of\ after\ Tax} \right) - \sum_{i=o+1}^{n-1} incon_{i,t+1} \cdot adj_{i,t+1}^{S} \cdot S_{t+1} \cdot (1-s)$$

---

356 Die abschreibungsbedingten Steuervorteile der Basis- und Verfahrenstechnologie werden im unteren Teil von Tabelle 3-36 ermittelt.

357 Zur Ableitung dieser Beziehung siehe Anhang 1 zu 3.3.4.3.4.4.

Durch Vergleich der beiden Beziehungen für die Excess Earnings ergibt sich – für gegebene Werte und vermögenswertspezifische Zinssätze der Vermögenswerte i = 1 bis o sowie Einkommensbeiträge der Vermögenswerte i = o + 1 bis n-1 – der Ausdruck

$$CF_{n,t+1}^{WC} - CF_{n,t+1}^{NWC} = \Delta V_{1,t} \cdot r_1^{LL} - \Delta V_{1,t} \cdot r_1$$

bzw.

$$CF_{n,t+1}^{NWC} = CF_{n,t+1}^{WC} - \Delta V_{1,t} \cdot \left(r_1^{LL} - r_1 \right)$$

Der Ausdruck zeigt, dass die vereinfachte Behandlung der Verbindlichkeiten aus Lieferungen und Leistungen durch deren Berücksichtigung im Net Working Capital für $\Delta V_{1,t} \neq 0$ c. p. nur dann zu den Excess Earnings führt, die sich bei Verzicht auf diese Vereinfachung ergeben, wenn der Finanzierungskostensatz der Verbindlichkeiten aus Lieferungen und Leistungen gleich dem vermögenswertspezifischen Zinssatz des Working Capital ist. Für

$$r_1^{LL} = r_1$$

gilt

$$CF_{n,t+1}^{NWC} = CF_{n,t+1}^{WC}$$

Dementsprechend sind die – unter Zugrundelegung der betrachteten Vereinfachung bestimmten – Excess Earnings grundsätzlich immer dann in Höhe von

$$CF_{n,t+1}^{WC} - CF_{n,t+1}^{NWC} = \Delta V_{1,t} \cdot \left(r_1^{LL} - r_1 \right)$$

zu korrigieren, wenn die Bedingung $r_1^{LL} = r_1$ nicht erfüllt ist.

Fallbeispiel

Tabelle 3.3.4-33 fasst die Ableitung der Excess Earnings unter Zugrundelegung des sich aus Tabelle 3.3.4-30 ergebenden Net Working Capital zusammen. Diese folgt dem bereits unter 3.3.4.2.2 dargelegten Vorgehen, auf das verwiesen werden kann.

Die Ermittlung der Excess Earnings bei Behandlung der sich aus Tabelle 3.3.4-30 ergebenden Verbindlichkeiten aus Lieferungen und Leistungen als verzinsliche Verbindlichkeiten wird in Tabelle 3.3.4-34 dargestellt. Die Ableitung der so abgegrenzten Excess Earnings unterscheidet sich von dem in Tabelle 3.3.4-33 dargestellten Vorgehen dadurch, dass das EBITA um die in diesem berücksichtigten impliziten Finanzierungskosten der Verbindlichkeiten aus Lieferungen und Leistungen vor Abzug von Steuern bereinigt wird. Weiter werden die Einkommensbeiträge des Working Capital und nicht die Einkommensbeiträge des Net Working Capital in die Excess-Earnings-Ermittlung einbezogen.

Ein Vergleich der in den Tabellen ermittelten Excess Earnings zeigt, dass diese auseinanderfallen. Die Überleitung der in Tabelle 3.3.4-33 unter Zugrundelegung des Net Working Capital bestimmten Excess Earnings in die in Tabelle 3.3.4-34 – bei Behandlung der Verbindlichkeiten aus Lieferungen und Leistungen als verzinsliche Verbindlichkeiten – ermittelten Excess Earnings wird im unteren Teil von Tabelle 3.3.4-33 dargelegt. Diese bezieht die Finanzierungskosten der Verbindlichkeiten aus Lieferungen und Leistungen sowie die Anpassung des Einkommensbeitrags des Working Capital um die auf diese Verbindlichkeiten entfallende Verzinsung mit dem dem Working Capital zugeordneten vermögenswertspezifischen Zinssatz ein.

Tab. 3.3.4-33: Ableitung der Excess Earnings ausgehend vom Tax-effecting EBITA unter Zugrundelegung des Net Working Capital

Mio. EUR	Tab.		2016	2017	2018	2019	2020	2021	2022	2023	2024
Sales generated by Entity			300,0	360,0	388,8	404,4	412,4	420,7	429,1	437,7	364,7
EBITA				57,6	63,2	65,6	66,9	68,2	69,6	71,0	59,1
Adjustment Cost Savings	2-4			0,0	0,0	0,0	0,0	0,0	0,0	0,0	0,0
Adjustment Customer Acquisition Expenses		0,80%		2,9	3,1	3,2	3,3	3,4	3,4	3,5	2,9
Adjustment R & D Expenses		4,20%		15,1	16,3	17,0	17,3	17,7	18,0	18,4	15,3
EBITA adjusted				75,6	82,6	85,8	87,5	89,2	91,0	92,8	77,4
Tax adjusted		30,00%		-22,7	-24,8	-25,7	-26,2	-26,8	-27,3	-27,9	-23,2
Tax-effecting EBITA				52,9	57,8	60,0	61,2	62,5	63,7	65,0	54,2
Return on Invested Capital after Tax												
Working Capital	3.3.4-30			0,5	0,5	0,6	0,7	0,7	0,8	0,8	0,7
Tangible Fixed Assets	2-9			-5,5	-4,8	-4,7	-6,7	-5,8	-3,8	-5,4	-4,3
Income Contribution after Tax												
Core Technology	2-5			-20,2	-21,8	-22,6	-23,1	-23,6	-24,0	-24,5	-20,4
Process Technology	2-4			-2,5	-2,7	-2,9	-2,9	-3,0	-3,1	-3,1	-2,6
Excess Earnings				25,3	29,1	30,4	29,2	30,8	33,5	32,7	27,4
Reconciliation												
Adjustment Tax-effecting EBITA												
Return on Accounts Payable after Tax	3.3.4-30	12,00%		10,8	13,0	14,0	14,6	14,8	15,1	15,4	13,1
Adjustment Income Contribution Working Capital												
Return on Accounts Payable after Tax	3.3.4-30	3,03%		-2,7	-3,3	-3,5	-3,7	-3,7	-3,8	-3,9	-3,3
Excess Earnings Adjusted	3.3.4-34			33,3	38,8	40,9	40,1	41,9	44,9	44,3	37,3

Tab. 3.3.4-34: Ableitung der Excess Earnings ausgehend vom Tax-effecting EBITA unter Zugrundelegung des Working Capital

Mio. EUR	Tab.		2016	2017	2018	2019	2020	2021	2022	2023	2024
Sales generated by Entity			300,0	360,0	388,8	404,4	412,4	420,7	429,1	437,7	364,7
EBITA				57,6	63,2	65,6	66,9	68,2	69,6	71,0	59,1
Adjustment Cost Savings	2-4			0,0	0,0	0,0	0,0	0,0	0,0	0,0	0,0
Adjustment Customer Acquisition Expenses		0,80%		2,9	3,1	3,2	3,3	3,4	3,4	3,5	2,9
Adjustment R & D Expenses		4,20%		15,1	16,3	17,0	17,3	17,7	18,0	18,4	15,3
Adjustment Accounts Payable pre Tax	3.3.4-30	12,00%		15,4	18,5	20,0	20,8	21,2	21,6	22,1	18,8
EBITA adjusted				91,0	101,2	105,8	108,3	110,5	112,7	114,9	96,1
Tax adjusted		30,00%		-27,3	-30,3	-31,7	-32,5	-33,1	-33,8	-34,5	-28,8
Tax-effecting EBITA				63,7	70,8	74,0	75,8	77,3	78,9	80,4	67,3
Return on Invested Capital after Tax												
Working Capital	3.3.4-30			-2,3	-2,7	-2,9	-2,9	-3,0	-3,1	-3,1	-2,7
Tangible Fixed Assets	2-9			-5,5	-4,8	-4,7	-6,7	-5,8	-3,8	-5,4	-4,3
Income Contribution after Tax												
Core Technology	2-5			-20,2	-21,8	-22,6	-23,1	-23,6	-24,0	-24,5	-20,4
Process Technology	2-4			-2,5	-2,7	-2,9	-2,9	-3,0	-3,1	-3,1	-2,6
Excess Earnings	3.3.4-33			33,3	38,8	40,9	40,1	41,9	44,9	44,3	37,3

Abstimmung der vermögenswertspezifischen Zinssätze

Die Abstimmung der vermögenswertspezifischen Zinssätze ergibt sich für gegebene Werte und vermögenswertspezifische Zinssätze der Vermögenswerte i = 1 bis n

- bei Berücksichtigung der Verbindlichkeiten aus Lieferungen und Leistungen im Net Working Capital aus der Beziehung

$$r = \frac{V_{n,t}^{MPEEM} \cdot r_n^{MPEEM} + \sum_{i=1}^{n-1} V_{i,t} \cdot r_i}{V_t^{NWC}} - \frac{\varepsilon_t^{MPEEMNWC} - \varepsilon_{t+1}^{MPEEMNWC}}{V_t^{NWC}}$$

- bei Behandlung der Verbindlichkeiten aus Lieferungen und Leistungen als verzinsliche Verbindlichkeiten aus der Beziehung

$$r_{t+1}^{WC} = \frac{V_{n,t}^{MPEEM} \cdot r_n^{MPEEM} + \sum_{i=1}^{n-1} V_{i,t} \cdot r_i + \Delta V_{1,t} \cdot r_1}{V_t^{WC}} - \frac{\varepsilon_t^{MPEEMWC} - \varepsilon_{t+1}^{MPEEMWC}}{V_t^{WC}}$$

Die erste Beziehung wurde unter 2.6.3.2 und 2.6.4.3 eingeführt; die Betrachtungen gingen wiederum von der Berücksichtigung der Verbindlichkeiten aus Lieferungen und Leistungen im Net Working Capital aus. Die zweite Beziehung kann in entsprechender Weise abgeleitet werden.[358]

Die Beziehung für die Abstimmung der vermögenswertspezifischen Zinssätze bei Behandlung der Verbindlichkeiten aus Lieferungen und Leistungen als verzinsliche Verbindlichkeiten kann mit

$$r_{t+1}^{WC} = \frac{V_t^{NWC} \cdot r + \Delta V_{1,t} \cdot r_1^{LL}}{V_t^{NWC} + \Delta V_{1,t}}$$

und

$$V_t^{WC} = V_t^{NWC} + \Delta V_{1,t}$$

in den Ausdruck für die gewichteten Kapitalkosten überführt werden. Es ergibt sich

$$\frac{V_t^{NWC} \cdot r + \Delta V_{1,t} \cdot r_1^{LL}}{V_t^{NWC} + \Delta V_{1,t}} = \frac{V_{n,t}^{MPEEM} \cdot r_n^{MPEEM} + \sum_{i=1}^{n-1} V_{i,t} \cdot r_i + \Delta V_{1,t} \cdot r_1}{V_t^{NWC} + \Delta V_{1,t}} - \frac{\varepsilon_t^{MPEEMWC} - \varepsilon_{t+1}^{MPEEMWC}}{V_t^{NWC} + \Delta V_{1,t}}$$

bzw.

$$V_t^{NWC} \cdot r + \Delta V_{1,t} \cdot r_1^{LL} = V_{n,t}^{MPEEM} \cdot r_n^{MPEEM} + \sum_{i=1}^{n-1} V_{i,t} \cdot r_i + \Delta V_{1,t} \cdot r_1 - \varepsilon_t^{MPEEMWC} - \varepsilon_{t+1}^{MPEEMWC}$$

sowie

$$r = \frac{V_{n,t}^{MPEEM} \cdot r_n^{MPEEM} + \sum_{i=1}^{n-1} V_{i,t} \cdot r_i}{V_t^{NWC}} + \Delta V_{1,t} \cdot \frac{r_1 - r_1^{LL}}{V_t^{NWC}} - \frac{\varepsilon_t^{MPEEMWC} - \varepsilon_{t+1}^{MPEEMWC}}{V_t^{NWC}}$$

Der Vergleich dieser Beziehung für r mit der Beziehung für r, die sich bei Berücksichtigung der Verbindlichkeiten aus Lieferungen und Leistungen im Net Working Capital ergibt, führt zu dem Ausdruck

$$\frac{\varepsilon_t^{MPEEMNWC} - \varepsilon_{t+1}^{MPEEMNWC}}{V_t^{NWC}} = \frac{\varepsilon_t^{MPEEMWC} - \varepsilon_{t+1}^{MPEEMWC}}{V_t^{NWC}} - \Delta V_{1,t} \cdot \frac{r_1 - r_1^{LL}}{V_t^{NWC}}$$

Diese Beziehung zeigt, dass die vereinfachte Behandlung der Verbindlichkeiten aus Lieferungen und Leistungen durch deren Berücksichtigung im Net Working Capital für $\Delta V_{1,t} \neq 0$ c.p. nur dann zu der Abstimmung der vermögenswertspezifischen Zinssätze führt, die sich bei Verzicht auf diese Vereinfachung ergeben, wenn der Finanzierungskostensatz der Verbindlichkeiten aus Lieferungen und Leistungen gleich dem vermögenswertspezifischen Zinssatz des Working Capital ist. Für

$$r_1^{LL} = r_1$$

gilt

$$\frac{\varepsilon_t^{MPEEMNWC} - \varepsilon_{t+1}^{MPEEMNWC}}{V_t^{NWC}} = \frac{\varepsilon_t^{MPEEMWC} - \varepsilon_{t+1}^{MPEEMWC}}{V_t^{NWC}}$$

---

358 Siehe hierzu Anhang 2 zu 3.3.4.3.4.4.

Dementsprechend ist die – unter Zugrundelegung der betrachteten Vereinfachung durchgeführte – Abstimmung grundsätzlich immer dann in Höhe von

$$\frac{\varepsilon_t^{MPEEMWC} - \varepsilon_{t+1}^{MPEEMWC}}{V_t^{NWC}} - \frac{\varepsilon_t^{MPEEMNWC} - \varepsilon_{t+1}^{MPEEMNWC}}{V_t^{NWC}} = \Delta V_{1,t} \cdot \frac{r_1 - r_1^{LL}}{V_t^{NWC}}$$

zu korrigieren, wenn die Bedingung $r_1^{LL} = r_1$ nicht erfüllt ist.

Die Abstimmung der vermögenswertspezifischen Zinssätze kann dadurch vereinfacht werden, dass ein Vermögenswert des betrachteten Unternehmens mittels der Residual-Value-Methode bewertet wird. Bei Bewertung des Vermögenswertes i = n mittels der Residual-Value-Methode werden die vermögenswertspezifischen Zinssätze – dies wurde unter 2.6.3.2 ausgeführt – über den aus der Residualverzinsung abgeleiteten vermögenswertspezifischen Zinssatz abgestimmt. Diese Verzinsung ergibt sich aus der Beziehung

$$V_{n,t}^{RV} \cdot r_{n,t+1}^{RVNWC} = V_t^{NWC} \cdot r - \sum_{i=1}^{n-1} V_{i,t} \cdot r_i$$

bzw. der Beziehung

$$V_{n,t}^{RV} \cdot r_{n,t+1}^{RVWC} = V_t^{WC} \cdot r_{t+1}^{WC} - \sum_{i=1}^{n-1} V_{i,t} \cdot r_i - \Delta V_{1,t} \cdot r_1$$

Der Unterschiedsbetrag zwischen den beiden Residualverzinsungen ist bestimmt durch den Ausdruck

$$V_{n,t}^{RV} \cdot r_{n,t+1}^{RVWC} - V_{n,t}^{RV} \cdot r_{n,t+1}^{RVNWC} = V_t^{WC} \cdot r_{t+1}^{WC} - \Delta V_{1,t} \cdot r_1 - V_t^{NWC} \cdot r$$

Dieser Ausdruck kann mit

$$r_{t+1}^{WC} = \frac{V_t^{NWC} \cdot r + \Delta V_{1,t} \cdot r_1^{LL}}{V_t^{NWC} + \Delta V_{1,t}}$$

und

$$V_t^{WC} = V_t^{NWC} + \Delta V_{1,t}$$

überführt werden in die Beziehung[359]

$$r_{n,t+1}^{RVWC} = r_{n,t+1}^{RVNWC} - \Delta V_{1,t} \cdot \frac{r_1 - r_1^{LL}}{V_{n,t}^{RV}}$$

Die Beziehung zeigt die Anpassung, die erforderlich ist zur Überleitung des vermögenswertspezifischen Zinssatzes des Vermögenswertes i = n, der sich bei Verrechnung der Verbindlichkeiten aus Lieferungen und Leistungen im Net Working Capital ergibt, in den Zinssatz, der sich bei Behandlung dieser Verbindlichkeiten als verzinsliche Verbindlichkeiten ergibt. Diese Anpassung ist bestimmt durch die auf den Wert des Vermögenswertes i = n

---

359 Es gilt

$$V_{n,t}^{RV} \cdot r_{n,t+1}^{RVWC} - V_{n,t}^{RV} \cdot r_{n,t+1}^{RVNWC} = \left(V_t^{NWC} + \Delta V_{1,t} \right) \cdot \frac{V_t^{NWC} \cdot r + \Delta V_{1,t} \cdot r_1^{LL}}{V_t^{NWC} + \Delta V_{1,t}} - \Delta V_{1,t} \cdot r_1 - V_t^{NWC} \cdot r$$

bzw. nach Vereinfachungen

$$V_{n,t}^{RV} \cdot r_{n,t+1}^{RVWC} - V_{n,t}^{RV} \cdot r_{n,t+1}^{RVNWC} = \Delta V_{1,t} \cdot r_1^{LL} - \Delta V_{1,t} \cdot r_1$$

bezogene Differenz aus der Verzinsung der Verbindlichkeiten aus Lieferungen und Leistungen

- mit dem dem Working Capital bzw. Net Working Capital zugeordneten vermögenswertspezifischen Zinssatz und der Verzinsung der Verbindlichkeiten aus Lieferungen und Leistungen
- mit dem diesen Verbindlichkeiten zugeordneten Finanzierungskostensatz.

Fallbeispiel

Tabelle 3.3.4-35 und Tabelle 3.3.4-36 fassen jeweils im unteren Teil die Abstimmung der den Vermögenswerten von BU1 zugeordneten vermögenswertspezifischen Zinssätze bei Berücksichtigung der Verbindlichkeiten aus Lieferungen und Leistungen im Net Working Capital bzw. bei deren Behandlung als verzinsliche Verbindlichkeiten zusammen. Hierzu wird zunächst der den zukünftigen Kundenbeziehungen zuzuordnende vermögenswertspezifische Zinssatz durch Bezug der Residualverzinsung auf den mittels der Residual-Value-Methode bestimmten Wert dieses Vermögenswertes abgeleitet. Der mit dem Vermögenswert verbundene vermögenswertspezifische Risikozuschlag wird sodann durch Abzug der laufzeitäquivalent bestimmten gewichteten Kapitalkosten von diesem Zinssatz ermittelt. Die Residualverzinsung ergibt sich durch Abzug der Verzinsungen des in alle übrigen Vermögenswerte der Geschäftseinheit investierten Kapitals von der Verzinsung des Entity Value.

Tab. 3.3.4-35: Abstimmung der Bewertungsergebnisse bei Verrechnung der Verbindlichkeiten aus Lieferungen und Leistungen im Net Working Capital

Mio. EUR			2016	2017	2018	2019	2020	2021	2022	2023	2024	2025
Income Analysis												
Customer Relationship new												
Return on Invested Capital				8,9	10,1	11,9	14,9	17,1	18,9	22,7	26,0	29,8
Return of Invested Capital				-18,5	-21,5	-24,2	-27,5	-30,0	-32,3	-36,2	-32,4	0,0
Excess Earnings				-9,6	-11,4	-12,3	-12,6	-12,9	-13,4	-13,5	-6,3	29,8
Core Technology new				-10,6	-11,4	-11,9	-12,1	-12,4	-12,6	-12,9	-8,8	11,6
Customer Relationship				25,3	29,1	30,4	29,2	30,8	33,5	32,7	27,4	0,0
Tax Benefit of Amortization				10,4	10,4	10,4	10,4	10,4	10,4	10,4	10,4	0,0
Core Technology*				26,1	27,8	28,6	29,1	29,5	30,0	30,5	26,4	0,0
Process Technology*				3,2	3,5	3,6	3,7	3,8	3,8	3,9	3,4	0,0
Tangible Fixed Assets				17,0	6,4	-31,7	22,1	41,3	-25,5	8,9	-19,3	5,9
Working Capital				2,5	2,8	2,2	-0,2	-0,3	-0,3	-0,3	-0,8	-0,8
Total				64,4	57,1	19,4	69,5	90,3	26,0	59,8	32,5	46,5
Reconciliation Free Cashflow												
Adjustment Excess Earnings				8,1	9,7	10,5	10,9	11,1	11,3	11,5	9,8	0,0
Adjustment Working Capital												
Free Cashflow				72,4	66,7	29,9	80,4	101,4	37,3	71,3	42,3	46,5
Valuation Analysis												
Customer Relationship new												
Residual Value	9,07%		174,6	193,1	214,6	238,8	266,3	296,3	328,6	364,9	397,2	397,2
Core Technology new	9,07%		0,2	10,8	23,2	37,1	52,6	69,8	88,7	109,6	128,4	128,4
Customer Relationship			219,6	206,1	186,1	162,0	136,6	107,1	71,9	34,2	0,0	0,0
Tax Benefit of Amortization		1,26	57,3	52,1	46,5	40,3	33,6	26,3	18,2	9,5	0,0	0,0
Core Technology*	8,57%	1,27	159,7	147,2	132,1	114,8	95,5	74,2	50,5	24,3	0,0	0,0
Process Technology *	8,57%	1,27	20,2	18,7	16,8	14,6	12,2	9,4	6,4	3,1	0,0	0,0
Tangible Fixed Assets	4,99%		100,0	88,0	86,0	122,0	106,0	70,0	99,0	95,0	119,0	119,0
Working Capital	3,03%		-15,0	-18,0	-21,4	-24,3	-24,7	-25,2	-25,7	-26,3	-26,3	-26,3
Entity Value	7,53%		716,5	698,0	683,8	705,4	678,1	627,7	637,7	614,4	618,3	618,3

Mio. EUR			2016	2017	2018	2019	2020	2021	2022	2023	2024	2025
Return on Invested Capital Analysis												
Customer Relationship new				8,9	10,1	11,9	14,9	17,1	18,9	22,7	26,0	29,8
Rate of Return				5,08%	5,22%	5,54%	6,26%	6,41%	6,39%	6,92%	7,14%	7,49%
Core Technology new	2,75%	9,07%		0,0	1,0	2,1	3,4	4,8	6,3	8,0	9,9	11,6
Customer Relationship	2,75%	9,07%		25,1	23,4	21,1	18,4	15,4	12,1	8,2	4,0	0,0
Core Technology	2,25%	8,57%		13,7	12,6	11,3	9,8	8,2	6,4	4,3	2,1	0,0
Process Technology	2,25%	8,57%		1,7	1,6	1,4	1,3	1,0	0,8	0,6	0,3	0,0
Tangible Fixed Assets	-1,00%	4,99%		5,0	4,4	4,3	6,1	5,3	3,5	4,9	4,7	5,9
Working Capital	-2,82%	3,03%		-0,5	-0,5	-0,6	-0,7	-0,7	-0,8	-0,8	-0,8	-0,8
Entity Value		7,53%		53,9	52,5	51,5	53,1	51,0	47,3	48,0	46,2	46,5
Reconciliation Customer Rate of Return												
Adjustment Return on Accounts Payable				-8,1	-9,7	-10,5	-10,9	-11,1	-11,3	-11,5	-11,8	-11,8
Related on Customer Relationship NEW				-4,62%	-5,02%	-4,88%	-4,56%	-4,17%	-3,82%	-3,51%	-3,23%	-2,97%
Rate of Return				9,70%	10,24%	10,41%	10,82%	10,58%	10,22%	10,44%	10,37%	10,46%

* Calculation of Tax Benefit see Tab. 3-36.

Tab. 3.3.4-36: Abstimmung der Bewertungsergebnisse bei Behandlung der Verbindlichkeiten aus Lieferungen und Leistungen als verzinsliche Verbindlichkeiten

Mio. EUR			2016	2017	2018	2019	2020	2021	2022	2023	2024	2025
Income Analysis												
Customer Relationship new												
Return on Invested Capital				16,9	19,8	22,3	25,8	28,2	30,3	34,3	37,8	41,5
Return of Invested Capital				-18,5	-21,5	-24,2	-27,5	-30,0	-32,3	-36,2	-32,4	0,0
Excess Earnings				-1,5	-1,7	-1,8	-1,7	-1,8	-2,1	-2,0	5,5	41,5
Core Technology new				-10,6	-11,4	-11,9	-12,1	-12,4	-12,6	-12,9	-8,8	11,6
Customer Relationship				33,3	38,8	40,9	40,1	41,9	44,9	44,3	37,3	0,0
Tax Benefit of Amortization				10,4	10,4	10,4	10,4	10,4	10,4	10,4	10,4	0,0
Core Technology				26,1	27,8	28,6	29,1	29,5	30,0	30,5	26,4	0,0
Process Technology				3,2	3,5	3,6	3,7	3,8	3,8	3,9	3,4	0,0
Tangible Fixed Assets				17,0	6,4	-31,7	22,1	41,3	-25,5	8,9	-19,3	5,9
Working Capital				-12,7	-2,5	1,1	1,0	1,0	1,0	1,1	3,2	3,2
Total				65,2	71,1	39,2	92,6	113,7	50,0	84,2	58,0	62,3
Valuation Analysis												
Customer Relationship new												
Residual Value	9,07%		174,6	193,1	214,6	238,8	266,3	296,3	328,6	364,9	397,2	397,2
Core Technology new	9,07%		0,2	10,8	23,2	37,1	52,6	69,8	88,7	109,6	128,4	128,4
Customer Relationship			219,6	206,1	186,1	162,0	136,6	107,1	71,9	34,2	0,0	0,0
Tax Benefit of Amortization		1,26	57,3	52,1	46,5	40,3	33,6	26,3	18,2	9,5	0,0	0,0
Core Technology	8,57%	1,27	159,7	147,2	132,1	114,8	95,5	74,2	50,5	24,3	0,0	0,0
Process Technology	8,57%	1,27	20,2	18,7	16,8	14,6	12,2	9,4	6,4	3,1	0,0	0,0
Tangible Fixed Assets	4,99%		100,0	88,0	86,0	122,0	106,0	70,0	99,0	95,0	119,0	119,0
Working Capital	3,03%		75,0	90,0	95,3	97,0	99,0	101,0	103,0	105,0	105,0	105,0
Entity Value			806,5	806,0	800,4	826,7	801,8	753,9	766,4	745,7	749,6	749,6

Mio. EUR			2016	2017	2018	2019	2020	2021	2022	2023	2024	2025
Return on Invested Capital Analysis												
Customer Relationship new				16,9	19,8	22,3	25,8	28,2	30,3	34,3	37,8	41,5
Rate of Return				9,70%	10,24%	10,41%	10,82%	10,58%	10,22%	10,44%	10,37%	10,46%
Core Technology new	2,75%	9,07%		0,0	1,0	2,1	3,4	4,8	6,3	8,0	9,9	11,6
Customer Relationship	2,75%	9,07%		25,1	23,4	21,1	18,4	15,4	12,1	8,2	4,0	0,0
Core Technology	2,25%	8,57%		13,7	12,6	11,3	9,8	8,2	6,4	4,3	2,1	0,0
Process Technology	2,25%	8,57%		1,7	1,6	1,4	1,3	1,0	0,8	0,6	0,3	0,0
Tangible Fixed Assets	-1,00%	4,99%		5,0	4,4	4,3	6,1	5,3	3,5	4,9	4,7	5,9
Working Capital	-2,82%	3,03%		2,3	2,7	2,9	2,9	3,0	3,1	3,1	3,2	3,2
Entity Value				64,7	65,5	65,5	67,7	65,9	62,4	63,5	62,0	62,3
WACC adjusted				8,03%	8,13%	8,18%	8,18%	8,22%	8,28%	8,28%	8,32%	8,31%
Calculation of Tax Amortization Benefit												
Core Technology												
Royalty Savings after Tax		8,57%		20,2	21,8	22,6	23,1	23,6	24,0	24,5	20,4	0,0
Present Value			126,0	116,7	104,9	91,2	75,9	58,9	39,9	18,8	0,0	0,0
Tax Benefit of Amortization	1,27			6,0	6,0	6,0	6,0	6,0	6,0	6,0	6,0	0,0
Process Technology												
Cost Savings after Tax		8,57%		2,5	2,7	2,9	2,9	3,0	3,1	3,1	2,6	0,0
Present Value			15,9	14,8	13,4	11,6	9,7	7,5	5,1	2,4	0,0	0,0
Tax Benefit of Amortization	1,27			0,8	0,8	0,8	0,8	0,8	0,8	0,8	0,8	0,0

Der Vergleich der in den Tabellen ermittelten vermögenswertspezifischen Zinssätze der zukünftigen Kundenbeziehungen zeigt, dass diese auseinanderfallen. Die Überleitung der in Tabelle 3.3.4-35 unter Zugrundelegung des Net Working Capital bestimmten Zinssatzes in den in Tabelle 3.3.4-36 – bei Behandlung der Verbindlichkeiten aus Lieferungen und Leistungen als verzinsliche Verbindlichkeiten – ermittelten Zinssatz wird in Tabelle 3.3.4-35 dargelegt. Die Differenz zwischen den beiden Zinssätzen ergibt sich durch Bezug des Saldos aus der

- Verzinsung der Verbindlichkeiten aus Lieferungen und Leistungen mit dem diesen zuzuordnenden Finanzierungskostensatz – um diesen Betrag ist das EBITA anzupassen – und der
- Verzinsung der Verbindlichkeiten aus Lieferungen und Leistungen mit dem dem Working Capital bzw. Net Working Capital zugeordneten vermögenswertspezifischen Zinssatz

auf den Wert der zukünftigen Kundenbeziehungen.

Aus den Tabellen ergeben sich weiter die oben bereits betrachtete Abstimmung der Vermögenswerte von BU1 mit deren Entity Value sowie die Abstimmung der Einkommensbeiträge dieser Vermögenswerte mit dem als Free Cashflow verstandenen Einkommen der Geschäftseinheit. Die in die Einkommensabstimmung einbezogenen Einkommensbeiträge der zukünftigen Kundenbeziehungen ergeben sich als Summe aus Verzinsung und Veränderung des in diese investierten Kapitals, wobei der Ermittlung der Verzinsungen die abgeleiteten vermögenswertspezifischen Residualzinssätze zugrunde liegen. Tabelle 3.3.4-35 zeigt, dass bei Berücksichtigung der Verbindlichkeiten aus Lieferungen und Leistungen im Net Working Capital die Abstimmung der Einkommensbeiträge nur dann möglich ist, wenn die sich aus Tabelle 3.3.4-33 ergebenden Anpassungsbeträge der Excess Earnings in die Betrachtung einbezogen werden.

3.3.4.3.4.5 Vorgehen bei der Ableitung der Einkommensbeiträge des Working Capital

Die Betrachtungen zeigen u. a., dass bei Abbildung der Verbindlichkeiten aus Lieferungen und Leistungen und anderer Schulden im Net Working Capital die Excess Earnings, die vermögenswertspezifischen Zinssätze und damit die abgeleiteten Bewertungsergebnisse sich von den Excess Earnings, vermögenswertspezifischen Zinssätzen und Bewertungsergebnissen, die sich bei Behandlung der Verbindlichkeiten aus Lieferungen und Leistungen als verzinsliche Verbindlichkeiten ergeben, dann nicht unterscheiden, wenn der Finanzierungskostensatz der Verbindlichkeiten aus Lieferungen und Leistungen und der anderen Schulden gleich dem vermögenswertspezifischen Zinssatz des Working Capital ist. Dementsprechend kommt die Ableitung der Excess Earnings unter Einbeziehung des Net Working Capital grundsätzlich nur dann in Betracht, wenn davon ausgegangen werden kann, dass die beiden Zinssätze übereinstimmen. In allen anderen Fällen kann allenfalls in Betracht gezogen werden, zur Vereinfachung des Vorgehens die Annahme in die Analyse einzuführen, dass der Finanzierungskostensatz der genannten Schulden gleich dem vermögenswertspezifischen Zinssatz des Working Capital ist.

Aus den Untersuchungen ergibt sich weiter, dass die Ableitung der Excess Earnings unter Zugrundelegung des Net Working Capital nicht dadurch beeinflusst wird, dass das Net Working Capital nicht positiv, sondern negativ ist. Dementsprechend kann der Einkommensbeitrag des Net Working Capital unabhängig davon, ob dieses positiv oder negativ ist, als Verzinsung des in den Vermögenswert investierten Kapitals bestimmt werden.[360]

Abschließend ist auf Vereinfachungen hinzuweisen, die bei Behandlung der Verbindlichkeiten aus Lieferungen und Leistungen und anderer, vom Net Working Capital abgesetzter Schulden als zinstragende Verbindlichkeiten der Ableitung wesentlicher Ausgangsgrößen der Abstimmung der vermögenswertspezifischen Zinssätze zugrunde gelegt werden können:

- Der Entity Value (V_t^{WC}), der sich auf dieser Grundlage ergibt, kann aus dem Entity Value (V_t^{NWC}) abgeleitet werden, der sich bei Abzug der genannten Verbindlichkeiten bei der Ermittlung des Net Working Capital ergibt. Den Zusammenhang zwischen den beiden Entity-Value-Abgrenzungen zeigt die unter 3.3.4.3.4.3 eingeführte Beziehung

$$V_t^{WC} = V_t^{NWC} + \Delta V_{1,t}$$

- Die gewichteten Kapitalkosten r_{t+1}^{WC}, die der Abstimmung der vermögenswertspezifischen Zinssätze zugrunde zu legen sind, können durch Auflösung der gleichfalls unter 3.3.4.3.4.3 eingeführten Beziehung

$$V_t^{WC} = \frac{CF_{t+1}^{WC} + V_{t+1}^{WC}}{1 + r_{t+1}^{WC}}$$

nach r_{t+1}^{WC} mit

$$CF_{t+1}^{WC} = CF_{t+1}^{NWC} + \Delta V_{1,t} \cdot r_1^{LL} + \Delta V_{1,t} - \Delta V_{1,t+1}$$

sowie mit

$$V_t^{WC} = V_t^{NWC} + \Delta V_{1,t} \text{ und } V_{t+1}^{WC} = V_{t+1}^{NWC} + \Delta V_{1,t+1}$$

abgeleitet werden aus der Beziehung[361]

$$r_{t+1}^{WC} = \frac{CF_{t+1}^{NWC} + \Delta V_{1,t} \cdot r_1^{LL} + V_{t+1}^{NWC} - V_t^{NWC}}{V_t^{NWC} + \Delta V_{1,t}}$$

---

360 So auch TAF (2010a), 3.2.02, die dies damit begründen, dass negatives Working Capital zu einer Erhöhung des Entity Value führt.

361 Es gilt

$$V_t^{WC} \cdot \left(1 + r_{t+1}^{WC}\right) = CF_{t+1}^{WC} + V_{t+1}^{WC} \text{ bzw. } r_{t+1}^{WC} = \frac{CF_{t+1}^{WC} + V_{t+1}^{WC} - V_t^{WC}}{V_t^{WC}} \text{ und}$$

$$r_{t+1}^{WC} = \frac{CF_{t+1}^{NWC} + \Delta V_{1,t} \cdot r_1^{LL} + \Delta V_{1,t} - \Delta V_{1,t+1} + V_{t+1}^{WC} - V_t^{WC}}{V_t^{WC}}$$

sowie

$$r_{t+1}^{WC} = \frac{CF_{t+1}^{NWC} + \Delta V_{1,t} \cdot r_1^{LL} + \Delta V_{1,t} - \Delta V_{1,t+1} + \left(V_{t+1}^{NWC} + \Delta V_{1,t+1}\right) - \left(V_t^{NWC} + \Delta V_{1,t}\right)}{V_t^{NWC} + \Delta V_{1,t}}.$$

Nach Zusammenfassung ergibt sich

$$r_{t+1}^{WC} = \frac{CF_{t+1}^{NWC} + \Delta V_{1,t} \cdot r_1^{LL} + V_{t+1}^{NWC} - V_t^{NWC}}{V_t^{NWC} + \Delta V_{1,t}}$$

Fallbeispiel

In Tabelle 3.3.4-37 bis 3.3.4-40 wird der dem bisher betrachteten Beispiel zugrunde liegende Sachverhalt dadurch abgewandelt, dass die Annahme eingeführt wird, dass der Finanzierungskostensatz der Verbindlichkeiten aus Lieferungen und Leistungen gleich dem vermögenswertspezifischen Zinssatz des Working Capital bzw. des Net Working Capital ist. Tabelle 3.3.4-37 fasst die Ableitung des Entity Value von BU1 unter Einbeziehung des Net Working Capital sowie die Überleitung in den Entity Value bei Behandlung der Verbindlichkeiten aus Lieferungen und Leistungen als verzinsliche Verbindlichkeiten zusammen. Die Abweichungen der abgeleiteten Entity Values von den in Tabelle 3.3.4-31 bzw. Tabelle 3.3.4-32 ermittelten Werten ist in den im Vergleich zum Ausgangsfall angepassten vermögenswertspezifischen Zinssätzen, die zu Veränderungen der steuerwirksamen Abschreibungen der Kundenbeziehungen, der Basis- und der Verfahrenstechnologie führen, begründet; den Einfluss der steuerwirksamen Abschreibungen macht die im unteren Teil der Tabelle dargestellte Überleitung des als Free Cashflow verstandenen Einkommens der Geschäftseinheit deutlich.

Tab. 3.3.4-37: Ermittlung des Entity Value ausgehend vom Net Working Capital bei Anwendung des vermögenswertspezifischen Zinssatzes als Finanzierungskostensatz

Mio. EUR		2016	2017	2018	2019	2020	2021	2022	2023	2024	perpetual
Sales generated by Entity			360,0	388,8	404,4	412,4	420,7	429,1	437,7	437,7	437,7
EBITA			57,6	63,2	65,6	66,9	68,2	69,6	71,0	71,0	71,0
Adjustment Cost Savings			0,0	0,0	0,0	0,0	0,0	0,0	0,0	-0,7	-4,5
EBITA adjusted			57,6	63,2	65,6	66,9	68,2	69,6	71,0	70,2	66,5
Tax adjusted	30,00%		-17,3	-19,0	-19,7	-20,1	-20,5	-20,9	-21,3	-21,1	-19,9
Tax-effecting EBITA			40,3	44,2	45,9	46,8	47,7	48,7	49,7	49,2	46,5
Amortization											
Customer Relationship	8,0	226,0	28,3	28,3	28,3	28,3	28,3	28,3	28,3	28,3	
Core Technology	8,0	170,7	21,3	21,3	21,3	21,3	21,3	21,3	21,3	21,3	
Process Technology	8,0	21,5	2,7	2,7	2,7	2,7	2,7	2,7	2,7	2,7	
Amortization Total			52,3	52,3	52,3	52,3	52,3	52,3	52,3	52,3	0,0
Tax Benefit Amortization	30,00%		15,7	15,7	15,7	15,7	15,7	15,7	15,7	15,7	0,0
Tax-effecting EBITA adjusted incl. Tax Benefit Amortization			56,0	59,9	61,6	62,5	63,4	64,4	65,4	64,8	46,5
Incremental Working Capital			3,0	3,4	2,9	0,5	0,5	0,5	0,5	0,0	0,0
CapEx less Depreciation			12,0	2,0	-36,0	16,0	36,0	-29,0	4,0	-24,0	0,0
Free Cashflow			71,0	65,3	28,5	79,0	99,9	35,9	69,9	40,8	46,5
Invested Capital based on Net Working Capital	7,53%	708,1	690,4	677,0	699,5	673,2	624,0	635,1	613,0	618,3	618,3
Accounts Payable			90,0	108,0	116,6	121,3	123,7	126,2	128,7	131,3	131,3	131,3
Invested Capital based on Working Capital		798,1	798,4	793,7	820,8	797,0	750,2	763,8	744,3	749,6	
Reconciliation Free Cashflow											
Difference Tax Benefit Amortization			1,4	1,4	1,4	1,4	1,4	1,4	1,4	1,4	0,0
Free Cashflow Base Case			72,4	66,7	29,9	80,4	101,4	37,3	71,3	42,3	46,5

Aus Tabelle 3.3.4-38 ergibt sich die Ableitung der Excess Earnings bei Behandlung der Verbindlichkeiten aus Lieferungen und Leistungen als verzinsliches Fremdkapital; die Excess Earnings bei Berücksichtigung der Verbindlichkeiten aus Lieferungen und Leistungen im Net Working Capital ergeben sich bereits aus Tabelle 3.3.4-33. Die Abweichung der so bestimmten Excess Earnings von den in Tabelle 3.3.4-38 abgeleiteten Excess Earnings ist in der Erhöhung des dem Working Capital zugeordneten vermögenswertspezifischen Zinssatzes von 3,03 % auf 3,50 % begründet. Die Ableitung der Excess Earnings in Tabelle 3.3.4-38 folgt dem in Tabelle 3.3.4-34 dargestellten Vorgehen und wird deswegen nicht weiter erläutert.

Tab. 3.3.4-38: Ableitung der Excess Earnings bei Behandlung der Verbindlichkeiten aus Lieferungen und Leistungen als verzinsliche Verbindlichkeiten

Mio. EUR		2016	2017	2018	2019	2020	2021	2022	2023	2024
Sales generated by Entity		300,0	360,0	388,8	404,4	412,4	420,7	429,1	437,7	364,7
EBITA			57,6	63,2	65,6	66,9	68,2	69,6	71,0	59,1
Adjustment Cost Savings			0,0	0,0	0,0	0,0	0,0	0,0	0,0	0,0
Adjustment Customer Acquisition Expenses	0,80%		2,9	3,1	3,2	3,3	3,4	3,4	3,5	2,9
Adjustment R & D Expenses	4,20%		15,1	16,3	17,0	17,3	17,7	18,0	18,4	15,3
Adjustment Accounts Payable pre Tax	3,50%		4,5	5,4	5,8	6,1	6,2	6,3	6,4	5,5
EBITA adjusted			80,1	88,0	91,6	93,6	95,4	97,3	99,3	82,8
Tax adjusted	30,00%		-24,0	-26,4	-27,5	-28,1	-28,6	-29,2	-29,8	-24,9
Tax-effecting EBITA			56,1	61,6	64,1	65,5	66,8	68,1	69,5	58,0
Return on Invested Capital after Tax										
Working Capital			-2,3	-2,7	-2,9	-2,9	-3,0	-3,1	-3,1	-2,7
Tangible Fixed Assets			-5,5	-4,8	-4,7	-6,7	-5,8	-3,8	-5,4	-4,3
Income Contribution after Tax										
Core Technology			-20,2	-21,8	-22,6	-23,1	-23,6	-24,0	-24,5	-20,4
Process Technology			-2,5	-2,7	-2,9	-2,9	-3,0	-3,1	-3,1	-2,6
Excess Earnings			25,7	29,6	31,0	29,8	31,4	34,1	33,3	28,0

Tabelle 3.3.4-39 und Tabelle 3.3.4-40 legen die Abstimmung der vermögenswertspezifischen Zinssätze bei Einbeziehung der Verbindlichkeiten aus Lieferungen und Leistungen ins Net Working Capital bzw. bei deren Behandlung als verzinsliche Verbindlichkeiten dar. Die Betrachtungen folgen im Wesentlichen dem bereits oben erläuterten Vorgehen, auf das verwiesen wird.

Tab. 3.3.4-39: Abstimmung der Bewertungsergebnisse bei Verrechnung der Verbindlichkeiten aus Lieferungen und Leistungen im Net Working Capital

Mio. EUR		2016	2017	2018	2019	2020	2021	2022	2023	2024	2025
Income Analysis											
Customer Relationship new											
Return on Invested Capital			16,4	17,3	18,5	20,9	22,1	23,0	25,6	27,5	29,9
Return of Invested Capital			-18,2	-19,4	-20,8	-23,0	-24,4	-25,5	-28,0	-24,4	0,0
Excess Earnings			-1,9	-2,2	-2,3	-2,2	-2,3	-2,5	-2,4	3,1	29,9
Core Technology new			-10,6	-11,4	-11,9	-12,1	-12,4	-12,6	-12,9	-8,8	11,6
Customer Relationship Adjustment			25,7	29,6	31,0	29,8	31,4	34,1	33,3	28,0	0,0
Tax Benefit of Amortization			8,5	8,5	8,5	8,5	8,5	8,5	8,5	8,5	0,0
Core Technology			26,6	28,2	29,0	29,5	30,0	30,4	30,9	26,8	0,0
Process Technology			3,3	3,5	3,7	3,8	3,8	3,9	3,9	3,4	0,0
Tangible Fixed Assets			17,0	6,4	-31,7	22,1	41,3	-25,5	8,9	-19,3	5,9
Working Capital Adjustment			2,5	2,7	2,1	-0,4	-0,4	-0,4	-0,4	-0,9	-0,9
Total			71,0	65,3	28,5	79,0	99,9	35,9	69,9	40,8	46,5
Valuation Analysis											
Customer Relationship new											
Residual Value	7,32%	182,8	201,0	220,4	241,2	264,2	288,7	314,2	342,2	366,5	366,5
Core Technology new	7,52%	22,1	34,3	48,2	63,6	80,4	98,6	118,5	140,0	159,1	159,1
Customer Relationship	1,28	176,4	164,0	146,7	126,8	106,5	83,1	55,2	26,0	0,0	0,0
Tax Benefit of Amortization	1,29	49,6	44,9	39,8	34,3	28,4	22,0	15,2	7,9	0,0	0,0
Core Technology	1,29	170,7	156,4	139,5	120,6	99,8	77,0	52,2	25,0	0,0	0,0
Process Technology	7,22%	21,5	19,8	17,8	15,3	12,7	9,8	6,6	3,2	0,0	0,0
Tangible Fixed Assets	7,22%	100,0	88,0	86,0	122,0	106,0	70,0	99,0	95,0	119,0	119,0
Working Capital	4,99%	-15,0	-18,0	-21,4	-24,3	-24,7	-25,2	-25,7	-26,3	-26,3	-26,3
Adjustment	3,50%										
Entity Value	7,53%	708,1	690,4	677,0	699,5	673,2	624,0	635,1	613,0	618,3	618,3

Mio. EUR			2016	2017	2018	2019	2020	2021	2022	2023	2024	2025
Return on Invested Capital Analysis												
Customer Relationship new				16,4	17,3	18,5	20,8	22,1	23,0	25,6	27,5	29,9
Rate of Return				8,59%	8,59%	8,40%	8,64%	8,37%	7,96%	8,14%	8,04%	8,16%
Core Technology new	1,00%	7,32%		1,6	2,5	3,5	4,7	5,9	7,2	8,7	10,2	11,6
Customer Relationship	1,20%	7,52%		17,0	15,7	14,0	12,1	10,1	7,9	5,3	2,5	0,0
Core Technology	0,90%	7,22%		12,3	11,3	10,1	8,7	7,2	5,6	3,8	1,8	0,0
Process Technology	0,90%	7,22%		1,6	1,4	1,3	1,1	0,9	0,7	0,5	0,2	0,0
Tangible Fixed Assets	-1,00%	4,99%		5,0	4,4	4,3	6,1	5,3	3,5	4,9	4,7	5,9
Working Capital	-2,32%	3,50%		-0,5	-0,6	-0,8	-0,9	-0,9	-0,9	-0,9	-0,9	-0,9
Adjustment												
Entity Value		7,53%		53,3	52,0	51,0	52,7	50,7	47,0	47,8	46,1	46,5
Calculation of Tax Amortization on Benefit												
Core Technology												
Royalty Savings after Tax		7,22%		20,2	21,8	22,6	23,1	23,6	24,0	24,5	20,4	0,0
Present Value			132,8	122,2	109,2	94,5	78,2	60,3	40,6	19,0	0,0	0,0
Tax Benefit of Amortization		1,29		6,4	6,4	6,4	6,4	6,4	6,4	6,4	6,4	
Process Technology												
Cost Savings after Tax		7,22%		2,5	2,7	2,9	2,9	3,0	3,1	3,1	2,6	0,0
Present Value			16,8	15,5	13,9	12,0	10,0	7,7	5,2	2,4	0,0	0,0
Tax Benefit of Amortization		1,29		0,8	0,8	0,8	0,8	0,8	0,8	0,8	0,8	

Tab. 3.3.4-40: Abstimmung der Bewertungsergebnisse bei Behandlung der Verbindlichkeiten aus Lieferungen und Leistungen als verzinsliche Verbindlichkeiten

Mio. EUR		2016	2017	2018	2019	2020	2021	2022	2023	2024	2025
Income Analysis											
Customer Relationship new											
Return on Invested Capital			16,3	17,2	18,5	20,8	22,1	22,9	25,5	27,5	29,9
Return of Invested Capital			-18,2	-19,4	-20,8	-23,0	-24,4	-25,5	-28,0	-24,4	0,0
Excess Earnings			-1,9	-2,2	-2,3	-2,2	-2,3	-2,6	-2,5	3,1	29,9
Core Technology new			-10,6	-11,4	-11,9	-12,1	-12,4	-12,6	-12,9	-8,8	11,6
Customer Relationship Adjustment			25,7	29,6	31,0	29,8	31,4	34,1	33,3	28,0	0,0
Tax Benefit of Amortization			8,5	8,5	8,5	8,5	8,5	8,5	8,5	8,5	0,0
Core Technology			26,6	28,2	29,0	29,5	30,0	30,4	30,9	26,8	0,0
Process Technology			3,3	3,5	3,7	3,8	3,8	3,9	3,9	3,4	0,0
Tangible Fixed Assets			17,0	6,4	-31,7	22,1	41,3	-25,5	8,9	-19,3	5,9
Working Capital Adjustment			-12,4	-2,1	1,5	1,5	1,5	1,5	1,5	3,7	3,7
Total			56,2	60,4	27,9	80,8	101,8	37,8	71,8	45,4	51,1
Free Cashflow Net Working Capital	3,50%		71,0	65,3	28,5	79,0	99,9	35,9	69,9	40,8	46,5
Adjustment Interest Payments after Tax			3,2	3,8	4,1	4,2	4,3	4,4	4,5	4,6	4,6
Adjustment Incremental Working Capital			-18,0	-8,6	-4,7	-2,4	-2,5	-2,5	-2,6	0,0	0,0
Free Cashflow Adjusted			56,2	60,4	27,9	80,8	101,8	37,8	71,8	45,4	51,1

Mio. EUR			2016	2017	2018	2019	2020	2021	2022	2023	2024	2025
Valuation Analysis												
Customer Relationship new												
Residual Value			182,8	201,0	220,4	241,2	264,2	288,7	314,2	342,2	366,5	366,5
Core Technology new		7,32%	22,1	34,3	48,2	63,6	80,4	98,6	118,5	140,0	159,1	159,1
Customer Relationship		7,52%	176,4	164,0	146,7	126,8	106,5	83,1	55,2	26,0	0,0	0,0
Tax Benefit of Amortization	1,28		49,6	44,9	39,8	34,3	28,4	22,0	15,2	7,9	0,0	0,0
Core Technology	1,29	7,22%	170,7	156,4	139,5	120,6	99,8	77,0	52,2	25,0	0,0	0,0
Process Technology	1,29	7,22%	21,5	19,8	17,8	15,3	12,7	9,8	6,6	3,2	0,0	0,0
Tangible Fixed Assets		4,99%	100,0	88,0	86,0	122,0	106,0	70,0	99,0	95,0	119,0	119,0
Working Capital		3,50%	75,0	90,0	95,3	97,0	99,0	101,0	103,0	105,0	105,0	105,0
Entity Value		7,53%	798,1	798,4	793,7	820,8	797,0	750,2	763,8	744,3	749,6	749,6
Return on Invested Capital Analysis												
Customer Relationship new				16,4	17,3	18,5	20,8	22,1	23,0	25,6	27,5	29,9
Rate of Return				8,95%	8,59%	8,40%	8,68%	8,37%	7,96%	8,14%	8,04%	8,15%
Core Technology new	1,00%	7,32%		1,6	2,5	3,5	4,7	5,9	7,2	8,7	10,2	11,6
Customer Relationship	1,20%	7,52%		17,0	15,7	14,0	12,1	10,1	7,9	5,3	2,5	0,0
Core Technology	0,90%	7,22%		12,3	11,3	10,1	8,7	7,2	5,6	3,8	1,8	0,0
Process Technology	0,90%	7,22%		1,6	1,4	1,3	1,1	0,9	0,7	0,5	0,2	0,0
Tangible Fixed Assets	-1,00%	4,99%		5,0	4,4	4,3	6,1	5,3	3,5	4,9	4,7	5,9
Working Capital	-2,32%	3,50%		2,6	3,1	3,3	3,4	3,5	3,5	3,6	3,7	3,7
Adjustment												
Entity Value		7,53%	56,5	56,5	55,8	55,0	56,9	55,0	51,4	52,3	50,7	51,1
WACC adjusted				7,07%	6,98%	6,94%	6,93%	6,90%	6,85%	6,85%	6,82%	6,82%

Die Tabellen bestätigen, dass – unter Zugrundelegung der Annahme, dass der Finanzierungskostensatz der Verbindlichkeiten aus Lieferungen und Leistungen gleich dem vermögenswertspezifischen Zinssatz des Working Capital ist – von der Abbildung der Verbindlichkeiten aus Lieferungen und Leistungen kein Einfluss auf die Bewertungsergebnisse ausgeht. Der Vergleich dieser Tabellen mit Tabelle 3.3.4-35 und Tabelle 3.3.4-36 zeigt allerdings, dass die bei Anwendung der betrachteten Annahme abgeleiteten Bewertungsergebnisse deutlich von den bei Verzicht auf die Anwendung der Annahme erzielten Ergebnissen abweichen. Der Umfang der auftretenden Differenzen ist bestimmt durch das Verhältnis zwischen dem Finanzierungskostensatz der Verbindlichkeiten aus Lieferungen und Leistungen und dem vermögenswertspezifischen Zinssatz des Working Capital.

3.3.4.4 Einkommensbeiträge der unterstützenden Vermögenswerte im Überblick

Asset Class	Specification	Return on IC	Return of IC	Adjustment of Income	Comment
Intangible Assets	General principle	after tax	after tax	cost to maintain and enhance asset	e.g. R & D, Marketing, Recruiting and training
	Assumption: return of IC = cost to maintain and enhance asset	after tax	–	cost to enhance in case of growth investments in asset	e.g. recruiting and training
	Application of relief–from–royalty method	Application of Royalty Rate after tax		cost to maintain and enhance asset	
Tangible Fixed Assets (Not Including Land)	General principle	after tax	after tax	add depreciation after tax	
	Assumption: return of IC = depreciation	after tax	–	–	
	Leasing model	Lease payment after tax (Annuity based on value of asset adjusted for TAB)		add depreciation after tax	
	Leasing model straight line depreciation	Lease payment including tax benefit of depreciation (= Annuity based on value of asset)		add depreciation	
Land	n/a	after tax	–	–	
Working Capital	Working Capital	after tax	–	adjustment EBITA	
	Net Working Capital – Assumption: Finance rate accounts payable = asset specific rate of return	after tax	–	–	

Abb. 3.3.4-1: Komponenten der Contributory Asset Charges bei Ableitung der Excess Earnings ausgehend vom EBITA nach Steuern

In der praktischen Anwendung der MPEEM wird als Ausgangsgröße der Ableitung der Excess Earnings zumeist das Tax-effecting EBITA, das EBITA, das Tax-effecting EBITDA oder das EBITDA gewählt. Aus diesem Grund werden in Abbildung 3.3.4-1 bis Abbildung 3.3.4-4 die Komponenten der Einkommensbeiträge der unterstützenden Vermögenswerte, die bei Heranziehung dieser Ergebnisgrößen als Ausgangspunkt der Ableitung der Excess Earnings einzubeziehen sind, überblicksartig zusammengestellt.[362] Die Abbildungen beziehen – in Erweiterung der dargestellten Analysen – den Fall ein, dass die Rückflüsse des in die Sachanlagen investierten Kapitals sich nicht mit den Abschreibungen decken.

Asset Class	Specification	Return on IC	Return of IC	Adjustment of Income	Comment
Intangible Assets	General principle	after tax	after tax	cost to maintain and enhance asset	e.g. R & D, Marketing, Recruiting and training
	Assumption: return of IC = cost to maintain and enhance asset	after tax	–	cost to enhance in case of growth investments in asset	e.g. recruiting and training
	Application of relief–from–royalty method	Application of Royalty Rate after tax		cost to maintain and enhance asset	
Tangible Fixed Assets (Not Including Land)	General principle	after tax	after tax	–	
	Assumption: return of IC = depreciation	after tax	after tax	–	
	Leasing model	Lease payment after tax (Annuity based on value of asset adjusted for TAB)		–	
	Leasing model straight line depreciation	Lease payment including tax benefit of depreciation (= Annuity based on value of asset)		add tax benefit of depreciation	
Land	n/a	after tax	–	–	
Working Capital	Working Capital	after tax	–	adjustment EBITA	
	Net Working Capital – Assumption: Finance rate accounts payable = asset specific rate of return	after tax	–	–	

Abb. 3.3.4-2: Komponenten der Contributory Asset Charges bei Ableitung der Excess Earnings ausgehend vom EBITDA nach Steuern

---

362   Vgl. Moser (2010b), S. 20 ff.

Asset Class	Specification	Return on IC	Return of IC	Adjustment of Income	Comment
Intangible Assets	General principle	pre tax	pre tax	cost to maintain and enhance asset	e.g. R & D, Marketing, Recruiting and training
	Assumption: return of IC = cost to maintain and enhance asset	pre tax	–	cost to enhance in case of growth investments in asset	e.g. recruiting and training
	Application of relief–from–royalty method	Application of Royalty Rate pre tax		cost to maintain and enhance asset	
Tangible Fixed Assets (Not Including Land)	General principle	pre tax	pre tax	add depreciation	
	Assumption: return of IC = depreciation	pre tax	–	–	
	Leasing model	Lease payment pre tax (Annuity based on value of asset adjusted for TAB and adjusted for tax)		add depreciation	
	Leasing model straight line depreciation	–		–	
Land	n/a	pre tax	–	–	
Working Capital	Working Capital	pre tax	–	adjustment EBITA	
	Net Working Capital – Assumption: Finance rate accounts payable = asset specific rate of return	pre tax	–	–	

Abb. 3.3.4-3: Komponenten der Contributory Asset Charges bei Ableitung der Excess Earnings ausgehend vom EBITA

Zu den dargestellten Ansätzen zur Bestimmung der Einkommensbeiträge der unterstützenden Vermögenswerte ist u. a. anzumerken:

- Die Ermittlung der Contributory Asset Charges stellt sich dann vergleichsweise einfach dar, wenn vom Tax-effecting EBITA ausgegangen wird und auf die Ableitung der den Sachanlagen zuzuordnenden Einkommensbeiträge als Leasing-Zahlungen verzichtet wird.
- Bei Anwendung von Leasing-Zahlungen als Einkommensbeiträge der Sachanlagen ist grundsätzlich von der Level-Payment-Methode auszugehen.
- Bei der Bestimmung der dem Working Capital zuzuordnenden Einkommensbeiträge ist im konkreten Anwendungsfall zu beurteilen, ob vom Working Capital oder Net Working Capital auszugehen ist.
- Die Anwendung weiterer, insbesondere in der Praxis der Kaufpreisallokation zu beobachtender Vereinfachungen kommt allenfalls dann in Betracht, wenn deren im Einzelnen aufgezeigten Anwendungsvoraussetzungen erfüllt sind.

Asset Class	Specification	Return on IC	Return of IC	Adjustment of Income	Comment
Intangible Assets	General principle	pre tax	pre tax	cost to maintain and enhance asset	e.g. R & D, Marketing, Recruiting and training
	Assumption: return of IC = cost to maintain and enhance asset	pre tax	–	cost to enhance in case of growth investments in asset	e.g. recruiting and training
	Application of relief–from–royalty method	Application of Royalty Rate pre tax		cost to maintain and enhance asset	
Tangible Fixed Assets (Not Including Land)	General principle	pre tax	pre tax	–	
	Assumption: return of IC = depreciation	pre tax	Depreciation	–	
	Leasing model	Lease payment pre tax (Annuity based on value of asset adjusted for TAB and adjusted for tax)		–	
	Leasing model straight line depreciation	–			
Land	n/a	pre tax	–	–	
Working Capital	Working Capital	pre tax	–	adjustment EBITA	
	Net Working Capital – Assumption: Finance rate accounts payable = asset specific rate of return	pre tax	–	–	

Abb. 3.3.4-4: Komponenten der Contributory Asset Charges bei Ableitung der Excess Earnings ausgehend vom EBITDA

3.3.5 Analyse der vermögenswertspezifischen Zinssätze

3.3.5.1 Überblick

Die vermögenswertspezifischen Zinssätze und deren Komponenten wurden unter 2.5.5 eingeführt. Der Bemessung dieser Zinssätze kommt – dies wurde unter 2.6.3.2 und 2.6.4.3.3 dargelegt – für die Ableitung konsistenter Bewertungsergebnisse eine entscheidende Bedeutung zu. Bei der Abstimmung der Bewertungsergebnisse sind die den in die Untersuchung einbezogenen Vermögenswerten zuzuordnenden Zinssätze so festzulegen, dass diese die spezifischen Risiken der Vermögenswerte in Relation zueinander und zum Risiko des Unternehmens zum Ausdruck bringen. Die Abstimmung der Bewertungsergebnisse erfolgt – bei Anwendung der Residual-Value-Methode – über den modellendogen abgeleiteten vermögenswertspezifischen Zinssatz des nach diesem Ansatz bewerteten Vermögenswertes bzw. – bei Anwendung der MPEEM – über die dabei zumeist auftretenden Bewertungsdifferenzen.

Im Folgenden werden – ausgehend von der Residual-Value-Methode – die Bestimmungsfaktoren des modellendogen abgeleiteten vermögenswertspezifischen Zinssatzes untersucht. Die Betrachtungen werden zunächst für eine ausgewählte Periode durchgeführt (3.3.5.2) und sodann durch die Einbeziehung zusätzlicher Perioden erweitert

(3.3.5.3). Abschließend werden auf dieser Grundlage die unter 2.5.5.3 angesprochenen Ansätze zur Berücksichtigung des vermögenswertspezifischen Risikos betrachtet (3.3.5.4). Zur Vereinfachung der Ausführungen wird auf die explizite Einbeziehung abschreibungsbedingter Steuervorteile in die Untersuchungen grundsätzlich verzichtet.

Die Analyse der Bestimmungsfaktoren der bei Anwendung der MPEEM der Abstimmung der Bewertungsergebnisse zugrunde zu legenden Bewertungsdifferenzen ist mit den im Folgenden durchgeführten Betrachtungen weitgehend vergleichbar. Aus diesem Grund wird auf die Darstellung dieser Untersuchungen verzichtet.

3.3.5.2 Bestimmungsfaktoren des modellendogen abgeleiteten vermögenswertspezifischen Zinssatzes bei Betrachtung einer ausgewählten Periode

3.3.5.2.1 Vorgehen

Die Bestimmungsfaktoren des modellendogen abgeleiteten vermögenswertspezifischen Zinssatzes werden zunächst gesondert für die mittels des Cost Approach bewerteten Vermögenswerte (3.3.5.2.2) und für die nach dem Income Approach bewerteten Vermögenswerte (3.3.5.2.3) untersucht.[363] Sodann wird das Zusammenwirken der mittels des Cost Approach bewerteten Vermögenswerte und der mittels des Income Approach bewerteten Vermögenswerte bei der Bestimmung des modellendogen abgeleiteten vermögenswertspezifischen Zinssatz betrachtet (3.3.5.2.4) sowie aufgezeigt, dass insbesondere die Geschäftstätigkeit des betrachteten Unternehmens einen bedeutenden Einfluss auf die Bestimmungsfaktoren des modellendogenen Zinssatzes ausübt (3.3.5.2.5). Abschließend werden die abgeleiteten Ergebnisse anhand eines einfachen Beispiels veranschaulicht (3.3.5.2.6).

Die Untersuchungen gehen davon aus, dass der als Entity Value verstandene Wert des betrachteten Unternehmens, dessen gewichtete Kapitalkosten sowie dessen als Free Cashflow verstandenes Einkommen gegeben sind. Zur Vereinfachung der Untersuchungen wird diesen die Annahme zugrunde gelegt, dass die Werte der mittels des Cost Approach[364] bewerteten Vermögenswerte nicht von den diesen Vermögenswerten zugeordneten vermögenswertspezifischen Zinssätzen abhängig sind; die Analyse der mittels des Income Approach bewerteten Vermögenswerte zeigt, dass diese Annahme problemlos aufgegeben werden kann. Auf die Einbeziehung von Vermögenswerten, die mittels des Market Approach bewertet werden, in die Betrachtungen wird verzichtet; auf diese Vermögenswerte können die anhand der mittels des Cost Approach bewerteten Vermögenswerte erzielten Ergebnisse übertragen werden.

---

363   Anstelle der Unterscheidung zwischen mittels des Cost Approach und mittels des Income Approach bewerteten Vermögenswerten kommt grundsätzlich auch eine gesonderte Analyse materieller und immaterieller Vermögenswerten in Betracht.

364   Auf den Cost Approach wird ausführlich eingegangen unter 3.4.

3.3.5.2.2 Betrachtung der mittels des Cost Approach bewerteten Vermögenswerte

3.3.5.2.2.1 Überblick

Die unter 2.6.3.2 eingeführte Beziehung des modellendogen abgeleiteten vermögenswertspezifischen Zinssatzes kann bei gesonderter Betrachtung des mittels des Cost Approach bewerteten Vermögenswerts i = 1 überführt werden zu

$$r_{n,t+1}^{RV} = \frac{V_t \cdot r_{t+1} - V_{1,t} \cdot r_{1,t+1} - \sum_{i=2}^{n-1} V_{i,t} \cdot r_{i,t+1}}{V_t - V_{1,t} - \sum_{i=2}^{n-1} V_{i,t}}$$

Aus dieser Darstellung wird ersichtlich, dass bei gegebenen Werten und gegebenen vermögenswertspezifischen Zinssätzen der Vermögenswerte i = 2 bis n-1 sowie bei gegebenem Entity Value und gegebenen gewichteten Kapitalkosten des Unternehmens als Einflussfaktoren des modellendogenen vermögenswertspezifischen Zinssatzes der vermögenswertspezifische Zinssatz (3.3.5.2.2.2) und der Wert des Vermögenswertes i = 1 (3.3.5.2.2.3) verbleiben. Diese Betrachtungen können auf weitere, mittels des Cost Approach bewertete Vermögenswerte ausgedehnt werden (3.3.5.2.2.4).

3.3.5.2.2.2 Veränderung des vermögenswertspezifischen Zinssatzes

Der vermögenswertspezifische Zinssatz des Vermögenswertes i = 1 kann in Abhängigkeit des modellendogen abgeleiteten Zinssatzes des Vermögenswertes i = n durch die Beziehung

$$r_{1,t+1} = r_{n,t+1}^{RV} + \Delta r_{1,t+1}^{RV}$$

ausgedrückt werden. Durch Einsetzen dieses Ausdrucks in die unter 3.3.5.2.2.1 eingeführte Beziehung für $r_{n,t+1}^{RV}$ ergibt sich

$$r_{n,t+1}^{RV} = \frac{V_t \cdot r_{t+1} - V_{1,t} \cdot \left(r_{n,t+1}^{RV} + \Delta r_{1,t+1}^{RV} \right) - \sum_{i=2}^{n-1} V_{i,t} \cdot r_{i,t+1}}{V_t - V_{1,t} - \sum_{i=2}^{n-1} V_{i,t}}$$

sowie nach Auflösung nach $r_{n,t+1}^{RV}$ der Ausdruck[365]

---

365 Die Beziehung

$$r_{n,t+1}^{RV} = \frac{V_t \cdot r_{t+1} - V_{1,t} \cdot \left(r_{n,t+1}^{RV} + \Delta r_{1,t+1}^{RV} \right) - \sum_{i=2}^{n-1} V_{i,t} \cdot r_{i,t+1}}{V_t - V_{1,t} - \sum_{i=2}^{n-1} V_{i,t}}$$

kann umgeformt werden zu

$$r_{n,t+1}^{RV} \cdot \left(V_t - V_{1,t} - \sum_{i=2}^{n-1} V_{i,t} \right) = V_t \cdot r_{t+1} - V_{1,t} \cdot r_{n,t+1}^{RV} - V_{1,t} \cdot \Delta r_{1,t+1}^{RV} - \sum_{i=2}^{n-1} V_{i,t} \cdot r_{i,t+1}$$

$$r_{n,t+1}^{RV} = \frac{V_t \cdot r_{t+1} - \sum_{i=2}^{n-1} V_{i,t} \cdot r_{i,t+1}}{V_t - \sum_{i=2}^{n-1} V_{i,t}} - \frac{V_{1,t} \cdot \Delta r_{1,t+1}^{RV}}{V_t - \sum_{i=2}^{n-1} V_{i,t}}$$

Aus dieser Beziehung ist unmittelbar zu entnehmen, dass für $\Delta r_{1,t+1}^{RV} = 0$ kein Einfluss vom vermögenswertspezifischen Zinssatz des Vermögenswertes i = 1 auf den modellendogenen Zinssatz ausgeht. Dies führt zu einem modellendogenen Zinssatz in Höhe von

$$r_{n,t+1}^{RV*} = \frac{V_t \cdot r_{t+1} - \sum_{i=2}^{n-1} V_{i,t} \cdot r_{i,t+1}}{V_t - \sum_{i=2}^{n-1} V_{i,t}}$$

wobei $r_{n,t+1}^{RV*}$ den modellendogenen Zinssatz für $\Delta r_{1,t+1}^{RV} = 0$ mit $r_{1,t+1}^{*} = r_{n,t+1}^{RV*}$ bezeichnet.

Durch Vergleich der Beziehung für $r_{n,t+1}^{RV}$ mit dem Ausdruck für $r_{n,t+1}^{RV*}$ kann der Einfluss des vermögenswertspezifischen Zinssatzes des Vermögenswertes i = 1 auf den modellendogenen Zinssatz aufgezeigt werden. Dies kommt in der Beziehung

$$r_{n,t+1}^{RV} - r_{n,t+1}^{RV*} = -\frac{V_{1,t} \cdot \Delta r_{1,t+1}^{RV}}{V_t - \sum_{i=2}^{n-1} V_{i,t}}$$

zum Ausdruck.

Der vermögenswertspezifische Zinssatz des Vermögenswertes i = 1 kann auch durch

$$r_{1,t+1} = r_{n,t+1}^{RV*} + \Delta r_{1,t+1}^{RV*}$$

beschrieben werden. Durch Gleichsetzen dieses Ausdrucks mit $r_{1,t+1} = r_{n,t+1}^{RV} + \Delta r_{1,t+1}^{RV}$ ergibt sich der Ausdruck $\Delta r_{1,t+1}^{RV} = r_{n,t+1}^{RV*} + \Delta r_{1,t+1}^{RV*} - r_{n,t+1}^{RV}$, der in die Beziehung für $r_{n,t+1}^{RV} - r_{n,t+1}^{RV*}$

---

bzw. zu

$$r_{n,t+1}^{RV} \cdot \left(V_t - V_{1,t} - \sum_{i=2}^{n-1} V_{i,t} \right) + V_{1,t} \cdot r_{n,t+1}^{RV} = V_t \cdot r_{t+1} - V_{1,t} \cdot \Delta r_{1,t+1}^{RV} - \sum_{i=2}^{n-1} V_{i,t} \cdot r_{i,t+1}$$

bzw. zu

$$r_{n,t+1}^{RV} \cdot \left(V_t - \sum_{i=2}^{n-1} V_{i,t} \right) = V_t \cdot r_{t+1} - V_{1,t} \cdot \Delta r_{1,t+1}^{RV} - \sum_{i=2}^{n-1} V_{i,t} \cdot r_{i,t+1}$$

sowie zu

$$r_{n,t+1}^{RV} = \frac{V_t \cdot r_{t+1} - \sum_{i=2}^{n-1} V_{i,t} \cdot r_{i,t+1}}{V_t - \sum_{i=2}^{n-1} V_{i,t}} - \frac{V_{1,t} \cdot \Delta r_{1,t+1}^{RV}}{V_t - \sum_{i=2}^{n-1} V_{i,t}}$$

eingesetzt werden kann. Nach Auflösung nach $r_{n,t+1}^{RV} - r_{n,t+1}^{RV*}$ führt dies zu der Beziehung[366]

$$r_{n,t+1}^{RV} - r_{n,t+1}^{RV*} = -\frac{V_{1,t} \cdot \Delta r_{1,t+1}^{RV*}}{V_t - \sum_{i=2}^{n-1} V_{i,t} - V_{1,t}}$$

die weiter umgeformt werden kann zu

$$r_{n,t+1}^{RV} = r_{n,t+1}^{RV*} - \frac{V_{1,t} \cdot \Delta r_{1,t+1}^{RV*}}{V_t - \sum_{i=2}^{n-1} V_{i,t} - V_{1,t}}$$

Diese Beziehung legt dar, dass der modellendogene Zinssatz des Vermögenswertes i = n bestimmt ist durch

- den Zinssatz $r_{n,t+1}^{RV*}$, der sich modellendogen unter Zugrundelegung der Annahme ergibt, dass der vermögenswertspezifische Zinssatz des Vermögenswertes i = 1 gleich dem modellendogenen Zinssatz ist ($r_{1,t+1}^* = r_{n,t+1}^{RV*}$) und dementsprechend $\Delta r_{1,t+1}^{RV*} = 0$ gilt, zuzüglich

- der – auf das in den Vermögenswert i = n investierte Kapital ($V_t - \sum_{i=2}^{n-1} V_{i,t} - V_{1,t}$) bezogenen – Differenz $V_{1,t} \cdot \Delta r_{1,t+1}^{RV*}$ (mit $\Delta r_{1,t+1}^{RV*} = r_{1,t+1} - r_{n,t+1}^{RV*}$), die bei der Verzinsung des in den Vermögenswert i = 1 investierten Kapitals dann auftritt, wenn der vermögenswertspezifische Zinssatz dieses Vermögenswertes ($r_{1,t+1}$) vom Zinssatz $r_{n,t+1}^{RV*}$ abweicht.

Die Beziehung macht weiter ersichtlich, dass – unter den unter 2.6.6 eingeführten Annahmen sowie mit $V_{1,t} > 0$ – der modellendogene Zinssatz ausgehend von einem negativen Wert für $\Delta r_{1,t+1}^{RV*}$ mit $\Delta r_{1,t+1}^{RV*} > -r_{n,t+1}^{RV*}$ für $r_{1,t+1} > 0$ c.p. bei einem Anstieg von $\Delta r_{1,t+1}^{RV*}$ abnimmt. Unter Berücksichtigung des Zusammenhangs zwischen $r_{1,t+1}$ und $\Delta r_{1,t+1}^{RV*}$ – dieser wird durch die Beziehung $r_{1,t+1} = r_{n,t+1}^{RV*} + \Delta r_{1,t+1}^{RV*}$ mit $r_{1,t+1} > 0$ beschrieben – ist damit dargelegt, dass der modellendogene Zinssatz des Vermögenswertes i = n bei steigendem vermögenswertspezifischem Zinssatz des Vermögenswertes i = 1 c.p. sinkt.

---

366 Es ergibt sich

$$r_{n,t+1}^{RV} - r_{n,t+1}^{RV*} = -\frac{V_{1,t} \cdot \left(r_{n,t+1}^{RV*} + \Delta r_{1,t+1}^{RV*} - r_{n,t+1}^{RV}\right)}{V_t - \sum_{i=2}^{n-1} V_{i,t}}$$

bzw.

$$\left(r_{n,t+1}^{RV} - r_{n,t+1}^{RV*}\right) \cdot \left(V_t - \sum_{i=2}^{n-1} V_{i,t}\right) - V_{1,t} \cdot \left(r_{n,t+1}^{RV} - r_{n,t+1}^{RV*}\right) = -V_{1,t} \cdot \Delta r_{1,t+1}^{RV*}$$

sowie

$$\left(r_{n,t+1}^{RV} - r_{n,t+1}^{RV*}\right) \cdot \left(V_t - \sum_{i=2}^{n-1} V_{i,t} - V_{1,t}\right) = -V_{1,t} \cdot \Delta r_{1,t+1}^{RV*}$$

3.3.5.2.2.3 Veränderung des Wertes des betrachteten Vermögenswertes

Die Veränderung des Wertes des Vermögenswerts i = 1 um $\Delta V_{1,t}$ führt c. p. zu einer Änderung der Komponente $V_{1,t} \cdot r_{1,t+1}$ und der Komponente $V_{1,t}$ der unter 3.3.5.2.2.1 eingeführten Beziehung für den modellendogenen Zinssatz des Vermögenswertes i = n um $\Delta V_{1,t} \cdot r_{1,t+1}$ bzw. um $\Delta V_{1,t}$. Der unter Berücksichtigung dieser Wertänderung abgeleitete modellendogene Zinssatz $r_{n,t+1}^{RV\,\Delta V}$ ist dementsprechend mit $r_{1,t+1} = r_{n,t+1}^{RV\,\Delta V} + \Delta r_{1,t+1}^{RV\,\Delta V}$ bestimmt durch die Beziehung

$$r_{n,t+1}^{RV\,\Delta V} = \frac{V_t \cdot r_{t+1} - \sum_{i=2}^{n-1} V_{i,t} \cdot r_{i,t+1} - \left(V_{1,t} + \Delta V_{1,t}\right) \cdot \left(r_{n,t+1}^{RV\,\Delta V} + \Delta r_{1,t+1}^{RV\,\Delta V}\right)}{V_t - \sum_{i=2}^{n-1} V_{i,t} - V_{1,t} - \Delta V_{1,t}}$$

sowie nach Auflösung nach $r_{n,t+1}^{RV\,\Delta V}$ durch die Beziehung[367]

$$r_{n,t+1}^{RV\,\Delta V} = \frac{V_t \cdot r_{t+1} - \sum_{i=2}^{n-1} V_{i,t} \cdot r_{i,t+1}}{V_t - \sum_{i=2}^{n-1} V_{i,t}} - \frac{V_{1,t} \cdot \Delta r_{1,t+1}^{RV\,\Delta V}}{V_t - \sum_{i=2}^{n-1} V_{i,t}} - \frac{\Delta V_{1,t} \cdot \Delta r_{1,t+1}^{RV\,\Delta V}}{V_t - \sum_{i=2}^{n-1} V_{i,t}}$$

Durch Vergleich dieser Beziehung mit dem unter 3.3.5.2.2.2 abgeleiteten modellendogenen Zinssatz vor Berücksichtigung der Wertveränderung wird der Einfluss, der von der Veränderung des Wertes des Vermögenswertes i = 1 auf den modellendogenen Zinssatz ausgeht, ersichtlich. Es gilt

$$r_{n,t+1}^{RV\,\Delta V} - r_{n,t+1}^{RV} = \frac{V_{1,t} \cdot \Delta r_{1,t+1}^{RV}}{V_t - \sum_{i=2}^{n-1} V_{i,t}} - \frac{V_{1,t} \cdot \Delta r_{1,t+1}^{RV\,\Delta V}}{V_t - \sum_{i=2}^{n-1} V_{i,t}} - \frac{\Delta V_{1,t} \cdot \Delta r_{1,t+1}^{RV\,\Delta V}}{V_t - \sum_{i=2}^{n-1} V_{i,t}}$$

---

367 Die Beziehung

$$r_{n,t+1}^{RV\,\Delta V} = \frac{V_t \cdot r_{t+1} - \sum_{i=2}^{n-1} V_{i,t} \cdot r_{i,t+1} - \left(V_{1,t} + \Delta V_{1,t}\right) \cdot \left(r_{n,t+1}^{RV\,\Delta V} + \Delta r_{1,t+1}^{RV\,\Delta V}\right)}{V_t - \sum_{i=2}^{n-1} V_{i,t} - V_{1,t} - \Delta V_{1,t}}$$

kann umgeformt werden zu

$$r_{n,t+1}^{RV\,\Delta V} \cdot \left(V_t - \sum_{i=2}^{n-1} V_{i,t} - V_{1,t} - \Delta V_{1,t}\right) = V_t \cdot r_{t+1} - \sum_{i=2}^{n-1} V_{i,t} \cdot r_{i,t+1} - \left(V_{1,t} + \Delta V_{1,t}\right) \cdot r_{n,t+1}^{RV\,\Delta V} - \left(V_{1,t} + \Delta V_{1,t}\right) \cdot \Delta r_{1,t+1}^{RV\,\Delta V}$$

bzw. zu

$$r_{n,t+1}^{RV\,\Delta V} \cdot \left(V_t - \sum_{i=2}^{n-1} V_{i,t} - V_{1,t} - \Delta V_{1,t}\right) + \left(V_{1,t} + \Delta V_{1,t}\right) \cdot r_{n,t+1}^{RV\,\Delta V} = V_t \cdot r_{t+1} - \sum_{i=2}^{n-1} V_{i,t} \cdot r_{i,t+1} - \left(V_{1,t} + \Delta V_{1,t}\right) \cdot \Delta r_{1,t+1}^{RV\,\Delta V}$$

bzw. zu

$$r_{n,t+1}^{RV\,\Delta V} \cdot \left(V_t - \sum_{i=2}^{n-1} V_{i,t}\right) = V_t \cdot r_{t+1} - \sum_{i=2}^{n-1} V_{i,t} \cdot r_{i,t+1} - \left(V_{1,t} + \Delta V_{1,t}\right) \cdot \Delta r_{1,t+1}^{RV\,\Delta V}$$

sowie zu

$$r_{n,t+1}^{RV\,\Delta V} = \frac{V_t \cdot r_{t+1} - \sum_{i=2}^{n-1} V_{i,t} \cdot r_{i,t+1}}{V_t - \sum_{i=2}^{n-1} V_{i,t}} - \frac{V_{1,t} \cdot \Delta r_{1,t+1}^{RV\,\Delta V}}{V_t - \sum_{i=2}^{n-1} V_{i,t}} - \frac{\Delta V_{1,t} \cdot \Delta r_{1,t+1}^{RV\,\Delta V}}{V_t - \sum_{i=2}^{n-1} V_{i,t}}.$$

sowie mit[368]

$$\Delta r_{1,t+1}^{RV\,\Delta V} = r_{n,t+1}^{RV} + \Delta r_{1,t+1}^{RV} - r_{n,t+1}^{RV\,\Delta V}$$

und nach Auflösung[369] nach $r_{n,t+1}^{RV\,\Delta V} - r_{n,t+1}^{RV}$

$$r_{n,t+1}^{RV\,\Delta V} - r_{n,t+1}^{RV} = -\frac{\Delta V_{1,t} \cdot \Delta r_{1,t+1}^{RV}}{V_t - \sum_{i=2}^{n-1} V_{i,t} - V_{1,t} - \Delta V_{1,t}}$$

Die weitere Umformung der Beziehung zu

$$r_{n,t+1}^{RV\,\Delta V} = r_{n,t+1}^{RV} - \frac{\Delta V_{1,t} \cdot \Delta r_{1,t+1}^{RV}}{V_t - \sum_{i=2}^{n-1} V_{i,t} - V_{1,t} - \Delta V_{1,t}}$$

legt dar, dass der modellendogene Zinssatz des Vermögenswertes i = n bestimmt ist durch
- den Zinssatz $r_{n,t+1}^{RV}$, der sich modellendogen vor Berücksichtigung der Veränderung des Wertes des Vermögenswertes i = 1 um $\Delta V_{1,t}$ ergibt, zuzüglich
- der – auf das in den Vermögenswert i = n nach Berücksichtigung der Wertveränderung investierte Kapital ($V_t - \sum_{i=2}^{n-1} V_{i,t} - V_{1,t} - \Delta V_{1,t}$) bezogenen – Differenz $\Delta V_{1,t} \cdot \Delta r_{1,t+1}^{RV}$, die

bei der Verzinsung der Veränderung des in den Vermögenswert i = 1 investierten Kapitals ($\Delta V_{1,t}$) bei einem Auseinanderfallen des vermögenswertspezifischen Zinssatzes dieses Vermögenswertes ($r_{1,t+1}$) und des modellendogenen Zinssatzes vor Berücksichtigung der Wertveränderung $r_{n,t+1}^{RV}$ auftritt.

---

368 Diese Beziehung folgt aus der Gleichsetzung des Ausdrucks $r_{1,t+1} = r_{n,t+1}^{RV\,\Delta V} + \Delta r_{1,t+1}^{RV\,\Delta V}$ mit dem Ausdruck $r_{1,t+1} = r_{n,t+1}^{RV} + \Delta r_{1,t+1}^{RV}$ nach Umformung.

369 Die Beziehung

$$r_{n,t+1}^{RV\,\Delta V} - r_{n,t+1}^{RV} = \frac{V_{1,t} \cdot \Delta r_{1,t+1}^{RV}}{V_t - \sum_{i=2}^{n-1} V_{i,t}} - \frac{V_{1,t} \cdot \left(r_{n,t+1}^{RV} + \Delta r_{1,t+1}^{RV} - r_{n,t+1}^{RV\,\Delta V}\right)}{V_t - \sum_{i=2}^{n-1} V_{i,t}} - \frac{\Delta V_{1,t} \cdot \left(r_{n,t+1}^{RV} + \Delta r_{1,t+1}^{RV} - r_{n,t+1}^{RV\,\Delta V}\right)}{V_t - \sum_{i=2}^{n-1} V_{i,t}}$$

kann umgeformt werden zu

$$\left(r_{n,t+1}^{RV\,\Delta V} - r_{n,t+1}^{RV}\right) \cdot \left(V_t - \sum_{i=2}^{n-1} V_{i,t}\right) = V_{1,t} \cdot \Delta r_{1,t+1}^{RV} - V_{1,t} \cdot \left(r_{n,t+1}^{RV} + \Delta r_{1,t+1}^{RV} - r_{n,t+1}^{RV\,\Delta V}\right) - \Delta V_{1,t} \cdot \left(r_{n,t+1}^{RV} + \Delta r_{1,t+1}^{RV} - r_{n,t+1}^{RV\,\Delta V}\right)$$

bzw. zu

$$\left(r_{n,t+1}^{RV\,\Delta V} - r_{n,t+1}^{RV}\right) \cdot \left(V_t - \sum_{i=2}^{n-1} V_{i,t}\right) - V_{1,t} \cdot \left(r_{n,t+1}^{RV\,\Delta V} - r_{n,t+1}^{RV}\right) - \Delta V_{1,t} \cdot \left(r_{n,t+1}^{RV\,\Delta V} - r_{n,t+1}^{RV}\right) = -\Delta V_{1,t} \cdot \Delta r_{1,t+1}^{RV}$$

bzw. zu

$$\left(r_{n,t+1}^{RV\,\Delta V} - r_{n,t+1}^{RV}\right) \cdot \left(V_t - \sum_{i=2}^{n-1} V_{i,t} - V_{1,t} - \Delta V_{1,t}\right) = -\Delta V_{1,t} \cdot \Delta r_{1,t+1}^{RV}$$

sowie zu

$$r_{n,t+1}^{RV\,\Delta V} - r_{n,t+1}^{RV} = -\frac{\Delta V_{1,t} \cdot \Delta r_{1,t+1}^{RV}}{V_t - \sum_{i=2}^{n-1} V_{i,t} - V_{1,t} - \Delta V_{1,t}}$$

Die Beziehung zeigt, dass – unter den der Untersuchung zugrunde gelegten Annahmen – der modellendogene Zinssatz sich bei einer Veränderung des Wertes des Vermögenswertes i = 1 dann nicht ändert, wenn $\Delta r_{1,t+1}^{RV} = 0$ gilt, d. h. der vermögenswertspezifische Zinssatz dieses Vermögenswertes gleich dem modellendogenen Zinssatz ist ($r_{1,t+1} = r_{n,t+1}^{RV*}$). Für vermögenswertspezifische Zinssätze des Vermögenswertes i = 1, die unter (über) dem modellendogenen Zinssatz vor Wertänderung liegen, d. h. für $\Delta r_{1,t+1}^{RV} < 0$ ($\Delta r_{1,t+1}^{RV} > 0$), führt eine Erhöhung des Wertes des betrachteten Vermögenswertes – es gilt $\Delta V_{1,t} > 0$ – c. p. zu einem Anstieg (einer Verminderung) des modellendogenen Zinssatzes; bei einer Verminderung des Wertes des Vermögenswertes i = 1 – es gilt $\Delta V_{1,t} < 0$ – ergibt sich eine Verminderung (Erhöhung) des modellendogenen Zinssatzes.

3.3.5.2.2.4 Erweiterung der Betrachtungen
Die unter 3.3.5.2.2.2 und 3.3.5.2.2.3 durchgeführten Untersuchungen können auf alle Vermögenswerte i = 2, 3 … o, die mittels des Cost Approach bewertetet werden, ausgedehnt werden. Damit ist festzuhalten, dass die vermögenswertspezifischen Zinssätze der mittels des Cost Approach bewerteten Vermögenswerte sowie die Werte dieser Vermögenswerte den modellendogen abgeleiteten vermögenswertspezifischen Zinssatz unter den dargelegten Voraussetzungen bestimmen.

3.3.5.2.3 Betrachtung der mittels des Income Approach bewerteten Vermögenswerte

3.3.5.2.3.1 Überblick
Die unter 2.6.3.2 eingeführte Beziehung des modellendogen abgeleiteten vermögenswertspezifischen Zinssatzes kann bei gesonderter Betrachtung des mittels des Income Approach bewerteten Vermögenswerts i = n-1 dargestellt werden als

$$r_{n,t+1}^{RV} = \frac{V_t \cdot r_{t+1} - \sum_{i=1}^{n-2} V_{i,t} \cdot r_{i,t+1} - V_{n-1,t} \cdot r_{n-1,t+1}}{V_t - \sum_{i=1}^{n-2} V_{i,t} - V_{n-1,t}}$$

Aus dieser Darstellung wird ersichtlich, dass bei gegebenen Werten und gegebenen vermögenswertspezifischen Zinssätzen der Vermögenswerte i = 1 bis n-2 sowie bei gegebenem Entity Value und gegebenen gewichteten Kapitalkosten des Unternehmens als Einflussfaktoren des modellendogenen vermögenswertspezifischen Zinssatzes der vermögenswertspezifische Zinssatz und der Wert des Vermögenswertes i = n-1 verbleiben.

Die Bestimmungsgleichung für den Wert dieses Vermögenswertes

$$V_{n-1,t} = \frac{V_{n-1,t+1} + CF_{n-1,t+1}}{1 + r_{n-1,t+1}}$$

zeigt, dass bei der Analyse des Einflusses des vermögenswertspezifischen Zinssatzes des betrachteten Vermögenswertes (3.3.5.2.3.2) – im Unterschied zur Untersuchung des Einflusses eines unter den zugrunde gelegten Annahmen mittels des Cost Approach bewerteten Vermögenswertes – zu berücksichtigen ist, dass dieser Zinssatz auch den Wert des

Vermögenswertes beeinflusst. Weiter ist zu beachten, dass der Wert des mittels des Income Approach bewerteten Vermögenswertes – neben der Abhängigkeit von dessen vermögenswertspezifischem Zinssatz – auch durch den Einkommensbeitrag des Vermögenswertes bestimmt ist (3.3.5.2.3.3). Die am Beispiel des Vermögenswertes i = n-1 dargestellten Untersuchungen können auf weitere, mittels des Income Approach bewertete Vermögenswerte ausgedehnt werden (3.3.5.2.3.4).

3.3.5.2.3.2 Veränderung des vermögenswertspezifischen Zinssatzes

Der vermögenswertspezifische Zinssatz des Vermögenswertes i = n-1 kann in Abhängigkeit des modellendogen abgeleiteten Zinssatzes des Vermögenswertes i = n durch die Beziehung

$$r_{n-1,t+1} = r_{n,t+1}^{RV} + \Delta r_{n-1,t+1}^{RV}$$

ausgedrückt werden. Durch Einsetzen dieses Ausdrucks in die unter 3.3.5.2.3.1 eingeführte Beziehung für $r_{n,t+1}^{RV}$ ergibt sich

$$r_{n,t+1}^{RV} = \frac{V_t \cdot r_{t+1} - \sum_{i=1}^{n-2} V_{i,t} \cdot r_{i,t+1} - V_{n-1,t} \cdot \left(r_{n,t+1}^{RV} + \Delta r_{n-1,t+1}^{RV} \right)}{V_t - \sum_{i=1}^{n-2} V_{i,t} - V_{n-1,t}}$$

sowie nach Auflösung[370] nach $r_{n,t+1}^{RV}$

$$r_{n,t+1}^{RV} = \frac{V_t \cdot r_{t+1} - \sum_{i=1}^{n-2} V_{i,t} \cdot r_{i,t+1}}{V_t - \sum_{i=1}^{n-2} V_{i,t}} - \frac{V_{n-1,t} \cdot \Delta r_{n-1,t+1}^{RV}}{V_t - \sum_{i=1}^{n-2} V_{i,t}}$$

---

370 Die Beziehung

$$r_{n,t+1}^{RV} = \frac{V_t \cdot r_{t+1} - \sum_{i=1}^{n-2} V_{i,t} \cdot r_{i,t+1} - V_{n-1,t} \cdot r_{n,t+1}^{RV} - V_{n-1,t} \cdot \Delta r_{n-1,t+1}^{RV}}{V_t - \sum_{i=1}^{n-2} V_{i,t} - V_{n-1,t}}$$

kann umgeformt werden zu

$$r_{n,t+1}^{RV} \cdot \left(V_t - \sum_{i=1}^{n-2} V_{i,t} - V_{n-1,t} \right) = V_t \cdot r_{t+1} - \sum_{i=1}^{n-2} V_{i,t} \cdot r_{i,t+1} - V_{n-1,t} \cdot r_{n,t+1}^{RV} - V_{n-1,t} \cdot \Delta r_{n-1,t+1}^{RV}$$

bzw. zu

$$r_{n,t+1}^{RV} \cdot \left(V_t - \sum_{i=1}^{n-2} V_{i,t} - V_{n-1,t} \right) + V_{n-1,t} \cdot r_{n,t+1}^{RV} = V_t \cdot r_{t+1} - \sum_{i=1}^{n-2} V_{i,t} \cdot r_{i,t+1} - V_{n-1,t} \cdot \Delta r_{n-1,t+1}^{RV}$$

bzw. zu

$$r_{n,t+1}^{RV} \cdot \left(V_t - \sum_{i=1}^{n-2} V_{i,t} \right) = V_t \cdot r_{t+1} - \sum_{i=1}^{n-2} V_{i,t} \cdot r_{i,t+1} - V_{n-1,t} \cdot \Delta r_{n-1,t+1}^{RV}$$

sowie zu

$$r_{n,t+1}^{RV} = \frac{V_t \cdot r_{t+1} - \sum_{i=1}^{n-2} V_{i,t} \cdot r_{i,t+1}}{V_t - \sum_{i=1}^{n-2} V_{i,t}} - \frac{V_{n-1,t} \cdot \Delta r_{n-1,t+1}^{RV}}{V_t - \sum_{i=1}^{n-2} V_{i,t}}$$

Aus dieser Beziehung ist unmittelbar zu entnehmen, dass für $\Delta r_{n-1,t+1}^{RV} = 0$ kein Einfluss vom vermögenswertspezifischen Zinssatz des Vermögenswertes i = n-1 auf den modellendogenen Zinssatz ausgeht. In diesem Fall gilt

$$r_{n,t+1}^{RV*} = \frac{V_t \cdot r_{t+1} - \sum_{i=1}^{n-2} V_{i,t} \cdot r_{i,t+1}}{V_t - \sum_{i=1}^{n-2} V_{i,t}}$$

wobei $r_{n,t+1}^{RV*}$ den modellendogenen Zinssatz für $r_{n-1,t+1}^{*} = r_{n,t+1}^{RV*}$ mit $\Delta r_{n-1,t+1}^{RV} = 0$ bezeichnet. Weiter ist zu beachten, dass der Wert des Vermögenswerts i = n-1 sich aufgrund von dessen Abhängigkeit vom vermögenswertspezifischen Zinssatz $r_{n-1,t+1}^{*}$ von $V_{n-1,t}$ zu $V_{n-1,t}^{*}$ ändert.

Durch Vergleich der Beziehung für $r_{n,t+1}^{RV}$ mit der für $r_{n,t+1}^{RV*}$ wird der Einfluss des vermögenswertspezifischen Zinssatzes des Vermögenswertes i = n-1 auf den modellendogenen Zinssatz ersichtlich. Es gilt

$$r_{n,t+1}^{RV} - r_{n,t+1}^{RV*} = -\frac{V_{n-1,t} \cdot \Delta r_{n-1,t+1}^{RV}}{V_t - \sum_{i=1}^{n-2} V_{i,t}}$$

sowie mit[371] $\Delta r_{n-1,t+1}^{RV} = r_{n,t+1}^{RV*} + \Delta r_{n-1,t+1}^{RV*} - r_{n,t+1}^{RV}$ und nach Auflösung[372] nach $r_{n,t+1}^{RV} - r_{n,t+1}^{RV*}$

---

371 Diese Beziehung resultiert aus der Gleichsetzung der Beziehung $r_{n-1,t+1} = r_{n,t+1}^{RV} + \Delta r_{n-1,t+1}^{RV}$ mit der Beziehung $r_{n-1,t+1} = r_{n,t+1}^{RV*} + \Delta r_{n-1,t+1}^{RV*}$ nach Umformung.

372 Die Beziehung

$$r_{n,t+1}^{RV} - r_{n,t+1}^{RV*} = -\frac{V_{n-1,t} \cdot \Delta r_{n-1,t+1}^{RV}}{V_t - \sum_{i=1}^{n-2} V_{i,t}}$$

kann überführt werden in den Ausdruck

$$r_{n,t+1}^{RV} - r_{n,t+1}^{RV*} = -\frac{V_{n-1,t} \cdot \Delta r_{n-1,t+1}^{RV*}}{V_t - \sum_{i=1}^{n-2} V_{i,t}} + \frac{V_{n-1,t} \cdot \left(r_{n,t+1}^{RV} - r_{n,t+1}^{RV*} \right)}{V_t - \sum_{i=1}^{n-2} V_{i,t}}$$

bzw.

$$r_{n,t+1}^{RV} - r_{n,t+1}^{RV*} - \frac{V_{n-1,t} \cdot \left(r_{n,t+1}^{RV} - r_{n,t+1}^{RV*} \right)}{V_t - \sum_{i=1}^{n-2} V_{i,t}} = -\frac{V_{n-1,t} \cdot \Delta r_{n-1,t+1}^{RV*}}{V_t - \sum_{i=1}^{n-2} V_{i,t}}$$

bzw.

$$\left(r_{n,t+1}^{RV} - r_{n,t+1}^{RV*} \right) \cdot \left(V_t - \sum_{i=1}^{n-2} V_{i,t} \right) - V_{n-1,t} \cdot \left(r_{n,t+1}^{RV} - r_{n,t+1}^{RV*} \right) = -V_{n-1,t} \cdot \Delta r_{n-1,t+1}^{RV*}$$

sowie

$$\left(r_{n,t+1}^{RV} - r_{n,t+1}^{RV*} \right) \cdot \left(V_t - \sum_{i=1}^{n-2} V_{i,t} - V_{n-1,t} \right) = -V_{n-1,t} \cdot \Delta r_{n-1,t+1}^{RV*}$$

und schließlich

$$r_{n,t+1}^{RV} - r_{n,t+1}^{RV*} = -\frac{V_{n-1,t} \cdot \Delta r_{n-1,t+1}^{RV*}}{V_t - \sum_{i=1}^{n-2} V_{i,t} - V_{n-1,t}}$$

$$r_{n,t+1}^{RV} - r_{n,t+1}^{RV^*} = -\frac{V\left\{r_{n-1}\right\}_{n-1,t} \cdot \Delta r_{n-1,t+1}^{RV^*}}{V_t - \sum_{i=1}^{n-2} V_{i,t} - V\left\{r_{n-1}\right\}_{n-1,t}}$$

wobei $V\left\{r_{n-1}\right\}_{n-1,t}$ die Abhängigkeit vom vermögenswertspezifischen Zinssatz des Vermögenswertes i = n-1 zum Ausdruck bringt.

Die weitere Umformung der Beziehung zu

$$r_{n,t+1}^{RV} = r_{n,t+1}^{RV^*} - \frac{V\left\{r_{n-1}\right\}_{n-1,t} \cdot \Delta r_{n-1,t+1}^{RV^*}}{V_t - \sum_{i=1}^{n-2} V_{i,t} - V\left\{r_{n-1}\right\}_{n-1,t}}$$

legt dar, dass der modellendogene Zinssatz des Vermögenswertes i = n bestimmt ist durch
- den Zinssatz $r_{n,t+1}^{RV^*}$, der sich modellendogen unter Zugrundelegung der Annahme ergibt, dass $\Delta r_{n-1,t+1}^{RV^*} = 0$ gilt, d. h. der Zinssatz $r_{n,t+1}^{RV^*}$ dem Vermögenswert i = n-1 zugeordnet wird ($r_{n-1,t+1}^{*} = r_{n,t+1}^{RV^*}$), zuzüglich

- der – auf das in den Vermögenswert i = n investierte Kapital ($V_t - \sum_{i=1}^{n-2} V_{i,t} - V\left\{r_{n-1}\right\}_{n-1,t}$) bezogenen – Differenz $V\left\{r_{n-1}\right\}_{n-1,t} \cdot \Delta r_{n-1,t+1}^{RV^*}$ (mit $\Delta r_{n-1,t+1}^{RV^*} = r_{n-1,t+1} - r_{n,t+1}^{RV^*}$), die bei der Verzinsung des in den Vermögenswert i = n-1 investierten Kapitals dann auftritt, wenn der vermögenswertspezifische Zinssatz dieses Vermögenswertes ($r_{n-1,t+1}$) vom Zinssatz $r_{n,t+1}^{RV^*}$ abweicht.

Für diese Beziehung kann aufgezeigt werden,[373] dass – unter den unter 2.6.6 eingeführten Annahmen sowie mit $V\left\{r_{n-1}\right\}_{n-1,t} > 0$ – der modellendogene Zinssatz ausgehend von einem negativen Wert für $\Delta r_{n-1,t+1}^{RV^*}$ mit $\Delta r_{n-1,t+1}^{RV^*} > -r_{n,t+1}^{RV^*}$ für $r_{n-1,t+1} > 0$ c. p. bei einem Anstieg von $\Delta r_{n-1,t+1}^{RV^*}$ abnimmt. Unter Berücksichtigung des Zusammenhangs zwischen $r_{n-1,t+1}$ und $\Delta r_{n-1,t+1}^{RV^*}$ – dieser wird durch die Beziehung $r_{n-1,t+1} = r_{n,t+1}^{RV^*} + \Delta r_{n-1,t+1}^{RV^*}$ mit $r_{n-1,t+1} > 0$ beschrieben – ist damit dargelegt, dass der modellendogene Zinssatz des Vermögenswertes i = n bei steigendem vermögenswertspezifischen Zinssatz des Vermögenswertes i = n-1 c. p. sinkt.

3.3.5.2.3.3 Veränderung des Wertes des betrachteten Vermögenswertes bei gegebenem vermögenswertspezifischem Zinssatz

Eine Veränderung des Wertes des Vermögenswerts i = n-1 ist – wie bereits dargelegt – bei gegebenem vermögenswertspezifischem Zinssatz dieses Vermögenswertes dann zu beobachten, wenn der Einkommensbeitrag des Vermögenswertes sich erhöht oder vermindert. Da bei gegebenen Einkommensbeiträgen aller übrigen mittels des Income Approach bewerteten Vermögenswerte eine Änderung des Einkommensbeitrags des betrachteten Vermögenswerts die Werte der übrigen mittels des Income Approach bewerteten Vermö-

---

373 Vgl. Anhang zu 3.3.5.2.3.2.

genswerte c. p. nicht berührt, kann die Untersuchung des Einflusses der Veränderungen des Wertes des Vermögenswertes i = n-1 auf den modellendogenen vermögenswertspezifischen Zinssatz unmittelbar von dieser Wertänderung ausgehen und braucht nicht auf die zugrunde liegenden Änderungen des Einkommensbeitrags des Vermögenswertes zurückzugreifen.

Der modellendogene Zinssatz des Vermögenswertes i = n ist bei einer Veränderung des Wertes des Vermögenswerts i = n-1 um $\Delta V_{n-1,t}$ mit $r_{n-1,t+1} = r_{n,t+1}^{RV\,\Delta V} + \Delta r_{n-1,t+1}^{RV\,\Delta V}$ bestimmt durch die Beziehung

$$r_{n,t+1}^{RV\,\Delta V} = \frac{V_t \cdot r_{t+1} - \sum_{i=1}^{n-2} V_{i,t} \cdot r_{i,t+1} - \left(V_{n-1,t} + \Delta V_{n-1,t}\right) \cdot \left(r_{n,t+1}^{RV\,\Delta V} + \Delta r_{n-1,t+1}^{RV\,\Delta V}\right)}{V_t - \sum_{i=1}^{n-2} V_{i,t} - V_{n-1,t} - \Delta V_{n-1,t}}$$

sowie nach Auflösung[374] nach $r_{n,t+1}^{RV\,\Delta V}$ durch die Beziehung

$$r_{n,t+1}^{RV\,\Delta V} = \frac{V_t \cdot r_{t+1} - \sum_{i=1}^{n-2} V_{i,t} \cdot r_{i,t+1}}{V_t - \sum_{i=1}^{n-2} V_{i,t}} - \frac{V_{n-1,t} \cdot \Delta r_{n-1,t+1}^{RV\,\Delta V}}{V_t - \sum_{i=1}^{n-2} V_{i,t}} - \frac{\Delta V_{n-1,t} \cdot \Delta r_{n-1,t+1}^{RV\,\Delta V}}{V_t - \sum_{i=1}^{n-2} V_{i,t}}$$

Durch Vergleich dieser Beziehung mit dem unter 3.3.5.2.3.2 abgeleiteten modellendogenen Zinssatz vor Berücksichtigung der Wertveränderung wird der Einfluss, der von der Veränderung des Wertes des Vermögenswertes i = n-1 auf den modellendogenen Zinssatz ausgeht, ersichtlich. Es gilt[375]

---

374 Die Beziehung

$$r_{n,t+1}^{RV\,\Delta V} = \frac{V_t \cdot r_{t+1} - \sum_{i=1}^{n-2} V_{i,t} \cdot r_{i,t+1} - \left(V_{n-1,t} + \Delta V_{n-1,t}\right) \cdot \left(r_{n,t+1}^{RV\,\Delta V} + \Delta r_{n-1,t+1}^{RV\,\Delta V}\right)}{V_t - \sum_{i=1}^{n-2} V_{i,t} - V_{n-1,t} - \Delta V_{n-1,t}}$$

kann umgeformt werden zu

$$r_{n,t+1}^{RV\,\Delta V} \cdot \left(V_t - \sum_{i=1}^{n-2} V_{i,t} - V_{n-1,t} - \Delta V_{n-1,t}\right) = V_t \cdot r_{t+1} - \sum_{i=1}^{n-2} V_{i,t} \cdot r_{i,t+1} - \left(V_{n-1,t} + \Delta V_{n-1,t}\right) \cdot \left(r_{n,t+1}^{RV\,\Delta V} + \Delta r_{n-1,t+1}^{RV\,\Delta V}\right)$$

bzw. zu

$$r_{n,t+1}^{RV\,\Delta V} \cdot \left(V_t - \sum_{i=1}^{n-2} V_{i,t} - V_{n-1,t} - \Delta V_{n-1,t}\right) + \left(V_{n-1,t} + \Delta V_{n-1,t}\right) \cdot r_{n,t+1}^{RV\,\Delta V} = V_t \cdot r_{t+1} - \sum_{i=1}^{n-2} V_{i,t} \cdot r_{i,t+1} - \left(V_{n-1,t} + \Delta V_{n-1,t}\right) \cdot \Delta r_{n-1,t+1}^{RV\,\Delta V}$$

bzw. zu

$$r_{n,t+1}^{RV\,\Delta V} \cdot \left(V_t - \sum_{i=1}^{n-2} V_{i,t}\right) = V_t \cdot r_{t+1} - \sum_{i=1}^{n-2} V_{i,t} \cdot r_{i,t+1} - V_{n-1,t} \cdot \Delta r_{n-1,t+1}^{RV\,\Delta V} - \Delta V_{n-1,t} \cdot \Delta r_{n-1,t+1}^{RV\,\Delta V}$$

sowie zu

$$r_{n,t+1}^{RV\,\Delta V} = \frac{V_t \cdot r_{t+1} - \sum_{i=1}^{n-2} V_{i,t} \cdot r_{i,t+1}}{V_t - \sum_{i=1}^{n-2} V_{i,t}} - \frac{V_{n-1,t} \cdot \Delta r_{n-1,t+1}^{RV\,\Delta V}}{V_t - \sum_{i=1}^{n-2} V_{i,t}} - \frac{\Delta V_{n-1,t} \cdot \Delta r_{n-1,t+1}^{RV\,\Delta V}}{V_t - \sum_{i=1}^{n-2} V_{i,t}}$$

375 Bei $\Delta r_{n-1,t+1}^{RV} = konst.$ (= c. p.-Betrachtung) und damit bei $r_{n-1,t+1} = konst.$ ist der Wert des Vermögenswertes i = n-1 ($V_{n-1,t}$) konstant. Deswegen braucht die Abhängigkeit des Wertes dieses Vermögenswertes vom vermögenswertspezifischen Zinssatz $r_{n-1,t+1}$ nicht explizit berücksichtigt zu werden.

$$r_{n,t+1}^{RV\Delta V} - r_{n,t+1}^{RV} = \frac{V_{n-1,t} \cdot \Delta r_{n-1,t+1}^{RV}}{V_t - \sum_{i=1}^{n-2} V_{i,t}} - \frac{V_{n-1,t} \cdot \Delta r_{n-1,t+1}^{RV\Delta V}}{V_t - \sum_{i=1}^{n-2} V_{i,t}} - \frac{\Delta V_{n-1,t} \cdot \Delta r_{n-1,t+1}^{RV\Delta V}}{V_t - \sum_{i=1}^{n-2} V_{i,t}}$$

sowie mit[376]

$$\Delta r_{n-1,t+1}^{RV\Delta V} = r_{n,t+1}^{RV} + \Delta r_{n-1,t+1}^{RV} - r_{n,t+1}^{RV\Delta V}$$

und nach Auflösung[377] nach $r_{n,t+1}^{RV\Delta V} - r_{n,t+1}^{RV}$

$$r_{n,t+1}^{RV\Delta V} - r_{n,t+1}^{RV} = -\frac{\Delta V_{n-1,t} \cdot \Delta r_{n-1,t+1}^{RV}}{V_t - \sum_{i=1}^{n-2} V_{i,t} - V_{n-1,t} - \Delta V_{n-1,t}}$$

Die weitere Umformung der Beziehung zu

$$r_{n,t+1}^{RV\Delta V} = r_{n,t+1}^{RV} - \frac{\Delta V_{n-1,t} \cdot \Delta r_{n-1,t+1}^{RV}}{V_t - \sum_{i=1}^{n-2} V_{i,t} - V_{n-1,t} - \Delta V_{n-1,t}}$$

legt dar, dass der modellendogene Zinssatz des Vermögenswertes i = n bestimmt ist durch

- den Zinssatz $r_{n,t+1}^{RV}$, der sich modellendogen vor Berücksichtigung der Veränderung des Wertes des Vermögenswertes i = n-1 um $\Delta V_{n-1,t}$ ergibt, zuzüglich
- der – auf das in den Vermögenswert i = n nach Berücksichtigung der Wertveränderung investierte Kapital ($V_t - \sum_{i=1}^{n-2} V_{i,t} - V_{n-1,t} - \Delta V_{n-1,t}$) bezogenen – Differenz $\Delta V_{n-1,t} \cdot$ $\Delta r_{n-1,t+1}^{RV}$, die bei der Verzinsung der Veränderung des in den Vermögenswert i = n-1

---

376 Diese Beziehung folgt aus der Gleichsetzung des Ausdrucks $r_{1,t+1} = r_{n,t+1}^{RV\Delta V} + \Delta r_{n-1,t+1}^{RV\Delta V}$ mit dem Ausdruck $r_{1,t+1} = r_{n,t+1}^{RV} + \Delta r_{n-1,t+1}^{RV}$ nach Umformung.

377 Die Beziehung

$$r_{n,t+1}^{RV\Delta V} - r_{n,t+1}^{RV} = \frac{V_{n-1,t} \cdot \Delta r_{n-1,t+1}^{RV}}{V_t - \sum_{i=1}^{n-2} V_{i,t}} - \frac{V_{n-1,t} \cdot \left(r_{n,t+1}^{RV} + \Delta r_{n-1,t+1}^{RV} - r_{n,t+1}^{RV\Delta V}\right)}{V_t - \sum_{i=1}^{n-2} V_{i,t}} - \frac{\Delta V_{n-1,t} \cdot \left(r_{n,t+1}^{RV} + \Delta r_{n-1,t+1}^{RV} - r_{n,t+1}^{RV\Delta V}\right)}{V_t - \sum_{i=1}^{n-2} V_{i,t}}$$

kann umgeformt werden zu

$$\left(r_{n,t+1}^{RV\Delta V} - r_{n,t+1}^{RV}\right) \cdot \left(V_t - \sum_{i=1}^{n-2} V_{i,t}\right) = V_{n-1,t} \cdot \Delta r_{n-1,t+1}^{RV} - V_{n-1,t} \cdot \left(r_{n,t+1}^{RV} + \Delta r_{n-1,t+1}^{RV} - r_{n,t+1}^{RV\Delta V}\right) - \Delta V_{n-1,t} \cdot \left(r_{n,t+1}^{RV} + \Delta r_{n-1,t+1}^{RV} - r_{n,t+1}^{RV\Delta V}\right)$$

bzw. zu

$$\left(r_{n,t+1}^{RV\Delta V} - r_{n,t+1}^{RV}\right) \cdot \left(V_t - \sum_{i=1}^{n-2} V_{i,t}\right) - V_{n-1,t} \cdot \left(r_{n,t+1}^{RV\Delta V} + r_{n,t+1}^{RV}\right) - \Delta V_{n-1,t} \cdot \left(r_{n,t+1}^{RV\Delta V} + r_{n,t+1}^{RV}\right)$$

$$= V_{n-1,t} \cdot \Delta r_{n-1,t+1}^{RV} - V_{n-1,t} \cdot \Delta r_{n-1,t+1}^{RV} - \Delta V_{n-1,t} \cdot \Delta r_{n-1,t+1}^{RV}$$

bzw. zu

$$\left(r_{n,t+1}^{RV\Delta V} - r_{n,t+1}^{RV}\right) \cdot \left(V_t - \sum_{i=1}^{n-2} V_{i,t} - V_{n-1,t} - \Delta V_{n-1,t}\right) = -\Delta V_{n-1,t} \cdot \Delta r_{n-1,t+1}^{RV}$$

sowie zu

$$r_{n,t+1}^{RV\Delta V} - r_{n,t+1}^{RV} = -\frac{\Delta V_{n-1,t} \cdot \Delta r_{n-1,t+1}^{RV}}{V_t - \sum_{i=1}^{n-2} V_{i,t} - V_{n-1,t} - \Delta V_{n-1,t}}$$

investierten Kapitals ($\Delta V_{n-1,t}$) bei einem Auseinanderfallen des vermögenswertspezifischen Zinssatzes dieses Vermögenswertes ($r_{n-1,t+1}$) und des modellendogenen Zinssatzes vor Berücksichtigung der Wertveränderung ($r_{n,t+1}^{RV}$) auftritt.

Die Beziehung zeigt, dass – unter den der Untersuchung zugrunde gelegten Annahmen – der modellendogene Zinssatz sich bei einer Veränderung des Wertes des Vermögenswertes i = n-1 dann nicht ändert, wenn $\Delta r_{n-1,t+1}^{RV} = 0$ gilt, d.h. der vermögenswertspezifische Zinssatz dieses Vermögenswertes gleich dem modellendogenen Zinssatz ist. Für vermögenswertspezifische Zinssätze des Vermögenswertes i = n-1, die unter (über) dem modellendogenen Zinssatz vor Wertänderung liegen, d.h. für $\Delta r_{n-1,t+1}^{RV} < 0$ ($\Delta r_{n-1,t+1}^{RV} > 0$), führt eine Erhöhung des Wertes des betrachteten Vermögenswertes – es gilt $\Delta V_{n-1,t} > 0$ – c.p. zu einem Anstieg (einer Verminderung) des modellendogenen Zinssatzes; bei einer Verminderung des Wertes des Vermögenswertes i = n-1 – es gilt $\Delta V_{n-1,t} < 0$ – ergibt sich eine Verminderung (Erhöhung) des modellendogenen Zinssatzes.

3.3.5.2.3.4 Erweiterung der Betrachtungen

Die unter 3.3.5.2.3.2 und 3.3.5.2.3.3 durchgeführten Untersuchungen können auf alle Vermögenswerte, die mittels des Income Approach bewertet werden, ausgedehnt werden. Damit ist festzuhalten, dass die vermögenswertspezifischen Zinssätze der mittels des Income Approach bewerteten Vermögenswerte sowie die Werte dieser Vermögenswerte den modellendogen abgeleiteten vermögenswertspezifischen Zinssatz unter den dargelegten Voraussetzungen bestimmen.

3.3.5.2.4 Zusammenwirken der mittels des Cost Approach und der nach dem Income Approach bewerteten Vermögenswerte

Die unter 2.6.3.2 eingeführte Beziehung für den modellendogen abgeleiteten vermögenswertspezifischen Zinssatz kann bei i = 1 bis o mittels des Cost Approach bewerteten Vermögenswerten und bei o + 1 bis n-1 mittels des Income Approach bewerteten Vermögenswerten dargestellt werden als

$$r_{n,t+1}^{RV} = \frac{V_t \cdot r_{t+1} - \sum_{i=1}^{o} V_{i,t} \cdot r_{i,t+1} - \sum_{i=o+1}^{n-1} V_{i,t} \cdot r_{i,t+1}}{V_t - \sum_{i=1}^{o} V_{i,t} - \sum_{i=o+1}^{n-1} V_{i,t}}$$

Dieser Ausdruck kann durch Verzicht auf die Einbeziehung der mittels des Income Approach bewerteten Vermögenswerte i = o + 1 bis n-1 überführt werden in die Beziehung

$$r_{t+1}^{RVCA} = \frac{V_t \cdot r_{t+1} - \sum_{i=1}^{o} V_{i,t} \cdot r_{i,t+1}}{V_t - \sum_{i=1}^{o} V_{i,t}}$$

wobei r_{t+1}^{RVCA} die gegenüber der Beziehung für r_{t+1}^{RV} vorgenommene Modifikation kenntlich macht. Durch Umformung der Bestimmungsgleichungen für den Wert des mittels der Residual-Value-Methode bewerteten Vermögenswerts $V_{n,t}^{RV} = V_t - \sum_{i=1}^{o} V_{i,t} - \sum_{i=o+1}^{n-1} V_{i,t}$ und für die

Verzinsung des in diesen Vermögenswert investierten Kapitals

$$V_{n,t}^{RV} \cdot r_{n,t+1}^{RV} = V_t \cdot r_{t+1} - \sum_{i=1}^{o} V_{i,t} \cdot r_{i,t+1} - \sum_{i=o+1}^{n-1} V_{i,t} \cdot r_{i,t+1} \text{ zu}$$

$$V_t - \sum_{i=1}^{o} V_{i,t} = V_{n,t}^{RV} + \sum_{i=o+1}^{n-1} V_{i,t}$$

bzw. zu

$$V_t \cdot r_{t+1} - \sum_{i=1}^{o} V_{i,t} \cdot r_{i,t+1} = V_{n,t}^{RV} \cdot r_{n,t+1}^{RV} + \sum_{i=o+1}^{n-1} V_{i,t} \cdot r_{i,t+1}$$

und Einsetzen dieser Ausdrücke in die Beziehung für r_{t+1}^{RVCA} ergibt sich

$$r_{t+1}^{RVCA} = \frac{V_{n,t}^{RV} \cdot r_{n,t+1}^{RV} + \sum_{i=o+1}^{n-1} V_{i,t} \cdot r_{i,t+1}}{V_{n,t}^{RV} + \sum_{i=o+1}^{n-1} V_{i,t}}$$

Diese Beziehung legt dar, dass r_{t+1}^{RVCA} den Zinssatz bezeichnet, mit dem sich das in die mittels des Income Approach bewerteten Vermögenswerte i = o + 1 bis n-1 und das in den mittels der Residual-Value-Methode bewerteten Vermögenswert i = n investierte Kapital, d. h. das in die Vermögenswerte i = o + 1 bis n investierte Kapital, insgesamt – ohne Differenzierung zwischen diesen Vermögenswerten – verzinst.

Die Verzinsung des in diese Vermögenswerte – in die mittels des Income Approach bewerteten Vermögenswerte sowie in den mittels der Residual-Value-Methode bewerteten Vermögenswert – insgesamt investierten Kapitals kann mit $V_t^{RVCA} = V_t - \sum_{i=1}^{o} V_{i,t}$ und

$$r_{t+1}^{RVCA} = \frac{V_t \cdot r_{t+1} - \sum_{i=1}^{o} V_{i,t} \cdot r_{i,t+1}}{V_t - \sum_{i=1}^{o} V_{i,t}} \text{ dargestellt werden als}$$

$$V_t^{RVCA} \cdot r_{t+1}^{RVCA} = V_t \cdot r_{t+1} - \sum_{i=1}^{o} V_{i,t} \cdot r_{i,t+1}$$

Durch Einsetzen dieses Ausdrucks und des Ausdrucks $V_t^{RVCA} = V_t - \sum_{i=1}^{o} V_{i,t}$ in die oben

dargestellte Beziehung für $r_{n,t+1}^{RV}$ kann diese übergeleitet werden in die Beziehung

$$r_{n,t+1}^{RV} = \frac{V_t^{RVCA} \cdot r_{n,t+1}^{RVCA} - \sum_{i=o+1}^{n-1} V_{i,t} \cdot r_{i,t+1}}{V_t^{RVCA} - \sum_{i=o+1}^{n-1} V_{i,t}}$$

Damit ist aufgezeigt, dass die vermögenswertspezifischen Zinssätze und Werte bzw. Einkommensbeiträge der
* mittels des Cost Approach bewerteten Vermögenswerte den Zinssatz (r_{t+1}^{RVCA}) bestimmen, mit dem sich das in alle anderen Vermögenswerte insgesamt investierte Kapital

– bei Verzicht auf eine Differenzierung zwischen den Zinssätzen dieser Vermögenswerte – verzinst, und dass die vermögenswertspezifischen Zinssätze und Werte bzw. Einkommensbeiträge der

- mittels des Income Approach bewerteten Vermögenswerte ausgehend von dem durch die mittels des Cost Approach bewerteten Vermögenswerte festgelegten Zinssatz r_{t+1}^{RVCA} die Relation des vermögenswertspezifischen Zinssatzes des mittels der Residual-Value-Methode bewerteten Vermögenswertes zu den vermögenswertspezifischen Zinssätzen der mittels des Income Approach bewerteten Vermögenswerte festlegen.

3.3.5.2.5 Einfluss der Geschäftstätigkeit auf die Bestimmungsgrößen des modellendogen abgeleiteten vermögenswertspezifischen Zinssatzes

Unter 2.2.3.1 wurde dargelegt, dass die Vermögenswerte eines Unternehmens zusammenwirken, um das als Free Cashflow verstandene Einkommen und – unter Einbeziehung der gewichteten Kapitalkosten – den als Entity Value verstanden Wert des Unternehmens zu generieren. Die dem Unternehmen zugeordneten Vermögenswerte – beispielsweise Sachanlagen, Working Capital, Mitarbeiterstamm, Technologien, Marken und Kundenbeziehungen –, die Investitionserfordernisse in die mittels des Cost Approach bewerteten Vermögenswerte, die Umsatzerlöse sowie die EBITA-Marge und damit das zukünftig geplante Einkommen des Unternehmens sind wesentlich durch die geplante Geschäftstätigkeit des Unternehmens geprägt. Letztere geht – über das mit ihr verbundene Risiko – auch in die gewichteten Kapitalkosten sowie die laufzeitäquivalenten Kapitalkosten als Ausgangsgröße der Bestimmung der vermögenswertspezifischen Zinssätze ein. Weiter sind auch die Einkommensbeiträge der mittels des Income Approach bewerteten Vermögenswerte vielfach durch die geplante Geschäftstätigkeit beeinflusst. Dies ist dann gegeben, wenn die Annahmen, die der Abgrenzung dieser Einkommensbeiträge[378] zugrunde gelegt werden, in der Geschäftstätigkeit begründet sind.

Zur Veranschaulichung des Einflusses, der von der Geschäftstätigkeit eines Unternehmens auf die diesem zugeordneten Vermögenswerte ausgeht, bietet sich ein Vergleich von Unternehmen, die unterschiedlichen Branchen zuzuordnen sind, an. Besonders deutlich wird dieser Einfluss beim Vergleich der auf den Entity Value bezogenen Werte der Sachanlagen, der Vorräte sowie der Technologien von technologieorientierten Unternehmen, etwa Software-Unternehmen oder Biotechnologie-Unternehmen, mit den anteiligen Werten dieser Vermögenswerte von Produktionsunternehmen.

Der Vergleich dieser Betrachtungen mit den unter 3.3.5.2.4 dargelegten Zusammenhängen zeigt, dass – unter den der Analyse zugrunde liegenden Annahmen – die Geschäftstätigkeit das in die mittels des Income Approach bewerteten Vermögenswerte und das in den mittels der Residual-Value-Methode bewerteten Vermögenswert insgesamt investierte Kapital weitgehend vorgibt. Damit bestimmt sie – zusammen mit den den mittels des Cost Approach bewerteten Vermögenswerten zugeordneten vermögenswertspezifischen Zinssätzen –

- die Verzinsung des in die mittels des Income Approach bewerteten Vermögenswerte und des in den mittels der Residual-Value-Methode bewerteten Vermögenswert insgesamt investierten Kapitals sowie

---

378 Vgl. Moser (2014), S. 160.

- den modellendogen abgeleiteten Zinssatz, mit dem sich das in die genannten Vermögenswerte insgesamt investierte Kapital verzinst.

Insoweit die Geschäftstätigkeit die Abgrenzung der Einkommensbeiträge der mittels des Income Approach bewerteten Vermögenswerte prägt, bestimmt sie – zusammen mit den diesen Vermögenswerten zugeordneten vermögenswertspezifischen Zinssätzen – das in diese Vermögenswerte investierte Kapital und dessen Verzinsungen. Dementsprechend nimmt die Geschäftstätigkeit insoweit auch auf den modellendogen abgeleiteten vermögenswertspezifischen Zinssatz Einfluss, mit dem sich das in die verbleibenden Vermögenswerte insgesamt investierte Kapital verzinst.

Abschließend ist darauf hinzuweisen, dass ein Vergleich der Betrachtungen mit der unter 2.6.3.3.2 dargestellten Erklärung des EBITA zeigt, dass die Geschäftstätigkeit – zusammen mit den den mittels des Cost Approach bewerteten Vermögenswerten zugeordneten vermögenswertspezifischen Zinssätzen – auch den Einkommensanteil bestimmt, der auf die mittels des Income Approach bewerteten Vermögenswerte und auf den mittels der Residual-Value-Methode bewerteten Vermögenswert insgesamt entfällt. Dieser Einkommensanteil kann durch Abzug der Einkommensbeiträge der mittels des Income Approach bewerteten Vermögenswerte, die in dem dargelegten Sinne durch die Geschäftstätigkeit geprägt sind, weiter abgegrenzt werden.

3.3.5.2.6 Veranschaulichung der Ergebnisse anhand eines Beispiels

3.3.5.2.6.1 Vorgehen

Im Folgenden werden zunächst die Ausgangsdaten des den Ausführungen zugrunde gelegten Beispiels dargelegt (3.3.5.2.6.2). Sodann wird die Bestimmung des Zinssatzes, mit dem sich das in die mittels des Income Approach bewerteten Vermögenswerte und den mittels der Residual-Value-Methode bewerteten Vermögenswert insgesamt investierte Kapital verzinst, durch die Werte und vermögenswertspezifischen Zinssätze der mittels des Cost Approach bewerteten Vermögenswerte betrachtet (3.3.5.2.6.3). Anschließend wird – ausgehend von dem so bestimmten Zinssatz des in die mittels des Income Approach und mittels der Residual-Value-Methode bewerteten Vermögenswerte insgesamt investierten Kapitals – die Bestimmung des modellendogenen Zinssatzes, der dem mittels der Residual-Value-Methode bewerteten Vermögenswert zuzuordnen ist, durch die Einkommensbeiträge und vermögenswertspezifischen Zinssätze der mittels des Income Approach bewerteten Vermögenswerte aufgezeigt (3.3.5.2.6.4). Abschließend werden ausgewählte Erweiterungen der Untersuchungen betrachtet (3.3.5.2.6.5).

Die Untersuchungen folgen dem unter 3.3.5.2.2 und 3.3.5.2.3 eingeführten Vorgehen, einen ausgewählten, mittels des Cost Approach (3.3.5.2.6.3) bzw. mittels des Income Approach (3.3.5.2.6.4) bewerteten Vermögenswert gesondert zu betrachten und dessen vermögenswertspezifischen Zinssatz und dessen Wert bei gegebenen Werten und vermögenswertspezifischen Zinssätzen aller anderen in die Analyse einbezogenen Vermögenswerte zu verändern. Mit diesem Vorgehen sind keine Einschränkung der aufgezeigten Ergebnisse verbunden, da die Untersuchungen – wie unter 3.3.5.2.2.4 und 3.3.5.2.3.4 ausgeführt – auf alle mittels des Cost Approach bzw. des Income Approach bewerteten Vermögenswerte ausgedehnt werden können (3.3.5.2.6.5).

3.3.5.2.6.2 Ausgangsdaten

Das betrachtete Unternehmen verfügt über

- drei Vermögenswerte, die mittels des Cost Approach bewertet werden – Sachanlagen (Tangible Fixed Assets), Working Capital (Working Capital) und einen Mitarbeiterstamm (Assembled Workforce) –, über
- drei Vermögenswerte, deren Bewertung der Income Approach zugrunde gelegt wird – eine Basistechnologie (Core Technology), eine Verfahrenstechnologie (Process Technology) und eine Marke (Trademark) – sowie über
- Kundenbeziehungen (Customer Relationship) als weiterer Vermögenswert, deren Wert nach der Residual-Value-Methode ermittelt wird.

Zur Vereinfachung der Betrachtungen wird bei den beiden Technologien sowie den Kundenbeziehungen auf eine Differenzierung zwischen den am Bewertungsstichtag bestehenden Vermögenswerten und deren zukünftigen Substituten verzichtet.[379] Bei der Marke wird angenommen, dass deren Nutzungsdauer unbestimmt i. S. v. IAS 38.88 ist.

Tabelle 3.3.5-1 stellt die Werte der mittels des Cost Approach bewerteten Vermögenswerte Sachanlagen, Working Capital und Mitarbeiterstamm im Zeitpunkt t = 0, die diesen zugeordneten vermögenswertspezifischen Zinssätze sowie die Verzinsungen des in diese Vermögenswerte investierten Kapitals in der in t = 1 endenden Periode zusammen; sie gibt weiter den als Entity Value verstandenen Wert des Unternehmens in t = 0, die gewichteten Kapitalkosten und die Verzinsung des in das Unternehmen investierten Kapitals in der in t = 1 endenden Periode an. Auf dieser Grundlage werden abgeleitet

- der Gesamtbetrag der Werte der übrigen Vermögenswerte Basis- und Verfahrenstechnologie, Marke sowie Kundenbeziehungen in t = 0 als nach Abzug der mittels des Cost Approach bewerteten Vermögenswerte vom Entity Value verbleibender Betrag,
- die Verzinsung des Gesamtwerts dieser Vermögenswerte in der in t = 1 endenden Periode sowie
- der Zinssatz, mit dem sich das in diese Vermögenswerte insgesamt investierte Kapital in dieser Periode verzinst.

Tab. 3.3.5-1: Zusammenstellung der Daten der mittels des Cost Approach bewerteten Vermögenswerte

Mio. EUR	Entity	Tangible Fixed Assets	Working Capital	Assembled Workforce	Residual
Value	100,0	30,0	5,0	10,0	55,0
as Percentage of Entity Value		30,0%	5,0%	10,0%	55,0%
Rate of Return	10,0%	8,0%	5,0%	10,0%	11,5%
as Percentage of WACC		80,0%	50,0%	100,0%	115,5%
Return on Invested Capital	10,0	2,4	0,3	1,0	6,4

---

379 Siehe hierzu bereits unter 2.6.2.1.

In Tabelle 3.3.5-2 sind die in der in t = 1 endenden Periode zufließenden Einkommensbeiträge der mittels des Income Approach bewerteten Vermögenswerte Basis- und Verfahrenstechnologe sowie Marke, die diesen zugeordneten vermögenswertspezifischen Zinssätze, die Verzinsungen des in diese Vermögenswerte investierten Kapitals in der in t = 1 endenden Periode sowie deren Werte in t = 0 zusammengestellt. Aus Tabelle 3.3.5-1 wurden der residual bestimmte Gesamtbetrag der Werte der Basis- und Verfahrenstechnologie, der Marke sowie der Kundenbeziehungen, die Verzinsung des in diese Vermögenswerte insgesamt investierten Kapitals sowie der damit verbundene implizite Zinssatz übernommen; der diesen Vermögenswerten insgesamt zuzurechnende Einkommensbeitrag ergibt sich aus Tabelle 3.3.5-3. Auf dieser Grundlage werden in Tabelle 3.3.5-2 residual der Einkommensbeitrag und der Wert der Kundenbeziehungen sowie die Verzinsung des in diesen Vermögenswert investierten Kapitals und der den Kundenbeziehungen zuzuordnende modellendogene vermögenswertspezifische Zinssatz ermittelt. Tabelle 3.3.5-4 fasst die Grundlagen der Ableitung der Werte der Basis- und Verfahrenstechnologie sowie der Marke – bezogen auf das diesen Vermögenswerten insgesamt zuzurechnende Einkommen – sowie die Grundlagen der Bestimmung des Entity Value zusammen.

Tab. 3.3.5-2: Zusammenstellung der Daten der mittels des Income Approach bewerteten Vermögenswerte

Mio. EUR	Residual Tab. 1	Core Technology	Process Technology	Trademark	Customer Relationship
Income	4,5	0,9	0,5	0,2	3,0
as Percentage of Income					
of Residual Asset	100,0%	20,0%	10,0%	5,0%	65,0%
Rate of Return	11,5%	10,39%	9,2%	11,5%	12,18%
as Percentage of					
Rate of Return on					
Residual Asset (Tab. 1)	100,0%	90,0%	80,0%	100,0%	105,46%
Value	55	9,5	5,5	2,2	37,8
as Percentage of Value					
of Residual Asset (Tab. 1)	100%	17%	10%	4%	69%
Return on Invested Capital	6,4	1,0	0,5	0,3	4,6

Tab. 3.3.5-3: Ableitung des den Technologien, der Marke und den Kundenbeziehungen insgesamt zuzuordnenden Einkommens im Jahr 1

Mio. EUR	Period 1
Free cashflow	9,2
less Return	
on Tangible Fixed Assets, Working Capital and Assembled Workforce	-3,7
of Tangible Fixed Assets, Working Capital and Assembled Workforce	-1,0
Remaining Income	4,5

Tab. 3.3.5-4: Grundlagen der Ableitung der Werte der mittels des Income Approach bewerteten Vermögenswerte sowie des Entity Value

Year	0	1	2	3	4	5	perpet.
Growth Rate Analysis							
Core Technology			4,0%	3,0%	2,5%	1,0%	0%
Process Technology			5,0%	4,5%	3,0%	2,0%	0%
Trademark			4,0%	4,0%	3,0%	2,0%	0%
Free Cashflow			3,0%	3,0%	2,5%	2,0%	0%
Income Analysis							
as Percentage of Total Income allocated to							
Technologies, Trademark and Customer Relationship							
Core Technology		20,0%	20,8%	21,4%	22,0%	22,2%	22,2%
Process Technology		10,0%	10,5%	11,0%	11,3%	11,5%	11,5%
Trademark		5,0%	5,2%	5,4%	5,6%	5,7%	5,7%
Free Cashflow		100,0%	103,0%	106,1%	108,7%	110,9%	110,9%
Valuation Analysis							
as Percentage of Income allocated to							
Technologies, Trademark and Customer Relationship							
Core Technology	209,6%	211,4%	212,6%	213,2%	213,4%	213,4%	
Process Technology	122,0%	123,2%	124,1%	124,6%	124,8%	124,8%	
Trademark	47,9%	48,5%	48,9%	49,1%	49,2%	49,2%	
Entity Value as Percentage of Free Cashflow	10%	1087,6%	1096,4%	1103,0%	1107,2%	1109,2%	1109,2%

3.3.5.2.6.3 Bestimmung des Zinssatzes des in die mittels des Income Approach und mittels der Residual-Value-Methode bewerteten Vermögenswerte insgesamt investierten Kapitals

Die Bestimmung des Zinssatzes des investierten Kapitals, das nach Abzug der mittels des Cost Approach bewerteten Vermögenswerte vom Entity Value verbleibt, durch die Werte und vermögenswertspezifischen Zinssätze der mittels des Cost Approach bewerteten Vermögenswerte wird am Beispiel der Sachanlagen betrachtet. Zur Erfassung des so abgegrenzten Einflusses auf den zu betrachtenden Zinssatz werden der Anteil des Wertes der Sachanlagen am Entity Value und der vermögenswertspezifische Zinssatz dieses Vermögenswertes in Prozent der gewichteten Kapitalkosten des Unternehmens – bei gegebenen Werten und vermögenswertspezifischen Zinssätzen des Working Capital und des Mitarbeiterstamms – verändert. Die Bandbreite der Werte des ersten Parameters wird mit 10 % bis 90 %, die des zweiten Einflussfaktors mit 30 % bis 150 % festgelegt.

Tabelle 3.3.5-5 stellt die Ergebnisse dieser Betrachtungen zusammen. Im oberen Teil der Tabelle wird zunächst das sich durch Abzug der Werte der Sachanlagen, des Working Capital und des Mitarbeiterstamms vom Entity Value ergebende investierte Kapital für die verschiedenen Ausprägungen des Anteils des Wertes der Sachanlagen am Entity

Value und des vermögenswertspezifischen Zinssatzes dieses Vermögenswertes in Prozent der gewichteten Kapitalkosten ermittelt. Die Tabelle zeigt erwartungsgemäß, dass das investierte Kapital nur durch den Wert der Sachanlagen, nicht jedoch deren vermögenswertspezifischen Zinssatz bestimmt ist. Weiter ergibt sich aus der Tabelle, dass für einen Anteil der Sachanlagen am Entity Value in Höhe von 90 % das betrachtete investierte Kapital in allen Fällen negativ ist. Da die Untersuchungen, wie unter 2.6.6 dargelegt, von der vereinfachenden Annahme ausgehen, dass der Wert des mittels der Residualwertmethode bewerteten Vermögenswertes positiv ist und Gleiches für die Werte der mittels des Income Approach bewerteten Vermögenswerte gilt, werden die Fälle, in denen ein negatives investiertes Kapital auftritt, im Weiteren nicht in die Betrachtungen einbezogen.

Tab. 3.3.5-5: Analyse des Einflusses der mittels des Cost Approach bewerteten Sachanlagen auf den impliziten Zinssatz des Residuums

Residual asset:										
Invested Capital	**Invested Capital in Tangible Fixed Assets as Percentage of Entity Value**									
	55,0	**10%**	**20%**	**30%**	**40%**	**50%**	**60%**	**70%**	**80%**	**90%**
150%		75,0	65,0	55,0	45,0	35,0	25,0	15,0	5,0	-5,0
120%		75,0	65,0	55,0	45,0	35,0	25,0	15,0	5,0	-5,0
103%		75,0	65,0	55,0	45,0	35,0	25,0	15,0	5,0	-5,0
Rate of **90%**		75,0	65,0	55,0	45,0	35,0	25,0	15,0	5,0	-5,0
Return on **80%**		75,0	65,0	55,0	45,0	35,0	25,0	15,0	5,0	-5,0
Tangible **Fixed Assets** **70%**		75,0	65,0	55,0	45,0	35,0	25,0	15,0	5,0	-5,0
as Percentage **of WACC** **60%**		75,0	65,0	55,0	45,0	35,0	25,0	15,0	5,0	-5,0
50%		75,0	65,0	55,0	45,0	35,0	25,0	15,0	5,0	-5,0
40%		75,0	65,0	55,0	45,0	35,0	25,0	15,0	5,0	-5,0
30%		75,0	65,0	55,0	45,0	35,0	25,0	15,0	5,0	-5,0

Residual asset:										
Return on Invested Capital	**Invested Capital in Tangible Fixed Assets as Percentage of Entity Value**									
	6,4	**10%**	**20%**	**30%**	**40%**	**50%**	**60%**	**70%**	**80%**	**90%**
150%		7,3	5,8	4,3	2,8	1,3	-0,3	-1,8	-3,3	-4,8
120%		7,6	6,4	5,2	4,0	2,8	1,6	0,4	-0,9	-2,1
103%		7,7	6,7	5,7	4,6	3,6	2,6	1,5	0,5	-0,5
Rate of **90%**		7,9	7,0	6,1	5,2	4,3	3,4	2,5	1,6	0,7
Return on **80%**		8,0	7,2	6,4	5,6	4,8	4,0	3,2	2,4	1,6
Tangible **Fixed Assets** **70%**		8,1	7,4	6,7	6,0	5,3	4,6	3,9	3,2	2,5
as Percentage **of WACC** **60%**		8,2	7,6	7,0	6,4	5,8	5,2	4,6	4,0	3,4
50%		8,3	7,8	7,3	6,8	6,3	5,8	5,3	4,8	4,3
40%		8,4	8,0	7,6	7,2	6,8	6,4	6,0	5,6	5,2
30%		8,5	8,2	7,9	7,6	7,3	7,0	6,7	6,4	6,1

Residual asset: Rate of Return	Invested Capital in Tangible Fixed Assets as Percentage of Entity Value								
11,5%	**10%**	**20%**	**30%**	**40%**	**50%**	**60%**	**70%**	**80%**	**90%**
150%	9,7%	8,8%	7,7%	6,1%	3,6%	-1,0%	-11,7%	-65,0%	95,0%
120%	10,1%	9,8%	9,4%	8,8%	7,9%	6,2%	2,3%	-17,0%	41,0%
103%	10,3%	10,3%	10,3%	10,3%	10,3%	10,3%	10,3%	10,3%	10,3%
90%	10,5%	10,7%	11,0%	11,4%	12,1%	13,4%	16,3%	31,0%	-13,0%
80%	10,6%	11,0%	11,5%	12,3%	13,6%	15,8%	21,0%	47,0%	-31,0%
70%	10,7%	11,3%	12,1%	13,2%	15,0%	18,2%	25,7%	63,0%	-49,0%
60%	10,9%	11,6%	12,6%	14,1%	16,4%	20,6%	30,3%	79,0%	-67,0%
50%	11,0%	11,9%	13,2%	15,0%	17,9%	23,0%	35,0%	95,0%	-85,0%
40%	11,1%	12,2%	13,7%	15,9%	19,3%	25,4%	39,7%	111,0%	-103,0%
30%	11,3%	12,5%	14,3%	16,8%	20,7%	27,8%	44,3%	127,0%	-121,0%

Die linke Beschriftung lautet: **Rate of Return on Tangible Fixed Assets as Percentage of WACC**

Im mittleren Teil von Tabelle 3.3.5-5 wird die Verzinsung des nach Abzug der Werte der mittels des Cost Approach bewerteten Vermögenswerte vom Entity Value verbleibenden investierten Kapitals in Abhängigkeit der betrachteten Parameter dargestellt. Aus der Tabelle ergibt sich, dass diese Verzinsung mit steigendem Zinssatz der Sachanlagen c. p. sinkt, wobei der Betrag der Verminderung für eine gegebene Erhöhung des Zinssatzes der Sachanlagen mit zunehmendem Anteil der Sachanlagen am Entity Value zunimmt. Die Tabelle zeigt weiter, dass die betrachtete Verzinsung auch bei steigendem Anteil der Sachanlagen am Entity Value c. p. sinkt, wobei der Veränderungsbetrag bei gegebener Veränderung des anteiligen Wertes der Sachanlagen mit steigendem vermögenswertspezifischem Zinssatz zunimmt. Die Fälle einer negativen Verzinsung des betrachteten investierten Kapitals werden bei den weiteren Betrachtungen, wie unter 2.6.6 ausgeführt, annahmegemäß nicht berücksichtigt.

Aus dem unteren Teil von Tabelle 3.3.5-5 ergibt sich der dem zuvor bestimmten investierten Kapital zuzurechnende Zinssatz. Unter Außerachtlassung der Fälle mit negativem investiertem Kapital und/oder negativer Verzinsung des investierten Kapitals zeigt die Tabelle, dass der betrachtete Zinssatz bei einer Erhöhung des vermögenswertspezifischen Zinssatzes der Sachanlagen c. p. sinkt, wobei der Betrag der Verminderung bei gegebener Erhöhung des Zinssatzes der Sachanlagen mit zunehmendem Anteil der Sachanlagen am Entity Value ansteigt. Weiter ist der Tabelle zu entnehmen, dass eine Veränderung des Anteils der Sachanlagen am Entity Value c. p. dann zu keiner Veränderung des untersuchten Zinssatzes führt, wenn der vermögenswertspezifische Zinssatz der Sachanlagen gleich diesem Zinssatz ist und beide Zinssätze 10,29 % betragen. Dieser Zinssatz kann aus der – entsprechend dem unter 3.3.5.2.2.2 dargelegten Vorgehen abgeleiteten – Beziehung[380]

---

380 Die Bezeichnung $r_{n,t+1}^{RV**}$ bringt zum Ausdruck, dass die Verzinsung auf das in die mittels des Income Approach bewerteten Vermögenswerte und das in den mittels Residual-Value-Methode bewerteten Vermögenswert insgesamt investierte Kapital bezogen wird. Demgegenüber geht der unter 3.3.5.2.2.2 eingeführte Ausdruck für $r_{n,t+1}^{RV*}$ von einem Bezug auf das in den mittels der Residual-Value-Methode bewerteten Vermögenswert investierte Kapital aus.

$$r_{n,t+1}^{RV^{**}} = \frac{V_t \cdot r_{t+1} - \sum_{i=2}^{o} V_{i,t} \cdot r_{i,t+1}}{V - \sum_{i=2}^{o} V_{i,t}}$$

ermittelt werden. Liegt der Zinssatz der Sachanlagen unter (über) 10,29 %, resultiert aus einem Anstieg des Anteils der Sachanlagen am Entity Value c. p. eine Erhöhung (Verminderung) des Zinssatzes des in das nach Abzug der Werte der mittels des Cost Approach bewerteten Vermögenswerte verbleibenden investierten Kapitals; der Umfang dieser Veränderung nimmt für eine gegebene Veränderung des anteiligen Betrags der Sachanlagen mit steigendem Zinssatz der Sachanlage, wenn dieser unter 10,29 % liegt (10,29 % übersteigt), ab (zu).

Die Bandbreite der in Tabelle 3.3.5-5 abgeleiteten Zinssätze kann dadurch eingegrenzt werden, dass die Bereiche, in denen der zu untersuchende Zinssatz und der vermögenswertspezifische Zinssatz der Sachanlagen voraussichtlich die vermögenswertspezifischen Risiken abbilden, einbezogen werden. Insbesondere kommen für diese Parameter folgende Ausprägungen in Betracht:

- Der Zinssatz, der dem nach Abzug der Werte der mittels Cost Approach bewerteten Vermögenswerte vom Entity Value verbleibenden investierten Kapital zuzurechnen ist, soll die gewichteten Kapitalkosten des Unternehmens übersteigen, jedoch unter 13 % liegen.
- Der vermögenswertspezifische Zinssatz der Sachanlagen soll unter den laufzeitäquivalent bestimmten gewichteten Kapitalkosten liegen; dies ist darin begründet, dass die Sachanlagen substituierbar sind.[381] Die Untergrenze wird im hier gegebenen Rahmen nicht weiter betrachtet und vereinfachend in Höhe von 60 % der gewichteten Kapitalkosten des Unternehmens angenommen.

Auf dieser Grundlage ergeben sich aus dem unteren Teil von Tabelle 3.3.5-5 vor allem folgende Beobachtungen:

- Bei niedrigem Anteil der Sachanlagen am Entity Value – dies ist zumeist bei Technologieunternehmen zu beobachten – ist der Einfluss, der vom vermögenswertspezifischen Zinssatz dieser Vermögenswerte auf den betrachteten Zinssatz ausgeht, gering. Dies zeigt sich besonders deutlich bei einem Anteil der Sachanlagen von 10 % und einer Veränderung des vermögenswertspezifischen Zinssatzes dieses Vermögenswertes zwischen 60 % und 90 % der gewichteten Kapitalkosten: Der zu untersuchende Zinssatz bewegt sich in einer Bandbreite von 10,5 % bis 10,9 %.
- Mit zunehmendem Anteil der Sachanlagen am Entity Value verkleinert sich der Bereich der zulässigen Ausprägungen des zu untersuchenden Zinssatzes, wobei der Einfluss des Zinssatzes der Sachanlagen auf den betrachteten Zinssatz zunimmt.
- Bei hohem Anteil der Sachanlagen am Entity Value – beispielsweise bei Produktionsunternehmen mit umfangreichem Maschinenpark – führt der vermögenswertspezifische Zinssatz der Sachanlagen nur innerhalb enger Grenzen zu Ergebnissen, die die oben dargelegten Voraussetzungen erfüllen. Beispielsweise liegt bei einem anteiligen

---

381 Aus diesem Grund folgt die Bewertung der Sachanlagen dem Cost Approach; vgl. hierzu 2.3.4.3.

Wert der Sachanlagen von 60 % der betrachtete Zinssatz nur dann unter 13 %, wenn der vermögenswertspezifische Zinssatz der Sachanlagen mindestens 91,9 % der gewichteten Kapitalkosten des Unternehmens beträgt.

Damit ist ersichtlich, dass der Anteil des Wertes der Sachanlagen am Entity Value – unter Berücksichtigung der an die Analyse gestellten Anforderungen – Grenzen vorgibt, die bei der Festlegung des vermögenswertspezifischen Zinssatzes der Sachanlagen zu beachten sind. Diese Grenzen stehen in engem Zusammenhang mit der geplanten Geschäftstätigkeit des betrachteten Unternehmens, was darin begründet ist, dass – dies wurde unter 3.3.5.2.5 dargelegt – von der Geschäftstätigkeit ein bestimmender Einfluss auf den Anteil des Wertes der Sachanlagen am Entity Value ausgeht.

3.3.5.2.6.4 Bestimmung des modellendogenen Zinssatzes des mittels der Residual-Value-Methode bewerteten Vermögenswertes

Die Bestimmung des modellendogenen Zinssatzes der Kundenbeziehungen durch die Werte und vermögenswertspezifische Zinssätze der mittels des Income Approach bewerteten Vermögenswerte wird am Beispiel der Basistechnologie betrachtet. Zur Erfassung des so abgegrenzten Einflusses auf diesen Zinssatz werden – bei gegebenen Werten und vermögenswertspezifischen Zinssätzen der Verfahrenstechnologie und der Marke – der

- Anteil des Einkommensbeitrags der Basistechnologie am Einkommen des Unternehmens abzüglich der Einkommensbeiträge der Sachanlagen, des Working Capital und des Mitarbeiterstamms – im Folgenden auch als anteiliger Einkommensbeitrag bezeichnet – und der
- vermögenswertspezifische Zinssatz der Basistechnologie in Prozent des Zinssatzes, mit dem sich das in die mittels des Income Approach bewerteten Vermögenswerte und den mittels der Residual-Value-Methode bewerteten Vermögenswert insgesamt investierte Kapital verzinst,

verändert. Die Bandbreite der Veränderung des ersten Parameters liegt zwischen 10 % und 90 %, die des zweiten Einflussfaktors zwischen 30 % und 150 %. Die Betrachtungen gehen davon aus, dass der Anteil der Sachanlagen am Entity Value 30 % beträgt und der diesen zugeordnete vermögenswertspezifische Zinssatz bei 80 % der gewichteten Kapitalkosten des Unternehmens liegt. Auf dieser Grundlage ergibt sich aus Tabelle 3.3.5-1 ein in die mittels des Income Approach bewerteten Vermögenswerte und den mittels der Residual-Value-Methode bewerteten Vermögenswert insgesamt investiertes Kapital in Höhe von EUR 55 Mio. sowie für dessen Verzinsung ein Zinssatz von 11,5 %.

Tabelle 3.3.5-6 stellt die Ergebnisse dieser Betrachtungen zusammen. Im oberen Teil der Tabelle wird zunächst das in die Kundenbeziehungen investierte Kapital durch Abzug der Werte der Basis- und Verfahrenstechnologie sowie der Marke vom Entity Value abzüglich der Werte der Sachanlagen, des Working Capital und des Mitarbeiterstamms in Höhe von EUR 55 Mio. ermittelt für die Ausprägungen des anteiligen Einkommensbeitrags der Basistechnologie und die Ausprägungen des vermögenswertspezifischen Zinssatzes der Basistechnologie in Prozent des Zinssatzes, mit dem sich das in die mittels des Income Approach bewerteten Vermögenswerte und den mittels der Residual-Value-Methode bewerteten Vermögenswert insgesamt investierte Kapital verzinst. Die Tabelle zeigt, dass der Wert der Kundenbeziehungen c. p. mit steigendem Zinssatz der Basistechnologie – hieraus resultiert ein sinkender Wert der Basistechnologie – zunimmt, wobei der Betrag des Anstiegs für eine gegebene Erhöhung des Zinssatzes der Basistechnologie mit zunehmendem anteiligem Einkommensbeitrag dieses Vermögenswertes ansteigt. Bei sehr niedrigem Zinssatz und damit sehr hohem Wert der Basistechnologie kann der Wert der Kundenbeziehungen negativ werden; diese Fälle werden, wie unter 2.6.6 dargelegt, annahmegemäß in die weiteren Betrachtungen nicht einbezogen. Aus der Tabelle ergibt sich weiter, dass der Wert der Kundenbeziehungen c. p. mit steigendem anteiligem Einkommensbeitrag der Basistechnologie abnimmt, wobei der Betrag der Reduktion bei gegebener Erhöhung des anteiligen Einkommensbeitrags bei niedrigem vermögenswertspezifischen Zinssatz der Basistechnologie größer ist.

Tab. 3.3.5-6: Analyse des Einflusses der mittels des Income Approach bewerteten Basistechnologie auf den modellendogenen Zinssatz

Customer Relationship: Invested Capital	Income of Core Technology as Percentage of Income of Residual Asset								
37,75	**10%**	**20%**	**30%**	**40%**	**50%**	**60%**	**70%**	**80%**	**90%**
150%	44,4	41,6	38,8	36,0	33,1	30,3	27,5	24,6	21,8
105%	43,2	39,2	35,1	31,0	27,0	22,9	18,8	14,8	10,7
103%	43,1	39,0	34,8	30,6	26,5	22,3	18,2	14,0	9,9
90%	42,5	37,8	33,0	28,2	23,5	18,7	13,9	9,2	4,4
80%	41,9	36,5	31,2	25,8	20,4	15,1	9,7	4,3	-1,0
70%	41,1	35,0	28,8	22,7	16,5	10,4	4,3	-1,9	-8,0
60%	40,1	32,9	25,7	18,5	11,4	4,2	-3,0	-10,2	-17,4
50%	38,6	30,0	21,4	12,7	4,1	-4,5	-13,2	-21,8	-30,5
40%	36,5	25,6	14,8	4,0	-6,8	-17,6	-28,4	-39,3	-50,1
30%	32,8	18,4	3,9	-10,5	-25,0	-39,4	-53,9	-68,4	-82,8

(Row label for the block above: **Rate of Return of Core Technology as Percentage of Rate of Return on Residual Asset**)

Customer Relationship: Return on Invested Capital	Income of Core Technology as Percentage of Income of Residual Asset								
4,60	**10%**	**20%**	**30%**	**40%**	**50%**	**60%**	**70%**	**80%**	**90%**
150%	5,1	4,6	4,1	3,6	3,1	2,6	2,2	1,7	1,2
105%	5,1	4,6	4,1	3,6	3,1	2,6	2,1	1,6	1,1
103%	5,1	4,6	4,1	3,6	3,1	2,6	2,1	1,6	1,1
90%	5,1	4,6	4,1	3,6	3,1	2,6	2,1	1,6	1,1
80%	5,1	4,6	4,1	3,6	3,1	2,6	2,1	1,6	1,1
70%	5,1	4,6	4,1	3,6	3,1	2,6	2,1	1,6	1,1
60%	5,1	4,6	4,1	3,6	3,1	2,6	2,1	1,6	1,1
50%	5,1	4,6	4,1	3,6	3,1	2,6	2,1	1,6	1,1
40%	5,1	4,6	4,1	3,6	3,1	2,6	2,1	1,6	1,1
30%	5,1	4,6	4,1	3,6	3,1	2,6	2,1	1,6	1,1

(Row label for the block above: **Rate of Return of Core Technology as Percentage of Rate of Return on Residual Asset**)

Customer Relationship: Rate of Return	Income of Core Technology as Percentage of Income of Residual Asset								
	12,18%	10%	20%	30%	40%	50%	60%	70%	80%	90%
Rate of Return of Core Technology as Percentage of Rate of Return on Residual Asset — 150%	11,5%	11,1%	10,6%	10,1%	9,5%	8,7%	7,8%	6,8%	5,4%
105%	11,8%	11,7%	11,7%	11,6%	11,6%	11,5%	11,3%	11,1%	10,7%
102%	11,8%	11,8%	11,8%	11,8%	11,8%	11,8%	11,8%	11,8%	11,8%
90%	12,0%	12,2%	12,4%	12,8%	13,3%	14,0%	15,2%	17,7%	25,7%
80%	12,1%	12,6%	13,1%	14,0%	15,2%	17,3%	21,8%	37,4%	-108,5%
70%	12,4%	13,1%	14,2%	15,9%	18,8%	25,1%	49,6%	-85,3%	-13,9%
60%	12,7%	14,0%	15,9%	19,4%	27,3%	62,3%	-69,9%	-15,8%	-6,4%
50%	13,2%	15,3%	19,1%	28,2%	75,6%	-57,1%	-15,9%	-7,3%	-3,6%
40%	14,0%	17,9%	27,6%	89,5%	-45,3%	-14,7%	-7,3%	-4,0%	-2,2%
30%	15,5%	25,0%	104,3%	-34,0%	-12,3%	-6,5%	-3,9%	-2,3%	-1,3%

Im mittleren Teil von Tabelle 3.3.5-6 wird die Verzinsung des in die Kundenbeziehungen investierten Kapitals in Abhängigkeit der betrachteten Parameter dargestellt. Aus der Tabelle ist zu entnehmen, dass diese Verzinsung c. p. nicht sensitiv auf Veränderungen des vermögenswertspezifischen Zinssatzes der Basistechnologie reagiert, wobei der Betrag der Veränderung für eine gegebene Veränderung des Zinssatzes der Basistechnologie mit zunehmendem anteiligem Einkommensbeitrag dieser Technologie leicht ansteigt. Die Tabelle zeigt weiter, dass die betrachtete Verzinsung bei steigendem anteiligem Einkommensbeitrag der Basistechnologie c. p. sinkt, wobei der Veränderungsbetrag bei gegebener Veränderung des anteiligen Einkommensbeitrags mit steigendem vermögenswertspezifischem Zinssatz leicht abnimmt. Fälle einer negativen Verzinsung des betrachteten investierten Kapitals treten nicht auf.

Aus dem unteren Teil von Tabelle 3.3.5-6 ergibt sich der dem in die Kundenbeziehungen investierten Kapital zuzurechnende modellendogene Zinssatz. Unter Außerachtlassung der Fälle mit negativem investiertem Kapital zeigt die Tabelle, dass der betrachtete Zinssatz bei einer Erhöhung des vermögenswertspezifischen Zinssatzes der Basistechnologie c. p. sinkt, wobei der Betrag der Verminderung bei gegebener Erhöhung des Zinssatzes der Basistechnologie mit zunehmendem anteiligem Einkommensbeitrag dieser Technologie ansteigt. Weiter ist der Tabelle zu entnehmen, dass eine Veränderung des anteiligen Einkommensbeitrags der Basistechnologie c. p. dann zu keiner Veränderung des modellendogenen Zinssatzes der Kundenbeziehungen führt, wenn der vermögenswertspezifische Zinssatz der Basistechnologie gleich diesem Zinssatz ist und beide Zinssätze 11,82 % betragen. Dieser Zinssatz kann aus der unter 3.3.5.2.3.2 abgeleiteten Beziehung

$$r_{n,t+1}^{RV^*} = \frac{V_t \cdot r_{t+1} - \sum_{i=1}^{n-2} V_{i,t} \cdot r_{i,t+1}}{V_t - \sum_{i=1}^{n-2} V_{i,t}}$$

ermittelt werden. Liegt der Zinssatz der Basistechnologie unter (über) 11,82 %, resultiert aus einem Anstieg des anteiligen Einkommensbeitrags der Basistechnologie c. p. eine Erhöhung (Verminderung) des Zinssatzes des in die Kundenbeziehungen investierten Kapitals; der Umfang dieser Veränderung nimmt für eine gegebene Veränderung des anteiligen Einkommensbeitrags der Basistechnologie mit steigendem Zinssatz dieser Technologie, wenn dieser unter 11,82 % liegt (11,82 % übersteigt), ab (zu).

Die Bandbreite der in Tabelle 3.3.5-6 für das in die Kundenbeziehungen investierte Kapital abgeleiteten Zinssätze kann dadurch eingegrenzt werden, dass die Bereiche, in denen der den Kundenbeziehungen zuzuordnende Zinssatz und der vermögenswertspezifische Zinssatz der Basistechnologie voraussichtlich die vermögenswertspezifischen Risiken abbilden, einbezogen werden. Insbesondere kommen für diese Parameter folgende Ausprägungen in Betracht:

- Der Zinssatz, mit dem sich das in die Kundenbeziehungen investierte Kapital verzinst, soll über dem Zinssatz von 11,5 %, der dem in die Basis- und Verfahrenstechnologie, die Marke sowie die Kundenbeziehungen insgesamt investierten Kapital zuzuordnen ist, liegen, jedoch 13,5 % nicht übersteigen.
- Der vermögenswertspezifische Zinssatz der Basistechnologie soll unter dem Zinssatz liegen, mit dem sich das in die Kundenbeziehungen investierte Kapital verzinst. Die Untergrenze dieses Zinssatzes wird im hier gegebenen Rahmen nicht weiter betrachtet und vereinfachend in Höhe von 60 % des Zinssatzes, mit dem sich das in die mittels des Income Approach bewerteten Vermögenswerte und den mittels der Residual-Value-Methode bewerteten Vermögenswert insgesamt investierte Kapital verzinst, angenommen.

Auf dieser Grundlage ergeben sich aus dem unteren Teil von Tabelle 3.3.5-6 insbesondere folgende wesentliche Beobachtungen:

- Bei niedrigem anteiligem Einkommensbeitrag der Basistechnologie – beispielsweise bei Unternehmen, bei denen Technologien und/oder Marken im Vergleich zu den Kundenbeziehungen von untergeordneter Bedeutung sind – besteht ein breiter Bereich, in dem der vermögenswertspezifische Zinssatz dieser Technologie zu Ausprägungen des vermögenswertspezifischen Zinssatzes der Kundenbeziehungen führt, die die oben genannten Voraussetzungen erfüllen; der Einfluss des Zinssatzes der Basistechnologie auf den zu untersuchenden Zinssatz ist gering. Dies zeigt sich besonders deutlich bei einem anteiligen Einkommensbeitrag der Basistechnologie von 10 % und einer Veränderung des vermögenswertspezifischen Zinssatzes dieses Vermögenswertes zwischen 60 % und 90 % des Zinssatzes, mit dem sich das in die mittels des Income Approach bewerteten Vermögenswerte und den mittels der Residual-Value-Methode bewerteten Vermögenswert insgesamt investierte Kapital verzinst: Der modellendogene Zinssatz bewegt sich in einer Bandbreite von 12,0 % bis 12,7 %.
- Mit zunehmendem anteiligem Einkommensbeitrag der Basistechnologie verkleinert sich der Bereich der zulässigen Ausprägungen des Zinssatzes der Kundenbeziehungen, wobei der Einfluss des Zinssatzes der Basistechnologie auf den modellendogen abgeleiteten Zinssatz zunimmt.
- Bei hohem anteiligem Einkommensbeitrag der Basistechnologie – beispielsweise bei Unternehmen, bei denen Technologien und/oder Marken bedeutsamer als die Kundenbeziehung sind – führt der vermögenswertspezifische Zinssatz dieses Vermögenswertes nur innerhalb enger Grenzen zu Ergebnissen, die die dargelegten Voraussetzungen erfüllen. Beispielsweise liegt bei einem anteiligen Einkommensbeitrag der Basistechno-

logie von 60 % der modellendogene Zinssatz nur dann unter 13,5 %, wenn der vermögenswertspezifische Zinssatz der Basistechnologie mindestens knapp 92,2 % des Zinssatzes beträgt, mit dem sich das in die mittels des Income Approach bewerteten Vermögenswerte und den mittels der Residual-Value-Methode bewerteten Vermögenswert insgesamt investierte Kapital verzinst.

Damit ist ersichtlich, dass der anteilige Einkommensbeitrag der Basistechnologie – unter Berücksichtigung der an die Analyse gestellten Anforderungen – Grenzen vorgibt, die bei der Festlegung des vermögenswertspezifischen Zinssatzes der Basistechnologie zu beachten sind. Diese Grenzen stehen vielfach in engem Zusammenhang mit der geplanten Geschäftstätigkeit des betrachteten Unternehmens; hiervon ist dann auszugehen, wenn – dies wurde unter 3.3.5.2.5 dargelegt – die Geschäftstätigkeit den anteiligen Einkommensbeitrag der Basistechnologie mitbestimmt.

3.3.5.2.6.5 Erweiterung der Betrachtungen
Die unter 3.3.5.2.6.3 und 3.3.5.2.6.4 dargestellten Untersuchungen können auf alle anderen Vermögenswerte des dem Beispiel zugrunde gelegten Unternehmens ausgedehnt werden. Diese Betrachtungen führen zu Ergebnissen, die sich mit den bereits ableiteten Ergebnissen decken.

Aus den Betrachtungen ergibt sich insbesondere, dass die Anteile der Werte des Working Capital und des Mitarbeiterstamms am Entity Value sowie die anteiligen Einkommensbeiträge der Verfahrenstechnologie und der Marke Grenzen setzen, die bei der Festlegung der vermögenswertspezifischen Zinssätze dieser Vermögenswerte zu beachten sind. Diese Grenzen stehen wiederum oftmals in einem engen Zusammenhang mit der geplanten Geschäftstätigkeit des betrachteten Unternehmens, was – entsprechend den Darlegungen unter 3.3.5.2.5 – darin begründet ist, dass von der Geschäftstätigkeit ein bestimmender Einfluss auf die Anteile der Werte des Working Capital und des Mitarbeiterstamms am Entity Value sowie vielfach auch auf die anteiligen Einkommensbeiträge der Verfahrenstechnologie und der Marke ausgeht.

Die Analysen können um Betrachtungen erweitert werden, die von Zusammenfassungen mehrerer Vermögenswerte zu Gruppen ausgehen. Dabei ist insbesondere an Untersuchungen zu denken, die durchgeführt werden unter Zugrundelegung des

- insgesamt in die Sachanlagen, das Working Capital und den Mitarbeiterstamm investierten Kapitals, dem ein gewichteter Durchschnitt der vermögenswertspezifischen Zinssätze dieser Vermögenswerte zugeordnet wird, sowie unter Zugrundelegung des
- anteiligen Einkommensbeitrags, der insgesamt auf die Basistechnologie, die Verfahrenstechnologie sowie die Marke entfällt, und des gewichteten Durchschnitts der vermögenswertspezifischen Zinssätze dieser Vermögenswerte.

Durch diese Erweiterungen kann aufgezeigt werden, dass die bei den gesonderten Untersuchungen einzelner Vermögenswerte erzielten Ergebnisse grundsätzlich auch bei Einbeziehung mehrerer Vermögenswerte abgeleitet werden können.

3.3.5.3 Bestimmungsfaktoren des modellendogen abgeleiteten vermögenswertspezifischen Zinssatzes bei mehrperiodischer Betrachtung

3.3.5.3.1 Überblick

Unter 3.3.5.2 wurden die den vermögenswertspezifischen Zinssatz des Vermögenswertes i = n bestimmenden Einflussfaktoren für die in t + 1 endende Periode mit t = 0 bis ∞ analysiert. Da eine Beschränkung der Betrachtungen auf eine ausgewählte Periode – dies wurde unter 2.6.3.4 sowie unter 2.6.4.3.5 aufgezeigt – das Vorliegen sehr einschränkender Voraussetzungen erfordert, wird im Folgenden die Entwicklung des modellendogen bestimmten Zinssatzes während eines mehrperiodischen Zeitraumes untersucht (3.3.5.3.2). Die Untersuchungen werden zunächst unter Zugrundelegung vereinfachender Annahmen durchgeführt und sodann deren Ergebnisse anhand eines einfachen Beispiels veranschaulicht (3.3.5.3.3). Anschließend werden die Betrachtungen durch Aufgabe wesentlicher einschränkender Annahmen erweitert (3.3.5.3.4). Den Betrachtungen wird – entsprechend dem Vorgehen in der Bewertungspraxis – die Annahme zugrunde gelegt, dass die vermögenswertspezifischen Zinssätze der Vermögenswerte i = 1 bis n-1 periodenunabhängig sind. Darüber hinaus wird davon ausgegangen, dass auch die gewichteten Kapitalkosten des Unternehmens periodenunabhängig sind. Somit gilt r_{t+1} = r und $r_{i,t+1}$ = r_i für alle i = 1 bis n-1 sowie für alle t = 0 bis ∞.

3.3.5.3.2 Analyse des modellendogenen Zinssatzes unter Zugrundelegung vereinfachender Annahmen

Bei gegebenen periodenunabhängigen vermögenswertspezifischen Zinssätzen und gegebenen periodenunabhängigen gewichteten Kapitalkosten ist der modellendogen abgeleitete vermögenswertspezifische Zinssatz – dies resultiert aus den Untersuchungen unter 3.3.5.2 – neben dem Entity Value durch das in die Vermögenswerte des Unternehmens investierte Kapital bestimmt. Dementsprechend können sich c. p. dann Veränderungen des modellendogen Zinssatzes über einen mehrperiodischen Untersuchungszeitraum ergeben, wenn sich das in einen oder mehrere Vermögenswerte investierte Kapital im betrachteten Zeitraum durch Rückflüsse und/oder Investitionen ändert. Dies zeigt sich besonders deutlich bei Betrachtung eines am Bewertungsstichtag gegebenen, mittels des Income Approach bewerteten Vermögenswertes i = k-1, der im Betrachtungszeitraum durch den ebenfalls nach diesem Bewertungsansatz bewerteten Vermögenswert i = n-1 substituiert wird.

Der modellendogen abgeleitete vermögenswertspezifische Zinssatz des Vermögenswertes i = n in der in t + 1 endende Periode mit t = 0 bis ∞ ist – wie dargelegt – bestimmt durch die Beziehung

$$r_{n,t+1}^{RV} = \frac{V_t \cdot r - \sum_{i=1}^{n-1} V_{i,t} \cdot r_i}{V_t - \sum_{i=1}^{n-1} V_{i,t}}$$

Für die in t + 2 endende Periode ergibt sich der diesem Vermögenswert zugeordnete Zinssatz bei Betrachtung des in die Vermögenswerte i = k-1 und i = n-1 investierten Kapitals c. p. aus dem Ausdruck

$$r_{n,t+2}^{RV} = \frac{V_t \cdot r - \sum_{i=1}^{n-1} V_{i,t} \cdot r_i + \Delta V_{k-1,t+1} \cdot r_{k-1} - \Delta V_{n-1,t+1} \cdot r_{n-1}}{V_t - \sum_{i=1}^{n-1} V_{i,t} + \Delta V_{k-1,t+1} - \Delta V_{n-1,t+1}}$$

wobei $\Delta V_{k-1,t+1}$ die Verminderung des in den Vermögenswert i = k-1 investierten Kapitals im Zeitpunkt t + 1 gegenüber t bezeichnet und $\Delta V_{n-1,t+1}$ die Erhöhung des in den den Vermögenswert i = k-1 substituierenden Vermögenswert i = n-1 investierten Kapitals im Zeitpunkt t + 1 gegenüber t zum Ausdruck bringt; es gilt $V_{k-1,t+1} = V_{k-1,t} - \Delta V_{k-1,t+1}$ und $V_{n-1,t+1} = V_{n-1,t} + \Delta V_{n-1,t+1}$ mit $\Delta V_{k-1,t+1} > 0$ und $\Delta V_{n-1,t+1} > 0$.

Die Einflüsse, die von der Substitution des Vermögenswertes i = k-1 durch den Vermögenswert i = n-1 auf den modellendogenen Zinssatz ausgehen, können – aufbauend auf den unter 3.3.5.2.3.3 abgeleiteten Ergebnissen – gesondert betrachtet werden. Für $r_{k-1} < r_{n,t+1}^{RV}$ bzw. $r_{n-1} < r_{n,t+1}^{RV}$ führt die

- Verminderung des in den Vermögenswert i = k-1 investierten Kapitals c. p. zu einer Reduktion des betrachteten Zinssatzes $r_{n,t+2}^{RV}$ gegenüber $r_{n,t+1}^{RV}$ bzw. die
- Erhöhung des in den Vermögenswert i = n-1 investiert Kapitals c. p. zu einem Anstieg des betrachteten Zinssatzes $r_{n,t+2}^{RV}$ gegenüber $r_{n,t+1}^{RV}$.

Entsprechende Aussagen – auf deren Darstellung wird im Rahmen dieses Beitrags verzichtet – können für $r_{k-1} > r_{n,t+1}^{RV}$ und $r_{n-1} > r_{n,t+1}^{RV}$ abgeleitet werden.

Der Einfluss, der aus dem Zusammenwirken der Verminderung und der Erhöhung des in die beiden betrachteten Vermögenswerte investierten Kapitals resultiert und c. p. die Veränderung des modellendogenen Zinssatzes in der in t + 2 endenden Periode gegenüber der Vorperiode ($\Delta r_{n,t+2}^{RV}$) bestimmt, kann durch die Beziehung

$$\Delta r_{n,t+2}^{RV} = r_{n,t+2}^{RV} - r_{n,t+1}^{RV}$$

beschrieben werden. Durch Einsetzen der Ausdrücke für $r_{n,t+1}^{RV}$ und $r_{n,t+2}^{RV}$ in diese Beziehung ergibt sich nach Umformungen die Bestimmungsgleichung[382]

$$\Delta r_{n,t+2}^{RV} = \frac{\Delta V_{n-1,t+1} \cdot \left(r_{n,t+1}^{RV} - r_{n-1} \right) - \Delta V_{k-1,t+1} \cdot \left(r_{n,t+1}^{RV} - r_{k-1} \right)}{V_t - \sum_{i=1}^{n-1} V_{i,t} + \Delta V_{k-1,t+1} - \Delta V_{n-1,t+1}}$$

Aus dieser Beziehung können Bedingung abgeleitet werden, die Aussagen über die Entwicklung des modellendogenen Zinssatzes in der in t + 2 endenden Periode gegenüber der Vorperiode erlauben. Für $r_{n,t+1}^{RV} > r_{k-1}$ und $r_{n,t+1}^{RV} > r_{n-1}$ – auf die Darstellung der Ableitung der Bedingungen für $r_{n,t+1}^{RV} < r_I$ und $r_{n,t+1}^{RV} < r_I$ wird im Rahmen dieses Beitrags verzichtet – ergibt sich mit annahmegemäß $0 < \dfrac{1}{V_t - \sum_{i=1}^{n-1} V_{i,t} + \Delta V_{k-1,t+1} - \Delta V_{n-1,t+1}}$

- ein Anstieg des modellendogenen Zinssatzes ($\Delta r_{n,t+2}^{RV} > 0$), wenn gilt

---

382 Zur Ableitung dieser Beziehung siehe Anhang zu 3.3.5.3.2.

$$\Delta V_{n-1,t+1} > \Delta V_{k-1,t+1} \cdot \frac{r_{n,t+1}^{RV} - r_{k-1}}{r_{n,t+1}^{RV} - r_{n-1}}$$

- keine Veränderung des modellendogenen Zinssatzes ($\Delta r_{n,t+2}^{RV} = 0$), wenn gilt

$$\Delta V_{n-1,t+1} = \Delta V_{k-1,t+1} \cdot \frac{r_{n,t+1}^{RV} - r_{k-1}}{r_{n,t+1}^{RV} - r_{n-1}}$$

- eine Verminderung des modellendogenen Zinssatzes ($\Delta r_{n,t+2}^{RV} < 0$), wenn gilt

$$\Delta V_{n-1,t+1} < \Delta V_{k-1,t+1} \cdot \frac{r_{n,t+1}^{RV} - r_{k-1}}{r_{n,t+1}^{RV} - r_{n-1}}$$

Unter Zugrundelegung von Annahmen über das Verhältnis des vermögenswertspezifischen Zinssatzes des Vermögenswertes i = k-1 zu dem Zinssatz des Vermögenswertes i = n-1 können diese Bedingungen weiter konkretisiert werden. Dies zeigen folgende beispielhafte Betrachtungen:

- Für $r_{k-1} = r_{n-1}$ gilt $\frac{r_{n,t+1}^{RV} - r_{k-1}}{r_{n,t+1}^{RV} - r_{n-1}} = 1$ mit der Folge, dass ausschließlich das Verhältnis der

  Veränderungen des in die Vermögenswerte i mit i = k-1 und i = n-1 investierten Kapitals bestimmt, ob der modellendogene Zinssatz ansteigt, sich vermindert oder konstant bleibt.

- Für $r_{k-1} < r_{n-1}$ gilt $\frac{r_{n,t+1}^{RV} - r_{k-1}}{r_{n,t+1}^{RV} - r_{n-1}} > 1$, woraus resultiert:

  - Für $\Delta V_{n-1,t+1} \leq \Delta V_{k-1,t+1}$ ergibt sich stets $\Delta V_{n-1,t+1} < \Delta V_{k-1,t+1} \cdot \frac{r_{n,t+1}^{RV} - r_{k-1}}{r_{n,t+1}^{RV} - r_{n-1}}$ und

    damit $\Delta r_{n,t+2}^{RV} < 0$, d. h., der modellendogene Zinssatz vermindert sich.

  - Für $\Delta V_{n-1,t+1} > \Delta V_{k-1,t+1}$ hängt die Veränderung des modellendogenen Zinssatzes vom Verhältnis der Veränderung des in die Vermögenswerte investierten Kapitals zum Verhältnis der vermögenswertspezifischen Zinssätze ab. Es gilt:

    - $\Delta r_{n,t+2}^{RV} > 0$ für $\frac{\Delta V_{n-1,t+1}}{\Delta V_{k-1,t+1}} > \frac{r_{n,t+1}^{RV} - r_{k-1}}{r_{n,t+1}^{RV} - r_{n-1}}$

    - $\Delta r_{n,t+2}^{RV} = 0$ für $\frac{\Delta V_{n-1,t+1}}{\Delta V_{k-1,t+1}} = \frac{r_{n,t+1}^{RV} - r_{k-1}}{r_{n,t+1}^{RV} - r_{n-1}}$

    - $\Delta r_{n,t+2}^{RV} < 0$ für $\frac{\Delta V_{n-1,t+1}}{\Delta V_{k-1,t+1}} < \frac{r_{n,t+1}^{RV} - r_{k-1}}{r_{n,t+1}^{RV} - r_{n-1}}$

Die Betrachtung der den Untersuchungen zugrunde gelegten Annahmen macht deutlich, dass bei der Analyse der vermögenswertspezifischen Zinssätze im praktischen Anwendungsfall durchaus rückläufige modellendogene Zinssätze im Zeitablauf zu erwarten sind:

- Die Bedingung $\frac{r_{n-1}}{r_{k-1}} \geq 1$ ist immer dann erfüllt, wenn die verbleibende Nutzungsdauer

  des Vermögenswertes i = k-1, der durch den Vermögenswert i = n-1 im Zeitablauf substituiert wird, die Nutzungsdauer des Vermögenswertes i = n-1 nicht übersteigt und auch das dem Vermögenswert i = k-1 zugeordnete Risiko nicht über dem Risiko des Vermögenswertes i = n-1 liegt. Da diese Voraussetzungen überwiegend vorliegen, ist

  auch ersichtlich, dass $\frac{r_{n-1}}{r_{k-1}} < 1$ allenfalls im Ausnahmefall zu erwarten ist.

- Die Bedingung $\frac{r_{n,t+1}^{RV}}{r_{n-1}} > 1$ – und für $\frac{r_{n-1}}{r_{k-1}} \geq 1$ auch $\frac{r_{n,t+1}^{RV}}{r_{k-1}} > 1$ – ist regelmäßig schon dann

  gegeben, wenn dem Vermögenswert i = n, dessen Wert mittels der Residual-Value-Methode abgeleitet wird, im Vergleich zu allen anderen Vermögenswerten das höchste Risiko zugewiesen wird. Etwas anderes kann nur dann eintreten, wenn die Nutzungsdauer des Vermögenswertes i = n unter der des Vermögenswertes i = n-1 liegt und die daraus resultierenden niedrigeren laufzeitäquivalenten Kapitalkosten den höheren Risikozuschlag ausgleichen.

- Die Relation $\frac{\Delta V_{n-1,t+1}}{\Delta V_{k-1,t+1}} < 1$ tritt bei mittels des Income Approach bewerteten Vermö-

  genswerten dann auf, wenn dem substituierenden Vermögenswert i = n-1 – u. U.

  beträchtliche – Investitionen in dessen Entwicklung oder Aufbau zuzurechnen sind und diese Investitionen dazu führen, dass der Wert des Substitutes verhältnismäßig niedrig ist.

Bei diesen Betrachtungen ist allerdings zu beachten, dass auf den modellendogenen Zinssatz auch gegenläufige Einflüsse wirken können. Diese sind insbesondere bei mittels des Cost Approach bewerteten Vermögenswerten dann zu beobachten, wenn bei gegebenem vermögenswertspezifischem Zinssatz eines so bewerteten Vermögenswertes das in diesen investierte Kapital c. p. ansteigt.

3.3.5.3.3 Veranschaulichung der Betrachtungen anhand eines Beispiels

3.3.5.3.3.1 Überblick

Im Folgenden werden zunächst die Ausgangsdaten des Beispiels dargelegt (3.3.5.3.3.2) und auf dieser Grundlage die Bestimmungsfaktoren des modellendogenen Zinssatzes bei mehrperiodischer Betrachtung aufgezeigt (3.3.5.3.3.3). Da diese Betrachtungen von mittels des Income Approach bewerteten Vermögenswerten ausgehen, wird das Beispiel sodann abgewandelt und ein mittels des Cost Approach bewerteter Vermögenswert den Untersuchungen zugrunde gelegt (3.3.5.3.3.4).

3.3.5.3.3.2 Ausgangsdaten

Das betrachtete Unternehmen verfügt in t = 0 über folgende Vermögenswerte: eine

- Basistechnologie mit einer verbleibenden Nutzungsdauer von 4 Jahren; diese Technologie wird in den kommenden Jahren durch eine Nachfolgetechnologie, deren Nutzungsdauer als unbestimmt behandelt[383] wird, ersetzt; über eine
- Marke, die – den Kriterien von IAS 38.88 folgend – eine unbestimmte Nutzungsdauer aufweist; über
- Kundenbeziehungen, deren Nutzungsdauer gleichfalls als unbestimmt behandelt[384] wird; sowie über
- Sachanlagen und Working Capital.

Tab. 3.3.5-7: Ausgangsdaten des betrachteten Unternehmens

Mio. EUR		0	1	2	3	4	5	TV
Income Analysis								
Customer Relationship			4,5	4,8	5,1	5,4	5,7	5,7
Core Technology								
Existing			3,0	2,3	1,5	0,8	0,0	0,0
Successor			0,0	0,5	0,9	1,4	1,8	1,8
Trademark			1,0	1,0	1,0	1,0	1,0	1,0
Tangible Fixed Assets			1,2	1,2	1,2	1,2	1,2	1,2
Working Capital			0,3	0,3	0,3	0,3	0,3	0,3
Entity			10,0	10,0	10,0	10,0	10,0	10,0
Valuation Analysis								
Customer Relationship			42,5	43,4	44,2	44,7	45,0	45,0
Core Technology								
Existing	10,8%		6,1	3,8	2,0	0,7	0,0	0,0
Successor	12,0%		11,4	12,8	13,8	14,6	15,0	15,0
Trademark	10,0%		10,0	10,0	10,0	10,0	10,0	10,0
Tangible Fixed Assets	6,0%		20,0	20,0	20,0	20,0	20,0	20,0
Working Capital	3,0%		10,0	10,0	10,0	10,0	10,0	10,0
Entity	10,0%	100,0	100,0	100,0	100,0	100,0	100,0	
Return on Invested Capital Analysis								
Customer Relationship			5,5	5,6	5,6	5,7	5,7	5,7
Rate of Return			12,88%	12,80%	12,73%	12,69%	12,67%	12,67%
Core Technology								
Existing	10,8%		0,7	0,4	0,2	0,1	0,0	0,0
Successor	12,0%		1,4	1,5	1,7	1,8	1,8	1,8
Trademark	10,0%		1,0	1,0	1,0	1,0	1,0	1,0
Tangible Fixed Assets	6,0%		1,2	1,2	1,2	1,2	1,2	1,2
Working Capital	3,0%		0,3	0,3	0,3	0,3	0,3	0,3
Entiy Value	10,0%		10,0	10,0	10,0	10,0	10,0	10,0

---

383 Vgl. hierzu 2.6.2.1.
384 Vgl. hierzu 2.6.2.1.

Basistechnologie, Nachfolgetechnologie und Marke werden mittels des Income Approach, Sachanlagen und Working Capital mittels des Cost Approach bewertet. Der Bestimmung der Werte der Kundenbeziehungen wird der Residual-Value-Ansatz zugrunde gelegt.

Aus Tabelle 3.3.5-7 ergeben sich für jedes Jahr des Betrachtungszeitraums das Einkommen und die Werte des Unternehmens sowie die Einkommensbeiträge und Werte der genannten Vermögenswerte; Einkommensbeiträge und Werte der Kundenbeziehungen wurden residual durch Abzug der Einkommensbeiträge bzw. Werte aller anderen Vermögenswerte vom Einkommen bzw. von den Werten des Unternehmens ermittelt. Weiter sind in der Tabelle für die Jahre des Betrachtungszeitraums die Verzinsungen des in das Unternehmen und in die Vermögenswerte investierten Kapitals zusammengestellt, wobei die Verzinsungen des in die Kundenbeziehungen investierten Kapitals wiederum residual bestimmt wurden. Die vermögenswertspezifischen Zinssätze der Kundenbeziehungen wurden dadurch abgeleitet, dass die Verzinsungen des in diesen Vermögenswert investierten Kapitals auf das jeweils zu Periodenbeginn investierte Kapital bezogen wurden.

3.3.5.3.3.3 Analyse des modellendogenen Zinssatzes

Der Verlauf des modellendogenen Zinssatzes der Kundenbeziehungen im Betrachtungszeitraum ist aufgrund der vorgegebenen Konstanz des Einkommens des Unternehmens, der Einkommensbeiträge der Marke sowie der Werte der Sachanlagen und des Working Capital – bei gegebenen gewichteten Kapitalkosten und vermögenswertspezifischen Zinssätzen der Vermögenswerte des Unternehmens – bestimmt durch

- die Entwicklung der Einkommensbeiträge der Basistechnologie und der Nachfolgetechnologie und damit die Veränderungen des in diese Vermögenswerte investierten Kapitals sowie durch
- das Verhältnis der vermögenswertspezifischen Zinssätze dieser beiden Vermögenswerte zueinander.

Tabelle 3.3.5-8 legt dies dar. Aus der Tabelle ergibt sich, dass die Veränderungen des modellendogen bestimmten Zinssatzes der Kundenbeziehungen während des Betrachtungszeitraums erklärt werden können durch die

- Veränderungen des in die Basistechnologie und in die Nachfolgetechnologie investierten Kapitals in diesen Jahren sowie durch die
- Abweichungen der vermögenswertspezifischen Zinssätze dieser Vermögenswerte vom modellendogenen Zinssatz.

Tab. 3.3.5-8: Erklärung der Veränderung des vermögenswertspezifischen Zinssatzes der Kundenbeziehungen

Mio. EUR	0	1	2	3	4	5
Incremental Invested Capital Core Technology						
Successor		-1,4	-1,1	-0,8	-0,4	0,0
Existing		2,3	1,8	1,3	0,7	0,0
Ratio		58,49%	58,77%	59,06%	59,36%	-
Rate of Return of Customer Relationship						
less Rate of Return of						
Existing Technology		2,08%	2,00%	1,93%	1,89%	1,87%
Successor Technology		0,88%	0,80%	0,73%	0,69%	0,67%
Ratio		236,38%	250,81%	263,91%	274,18%	280,00%
Rate of Return Analysis Customer Relationship						
Indication t+1		decrease	decrease	decrease	decrease	
Incremental Rate of Return			-0,08%	-0,06%	-0,04%	-0,02%
Rate of Return		12,88%	12,80%	12,73%	12,69%	12,67%

Diese Analyse folgt der unter 3.3.5.3.2 abgeleiteten Beziehung

$$\Delta r_{n,t+2}^{RV} = \frac{\Delta V_{n-1,t+1} \cdot \left(r_{n,t+1}^{RV} - r_{n-1} \right) - \Delta V_{k-1,t+1} \cdot \left(r_{n,t+1}^{RV} - r_{k-1} \right)}{V_t - \sum_{i=1}^{n-1} V_{i,t} + \Delta V_{k-1,t+1} - \Delta V_{n-1,t+1}}$$

wobei die Vermögenswerte i = k-1, i = n-1 sowie i = n die Basistechnologie, die Nachfolgetechnologie sowie die Kundenbeziehungen zum Ausdruck bringen. Die in der Tabelle angegebene Indikation der Veränderung des modellendogen abgeleiteten Zinssatzes folgt der Bedingung

$$\Delta r_{n,t+2}^{RV} < 0 \quad \text{für} \quad \frac{\Delta V_{n-1,t+1}}{\Delta V_{k-1,t+1}} < \frac{r_{n,t+1}^{RV} - r_{k-1}}{r_{n,t+1}^{RV} - r_{n-1}}$$

Zur Erfassung des Einflusses der so abgegrenzten Bestimmungsfaktoren auf den modellendogenen Zinssatz wird in Tabelle 3.3.5-9

- das in die Nachfolgetechnologie investierte Kapital und damit dessen Veränderung in der Betrachtungsperiode dadurch angepasst, dass die Einkommensbeiträge dieses Vermögenswertes prozentual verändert werden. Das in die Basistechnologie investierte Kapital – und damit dessen Veränderung – wird unverändert aus Tabelle 3.3.5-7 übernommen; weiter wird

- der vermögenswertspezifische Zinssatz der zu substituierenden Basistechnologie in Relation zum konstanten Zinssatz der Nachfolgetechnologie variiert.

Die Bandbreite des ersten Parameters wird zwischen 40 % und 330 % der sich aus Tabelle 3.3.5-7 ergebenden Einkommensbeiträge der Nachfolgetechnologie festgelegt, die des zweiten Parameters zwischen 80 % und 105 % des vermögenswertspezifischen Zinssatzes der Nachfolgetechnologie gewählt.

Im oberen Teil der Tabelle wird der modellendogene Zinssatz der Kundenbeziehungen für die verschiedenen Ausprägungen der betrachteten Parameter für die in t = 1 endende Periode bestimmt, im mittleren Teil für die in t = 2 endende Periode ermittelt. Beide Darstellungen bestätigen die unter 3.3.5.2.3 aufgezeigten Zusammenhänge zwischen dem modellendogen abgeleiteten Zinssatz und der Veränderung der Werte bzw. der vermögenswertspezifischen Zinssätze der Vermögenswerte des betrachteten Unternehmens. Dabei ist zu beachten, dass der vermögenswertspezifische Zinssatz des Vermögenswertes

Tab. 3.3.5-9: Analyse der Veränderung des vermögenswertspezifischen Zinssatzes der Kundenbeziehungen

Customer Relationship: Rate of Return of Period		Rate of Return on Core Technology Existing as Percentage of Rate of Return on Core Technology Successor					
Ending t = 1	12,88%	80%	85%	90%	95%	100%	105%
	40%	12,92%	12,84%	12,76%	12,68%	12,61%	12,53%
	60%	12,96%	12,88%	12,79%	12,71%	12,64%	12,56%
	80%	13,01%	12,92%	12,84%	12,75%	12,67%	12,59%
Income of Core Technology Successor as Percentage of Base Case	100%	13,06%	12,97%	12,88%	12,79%	12,70%	12,62%
	120%	13,12%	13,03%	12,93%	12,84%	12,74%	12,65%
	140%	13,19%	13,09%	12,99%	12,89%	12,79%	12,69%
	160%	13,27%	13,16%	13,05%	12,94%	12,84%	12,74%
	180%	13,36%	13,24%	13,12%	13,01%	12,90%	12,79%
	200%	13,46%	13,33%	13,20%	13,08%	12,96%	12,85%
	220%	13,57%	13,43%	13,30%	13,17%	13,04%	12,91%
	240%	13,71%	13,56%	13,41%	13,27%	13,13%	12,99%
	290%	14,18%	13,98%	13,79%	13,61%	13,43%	13,26%
	330%	14,79%	14,54%	14,30%	14,06%	13,83%	13,61%
Customer Relationship: Rate of Return of Period		Rate of Return on Core Technology Existing as Percentage of Rate of Return on Core Technology Successor					
Ending t = 2	12,80%	80%	85%	90%	95%	100%	105%
	40%	12,77%	12,72%	12,68%	12,63%	12,59%	12,54%
	60%	12,81%	12,76%	12,71%	12,66%	12,62%	12,57%
	80%	12,86%	12,80%	12,75%	12,70%	12,65%	12,60%
Income of Core Technology Successor as Percentage of Base Case	100%	12,91%	12,85%	12,80%	12,74%	12,69%	12,64%
	120%	12,96%	12,90%	12,85%	12,79%	12,73%	12,68%
	140%	13,03%	12,96%	12,90%	12,84%	12,78%	12,72%
	160%	13,10%	13,03%	12,97%	12,90%	12,84%	12,77%
	180%	13,18%	13,11%	13,04%	12,97%	12,90%	12,83%
	200%	13,28%	13,20%	13,13%	13,05%	12,98%	12,90%
	220%	13,40%	13,31%	13,23%	13,15%	13,06%	12,98%
	240%	13,54%	13,44%	13,35%	13,26%	13,17%	13,08%
	290%	14,05%	13,93%	13,80%	13,68%	13,56%	13,44%
	330%	14,80%	14,62%	14,45%	14,28%	14,12%	13,96%

Customer Relationship: Difference Rate of Return of Period		Rate of Return on Core Technology Existing as Percentage of Rate of Return on Core Technology Successor					
Ending t = 2 less Period Ending t = 1		80%	85%	90%	95%	100%	105%
	40%	-0,15%	-0,11%	-0,08%	-0,05%	-0,02%	0,01%
	60%	-0,15%	-0,12%	-0,08%	-0,05%	-0,02%	0,01%
	80%	-0,15%	-0,12%	-0,08%	-0,05%	-0,02%	0,01%
Income of Core Technology Successor as Percentage of Base Case	100%	-0,16%	-0,12%	-0,08%	-0,05%	-0,01%	0,02%
	120%	-0,16%	-0,12%	-0,08%	-0,05%	-0,01%	0,02%
	140%	-0,17%	-0,12%	-0,08%	-0,05%	-0,01%	0,03%
	160%	-0,17%	-0,13%	-0,08%	-0,04%	0,00%	0,04%
	180%	-0,17%	-0,12%	-0,08%	-0,04%	0,00%	0,05%
	200%	-0,17%	-0,12%	-0,08%	-0,03%	0,01%	0,06%
	220%	-0,17%	-0,12%	-0,07%	-0,02%	0,03%	0,07%
	240%	-0,17%	-0,11%	-0,06%	-0,01%	0,04%	0,09%
	290%	-0,12%	-0,06%	0,01%	0,07%	0,13%	0,18%
	330%	0,01%	0,08%	0,16%	0,22%	0,29%	0,35%

i = k-1 und der Wert des Vermögenswertes i = n-1, nicht jedoch Zinssatz und Wert eines einzigen betrachteten Vermögenswertes verändert werden. Dadurch wird erreicht, dass die Veränderungen des Wertes des Vermögenswertes i = n-1 bei einem konstanten vermögenswertspezifischen Zinssatz dieses Vermögenswertes von 12 %, der in allen betrachteten Fällen den modellendogenen Zinssatz unterschreitet, durchgeführt werden.

Im unteren Teil von Tabelle 3.3.5-9 wird die Veränderung des modellendogenen Zinssatzes der Kundenbeziehungen in der in t = 2 endenden Periode im Vergleich zur in t = 1 endenden Periode für die Ausprägungen der betrachteten Parameter als Differenz aus den beiden zuvor ermittelten modellendogenen Zinssätzen bestimmt. Die Tabelle zeigt, dass dann, wenn der Zinssatz der Basistechnologie in Höhe von 100 % des Zinssatzes der Nachfolgetechnologie bemessen wird und somit gleich dem Zinssatz der Nachfolgetechnologie ist – es gilt $r_{k-1} = r_{n-1}$ –, der modellendogene vermögenswertspezifische Zinssatz bei

- Einkommensbeiträgen der Nachfolgetechnologie, die unter 166,67 % der sich für diese Technologie aus Tabelle 3.3.5-7 ergebenden Einkommensbeiträge liegen, sich vermindert und der modellendogene vermögenswertspezifische Zinssatz bei
- Einkommensbeiträgen, die diese Grenze übersteigen, sich erhöht.

Dies ist darin begründet, dass bei Einkommensbeiträgen der Nachfolgetechnologie in Höhe von 166,67 % der sich für diese Technologie aus Tabelle 3.3.5-7 ergebenden Einkommensbeiträge die Wertveränderung der Nachfolgetechnologie in der in t = 1 endenden Periode gleich der Wertveränderung der Basistechnologie dieser Periode ist. Unter dieser Voraussetzung erfährt der modellendogene Zinssatz – wie unter 3.3.5.3.2 abgeleitet – gegenüber der Vorperiode keine Veränderung. Für $r_{k-1} = r_{n-1}$ gilt

$$\frac{\Delta V_{n-1,t+1}}{\Delta V_{k-1,t+1}} = \frac{r_{n,t+1}^{RV} - r_{k-1}}{r_{n,t+1}^{RV} - r_{n-1}} = 1$$

und somit $\Delta r_{n,t+2}^{RV} = 0$.

Die genannte Einkommensrelation wird in Tabelle 3.3.5-10 bestimmt. Hierzu wird für

$r_{k-1} = r_{n-1}$ der Einkommensbeitrag der Nachfolgetechnologie so lange iterativ verändert,

bis die Relation der Wertänderungen ($\dfrac{\Delta V_{n-1,t+1}}{\Delta V_{k-1,t+1}}$) gleich der Relation der Zinssatzdifferen-

zen ($\dfrac{r_{n,t+1}^{RV} - r_{k-1}}{r_{n,t+1}^{RV} - r_{n-1}}$) ist.

Aus Tabelle 3.3.5-9 ergibt sich weiter, dass auch bei vermögenswertspezifischen Zins-sätzen der Basistechnologie, die zwischen 80 % und 95 % des Zinssatzes der Nachfolge-technologie bemessen werden und somit unter dem Zinssatz der Nachfolgetechnologie liegen – es gilt $r_{k-1} < r_{n-1}$ –, der modellendogene vermögenswertspezifische Zinssatz der Kundenbeziehungen bei

- Einkommensbeiträgen der Nachfolgetechnologie, die einen bestimmten Einkommens-beitrag unterschreiten, sich gegenüber der Vorperiode vermindert und bei
- Einkommensbeiträgen, die über dieser Grenze liegen, ansteigt.

Die Tabelle macht auch deutlich, dass mit sinkendem Zinssatz der Basistechnologie die Einkommensbeiträge der Nachfolgetechnologie, bei denen der Übergang von einer Ver-minderung zu einer Erhöhung der modellendogenen Zinssätze erfolgt, ansteigen. Entspre-chend steigt mit sinkendem Zinssatz der Basistechnologie auch das Verhältnis der Wert-veränderung der Nachfolgetechnologie zur Wertveränderung der Basistechnologie, bei dem der genannte Übergang erfolgt, an. Da sich für $r_{k-1} < r_{n-1}$

$$\frac{r_{n,t+1}^{RV} - r_{k-1}}{r_{n,t+1}^{RV} - r_{n-1}} > 1$$

ergibt, ist notwendige Bedingung für $\dfrac{\Delta V_{n-1,t+1}}{\Delta V_{k-1,t+1}} = \dfrac{r_{n,t+1}^{RV} - r_{k-1}}{r_{n,t+1}^{RV} - r_{n-1}}$ und damit für $\Delta r_{n,t+2}^{RV} = 0$, dass gilt

$$\frac{\Delta V_{n-1,t+1}}{\Delta V_{k-1,t+1}} > 1$$

Die Einkommensrelationen der Nachfolgetechnologie und die Verhältnisse der Wertverän-derungen der beiden Technologien, bei denen sich der modellendogene Zinssatz gegen-über der Vorperiode nicht verändert, sind für die in Tabelle 3.3.5-9 betrachteten vermö-genswertspezifischen Zinssätze in Tabelle 3.3.5-10 zusammengestellt.

Tab. 3.3.5-10: Bestimmung der kritischen Einkommens- und Wertveränderungsrelationen

Rate of Return on Core Technology Existing as Percentage of Rate of Return on Core Technology Successor	80%	85%	90%	95%	100%
Incremental Rate of Return Customer Relationship	0,00%	0,00%	0,00%	0,00%	0,00%
Incremental Invested Capital Successor Technology Related to Core Technology Existing	187,08%	179,98%	167,94%	146,07%	100,00%
Income of Core Technology Successor as Percentage of Base Case	328,24%	311,70%	287,12%	246,57%	166,67%
Rate of Return Customer Relationship	14,76%	14,25%	13,77%	13,30%	12,86%

Tabelle 3.3.5-9 zeigt ergänzend, dass in den Fällen, in denen der vermögenswertspezifische Zinssatz der Basistechnologie mit 105 % des Zinssatzes der Nachfolgetechnologie bemessen wird und somit über dem Zinssatz der Nachfolgetechnologie liegt – es gilt $r_{k-1} > r_{n-1}$ –, der modellendogene Zinssatz für alle betrachteten Einkommensbeiträge der Nachfolgetechnologie gegenüber der Vorperiode zunimmt. Allerdings ist zu beachten, dass – dies wurde unter 3.3.5.3.2 dargelegt – die Relation $\frac{r_{k-1}}{r_{n-1}} > 1$ tendenziell nur in Ausnahmefällen zu erwarten ist.

3.3.5.3.3.4 Modifikation des Beispiels

Der Einfluss eines mittels des Cost Approach bewerteten Vermögenswertes auf den modellendogenen Zinssatz der Kundenbeziehung wird am Beispiel der Veränderungen des in die Sachanlagen investierten Kapitals aufgezeigt. Zur Abgrenzung des Einflusses dieses Bestimmungsfaktors auf den modellendogenen Zinssatz werden die Sachanlagen – dem bisherigen Vorgehen folgend – als Gesamtheit betrachtet, der ein einheitlicher vermögenswertspezifischer Zinssatz zugeordnet ist. Weiter wird angenommen, dass die Summe aus dem Einkommensbeitrag der Basistechnologie und dem Einkommensbeitrag der Nachfolgetechnologie in jedem Jahr des Betrachtungszeitraums gleich hoch und somit konstant ist sowie dass die vermögenswertspezifischen Zinssätze dieser beiden Vermögenswerte sich nicht unterscheiden. Die so angepassten Ausgangsdaten des betrachteten Unternehmens sind in Tabelle 3.3.5-11 zusammengestellt.

Tab. 3.3.5-11: Modifizierte Ausgangsdaten des betrachteten Unternehmens

Mio. EUR	0	1	2	3	4	5	TV
Income Analysis							
Customer Relationship		0,5	8,7	4,5	4,5	4,5	4,5
Core Technology							
Existing		3,0	2,3	1,5	0,8	0,0	0,0
Future		0,0	0,8	1,5	2,3	3,0	3,0
Trademark		1,0	1,0	1,0	1,0	1,0	1,0
Tangible Fixed Assets		5,2	-3,0	1,2	1,2	1,2	1,2
Working Capital		0,3	0,3	0,3	0,3	0,3	0,3
Entity		10,0	10,0	10,0	10,0	10,0	10,0

Mio. EUR		0	1	2	3	4	5	TV
Valuation Analysis								
Customer Relationship			35,0	39,0	35,0	35,0	35,0	35,0
Core Technology								
Existing	12,0%	6,0	3,7	1,9	0,7	0,0	0,0	
Future	12,0%	19,0	21,3	23,1	24,3	25,0	25,0	
Trademark	10,0%	10,0	10,0	10,0	10,0	10,0	10,0	
Tangible Fixed Assets	6,0%	20,0	16,0	20,0	20,0	20,0	20,0	
Working Capital	3,0%	10,0	10,0	10,0	10,0	10,0	10,0	
Entity	10,0%	100,0	100,0	100,0	100,0	100,0	100,0	
Return on Invested Capital Analysis								
Customer Relationship			4,5	4,7	4,5	4,5	4,5	4,5
Rate of Return			12,86%	12,15%	12,86%	12,86%	12,86%	12,86%
Core Technology								
Existing	12,0%		0,7	0,4	0,2	0,1	0,0	0,0
Future	12,0%		2,3	2,6	2,8	2,9	3,0	3,0
Trademark	10,0%		1,0	1,0	1,0	1,0	1,0	1,0
Tangible Fixed Assets	6,0%		1,2	1,0	1,2	1,2	1,2	1,2
Working Capital	3,0%		0,3	0,3	0,3	0,3	0,3	0,3
Entiy Value	10,0%		10,0	10,0	10,0	10,0	10,0	10,0

Tabelle 3.3.5-12 zeigt, dass der modellendogene Zinssatz der Kundenbeziehungen der in t = 2 endenden Periode im Vergleich zum modellendogenen Zinssatz der in t = 1 endenden Periode bei einer

- Verminderung des in die Sachanlagen investierten Kapitals im Zeitpunkt t = 1 auf 80 % bzw. 90 % des im Zeitpunkt t = 0 investierten Kapitals sinkt und bei einer
- Erhöhung des in diesen Vermögenswert in t = 1 investierten Kapitals auf 110 % bzw. 120 % des in t = 0 investierten Kapitals ansteigt.

Diese Betrachtungen machen deutlich, dass der Einfluss, der von mittels des Cost Approach bewerteten Vermögenswerten im Zeitablauf auf den modellendogenen Zinssatz ausgeht, unter den der Analyse üblicherweise zugrunde gelegten Annahmen – Verzicht auf Differenzierung zwischen Sachanlagen und diese in Zukunft substituierende Sachanlagen bei einheitlichem vermögenswertspezifischem Zinssatz der Sachanlagen – allein dadurch bestimmt ist, dass sich das in diese Vermögenswerte investierte Kapital erhöht oder vermindert.

Tab. 3.3.5-12: Analyse der Veränderung des modellendogenen Zinssatzes der Kundenbeziehungen bei Veränderung des in die Sachanlagen investierten Kapitals

Incremental Invested Capital Tangible Fixed Assets	80,00%	90,00%	100,00%	110,00%	120,00%
Customer Relationship Rate of Return					
Period Ending t = 1	12,86%	12,86%	12,86%	12,86%	12,86%
Period Ending t = 2	12,15%	12,49%	12,86%	13,27%	13,74%
Difference	-0,70%	-0,37%	0,00%	0,42%	0,88%

3.3.5.3.4 Erweiterung der Betrachtungen

Der modellendogen abgeleitete vermögenswertspezifische Zinssatz des Vermögenswertes i = n in der in t + 2 endenden Periode ergibt sich bei Verzicht auf die den Betrachtungen unter 3.3.5.3.2 und 3.3.5.3.3 zugrunde liegenden Einschränkung, dass ein ausgewählter Vermögenswert i = k-1 durch den Vermögenswert i = n-1 in dieser Periode c. p. substituiert wird, aus der Beziehung

$$r_{n,t+2}^{RV} = \frac{V_t \cdot r + \Delta V_{t+1} \cdot r - \sum_{i=1}^{n-1} V_{i,t} \cdot r_i - \sum_{i=1}^{n-1} \Delta V_{i,t+1} \cdot r_i}{V_t + \Delta V_{t+1} - \sum_{i=1}^{n-1} V_{i,t} - \sum_{i=1}^{n-1} \Delta V_{i,t+1}}$$

Mit dieser Erweiterung der Betrachtung ist keine Änderung des modellendogen abgeleiteten vermögenswertspezifischen Zinssatzes des Vermögenswertes i = n in der in t + 1 endenden Periode verbunden. Dieser Zinssatz ist bestimmt durch den bereits eingeführten Ausdruck

$$r_{n,t+1}^{RV} = \frac{V_t \cdot r - \sum_{i=1}^{n-1} V_{i,t} \cdot r_i}{V_t - \sum_{i=1}^{n-1} V_{i,t}}$$

Die Darstellung der beiden Beziehungen kann dadurch vereinfacht werden, dass die Ausdrücke

$$V_t^{C+I} = \sum_{i=1}^{n-1} V_{i,t}$$

$$V_{t+1}^{C+I} = \sum_{i=1}^{n-1} V_{i,t+1}$$

$$\Delta V_{t+1}^{C+I} = \sum_{i=1}^{n-1} V_{i,t+1} - \sum_{i=1}^{n-1} V_{i,t}$$

sowie die über diese Vermögenswerte gewichteten vermögenswertspezifischen Zinssätze

$$r_{t+1}^{C+I} = \frac{\sum_{i=1}^{n-1} V_{i,t} \cdot r_i}{\sum_{i=1}^{n-1} V_{i,t}}$$

und

$$r_{t+2}^{C+I} = \frac{\sum_{i=1}^{n-1} V_{i,t+1} \cdot r_i}{\sum_{i=1}^{n-1} V_{i,t+1}}$$

sowie deren Veränderung

$$\Delta r_{t+2}^{C+I} = r_{t+2}^{C+I} - r_{t+1}^{C+I}$$

eingeführt werden. Dies führt zu den Beziehungen

$$r_{n,t+1}^{RV} = \frac{V_t \cdot \mathrm{r} - V_t^{C+I} \cdot r_{t+1}^{C+I}}{V_t - V_t^{C+I}}$$

und

$$r_{n,t+2}^{RV} = \frac{V_t \cdot \mathrm{r} + \Delta V_{t+1} \cdot \mathrm{r} - V_t^{C+I} \cdot \left(r_{t+1}^{C+I} + \Delta r_{t+2}^{C+I}\right) - \Delta V_{t+1}^{C+I} \cdot \left(r_{t+1}^{C+I} + \Delta r_{t+2}^{C+I}\right)}{V_t + \Delta V_{t+1} - V_t^{C+I} - \Delta V_{t+1}^{C+I}}$$

Durch Einsetzen dieser Ausdrücke in die Beziehung für die Veränderung des modellendogen abgeleiteten vermögenswertspezifischen Zinssatzes des Vermögenswertes i = n

$$\Delta r_{n,t+2}^{RV} = r_{n,t+2}^{RV} - r_{n,t+1}^{RV}$$

ergibt sich

$$\Delta r_{n,t+2}^{RV} = \frac{V_t \cdot \mathrm{r} + \Delta V_{t+1} \cdot \mathrm{r} - V_t^{C+I} \cdot \left(r_{t+1}^{C+I} + \Delta r_{t+2}^{C+I}\right) - \Delta V_{t+1}^{C+I} \cdot \left(r_{t+1}^{C+I} + \Delta r_{t+2}^{C+I}\right)}{V_t + \Delta V_{t+1} - V_{i,t}^{C+I} - \Delta V_{i,t+1}^{C+I}} - \frac{V_t \cdot \mathrm{r} - V_t^{C+I} \cdot r_{t+1}^{C+I}}{V_t - V_t^{C+I}}$$

sowie nach Umformungen[385]

$$\Delta r_{n,t+2}^{RV} = \frac{\Delta V_{t+1} \cdot \left(\mathrm{r} - r_{n,t+1}^{RV}\right) - V_t^{C+I} \cdot \Delta r_{t+2}^{C+I} - \Delta V_{t+1}^{C+I} \cdot \left(r_{t+1}^{C+I} + \Delta r_{t+2}^{C+I} - r_{n,t+1}^{RV}\right)}{V_{n,t+1}^{RV}}$$

Die Beziehung legt dar, dass die Änderung des modellendogen abgeleiteten Zinssatzes des Vermögenswertes i = n in der in t + 2 endenden Periode gegenüber der Vorperiode bestimmt ist bei gegebener

- Relation der gewichteten Kapitalkosten des Unternehmens zum modellendogenen Zinssatz $\left(\mathrm{r} - r_{n,t+1}^{RV}\right)$, gegebener

- Relation des gewichteten vermögenswertspezifischen Zinssatzes der Vermögenswerte i = 1 bis n-1 zum modellendogenen Zinssatz $\left(r_{t+1}^{C+I} - r_{n,t+1}^{RV}\right)$ und gegebener
- Summe der Werte der Vermögenswerte i = 1 bis n-1 im Zeitpunkt t (V_t^{C+I})

durch die
- Veränderung des Entity Value (ΔV_{t+1}), die
- Veränderung der Summe der Wert der Vermögenswerte i = 1 bis n-1 (ΔV_{t+1}^{C+I}) sowie die
- Veränderung des diesen Vermögenswerten zuzurechnenden gewichteten vermögenswertspezifischen Zinssatzes (Δr_{t+2}^{C+I}).

Die so aufgezeigten Bestimmungsfaktoren der Veränderung des modellendogen abgeleiteten vermögenswertspezifischen Zinssatzes in der in t + 2 endenden Periode gegenüber der Vorperiode können beispielsweise dadurch weiter spezifiziert werden, dass bei den Betrachtungen zwischen den mittels des Cost Approach bewerteten Vermögenswerten und den mittels des Income Approach bewerteten Vermögenswerte unterschieden wird.

---

385 Siehe zur Ableitung der Beziehung Anhang zu 3.3.5.3.4.

Fallbeispiel

Der modellendogen abgeleitete vermögenswertspezifische Zinssatz der zukünftig zu akquirierenden Kundenbeziehungen von BU1 wurde unter 2.6.3.2 für jedes Jahr des Betrachtungszeitraums bestimmt und ergibt sich aus Tabelle 2-19. Tabelle 3.3.5-13 fasst die Erklärung der
Veränderungen dieses Zinssatzes von Periode zu Periode des Betrachtungszeitraumes zusammen.

Tab. 3.3.5-13: Analyse der Veränderung der modellendogen abgeleiteten vermögenswertspezifischen Zinssätze

Mio. EUR	2016	2017	2018	2019	2020	2021	2022	2023	2024	2025
Data										
Invested Capital										
Entity Value	662,9	661,6	656,5	684,0	660,7	614,8	629,5	611,3	618,3	618,3
Customer Relationship new	111,6	124,5	139,0	155,1	173,4	193,0	213,8	237,1	257,6	257,6
Cost Approach Assets	175,0	178,0	181,3	219,0	205,0	171,0	202,0	200,0	224,0	224,0
Income Approach Assets	376,3	359,1	336,2	309,8	282,3	250,8	213,7	174,2	136,7	136,7
Return on Invested Capital										
Cost Approach Assets		7,8	7,6	7,6	9,6	8,8	6,9	8,6	8,4	9,7
Income Approach Assets		31,3	29,9	28,0	25,9	23,6	21,0	18,0	14,7	11,6
Rate of Return										
Entity Value		7,53%	7,53%	7,53%	7,53%	7,53%	7,53%	7,53%	7,53%	7,53%
Customer Relationship new		9,71%	9,92%	9,92%	10,31%	9,98%	9,51%	9,76%	9,66%	9,78%
Cost Approach Assets		4,43%	4,24%	4,20%	4,40%	4,30%	4,04%	4,23%	4,20%	4,33%
Income Approach Assets		8,32%	8,33%	8,34%	8,35%	8,37%	8,39%	8,41%	8,46%	8,52%
Analysis										
Incremental Invested Capital Entity Value			-1,3	-5,1	27,4	-23,3	-45,9	14,7	-18,1	7,0
Difference Rate of Return Entity Value										
Customer Relationship NEW t			-2,18%	-2,39%	-2,39%	-2,78%	-2,45%	-1,98%	-2,23%	-2,13%
Impact on Rate of Return Customer Relationship new			0,02%	0,09%	-0,42%	0,37%	0,58%	-0,14%	0,17%	-0,06%
Incremental Invested Capital Assets										
Cost Approach Assets			3,0	3,3	37,8	-14,1	-34,0	31,0	-1,9	24,0
Difference Rate of Return			-5,47%	-5,72%	-5,52%	-6,01%	-5,95%	-5,27%	-5,56%	-5,32%
Impact on Rate of Return Customer Relationship new			0,13%	0,13%	1,34%	-0,49%	-1,05%	0,76%	-0,05%	0,50%
Income Approach Assets			-17,2	-22,8	-26,4	-27,5	-31,6	-37,1	-39,5	-37,5
Difference Rate of Return			-1,38%	-1,58%	-1,57%	-1,95%	-1,59%	-1,09%	-1,30%	-1,14%
Impact on Rate of Return Customer Relationship new			-0,19%	-0,26%	-0,27%	-0,31%	-0,26%	-0,19%	-0,22%	-0,17%
Incremental Rate of Return										
Cost Approach Assets			-0,19%	-0,05%	0,20%	-0,10%	-0,26%	0,20%	-0,04%	0,14%
Impact on Rate of Return Customer Relationship new			0,27%	0,06%	-0,24%	0,12%	0,28%	-0,16%	0,03%	-0,11%
Income Approach Assets			0,01%	0,01%	0,01%	0,02%	0,02%	0,03%	0,04%	0,06%
Impact on Rate of Return Customer Relationship new			-0,03%	-0,02%	-0,02%	-0,03%	-0,03%	-0,03%	-0,04%	-0,04%
Impact on Rate of Return Customer Relationship new total			0,20%	0,00%	0,39%	-0,33%	-0,47%	0,25%	-0,10%	0,12%

Im oberen Teil der Tabelle sind die Ausgangsdaten der Analyse zusammengestellt. Diese werden aus Tabelle 2-14 und Tabelle 2-15 übernommen bzw. aus den Daten dieser Tabellen ermittelt. Im unteren Teil werden der Beitrag der Veränderung des Entity Value, der Beitrag der Veränderung des in die – den Wert der zukünftigen Kundenbeziehungen bestimmenden – Vermögenswerte der Geschäftseinheit investierten Kapitals und der Beitrag der Veränderung des gewichteten vermögenswertspezifischen Zinssatzes dieser Vermögenswerte für die Veränderung der modellendogen abgeleiteten vermögenswertspezifischen Zinssätze der zukünftig zu akquirierenden Kundenbeziehungen bestimmt. Für die Durchführung der Untersuchung wurden das in die Vermögenswerte des Unternehmens investierte Kapital sowie die gewichteten vermögenswertspezifischen Zinssätze gesondert für die mittels des Cost Approach und die mittels des Income Approach bewerteten Vermögenswerte bestimmt.

Die Tabelle zeigt, dass von den Veränderungen des in die mittels des Income Approach bewerteten Vermögenswerte investierten Kapitals sowie den Veränderungen des mit diesen Vermögenswerten verbundenen gewichteten vermögenswertspezifischen Zinssatzes ein den modellendogenen Zinssatz reduzierender Einfluss ausgeht. Dieser Einfluss wird in den meisten Jahren des Betrachtungszeitraums von gegenläufigen Einflüssen überkompensiert, die von den Veränderungen des investierten Kapitals und den Veränderungen der gewichteten vermögenswertspezifischen Zinssätze der mittels des Cost Approach bewerteten Vermögenswerte ausgehen. Dem mit den Veränderungen des Entity Value verbundenen Einfluss kommt demgegenüber tendenziell eine geringere Bedeutung zu.

3.3.5.4 Analyse der vermögenswertspezifischen Risikoanpassungen

3.3.5.4.1 Überblick

Im Folgenden werden die

- Anwendung von vermögenswertspezifischen Risikozuschlägen und Risikoabschlägen zur Bestimmung der vermögenswertspezifischen Zinssätze (3.3.5.4.2), die
- Verwendung laufzeitäquivalent bestimmter Kapitalkosten als vermögenswertspezifische Zinssätze (3.3.5.4.3) sowie die
- Anwendung der gewichteten Kapitalkosten des Unternehmens als vermögenswertspezifische Zinssätze (3.3.5.4.4) betrachtet.

3.3.5.4.2 Anwendung von vermögenswertspezifischen Risikozuschlägen und Risikoabschlägen

Die Untersuchungen der Bestimmungsfaktoren des modellendogen abgeleiteten vermögenswertspezifischen Zinssatzes unter 3.3.5.2 zeigen, dass bei Anwendung der Residual-Value-Methode zur Bewertung des Vermögenswertes i = n der modellendogene Zinssatz dieses Vermögenswertes – bei gegebenen Werten der mittels des Cost Approach bewerteten Vermögenswerte, gegebenen Einkommensbeiträgen der mittels des Income Approach bewerteten Vermögenswerte, gegebenen laufzeitäquivalenten Kapitalkosten dieser Vermögenswerte sowie gegebenem Einkommen und gegebenen gewichteten Kapitalkosten des betrachteten Unternehmens – durch die vermögenswertspezifischen Risikozuschläge bzw. Risikoabschläge aller Vermögenswerte i mit i = 1 bis n-1 bestimmt ist. Dementsprechend erfordert die Ableitung konsistenter Bewertungsergebnisse – den Ausführungen unter 2.6.3.2 folgend –, die vermögenswertspezifischen Risikoanpassungen aller Vermögenswerte i mit i = 1 bis n-1 (iterativ) so festzulegen, dass diese Risikoanpassungen sowie die Risikoanpassung des Vermögenswertes i = n die vermögenswertspezifischen Risiken dieser Vermögenswerte unter Berücksichtigung von deren Einbindung in das zugrunde liegende Unternehmen abbilden.[386]

Aus den Analysen unter 3.3.5.2 und 3.3.5.3 ergibt sich weiter, dass der Einfluss, der von den vermögenswertspezifischen Zinssätzen der Vermögenswerte i mit i = 1 bis n-1 auf den modellendogenen Zinssatz ausgeht, abhängig ist

- bei den mittels des Cost Approach bewerteten Vermögenswerten von den Anteilen dieser Vermögenswerte am Entity Value;
- bei den mittels des Income Approach bewerteten Vermögenswerten von den anteiligen Einkommensbeiträgen dieser Vermögenswerte.

Da – wie unter 3.3.5.2.5 dargelegt – die anteiligen Werte der mittels des Cost Approach bewerteten Vermögenswerte und die Annahmen zur Abgrenzung der anteiligen Einkommensbeiträge der mittels des Income Approach bewerteten Vermögenswerte durch die Geschäftstätigkeit des betrachteten Unternehmens geprägt sind, hängt der Einfluss, der von den vermögenswertspezifischen Zinssätzen der Vermögenswerte i mit i = 1 bis n-1 auf den modellendogenen Zinssatz ausgeht, von der Geschäftstätigkeit des Unternehmens ab. Dieser Zusammenhang macht deutlich, dass die Geschäftstätigkeit Grenzen vorgibt, die bei der Festlegung der vermögenswertspezifischen Zinssätze bestehen. Diese Grenzen legt das unter 3.3.5.2.6 eingeführte Beispiel – allerdings begrenzt auf den dort betrachteten Einzelfall – dar.

> **Fallbeispiel**
>
> Die Einbeziehung von vermögenswertspezifischen Risikozuschlägen und Risikoabschlägen in die Bestimmung der vermögenswertspezifischen Zinssätze von BU1 wurde unter 2.6.3.2 betrachtet. Die Ergebnisse dieser Analyse sind Tabelle 2-19 zu entnehmen.

3.3.5.4.3 Laufzeitäquivalent bestimmte Kapitalkosten als vermögenswertspezifische Zinssätze

3.3.5.4.3.1 Ausgangsüberlegungen

Die Verwendung laufzeitäquivalent ermittelter Kapitalkosten als vermögenswertspezifische Zinssätze führt bei deren einheitlicher Anwendung dazu, dass die vermögenswertspezifischen Zinssätze aller Vermögenswerte modellexogen vorgegeben sind und der Zinssatz keines Vermögenswertes modellendogen bestimmt ist. Diesem Vorgehen entspricht, der Bewertung des Vermögenswertes i = n die MPEEM und nicht die Residual-Value-Methode zugrunde zu legen.

Unter 2.6.4.3.3 wurde dargelegt, dass bei Anwendung der MPEEM unter Zugrundelegung modellexogen vorgegebener vermögenswertspezifischer Zinssätze die Abstimmung

---

386 Bei Anwendung der MPEEM zur Bewertung des Vermögenswertes i = n ist auch die vermögenswertspezifische Risikoanpassung für diesen Vermögenswert modellexogen vorzugeben; die Abstimmung der Bewertungsergebnisse erfolgt – wie unter 2.6.4.3.3 dargelegt – über die Bewertungsdifferenz $\varepsilon_{n,t}^{MPEEM}$.

der Bewertungsergebnisse durch Vergleich mit den Ergebnissen erfolgt, die sich bei Anwendung der Residual-Value-Methode ergeben. Die Untersuchungen haben gezeigt, dass die Verwendung modellexogen vorgegebener vermögenswertspezifischer Zinssätze grundsätzlich dann zu konsistenten Bewertungsergebnissen führt, wenn ein Differenzbetrag, der zwischen dem mittels der Residual-Value-Methode ermittelten Wert des Vermögenswertes i = n und dessen mittels der MPEEM abgeleiteten Wert auftritt, vernachlässigbar ist. Aus den unter 2.6.4.3.3 abgeleiteten Beziehungen wird weiter deutlich, dass in derartigen Fällen auch die Abweichung des modellendogen abgeleiteten vermögenswertspezifischen Zinssatzes des Vermögenswertes i = n vom modellexogen vorgegebenen Zinssatz zu vernachlässigen ist.

Im Folgenden wird zunächst untersucht, inwieweit die Verwendung laufzeitäquivalenter Kapitalkosten als vermögenswertspezifische Zinssätze bei Anwendung der MPEEM zu Bewertungsergebnissen führt, die mit denen bei Anwendung der Residual-Value-Methode vergleichbar sind. Hierzu wird der mittels der MPEEM abgeleitete Wert des Vermögenswertes i = n mit dem mittels der Residual-Value-Methode abgeleiteten Wert dieses Vermögenswertes abgestimmt (3.3.5.4.3.2); außerdem werden die dem Vermögenswert i = n zugeordneten laufzeitäquivalent bestimmten Kapitalkosten in den für diesen Vermögenswert modellendogen abgeleiteten vermögenswertspezifischen Zinssatz übergeleitet (3.3.5.4.3.3). Sodann werden die bei Verwendung laufzeitäquivalenter Kapitalkosten als vermögenswertspezifische Zinssätze zu erzielenden Ergebnisse mit den Bewertungsergebnissen verglichen, die bei Anwendung von unter Berücksichtigung von vermögenswertspezifischen Risikoanpassungen festgelegten vermögenswertspezifischen Zinssätzen erzielt werden (3.3.5.4.3.4); bei dieser Betrachtung wird davon ausgegangen, dass die unter Berücksichtigung von Risikoanpassungen bestimmten vermögenswertspezifischen Zinssätze die vermögenswertspezifischen Risiken der Vermögenswerte i = 1 bis n unter Einbeziehung der Einbindung dieser Vermögenswerte in das betrachtete Unternehmen abbilden. Die Untersuchungen berücksichtigen, dass die laufzeitäquivalenten Kapitalkosten und damit die in die Bewertungen der Vermögenswerte eingehenden vermögenswertspezifischen Zinssätze periodenunabhängig sind.

Bei der Verwendung laufzeitäquivalent bestimmter Kapitalkosten als vermögenswertspezifische Zinssätze ist – unabhängig von den im Folgenden durchgeführten Betrachtungen – zu beachten, dass diesem Vorgehen der grundsätzliche Einwand entgegensteht, dass die so bestimmten vermögenswertspezifischen Zinssätze das Erfordernis der Risikoäquivalenz nicht erfüllen.

3.3.5.4.3.2 Abstimmung des mittels der MPEEM abgeleiteten Wertes mit dem mittels der Residual-Value-Methode abgeleiteten Wert

Die Verwendung laufzeitäquivalenter Kapitalkosten als vermögenswertspezifische Zinssätze führt im Vergleich zur Anwendung risikoadjustierter vermögenswertspezifischer Zinssätze zu folgenden Änderungen der Werte der Vermögenswerte i = 1 bis n-1:

- Die Werte der mittels des Cost Approach bewerteten Vermögenswerte erfahren annahmegemäß keine Veränderung. Es gilt $V_{i,t}^L = V_{i,t}$ für alle i = 1 bis o.

- Die Werte der mittels des Income Approach bewerteten Vermögenswerte steigen unter Zugrundelegung der Annahme[387] an, dass die risikoadjustierten Zinssätze Risikozuschläge beinhalten. Es gilt $V_{i,t}^L > V_{i,t}$ für alle i = o + 1 bis n-1.

$V_{i,t}^L$ bezeichnet den Wert des Vermögenswertes i mit i = 1 bis n-1 bei Verwendung laufzeitäquivalenter Kapitalkosten als vermögenswertspezifische Zinssätze.

Aus diesen Wertänderungen resultiert, dass der mittels der Residual-Value-Methode abgeleitete Wert des Vermögenswertes i = n sinkt. Der Differenzbetrag $\Delta V_{n,t}^{RVL}$ ergibt sich aus der Beziehung[388]

$$\Delta V_{n,t}^{RVL} = V_{n,t}^{RV} - V_{n,t}^{RVL} = \sum_{i=o+1}^{n-1} \left(V_{i,t}^L - V_{i,t} \right)$$

mit $\displaystyle\sum_{i=o+1}^{n-1} \left(V_{i,t}^L - V_{i,t} \right) > 0$.

Der mittels der MPEEM abgeleitete Wert des Vermögenswertes i = n verändert sich bei Verwendung laufzeitäquivalenter Kapitalkosten als vermögenswertspezifische Zinssätze im Vergleich zur Anwendung risikoadjustierter vermögenswertspezifischer Zinssätze dadurch, dass

- die Excess Earnings sinken – hiermit ist c. p. eine Verminderung des Wertes des Vermögenswertes i = n um den Betrag $V_{n,t}^{AdjCAC}$ verbunden – sowie dass
- der modellexogen vorgegebene vermögenswertspezifische Zinssatz des Vermögenswertes i = n sinkt – hieraus resultiert c. p. ein Anstieg des Wertes dieses Vermögenswertes, der nach der Änderung der Excess Earnings mit $V_{n,t}^{AdjCACZins}$ bezeichnet wird.

Damit kann der so abgeleitete Wert dieses Vermögenswertes durch die Beziehung

$$V_{n,t}^{MPEEML} = V_{n,t}^{MPEEM} - V_{n,t}^{AdjCAC} + V_{n,t}^{AdjCACZins}$$

erfasst werden. Die Verminderung der Excess Earnings ist darin begründet, dass – unter Zugrundelegung der Annahme,[389] dass die risikoadjustierten Zinssätze der mittels des Cost Approach bewerteten Vermögenswerte Risikoabschläge beinhalten – die Einkommensbeiträge der mittels des Cost Approach bewerteten Vermögenswerte aufgrund höherer vermö-

---

387 Zu dieser Annahme siehe bereits unter 2.5.5.3.

388 Der Residualwert ergibt sich aus der Beziehung

$$V_{n,t}^{RV} = V_t - \sum_{i=1}^{o} V_{i,t} - \sum_{i=o+1}^{n-1} V_{i,t}$$

sowie

$$V_{n,t}^{RVL} = V_t - \sum_{i=1}^{o} V_{i,t}^L - \sum_{i=o+1}^{n-1} V_{i,t}^L$$

Hieraus resultiert mit $V_{i,t}^L = V_{i,t}$ für alle i = 1 bis o

$$V_{n,t}^{RV} - V_{n,t}^{RVL} = \sum_{i=o+1}^{n-1} \left(V_{i,t}^L - V_{i,t} \right)$$

389 Siehe zu dieser Annahme unter 2.5.5.3.

genswertspezifischer Zinssätze dieser Vermögenswerte bei unveränderten Einkommens-beiträgen der mittels des Income Approach bewerteten Vermögenswerte ansteigen.

Die Beziehung für $V_{n,t}^{MPEEML}$ kann mit $V_{n,t}^{MPEEM} = V_{n,t}^{RV} - \varepsilon_{n,t}^{MPEEM}$ umgeformt werden zu

$$V_{n,t}^{MPEEML} = V_{n,t}^{RV} - \varepsilon_{n,t}^{MPEEM} - V_{n,t}^{AdjCAC} + V_{n,t}^{AdjCACZins}$$

sowie mit $\Delta V_{n,t}^{RVL} = V_{n,t}^{RV} - V_{n,t}^{RVL} > 0$ zu

$$V_{n,t}^{MPEEML} = V_{n,t}^{RVL} + \Delta V_{n,t}^{RVL} - \varepsilon_{n,t}^{MPEEM} - V_{n,t}^{AdjCAC} + V_{n,t}^{AdjZins}$$

Diese Beziehung macht deutlich, dass der unter Zugrundelegung laufzeitäquivalenter Kapitalkosten als vermögenswertspezifische Zinssätze mittels der MPEEM abgeleitete Wert des Vermögenswertes i = n genau dann gleich dem auf dieser Grundlage mittels der Residual-Value-Methode abgeleiteten Wert dieses Vermögenswertes ist, wenn gilt

$$\Delta V_{n,t}^{RVL} = V_{n,t}^{AdjCAC} - V_{n,t}^{AdjCACZins} + \varepsilon_{n,t}^{MPEEM}$$

d. h. wenn die Verminderung des Residualwertes um $\Delta V_{n,t}^{RVL}$ gleich dem Saldo aus der – aufgrund der Verminderung der Excess Earnings c. p. zu beobachtenden – Abnahme des mittels der MPEEM abgeleiteten Wertes des betrachteten Vermögenswertes um $V_{n,t}^{AdjCAC}$ und der – aus der Reduktion des vermögenswertspezifischen Zinssatzes resultierenden – Werterhöhung um $V_{n,t}^{AdjCACZins}$ sowie unter Berücksichtigung der Bewertungsdifferenz $\varepsilon_{n,t}^{MPEEM}$ ist. Weiter wird ersichtlich, dass für

$$\Delta V_{n,t}^{RVL} > V_{n,t}^{AdjCAC} - V_{n,t}^{AdjCACZins} + \varepsilon_{n,t}^{MPEEM}$$

der mittels der MPEEM abgeleitete Wert den mittels der Residual-Value-Methode bestimmten Wert übersteigt. Es gilt

$$V_{n,t}^{MPEEML} V_{n,t}^{RVL}$$

Fallbeispiel

In Tabelle 3.3.5-14 wird die Anwendung laufzeitäquivalent bestimmter Kapitalkosten als vermögenswertspezifische Zinssätze bei der Bewertung der immateriellen Vermögenswerte von BU1 dargelegt. Im oberen Teil der Tabelle wird der den bisherigen Betrachtungen zugrunde liegende Free Cashflow von BU1, der sich aus Tabelle 2-13 ergibt, in den Free Cashflow bei Anwendung laufzeitäquivalenter Kapitalkosten als vermögenswertspezifische Zinssätze übergeleitet. Der Unterschied zwischen diesen beiden Einkommensströmen resultiert daraus, dass die Änderungen der vermögenswertspezifischen Zinssätze die Werte der mittels des Income Approach bewerteten immateriellen Vermögenswerte beeinflussen und diese Wertänderungen zu abweichenden Steuervorteilen der Abschreibungen dieser Vermögenswerte führen. Die Abschreibungen der Basis- und der Verfahrenstechnologie werden am Ende der Tabelle ermittelt, die der erworbenen Kundenbeziehungen im Rahmen der Analyse des Einkommens der Geschäftseinheit. Weiter werden die den zukünftig zu akquirierenden Kundenbeziehungen zuzuordnenden Excess Earnings des Ausgangsfalles, die sich aus Tabelle 2-16 ergeben, in die unter Zugrundelegung laufzeitäquivalenter Kapitalkosten abzuleitenden Excess Earnings überführt. Dies erfordert die Anpassung der als Verzinsungen des investierten Kapitals erfassten Einkommensbeiträge der materiellen Vermögenswerte Sachanlagen und Working Capital.

Tab. 3.3.5-14: Anwendung laufzeitäquivalenter Kapitalkosten als vermögenswertspezifische Zinssätze

Mio. EUR	2016	2017	2018	2019	2020	2021	2022	2023	2024	2025
Data										
Free Cashflow										
Base Case		51,2	54,9	22,0	74,8	95,7	31,6	65,5	39,0	46,5
less Tax Benefit of Amortization		-13,9	-13,9	-13,9	-13,9	-13,9	-13,9	-13,9	-13,9	0,0
add Tax Benefit of Amortization adjusted		14,4	14,4	14,4	14,4	14,4	14,4	14,4	14,4	0,0
Adjusted		51,8	55,4	22,5	75,3	96,2	32,1	66,1	39,6	46,5
Excess Earnings Customer Relationship new										
Base Case		-2,0	-2,2	-2,3	-2,3	-2,4	-2,4	-2,5	2,4	25,2
Adjustment Return on Tangible Assets		0,0	0,0	0,0	0,0	0,0	0,0	0,0	-0,6	-3,6
Excess Earnings Adjusted		-2,0	-2,2	-2,3	-2,3	-2,4	-2,4	-2,5	1,8	21,6
Income Analysis										
Customer Relationship new										
Excess Earnings		-2,0	-2,2	-2,3	-2,3	-2,4	-2,4	-2,5	1,8	21,6
Core Technology new		-10,6	-11,4	-11,9	-12,1	-12,4	-12,6	-12,9	-8,8	11,6
Customer Relationship		22,5	25,8	26,9	25,6	27,1	29,7	28,8	24,1	0,0
Adjustment Return on Tangible Assets		-2,6	-3,0	-3,1	-3,3	-3,3	-3,2	-3,4	-2,9	
Tax Benefit of Amortization		6,9	6,9	6,9	6,9	6,9	6,9	6,9	6,9	0,0
Core Technology		26,9	28,5	29,3	29,8	30,3	30,7	31,2	27,1	0,0
Process Technology		3,3	3,5	3,7	3,8	3,8	3,9	4,0	3,5	0,0
Tangible Fixed Assets		18,0	7,3	-30,9	23,3	42,3	-24,8	9,9	-18,3	7,1
Working Capital		-10,6	0,0	3,8	3,7	3,8	3,9	4,0	6,1	6,1
Total		51,8	55,4	22,5	75,3	96,2	32,1	66,1	39,6	46,5

Mio. EUR		2016	2017	2018	2019	2020	2021	2022	2023	2024	2025
Valuation Analysis											
Customer Relationship new											
Residual Value	6,32%	64,2	79,1	95,0	111,9	130,5	149,9	169,9	191,5	210,1	210,1
Core Technology new	6,32%	41,8	55,0	69,9	86,2	103,8	122,7	143,1	165,0	184,2	184,2
Customer Relationship		141,6	130,6	116,0	99,5	83,6	65,1	42,7	20,0	0,0	0,0
Tax Benefit of Amortization	1,30	42,3	38,1	33,6	28,8	23,7	18,3	12,6	6,5	0,0	0,0
Core Technology	1,30	178,7	163,1	144,9	124,8	102,8	79,1	53,4	25,5	0,0	0,0
Process Technology	1,30	22,6	20,7	18,4	15,9	13,1	10,1	6,8	3,2	0,0	0,0
Tangible Fixed Assets	5,99%	100,0	88,0	86,0	122,0	106,0	70,0	99,0	95,0	119,0	119,0
Working Capital	5,85%	75,0	90,0	95,3	97,0	99,0	101,0	103,0	105,0	105,0	105,0
Entity Value	7,53%	666,1	664,5	659,1	686,2	662,5	616,2	630,4	611,9	618,3	618,3
Reconsiliation Value of Total Assets											
Customer Relationship new											
Residual Value		-64,2	-79,1	-95,0	-111,9	-130,5	-149,9	-169,9	-191,5	-210,1	-210,1
MPEEM	6,32%	198,3	212,8	228,5	245,2	263,0	281,9	302,2	323,7	342,4	342,4
Total Assets		800,2	798,3	792,6	819,4	795,0	748,2	762,7	744,0	750,6	750,6
Excess of Entity Value		134,0	133,8	133,5	133,2	132,5	132,0	132,2	132,2	132,3	132,3
as Percentage of Entity Value		20,12%	20,13%	20,25%	19,42%	20,00%	21,43%	20,98%	21,60%	21,40%	21,40%
Return on Invested Capital Analysis											
Customer Relationship new			12,8	13,7	14,7	16,2	17,1	17,6	19,2	20,3	21,6
Rate of Return			19,92%	17,38%	15,48%	14,50%	13,08%	11,76%	11,28%	10,60%	10,30%
Risk Premium			13,60%	11,1%	9,16%	8,18%	6,76%	5,44%	4,96%	4,28%	3,98%
Core Technology new	6,32%		2,6	3,5	4,4	5,4	6,6	7,8	9,0	10,4	11,6
Customer Relationship	6,32%		11,6	10,7	9,5	8,1	6,8	5,3	3,5	1,7	0,0
Core Technology	6,32%		11,3	10,3	9,2	7,9	6,5	5,0	3,4	1,6	0,0
Process Technology	6,32%		1,4	1,3	1,2	1,0	0,8	0,6	0,4	0,2	0,0
Tangible Fixed Assets	5,99%		6,0	5,3	5,1	7,3	6,3	4,2	5,9	5,7	7,1
Working Capital	5,85%		4,4	5,3	5,6	5,7	5,8	5,9	6,0	6,1	6,1
Adjustment											
Entity Value	7,53%		50,1	50,0	49,6	51,7	49,9	46,4	47,5	46,1	46,5

Mio. EUR		2016	2017	2018	2019	2020	2021	2022	2023	2024	2025
Reconciliation WACC											
WARA	6,32%		7,49%	7,48%	7,49%	7,42%	7,46%	7,56%	7,52%	7,55%	7,53%
Incremental Residual Value less MPEEM related to Entity Value			0,04%	0,04%	0,04%	0,11%	0,07%	-0,03%	0,01%	-0,02%	0,00%
WACC			7,53%	7,53%	7,53%	7,53%	7,53%	7,53%	7,53%	7,53%	7,53%
Calculation of Tax Amortization Benefit											
Core Technology											
Royalty Savings after Tax			20,2	21,8	22,6	23,1	23,6	24,0	24,5	20,4	0,0
Present Value		137,6	126,1	112,3	96,8	79,8	61,3	41,1	19,2	0,0	0,0
Tax Benefit of Amortization	1,30		6,7	6,7	6,7	6,7	6,7	6,7	6,7	6,7	
Process Technology											
Cost Savings after Tax	6,32%		2,5	2,7	2,9	2,9	3,0	3,1	3,1	2,6	0,0
Present Value		17,4	16,0	14,3	12,3	10,2	7,8	5,2	2,4	0,0	0,0
Tax Benefit of Amortization	1,30		0,8	0,8	0,8	0,8	0,8	0,8	0,8	0,8	

Die an die Verwendung laufzeitäquivalent bestimmter Kapitalkosten als vermögenswertspezifische Zinssätze angepassten Einkommensbeiträge der Vermögenswerte von BU1 werden im mittleren Teil von Tabelle 3.3.5-14 zusammengestellt. Die Übersicht zeigt, dass die Abstimmung dieser Einkommensbeiträge mit dem als Free Cashflow verstandenen Einkommen des Unternehmens gegeben ist.

Im weiteren Verlauf der Tabelle werden die Werte der zukünftig zu akquirierenden Kundenbeziehung mittels der Residual-Value-Methode für die Jahre des Betrachtungszeitraums bestimmt. Die in diese Wertbestimmungen einbezogenen Werte der immateriellen Vermögenswerte der zukünftig zu entwickelnden Basistechnologie, der erworbenen Kundenbeziehungen sowie der bestehenden Basis- und Verfahrenstechnologie ergeben sich durch Diskontierung der im mittleren Teil der Tabelle ermittelten Einkommensbeiträge dieser Vermögenswerte mit deren laufzeitäquivalent bestimmten Kapitalkosten unter – soweit erforderlich – Einbeziehung der abschreibungsbedingten Steuervorteile.

Hieran anschließend werden die Werte der zukünftig zu akquirierenden Kundenbeziehungen mittels der MPEEM durch Diskontierung der diesen zugeordneten Excess Earnings mit den zugehörigen laufzeitäquivalent bestimmten Kapitalkosten abgeleitet. Der Vergleich der so bestimmten Werte dieser Kundenbeziehungen mit den mittels der Residual-Value-Methode ermittelten Werten zeigt, dass die beiden Werte in nicht unerheblichem Umfang voneinander abweichen. In Höhe dieser Differenzen übersteigt die – unter Einbeziehung der mittels der MPEEM abgeleiteten Werte der Kundenbeziehungen bestimmte – Summe der Werte der Vermögenswerte von BU1 deren Entity Value. Die Überhänge in den einzelnen Jahren des Betrachtungszeitraums schwanken zwischen rund 19 % und 22 % des Entity Value.

3.3.5.4.3.3 Überleitung der laufzeitäquivalenten Kapitalkosten in den modellendogenen Zinssatz

Der bei Anwendung risikoadjustierter vermögenswertspezifischer Zinssätze modellendogen abzuleitende vermögenswertspezifische Zinssatz des Vermögenswerts i = n kann durch die Beziehung[390] $r_{n,t+1}^{RV} = r_n^L + r_{n,t+1}^{rpRV}$ beschrieben werden, wobei r_n^L die unter Zugrundelegung der Nutzungsdauer des Vermögenswertes i = n ermittelten laufzeitäquivalenten Kapitalkosten und $r_{n,t+1}^{rpRV}$ den diesem Vermögenswert bei Anwendung der Residual-Value-Methode implizit zuzuordnenden vermögenswertspezifischen Risikozuschlag bzw. -abschlag abbildet. Aus diesem Zinssatz kann der modellendogen abzuleitende vermögenswertspezifische Zinssatz bei Verwendung laufzeitäquivalenter Kapitalkosten als vermögenswertspezifische Zinssätze dadurch abgeleitet werden, dass die Wirkungen, die von den in den risikoadjustierten vermögenswertspezifischen Zinssätzen der Vermögenwerte i = 1 bis n-1 berücksichtigten Risikozuschlägen und Risikoabschlägen ausgehen, bereinigt werden.

Die Verwendung laufzeitäquivalenter Kapitalkosten als vermögenswertspezifische Zinssätze anstelle risikoadjustierter Zinssätze erfordert – unter Zugrundelegung der unter 3.3.5.4.3.2 eingeführten Annahmen – bei den

- mittels des Cost Approach bewerteten Vermögenswerten die Bereinigung eines Risikoabschlages und führt dementsprechend zu einer Erhöhung der vermögenswertspezifischen Zinssätze sowie bei den

---

390 Zur Einführung dieser Beziehung vgl. 2.6.3.2.

- mittels des Income Approach bewerteten Vermögenswerte die Bereinigung eines Risikozuschlages und führt damit zu einer Reduktion der vermögenswertspezifischen Zinssätze.

Die Wirkungen, die von diesen Veränderungen der vermögenswertspezifischen Zinssätze der Vermögenswerte i = 1 bis n-1 auf den modellendogenen Zinssatz ausgehen, ergeben sich aus den unter 3.3.5.2 durchgeführten Untersuchungen. Dort wurde aufgezeigt, dass die

- Erhöhung des vermögenswertspezifischen Zinssatzes eines mittels des Cost Approach bewerteten Vermögenswertes zu einer Verminderung des modellendogenen Zinssatzes des Vermögenswertes i = n führt – im Folgenden werden die aus diesen Veränderungen der vermögenswertspezifischen Zinssätze resultierenden Anpassungen mit $r_{n,t+1}^{AdjCA}$ bezeichnet – sowie dass die

- Verminderung des vermögenswertspezifischen Zinssatzes eines mittels des Income Approach bewerteten Vermögenswertes eine Erhöhung des modellendogenen Zinssatzes nach sich zieht – im Folgenden werden die aus diesen Veränderungen der vermögenswertspezifischen Zinssätze resultierenden Anpassungen mit $r_{n,t+1}^{AdjIA}$ bezeichnet.

Nach Bereinigung der vermögenswertspezifischen Zinssätze der Vermögenswerte i = 1 bis n-1 um die berücksichtigten Risikoanpassungen ergibt sich der modellendogen abgeleitete vermögenswertspezifische Zinssatz des Vermögenswertes i = n – und damit der modellendogene Zinssatz bei Verwendung laufzeitäquivalenter Kapitalkosten als vermögenswertspezifische Zinssätze ($r_{n,t+1}^{RVL}$) – aus der Beziehung

$$r_{n,t+1}^{RVL} = r_{n,t+1}^{RV} - r_{n,t+1}^{AdjCA} + r_{n,t+1}^{AdjIA}$$

Mit $r_{n,t+1}^{RV} = r_n^L + r_{n,t+1}^{rpRV}$ kann der Zusammenhang zwischen dem modellendogen bestimmten Zinssatz und den laufzeitäquivalenten Kapitalkosten des Vermögenswertes i = n durch die Beziehung

$$r_{n,t+1}^{RVL} = r_n^L + r_{n,t+1}^{rpRV} - r_{n,t+1}^{AdjCA} + r_{n,t+1}^{AdjIA}$$

ausgedrückt werden.

Diese Beziehung macht deutlich, dass der modellendogen abgeleitete Zinssatz genau dann gleich den laufzeitäquivalenten Kapitalkosen ist, wenn gilt

$$r_{n,t+1}^{rpRV} = r_{n,t+1}^{AdjCA} - r_{n,t+1}^{AdjIA}$$

d. h. wenn der sich bei Anwendung risikoadjustierter vermögenswertspezifischer Zinssätze ergebende Risikozuschlag ($r_{n,t+1}^{rpRV}$) den Saldo aus der mit der Erhöhung der vermögenswertspezifischen Zinssätze der mittels des Cost Approach bewerteten Vermögenswerte verbundenen Verminderung des modellendogenen Zinssatzes des Vermögenswertes i = n ($r_{n,t+1}^{AdjCA}$) und der mit der Verminderung der vermögenswertspezifischen Zinssätze der mittels des Income Approach bewerteten Vermögenswerte verbundenen Erhöhung des modellendogenen Zinssatzes ($r_{n,t+1}^{AdjIA}$) genau ausgleicht. Weiter wird deutlich, dass der modellendogene Zinssatz für

$$r_{n,t+1}^{rpRV} > r_{n,t+1}^{AdjCA} - r_{n,t+1}^{AdjIA}$$

einen Risikozuschlag auf die laufzeitäquivalenten Kapitalkosten aufweist.

Fallbeispiel

Im unteren Teil von Tabelle 3.3.5-14 werden die den zukünftig zu akquirierenden Kundenbeziehungen von BU1 zuzuordnenden modellendogenen Zinssätze und die in diesen Zinssätzen enthaltenen vermögenswertspezifischen Risikozuschläge abgeleitet. Hierzu werden die Verzinsungen des in diese Kundenbeziehungen investierten Kapitals residual ermittelt und auf das mittels der Residual-Value-Methode bestimmte investierte Kapital bezogen. Die Risikozuschläge ergeben sich durch Abzug der laufzeitäquivalenten Kapitalkosten von den modellendogen bestimmten Zinssätzen.

Die Tabelle zeigt, dass die modellendogenen vermögenswertspezifischen Zinssätze in allen Jahren des Betrachtungszeitraums deutlich über den laufzeitäquivalent bestimmten Kapitalkosten der zukünftigen Kundenbeziehungen liegen.

3.3.5.4.3.4 Vergleich mit den bei Anwendung risikoadjustierter vermögenswertspezifischer Zinssätze zu erzielenden Ergebnissen

Erklärung des Entity Value durch die Werte der Vermögenswerte des Unternehmens

Der als Entity Value verstandene Wert des betrachteten Unternehmens ist bei Anwendung der MPEEM unter Zugrundelegung laufzeitäquivalent abgeleiteter Kapitalkosten als vermögenswertspezifische Zinssätze bestimmt durch die Beziehung

$$V_t = V_{n,t}^{MPEEML} + \sum_{i=1}^{n-1} V_{i,t}^L + \varepsilon_t^{MPEEML}$$

mit ε_t^{MPEEML} als der bei Anwendung laufzeitäquivalenter Zinssätze nicht durch die Werte der Vermögenswerte erklärte Betrag des Unternehmenswertes. Durch Gleichsetzung dieses Ausdrucks mit der Beziehung für den Unternehmenswert bei Anwendung der Residual-Value-Methode unter Zugrundelegung risikoadjustierter vermögenswertspezifischer Zinssätze

$$V_t = V_{n,t}^{RV} + \sum_{i=1}^{n-1} V_{i,t}$$

ergibt sich nach Umformungen sowie unter Berücksichtigung der annahmegemäßen Unabhängigkeit der Werte der mittels des Cost Approach bewerteten Vermögenswerte von den vermögenswertspezifischen Zinssätzen, d. h. mit $V_{i,t}^L = V_{i,t}$ für alle i = 1 bis o,

$$\varepsilon_t^{MPEEML} = V_{n,t}^{RV} - V_{n,t}^{MPEEML} - \sum_{i=o+1}^{n-1} \left(V_{i,t}^L - V_{i,t} \right)$$

Mit den unter 3.3.5.4.3.2 abgeleiteten Beziehungen

$$V_{n,t}^{MPEEML} = V_{n,t}^{RV} - \varepsilon_{n,t}^{MPEEM} - V_t^{AdjCAC} + V_t^{AdjCACzins}$$

und

$$\Delta V_{n,t}^{RVL} = V_{n,t}^{RV} - V_{n,t}^{RVL} = \sum_{i=o+1}^{n-1} \left(V_{i,t}^{L} - V_{i,t} \right)$$

ergibt sich schließlich

$$\varepsilon_t^{MPEEML} = \varepsilon_{n,t}^{MPEEM} + V_t^{AdjCAC} - V_t^{AdjCACZins} - \Delta V_{n,t}^{RVL}$$

Die Komponente $V_t^{AdjCAC} - V_t^{AdjCACZins}$ leitet den mittels der MPEEM unter Zugrundelegung risikoadjustierter Zinssätze bestimmten Wert des Vermögenswertes i = n in den mittels dieses Ansatzes bei Anwendung laufzeitäquivalenter Kapitalkosten ermittelten Wert des Vermögenswertes über; die Komponente $\Delta V_{n,t}^{RVL}$ erfasst die entsprechende Überleitung bei Anwendung der mittels Residual-Value-Methode.

Aus der Beziehung ergibt sich, dass der bei Anwendung der MPEEM unter Zugrundelegung laufzeitäquivalenter Zinssätze nicht erklärte Betrag des Entity Value genau dann gleich dem bei Heranziehung risikoadjustierter Zinssätze nicht erklärten Betrag ist, wenn gilt

$$\Delta V_{n,t}^{RVL} = V_t^{AdjCAC} - V_t^{AdjCACZins}$$

d. h. wenn die aufgrund der Verminderung der Excess Earnings c. p. zu beobachtende Abnahme des mittels der MPEEM abgeleiteten Wertes des betrachteten Vermögenswertes (V_t^{AdjCAC}) abzüglich der aus der Reduktion des vermögenswertspezifischen Zinssatzes resultierenden Werterhöhung ($V_t^{AdjCACZins}$) die Verminderung des mittels der Residual-Value-Methode ermittelten Wertes ($\Delta V_{n,t}^{RVL} > 0$) ausgleicht.

Weiter wird ersichtlich, dass die Summe der Werte der Vermögenswerte des Unternehmens dessen Wert für

$$\varepsilon_{n,t}^{MPEEM} + V_t^{AdjCAC} - V_t^{AdjCACZins} < \Delta V_{n,t}^{RVL}$$

übersteigt. Unter dieser Voraussetzung gilt

$$\varepsilon_t^{MPEEML} < 0$$

Abschließend ist darauf hinzuweisen, dass die Beziehung für ε_t^{MPEEML} mit $\Delta V_{n,t}^{RVL} = V_{n,t}^{RV} - V_{n,t}^{RVL}$, $V_t^{MPEEM} = V_{n,t}^{RV} - \varepsilon_{n,t}^{MPEEM}$ und $V_{n,t}^{MPEEML} = V_{n,t}^{MPEEM} - V_{n,t}^{AdjCAC}$ $+V_{n,t}^{AdjCACZins}$ übergeleitet werden kann zu[391]

---

[391] Die Beziehung für

$$\varepsilon_t^{MPEEML} = \varepsilon_{n,t}^{MPEEM} + V_t^{AdjCAC} - V_t^{AdjCACZins} - \Delta V_{n,t}^{RVL}$$

kann mit $\Delta V_{n,t}^{RVL} = V_{n,t}^{RV} - V_{n,t}^{RVL}$ überführt werden in

$$\varepsilon_t^{MPEEML} = \varepsilon_{n,t}^{MPEEM} + V_t^{AdjCAC} - V_t^{AdjCACZins} - V_{n,t}^{RV} + V_{n,t}^{RVL}$$

sowie mit

$$V_t^{MPEEM} = V_{n,t}^{RV} - \varepsilon_{n,t}^{MPEEM}$$

und

$$V_{n,t}^{MPEEML} = V_{n,t}^{MPEEM} - V_{n,t}^{AdjCAC} + V_{n,t}^{AdjCACZins}$$

$$\varepsilon_t^{MPEEML} = V_{n,t}^{RVL} - V_{n,t}^{MPEEML}$$

Diese Beziehung zeigt, dass auch bei Anwendung laufzeitäquivalenter Kapitalkosten als vermögenswertspezifische Zinssätze der nicht durch die Werte der Vermögenswerte des Unternehmens erklärte Betrag des Entity Value gleich der Differenz aus dem mittels der Residual-Value-Methode ermittelten Wert und dem mittels der MPEEM bestimmten Wert des Vermögenswertes i = n ist.

Fallbeispiel

Der Vergleich der in Tabelle 3.3.5-14 mittels der MPEEM bzw. mittels der Residual-Value-Methode abgeleiteten Werte für die zukünftig zu akquirierenden Kundenbeziehungen mit den in Tabelle 2-15 bzw. Tabelle 2-16 nach diesen Methoden bei Einbeziehung von vermögenswertspezifischen Risikoanpassungen abgeleiteten Werten zeigt, dass bei Anwendung laufzeitäquivalenter Kapitalkosten als vermögenswertspezifische Zinssätze die

- MPEEM zu erheblichen Überbewertungen der zukünftigen Kundenbeziehungen führt und die
- Residual-Value-Methode deutliche Unterbewertungen nach sich zieht.

Erklärung der gewichteten Kapitalkosten

Bei Zuordnung der Excess Earnings zum Vermögenswert i = n gilt[392]

$$CF_{t+1} = CF_{n,t+1}^{EE} + \sum_{i=1}^{n-1} CF_{i,t+1}$$

Durch Einsetzen der Bestimmungsgleichungen für CF_{t+1}, $CF_{i,t+1}$ für i = 1 bis n-1 sowie $CF_{n,t+1}^{EE}$ kann diese Beziehung – dem unter 2.6.2.1 und 2.6.4.3.3 dargelegten Vorgehen folgend – überführt werden in den Ausdruck für die gewichteten Kapitalkosten.[393] Es ergibt sich

$$r_{t+1} = \frac{V_{n,t}^{MPEEML} \cdot r_{n,t+1}^L + \sum_{i=1}^{n-1} V_{i,t}^L \cdot r_{i,t+1}^L}{V_t} - \frac{V_{n,t}^{RVL} - V_{n,t}^{MPEEML} - \left(V_{n,t+1}^{RVL} - V_{n,t+1}^{MPEEML}\right)}{V_t}$$

Diese Beziehung legt dar, dass die gewichteten Kapitalkosten bei Anwendung laufzeitäquivalenter Kapitalkosten als vermögenswertspezifischer Zinssätze nicht allein durch die mit den anteiligen Werten der Vermögenswerte gewichteten vermögenswertspezifischen Zinssätze der Vermögenswerte i = 1 bis n erklärt werden können. Vielmehr sind diese auch bestimmt durch die Veränderung der Differenz zwischen dem mittels der Residu-

---

in die Beziehung

$$\varepsilon_t^{MPEEML} = V_t^{AdjCAC} - V_t^{AdjCACZins} - V_t^{MPEEM} + V_{n,t}^{RVL}$$

sowie

$$\varepsilon_t^{MPEEML} = V_{n,t}^{RVL} - V_{n,t}^{MPEEML}$$

392 Zur Einführung dieser Beziehung siehe unter 2.5.4.3 sowie 2.6.4.3.4.
393 Zur Ableitung des Zusammenhanges siehe Anhang zu 3.3.5.4.3.4.

al-Value-Methode und dem mittels der MPEEM bestimmten Wert des Vermögenswertes
$i = 1$.[394]

Fallbeispiel

Im unteren Teil von Tabelle 3.3.5-14 werden die gewichteten vermögenswertspezifischen Zinssätze der Vermögenswerte von BU1 unter Zugrundelegung der laufzeitäquivalenten Kapitalkosten (WARA) für die Jahre des Betrachtungszeitraums ermittelt und in die gewichteten Kapitalkosten von BU1 übergeleitet. Die Überleitung ergibt sich als auf den Entity Value bezogene
Veränderung der Differenz aus dem mittels der Residual-Value-Methode und dem mittels der
MPEEM bestimmten Wert der zukünftigen Kundenbeziehungen. Die Tabelle macht deutlich,
dass der WARA nur unwesentlich von den gewichteten Kapitalkosten abweicht. Dabei ist allerdings zu berücksichtigen, dass – der oben abgeleiteten Beziehung für die gewichteten Kapitalkosten folgend – zur Ableitung des WARA die Verzinsungen der Vermögenswerte mit dem Entity
Value und nicht mit der Summe der Werte der Vermögenswerte gewichtet werden.

3.3.5.4.4 Anwendung der gewichteten Kapitalkosten des Unternehmens

3.3.5.4.4.1 Überblick

Der Verzicht auf eine laufzeit- und risikoäquivalente Differenzierung der vermögenswertspezifischen Zinssätze durch die einheitliche Anwendung der gewichteten Kapitalkosten des betrachteten Unternehmens führt dazu, dass die vermögenswertspezifischen Zinssätze aller Vermögenswerte i mit $i = 1$ bis n modellexogen vorgegeben sind. Diesem
Vorgehen entspricht, der Bewertung des Vermögenswertes $i = n$ grundsätzlich die MPEEM
und nicht die Residual-Value-Methode zugrunde zu legen.

Im Folgenden wird zunächst dargelegt, dass bei einheitlicher Anwendung der gewichteten Kapitalkosten als vermögenswertspezifische Zinssätze beide Bewertungsansätze –
MPEEM und Residual-Value-Ansatz – zu identischen Ergebnissen führen und sich insoweit die Unterscheidung zwischen diesen beiden Ansätzen erübrigt (3.3.5.4.4.2). Sodann
werden die Werte der Vermögenswerte des betrachteten Unternehmens, die sich bei einheitlicher Anwendung der gewichteten Kapitalkosten ergeben, mit den Werten verglichen,
die unter Zugrundelegung laufzeit- und risikoäquivalent festgelegter vermögenswertspezifischer Zinssätze abgeleitet werden (3.3.5.4.4.3).

Bei der Verwendung der gewichteten Kapitalkosten als vermögenswertspezifische
Zinssätze ist – unabhängig von den im Folgenden durchgeführten Betrachtungen – zu
beachten, dass diesem Vorgehen der grundsätzliche Einwand entgegensteht, dass die so
bestimmten vermögenswertspezifischen Zinssätze das Erfordernis der Laufzeit- und der
Risikoäquivalenz nicht erfüllen.

3.3.5.4.4.2 Identität der Bewertungsergebnisse bei Anwendung
der Residual-Value-Methode und der MPEEM

Die Beziehung für den modellendogen abgeleiteten Zinssatz des Vermögenswertes $i = n$

---

394   Vgl. hierzu bereits unter 2.6.4.3.3.

$$r_{n,t+1}^{RV} = \frac{V_t \cdot r_{t+1} - \sum_{i=1}^{n-1} V_{i,t} \cdot r_{i,t+1}}{V_t - \sum_{i=1}^{n-1} V_{i,t}}$$

vereinfacht sich mit $r_{i,t+1} = r_{t+1}$ für alle i mit i = 1 bis n-1 zu

$$r_{n,t+1}^{RV} = r_{t+1}$$

Dieser Ausdruck belegt, dass der modellendogen abgeleitete Zinssatz des Vermögenswertes i = n dann gleich den gewichteten Kapitalkosten des Unternehmens ist, wenn die vermögenswertspezifischen Zinssätze aller Vermögenswerte i mit i = 1 bis n-1 in Höhe der gewichteten Kapitalkosten festgelegt werden. Damit ist auch aufgezeigt, dass der modellendogen abgeleitete Zinssatz unter dieser Voraussetzung gleich dem modellexogen vorgegebenen Zinssatz ist.

Unter 2.6.4.2 wurde dargelegt, dass die Anwendung der MPEEM unter Zugrundelegung des modellendogen abgeleiteten vermögenswertspezifischen Zinssatzes zu genau dem Wert des Bewertungsobjektes führt, der sich mittels der Residual-Value-Methode ergibt. Da, wie ausgeführt, der modellendogene Zinssatz unter den der Analyse zugrunde liegenden Annahmen gleich dem modellexogenen Zinssatz ist, führen beide Bewertungsansätze – unabhängig davon, ob der modellendogen abgeleitete oder der modellexogen vorgegebene Zinssatz zur Anwendung kommt – zu identischen Ergebnissen. Aus dieser Identität der Bewertungsergebnisse folgt, dass der Entity Value auch bei Anwendung der MPEEM unter Zugrundelegung der gewichteten Kapitalkosten als vermögenswertspezifische Zinssätze aller Vermögenswerte i mit i = 1 bis n durch die Werte der Vermögenswerte des betrachtetet Unternehmens vollständig erklärt werden kann.

Fallbeispiel

In Tabelle 3.3.5-15 wird die Anwendung der gewichteten Kapitalkosten als vermögenswertspezifische Zinssätze bei der Bewertung der immateriellen Vermögenswerte von BU1 dargelegt. Im oberen Teil der Tabelle wird der den bisherigen Betrachtungen zugrunde liegende Free Cashflow von BU1, der sich aus Tabelle 2-13 ergibt, in den Free Cashflow bei Anwendung der gewichteten Kapitalkosten als vermögenswertspezifische Zinssätze übergeleitet. Der Unterschied zwischen diesen beiden Einkommensströmen resultiert daraus, dass die Änderungen der vermögenswertspezifischen Zinssätze die Werte der mittels des Income Approach bewerteten immateriellen Vermögenswerte beeinflussen und diese Wertänderungen zu abweichenden Steuervorteilen der Abschreibungen dieser Vermögenswerte führen. Die Abschreibungen der Basis- und der Verfahrenstechnologie werden am Ende der Tabelle ermittelt, die der erworbenen Kundenbeziehungen im Rahmen der Analyse des Einkommens der Geschäftseinheit. Weiter werden die den zukünftig zu akquirierenden Kundenbeziehungen zuzuordnenden Excess Earnings des Ausgangsfalles, die sich aus Tabelle 2-17 ergeben, in die unter Zugrundelegung der gewichteten Kapitalkosten abzuleitenden Excess Earnings überführt. Dies erfordert die Anpassung der als Verzinsungen des investierten Kapitals erfassten Einkommensbeiträge der materiellen Vermögenswerte Sachanlagen und Working Capital.

Tab. 3.3.5-15: Anwendung der gewichteten Kapitalkosten als vermögenswertspezifische Zinssätze

Mio. EUR	2016	2017	2018	2019	2020	2021	2022	2023	2024	2025
Data										
Free Cashflow										
Base Case		51,2	54,9	22,0	74,8	95,7	31,6	65,5	39,0	46,5
less Tax Benefit of Amortization		-13,9	-13,9	-13,9	-13,9	-13,9	-13,9	-13,9	-13,9	0,0
add Tax Benefit of Amortization adjusted		12,7	12,7	12,7	12,7	12,7	12,7	12,7	12,7	0,0
Adjusted		50,1	53,7	20,8	73,6	94,5	30,4	64,3	37,9	46,5
Excess Earnings Customer Relationship new										
Base Case		-2,0	-2,2	-2,3	-2,3	-2,4	-2,4	-2,5	2,4	25,2
Adjustment Return on Tangible Assets		0,0	0,0	0,0	0,0	0,0	0,0	0,0	-1,1	-7,2
Excess Earnings Adjusted		-2,0	-2,2	-2,3	-2,3	-2,4	-2,4	-2,5	1,3	18,0
Income Analysis										
Customer Relationship new										
Excess Earnings		-2,0	-2,2	-2,3	-2,3	-2,4	-2,4	-2,5	1,3	18,0
Core Technology new		-10,6	-11,4	-11,9	-12,1	-12,4	-12,6	-12,9	-8,8	11,6
Customer Relationship		22,5	25,8	26,9	25,6	27,1	29,7	28,8	24,1	0,0
Adjustment Return on Tangible Assets		-5,4	-5,8	-6,0	-6,9	-6,6	-6,0	-6,7	-5,6	0,0
Tax Benefit of Amortization		5,6	5,6	5,6	5,6	5,6	5,6	5,6	5,6	0,0
Core Technology		26,5	28,1	28,9	29,4	29,9	30,3	30,8	26,7	0,0
Process Technology		3,3	3,5	3,7	3,7	3,8	3,9	3,9	3,4	0,0
Tangible Fixed Assets		19,5	8,6	-29,5	25,2	44,0	-23,7	11,5	-16,8	9,0
Working Capital		-9,4	1,5	5,4	5,4	5,5	5,6	5,7	7,9	7,9
Total		50,1	53,7	20,8	73,6	94,5	30,4	64,3	37,9	46,5

Mio. EUR			2016	2017	2018	2019	2020	2021	2022	2023	2024	2025
Valuation Analysis												
Customer Relationship new												
Residual Value	7,53%		122,8	134,1	146,3	159,6	174,0	189,4	206,1	224,0	239,6	239,6
Core Technology new	7,53%		18,8	30,7	44,5	59,7	76,4	94,5	114,2	135,7	154,7	154,7
Customer Relationship	7,53%		117,3	109,0	97,3	83,7	71,3	56,2	36,7	17,3	0,0	0,0
Tax Benefit of Amortization		1,28	33,0	29,8	26,4	22,8	18,9	14,6	10,1	5,2	0,0	0,0
Core Technology	7,53%	1,28	168,1	154,2	137,8	119,2	98,8	76,4	51,8	24,9	0,0	0,0
Process Technology	7,53%	1,28	21,2	19,5	17,5	15,2	12,6	9,7	6,6	3,2	0,0	0,0
Tangible Fixed Assets	7,53%		100,0	88,0	86,0	122,0	106,0	70,0	99,0	95,0	119,0	119,0
Working Capital	7,53%		75,0	90,0	95,3	97,0	99,0	101,0	103,0	105,0	105,0	105,0
Entity Value	7,53%		656,1	655,5	651,1	679,3	656,8	611,7	627,4	610,3	618,3	618,3
Reconsiliation Value of Total Assets												
Customer Relationship NEW												
Residual Value			-122,8	-134,1	-146,3	-159,6	-174,0	-189,4	-206,1	-224,0	-239,6	-239,6
MPEEM	7,53%		122,8	134,1	146,3	159,6	174,0	189,4	206,1	224,0	239,6	239,6
Total Assets			656,1	655,5	651,1	679,3	656,8	611,7	627,4	610,3	618,3	618,3
Return on Invested Capital Analysis												
Customer Relationship new	1,21%			9,2	10,1	11,0	12,0	13,1	14,3	15,5	16,9	18,0
Rate of Return	7,53%			7,53%	7,53%	7,53%	7,53%	7,53%	7,53%	7,53%	7,53%	7,53%
Risk Premium	0,00%			0,00%	0,0%	0,00%	0,00%	0,00%	0,00%	0,00%	0,00%	0,00%
Core Technology new	1,21%	7,53%		1,4	2,3	3,3	4,5	5,7	7,1	8,6	10,2	11,6
Customer Relationship	1,21%	7,53%		11,3	10,5	9,3	8,0	6,8	5,3	3,5	1,7	0,0
Core Technology	1,21%	7,53%		12,7	11,6	10,4	9,0	7,4	5,7	3,9	1,9	0,0
Process Technology	1,21%	7,53%		1,6	1,5	1,3	1,1	0,9	0,7	0,5	0,2	0,0
Tangible Fixed Assets	1,54%	7,53%		7,5	6,6	6,5	9,2	8,0	5,3	7,5	7,2	9,0
Working Capital Adjustment	1,68%	7,53%		5,6	6,8	7,2	7,3	7,5	7,6	7,8	7,9	7,9
Entity Value	7,53%			49,4	49,3	49,0	51,1	49,4	46,1	47,2	45,9	46,5

Mio. EUR			2016	2017	2018	2019	2020	2021	2022	2023	2024	2025
Calculation of Tax Amortization Benefit												
Core Technology												
Royalty Savings after Tax	7,53%			20,2	21,8	22,6	23,1	23,6	24,0	24,5	20,4	0,0
Present Value		1,28	131,2	120,9	108,2	93,7	77,7	60,0	40,5	19,0	0,0	0,0
Tax Benefit of Amortization				6,3	6,3	6,3	6,3	6,3	6,3	6,3	6,3	
Process Technology												
Cost Savings after Tax	7,53%			2,5	2,7	2,9	2,9	3,0	3,1	3,1	2,6	0,0
Present Value		1,28	16,6	15,3	13,8	12,0	9,9	7,6	5,2	2,4	0,0	0,0
Tax Benefit of Amortization				0,8	0,8	0,8	0,8	0,8	0,8	0,8	0,8	

Die an die Verwendung der gewichteten Kapitalkosten als vermögenswertspezifische Zinssätze angepassten Einkommensbeiträge der Vermögenswerte von BU1 werden im mittleren Teil von Tabelle 3.3.5-15 zusammengestellt. Die Übersicht zeigt, dass die Abstimmung dieser Einkommensbeiträge mit dem als Free Cashflow verstandenen Einkommen des Unternehmens gegeben ist.

Im weiteren Verlauf der Tabelle werden die Werte der zukünftig zu akquirierenden Kundenbeziehung mittels der Residual-Value-Methode für die Jahre des Betrachtungszeitraums bestimmt. Die in diese Wertbestimmungen einbezogenen Werte der immateriellen Vermögenswerte – der zukünftig zu entwickelnden Basistechnologie, der erworbenen Kundenbeziehungen sowie der bestehenden Basis- und Verfahrenstechnologie – ergeben sich durch Diskontierung der im mittleren Teil der Tabelle ermittelten Einkommensbeiträge dieser Vermögenswerte mit den gewichteten Kapitalkosten.

Hieran anschließend werden die Werte der zukünftig zu akquirierenden Kundenbeziehungen mittels der MPEEM durch Diskontierung der diesen zugeordneten Excess Earnings mit den gewichteten Kapitalkosten abgeleitet. Der Vergleich der so bestimmten Werte dieser Kundenbeziehungen mit den mittels der Residual-Value-Methode ermittelten Werten zeigt, dass beide Bewertungsansätze zu identischen Ergebnissen führen. Dementsprechend führt die – unter Einbeziehung der mittels der MPEEM abgeleiteten Werte der Kundenbeziehungen bestimmte – Summe der Werte der Vermögenswerte von BU1 genau zum Entity Value.

Im unteren Teil von Tabelle 3.3.5-15 werden die den zukünftig zu akquirierenden Kundenbeziehungen von BU1 zuzuordnenden modellendogenen Zinssätze ermittelt. Die Ableitung zeigt, dass die modellendogenen vermögenswertspezifischen Zinssätze in allen Jahren des Betrachtungszeitraums gleich den gewichteten Kapitalkosten von BU1 sind.

3.3.5.4.4.3 Vergleich mit den Bewertungsergebnissen bei Anwendung laufzeit- und risikoäquivalent bestimmter vermögenswertspezifischer Zinssätze

Die Verwendung der gewichteten Kapitalkosten als vermögenswertspezifische Zinssätze anstelle von laufzeit- und risikoäquivalent festgelegten Zinssätzen wirkt sich immer dann auf die Werte der mittels des Income Approach bewerteten Vermögenswerte i mit i = o + 1 bis n-1 aus, wenn die gewichteten Kapitalkosten nicht ausnahmsweise mit den laufzeit- und risikoäquivalenten vermögenswertspezifischen Zinssätzen zusammenfallen. Dies bedeutet, dass bei den Vermögenswerten, bei denen diese Zinssätze auseinanderfallen, Über- bzw. Unterbewertungen auftreten, die durch das Verhältnis der gewichteten Kapitalkosten zu den laufzeit- und risikoäquivalent festgelegten vermögenswertspezifischen Zinssätzen dieses Vermögenswertes bestimmt sind. Die Werte der mittels der Cost Approach bewerteten Vermögenswerte i mit i = 1 bis o werden demgegenüber annahmegemäß von den vermögenswertspezifischen Zinssätzen nicht berührt.

Der Wert des mittels der Residual-Value-Methode bewerteten Vermögenswertes i = n ergibt sich – bei einheitlicher Anwendung der gewichteten Kapitalkosten – aus der Beziehung

$$V_{n,t}^{RVWACC} = V_t - \sum_{i=1}^{n-1} V_{i,t}^{WACC}$$

wobei $V_{i,t}^{WACC}$ den unter Zugrundelegung der gewichteten Kapitalkosten bestimmten Wert des Vermögenswertes i für alle i = 1 bis n-1 im Zeitpunkt t mit t = 0 bis ∞ bezeichnet; für alle Vermögenswerte i mit i = 1 bis o gilt annahmegemäß $V_{i,t}^{WACC} = V_{i,t}$.

Zur Bestimmung des Einflusses, der von der Anwendung der gewichteten Kapitalkosten im Vergleich zur Verwendung laufzeit- und risikoäquivalenter vermögenswertspezifischer Zinssätze auf den mittels der Residual-Value-Methode bestimmten Wert des Vermögenswertes i = n ausgeht, ist von dem bei Anwendung der gewichteten Kapitalkosten mittels dieses Ansatzes ermittelten Wert des Vermögenswertes i = n ($V_{n,t}^{RVWACC}$) dessen nach dieser Methode unter Zugrundelegung laufzeit- und risikoäquivalent festgelegter vermögenswertspezifischer Zinssätze abgeleiteter Wert ($V_{n,t}^{RV}$) abzuziehen. Dies führt mit $V_{i,t}^{WACC} = V_{i,t}$ für i = 1 bis o zu der Beziehung

$$V_{n,t}^{RVWACC} - V_{n,t}^{RV} = \sum_{i=o+1}^{n-1} \left(V_{i,t} - V_{i,t}^{WACC} \right)$$

Dieser Ausdruck zeigt, dass sich der Saldo aus den Über- und Unterbewertungen, die im Vergleich zur Anwendung laufzeit- und risikoäquivalent festgelegter vermögenswertspezifischer Zinssätze bei den mittels des Income Approach bewerteten Vermögenswerten i mit i = o + 1 bis n-1 auftreten, in genau gleicher Höhe im Wert des mittels der Residual-Value-Methode bewerteten Vermögenswertes i = n niederschlägt.

Fallbeispiel

Der Vergleich der in Tabelle 3.3.5-15 mittels der MPEEM bzw. mittels der Residual-Value-Methode abgeleiteten Werte für die zukünftig zu akquirierenden Kundenbeziehungen mit den in Tabelle 2-15 bzw. Tabelle 2-16 nach diesen Methoden bei Einbeziehung von vermögenswertspezifischen Risikoanpassungen abgeleiteten Werten zeigt, dass bei Anwendung gewichteter Kapitalkosten als vermögenswertspezifische Zinssätze die zukünftigen Kundenbeziehungen überbewertet werden. Eine Überbewertung ist auch für die mittels des Income Approach bewerteten immateriellen Vermögenswerte mit Ausnahme der bestehenden Kundenbeziehungen zu beobachten; bei den zuletzt genannten Kundenbeziehungen treten Unterbewertungen auf.

3.4   Grundfragen des Cost Approach

3.4.1   Überblick

Im Folgenden[395] werden zunächst die konzeptionellen Grundlagen des Cost Approach untersucht (3.4.2) und sodann Einzelfragen der Ableitung des Wertes eines Bewertungsobjektes bei Anwendung des Cost Approach betrachtet (3.4.3).

---

395 Siehe hierzu auch Moser/Tesche/Hell (2015b), S. 146 ff.

3.4.2 Vergleich des Cost Approach mit dem Income Approach

3.4.2.1 Vorgehen

Dem Cost Approach liegt – dies wurde unter 2.3.4 ausgeführt – das Prinzip der Substitution zugrunde. Aus diesem Grund wird im Folgenden zunächst die Substitution eines Vermögenswertes – insbesondere anhand eines Fallbeispiels – untersucht (3.4.2.2). Sodann werden hieraus Folgerungen für die Ausgestaltung (3.4.2.3.1) und den Anwendungsbereich des Cost Approach (3.4.2.3.2) gezogen. Abschließend werden mögliche Erweiterungen der Untersuchungen betrachtet (3.4.2.4). Zur Vereinfachung der Ausführungen verzichten die Betrachtungen auf die explizite Berücksichtigung des abschreibungsbedingten Steuervorteils.

3.4.2.2 Analyse der Substitution eines Vermögenswertes

3.4.2.2.1 Einführendes Beispiel

Die Beispiel GmbH verfügt über eine intern genutzte Software-Lösung, die dadurch gekennzeichnet ist, dass sie

- zentrale Prozesse, etwa im Produktionsbereich, steuert und somit für die Durchführung der Geschäftstätigkeit erforderlich ist, sowie dass sie
- dem Unternehmen keine wesentlichen Wettbewerbsvorteile verschafft und substituierbar ist.

Die erwartete Nutzungsdauer der Software, die zur Vereinfachung der Überlegungen gleich der Nutzungsdauer einer diesen Vermögenswert substituierenden Software-Lösung ist, beträgt 5 Jahre. Der Wert der Software ist auf den 1. Januar 2016 zu bestimmen.

Die IT-Abteilung der Beispiel GmbH hat die Aufwendungen, die für die Entwicklung einer Software-Lösung mit äquivalenten Nutzungsmöglichkeiten voraussichtlich anfallen werden, nachvollziehbar und begründet ermittelt; diese Software-Lösung soll sich – zur Vereinfachung der Betrachtungen – nicht von einer identischen Reproduktion des Bewertungsobjektes unterscheiden. Das Ergebnis dieser Analyse ist im oberen Bereich von Tabelle 3.4-1 zusammengefasst.

Tab. 3.4-1: Analyse der Entwicklungsaufwendungen

TEUR			2015	2016	2017	2018
Development Expense after Tax				100	120	150
Present Value		10,0%	302,8	233,1	136,4	0,0
Development Expense after Tax including Return on Invested Capital						
t=1				100,0	110,0	121,0
t=2					120,0	132,0
t=3						150,0
Total						403,0
Present Value				302,8	333,1	366,4

Durch Einführung der Annahme in die Betrachtung, dass dann, wenn die Beispiel GmbH am Bewertungsstichtag nicht über das Bewertungsobjekt verfügt, die Gesellschaft eine nutzungsäquivalente Software-Lösung in den nächsten 3 Jahren entwickeln und hierfür die zusammengestellten Entwicklungsaufwendungen über diesen Zeitraum tätigen wird, kann ein dem Einkommen des Unternehmens gegenüberzustellendes Vergleichseinkommen abgeleitet werden. Auf dessen Grundlage können die – von der Beispiel GmbH nicht zu tätigenden zukünftigen – Software-Entwicklungsaufwendungen dem Bewertungsobjekt als Einkommen zugerechnet werden.

Der Vergleich des unter Zugrundelegung der genannten Annahme abgeleiteten, als Free Cashflow verstandenen Einkommens des Unternehmens mit dem Einkommen des Unternehmens (Free Cashflow), das sich bei Verfügbarkeit der Software-Lösung am Bewertungsstichtag ergibt, zeigt weiter, dass das Unternehmenseinkommen bei Entwicklung der nutzungsäquivalenten Software-Lösung in den Jahren 2016 bis 2018 c. p. nicht bereits im Jahr 2016, sondern erst ab 2019 mit der – nach Fertigstellung der nutzungsäquivalenten Software-Lösung erfolgenden – Nutzung des neuen Vermögenswertes dem Unternehmen zufließen wird. Bei der Abgrenzung der hieraus resultierenden, dem Bewertungsobjekt zuzuordnenden Einkommensdifferenzen ist die Verwendung der anderen Vermögenswerte des Unternehmens in den Jahren, in denen die Software-Lösung entwickelt wird, zu berücksichtigen. Unter Zugrundelegung der weiteren Annahme, dass für alle anderen Vermögenswerte des Unternehmens in dem betrachteten Zeitraum eine andere Verwendungsmöglichkeit besteht, sind dem Bewertungsobjekt lediglich die Einkommensdifferenzen zuzuordnen, die daraus resultieren, dass die aus der Nutzung der neuen Software-Lösung zu ziehenden Einkommensbeiträge c. p. nicht bereits im Jahr 2016, sondern erst ab 2019 zufließen werden.

Das dargelegte Vorgehen erlaubt, den Wert des Bewertungsobjektes durch Anwendung des Income Approach abzuleiten. Dieser ergibt sich als Summe aus dem

- Barwert der »ersparten« zukünftigen Entwicklungsaufwendungen und dem
- Barwert der Einkommensdifferenzen, die – bei Entwicklung einer neuen Software-Lösung – in dem späteren Zufluss der aus der Nutzung des Vermögenswertes resultierenden Einkommensbeiträge begründet sind.

Der Barwert der »ersparten« Entwicklungsaufwendungen ergibt sich aus Tabelle 3.4-1 und beträgt – bei einem vermögenswertspezifischen Zinssatz von 10,0 % – TEUR 302,8. Die Ableitung des Barwertes der aus dem späteren Zufluss der Einkommensbeiträge der Software-Lösung resultierenden Einkommensdifferenzen wird in Tabelle 3.4-2 dargelegt. Im oberen Teil der Tabelle werden für die Jahre 2016 bis 2020 die Einkommensbeiträge aus der zukünftigen Nutzung der bestehenden Software-Lösung – den Ausführungen unter 2.3.4.5 folgend – als Verzinsung und Rückfluss des in den Vermögenswert am Bewertungsstichtag investierten Kapitals abgeleitet. Da der Wert der Software-Lösung am Bewertungsstichtag nicht bekannt ist – dieser ist vielmehr zu ermitteln –, können diese Einkommensbeiträge nur vorläufig durch Einführung einer Annahme über die Höhe des Wertes des Vermögenswertes, der das am Bewertungsstichtag in den Vermögenswert investierte Kapital zum Ausdruck bringt, festgelegt werden; darüber hinaus ist eine Annahme über den Verlauf des Rückflusses des investierten Kapitals zu treffen, von der jedoch – unter den der Betrachtung zugrunde liegenden Annahmen – kein Einfluss auf die Bewertungsergebnisse ausgeht.[396] Das Beispiel geht von einem vorläufig angenommenen Wert des Bewertungsobjektes in Höhe der auf 2018 aufgezinsten Entwicklungsaufwendungen der Jahre 2016 bis 2018[397] – diese betragen TEUR 403,0 – sowie einem linearen Verlauf der Rückflüsse aus. Der Berechnung der Verzinsungen liegt der bereits genannte vermögenswertspezifische Zinssatz von 10,0 % zugrunde.

Tab. 3.4-2: Einkommensbeitrag der Software-Lösung in Abhängigkeit des Beginns der Nutzung des Bewertungsobjektes

TEUR	2015	2016	2017	2018	2019	2020	2021	2022	2023
Income Generation 2016 to 2020									
Invested Capital		403,0	322,4	241,8	161,2	80,6	0,0		
Return of Invested Capital	5	80,6	80,6	80,6	80,6	80,6			
Return on Invested Capital	10,0%	40,3	32,2	24,2	16,1	8,1			
Present Value	403,0	322,4	241,8	161,2	80,6				
Income Generation 2019 to 2023									
Invested Capital				403,0	322,4	241,8	161,2	80,6	0,0
Return of Invested Capital	5				80,6	80,6	80,6	80,6	80,6
Return on Invested Capital	10,0%				40,3	32,2	24,2	16,1	8,1
Present Value	302,8	333,1	366,4	403,0	322,4	241,8	161,2	80,6	
Reconciliation									
Invested Capital	403,0	403,0	403,0	403,0	322,4	241,8	161,2	80,6	0,0
Return of Invested Capital	5	80,6	80,6	80,6	80,6	80,6	80,6	80,6	80,6
Investment		-80,6	-80,6	-80,6					
Return on Invested Capital	10,0%	40,3	40,3	40,3	40,3	32,2	24,2	16,1	8,1
Present Value	403,0	403,0	403,0	403,0	322,4	241,8	161,2	80,6	
Difference Return on Invested Capital		40,3	40,3	40,3	0,0	0,0	0,0	0,0	0,0
Present Value	100,2	69,9	36,6						

Im mittleren Teil der Tabelle wird der Fall betrachtet, dass die Einkommensbeiträge der nutzungsäquivalenten Software-Lösung c. p. nicht in den Jahren 2016 bis 2020, sondern in den Jahren 2019 bis 2023 zufließen werden. Die Tabelle zeigt, dass aufgrund des späteren Zuflusses der Einkommensbeiträge deren Barwert am Bewertungsstichtag durch die zusätzliche Abzinsung im Vergleich zum Ausgangsfall um TEUR 100,2 niedriger ist und TEUR 302,8 beträgt; dieser Betrag ist gleich dem in Tabelle 3.4-1 ermittelten Barwert der ersparten Entwicklungsaufwendungen, was darin begründet ist, dass als vorläufiger Wert des Bewertungsobjektes die auf 2018 aufgezinsten Entwicklungsaufwendungen zugrunde gelegt wurden. Der Vergleich dieses Einkommens mit dem Einkommen im oberen Teil der

---

396 Von dieser Annahme kann jedoch ein Einfluss auf die Wertableitung ausgehen, wenn die verbleibende Nutzungsdauer des Bewertungsobjektes die Nutzungsdauer des Substitutes unterschreitet; siehe hierzu unter 3.4.2.4.

397 Als alternatives Vorgehen kommt insbesondere in Betracht, den vorläufig angenommenen Wert des Bewertungsobjektes mit dem Barwert der Entwicklungsaufwendungen in Höhe von TEUR 302,8 gleichzusetzen.

Tabelle zeigt u. a., dass bei der Nutzung des bestehenden Vermögenswertes ab 2016 – im Unterschied zur Nutzung des nutzungsäquivalenten Vermögenswertes ab 2019 – in den Jahren 2016 bis 2018 jeweils Verzinsung und Rückfluss des in den bestehenden Vermögenswert investierten Kapitals anfallen.

Der untere Teil der Tabelle legt den Zusammenhang zwischen den beiden betrachteten Einkommenszuflüssen dar. Durch Reinvestition der bei Nutzung ab 2016 in den Jahren 2016 bis 2018 vereinnahmten Rückflüsse und Anlage zum vermögenswertspezifischen Zinssatz bis 2018 können die Einkommenszahlungen des bestehenden Vermögenswertes im oberen Teil der Tabelle in die Einkommenszahlungen des nutzungsäquivalenten Vermögenswertes im mittleren Teil der Tabelle überführt werden. Die betrachteten Fälle unterscheiden sich – nach Einbeziehung der Reinvestitionen – lediglich durch die Verzinsung des vorläufig in Höhe von TEUR 403,0 festgelegten, in die Software-Lösung investierten Kapitals zum vermögenswertspezifischen Zinssatz von 10 % in den Jahren 2016 bis 2018. Der Barwert dieser Verzinsungen beträgt TEUR 100,2 und ist gleich dem Differenzbetrag zwischen den Barwerten der Einkommenszahlungen der betrachteten Fälle.

Auf dieser Grundlage kann der Wert der Software-Lösung mittels des Income Approach bestimmt werden als Summe aus dem

- Barwert der in den Jahren 2016 bis 2018 ersparten Entwicklungsaufwendungen in Höhe von TEUR 302,8 (Tab. 3.4-1) und dem
- Barwert der Verzinsungen des in das Bewertungsobjekt investierten Kapitals in Höhe von TEUR 100,2 (Tab. 3.4-2) – dieser ist gleich dem Barwert der Einkommensdifferenzen aus dem späteren Zufluss der Einkommensbeiträge der nutzungsäquivalenten Software-Lösung –

und beträgt TEUR 403,0. Der so abgeleitete Wert der Software-Lösung ist mit dem vorläufig festgelegten Wert dieses Vermögenswertes, der der Ermittlung des Barwertes der Verzinsungen des in das Bewertungsobjekt investierten Kapitals zugrunde gelegt wurde und somit den abgeleiteten Wert der Software-Lösung mitbestimmt, abzustimmen. In den Fällen, in denen dieser Vergleich zeigt, dass zwischen den beiden Werten Differenzen bestehen, ist der vorläufig festgelegte Wert der Software-Lösung iterativ so lange anzupassen, bis dieser gleich dem abgeleiteten Wert des zu bewertenden Vermögenswertes ist.

Bei der betrachteten Software-Lösung ist der in Höhe von TEUR 403,0 abgeleitete Wert gleich dem mit TEUR 403,0 vorläufig festgelegten Wert des Vermögenswertes. Dementsprechend sind iterative Anpassungen des vorläufigen Wertes nicht erforderlich.[398]

Damit wurde anhand des Beispiel aufgezeigt, dass – unter den dem Beispiel zugrunde gelegten Annahmen – der Wert des Bewertungsobjektes gleich dem Wert der auf 2018 aufgezinsten Entwicklungsaufwendungen der Jahre 2016 bis 2018 ist. Die Gültigkeit dieses Zusammenhangs über den dem Beispiel zugrunde liegenden Sachverhalt hinaus sowie die formale Auflösung der aufgetretenen Zirkularität werden unter 3.4.2.2.2 dargelegt.

---

398 Die Heranziehung des Barwertes der Entwicklungskosten in Höhe von TEUR 302,8 als vorläufig angenommener Wert des Bewertungsobjektes (vgl. Fn. 397) führt zu einem Wert des Bewertungsobjektes in Höhe von TEUR 378,1. Nach iterativen Anpassungen des vorläufig angenommenen Wertes ergibt sich wiederum der Wert des Bewertungsobjektes in Höhe von TEUR 403,0.

Die dargestellte Wertableitung zeichnet sich dadurch aus, dass der interne Zinsfuß der nutzungsäquivalenten Software-Lösung gleich dessen vermögenswertspezifischem Zinssatz ist. Der interne Zinsfuß bestimmt sich – im betrachteten Beispiel – als der Zinssatz, bei dem der Barwert der Entwicklungsaufwendungen gleich dem Barwert der aus der Nutzung des entwickelten Vermögenswertes resultierenden Einkommensbeiträge ist. Der Barwert der Entwicklungsaufwendungen ergibt sich aus Tabelle 3.4-1, der Barwert der aus der Nutzung des entwickelten Vermögenswertes resultierenden Einkommensbeiträge aus dem mittleren Teil von Tabelle 3.4-2. Beide Barwerte betragen TEUR 302,8 und wurden unter Zugrundelegung des vermögenswertspezifischen Zinssatzes von 10 % ermittelt. Damit ist für das Beispiel dargelegt, dass – unter dem diesen zugrunde liegenden Annahmen – dieser Zinssatz der interne Zinsfuß ist. Unter 3.4.2.2.2 wird dargelegt, dass dieser Zusammenhang über den erörterten Sachverhalt hinaus Gültigkeit besitzt.

3.4.2.2.2 Anwendung des Income Approach bei der Bewertung eines substituierbaren Vermögenswertes

Das einführende Fallbeispiel betrachtet die Anwendung des Income Approach bei der Bewertung eines ausgewählten Vermögenswertes, der durch einen Vermögenswert mit äquivalenten Nutzungsmöglichkeiten substituierbar ist. Im Folgenden wird aufgezeigt, dass die für das Fallbeispiel abgeleiteten Ergebnisse über den erörterten Sachverhalt hinaus Gültigkeit besitzen. Zur Vereinfachung der Ausführungen gehen die Betrachtungen von periodenunabhängigen gewichteten Kapitalkosten des Unternehmens sowie periodenunabhängigen vermögenswertspezifischen Zinssätzen aus.[399] Die Untersuchungen gehen weiter – wiederum zur Vereinfachung der Betrachtungen – davon aus, dass sich ein nutzungsäquivalenter Vermögenswert nicht von einer identischen Reproduktion des Bewertungsobjektes unterscheidet sowie dass die verbleibende Nutzungsdauer des bestehenden Vermögenswertes gleich der Nutzungsdauer von dessen Substitut ist.

Die Anwendung des Income Approach setzt insbesondere die Abgrenzung des dem Bewertungsobjekt zuzuordnenden Einkommens voraus. Unter 2.4.3 und 2.5 wurde dargelegt, dass diese Abgrenzung bei der Bewertung von Vermögenswerten durch die Einführung von Annahmen in die Analyse erreicht werden kann. Bei der Bewertung von Vermögenswerten, die durch nutzungsäquivalente Vermögenswerte substituierbar sind, bietet sich die Anwendung der bereits im Fallbeispiel eingeführten Annahme an, dass dann, wenn das Unternehmen, dem der Vermögenswert zuzuordnen ist, am Bewertungsstichtag nicht über das Bewertungsobjekt verfügt, dieses einen Vermögenswert mit äquivalenten Nutzungsmöglichkeiten in den kommenden Jahren entwickeln und die hierfür erforderlichen Entwicklungsaufwendungen tätigen wird. Die Einführung dieser Annahme erlaubt die Ableitung eines Vergleichseinkommens, das dem Einkommen des betrachteten Unternehmens gegenübergestellt werden kann.

Der Vergleich des Einkommens des Unternehmens mit dem unter Zugrundelegung der genannten Annahme bestimmten Vergleichseinkommen zeigt c. p. Einkommensdifferenzen auf, die dem Bewertungsobjekt zuzuordnen sind. Diese sind begründet in

---

399 Siehe hierzu unter 2.6.3.4 und 2.6.4.3.5.

- den Aufwendungen, die für die Entwicklung des nutzungsäquivalenten Vermögenswertes in den Jahren nach dem Bewertungsstichtag anfallen, sowie in
- dem – durch die Entwicklung des nutzungsäquivalenten Vermögenswertes bedingten – späteren Zufluss des aus der Nutzung dieses Vermögenswertes resultierenden Einkommens; der Abgrenzung dieser Einkommensdifferenzen liegt die weitere Annahme zugrunde, dass für alle anderen Vermögenswerte des Unternehmens eine andere Verwendung gegeben ist.

Auf dieser Grundlage ergibt sich der Wert $V_{i,t}$ des substituierbaren Vermögenswertes i mit i = 0 bis o am Bewertungsstichtag t^B mit t^B = 0 bis ∞ als Summe der Barwerte der beiden Einkommensdifferenzen; o umfasst die bilanzierungsfähigen und die nicht bilanzierungsfähigen Vermögenswerte, die mittels des Cost Approach bewertet werden. Mit $V_{i,t}^{Dev}$ als Barwert der ersparten Entwicklungsaufwendungen $CF_{i,t+1}^{Dev}$ und $\Delta V_{i,t}^{T_i^D}$ als Barwert der Einkommensdifferenzen, die in dem späteren Zufluss des aus der Nutzung des Vermögenswertes resultierenden Einkommens begründet sind, ergibt sich der Wert des substituierbaren Vermögenswertes i am Bewertungsstichtag t^B aus der Beziehung

$$V_{i,t^B} = V_{i,t^B}^{Dev} + \Delta V_{i,t^B}^{T_i^D}$$

T_i^D bezeichnet die Dauer der Entwicklung des Vermögenswertes i mit äquivalenten Nutzungsmöglichkeiten. Es gilt $CF_{i,t^B+j}^{Dev} = 0$ für $j > T_i^D$. Der Barwert der Entwicklungsaufwendungen $V_{i,t}^{Dev}$ am Bewertungsstichtag t^B ist bestimmt durch den – unter 2.6.2.2 eingeführten – Ausdruck[400]

$$V_{i,t^B}^{Dev} = \frac{V_{i,t^B+1}^{Dev} + CF_{i,t^B+1}^{Dev}}{1 + r_i} = \sum_{t=t^B}^{t^B+T_i^D-1} CF_{i,t+1}^{Dev} \cdot \left(1 + r_i\right)^{-\left(t-t^B+1\right)}$$

Die aus der Nutzung des substituierbaren Vermögenswertes i resultierende Einkommenszahlung der in t^B + 1 endenden Periode bei Verfügbarkeit des Vermögenswertes am Bewertungsstichtag t^B ergibt sich – den Ausführungen unter 2.3.4.5 folgend – aus der Beziehung

$$CF_{i,t^B+1} = V_{i,t^B} \cdot r_i + V_{i,t^B} - V_{i,t^B+1}$$

und kann in den Ausdruck für den Wert des Vermögenswertes am Bewertungsstichtag

$$V_{i,t^B} = \frac{V_{i,t^B+1} + CF_{i,t^B+1}}{1 + r_i}$$

umgeformt werden. Dabei ist allerdings zu beachten, dass V_{i,t^B} und V_{i,t^B+1} und damit auch CF_{i,t^B+1} zu bestimmen und dementsprechend nicht bekannt sind.

Bei Entwicklung des nutzungsäquivalenten Vermögenswertes im Zeitraum t^B bis $t^B + T_i^D$ gilt für die Einkommenszahlung der in $t^B + T_i^D + j$ endenden Periode für j = 1 bis T_i

$$CF_{i,t^B+T_i^D+j} = V_{i,t^B+T_i^D+j-1} \cdot r_i + V_{i,t^B+T_i^D+j-1} - V_{i,t^B+T_i^D+j}$$

---

400 Die Analyse kann durch die Einbeziehung von t^B in anfallenden Entwicklungsaufwendungen CF_{i,t^B}^{Dev} erweitert werden. Zur Vereinfachung der Betrachtungen wird hierauf im Folgenden verzichtet.

sowie mit

$$CF_{i,t^B+T_i^D+j} = CF_{i,t^B+j}$$

$$CF_{i,t^B+T^D+j} = V_{i,t^B+j-1} \cdot r_i + V_{i,t^B+j-1} - V_{i,t^B+j}$$

T_i bezeichnet die Nutzungsdauer des Vermögenswertes i bzw. des nutzungsäquivalenten Vermögenswertes.

Damit kann aufgezeigt werden, dass sich für den Vermögenswert mit äquivalenten Nutzungsmöglichkeiten im Zeitpunkt $t^B + T_i^D$ ein Wert in Höhe von

$$V_{i,t^B+T_i^D} = V_{i,t^B}$$

mit

$$V_{i,t^B} = \frac{V_{i,t^B+1} + CF_{i,t^B+1}}{1 + r_i}$$

und bezogen auf den Bewertungsstichtag t^B von

$$V_{i,t^B}^D = V_{i,t^B} \cdot \left(1 + r_i\right)^{-T_i^D}$$

ergibt. Der Barwert der Einkommensdifferenzen $\Delta V_{i,t^B}^{T_i^D}$, die in dem – bei Entwicklung eines nutzungsäquivalenten Vermögenswertes – späteren Zufluss des aus der Nutzung des Vermögenswertes resultierenden Einkommens begründet sind, kann nun abgeleitet werden als

$$\Delta V_{i,t^B}^{T_i^D} = V_{i,t^B} - V_{i,t^B}^D$$

sowie nach Einsetzen des Ausdruckes für V_{i,t^B}^D und Umformungen als

$$\Delta V_{i,t^B}^{T_i^D} = V_{i,t^B} \cdot \left(1 - \frac{1}{\left(1 + r_i\right)^{T_i^D}}\right)$$

bzw.

$$\Delta V_{i,t^B}^{T_i^D} = V_{i,t^B} \cdot \frac{\left(1 + r_i\right)^{T_i^D} - 1}{\left(1 + r_i\right)^{T_i^D}}$$

Durch Multiplikation dieses Ausdruckes mit $\dfrac{r_i}{r_i}$ ergibt sich die Beziehung

$$\Delta V_{i,t^B}^{T_i^D} = V_{i,t^B} \cdot r_i \cdot \frac{\left(1 + r_i\right)^{T_i^D} - 1}{r_i \cdot \left(1 + r_i\right)^{T_i^D}}$$

die aufgelöst werden kann in die Verzinsung des in Vermögenswert i am Bewertungsstichtag investierten Kapitals

$$V_{i,t^B} \cdot r_i$$

sowie in den – unter Zugrundelegung des vermögenswertspezifischen Zinssatzes r_i des Vermögenswertes i – für den Zeitraum der Verzögerung des Zuflusses der Einkommenszahlungen (T_i^D Perioden) bestimmten Rentenbarwertfaktor

$$\frac{\left(1+\mathrm{r_i}\right)^{T_i^D}-1}{\mathrm{r_i}\cdot\left(1+\mathrm{r_i}\right)^{T_i^D}}$$

Die Beziehung bringt zum Ausdruck, dass der Barwert der Einkommensdifferenzen $\Delta V_{i,t^B}^{T_i^D}$ gleich ist dem Barwert der Verzinsungen des am Bewertungsstichtag t^B in das Bewertungsobjekt investierten Kapitals, die auf den Zeitraum der Entwicklung des Vermögenswertes mit äquivalenten Nutzungsmöglichkeiten entfallen.

Das Einsetzen des Ausdrucks für $\Delta V_{i,t^B}^{T_i^D}$ in die Beziehung für den Wert des substituierbaren Vermögenswertes i am Bewertungsstichtag t^B

$$\mathrm{V}_{i,t^B} = V_{i,t^B}^{Dev} + \Delta V_{i,t^B}^{T_i^D}$$

führt zu der Beziehung

$$\mathrm{V}_{i,t^B} = V_{i,t^B}^{Dev} + \mathrm{V}_{i,t^B}\cdot\frac{\left(1+\mathrm{r_i}\right)^{T_i^D}-1}{\left(1+\mathrm{r_i}\right)^{T_i^D}}$$

und nach Umformungen zu

$$\mathrm{V}_{i,t^B} = V_{i,t^B}^{Dev}\cdot\frac{1}{1-\dfrac{\left(1+\mathrm{r_i}\right)^{T_i^D}-1}{\left(1+\mathrm{r_i}\right)^{T_i^D}}}$$

bzw. zu der Beziehung

$$\mathrm{V}_{i,t^B} = V_{i,t^B}^{Dev}\cdot\left(1+\mathrm{r_i}\right)^{T_i^D}$$

Die Beziehung legt dar, dass der Wert des substituierbaren Vermögenswertes i am Bewertungsstichtag t^B durch Aufzinsung des Barwertes der ersparten Entwicklungsaufwendungen V_{i,t^B}^{Dev} über die Entwicklungsdauer T_i^D ermittelt werden kann. Mit

$$V_{i,t^B}^{Dev} = \sum_{t=t^B}^{t^B+T_i^D-1} CF_{i,t+1}^{Dev}\cdot\left(1+\mathrm{r_i}\right)^{-\left(t-t^B+1\right)}$$

kann diese Beziehung in den Ausdruck

$$\mathrm{V}_{i,t^B} = \sum_{t=t^B}^{t^B+T_i^D-1} CF_{i,t+1}^{Dev}\cdot\left(1+\mathrm{r_i}\right)^{T_i^D-\left(t-t^B+1\right)}$$

überführt werden, der zeigt, dass der Wert des substituierbaren Vermögenswertes i am Bewertungsstichtag t^B auch als Summe der auf den Zeitpunkt der Fertigstellung des Vermögenswertes T_i^D aufgezinsten Entwicklungsaufwendungen $CF_{i,t+1}^{Dev}$ abgeleitet werden kann.

Aus den dargestellten Beziehungen kann weiter abgeleitet werden, dass der interne Zinsfuß des nutzungsäquivalenten Vermögenswertes gleich dessen vermögenswertspezifischem Zinssatz ist. Durch Umformung der Beziehung

$$\mathrm{V}_{i,t^B} = V_{i,t^B}^{Dev}\cdot\left(1+\mathrm{r_i}\right)^{T_i^D}$$

zu

$$V_{i,t^B} \cdot \left(1 + r_i\right)^{-T_i^D} = V_{i,t^B}^{Dev}$$

und Einsetzen von

$$V_{i,t^B}^{Dev} = \sum_{t=t^B}^{t^B + T_i^D - 1} CF_{i,t+1}^{Dev} \cdot \left(1 + r_i\right)^{-\left(t - t^B + 1\right)}$$

und

$$V_{i,t^B} = \sum_{t=t^B}^{t^B + T_i - 1} CF_{i,t+1} \cdot \left(1 + r_i\right)^{-\left(t - t^B + 1\right)}$$

ergibt sich die Beziehung

$$\sum_{t=t^B}^{t^B + T_i^D - 1} CF_{i,t+1}^{Dev} \cdot \left(1 + r_i\right)^{-\left(t - t^B + 1\right)} = \sum_{t=t^B}^{t^B + T_i - 1} CF_{i,t+1} \cdot \left(1 + r_i\right)^{-\left(t - t^B + 1\right)} \cdot \left(1 + r_i\right)^{-T^D}$$

Diese Beziehung beschreibt die Bestimmungsgleichung des internen Zinsfußes, wobei r_i den internen Zinsfuß zum Ausdruck bringt. Da r_i den vermögenswertspezifischen Zinssatz bezeichnet, ist aufgezeigt, dass – unter den der Analyse zugrunde liegenden Annahmen – der interne Zinsfuß des nutzungsäquivalenten Vermögenswertes gleich dem vermögenswertspezifischen Zinssatz des Vermögenswertes i ist.

Damit ist auch aufgezeigt, dass Vermögenswerten, die in Zukunft das Bewertungsobjekt bzw. ein nutzungsäquivalentes Substitut des Bewertungsobjektes ersetzen werden, kein Wert zukommt; dem Barwert der aus der zukünftigen Nutzung des Vermögenswertes resultierenden Einkommenszahlungen steht in gleicher Höhe der Barwert der Entwicklungsaufwendungen gegenüber. Dementsprechend braucht der Wert zukünftig zu entwickelnder, mittels des Cost Approach bewerteter Vermögenswerte nicht in die Betrachtungen einbezogen werden.

3.4.2.2.3 Anwendung des Income Approach bei der Bewertung eines nicht substituierbaren Vermögenswertes

Das unter 3.4.2.2.1 eingeführte Beispiel wird für die weiteren Betrachtungen abgewandelt. Im Folgenden wird davon ausgegangen, dass die von der Beispiel GmbH intern genutzte Software-Lösung einen proprietären Steuerungsalgorithmus aufweist, der dem Unternehmen Wettbewerbsvorteile verschafft. Bei der Ermittlung der Aufwendungen für die Entwicklung einer Software-Lösung mit äquivalenten Nutzungsmöglichkeiten ist zu beachten, dass in die Entwicklungsaufwendungen auch die Aufwendungen für die Schaffung des proprietären Algorithmus einzubeziehen sind. Aufgrund der bei der Bemessung dieser Aufwendungen auftretenden Schwierigkeiten hat die IT-Abteilung der Beispiel GmbH die voraussichtlich anfallenden Entwicklungsaufwendungen unter Zugrundelegung der einschränkenden Annahme, dass der Algorithmus bekannt und damit nicht proprietär ist, zusammengestellt; die Entwicklungsaufwendungen beinhalten – bezogen auf den proprietären Algorithmus – dementsprechend lediglich die Aufwendungen für die Umsetzung des Algorithmus in der Software-Lösung, nicht jedoch die für die Schaffung des Algorithmus. Zur Vereinfachung der Betrachtungen soll sich die nutzungsäquivalente Software-Lösung nicht von einer identischen Reproduktion des Bewertungsobjektes unterscheiden. Das Ergebnis der Analyse führt zu den bereits in Tabelle 3.4-1 zusammengestellten Entwicklungsaufwendungen.

Tabelle 3.4-3 stellt im oberen Teil das der Software-Lösung zuzuordnende Incremental Income zusammen, das das Management der Gesellschaft nachvollziehbar und begründet bestimmt hat. Dieses Einkommen ist durch die mit der Software-Lösung verbundenen Wettbewerbsvorteile bestimmt und wurde durch Vergleich des Einkommens des Unternehmens bei Nutzung der Software-Lösung mit dem Unternehmenseinkommen abgegrenzt, das sich unter der Annahme ergibt, dass das Unternehmen eine Software-Lösung einsetzt, die ihm keine Wettbewerbsvorteile verschafft. Aus der Tabelle ergibt sich weiter die Bewertung des Vermögenswertes mittels des als Incremental Income Analysis ausgestalteten Income Approach, die – bei einem vermögenswertspezifischen Zinssatz von 10 % – zu einem Wert der Software-Lösung in Höhe von TEUR 500 führt.

Tab. 3.4-3: Bewertung der Software-Lösung mittels der Incremental Income Analysis

TEUR		2015	2016	2017	2018	2019	2020	2021	2022	2023
Income Generation 2016 to 2020										
Incremental Income after Tax			150,0	140,0	130,0	120,0	110,0			
Present Value	10,0%	500,0	400,0	300,0	200,0	100,0				
Return of Invested Capital			100,0	100,0	100,0	100,0	100,0			
Return on Invested Capital			50,0	40,0	30,0	20,0	10,0			
Income Generation 2019 to 2023										
Incremental Income after Tax						150,0	140,0	130,0	120,0	110,0
Present Value	10,0%	375,7	413,2	454,5	500,0	400,0	300,0	200,0	100,0	0,0
Return of Invested Capital						100,0	100,0	100,0	100,0	100,0
Return on Invested Capital						50,0	40,0	30,0	20,0	10,0
Reconciliation										
Invested Capital		500,0	500,0	500,0	500,0	400,0	300,0	200,0	100,0	0,0
Return of Invested Capital			100,0	100,0	100,0	100,0	100,0	100,0	100,0	100,0
Investment			-100,0	-100,0	-100,0					
Return on Invested Capital	10,0%		50,0	50,0	50,0	50,0	40,0	30,0	20,0	10,0
Present Value		500,0	500,0	500,0	500,0	400,0	300,0	200,0	100,0	
Difference Return on Invested Capital			50,0	50,0	50,0	0,0	0,0	0,0	0,0	0,0
Present Value		124,3	86,8	45,5	0,0	0,0	0,0	0,0	0,0	0,0

Die den Betrachtungen unter 3.4.2.2.1 und 3.4.2.2.2 folgende Ableitung des Wertes der Software-Lösung als Summe aus dem

- Barwert der ersparten Entwicklungsaufwendungen und dem
- Barwert der Einkommensdifferenzen, die – bei Entwicklung einer nutzungsäquivalenten Software-Lösung im Vergleich zur bestehenden Software – in dem späteren Zufluss der aus der Nutzung des Vermögenswertes resultierenden Einkommensbeiträge begründet sind,

führt demgegenüber zu einem Wert in Höhe von TEUR 427,1. Der Barwert der ersparten Entwicklungsaufwendungen ergibt sich aus Tabelle 3.4-1 und beträgt TEUR 302,8. Der Barwert der genannten Einkommensdifferenzen wird im mittleren und unteren Teil von Tabelle 3.4-3 als Barwert der Verzinsungen des am Bewertungsstichtag in die bestehende Software-Lösung investierten Kapitals, die auf den Zeitraum der Entwicklung der neuen Software-Lösung entfallen, in Höhe von TEUR 124,3 ermittelt.

Der Vergleich der beiden für die Software-Lösung ermittelten Werte in Höhe von TEUR 500,0 und TEUR 427,1 zeigt, dass die beiden Wertermittlungen zu unterschiedlichen Ergebnissen führen. Das Auftreten eines Differenzbetrags – dieser beträgt TEUR 72,9 – ist grundsätzlich nachvollziehbar, da, wie dargelegt, die Entwicklungsaufwendungen unter Zugrundelegung der einschränkenden Annahme, dass der Algorithmus zugänglich und damit nicht proprietär ist, ermittelt wurden. Auf dieser Grundlage kann der unter Zugrundelegung der unter 3.4.2.2.1 und 3.4.2.2.2 eingeführten Annahmen mittels des Income Approach ermittelte Wert nicht als Wert für das Bewertungsobjekt herangezogen werden.

Die Abweichung des so ermittelten Wertes der Software-Lösung vom mittels der Incremental Income Analysis bestimmten Wert ist darin begründet, dass der Zinssatz, mit dem sich die Entwicklungsaufwendungen verzinsen (interner Zinsfuß), mit 16,89 % vom vermögenswertspezifischen Zinssatz in Höhe von 10,0 % abweicht; der interne Zinsfuß ist – bezogen auf das Beispiel – dadurch bestimmt, dass der Barwert der ersparten Entwicklungsaufwendungen (Tab. 3.4-4) gleich dem Barwert des Incremental Income (Ermittlung im mittleren Bereich von Tab. 3.4-5) ist.[401] Die Tabellen bestätigen, dass bei Anwendung des internen Zinsfußes als vermögenswertspezifischem Zinssatz der Differenzbetrag zwischen den beiden Ausprägungen des Income Approach nicht auftritt.

Tab. 3.4-4: Entwicklungsaufwendungen bei Anwendung des Internen Zinsfußes

TEUR			2015	2016	2017	2018
Development Expense after Tax				100	120	150
Present Value	16,89%	267,3	212,4	128,3	0,0

Damit ist für das Beispiel aufgezeigt, dass der unter Zugrundelegung der unter 3.4.2.2.1 und 3.4.2.2.2 eingeführten Annahmen ausgestaltete Income Approach bei einem nicht substituierbaren Vermögenswert nicht in der Lage ist, den Wert des Vermögenswertes abzubilden. Weiter wurde ersichtlich, dass bei einem nicht substituierbaren Vermögenswert vermögenswertspezifischer Zinssatz und interner Zinsfuß auseinanderfallen. Auf die Darstellung der formalen Ableitung der dargelegten Zusammenhänge wird verzichtet.

---

401 In diesem Zusammenhang ist auf die Ausführungen unter 2.6.2.2 zu verweisen. Dort wurde aufgezeigt, dass der Wertbeitrag nicht substituierbarer zukünftiger immaterieller Vermögenswerte in dem Auseinanderfallen von internem Zinsfuß und vermögenswertspezifischem Zinssatz begründet ist.

Tab. 3.4-5: Bewertung der Software-Lösung mittels der Incremental Income Analysis bei Anwendung des Internen Zinsfußes

TEUR		2015	2016	2017	2018	2019	2020	2021	2022	2023
Income Generation 2016 to 2020										
Incremental Income after Tax			150,0	140,0	130,0	120,0	110,0			
Present Value	16,89%	426,9	349,0	267,9	183,2	94,1	0,0			
Return of Invested Capital			77,9	81,1	84,8	89,1	94,1			
Return on Invested Capital			72,1	58,9	45,2	30,9	15,9			
Income Generation 2019 to 2023										
Incremental Income after Tax						150,0	140,0	130,0	120,0	110,0
Present Value	16,89%	267,3	312,4	365,2	426,9	349,0	267,9	183,2	94,1	0,0
Return of Invested Capital						77,9	81,1	84,8	89,1	94,1
Return on Invested Capital						72,1	58,9	45,2	30,9	15,9
Reconciliation										
Invested Capital		426,9	426,9	426,9	426,9	349,0	267,9	183,2	94,1	0,0
Return of Invested Capital			77,9	81,1	84,8	77,9	81,1	84,8	89,1	94,1
Investment			-77,9	-81,1	-84,8					
Return on Invested Capital	16,89%		72,1	72,1	72,1	72,1	58,9	45,2	30,9	15,9
Present Value		426,9	426,9	426,9	426,9	349,0	267,9	183,2	94,1	
Difference Return on Invested Capital			72,1	72,1	72,1	0,0	0,0	0,0	0,0	0,0
Present Value		159,6	114,4	61,7	0,0	0,0	0,0	0,0	0,0	0,0

3.4.2.3 Folgerungen für die Anwendung des Cost Approach

3.4.2.3.1 Ausgestaltung des Cost Approach

Der Cost Approach kann grundsätzlich so ausgestaltet werden, dass dieser Ansatz zu Ergebnissen führt, die mit den Ergebnissen vergleichbar sind, die unter 3.4.2.2.1 und 3.4.2.2.2 – unter den den Betrachtungen zugrunde gelegten Annahmen – mittels des Income Approach abgeleitet wurden. Diese Ausgestaltung des Cost Approach erfordert die

- Einbeziehung der auf den Entwicklungszeitraum entfallenden Verzinsung des am Bewertungsstichtag in den Vermögenswert investierten Kapitals sowie die
- Berücksichtigung des zeitlichen Anfalls der Entwicklungsaufwendungen und erforderlichenfalls die Abzinsung dieser Aufwendungen auf den Bewertungsstichtag.

Die Einbeziehung der genannten Verzinsungskomponente bildet den unter 2.3.4.3.2 angesprochenen Enterpreneurial Incentive ab. Durch die Erfassung dieser Komponente als auf den Entwicklungszeitraum entfallende Verzinsung des am Bewertungsstichtag in den Vermögenswert investierten Kapitals werden mögliche, bei der Bemessung des Enterpreneurial Incentive bestehende Zweifelsfragen ausgeräumt.[402] Die Berücksichtigung des zeitlichen Anfalls der Entwicklungsaufwendungen und deren Abzinsung auf den Bewertungs-

---

402   Siehe statt vieler Reilly/Schweihs (1999), S. 124 ff.; Chen/Barreca (2010), S. 21 f.

stichtag ist im Zusammenhang mit der Einbeziehung der Verzinsungskomponente zu betrachten und wird in der Bewertungspraxis teilweise einbezogen.

Bei einem Vergleich der betrachteten, am Income Approach orientierten Ausgestaltung des Cost Approach mit dem Income Approach wird allerdings ein zwischen dem Income Approach und dem Cost Approach bestehender Unterschied deutlich, der sich auf die Bemessung der Entwicklungsaufwendungen auswirken kann: Der Income Approach geht bei der Bemessung dieser Aufwendungen grundsätzlich von der im Betrachtungszeitraum erwarteten Preisentwicklung aus;[403] die unter 2.3.4 betrachteten Ausprägungen des Cost Approach stellen dagegen auf die Preisverhältnisse am Bewertungsstichtag ab. Dies bedeutet, dass der in dem genannten Sinne ausgestaltete Cost Approach im Vergleich zum betrachteten Income Approach insoweit von einer anderen – vereinfachenden – Annahme ausgeht.

Mit dem unterschiedlichen Vorgehen bei der Berücksichtigung von Preisentwicklungen ist verbunden, dass zwischen dem mittels des Cost Approach bestimmten Wert und dem bei Anwendung des Income Approach abgeleiteten Wert dann Differenzen auftreten, wenn die erwartete Preisentwicklung von den Preisverhältnissen am Bewertungsstichtag abweicht. Hieraus resultiert, dass die am Income Approach ausgerichtete Ausgestaltung des Cost Approach nicht als ein Vorgehen betrachtet werden kann, das zwingend zu dem mittels des Income Approach abgeleiteten Wert führt, sondern lediglich als ein Ansatz, der – aufgrund einer vereinfachenden Annahme – eine Approximation des mittels des Income Approach abgeleiteten Wertes ermöglicht.

Diese Betrachtungen können dadurch weitergeführt werden, dass auch ein Verzicht auf die Einbeziehung der Verzinsungskomponente und ein Verzicht auf die Berücksichtigung der Abzinsung zukünftiger Entwicklungsaufwendungen als vereinfachende Annahmen verstanden werden, die dazu führen, dass der mittels des Cost Approach bestimmte Wert im Einzelfall den bei Anwendung des Income Approach abgeleiteten Wert nicht erreicht, sondern diesen Wert lediglich schätzt. Mit diesen beiden Annahmen sind allerdings dann keine oder zumindest keine wesentlichen Wertauswirkungen verbunden, wenn der Entwicklungsdauer des nutzungsäquivalenten Vermögenswertes keine Bedeutung zukommt.

Abschließend ist darauf hinzuweisen, dass die betrachtete Ausgestaltung des Cost Approach von der Annahme ausgeht, dass alle anderen Vermögenswerte des betrachteten Unternehmens einer anderen Verwendung zugeführt werden können. Dies ist damit verbunden, dass der Ableitung der Verzinsungskomponente – dies zeigen die Ausführungen unter 3.4.2.2.1 und 3.4.2.2.2 – diese Annahme zugrunde liegt.

3.4.2.3.2 Anwendungsbereich des Cost Approach

Unter 2.3.4 wurde dargelegt, dass der Cost Approach von der Substitution des Bewertungsobjektes ausgeht. Damit liegt diesem Bewertungsansatz eine Annahme zugrunde, die auch den Income Approach in der unter 3.4.2.2.1 und 3.4.2.2.2 betrachteten Ausgestaltung bestimmt. Dementsprechend werden die in den Anwendungsbereich des Cost Approach fallenden Sachverhalte vom Income Approach, der – wie dargelegt – unter Zugrundele-

---

403 Vgl. hierzu auch Reilly/Schweihs (1999), S. 98 f.

gung der unter 3.4.2.2.1 und 3.4.2.2.2 eingeführten Annahmen ausgestaltet werden kann, erfasst. Diese Bewertungsfälle sind – dies wurde unter 3.4.2.2.2 herausgearbeitet – dadurch gekennzeichnet, dass Vermögenswerte mit äquivalenten Nutzungsmöglichkeiten verfügbar sind und sich die in diese Vermögenswerte investierten Entwicklungsaufwendungen zum vermögenswertspezifischen Zinssatz verzinsen; für den Cost Approach ergibt sich dies insbesondere aus der Ableitung der Einkommenszahlungen des Bewertungsobjektes aus dessen Wert.[404] Durch diese Bedingungen ist die zentrale Anwendungsvoraussetzung des Cost Approach abgegrenzt.

Unter 3.4.2.3.1 wurde weiter dargelegt, dass der Cost Approach als Approximation des mittels des Income Approach abgeleiteten Wertes betrachtet werden kann, wobei die Differenz zwischen den beiden Werten von der gewählten Ausgestaltung des Cost Approach und den Gegebenheiten des konkreten Bewertungsfalles abhängt. Bei diesem Verständnis des Cost Approach bietet es sich im konkreten Anwendungsfall an, anhand der Dauer der Entwicklung des nutzungsäquivalenten Vermögenswertes und der in diesem Zeitraum erwarteten Preisentwicklung im Vergleich zu den Preisverhältnissen am Bewertungsstichtag die mögliche Abweichung der Wertapproximation durch den Cost Approach vom mittels des Income Approach unter Zugrundelegung der unter 3.4.2.2.1 und 3.4.2.2.2 eingeführten Annahmen bestimmten Wert abzuschätzen und gegebenenfalls anstelle des Cost Approach den Income Approach der Wertableitung zugrunde zu legen.

Die Betrachtungen machen schließlich auch deutlich, dass eine Einschränkung des Anwendungsbereiches des Cost Approach auf die Fälle, die dadurch gekennzeichnet sind, dass der Income Approach nicht anwendbar ist, nicht nachvollziehbar ist. Diese Einschränkung nimmt beispielsweise DRS 24.83 bei der Ermittlung beizulegender Zeitwerte immaterieller Vermögenswert vor. Dort wird ausgeführt, dass der Cost Approach in diesem Zusammenhang nur dann »herangezogen werden [darf], wenn eine marktpreisorientierte oder kapitalwertorientierte Wertermittlung nicht möglich ist«.

3.4.2.4 Erweiterungen der Untersuchungen

Den bisherigen Betrachtungen liegen vereinfachende Annahmen zugrunde. Insbesondere wurde davon ausgegangen, dass

- ein Vergleichsobjekt mit äquivalenten Nutzungs- oder Verwendungsmöglichkeiten sich nicht von einer identischen Reproduktion des Bewertungsobjektes unterscheidet; dass
- die verbleibende Nutzungsdauer des Bewertungsobjektes gleich der Nutzungsdauer des dieses substituierenden Vermögenswertes ist; sowie dass
- alle anderen Vermögenswerte des betrachteten Unternehmens einer anderen Verwendung zugeführt werden können.

Die Aufgabe der ersten Annahme führt – dies wurde unter 2.3.4.3 dargelegt – dazu, dass dann, wenn von den Reproduction Cost im Vergleich zu den Replacement Cost ausgegangen wird, zusätzliche Veralterungen in die Wertableitung einzubeziehen sind. Bei Aufgabe

---

404   Vgl. hierzu unter 2.3.4.5.

der zweiten Annahme ist zu berücksichtigen, dass bei einer verbleibenden Nutzungsdauer des Bewertungsobjektes, die unter der Nutzungsdauer des Substitutes liegt, vor dem Bewertungsstichtag bereits Rückflüsse des in das Bewertungsobjekt investierten Kapitals erfolgten und insoweit eine Anpassung vorzunehmen ist. Dabei ist zu beachten, dass der angenommene zeitliche Verlauf des Rückflusses des investierten Kapitals – im Unterschied zu den Betrachtungen unter 3.4.2.2.1 und 3.4.2.2.2 – den abgeleiteten Wert des Bewertungsobjektes beeinflusst.

Die Aufgabe der dritten Annahme, dass alle anderen Vermögenswerte des betrachteten Unternehmens einer anderen Verwendung zugeführt werden können, erfordert über die bisherigen Untersuchungen hinausgehende Analysen. Auf eine entsprechende Erweiterung der Betrachtungen wird im Rahmen dieses Buches verzichtet.

3.4.3   Ableitung des Wertes des Bewertungsobjektes

3.4.3.1 Abgrenzung der in die Analyse einzubeziehenden Kostenkomponenten

Die Herstellung eines Vermögenswertes durch ein Unternehmen, z. B. die Entwicklung einer selbst genutzten Software, stellt eine Leistung dar, die das betrachtete Unternehmen – zumeist neben anderen Leistungen – erbringt. Dementsprechend bietet es sich als Ausgangspunkt der Abgrenzung der in die Cost-Approach-Analyse einzubeziehenden Kostenkomponenten an, ausgewählte Leistungen, die von dem Unternehmen erbracht werden, zu untersuchen. Bei der Auswahl der der Untersuchung zugrunde zu legenden Leistungen ist zu beachten, dass die – regelmäßig wohl – bedeutendsten Unternehmensleistungen die am Absatzmarkt erbrachten Leistungen darstellen, die sich in den Umsatzerlösen des Unternehmens niederschlagen. Da die Umsatzerlöse einfach zu erfassen sind, werden sie der Untersuchung der Unternehmensleistungen zugrunde gelegt.

Die Umsatzerlöse eines betrachteten Unternehmens bilden die Ausgangsgröße der Bestimmung des Ergebnisses des Unternehmens und können dementsprechend durch Umstellung der Beziehung für die Ermittlung des Unternehmensergebnisses erklärt werden. Die Umsatzerlöse können dargestellt werden als Summe aus
* Hertellkosten vom Umsatz
* Vertriebs- und Verwaltungskosten sowie
* EBITA vor Steuern bzw. EBITA nach Steuern zuzüglich Ertragsteuern.

Diese Bestandteile der Umsatzerlöse können weiter betrachtet werden. Insbesondere ist zu diesen anzumerken:
* Die Herstellkosten vom Umsatz und die Vertriebs- und Verwaltungskosten umfassen alle mit der Erbringung der Leistungen verbundenen Aufwendungen, die den Leistungen direkt oder indirekt zuzurechnen sind. Insbesondere zählen hierzu die Material- und Personalaufwendungen, von Dritten bezogene Leistungen sowie die Abschreibungen der bei der Leistungserstellung eingesetzten Vermögenswerte des Anlagevermögens.
* Das EBITA vor Steuern teilt sich auf das EBITA nach Steuern und die auf das EBITA vor Steuern entfallenden Ertragsteuern auf.

- Das EBITA nach Steuern setzt sich – dies wurde unter 2.6.3.3.2 sowie 2.6.4.3.4 aufgezeigt – aus den Verzinsungen des in die immateriellen und materiellen Vermögenswerte investierten Kapitals sowie den Veränderungen des in die immateriellen Vermögenswerte investierten Kapitals zusammen. Die Komponenten des EBITA nach Steuern können in Vorsteuergrößen umgerechnet werden und erklären dann das EBITA vor Steuern.

Fallbeispiel

Tabelle 3.4-6 untersucht die Zusammensetzung der für die Jahre 2017 bis 2024 geplanten Umsatzerlöse des Geschäftsbereichs BU1 der – unter 2.5.2 eingeführten – AS GmbH. Hierfür werden in der Tabelle für jedes Jahr des Betrachtungszeitraumes zusammengestellt die
- Herstellkosten vom Umsatz sowie die Vertriebs- und Verwaltungskosten, die
- Verzinsungen und die Rückflüsse des investierten Kapitals in die zukünftigen Kundenbeziehungen, in die zukünftigen Generationen der Basisfolgetechnologie, in die am Bewertungsstichtag bestehenden Kundenbeziehungen sowie in die verfügbare Basis- und Verfahrenstechnologie – diese beziehen die steuerlichen Wirkungen der Abschreibungen dieser Vermögenswerte nicht ein –, die
- Verzinsungen des in die Sachanlagen und des in das Working Capital investierten Kapitals sowie die
- Ertragsteuern auf das EBITA.

Der Vergleich der Summe dieser Komponenten mit den sich aus Tabelle 2-3 ergebenden Umsatzerlösen zeigt, dass die Umsatzerlöse der betrachteten Geschäftseinheit durch diese Komponenten vollständig erklärt werden.

Tab. 3.4-6: Erklärung der Umsatzerlöse von BU1

Mio. EUR		2017	2018	2019	2020	2021	2022	2023	2024
Cost of Sales									
Selling, General & Administration		302,4	325,6	338,8	345,6	352,5	359,5	366,7	367,5
Income Contribution of Intangible Assets after Tax									
pre Tax Benefit of Amortization									
Customer Relationship new		-2,0	-2,2	-2,3	-2,3	-2,4	-2,4	-2,5	2,4
Core Technology new		-10,6	-11,4	-11,9	-12,1	-12,4	-12,6	-12,9	-8,8
Customer Relationship		22,5	25,8	26,9	25,6	27,1	29,7	28,8	24,1
Core Technology		20,2	21,8	22,6	23,1	23,6	24,0	24,5	20,4
Process Technology		2,5	2,7	2,9	2,9	3,0	3,1	3,1	2,6
Return on Invested Capital pre Tax									
Tangible Fixed Assets		5,5	4,8	4,7	6,7	5,8	3,8	5,4	5,2
Working Capital		2,3	2,7	2,9	2,9	3,0	3,1	3,1	3,2
Tax	30,0%	17,3	19,0	19,7	20,1	20,5	20,9	21,3	21,1
Total		360,0	388,8	404,4	412,4	420,7	429,1	437,7	437,7

Auf dieser Grundlage können die für die Entwicklung oder Herstellung eines Vermögenswertes anfallenden Komponenten abgegrenzt werden. Sie umfassen die
- direkt und indirekt der Herstellung des Bewertungsobjektes zuzurechnenden Aufwendungen, die

- Verzinsungen und Rückflüsse des in die immateriellen Vermögenswerte – beispielsweise den Mitarbeiterstamm oder Technologien – investierten Kapitals sowie die
- Verzinsungen des in die materiellen Vermögenswerte – beispielsweise Sachanlagen oder einen Lagerbestand – investierten Kapitals,

wobei die Verzinsungen des in die immateriellen und materiellen Vermögenswerte und die Rückflüsse des in die immateriellen Vermögenswerte investierten Kapitals nur in dem Umfang einzubeziehen sind, in dem diese Vermögenswerte in die Herstellung oder Entwicklung des Bewertungsobjektes eingebunden sind.

Die so abgegrenzten, in die Cost-Approach-Analyse einzubeziehenden Kostenkomponenten entsprechen im Wesentlichen den unter 2.3.4.3.2 dargestellten Auffassungen im Schrifttum zur Abgrenzung der Kostenkomponenten. Dabei ist zu beachten, dass auch die – unter 3.4.2.2 eingeführte – auf den Entwicklungszeitraum entfallende Verzinsung des am Bewertungsstichtag in das Bewertungsobjekt investierten Kapitals dem zu bewertenden Vermögenswert zuzurechnen ist.

3.4.3.2 Überleitung der Entwicklungsaufwendungen in das Bewertungsergebnis

Bei der Überleitung der unter 3.4.3.1 abgegrenzten Komponenten in den dem Bewertungsobjekt zuzuordnenden Wert sind regelmäßig verschiedene Anpassungen vorzunehmen. Neben der im Einzelfall erforderlichen Abzinsung der Komponenten auf den Bewertungsstichtag sind zu berücksichtigen

- Abschläge, die einer möglicherweise vorliegenden Veralterung des Bewertungsobjektes Rechnung tragen,
- Ertragsteuern, die abzuziehen sind, soweit von Vorsteuergrößen ausgegangen wird, die steuerliche Betriebsausgaben darstellen,[405] sowie
- der abschreibungsbedingte Steuervorteil, soweit die hierfür erforderlichen Voraussetzungen gegeben sind.

---

405   So auch IVSC (TIP 3), 7.6.

Anhang zu Kapitel 3

Anhang zu 3.3.2.3.3: Abweichung des EBITA bei vereinfachtem Vorgehen

Die EBITA-Erhöhung des vereinfachten Vorgehens, das auf die Bereinigung der Preissenkung und der Mengenerhöhung verzichtet und die EBITA-Veränderung durch Anwendung der EBITA-Margenveränderung auf den nach Preissenkung erzielten Absatzpreis bei gegebener Absatzmenge ermittelt, ist bestimmt durch die Beziehung

$$\Delta\, EBITA_{t+1}^{Approx} = p_{2,t+1}^{A} \cdot m_{2,t+1}^{A} \cdot ebita_{2,t+1}^{A} - p_{2,t+1}^{A} \cdot m_{2,t+1}^{A} \cdot ebita_{2,t+1}^{Aadj}$$

mit $ebita_{2,t+1}^{Aadj}$ als auf den Absatzpreis nach Preissenkung bezogene, um die Kosteneinsparung bereinigte EBITA-Marge, wobei die Beziehung zwischen der EBITA-Marge vor Berücksichtigung der Preissenkung $ebita_{2,t+1}^{NA}$ und $ebita_{2,t+1}^{Aadj}$ beschrieben wird durch den Ausdruck $\Delta\, ebita_{2,t+1}^{NAadj} = ebita_{2,t+1}^{NA} - ebita_{2,t+1}^{Aadj}$.

Die Abweichung dieser EBITA-Erhöhung von der Veränderung des EBITA bei Bereinigung der Absatzpreissenkung und Mengensteigerung kommt in der Beziehung

$$\Delta\, EBITA_{t+1}^{Approx} - \Delta\, EBITA_{t+1} = p_{2,t+1}^{A} \cdot m_{2,t+1}^{A} \cdot ebita_{2,t+1}^{A} - p_{2,t+1}^{A} \cdot m_{2,t+1}^{A} \cdot ebita_{2,t+1}^{Aadj}$$
$$-\Delta\, p_{2,t+1} \cdot m_{2,t+1}^{A} \cdot ebita_{2,t+1}^{NA} - p_{2,t+1}^{A} \cdot m_{2,t+1}^{A} \cdot \Delta\, ebita_{2,t+1} - p_{2,t+1}^{NA} \cdot \Delta\, m_{2,t+1} \cdot ebita_{2,t+1}^{NA}$$

zum Ausdruck. Mit $\Delta\, ebita_{2,t+1}^{NAadj} = ebita_{2,t+1}^{NA} - ebita_{2,t+1}^{Aadj}$ ergibt sich

$$p_{2,t+1}^{A} \cdot m_{2,t+1}^{A} \cdot ebita_{2,t+1}^{NA} = p_{2,t+1}^{A} \cdot m_{2,t+1}^{A} \cdot ebita_{2,t+1}^{Aadj} + p_{2,t+1}^{A} \cdot m_{2,t+1}^{A} \cdot \Delta\, ebita_{2,t+1}^{NAadj}$$

bzw.

$$p_{2,t+1}^{A} \cdot m_{2,t+1}^{A} \cdot ebita_{2,t+1}^{Aadj} = p_{2,t+1}^{A} \cdot m_{2,t+1}^{A} \cdot ebita_{2,t+1}^{NA} - p_{2,t+1}^{A} \cdot m_{2,t+1}^{A} \cdot \Delta\, ebita_{2,t+1}^{NAadj}$$

Durch Einsetzen dieses Ausdruckes kann die Beziehung für $\Delta\, EBITA_{t+1}^{Approx} - \Delta\, EBITA_{t+1}$ überführt werden in den Ausdruck

$$\Delta\, EBITA_{t+1}^{Approx} - \Delta\, EBITA_{t+1} = p_{2,t+1}^{A} \cdot m_{2,t+1}^{A} \cdot ebita_{2,t+1}^{A} - p_{2,t+1}^{A} \cdot m_{2,t+1}^{A} \cdot ebita_{2,t+1}^{NA} + p_{2,t+1}^{A} \cdot m_{2,t+1}^{A}$$
$$\cdot \Delta\, ebita_{2,t+1}^{NAadj} - \Delta\, p_{2,t+1} \cdot m_{2,t+1}^{A} \cdot ebita_{2,t+1}^{NA} - p_{2,t+1}^{A} \cdot m_{2,t+1}^{A} \cdot \Delta\, ebita_{2,t+1} - p_{2,t+1}^{NA} \cdot \Delta\, m_{2,t+1} \cdot ebita_{2,t+1}^{NA}$$

sowie mit

$$p_{2,t+1}^{A} \cdot m_{2,t+1}^{A} \cdot \Delta\, ebita_{2,t+1} = p_{2,t+1}^{A} \cdot m_{2,t+1}^{A} \cdot ebita_{2,t+1}^{A} - p_{2,t+1}^{A} \cdot m_{2,t+1}^{A} \cdot ebita_{2,t+1}^{NA}$$

in die Beziehung

$$\Delta\, EBITA_{t+1}^{Approx} - \Delta\, EBITA_{t+1} = p_{2,t+1}^{A} \cdot m_{2,t+1}^{A} \cdot \Delta\, ebita_{2,t+1}^{NAadj} - \Delta\, p_{2,t+1} \cdot m_{2,t+1}^{A} \cdot ebita_{2,t+1}^{NA}$$
$$-p_{2,t+1}^{NA} \cdot \Delta\, m_{2,t+1} \cdot ebita_{2,t+1}^{NA}$$

Nach Umstellung kann die vereinfacht ermittelte EBITA-Veränderung aus der Veränderung des EBITA bei Bereinigung der Absatzpreissenkung und Mengensteigerung abgeleitet werden durch die Beziehung

$$\Delta EBITA_{t+1}^{Approx} = \Delta EBITA_{t+1} + p_{2,t+1}^A \cdot m_{2,t+1}^A \cdot \Delta ebita_{2,t+1}^{NAadj} - \Delta p_{2,t+1} \cdot m_{2,t+1}^A \cdot ebita_{2,t+1}^{NA}$$
$$-p_{2,t+1}^{NA} \cdot \Delta m_{2,t+1} \cdot ebita_{2,t+1}^{NA}$$

Anhang 1 zu 3.3.4.3.4.4: Ableitung der Excess Earnings ausgehend vom EBITA nach Abzug von Steuern bei Behandlung der Verbindlichkeiten aus Lieferungen und Leistungen als verzinsliche Verbindlichkeiten

Die dem Vermögenswert i = n in der in t + 1 endenden Periode mit t = 0 bis ∞ zuzuordnenden Excess Earnings sind bestimmt durch die Beziehung

$$CF_{n,t+1}^{WC} = CF_{t+1}^{WC} - \sum_{i=1}^{n-1} CF_{i,t+1}$$

In diesen Ausdruck sind die Beziehungen für das Einkommen des Unternehmens und die Einkommensbeiträge der Vermögenswerte i = 1 bis n-1 einzusetzen. Mit

$$CF_{t+1}^{WC} = S_{t+1} \cdot ebita_{t+1} \cdot (1-s) + \Delta V_{1,t} \cdot r_1^{LL} + s \cdot A_{t+1} - \left(V_{1,t+1} + \Delta V_{1,t+1} - V_{1,t} - \Delta V_{1,t}\right) - \left(V_{2,t+1} - V_{2,t}\right)$$

und

$$CF_{1,t+1}^{WC} = \left(V_{1,t} + \Delta V_{1,t}\right) \cdot r_1 + V_{1,t} + \Delta V_{1,t} - \left(V_{1,t+1} + \Delta V_{1,t+1}\right)$$

sowie für i = 2 mit

$$CF_{2,t+1} = V_{2,t} \cdot r_2 + V_{2,t} - V_{2,t+1}$$

für i = 3 bis o mit

$$CF_{i,t+1} = V_{i,t} \cdot r_i + CF_{i,t+1}^{of\ after\ Tax} - CF_{i,t+1}^{Dev\ after\ Tax} + s \cdot A_{i,t+1}$$

und i = o + 1 bis o + p

$$CF_{i,t+1} = incon_{i,t+1} \cdot adj_{i,t+1}^S \cdot S_{t+1} \cdot (1-s) - CF_{i,t+1}^{Dev\ after\ Tax} + s \cdot A_{i,t+1}$$

ergibt sich die Beziehung

$$CF_{n,t+1}^{WC} = S_{t+1} \cdot ebita_{t+1} \cdot (1-s) + \Delta V_{1,t} \cdot r_1^{LL} + s \cdot A_{t+1} - \left(V_{1,t+1} + \Delta V_{1,t+1} - V_{1,t} - \Delta V_{1,t}\right)$$
$$- \left(V_{2,t+1} - V_{2,t}\right) - \left(\left(V_{1,t} + \Delta V_{1,t}\right) \cdot r_1 + V_{1,t} + \Delta V_{1,t} - \left(V_{1,t+1} + \Delta V_{1,t+1}\right)\right) - \left(V_{2,t} \cdot r_2 + V_{2,t} - V_{2,t+1}\right)$$
$$- \sum_{i=3}^{o} \left(V_{i,t} \cdot r_i + CF_{i,t+1}^{of\ after\ Tax} - CF_{i,t+1}^{Dev\ after\ Tax} + s \cdot A_{i,t+1}\right)$$
$$- \sum_{i=o+1}^{o+p} \left(incon_{i,t+1} \cdot adj_{i,t+1}^S \cdot S_{t+1} \cdot (1-s) - CF_{i,t+1}^{Dev\ after\ Tax} + s \cdot A_{i,t+1}\right)$$

Diese Beziehung kann mit

$$A_{t+1} = \sum_{i=3}^{n} A_{i,t+1}$$

und

$$CF_{t+1}^{Dev\ after\ Tax} = \sum_{i=3}^{o+p} CF_{i,t+1}^{Dev\ after\ Tax} + CF_{n,t+1}^{Dev\ after\ Tax}$$

zusammengefasst werden zu

$$CF_{n,t+1}^{WC} = S_{t+1} \cdot ebita_{t+1} \cdot (1-s) + \Delta V_{1,t} \cdot r_1^{LL} + CF_{t+1}^{Dev\ after\ Tax} - CF_{n,t+1}^{Dev\ after\ Tax} + s \cdot A_{n,t+1}$$

$$-\left(V_{1,t+1} + \Delta V_{1,t+1} - V_{1,t} - \Delta V_{1,t}\right) - \left(V_{2,t+1} - V_{2,t}\right) - \left(\left(V_{1,t} + \Delta V_{1,t}\right) \cdot r_1 + V_{1,t} + \Delta V_{1,t} - \left(V_{1,t+1} + \Delta V_{1,t+1}\right)\right)$$

$$-\left(V_{2,t} \cdot r_2 + V_{2,t} - V_{2,t+1}\right) - \sum_{i=3}^{o}\left(V_{i,t} \cdot r_i + CF_{i,t+1}^{of\ after\ Tax}\right) - \sum_{i=o+1}^{o+p} incon_{i,t+1} \cdot adj_{i,t+1}^{S} \cdot S_{t+1} \cdot (1-s)$$

sowie zu

$$CF_{n,t+1}^{WC} = S_{t+1} \cdot ebita_{t+1} \cdot (1-s) + \Delta V_{1,t} \cdot r_1^{LL} + CF_{t+1}^{Dev\ after\ Tax} - CF_{n,t+1}^{Dev\ after\ Tax} + s \cdot A_{n,t+1}$$

$$-\left(V_{1,t} + \Delta V_{1,t}\right) \cdot r_1 - V_{2,t} \cdot r_2 - \sum_{i=3}^{o}\left(V_{i,t} \cdot r_i + CF_{i,t+1}^{of\ after\ Tax}\right) - \sum_{i=o+1}^{o+p} incon_{i,t+1} \cdot adj_{i,t+1}^{S} \cdot S_{t+1} \cdot (1-s)$$

Anhang 2 zu 3.3.4.3.4.4: Ableitung der Beziehung für die Abstimmung der vermögenswertspezifischen Zinssätze bei Behandlung der Verbindlichkeiten aus Lieferungen und Leistungen als verzinsliche Verbindlichkeiten

Die Beziehung für das Einkommen des Unternehmens in der in t + 1 endenden Periode mit t = 0 bis ∞

$$CF_{t+1}^{WC} = CF_{1,t+1}^{WC} + \sum_{i=2}^{n-1} CF_{i,t+1} + CF_{n,t+1}$$

kann durch Einsetzen der Ausdrücke

$$CF_{t+1}^{WC} = V_t^{WC} - V_{t+1}^{WC} + V_t^{WC} \cdot r_{t+1}^{WC}$$

$$CF_{1,t+1}^{WC} = \left(V_{1,t} + \Delta V_{1,t}\right) \cdot r_1 + V_{1,t} + \Delta V_{1,t} - \left(V_{1,t+1} + \Delta V_{1,t+1}\right)$$

und für alle i mit i = 2 bis n-1

$$CF_{i,t+1} = V_{i,t} - V_{i,t+1} + V_{i,t} \cdot r_i$$

sowie für i = n

$$CF_{n,t+1} = V_{n,t}^{MPEEM} - V_{n,t}^{MPEEM} + V_{n,t}^{MPEEM} \cdot r_n^{MPEEM}$$

überführt werden in den Ausdruck

$$V_t^{WC} - V_{t+1}^{WC} + V_t^{WC} \cdot r_{t+1}^{WC} = \left(V_{1,t} + \Delta V_{1,t}\right) \cdot r_1 + V_{1,t} + \Delta V_{1,t} + \sum_{i=2}^{n-1} V_{i,t} - \left(V_{1,t+1} + \Delta V_{1,t+1}\right)$$

$$-\sum_{i=2}^{n-1} V_{i,t+1} + \sum_{i=2}^{n-1} V_{i,t} \cdot r_i + V_{n,t}^{MPEEM} - V_{n,t}^{MPEEM} + V_{n,t}^{MPEEM} \cdot r_n^{MPEEM}$$

sowie mit $V_{1,t} + \Delta V_{1,t} + \sum_{i=2}^{n-1} V_t + V_{n,t}^{MPEEM} = V_t^{WC} - \varepsilon_t^{MPEEMWC}$ und

$$V_{1,t+1} + \Delta V_{1,t+1} + \sum_{i=2}^{n-1} V_{t+1} + V_{n,t+1}^{MPEEM} = V_{t+1}^{WC} - \varepsilon_{t+1}^{MPEEMWC} \text{ in den Ausdruck}$$

$$V_t^{WC} - V_{t+1}^{WC} + V_t^{WC} \cdot r_{t+1}^{WC} = V_t^{WC} - \varepsilon_t^{MPEEMWC} - \left(V_{t+1}^{WC} - \varepsilon_{t+1}^{MPEEMWC}\right) + \left(V_{1,t} + \Delta V_{1,t}\right) \cdot r_1$$

$$+ \sum_{i=2}^{n-1} V_{i,t} \cdot r_i + V_{n,t}^{MPEEM} \cdot r_n^{MPEEM}$$

bzw.

$$V_t^{WC} \cdot r_{t+1}^{WC} = \left(V_{1,t} + \Delta V_{1,t}\right) \cdot r_1 + \sum_{i=2}^{n-1} V_{i,t} \cdot r_i + V_{n,t}^{MPEEM} \cdot r_n^{MPEEM} - \left(\varepsilon_t^{MPEEMWC} - \varepsilon_{t+1}^{MPEEMWC}\right)$$

Durch Auflösung dieses Ausdrucks nach r_{t+1}^{WC} ergibt sich die Beziehung für die gewichteten Kapitalkosten des betrachteten Unternehmens

$$r_{t+1}^{WC} = \frac{\left(V_{1,t} + \Delta V_{1,t}\right) \cdot r_1 + \sum_{i=2}^{n-1} V_{i,t} \cdot r_i + V_{n,t}^{MPEEM} \cdot r_n^{MPEEM}}{V_t^{WC}} - \frac{\varepsilon_t^{MPEEMWC} - \varepsilon_{t+1}^{MPEEMWC}}{V_t^{WC}}$$

bzw.

$$r_{t+1}^{WC} = \frac{V_{n,t}^{MPEEM} \cdot r_n^{MPEEM} + \sum_{i=1}^{n-1} V_{i,t} \cdot r_i + \Delta V_{1,t} \cdot r_1}{V_t^{WC}} - \frac{\varepsilon_t^{MPEEMWC} - \varepsilon_{t+1}^{MPEEMWC}}{V_t^{WC}}$$

Anhang zu 3.3.5.2.3.2: Modellendogener Zinssatz als streng monoton fallende Funktion

Die Beziehung

$$r_{n,t+1}^{RV} = r_{n,t+1}^{RV*} - \frac{V\{r_{n-1}\}_{n-1,t} \cdot \Delta r_{n-1,t+1}^{RV*}}{V_t - \sum_{i=1}^{n-2} V_{i,t} - V\{r_{n-1}\}_{n-1,t}}$$

kann mit $\Delta r_{n-1,t+1}^{RV*} = r_{n-1,t+1} - r_{n,t+1}^{RV*}$ umgeformt werden in den Ausdruck

$$r_{n,t+1}^{RV} = r_{n,t+1}^{RV*} - \frac{V\{r_{n-1}\}_{n-1,t} \cdot \left(r_{n-1,t+1} - r_{n,t+1}^{RV*}\right)}{V_t - \sum_{i=1}^{n-2} V_{i,t} - V\left(r_{n-1}\right)_{n-1,t}}$$

Dieser Ausdruck stellt eine streng monoton fallende Funktion in Abhängigkeit von $r_{n-1,t+1}$ dar. Dies wird deutlich bei Aufteilung der Beziehung in die streng monoton fallende Funktion

$$y_1 = \frac{V\{r_{n-1}\}_{n-1,t}}{V_t - \sum_{i=1}^{n-2} V_{i,t} - V\{r_{n-1}\}_{n-1,t}}$$

sowie die linear fallende Funktion

$$y_2 = r_{n,t+1}^{RV*} - r_{n-1,t+1}$$

mit

$$r_{n,t+1}^{RV} = r_{n,t+1}^{RV*} + y_1 \cdot y_2$$

Für steigendes $r_{n-1,t+1}$ sinken

- y_1, da
  - $V\{r_{n-1}\}_{n-1,t}$ sinkt und
  - $V_t - \sum_{i=1}^{n-2} V_{i,t} - V\{r_{n-1}\}_{n-1,t}$ steigt, und
- y_2

Anhang zu 3.3.5.3.2: Ableitung der Beziehung für $\Delta r_{n,t+2}^{RV}$

Durch Einsetzen der Ausdrücke für $r_{n,t+1}^{RV}$ und $r_{n,t+2}^{RV}$ in die Beziehung für $\Delta r_{n,t+2}^{RV}$ ergibt sich

$$\Delta r_{n,t+2}^{RV} = \frac{V_t \cdot r - \sum_{i=1}^{n-1} V_{i,t} \cdot r_i + \Delta V_{k-1,t+1} \cdot r_{k-1} - \Delta V_{n-1,t+1} \cdot r_{n-1}}{V_t - \sum_{i=1}^{n-1} V_{i,t} + \Delta V_{k-1,t+1} - \Delta V_{n-1,t+1}} - \frac{V_t \cdot r - \sum_{i=1}^{n-1} V_{i,t} \cdot r_i}{V_t - \sum_{i=1}^{n-1} V_{i,t}}$$

sowie nach Umformungen

$$\Delta r_{n,t+2}^{RV} = \frac{\left(V_t \cdot r - \sum_{i=1}^{n-1} V_{i,t} \cdot r_i + \Delta V_{k-1,t+1} \cdot r_{k-1} - \Delta V_{n-1,t+1} \cdot r_{n-1}\right) \cdot \left(V_t - \sum_{i=1}^{n-1} V_{i,t}\right)}{\left(V_t - \sum_{i=1}^{n-1} V_{i,t} + \Delta V_{k-1,t+1} - \Delta V_{n-1,t+1}\right) \cdot \left(V_t - \sum_{i=1}^{n-1} V_{i,t}\right)}$$

$$- \frac{\left(V_t \cdot r - \sum_{i=1}^{n-1} V_{i,t} \cdot r_i\right) \cdot \left(V_t - \sum_{i=1}^{n-1} V_{i,t} + \Delta V_{k-1,t+1} - \Delta V_{n-1,t+1}\right)}{\left(V_t - \sum_{i=1}^{n-1} V_{i,t} + \Delta V_{k-1,t+1} - \Delta V_{n-1,t+1}\right) \cdot \left(V_t - \sum_{i=1}^{n-1} V_{i,t}\right)}$$

bzw.

$$\Delta r_{n,t+2}^{RV} = \frac{\left(V_t \cdot r - \sum_{i=1}^{n-1} V_{i,t} \cdot r_i\right) \cdot \left(V_t - \sum_{i=1}^{n-1} V_{i,t}\right)}{\left(V_t - \sum_{i=1}^{n-1} V_{i,t} + \Delta V_{k-1,t+1} - \Delta V_{n-1,t+1}\right) \cdot \left(V_t - \sum_{i=1}^{n-1} V_{i,t}\right)}$$

$$+ \frac{\left(\Delta V_{k-1,t+1} \cdot r_{k-1} - \Delta V_{n-1,t+1} \cdot r_{n-1}\right) \cdot \left(V_t - \sum_{i=1}^{n-1} V_{i,t}\right)}{\left(V_t - \sum_{i=1}^{n-1} V_{i,t} + \Delta V_{k-1,t+1} - \Delta V_{n-1,t+1}\right) \cdot \left(V_t - \sum_{i=1}^{n-1} V_{i,t}\right)}$$

$$- \frac{\left(V_t \cdot r - \sum_{i=1}^{n-1} V_{i,t} \cdot r_i\right) \cdot \left(V_t - \sum_{i=1}^{n-1} V_{i,t}\right)}{\left(V_t - \sum_{i=1}^{n-1} V_{i,t} + \Delta V_{k-1,t+1} - \Delta V_{n-1,t+1}\right) \cdot \left(V_t - \sum_{i=1}^{n-1} V_{i,t}\right)}$$

$$- \frac{\left(V_t \cdot r - \sum_{i=1}^{n-1} V_{i,t} \cdot r_i\right) \cdot \left(\Delta V_{k-1,t+1} - \Delta V_{n-1,t+1}\right)}{\left(V_t - \sum_{i=1}^{n-1} V_{i,t} + \Delta V_{k-1,t+1} - \Delta V_{n-1,t+1}\right) \cdot \left(V_t - \sum_{i=1}^{n-1} V_{i,t}\right)}$$

bzw.

$$\Delta r_{n,t+2}^{RV} = \frac{\left(\Delta V_{k-1,t+1} \cdot r_{k-1} - \Delta V_{n-1,t+1} \cdot r_{n-1}\right) \cdot \left(V_t - \sum_{i=1}^{n-1} V_{i,t}\right)}{\left(V_t - \sum_{i=1}^{n-1} V_{i,t} + \Delta V_{k-1,t+1} - \Delta V_{n-1,t+1}\right) \cdot \left(V_t - \sum_{i=1}^{n-1} V_{i,t}\right)}$$

$$- \frac{\left(V_t \cdot r - \sum_{i=1}^{n-1} V_{i,t} \cdot r_i\right) \cdot \left(\Delta V_{k-1,t+1} - \Delta V_{n-1,t+1}\right)}{\left(V_t - \sum_{i=1}^{n-1} V_{i,t} + \Delta V_{k-1,t+1} - \Delta V_{n-1,t+1}\right) \cdot \left(V_t - \sum_{i=1}^{n-1} V_{i,t}\right)}$$

Mit

$$r_{n,t+1}^{RV} = \frac{V_t \cdot r - \sum_{i=1}^{n-1} V_{i,t} \cdot r_i}{V_t - \sum_{i=1}^{n-1} V_{i,t}}$$

ergibt sich weiter

$$\Delta r_{n,t+2}^{RV} = \frac{\Delta V_{k-1,t+1} \cdot r_{k-1} - \Delta V_{n-1,t+1} \cdot r_{n-1}}{V_t - \sum_{i=1}^{n-1} V_{i,t} + \Delta V_{k-1,t+1} - \Delta V_{n-1,t+1}} - r_{n,t+1}^{RV} \cdot \frac{\Delta V_{k-1,t+1} - \Delta V_{n-1,t+1}}{V_t - \sum_{i=1}^{n-1} V_{i,t} + \Delta V_{k-1,t+1} - \Delta V_{n-1,t+1}}$$

bzw.

$$\Delta r_{n,t+2}^{RV} = \frac{\Delta V_{k-1,t+1} \cdot r_{k-1} - \Delta V_{n-1,t+1} \cdot r_{n-1} - \Delta V_{k-1,t+1} \cdot r_{n,t+1}^{RV} + \Delta V_{n-1,t+1} \cdot r_{n,t+1}^{RV}}{V_t - \sum_{i=1}^{n-1} V_{i,t} + \Delta V_{k-1,t+1} - \Delta V_{n-1,t+1}}$$

bzw.

$$\Delta r_{n,t+2}^{RV} = \frac{\Delta V_{k-1,t+1} \cdot r_{k-1} - \Delta V_{k-1,t+1} \cdot r_{n,t+1}^{RV} + \Delta V_{n-1,t+1} \cdot r_{n,t+1}^{RV} - \Delta V_{n-1,t+1} \cdot r_{n-1}}{V_t - \sum_{i=1}^{n-1} V_{i,t} + \Delta V_{k-1,t+1} - \Delta V_{n-1,t+1}}$$

Anhang zu 3.3.5.3.4: Ableitung der Beziehung für die Veränderung des modellendogenen Zinssatzes

Die Beziehung

$$\Delta r_{n,t+2}^{RV} = r_{n,t+2}^{RV} - r_{n,t+1}^{RV}$$

kann durch Einsetzen der Ausdrücke

$$r_{n,t+1}^{RV} = \frac{V_t \cdot \mathrm{r} - V_t^{C+I} \cdot r_{t+1}^{C+I}}{V_t - V_t^{C+I}}$$

und

$$r_{n,t+2}^{RV} = \frac{V_t \cdot \mathrm{r} + \Delta V_{t+1} \cdot \mathrm{r} - V_t^{C+I} \cdot \left(r_{t+1}^{C+I} + \Delta r_{t+2}^{C+I}\right) - \Delta V_{t+1}^{C+I} \cdot \left(r_{t+1}^{C+I} + \Delta r_{t+2}^{C+I}\right)}{V_t + \Delta V_{t+1} - V_t^{C+I} - \Delta V_{t+1}^{C+I}}$$

dargestellt werden als

$$\Delta r_{n,t+2}^{RV} = \frac{V_t \cdot \mathrm{r} + \Delta V_{t+1} \cdot \mathrm{r} - V_t^{C+I} \cdot \left(r_{t+1}^{C+I} + \Delta r_{t+2}^{C+I}\right) - \Delta V_{t+1}^{C+I} \cdot \left(r_{t+1}^{C+I} + \Delta r_{t+2}^{C+I}\right)}{V_t + \Delta V_{t+1} - V_t^{C+I} - \Delta V_{t+1}^{C+I}} - \frac{V_t \cdot \mathrm{r} - V_t^{C+I} \cdot r_{t+1}^{C+I}}{V_t - V_t^{C+I}}$$

und umgeformt werden zu

$$\Delta r_{n,t+2}^{RV} = \frac{V_t \cdot \mathrm{r} + \Delta V_{t+1} \cdot \mathrm{r} - V_t^{C+I} \cdot \left(r_{t+1}^{C+I} + \Delta r_{t+2}^{C+I}\right) - \Delta V_{t+1}^{C+I} \cdot \left(r_{t+1}^{C+I} + \Delta r_{t+2}^{C+I}\right)}{V_t + \Delta V_{t+1} - V_t^{C+I} - \Delta V_{t+1}^{C+I}} \cdot \frac{V_t - V_t^{C+I}}{V_t - V_t^{C+I}}$$

$$- \frac{V_t \cdot \mathrm{r} - V_t^{C+I} \cdot r_{t+1}^{C+I}}{V_t - V_t^{C+I}} \cdot \frac{V_t + \Delta V_{t+1} - V_t^{C+I} - \Delta V_{t+1}^{C+I}}{V_t + \Delta V_{t+1} - V_t^{C+I} - \Delta V_{t+1}^{C+I}}$$

bzw. zu

$$\Delta r_{n,t+2}^{RV} = \frac{V_t \cdot \mathrm{r} - V_t^{C+I} \cdot r_{t+1}^{C+I}}{V_t + \Delta V_{t+1} - V_t^{C+I} - \Delta V_{t+1}^{C+I}} \cdot \frac{V_t - V_t^{C+I}}{V_t - V_t^{C+I}} + \frac{\Delta V_{t+1} \cdot \mathrm{r} - V_t^{C+I} \cdot \Delta r_{t+2}^{C+I} - \Delta V_{t+1}^{C+I} \cdot \left(r_{t+1}^{C+I} + \Delta r_{t+2}^{C+I}\right)}{V_t + \Delta V_{t+1} - V_t^{C+I} - \Delta V_{t+1}^{C+I}}$$

$$\cdot \frac{V_t - V_t^{C+I}}{V_t - V_t^{C+I}} - \frac{V_t \cdot \mathrm{r} - V_t^{C+I} \cdot r_{t+1}^{C+I}}{V_t - V_t^{C+I}} \cdot \frac{V_t - V_t^{C+I}}{V_t + \Delta V_{t+1} - V_t^{C+I} - \Delta V_{t+1}^{C+I}}$$

$$- \frac{V_t \cdot \mathrm{r} - V_t^{C+I} \cdot r_{t+1}^{C+I}}{V_t - V_t^{C+I}} \cdot \frac{\Delta V_{t+1} - \Delta V_{t+1}^{C+I}}{V_t + \Delta V_{t+1} - V_t^{C+I} - \Delta V_{t+1}^{C+I}}$$

bzw. zu

$$\Delta r_{n,t+2}^{RV} = \frac{\Delta V_{t+1} \cdot \mathrm{r} - V_t^{C+I} \cdot \Delta r_{t+2}^{C+I} - \Delta V_{t+1}^{C+I} \cdot \left(r_{t+1}^{C+I} + \Delta r_{t+2}^{C+I}\right)}{V_t + \Delta V_{t+1} - V_t^{C+I} - \Delta V_{t+1}^{C+I}} \cdot \frac{V_t - V_t^{C+I}}{V_t - V_t^{C+I}}$$

$$- \frac{V_t \cdot \mathrm{r} - V_t^{C+I} \cdot r_{t+1}^{C+I}}{V_t - V_t^{C+I}} \cdot \frac{\Delta V_{t+1} - \Delta V_{t+1}^{C+I}}{V_t + \Delta V_{t+1} - V_t^{C+I} - \Delta V_{t+1}^{C+I}}$$

Mit

$$r_{n,t+1}^{RV} = \frac{V_t \cdot \mathrm{r} - V_t^{C+I} \cdot r_{t+1}^{C+I}}{V_t - V_t^{C+I}}$$

ergibt sich

$$\Delta r_{n,t+2}^{RV} = \frac{\Delta V_{t+1} \cdot \mathrm{r} - V_t^{C+I} \cdot \Delta r_{t+2}^{C+I} - \Delta V_{t+1}^{C+I} \cdot \left(r_{t+1}^{C+I} + \Delta r_{t+2}^{C+I}\right)}{V_t + \Delta V_{t+1} - V_{i,t}^{C+I} - \Delta V_{i,t+1}^{C+I}} - r_{n,t+1}^{RV} \cdot \frac{\Delta V_{t+1} - \Delta V_{t+1}^{C+I}}{V_t + \Delta V_{t+1} - V_t^{C+I} - \Delta V_{t+1}^{C+I}}$$

bzw.

$$\Delta r_{n,t+2}^{RV} = \frac{\Delta V_{t+1} \cdot \left(\mathrm{r} - r_{n,t+1}^{RV}\right) - V_t^{C+I} \cdot \Delta r_{t+2}^{C+I} - \Delta V_{t+1}^{C+I} \cdot \left(r_{t+1}^{C+I} + \Delta r_{t+2}^{C+I} - r_{n,t+1}^{RV}\right)}{V_t + \Delta V_{t+1} - V_t^{C+I} - \Delta V_{t+1}^{C+I}}$$

sowie mit $V_{n,t+1}^{RV} = V_t + \Delta V_{t+1} - V_t^{C+I} - \Delta V_{t+1}^{C+I}$

$$\Delta r_{n,t+2}^{RV} = \frac{\Delta V_{t+1} \cdot \left(\mathrm{r} - r_{n,t+1}^{RV}\right) - V_t^{C+I} \cdot \Delta r_{t+2}^{C+I} - \Delta V_{t+1}^{C+I} \cdot \left(r_{t+1}^{C+I} + \Delta r_{t+2}^{C+I} - r_{n,t+1}^{RV}\right)}{V_{n,t+1}^{RV}}$$

Anhang zu 3.3.5.4.3.4: Ableitung der Beziehung zur Erklärung der gewichteten Kapitalkosten

Die Beziehung

$$CF_{t+1} = CF_{n,t+1}^{EE} + \sum_{i=1}^{n-1} CF_{i,t+1}$$

kann mit

$$\mathrm{CF}_{t+1} = \mathrm{V_t} - \mathrm{V_{t+1}} + \mathrm{V_t} \cdot \mathrm{r_{t+1}}$$

$$\mathrm{CF}_{i,t+1} = \mathrm{V_{i,t}^L} - \mathrm{V_{i,t+1}^L} + \mathrm{V_{i,t}^L} \cdot r_{i,t+1}^L$$

$$CF_{n,t+1}^{EE} = \mathrm{V_{n,t}^{MPEEML}} - \mathrm{V_{n,t+1}^{MPEEML}} + \mathrm{V_{n,t}^{MPEEML}} \cdot r_{n,t+1}^L$$

überführt werden in die Beziehung

$$\mathrm{V_t} - \mathrm{V_{t+1}} + \mathrm{V_t} \cdot \mathrm{r_{t+1}} = \mathrm{V_{n,t}^{MPEEML}} - \mathrm{V_{n,t+1}^{MPEEML}} + \mathrm{V_{n,t}^{MPEEML}} \cdot r_{n,t+1}^L + \sum_{i=1}^{n-1} \mathrm{V_{i,t}^L} - \sum_{i=1}^{n-1} \mathrm{V_{i,t+1}^L} + \sum_{i=1}^{n-1} \mathrm{V_{i,t}^L} \cdot r_{i,t+1}^L$$

sowie mit $\mathrm{V_{n,t}^{MPEEML}} + \sum_{i=1}^{n-1} \mathrm{V_{i,t}^L} = V_t - \varepsilon_t^{MPEEML}$ und $\mathrm{V_{n,t+1}^{MPEEML}} + \sum_{i=1}^{n-1} \mathrm{V_{i,t+1}^L} = V_{t+1} - \varepsilon_{t+1}^{MPEEML}$ in den

Ausdruck

$$\mathrm{V_t} - \mathrm{V_{t+1}} + \mathrm{V_t} \cdot \mathrm{r_{t+1}} = V_t - \varepsilon_t^{MPEEML} - \left(V_{t+1} - \varepsilon_{t+1}^{MPEEML}\right) + \mathrm{V_{n,t}^{MPEEML}} \cdot r_{n,t+1}^L + \sum_{i=1}^{n-1} \mathrm{V_{i,t}^L} \cdot r_{i,t+1}^L$$

bzw.

$$V_t \cdot r_{t+1} = V_{n,t}^{MPEEML} \cdot r_{n,t+1}^{L} + \sum_{i=1}^{n-1} V_{i,t}^{L} \cdot r_{i,t+1}^{L} - \left(\varepsilon_t^{MPEEML} - \varepsilon_{t+1}^{MPEEML} \right)$$

Durch Auflösung dieses Ausdrucks nach r_{t+1} ergibt sich die Beziehung für die gewichteten Kapitalkosten des betrachteten Unternehmens

$$r_{t+1} = \frac{V_{n,t}^{MPEEML} \cdot r_{n,t+1}^{L} + \sum_{i=1}^{n-1} V_{i,t}^{L} \cdot r_{i,t+1}^{L} - \left(\varepsilon_t^{MPEEML} - \varepsilon_{t+1}^{MPEEML} \right)}{V_t}$$

$$= \frac{V_{n,t}^{MPEEML} \cdot r_{n,t+1}^{L} + \sum_{i=1}^{n-1} V_{i,t}^{L} \cdot r_{i,t+1}^{L}}{V_t} - \frac{\varepsilon_t^{MPEEML} - \varepsilon_{t+1}^{MPEEML}}{V_t}$$

Mit

$$\varepsilon_t^{MPEEML} = V_{n,t}^{RVL} - V_{n,t}^{MPEEML}$$

und

$$\varepsilon_{t+1}^{MPEEML} = V_{n,t+1}^{RVL} - V_{n,t+1}^{MPEEML}$$

ergibt sich

$$r_{t+1} = \frac{V_{n,t}^{MPEEML} \cdot r_{n,t+1}^{L} + \sum_{i=1}^{n-1} V_{i,t}^{L} \cdot r_{i,t+1}^{L}}{V_t} - \frac{V_{n,t}^{RVL} - V_{n,t}^{MPEEML} - \left(V_{n,t+1}^{RVL} - V_{n,t+1}^{MPEEML} \right)}{V_t}$$

4 Identifikation, Ansatz und Bewertung immaterieller Vermögenswerte im Rahmen einer Unternehmensübernahme – ein Fallbeispiel

4.1 Überblick

Im Folgenden wird zunächst in das Fallbeispiel eingeführt (4.2) und anschließend die Planung des Vorgehens bei der durchzuführenden Kaufpreisallokation dargelegt (4.3). Sodann werden Identifizierung und Ansatz der erworbenen immateriellen Vermögenswerte betrachtet (4.4). Abschließend wird die Ableitung der beizulegenden Zeitwerte dieser Vermögenswerte sowie des originären Goodwill erläutert (4.5). Auf die Ableitung und Analyse des derivativen Goodwill wird in Kapitel 5 eingegangen.[406]

4.2 Ausgangsdaten des Fallbeispiels

Die AS GmbH (im Folgenden kurz AS) fertigt in ihrer Geschäftseinheit BU2 hoch spezialisierte Komponenten für namhafte Hersteller im Bereich Maschinenbau. BU2 wurde am 1. Januar 2017 im Wege eines Asset Deal von der Erwerber AG vollständig übernommen. Veräußerer und Erwerber vereinbarten für die Übertragung der Vermögenswerte – Schulden wurden im Wesentlichen nicht übernommen – eine Gegenleistung in Höhe von EUR 580,0 Mio. Bei den Kaufpreisverhandlungen ging die Erwerber AG von einer Bewertung des Unternehmensbereichs (Entity Value) vor Einbeziehung von Synergien von EUR 547,8 Mio. aus. Außerdem erwartete die AG, dass mit der Übernahme von BU2 nachhaltige Kosteneinsparungen verbunden sind, deren Barwert bei EUR 80,0 Mio. liegt.[407] Nach Einschät-

---

406 Zur Kaufpreisallokation nach IFRS 3 siehe statt vieler Purtscher (2008), S. 107 ff.; Beine/Lopatta (2008), S. 451 ff.; Mard/Hitchner/Hyden (2011); Leibfried/Fassnacht (2007), S. 48–57; Siegrist/Stucker (2007), S. 239–245; Zwirner/Busch (2012), S. 425 ff.; Kunowski (2012), S. 727 ff. Einzelaspekte der Kaufpreisallokation werden in einer Vielzahl von Beiträgen betrachtet, z. B. zur vorläufigen Kaufpreisallokation Wünsch (2009); zur Kaufpreisallokationen bei Banken Sommer/Schmitz (2010), S. 447 ff.
407 Auf die Darstellung der Ermittlung des Werts der Synergien wird im Folgenden verzichtet.

zung der Steuerabteilung der Erwerber AG folgt die ertragsteuerliche Behandlung der Übernahme von BU2 der Kaufpreisallokation.

Die materiellen Vermögenswerte von BU2 wurden bereits identifiziert und neu bewertet. Die Geschäftseinheit verfügt über mehrere Grundstücke, abnutzbare Sachanlagen sowie kurzfristige operative Vermögenswerte (Vorräte, Forderungen sowie Zahlungsmittel und Zahlungsmitteläquivalente). Die zuletzt genannten Vermögenswerte wurden nach Abzug der kurzfristigen operativen Schulden – zur Vereinfachung der weiteren Ausführungen – zum Net Working Capital (im Folgenden auch vereinfachend als Working Capital bezeichnet) zusammengefasst. Die beizulegenden Zeitwerte der Grundstücke betragen insgesamt EUR 40,00 Mio., die der abnutzbaren Sachanlagen EUR 100,00 Mio. Für das Working Capital ergab sich ein beizulegender Zeitwert von EUR 80,00 Mio. bei einem Wert auf Basis von Anschaffungs- und Herstellungskosten von EUR 75,00 Mio.

4.3   Planung der Kaufpreisallokation

Das Vorgehen bei einer Kaufpreisallokation wird durch die nach IFRS 3.4 anzuwendende Erwerbsmethode (Acquisition Method) bestimmt. Nach IFRS 3.5 erfolgt deren Anwendung in mehreren Schritten, die in Abbildung 4-1 zusammengefasst sind. Abbildung 4-2 gibt einen Überblick über das Vorgehen bei einer Kaufpreisallokation im konkreten Anwendungsfall.

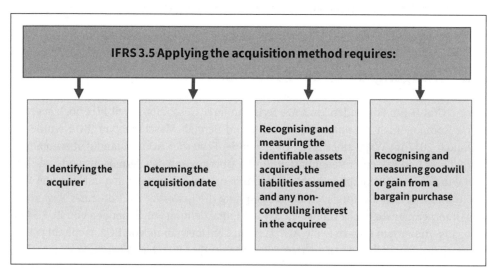

Abb. 4-1: Vorgehen bei einer Kaufpreisallokation nach der Erwerbsmethode

Aus den Ausgangsdaten des Fallbeispiels der Übernahme von BU2 durch die Erwerber AG ergibt sich, dass bereits der Erwerber identifiziert, der Erwerbszeitpunkt bestimmt und eine Neubewertung der identifizierten materiellen Vermögenswerte (Grundstücke, Sachanlagen und Working Capital) zum Erwerbszeitpunkt vorgenommen wurden. Da – abge-

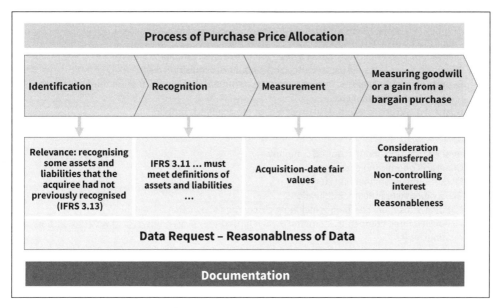

Abb. 4-2: Vorgehen bei einer Kaufpreisallokation im Anwendungsfall

sehen von den beim Working Capital berücksichtigten kurzfristigen operativen Schulden – weder Schulden übernommen wurden, noch – aufgrund der vorliegenden Transaktionsstruktur – Anteile nicht-kontrollierender Gesellschafter zu berücksichtigen sind, verbleiben Identifikation, Ansatz und Bewertung der identifizierbaren immateriellen Vermögenswerte der Geschäftseinheit sowie Ableitung des Goodwill bzw. eines Bargain Purchase.

Die ersten Gespräche, die mit dem Management der Geschäftseinheit und dem Management der Erwerber AG geführt werden, sind auf ein Verständnis der Geschäftstätigkeit von BU2, der Transaktion sowie auf die Identifikation der erworbenen immateriellen Vermögenswerte gerichtet. Zur Vorbereitung dieser Gespräche werden zunächst nicht im Einzelnen spezifizierte transaktionsbezogene und unternehmensbezogene Informationen, z.B. unter Zugrundelegung der in Abbildung 4-3 dargestellten General Information Request List[408], angefordert. Aufbauend auf den Ergebnissen der geführten Gespräche und der durchgeführten ersten Analysen werden die Informationsanforderungen weiter spezifiziert. Dies gilt ganz besonders für die Daten, die für die Bewertungen der immateriellen Vermögenswerte erforderlich sind.

---

408 Diese baut auf den bei IVSC ED 2007, 6.10, dargestellten Informationserfordernissen auf.

Information related to Transaction
- Public disclosures of transaction
- Transaction documents (purchase agreement and related exhibits)
- Acquisition cost (detailed list of source and amount of acquisition cost)
- Reports of outside analysts, market experts, governmental agencies, or other third parties, that relate to the transaction etc.
- Board of directors´ presentation prepared for the acquired company
- Board of directors´ presentation prepared for the acquiring company

General information about acquired company
- General economic indicators
- Market surveys, engineering studies
- Governmental or industry publications
- List of all subsidiary companies including percentage of ownership in each
- List of all related companies (common ownership, comm. Shareholders, etc.) with description of relationship(s)
- List of products and services of acquired company
- Sales and marketing materials used to sell the acquired company´s products services
- List of competitors of acquired company
- List of competitors of acquired company listed at a stock exchange
- List of competitors of acquiring company

Financial Statements
- Historical financial statements of the acquired company for the most recent five years (if available 10k form)
- Explanation of significant non-recurring and/or nonoperating items appearing on the financial statements in any fiscal year if not detailed in footnotes
- Interim financial statements for the year-to-date (acquisition date)
- Federal and State Corporate Tax Returns and supporting schedules for fiscal years ending five years

Information related to Projected Financial Information (PFI)
- PFI prepared by acquired company
- PFI prepared by the acquired company's advisor
- PFI prepared by acquiring company
- PFI Other information prepared by acquiring company's advisor

Other information
- Summary of major covenants or agreements binding on company, e.g. union contracts, capital leases, employment contracts, service contracts, product warranties, etc.
- Appraisals of the stock of the company made during the last three years

Abb. 4-3: General Information Requirements

4.4 Identifikation und Ansatz der immateriellen Vermögenswerte von BU2

4.4.1 Vorgehen

Im Folgenden werden zunächst die Voraussetzungen für den Ansatz immaterieller Vermögenswerte bei Unternehmenszusammenschlüssen dargelegt (4.4.2). Sodann werden die Ergebnisse der ersten Analysen von BU2, die u. a. auf die Erlangung von Anhaltspunkten für identifizierbare immaterielle Vermögenswerte gerichtet waren, zusammengestellt (4.4.3). Anschließend wird beurteilt, inwieweit in den betrachteten Sachverhalten die Voraussetzungen für den Ansatz immaterieller Vermögenswerten erfüllt sind (4.4.4). Abschließend wird das Ergebnis der Identifikation der immateriellen Vermögenswerte von BU2 zusammengefasst (4.4.5).

4.4.2 Voraussetzungen für den Ansatz immaterieller Vermögenswerte bei Unternehmenszusammenschlüssen

4.4.2.1 Grundlagen

Nach IFRS 3.10 sind bei der bilanziellen Abbildung eines Unternehmenszusammenschlusses zum Erwerbszeitpunkt – neben den übernommenen Schulden und den Anteilen der nicht kontrollierenden Gesellschafter – die identifizierbaren erworbenen Vermögenswerte gesondert vom Goodwill anzusetzen.[409] Im Einzelnen verlangt IFRS 3, dass zwei grundlegende Ansatzvoraussetzungen erfüllt sind:[410]

- Es muss ein Vermögenswert[411] im Sinne der Vermögenswertdefinition des Framework[412] vorliegen (IFRS 3.11).
- Der anzusetzende Vermögenswert ist Gegenstand des Unternehmenszusammenschlusses und resultiert nicht aus einer gesonderten Transaktion (IFRS 3.12).

Die an das Vorliegen von Vermögenswerten zu stellenden Anforderungen wurden bereits unter 2.2.2.1 erläutert. Auf die zweite Voraussetzung wird im Folgenden nicht eingegangen, da sich aus dem Sachverhalt keine Anhaltspunkte dafür ergeben, dass die möglicherweise anzusetzenden Vermögenswerte nicht Gegenstand der Übernahme von BU2 durch die Erwerber AG sind.

---

409 Zum Ansatz immaterieller Vermögenswerte siehe beispielsweise auch Hüttche/Moser (2008), S. 365 ff.; Heyd/Lutz-Ingold (2007), S. 25 ff.

410 Vgl. auch IFRS 3.BC112 ff.

411 IFRS 3.11 bezieht in gleicher Weise auch Schulden ein, welchen im hier gegebenen Zusammenhang jedoch keine Bedeutung zukommt.

412 F. 49 ff.

Aus dem Framework[413] ergeben sich zwei weitere Ansatzvoraussetzungen, auf die IFRS 3[414] nicht ausdrücklich Bezug nimmt:[415] die

- Wahrscheinlichkeit des Zuflusses des mit dem Vermögenswert verbundenen künftigen wirtschaftlichen Nutzens sowie die
- verlässliche Bewertbarkeit der Anschaffungs- oder Herstellungskosten des Vermögenswertes.

Nach IAS 38.33[416] gelten diese beiden Anforderungen bei immateriellen Vermögenswerten, die im Rahmen von Unternehmenszusammenschlüssen erworben werden, stets als erfüllt. Dementsprechend kommt diesen Ansatzvoraussetzungen keine Bedeutung.
IFRS 3.13 legt weiter dar, dass es für den Ansatz eines im Rahmen eines Unternehmenszusammenschlusses erworbenen Vermögenswertes unbeachtlich ist, ob dieser bereits beim erworbenen Unternehmen vor dem Zusammenschluss angesetzt wurde.

4.4.2.2 Wesentlichkeit

Dem Grundsatz der Wesentlichkeit[417] kommt beim Ansatz immaterieller Vermögenswerte nicht nur aus Gründen der Kosten-Nutzen-Relation Bedeutung zu. Die Beachtung dieses Grundsatzes steht auch in enger Verbindung mit »der Notwendigkeit, die Verlässlichkeit der Wertermittlung der erworbenen immateriellen Vermögenswerte nicht zu sehr einzuschränken«. [418] Dieses Erfordernis ist Folge der bereits unter 2.4 deutlich gewordenen Unschärfen, die Bewertungen immaterieller Vermögenswerte innewohnen.

Bei der Bemessung der Wesentlichkeit in Bezug auf die Vermögensdarstellung wird oftmals auf die Gegenleistung für die Unternehmensübernahme abgestellt. Als Bemessungsgrundlage kommen jedoch auch Größen wie beispielsweise der Gesamtbetrag der erworbenen immateriellen Vermögenswerte oder die Bilanzsumme des übernommenen Unternehmens in Betracht. Auf die gewählte Bezugsgröße wird sodann ein Prozentsatz angewendet, der regelmäßig zwischen 5 % und 10 % liegt.[419]

Die Bestimmung der Wesentlichkeit durch qualitative Kriterien beschränkt sich wohl eher auf Einzelfälle. Dies ist etwa dann der Fall, wenn ein für das Geschäftsmodell des erworbenen Unternehmens zentraler immaterieller Vermögenswert quantitativ unwesentlich ist;[420] ein derartiger Sachverhalt dürfte jedoch allenfalls in Ausnahmefällen gegeben sein.

---

413   F. 82 ff.; vgl. auch IAS 38.21.
414   Siehe demgegenüber IFRS 3 (2004), 37a, 45.
415   Siehe hierzu IFRS 3.BC125 ff.
416   Zur verlässlichen Bewertbarkeit siehe auch IAS 38.35.
417   Siehe zu diesem Grundsatz statt vieler Zülch/Hendler (2009), S. 79 ff.
418   Schmalenbach-Gesellschaft (2009) S. 14.
419   Vgl. Schmalenbach-Gesellschaft (2009) S. 14 f.
420   Vgl. ebenda.

4.4.3 Ergebnisse der Unternehmensanalysen in der Identifikationsphase

Die ersten Analysen von BU2 waren auf die Erlangung eines Verständnisses des Geschäftsmodells der Geschäftseinheit gerichtet. Hierzu wurden insbesondere die Komponenten des Free Cashflow der Geschäftseinheit untersucht sowie Wertketten- und Branchenstruktur-Analysen durchgeführt.

Aus den durchgeführten Untersuchungen ergaben sich folgende Anhaltspunkte für identifizierbare immaterielle Vermögenswerte des Unternehmensbereichs:

- Die Kunden von BU2 sind insbesondere die A AG, die B AG sowie die C AG, ausnahmslos bedeutende Hersteller im betreffenden Branchensegment. Im Tätigkeitsbereich der Gesellschaft vergeben die genannten Hersteller bei der Neuentwicklung eines Produkttyps typischerweise auf dessen Lebenszyklus bezogene Aufträge an ihre Zulieferer. Den Verträgen liegen die für den betreffenden Typ während dessen Lebenszyklus geplanten Absatzmengen zugrunde. Im letzten Quartal eines jeden Jahres erhalten die Zulieferer von den Herstellern die aktualisierten, für das kommende Jahr geplanten Stückzahlen. Auf dieser Grundlage erfolgen die Abrufe der Teile – in Abhängigkeit vom einzelnen Hersteller – zwischen einem und drei Monaten vor dem geplanten Liefertermin. Wesentlicher Bestandteil der Kundenverträge sind Regelungen über die Preisgestaltung, insbesondere die jährlichen Preisanpassungen während der Vertragslaufzeit.
- Die Produkte der Geschäftseinheit zeichnen sich durch sehr spezifische Eigenschaften bei kompakter Bauweise und ein äußerst geringes Gewicht aus. Sie bauen auf einer durch insgesamt 9 Patente geschützten Technologie (im Folgenden auch als Basistechnologie bezeichnet) auf. Der Patentschutz wurde im Zusammenhang mit der Unternehmensübernahme durch einen Patentanwalt untersucht und als zufriedenstellend eingeschätzt. Er geht allerdings davon aus, dass Umgehungslösungen von Wettbewerbern durchaus möglich sein können.
- Im Produktionsbereich verfügt die Geschäftseinheit über eine Technologie, die zu Kosteneinsparungen bei der Herstellung ihrer Produkte führt (im Folgenden als Verfahrenstechnologie abgekürzt). Diese Technologie ist nicht patentrechtlich geschützt; sie wird vielmehr als Betriebsgeheimnis behandelt. Das Unternehmen verfügt über eine ausreichende Dokumentation der Verfahrenstechnologie. Derartige Technologien sind regelmäßig auch Gegenstand von Lizenzverträgen.
- BU2 beabsichtigt, im Laufe des kommenden Geschäftsjahrs umfangreiche Forschungs- und Entwicklungsaktivitäten zur Entwicklung der nächsten Generation der Basistechnologie aufzunehmen, die nach derzeitiger Planung im Laufe des Jahres 2024 in den Markt eingeführt wird. Da die Geschäftseinheit davon ausgeht, dass eine der Verfahrenstechnologie entsprechende Technologie für die nächste Generation der Basistechnologie nicht realisierbar sein wird, erstrecken sich die Forschungs- und Entwicklungsaktivitäten nicht auf die Entwicklung einer neuen Verfahrenstechnologie.
- Die Produkte der Geschäftseinheit werden unter der Marke »AS« vertrieben. Diese ist in allen Ländern, in denen die Geschäftseinheit Aktivitäten entfaltet, registriert. Die Bedeutung der Marke »AS« resultiert daraus, dass die Marke bei den Abnehmern der Kunden der Geschäftseinheit einen beträchtlichen Bekanntheitsgrad aufweist und die Kunden von BU2 dementsprechend die Verwendung der Teile von BU2 in ihren Pro-

dukten herausstellen. Dadurch soll der hochwertige Charakter der Produkte der Kunden der Geschäftseinheit unterstrichen werden.

- Außerdem nutzt der Unternehmensbereich eine selbst konzipierte und programmierte Software zur Messung der spezifischen Produkteigenschaften und damit zur Gewährleistung der Qualität der Produkte. Durch diese Software, die im Unternehmen kurz als CA-Software bezeichnet wird, konnten die vor Nutzung der Software teilweise manuell durchgeführten Messungen automatisiert werden. Dementsprechend sind mit der Verwendung dieser Software deutliche Kosteneinsparungen verbunden.
- Eine zweite Software, die von der Geschäfteinheit unter Hinzuziehung eines dritten Software-Entwicklers selbst programmierte MA-Software, steuert den komplexen Produktionsprozess des Unternehmensbereichs. Die Nutzung einer derartigen Software ist Grundvoraussetzung der Durchführung der Produktionsprozesse der Geschäfteinheit. Spezifische Vorteile können ihr allerdings nicht zugeordnet werden.
- Die Geschäfteinheit beschäftigt am Bewertungsstichtag insgesamt rund 1800 Mitarbeiter in den verschiedenen Bereichen des Unternehmensbereichs.

Aus den durchgeführten Unternehmensanalysen ergaben sich keine weiteren Anhaltspunkte für identifizierbare immaterielle Vermögenswerte, wie etwa Wettbewerbsverbote oder kunstbezogene immaterielle Vermögenswerte.

4.4.4 Beurteilung des Vorliegens der Voraussetzungen für den Ansatz der immateriellen Vermögenswerte von BU2 bei der Erwerber AG

4.4.4.1 Kundenbeziehungen

IFRS 3.IE23 nennt, wie bereits unter 2.2.2.2 ausgeführt, folgende Beispiele für immaterielle Vermögenswerte im Bereich Kunden:[421]
- Kundenlisten,
- Auftragsbestand,
- Kundenverträge und damit verbundene Kundenbeziehungen,
- Kundenbeziehungen, denen keine vertraglichen Vereinbarungen zugrunde liegen.

Die zu diesen Vermögenswerten in den Illustrative Examples gegebenen Erläuterungen gehen insbesondere auf das Kriterium der Identifizierbarkeit ein. Diesen Ausführungen lassen sich u. a. wichtige Hinweise für das Verständnis, das die Standards von Kundenbeziehungen haben, entnehmen.

Nach IFRS 3.IE28 ist das Vorliegen einer Kundenbeziehung an folgende Voraussetzungen geknüpft:
- seitens des Unternehmens: Informationen über den Kunden sowie Pflege eines regelmäßigen Kontakts mit dem Kunden;
- seitens des Kunden: Möglichkeit der direkten Kontaktierung des Unternehmens.

---

421   Zur Analyse von kundenbezogenen immateriellen Vermögenswerten siehe unter 2.5.4.3.

Abbildung 4-4 veranschaulicht diese Voraussetzungen.

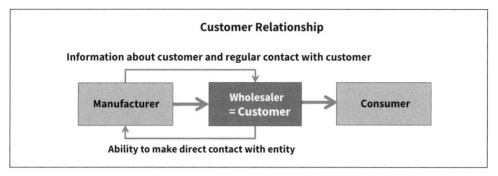

Abb. 4-4: Voraussetzungen für das Vorliegen von Kundenbeziehungen nach IFRS 3.IE28

Grundlage einer Kundenbeziehung können sowohl vertragliche Vereinbarungen mit dem Kunden als auch auf andere Weise gestaltete Beziehungen zu diesem, etwa durch regelmäßigen Kontakt von Verkaufsrepräsentanten, sein. IFRS 3.IE27 stellt heraus, dass es im zuerst genannten Fall geboten sein kann, zwischen den immateriellen Vermögenswerten Kundenvertrag und Kundenbeziehung zu unterscheiden. Dies ist beispielsweise dann der Fall, wenn eine Kundenbeziehung auch nach Beendigung einer vorliegenden vertraglichen Vereinbarung fortbesteht, etwa weil der betreffende Kunde aufgrund seiner Bindung zum Unternehmen mit diesem einen Folgevertrag abschließt.

Im Falle der Begründung von Kundenbeziehungen mittels vertraglicher Vereinbarungen ist nach IFRS 3.IE26 das Contractual-Legal-Kriterium erfüllt, wobei sich das Vorliegen dieser Voraussetzung auf die einheitliche Kundenbeziehung erstreckt und nicht nur für den am Übernahmestichtag bestehenden Kundenvertrag gegeben ist.[422] Ferner ist zu beachten, dass das Contractual-Legal-Kriterium unabhängig davon erfüllt ist, ob am Übernahmestichtag eine vertragliche Vereinbarung mit einem Kunden besteht oder nicht, sofern das Unternehmen die Beziehungen zu den Kunden generell auf vertraglicher Grundlage gestaltet.[423]

Die dargestellten Grundsätze gelten auch bei Vorliegen eines Auftragsbestands: In diesem Fall liegen den Beziehungen zu den Kunden vertragliche Vereinbarungen, z. B. in Form von Bestellungen, zugrunde. Damit ist das Contractual-Legal-Kriterium erfüllt, das sich auf die zugrunde liegenden Kundenbeziehungen erstreckt und nicht auf die vertragliche Vereinbarung beschränkt.[424] Auf das Vorliegen einer Bestellung (vertraglichen Vereinbarung) am Übernahmestichtag kommt es wiederum nicht an.[425]

In den Fällen, in denen keine vertraglich begründeten Kundenbeziehungen vorliegen (Non-Contractual Customer Relationship), kann die Identifizierbarkeit der Kundenbeziehungen nur auf das Separability-Kriterium gestützt werden. IFRS 3.IE31 verweist zum

---

422 Siehe hierzu auch das in IFRS 3.IE30 (a) dargestellte Beispiel.
423 Vgl. IFRS 3.IE28.
424 So IFRS 3.IE25, IE29.
425 Siehe hierzu auch das unter IFRS 3.IE30 (c) dargestellte Beispiel.

Nachweis dieser Voraussetzung auf Transaktionen, denen diese oder vergleichbare Kundenbeziehungen zugrunde lagen.

Die dargestellten Erläuterungen der Illustrative Examples zur Identifizierbarkeit von Kundenbeziehungen fasst Abbildung 4-5 zusammen.

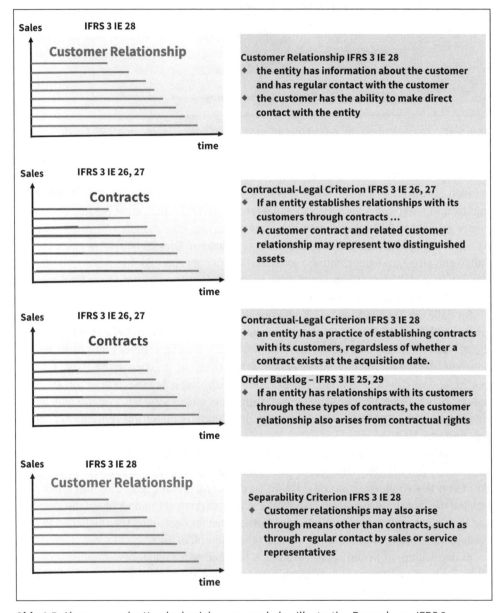

Abb. 4-5: Abgrenzung der Kundenbeziehungen nach den Illustrative Examples zu IFRS 3

BU2 ist mit ihren Kunden auf vertraglicher Basis verbunden. Damit ist das Contractual-Legal-Kriterium, das sich – entsprechend den in IFRS 3.IE26 dargelegten Überlegungen – auf die Kundenbeziehungen und nicht lediglich auf die vertraglichen Vereinbarungen bezieht, erfüllt und die Identifizierbarkeit der Kundenbeziehungen gegeben. Damit sind die Kundenbeziehungen als identifizierbare immaterielle Vermögenswerte anzusetzen. Angesichts der Bedeutung, die den Kundenbeziehungen für die Geschäftstätigkeit von BU2 zukommt, sind diese Vermögenswerte zu bewerten.

Die Abrufe von Teilen durch die Kunden, die sich auf einen bis drei Monate beziehen, konkretisieren die Mengenkomponente der bestehenden Verträge; sie begründen jedoch keine eigenständigen Vertragsverhältnisse. Damit verkörpern sie keinen gesondert zu behandelnden Auftragsbestand.

4.4.4.2 Technologien

IFRS 3.IE39 führt patentgeschützte Technologien als Beispiel für technologiebezogene immaterielle Vermögenswerte, die das Contractual-Legal-Kriterium erfüllen, an. Nicht patentierte Technologien sind demgegenüber regelmäßig nicht rechtlich geschützt und nur dann identifizierbar, wenn das Separierbarkeitskriterium gegeben ist, sie also vom Unternehmen losgelöst, beispielsweise veräußert oder lizenziert, werden können. Dabei spielt es – wie bereits ausgeführt – keine Rolle, ob die ungeschützte Technologie für sich alleine oder nur zusammen mit einem anderen Vermögenswert, z.B. einer Marke,[426] separierbar ist. Es kommt auch nicht auf das Bestehen einer entsprechenden Übertragungsabsicht an. Separierbarkeit ist insbesondere dann gegeben, wenn Transaktionen, deren Gegenstand z.B. vergleichbare nicht patentierte Technologien sind, nachgewiesen werden können.[427] Diese Grundsätze sind nach IAS 38.34 auch der Beurteilung der Identifizierbarkeit von am Übernahmestichtag bestehenden aktiven Forschungs- und Entwicklungsprojekten (In-Process Research and Development Project) zugrunde zu legen.

Die Basistechnologie von BU2 ist durch 9 Patente geschützt und erfüllt dementsprechend das Contractual-Legal-Kriterium. Die Verfahrenstechnologie, die nicht rechtlich geschützt ist, erfüllt das Separierbarkeitskriterium: Sie ist dokumentiert und kann zumindest zusammen mit der Basistechnologie übertragen werden. Zudem sind mit dieser vergleichbare Technologien typischerweise Gegenstand von Lizenzverträgen. Damit liegen bei beiden Technologien die Voraussetzungen identifizierbarer immaterieller Vermögenswerte vor.

Beide Technologien sind auch zu bewerten: Die Basistechnologie, auf der die von der Gesellschaft derzeitig angebotenen Produkte aufbauen, stellt eine wesentliche Grundlage für die Ausübung der Geschäftstätigkeit von BU2 dar. Die Bedeutung der Verfahrenstechnologie resultiert aus den Kosteneinsparungen bei der Herstellung der Produkte, die mit der Nutzung dieser Technologie verbunden sind.

Die Geschäftseinheit plant, im Laufe des kommenden Geschäftsjahrs mit der Entwicklung der nächsten Generation der Basistechnologie zu beginnen. Am Übernahmestichtag

---

426   So das Beispiel in IFRS 3.B34 (b).
427   Vgl. IFRS 3 App. A sowie B33 f.

hat sie noch keine darauf gerichteten Forschungs- und Entwicklungsaktivitäten eingeleitet. Dementsprechend liegt am Übernahmestichtag kein aktives Forschungs- und Entwicklungsprojekt (In-Process Research and Development Project) vor.

4.4.4.3 Software

Nach IFRS 3.IE40 ist das Contractual-Legal-Kriterium bei Computer-Software gegeben, wenn diese durch Patente oder Copyright geschützt ist. In den Fällen, in denen die Software nicht über rechtlichen Schutz verfügt, ist sie nur dann identifizierbar, wenn das Separierbarkeitskriterium erfüllt ist, sie also vom Unternehmen losgelöst, beispielsweise veräußert oder lizenziert, werden kann. Die Separierbarkeit ist insbesondere dann gegeben, wenn Transaktionen, deren Gegenstand die betreffende Software oder mit dieser vergleichbare, nicht geschützte Software ist, nachgewiesen werden können.[428]

Beide von der Geschäftseinheit genutzten Software-Lösungen, die CA- und die MA-Software, sind nicht patentrechtlich geschützt. Informationen über ihren Schutz durch Copyright liegen nicht vor. Allerdings werden derartige Software-Produkte ganz überwiegend nicht von ihren Nutzern selbst entwickelt, sondern von dritten Software-Entwicklern angebotene Lösungen eingesetzt. Dabei handelt es sich teilweise um Individual-Software, teilweise um kundenspezifisch angepasste Standard-Software. Dementsprechend können Lizenzvereinbarungen über Computer-Software, die mit der CA- bzw. der MA-Software vergleichbar ist, nachgewiesen werden. Damit ist das Kriterium der Separierbarkeit erfüllt; CA- und MA-Software stellen identifizierbare immaterielle Vermögenswerte dar. Angesichts der Bedeutung, die diesen Software-Produkten zukommt, sind diese zu bewerten.

4.4.4.4 Marke »AS«

IFRS 3.IE20 führt aus, dass Marken – unabhängig von ihrer Registrierung – zumeist rechtlich geschützt sind und damit das Contractual-Legal-Kriterium erfüllen. Ist dies nicht der Fall, kommt ein Ansatz einer Marke als immaterieller Vermögenswert dennoch in Betracht, sofern das Separierbarkeitskriterium gegeben ist.

Bei der Marke »AS« handelt es sich um eine eingetragene, also rechtlich geschützte Marke. Dementsprechend erfüllt sie die Voraussetzungen eines identifizierbaren immateriellen Vermögenswertes.

Im B2B-Bereich kommt Marken oftmals nur eine untergeordnete Bedeutung zu. Dies gilt jedoch nicht für die Marke »AS«, da diese bei den Abnehmern der Kunden der Geschäftseinheit einen beträchtlichen Bekanntheitsgrad aufweist und die Kunden der AS dementsprechend die Verwendung der Teile von BU2 in ihren Produkten herausstellen, wodurch sie den hochwertigen Charakter ihrer Produkte unterstreichen möchten. Damit ist die Marke »AS« zwar nicht das allein ausschlaggebende Kriterium der Kunden von BU2 für den Kauf der Produkte der Gesellschaft; sie übt jedoch zweifellos einen positiven Einfluss auf die Kaufentscheidung aus. Aus diesem Grund ist die Marke »AS« zu bewerten.

---

428 Vgl. IFRS 3 App. A sowie IFRS3.B33 f.

4.4.4.5 Mitarbeiterstamm

Nach IFRS 3.B37 ist der Mitarbeiterstamm eines übernommenen Unternehmens dadurch charakterisiert, dass er den Erwerber in die Lage versetzt, die Geschäftstätigkeit dieses Unternehmens nach dem Übernahmestichtag fortzuführen. Er verkörpert nicht das Intellectual Capital der Mitarbeiter des übernommenen Unternehmens.[429]

Ein Ansatz des erworbenen Mitarbeiterstamms als immaterieller Vermögenswert ist jedoch ausgeschlossen, da IFRS 3.B37 festschreibt, dass das Kriterium der Identifizierbarkeit nicht erfüllt ist.[430] Dennoch ist der Mitarbeiterstamm zu bewerten, da sein Wert bzw. sein Einkommensbeitrag für die Anwendung der MPEEM benötigt wird.[431]

4.4.5 Zusammenstellung der zu bewertenden immateriellen Vermögenswerte von BU2

Das Ergebnis der Identifikation der immateriellen Vermögenswerte von BU2 ist in Abbildung 4-6 zusammengefasst. Für jeden Vermögenswert wird dort auch angegeben, auf welches Kriterium die Identifizierbarkeit des Vermögenswerts gestützt wird, sowie ob dieser zu bewerten ist oder nicht.[432]

Kategorie immaterieller Vermögenswerte	Vermögens- wert	Identi- fikation	Identifi- zierbar- keit	Gegen- stand der Bewertung	Kommentar
Marketing-bezogene immaterielle Vermö- genswerte	Marke	ja	contractu- al-legal	ja	Die Produkte der Gesellschaft werden unter der registrierten Marke „AS" vertrieben. Die Marke hat einen erheblichen Bekanntheitsgrad und übt einen positiven Einfluss auf die Kaufentscheidung der Kunden von BU2 aus.
Kundenbezogene immaterielle Vermö- genswerte	Kundenbe- ziehungen	ja	contractu- al-legal	ja	BU2 ist mit ihren Kunden auf vertraglicher Basis verbunden. Die Kundenbeziehungen gehen über die zugrunde liegenden Verträge hinaus und schließen auch Kunden ein, mit denen am Bewertungsstichtag keine vertraglichen Beziehungen bestehen.

---

429 So IFRS 3.BC180.

430 Zur Begründung siehe IFRS 3.BC176 ff.

431 Vgl. auch IFRS 3.BC177.

432 Zur Dokumentation der Identifikation der immateriellen Vermögenswerte siehe auch Corporate and Intangibles Valuation Organization (2017), S. 16 f.

Kategorie immaterieller Vermögenswerte	Vermögenswert	Identifikation	Identifizierbarkeit	Gegenstand der Bewertung	Kommentar
	Auftragsbestand	nein	–	–	Die Abrufe von Teilen durch die Kunden konkretisieren die Mengenkomponente der bestehenden Verträge; sie begründen jedoch keine eigenständigen Vertragsverhältnisse.
Technologie-bezogene immaterielle Vermögenswerte	Patentgeschützte und nicht patentgeschützte Technologie	ja	contractual-legal	ja	Den Produkten der Gesellschaft liegt eine Technologie zugrunde, die durch ein Patentportfolio geschützt ist.
		ja	separability	ja	Die Gesellschaft nutzt eine Verfahrenstechnologie, die nicht patentrechtlich geschützt ist. Diese Technologie ist ausreichend dokumentiert. Vergleichbare Technologien sind regelmäßig Gegenstand von Lizenzverträgen.
	Software	ja	separability	ja	Die CA-Software wird zur Messung der spezifischen Produkteigenschaften verwendet. Mit ihrer Verwendung sind deutliche Kosteneinsparungen verbunden.
		ja	separability	ja	Die MA-Software steuert den komplexen Produktionsprozess von BU2 und bildet damit eine Grundvoraussetzung für dessen Durchführung.
					Mit beiden Software-Lösungen vergleichbare Computer-Software ist typischerweise Gegenstand von Lizenzvereinbarungen.
	IP R & D	nein	–	nein	Am Bewertungsstichtag bestehen bei BU2 keine Forschungs- und Entwicklungsprojekte.
Sonstige	Mitarbeiterstamm	ja	–	ja	Der akquirierte Mitarbeiterstamm stellt einen immateriellen Vermögenswert dar, der das Kriterium der Identifizierbarkeit nicht erfüllt.
					Der beizulegende Zeitwert des Mitarbeiterstamms ist zu ermitteln, da dessen Wert bzw. Einkommensbeitrag für die Anwendung der MPEEM benötigt wird.

Abb. 4-6: Ergebnisse der Identifikation der Vermögenswerte von BU2

4.5 Ermittlung der beizulegenden Zeitwerte der immateriellen Vermögenswerte von BU2

4.5.1 Überblick

Nach IFRS 3.18 sind die identifizierbaren erworbenen Vermögenswerte und übernommenen Schulden mit deren beizulegenden Zeitwerten zu bewerten. Diese Werte sind bezogen auf den Erwerbszeitpunkt zu ermitteln.

Die Ableitung der beizulegenden Zeitwerte von immateriellen Vermögenswerten erfordert – dies wurde unter 3.2.4 dargelegt – die Abgrenzung der Unit of Account, die Bestimmung des »Highest and Best Use« sowie die Auswahl des »Marktes« und der anzuwendenden Bewertungsansätze.[433] Im Folgenden werden zunächst die zu bewertenden immateriellen Vermögenswerte analysiert und auf dieser Grundlage die von IFRS 13 geforderten Annahmen und Abgrenzungen getroffen (4.5.3). Sodann werden die Bewertungen der immateriellen Vermögenswerte erläutert (4.5.4). Abschließend werden die Bewertungsergebnisse abgestimmt und deren Plausibilität beurteilt (4.5.5). Vorab werden die wesentlichen Ausgangsdaten der Bewertung zusammengestellt und analysiert (4.5.2).

4.5.2 Ausgangsdaten der Bewertung

4.5.2.1 Abgrenzung der bewertungsrelevanten Ausgangsdaten

Bei der Bewertung immaterieller Vermögenswerte kommt – den grundlegenden Betrachtungen in Teil 2 folgend – der für das übernommene Unternehmen erstellten Planungsrechnung[434] und den dem Unternehmen zuzuordnenden Kapitalkosten als Ausgangsdaten der Bewertung eine zentrale Bedeutung zu.

An diese Ausgangsdaten ist die Anforderung zu stellen, dass sie die Sicht der Market Participants zum Ausdruck bringen.[435] Dieses Erfordernis ist in der Anwendung des beizulegenden Zeitwertes als marktorientiert – und nicht als unternehmensspezifisch – zu verstehendem Bewertungsmaßstab begründet.

Im Folgenden werden die genannten Daten zusammengestellt und – soweit erforderlich – analysiert (4.5.2.2 und 4.5.2.3). Darüber hinaus wird in einer Gesamtschau beurteilt, ob der bewertungsrelevanten Planungsrechnung und den anzuwendenden Kapitalkosten die Annahmen zugrunde liegen, von denen die Market Participants ausgehen (4.5.2.4).[436]

---

433 Vgl. IFRS 13.B2.
434 So auch IVSC GN 4, 5.3.
435 Vgl. statt vieler IVSC ED GN 16, 4.4.
436 Vgl. auch IVSC ED GN 16, 4.4; IVSC GN 4, 5.9; TAF (2010a), 4.3.11.

4.5.2.2 Ableitung der bewertungsrelevanten Planungsrechnung

4.5.2.2.1 Vorgehen

Im Folgenden wird zunächst die Planungsrechnung, aus der die bewertungsrelevante Planungsrechnung abzuleiten ist, identifiziert, im Einzelnen analysiert und insbesondere deren Plausibilität eingeschätzt (4.5.2.2.2).[437] Sodann wird untersucht, inwieweit diese Planungsrechnung die Sicht der Market Participants widerspiegelt sowie inwieweit Anpassungen der der Planungsrechnung zugrunde liegenden Annahmen an die Annahmen der Market Participants vorzunehmen sind (4.5.2.2.3). Abschließend werden die erforderlichen Anpassungen der bewertungsrelevanten Planungsrechnung in diese übernommen (4.5.2.2.4).

Bei der Ableitung des Einkommensstroms eines immateriellen Vermögenswertes aus der bewertungsrelevanten Planungsrechnung zeigt sich regelmäßig, dass die Nutzungsdauer des Bewertungsobjektes über den Planungshorizont, der typischerweise zwischen 3 und 5 Jahren liegt, hinausreicht. Aus diesem Grund ist die Unternehmensplanung nach dem Planungshorizont bis zum Ende der Nutzungsdauer des zu bewertenden immateriellen Vermögenswertes fortzuschreiben; diese Fortschreibung wird unter 4.5.2.2.4 – bei Übernahme der erforderlichen Anpassungen in die bewertungsrelevante Planungsrechnung – vorgenommen.[438]

4.5.2.2.2 Identifikation und Analyse der zugrunde zu legenden Planungsrechnung

BU2 hat eine Planungsrechnung vorgelegt, die Ergebnisplanung, Investitions- und Abschreibungsplanung, Planung des Working Capital, Finanzierungsplanung, Bilanzplanung sowie Personalplanung umfasst; der Planungshorizont beträgt 3 Jahre. Weitere Planungsrechnungen für BU2, die etwa seitens der Erwerber AG, von deren Beratern bzw. von Beratern des Veräußerers aufgestellt wurden, sind nicht verfügbar.[439] Die Planungsrechnung von BU2 lag auch dem Bewertungsmodell zugrunde, von dem die Erwerber AG bei der Ableitung des Kaufpreises ausging.

Tab. 4-1: Planungsrechnung von BU2

Mio. EUR	2016	proj. 2017	proj. 2018	proj. 2019
Sales	300,0	360,0	388,8	404,4
Cost of Sales		-242,6	-260,8	-274,1
Gross Profit		117,4	128,0	130,3
SG&A		-61,6	-67,1	-68,8
EBITA		55,8	60,9	61,5
Working Capital	75,0	90,0	95,3	97,0
as Percentage of Sales	25,0%	25,0%	24,5%	24,0%
CapEx		25,0	40,0	72,0
Depreciation		37,0	42,0	36,0

---

437   So auch IVSC GN 4, 5.7 ff.; sowie IVSC ED 2007, 6.7 ff.

438   Ebenso IVSC GN 4, 5.7; IVSC ED 2007, 6.9.

439   Zur Relevanz derartiger Planungen zur Abbildung der Market-Participant-Annahme in der der Bewertung zugrunde gelegten Planungsrechnung siehe insbesondere IVSC ED 2007, 6.12 ff.; IVSC GN 4, 5.8 f.

Tabelle 4-1 sind die Ergebnisplanung sowie die Planung des Working Capital, der Investitionen und Abschreibungen von BU2 zu entnehmen. Da Planbilanzen und Finanzierungsplanung für die durchzuführenden Bewertungsarbeiten keine Bedeutung zukommt, wird auf deren Darstellung verzichtet.

Grundlage der Planungsrechnung von BU2 sind – neben einer eingehenden Analyse der Entwicklungen in der Vergangenheit – umfangreiche Marktanalysen, die z. T. von der Gesellschaft selbst durchgeführt wurden, z. T. auf Marktstudien renommierter Analysten beruhen. Darüber hinaus wurde seitens der Gesellschaft das ökonomische, politische, rechtliche und technologische Umfeld eingehend analysiert.[440]

Die Durchsicht der dokumentierten Planungsprämissen[441] wurde von Gesprächen mit dem Management sowie mit Vertretern von Erwerber und Veräußerer begleitet. Dabei wurden insbesondere auch Vergleichsdaten von Wettbewerbern der Gesellschaft einbezogen. Im Einzelnen ergaben sich folgende Feststellungen:[442]

- Die Ergebnisplanung berücksichtigt die unter 4.4.4.2 angesprochenen Forschungs- und Entwicklungsaufwendungen in Höhe von jährlich 3,5 % des Umsatzes. Dieser Betrag liegt im branchenüblichen Rahmen. Kundenakquisitionskosten werden nicht gesondert erfasst, da sie – bedingt durch die Geschäftstätigkeit – nicht abgrenzbar sind.
- In den Jahren 2017 und 2019 geht das Management davon aus, dass die CA-Software weiterzuentwickeln ist. Hierfür werden voraussichtlich die internen Ressourcen nicht ausreichen und externe Software-Entwickler unterstützend hinzugezogen. Die damit verbundenen Aufwendungen sind weder in der Ergebnisplanung berücksichtigt, noch in den Planbilanzen aktiviert. Kosten für die laufende Software-Wartung und -Pflege wurden demgegenüber geplant.
- Die Abschreibungen auf Sachanlagen wurden bereits unter Zugrundelegung der beizulegenden Zeitwerte am Bewertungsstichtag adjustiert.
- Abschreibungen auf immaterielle Vermögenswerte sind in der Ergebnisplanung nicht enthalten.
- Der Ertragsteuersatz wurde in Höhe von 30 % festgelegt. Er entspricht dem Ertragsteuersatz des Unternehmens.
- Das Working Capital wurde mit Wiederbeschaffungskosten bewertet und auf der Grundlage der durchschnittlichen Umschlagsdauer geplant. Ausgangspunkt war eine detaillierte Analyse des auf den Umsatz bezogenen Working Capital der letzten 5 Geschäftsjahre. Auf dieser Grundlage wurden sodann konkrete Maßnahmen zur Verminderung des Working Capital geplant.
- Die Restnutzungsdauer der am Bewertungsstichtag im Bestand befindlichen abnutzbaren Sachanlagen beträgt knapp 3 Jahre. Die Nutzungsdauer der neuen Sachanlagen liegt ganz überwiegend zwischen 4 und 5 Jahren.

---

440   Siehe zum Erfordernis dieser Analysen z. B. auch IVSC GN 4, 5.10.

441   Zur Analyse von Planungsrechnungen siehe z. B. Aschauer/Purtscher (2013), S. 2 ff.; Henselmann (2010), S. 183 ff.

442   Zur Analyse der Planungsrechnung und zur Dokumentation dieser Analyse bei der Ableitung von beizulegenden Zeitwerten siehe auch Corporate and Intangibles Valuation Organization (2017), S. 5 ff.

Weiter ist festzuhalten, dass die Analysen auch aufzeigen, dass in der Planungsrechnung von BU2 Synergien, die aus der Übernahme der Gesellschaft durch die Erwerber AG resultieren können, nicht erfasst sind.

4.5.2.2.3 Anpassungserfordernisse der Planungsrechnung aufgrund der Anwendung der Market-Participant-Annahmen

Die Anpassung einer Planungsrechnung an Market-Participant-Annahmen setzt die Identifikation möglicher Market Participants sowie die Bestimmung der diese kennzeichnenden Eigenschaften – insbesondere in Bezug auf die zu bewertenden Vermögenswerte und deren Nutzung – voraus. Eine besondere Bedeutung kommt bei dieser Anpassung Synergien zu, die Market Participants – beispielsweise durch das Zusammenwirken dieser Vermögenswerte mit den den Market Participants bereits verfügbaren Vermögenswerten – erzielen können. Diese Aspekte werden im Folgenden betrachtet.

Unter 3.2.4.2.4 wurde dargelegt, dass Anhaltspunkte auf mögliche Market Participants dadurch gewonnen werden können, dass verschiedene, über den zugrunde liegenden Unternehmenszusammenschluss verfügbare Informationen herangezogen und ausgewertet werden. Die Analyse der über die Übernahme von BU2 sowie über den Übernahmeprozess zugänglichen Informationen machte deutlich, dass als Erwerber der Vermögenswerte von BU2 – und damit als Market Participants – grundsätzlich sowohl strategische Investoren als auch Finanzinvestoren in Betracht kommen.

Die Identifikation möglicher Synergien, die die genannten Market Participants aus dem Erwerb der Vermögenswerte von BU2 ziehen können, führte zu folgenden Ergebnissen:

- Strategische Investoren sind – bei einem Zusammenschluss mit BU2 – voraussichtlich in der Lage, in mehreren Unternehmensbereichen bedeutsame Kosteneinsparungen zu erzielen, mit denen nachhaltige Verbesserungen der der Planungsrechnung von BU2 zugrunde liegenden EBITA-Margen verbunden sein werden.
- Finanzinvestoren verfügen über keine Potenziale, die bei einem Zusammenschluss mit BU2 die Realisierung nennenswerter Kosteneinsparungen erkennen lassen.

Weitere Analysen zeigten, dass die unter 4.5.2.2.2 betrachteten, der Planungsrechnung von BU2 zugrunde liegenden Annahmen – abgesehen von den Synergien, die strategische Investoren erzielen können – im Wesentlichen den Annahmen der identifizierten Market Participants folgen. Dies gilt insbesondere auch für den verwendeten Steuersatz. Dementsprechend bedarf es insoweit keiner Anpassungen der Planungsrechnung von BU2.

4.5.2.2.4 Anpassung und Fortschreibung der Planungsrechnung von BU2

Vorgehen

Die der Ermittlung der beizulegenden Zeitwerte der Vermögenswerte von BU2 zugrunde zu legenden Market Participants werden unter 4.5.3.8 mittels Highest-and-Best-Use-Analysen bestimmt. Diese Untersuchungen gehen von Vergleichen der sich für strategische Investoren ergebenden Werte der zu bewertenden Vermögenswerte bzw. Werte von Gruppen von Vermögenswerten (ggf. unter Einbeziehung von Schulden) mit den für Finanzinvestoren ermittelten Werten aus. Dementsprechend sind – als Ausgangsdaten der Bestimmung dieser Werte – grundsätzlich eine Planungsrechnung unter Zugrundelegung der Annahmen strategischer Investoren sowie eine Planungsrechnung, die den Annahmen der Finanzinvestoren folgt, abzuleiten.

Unter 4.5.2.2.3 wurde dargelegt, dass sich die Annahmen, von denen strategische Investoren als Erwerber der Vermögenswerte von BU2 ausgehen, von den Annahmen der Finanzinvestoren im Wesentlichen lediglich dadurch unterscheiden, dass strategische Investoren im Unterschied zu Finanzinvestoren voraussichtlich in der Lage sein werden, Kostensynergien zu erzielen. Aus diesem Grund werden die Highest-and-Best-Use-Analysen unter 4.5.3.8 zu dem Ergebnis führen, dass von strategischen Investoren als Market Participants auszugehen ist. Zur Vereinfachung der Ausführungen wird deswegen auf die Darstellung der den Annahmen der Finanzinvestoren entsprechenden Planungsrechnung verzichtet.

Tabelle 4-2 fasst die den Annahmen der strategischen Investoren folgende Planungsrechnung zusammen. Diese wurde ausgehend von der Planungsrechnung von BU2 unter Zugrundelegung der im Folgenden erläuterten Annahmen abgeleitet.

Aus dem oberen Teil der Tabelle ergeben sich die Ergebnisplanung sowie die hieraus abgeleitete Free-Cashflow-Planung[443] für BU2. Im mittleren Teil wird die Entwicklung des in die materiellen Vermögenswerte Grundstücke, Sachanlagen und Working Capital investierten Kapitals für den Betrachtungszeitraum dargestellt. Im unteren Teil der Tabelle ist vorgesehen, die Entwicklung des in die mittels des Cost Approach bewerteten immateriellen Vermögenswerte investierten Kapitals zu übernehmen. Da die Werte dieser immateriellen Vermögenswerte – unter 4.5.3 wird dargelegt, dass die CA-Software, die MA-Software sowie der Mitarbeiterstamm nach diesem Bewertungsansatz zu bewerten sind – erst im weiteren Verlauf der Bewertungsarbeiten ermittelt werden, ist die Tabelle nach Vorliegen der Ergebnisse dieser Bewertungen fortzuschreiben. Zur Vereinfachung der Darstellungen wurden die unter 4.5.4 abgeleiteten Werte und deren Entwicklung im Betrachtungszeitraum bereits in Tabelle 4-2 übernommen.

Einbeziehung von Market-Participant-Synergien

Unter 4.5.2.2.3 wurde dargelegt, dass strategische Investoren – bei einem Zusammenschluss mit BU2 – in der Lage sein werden, in mehreren Unternehmensbereichen bedeutsame Kosteneinsparungen zu erzielen. Diese Kostenvorteile werden, wie ausgeführt, voraussichtlich zu nachhaltigen Verbesserungen der der Planungsrechnung von BU2 zugrunde liegenden EBITA-Margen führen.

Zur Abbildung dieser Synergien in der bewertungsrelevanten Planungsrechnung wurden diese Kostenvorteile in die Ergebnisplanung von BU2 übernommen und angepasste EBITA-Margen bestimmt. Diese Margen werden im Folgenden auf die unter Berücksichtigung der Annahmen der Market Participants geplanten Umsatzerlöse angewendet.

---

443 Zur Ableitung des Free Cashflow siehe unter 2.4.2.

Tab. 4-2: Planungsrechnung aus Sicht strategischer Investoren

Year	2016	2017	2018	2019	2020	2021	2022	2023	2024	2025	2026	2027	2028	2029	2030	2031	2032
Projected Financial Information																	
Sales																	
Full Year	300,0	360,0	388,8	404,4	412,4	420,7	429,1	437,7	446,4	446,4	446,4	446,4	446,4	446,4	446,4	446,4	446,4
Growth Rate		20,0%	8,0%	4,0%	2,0%	2,0%	2,0%	2,0%	2,0%	0,0%	0,0%	0,0%	0,0%	0,0%	0,0%	0,0%	0,0%
Partial Year Adjustment		0,0															
Partial Year	300,0	360,0	388,8	404,4	412,4	420,7	429,1	437,7	446,4	446,4	446,4	446,4	446,4	446,4	446,4	446,4	446,4
Growth Rate		20,0%	8,0%	4,0%	2,0%	2,0%	2,0%	2,0%	2,0%	0,0%	0,0%	0,0%	0,0%	0,0%	0,0%	0,0%	0,0%
EBITA		57,60	63,2	65,6	66,9	68,2	69,6	71,0	72,4	72,4	72,4	72,4	72,4	72,4	72,4	72,4	72,4
EBITA-Margin		16,0%	16,3%	16,2%	16,2%	16,2%	16,2%	16,2%	16,2%	16,2%	16,2%	16,2%	16,2%	16,2%	16,2%	16,2%	16,2%
Adjustments																	
Software		-3,7	-0,8	-2,3	-0,8	-0,8	-13,5	-1,0	-1,0	-1,0	-1,0	-3,9	-1,0	-2,4	-1,0	-1,0	-2,7
Process Technology		0,0	0,0	0,0	0,0	0,0	0,0	0,0	-0,7	-4,5	-4,5	-4,5	-4,5	-4,5	-4,5	-4,5	-4,5
EBITA adjusted		53,9	62,4	63,3	66,0	67,4	56,1	70,0	70,6	66,9	66,9	64,1	66,9	65,5	66,9	66,9	65,2
EBITA-Margin adjusted		15,0%	16,0%	15,7%	16,0%	16,0%	13,1%	16,0%	15,8%	15,0%	15,0%	14,3%	15,0%	14,7%	15,0%	15,0%	14,6%
Tax	30,0%	-16,2	-18,7	-19,0	-19,8	-20,2	-16,8	-21,0	-21,2	-20,1	-20,1	-19,2	-20,1	-19,6	-20,1	-20,1	-19,6
Tax-effecting EBITA		37,7	43,7	44,3	46,2	47,2	39,2	49,0	49,4	46,8	46,8	44,8	46,8	45,8	46,8	46,8	45,7
Incremental Working Capital		-15,0	-5,3	-1,8	-1,9	-2,0	-2,0	-2,1	-2,1	0,0	0,0	0,0	0,0	0,0	0,0	0,0	0,0
Incremental Land		0,0	0,0	0,0	0,0	0,0	0,0	0,0	0,0	0,0	0,0	0,0	0,0	0,0	0,0	0,0	0,0
CapEx less Depreciation (Tangible Fixed Assets and MA Software)		12,8	2,8	-35,2	16,8	24,8	-28,0	5,0	-23,0	37,0	-3,0	-20,0	17,0	-3,0	-3,0	1,0	-0,4
Free Cashflow		35,57	41,23	7,35	61,12	70,01	9,23	51,91	24,34	83,84	43,84	24,84	63,84	42,84	43,84	47,84	45,22

Year	2016	2017	2018	2019	2020	2021	2022	2023	2024	2025	2026	2027	2028	2029	2030	2031	2032
Assets Data Cost Approach / Market Approach																	
Working Capital																	
Cost Approach	75,0	90,0	95,3	97,0	99,0	101,0	103,0	105,0	107,1	107,1	107,1	107,1	107,1	107,1	107,1	107,1	107,1
as Percentage of Sales	25,0%	25,0%	24,5%	24,0%	24,0%	24,0%	24,0%	24,0%	24,0%	24,0%	24,0%	24,0%	24,0%	24,0%	24,0%	24,0%	24,0%
Land																	
Fair Value	40,0	40,0	40,0	40,0	40,0	40,0	40,0	40,0	40,0	40,0	40,0	40,0	40,0	40,0	40,0	40,0	40,0
Return of Invested Capital		0,0	0,0	0,0	0,0	0,0	0,0	0,0	0,0	0,0	0,0	0,0	0,0	0,0	0,0	0,0	0,0
CapEx		0,0	0,0	0,0	0,0	0,0	0,0	0,0	0,0	0,0	0,0	0,0	0,0	0,0	0,0	0,0	0,0
Tangible Fixed Assets																	
Fair Value	100,0	88,0	86,0	122,0	106,0	70,0	99,0	95,0	119,0	83,0	87,0	108,0	92,0	96,0	100,0	100,0	100,0
Depreciation		37,0	42,0	36,0	36,0	36,0	36,0	36,0	36,0	36,0	36,0	36,0	36,0	36,0	36,0	36,0	36,0
CapEx		-25,0	-40,0	-72,0	-20,0	0,0	-65,0	-32,0	-60,0	0,0	-40,0	-57,0	-20,0	-40,0	-40,0	-36,0	-36,0
as Percentage of Sales	33,3%	24,4%	22,1%	30,2%	25,7%	16,6%	23,1%	21,7%	26,7%	18,6%	19,5%	24,2%	20,6%	21,5%	22,4%	22,4%	22,4%
Assembled Workforce																	
Fair Value less Tax Amortization Benefit	5,3	5,3	5,3	5,3	5,4	5,4	5,4	5,4	5,4	5,4	5,4	5,4	5,4	5,4	5,4	5,4	5,4
Number on empoyees	1.759,5	1.759,5	1.764,9	1.767,9	1.775,7	1.779,9	1.783,6	1.787,0	1.790,1	1.792,7	1.794,9	1.796,8	1.798,3	1.799,3	1.800,0	1.800,4	1.800,4
CA Software																	
Fair Value less Tax Amortization Benefit	5,3	6,4	5,1	4,8	3,2	1,6	8,8	7,9	7,0	6,1	5,3	6,4	5,1	4,8	3,2	1,6	1,7
Return of Invested Capital		0,9	1,3	1,3	1,6	1,6	1,6	0,9	0,9	0,9	0,9	0,9	1,3	1,3	1,6	1,6	1,1
Development Expenses (after Tax)		2,0	0,0	1,0	0,0	0,0	8,8	0,0	0,0	0,0	0,0	2,0	0,0	1,0	0,0	0,0	1,2
MA-Software																	
Fair Value less Tax Amortization Benefit	4,2	3,3	2,5	1,7	0,8	12,0	11,0	10,0	9,0	8,0	7,0	6,0	5,0	4,0	3,0	2,0	2,4
Return of Invested Capital		0,8	0,8	0,8	0,8	0,8	1,0	1,0	1,0	1,0	1,0	1,0	1,0	1,0	1,0	1,0	1,0
Development Expenses		0,0	0,0	0,0	0,0	12,0	0,0	0,0	0,0	0,0	0,0	0,0	0,0	0,0	0,0	0,0	1,4

Fortschreibung der Planungsrechnung

Die Planungsrechnung von BU2 wird bis ins Jahr 2031 fortgeschrieben und damit der Planungszeitraum auf insgesamt 15 Jahre ausgedehnt. Die Festlegung des Planungshorizonts erfolgt zunächst vorläufig, da die Nutzungsdauern der zu bewertenden immateriellen Vermögenswerte erst unter 4.5.4 ermittelt werden. Dort wird sich zeigen, dass – abgesehen von der Marke »AS«, deren Nutzungsdauer unbestimmt ist – die Kundenbeziehungen mit 14 Jahren die längste Nutzungsdauer aufweisen und somit eine Korrektur des vorläufig festgelegten Planungszeitraums nicht erforderlich wird. Für die Wahl eines Planungshorizonts von mindestens 15 Jahren spricht auch – insbesondere unter dem Aspekt einer Vereinfachung des Bewertungsmodells –, dass die maximale steuerliche Nutzungsdauer immaterieller Vermögenswerte zumeist – so auch bei BU2 – 15 Jahre beträgt.

Ausgangspunkt der Weiterentwicklung der Planungsrechnung von BU2 nach dem Jahr 2019 ist die Fortschreibung der Umsatzerlöse. Hierzu wurde auf die in führenden Marktstudien prognostizierten Wachstumsraten für das Marktsegment, in dem die Gesellschaft tätig ist, zurückgegriffen.[444] Auf dieser Grundlage wurden die Umsatzerlöse der Jahre 2020 bis 2024 mit 2 % fortgeschrieben. Danach wurde – angesichts der erwarteten Marktstagnation – von weiterem Umsatzwachstum abgesehen.[445]

Auf die so abgeleiteten Umsatzerlöse wurde die oben, unter Berücksichtigung der Market-Participant-Synergien abgeleitete EBITA-Marge des Jahres 2019 angewendet. Nach begründeten Darlegungen des Managements ist davon auszugehen, dass dieses Jahr – aus Sicht der am Bewertungsstichtag gegebenen Verhältnisse – für die sich anschließenden Jahre als repräsentativ zu betrachten ist.

Der Planung der Investitionen in Sachanlagen sowie der Abschreibungen der Sachanlagen der Jahre 2020 bis 2031 liegt eine von der Gesellschaft bis in das Jahr 2046 fortgeführte detaillierte Investitions- und Abschreibungsplanung, die auch die Annahmen der Market Participants abbildet, zugrunde. Ein Auszug aus diesen Planungen für die Jahre 2017 bis 2024 ist in Tabelle 4-5 zusammengestellt.

Das Working Capital wird ab dem Jahr 2020 mit der Working-Capital-Quote des Jahres 2019 fortgeschrieben. Auf dieser Grundlage wird die Veränderung des Working Capital ermittelt.

Weitere Anpassungen der Planungsrechnung von BU2

Ab 2024 ist zu berücksichtigen, dass für die nächste Generation der Basistechnologie eine der Verfahrenstechnologie entsprechende Technologie nicht mehr verfügbar sein wird und damit die mit ihr verbundenen Kostenvorteile, die die Gesellschaft in Tabelle 4-3 zusammengestellt hat, wegfallen werden. Dementsprechend wurde das EBITA/EBITDA im Jahr 2024 anteilig und ab 2025 in vollem Umfang um diese Kostenvorteile bereinigt. Diese Anpassung der Ergebnisplanung von BU2 erfolgt in Tabelle 4-2 in der Zeile »Adjustments Process Technology«.

---

444 Zur Heranziehung von Marktdaten siehe auch IVSC GN 4, 5.6 ff.; IVSC ED 2007, insbesondere 6.8 und 6.12.
445 Zu Dokumentationserfordernissen siehe auch Corporate and Intangibles Valuation Organization (2017), S. 11 f.

Weitere Korrekturen resultieren aus der unter 4.5.2.2.2 durchgeführten Analyse der Unternehmensplanung:

- In der Ergebnisplanung der Gesellschaft wurden die mit den 2017 und 2019 geplanten Weiterentwicklungen der CA-Software verbundenen Aufwendungen für externe Software-Entwickler nicht angesetzt. Darüber hinaus ist in der bis 2031 fortentwickelten Planungsrechnung zu berücksichtigen, dass die CA-Software voraussichtlich 2023 zu ersetzen und dementsprechend zumindest im Jahr zuvor die Nachfolgegeneration der Software zu entwickeln ist. Auch bei dieser noch zu entwickelnden Software ist absehbar, dass sie während ihrer Nutzungsdauer, etwa 2027 und 2029, weiterzuentwickeln ist. Die Gesellschaft hat die dafür erwarteten Aufwendungen in Tabelle 4-4 zusammengestellt. Die Anpassung der Ergebnisplanung von BU2 um die Vorsteuerbeträge dieser Aufwendungen erfolgt in Tabelle 4-2 in Zeile »Adjustments Software«.
- Bei der Fortschreibung der Planungsrechnung ist weiter zu berücksichtigen, dass die MA-Software voraussichtlich 2021 zu ersetzen ist. Die Gesellschaft geht davon aus, dass die neue Software-Lösung von Dritten anzuschaffen ist und hierfür – nach heutiger Einschätzung – Anschaffungskosten in Höhe von ca. EUR 12,00 Mio. anfallen werden.

Aufgrund des Erwerbs der Software-Lösung – im Unterschied zu deren Selbsterstellung – bietet es sich an, deren Behandlung in der Ergebnisplanung sowie bei der Ableitung der Free Cashflows an der Abbildung der Sachanlagen auszurichten. Dementsprechend werden in der Ergebnisplanung die auf die Software-Lösung entfallenden Abschreibungen abgesetzt; in die Ableitung der Free Cashflows werden Investitionen abzüglich Abschreibungen einbezogen. Die Anpassung der Ergebnisplanung erfolgt in Tabelle 4-2 in Zeile »Adjustments Software«, die Berücksichtigung der Investitionen abzüglich Abschreibungen in Zeile »CapEx less Depreciation«.

Tab. 4-3: Planung der Ergebnisverbesserungen der Verfahrenstechnologie

Mio. EUR	actual 2016	proj. 2017	proj. 2018	proj. 2019	2020	2021	2022	2023	2024
Sales Related to Technologies	300	360	389	404	412	421	429	438	365
Growth Rate		20,0%	8,0%	4,0%	2,0%	2,0%	2,0%	2,0%	-16,7%
as Percentage of Total Sales	100,0%	100,0%	100,0%	100,0%	100,0%	100,0%	100,0%	100,0%	81,7%
Process Technology Margin Improvement		3,5	3,8	4,1	4,2	4,3	4,4	4,5	3,7
as % of sales process		0,98%	0,99%	1,02%	1,02%	1,02%	1,02%	1,02%	1,02%
as % of sales entity		0,98%	0,99%	1,02%	1,02%	1,02%	1,02%	1,02%	0,83%

Tab. 4-4: Ausgangsdaten der Bewertung der CA-Software

| Useful Life | 10,0 |
| Remaining Useful Life | 6,0 |

Phase	Number of Days	Rate per Day kEUR	Expense Mio.EUR
Project Coordination	250,0	1,2	0,3
Development of Operating System	300,0	1,0	0,3
Design of Specific Program			
Writing Program Codes			
...			
...			
Preparation of Operating Manuals	450,0	1,0	0,5
Total			12,5

Expenses pre tax	Useful Life	2017	2018	2019	2020	2021	2022	2023	2024	2025	2026	2027	2028	2029	2030	2031
Development of New Software after Tax							-12,5									
Improvement of Existing Software after Tax																
Stage 1	5,0	-2,9										-2,9				
Stage 2	3,0			-1,4										-1,4		

Tab. 4-5: Auszug aus der Investitions- und Abschreibungsplanung

Mio. EUR	useful life	2016	2017	2018	2019	2020	2021	2022	2023	2024
CapEx										
1	5,0									
2	4,0									
3	5,0		0,0	0,0	40,0	0,0	0,0	0,0	0,0	40,0
4	4,0		0,0	0,0	32,0	0,0	0,0	0,0	32,0	0,0
5	4,0		0,0	0,0	0,0	20,0	0,0	0,0	0,0	20,0
6	5,0		25,0	0,0	0,0	0,0	0,0	25,0	0,0	0,0
7	4,0			40,0	0,0	0,0	0,0	40,0	0,0	0,0
Total			25,0	40,0	72,0	20,0	0,0	65,0	32,0	60,0
Book Value										
1		12,0	6,0							
2		20,0	10,0							
3		24,0	16,0	8,0	40,0	32,0	24,0	16,0	8,0	40,0
4		24,0	16,0	8,0	32,0	24,0	16,0	8,0	32,0	24,0
5		20,0	15,0	10,0	5,0	20,0	15,0	10,0	5,0	20,0
6			25,0	20,0	15,0	10,0	5,0	25,0	20,0	15,0
7				40,0	30,0	20,0	10,0	40,0	30,0	20,0
Total		100,0	88,0	86,0	122,0	106,0	70,0	99,0	95,0	119,0
Depreciation										
1			6,0	6,0						
2			10,0	10,0						
3			8,0	8,0	8,0	8,0	8,0	8,0	8,0	8,0
4			8,0	8,0	8,0	8,0	8,0	8,0	8,0	8,0
5			5,0	5,0	5,0	5,0	5,0	5,0	5,0	5,0
6				5,0	5,0	5,0	5,0	5,0	5,0	5,0
7					10,0	10,0	10,0	10,0	10,0	10,0
Total			37,0	42,0	36,0	36,0	36,0	36,0	36,0	36,0

Ableitung eines nachhaltig zu erzielenden Free Cashflow

Für die Ableitung des Entity Value der Geschäftseinheit unter 4.5.2.4.3 wird in Tabelle 4-2 ein von dieser nachhaltig zu erzielender Free Cashflow bestimmt, der ab dem Jahr 2032 angesetzt wird. Dieser Free Cashflow wird aus dem Free Cashflow des Jahres 2031 abgeleitet. Hierzu werden folgende Anpassungen vorgenommen:[446]

- Ansatz nachhaltig anfallender Entwicklungs- und Weiterentwicklungsaufwendungen für die CA-Software bzw. diese Software nach dem Planungshorizont ersetzende Software-Lösungen sowie eines nachhaltigen Rückflusses des investierten Kapitals. Diese

---

446 Zu Dokumentationserfordernissen siehe Corporate and Intangibles Valuation Organization (2017), S. 12 f.

werden bemessen als Annuität der nach dem Planungshorizont für diese Software-Lösungen erforderlichen Aufwendungen bzw. anfallenden Rückflüssen; sowie

- Ansatz nachhaltig zu tätigender Anschaffungskosten für die MA-Software nach dem Planungshorizont ersetzende Software-Lösungen sowie nachhaltiger Abschreibungen. Diese werden bestimmt als Annuität der nach dem Planungshorizont für entsprechende Software-Lösungen zu tätigenden Anschaffungskosten bzw. zu verrechnenden Abschreibungen.

Der Ansatz der nachhaltig anfallenden Entwicklungs- und Weiterentwicklungsaufwendungen sowie der nachhaltig zu tätigenden Anschaffungskosten für die genannten Software-Lösungen ist darin begründet, dass entsprechende Software-Lösungen für die Erzielung der dargelegten Kostenvorteile bzw. für die Ausübung der Geschäftstätigkeit von BU2 erforderlich sind.

Auf eine Anpassung der Investitionen in Sachanlagen sowie der Abschreibungen der Sachanlagen kann verzichtet werden, da die von BU2 vorgelegte detaillierte Planung der Sachanlagen darlegt, dass die für 2031 angesetzten Beträge als nachhaltig zu betrachten sind. Das nachhaltig erforderliche Working Capital ergibt sich durch Anwendung der Working-Capital-Quote des Jahres 2031 auf die nachhaltigen Umsatzerlöse. Durch Vergleich des so ermittelten Working Capital mit dem Working Capital des Vorjahres kann die nachhaltige Veränderung des Working Capital bestimmt werden.

4.5.2.3 Ableitung der bewertungsrelevanten gewichteten Kapitalkosten

Die bewertungsrelevanten gewichteten Kapitalkosten werden – den Ausführungen unter 2.5.5 folgend – nach dem CAPM abgeleitet. Zur Abbildung der Annahmen der Market Participants wird der Ermittlung der wesentlichen Parameter der Kapitalkosten eine branchenbezogene Peer Group aus Sicht der Market Participants zugrunde gelegt.[447] Dies gilt insbesondere für das Beta, die Fremdkapitalkosten sowie die Kapitalstruktur. Die Auswertung der für die Peer Group erhobenen Daten zeigt, dass eine Unterscheidung zwischen strategischen Investoren und Finanzinvestoren insoweit nicht geboten ist.[448]

Die gewichteten Kapitalkosten werden – als Ausgangsbasis der Ableitung der vermögenswertspezifischen Zinssätze – für verschiedene Laufzeiten ermittelt. Die diesen zugrunde gelegten (quasi-)risikofreien Zinssätze werden aus der Zinsstrukturkurve am Bewertungsstichtag abgeleitet.

Die so bestimmten, laufzeitäquivalenten gewichteten Kapitalkosten sind in Tabelle 4-6 zusammengestellt. Danach ist – bei einer Marktrisikoprämie von 6,5 %, einem Beta von 1,05 und einer Eigenkapitalquote von 88 % – von nachhaltigen, gewichteten Kapitalkosten in Höhe von 7,86 % auszugehen. Da die Ermittlung der Kapitalkosten keine Besonderheiten aufweist, wird auf die Darstellung weiterer Einzelheiten, z. B. die Ableitung des ß-Faktors, verzichtet.

---

447 Vgl. z. B. auch TAF (2010a), 4.3.01.

448 Zur Dokumentation der Ableitung der gewichteten Kapitalkosten bei der Bestimmung von beizulegenden Zeitwerten siehe auch Corporate and Intangibles Valuation Organization (2017), S. 10 f.

Tab. 4-6: Ableitung der laufzeitäquivalenten Kapitalkosten

Useful life of assets (years)	0,25	0,5	1	2	3	4	5	6	7	8	9	10	15	20	Perpetuity
Risk-free Rates	-0,10%	-0,10%	-0,07%	-0,08%	-0,07%	-0,03%	0,06%	0,17%	0,29%	0,42%	0,55%	0,66%	1,11%	1,38%	1,75%
Market Risk Premium	6,50%	6,50%	6,50%	6,50%	6,50%	6,50%	6,50%	6,50%	6,50%	6,50%	6,50%	6,50%	6,50%	6,50%	6,50%
Beta Levered	1,05	1,05	1,05	1,05	1,05	1,05	1,05	1,05	1,05	1,05	1,05	1,05	1,05	1,05	1,05
Risk Premium	6,83%	6,83%	6,83%	6,83%	6,83%	6,83%	6,83%	6,83%	6,83%	6,83%	6,83%	6,83%	6,83%	6,83%	6,83%
Risk Adjustment	0,00%	0,00%	0,00%	0,00%	0,00%	0,00%	0,00%	0,00%	0,00%	0,00%	0,00%	0,00%	0,00%	0,00%	0,00%
Cost of Equity	**6,73%**	**6,73%**	**6,76%**	**6,75%**	**6,75%**	**6,80%**	**6,88%**	**6,99%**	**7,12%**	**7,25%**	**7,37%**	**7,49%**	**7,94%**	**8,20%**	**8,58%**
Debt Spread	2,05%	2,05%	2,05%	2,05%	2,05%	2,05%	2,05%	2,05%	2,05%	2,05%	2,05%	2,05%	2,05%	2,05%	2,05%
Pre-tax Cost of Debt	1,95%	1,95%	1,98%	1,97%	1,97%	2,02%	2,10%	2,22%	2,34%	2,47%	2,59%	2,71%	3,16%	3,42%	3,80%
Tax Rate	30,00%	30,00%	30,00%	30,00%	30,00%	30,00%	30,00%	30,00%	30,00%	30,00%	30,00%	30,00%	30,00%	30,00%	30,00%
After-tax Cost of Debt	**1,37%**	**1,37%**	**1,38%**	**1,38%**	**1,38%**	**1,41%**	**1,47%**	**1,55%**	**1,64%**	**1,73%**	**1,82%**	**1,90%**	**2,21%**	**2,40%**	**2,66%**
Equity Ratio	88,00%	88,00%	88,00%	88,00%	88,00%	88,00%	88,00%	88,00%	88,00%	88,00%	88,00%	88,00%	88,00%	88,00%	88,00%
Debt Ratio	12,00%	12,00%	12,00%	12,00%	12,00%	12,00%	12,00%	12,00%	12,00%	12,00%	12,00%	12,00%	12,00%	12,00%	12,00%
WACC	**6,09%**	**6,09%**	**6,11%**	**6,10%**	**6,11%**	**6,15%**	**6,23%**	**6,34%**	**6,46%**	**6,58%**	**6,71%**	**6,82%**	**7,25%**	**7,50%**	**7,86%**

Die gewichteten Kapitalkosten, von denen die Erwerber AG in dem der Kaufpreisermittlung zugrunde gelegten Bewertungsmodell ausging, betragen demgegenüber 8 %. Dieser Zinssatz wurde nach den Grundsätzen bestimmt, die die Erwerber AG bei der Ermittlung der Kapitalkosten für Zwecke der Bewertung der von ihr getätigten Unternehmensübernahmen anwendet.

Zur Vereinfachung der Untersuchung wird bei der Diskontierung auf die Anwendung der Midyear Convention verzichtet.[449] Die Ergebnisse, die sich bei deren Berücksichtigung ergeben, lassen sich durch Aufzinsung der abgeleiteten Werte um ein halbes Jahr mit dem jeweils angewandten Diskontierungszinssatz berechnen.[450]

4.5.2.4 Gesamtbetrachtung zur Abstimmung der Ausgangsdaten der Bewertung

4.5.2.4.1 Überblick

Im Folgenden werden zunächst die konzeptionellen Grundlagen der Analyse erläutert (4.5.2.4.2). Sodann wird der Entity Value von BU2 abgeleitet (4.5.2.4.3) und anschließend die von der Erwerber AG erbrachte Gegenleistung in den Entity Value übergeleitet (4.5.2.4.4). Die Betrachtungen können bei BU2 auf eine Unterscheidung zwischen Equity Value und Entity Value, die bei der Gesamtabstimmung vielfach vorgenommen wird, verzichten, da – mit Ausnahme der im Working Capital erfassten kurzfristigen operativen Schulden – im Rahmen des Asset Deal keine Schulden übernommen wurden.

4.5.2.4.2 Ausgangsüberlegungen

TAF[451] und das IVSC[452] verlangen,[453] dass die Angemessenheit der zugrunde gelegten Planungsrechnung und der abgeleiteten Kapitalkosten unter Einbeziehung der für die Unternehmensübernahme bewirkten Gegenleistung in einer Gesamtschau indikativ beurteilt wird. Diese Betrachtung ist darauf gerichtet, Aufschlüsse darüber zu erlangen, ob Planungsrechnung und Kapitalkosten den Annahmen der Market Participants entsprechen.

Zur Durchführung dieser Untersuchung kommen grundsätzlich zwei Vorgehensweisen[454] in Betracht, die sich in der Ausgestaltung, nicht jedoch konzeptionell unterscheiden:[455]

* Vergleich des Unternehmenswertes mit dem beizulegenden Zeitwert der für die Unternehmensübernahme bewirkten Gegenleistung;[456]
* Vergleich der Internal Rate of Return (IRR) mit den gewichteten Kapitalkosten (WACC).[457]

---

449   Für deren Anwendung spricht sich z. B. IVSC GN 4, 5.43 aus. Siehe hierzu bereits unter 2.5.2.
450   Vgl. Moser/Goddar (2007), S. 655.
451   Vgl. TAF (2010a) 4.3.01 ff. und 4.3.11f.
452   Vgl. IVSC ED GN 16, 4.17 ff.
453   Vgl. auch AICPA (2011), 6.107 ff.
454   Vgl. hierzu z. B. auch Zülch/Stork genannt Wersborg/Detzen (2015), S. 304 ff.
455   Zu diesen Analysen und derer Dokumentation siehe auch Corporate and Intangibles Valuation Organization (2017), S. 25 ff.
456   So IVSC ED GN 16, 4.17 ff.
457   So TAF (2010a), 4.3; sowie IVSC ED 2007, 6.15; IVSC ED GN 16, 4.22, führt diesen Ansatz als alternative Vorgehensweise auf.

Der Unternehmenswert ist als Wert nach Abzug der verzinslichen Schulden, also als Equity Value, zu verstehen und aus den – aus der bewertungsrelevanten Planungsrechnung abgeleiteten – Free Cashflows unter Zugrundelegung der bewertungsrelevanten gewichteten Kapitalkosten sowie nach Abzug der verzinslichen Schulden zu ermitteln. Die IRR stellt den Diskontierungszinssatz dar, dessen Anwendung dazu führt, dass der Barwert der aus der bewertungsrelevanten Planungsrechnung abgeleiteten Free Cashflows gleich der für die Übernahme erbrachten Gegenleistung – erforderlichenfalls unter Einbeziehung der verzinslichen Schulden – ist.

Bei beiden Ansätzen sind Differenzen, die zwischen den betrachteten Vergleichsgrößen – Equity-Wert und Gegenleistung bzw. IRR und WACC – auftreten, zu erklären. Eine Differenz kann darin begründet sein,[458] dass

- die Planungsrechnung nicht den Annahmen der Market Participants entspricht, da die Planung unternehmensspezifische Synergien enthält oder eine zu optimistische bzw. zu pessimistische Ausrichtung aufweist; dass
- die Kapitalkosten nicht den Annahmen der Market-Participants entsprechen; dass
- in der Gegenleistung unternehmensspezifische Synergien bezahlt wurden; dass
- eine zu hohe bzw. eine zu niedrige Gegenleistung bezahlt wurde.

Allerdings ist zu beachten, dass die Aussagekraft dieser Analyse begrenzt ist. Aus dem Umstand, dass bei der Durchführung des Vergleichs eine Differenz nicht zu beobachten ist, kann nicht geschlossen werden, dass Planungsrechnung und Kapitalkosten den Annahmen der Market Participants folgen. Eine Differenz tritt nicht nur dann nicht auf, wenn Planungsrechnung und Kapitalkosten den Annahmen der Market Participants entsprechen; eine Differenz ist auch dann nicht gegeben, wenn Planungsrechnung und/oder Kapitalkosten unternehmensspezifische Synergien enthalten – also insoweit nicht die Annahmen der Market Participants widerspiegeln –, die sich in gleichem Umfang in der erbrachten Gegenleistung niedergeschlagen haben. Die Betrachtung ist erforderlichenfalls dahingehend zu erweitern, dass beurteilt wird, ob der beizulegende Zeitwert der Gegenleistung gleich dem beizulegenden Zeitwert des übernommenen Unternehmens ist.

4.5.2.4.3 Ableitung des Entity Value von BU2

Der Entity Value[459] von BU2 wird im Folgenden sowohl mittels des Income Approach als auch unter Zugrundelegung des Market Approach bestimmt.

Die Ableitung des Entity Value mittels des Income Approach wird im oberen Teil von Tabelle 4-7 dargestellt. Die Tabelle zeigt, dass sich der Entity Value zu Beginn eines jeden Jahres des Betrachtungszeitraums durch Diskontierung der aus Tabelle 4-2 übernommenen, für BU2 ermittelten Free Cashflows mit den unter 4.5.2.3 in Höhe von 7,86 % bestimmten gewichteten Kapitalkosten ergibt. Die Diskontierung folgt dem in Teil 2 dargelegten Roll-back-Verfahren.

---

458 Vgl. IVSC ED GN 16, 4.20.
459 Zur Dokumentation siehe Corporate and Intangibles Valuation Organization (2017), S. 10 ff.

Tab. 4-7: Ableitung und Abstimmung des Entity Value

Year		2016	2017	2018	2019	2020	2021	2022	2023	2024	2025	2026	2027	2028	2029	2030	2031	2032
Strategic Investor																		
Free Cashflow			35,6	41,2	7,4	61,1	70,0	9,2	51,9	24,3	83,8	43,8	24,8	63,8	42,8	43,8	47,8	45,2
Present Value	7,86%	547,8	555,4	557,8	594,3	580,0	555,6	590,0	584,5	606,2	570,0	571,0	591,0	573,7	576,0	577,4	575,0	0,0
Amortization Present Value		63,1	58,2	53,0	47,4	41,4	34,8	27,8	20,5	12,7	10,9	8,9	7,1	5,0	2,8	0,4	0,0	
Entity Value		610,9	613,6	610,8	641,8	621,3	590,4	617,8	605,0	618,8	580,9	579,9	598,1	578,7	578,8	577,8	575,0	
Acquirer																		
EBITA			55,8	60,9	61,5	62,7	64,0	65,3	66,6	67,9	67,9	67,9	67,9	67,9	67,9	67,9	67,9	67,9
Tax-effecting EBITA	30,00%		39,1	42,6	43,1	43,9	44,8	45,7	46,6	47,5	47,5	47,5	47,5	47,5	47,5	47,5	47,5	47,5
Incremental Working Capital			-15,0	-5,3	-1,8	-1,9	-2,0	-2,0	-2,1	-2,1	0,0	0,0	0,0	0,0	0,0	0,0	0,0	0,0
CapEx less Depreciation (Tangible Fixed Assets)			12,0	2,0	-36,0	16,0	36,0	-29,0	4,0	-24,0	36,0	-4,0	-21,0	16,0	-4,0	-4,0	0,0	0,0
Free Cashflow			36,1	39,3	5,3	58,0	78,8	14,7	48,5	21,4	83,5	43,5	26,5	63,5	43,5	43,5	47,5	47,5
Present Value	8,00%	548,5	556,3	561,4	601,1	591,2	559,7	589,7	588,4	614,0	579,6	582,4	602,5	587,1	590,6	594,3	594,3	0,0

Year	Rate	2016	2017	2018	2019	2020	2021	2022	2023	2024	2025	2026	2027	2028	2029	2030	2031	2032
Reconciliation Free Cashflow																		
Free Cashflow Acquirer			36,1	39,3	5,3	58,0	78,8	14,7	48,5	21,4	83,5	43,5	26,5	63,5	43,5	43,5	47,5	47,5
Synergies after Tax			1,3	1,6	2,8	2,9	2,9	3,0	3,1	3,1	3,1	3,1	3,1	3,1	3,1	3,1	3,1	3,1
Adjustment EBITA after Tax			-2,6	-0,6	-1,6	-0,6	-0,6	-9,5	-0,7	-1,2	-3,8	-3,8	-5,8	-3,8	-4,8	-3,8	-3,8	-5,0
Adjustment MA Software			0,8	0,8	0,8	0,8	-11,2	1,0	1,0	1,0	1,0	1,0	1,0	1,0	1,0	1,0	1,0	-0,4
Free Cashflow Strategic Investor			35,6	41,2	7,4	61,1	70,0	9,2	51,9	24,3	83,8	43,8	24,8	63,8	42,8	43,8	47,8	45,2
Reconciliation Entity Value																		
Entity Value																		
Cost of Capital Acquirer	8,00%	548,5	556,3	561,4	601,1	591,2	559,7	589,7	588,4	614,0	579,6	582,4	602,5	587,1	590,6	594,3	594,3	
Cost of Capital of Strategic Investor	7,86%	558,5	566,3	571,5	611,2	601,3	569,8	599,9	598,6	624,2	589,8	592,6	612,7	597,3	600,8	604,5	604,5	
Adjustments																		
Synergies	7,86%	36,1	37,7	39,0	39,2	39,4	39,6	39,7	39,7	39,7	39,7	39,7	39,7	39,7	39,7	39,7	39,7	
EBITA	7,86%	-44,6	-45,6	-48,6	-50,8	-54,2	-57,9	-53,0	-56,5	-59,7	-60,6	-61,5	-60,5	-61,5	-61,5	-62,5	-63,6	
MA Software	7,86%	-2,1	-3,1	-4,1	-5,3	-6,5	4,1	3,4	2,7	1,9	1,1	0,2	-0,8	-1,9	-3,0	-4,3	-5,6	
Total		547,8	555,4	557,8	594,3	580,0	555,6	590,0	584,5	606,2	570,0	571,0	591,0	573,7	576,0	577,4	575,0	
Present Value of Amortization		63,1	58,2	53,0	47,4	41,4	34,8	27,8	20,5	12,7	10,9	8,9	7,1	5,0	2,8	0,4	0,0	
Entity Value Strategic Investor	7,86%	610,9	613,6	610,8	641,8	621,3	590,4	617,8	605,0	618,8	580,9	579,9	598,1	578,7	578,8	577,8	575,0	

Die so abgeleiteten Entity Values berücksichtigen nicht, dass die auf die erworbenen immateriellen Vermögenswerte entfallenden Abschreibungen bei der steuerlichen Gewinnermittlung als Betriebsausgaben abzugsfähig sind. Die Ermittlung dieser Abschreibungen setzt die Kenntnis der Abschreibungsbemessungsgrundlagen voraus, die gleich den unter 4.5.4 zu bestimmenden beizulegenden Zeitwerten dieser Vermögenswerte sind; Letzteres ist darin begründet, dass – dies ergibt sich aus den unter 4.2 dargestellten Ausgangsdaten des Fallbeispiels – die ertragsteuerliche Behandlung der Unternehmensübernahme der Kaufpreisallokation folgt. Hieraus resultiert, dass die Abstimmung der bewertungsrelevanten Ausgangsdaten (Planungsrechnung und Kapitalkosten) vor Durchführung der Bewertungen der erworbenen immateriellen Vermögenswerte nur vorläufig – ohne Berücksichtigung der genannten Abschreibungen – vorgenommen werden kann und nach Ermittlung der beizulegenden Zeitwerte der immateriellen Vermögenswerte entsprechend anzupassen ist. Aus Gründen einer geschlossenen Darstellung der Abstimmung der bewertungsrelevanten Ausgangsdaten wird die Summe der – unter Zugrundelegung der für BU2 ermittelten gewichteten Kapitalkosten bestimmten – Barwerte der abschreibungsbedingten Steuervorteile der erworbenen Kundenbeziehungen, der erworbenen Technologien und der erworbenen Marke, der erworbenen CA-Software sowie des übernommenen Mitarbeiterstammes aus Tabelle 4-16 in Tabelle 4-7 übernommen. Vorteile aus steuerlich zulässigen Abschreibungen des Goodwill werden – abgesehen von dem auf den Mitarbeiterstamm entfallenden abschreibungsbedingten Steuervorteil – nicht berücksichtigt.

Die Ableitung des Entity Value von BU2 mittels des Market Approach bestätigt das Ergebnis der unter Zugrundelegung der DCF-Methode durchgeführten Wertermittlung. Dies indiziert, dass die zugrunde gelegte Planungsrechnung und die angewendeten gewichteten Kapitalkosten den Annahmen der Market Participants folgen. Auf die Darstellung der Wertbestimmung mittels des Market Approach wird verzichtet.

4.5.2.4.4 Überleitung der für die Übernahme von BU2 erbrachten Gegenleistung in den Entity Value

Der Vergleich des beizulegenden Zeitwertes der für die Übernahme von BU2 erbrachten Gegenleistung in Höhe von EUR 580,0 Mio. mit dem unter 4.5.2.4.3 bestimmten Entity Value von BU2 zeigt, dass der Entity Value die erbrachte Gegenleistung in Höhe von EUR 30,9 Mio. übersteigt. Zur Erklärung dieser Differenz wird der beizulegende Zeitwert der Gegenleistung in den vom Erwerber den Kaufpreisverhandlungen zugrunde gelegten Entity Value überführt und sodann dieser Entity Value in den unter Zugrundelegung der Annahmen der Market Participants ermittelten Entity Value übergeleitet.

Die Differenz zwischen dem vom Erwerber bestimmten Entity Value und der Gegenleistung in Höhe von EUR 31,5 Mio. entfällt – dies ergibt sich aus dem unter 4.2 dargestellten Sachverhalt – auf von der Erwerber AG bezahlte Synergien. Der zu erklärende Differenzbetrag erhöht sich damit auf EUR 62,5 Mio.

Ausgangspunkt der Erklärung dieses Differenzbetrages ist die Analyse des von der Erwerber AG für BU2 ermittelten Entity Value. Im mittleren Teil von Tabelle 4-7 wird dargelegt, dass sich dieser Entity Value ergibt durch Diskontierung

- der Free Cashflows, die von der Erwerber AG aus der von BU2 vorgelegten, in Tabelle 4-1 dargestellten Planungsrechnung – ohne Einbeziehung der unter 4.5.2.2.4 dargelegten Anpassungen – abgeleitet wurden,
- mit den von der Erwerber AG für die Übernahme von BU2 bestimmten gewichteten Kapitalkosten, die gemäß 4.5.2.3 8 % betragen.

Im unteren Teil der Tabelle werden übergeleitet
- die Free Cashflows, die dem Bewertungsmodell der Erwerber AG zugrunde liegen, in die den Annahmen der Market Participants folgenden Free Cashflows sowie
- der erwerbsspezifisch ermittelte Entity Value in den unter Zugrundelegung der Annahmen der Market Participants abgeleiteten Entity Value.

Die Überleitung der Free Cashflows setzt sich zusammen aus der
- Einbeziehung der Synergien, von deren Erzielung die Market Participants ausgehen, sowie der
- Berücksichtigung der unter 4.5.2.2.4 dargelegten Bereinigungen der von BU2 vorgelegten Planungsrechnung. Diese betreffen die Margenverschlechterung ab 2015 nach Steuern, die Aufwendungen für Weiterentwicklungen und Neuentwicklungen der CA-Software nach Steuern, den Rückfluss des in die MA-Software investierten Kapitals sowie die Anschaffungskosten zukünftiger Generationen der MA-Software abzüglich Abschreibungen.

Die Tabelle zeigt schließlich, dass der Differenzbetrag zwischen dem von der Erwerber AG ermittelten Entity Value und dem aus Sicht der Market Participants bestimmten Entity Value erklärt werden kann durch die
- Bereinigung der erwerberspezifischen Synergien, die aus der Anwendung der aus Sicht der Erwerber AG ermittelten gewichteten Kapitalkosten in Höhe von 8,00 % anstelle der aus Sicht der Market Participants abgeleiteten Kapitalkosten von 7,86 % resultieren, die
- Berücksichtigung der Barwerte der dargestellten Free-Cashflow-Anpassungen sowie die
- Einbeziehung der Barwerte der mit den erworbenen immateriellen Vermögenswerten verbundenen abschreibungsbedingten Steuervorteile.

Die Betrachtungen legen dar, dass für die Übernahme von BU2 eine Gegenleistung bewirkt wurde, die unter dem beizulegenden Zeitwert der Geschäftseinheit liegt. Dementsprechend ist davon auszugehen, dass von der Erwerber AG ein zu niedriger Kaufpreis bezahlt wurde.

Diese Einschätzung bestätigt die IRR-Analyse, die in Tabelle 4-8 dargestellt wird. Danach beträgt die IRR 8,38 % und liegt damit über den aus Sicht der Market Participants ermittelten gewichteten Kapitalkosten in Höhe von 7,86 %.

Tab. 4-8: IRR-Analyse

Year	8,29%	2016	2017	2018	2019	2020	2021	2022	2023	2024	2025	2026	2027	2028	2029	2030	2031	2032
Strategic Investor																		
Free Cashflow incl. Tax Benefit of Amortization			45,4	51,0	17,1	70,9	79,8	19,0	61,4	33,8	86,6	46,6	27,4	66,4	45,4	46,4	48,3	45,2
Fair Value Consideration Transfered		580,0	582,8	580,1	611,0	590,8	560,0	587,5	574,8	588,7	550,9	550,0	568,2	548,9	549,0	548,0	545,2	0,0

4.5.3 Abgrenzungen und Annahmen nach IFRS 13

4.5.3.1 Vorgehen

Im Folgenden werden für die immateriellen Vermögenswerte, deren beizulegende Zeitwerte zu bestimmen sind (4.5.3.2 bis 4.5.3.7), zunächst die Zusammenfassungen der mit dem Management geführten Gespräche sowie der wesentlichen Ergebnisse der durchgeführten Untersuchungen dargestellt, die für die Festlegung der von IFRS 13 geforderten Abgrenzungen und Annahmen sowie weiterer – für die Anwendung der Bewertungsmethoden unter 4.5.4 erforderlicher – Bewertungsannahmen bedeutsam sind. Auf dieser Grundlage werden sodann für jeden betrachteten Vermögenswert die Abgrenzungen und Annahmen nach IFRS 13 getroffen und in dem unter Abbildung 3.2.4-4 vorgestellten Arbeitsblatt »Bewertungsannahmen nach IFRS 13« zusammengefasst. Die Bestimmung der den Ableitungen der beizulegenden Zeitwerte zugrunde zu legenden Market Participants wird anschließend erläutert (4.5.3.8).

4.5.3.2 Basistechnologie

Ergebnisse der Gespräche und Untersuchungen
Die Gespräche mit dem Management der Geschäftseinheit sowie die durchgeführten Untersuchungen führten insbesondere zu folgenden Ergebnissen:
- Bei der Basistechnologie, die gerade erst eingeführt wurde, geht die Geschäftseinheit – auf der Grundlage des im betreffenden Technologiefeld zu beobachtenden Technologielebenszyklus – von einer (verbleibenden) Nutzungsdauer von etwa 8 Jahren aus, wohingegen der Patentschutz durch das zugrunde liegende Patentportfolio noch 12 Jahre besteht.
- Mit der Basistechnologie vergleichbare Technologien sind regelmäßig Gegenstand von – zumeist auf bestimmte geografische Regionen begrenzten – exklusiven Lizenzverträgen. Letztere dienen typischerweise der Begründung strategischer Partnerschaften, die den Lizenzgebern eine Präsenz auf wichtigen Märkten ermöglichen.
- Das Technologiefeld, dem die Basistechnologie zuzuordnen ist, zeichnet sich durch Stabilität aus. Insbesondere ist nicht erkennbar, dass sich der Technologielebenszyklus wesentlich verlängern oder verkürzen wird oder dass in der Lizenzierungspraxis vergleichbarer Technologien irgendwelche Änderungen, insbesondere deutlich abweichende Konditionen, auftreten werden. Auch besteht seitens der Geschäftseinheit keine Absicht, die bisherige Patentierungsstrategie zu überdenken, sodass zu erwarten ist, dass auch die Nachfolgetechnologien der Basistechnologie über einen angemessenen Patentschutz verfügen werden.

Abgrenzungen und Annahmen nach IFRS 13
Die für die Ableitung des beizulegenden Zeitwertes der Basistechnologie nach IFRS 13 erforderlichen Abgrenzungen und Annahmen sind in Abbildung 4-7 zusammengestellt.

Vermögenswert ... *Basistechnologie*
Abgrenzung des Bewertungsobjektes entsprechend der Unit of Account
<ul><li>Erläuterung einer vorgenommenen Aggregierung bzw. Disaggregierung</li><li>Erforderlichenfalls Angabe der aus Sicht der Market Participants wertbestimmenden Eigenschaften des Vermögenswertes</li></ul>
Die Basistechnologie stellt einen identifizierbaren Vermögenswert dar, der durch 9 Patente geschützt ist. Die Basistechnologie ist dementsprechend gesondert zu bewerten.
Analyse der Valuation Premise
<ul><li>Erläuterung der bisherigen Nutzung des Vermögenswertes, die, wenn nicht Anhaltspunkte gegen diese Annahme sprechen, als Highest and Best Use betrachtet wird</li><li>Erläuterung – von der bisherigen Nutzung – abweichender Nutzungen<ul><li>unter Beachtung der Anforderungen an den Highest and Best Use<ul><li>physisch möglich</li><li>rechtlich zulässig</li><li>finanziell tragfähig</li></ul></li></ul></li><li>Angabe der zugrunde gelegten Bewertungsannahme</li></ul>
Die Basistechnologie wird gegenwärtig zusammen mit der Verfahrenstechnologie, der Marke »AS«, den Software-Lösungen, dem Mitarbeiterstamm sowie den Kundenbeziehungen genutzt. Es sind keine Anhaltspunkte ersichtlich, die dafür sprechen, dass die gegenwärtige Nutzung nicht der Highest and Best Use der Basistechnologie ist. Dementsprechend ist die gegenwärtige Nutzung dieser Technologie zusammen mit den genannten anderen Vermögenswerten als deren Highest and Best Use zu betrachten.
Bestimmung des relevanten Marktes
<ul><li>Principle Market<ul><li>The market with the greatest volume and level of activity for the asset or liability.</li></ul></li><li>Most Advantageous Market<ul><li>The market that maximises the amount that would be received to sell the asset or minimises the amount that would be paid to transfer the liability, after taking into account transaction costs and transport costs.</li></ul></li><li>Abgrenzung eines hypothetischen Marktes<ul><li>Zusammenstellung möglicher Market Participants<ul><li>Strategische Erwerber</li><li>Finanzinvestoren</li></ul></li><li>Analyse der Annahmen der identifizierten Market Participants</li><li>Angabe der zugrunde gelegten Market Participants</li></ul></li></ul>
Ein Markt, aus dem preisrelevante Daten für den Verkauf der Basistechnologie abgeleitet werden können, ist am Bewertungsstichtag nicht identifizierbar. Aus diesem Grund wird der Preis dieser Technologie unter Zugrundelegung einer Annahme über eine am Bewertungsstichtag durchgeführte Transaktion abgeleitet. Als Market-Participant-Erwerber kommen – wie unter 4.5.2.2.3 aufgezeigt – strategische Investoren und Finanzinvestoren in Betracht. Ableitung und Vergleich der Werte der Basistechnologie und der anderen Vermögenswerte, mit denen die Basistechnologie zusammen genutzt wird, für strategische Investoren und für Finanzinvestoren zeigen, dass die Nutzung der genannten Vermögenswerte durch strategische Investoren den Wert der Gruppe maximiert. Dementsprechend wird der beizulegende Zeitwert der Basistechnologie unter Zugrundelegung der Annahme der Nutzung der Gruppe von Vermögenswerten durch strategische Investoren bestimmt.

Festlegung der anzuwendenden Bewertungsverfahren

• Analyse der verfügbaren Daten zur Ableitung der erforderlichen Bewertungsannahmen (IFRS 13.A »inputs«)
  – Maximierung der beobachtbaren Inputs, Minimierung der nicht beobachtbaren Daten
• Bewertungsverfahren
  – Market Approach
    - Preise und andere aus Transaktionen abgeleitete Informationen für identische bzw. vergleichbare Vermögenswerte
    - aus Transaktionen vergleichbarer Vermögenswerte abgeleitete Multiples ...
  – Income Approach
    - Incremental Income, Royalty Rates, Contributory Asset Charges ...
  – Cost Approach
    - Reproduktionskosten
    - Wiederbeschaffungskosten
    - Veralterungen ...
  – Angabe des Levels der Fair-Value-Hierarchie der Inputfaktoren

• Market Approach:
  – Transaktionen, aus denen Daten für die Anwendung dieses Ansatzes abgeleitet werden können, sind nicht verfügbar.
• Income Approach:
  – Der Basistechnologie zuzuordnende Royalty Rates können bestimmt werden.
  – Für die Ermittlung des beizulegenden Zeitwertes der Basistechnologie kommt dementsprechend die Anwendung der Relief-from-Royalty-Methode in Betracht.
  – Die Annahmen, die Market Participants der Bewertung der Basistechnologie mittels der Relief-from-Royalty-Methode zugrunde legen, werden im Folgenden im Einzelnen dargelegt.
  – Die Inputfaktoren sind im Wesentlichen Level 3 der Fair-Value-Hierarchie zuzuordnen.
• Cost Approach:
  – Market Participants legen diesen Bewertungsansatz der Bewertung der Basistechnologie nicht zugrunde.

Bestimmung des beizulegenden Zeitwertes
• Beurteilung der abgeleiteten Wertspanne und Festlegung des beizulegenden Zeitwertes als repräsentativsten Wert bei Anwendung mehrerer Bewertungsverfahren • Angabe des Levels der Fair-Value-Hierarchie des Bewertungsergebnisses
Unter den gegebenen Voraussetzungen kommt für die Bestimmung des beizulegenden Zeitwertes der Basistechnologie nur der Income Approach in Betracht. Dieser Bewertungsansatz führt zum Best Estimate des beizulegenden Zeitwertes des zu bewertenden Vermögenswertes. Der abgeleitete beizulegende Zeitwert ist Level 3 der Fair-Value-Hierarchie zuzuordnen.

Abb. 4-7: Arbeitsblatt Bewertungsannahmen nach IFRS 13 – Basistechnologie

4.5.3.3 Verfahrenstechnologie

Ergebnisse der Gespräche und Untersuchungen
Die Gespräche mit dem Management der Geschäftseinheit sowie die durchgeführten Untersuchungen führten insbesondere zu folgenden Ergebnissen:
• Die mit der Verfahrenstechnologie verbundenen Kostenvorteile können vom Unternehmen exakt bestimmt werden. Die Geschäftseinheit geht davon aus, dass auch in den kommenden Jahren kein Grund gegeben sein wird, diese an ihre Kunden weiterzugeben.

- Nach heutiger Einschätzung lassen sich diese Kostenvorteile jedoch nur im Zusammenwirken mit der (heutigen) Basistechnologie, nicht jedoch mit zukünftigen Generationen der Basistechnologie realisieren.
- Die verbleibende technologische Lebensdauer beträgt grundsätzlich rund 15 Jahre.

Abgrenzungen und Annahmen nach IFRS 13

Die für die Ableitung des beizulegenden Zeitwertes der Verfahrenstechnologie nach IFRS 13 erforderlichen Abgrenzungen und Annahmen sind in Abbildung 4-8 zusammengestellt.

Vermögenswert ... *Verfahrenstechnologie*

Abgrenzung des Bewertungsobjektes entsprechend der Unit of Account

- Erläuterung einer vorgenommenen Aggregierung bzw. Disaggregierung
- Erforderlichenfalls Angabe der aus Sicht der Market Participants wertbestimmenden Eigenschaften des Vermögenswertes

Die Verfahrenstechnologie stellt einen identifizierbaren Vermögenswert dar. Die Verfahrenstechnologie ist dementsprechend gesondert zu bewerten.

Analyse der Valuation Premise

- Erläuterung der bisherigen Nutzung des Vermögenswertes, die, wenn nicht Anhaltspunkte gegen diese Annahme sprechen, als Highest and Best Use betrachtet wird
- Erläuterung – von der bisherigen Nutzung – abweichender Nutzungen
  - unter Beachtung der Anforderungen an den Highest and Best Use
    - physisch möglich
    - rechtlich zulässig
    - finanziell tragfähig
- Angabe der zugrunde gelegten Bewertungsannahme

Die Verfahrenstechnologie wird gegenwärtig zusammen mit der Basistechnologie, der Marke »AS«, den Software-Lösungen, dem Mitarbeiterstamm sowie den Kundenbeziehungen genutzt. Es sind keine Anhaltspunkte ersichtlich, die dafür sprechen, dass die gegenwärtige Nutzung nicht der Highest and Best Use der Verfahrenstechnologie ist. Dementsprechend ist die gegenwärtige Nutzung dieser Technologie zusammen mit den genannten anderen Vermögenswerten als deren Highest and Best Use zu betrachten.

Bestimmung des relevanten Marktes

- Principle Market
  - The market with the greatest volume and level of activity for the asset or liability.
- Most Advantageous Market
  - The market that maximises the amount that would be received to sell the asset or minimises the amount that would be paid to transfer the liability, after taking into account transaction costs and transport costs.
- Abgrenzung eines hypothetischen Marktes
  - Zusammenstellung möglicher Market Participants
    - Strategische Erwerber
    - Finanzinvestoren
  - Analyse der Annahmen der identifizierten Market Participants
- Angabe der zugrunde gelegten Market Participants

Ein Markt, aus dem preisrelevante Daten für den Verkauf der Verfahrenstechnologie abgeleitet werden können, ist am Bewertungsstichtag nicht identifizierbar. Aus diesem Grund wird der Preis dieser Technologie unter Zugrundelegung einer Annahme über eine am Bewertungsstichtag durchgeführte Transaktion abgeleitet.

Als Market-Participant-Erwerber kommen – wie unter 4.5.2.2.3 aufgezeigt – strategische Investoren und Finanzinvestoren in Betracht. Ableitung und Vergleich der Werte der Verfahrenstechnologie und der anderen Vermögenswerte, mit denen die Verfahrenstechnologie zusammen genutzt wird, für strategische Investoren und für Finanzinvestoren zeigen, dass die Nutzung der genannten Vermögenswerte durch strategische Investoren den Wert der Gruppe maximiert. Dementsprechend wird der beizulegende Zeitwert der Verfahrenstechnologie unter Zugrundelegung der Annahme der Nutzung der Gruppe von Vermögenswerten durch strategische Investoren bestimmt.

Festlegung der anzuwendenden Bewertungsverfahren

- Analyse der verfügbaren Daten zur Ableitung der erforderlichen Bewertungsannahmen (IFRS 13.A »inputs«)
  - Maximierung der beobachtbaren Inputs, Minimierung der nicht beobachtbaren Daten
- Bewertungsverfahren
  - Market Approach
    - Preise und andere aus Transaktionen abgeleitete Informationen für identische bzw. vergleichbare Vermögenswerte
    - aus Transaktionen vergleichbarer Vermögenswerte abgeleitete Multiples …
  - Income Approach
    - Incremental Income, Royalty Rates, Contributory Asset Charges …
  - Cost Approach
    - Reproduktionskosten
    - Wiederbeschaffungskosten
    - Veralterungen …
- Angabe des Levels der Fair-Value-Hierarchie der Inputfaktoren

- Market Approach:
  - Transaktionen, aus denen Daten für die Anwendung dieses Ansatzes abgeleitet werden können, sind nicht verfügbar.
- Income Approach:
  - Der Verfahrenstechnologie zuzuordnende Kosteneinsparungen können bestimmt werden.
  - Für die Ermittlung des beizulegenden Zeitwertes der Verfahrenstechnologie kommt dementsprechend die Incremental Income Analysis in Betracht.
  - Die Annahmen, die Market Participants der Bewertung der Verfahrenstechnologie mittels der Incremental Income Analysis zugrunde legen, werden im Folgenden im Einzelnen dargelegt.
  - Die Inputfaktoren sind im Wesentlichen Level 3 der Fair-Value-Hierarchie zuzuordnen.
- Cost Approach:
  - Market Participants legen diesen Bewertungsansatz der Bewertung der Verfahrenstechnologie nicht zugrunde.

Bestimmung des beizulegenden Zeitwertes

- Beurteilung der abgeleiteten Wertspanne und Festlegung des beizulegenden Zeitwertes als repräsentativsten Wert bei Anwendung mehrerer Bewertungsverfahren
- Angabe des Levels der Fair-Value-Hierarchie des Bewertungsergebnisses

Unter den gegebenen Voraussetzungen kommt für die Bestimmung des beizulegenden Zeitwertes der Verfahrenstechnologie nur der Income Approach in Betracht. Dieser Bewertungsansatz führt zum Best Estimate des beizulegenden Zeitwertes des zu bewertenden Vermögenswertes.

Der abgeleitete beizulegende Zeitwert ist Level 3 der Fair-Value-Hierarchie zuzuordnen.

Abb. 4-8: Arbeitsblatt Bewertungsannahmen nach IFRS 13 – Verfahrenstechnologie

4.5.3.4 Marke

Ergebnisse der Gespräche und Untersuchungen
Die Gespräche mit dem Management der Geschäftseinheit sowie die durchgeführten Untersuchungen führten insbesondere zu folgenden Ergebnissen:
- Bei der Marke »AS« handelt es sich um eine Unternehmensmarke, die seit vielen Jahrzehnten für die qualitative Hochwertigkeit und herausragenden Eigenschaften der Produkte der Geschäftseinheit bei Kunden und Endabnehmern steht. In diesem Produktbereich gibt es keine andere Marke, die eine Positionierung erlangt hat, die mit der der Marke »AS« auch nur annähernd vergleichbar ist. Nach Auffassung des Managements ist nicht ersichtlich, dass sich an der Stellung der Marke »AS« in Zukunft etwas ändern wird. Für eine Verschlechterung der Positionierung der Marke ergaben sich auch aus den durchgeführten Untersuchungen keine Anhaltspunkte.
- In anderen Segmenten der Branche, in der BU2 tätig ist, gibt es mit der Marke »AS« vergleichbare Marken, insbesondere Unternehmensmarken. Diese sind zwar nicht allzu oft, jedoch in einigen Fällen Gegenstand von Lizenzverträgen.

Abgrenzungen und Annahmen nach IFRS 13
Die für die Ableitung des beizulegenden Zeitwertes der Marke »AS« nach IFRS 13 erforderlichen Abgrenzungen und Annahmen sind in Abbildung 4-9 zusammengestellt.[460]

Vermögenswert ... *Marke »AS«*
Abgrenzung des Bewertungsobjektes entsprechend der Unit of Account
• Erläuterung einer vorgenommenen Aggregierung bzw. Disaggregierung • Erforderlichenfalls Angabe der aus Sicht der Market Participants wertbestimmenden Eigenschaften des Vermögenswertes
Die Marke »AS« stellt einen identifizierbaren Vermögenswert dar. Die Marke ist dementsprechend gesondert zu bewerten.
Analyse der Valuation Premise

• Erläuterung der bisherigen Nutzung des Vermögenswertes, die, wenn nicht Anhaltspunkte gegen diese Annahme sprechen, als Highest and Best Use betrachtet wird
• Erläuterung – von der bisherigen Nutzung – abweichender Nutzungen
   – unter Beachtung der Anforderungen an den Highest and Best Use
     - physisch möglich
     - rechtlich zulässig
     - finanziell tragfähig
• Angabe der zugrunde gelegten Bewertungsannahme

---

460 Zur Bewertung von Marken siehe z.B. Trommsdorff (2004), S.1853 ff.; Sattler (2005); Hommel/Buhleier/Pauly (2007), S.371 ff.; Castedello (2014), S.252 ff.; Aders/Weidemann (2001), S.469 ff.; Fischer/Schmollmeyer (2010), S.624 ff.; Sinclair (2010), S.501 ff.; Binder (2011), S.888 ff.; Blum/Weber (2012), S.442 ff.; Fernandez (2013); Menninger (2015), S.34 ff.; Lagarden (2015), S.46 ff.; Elmore (2015); Paugam/André/Philippe/Harfouche (2016); Buss (2016), S.7 ff.; sowie Nestler/Hunkemöller (2009), S.2233 ff. Siehe auch die Studie von Menninger/Reiter/Sattler/Högl/Klepper (2012).

Die Marke »AS« wird gegenwärtig zusammen mit der Basistechnologie, der Verfahrenstechnologie, den Software-Lösungen, dem Mitarbeiterstamm sowie den Kundenbeziehungen genutzt. Es sind keine Anhaltspunkte ersichtlich, die dafür sprechen, dass die gegenwärtige Nutzung nicht der Highest and Best Use der Marke ist. Insbesondere ist davon auszugehen, dass Market Participants die Marke aufgrund von deren herausragenden Marktstellung fortführen werden. Dementsprechend ist die gegenwärtige Nutzung dieser Marke zusammen mit den genannten anderen Vermögenswerten als deren Highest and Best Use zu betrachten.

Bestimmung des relevanten Marktes

- Principle Market
  - The market with the greatest volume and level of activity for the asset or liability.
- Most Advantageous Market
  - The market that maximises the amount that would be received to sell the asset or minimises the amount that would be paid to transfer the liability, after taking into account transaction costs and transport costs.
- Abgrenzung eines hypothetischen Marktes
  - Zusammenstellung möglicher Market Participants
    - Strategische Erwerber
    - Finanzinvestoren
  - Analyse der Annahmen der identifizierten Market Participants
  - Angabe der zugrunde gelegten Market Participants

Ein Markt, aus dem preisrelevante Daten für den Verkauf der Marke »AS« abgeleitet werden können, ist am Bewertungsstichtag nicht identifizierbar. Aus diesem Grund wird der Preis dieser Marke unter Zugrundelegung einer Annahme über eine am Bewertungsstichtag durchgeführte Transaktion abgeleitet.

Als Market-Participant-Erwerber kommen – wie unter 4.5.2.2.3 aufgezeigt – strategische Investoren und Finanzinvestoren in Betracht. Ableitung und Vergleich der Werte der Marke »AS« und der anderen Vermögenswerte, mit denen die Marke zusammen genutzt wird, für strategische Investoren und für Finanzinvestoren zeigen, dass die Nutzung der genannten Vermögenswerte durch strategische Investoren den Wert der Gruppe maximiert. Dementsprechend wird der beizulegende Zeitwert der Marke »AS« unter Zugrundelegung der Annahme der Nutzung der Gruppe von Vermögenswerten durch strategische Investoren bestimmt.

Festlegung der anzuwendenden Bewertungsverfahren

- Analyse der verfügbaren Daten zur Ableitung der erforderlichen Bewertungsannahmen (IFRS 13.A »inputs«)
  - Maximierung der beobachtbaren Inputs, Minimierung der nicht beobachtbaren Daten
- Bewertungsverfahren
  - Market Approach
    - Preise und andere aus Transaktionen abgeleitete Informationen für identische bzw. vergleichbare Vermögenswerte
    - aus Transaktionen vergleichbarer Vermögenswerte abgeleitete Multiples ...
  - Income Approach
    - Incremental Income, Royalty Rates, Contributory Asset Charges ...
  - Cost Approach
    - Reproduktionskosten
    - Wiederbeschaffungskosten
    - Veralterungen ...
- Angabe des Levels der Fair-Value-Hierarchie der Inputfaktoren

- Market Approach:
  - Transaktionen, aus denen Daten für die Anwendung dieses Ansatzes abgeleitet werden können, sind nicht verfügbar.
- Income Approach:
  - Der Marke »AS« zuzuordnende Royalty Rates können bestimmt werden.
  - Für die Ermittlung des beizulegenden Zeitwertes der Marke kommt die Anwendung der Relief-from-Royalty-Methode in Betracht.
  - Die Annahmen, die Market Participants der Bewertung der Marke »AS« mittels der Relief-from-Royalty-Methode zugrunde legen, werden im Folgenden im Einzelnen dargelegt.
  - Die Inputfaktoren sind im Wesentlichen Level 3 der Fair-Value-Hierarchie zuzuordnen.
- Cost Approach:
  - Market Participants legen diesen Bewertungsansatz der Bewertung der Marke »AS« nicht zugrunde.

Bestimmung des beizulegenden Zeitwertes

- Beurteilung der abgeleiteten Wertspanne und Festlegung des beizulegenden Zeitwertes als repräsentativsten Wert bei Anwendung mehrerer Bewertungsverfahren
- Angabe des Levels der Fair-Value-Hierarchie des Bewertungsergebnisses

Unter den gegebenen Voraussetzungen kommt für die Bestimmung des beizulegenden Zeitwertes der Marke »AS« nur der Income Approach in Betracht. Dieser Bewertungsansatz führt zum Best Estimate des beizulegenden Zeitwertes des zu bewertenden Vermögenswertes.
Der abgeleitete beizulegende Zeitwert ist Level 3 der Fair-Value-Hierarchie zuzuordnen.

Abb. 4-9: Arbeitsblatt Bewertungsannahmen nach IFRS 13 – Marke »AS«

4.5.3.5 Software

Ergebnisse der Gespräche und Untersuchungen

Die Gespräche mit dem Management der Geschäftseinheit sowie die durchgeführten Untersuchungen führten insbesondere zu folgenden Ergebnissen:

- Sowohl bei der CA-Software als auch bei der MA-Software handelt es sich um vom Unternehmensbereich selbst genutzte Software (Operational Software).[461] Die MA-Software ist für die Durchführung der Geschäftstätigkeit von BU2 unverzichtbar, d. h., sie müsste, wenn die Gesellschaft über sie nicht verfügen würde, neu beschafft werden, beispielsweise von der internen IT-Abteilung oder von Dritten programmiert werden. Zur Realisierung der mit der CA-Software verbundenen Kostenvorteile müsste auch diese, wenn sie für BU2 nicht verfügbar wäre, erneut beschafft werden. Ein Bezug zur Höhe der erzielten Umsatzerlöse besteht bei beiden Software-Lösungen nicht, weswegen eine umsatzabhängige Einlizenzierung von Dritten nicht in Betracht kommt.
- Die CA-Software ist im Unterschied zur MA-Software sehr spezifisch auf Produkte und Prozesse von BU2 abgestimmt, weswegen eine derartige Lösung von Dritten nicht als Standard-Software beschafft werden kann. Eine Programmierung der CA-Software durch Dritte ist nach Auffassung des Managements wesentlich teurer als eine Entwicklung durch die IT-Spezialisten der AS. Bei der MA-Software geht das Management dagegen davon aus, dass eine derartige Lösung von verschiedenen Software-Häusern

---

461   Vgl. Smith/Parr (2005), S. 33 f.

als Standard-Software, die allerdings an die Prozesse von BU2 anzupassen wäre, erworben werden könnte. Dies wäre zudem günstiger als eine Eigenentwicklung.

- Nach der bisherigen Erfahrung geht das Management davon aus, dass eine der CA-Software (MA-Software) entsprechende Software eine Lebensdauer von ca. 10 (12) Jahren hat. Die verbleibende Nutzungsdauer wird auf 6 bzw. 5 Jahre eingeschätzt.

Abgrenzungen und Annahmen nach IFRS 13

Die für die Ableitung der beizulegenden Zeitwerte der CA-Software bzw. der MA-Software nach IFRS 13 erforderlichen Abgrenzungen und Annahmen sind in Abbildung 4-10 bzw. Abbildung 4-11 zusammengestellt.[462]

• **Vermögenswert … *CA Software***
Abgrenzung des Bewertungsobjektes entsprechend der Unit of Account
• Erläuterung einer vorgenommenen Aggregierung bzw. Disaggregierung • Erforderlichenfalls Angabe der aus Sicht der Market Participants wertbestimmenden Eigenschaften des Vermögenswertes
Die CA-Software stellt einen identifizierbaren Vermögenswert dar. Die CA-Software ist dementsprechend gesondert zu bewerten.
Analyse der Valuation Premise

• Erläuterung der bisherigen Nutzung des Vermögenswertes, die, wenn nicht Anhaltspunkte gegen diese Annahme sprechen, als Highest and Best Use betrachtet wird
• Erläuterung – von der bisherigen Nutzung – abweichender Nutzungen
  – unter Beachtung der Anforderungen an den Highest and Best Use
    - physisch möglich
    - rechtlich zulässig
    - finanziell tragfähig
• Angabe der zugrunde gelegten Bewertungsannahme

Die CA-Software wird gegenwärtig zusammen mit der Basistechnologie, der Verfahrenstechnologie, der Marke »AS«, der MA-Software, dem Mitarbeiterstamm sowie den Kundenbeziehungen genutzt. Es sind keine Anhaltspunkte ersichtlich, die dafür sprechen, dass die gegenwärtige Nutzung nicht der Highest and Best Use der CA-Software ist. Insbesondere ist davon auszugehen, dass Market Participants aufgrund der Abstimmung der CA-Software mit Produkten und Prozessen von BU2 über keine vergleichbare Software-Lösung verfügen. Dementsprechend ist die gegenwärtige Nutzung dieser Software-Lösung zusammen mit den genannten anderen Vermögenswerten als deren Highest and Best Use zu betrachten.
Bestimmung des relevanten Marktes

• Principle Market
  – The market with the greatest volume and level of activity for the asset or liability.
• Most Advantageous Market
  – The market that maximises the amount that would be received to sell the asset or minimises the amount that would be paid to transfer the liability, after taking into account transaction costs and transport costs.

---

462 Zur Bewertung von Software siehe beispielsweise Wiederhold (2005); Wiederhold (2006), S. 65 ff.; Wiederhold (2007); Hoppen/Hoppen (2009), S. 761 ff.; Saidens (2010), S. 477 ff. Zur Bewertung selbst erstellter Software für bilanzielle Zwecke Roth (2011), S. 74 ff.

- Abgrenzung eines hypothetischen Marktes
  - Zusammenstellung möglicher Market Participants
    - Strategische Erwerber
    - Finanzinvestoren
  - Analyse der Annahmen der identifizierten Market Participants
  - Angabe der zugrunde gelegten Market Participants

Ein Markt, aus dem preisrelevante Daten für den Verkauf der CA-Software abgeleitet werden können, ist am Bewertungsstichtag nicht identifizierbar. Aus diesem Grund wird der Preis dieser Software-Lösung unter Zugrundelegung einer Annahme über eine am Bewertungsstichtag durchgeführte Transaktion abgeleitet.

Als Market-Participant-Erwerber kommen – wie unter 4.5.2.2.3 aufgezeigt – strategische Investoren und Finanzinvestoren in Betracht. Ableitung und Vergleich der Werte der CA-Software und der anderen Vermögenswerte, mit denen die Software-Lösung zusammen genutzt wird, für strategische Investoren und für Finanzinvestoren zeigen, dass die Nutzung der genannten Vermögenswerte durch strategische Investoren den Wert der Gruppe maximiert. Dementsprechend wird der beizulegende Zeitwert der CA-Software unter Zugrundelegung der Annahme der Nutzung der Gruppe von Vermögenswerten durch strategische Investoren bestimmt.

Festlegung der anzuwendenden Bewertungsverfahren

- Analyse der verfügbaren Daten zur Ableitung der erforderlichen Bewertungsannahmen (IFRS 13.A »inputs«)
  - Maximierung der beobachtbaren Inputs, Minimierung der nicht beobachtbaren Daten
- Bewertungsverfahren
  - Market Approach
    - Preise und andere aus Transaktionen abgeleitete Informationen für identische bzw. vergleichbare Vermögenswerte
    - aus Transaktionen vergleichbarer Vermögenswerte abgeleitete Multiples ...
  - Income Approach
    - Incremental Income, Royalty Rates, Contributory Asset Charges ...
  - Cost Approach
    - Reproduktionskosten
    - Wiederbeschaffungskosten
    - Veralterungen ...
- Angabe des Levels der Fair-Value-Hierarchie der Inputfaktoren

- Market Approach:
  - Transaktionen, aus denen Daten für die Anwendung dieses Ansatzes abgeleitet werden können, sind nicht verfügbar.
- Income Approach:
  - Die mit der Nutzung der CA-Software verbundenen Kosteneinsparungen resultieren u. a. aus Personaleinsparungen im Bereich Qualitätskontrolle sowie aus einer Verminderung der Zahl der Kundenreklamationen und können abgegrenzt werden.
  - Dementsprechend kommt die Anwendung des Income Approach in Form der Incremental Income Analysis in Betracht.
  - Die Inputfaktoren sind im Wesentlichen Level 3 der Fair-Value-Hierarchie zuzuordnen.
- Cost Approach:
  - Aufgrund der Substituierbarkeit der CA-Software kommt eine Anwendung des Cost Approach in Betracht.
  - Die Replacement Cost sowie Obsoleszenzen können für die CA-Software bestimmt werden.
  - Market Participants gehen bei der Ermittlung der Replacement Cost für die Software-Lösung von der Annahme aus, dass die Entwicklung der Software durch die IT-Abteilung der Gesellschaft erfolgt.
  - Die Annahmen, die Market Participants der Bewertung der CA-Software mittels des Cost Approach zugrunde legen, werden im Folgenden im Einzelnen dargelegt.
  - Die Inputfaktoren sind Level 3 der Fair-Value-Hierarchie zuzuordnen.

Bestimmung des beizulegenden Zeitwertes
• Beurteilung der abgeleiteten Wertspanne und Festlegung des beizulegenden Zeitwertes als repräsentativsten Wert bei Anwendung mehrerer Bewertungsverfahren • Angabe des Levels der Fair-Value-Hierarchie des Bewertungsergebnisses
Market Participants gehen davon aus, dass grundsätzlich sowohl der Income Approach als auch der Cost Approach zur Abschätzung des beizulegenden Zeitwertes der CA-Software in Betracht kommen. Die Analysen beider Bewertungsansätze haben gezeigt, dass die abgeleiteten Werte nicht wesentlich voneinander abweichen. Aufgrund der gegebenen Substituierbarkeit der CA-Software gehen Market Participants davon aus, dass der beizulegende Zeitwert der CA-Software mittels des Cost Approach abzuleiten ist. Der abgeleitete beizulegende Zeitwert ist Level 3 der Fair-Value-Hierarchie zuzuordnen.

Abb. 4-10: Arbeitsblatt Bewertungsannahmen nach IFRS 13 – CA-Software

Vermögenswert … *MA-Software*
Abgrenzung des Bewertungsobjektes entsprechend der Unit of Account
• Erläuterung einer vorgenommenen Aggregierung bzw. Disaggregierung • Erforderlichenfalls Angabe der aus Sicht der Market Participants wertbestimmenden Eigenschaften des Vermögenswertes
Die MA-Software stellt einen identifizierbaren Vermögenswert dar. Die MA-Software ist dementsprechend gesondert zu bewerten.
Analyse der Valuation Premise

• Erläuterung der bisherigen Nutzung des Vermögenswertes, die, wenn nicht Anhaltspunkte gegen diese Annahme sprechen, als Highest and Best Use betrachtet wird
• Erläuterung – von der bisherigen Nutzung – abweichender Nutzungen
  – unter Beachtung der Anforderungen an den Highest and Best Use
    - physisch möglich
    - rechtlich zulässig
    - finanziell tragfähig
• Angabe der zugrunde gelegten Bewertungsannahme

Die MA-Software wird gegenwärtig zusammen mit der Basistechnologie, der Verfahrenstechnologie, der Marke »AS«, der CA-Software, dem Mitarbeiterstamm sowie den Kundenbeziehungen genutzt. Es sind keine Anhaltspunkte ersichtlich, die dafür sprechen, dass die gegenwärtige Nutzung nicht der Highest and Best Use der MA-Software ist. Die MA-Software ist zwar grundsätzlich substituierbar. Aufgrund der Besonderheiten des Produktionsprozesses bei BU2 ist jedoch nicht davon auszugehen, dass Market Participants die MA-Software durch die von diesen verwendeten Software-Lösungen ersetzen können. Dementsprechend ist die gegenwärtige Nutzung dieser Software-Lösung zusammen mit den genannten anderen Vermögenswerten als deren Highest and Best Use zu betrachten.
Bestimmung des relevanten Marktes

• Principle Market
  – The market with the greatest volume and level of activity for the asset or liability.
• Most Advantageous Market
  – The market that maximises the amount that would be received to sell the asset or minimises the amount that would be paid to transfer the liability, after taking into account transaction costs and transport costs.

- Abgrenzung eines hypothetischen Marktes
  - Zusammenstellung möglicher Market Participants
    - o   Strategische Erwerber
    - o   Finanzinvestoren
  - Analyse der Annahmen der identifizierten Market Participants
  - Angabe der zugrunde gelegten Market Participants

Ein Markt, aus dem preisrelevante Daten für den Verkauf der MA-Software abgeleitet werden können, ist am Bewertungsstichtag nicht identifizierbar. Aus diesem Grund wird der Preis dieser Software-Lösung unter Zugrundelegung einer Annahme über eine am Bewertungsstichtag durchgeführte Transaktion abgeleitet.

Als Market-Participant-Erwerber kommen – wie unter 4.5.2.2.3 aufgezeigt – strategische Investoren und Finanzinvestoren in Betracht. Ableitung und Vergleich der Werte der MA-Software und der anderen Vermögenswerte, mit denen die Software-Lösung zusammen genutzt wird, für strategische Investoren und für Finanzinvestoren zeigen, dass die Nutzung der genannten Vermögenswerte durch strategische Investoren den Wert der Gruppe maximiert. Dementsprechend wird der beizulegende Zeitwert der MA-Software unter Zugrundelegung der Annahme der Nutzung der Gruppe von Vermögenswerten durch strategische Investoren bestimmt.

Festlegung der anzuwendenden Bewertungsverfahren

- Analyse der verfügbaren Daten zur Ableitung der erforderlichen Bewertungsannahmen (IFRS 13.A »inputs«)
  - Maximierung der beobachtbaren Inputs, Minimierung der nicht beobachtbaren Daten
- Bewertungsverfahren
  - Market Approach
    - Preise und andere aus Transaktionen abgeleitete Informationen für identische bzw. vergleichbare Vermögenswerte
    - aus Transaktionen vergleichbarer Vermögenswerte abgeleitete Multiples …
  - Income Approach
    - Incremental Income, Royalty Rates, Contributory Asset Charges …
  - Cost Approach
    - Reproduktionskosten
    - Wiederbeschaffungskosten
    - Veralterungen …
- Angabe des Levels der Fair-Value-Hierarchie der Inputfaktoren

- Market Approach:
  - Transaktionen, aus denen Daten für die Anwendung dieses Ansatzes abgeleitet werden können, sind nicht verfügbar.
- Income Approach:
  - Für eine Anwendung der Relief-from-Royalty-Methode, der Incremental Income Analysis sowie der MPEEM erforderliche Daten sind nicht verfügbar. Dementsprechend kommt eine Anwendung dieser Ausprägungen des Income Approach nicht in Betracht.
- Cost Approach:
  - Aufgrund der Substituierbarkeit der MA-Software kommt eine Anwendung des Cost Approach in Betracht.
  - Für die MA-Software können Replacement Cost sowie Obsoleszenzen bestimmt werden.
  - Market Participants gehen bei der Ermittlung der Replacement Cost für die zu bewertende Software-Lösung von der Annahme aus, dass eine Standard-Software von Dritten zu erwerben ist, die an den Produktionsprozess von BU2 anzupassen ist.
  - Die Annahmen, die Market Participants der Bewertung der MA-Software mittels des Cost Approach zugrunde legen, werden im Folgenden im Einzelnen dargelegt.
  - Die Inputfaktoren sind Level 2 bzw. Level 3 der Fair-Value-Hierarchie zuzuordnen.

Bestimmung des beizulegenden Zeitwertes
• Beurteilung der abgeleiteten Wertspanne und Festlegung des beizulegenden Zeitwertes als repräsentativsten Wert bei Anwendung mehrerer Bewertungsverfahren • Angabe des Levels der Fair-Value-Hierarchie des Bewertungsergebnisses
Unter den gegebenen Voraussetzungen kommt für die Bestimmung des beizulegenden Zeitwertes der MA-Software nur der Cost Approach in Betracht. Dieser Bewertungsansatz führt zum Best Estimate des beizulegenden Zeitwertes des zu bewertenden Vermögenswertes. Der abgeleitete beizulegende Zeitwert ist Level 3 der Fair-Value-Hierarchie zuzuordnen.

Abb. 4-11: Arbeitsblatt Bewertungsannahmen nach IFRS 13 – MA-Software

4.5.3.6 Mitarbeiterstamm

Ergebnisse der Gespräche mit dem Management von BU2
- Die für den Wiederaufbau des Mitarbeiterstammes erforderlichen Aufwendungen können vom Management zusammengestellt werden.
- Die Mitarbeiterfluktuation, gemessen als durchschnittliche Verbleibensdauer eines Mitarbeiters im Unternehmen, liegt bei rund 10 Jahren.

Abgrenzungen und Annahmen nach IFRS 13
Die für die Ableitung des beizulegenden Zeitwertes des Mitarbeiterstamms nach IFRS 13 erforderlichen Abgrenzungen und Annahmen sind in Abbildung 4-12 zusammengestellt.

Vermögenswert ... *Mitarbeiterstamm*
Abgrenzung des Bewertungsobjektes entsprechend der Unit of Account
• Erläuterung einer vorgenommenen Aggregierung bzw. Disaggregierung • Erforderlichenfalls Angabe der aus Sicht der Market Participants wertbestimmenden Eigenschaften des Vermögenswertes
Der Mitarbeiterstamm stellt keinen identifizierbaren Vermögenswert dar. Die Ableitung des beizulegenden Zeitwertes des Mitarbeiterstammes ist zur Bestimmung von dessen Einkommensbeitrag für die Anwendung der MPEEM zur Bewertung der Kundenbeziehungen erforderlich.
Analyse der Valuation Premise

• Erläuterung der bisherigen Nutzung des Vermögenswertes, die, wenn nicht Anhaltspunkte gegen diese Annahme sprechen, als Highest and Best Use betrachtet wird
• Erläuterung – von der bisherigen Nutzung – abweichender Nutzungen
  – unter Beachtung der Anforderungen an den Highest and Best Use
    - physisch möglich
    - rechtlich zulässig
    - finanziell tragfähig
• Angabe der zugrunde gelegten Bewertungsannahme

n/a Der Mitarbeiterstamm wird zusammen mit der Basistechnologie, der Verfahrenstechnologie, der Marke »AS«, den Software-Lösungen sowie den Kundenbeziehungen genutzt.

Bestimmung des relevanten Marktes
<ul><li>Principle Market</li><ul><li>– The market with the greatest volume and level of activity for the asset or liability.</li></ul><li>Most Advantageous Market</li><ul><li>– The market that maximises the amount that would be received to sell the asset or minimises the amount that would be paid to transfer the liability, after taking into account transaction costs and transport costs.</li></ul><li>Abgrenzung eines hypothetischen Marktes</li><ul><li>– Zusammenstellung möglicher Market Participants</li><ul><li>o   Strategische Erwerber</li><li>o   Finanzinvestoren</li></ul><li>– Analyse der Annahmen der identifizierten Market Participants</li><li>– Angabe der zugrunde gelegten Market Participants</li></ul></ul>
n/a Der beizulegende Zeitwert des Mitarbeiterstammes wird aus Sicht eines strategischen Investors bestimmt.
Festlegung der anzuwendenden Bewertungsverfahren
<ul><li>Analyse der verfügbaren Daten zur Ableitung der erforderlichen Bewertungsannahmen (IFRS 13.A »inputs«)</li><ul><li>– Maximierung der beobachtbaren Inputs, Minimierung der nicht beobachtbaren Daten</li></ul><li>Bewertungsverfahren</li><ul><li>– Market Approach</li><ul><li>-   Preise und andere aus Transaktionen abgeleitete Informationen für identische bzw. vergleichbare Vermögenswerte</li><li>-   aus Transaktionen vergleichbarer Vermögenswerte abgeleitete Multiples ...</li></ul><li>– Income Approach</li><ul><li>-   Incremental Income, Royalty Rates, Contributory Asset Charges ...</li></ul><li>– Cost Approach</li><ul><li>-   Reproduktionskosten</li><li>-   Wiederbeschaffungskosten</li><li>-   Veralterungen ...</li></ul></ul><li>Angabe des Levels der Fair-Value-Hierarchie der Inputfaktoren</li></ul>
<ul><li>Market Approach:</li><ul><li>– Transaktionen, aus denen Daten für die Anwendung dieses Ansatzes abgeleitet werden können, sind nicht verfügbar.</li></ul><li>Income Approach:</li><ul><li>– Für eine Anwendung der Relief-from-Royalty-Methode, der Incremental Income Analysis sowie der MPEEM erforderliche Daten sind nicht verfügbar. Dementsprechend kommt eine Anwendung dieser Ausprägungen des Income Approach nicht in Betracht.</li></ul><li>Cost Approach:</li><ul><li>– Für den Mitarbeiterstamm können die Replacement Cost bestimmt werden.</li><li>– Die Annahmen, die Market Participants der Bewertung des Mitarbeiterstamms zugrunde legen, werden im Folgenden im Einzelnen dargelegt.</li></ul></ul>
Bestimmung des beizulegenden Zeitwertes
<ul><li>Beurteilung der abgeleiteten Wertspanne und Festlegung des beizulegenden Zeitwertes als repräsentativsten Wert bei Anwendung mehrerer Bewertungsverfahren</li><li>Angabe des Levels der Fair-Value-Hierarchie des Bewertungsergebnisses</li></ul>
Unter den gegebenen Voraussetzungen kommt für die Bestimmung des beizulegenden Zeitwertes des Mitarbeiterstammes nur der Cost Approach in Betracht. Dieser Bewertungsansatz führt zum Best Estimate des beizulegenden Zeitwertes des zu bewertenden Vermögenswertes.

Abb. 4-12: Arbeitsblatt Bewertungsannahmen nach IFRS 13 – Mitarbeiterstamm

4.5.3.7 Kundenbeziehungen

Ergebnisse der Gespräche und Untersuchungen

Die Gespräche mit dem Management der Geschäftseinheit sowie die durchgeführten Untersuchungen führten insbesondere zu folgenden Ergebnissen:

- Aufgrund der hohen Qualität ihrer Produkte bei kompetitiven Preisen geht BU2 grundsätzlich von einer guten Positionierung bei ihren Kunden aus. Unter dieser Voraussetzung sieht sie gute Chancen, von ihren Kunden auch als Zulieferer der kommenden Produktgenerationen berücksichtigt zu werden. Allerdings schließt sie nicht aus, dass bisher in anderen Bereichen tätige Zulieferunternehmen zukünftig in dieses Marktsegment eintreten und sich dadurch die Wettbewerbsintensität deutlich erhöhen könnte. Außerdem geht die Gesellschaft davon aus, dass ein gewisses Risiko besteht, dass ihre Produkte in den nächsten Jahren durch völlig neue Lösungen substituiert werden.

- Das Management von BU2 hat die am Bewertungsstichtag bestehenden Kundenverträge unter Einbeziehung aller erforderlichen Daten, u. a. den verbleibenden Vertragslaufzeiten, in Tabelle 4-9 zusammengestellt. Darüber hinaus hat das Management – unter Zugrundelegung der Erfahrungen mit den einzelnen Kunden in der Vergangenheit – für jeden Kundenvertrag gesondert eingeschätzt, inwieweit es erwartet, dass die Kunden die Geschäftseinheit nach Beendigung der bestehenden Verträge als Zulieferer der jeweils nachfolgenden Produktgenerationen einbinden werden. Unter zusätzlicher Berücksichtigung einer möglichen Zunahme der Wettbewerbsintensität sowie dem bestehenden Substitutionsrisiko der Produkte geht das Management davon aus, dass die einzelnen Kundenbeziehungen voraussichtlich noch etwa 9 bis 14 Jahren bestehen werden. Aus Tabelle 4-9 ergeben sich weiter die den einzelnen Kundenverträgen zuzuordnenden Umsatzerlöse, die aufbauend auf den von den Kunden geplanten Absatzmengen sowie den jeweiligen Preisvereinbarungen ermittelt wurden. Im unteren Teil der Tabelle werden die den Kunden zuzuordnenden Umsatzerlöse unter Einbeziehung möglicher Nachfolgeaufträge für die erwartete Bestandsdauer der einzelnen Kundenbeziehungen fortgeschrieben. Auf dieser Grundlage wurde eine Kundenabschmelzungsrate bzw. -abwanderungsrate berechnet.

- Unter Zugrundelegung der vorliegenden sowie der erwarteten Preisvereinbarungen mit den Kunden, der Produktkalkulationen sowie der geplanten Maßnahmen zum Ausgleich zukünftiger Preisanpassungen legte das Management Analysen vor, die aufzeigen, dass die Margen der Kundenverträge in etwa gleich hoch sowie im Zeitablauf weitgehend stabil sein werden.

Tab. 4-9: Umsatzplanung je Kunde

Useful Life		14																	
Customer	Project ...	RUL (months)	Retention	2016	2017	2018	2019	2020	2021	2022	2023	2024	2025	2026	2027	2028	2029	2030
Projection per Contract																		
A	x 1234	24	70%		20,0	14,0												
A	x 1244	36	70%		10,0	8,0	8,0											
A	x 1248	60	65%		25,0	23,0	25,0	20,0	10,0									
...																		
C	av 9956	84	50%		10,0	15,0	20,0	18,0	22,0	20,0	18,0							
Total				300,0	360,0	360,0	330,0	330,0	300,0	200,0	100,0							
Projection after Application of Retention Rate																		
...																		
Total				300,0	360,0	368,0	364,0	355,0	352,0	350,0	346,0	340,0	330,0	300,0	260,0	200,0	100,0	40,0
Attrition Rate						2,22%	-1,09%	-2,47%	-0,85%	-0,57%	-1,14%	-1,73%	-2,94%	-9,09%	-13,33%	-23,08%	-50,00%	-60,00%
Sales related to customer acquired after acquisition date																		
Sales				0,0	0,0	20,8	40,4	57,4	68,7	79,1	91,7	97,7	107,7	137,7	177,7	237,7	337,7	397,7

Data Input

Calculation Field

Abgrenzungen und Annahmen nach IFRS 13

Die für die Ableitung des beizulegenden Zeitwertes der Kundenbeziehungen nach IFRS 13 erforderlichen Abgrenzungen und Annahmen sind in Abbildung 4-13 zusammengestellt.

Vermögenswert ... *Kundenbeziehungen*
Abgrenzung des Bewertungsobjektes entsprechend der Unit of Account
• Erläuterung einer vorgenommenen Aggregierung bzw. Disaggregierung • Erforderlichenfalls Angabe der aus Sicht der Market Participants wertbestimmenden Eigenschaften des Vermögenswertes
Die mit den einzelnen Kunden von BU2 bestehenden Beziehungen stellen identifizierbare Vermögenswerte dar. Diese weisen in etwa gleich hohen Margen auf, wobei davon auszugehen ist, dass diese im Zeitablauf weitgehend stabil sind. Aus diesem Grund werden die mit den einzelnen Kunden bestehenden Beziehungen zusammengefasst als »erworbene Kundenbeziehungen« betrachtet. Dieser aggregierte Vermögenswert ist gesondert zu bewerten. Mit diesem Vorgehen ist im Vergleich zum Verzicht auf die Aggregierung der Kundenbeziehungen allenfalls eine unwesentliche Ungenauigkeit verbunden, die insbesondere aus der Anwendung eines einheitlichen laufzeitäquivalenten Diskontierungszinses anstelle differenzierter laufzeitäquivalenter Zinssätze resultiert.
Analyse der Valuation Premise

• Erläuterung der bisherigen Nutzung des Vermögenswertes, die, wenn nicht Anhaltspunkte gegen diese Annahme sprechen, als Highest and Best Use betrachtet wird
• Erläuterung – von der bisherigen Nutzung – abweichender Nutzungen
  – unter Beachtung der Anforderungen an den Highest and Best Use
    - physisch möglich
    - rechtlich zulässig
    - finanziell tragfähig
• Angabe der zugrunde gelegten Bewertungsannahme

Die erworbenen Kundenbeziehungen werden gegenwärtig zusammen mit der Basistechnologie, der Verfahrenstechnologie, der Marke »AS«, den Software-Lösungen sowie dem Mitarbeiterstamm genutzt. Es sind keine Anhaltspunkte ersichtlich, die dafür sprechen, dass die gegenwärtige Nutzung nicht der Highest and Best Use der erworbenen Kundenbeziehungen ist. Dementsprechend ist die gegenwärtige Nutzung dieser Kundenbeziehungen zusammen mit den genannten anderen Vermögenswerten als deren Highest and Best Use zu betrachten.
Bestimmung des relevanten Marktes

• Principle Market
  – The market with the greatest volume and level of activity for the asset or liability.
• Most Advantageous Market
  – The market that maximises the amount that would be received to sell the asset or minimises the amount that would be paid to transfer the liability, after taking into account transaction costs and transport costs.
• Abgrenzung eines hypothetischen Marktes
  – Zusammenstellung möglicher Market Participants
    - Strategische Erwerber
    - Finanzinvestoren
  – Analyse der Annahmen der identifizierten Market Participants
  – Angabe der zugrunde gelegten Market Participants

Ein Markt, aus dem preisrelevante Daten für den Verkauf der erworbenen Kundenbeziehungen abgeleitet werden können, ist am Bewertungsstichtag nicht identifizierbar. Aus diesem Grund wird der Preis dieser Kundenbeziehungen unter Zugrundelegung einer Annahme über eine am Bewertungsstichtag durchgeführte Transaktion abgeleitet.

Als Market-Participant-Erwerber kommen – wie unter 4.5.2.2.3 aufgezeigt – strategische Investoren und Finanzinvestoren in Betracht. Ableitung und Vergleich der Werte der erworbenen Kundenbeziehungen und der anderen Vermögenswerte, mit denen die Kundenbeziehungen zusammen genutzt werden, für strategische Investoren und für Finanzinvestoren zeigen, dass die Nutzung der genannten Vermögenswerte durch strategische Investoren den Wert der Gruppe maximiert. Dementsprechend wird der beizulegende Zeitwert der erworbenen Kundenbeziehungen unter Zugrundelegung der Annahme der Nutzung der Gruppe von Vermögenswerten durch strategische Investoren bestimmt.

Festlegung der anzuwendenden Bewertungsverfahren

- Analyse der verfügbaren Daten zur Ableitung der erforderlichen Bewertungsannahmen (IFRS 13.A »inputs«)
  - Maximierung der beobachtbaren Inputs, Minimierung der nicht beobachtbaren Daten
- Bewertungsverfahren
  - Market Approach
    - Preise und andere aus Transaktionen abgeleitete Informationen für identische bzw. vergleichbare Vermögenswerte
    - aus Transaktionen vergleichbarer Vermögenswerte abgeleitete Multiples …
  - Income Approach
    - Incremental Income, Royalty Rates, Contributory Asset Charges …
  - Cost Approach
    - Reproduktionskosten
    - Wiederbeschaffungskosten
    - Veralterungen …
- Angabe des Levels der Fair-Value-Hierarchie der Inputfaktoren

- Market Approach:
  - Transaktionen, aus denen Daten für die Anwendung dieses Ansatzes abgeleitet werden können, sind nicht verfügbar.
- Income Approach:
  - Den erworbenen Kundenbeziehungen zuzurechnende Excess Earnings können bestimmt werden. Insbesondere können die Einkommensbeiträge aller anderen Vermögenswerte ermittelt werden.
  - Dementsprechend kommt die Anwendung des Income Approach in Form der MPEEM in Betracht.
  - Die Annahmen, die Market Participants der Bewertung der erworbenen Kundenbeziehungen mittels der Incremental Income Analysis zugrunde legen, werden im Folgenden im Einzelnen dargelegt.
  - Die Inputfaktoren sind im Wesentlichen Level 3 der Fair-Value-Hierarchie zuzuordnen.
- Cost Approach:
  - Market Participants legen diesen Bewertungsansatz der Bewertung der erworbenen Kundenbeziehungen nicht zugrunde.

Bestimmung des beizulegenden Zeitwertes

- Beurteilung der abgeleiteten Wertspanne und Festlegung des beizulegenden Zeitwertes als repräsentativsten Wert bei Anwendung mehrerer Bewertungsverfahren
- Angabe des Levels der Fair-Value-Hierarchie des Bewertungsergebnisses

Unter den gegebenen Voraussetzungen kommt für die Ableitung des beizulegenden Zeitwertes der Kundenbeziehungen nur der Income Approach in Betracht. Dieser Bewertungsansatz führt zum Best Estimate des beizulegenden Zeitwertes des zu bewertenden Vermögenswertes.
Der abgeleitete beizulegende Zeitwert ist Level 3 der Fair-Value-Hierarchie zuzuordnen.

Abb. 4-13: Arbeitsblatt Bewertungsannahmen nach IFRS 13 – Kundenbeziehungen

4.5.3.8 Bestimmung der Market Participants

In Tabelle 4-10 werden die für die Vermögenswerte von BU2 unter Zugrundelegung der Annahmen strategischer Investoren ermittelten Werte den unter Zugrundelegung der Annahmen von Finanzinvestoren bestimmten Werten gegenübergestellt. Die Ableitungen dieser Werte werden unter 4.5.4 erläutert.

Der Vergleich zeigt, dass die Nutzung der Vermögenswerte von BU2 durch strategische Investoren den Wert der Gruppe dieser Vermögenswerte maximiert. Dementsprechend ist bei der Ableitung der beizulegenden Zeitwerte der genannten Vermögenswerte – der Highest-and-Best-Use-Annahme folgend – von strategischen Investoren als Market Participants auszugehen.

Tab. 4-10: Bestimmung der Market Participants

Investor	Strategic	Strategic	Finance	Finance	Synergies
Valuation Premise	standalone	combination	standalone	combination	combination
Asset					
Customer Relationship	0,0	99,7	0,0	80,0	19,7
Core Technology	lower	157,3	0,0	154,7	2,6
Process Technology	0,0	19,9	0,0	19,5	0,3
Trademark	lower	23,1	0,0	23,1	0,0
CA Software	0,0	6,9	0,0	6,8	0,0
MA Software	0,0	4,2	0,0	4,2	0,0
Total	0,0	311,0	0,0	288,3	22,7

4.5.4   Bewertung der immateriellen Vermögenswerte

4.5.4.1 Überblick

Im Folgenden werden die Bewertungen der immateriellen Vermögenswerte von BU2 unter Zugrundelegung der Annahmen strategischer Investoren erläutert (4.5.4.4 bis 4.5.4.10). Für jeden zu bewertenden Vermögenswert werden zunächst die der Anwendung des gewählten Bewertungsansatzes zugrunde zu legenden Annahmen zusammengestellt. Sodann wird die Ableitung des Wertes des Vermögenswertes dargelegt. Bei den mittels des Cost Approach bewerteten immateriellen Vermögenswerten wird darüber hinaus die Planung des in den Vermögenswert investierten Kapitals sowie die Bestimmung der Einkommensbeiträge des Vermögenswertes betrachtet. Zur Vereinfachung der Ausführungen wird – dem Vorgehen unter 4.5.2.2.4 folgend – auf die Darstellung und Erläuterung der Bewertungen der immateriellen Vermögenswerte von BU2 unter Zugrundelegung der Annahmen von Finanzinvestoren – verzichtet. Vorab werden der Aufbau des zur Anwendung kommenden Bewertungsmodelles (4.5.4.2) sowie die Bestimmung der den materiellen Vermögenswerten zugeordneten Einkommensbeiträge (4.5.4.3) erläutert.

Die Betrachtungen beziehen – neben den anzusetzenden Vermögenswerten – auch die Vermögenswerte ein, die zukünftig zu entwickeln oder aufzubauen sind und mittels des

Income Approach bewertete Vermögenswerte substituieren werden; die für diese Vermögenswerte ermittelten Werte werden – dies wurde unter 2.6 dargelegt – für die Beurteilung der Plausibilität der Bewertungsergebnisse sowie zur Erklärung des originären Goodwill benötigt. Noch zu entwickelnde oder aufzubauende Vermögenswerte, die mittels des Cost Approach bewertete Vermögenswerte in Zukunft ersetzen werden, sind demgegenüber nicht gesondert zu berücksichtigen. Dies ist darin begründet, dass der Wert eines nach diesem Ansatz bewerteten Vermögenswertes – dies wurde unter 3.4.2.2.2 dargelegt – gleich den Aufwendungen zu dessen Entwicklung ist und nach Abzug dieser Aufwendungen null beträgt.

In die folgenden Betrachtungen sind, da nach derzeitiger Einschätzung davon auszugehen ist, dass für die Verfahrenstechnologie eine Nachfolgegeneration nicht realisierbar ist, als zukünftig zu entwickelnde Vermögenswerte die Nachfolgegenerationen der Basistechnologie sowie die zukünftig zu akquirierenden Kundenbeziehungen einzubeziehen. Die Betrachtungen werden zeigen, dass der Marke »AS« eine unbestimmte Nutzungsdauer zuzuordnen ist und dementsprechend kein Erfordernis besteht, eine diese Marke substituierende Marke zukünftig zu entwickeln.

Den zukünftig zu entwickelnden Vermögenswerten werden unbestimmte Nutzungsdauern zugewiesen. Unter 2.6.2.1 wurde dargelegt, dass mit dieser Vereinfachung – bei konsistenter Modellierung – keine Einflüsse auf die abgeleiteten beizulegenden Zeitwerte der anzusetzenden immateriellen Vermögenswerte verbunden sind.

4.5.4.2 Aufbau des Bewertungsmodells

Das Bewertungsmodell[463] zur Abbildung der Übernahme von BU2 setzt sich aus Tabelle 4-2 sowie Tabelle 4-11 bis Tabelle 4-21 zusammen. Im Folgenden wird der Aufbau dieser Tabellen dargelegt. Die die Bewertungen bestimmenden Annahmen werden – wie dargelegt – unter 4.5.4.4 bis 4.5.4.10 erläutert.

Die Ausgestaltung der einzelnen Tabellen des Modells ist u. a. durch die der Ableitung der Excess Earnings zugrunde gelegte Ausgangsgröße[464] bestimmt. Das vorliegende Bewertungsmodell ermittelt die Excess Earnings ausgehend vom EBITA.

Planungsrechnung
- Tabelle 4-2 fasst die den Annahmen der Market Participants folgende Planungsrechnung – einschließlich Free-Cashflow-Planung – für BU2 zusammen. Zur Erläuterung der Planungsrechnung wird auf die Ausführungen unter 4.5.2.2.4 verwiesen.

Umsatzanalyse
- Tabelle 4-11 stellt die den mittels der MPEEM zu bewertenden Vermögenswerten zugeordneten Umsatzerlöse zusammen. Nach diesem Bewertungsansatz werden die erworbenen Kundenbeziehungen sowie die zu akquirierenden zukünftigen Kunden bewertet.

---

463 Das Bewertungsmodell leitet die Werte unter Zugrundelegung eines Betrachtungszeitraums von 40 Jahren ab. Da die Tabellen lediglich einen Zeitraum von 15 Jahren darstellen, können unter Zugrundelegung der Tabellen abgeleitete Werte in unwesentlichem Umfang von den angegebenen Werten abweichen.

464 Zur Analyse der Ausgangsgröße der Ableitung der Excess Earnings siehe unter 3.3.4.2.2 bzw. 3.3.4.2.3.

Tab. 4-11: Umsatzanalyse

Year	Useful Life	2016	2017	2018	2019	2020	2021	2022	2023	2024	2025	2026	2027	2028	2029	2030	2031	2032
Sales related to																		
Customer Relationship Acquired	14,0	300,0	360,0	368,0	364,0	355,0	352,0	350,0	346,0	340,0	330,0	300,0	260,0	200,0	100,0	40,0	0,0	0,0
Residual Customer Relationship new	14,0	0,0	0,0	20,8	40,4	57,4	68,7	79,1	91,7	106,4	116,4	146,4	186,4	246,4	346,4	406,4	446,4	446,4
Total		300,0	360,0	388,8	404,4	412,4	420,7	429,1	437,7	446,4	446,4	446,4	446,4	446,4	446,4	446,4	446,4	446,4

Ableitung der auf die Umsatzerlöse von BU2 bezogenen Einkommensbeiträge der Vermögenswerte

- In Tabelle 4-12 werden die den materiellen und immateriellen Vermögenswerten von BU2 zuzuordnenden Einkommensbeiträge in Prozent der Umsatzerlöse der Geschäftseinheit abgeleitet. Die Tabelle bezieht – wie dargelegt – die erworbenen Vermögenswerte und die zukünftig geplanten Vermögenswerte, die erworbene Vermögenswerte am Ende von deren Nutzungsdauer ersetzen werden, ein.

- Zur Ableitung der genannten Einkommensbeiträge wird jedem Vermögenswert zunächst der Anteil am Umsatz von BU2 zugeordnet, der durch die Nutzung des Vermögenswertes erzielt wird (erworbene und zukünftig zu akquirierende Kundenbeziehungen) bzw. zu dessen Erzielung die Nutzung des Vermögenswertes (alle anderen Vermögenswerte) beiträgt. Sodann werden die auf die so abgegrenzten Umsatzerlöse bezogenen Einkommensbeiträge der Vermögenswerte festgelegt. Dabei ist zwischen den mittels des Income Approach und den mittels des Cost Approach bewerteten Vermögenswerten zu unterscheiden. Die Einkommensbeiträge der mittels des Income Approach bewerteten Vermögenswerte werden bestimmt durch Excess Earnings, ersparte Lizenzzahlungen bzw. erzielte Kosteneinsparungen – erforderlichenfalls abzüglich auf deren Entwicklung bzw. Aufbau entfallende Aufwendungen. Die Einkommensbeiträge der mittels des Cost Approach bewerteten Vermögenswerte ergeben sich als Verzinsung und Rückfluss des in den jeweiligen Vermögenswert investierten Kapitals abzüglich der auf deren Entwicklung bzw. Anschaffung entfallenden Aufwendungen bzw. Investitionen; die Verzinsungskomponente wird bezogen auf das zu Beginn der Periode (= Ende der Vorperiode) in den Vermögenswert investierte Kapital bestimmt.

- Für jeden Vermögenswert werden grundsätzlich die auf dessen Entwicklung bzw. Aufbau entfallenden Aufwendungen bzw. die in diesen zu tätigenden Investitionen sowie die bei der Ableitung von Excess Earnings zu berücksichtigenden Einkommensbeiträge angegeben.

- Bei den abgeleiteten Einkommensbeiträgen handelt es sich grundsätzlich um Einkommensbeiträge vor Abzug von Ertragsteuern. Erforderlichenfalls wurden Nachsteuereinkommensbeiträge in Vorsteuereinkommensbeiträge umgerechnet.

- Am Ende der Tabelle werden zusammengefasst: bei der Ableitung der Excess Earnings zu berücksichtigen – den Untersuchungen unter 3.3.4.2.2 bzw. 3.3.4.2.3 folgende – Bereinigungen von im angepassten EBITA erfassten Aufwendungen sowie bei der Ableitung der Excess Earnings einzubeziehende Einkommensbeiträge der unterstützenden Vermögenswerte.

Tab. 4-12: Einkommensbeiträge der Vermögenswerte in Prozent der Umsatzerlöse

Year	2017	2018	2019	2020	2021	2022	2023	2024	2025	2026	2027	2028	2029	2030	2031	2032
Application of Income Approach																
Customer Relationship acquired																
Sales	100,0%	94,7%	90,0%	86,1%	83,7%	81,6%	79,1%	76,2%	73,9%	67,2%	58,2%	44,8%	22,4%	9,0%		
Income Contribution	4,5%	5,1%	5,2%	4,5%	4,9%	5,4%	5,0%	5,3%	4,8%	5,5%	5,5%	5,0%	5,3%	5,2%	5,2%	5,4%
Development Expenses	0,0%	0,0%	0,0%	0,0%	0,0%	0,0%	0,0%	0,0%	0,0%	0,0%	0,0%	0,0%	0,0%	0,0%	0,0%	0,0%
Customer Relationship new																
Sales	0,0%	5,3%	10,0%	13,9%	16,3%	18,4%	20,9%	23,8%	26,1%	32,8%	41,8%	55,2%	77,6%	91,0%	100,0%	100,0%
Income Contribution	4,5%	5,1%	5,2%	4,5%	4,9%	5,4%	5,0%	5,3%	4,8%	5,5%	5,5%	5,0%	5,3%	5,2%	5,2%	5,4%
Development Expenses	0,0%	0,0%	0,0%	0,0%	0,0%	0,0%	0,0%	0,0%	0,0%	0,0%	0,0%	0,0%	0,0%	0,0%	0,0%	0,0%
Relief-from-Royalty / In-cremental Income Analysis																
Core Technology																
Sales	100,0%	100,0%	100,0%	100,0%	100,0%	100,0%	100,0%	81,7%	0,0%	0,0%	0,0%	0,0%	0,0%	0,0%	0,0%	0,0%
Income Contribution	8,0%	8,0%	8,0%	8,0%	8,0%	8,0%	8,0%	8,0%	8,0%	8,0%	8,0%	8,0%	8,0%	8,0%	8,0%	8,0%
Development Expenses	0,0%	0,0%	0,0%	0,0%	0,0%	0,0%	0,0%	0,0%	0,0%	0,0%	0,0%	0,0%	0,0%	0,0%	0,0%	0,0%
CAC as percentage of total sales	8,0%	8,0%	8,0%	8,0%	8,0%	8,0%	8,0%	8,0%	8,0%	8,0%	8,0%	8,0%	8,0%	8,0%	8,0%	8,0%
Core Technology NEW																
Sales	0,0%	0,0%	0,0%	0,0%	0,0%	0,0%	0,0%	18,3%	100,0%	100,0%	100,0%	100,0%	100,0%	100,0%	100,0%	100,0%
Income Contribution	8,0%	8,0%	8,0%	8,0%	8,0%	8,0%	8,0%	8,0%	8,0%	8,0%	8,0%	8,0%	8,0%	8,0%	8,0%	8,0%
Development Expenses	3,5%	3,5%	3,5%	3,5%	3,5%	3,5%	3,5%	3,5%	3,5%	3,5%	3,5%	3,5%	3,5%	3,5%	3,5%	3,5%
CAC as percentage of assigned sales	8,0%	8,0%	8,0%	8,0%	8,0%	8,0%	8,0%	8,0%	8,0%	8,0%	8,0%	8,0%	8,0%	8,0%	8,0%	8,0%

Year	2017	2018	2019	2020	2021	2022	2023	2024	2025	2026	2027	2028	2029	2030	2031	2032
Process Technology																
Sales	100,0%	100,0%	100,0%	100,0%	100,0%	100,0%	100,0%	81,7%	0,0%	0,0%	0,0%	0,0%	0,0%	0,0%	0,0%	0,0%
Income Contribution	1,0%	1,0%	1,0%	1,0%	1,0%	1,0%	1,0%	1,0%	0,0%	0,0%	0,0%	0,0%	0,0%	0,0%	0,0%	0,0%
Development Expenses	0,0%	0,0%	0,0%	0,0%	0,0%	0,0%	0,0%	0,0%	0,0%	0,0%	0,0%	0,0%	0,0%	0,0%	0,0%	0,0%
CAC as percentage of assigned sales	1,0%	1,0%	1,0%	1,0%	1,0%	1,0%	1,0%	1,0%	0,0%	0,0%	0,0%	0,0%	0,0%	0,0%	0,0%	0,0%
Trademark																
Sales	100,0%	100,0%	100,0%	100,0%	100,0%	100,0%	100,0%	100,0%	100,0%	100,0%	100,0%	100,0%	100,0%	100,0%	100,0%	100,0%
Income Contribution	0,5%	0,5%	0,5%	0,5%	0,5%	0,5%	0,5%	0,5%	0,5%	0,5%	0,5%	0,5%	0,5%	0,5%	0,5%	0,5%
Development Expenses	0,0%	0,0%	0,0%	0,0%	0,0%	0,0%	0,0%	0,0%	0,0%	0,0%	0,0%	0,0%	0,0%	0,0%	0,0%	0,0%
CAC as percentage of assigned sales	0,5%	0,5%	0,5%	0,5%	0,5%	0,5%	0,5%	0,5%	0,5%	0,5%	0,5%	0,5%	0,5%	0,5%	0,5%	0,5%
Application of Cost Approach																
Assembled Workforce																
Sales	100,0%	100,0%	100,0%	100,0%	100,0%	100,0%	100,0%	100,0%	100,0%	100,0%	100,0%	100,0%	100,0%	100,0%	100,0%	100,0%
(t-1) as percentage total sales t	1,5%	1,4%	1,3%	1,3%	1,3%	1,3%	1,2%	1,2%	1,2%	1,2%	1,2%	1,2%	1,2%	1,2%	1,2%	1,2%
Return on Invested Capital pre Tax	0,1%	0,1%	0,1%	0,1%	0,1%	0,1%	0,1%	0,1%	0,1%	0,1%	0,1%	0,1%	0,1%	0,1%	0,1%	0,1%
Return of Invested Capital less Development Expenses pre Tax	0,0%	0,0%	0,0%	0,0%	0,0%	0,0%	0,0%	0,0%	0,0%	0,0%	0,0%	0,0%	0,0%	0,0%	0,0%	0,0%
CAC as percentage of total sales	0,1%	0,1%	0,1%	0,1%	0,1%	0,1%	0,1%	0,1%	0,1%	0,1%	0,1%	0,1%	0,1%	0,1%	0,1%	0,1%

Year	2017	2018	2019	2020	2021	2022	2023	2024	2025	2026	2027	2028	2029	2030	2031	2032
CA Software																
Sales	100,0%	100,0%	100,0%	100,0%	100,0%	100,0%	100,0%	100,0%	100,0%	100,0%	100,0%	100,0%	100,0%	100,0%	100,0%	100,0%
(t-1) as percentage total sales t	1,5%	1,6%	1,3%	1,2%	0,8%	0,4%	2,0%	1,8%	1,6%	1,4%	1,2%	1,4%	1,1%	1,1%	0,7%	0,4%
Return on Invested Capital pre Tax	0,2%	0,2%	0,1%	0,1%	0,1%	0,0%	0,2%	0,2%	0,2%	0,1%	0,1%	0,1%	0,1%	0,1%	0,1%	0,0%
Return of Invested Capital pre Tax	0,3%	0,5%	0,5%	0,6%	0,5%	0,5%	0,3%	0,3%	0,3%	0,3%	0,3%	0,4%	0,4%	0,5%	0,5%	0,4%
Development Expenses pre Tax	-0,8%	0,0%	-0,4%	0,0%	0,0%	-2,9%	0,0%	0,0%	0,0%	0,0%	-0,6%	0,0%	-0,3%	0,0%	0,0%	-0,4%
CAC as percentage of total sales	0,5%	0,6%	0,6%	0,7%	0,6%	0,6%	0,5%	0,5%	0,4%	0,4%	0,4%	0,6%	0,5%	0,6%	0,6%	0,4%
MA Software																
Sales	100,0%	100,0%	100,0%	100,0%	100,0%	100,0%	100,0%	100,0%	100,0%	100,0%	100,0%	100,0%	100,0%	100,0%	100,0%	100,0%
(t-1) as percentage total sales t	1,2%	0,9%	0,6%	0,4%	0,2%	2,8%	2,5%	2,2%	2,0%	1,8%	1,6%	1,3%	1,1%	0,9%	0,7%	0,4%
Return on Invested Capital pre Tax	0,1%	0,1%	0,1%	0,0%	0,0%	0,3%	0,3%	0,2%	0,2%	0,2%	0,2%	0,1%	0,1%	0,1%	0,1%	0,0%
Return of Invested Capital after Tax	0,2%	0,2%	0,2%	0,2%	0,2%	0,2%	0,2%	0,2%	0,2%	0,2%	0,2%	0,2%	0,2%	0,2%	0,2%	0,2%
Development Expenses after Tax	0,0%	0,0%	0,0%	0,0%	-2,9%	0,0%	0,0%	0,0%	0,0%	0,0%	0,0%	0,0%	0,0%	0,0%	0,0%	-0,3%
CAC as percentage of total sales	0,1%	0,1%	0,1%	0,0%	0,0%	0,3%	0,3%	0,2%	0,2%	0,2%	0,2%	0,1%	0,1%	0,1%	0,1%	0,0%
Working Capital BU 2																
Sales	100,0%	100,0%	100,0%	100,0%	100,0%	100,0%	100,0%	100,0%	100,0%	100,0%	100,0%	100,0%	100,0%	100,0%	100,0%	100,0%
(t-1) as percentage total sales t	20,8%	23,1%	23,6%	23,5%	23,5%	23,5%	23,5%	23,5%	24,0%	24,0%	24,0%	24,0%	24,0%	24,0%	24,0%	24,0%
Return on Invested Capital pre Tax	1,1%	1,3%	1,3%	1,3%	1,3%	1,3%	1,3%	1,3%	1,3%	1,3%	1,3%	1,3%	1,3%	1,3%	1,3%	1,3%
Incremental Working Capital	-4,2%	-1,4%	-0,4%	-0,5%	-0,5%	-0,5%	-0,5%	-0,5%	0,0%	0,0%	0,0%	0,0%	0,0%	0,0%	0,0%	0,0%
CAC as percentage of total sales	1,1%	1,3%	1,3%	1,3%	1,3%	1,3%	1,3%	1,3%	1,3%	1,3%	1,3%	1,3%	1,3%	1,3%	1,3%	1,3%

Year	2017	2018	2019	2020	2021	2022	2023	2024	2025	2026	2027	2028	2029	2030	2031	2032
Tangible Fixed Assets BU 2																
Sales	100,0%	100,0%	100,0%	100,0%	100,0%	100,0%	100,0%	100,0%	100,0%	100,0%	100,0%	100,0%	100,0%	100,0%	100,0%	100,0%
(t-1) as percentage total sales t	27,8%	22,6%	21,3%	29,6%	25,2%	16,3%	22,6%	21,3%	26,7%	18,6%	19,5%	24,2%	20,6%	21,5%	22,4%	22,4%
Return on Invested Capital pre Tax	2,3%	1,9%	1,7%	2,4%	2,1%	1,3%	1,9%	1,7%	2,2%	1,5%	1,6%	2,0%	1,7%	1,8%	1,8%	1,8%
Return of Invested Capital less CapEx	3,3%	0,5%	-8,9%	3,9%	8,6%	-6,8%	0,9%	-5,4%	8,1%	-0,9%	-4,7%	3,6%	-0,9%	-0,9%	0,0%	0,0%
CAC as percentage of total sales	2,3%	1,9%	1,7%	2,4%	2,1%	1,3%	1,9%	1,7%	2,2%	1,5%	1,6%	2,0%	1,7%	1,8%	1,8%	1,8%
Land																
Sales	100,0%	100,0%	100,0%	100,0%	100,0%	100,0%	100,0%	100,0%	100,0%	100,0%	100,0%	100,0%	100,0%	100,0%	100,0%	100,0%
(t-1) as percentage total sales t	11,1%	10,3%	9,9%	9,7%	9,5%	9,3%	9,1%	9,0%	9,0%	9,0%	9,0%	9,0%	9,0%	9,0%	9,0%	9,0%
Return on Invested Capital pre Tax	1,1%	1,0%	1,0%	1,0%	0,9%	0,9%	0,9%	0,9%	0,9%	0,9%	0,9%	0,9%	0,9%	0,9%	0,9%	0,9%
Return of Invested Capital less CapEx	0,0%	0,0%	0,0%	0,0%	0,0%	0,0%	0,0%	0,0%	0,0%	0,0%	0,0%	0,0%	0,0%	0,0%	0,0%	0,0%
CAC as percentage of total sales	1,1%	1,0%	1,0%	1,0%	0,9%	0,9%	0,9%	0,9%	0,9%	0,9%	0,9%	0,9%	0,9%	0,9%	0,9%	0,9%
Adjustment EBITA-Margin																
Development expenses																
Application of Income Approach	3,5%	3,5%	3,5%	3,5%	3,5%	3,5%	3,5%	3,5%	3,5%	3,5%	3,5%	3,5%	3,5%	3,5%	3,5%	3,5%
Application of Cost Approach	0,8%	0,0%	0,4%	0,0%	0,0%	2,9%	0,0%	0,0%	0,0%	0,0%	0,6%	0,0%	0,3%	0,0%	0,0%	0,4%
Contributory Asset Charges pre tax as percentage of sales																
Total	-14,8%	-14,5%	-14,3%	-15,0%	-14,6%	-14,1%	-14,4%	-14,1%	-13,7%	-12,9%	-13,0%	-13,5%	-13,1%	-13,3%	-13,3%	-13,1%

Ermittlung der Einkommensbeiträge der Vermögenswerte von BU2

- Tabelle 4-13 stellt die Einkommensbeiträge der erworbenen und der zukünftig geplanten Vermögenswerte zusammen.
- Die Einkommensbeiträge der mittels des Income Approach bewerteten Vermögenswerte ergeben sich durch Multiplikation der Umsatzerlöse von BU2 mit dem Anteil des betrachteten Vermögenswertes am Umsatz der Geschäftseinheit sowie dem auf diesen Umsatzanteil bezogenen Einkommensbeitrag. Erforderlichenfalls werden den Vermögenswerten zuzurechnende Entwicklungsaufwendungen berücksichtigt.
- Die Einkommensbeiträge der mittels des Cost Approach bewerteten Vermögenswerte werden durch Multiplikation der Umsatzerlöse von BU2 mit dem Anteil des betrachteten Vermögenswertes am Umsatz der Geschäftseinheit und mit den auf diesen Umsatzanteil bezogenen Verzinsungs- und Rückflusskomponenten sowie Entwicklungsaufwendungen bzw. Investitionen ermittelt. Zur Unterscheidung zwischen (Tax-effecting) EBITA und Free Cashflow werden die als Abschreibungen verstandenen Rückflüsse des in MA-Software, Working Capital, Sachanlagen und Grundstücke investierten Kapitals abzüglich Investitionen in diese Vermögenswerte gesondert von der Verzinsungskomponente nach Ermittlung des Tax-effecting EBITA einbezogen.
- Im unteren Teil der Tabelle wird das Tax-effecting EBITA der Geschäftseinheit in die Verzinsung des Entity Value übergeleitet; das Vorgehen bei dieser Überleitung wurde bereits unter 2.6.3.3.2 sowie unter 2.6.4.3.4 erläutert. Hierzu wird das Tax-effecting EBITA um die Veränderungen des residual ermittelten, in die immateriellen Vermögenswerte – mit Ausnahme der MA-Software – investierten Kapitals bereinigt; die Veränderung des in die MA-Software investierten Kapitals wird – dem Vorgehen bei den Sachanlagen folgend – vom Tax-effecting EBITA abgezogen.

Bestimmung der Werte der Vermögenswerte von BU2 vor Einbeziehung abschreibungsbedingter Steuervorteile

- Die Werte der Vermögenswerte von BU2 werden in Tabelle 4-14 unter Zugrundelegung des Roll-back-Verfahrens ermittelt.
- Dazu werden die in Tabelle 4-13 abgeleiteten, den Vermögenswerten zugeordneten Einkommensbeiträge mit den in Tabelle 4-14 angegebenen vermögenswertspezifischen Zinssätzen diskontiert.
- Die vermögenswertspezifischen Zinssätze werden zunächst vorläufig festgelegt und erforderlichenfalls bei der Abstimmung der Bewertungsergebnisse angepasst.

Tab. 4-13: Einkommensbeiträge der Vermögenswerte

Year	Useful Life		2017	2018	2019	2020	2021	2022	2023	2024	2025	2026	2027	2028	2029	2030	2031	2032
Income Contribution																		
Customer Relationship																		
Acquired	14,0		16,3	18,6	19,0	15,9	17,4	19,0	17,5	17,9	16,0	16,6	14,3	10,0	5,3	2,1	0,0	0,0
NEW			0,0	1,1	2,1	2,6	3,4	4,3	4,6	5,6	5,6	8,1	10,3	12,3	18,5	21,1	23,1	24,1
Core Technology	8,0		28,8	31,1	32,3	33,0	33,7	34,3	35,0	29,2	0,0	0,0	0,0	0,0	0,0	0,0	0,0	0,0
Core Technology new	8,0		-12,6	-13,6	-14,2	-14,4	-14,7	-15,0	-15,3	-9,1	20,1	20,1	20,1	20,1	20,1	20,1	20,1	20,1
Process Technology	8,0		3,5	3,8	4,1	4,2	4,3	4,4	4,5	3,7	0,0	0,0	0,0	0,0	0,0	0,0	0,0	0,0
Trademark	99,0		1,8	1,9	2,0	2,1	2,1	2,1	2,2	2,2	2,2	2,2	2,2	2,2	2,2	2,2	2,2	2,2
CA Software	10,0	7,3%	-1,1	2,5	0,9	2,8	2,6	-10,0	2,2	2,1	2,0	1,9	-1,1	2,5	0,9	2,8	2,6	0,1
MA Software	12,0	7,5%	0,4	0,4	0,3	0,2	0,1	1,3	1,2	1,1	1,0	0,9	0,7	0,6	0,5	0,4	0,3	0,2
Assembled Workforce	10,0	6,82%	0,5	0,5	0,5	0,5	0,5	0,5	0,5	0,5	0,5	0,5	0,5	0,5	0,5	0,5	0,5	0,5
Working Capital																		
Return on Invested Capital pre Tax	0,3	3,8%	4,1	4,9	5,2	5,3	5,4	5,5	5,6	5,8	5,9	5,9	5,9	5,9	5,9	5,9	5,9	5,9
Land																		
Return on Invested Capital pre Tax	99,0	6,9%	3,9	3,9	3,9	3,9	3,9	3,9	3,9	3,9	3,9	3,9	3,9	3,9	3,9	3,9	3,9	3,9
Tangible Fixed Assets	5,0																	
Return on Invested Capital pre Tax		5,7%	8,2	7,2	7,0	10,0	8,7	5,7	8,1	7,8	9,7	6,8	7,1	8,8	7,5	7,9	8,2	8,2
EBITA			53,9	62,4	63,3	66,0	67,4	56,1	70,0	70,6	66,9	66,9	64,1	66,9	65,5	66,9	66,9	65,2
Tax-effecting EBITA		30,0%	37,7	43,7	44,3	46,2	47,2	39,2	49,0	49,4	46,8	46,8	44,8	46,8	45,8	46,8	46,8	45,7
Incremental Invested Capital																		
MA Sofware			0,8	0,8	0,8	0,8	-11,2	1,0	1,0	1,0	1,0	1,0	1,0	1,0	1,0	1,0	1,0	-0,4
Working Capital			-15,0	-5,3	-1,8	-1,9	-2,0	-2,0	-2,1	-2,1	0,0	0,0	0,0	0,0	0,0	0,0	0,0	0,0
Land			0,0	0,0	0,0	0,0	0,0	0,0	0,0	0,0	0,0	0,0	0,0	0,0	0,0	0,0	0,0	0,0
Tangible Fixed Assets			12,0	2,0	-36,0	16,0	36,0	-29,0	4,0	-24,0	36,0	-4,0	-21,0	16,0	-4,0	-4,0	0,0	0,0
Free Cashflow		7,86%	35,6	41,2	7,4	61,1	70,0	9,2	51,9	24,3	83,8	43,8	24,8	63,8	42,8	43,8	47,8	45,2
Entity Value		547,8	555,4	557,8	594,3	580,0	555,6	590,0	584,5	606,2	570,0	571,0	591,0	573,7	576,0	577,4	575,0	

Year	Useful Life	2017	2018	2019	2020	2021	2022	2023	2024	2025	2026	2027	2028	2029	2030	2031	2032
Reconciliation Tax-effecting EBITA																	
Tax-effecting EBITA		37,7	43,7	44,3	46,2	47,2	39,2	49,0	49,4	46,8	46,8	44,8	46,8	45,8	46,8	46,8	45,7
Return of Total Intangible Assets excluding MA Software		5,4	0,0	-0,4	0,5	-1,5	4,4	-2,6	-3,5	0,8	-2,0	0,1	-0,4	-0,7	-1,5	-1,4	-0,4
Return on Entity Value		43,1	43,7	43,9	46,7	45,6	43,7	46,4	46,0	47,7	44,8	44,9	46,5	45,1	45,3	45,4	45,2

Tab. 4-14: Ableitung der Werte der Vermögenswerte vor Einbeziehung abschreibungsbedingter Steuervorteile

Year		2016	2017	2018	2019	2020	2021	2022	2023	2024	2025	2026	2027	2028	2029	2030	2031
Present Value before TAB																	
Customer Relationship																	
Acquired	9,66%	83,7	80,4	75,1	69,1	64,6	58,7	51,1	43,8	35,5	27,8	18,8	10,6	4,6	1,3	0,0	0,0
NEW	10,66%	62,4	69,0	75,6	82,2	89,2	96,3	103,6	111,4	119,4	128,2	136,2	143,5	150,2	153,2	154,8	155,1
Core Technology	8,88%	124,5	115.4	103,9	90,5	75,4	58,6	39,7	18,8	0,0	0,0	0,0	0,0	0,0	0,0	0,0	0,0
Core Technology new	9,88%	15,7	26,0	38,1	51,8	67,0	84,0	102,8	123,7	142,3	142,3	142,3	142,3	142,3	142,3	142,3	142,3
Process Technology	8,88%	15,7	14,6	13,2	11,5	9,6	7,5	5,1	2,4	0,0	0,0	0,0	0,0	0,0	0,0	0,0	0,0
Trademark	7,86%	19,1	19,3	19,5	19,6	19,7	19,8	19,8	19,9	19,9	19,9	19,9	19,9	19,9	19,9	19,9	19,9
CA Software	7,32%	5,25	6,4	5,1	4,8	3,2	1,6	8,8	7,9	7,0	6,1	5,3	6,4	5,1	4,8	3,2	1,6
MA Software	7,49%	4,2	3,3	2,5	1,7	0,8	12,0	11,0	10,0	9,0	8,0	7,0	6,0	5,0	4,0	3,0	2,0
Assembled Workforce	6,82%	5,3	5,3	5,3	5,3	5,4	5,4	5,4	5,4	5,4	5,4	5,4	5,4	5,4	5,4	5,4	5,4
Working Capital	3,84%	75,0	90,0	95,3	97,0	99,0	101,0	103,0	105,0	107,1	107,1	107,1	107,1	107,1	107,1	107,1	107,1
Land	6,86%	40,0	40,0	40,0	40,0	40,0	40,0	40,0	40,0	40,0	40,0	40,0	40,0	40,0	40,0	40,0	40,0
Tangible Fixed Assets	5,73%	100,0	88,0	86,0	122,0	106,0	70,0	99,0	95,0	119,0	83,0	87,0	108,0	92,0	96,0	100,0	100,0
Total		550,8	557,8	559,7	595,7	580,0	554,8	589,2	583,2	604,6	567,7	568,9	589,2	571,6	574,1	575,7	573,5

Ableitung der abschreibungsbedingten Steuervorteile

- Die Ermittlung der abschreibungsbedingten Steuervorteile ergibt sich aus Tabelle 4-15.
- Im oberen Teil der Tabelle wird – abgesehen von der MA-Software – für jeden Vermögenswert der abschreibungsbedingte Steuervorteil bezogen auf dessen beizulegenden Zeitwert (tab_i^{FV}) sowie bezogen auf den Wert des Vermögenswertes vor Einbeziehung des abschreibungsbedingten Steuervorteils (tab_i^{PV}) bestimmt.[465] Die abschreibungsbedingten Steuervorteile werden unter Zugrundelegung der linearen steuerlichen Abschreibung ermittelt.
- Zur Ableitung dieser abschreibungsbedingten Steuervorteile wird die während der Abschreibungsperiode (T_i^{Tax}) zu erzielende jährliche Steuerersparnis durch Multiplikation des auf den beizulegenden Zeitwert bezogenen Abschreibungsbetrages ($\frac{1}{T_i^{Tax}}$) mit dem Ertragsteuersatz (s) in Prozent des beizulegenden Zeitwertes ermittelt (jährlicher Steuerersparnisfaktor). Durch Diskontierung dieser jährlichen Steuerersparnisse mit dem vermögenswertspezifischen Zinssatz ergibt sich der auf den beizulegenden Zeitwert bezogene abschreibungsbedingte Steuervorteil (in Prozent des beizulegenden Zeitwertes); die Diskontierung folgt dem Roll-back-Verfahren. Der auf den Wert des Vermögenswertes vor Einbeziehung des abschreibungsbedingten Steuervorteils bezogene abschreibungsbedingte Steuervorteil ergibt sich als Step-up-Faktor ($tab_i^{PV} = \frac{1}{1 - tab_i^{FV}}$).
- Die absoluten Beträge der abschreibungsbedingten Steuervorteile werden im unteren Teil von Tabelle 4-15 bestimmt. Zur Berechnung der jährlichen abschreibungsbedingten Steuerersparnis eines betrachteten Vermögenswertes wird der in Tabelle 4-14 ermittelte Wert des Vermögenswertes am Bewertungsstichtag durch Multiplikation mit dem Step-up-Faktor in dessen beizulegenden Zeitwert überführt, auf den der im oberen Teil von Tabelle 4-15 bestimmte, auf den beizulegenden Zeitwert bezogene jährliche Steuerersparnisfaktor angewendet wird. Durch Diskontierung der so bestimmten jährlichen Steuersteuerersparnisse berechnet sich der abschreibungsbedingte Steuervorteil des betrachteten Vermögenswertes.
- Am Ende der Tabelle wird der im Entity Value von BU2 zu berücksichtigende abschreibungsbedingte Steuervorteil, der unter 4.5.2.4.3 in die Gesamtabstimmung der Ausgangsdaten der Bewertung einbezogen wurde, ermittelt. Hierzu werden die jährlichen, mit den Abschreibungen verbundenen Steuerersparnisse über alle hier betrachteten Vermögenswerte summiert und unter Zugrundelegung der gewichteten Kapitalkosten von BU2 in Höhe von 7,86 % diskontiert.

---

465   Zur Ableitung des abschreibungsbedingten Steuervorteils siehe 2.5.6.3.

Tab. 4-15: Ableitung abschreibungsbedingter Steuervorteile

Year	UL TAB	2016	2017	2018	2019	2020	2021	2022	2023	2024	2025	2026	2027	2028	2029	2030	2031
TAB Step Up																	
Customer Relationship																	
Acquired	14,0		2,14%	2,14%	2,14%	2,14%	2,14%	2,14%	2,14%	2,14%	2,14%	2,14%	2,14%	2,14%	2,14%	2,14%	0,00%
Present Value	1,19	16,08%	15,49%	14,84%	14,14%	13,36%	12,51%	11,57%	10,55%	9,43%	8,19%	6,84%	5,36%	3,74%	1,95%	0,00%	0,00%
NEW	0,0		0,00%	0,00%	0,00%	0,00%	0,00%	0,00%	0,00%	0,00%	0,00%	0,00%	0,00%	0,00%	0,00%	0,00%	0,00%
Present Value	1,00	0,00%	0,00%	0,00%	0,00%	0,00%	0,00%	0,00%	0,00%	0,00%	0,00%	0,00%	0,00%	0,00%	0,00%	0,00%	0,00%
Core Technology	8,0		3,75%	3,75%	3,75%	3,75%	3,75%	3,75%	3,75%	3,75%	0,00%	0,00%	0,00%	0,00%	0,00%	0,00%	0,00%
Present Value	1,26	20,84%	18,95%	16,88%	14,63%	12,18%	9,51%	6,61%	3,44%	0,00%	0,00%	0,00%	0,00%	0,00%	0,00%	0,00%	0,00%
Core Technology new	0,0		0,00%	0,00%	0,00%	0,00%	0,00%	0,00%	0,00%	0,00%	0,00%	0,00%	0,00%	0,00%	0,00%	0,00%	0,00%
Present Value	1,00	0,00%	0,00%	0,00%	0,00%	0,00%	0,00%	0,00%	0,00%	0,00%	0,00%	0,00%	0,00%	0,00%	0,00%	0,00%	0,00%
Process Technology	8,0		3,75%	3,75%	3,75%	3,75%	3,75%	3,75%	3,75%	3,75%	0,00%	0,00%	0,00%	0,00%	0,00%	0,00%	0,00%
Present Value	1,26	20,84%	18,95%	16,88%	14,63%	12,18%	9,51%	6,61%	3,44%	0,00%	0,00%	0,00%	0,00%	0,00%	0,00%	0,00%	0,00%
Trademark	15,0		2,00%	2,00%	2,00%	2,00%	2,00%	2,00%	2,00%	2,00%	2,00%	2,00%	2,00%	2,00%	2,00%	2,00%	2,00%
Present Value	1,21	17,26%	16,62%	15,93%	15,18%	14,37%	13,50%	12,56%	11,55%	10,46%	9,28%	8,01%	6,64%	5,17%	3,57%	1,85%	0,00%
CA Software	6,0		5,00%	5,00%	5,00%	5,00%	5,00%	5,00%	0,00%	0,00%	0,00%	0,00%	0,00%	0,00%	0,00%	0,00%	0,00%
Present Value	1,31	23,60%	20,33%	16,81%	13,05%	9,00%	4,66%	0,00%	0,00%	0,00%	0,00%	0,00%	0,00%	0,00%	0,00%	0,00%	0,00%
MA Software	0,0		0,00%	0,00%	0,00%	0,00%	0,00%	0,00%	0,00%	0,00%	0,00%	0,00%	0,00%	0,00%	0,00%	0,00%	0,00%
Present Value	1,00	0,00%	0,00%	0,00%	0,00%	0,00%	0,00%	0,00%	0,00%	0,00%	0,00%	0,00%	0,00%	0,00%	0,00%	0,00%	0,00%
Assembled Workforce	10,0		3,00%	3,00%	3,00%	3,00%	3,00%	3,00%	3,00%	3,00%	3,00%	3,00%	3,00%	0,00%	0,00%	0,00%	0,00%
Present Value	1,27	21,25%	19,70%	18,04%	16,27%	14,38%	12,36%	10,20%	7,90%	5,44%	2,81%	0,00%	0,00%	0,00%	0,00%	0,00%	0,00%

Year	UL TAB	2016	2017	2018	2019	2020	2021	2022	2023	2024	2025	2026	2027	2028	2029	2030	2031
Tax Amortization Benefit																	
Customer Relationship																	
Acquired			2,1	2,1	2,1	2,1	2,1	2,1	2,1	2,1	2,1	2,1	2,1	2,1	2,1	2,1	0,0
Fair Value		16,0	15,4	14,8	14,1	13,3	12,5	11,5	10,5	9,4	8,2	6,8	5,3	3,7	1,9	0,0	0,0
NEW																	
Fair Value		0,0	0,0	0,0	0,0	0,0	0,0	0,0	0,0	0,0	0,0	0,0	0,0	0,0	0,0	0,0	0,0
Core Technology			5,9	5,9	5,9	5,9	5,9	5,9	5,9	5,9	0,0	0,0	0,0	0,0	0,0	0,0	0,0
Fair Value		32,8	29,8	26,6	23,0	19,2	15,0	10,4	5,4	0,0	0,0	0,0	0,0	0,0	0,0	0,0	0,0
Core Technology new																	
Fair Value		0,0	0,0	0,0	0,0	0,0	0,0	0,0	0,0	0,0	0,0	0,0	0,0	0,0	0,0	0,0	0,0
Process Technology			0,7	0,7	0,7	0,7	0,7	0,7	0,7	0,7	0,7	0,0	0,0	0,0	0,0	0,0	0,0
Fair Value		4,1	3,8	3,4	2,9	2,4	1,9	1,3	0,7	0,0	0,0	0,0	0,0	0,0	0,0	0,0	0,0
Trademark			0,5	0,5	0,5	0,5	0,5	0,5	0,5	0,5	0,5	0,5	0,5	0,5	0,5	0,5	0,5
Fair Value		4,0	3,8	3,7	3,5	3,3	3,1	2,9	2,7	2,4	2,1	1,8	1,5	1,2	0,8	0,4	0,0
CA Software			0,3	0,3	0,3	0,3	0,3	0,3	0,0	0,0	0,0	0,0	0,0	0,0	0,0	0,0	0,0
Fair Value		1,62	1,4	1,2	0,9	0,6	0,3	0,0	0,0	0,0	0,0	0,0	0,0	0,0	0,0	0,0	0,0
MA Software																	
Fair Value		0,0	0,0	0,0	0,0	0,0	0,0	0,0	0,0	0,0	0,0	0,0	0,0	0,0	0,0	0,0	0,0
Assembled Workforce			0,2	0,2	0,2	0,2	0,2	0,2	0,2	0,2	0,2	0,2	0,2	0,0	0,0	0,0	0,0
Fair Value		1,4	1,3	1,2	1,1	1,0	0,8	0,7	0,5	0,4	0,2	0,0	0,0	0,0	0,0	0,0	0,0
Amortization Total			9,8	9,8	9,8	9,8	9,8	9,8	9,8	9,4	2,8	2,8	2,6	2,6	2,6	2,6	0,5
Present Value		63,1	58,2	53,0	47,4	41,4	34,8	27,8	20,5	12,7	10,9	8,9	7,1	5,0	2,8	0,4	0,0
Total Tax Amortization Benefit		60,0	55,6	50,7	45,5	39,8	33,6	26,8	19,8	12,2	10,5	8,7	6,9	4,9	2,8	0,4	0,0
Difference		3,1	2,7	2,3	1,9	1,6	1,2	1,0	0,7	0,5	0,4	0,3	0,2	0,1	0,0	0,0	0,0
as Percentage of Entity Value		0,50%	0,44%	0,37%	0,30%	0,25%	0,21%	0,15%	0,12%	0,08%	0,07%	0,05%	0,03%	0,02%	0,01%	0,00%	0,00%

Ableitung der beizulegenden Zeitwerte der Vermögenswerte von BU2

- Tabelle 4-16 stellt die beizulegenden Zeitwerte aller Vermögenswerte von BU2 zusammen.
- Der beizulegende Zeitwert eines betrachteten Vermögenswertes ergibt sich als Summe aus dem in Tabelle 4-14 ermittelten Wert des Vermögenswertes und dem diesem zuzurechnenden, in Tabelle 4-15 bestimmten abschreibungsbedingten Steuervorteil.

Abstimmung der vermögenswertspezifischen Zinssätze der Vermögenswerte von BU2

- In Tabelle 4-17 wird die Abstimmung der vermögenswertspezifischen Zinssätze der Vermögenswerte von BU2 vorgenommen. Hierzu werden für diese Vermögenswerte die vermögenswertspezifischen Zinssätze abgeleitet und deren vermögenswertspezifische Verzinsungen zusammengestellt.
- Die vermögenswertspezifischen Zinssätze setzen sich – wie unter 2.5.5 erläutert – aus den laufzeitspezifischen Zinssätzen, die aus Tabelle 4-6 übernommen werden, und den vorläufig festgelegten vermögenswertspezifischen Risikozuschlägen bzw. Risikoabschlägen zusammen. Die Risikozuschläge bzw. -abschläge sind bei der Abstimmung der Bewertungsergebnisse unter 4.5.5.4 erforderlichenfalls anzupassen.
- Die vermögenswertspezifischen Verzinsungen der Vermögenswerte ergeben sich durch Anwendung der abgeleiteten vermögenswertspezifischen Zinssätze auf die in Tabelle 4-16 ermittelten beizulegenden Zeitwerte zu Beginn der Periode (= Ende der Vorperiode).

Tab. 4-16: Ableitung der beizulegenden Zeitwerte der Vermögenswerte

Year	2016	2017	2018	2019	2020	2021	2022	2023	2024	2025	2026	2027	2028	2029	2030	2031
Fair Value Analysis																
Customer Relationship																
Acquired	99,7	95,8	89,9	83,2	77,9	71,2	62,6	54,3	44,9	35,9	25,6	15,9	8,3	3,3	0,0	0,0
NEW	62,4	69,0	75,6	82,2	89,2	96,3	103,6	111,4	119,4	128,2	136,2	143,5	150,2	153,2	154,8	155,1
Core Technology	157,3	145,2	130,4	113,5	94,6	73,5	50,1	24,2	0,0	0,0	0,0	0,0	0,0	0,0	0,0	0,0
Core Technology new	15,7	26,0	38,1	51,8	67,0	84,0	102,8	123,7	142,3	142,3	142,3	142,3	142,3	142,3	142,3	142,3
Process Technology	19,9	18,4	16,6	14,4	12,0	9,4	6,4	3,1	0,0	0,0	0,0	0,0	0,0	0,0	0,0	0,0
Trademark	23,1	23,2	23,2	23,1	23,0	22,9	22,7	22,5	22,3	22,0	21,7	21,4	21,1	20,7	20,3	19,9
CA Software	6,9	7,8	6,3	5,7	3,8	1,9	8,8	7,9	7,0	6,1	5,3	6,4	5,1	4,8	3,2	1,6
MA Software	4,2	3,3	2,5	1,7	0,8	12,0	11,0	10,0	9,0	8,0	7,0	6,0	5,0	4,0	3,0	2,0
Assembled Workforce	6,7	6,6	6,5	6,4	6,3	6,2	6,1	5,9	5,8	5,6	5,4	5,4	5,4	5,4	5,4	5,4
Working Capital	75,0	90,0	95,3	97,0	99,0	101,0	103,0	105,0	107,1	107,1	107,1	107,1	107,1	107,1	107,1	107,1
Land	40,0	40,0	40,0	40,0	40,0	40,0	40,0	40,0	40,0	40,0	40,0	40,0	40,0	40,0	40,0	40,0
Tangible Fixed Assets	100,0	88,0	86,0	122,0	106,0	70,0	99,0	95,0	119,0	83,0	87,0	108,0	92,0	96,0	100,0	100,0
Total	610,7	613,4	610,5	641,2	619,8	588,4	616,1	603,0	616,7	578,2	577,6	596,0	576,5	576,9	576,2	573,5
Entity Value incl. Amortization	610,9	613,6	610,8	641,8	621,3	590,4	617,8	605,0	618,8	580,9	579,9	598,1	578,7	578,8	577,8	575,0
Valuation Difference	0,2	0,2	0,4	0,6	1,5	2,0	1,7	2,0	2,1	2,6	2,3	2,1	2,2	1,9	1,7	1,5
as Percentage of Entity Value	0,03%	0,03%	0,06%	0,09%	0,24%	0,34%	0,28%	0,33%	0,34%	0,45%	0,40%	0,34%	0,38%	0,33%	0,29%	0,27%

Tab. 4-17: Abstimmung der vermögenswertspezifischen Zinssätze der einbezogenen Vermögenswerte

Year	WACC	Risk Adj.	WACC Adj.	2017	2018	2019	2020	2021	2022	2023	2024	2025	2026	2027	2028	2029	2030	2031	2032
Return on Invested Capital Analysis																			
Customer Relationship																			
Acquired	7,16%	2,50%	9,66%	9,6	9,3	8,7	8,0	7,5	6,9	6,1	5,2	4,3	3,5	2,5	1,5	0,8	0,3	0,0	0,0
NEW	7,16%	3,50%	10,66%	5,7	7,4	8,1	8,8	9,5	10,3	11,0	11,9	12,7	13,7	14,5	15,3	16,0	16,3	16,5	16,5
Core Technology	6,58%	2,30%	8,88%	14,0	12,9	11,6	10,1	8,4	6,5	4,5	2,1	0,0	0,0	0,0	0,0	0,0	0,0	0,0	0,0
Core Technology new	6,58%	3,30%	9,88%	1,5	2,6	3,8	5,1	6,6	8,3	10,2	12,2	14,1	14,1	14,1	14,1	14,1	14,1	14,1	14,1
Process Technology	6,58%	2,30%	8,88%	1,8	1,6	1,5	1,3	1,1	0,8	0,6	0,3	0,0	0,0	0,0	0,0	0,0	0,0	0,0	0,0
Trademark	7,86%	0,00%	7,86%	1,8	1,8	1,8	1,8	1,8	1,8	1,8	1,8	1,8	1,7	1,7	1,7	1,7	1,6	1,6	1,6
CA Software	6,82%	0,50%	7,32%	0,5	0,6	0,5	0,4	0,3	0,1	0,6	0,6	0,5	0,4	0,4	0,5	0,4	0,4	0,2	0,1
MA Software	6,99%	0,50%	7,49%	0,3	0,2	0,2	0,1	0,1	0,9	0,8	0,7	0,7	0,6	0,5	0,4	0,4	0,3	0,2	0,1
Assembled Workforce	6,82%	0,00%	6,82%	0,5	0,5	0,4	0,4	0,4	0,4	0,4	0,4	0,4	0,4	0,4	0,4	0,4	0,4	0,4	0,4
Working Capital	6,09%	-2,25%	3,84%	2,9	3,5	3,7	3,7	3,8	3,9	4,0	4,0	4,1	4,1	4,1	4,1	4,1	4,1	4,1	4,1
Land	7,86%	-1,00%	6,86%	2,7	2,7	2,7	2,7	2,7	2,7	2,7	2,7	2,7	2,7	2,7	2,7	2,7	2,7	2,7	2,7
Tangible Fixed Assets	6,23%	-0,50%	5,73%	5,7	5,0	4,9	7,0	6,1	4,0	5,7	5,4	6,8	4,8	5,0	6,2	5,3	5,5	5,7	5,7
Total				48,0	48,1	47,8	49,6	48,4	46,7	48,3	47,5	48,1	46,0	45,9	46,9	45,8	45,7	45,6	45,4
Entity Value			7,86%	48,0	48,3	48,0	50,5	48,9	46,4	48,6	47,6	48,7	45,7	45,6	47,0	45,5	45,5	45,4	45,2
Difference				0,0	-0,2	-0,2	-0,9	-0,5	0,3	-0,3	-0,1	-0,5	0,3	0,3	-0,1	0,3	0,2	0,1	0,2

Analyse des in ausgewählte Residualgrößen investierten Kapitals

- In Tabelle 4-18 wird das in ausgewählte Residualgrößen, die in die Abstimmung der Bewertungsergebnisse einbezogen werden, investierte Kapital ermittelt. Im Einzelnen werden betrachtet: der

  - Wert der zukünftigen zu akquirierenden Kundenbeziehungen bei Anwendung der Residual-Value-Methode sowie der Differenzbetrag zwischen diesem Wert und dem mittels der MPEEM bestimmten Wert dieses Vermögenswertes.

    Der Wert der zukünftig zu akquirierenden Kundenbeziehungen bei Anwendung der Residual-Value-Methode ergibt sich durch Abzug der Werte der erworbenen Kundenbeziehungen, der Basistechnologie, der zukünftig zu entwickelnden Basistechnologie, der Verfahrenstechnologie, der Marke, der CA-Software, der MA-Software, des Mitarbeiterstamms, des Working Capital, der Sachanlagen und der Grundstücke vom Entity Value; der

  - originäre Goodwill als Differenzbetrag aus dem Entity Value und den Werten der anzusetzenden immateriellen und materiellen Vermögenswerte (erworbene Kundenbeziehungen, Basis- und Verfahrenstechnologie, Marke, CA-und MA-Software, Working Capital, Sachanlagen und Grundstücke).

    Dem Goodwill wird zu dessen Erklärung die Summe der Werte der nicht angesetzten immateriellen Vermögenswerte (zukünftig zu akquirierende Kundenbeziehungen, zukünftig zu entwickelnde Basistechnologie sowie Mitarbeiterstamm) gegenübergestellt; der

  - Wert der gesamten Kundenbeziehungen, der sich aus dem Wert der erworbenen Kundenbeziehungen und dem Wert der zukünftig zu akquirierenden Kundenbeziehungen zusammensetzt, als Residualwert.

    Dieser Wert ergibt sich durch Abzug der Werte aller übrigen Vermögenswerte (Basistechnologie, zukünftig zu entwickelnde Basistechnologie, Verfahrenstechnologie, Marke, CA-Software, MA-Software, Mitarbeiterstamm, Working Capital, Sachanlagen und Grundstücke) vom Entity Value; der

  - Wert aller mittels des Income Approach bewerteten Vermögenswerte (Basistechnologie, zukünftig zu entwickelnde Basistechnologie, Verfahrenstechnologie, Marke) und der Wert aller mittels des Cost Approach bewerteten Vermögenswerte (CA-Software, MA-Software, Mitarbeiterstamm, Working Capital, Sachanlagen und Grundstücke).

    Diese Betrachtung geht davon aus, dass die zukünftig zu akquirierenden Kundenbeziehungen mittels des Residual-Value-Ansatzes und nicht mittels der MPEEM bewertet werden.

Tab. 4-18: Analyse des in ausgewählte Residualgrößen investierten Kapitals

Year	2016	2017	2018	2019	2020	2021	2022	2023	2024	2025	2026	2027	2028	2029	2030	2031
Invested Capital Analysis																
Customer Relationship new																
MPEEM	62,4	69,0	75,6	82,2	89,2	96,3	103,6	111,4	119,4	128,2	136,2	143,5	150,2	153,2	154,8	155,1
Residual Value	62,5	69,2	76,0	82,8	90,7	98,4	105,4	113,4	121,5	130,8	138,5	145,6	152,4	155,1	156,5	156,7
Difference	-0,2	-0,2	-0,4	-0,6	-1,5	-2,0	-1,7	-2,0	-2,1	-2,6	-2,3	-2,1	-2,2	-1,9	-1,7	-1,5
Incremental	0,2	0,0	0,2	0,2	0,9	0,5	-0,3	0,3	0,1	0,5	-0,3	-0,3	0,1	-0,3	-0,2	-0,1
Internal Generated Goodwill																
Entity Value	610,9	613,6	610,8	641,8	621,3	590,4	617,8	605,0	618,8	580,9	579,9	598,1	578,7	578,8	577,8	575,0
Intangible Assets Recognized	-311,0	-293,7	-268,9	-241,6	-212,3	-190,9	-161,6	-122,0	-83,2	-72,1	-59,6	-49,7	-39,5	-32,8	-26,5	-23,5
Tangible Assets	-215,0	-218,0	-221,3	-259,0	-245,0	-211,0	-242,0	-240,0	-266,1	-230,1	-234,1	-255,1	-239,1	-243,1	-247,1	-247,1
Goodwill	85,0	101,9	120,7	141,1	164,1	188,5	214,2	243,0	269,5	278,7	286,2	293,2	300,0	302,8	304,2	304,4
Other Intangible Assets (MPEEM)	-84,8	-101,7	-120,3	-140,5	-162,6	-186,5	-212,5	-241,0	-267,4	-276,0	-283,8	-291,2	-297,9	-300,9	-302,5	-302,8
Differenz	0,2	0,2	0,4	0,6	1,5	2,0	1,7	2,0	2,1	2,6	2,3	2,1	2,2	1,9	1,7	1,5
Total Customer Relationship																
Entity Value	610,9	613,6	610,8	641,8	621,3	590,4	617,8	605,0	618,8	580,9	579,9	598,1	578,7	578,8	577,8	575,0
Other Assets	-448,7	-448,6	-444,9	-475,7	-452,7	-420,9	-449,8	-437,3	-452,5	-414,1	-415,8	-436,6	-418,0	-420,4	-421,4	-418,3
Residual Value	162,2	165,0	166,0	166,0	168,7	169,5	168,0	167,7	166,4	166,7	164,1	161,5	160,7	158,4	156,5	156,7

Year	2016	2017	2018	2019	2020	2021	2022	2023	2024	2025	2026	2027	2028	2029	2030	2031
Invested Capital assigned to Valuation Approach																
Residual Asset (Customer Relationship new)	62,5	69,2	76,0	82,8	90,7	98,4	105,4	113,4	121,5	130,8	138,5	145,6	152,4	155,1	156,5	156,7
Income Approach Assets less Residual Asset (Customer Relationship new)	315,6	308,6	298,3	286,1	274,6	260,9	244,6	227,8	209,4	200,2	189,6	179,6	171,7	166,2	162,6	162,1
Cost Approach Assets	232,8	235,7	236,6	272,9	256,0	231,1	267,8	263,8	287,9	249,9	251,8	272,9	254,7	257,4	258,8	256,2
Total	610,9	613,6	610,8	641,8	621,3	590,4	617,8	605,0	618,8	580,9	579,9	598,1	578,7	578,8	577,8	575,0

Analyse der Verzinsungen des in ausgewählte Residualgrößen investierten Kapitals

- In Tabelle 4-19 werden die Verzinsungen des in ausgewählte – in die Abstimmung der Bewertungsergebnisse einbezogene – Residualgrößen investierten Kapitals untersucht. Im Einzelnen werden betrachtet:
  - die Verzinsung des in die mittels der Residual-Value-Methode bewerteten zukünftig zu akquirierenden Kundenbeziehungen investierten Kapitals sowie der Differenzbetrag zwischen dieser Verzinsung und der Verzinsung des in diesen Vermögenswert bei dessen Bewertung mittels der MPEEM investierten Kapitals.

    Die Verzinsung des in die mittels der Residual-Value-Methode bewerteten zukünftig zu akquirierenden Kundenbeziehungen investierten Kapitals wird residual durch Abzug der Verzinsungen des in alle anderen Vermögenswerte investierten Kapitals von der Verzinsung des Entity Value ermittelt;
  - die Verzinsung des in den originären Goodwill investierten Kapitals.

    Diese Verzinsung ergibt sich durch Abzug der Summe der Verzinsungen des in alle anzusetzenden Vermögenswerte investierten Kapitals von der Verzinsung des Entity Value.

    Der Verzinsung des Goodwill wird zu deren Erklärung die Summe der Verzinsungen der nicht angesetzten immateriellen Vermögenswerte (zukünftig zu akquirierende Kundenbeziehungen, zukünftig zu entwickelnde Basistechnologie sowie Mitarbeiterstamm) gegenübergestellt. Die dadurch nicht erklärte Verzinsung des Goodwill ist gleich der Veränderung des Betrages, in dessen Höhe der Entity Value bei Bewertung der zukünftigen Kundenbeziehungen mittels der MPEEM durch die Summe der Werte aller Vermögenswerte von BU2 nicht erklärt werden kann;
  - die Verzinsung des – mittels der Residual-Value-Methode bestimmten – in die gesamten Kundenbeziehungen (erworbene und zukünftig zu akquirierende Kundenbeziehungen) investierten Kapitals.

    Diese Verzinsung ergibt sich durch Abzug der Summe der Verzinsungen des in alle übrigen Vermögenswerte investierten Kapitals von der Verzinsung des Entity Value;
  - die Verzinsung des in alle immateriellen Vermögenswerte investierten Kapitals.

    Diese Verzinsung wird durch Abzug der Summe des in die materiellen Vermögenswerte investierten Kapitals von der Verzinsung des Entity Value ermittelt;
  - die Verzinsung des in alle mittels des Income Approach bewerteten Vermögenswerte investierten Kapitals (erworbene Kundenbeziehungen Basistechnologie, zukünftig zu entwickelnde Basistechnologie, Verfahrenstechnologie, Marke) und die Verzinsung des in alle mittels des Cost Approach bewerteten Vermögenswerte (CA-Software, MA-Software, Mitarbeiterstamm, Working Capital, Sachanlagen und Grundstücke). Darüber hinaus werden in der Tabelle – durch Bezug dieser Verzinsungen auf das sich aus Tabelle 4-18 ergebende, in diese Vermögenswerte investierten Kapitals – die Zinssätze ermittelt, mit denen sich das in die mittels des Income Approach bzw. mittels des Cost Approach bewerteten Vermögenswerte investierte Kapital verzinst.

    Die Betrachtung geht davon aus, dass die zukünftig zu akquirierenden Kundenbeziehungen mittels des Residual-Value-Ansatzes und nicht mittels der MPEEM bewertet werden.

Tab. 4-19: Verzinsungen des in ausgewählten Residualgrößen investierten Kapitals

Year	2017	2018	2019	2020	2021	2022	2023	2024	2025	2026	2027	2028	2029	2030	2031	2032
Rate of Return Analysis																
Return on Customer Relationship new																
MPEEM	6,7	7,4	8,1	8,8	9,5	10,3	11,0	11,9	12,7	13,7	14,5	15,3	16,0	16,3	16,5	16,5
Residual Value	6,7	7,6	8,3	9,7	10,0	10,0	11,3	12,0	13,3	13,4	14,2	15,4	15,7	16,1	16,4	16,4
Difference	0,0	-0,2	-0,2	-0,9	-0,5	0,3	-0,3	-0,1	-0,5	0,3	0,3	-0,1	0,3	0,2	0,1	0,2
Return on Internal Generated Goodwill																
Return on																
Entity Value	48,0	48,3	48,0	50,5	48,9	46,4	48,6	47,6	48,7	45,7	45,6	47,0	45,5	45,5	45,4	45,2
Intangible Assets Acquired	-28,0	-26,4	-24,2	-21,8	-19,2	-17,1	-14,3	-10,8	-7,3	-6,3	-5,1	-4,1	-3,2	-2,6	-2,1	-1,8
Tangible Assets Acquired	-11,4	-11,2	-11,3	-13,5	-12,6	-10,6	-12,4	-12,2	-13,7	-11,6	-11,8	-13,0	-12,1	-12,4	-12,6	-12,6
Internal Generated																
Goodwill	8,7	10,6	12,5	15,2	17,1	18,7	21,9	24,6	27,7	27,8	28,7	29,9	30,2	30,6	30,8	30,8
Other Intangible Assets (MPEEM)	-8,7	-10,4	-12,3	-14,3	-16,6	-19,0	-21,6	-24,5	-27,2	-28,1	-29,0	-29,7	-30,4	-30,8	-30,9	-31,0
Difference	0,0	0,2	0,2	0,9	0,5	-0,3	0,3	0,1	0,5	-0,3	-0,3	0,1	-0,3	-0,2	-0,1	-0,2
Return on Total Customer Relationship																
Return on																
Entity Value	48,0	48,3	48,0	50,5	48,9	46,4	48,6	47,6	48,7	45,7	45,6	47,0	45,5	45,5	45,4	45,2
Other Assets	-31,7	-31,4	-31,1	-32,8	-31,3	-29,6	-31,2	-30,4	-31,1	-28,8	-28,9	-30,1	-29,0	-29,1	-29,1	-28,9
Residual Value	16,3	16,8	17,0	17,7	17,6	16,9	17,4	17,2	17,6	16,8	16,7	17,0	16,5	16,4	16,4	16,4
Return on Total Intangible Assets																
Return on																
Entity Value	48,0	48,3	48,0	50,5	48,9	46,4	48,6	47,6	48,7	45,7	45,6	47,0	45,5	45,5	45,4	45,2
Tangible Assets	-11,4	-11,2	-11,3	-13,5	-12,6	-10,6	-12,4	-12,2	-13,7	-11,6	-11,8	-13,0	-12,1	-12,4	-12,6	-12,6
Intangible Assets	36,7	37,0	36,7	37,0	36,2	35,8	36,2	35,4	35,0	34,1	33,8	34,0	33,4	33,2	32,9	32,6

Year	2017	2018	2019	2020	2021	2022	2023	2024	2025	2026	2027	2028	2029	2030	2031	2032
Return on Invested Capital assigned to Valuation Approach																
Residual Asset (Customer Relationship new)	6,7	7,6	8,3	9,7	10,0	10,0	11,3	12,0	13,3	13,4	14,2	15,4	15,7	16,1	16,4	16,4
Rate of Return	10,68%	10,91%	10,88%	11,69%	11,06%	10,16%	10,74%	10,55%	10,91%	10,23%	10,28%	10,59%	10,33%	10,40%	10,46%	10,45%
Income Approach Assets less Residual Asset	28,7	28,2	27,3	26,3	25,4	24,3	23,0	21,7	20,2	19,3	18,2	17,3	16,5	16,0	15,7	15,6
Rate of Return	9,11%	9,13%	9,17%	9,21%	9,26%	9,33%	9,41%	9,51%	9,62%	9,62%	9,62%	9,62%	9,63%	9,63%	9,63%	9,64%
Cost Approach Assets	12,6	12,5	12,4	14,4	13,4	12,1	14,3	14,0	15,3	13,0	13,1	14,3	13,2	13,4	13,4	13,2
Rate of Return	5,43%	5,31%	5,25%	5,29%	5,23%	5,23%	5,32%	5,29%	5,30%	5,22%	5,21%	5,25%	5,20%	5,20%	5,19%	5,16%
Total	48,0	48,3	48,0	50,5	48,9	46,4	48,6	47,6	48,7	45,7	45,6	47,0	45,5	45,5	45,4	45,2
Rate of Return Entity Value	7,86%	7,86%	7,86%	7,86%	7,86%	7,86%	7,86%	7,86%	7,86%	7,86%	7,86%	7,86%	7,86%	7,86%	7,86%	7,86%

Analyse der vermögenswertspezifischen Zinssätze

- Im oberen Teil von Tabelle 4-20 werden die Zinssätze sowie die impliziten Risikozuschläge abgeleitet, mit denen sich das in
  - die – mittels der Residual-Value-Methode bewerteten – zukünftig zu akquirierenden Kundenbeziehungen investierte Kapital verzinst, das in
  - den originären Goodwill investierte Kapital verzinst, das in
  - die mittels der Residual-Value-Methode bewerteten gesamten Kundenbeziehungen investierte Kapital verzinst sowie das in
  - die immateriellen Vermögenswerte insgesamt investierte Kapital verzinst.

  Hierzu wird die jeweilige, in Tabelle 4-19 abgeleitete Verzinsung des investierten Kapitals auf das zugehörige, in Tabelle 4-18 ermittelte investierte Kapital bezogen.

- Im unteren Teil von Tabelle 4-20 werden die sich im Betrachtungszeitraum ergebenden Veränderungen des Zinssatzes, mit dem sich das in die – mittels der Residual-Value-Methode bewerteten – zukünftig zu akquirierenden Kundenbeziehungen investierte Kapital verzinst, erklärt. Hierzu werden die unter 3.3.5.3 aufgezeigten Einflussfaktoren Veränderung des
  - in das Unternehmen investierten Kapitals, Veränderung des
  - in die mittels des Cost Approach bewerteten Vermögenswerte investierten Kapitals, Veränderung des
  - in die mittels des Income Approach bewerteten Vermögenswerte investierten Kapitals, Veränderung des
  - Zinssatzes, mit dem sich das in die mittels des Cost Approach bewerteten Vermögenswerte investierte Kapital verzinst, sowie Veränderung des
  - Zinssatzes, mit dem sich das in die mittels des Income Approach bewerteten Vermögenswerte investierte Kapital verzinst,

  sowie deren Niederschlag im betrachteten Zinssatz abgeleitet. Grundlage hierfür sind die in Tabelle 4-18 und Tabelle 4-19 ermittelten Residualgrößen und deren Verzinsungen.

Ableitung der Profit-Split-Faktoren

- In Tabelle 4-21 werden die Einkommensbeiträge der Vermögenswerte von BU2, die deren angepasstes EBITA erklären, auf dieses EBITA bezogen.

Tab. 4-20: Analyse der vermögenswertspezifischen Zinssätze

Year		2017	2018	2019	2020	2021	2022	2023	2024	2025	2026	2027	2028	2029	2030	2031	2032
Rate of Return Analysis																	
Analysis of Rate of Return																	
Customer Relationship new (Residual Value)		10,68%	10,91%	10,88%	11,69%	11,06%	10,16%	10,74%	10,55%	10,91%	10,23%	10,28%	10,59%	10,33%	10,40%	10,46%	10,45%
Asset specific Risk Adjustment	7,16%	3,51%	3,75%	3,72%	4,52%	3,89%	3,00%	3,58%	3,39%	3,75%	3,06%	3,12%	3,43%	3,17%	3,23%	3,30%	3,28%
Internal Generated Goodwill		10,23%	10,38%	10,35%	10,80%	10,41%	9,93%	10,22%	10,12%	10,28%	9,98%	10,02%	10,18%	10,06%	10,09%	10,13%	10,12%
Asset specific Risk Adjustment	7,86%	2,36%	2,52%	2,48%	2,94%	2,55%	2,06%	2,36%	2,26%	2,42%	2,12%	2,15%	2,32%	2,19%	2,23%	2,26%	2,26%
Total Customer Relationship		10,06%	10,19%	10,22%	10,67%	10,41%	9,95%	10,34%	10,26%	10,58%	10,10%	10,19%	10,50%	10,30%	10,38%	10,46%	10,45%
Asset specific Risk Adjustment	7,16%	2,89%	3,02%	3,06%	3,51%	3,25%	2,79%	3,18%	3,10%	3,41%	2,94%	3,02%	3,34%	3,13%	3,22%	3,30%	3,28%
Total Intangible Assets		9,27%	9,36%	9,42%	9,67%	9,63%	9,44%	9,64%	9,69%	9,92%	9,71%	9,77%	9,91%	9,83%	9,88%	9,94%	9,95%
Analysis Incremental Rate of Return Residual Asset																	
Incremental Invested Capital																	
Entity Value			2,7	-2,8	30,9	-20,4	-30,9	27,4	-12,8	13,8	-38,0	-1,0	18,2	-19,4	0,1	-0,9	-2,9
Difference Rate of Return			-2,81%	-3,04%	-3,02%	-3,82%	-3,19%	-2,30%	-2,88%	-2,69%	-3,05%	-2,36%	-2,42%	-2,73%	-2,47%	-2,53%	-2,59%
Impact			-0,11%	0,10%	-1,13%	0,86%	1,00%	-0,60%	0,32%	-0,31%	0,89%	0,02%	-0,30%	0,35%	0,00%	0,01%	0,05%

Year	2017	2018	2019	2020	2021	2022	2023	2024	2025	2026	2027	2028	2029	2030	2031	2032
Cost Approach Assets		3,0	0,8	36,3	-16,9	-24,9	36,7	-4,0	24,1	-38,0	1,9	21,1	-18,3	2,7	1,4	-2,6
Difference Rate of Return		-5,37%	-5,66%	-5,59%	-6,46%	-5,82%	-4,84%	-5,46%	-5,25%	-5,69%	-5,01%	-5,03%	-5,39%	-5,13%	-5,21%	-5,30%
Impact		-0,23%	-0,06%	-2,45%	1,20%	1,47%	-1,69%	0,19%	-1,04%	1,66%	-0,07%	-0,73%	0,65%	-0,09%	-0,05%	0,09%
Income Approach Assets		-6,9	-10,4	-12,2	-11,4	-13,7	-16,3	-16,9	-18,3	-9,2	-10,6	-10,0	-7,9	-5,4	-3,7	-0,4
Difference Rate of Return		-1,54%	-1,74%	-1,67%	-2,42%	-1,73%	-0,75%	-1,23%	-0,93%	-1,29%	-0,60%	-0,66%	-0,97%	-0,70%	-0,76%	-0,82%
Impact		0,16%	0,24%	0,25%	0,31%	0,24%	0,12%	0,18%	0,14%	0,09%	0,05%	0,05%	0,05%	0,02%	0,02%	0,00%
Incremental Rate of Return																
Cost Approach Assets		-0,12%	-0,06%	0,04%	-0,06%	0,00%	0,09%	-0,03%	0,01%	-0,08%	-0,01%	0,04%	-0,05%	0,00%	-0,01%	-0,02%
Impact		-0,40%	-0,18%	0,12%	-0,18%	0,00%	0,19%	-0,08%	0,03%	-0,17%	-0,02%	0,07%	-0,09%	0,00%	-0,02%	-0,04%
Income Approach Assets		0,03%	0,03%	0,04%	0,05%	0,07%	0,08%	0,10%	0,11%	0,00%	0,00%	0,00%	0,00%	0,00%	0,00%	0,00%
Impact		0,13%	0,14%	0,15%	0,17%	0,18%	0,20%	0,22%	0,21%	0,00%	0,00%	0,00%	0,00%	0,00%	0,00%	0,00%
Total Impact		0,23%	-0,03%	0,80%	-0,63%	-0,89%	0,58%	-0,19%	0,36%	-0,69%	0,06%	0,31%	-0,26%	0,07%	0,06%	-0,01%
Incremental Rate of Return																
Residual Asset		0,23%	-0,03%	0,80%	-0,63%	-0,89%	0,58%	-0,19%	0,36%	-0,69%	0,06%	0,31%	-0,26%	0,07%	0,06%	-0,01%
Difference		0,00%	0,00%	0,00%	0,00%	0,00%	0,00%	0,00%	0,00%	0,00%	0,00%	0,00%	0,00%	0,00%	0,00%	0,00%

Tab. 4-21: Ableitung der Profit-Split-Faktoren

Year	2017	2018	2019	2020	2021	2022	2023	2024	2025	2026	2027	2028	2029	2030	2031	2032
Profit Split Analysis																
Customer Relationship																
Acquired	30,1%	29,9%	30,0%	24,1%	25,8%	33,9%	25,0%	25,3%	23,9%	24,8%	22,4%	14,9%	8,2%	3,1%	0,0%	0,0%
NEW	0,0%	1,7%	3,3%	3,9%	5,0%	7,7%	6,6%	7,9%	8,4%	12,1%	16,0%	18,4%	28,3%	31,5%	34,6%	36,9%
Core Technology	53,4%	49,9%	51,1%	50,0%	50,0%	61,2%	50,0%	41,3%	0,0%	0,0%	0,0%	0,0%	0,0%	0,0%	0,0%	0,0%
Core Technology new	-23,4%	-21,8%	-22,4%	-21,9%	-21,9%	-26,8%	-21,9%	-12,9%	30,0%	30,0%	31,4%	30,0%	30,7%	30,0%	30,0%	30,8%
Process Technology	6,5%	6,2%	6,5%	6,4%	6,4%	7,8%	6,4%	5,3%	0,0%	0,0%	0,0%	0,0%	0,0%	0,0%	0,0%	0,0%
Trademark	3,3%	3,1%	3,2%	3,1%	3,1%	3,8%	3,1%	3,2%	3,3%	3,3%	3,5%	3,3%	3,4%	3,3%	3,3%	3,4%
CA Software	-2,0%	4,0%	1,5%	4,2%	3,9%	-17,9%	3,1%	2,9%	3,0%	2,8%	-1,7%	3,7%	1,4%	4,2%	3,9%	0,1%
MA Software	0,8%	0,6%	0,4%	0,3%	0,1%	2,3%	1,7%	1,5%	1,4%	1,3%	1,2%	1,0%	0,8%	0,6%	0,5%	0,3%
Assembled Workforce	1,0%	0,8%	0,8%	0,7%	0,7%	0,9%	0,7%	0,7%	0,8%	0,8%	0,8%	0,8%	0,8%	0,8%	0,8%	0,8%
Working Capital																
Return on Invested Capital pre Tax	7,6%	7,9%	8,2%	8,1%	8,1%	9,9%	8,1%	8,1%	8,8%	8,8%	9,2%	8,8%	9,0%	8,8%	8,8%	9,0%
Land																
Return on Invested Capital pre Tax	7,3%	6,3%	6,2%	5,9%	5,8%	7,0%	5,6%	5,6%	5,9%	5,9%	6,1%	5,9%	6,0%	5,9%	5,9%	6,0%
Tangible Fixed Assets																
Return on Invested Capital pre Tax	15,2%	11,6%	11,1%	15,1%	12,9%	10,2%	11,6%	11,0%	14,6%	10,2%	11,1%	13,2%	11,5%	11,8%	12,2%	12,6%
EBITA	100,0%	100,0%	100,0%	100,0%	100,0%	100,0%	100,0%	100,0%	100,0%	100,0%	100,0%	100,0%	100,0%	100,0%	100,0%	100,0%

4.5.4.3 Einkommensbeiträge der materiellen Vermögenswerte

Zur Ableitung der Einkommensbeiträge der materiellen Vermögenswerte Working Capital, Sachanlagen und Grundstücke werden im mittleren Teil von Tabelle 4-12 – gesondert für jeden dieser Vermögenswerte – für jedes Jahr des Betrachtungszeitraumes in Prozent der Umsatzerlöse von BU2 zusammengestellt:

- Umsatzerlöse, bei deren Erzielung die genannten Vermögenswerte mitwirken;
- in den betrachteten Vermögenswert am Ende der Vorperiode (t-1) investiertes Kapital. Dieses wird aus Tabelle 4-2 übernommen und auf die Umsatzerlöse der Geschäftseinheit bezogen;
- Verzinsung des in den betrachteten Vermögenswert investierten Kapitals vor Abzug von Steuern. Diese wird durch Multiplikation des dem Vermögenswert zugeordneten vermögenswertspezifischen Zinssatzes mit dem am Ende der Vorperiode investierten Kapital bestimmt und um den Steueranteil durch Multiplikation mit $\frac{1}{1-s}$ erhöht;
- beim Working Capital: Veränderung des in den Vermögenswert investierten Kapitals. Diese wird aus dem in Tabelle 4-2 zusammengestellten in das Working Capital investierten Kapital abgeleitet und auf die Umsatzerlöse der Geschäftseinheit bezogen;
- bei Sachanlagen und Grundstücken: Rückfluss des in den Vermögenswert investierten Kapitals abzüglich Investitionen. Dieser Saldo, der die Veränderung des investierten Kapitals abbildet, wird aus Tabelle 4-2 abgeleitet und auf die Umsatzerlöse der Geschäftseinheit bezogen.

Bei der Ableitung der Einkommensbeiträge des Working Capital ist zu beachten, dass diese Einkommensbeiträge ausgehend vom kostenbasiert ermittelten Wert des Working Capital in Höhe von EUR 75 Mio. und nicht von dessen beizulegendem Zeitwert, der EUR 80 Mio. beträgt, zu entwickeln sind. TAF[466] betrachtet Neubewertungsdifferenzen beim Vorratsvermögen als »one-time business combination accounting adjustments«, die eine Bereinigung des »initial and ongoing levels of working capital (based on market participant assumptions) used in the CAC calculation« erfordern. Zur Begründung legt TAF dar, dass der Wert des mittels der MPEEM bewerteten Vermögenswertes bei Verzicht auf diese Anpassung davon abhängen kann, ob für Zwecke eines Unternehmenszusammenschlusses oder für andere Zwecke bewertet wird. Weiter führt TAF aus, dass der Wert des Working Capital bei Einbeziehung des neubewerteten Vorratsvermögens das langfristig erforderliche Working Capital des Unternehmens nicht widerspiegelt. TAF weist schließlich darauf hin, dass dann, wenn die Neubewertung des Vorratsvermögens in der Planungsrechnung im Materialaufwand erfasst wurde, insoweit auch die Planungsrechnung zu bereinigen ist.

Die Ableitung der den Vermögenswerten zugeordneten vermögenswertspezifischen Zinssätze folgt dem unter 2.5.5 dargelegten Vorgehen und ergibt sich aus Tabelle 4-17. Im Einzelnen gilt:

---

466 TAF (2010a), 3.2.03. Im ersten Entwurf des Diskussionspapiers von TAF vom Juli 2008 wurde diese Fragestellung unter 3.2.05 lediglich aufgeworfen, jedoch noch nicht beantwortet.

- Die laufzeitäquivalent festgelegten gewichteten Kapitalkosten der Vermögenswerte wurden aus Tabelle 4-6 übernommen; deren vermögenswertspezifische Risikoabschläge wurden vorläufig festgelegt und sind erforderlichenfalls im Rahmen der Abstimmung der Bewertungsergebnisse anzupassen.
- Der vermögenswertspezifische Zinssatz der Grundstücke in Höhe von 6,86 % setzt sich aus den (nachhaltigen) gewichteten Kapitalkosten in Höhe von 7,86 % (Tab. 4-6) und einem Abschlag von 1,00 %, der der Abbildung des vermögenswertspezifischen Risikos dient, zusammen. Bei der Festlegung des angesetzten Abschlags wurde berücksichtigt, dass die Grundstücke homogen sind.
- Der den Sachanlagen zugeordnete vermögenswertspezifische Zinssatz von 5,73 % setzt sich aus den laufzeitäquivalent ermittelten gewichteten Kapitalkosten in Höhe von 6,23 % (Tab. 4-6) und einem Abschlag von 0,50 % zur Abbildung von deren vermögenswertspezifischem Risiko zusammen. Die gewichteten Kapitalkosten werden – zur Vereinfachung der Modellierung der Excess Earnings bei der Bewertung der erworbenen Kundenbeziehungen – unter Zugrundelegung der durchschnittlichen Nutzungsdauer der abnutzbaren Sachanlagen von rund 5 Jahren und nicht der durchschnittlichen Restnutzungsdauer (rund 3 Jahre) ermittelt. Bei der Festlegung des angesetzten Abschlags wurde berücksichtigt, dass der Anlagenbestand homogen ist.
- Der vermögenswertspezifische Zinssatz des Working Capital, der 3,84 % beträgt, setzt sich aus den laufzeitäquivalent ermittelten gewichteten Kapitalkosten in Höhe von 6,09 % (Tab. 4-6) und einem Abschlag von 2,25 %, der der Anpassung an das vermögenswertspezifische Risiko dient, zusammen.

Aus Tabelle 4-12 ergeben sich weiter die bei der Bewertung der Kundenbeziehungen anzusetzenden Einkommensbeiträge der betrachteten Vermögenswerte in Prozent der Umsatzerlöse von BU2. Diese beschränken sich – bei Wahl des EBITA als Ausgangsgröße der Ableitung der Excess Earnings – auf die Verzinsung des investierten Kapitals vor Steuern. Die Verzinsungen des in die betrachteten Vermögenswerte investierten Kapitals vor Abzug von Steuern sowie die Veränderungen des investierten Kapitals ergeben sich für die Jahre des Betrachtungszeitraums aus Tabelle 4-13. Diese bestimmen sich durch Multiplikation der in Tabelle 4-12 ermittelten prozentualen Verzinsungen sowie der prozentualen Veränderungen des investierten Kapitals mit den Umsatzerlösen der Geschäftseinheit und den Anteilen am Umsatz von BU2.

Tabelle 4-14 und Tabelle 4-15 zeigen, dass die Barwerte der Einkommensbeiträge der Vermögenswerte nach Ertragsteuern, die sich durch Zusammenfassung der Verzinsungen des investierten Kapitals nach Ertragsteuern und der Veränderungen des investierten Kapitals ergeben, zu den beizulegenden Zeitwerten der Vermögenswerte führen.

4.5.4.4 Bewertung der Basistechnologien

4.5.4.4.1 Erworbene Basistechnologie

Bewertungsannahmen für die Anwendung der Relief-from-Royalty-Methode

Die Relief-from-Royalty-Methode wurde unter 2.5.4.2 erläutert. Danach erfordert ihre Anwendung Annahmen insbesondere zu folgenden Inputs zu setzen:

Nutzungsdauer

- Die Nutzungsdauer der Basistechnologie[467] wird mit 8 Jahren festgelegt und ist im Technologielebenszyklus begründet; der darüber hinaus reichende Patentschutz ist unerheblich. Da die Technologie gerade erst in den Markt eingeführt wurde, ist zwischen ihrer Nutzungsdauer und der verbleibenden Restnutzungsdauer nicht zu unterscheiden.

Ersparte Lizenzzahlungen

- Ersparte Lizenzzahlungen werden zumeist durch Zuordnung eines aus Vergleichstransaktionen abgeleiteten Lizenzsatzes auf eine Bemessungsgrundlage, insbesondere Umsatzerlöse, bestimmt.
- Diesem Vorgehen zur Ermittlung ersparter Lizenzzahlungen wird auch bei der Basistechnologie gefolgt.
- Das Vorgehen, das bei der Ableitung von Lizenzsätzen aus Vergleichstransaktionen sowie der Abgrenzung der Bemessungsgrundlage anzuwenden ist, wurde unter 3.3.3.2 dargelegt.

Lizenzsatz

- Für die Basistechnologie wurden mittels Datenbankrecherche 8 Vergleichstransaktionen identifiziert. Diese Transaktionen wurden unter Zugrundelegung des in Abbildung 3.3.3-1 – in Anlehnung an ein vom IVSC[468] gegebenes Beispiel – vorgestellten Arbeitsblattes ausgewertet. Ausgewählte, in den Vergleich mit der Basistechnologie einzubeziehende Daten der Vergleichstransaktionen sowie der Basistechnologie sind in Abbildung 4-14 zusammengestellt.
- Die Durchsicht dieser Vergleichstransaktionen zeigt, dass es sich ausschließlich um Umsatzlizenzen handelt, wobei – abgesehen von der Nennung der »Nettoumsatzerlöse« als Bezugsgröße – keine weiteren Angaben zur Umsatzdefinition gegeben werden. Weiteren Zahlungskomponenten, wie etwa Upfront Payments, kommt eine untergeordnete Bedeutung zu.
- Als Ergebnis der Auswertung der Lizenzverträge, auf deren vollständige Darstellung verzichtet wird, ist festzuhalten, dass für die Basistechnologie ein Lizenzsatz von rund 8 % der Umsatzerlöse angemessen ist.
- Dieser Lizenzsatz wird in Tabelle 4-12, Core Technology, Zeile »Income Contribution« als prozentualer Einkommensbeitrag zugeordnet.

---

467 Zur Bewertung von Technologien siehe unter 2.5.4.1.
468 Vgl. IVSC ED 2007, 6.36.

Comparable technology for which royalte observed	Description of Licensed Technology	Period of licence	Sophistication of technology	Gegographic region of licence	Exclusive licence	Basis of Royalty Calculation	Royalty rate as multiple of turnover	Subject asset royalty rate higher or lower than comparable?
Subject technology	...	Expected life of asset – 8 years	High	Europe	To be valued on an exclusive basis	N/A	N/A	N/A
Technology A	...	5 years	Medium	USA	No	sales	4% plus upfront fee of $ 25k	Higher
Technology B	...	7 years	High	Europe, Middel East, Africa	Yes	net sales	8%	Similar
Technology C	...	10 years	Low	UK	No	net sales	3%	Significantly higher
Technology D	...	3 years	Medium	Europe	Yes	net sales	6%	Higher
...	...	...	...	...	...	...	...	–
Technology H	...	9 years	High	Europe	Yes	net sales	8%	Similar

Abb. 4-14: Vergleichstransaktionen der Basistechnologie

Lizenzpflichtige Umsatzerlöse
- Zur Bestimmung der ersparten zukünftigen Lizenzzahlungen ist der abgeleitete Lizenzsatz auf die bis zum Ende der Nutzungsdauer der Technologie geplanten »lizenzpflichtigen« Umsatzerlöse anzuwenden.
- Die Basistechnologie ist eine produktbezogene Technologie. Dies bedeutet, dass die Bemessung von Lizenzzahlungen grundsätzlich an den Umsatzerlösen anknüpft, die mit den auf ihr beruhenden Produkten erzielt werden.
- Die Technologie stellt die konzeptionelle Grundlage der Produkte dar. Dies bedeutet, dass sich diese in vollem Umfang auf die Produkte und nicht lediglich auf einzelne Produktkomponenten erstreckt. Dementsprechend ist von einem Anteil am Produkt in Höhe von 100 % auszugehen.[469]
- Die Basistechnologie liegt allen Produkten der Geschäftseinheit zugrunde. Hieraus resultiert, dass BU2 keine Umsatzerlöse erzielt, die nicht auf der zu bewertenden Technologie aufbauen.
- Die Betrachtungen zeigen, dass im Zeitraum der Nutzung der Basistechnologie, der sich auf die Jahre 2017 bis 2024 erstreckt, der Ermittlung der ersparten zukünftigen Lizenzzahlungen die gesamten Umsatzerlöse von BU2 zugrunde zu legen sind.
- Im letzten Jahr der Nutzung der Basistechnologie ist deren Substitution durch eine Nachfolgetechnologie, mit deren Entwicklung im kommenden Geschäftsjahr begonnen wird, geplant. Das Management geht davon aus, dass diese nach heutiger Einschätzung in den letzten 4 Monaten des Jahrs 2024 erfolgen wird und in diesem Jahr im Vergleich zum Jahr 2023 von einem Umsatzrückgang von etwa 16,67 % auszugehen ist.
- Die den Vergleichstransaktionen zugrunde liegenden Lizenzverträge geben keine Erläuterungen zu den dort angesprochenen »Nettoumsatzerlösen«. Aus diesem Grund werden der Bestimmung der ersparten Lizenzzahlungen die in der Planungsrechnung von BU2 ausgewiesenen Umsatzerlöse zugrunde gelegt. Anhaltspunkte für erforderliche Anpassungen sind nicht ersichtlich.
- Die so abgegrenzten, der Basistechnologie zuzuordnenden lizenzpflichtigen Umsatzerlöse ergeben sich – in Prozent der Umsatzerlöse von BU2 – aus Tabelle 4-12, Core Technology, Zeile »Sales«.

Anpassung der ersparten Lizenzzahlungen
- Die Lizenzverträge der Vergleichstransaktionen enthalten keine weiteren Absprachen, etwa über die Übernahme noch erforderlicher Forschungs- und Entwicklungsleistungen.
- Die Übernahme der mit der Aufrechterhaltung der Schutzrechte verbundenen jährlichen Patentgebühren wird – nach Einschätzung von in der Lizenzierungspraxis tätigen Patentanwälten – in den vorliegenden Lizenzverträgen typischerweise dem Lizenzgeber zugewiesen. Dementsprechend ist der abgeleitete Lizenzsatz von 8 % insoweit als Bruttolizenzsatz zu betrachten. Angesichts der untergeordneten Bedeutung dieser Zahlungen wird jedoch auf eine entsprechende Korrektur der ermittelten ersparten Lizenzzahlungen verzichtet.

---

469   Zum Anteil am Produkt als bewertungsrelevanter Parameter siehe Moser/Goddar (2007), S. 599 ff.

Beurteilung der Plausibilität des abgeleiteten Lizenzsatzes mittels Profit-Split-Analyse

- In dem Branchensegment, in dem BU2 tätig ist, findet typischerweise keine Profit-Split-Regel Anwendung. Dementsprechend kann die vom IVSC vorgeschlagene Beurteilung der Plausibilität des abgeleiteten Lizenzsatzes nicht durchgeführt werden.
- Aus Tabelle 4-21 ergibt sich der der Basistechnologie zuzuordnende Profit-Split-Faktor.

Entwicklungsaufwendungen

- Die Forschungs- und Entwicklungsaktivitäten der Gesellschaft sind ausschließlich auf die Entwicklung der nächsten Generation der Basistechnologie gerichtet. Dementsprechend sind der erworbenen Basistechnologie keine Forschungs- und Entwicklungsaufwendungen zuzurechnen.

Vermögenswertspezifischer Zinssatz

- Die Bestimmung des der Basistechnologie zugeordneten vermögenswertspezifischen Zinssatzes folgt dem unter 2.5.5 dargelegten Vorgehen und ergibt sich aus Tabelle 4-17.
- Die laufzeitspezifisch festgelegten gewichteten Kapitalkosten wurden aus Tabelle 4-6 übernommen.
- Der vermögenswertspezifische Risikozuschlag wird vorläufig in Höhe von 2,30 % festgelegt und ist erforderlichenfalls im Rahmen der Abstimmung der Bewertungsergebnisse anzupassen.
- Die Höhe dieses Risikozuschlages ist in den mit der Basistechnologie verbundenen Wettbewerbsvorteilen und deren grundlegenden Bedeutung für die Geschäftstätigkeit der Geschäfteinheit, insbesondere deren Geschäftsrisiko, begründet. Dabei wurden u. a. derzeit nicht absehbare zukünftige technologische Entwicklungen, das mögliche Auftreten von Substituten sowie nicht auszuschließende Änderungen der Präferenzen der Endabnehmer berücksichtigt.

Ableitung des beizulegenden Zeitwertes des Vermögenswertes

Einkommensbeitrag der Basistechnologie

- Die unter Zugrundelegung der dargestellten Annahmen abgeleiteten, der Basistechnologie zuzuordnenden Einkommensbeiträge vor Abzug von Unternehmenssteuern sind in Tabelle 4-13 zusammengestellt.
- Diese ergeben sich durch Multiplikation des der Technologie zugeordneten Anteils an den Umsatzerlösen der Geschäfteinheit mit dem – als Lizenzsatz verstandenen – prozentualen Einkommensbeitrag der Technologie sowie mit den aus Tabelle 4-2 zu übernehmenden Umsatzerlösen von BU2.

Ableitung des Barwertes der Einkommensbeiträge der Basistechnologie

- Der Barwert der der Basistechnologie zugeordneten Einkommensbeiträge wird in Tabelle 4-14 abgeleitet.
- Die Einkommensbeiträge werden zunächst um Ertragsteuern vermindert und sodann mit dem oben abgeleiteten vermögenswertspezifischen Zinssatz diskontiert. Dabei kommt das Roll-back-Verfahren zur Anwendung.

Bestimmung des beizulegenden Zeitwertes der Basistechnologie
- Zur Bestimmung des beizulegenden Zeitwertes der Basistechnologie ist der abschreibungsbedingte Steuervorteil dem Barwert der – der Technologie zugeordneten – Einkommensbeiträge hinzuzurechnen.
- Die Ermittlung des abschreibungsbedingten Steuervorteils der Basistechnologie ergibt sich aus Tabelle 4-15. Einzelheiten der Berechnung wurden unter 4.5.4.2 dargelegt.
- Der beizulegende Zeitwert der Basistechnologie ergibt sich aus Tabelle 4-16.

4.5.4.4.2 Zukünftig zu entwickelnde Generationen der Basistechnologie

Bewertungsannahmen für die Anwendung der Relief-from-Royalty-Methode
Nutzungsdauer
- Den zukünftig zu entwickelnden Basistechnologien wird – wie unter 4.5.4.1 dargelegt – eine unbestimmte Nutzungsdauer zugeordnet.

Ersparte Lizenzzahlungen
- Die Bestimmung der ersparten Lizenzzahlungen, die den zukünftig zu entwickelnden Basistechnologien zuzuordnen sind, folgt dem bei der Bewertung der erworbenen Basistechnologie erläuterten Vorgehen.

Lizenzsatz
- Den Nachfolgegenerationen der Basistechnologie wird der für die Basistechnologie unter 4.5.4.4.1 abgeleitete Lizenzsatz in Höhe von 8 % zugeordnet. Aus den durchgeführten Analysen ergeben sich keine Anhaltspunkte, die für die Anwendung eines hiervon abweichenden Lizenzsatzes sprechen.
- Dieser Lizenzsatz wird in Tabelle 4-12 in der Zeile »Income Contribution« den zukünftig zu entwickelnden Basistechnologien als prozentualer Einkommensbeitrag zugeordnet.

Umsatzerlöse
- Die Bestimmung der den ersparten zukünftigen Lizenzzahlungen zugrunde zu legenden Umsatzerlöse geht von den bei der erworbenen Basistechnologie dargelegten Abgrenzungen aus. Im Unterschied zur erworbenen Technologie sind den zu entwickelnden Technologien allerdings die Umsatzerlöse von BU2 zuzuordnen, die nicht mit Produkten erzielt werden, die auf der erworbenen Basistechnologie aufbauen.
- Die den zukünftigen Technologien zuzuordnenden lizenzpflichtigen Umsatzerlöse ergeben sich durch Abzug der der erworbenen Basistechnologie zugeordneten Umsatzerlöse von den Umsatzerlösen von BU2.
- Die so abgegrenzten, den die Basistechnologie ersetzenden Technologien zuzuordnenden lizenzpflichtigen Umsatzerlöse ergeben sich – in Prozent der Umsatzerlöse von BU2 – aus Zeile »Sales« (Core Technology NEW) von Tabelle 4-12.

Anpassung der ersparten Lizenzzahlungen
- Auf Anpassung der so abgegrenzten ersparten Lizenzzahlungen wird – dem Vorgehen bei der Basistechnologie folgend – verzichtet.

Beurteilung der Plausibilität des abgeleiteten Lizenzsatzes mittels Profit-Split-Analyse
- Die vom IVSC vorgeschlagene Beurteilung der Plausibilität des abgeleiteten Lizenzsatzes kann aus dem bei der erworbenen Basistechnologie genannten Grund nicht durchgeführt werden.
- Aus Tabelle 4-21 ergibt sich der der zukünftig zu entwickelnden Basistechnologie zuzuordnende Profit-Split-Faktor.

Entwicklungsaufwendungen
- Die Forschungs- und Entwicklungsaktivitäten der Gesellschaft sind auf die Entwicklung der zukünftigen Generationen der Basistechnologie und der diese ersetzenden Technologien gerichtet. Dementsprechend sind der zukünftig zu entwickelnden Technologie die Forschungs- und Entwicklungsaufwendungen in Höhe von 3,5 % der Umsatzerlöse der Geschäftseinheit zuzurechnen.

Vermögenswertspezifischer Zinssatz
- Die Bestimmung des den zukünftig zu entwickelnden Basistechnologien zugeordneten vermögenswertspezifischen Zinssatzes folgt grundsätzlich der Ableitung des vermögenswertspezifischen Zinssatzes der erworbenen Basistechnologie.
- Die laufzeitspezifisch festgelegten gewichteten Kapitalkosten wurden unter Zugrundelegung der dem Technologielebenszyklus folgenden Nutzungsdauer und nicht einer unbestimmten Nutzungsdauer abgeleitet. Dies ist darin begründet, dass die Annahme einer unbestimmten Nutzungsdauer lediglich der Vereinfachung der Abbildung der Werte der zukünftigen Technologien dient, nicht jedoch die zukünftigen Technologien in einen einheitlichen Vermögenswert transformiert.
- Der vermögenswertspezifische Risikozuschlag wird vorläufig in Höhe von 3,30 % festgelegt und ist erforderlichenfalls im Rahmen der Abstimmung der Bewertungsergebnisse anzupassen.
- Dieser Risikozuschlag berücksichtigt, dass die Nachfolgegenerationen der Basistechnologie – im Unterschied zur erworbenen Basistechnologie – noch zu entwickeln sind und dementsprechend mit diesen Technologien zusätzliche Risiken verbunden sind.

Ableitung des beizulegenden Zeitwertes des Vermögenswertes
Einkommensbeitrag der Nachfolgetechnologien der Basistechnologie
- Die unter Zugrundelegung der dargestellten Annahmen abgeleiteten, den zukünftigen Generationen der Basistechnologie zuzuordnenden Einkommensbeiträge vor Abzug von Unternehmenssteuern sind in Tabelle 4-13 zusammengestellt.
- Diese ergeben sich durch Multiplikation des den Technologien zugeordneten Anteils an den Umsatzerlösen der Geschäftseinheit mit dem den Technologien zugeordneten Lizenzsatz sowie mit den aus Tabelle 4-2 zu übernehmenden Umsatzerlösen von BU2. Hiervon werden die Entwicklungsaufwendungen, die sich durch Multiplikation der

den Technologien zugeordneten Entwicklungsaufwendungen in Prozent der Umsatzerlöse von BU2 mit deren Umsatzerlöse bestimmen, abgezogen.

Ableitung des Barwertes der Einkommensbeiträge der Nachfolgetechnologien der Basistechnologie
* Der Barwert der den zukünftigen Generationen der Basistechnologie zugeordneten Einkommensbeiträge wird in Tabelle 4-14 abgeleitet.
* Die Einkommensbeiträge werden zunächst um Ertragsteuern vermindert und sodann mit dem oben abgeleiteten vermögenswertspezifischen Zinssatz diskontiert. Dabei kommt das Roll-back-Verfahren zur Anwendung.

Bestimmung des beizulegenden Zeitwertes der Nachfolgetechnologien der Basistechnologie
* Die Einbeziehung des abschreibungsbedingten Steuervorteils kann darauf gestützt werden, dass die Nachfolgegenerationen der Basistechnologie dem steuerlich abschreibungsfähigen Goodwill zuzurechnen sind. Zur Vereinfachung der Betrachtungen wird hierauf verzichtet. Der beizulegende Zeitwert der zukünftigen Generationen der Basistechnologie ist dementsprechend gleich dem Barwert der – den Technologien zugeordneten – Einkommensbeiträge.
* Der beizulegende Zeitwert der Technologien ergibt sich aus Tabelle 4-16.

4.5.4.5 Bewertung der Verfahrenstechnologie

Bewertungsannahmen für die Anwendung der Incremental Income Analysis
Die Incremental Income Analysis wurde unter 2.5.4.1 dargelegt. Danach erfordert ihre Anwendung die Einführung von Annahmen insbesondere zu folgenden Inputs:

Nutzungsdauer
* Die Nutzungsdauer der Verfahrenstechnologie beträgt – aufgrund ihrer Kopplung an den Technologielebenszyklus der Basistechnologie – 8 Jahre; die darüber hinaus reichende technologische Lebensdauer ist demgegenüber irrelevant.

Incremental Income
* Die Kostenvorteile, die durch die Anwendung der Verfahrenstechnologie zu erzielen sind, resultieren aus Einsparungen beim Materialverbrauch, denen geringfügige Erhöhungen des Energieverbrauchs gegenüberstehen. Andere Einflüsse auf Produktionsprozess und Produktionsergebnis sind mit der Nutzung der Technologie nicht verbunden; insbesondere erfordert ihr Einsatz keine zusätzlichen Investitionen.[470]
* Das Mengengerüst wird durch Nutzung der Verfahrenstechnologie voraussichtlich nicht beeinflusst, da nach Einschätzung des Managements von BU2 auch in den kommenden Jahren kein Grund gegeben sein wird, die Kosteneinsparungen an die Kunden weiterzugeben.

---

470 Ein ähnliches Beispiel findet sich bei IVSC GN 4, 5.27.

- Auf dieser Grundlage hat das Management der Geschäfteinheit die der Verfahrenstechnologie zuzurechnenden Kostenvorteile für die Jahre 2017 bis 2019 (Planungszeitraum) ermittelt und dokumentiert.

- Das Management geht weiter davon aus, dass die Verhältnisse des letzten Planjahrs, insbesondere der Produktmix, für die sich an den Planungszeitraum anschließenden Jahre repräsentativ sind. Damit können die Kosteneinsparungen für die Jahre der Nutzungsdauer des Vermögenswertes, die nach dem Planungshorizont liegen, durch Anwendung der auf den Umsatz bezogenen Kosteneinsparungsquote des letzten Planjahrs auf die Umsatzerlöse, die mit den auf Grundlage der Basistechnologie erzeugten Produkten in diesem Zeitraum erzielt werden, abgeleitet werden.

- Die so ermittelten, aus der Anwendung der Verfahrenstechnologie zu ziehenden Kostenvorteile sind in Tabelle 4-3 zusammengestellt.

- Diese Kostenvorteile werden – in Prozent der der Verfahrenstechnologie zuzuordnenden Umsatzerlöse – in Tabelle 4-12 in die Zeile »Income Contribution« als prozentualer Einkommensbeitrag der Verfahrenstechnologie übernommen.

- Die Anteile der der Technologie zuzuordnenden Umsatzerlöse an den Umsatzerlösen der Geschäfteinheit ergeben sich aus der Zeile »Sales« (Process Technology) der Tabelle 4-12.

Beurteilung der Plausibilität des abgeleiteten Incremental Income
- Marktdaten zur Beurteilung der Plausibilität der abgeleiteten Kosteneinsparungen sind nicht verfügbar.[471]
- Aus Tabelle 4-21 ergibt sich der der Verfahrenstechnologie zugeordnete Profit-Split-Faktor.

Entwicklungsaufwendungen
- Die Forschungs- und Entwicklungsaktivitäten der Geschäfteinheit sind ausschließlich auf die Entwicklung der nächsten Generation der Basistechnologie gerichtet. Dementsprechend sind der erworbenen Verfahrenstechnologie keine Forschungs- und Entwicklungsaufwendungen zuzurechnen.

Vermögenswertspezifischer Zinssatz
- Die Bestimmung des der Basistechnologie zugeordneten vermögenswertspezifischen Zinssatzes folgt dem unter 2.5.5 dargelegten Vorgehen und ergibt sich aus Tabelle 4-17.
- Die laufzeitspezifisch festgelegten gewichteten Kapitalkosten wurden aus Tabelle 4-6 übernommen.
- Der vermögenswertspezifische Risikozuschlag wird vorläufig in Höhe von 2,3 % festgelegt und ist erforderlichenfalls im Rahmen der Abstimmung der Bewertungsergebnisse anzupassen.

---

471 Zu Einzelheiten zur Beurteilung der Plausibilität des Incremental Income siehe IVSC GN 4, 5.23 ff.; sowie IVSC ED 2007, 6.44 ff.

- Die Bemessung des Risikozuschlages orientiert sich an dem der Basistechnologie zugeordneten Risikozuschlag. Dies ist darin begründet, dass die Verfahrenstechnologie nur
im Zusammenwirken mit der Basistechnologie nutzbar ist und damit nicht nur die Nutzungsdauer, sondern auch das vermögenswertspezifische Risiko mit dieser teilt.

Ableitung des beizulegenden Zeitwertes des Vermögenswertes
Einkommensbeitrag der Verfahrenstechnologie
- Die unter Zugrundelegung der dargestellten Annahmen abgeleiteten, der Verfahrenstechnologie zuzuordnenden Einkommensbeiträge vor Abzug von Unternehmenssteuern sind in Tabelle 4-13 zusammengestellt.
- Diese ergeben sich durch Multiplikation des der Technologie zugeordneten Anteils an
den Umsatzerlösen der Geschäftseinheit mit dem – als Kosteneinsparungen verstandenen – prozentualen Einkommensbeitrag der Technologie sowie mit den aus Tabelle 4-2
zu übernehmenden Umsatzerlösen von BU2.

Ableitung des Barwertes der Einkommensbeiträge der Verfahrenstechnologie
- Der Barwert der der Verfahrenstechnologie zugeordneten Einkommensbeiträge wird in
Tabelle 4-14 abgeleitet.
- Diese Einkommensbeiträge werden zunächst um Ertragsteuern vermindert und sodann
mit dem oben abgeleiteten vermögenswertspezifischen Zinssatz diskontiert. Dabei
kommt das Roll-back-Verfahren zur Anwendung.

Bestimmung des beizulegenden Zeitwertes der Verfahrenstechnologie
- Zur Bestimmung des beizulegenden Zeitwertes der Verfahrenstechnologie ist der
abschreibungsbedingte Steuervorteil dem Barwert der – der Technologie zugeordneten
– Einkommensbeiträge hinzuzurechnen.
- Die Ermittlung des abschreibungsbedingten Steuervorteils der Verfahrenstechnologie
ergibt sich aus Tabelle 4-15. Einzelheiten der Berechnung wurden unter 4.5.4.2 darge-
legt.
- Der beizulegende Zeitwert der Verfahrenstechnologie ergibt sich aus Tabelle 4-16.

4.5.4.6 Bewertung der Marke »AS«

Bewertungsannahmen für die Anwendung der Relief-from-Royalty-Methode
Die Relief-from-Royalty-Methode wurde unter 2.5.4.2 dargelegt. Danach erfordert deren
Anwendung Annahmen zu folgenden Inputs:

Nutzungsdauer
- Die Nutzungsdauer der Marke »AS« wird als unbestimmt betrachtet.
- Bei der Bestimmung der Nutzungsdauer der Marke »AS« wurden insbesondere die Faktoren berücksichtigt, die nach IAS 38.90 bei der Ermittlung der Nutzungsdauer eines
immateriellen Vermögenswerts neben anderen Faktoren in Betracht zu ziehen sind.
Für die Zuordnung einer unbestimmten Nutzungsdauer zur Marke »AS« waren vor
allem die folgenden Aspekte ausschlaggebend:

- Die Marke »AS« folgt als Unternehmensmarke nicht dem Lebenszyklus der Produkte der Geschäftseinheit (IAS 38.90b).
- Die Nutzungsdauer der Marke hängt auch nicht von der Nutzungsdauer anderer Vermögenswerte ab (IAS 38.90h).
- Änderungen in der Branche, vor allem Änderungen der Gesamtnachfrage, die sich auf die Stellung der Marke auswirken könnten, sind nicht ersichtlich (IAS 38.90d).
- Handlungen der Wettbewerber von BU2, die die Positionierung der Marke »AS« beeinträchtigen könnten, sind ebenfalls nicht erkennbar (IAS 38.90e).

Diese Einschätzung ist auch mit IDW S 5[472] vereinbar, wo ausgeführt wird, dass bei Unternehmensmarken »eine unbestimmte Nutzungsdauer ... dann unzulässig (ist), wenn Hinweise auf eine begrenzte Nutzungsdauer, z. B. aufgrund der Wettbewerbssituation oder der Dominanz weniger starker Marken oder auch der fehlenden Markenrelevanz, in dem jeweiligen Marktsegment vorliegen«.

Ersparte Lizenzzahlungen
- Ersparte Lizenzzahlungen werden zumeist durch Zuordnung eines aus Vergleichstransaktionen abgeleiteten Lizenzsatzes auf eine Bemessungsgrundlage, insbesondere Umsatzerlöse, bestimmt.
- Diesem Vorgehen zur Ermittlung ersparter Lizenzzahlungen wird auch bei der Marke »AS« gefolgt.
- Das Vorgehen, das bei der Ableitung von Lizenzsätzen aus Vergleichstransaktionen sowie der Abgrenzung der Bemessungsgrundlage anzuwenden ist, wurde unter 3.3.3.2 dargelegt.

Lizenzsatz
- Für die Marke »AS« wurden mittels Datenbankrecherche 6 Vergleichstransaktionen identifiziert. Die Auswertung dieser Lizenzverträge folgt dem bei der Bewertung der Basistechnologie erläuterten Vorgehen (4.5.4.4.1). Aus diesem Grund wird auf die Darstellungen von Einzelheiten der Analyse der Vergleichstransaktionen verzichtet.
- Die Auswertung zeigt, dass ein Lizenzsatz in Höhe von rund 0,6 % der unter der Unternehmensmarke erzielten Umsatzerlöse als angemessen zu betrachten ist. Sie zeigt weiter, dass Aufwendungen zur Pflege der Marken typischerweise vom Lizenzgeber getragen werden. Der abgeleitete Lizenzsatz ist dementsprechend insoweit als Bruttolizenzsatz zu verstehen.
- Nach Abzug der Marketingaufwendungen, die zur Pflege der Marke »AS«, also deren Aufrechterhaltung, erforderlich sind, verbleibt ein anzuwendender (Netto-)Lizenzsatz in Höhe von 0,5 %.
- Weiteren Vereinbarungen kommt in den Lizenzverträgen keine Bedeutung zu.
- Dieser Lizenzsatz wird in Tabelle 4-12 in der Zeile »Income Contribution« der Marke als Einkommensbeitrag zugeordnet.

---

472 IDW S 5 (2015), Tz. 73.

Lizenzpflichtige Umsatzerlöse

- Zur Bestimmung der ersparten zukünftigen Lizenzzahlungen ist der anzuwendende Lizenzsatz auf die bis zum Ende der Nutzungsdauer der Marke geplanten »lizenzpflichtigen« Umsatzerlöse anzuwenden.

- BU2 vertreibt ihre Produkte ausnahmslos unter der Marke »AS« und erzielt neben den Produktumsätzen keine weiteren Umsatzerlöse. Das Management der Geschäftseinheit geht davon aus, dass sich dies weder während des Planungszeitraumes noch – nach derzeitiger Einschätzung – nach diesem Zeitraum ändern wird.

- Der Bestimmung der ersparten zukünftigen Lizenzzahlungen sind somit die gesamten Umsatzerlöse der Geschäftseinheit, die sich aus der bis ins Jahr 2031 entwickelten Planungsrechnung ergeben, sowie die nachhaltig zu erzielenden Umsatzerlöse zugrunde zu legen.

- Die so abgegrenzten, der Marke zuzuordnenden lizenzpflichtigen Umsatzerlöse ergeben sich – in Prozent der Umsatzerlöse von BU2 – aus der Zeile »Sales« (Trademark) der Tabelle 4-12.

Anpassung der ersparten Lizenzzahlungen

- Aus der Analyse der Vergleichstransaktionen ergeben sich keine Anhaltspunkte dafür, dass ein Erfordernis zur Anpassung der ersparten Lizenzzahlungen bestehen könnte.

Beurteilung der Plausibilität des abgeleiteten Lizenzsatzes mittels Profit-Split-Analyse

- In dem Branchensegment, in dem die Geschäftseinheit tätig ist, kommt Profit-Split-Regeln bei der Bestimmung von Lizenzzahlungen von Marken keine Bedeutung zu. Dementsprechend kann die vom IVSC vorgeschlagene Beurteilung der Plausibilität des abgeleiteten Lizenzsatzes nicht durchgeführt werden.

- Aus Tabelle 4-21 ergibt sich der dem Bewertungsobjekt zuzuordnende Profit-Split-Faktor.

Vermögenswertspezifischer Zinssatz

- Die Bestimmung des der Marke »AS« zugeordneten vermögenswertspezifischen Zinssatzes folgt dem unter 2.5.5 dargelegten Vorgehen und ergibt sich aus Tabelle 4-17.

- Die laufzeitspezifisch festgelegten gewichteten Kapitalkosten wurden aus Tabelle 4-6 übernommen.

- Auf den Ansatz eines vermögenswertspezifischen Risikozuschlages wird verzichtet, da davon auszugehen ist, dass die Marke »AS« das Risiko der Geschäftseinheit teilt.

Ableitung des beizulegenden Zeitwertes des Vermögenswertes

Einkommensbeitrag der Marke »AS«

- Die unter Zugrundelegung der dargestellten Annahmen abgeleiteten, der Marke zuzuordnenden Einkommensbeiträge vor Abzug von Unternehmenssteuern sind in Tabelle 4-13 zusammengestellt.

- Diese ergeben sich durch Multiplikation des der Marke zugeordneten Anteils an den Umsatzerlösen der Geschäftseinheit mit dem – als Lizenzsatz verstandenen – prozentualen Einkommensbeitrag der Marke sowie mit den aus Tabelle 4-2 zu übernehmenden Umsatzerlösen von BU2.

Ableitung des Barwertes der Einkommensbeiträge der Marke »AS«
- Der Barwert der der Marke zugeordneten Einkommensbeiträge wird in Tabelle 4-14 abgeleitet.
- Diese Einkommensbeiträge werden zunächst um Ertragsteuern vermindert und sodann mit dem oben abgeleiteten vermögenswertspezifischen Zinssatz diskontiert. Dabei kommt das Roll-back-Verfahren zur Anwendung.

Bestimmung des beizulegenden Zeitwertes der Marke »AS«
- Zur Bestimmung des beizulegenden Zeitwertes der Marke ist der abschreibungsbedingte Steuervorteil dem Barwert der – der Marke zugeordneten – Einkommensbeiträge hinzuzurechnen.
- Die Ermittlung des abschreibungsbedingten Steuervorteils der Marke ergibt sich aus Tabelle 4-15. Einzelheiten der Berechnung wurden unter 4.5.4.2 dargelegt.
- Der beizulegende Zeitwert der Marke »AS« ergibt sich aus Tabelle 4-16.

4.5.4.7 Bewertung der CA-Software

Bewertungsannahmen für die Anwendung des Cost Approach zur Bewertung der CA-Software
Der Cost Approach wurde unter 2.3.4 dargelegt. Danach erfordert seine Anwendung Annahmen zu folgenden Inputs:

Nutzungsdauer
- Die verbleibende Nutzungsdauer der CA-Software wird mit 6 Jahren festgelegt.

Replacement Cost
- Das Management der Geschäftseinheit hat eine detaillierte Planung des Vorgehens zur Entwicklung einer die CA-Software substituierende Software-Lösung (Projektplanung) unter der Annahme erstellt, dass die Software von ihr selbst und nicht von einem dritten Software-Haus entwickelt wird. Ausgangspunkt hierfür war eine eingehende Analyse der CA-Software, die zur Festlegung der Anforderungen, die an die zu entwickelnde Software zu stellen sind, insbesondere die zu erfüllenden Funktionen und die kapazitative Auslegung, führte.
- Die Projektplanung besteht im Wesentlichen aus einer nach Projektphasen gegliederten Planung, einer Meilensteinplanung, einer Zeitplanung sowie einer Detailplanung. Die zuletzt genannte Planung nennt für jede bei der Entwicklung der Software durchzuführende Tätigkeit den geschätzten Zeitbedarf sowie die Anforderungen an Qualifikation und Erfahrungen, die an die die Tätigkeit ausführenden Software-Entwickler und anderen Mitarbeiter zu stellen sind. Das hierauf aufbauende Mengengerüst ist in Tabelle 4-4 zusammengefasst.

- Zur Bestimmung der Replacement Cost der CA-Software ist das so bestimmte Mengengerüst mit den Tagessätzen zu bewerten, die den Software-Entwicklern und anderen Mitarbeitern der verschiedenen Anforderungsstufen zuzuordnen sind. Die Ermittlung dieser Tagessätze wurde von der Controlling-Abteilung der Geschäftseinheit vorgenommen.
- Auf dieser Grundlage ergibt sich für die CA-Software gemäß Tabelle 4-4 für die Replacement Cost ein Ausgangsbetrag in Höhe von EUR 12,50 Mio.

Obsoleszenzen
- Anhaltspunkte für funktionale oder wirtschaftliche Veralterung liegen nicht vor. Physische Abnutzung scheidet aus.

Beurteilung der Plausibilität des Bewertungsergebnisses
- Das IVSC[473] verweist im Rahmen der Beurteilung der Plausibilität des Bewertungsergebnisses u. a. auf die Vergleichbarkeit von Bewertungsobjekt und dem der Ermittlung der Replacement Cost zugrunde liegenden Vermögenswert. Angesichts der detaillierten Analyse der CA-Software und der hieraus abgeleiteten, die Grundlage der Bewertung bildenden Projektplanung kann hierauf verzichtet werden.

Vermögenswertspezifischer Zinssatz
- Die Bestimmung des der CA-Software zugeordneten vermögenswertspezifischen Zinssatzes folgt dem unter 2.5.5 dargelegten Vorgehen und ergibt sich aus Tabelle 4-17.
- Die laufzeitspezifisch festgelegten gewichteten Kapitalkosten wurden aus Tabelle 4.6 übernommen. Zur Vermeidung einer Differenzierung zwischen dem vermögenswertspezifischen Zinssatz der CA-Software und der diese in Zukunft ersetzenden Software-Lösungen werden diese unter Zugrundelegung der Nutzungsdauer einer neuen Software-Lösung (10 Jahre) und nicht der verbleibenden Restnutzungsdauer (6 Jahre) bestimmt. Die mit diesem Vorgehen, das zu Vereinfachungen bei der Anwendung der MPEEM führt, verbundene Ungenauigkeit kann vernachlässigt werden.
- Der vermögenswertspezifische Risikozuschlag wird vorläufig in Höhe von 0,50 % festgelegt und ist erforderlichenfalls im Rahmen der Abstimmung der Bewertungsergebnisse anzupassen.
- Die Höhe dieses Risikozuschlages ist in den mit der CA-Software verbundenen Kosteneinsparungen sowie deren Bedeutung für Geschäftstätigkeit und Geschäftsrisiko von BU2 unter Berücksichtigung der Substituierbarkeit der Software-Lösung verbunden.

Ableitung des beizulegenden Zeitwertes des Vermögenswertes
Die für die CA-Software abgeleiteten Replacement Cost werden in Tabelle 4-22 in deren beizulegenden Zeitwert übergeleitet. Hierzu werden die steuerliche Abzugsfähigkeit der Entwicklungsaufwendungen, ein Abschlag wegen Alters sowie der abschreibungsbedingte

---

473   Siehe IVSC GN 4, 4.48 sowie 5.47 f.; IVSC ED 2007, 6.90ff. sowie 5.67.

Steuervorteil berücksichtigt. Auf die Einbeziehung der Zeit- und damit der Verzinsungs-komponente wird – zur Vereinfachung der Betrachtungen – verzichtet.[474]

Tab. 4-22: Ableitung des beizulegenden Zeitwerts der CA-Software

Estimation of Fair Value of Software		
Useful Life	10	
Remaining Useful Life	6	
Cost of Capital	7,32%	
Mio. EUR		
Replacement Cost new		12,50
Less provision for income taxes	30,00%	-3,75
Replacement Cost new after tax		8,75
Adjustment Remaining Useful Life		-3,50
Replacement Cost after tax		5,25
Tax Amortization Benefit	1,31	1,62
Fair Value		6,87

Steuerliche Abzugsfähigkeit der Entwicklungsaufwendungen
- Aufwendungen, die für die Entwicklung einer selbst erstellten Software getätigt werden, können steuerlich als Betriebsausgaben geltend gemacht werden, wenn sie nicht aktivierungspflichtig sind.
- Die Durchsicht der Projektplanung für die Entwicklung der CA-Software bestätigt, dass keine steuerlich aktivierungspflichtigen Komponenten vorliegen.
- Die damit verbundene Steuerreduktion beträgt EUR 3,75 Mio.

Abschlag wegen Alters
- Die erstellte Projektplanung geht von der Entwicklung einer neuen Software mit einer Nutzungsdauer von 10 Jahren aus. Die CA-Software ist demgegenüber 4 Jahre alt und hat eine verbleibende Lebensdauer von 6 Jahren.
- Unter Zugrundelegung einer linearen Abschreibung resultiert hieraus eine Verminderung der Replacement Cost nach Abzug der Steuern von EUR 3,50 Mio.

Einbeziehung des abschreibungsbedingten Steuervorteils
- Der Ansatz des abschreibungsbedingten Steuervorteils ist darin begründet, dass die Anwendung des Cost Approach bei der Bewertung der CA-Software auf die Approximation eines Grenzpreises und nicht eines Marktpreises gerichtet ist.[475]
- Die Ermittlung des abschreibungsbedingten Steuervorteils der CA-Software ergibt sich aus Tabelle 4-15. Einzelheiten der Berechnung wurden unter 4.5.4.2 dargelegt.
- Der abschreibungsbedingte Steuervorteil beträgt EUR 1,62 Mio.

---

474   Vgl. hierzu unter 3.4.2.
475   Zum Ansatz des abschreibungsbedingten Steuervorteils beim Cost Approach vgl. auch IVSC ED 2007, 5.68.

Auf dieser Grundlage ergibt sich für die CA-Software ein beizulegender Zeitwert in Höhe von EUR 6,87 Mio.

Planung des in die CA-Software investierten Kapital

Das in die CA-Software unter Einbeziehung der diese bzw. deren Nachfolge-Software-Lösungen in zukünftigen Jahren substituierenden Software-Lösungen investierte Kapital wird ausgehend von dem in Tabelle 4-22 abgeleiteten Wert vor Ansatz des abschreibungsbedingten Steuervorteils in Tabelle 4-2 entwickelt. Die Fortschreibung bezieht die Aufwendungen zur Weiterentwicklung und Neuentwicklung dieser Software-Lösungen sowie die Rückflüsse des in die Software-Lösungen investierten Kapitals ein.

Die Aufwendungen zur Weiterentwicklung und Neuentwicklung der betrachteten Software-Lösungen werden aus Tabelle 4-4 übernommen. Die Rückflüsse des investierten Kapitals nach Steuern werden unter Zugrundelegung eines linearen Verlaufs der Rückflüsse und der verbleibenden Nutzungsdauer gesondert für das am Bewertungsstichtag in die CA-Software investierte Kapital, die Entwicklungsaufwendungen für substituierende Software-Lösungen sowie die Weiterentwicklungsaufwendungen für die CA-Software und die substituierenden Software-Lösungen bestimmt.

Bestimmung der Einkommensbeiträge der CA-Software

Zur Ableitung der Einkommensbeiträge der CA-Software werden in Tabelle 4-12 (CA-Software) für jedes Jahr des Betrachtungszeitraumes in Prozent der Umsatzerlöse von BU2 zusammengestellt:

- Umsatzerlöse, bei deren Erzielung die mit der Nutzung der CA-Software verbundenen Kostenvorteile realisiert werden;
- in die CA-Software am Ende der Vorperiode (t-1) investiertes Kapital. Dieses wird aus Tabelle 4-2 übernommen und auf die Umsatzerlöse der Geschäftseinheit bezogen;
- Verzinsung des in den Vermögenswert investierten Kapitals vor Abzug von Steuern. Diese wird durch Multiplikation des der Software-Lösung zugeordneten, oben bestimmten vermögenswertspezifischen Zinssatzes mit dem am Ende der Vorperiode investierten Kapital bestimmt und um den Steueranteil (Multiplikation mit $\frac{1}{1-s}$) erhöht;
- Rückfluss des in den Vermögenswert investierten Kapitals vor Steuern. Dieser wird aus Tabelle 4-2 übernommen, auf die Umsatzerlöse der Geschäftseinheit bezogen und um den Steueranteil (Multiplikation mit $\frac{1}{1-s}$) erhöht;
- Aufwendungen für die Weiterentwicklung des Vermögenswertes sowie für die Neuentwicklung und Weiterentwicklung von die CA-Software in zukünftigen Jahren substituierenden Software-Lösungen. Diese Aufwendungen werden aus Tabelle 4-2 übernommen, auf die Umsatzerlöse der Geschäftseinheit bezogen und um den Steueranteil (Multiplikation mit $\frac{1}{1-s}$) erhöht.

Aus der Tabelle ergeben sich weiter die bei den Excess Earnings der Kundenbeziehungen anzusetzenden Einkommensbeiträge der CA-Software bzw. der diese in zukünftigen Jahren ersetzenden Software-Lösungen vor Steuern in Prozent der Umsatzerlöse von BU2. Diese setzen sich aus Verzinsung und Rückfluss des investierten Kapitals vor Steuern zusammen.

Die Einkommensbeiträge der CA-Software sowie der diese ersetzenden Software-Lösungen vor Abzug von Steuern für die Jahre des Betrachtungszeitraums ergeben sich aus Tabelle 4-13. Diese bestimmen sich durch Multiplikation der in Tabelle 4-12 ermittelten prozentualen Verzinsungskomponente zuzüglich der Rückflusskomponente abzüglich der Entwicklungsaufwendungen mit den Umsatzerlösen der Geschäftseinheit und dem Anteil am Umsatz von BU2. Die diesem Einkommensbeitrag zuzuordnenden Profit-Split-Faktoren ergeben sich aus Tabelle 4-21.

Tabelle 4-14 und Tabelle 4-16 zeigen, dass die Barwerte dieser Einkommensbeiträge nach Abzug von Ertragsteuern zum Wert der CA-Software vor Ansatz des abschreibungsbedingten Steuervorteils bzw. unter Einbeziehung des abschreibungsbedingten Steuervorteils zum beizulegenden Zeitwert der Software-Lösung führen.

4.5.4.8 Bewertung der MA-Software

Bewertungsannahmen für die Anwendung des Cost Approach zur Bewertung der MA-Software
Nach den Darlegungen zum Cost Approach unter 2.3.4 erfordert dessen Anwendung Annahmen zu folgenden Inputs:

Nutzungsdauer
- Die verbleibende Nutzungsdauer der MA-Software wird mit 5 Jahren festgelegt.

Replacement Cost
- BU2 hat mit Unterstützung eines bekannten IT-Beratungsunternehmens, mit dem sie seit einigen Jahren zusammenarbeitet, eine eingehende Analyse des Bewertungsobjektes, der am Markt verfügbaren Standard-Software-Produkte sowie der erforderlichen Anpassungen der die MA-Software substituierenden Software-Lösung an die Prozesse der Geschäftseinheit durchgeführt. Bei den Anpassungen wurde in Betracht gezogen, dass sie von BU2, vom Hersteller der Software-Lösung oder einem dritten Beratungsunternehmen durchgeführt werden können.
- Die Untersuchungen zeigten, dass eine mit der MA-Software vergleichbare Software-Lösung am Markt verfügbar ist. Darüber hinaus wurde vom Projektteam eine Projektplanung für die Implementierung des ausgewählten Software-Produkts bei BU2 durch ein unabhängiges Beratungsunternehmen konzipiert und kalkuliert.
- Für die Replacement Cost ergibt sich auf dieser Grundlage ein Ausgangsbetrag in Höhe von EUR 10,00 Mio. Auf die Darstellung weiterer Einzelheiten der Ermittlung dieses Betrages wird verzichtet.

Obsoleszenzen
- Anhaltspunkte für funktionale oder wirtschaftliche Veralterung liegen nicht vor. Physische Abnutzung scheidet aus.

Beurteilung der Plausibilität des Bewertungsergebnisses
- Das IVSC[476] verweist im Rahmen der Beurteilung der Plausibilität des Bewertungsergebnisses u. a. auf die Vergleichbarkeit von Bewertungsobjekt und dem der Ermittlung der Replacement Cost zugrunde liegenden Vermögenswert. Angesichts der detaillierten Analyse der MA-Software, der diese substituierenden Software-Lösung sowie der erforderlichen Anpassungen der Vergleichs-Software an die Prozesse der Geschäftseinheit kann hierauf verzichtet werden.

Vermögenswertspezifischer Zinssatz
- Die Bestimmung des der MA-Software zugeordneten vermögenswertspezifischen Zinssatzes folgt dem unter 2.5.5 dargelegten Vorgehen und ergibt sich aus Tabelle 4-17.
- Die laufzeitspezifisch festgelegten gewichteten Kapitalkosten wurden aus Tabelle 4-6 übernommen. Zur Vermeidung einer Differenzierung zwischen dem vermögenswertspezifischen Zinssatz der MA-Software und der diese in Zukunft ersetzenden Software-Lösungen werden diese Kapitalkosten unter Zugrundelegung der Nutzungsdauer einer neuen Software-Lösung (12 Jahre) und nicht der verbleibenden Restnutzungsdauer (5 Jahre) bestimmt. Die mit dieser die Komplexität der Anwendung der MPEEM vermindernden Vereinfachung verbundene Ungenauigkeit kann vernachlässigt werden.
- Der vermögenswertspezifische Risikozuschlag wird vorläufig in Höhe von 0,50 % festgelegt und ist erforderlichenfalls im Rahmen der Abstimmung der Bewertungsergebnisse anzupassen.
- Die Höhe dieses Risikozuschlages ist in der Bedeutung der MA-Software für die Durchführung der Geschäftstätigkeit und das Geschäftsrisiko von BU2 unter Berücksichtigung der Substituierbarkeit der Software-Lösung begründet.

Ableitung des beizulegenden Zeitwertes des Vermögenswertes
Die für die MA-Software abgeleiteten Replacement Cost werden durch Berücksichtigung eines Abschlages wegen Alters in deren beizulegenden Zeitwert übergeleitet. Ein abschreibungsbedingter Steuervorteil ist nicht anzusetzen. Auf die Einbeziehung der Zeit- und damit der Verzinsungskomponente wird – zur Vereinfachung der Betrachtungen – verzichtet.[477]

Abschlag wegen Alters
- Den oben abgeleiteten Replacement Cost liegt eine neue, noch nicht genutzte Software-Lösung, die eine Nutzungsdauer von 12 Jahren aufweist, zugrunde. Die MA-Software wird demgegenüber bereits seit 7 Jahren genutzt und weist eine verbleibende Nutzungsdauer von voraussichtlich 5 Jahren auf.
- Unter Zugrundelegung einer linearen Abschreibung resultiert hieraus eine Verminderung des Werts um EUR 5,83 Mio. auf EUR 4,17 Mio.

---

476   Siehe IVSC GN 4, 4.48 sowie 5.47 f.; IVSC ED 2007, 6.90 ff. sowie 5.67.
477   Vgl. hierzu unter 3.4.2.

Steuerliche Behandlung der Anschaffung der MA-Software bzw. von diese substituierenden Software-Lösungen

- Die Anschaffungskosten der MA-Software bzw. der diese in zukünftigen Jahren substituierenden Software-Lösungen sind steuerlich aktivierungspflichtig und über die betriebsgewöhnliche Nutzungsdauer abzuschreiben; eine sofortige Geltendmachung als Betriebsausgabe scheidet aus.
- Der Ansatz eines abschreibungsbedingter Steuervorteils kommt nicht in Betracht.

Auf dieser Grundlage ergibt sich für die MA-Software ein beizulegender Zeitwert in Höhe von EUR 4,17 Mio.

Planung des in die MA-Software investierten Kapitals

Das in die MA-Software unter Einbeziehung der diese bzw. deren Nachfolge-Software-Lösungen in zukünftigen Jahren substituierenden Software-Lösungen investierte Kapital wird in Tabelle 4-2 entwickelt. Die Fortschreibung bezieht die Investitionen in substituierende Software-Lösungen sowie die Rückflüsse des in die Software-Lösungen investierten Kapitals ein.

Die Investitionserfordernisse in substituierende Software-Lösungen wurden unter 4.5.2.2.4 dargelegt. Die Rückflüsse des investierten Kapitals werden unter Zugrundelegung eines linearen Verlaufs und der verbleibenden Nutzungsdauer der MA-Software bzw. der Nachfolgegenerationen dieser Software bestimmt. Die Rückflüsse werden ohne Abzug von Ertragsteuern angesetzt, da diesen steuerliche Abschreibungen in gleicher Höhe gegenüberstehen.

Bestimmung der Einkommensbeiträge der MA-Software

Zur Ableitung der Einkommensbeiträge der MA-Software werden in Tabelle 4-12 (MA-Software) für jedes Jahr des Betrachtungszeitraumes in Prozent der Umsatzerlöse von BU2 zusammengestellt:

- Umsatzerlöse, zu deren Erzielung die Nutzung der MA-Software beiträgt;
- in die MA-Software am Ende der Vorperiode (t-1) investiertes Kapital. Dieses wird aus Tabelle 4-2 übernommen und auf die Umsatzerlöse der Geschäftseinheit bezogen;
- Verzinsung des in den Vermögenswert investierten Kapitals vor Abzug von Ertragsteuern. Diese wird durch Multiplikation des der Software-Lösung zugeordneten, oben bestimmten vermögenswertspezifischen Zinssatzes mit dem am Ende der Vorperiode investierten Kapital bestimmt und um den Steueranteil (Multiplikation mit $\frac{1}{1-s}$) erhöht;

- Rückfluss des in den Vermögenswert investierten Kapitals. Dieser wird aus Tabelle 4-2 übernommen und auf die Umsatzerlöse der Geschäftseinheit bezogen;
- Investitionen in die MA-Software in zukünftigen Jahren substituierende Software-Lösungen. Diese Investitionen werden aus Tabelle 4-2 übernommen und auf die Umsatzerlöse der Geschäftseinheit bezogen.

Aus der Tabelle ergeben sich weiter die bei der Bewertung der Kundenbeziehungen anzusetzenden Einkommensbeiträge der MA-Software bzw. der zukünftigen Software-Lösungen vor Steuern in Prozent der Umsatzerlöse von BU2. Die anzusetzenden Einkommensbeiträge der MA-Software umfassen die Verzinsung des in den Vermögenswert investierten Kapitals, nicht jedoch dessen Rückfluss. Dies ist darin begründet, dass die Behandlung der MA-Software – dies wurde unter 4.5.2.2.4 dargelegt – in der Ergebnisplanung und bei der Ableitung des Free Cashflow der Abbildung der Sachanlagen folgt und dementsprechend der Rückfluss des investierten Kapitals mit den Abschreibungen gleichgesetzt wird.

Die Verzinsungen des in die MA-Software sowie die zukünftigen Software-Lösungen investierten Kapitals vor Abzug von Steuern sowie die Rückflüsse des investierten Kapitals abzüglich Investitionen ergeben sich für die Jahre des Betrachtungszeitraums aus Tabelle 4-13. Diese bestimmen sich durch Multiplikation der in Tabelle 4-12 ermittelten prozentualen Verzinsungskomponente bzw. der prozentualen Rückflüsse abzüglich Investitionen mit den Umsatzerlösen der Geschäftseinheit und dem Anteil am Umsatz von BU2.

Tabelle 4-14 und Tabelle 4-15 zeigen, dass die Barwerte der Einkommensbeiträge nach Ertragsteuern, die sich durch Zusammenfassung der Verzinsungen des investierten Kapitals nach Ertragsteuern und der Rückflüsse des investierten Kapitals abzüglich Investitionen ergeben, zum beizulegenden Zeitwert der Software-Lösung führen.

4.5.4.9 Bewertung des Mitarbeiterstamms

Bewertungsannahmen für die Anwendung des Cost Approach zur Bewertung des Mitarbeiterstamms
Der Cost Approach wurde unter 2.3.4 dargelegt. Danach erfordert seine Anwendung Annahmen zu folgenden Inputs:

Nutzungsdauer
- Die verbleibende Nutzungsdauer des Mitarbeiterstamms wird mit 10 Jahren festgelegt.

Replacement Cost
- Die Ermittlung der Replacement Cost des Mitarbeiterstamms[478] unter der Annahme von dessen Wiederaufbau erfordert die Einbeziehung derjenigen Kosten, die notwendig sind, um die am Bewertungsstichtag vorhandenen Mitarbeiter des Unternehmens durch Mitarbeiter mit vergleichbaren Fähigkeiten, Kenntnissen und Erfahrungen zu ersetzen. Diese Kosten setzen sich regelmäßig aus folgenden Komponenten zusammen:
  - Kosten des Mitarbeiterbeschaffung (Recruitment Cost),
  - Kosten der Mitarbeiterschulung (Training Cost) sowie
  - Ineffizienzkosten (New Hire Productivity Loss).
- Mit der Mitarbeiterbeschaffung sind sowohl intern als auch extern anfallende Kosten verbunden. Diese umfassen insbesondere die Kosten der Personalwerbung, die – in Abhängigkeit des gesuchten Mitarbeiters – etwa in Form einer einfachen Stellenanzeige

---

478 Zur Bewertung des Mitarbeiterstamms siehe auch Mard/Hitchner/Hyden (2011), S. 98 ff.

oder unter Einschaltung eines spezialisierten Personalberaters erfolgen kann, sowie die Kosten der Personalauswahl, die beispielsweise die Analyse von Bewerbungsunterlagen und das Führen von Bewerbungsgesprächen einschließen.

- Die Schulungskosten beinhalten die Maßnahmen, die dafür erforderlich sind, dass sich die am Personalmarkt beschafften Mitarbeiter auf dem am Bewertungsstichtag bestehenden Leistungsniveau befinden. Diese Kosten sind insbesondere mit den Mitarbeiterbeschaffungskosten abzustimmen.

- Die Ineffizienzkosten resultieren daraus, dass neu eingestellte Mitarbeiter oftmals eine gewisse, möglicherweise mehrere Monate dauernde Zeit benötigen, bis sie in vollem Umfang einsatzfähig sind. Während dieser Einarbeitungszeit erhalten die Mitarbeiter ihre vollen Bezüge, obwohl sie noch nicht ihre volle Leistung erbringen.

- BU2 hat die zur Ermittlung der Replacement Cost ihres Mitarbeiterstamms erforderlichen Daten in Tabelle 4-23 zusammengestellt. Aus der Tabelle ergeben sich – gesondert für jeden Bereich der Geschäftseinheit – neben der Mitarbeiterzahl die durchschnittlichen Jahresbezüge einschließlich Sozialleistungen (C), die durchschnittlichen Beschaffungs- und Schulungskosten, das Leistungsniveau, das ein neuer Mitarbeiter zu Beginn seiner Tätigkeit durchschnittlich erreicht (PH – in Prozent der vollen Mitarbeiterleistung), sowie die Zeit, die der neue Mitarbeiter durchschnittlich bis zum Erreichen der vollen Leistungshöhe benötigt (t_{P100}). In Spalte (9) werden die durchschnittlichen Ineffizienzkosten je Mitarbeiter mittels der folgenden Beziehung berechnet:

$$\frac{\left(1-P_H\right)}{2} \cdot \frac{t_{P100}}{12} \cdot C$$

- Die Kosten für den Aufbau des Mitarbeiterstammes eines jeden Unternehmensbereichs ergeben sich durch Multiplikation der Summe der bereichsbezogenen durchschnittlichen Beschaffungs-, Schulungs- und Ineffizienzkosten mit der Zahl der Mitarbeiter des Bereichs (Spalte (10) der Tabelle).

Tab. 4-23: Ermittlung des beizulegenden Zeitwerts des Mitarbeiterstamms

	Number of employees (1)	Average annual salary Mio. EUR (2)	Average annual benefits Mio. EUR (3)	Average annual compensation Mio. EUR (4)	Average recruiting expense Mio. EUR (5)	Average training expense Mio. EUR (6)	Job performance at hiring date (7)	Number of months to gain 100% (8)	New hire productivity loss per employee Mio. EUR (9)	Total annual savings Mio. EUR (10)
Management	10	0,250	0,025	0,275	0,125	0,001	75%	3,0	0,009	1,35
Sales & Marketing	250	0,075	0,008	0,083	0,006	0,001	60%	4,0	0,006	3,03
Operations	900	0,040	0,004	0,044	0,000	0,000	90%	1,0	0,000	0,44
Technical support	100	0,030	0,003	0,033	0,000	0,000	90%	1,0	0,000	0,04
Research & Development	200	0,080	0,008	0,088	0,004	0,002	60%	3,0	0,004	2,08
Finance & Administration	300	0,040	0,004	0,044	0,001	0,001	80%	1,0	0,000	0,65
Other duties	-	-	-	-	-	-	90%	1,0	-	-
Total	1.760	1	0	1	0	0			0,0	7,58
RUL (years)	10									
Less Provision for Income Taxes							30%			-2,27
After Tax Costs										5,31
Tax Amortization Benefit									0,27	1,43
Fair Value of Workforce-in-place										6,74

Vermögenswertspezifischer Zinssatz

- Die Bestimmung des dem Mitarbeiterstamm zugeordneten vermögenswertspezifischen Zinssatzes folgt dem unter 2.5.5 dargelegten Vorgehen und ergibt sich aus Tabelle 4-17.
- Die laufzeitspezifisch festgelegten gewichteten Kapitalkosten wurden aus Tabelle 4-6 übernommen.
- Auf eine vermögenswertspezifische Risikoanpassung wird – einer verbreiteten Konvention[479] folgend – verzichtet. Dementsprechend wird dem Mitarbeiterstamm ein vermögenswertspezifischer Zinssatz in Höhe der laufzeitspezifisch bestimmten gewichteten Kapitalkosten der Geschäftseinheit zugeordnet.

Ableitung des beizulegenden Zeitwertes des Vermögenswertes

Die für den Mitarbeiterstamm abgeleiteten Replacement Cost werden im unteren Teil von Tabelle 4-23 in dessen beizulegenden Zeitwert übergeleitet. Hierzu werden die steuerliche Abzugsfähigkeit der Aufwendungen zum Aufbau des Mitarbeiterstammes sowie der abschreibungsbedingte Steuervorteil berücksichtigt. In der Praxis der Kaufpreisallokation wird bei der Bestimmung des beizulegenden Zeitwertes des Mitarbeiterstammes auf die Berücksichtigung der Zeit- und damit der Verzinsungskomponente ganz überwiegend verzichtet. Diesem Vorgehen wird gefolgt.

Steuerliche Abzugsfähigkeit der Entwicklungsaufwendungen

- Aufwendungen, die für den Aufbau des Mitarbeiterstammes getätigt werden, stellen steuerlich geltend zu machende Betriebsausgaben dar.
- Die damit verbundene Steuerreduktion beträgt EUR 2,27 Mio.

Einbeziehung des abschreibungsbedingten Steuervorteils

- Der Ansatz des abschreibungsbedingten Steuervorteils ist darin begründet, dass der Mitarbeiterstamm als nicht bilanzierungsfähiger Vermögenswert eine Komponente des Goodwill darstellt und dieser Zuordnung – in Abhängigkeit der länderspezifischen Regelungen – regelmäßig auch das Steuerrecht folgt. Als Bestandteil des Goodwill ist der Mitarbeiterstamm von BU2 steuerlich auf 15 Jahre abzuschreiben.[480]
- Die Ermittlung des abschreibungsbedingten Steuervorteils des Mitarbeiterstammes ergibt sich aus Tabelle 4-15. Einzelheiten der Berechnung wurden unter 4.5.4.2 dargelegt.
- Der abschreibungsbedingte Steuervorteil beträgt EUR 1,43 Mio.

Auf dieser Grundlage ergibt sich für den Mitarbeiterstamm ein beizulegender Zeitwert in Höhe von EUR 6,74 Mio.

---

479   So IVSC GN 4, 5.36; IVSC ED 2007, 6.64; TAF (2010a), 4.3.07.
480   Vgl. z. B. § 7 Abs. 1 S. 3 EStG.

Planung des in den Mitarbeiterstamm investierten Kapitals

Das in einen Vermögenswert investierte Kapital kann – anknüpfend an die unter 3.3.4.3.3 durchgeführten Betrachtungen – dadurch vereinfacht fortentwickelt werden, dass nicht Rückfluss und Investitionen bzw. Entwicklungsaufwendungen geplant, sondern die Veränderungen des investierten Kapitals fortgeschrieben werden. Bei der Planung des in den Mitarbeiterstamm investierten Kapitals kommt darüber hinaus in Betracht, das investierte Kapital proportional zur Entwicklung des Mitarbeiterbestandes zu bestimmen.

Dieses Vorgehen kommt bei der Planung des in den Mitarbeiterstamm von BU2 investierten Kapitals zur Anwendung. Grundlage dieser Fortschreibung ist die von BU2 vorgelegte detaillierte Mitarbeiterplanung, die bis zum Ende des Betrachtungszeitraums fortgeführt wurde. Das so entwickelte, in den Mitarbeiterstamm investierte Kapital ergibt sich aus Tabelle 4-2.

Der angewendete Ansatz geht davon aus, dass Veränderungen des Mitarbeiterbestandes (Veränderungen des Mengengerüstes) mit dem – auf den Bewertungsstichtag ermittelten – Wert des Mitarbeiterstammes je Mitarbeiter bewertet werden.

Ableitung der Einkommensbeiträge des Mitarbeiterstammes

Zur Ableitung der Einkommensbeiträge des Mitarbeiterstammes werden in Tabelle 4-12 (Assembled Workforce) für jedes Jahr des Betrachtungszeitraumes in Prozent der Umsatzerlöse von BU2 zusammengestellt:

- Umsatzerlöse, zu deren Erzielung die Nutzung der Mitarbeiterstamm beiträgt;
- in den Mitarbeiterstamm am Ende der Vorperiode (t-1) investiertes Kapital. Dieses wird aus Tabelle 4-2 übernommen und auf die Umsatzerlöse der Geschäftseinheit bezogen;
- Verzinsung des in den Vermögenswert investierten Kapitals vor Abzug von Ertragsteuern. Diese wird durch Multiplikation des dem Mitarbeiterstamm zugeordneten, oben ermittelten vermögenswertspezifischen Zinssatzes mit dem am Ende der Vorperiode investierten Kapital bestimmt und um den Steueranteil (Multiplikation mit $\frac{1}{1-s}$) erhöht;
- Rückfluss des investierten Kapitals abzüglich Entwicklungsaufwendungen vor Abzug von Ertragsteuern. Dieser Saldo wird als Veränderung des am Ende der Betrachtungsperiode in den Mitarbeiterstamm investierten Kapitals gegenüber der Vorperiode bestimmt und um den Steueranteil (Multiplikation mit $\frac{1}{1-s}$) erhöht.

Aus der Tabelle ergeben sich weiter die bei der Bestimmung der Excess Earnings der Kundenbeziehungen anzusetzenden Einkommensbeiträge des Mitarbeiterstammes vor Steuern in Prozent der Umsatzerlöse von BU2. Diese setzen sich aus Verzinsung und Veränderung des investierten Kapitals vor Abzug von Ertragsteuern zusammen.

Die Einkommensbeiträge des Mitarbeiterstammes vor Abzug von Ertragsteuern für die Jahre des Betrachtungszeitraums ergeben sich aus Tabelle 4-13. Diese bestimmen sich durch Multiplikation der in Tabelle 4-12 ermittelten prozentualen Verzinsungskomponente zuzüglich der prozentualen Veränderung des investierten Kapitals mit den Umsatzerlösen der Geschäftseinheit und dem Anteil am Umsatz von BU2. Die mit diesen Einkommensbeiträgen verbundenen Profit-Split-Faktoren ergeben sich aus Tabelle 4-21.

Tabelle 4-14 und Tabelle 4-16 zeigen, dass die Barwerte dieser Einkommensbeiträge zum Wert des Mitarbeiterstammes vor Ansatz des abschreibungsbedingten Steuervorteils bzw. unter Einbeziehung des abschreibungsbedingten Steuervorteils zum beizulegenden Zeitwert des Mitarbeiterstammes führen.

4.5.4.10 Bewertung der Kundenbeziehungen

4.5.4.10.1 Erworbene Kundenbeziehungen

Bewertungsannahmen für die Anwendung der MPEEM
Die MPEEM wurde unter 2.5.4.3 sowie 3.3.4 betrachtet. Danach erfordert ihre Anwendung die Einführung von Annahmen zu folgenden Inputs:

Nutzungsdauer
- Die Nutzungsdauer der Kundenbeziehungen wird auf der Grundlage der Einschätzungen des Managements zur Bestandsdauer der einzelnen Kundenbeziehungen, denen eine umfassende Branchenstrukturanalyse (Porter's 5 Forces) zugrunde liegt, mit 14 Jahren festgelegt.

Excess Earnings
- Die Excess Earnings werden, wie bei der Erläuterung des Bewertungsmodelles dargelegt, ausgehend vom EBITA abgeleitet.
- Die EBITA werden durch Anwendung der EBITA-Marge auf die den zu bewertenden Kundenbeziehungen zugeordneten Umsatzerlöse ermittelt.
- Den EBITA sind – dies wurde unter 3.3.4.2.2 bzw. 3.3.4.2.3 aufgezeigt – alle Aufwendungen zum Aufbau, zur Entwicklung sowie zur Weiterentwicklung der erworbenen sowie der zukünftig geplanten Vermögenswerte, die bei der Ermittlung des EBITA abgezogen wurden, zuzurechnen. Dies gilt nicht für Aufwendungen, die auf den Aufbau, die Entwicklung sowie Weiterentwicklung des Bewertungsobjektes entfallen.
- Von den EBITA zuzüglich dieser Entwicklungsaufwendungen sind die Einkommensbeiträge der unterstützenden Vermögenswerte abzuziehen.
- Die den erworbenen Kundenbeziehungen zuzuordnenden Excess Earnings ergeben sich – in Prozent der Umsatzerlöse von BU2 – aus Tabelle 4-12, Customer Relationship Acquired, Zeile »Income Contribution«.

Umsatzerlöse
- Die den aggregiert betrachteten Kundenbeziehungen zuzurechnenden Umsatzerlöse ergeben sich aus Tabelle 4-11. Diese werden – in Prozent der Umsatzerlöse von BU2 – in Tabelle 4-12 übernommen. Sie ergeben sich aus der Zeile »Sales« unter Customer Relationship Acquired.

EBITA-Marge
- Auf die so abgegrenzten Umsatzerlöse sind die unter Zugrundelegung der Annahmen der Market Participants für den Betrachtungszeitraum geplanten EBITA-Margen – nach

Berücksichtigung der unter 4.5.2.2.4 dargelegten Anpassungen – anzuwenden. Diese EBITA-Margen sind Tabelle 4-2 zu entnehmen.

Hinzurechnung von Entwicklungsaufwendungen

- Bei der Bestimmung des sich aus Tabelle 4-2 ergebenden angepassten EBITA wurden abgezogen: Aufwendungen zur
  - Entwicklung der Nachfolgegenerationen der Basistechnologie sowie Aufwendungen zur
  - Weiterentwicklung der CA-Software bzw. diese Software ersetzenden Software-Lösungen sowie zur Neuentwicklung von Software-Lösungen, die die CA-Software bzw. diese ersetzende Software-Lösungen am Ende von deren Nutzungsdauern substituieren.
- Diese Aufwendungen sind dementsprechend bei der Ableitung der Excess Earnings dem EBITA hinzuzurechnen.[481] Sie ergeben sich – in Prozent der Umsatzerlöse von BU2 – aus Tabelle 4-12.
  Aufwendungen, die auf die Akquisition von Neukunden entfallen, sind bei BU2 – bedingt durch deren Geschäftstätigkeit – nicht abgrenzbar. Somit kommt insoweit eine Hinzurechnung entsprechender Aufwendungen zum bewertungsrelevanten EBITA nicht in Betracht.
- Die genannten Entwicklungsaufwendungen werden im unteren Teil von Tabelle 4-12 – in Prozent der Umsatzerlöse von BU2 – zusammengestellt. Sie sind zur Bestimmung der Excess Earnings der bewertungsrelevanten EBITA-Marge zuzurechnen.

Einkommensbeiträge der unterstützenden Vermögenswerte

- Von dem angepassten EBITA zuzüglich der genannten Entwicklungsaufwendungen sind die Einkommensbeiträge folgender unterstützender Vermögenswerte abzusetzen:
  - Basistechnologie
    Die Einkommensbeiträge der Basistechnologie, die bei der Ableitung der Excess Earnings zu berücksichtigen sind, umfassen Verzinsung und Rückfluss des in diesen Vermögenswert investierten Kapitals. Sie bestimmen sich durch Anwendung des dieser Technologie zugeordneten Lizenzsatzes auf die mit den zu bewertenden Kundenbeziehungen zu erzielenden Umsatzerlöse.
  - Nachfolgegeneration der Basistechnologie
    Die den zu bewertenden Kundenbeziehungen zugeordneten Umsatzerlöse werden – während der Lebensdauer der Basistechnologie – mit Produkten erzielt, deren Grundlage diese Technologie ist. Nach diesem Zeitraum – dieser ist mit 8 Jahren kürzer als die Lebensdauer der Kundenbeziehungen, die 14 Jahre beträgt – bauen die Produkte auf der noch zu entwickelnden Nachfolgegeneration der Basistechnologie auf. Dementsprechend ist die Nachfolgegeneration der Basistechnologien –

---

481 Hiervon abweichend werden die auf den Aufbau des Mitarbeiterstammes entfallenden Aufwendungen – den Ausführungen unter 3.3.4.3.3.4 folgend – vom Rückfluss des in diesen Vermögenswert investierten Kapitals abgesetzt.

nach Beendigung der Nutzung der Basistechnologie – Voraussetzung zur Erzielung des den Kundenbeziehungen zuzurechnenden Einkommens.

Die Bestimmung der anzusetzenden Einkommensbeiträge der Nachfolgetechnologie folgt der Ermittlung der Einkommensbeiträge der Basistechnologie.

– Verfahrenstechnologie

Die bei der Ermittlung der Excess Earnings zu berücksichtigenden Einkommensbeiträge der Verfahrenstechnologie umfassen Verzinsung und Rückfluss des in diesen Vermögenswert investierten Kapitals. Diese werden bestimmt durch umsatzproportionale Zuordnung der mit der Technologie verbundenen Kosteneinsparungen zu den zu bewertenden Kundenbeziehungen.

Eine Nachfolgegeneration der Verfahrenstechnologie ist – wie dargelegt – nicht geplant.

– Marke »AS«

Die einzubeziehenden Einkommensbeiträge der Marke umfassen Verzinsung und Rückfluss des in den Vermögenswert investierten Kapitals und bestimmen sich durch Anwendung des dieser Marke zugeordneten Lizenzsatzes auf die mit den zu bewertenden Kundenbeziehungen zu erzielenden Umsatzerlöse.

– CA-Software sowie diese ersetzende Software-Lösungen

Die Einkommensbeiträge der CA-Software, die in die Ableitung der Excess Earnings eingehen, umfassen Verzinsung und Rückfluss des in diese Software investierten Kapitals; diese beiden Komponenten, die sich – in Prozent der Umsatzerlöse von BU2 – aus Tabelle 4-12 ergeben, werden den zu bewertenden Kundenbeziehungen umsatzproportional zugeordnet.

Nach Ersatz der CA-Software durch diese substituierende Software-Lösungen bzw. Ersatz dieser Software-Lösungen sind die Einkommensbeiträge der Substitut-Software-Lösungen anzusetzen. Die Bestimmung der Einkommensbeiträge dieser Software-Lösungen folgt der Ermittlung der Einkommensbeiträge der CA-Software.

– MA-Software sowie diese ersetzende Software-Lösungen

Die anzusetzenden Einkommensbeiträge der MA-Software umfassen die Verzinsung des in den Vermögenswert investierten Kapitals, nicht jedoch dessen Rückfluss. Dies ist darin begründet, dass die Behandlung der MA-Software – dies wurde unter 4.5.2.2.4 dargelegt – in der Ergebnisplanung und bei der Ableitung des Free Cashflow der Abbildung der Sachanlagen folgt und dementsprechend der Rückfluss des investierten Kapitals mit den Abschreibungen gleichgesetzt wird. Die Verzinsungskomponente, die sich – in Prozent der Umsatzerlöse von BU2 – aus Tabelle 4-12 ergibt, wird den zu bewertenden Kundenbeziehungen umsatzproportional zugeordnet.

Nach Ersatz der MA-Software durch diese substituierende Software-Lösungen bzw. Ersatz dieser Software-Lösungen sind die Einkommensbeiträge der Substitut-Software-Lösungen anzusetzen. Die Bestimmung der Einkommensbeiträge dieser Software-Lösungen folgt der Ermittlung der Einkommensbeiträge der MA-Software.

– Mitarbeiterstamm

Die einzubeziehenden Einkommensbeiträge des Mitarbeiterstammes setzen sich grundsätzlich aus Verzinsung und Rückfluss des in diesen Vermögenswert investierten Kapitals zusammen. Allerdings werden zur Vereinfachung des Vorgehens – den Ausführungen unter 3.3.4.3.3 folgend – die auf den Aufbau des Mitarbeiterstammes entfallenden Aufwendungen nicht dem EBITA zugerechnet, sondern vom Rückfluss des in diesen Vermögenswert investierten Kapitals abgesetzt. Dementsprechend sind die Einkommensbeiträge des Mitarbeiterstammes durch Verzinsung und Veränderung des investierten Kapitals zu bestimmen. Die beiden Komponenten, die sich – in Prozent der Umsatzerlöse von BU2 – aus Tabelle 4-12 ergeben, werden den zu bewertenden Kundenbeziehungen umsatzproportional zugeordnet.

- Working Capital
  Die zu berücksichtigenden Einkommensbeiträge des Working Capital umfassen die Verzinsung des in den Vermögenswert investierten Kapitals; die Verzinsungskomponente, die sich – in Prozent der Umsatzerlöse von BU2 – aus Tabelle 4-12 ergibt, wird den zu bewertenden Kundenbeziehungen umsatzproportional zugeordnet.

- Sachanlagen
  Die einzubeziehenden Einkommensbeiträge der Sachanlagen umfassen die Verzinsung des in den Vermögenswert investierten Kapitals; die Verzinsungskomponente, die sich – in Prozent der Umsatzerlöse von BU2 – aus Tabelle 4-12 ergibt, wird den zu bewertenden Kundenbeziehungen umsatzproportional zugeordnet.

- Grundstücke
  Die anzusetzenden Einkommensbeiträge der Grundstücke umfassen die Verzinsung des in den Vermögenswert investierten Kapitals; diese Komponente, die sich – in Prozent der Umsatzerlöse von BU2 – aus Tabelle 4-12 ergibt, wird den zu bewertenden Kundenbeziehungen umsatzproportional zugeordnet.

• Im unteren Teil von Tabelle 4-12 werden die Einkommensbeiträge der unterstützenden Vermögenswerte in Prozent der Umsatzerlöse von BU2 zusammengefasst. Diese sind – zur Bestimmung der Excess Earnings – von der bewertungsrelevanten EBITA-Marge zuzüglich der prozentualen Entwicklungsaufwendungen abzusetzen.

Vermögenswertspezifischer Zinssatz

• Die Bestimmung des den Kundenbeziehungen zugeordneten vermögenswertspezifischen Zinssatzes folgt dem unter 2.5.5 dargelegten Vorgehen und ergibt sich aus Tabelle 4-17.

• Die laufzeitspezifisch festgelegten gewichteten Kapitalkosten wurden aus Tabelle 4-6 übernommen.

• Der vermögenswertspezifische Risikozuschlag wird vorläufig in Höhe von 2,50 % festgelegt und ist erforderlichenfalls im Rahmen der Abstimmung der Bewertungsergebnisse anzupassen.

• Die Höhe dieses Risikozuschlages ist in den mit den Kundenbeziehungen verbundenen spezifischen Risiken und deren Bedeutung für die Geschäftstätigkeit der Geschäftseinheit, insbesondere das Geschäftsrisiko, begründet. Dabei wurde u. a. berücksichtigt, dass der Markteintritt von in anderen Bereichen tätigen Zulieferunternehmen und eine damit verbundene Erhöhung der Wettbewerbsintensität nicht auszuschließen sind, dass eine Substitution der Produkte der Gesellschaft durch völlig neue Lösungen in Betracht zu ziehen ist sowie dass Änderungen der Präferenzen der Endabnehmer, die sich auf das Verhalten der Kunden von BU2 auswirken können, nicht auszuschließen sind.

Ableitung des beizulegenden Zeitwertes des Vermögenswertes
Einkommensbeitrag der erworbenen Kundenbeziehungen
- Die unter Zugrundelegung der dargestellten Annahmen abgeleiteten, den zu bewertenden Kundenbeziehungen zuzuordnenden Einkommensbeiträge vor Abzug von Unternehmenssteuern sind in Tabelle 4-13 zusammengestellt.
- Diese ergeben sich durch Multiplikation des diesen Kundenbeziehungen zugeordneten Anteils an den Umsatzerlösen der Geschäftseinheit mit den – als Excess Earnings abgeleiteten – prozentualen Einkommensbeiträgen der Kundenbeziehungen sowie mit den aus Tabelle 4-2 zu übernehmenden Umsatzerlösen von BU2.

Ableitung des Barwertes der Einkommensbeiträge der erworbenen Kundenbeziehungen
- Der Barwert der den zu bewertenden Kundenbeziehungen zugeordneten Einkommensbeiträge wird in Tabelle 4-14 abgeleitet.
- Die Einkommensbeiträge werden zunächst um Ertragsteuern vermindert und sodann mit dem oben abgeleiteten vermögenswertspezifischen Zinssatz diskontiert. Dabei kommt das Roll-back-Verfahren zur Anwendung.

Bestimmung des beizulegenden Zeitwertes der erworbenen Kundenbeziehungen
- Zur Bestimmung des beizulegenden Zeitwertes der zu bewertenden Kundenbeziehungen ist der abschreibungsbedingte Steuervorteil dem Barwert der – diesen Kundenbeziehungen zugeordneten – Einkommensbeiträge hinzuzurechnen.
- Die Ermittlung des abschreibungsbedingten Steuervorteils dieser Kundenbeziehungen ergibt sich aus Tabelle 4-15. Einzelheiten der Berechnung wurden unter 4.5.4.2 dargelegt.
- Der beizulegende Zeitwert der erworbenen Kundenbeziehungen ergibt sich aus Tabelle 4-16.

4.5.4.10.2 Zukünftig zu akquirierende Kundenbeziehungen

Bewertungsannahmen für die Anwendung der MPEEM
Nutzungsdauer
- Den zukünftig zu akquirierenden Kundenbeziehungen wird – wie unter 4.5.4.1 dargelegt – eine unbestimmte Nutzungsdauer zugeordnet.

Excess Earnings
- Die Bestimmung der Excess Earnings, die den zukünftig zu akquirierenden Kundenbeziehungen zuzuordnen sind, folgt dem bei der Bewertung der erworbenen Kundenbeziehungen erläuterten Vorgehen.
- Die den zu akquirierenden Kundenbeziehungen zuzuordnenden Excess Earnings ergeben sich – in Prozent der Umsatzerlöse von BU2 – aus Tabelle 4-12, Customer Relationship NEW, Zeile »Income Contribution«.

Umsatzerlöse
- Die den zukünftig zu akquirierenden Kunden zuzurechnenden Umsatzerlöse ergeben sich aus Tabelle 4-11. Diesen Kundenbeziehungen werden alle von der Geschäftseinheit geplanten Umsatzerlöse zugeordnet, die nicht auf erworbene Kunden entfallen.
- Die so abgegrenzten Umsatzerlöse werden – in Prozent der Umsatzerlöse von BU2 – in Tabelle 4-12 übernommen. Sie ergeben sich aus der Zeile »Sales« unter »Customer Relationship NEW«.

EBITA-Marge
- Auf die mit den zu akquirierenden Kunden zu erzielenden Umsatzerlöse werden die den erworbenen Kundenbeziehungen zugeordneten EBITA-Margen angewendet. Aus den durchgeführten Analysen ergeben sich keine Anhaltspunkte, die für die Anwendung hiervon abweichender EBITA-Margen sprechen.

Hinzurechnung von Entwicklungsaufwendungen
- Die Entwicklungs- und Weiterentwicklungsaufwendungen, die bei der Ableitung der Excess Earnings der erworbenen Kundenbeziehungen dem EBITA zugerechnet wurden, sind bei der Bestimmung der Excess Earnings der zu akquirierenden Kunden gleichfalls zu berücksichtigen.
- Aufwendungen, die für die Akquisition von Neukunden anfallen und dementsprechend den zu akquirierenden Kunden zuzurechnen sind, können bei BU2 – wie bereits ausgeführt – nicht abgegrenzt werden.
- Die genannten Entwicklungs- und Weiterentwicklungsaufwendungen werden im unteren Teil von Tabelle 4-12 – in Prozent der Umsatzerlöse von BU2 – zusammengestellt. Diese sind zur Bestimmung der Excess Earnings der bewertungsrelevanten EBITA-Marge zuzurechnen.

Einkommensbeiträge der unterstützenden Vermögenswerte
- Von dem angepassten EBITA zuzüglich der genannten Entwicklungs- und Weiterentwicklungsaufwendungen sind grundsätzlich die bei der Bestimmung der Excess Earnings der erworbenen Kundenbeziehungen berücksichtigten Einkommensbeiträge folgender unterstützender Vermögenswerte abzusetzen:
  - Basistechnologie sowie Nachfolgegeneration der Basistechnologie
  - Verfahrenstechnologie
  - Marke »AS«
  - CA-Software sowie diese ersetzende Software-Lösungen
  - MA-Software sowie diese ersetzende Software-Lösungen
  - Mitarbeiterstamm
  - Working Capital
  - Sachanlagen
  - Grundstücke
- Die Bestimmung der Einkommensbeiträge dieser Vermögenswerte folgt der Ermittlung der bei den erworbenen Kundenbeziehungen anzusetzenden Einkommensbeiträge der unterstützenden Vermögenswerte.

- Im unteren Teil von Tabelle 4-12 werden die Einkommensbeiträge der unterstützenden Vermögenswerte in Prozent der Umsatzerlöse von BU2 zusammengefasst. Diese sind – zur Bestimmung der Excess Earnings – von der bewertungsrelevanten EBITA-Marge zuzüglich der prozentualen Entwicklungsaufwendungen abzusetzen.

Vermögenswertspezifischer Zinssatz
- Die Bestimmung des den zukünftig zu akquirierenden Kundenbeziehungen zuzuordnenden vermögenswertspezifischen Zinssatzes folgt grundsätzlich der Ableitung des vermögenswertspezifischen Zinssatzes der erworbenen Kundenbeziehungen.
- Die laufzeitspezifisch festgelegten gewichteten Kapitalkosten wurden unter Zugrundelegung der den erworbenen Kundenbeziehungen zugeordneten Nutzungsdauer und nicht einer unbestimmten Nutzungsdauer abgeleitet. Dies ist darin begründet, dass die Annahme einer unbestimmten Nutzungsdauer lediglich der Vereinfachung der Abbildung der Werte der zukünftigen Kundenbeziehungen dient, nicht jedoch diese Kundenbeziehungen in einen einheitlichen Vermögenswert transformiert.
- Der vermögenswertspezifische Risikozuschlag wird vorläufig in Höhe von 3,50 % festgelegt und ist erforderlichenfalls im Rahmen der Abstimmung der Bewertungsergebnisse anzupassen.
- Dieser Risikozuschlag berücksichtigt, dass die zukünftig zu akquirierenden Kundenbeziehungen – im Unterschied zu den erworbenen Kundenbeziehungen – noch zu akquirieren sind und dementsprechend mit diesen Kundenbeziehungen zusätzliche Risiken verbunden sind.

Ableitung des beizulegenden Zeitwertes des Vermögenswertes
Einkommensbeiträge der zukünftig zu akquirierenden Kundenbeziehungen
- Die unter Zugrundelegung der dargestellten Annahmen abgeleiteten, den zu bewertenden Kundenbeziehungen zuzuordnenden Einkommensbeiträge vor Abzug von Unternehmenssteuern sind in Tabelle 4-13 zusammengestellt.
- Diese ergeben sich durch Multiplikation des den zu akquirierenden Kundenbeziehungen zugeordneten Anteils an den Umsatzerlösen der Geschäftseinheit mit deren – als Excess Earnings bestimmten – prozentualen Einkommensbeiträgen sowie mit den aus Tabelle 4-2 zu übernehmenden Umsatzerlösen von BU2.

Ableitung des Barwertes der Einkommensbeiträge der zukünftig zu akquirierenden Kundenbeziehungen
- Der Barwert der den zukünftigen Kundenbeziehungen zugeordneten Einkommensbeiträge wird in Tabelle 4-14 abgeleitet.
- Diese Einkommensbeiträge werden zunächst um Ertragsteuern vermindert und sodann mit dem oben abgeleiteten vermögenswertspezifischen Zinssatz diskontiert. Dabei kommt das Roll-back-Verfahren zur Anwendung.

Bestimmung des beizulegenden Zeitwertes der zukünftig zu akquirierenden Kundenbeziehungen

- Die Einbeziehung des abschreibungsbedingten Steuervorteils kann darauf gestützt werden, dass die zu bewertenden Kundenbeziehungen dem steuerlich abschreibungsfähigen Goodwill zuzurechnen sind. Zur Vereinfachung der Betrachtungen wird hierauf verzichtet. Der beizulegende Zeitwert der zukünftigen Kundenbeziehungen ist dementsprechend gleich dem Barwert der – diesen Kundenbeziehungen zugeordneten – Einkommensbeiträge.
- Der beizulegende Zeitwert der zukünftigen Kundenbeziehungen ergibt sich aus Tabelle 4-16.

4.5.5 Abstimmung der Bewertungsergebnisse

4.5.5.1 Überblick

Die Abstimmung der Bewertungsergebnisse ist auf die Beurteilung der Plausibilität der abgeleiteten beizulegenden Zeitwerte gerichtet. Das Vorgehen wurde unter 2.6 erläutert. Danach sind in jedem Jahr des Betrachtungszeitraumes abzustimmen die

- Werte der Vermögenswerte mit dem als Entity Value verstandenen Unternehmenswert, die
- Einkommensbeiträge der Vermögenswerte mit dem als Free Cashflow verstandenen Einkommen des Unternehmens sowie die
- vermögenswertspezifischen Zinssätze der Vermögenswerte mit dem als gewichtete Kapitalkosten verstandenen Zinssatz der Verzinsung des in das Unternehmen investierten Kapitals.

Weiter bietet es sich an, den originären Goodwill abzuleiten und durch die Werte der abgeleiteten Vermögenswerte zu erklären.

Die unter 4.5.5.2 bis 4.5.5.5 durchgeführten Untersuchungen folgen diesem Vorgehen. Die Abstimmungen beziehen sowohl den Fall ein, dass der Wert der zukünftig zu akquirierenden Kundenbeziehungen als Residualwert ermittelt wird, als auch den Fall, dass der Wert dieses Vermögenswertes mittels der MPEEM abgeleitet wird. Bei Anwendung der MPEEM wird von einem modellexogen vorgegebenen vermögenswertspezifischen Zinssatz der zukünftig zu akquirierenden Kundenbeziehungen ausgegangen.[482]

---

482 Unter 2.6.4.2 wurde dargelegt, dass die Anwendung des modellendogen abgeleiteten Zinssatzes zu genau den Ergebnissen führt, die mittels der Residual-Value-Methode abgeleitet werden.

4.5.5.2 Abstimmung der Werte der Vermögenswerte

Anwendung der MPEEM

Die beizulegenden Zeitwerte der Vermögenswerte von BU2 unter Einbeziehung des mittels der MPEEM bestimmten Wertes der zukünftig zu akquirierenden Kundenbeziehungen werden in Tabelle 4-16 zusammengestellt. Der Vergleich der Summe dieser Werte mit dem sich aus Tabelle 4-7 – unter Einbeziehung der mit den steuerwirksamen Abschreibungen der anzusetzenden Vermögenswerte verbundenen Steuervorteile – ergebenden Entity Value von BU2 zeigt, dass die Werte der Vermögenswerte den Entity Value nicht vollständig erklären. Ein Vergleich mit Tabelle 4-18 bestätigt, dass der verbleibende Differenzbetrag gleich dem Unterschiedsbetrag ist, der zwischen dem als Residualwert ermittelten Wert der zukünftig zu akquirierenden Kundenbeziehungen und dem mittels der MPEEM bestimmten Wert dieses Vermögenswertes auftritt.

Unter 2.6.4.3.2 wurde aufgezeigt, dass der sich bei dieser Abstimmung ergebende Differenzbetrag eine Bewertungsdifferenz darstellt, die der Beurteilung der Bewertungsergebnisse zugrunde gelegt werden kann. Die Konsistenz der Bewertungsergebnisse setzt voraus, dass die

* Abstimmungsdifferenz vernachlässigbar ist und die
* vermögenswertspezifischen Zinssätze der Vermögenswerte des betrachteten Unternehmens deren vermögenswertspezifische Risiken – unter Berücksichtigung von deren Einbindung in das betrachtete Unternehmen – abbilden.

Bei BU2 sind diese Voraussetzungen erfüllt:
* Die Abstimmungsdifferenzen, die Tabelle 4-16 und Tabelle 4-18 entnommen werden können, sind in jedem Jahr des Betrachtungszeitraumes absolut sowie bezogen auf den Entity Value vernachlässigbar.
* Die vermögenswertspezifischen Zinssätze der Vermögenswerte von BU2 wurden – dies zeigen die Ausführungen unter 4.5.4.4 bis 4.5.4.10 – unter Berücksichtigung von deren vermögenswertspezifischen Risiken – unter Einbeziehung von deren Einbindung in die Geschäftseinheit – festgelegt.

Die vorliegenden Bewertungsergebnisse können dementsprechend als konsistent betrachtet werden. Eine Anpassung der vorläufig festgelegten Bewertungsergebnisse ist nicht erforderlich.

Anwendung der Residual-Value-Methode

Unter 2.6.3.1 wurde dargelegt, dass bei Anwendung der Residual-Value-Methode zur Bewertung eines ausgewählten Vermögenswertes der Entity Value stets durch die Werte der dem Unternehmen zugeordneten Vermögenswerte erklärt werden kann. Auf die Darstellung der Erklärung des Entity Value von BU2 bei Bestimmung des Wertes der zukünftig zu akquirierenden Kundenbeziehungen als Residualwert kann dementsprechend verzichtet werden; die Bewertung dieses Vermögenswertes nach diesem Bewertungsansatz ergibt sich aus Tabelle 4-18.

4.5.5.3 Abstimmung der Einkommensbeiträge der Vermögenswerte

Anwendung der Excess-Earnings-Methode

Die Untersuchungen unter 2.5.4.3 zeigten, dass die Einkommensbeiträge der Vermögenswerte eines Unternehmens immer dann das Einkommen des Unternehmens vollständig erklären, wenn der Wert eines ausgewählten Vermögenswertes mittels der MPEEM bestimmt wird. Tabelle 4-13 stellt die Einkommensbeiträge der erworbenen und der zukünftig geplanten Vermögenswerte – bei Bewertung der zukünftig zu akquirierenden Kundenbeziehungen mittels der MPEEM – zusammen. Der Vergleich des in der Tabelle abgeleiteten EBITA und des Free Cashflow mit dem in Tabelle 4-2 bestimmten EBITA und Free Cashflow zeigt, dass sowohl EBITA als auch Free Cashflow von BU2 in jedem Jahr des Betrachtungszeitraums durch die Einkommensbeiträge der Vermögenswerte der Geschäftseinheit vollständig erklärt werden können.[483]

Anwendung der Residual-Value-Methode

Die Betrachtungen unter 2.6.3.3.1 legten weiter dar, dass das Einkommen eines Unternehmens auch dann durch die Einkommensbeiträge der diesem zugeordneten Vermögenswerte vollständig erklärt werden kann, wenn der Wert eines ausgewählten Vermögenswertes als Residualwert ermittelt wird. Dies ist darin begründet, dass bei Anwendung der Residual-Value-Methode zur Bewertung des betrachteten Vermögenswertes – bei residualer Ableitung der Verzinsung des in den Vermögenswert investierten Kapitals – der dem Vermögenswert zugeordnete Einkommensbeitrag gleich den Excess Earnings ist. Auf die Darstellung, dass die den zukünftigen Kundenbeziehungen von BU2 bei Anwendung der Residual-Value-Methode zuzuordnenden Einkommensbeiträge gleich den Excess Earnings sind, wird verzichtet, da dies zu keinen zusätzlichen Erkenntnissen führt.

Im unteren Teil von Tabelle 4-13 wird aufgezeigt, dass das Tax-effecting EBITA von BU2 – bei Bewertung der zukünftig zu akquirierenden Kundenbeziehungen mittels der Residual-Value-Methode – in die Verzinsung des Entity Value übergeleitet werden kann.[484] Die Überleitung erforderte die Bereinigung des Tax-effecting EBITA um die Veränderungen des in die immateriellen Vermögenswerte investierten Kapitals, wobei die Veränderung des in die MA-Software investierten Kapitals nicht einbezogen werden darf, da deren Behandlung der Abbildung der Sachanlagen folgt.[485]

---

483   Zur EBITA-Analyse vgl. unter 2.6.3.3.2 sowie unter 2.6.4.3.4.

484   Siehe zu dieser Überleitung unter 2.6.3.3.2 und unter 2.6.4.3.4.

485   Bei Bewertung der zukünftig zu akquirierenden Kundenbeziehungen mittels der MPEEM erfordert die betrachtete Überleitung darüber hinaus die Einbeziehung der Veränderung der Bewertungsdifferenz, die beim Vergleich der mittels der MPEEM und der mittels der Residual-Value-Methode abgeleiteten Bewertungsergebnisse zu beobachten ist.

4.5.5.4 Abstimmung der vermögenswertspezifischen Zinssätze

Anwendung der MPEEM

In Tabelle 4-17 wird die Abstimmung der vermögenswertspezifischen Zinssätze der Vermögenswerte von BU2 bei Anwendung der MPEEM durchgeführt. Hierzu werden die Verzinsungen des in die Vermögenswerte investierten Kapitals durch Anwendung der vermögenswertspezifischen Zinssätze auf die in Tabelle 4-16 ermittelten beizulegenden Zeitwerte zu Beginn der betrachteten Periode (= Ende der Vorperiode) bestimmt und der Verzinsung des in den Entity Value investierten Kapitals gegenübergestellt. Dieser Vergleich zeigt, dass die Verzinsungen des in die Vermögenswerte investierten Kapitals die Verzinsung des Entity Value nicht vollständig erklären. Der verbleibende Differenzbetrag ist gleich der Veränderung der unter 4.5.5.2 bei der Abstimmung der Vermögenswerte bei Anwendung der MPEEM aufgetretenen Bewertungsdifferenz gegenüber der Vorperiode.

Die Beurteilung der Bewertungsergebnisse bei Anwendung der MPEEM kann – wie unter 2.6.4.3.3 dargelegt – auch über die Veränderung dieser Bewertungsdifferenz erfolgen. Da diese, wie die Bewertungsdifferenz, vernachlässigbar ist, und, wie dargelegt, die vermögenswertspezifischen Zinssätze der Vermögenswerte von BU2 deren vermögenswertspezifische Risiken widerspiegeln, bestätigt diese Betrachtung, dass die bereits unter 4.5.5.2 festgestellte Konsistenz der Bewertungsergebnisse gegeben ist.

Anwendung der Residual-Value-Methode

Die Verzinsung des in die mittels der Residual-Value-Methode bewerteten zukünftig zu akquirierenden Kundenbeziehungen investierten Kapitals wird in Tabelle 4-19 residual durch Abzug der Verzinsungen des in alle anderen Vermögenswerte investierten Kapitals von der Verzinsung des Entity Value ermittelt. Der Vergleich dieser Verzinsung mit der Verzinsung des in diesen Vermögenswert bei dessen Bewertung mittels der MPEEM investierten Kapitals zeigt, dass der zwischen beiden Verzinsungen sich ergebende Differenzbetrag gleich dem bei Anwendung der MPEEM durch die Verzinsungen der Vermögenswerte nicht erklärten Betrag der Verzinsung des Entity Value ist; dieser Betrag ist, wie zuvor dargestellt, gleich der Veränderung der unter 4.5.5.2 bei der Abstimmung der Vermögenswerte bei Anwendung der MPEEM aufgetretenen Bewertungsdifferenz.

Im oberen Teil von Tabelle 4-20 wird der Zinssatz, mit dem sich das in die – mittels der Residual-Value-Methode bewerteten – zukünftig zu akquirierenden Kundenbeziehungen investierte Kapital verzinst, durch Bezug der Verzinsung des in diesen Vermögenswert investierten Kapitals auf das in den Vermögenswert investierte Kapital abgeleitet. Der dem Vermögenswert implizit zugeordnete Risikozuschlag ergibt sich durch Abzug der laufzeitäquivalent ermittelten gewichteten Kapitalkosten von dem so bestimmten vermögenswertspezifischen Zinssatz.

Zur Beurteilung der Plausibilität der Bewertungsergebnisse ist – den Betrachtungen unter 2.6.3.2 folgend – zu beurteilen, ob die vermögenswertspezifischen Zinssätze der Vermögenswerte des betrachteten Unternehmens unter Einbeziehung des abgeleiteten vermögenswertspezifischen Zinssatzes der zukünftig zu akquirierenden Kunden sowie des darin enthaltenen vermögenswertspezifischen Risikozuschlages die vermögenswertspezifischen Risiken dieser Vermögenswerte – unter Berücksichtigung von deren Einbindung in die Geschäftseinheit – abbilden. Die Erläuterungen der mit den Vermögenswerten von BU2 verbundenen vermögenswertspezifischen Risiken unter 4.5.4.4 bis 4.5.4.10 und deren Berücksichtigung bzw. Niederschlag in den vermögenswertspezifischen Zinssätzen legen nahe, dass hiervon ausgegangen werden kann.

Im unteren Teil von Tabelle 4-20 werden die sich im Untersuchungszeitraum ergebenden Veränderungen des Zinssatzes, mit dem sich das in die – mittels der Residual-Value-Methode bewerteten – zukünftig zu akquirierenden Kundenbeziehungen investierte Kapital verzinst, untersucht. Die Betrachtungen zeigen, dass die Entwicklung dieses Zinssatzes durch die unter 3.3.5.3 dargelegten Einflussfaktoren vollständig erklärt werden kann. Die Tabelle zeigt beispielsweise, dass die Veränderung des betrachteten Zinssatzes gegenüber der Vorperiode insbesondere durch folgende Einflüsse dominiert ist:

- Anstieg 2018
  - Erhöhung des in mittels Cost Approach bewertete Vermögenswerte investierten Kapitals und Verminderung des diesen Vermögenswerten zugeordneten Zinssatzes
- Rückgang 2019
  - Verminderung des in mittels Income Approach bewertete Vermögenswerte investierten Kapitals und Erhöhung des diesen Vermögenswerten zugeordneten Zinssatzes
- Anstieg 2020
  - Erhöhung des in mittels Cost Approach bewertete Vermögenswerte investierten Kapitals
- Rückgang 2021
  - Verminderung des in mittels Cost Approach und des in mittels Income Approach bewertete Vermögenswerte investierten Kapitals

4.5.5.5 Ableitung und Erklärung des originären Goodwill

Der originäre Goodwill wird in Tabelle 4-18 abgeleitet. Er ergibt sich – wie dargelegt – als Differenzbetrag aus dem Entity Value und den Werten der anzusetzenden immateriellen und materiellen Vermögenswerte (Basis- und Verfahrenstechnologie, Marke, CA- und MA-Software, Working Capital, Sachanlagen und Grundstücke).

Die Tabelle zeigt weiter, dass der originäre Goodwill durch die Summe der Werte der nicht angesetzten immateriellen Vermögenswerte (zukünftig zu akquirierende Kundenbeziehungen, zukünftig zu entwickelnde Basistechnologie sowie Mitarbeiterstamm) bei Bewertung der zukünftig zu akquirierenden Kundenbeziehungen mittels der MPEEM nicht vollständig erklärt werden kann. Der durch diese Vermögenswerte nicht erklärte Teilbetrag des Goodwill ist gleich der unter 4.5.5.2 angesprochenen Bewertungsdifferenz, in deren Höhe der Entity Value bei Bewertung der zukünftigen Kundenbeziehungen mittels der MPEEM durch die Summe der Werte aller Vermögenswerte von BU2 nicht erklärt werden kann.

Die Verzinsung des in den originären Goodwill investierten Kapitals ergibt sich aus Tabelle 4-19. Diese kann durch die Verzinsungen des in die nicht angesetzten immateriellen Vermögenswerte investierten Kapitals – bei Bewertung der zukünftig zu akquirierenden Kundenbeziehungen mittels der MPEEM – nicht vollständig erklärt werden. Die Erklärung der Verzinsung des in den Goodwill investierten Kapitals erfordert die Einbeziehung der Veränderung der zuvor genannten Bewertungsdifferenz gegenüber der Vorperiode.

Im oberen Teil von Tabelle 4-20 werden der Zinssatz, mit dem sich das in den Goodwill investierte Kapital verzinst, sowie der in diesem Zinssatz im Vergleich zu den gewichteten Kapitalkosten der Geschäftseinheit enthaltene Risikozuschlag abgeleitet. Die Plausibilität der Bewertungsergebnisse kann – wie unter 2.6.5.2 dargelegt – durch Vergleich dieses Zinssatzes sowie des in diesem enthaltenen Risikozuschlages mit den vermögenswertspezifischen Zinssätzen der angesetzten Vermögenswerte der Geschäftseinheit sowie den mit diesen Zinssätzen verbundenen Risikozu- und Risikoabschlägen allerdings nur dann beurteilt werden, wenn eine Annahme über das dem Goodwill zuzuordnende Risiko getroffen wird.

5 Ableitung und Interpretation des aus einem Unternehmenszusammenschluss resultierenden Goodwill unter Einbeziehung eines Bargain Purchase

5.1 Überblick

Unter 2.6.5 wurde der originäre Goodwill eingeführt und unter 4.5.5.5 dessen Ableitung und Erklärung am Beispiel von BU2 veranschaulicht. Im Folgenden wird der aus einem Unternehmenszusammenschluss resultierende derivative Goodwill[486] betrachtet. Dabei wird auch auf einen Bargain Purchase eingegangen.

Zunächst werden die bilanzielle Abbildung des Goodwill sowie die Behandlung eines Bargain Purchase nach IFRS 3 dargelegt (5.2). Sodann werden ausgewählte Einzelfragen betrachtet. Im Einzelnen wird eingegangen auf die

- Zusammensetzung des Goodwill (5.3), die
- Allokation des Goodwill auf zahlungsmittelgenerierende Einheiten, die für die Anwendung von IAS 36 erforderlich ist (5.4), sowie die
- Nutzungsdauer des Goodwill (5.5).

Die Ausführungen werden insbesondere anhand des in Kapitel 4 betrachteten Fallbeispiels der Übernahme von BU2 veranschaulicht.

---

486 Zur Bedeutung des Goodwill in der Bilanzierungspraxis siehe insbesondere Küting (2012), S. 1932 ff.; Küting (2011), S. 1676 ff.; Küting (2010), S. 1855 ff.; Küting (2009), S. 1863 ff.; Küting (2008), S. 1795 ff.; Küting (2007), S. 2025 ff.; Küting (2006), S. 1665 ff.; sowie Glaum/Wyrwa (2011); Rogler/Straub/Tettenborn (2012), S. 343 ff.; Wulf/Hartmann (2013), S. 590 ff.; Kümpel/Sander (2012), S. 2029 ff.

5.2   Bilanzielle Abbildung des Goodwill und eines Bargain Purchase nach IFRS 3

5.2.1   Ableitung des Goodwill und eines Bargain Purchase

IFRS 3.32[487] legt das Vorgehen zur Bestimmung des Goodwill bzw. eines Bargain Purchase fest.[488] Danach gilt:

Beizulegender Zeitwert der hingegebenen Gegenleistung zzgl. Betrag, der für die Anteile der nicht kontrollierenden Gesellschafter anzusetzen ist, zzgl. beizulegender Zeitwert des vom Erwerber am übernommenen Unternehmen bereits gehaltenen Anteils abzgl. Nettobetrag aus beizulegenden Zeitwerten der identifizierbaren erworbenen Vermögenswerte und beizulegenden Zeitwerten der übernommenen Schulden
Positiver bzw. negativer Unterschiedsbetrag

Ein positiver Unterschiedsbetrag stellt einen Goodwill, ein negativer Unterschiedsbetrag einen Bargain Purchase (IFRS 3.34) dar.

Der Goodwill bestimmt sich nach dieser Systematik – unter der Voraussetzung, dass der Erwerber das andere Unternehmen vollständig übernimmt und vor der Transaktion über keine Anteile an diesem Unternehmen verfügt – als positiver Unterschiedsbetrag aus dem beizulegenden Zeitwert der übertragenen Gegenleistung und dem neu bewerteten Nettovermögen des erworbenen Unternehmens, das sich als Saldo aus den beizulegenden Zeitwerten der identifizierbaren erworbenen Vermögenswerte und den beizulegenden Zeitwerten der übernommenen Schulden ergibt. Bei Unternehmensübernahmen, bei denen der Erwerber das andere Unternehmen mehrheitlich, jedoch nicht vollständig übernimmt, ist das erworbene Nettovermögen – der Einheitstheorie folgend[489] – gleichfalls in vollem Umfang und nicht nur in Höhe des auf den Erwerber entfallenden Anteils anzusetzen. Der Ausgleich für den nicht anteilsproportionalen Ansatz des Nettovermögens erfolgt durch Einbeziehung des für die Anteile der nicht kontrollierenden Gesellschafter anzusetzenden Betrages in die Goodwill-Ableitung. Beim sukzessiven Anteilserwerb – dieser ist dadurch gekennzeichnet, dass der Erwerber bereits vor der Transaktion über Anteile an dem übernommenen Unternehmen verfügt – sind die vom Erwerber bereits gehaltenen Anteile mit deren beizulegendem Zeitwert in die Goodwill-Ermittlung einzubeziehen.[490]

Im Folgenden wird zunächst die Bestimmung des für den Anteil der nicht kontrollierenden Gesellschafter anzusetzenden Betrags dargestellt (5.2.2) und sodann das Vorgehen

---

487   Zur Ableitung des Goodwill nach IFRS 3 siehe z. B. auch Hendler/Zülch (2008), S. 489; Küting/Weber/Wirth (2008), S. 139 ff.; Pellens/Amshoff/Sellhorn (2008), S. 602 ff.; Beyhs/Wagner (2008), S. 73 ff.; Zülch/Erdmann/Gebhardt (2008), S. 385–406.

488   Zur bilanziellen Behandlung des Goodwill siehe etwa auch Duhr (2006); Kienzle (2006); Sablatnig (2006); Heyd/Lutz-Ingold (2007), S. 117 ff.; Hachmeister/Hermens (2011), S. 37 ff.; Hütten/Mojadadr (2014), S. 447 ff.

489   So auch Hendler/Zülch (2008), S. 490 f.; Küting/Weber/Wirth (2008), S. 143; Haaker (2006), S. 452 ff.

490   Zur Beeinflussung der Höhe des auszuweisenden Goodwill durch Gestaltung der Transaktionsstruktur vgl. Ebert/Simons (2009), S. 622 ff.

im Falle eines negativen Unterschiedsbetrages – eines Bargain Purchase – erläutert (5.2.3). Anschließend wird die Ableitung des aus der Übernahme von BU2 resultierenden, von der Erwerber AG anzusetzenden Goodwill anhand ausgewählter Fallgestaltungen verdeutlicht (5.2.4). Die Ermittlung des beizulegenden Zeitwertes der gewährten Gegenleistung, die in IFRS 3.37 – 40 geregelt ist,[491] sowie der Fall des sukzessiven Anteilserwerbs (IFRS 3.41 – 42)[492] werden nicht betrachtet.

5.2.2 Bewertung der Anteile nicht kontrollierender Gesellschafter

Bei Unternehmenstransaktionen, bei denen der Erwerber das erworbene Unternehmen mehrheitlich, nicht jedoch vollständig übernimmt, sind am erworbenen Unternehmen – neben dem Erwerber – nicht kontrollierende Gesellschafter beteiligt. In diesen Fällen kommen zur Ermittlung des Goodwill grundsätzlich zwei Ansätze in Betracht:
- Full Goodwill Approach und
- Purchased Goodwill Approach, der auch als Partial Goodwill Approach bezeichnet wird.

Die zuerst genannte Konzeption geht davon aus, dass der auf alle Gesellschafter bezogene Goodwill anzusetzen ist; es wird somit auch der auf die nicht kontrollierenden Gesellschafter entfallende Goodwill einbezogen. Bei der zweiten Methode wird demgegenüber nur der dem Erwerber zuzurechnende Goodwill erfasst.[493]

IFRS 3.19 sieht für die Bewertung der Anteile der nicht kontrollierenden Gesellschafter ein Wahlrecht vor. Diese sind entweder mit dem beizulegenden Zeitwert oder mit dem anteiligen neu bewerteten Nettovermögen zu bewerten. Bei der ersten Alternative beinhaltet der sich ergebende Goodwill auch den Anteil der nicht kontrollierenden Gesellschafter am Goodwill, wohingegen bei der zweiten Alternative lediglich der dem Erwerber zuzurechnende Goodwill zum Ansatz kommt. Damit ist nach IFRS 3 sowohl der Full Goodwill Approach als auch der Purchased Goodwill Approach zulässig. Hiervon unterscheidet sich sowohl die Regelung von US GAAP,[494] wonach zwingend der Full Goodwill Approach anzuwenden ist, als auch die handelsrechtliche Regelung (§ 301 Abs. 1 HGB), die sich für die alleinige Anwendung des Purchased Goodwill Approach ausspricht.

Zur Ermittlung des beizulegenden Zeitwertes des Anteils der nicht kontrollierenden Gesellschafter verweist IFRS 3.B44 zunächst auf Marktpreise für nicht vom Erwerber gehaltene Anteile. In den Fällen, in denen Marktpreise nicht verfügbar sind, ist sodann auf andere Bewertungsverfahren abzustellen. Hierbei ist etwa an die DCF-Methoden zu denken. IFRS 3.B45 weist schließlich darauf hin, dass sich der beizulegende Zeitwert je Anteil für Erwerber und nicht kontrollierende Gesellschafter insbesondere aufgrund einer Kontrollprämie bzw. eines Abschlags für mangelnde Kontrolle unterscheiden können.

---

491   Siehe hierzu beispielsweise Hendler/Zülch (2008), S. 490 f.; Beyhs/Wagner (2008), S. 78 ff.; zu Contingent Considerations Weber/Schwartz (2009), S. 59 ff.; Küting/Metz (2012), S. 394 ff.

492   Siehe etwa Hendler/Zülch (2008), S. 491; Beyhs/Wagner (2008), S. 82 f.

493   Zum Einfluss der beiden Ansätze auf die Höhe des Goodwill siehe z. B. Wulf (2009), S. 729 ff.

494   Vgl. ASC 805-30-30-1, vormals SFAS 141.34.

5.2.3   Negativer Unterschiedsbetrag als Bargain Purchase

Nach IFRS 3.34 ist ein negativer Unterschiedsbetrag[495] als Bargain Purchase und – dies wird in den Basis for Conclusion[496] begründet – nicht als negativer Goodwill (Badwill) zu verstehen. Die Vorschrift stellt zudem heraus, dass vom Vorliegen eines Bargain Purchase allenfalls ausnahmsweise ausgegangen werden kann. IFRS 3.35 verweist in diesem Zusammenhang beispielsweise auf Fälle, in denen der Veräußerer zum Verkauf gezwungen ist.[497]

Im Falle des Auftretens eines negativen Unterschiedsbetrags verlangt IFRS 3.36[498] eine im Wesentlichen vollständige Überprüfung der Kaufpreisallokation. Ein danach verbleibender negativer Unterschiedsbetrag ist nach IFRS 3.34 in vollem Umfang dem Erwerber zuzuordnen und erfolgswirksam zum Übernahmestichtag zu erfassen.

5.2.4   Ableitung des Goodwill von BU2

5.2.4.1 Überblick

Die Ableitung des aus der Übernahme von BU2 resultierenden Goodwill auf der Grundlage von IFRS 3 wird für folgende Fallgestaltungen betrachtet:
• Ausgangsfall des Erwerbs von BU2 im Rahmen eines Asset Deal (5.2.4.2),
• Erweiterung des Ausgangsfalls durch die Einbeziehung der Übernahme von Schulden von BU2 (5.2.4.3),
• Erwerb von BU2 im Rahmen eines Share Deal (5.2.4.4),
• Einbeziehung nicht kontrollierender Gesellschafter von BU2 (5.2.4.5).

5.2.4.2 Ausgangsfall eines Asset Deal

Der aus der Übernahme von BU2 folgende Goodwill ergibt sich im Ausgangsfall durch Abzug der beizulegenden Zeitwerte der anzusetzenden erworbenen Vermögenswerte vom beizulegenden Zeitwert der erbrachten Gegenleistung. Verzinsliche Verbindlichkeiten wurden nicht übernommen; die nicht verzinslichen Verbindlichkeiten wurden zur Vereinfachung der Darstellung in das Net Working Capital einbezogen. Da es sich bei der Übernahme der Gesellschaft um einen Asset Deal handelt, dessen steuerliche Behandlung annahmegemäß der bilanziellen Abbildung des Unternehmenszusammenschlusses folgt, sind latente Steuern nicht zu berücksichtigen. Damit ergibt sich gem. Tabelle 5.1, Spalte (1), ein Goodwill in Höhe von EUR 49,0 Mio.

---

495 Zu negativen Unterschiedsbeträgen in der deutschen Bilanzierungspraxis vgl. Zülch (2016), S. 313 f.
496 Vgl. IFRS 3.BC379–BC381.
497 Weitere Einzelheiten ergeben sich aus IFRS 3.BC 371–373.
498 Vgl. zu dieser Regelung z. B. Gros (2005), S. 1954 ff.; Küting/Wirth (2006), S. 143 ff.; Haaker/Freiberg (2011), S. 324 f.; sowie Tettenborn/Rohleder (2016), S. 423 ff., die auch auf die handelsrechtliche Regelung eingehen. Zur Behandlung eines negativen Unterschiedsbetrages nach Handels- bzw. Steuerrecht siehe etwa Scheunemann/Mandelsloh/Preuß (2011), S. 201 ff.; Preißer/Bressler (2011), S. 427 ff.; Welling/Lewang (2011), S. 2737.

Die Ableitung des derivativen Goodwill GW_t^d im Zeitpunkt t folgt der Beziehung

$$GW_t^d = CT^{FV} - \sum_{i=1}^{k} V_{i,t}^{FV}$$

CT^{FV} bezeichnet den beizulegenden Zeitwert der entrichteten Gegenleistung; $V_{i,t}^{FV}$ mit i = 1 bis k bringt den beizulegenden Zeitwert des anzusetzenden erworbenen Vermögenswertes i zum Ausdruck.

Tab. 5-1: Ableitung des derivativen Goodwill von BU2

Mio. EUR		Asset Deal Base Case (1)	Asset Deal Modification (2)	Share Deal (3)
Consideration Transfered		580,0	480,0	480,0
Synergies	22,3			
Assets				
Customer Relationship	99,7			
Core Technology	157,3			
Process Technology	19,9			
Trademark	23,1			
CA Software	6,9			
MA Software	4,2			
Working Capital	75,0			
Adjustment Fair Value	5,0			
Land	40,0			
Tangible Fixed Assets	100,0	-531,0		
Liabilities	100,0			
Net Assets			-431,0	-431,0
Deferred Taxes				94,8
Total		49,0	49,0	143,8
Workforce				
Goodwill		49,0	49,0	143,8
Components of Purchased Goodwill				
Fair Value of				
Assets new	78,0			
Not Recognized Intangible Assets	6,7			
Adjustment Valuation Difference	0,2	85,0	85,0	85,0
Fair Value Adjustment Working Capital		-5,0	-5,0	-5,0
Fair Value of Consideration Transfer		580,0	480,0	480,0
Fair Value of Liabilties		0,0	100,0	100,0
Entity Value		-610,9	-610,9	-610,9
Deferred Taxes		0,0	0,0	94,8
Total		49,0	49,0	143,8
Percentage of Assets				
definite Lifetime		12,5%	12,5%	68,3%
indefinite Lifetime		87,5%	87,5%	31,7%
Total		100,0%	100,0%	100,0%

5.2.4.3 Einbeziehung von übernommenen Schulden

Im Falle, dass die Erwerber AG nicht nur Vermögenswerte, sondern auch Schulden von BU2 übernimmt, ergibt sich der Goodwill durch Abzug des Nettovermögens vom beizulegenden Zeitwert der erbrachten Gegenleistung, wobei das Nettovermögen im Saldo aus den beizulegenden Zeitwerten der anzusetzenden erworbenen Vermögenswerte und den beizulegenden Zeitwerten der übernommenen Schulden zum Ausdruck kommt. Unter Zugrundelegung der Annahme, dass die Übernahme der Schulden zu einer Verminderung der gewährten Gegenleistung genau in Höhe dieser Schulden führt, beträgt der Goodwill – bei übernommenen Schulden in Höhe von EUR 100 Mio. und einer erbrachten Gegenleistung von EUR 480,0 Mio. – gem. Tabelle 5-1, Spalte (2), wie im Ausgangsfall EUR 49,0 Mio.

Die unter 5.2.4.2 eingeführte Beziehung ist somit um die beizulegenden Zeitwerte der übernommenen Schulden $L_{j,t}^{FV}$ mit j = 1 bis o zu erweitern:

$$GW_t^d = CT^{FV} - \left(\sum_{i=1}^{k} V_{i,t}^{FV} - \sum_{j=1}^{o} L_{j,t}^{FV} \right)$$

Die Umstellung dieser Beziehung zu

$$GW_t^d = CT^{FV} + \sum_{j=1}^{o} L_{j,t}^{FV} - \sum_{i=1}^{k} V_{i,t}^{FV}$$

zeigt, dass der Goodwill auch durch Abzug der beizulegenden Zeitwerte der anzusetzenden erworbenen Vermögenswerte von der Summe aus beizulegendem Zeitwert der entrichteten Gegenleistung und beizulegenden Zeitwerten der übernommenen Schulden bestimmt werden kann. Damit ist dargelegt, dass die Höhe des Goodwill unabhängig davon ist, ob dessen Ermittlung von einer Equity- oder einer Entity-Betrachtung ausgeht.

Latente Steuern sind – den Ausführungen unter 5.2.4.2 folgend – weiterhin nicht einzubeziehen.

5.2.4.4 Erwerb von BU2 im Rahmen eines Share Deal

Beim Share Deal erfährt die rechtliche Identität des übernommenen Unternehmens keine Änderung, weswegen im Regelfall auch die ertragsteuerliche Behandlung unverändert fortgeführt wird. Angesichts der Neubewertung aller in den Konzernabschluss des Erwerbers zu übernehmenden Vermögenswerte und Schulden des erworbenen Unternehmens treten zwischen den beizulegenden Zeitwerten dieser Vermögenswerte und Schulden und deren Steuerwerten regelmäßig temporäre Differenzen auf, die – da nach IFRS 3.24 der Ansatz latenter Steuern IAS 12 folgt – grundsätzlich zum Ansatz latenter Steuern führen. Dementsprechend sind die Differenzen zwischen diesen Werten zu bestimmen und jeweils daraufhin zu untersuchen, ob diesen ein temporärer oder ein permanenter Charakter zukommt.

In Tabelle 5-2 werden die ermittelten beizulegenden Zeitwerte der anzusetzenden erworbenen Vermögenswerte und der übernommenen Schulden deren Steuerwerten gegenübergestellt. Die dabei auftretenden Differenzen weisen ausnahmslos temporären

Tab. 5-2: Ermittlung der latenten Steuern

Mio. EUR	Fair Value (1)	Tax Base (2)	Difference (3)	Type (4)	Deferred Tax (5)	Present Value of def. Tax (6)	Tax Amortization Benefit (7)	Total Amortization after Tax (8)	Difference (8) – (7) (9)	Fair Value less TAB (10)	Total Tax Amort. of (10), (11)	Present Value of (11), (12)
Tax Rate					30,00%							
Liabilities	-100,0	-100,0	0,0		0,0							
Customer Relationship	99,7	0,0	99,7	temp.	29,9	17,8	16,0	29,9	13,9	83,7	25,1	14,9
Core Technology	157,3	0,0	157,3	temp.	47,2	34,1	32,8	47,2	14,4	124,5	37,4	27,0
Process Technology	19,9	0,0	19,9	temp.	6,0	4,3	4,1	6,0	1,8	15,7	4,7	3,4
Trademark	23,1	0,0	23,1	temp.	6,9	4,0	4,0	6,9	2,9	19,1	5,7	3,3
CA Software	6,9	0,0	6,9	temp.	2,1	1,6	1,6	2,1	0,4	5,3	1,6	1,2
MA Software	4,2	0,0	4,2	temp.	1,3	1,0	0,0	1,3	1,3	4,2	1,3	1,0
Working Capital	75,0	75,0	0,0		0,0					75,0		
Adjustment Fair Value	5,0		5,0	temp.	1,5	1,4				5,0		1,4
Land	40,0	40,0	0,0		0,0					40,0		
Tangible Fixed Assets	100,0	100,0	0,0		0,0					100,0		
Total	431,0	115,0	316,0		94,8	64,1	58,6	93,3	34,7	472,4	75,7	52,2
add Assembled Workforce						1,4						
less Adjustment Working Capital						-1,4						
less Adjustment MA Software						-1,0		-1,3	-1,3			
Total adjusted	431,0	115,0	316,0		94,8	63,1	58,6	92,0	33,5	472,4	75,7	52,2

Charakter auf und sind dadurch bedingt, dass die beizulegenden Zeitwerte der angesetzten Vermögenswerte deren Steuerwerte übersteigen. Dementsprechend ergeben sich ausschließlich passive latente Steuern. Der Berechnung der Steuerabgrenzung wurde der Market-Participant-Steuersatz in Höhe von 30 % zugrunde gelegt. Zur Vereinfachung der Darstellungen wird angenommen, dass die Steuerwerte der Grundstücke und der Sachanlagen deren beizulegenden Zeitwerten entsprechen und der Steuerwert des Working Capital gleich dessen mittels des Cost Approach bestimmten Wert ist.

Durch die Einbeziehung der latenten Steuern steigt der Goodwill c.p. – dies zeigt Tabelle 5-1, Spalte (3) – auf EUR 143,83 Mio.

Die unter 5.2.4.3 dargestellte Beziehung ist um die aktiven und passiven latenten Steuern DT_t^a bzw. DT_t^p zu erweitern. Dies führt zu folgender Beziehung

$$GW_t^d = CT^{FVSD} + \sum_{j=1}^{o} L_{j,t}^{FV} - \sum_{i=1}^{k} V_{i,t}^{FV} - DT_t^a + DT_t^p$$

bzw. zu der Beziehung

$$GW_t^d = \left(CT^{FVSD} + \sum_{j=1}^{o} L_{j,t}^{FV} + DT_t^p \right) - \left(\sum_{i=1}^{k} V_{i,t}^{FV} + DT_t^a \right)$$

mit CT^{FVSD} als beizulegender Zeitwert der vom Erwerber erbrachten Gegenleistung im Falle eines Share Deal.

5.2.4.5 Einbeziehung nicht kontrollierender Gesellschafter

In den Fällen, in denen der Erwerber das andere Unternehmen nicht vollständig übernimmt, ist nach IFRS 3.32 der Anteil der nicht kontrollierenden Gesellschafter bei der Goodwill-Ableitung anzusetzen. Dieser ist entsprechend dem in IFRS 3.19 vorgesehenen Wahlrecht entweder mit dem beizulegenden Zeitwert (Full Goodwill Approach) oder mit dem auf die nicht kontrollierenden Gesellschafter entfallenden Anteil am neubewerteten Nettovermögen (Purchased Goodwill Approach) zu bewerten.

Tabelle 5-3 fasst die Ermittlung des Goodwill von BU2 unter Zugrundelegung eines Anteilskaufs, bei dem die Erwerber AG abweichend von dem unter 5.2.4.4 dargestellten Sachverhalt lediglich 80 % der Anteile für einen Kaufpreis von EUR 384,0 Mio. übernimmt, zusammen. Spalte (1) der Tabelle betrachtet den Purchased Goodwill Approach. Das neubewertete Nettovermögen von BU2 wurde auf der Grundlage von Tabelle 5-1 durch Abzug der übernommenen Verbindlichkeiten (EUR 100 Mio.) und der latenten Steuern (EUR 94,8 Mio.) von der Summe der beizulegenden Zeitwerte der angesetzten Vermögenswerte (EUR 531,0 Mio.) in Höhe von EUR 336,2 Mio. berechnet. Dieses entfällt mit 80 % (EUR 268,9 Mio.) auf die Erwerber AG und mit 20 % (EUR 67,2 Mio.) auf die nicht kontrollierenden Gesellschafter. Damit ergibt sich der Goodwill als Differenz aus der Summe aus Kaufpreis (EUR 384,0 Mio.) und Anteil der nicht kontrollierenden Gesellschafter am neubewerteten Nettovermögen (EUR 67,23 Mio.) – insgesamt EUR 451,2 Mio. – und dem neubewerteten Nettovermögen (EUR 336,17). Er beträgt EUR 115,1 Mio. Dieser Goodwill, der erwartungsgemäß 20 % unter dem Goodwill im Fall des Anteilserwerbs ohne nicht kontrollierende Gesellschafter (5.2.4.4) liegt, lässt sich auch durch Abzug des auf die Erwerber AG entfallenden Anteils am neubewerteten Nettovermögen (EUR 268,94 Mio.) vom Kaufpreis (EUR 384,0 Mio.) ermitteln.

Tab. 5-3: Ableitung des Goodwill bei nicht kontrollierenden Gesellschaftern

Mio. EUR		Purchased Goodwill Approach (1)	Full Goodwill Approach (2)	Diff. (3)
Consideration Transfered		384,0	384,0	0,0
Non-Controlling Interest	20,0%	67,2	89,6	-22,3
Net of Assets and Liabilities		-336,2	-336,2	0,0
Goodwill		115,1	137,4	-22,3
Fair Value of Equity (100%)	447,8			
Fair Value of Non-Controlling Interest	89,6			
Fair Value of Equity (100%)	447,8			
less Consideration Transfered				
based on Acquisition of 100%	-480,0			
Excess	-32,2			
related to Acquirer	-25,7			
related to Non-Controlling Interest	-6,4		6,4	-6,4
Goodwill Purchase of 100% of Shares			143,8	-
less 20%			-28,8	-28,8
Purchased Goodwill			115,1	

Die Anwendung des Full Goodwill Approach, die in Spalte (2) von Tabelle 5-3 dargestellt ist, setzt die Ermittlung des beizulegenden Zeitwerts des Anteils der nicht kontrollierenden Gesellschafter voraus. Da sich aus dem Sachverhalt keine Anhaltspunkte dafür ergeben, dass für die Anteile an BU2 Marktpreise verfügbar sind, wird zur Ableitung des beizulegenden Zeitwerts des Anteils der nicht kontrollierenden Gesellschafter der WACC-Ansatz der DCF-Methoden herangezogen. Der Entity-Wert unter Zugrundelegung der Annahmen der Market Participants beträgt – vor Einbeziehung der mit den Abschreibungen der immateriellen Vermögenswerte verbundenen Steuervorteile – gem. Tabelle 4-7 EUR 547,9 Mio. Nach Abzug der Verbindlichkeiten von EUR 100,0 Mio. verbleibt ein beizulegender Zeitwert des Eigenkapitals von EUR 447,9 Mio., der – entsprechend dem Anteil der nicht kontrollierenden Gesellschafter von 20 % – in Höhe von EUR 89,6 Mio. auf diese entfällt. Damit berechnet sich der Goodwill als Differenz aus der Summe aus Kaufpreis (EUR 384,0 Mio.) und beizulegendem Zeitwert des Anteil der nicht kontrollierenden Gesellschafter (EUR 89,6 Mio.) – insgesamt EUR 473,6 Mio. – und dem neubewerteten Nettovermögen (EUR 336,2). Er beträgt EUR 137,4 Mio. Der Unterschiedsbetrag zum unter 5.2.4.4 abgeleiteten Goodwill im Fall des Anteilserwerbs ohne nicht kontrollierende Gesellschafter (EUR 143,8 Mio.) in Höhe von EUR 6,4 Mio. entspricht – dies ergibt sich aus dem unteren Teil von Tabelle 5-3 – dem auf die nicht kontrollierenden Gesellschafter entfallenden Anteil an der Differenz aus dem beizulegenden Zeitwert des gesamten Eigenkapitals (EUR 447,85 Mio.) und der von der Erwerber AG bei Erwerb von 100 % der Anteile an BU2 erbrachten Gegenleistung (EUR 480,0 Mio.; vgl. Tabelle 5-1, Spalte (3)).

Die Differenz zwischen dem Full Goodwill und dem Purchased Goodwill beträgt
EUR 22,3 Mio. und ist gleich der Differenz aus dem beizulegenden Zeitwert des Anteils der
nicht kontrollierenden Gesellschafter und dem auf diese entfallenden anteiligen neubewerteten Nettovermögen (Tab. 5-3, Spalte (3)). Sie entspricht dem Anteil der nicht kontrollierenden Gesellschafter (20 %) am derivativen Goodwill im Fall des Anteilserwerbs ohne
nicht kontrollierende Gesellschafter, der gem. Tabelle 5-1, Spalte (3), EUR 143,8 Mio.
beträgt, in Höhe von EUR 28,8 Mio. abzüglich dem auf die nicht kontrollierenden Gesellschafter entfallenden Anteil an der Differenz aus dem beizulegenden Zeitwert des gesamten Eigenkapitals (EUR 447,85 Mio.) und der von der Erwerber AG bei Erwerb von 100 %
der Anteile an BU2 erbrachten Gegenleistung (EUR 480,0 Mio.; vgl. Tabelle 5-1, Spalte (3))
in Höhe von EUR 6,4 Mio.

5.3   Analyse der Zusammensetzung des Goodwill

5.3.1   Komponenten des Goodwill im Überblick

IFRS 3 Appendix A definiert den Goodwill als »an asset representing the future economic
benefits arising from other assets acquired in a business combination that are not indivi-
dually identified and separately recognized«. IAS 38.11 übernimmt diese Definition und
verweist erläuternd auf Synergien. Weitere Konkretisierungen finden sich in den Basis for
Conclusions zu IFRS 3,[499] die sich mit verschiedenen Sachverhalten auseinandersetzen,
die grundsätzlich zur Erklärung des Goodwill in Betracht kommen. Im Ergebnis folgen sie
den Goodwill-Komponenten, die zumeist auch im Schrifttum[500] aufgeführt werden.

Im Einzelnen werden dem Goodwill zumeist folgende Bestimmungsgrößen zugeordnet:[501]

- Werte der (immateriellen) Vermögenswerte, die im konkreten Einzelfall die Ansatzkri-
  terien nicht erfüllen, z. B. Assembled Workforce;[502]
- Werte zukünftig geplanter Vermögenswerte;[503]
- Going-Concern-Element[504], das aus dem Zusammenwirken der Vermögenswerte des
  Unternehmens – unter Außerachtlassung eines Unternehmenszusammenschlusses –
  resultiert;

---

499   Siehe IFRS 3.BC 313 ff.
500   Siehe statt vieler Weber/Wirth (2002), S. 53 ff.; Esser (2005), S. 11 ff., 150 ff.; Wirth (2005), S. 184 ff.;
      Schultze/Hirsch (2005), S. 105 ff.; Thalke Focken (2006), S. 8 ff.; Mard/Hitchner/Hyden (2011), S. 53 ff.; Beu-
      mer/Hense/Kleinbielen (2012), S. 937 f.; Reilly/Schweihs (1999), S. 380 ff.; Smith/Parr (2005), S. 19 ff., 181,
      268 f.; Johnson/Petrone (1998), S. 294 ff.
501   Ausführlich Moser (2013a), S. 285 ff.
502   Ausdrücklich IFRS 3.B37.
503   Vgl. bereits 2.6.5.1. Dieser Gedanke findet sich im Ansatz auch bei Reilly/Schweihs (1999) S. 382, 390 f. Ein
      Anhaltspunkt für den Niederschlag zukünftiger immaterieller Vermögenswerte im Goodwill ergibt sich auch
      aus IFRS 3.B38, wonach beispielsweise »potential contracts the acquiree is negotiation with prospective new
      customers at the acquisition date« dem Goodwill zuzuordnen sind.
504   Siehe zu dieser Komponente auch Smith/Parr (2005), S. 19 f.

- Synergiepotenziale, die mit einem der Analyse zugrundliegenden Unternehmenszusammenschluss verbunden sind.[505]

Im Folgenden werden zunächst diese Komponenten im Einzelnen[506] betrachtet (5.3.2 bis 5.3.4). Sodann wird der Einfluss dargelegt, den abschreibungsbedingte Steuervorteile und latente Steuern auf die Höhe des Goodwill ausüben (5.3.5). Abschließend wird der Einfluss, der von der Identifikation der Vermögenswerte auf Höhe und Zusammensetzung des Goodwill ausgeht, untersucht (5.3.6).

5.3.2 Werte der nicht bilanzierungsfähigen und der zukünftig geplanten Vermögenswerte

Unter 2.6.5.1 wurde dargelegt, dass die Werte der nicht bilanzierungsfähigen Vermögenswerte und die Werte der zukünftig geplanten Vermögenswerte den originären Goodwill – erforderlichenfalls unter Einbeziehung der bei Anwendung der MPEEM unter Zugrundelegung modellexogen vorgegebener vermögenswertspezifischer Zinssätze auftretenden Bewertungsdifferenz – vollständig erklären. Der Vergleich der dort eingeführten Beziehung für den originären Goodwill GW_t^o, die unter Einbeziehung von latenten Steuern und bei Bewertung der Vermögenswerte mit deren beizulegenden Zeitwerten in den Ausdruck

$$GW_t^o = V_t^{FV} + DT_t^p - \sum_{i=1}^{k} V_{i,t}^{FV} - DT_t^a$$

überführt werden kann, mit der unter 5.2.4.4 für den derivativen Goodwill dargelegten Beziehung

$$GW_t^d = CT^{FV} + \sum_{j=1}^{o} L_{j,t}^{FV} + DT_t^p - \sum_{i=1}^{k} V_{i,t}^{FV} - DT_t^a$$

führt zu dem Ausdruck

$$GW_t^d - GW_t^o = CT^{FV} + \sum_{j=1}^{o} L_{j,t}^{FV} - V_t^{FV}$$

Bei Bewertung des Vermögenswertes i = n mittels der Residual-Value-Methode ergibt sich mit

$$GW_t^o = \sum_{i=k+1}^{k+l} V_{i,t}^{FV} + \sum_{i=k+l+1}^{n} V_{i,t}^{FV} - DT_t^a + DT_t^p$$

---

505 Siehe hierzu vor allem Alvarez/Biberacher (2002), S. 346 ff.

506 Im Schrifttum wird demgegenüber zumeist bezweifelt, dass eine Zerlegung des Goodwill in dessen Komponenten möglich ist. So etwa Moxter (1979), S. 746; Küting (2008), S. 1796 mw.N.; Küting (2009), S. 1864; Brösel/Zwirner (2009), S. 191; Brösel/Müller (2007), S. 35. Beispielsweise führt Küting (2008), S. 1796, ähnlich auch ders. (2009), S. 1864, aus, dass »eine Aufteilung auf diese Bestandteile (die Wertkomponenten des Goodwill; Einf. d. Verf.) in der Praxis nur in seltenen Ausnahmefällen gelingen« wird.

die Beziehung

$$GW_t^d = \sum_{i=k+1}^{k+l} V_{i,t}^{FV} + \sum_{i=k+l+1}^{n} V_{i,t}^{FV} + CT^{FV} + \sum_{j=1}^{o} L_{j,t}^{FV} + DT_t^p - V_t^{FV} - DT_t^a$$

Die Beziehung zeigt, dass der derivative Goodwill zu erklären ist durch die
- beizulegenden Zeitwerte der nicht bilanzierungsfähigen Vermögenswerte, durch die
- beizulegenden Zeitwerte der zukünftig geplanten Vermögenswerte, durch die
- Differenz aus beizulegendem Zeitwert der entrichteten Gegenleistung zuzüglich beizulegenden Zeitwerten der übernommenen Schulden und beizulegendem Zeitwert des erworbenen Unternehmens sowie durch die
- latenten Steuern.

Damit ist aufgezeigt, dass die hier betrachteten Vermögenswerte Bestandteile des derivativen Goodwill darstellen und deren beizulegenden Zeitwerte zu dessen Erklärung beitragen.

Im unteren Teil von Tabelle 5-1 wird dargelegt, dass der derivative Goodwill – unter zusätzlicher Berücksichtigung der Anpassung des Working Capital an dessen beizulegenden Zeitwert – durch die genannten Komponenten zu erklären ist.

5.3.3   Going-Concern-Element des Goodwill

5.3.3.1 Überblick

Im Folgenden wird zunächst das den Untersuchungen zugrunde zu legende Verständnis des Going-Concern-Elements des Goodwill abgegrenzt (5.3.3.2). Sodann wird das diesem Verständnis folgende Going-Concern-Element bei Bewertung eines ausgewählten Vermögenswertes mittels der Residual-Value-Methode analysiert (5.3.3.3). Anschließend wird die Untersuchung bei Bewertung dieses Vermögenswertes mittels der MPEEM durchgeführt (5.3.3.4).

5.3.3.2 Abgrenzung des Going-Concern-Elementes des Goodwill

5.3.3.2.1 Ausgewählte Auffassungen im Schrifttum

IFRS 3.BC 313[507] führt zum Going-Concern-Element aus, dass dieses »represents the ability of the established business to earn a higher rate of return on an assembled collection of net assets than would be expected if those net assets had to be acquired separately«. Zur weiteren Erläuterung dieser Komponente wird darauf verwiesen, dass ihr Synergien, die aus dem Zusammenwirken der Vermögenswerte des Unternehmens resultieren, sowie andere Vorteile, die etwa mit Marktunvollkommenheiten verbunden sind, zugrunde liegen können.[508]

---

507 Siehe hierzu bereits Johnson/Petrone (1998), S. 295 f.; dieser Definition folgen auch Casta/Paugam/Stolowy (2011).

508 Reilly/Schweihs (1999), S. 382, 389 f., und Smith/Parr (2005), S. 20 f., gehen ebenfalls davon aus, dass das Vorliegen von derartigem »Excess Economic Income« bzw. von derartigen »Excess Earnings« sich im Goodwill niederschlägt; sie ordnen diese Komponente jedoch nicht dem Going-Concern-Element zu.

Wöhe[509] zielt mit dem Kapitalisierungsmehrwert im Grundsatz ebenfalls auf Synergien ab, die aus dem Zusammenwirken der Vermögenswerte des Unternehmens resultieren. Er geht von der Überlegung aus, dass der Wert, der einem Vermögenswert[510] »bei der Fortführung des Betriebes im Rahmen der Kombination aller Vermögensgegenstände des Betriebes«[511] zukommt,[512] höher (oder niedriger) sein kann, als der Wert, mit dem dieser Vermögenswert bei der Ableitung des Goodwill anzusetzen ist.[513] Die Summe dieser Differenzen kommt im Kapitalisierungsmehrwert zum Ausdruck.

Reilly/Schweihs[514] und Smith/Parr[515] rechnen dem »Going Concern Value« bzw. dem »Going Concern Value Element« den Wert zu, der daraus resultiert, dass eine Einheit, der Vermögenswerte zugeordnet sind, so organisiert ist, dass sie in der Lage ist, ihre unternehmerische Tätigkeit aufzunehmen, dies jedoch noch nicht getan hat. Reilly/Schweihs[516] sprechen deswegen auch von der Goodwill-Komponente »existence of assets in place and ready to use« und erläutern, dass »(t)he fact that all elements of a business enterprise are physically and functionally assembled creates value«. Smith/Parr[517] geben für die »elements of a going concern in place« eine Reihe von Beispielen, etwa die Beziehungen zu und Verträge mit den verschiedenen Partnern des Unternehmens, Produktdesigns sowie Arbeitsanweisungen.

5.3.3.2.2 Verständnis des Going-Concern-Elements

Den Untersuchungen unter 5.3.3.3 und 5.3.3.4 wird das Verständnis des Going-Concern-Elements zugrunde gelegt, dem IFRS 3.BC313 folgt. Wöhe geht zwar im Ergebnis von einem nahezu gleichen Verständnis aus; er nimmt jedoch die Einschränkung vor, dass der Kapitalisierungsmehrwert daraus resultiert, dass dieser im Wert der Vermögenswerte zum Ausdruck kommt.[518] Eine Notwendigkeit für diese Einschränkung ist nicht erkennbar.

Dem Verständnis des Going-Concern-Elements, dem Reilly/Schweihs und Smith/Parr folgen, kommt demgegenüber keine eigenständige Bedeutung zu: Mit den »elements of a going concern in place« sind regelmäßig nicht bilanzierungsfähige immaterielle Vermögenswerte verbunden, die bei der Erklärung des Goodwill gesondert berücksichtigt werden. In den Fällen, in denen »elements of a going concern in place« vorliegen, die weder bilanzierungsfähige noch nicht bilanzierungsfähige Vermögenswerte darstellen, bietet es sich an, diese – sofern sie nicht von untergeordneter Bedeutung sind – wie nicht bilanzierungsfähige immaterielle Vermögenswerte zu behandeln.[519]

---

509 Zum Folgenden vgl. Wöhe (1980), S. 89–108, insbes. S. 92, 97, 99.

510 Wöhe bezieht sich in dem bei ihm gegebenen Zusammenhang auf Vermögensgegenstände bzw. Wirtschaftsgüter.

511 Wöhe (1980), S. 97.

512 Dies ist nach Wöhe der Ertragswert des betrachteten Vermögenswerts.

513 Bei Wöhe handelt es sich hierbei um Wiederbeschaffungskosten, da dessen Betrachtungen grundsätzlich materielle Vermögenswerte zugrunde liegen.

514 Siehe Reilly/Schweihs (1999), S. 382, 389 f.

515 Vgl. Smith/Parr (2005), S. 20 f., 268.

516 Siehe Reilly/Schweihs (1999), S. 381, S. 387.

517 Smith/Parr (2005), S. 20.

518 Vgl. Wöhe (1980), S. 92 ff.

519 Smith/Parr (2005), S. 20, 268, weisen darauf hin, dass die »elements of a going concern in place« ganz überwiegend mittels des Cost Approach bewertet werden können.

Abschließend ist anzumerken, dass die in IFRS 3.BC313 genannten Beispiele für Markt-unvollkommenheiten, die zu anderen Vorteilen – als Basis der das Going-Concern-Element kennzeichnenden Überverzinsung – führen können, nicht zu überzeugen vermögen. Dort wird auf die »ability to earn monopoly profits and barriers to market entry … by potential competitors« verwiesen. Derartige Vorteile stehen regelmäßig in Zusammenhang mit Wettbewerbsvorteilen, denen wiederum ganz überwiegend immaterielle Vermögenswerte zugrunde liegen.[520] Da immaterielle Vermögenswerte bei der Goodwill-Ableitung anzuset-zen sind, können sie nicht zu der angesprochenen Überverzinsung führen.

5.3.3.2.3 Going-Concern-Elemente als Mehr-/Minderverzinsung der bilanzierungsfähigen und der nicht bilanzierungsfähigen Vermögenswerte

Das den Betrachtungen zugrunde gelegte Verständnis des Going-Concern-Elements setzt voraus, dass die Verzinsung des in die bilanzierungsfähigen und die nicht bilanzierungsfä-higen Vermögenswerte des Unternehmens investierten Kapitals, die sich bei deren Zusam-menwirken ergibt,[521] die Summe der Verzinsungen des in diese Vermögenswerte investier-ten Kapitals – ohne Berücksichtigung von deren Zusammenwirken – übersteigt. IFRS 3.BC313 geht einschränkend vom Vorliegen einer Mehrverzinsung aus und lässt mögliche Minderverzinsungen außer Betracht. Da hierfür Gründe nicht ersichtlich sind, wird im Fol-genden auch die Möglichkeit des Auftretens von Minderverzinsungen zugelassen.

Unter Einbeziehung aller bilanzierungsfähigen und aller nicht bilanzierungsfähigen Vermögenswerte kann die Verzinsung des in diese Vermögenswerte investierten Kapitals bei deren Zusammenwirken R_{t+1}^{EV} für alle t = 0 bis ∞ durch die Beziehung

$$R_{t+1}^{EV} = V_t \cdot r_{t+1}$$

erfasst werden. Die Verzinsung des in diese Vermögenswerte investierten Kapitals bei Außerachtlassung von deren Zusammenwirken $R_{t+1}^{\Sigma Assetsex}$ ergibt sich aus der Beziehung

$$R_{t+1}^{\Sigma Assetsex} = \sum_{i=1}^{k+l} V_{i,t} \cdot r_{i,t+1}$$

Auf dieser Grundlage ist die dem Going-Concern-Element nach der zugrunde gelegten Definition zuzurechnende Mehr-/Minderverzinsung der bilanzierungsfähigen und nicht bilanzierungsfähigen Vermögenswerte R_{t+1}^{GC} bestimmt durch den Ausdruck

$$R_{t+1}^{GC} = R_{t+1}^{EV} - R_{t+1}^{\Sigma Assetsex} = V_t \cdot r_{t+1} - \sum_{i=1}^{k+l} V_{i,t} \cdot r_{i,t+1}$$

---

520 Zur Analyse immaterieller Vermögenswerte siehe 2.2.3.
521 Im Unterschied zu der folgenden Analyse, der eine Entity-Betrachtung zugrunde liegt, geht IFRS 3.BC313 von der Verzinsung des Reinvermögens aus.

5.3.3.3 Analyse des Going-Concern-Elements bei Anwendung der Residual-Value-Methode

Bei Anwendung der Residual-Value-Methode zur Bewertung des Vermögenswertes i = n kann die Verzinsung des in das Unternehmen investierten Kapitals – unter den unter 2.6.3.2 genannten Annahmen – vollständig durch die Summe der Verzinsungen des in alle Vermögenswerte des Unternehmens investierten Kapitals erklärt werden. Mit

$$V_t \cdot \mathrm{r}_{t+1} = V_t^{RV} \cdot r_{t+1}^{RV} + \sum_{i=1}^{n-1} V_{i,t} \cdot \mathrm{r}_{i,t+1}$$

kann der Ausdruck für R_{t+1}^{GC} überführt werden in die Beziehung

$$R_{t+1}^{GCRV} = R_{t+1}^{EV} - R_{t+1}^{\Sigma Assetsex} = V_t^{RV} \cdot r_{t+1}^{RV} + \sum_{i=k+l+1}^{n-1} V_{i,t} \cdot \mathrm{r}_{i,t+1}$$

Die Beziehung zeigt, dass die – entsprechend der von IFRS 3.BC313 gegebenen Definition des Going-Concern-Elements abgegrenzte – Mehr-/Minderverzinsung der bilanzierungsfähigen und nicht bilanzierungsfähigen Vermögenswerte R_{t+1}^{GCRV} gleich der Summe der Verzinsungen der Werte der zukünftig geplanten Vermögenswerte ist. Da die zukünftig geplanten Vermögenswerte investiertes Kapital, das zu verzinsen ist, zum Ausdruck bringen, ist eine Zurechnung der Verzinsung des in diese Vermögenswerte investierten Kapitals zu den bilanzierungsfähigen und nicht bilanzierungsfähigen Vermögenswerten als Mehr-/Minderverzinsung nicht begründbar. Dies bedeutet, dass bei Anwendung der Residual-Value-Methode das Going-Concern-Element des Goodwill nicht abgrenzbar ist.

Die Zurechnung der abgeleiteten Differenzverzinsung R_{t+1}^{GCRV} zu den bilanzierungsfähigen und nicht bilanzierungsfähigen Vermögenswerten als Mehr-/Minderverzinsung kann auch nicht auf die Ergebnisse der Untersuchungen des Wertbeitrages der zukünftig geplanten Vermögenswerte unter 2.6.2.2 gestützt werden. Dort wurde u. a. dargelegt, dass die Werte der zukünftig geplanten Vermögenswerte möglicherweise im Zusammenwirken der bilanzierungsfähigen und nicht bilanzierungsfähigen Vermögenswerte im Unternehmen begründet sind.[522] Das Zusammenwirken dieser Vermögenswerte führt jedoch nicht zu einer Mehr-/Minderverzinsung der bilanzierungsfähigen und nicht bilanzierungsfähigen Vermögenswerte des Unternehmens; vielmehr bewirkt dieses, dass zukünftigen Vermögenswerten (positive oder negative) Werte zukommen, mit denen jeweils eine entsprechende Verzinsung des in sie investierten Kapitals verbunden ist.

Tabelle 5-4 legt für BU2 dar, dass die die Verzinsung des in die bilanzierungsfähigen und nicht bilanzierungsfähigen Vermögenswerte investierten Kapitals übersteigende Verzinsung des in das Unternehmen investierten Kapitals vollständig durch die Verzinsung des in die zukünftig geplanten Vermögenswerte investierten Kapitals erklärt werden kann.

---

522 Diese Erklärung legen auch die Ergebnisse der Untersuchung von Casta/Paugam/Stolowy (2011) nahe.

Tab. 5-4: Erklärung der Mehr-/Minderverzinsung bei Bewertung der zukünftigen Kundenbeziehungen mittels der Residual-Value-Methode

Year	2017	2018	2019	2020	2021	2022	2023	2024	2025	2026	2027	2028	2029	2030	2031	2032
Return on Entity Value	48,0	48,3	48,0	50,5	48,9	46,4	48,6	47,6	48,7	45,7	45,6	47,0	45,5	45,5	45,4	45,2
less Return on																
Customer Relationship Acquired	-9,6	-9,3	-8,7	-8,0	-7,5	-6,9	-6,1	-5,2	-4,3	-3,5	-2,5	-1,5	-0,8	-0,3	0,0	0,0
Core Technology Acquired	-14,0	-12,9	-11,6	-10,1	-8,4	-6,5	-4,5	-2,1	0,0	0,0	0,0	0,0	0,0	0,0	0,0	0,0
Process Technology	-1,8	-1,6	-1,5	-1,3	-1,1	-0,8	-0,6	-0,3	0,0	0,0	0,0	0,0	0,0	0,0	0,0	0,0
Trademark	-1,8	-1,8	-1,8	-1,8	-1,8	-1,8	-1,8	-1,8	-1,8	-1,7	-1,7	-1,7	-1,7	-1,6	-1,6	-1,6
CA Software	-0,5	-0,6	-0,5	-0,4	-0,3	-0,1	-0,6	-0,6	-0,5	-0,4	-0,4	-0,5	-0,4	-0,4	-0,2	-0,1
MA Software	-0,3	-0,2	-0,2	-0,1	-0,1	-0,9	-0,8	-0,7	-0,7	-0,6	-0,5	-0,4	-0,4	-0,3	-0,2	-0,1
Assembled Workforce	-0,5	-0,5	-0,4	-0,4	-0,4	-0,4	-0,4	-0,4	-0,4	-0,4	-0,4	-0,4	-0,4	-0,4	-0,4	-0,4
Working Capital	-2,9	-3,5	-3,7	-3,7	-3,8	-3,9	-4,0	-4,0	-4,1	-4,1	-4,1	-4,1	-4,1	-4,1	-4,1	-4,1
Land	-2,7	-2,7	-2,7	-2,7	-2,7	-2,7	-2,7	-2,7	-2,7	-2,7	-2,7	-2,7	-2,7	-2,7	-2,7	-2,7
Tangible Fixed Assets	-5,7	-5,0	-4,9	-7,0	-6,1	-4,0	-5,7	-5,4	-6,8	-4,8	-5,0	-6,2	-5,3	-5,5	-5,7	-5,7
Excess	8,2	10,1	12,0	14,8	16,7	18,3	21,5	24,2	27,3	27,4	28,3	29,5	29,8	30,2	30,4	30,4
less Return on																
Customer Relationship new	-6,7	-7,6	-8,3	-9,7	-10,0	-10,0	-11,3	-12,0	-13,3	-13,4	-14,2	-15,4	-15,7	-16,1	-16,4	-16,4
Core Technology new	-1,5	-2,6	-3,8	-5,1	-6,6	-8,3	-10,2	-12,2	-14,1	-14,1	-14,1	-14,1	-14,1	-14,1	-14,1	-14,1
Difference	0,0	0,0	0,0	0,0	0,0	0,0	0,0	0,0	0,0	0,0	0,0	0,0	0,0	0,0	0,0	0,0

5.3.3.4 Analyse des Going-Concern-Elements bei Anwendung der MPEEM

Unter 5.3.3.3 wurde aufgezeigt, dass – bei Bewertung des Vermögenswertes i = n mittels der Residual-Value-Methode – in Höhe der Verzinsung des in die zukünftig geplanten Vermögenswerte investierten Kapitals eine Mehr-/Minderverzinsung des in die bilanzierungsfähigen und nicht bilanzierungsfähigen Vermögenswerte investierten Kapitals nicht gegeben ist. Dementsprechend bietet es sich an, die Beziehung für R_{t+1}^{GCRV} um diese Verzinsung zu bereinigen. Bei Bewertung des Vermögenswertes i = n mittels der MPEEM wird diese

Verzinsung durch den Ausdruck $R_{t+1}^{\Sigma Assetsnew} = V_t^{MPEEM} \cdot r_{t+1}^{MPEEM} + \sum\limits_{i=k+l+1}^{n-1} V_{i,t} \cdot r_{i,t+1}$ beschrieben. Nach Bereiniging ergibt sich die Beziehung

$$R_{t+1}^{GCMPEEM} = R_{t+1}^{CGRV} - R_{t+1}^{\Sigma Assetsnew}$$

bzw.

$$R_{t+1}^{GCMPEEM} = V_t \cdot r_{t+1} - V_t^{MPEEM} \cdot r_{t+1}^{MPEEM} - \sum\limits_{i=1}^{n-1} V_{i,t} \cdot r_{i,t+1}$$

Durch Einsetzen der unter 2.6.3.2 eingeführten Beziehung

$$V_t \cdot r_{t+1} = V_t^{RV} \cdot r_{t+1}^{RV} + \sum\limits_{i=1}^{n-1} V_{i,t} \cdot r_{i,t+1}$$

in die Beziehung für $R_{t+1}^{GCMPEEM}$ ergibt sich der Ausdruck

$$R_{t+1}^{GCMPEEM} = V_{n,t}^{RV} \cdot r_{n,t+1}^{RV} - V_{n,t}^{MPEEM} \cdot r_{n,t+1}^{MPEEM}$$

Die Beziehung zeigt, dass eine Mehr-/Minderverzinsung auftritt, die gleich der Differenz aus der Verzinsung des in den Vermögenswert i = n investierten Kapitals bei dessen Bewertung mittels Residual-Value-Ansatz und der Verzinsung des in diesen Vermögenswert investierten Kapitals bei Anwendung der MPEEM ist. Die Herleitung des Ausdrucks macht deutlich, dass dieser Zusammenhang darin begründet ist, dass die Verzinsung des in alle anderen Vermögenswerte investierten Kapitals unabhängig von der Bewertung des Vermögenswertes i = n ist.

Tabelle 4-17 zeigt, dass bei Bewertung der zukünftig geplanten Kundenbeziehungen von BU2 mittels der MPEEM unter Zugrundelegung eines modellexogenen vermögenswertspezifischen Zinssatzes die Verzinsung des in das Unternehmen investierten Kapitals nicht mehr vollständig erklärt werden kann. Der verbleibende Differenzbetrag ist – dies ergibt sich aus Tabelle 4-19 – gleich der Veränderung des Unterschiedsbetrages zwischen dem mittels der Residual-Value-Methode und dem mittels der MPEEM bestimmten Wert der zukünftigen Kundenbeziehungen.

Unter 2.6.4.3.3 wurde dargelegt, dass die Differenz zwischen der Verzinsung des in den Vermögenswert i = n investierten Kapitals bei dessen Bewertung mittels Residual-Value-Ansatz und der Verzinsung des in diesen Vermögenswert investierten Kapitals bei Anwendung der MPEEM gleich der Veränderung der Bewertungsdifferenz $\varepsilon_{n,t+1}^{MPEEM}$ gegenüber der Vorperiode $\varepsilon_{n,t}^{MPEEM}$ ist. Es gilt

$$V_{n,t}^{RV} \cdot r_{n,t+1}^{RV} - V_{n,t}^{MPEEM} \cdot r_{n,t+1}^{MPEEM} = \varepsilon_{n,t+1}^{MPEEM} - \varepsilon_{n,t}^{MPEEM}$$

Diese Beziehung wurde überführt in den Ausdruck

$$V_{n,t}^{RV} \cdot r_{n,t+1}^{RV} + \left(V_{n,t}^{RV} - V_{n,t+1}^{RV}\right) = V_{n,t}^{MPEEM} \cdot r_{n,t+1}^{MPEEM} + \left(V_{n,t}^{MPEEM} - V_{n,t+1}^{MPEEM}\right)$$

der zeigt, dass Residual-Value-Methode und MPEEM dem Bewertungsobjekt den gleichen Einkommensbetrag zuweisen. Da sich das Einkommen eines Bewertungsobjektes aus den beiden Komponenten Verzinsung und Veränderung des investierten Kapitals zusammensetzt, resultiert aus dieser Einkommensgleichheit, dass einer bei Anwendung der MPEEM im Vergleich zur Anwendung der Residual-Value-Methode auftretenden Differenz bei der Veränderung des investierten Kapitals eine betragsmäßig gleich hohe Differenz bei der Verzinsung des investierten Kapitals gegenübersteht. Aus der Einkommensgleichheit folgt weiter, dass die Differenzen bei der Verzinsungs- bzw. Veränderungskomponente nicht aus Einkommensdifferenzen resultieren können, sondern ausschließlich auf die den beiden Bewertungen dieses Vermögenswerts zugrunde gelegten vermögenswertspezifischen Zinssätze zurückzuführen sind.[523]

Damit ist aufgezeigt, dass eine Verzinsungsdifferenz, die bei Bewertung des Vermögenswertes i = n mittels der MPEEM auftritt, aus der modellexogenen Vorgabe eines vermögenswertspezifischen Zinssatzes ($r_{n,t+1}^{MPEEM}$), der vom modellendogen bestimmten Zinssatz ($r_{n,t+1}^{RV}$) abweicht, resultiert. Diese Verzinsungsdifferenz ist dementsprechend – unter den der Analyse zugrunde liegenden Annahmen – nicht auf das Zusammenwirken der bilanzierungsfähigen und nicht bilanzierungsfähigen Vermögenswerte des betrachteten Unternehmens zurückzuführen. Folglich scheidet die Zuordnung des – mit der Verzinsungsdifferenz verbundenen – Differenzbetrags $\varepsilon_{n,t}^{MPEEM}$ zum Going-Concern-Element aus. Dieser Differenzbetrag stellt – dies wurde unter 2.6.4.3.2 dargelegt – eine Bewertungsdifferenz dar.

In Tabelle 5-5 werden die den zukünftigen Kundenbeziehungen bei deren Bewertung mittels der Residual-Value-Methode zuzuordnenden Excess Earnings abgeleitet. Diesen Excess Earnings werden die Excess Earnings gegenübergestellt, die der Bewertung dieses Vermögenswertes bei Anwendung der MPEEM zugrunde liegen. Der Vergleich macht deutlich, dass die Excess Earnings, die die Residual-Value-Methode den betrachteten Kundenbeziehungen zuordnet, gleich den Excess Earnings sind, die der Anwendung der MPEEM zugrunde liegen. Die Betrachtung legt weiter dar, dass bei den Komponenten Verzinsung und Veränderung des investierten Kapital Differenzen auftreten.

---

523 Bei Anwendung der Residual-Value-Methode ist zu beachten, dass sich, da die Excess Earnings nicht diskontiert werden, dieser Zinssatz als Implikation ergibt.

Tab. 5-5: Vergleich der Excess Earnings bei Bewertung der zukünftigen Kundenbeziehungen mittels der Residual-Value-Methode mit den Excess Earnings bei Anwendung der MPEEM

Year	2017	2018	2019	2020	2021	2022	2023	2024	2025	2026	2027	2028	2029	2030	2031	2032
Analysis of Excess Earnings																
Application Residual Value Method																
Return on Invested Capital	6,7	7,6	8,3	9,7	10,0	10,0	11,3	12,0	13,3	13,4	14,2	15,4	15,7	16,1	16,4	16,4
Incremental Invested Capital	-6,7	-6,8	-6,8	-7,9	-7,7	-7,0	-8,1	-8,1	-9,3	-7,7	-7,0	-6,8	-2,8	-1,4	-0,2	0,5
Excess Earnings	0,0	0,7	1,5	1,8	2,4	3,0	3,2	3,9	3,9	5,7	7,2	8,6	13,0	14,8	16,2	16,9
Application MPEEM																
Return on Invested Capital	6,7	7,4	8,1	8,8	9,5	10,3	11,0	11,9	12,7	13,7	14,5	15,3	16,0	16,3	16,5	16,5
Incremental Invested Capital	-6,7	-6,6	-6,6	-7,0	-7,1	-7,3	-7,8	-8,0	-8,8	-8,0	-7,3	-6,7	-3,1	-1,6	-0,3	0,3
Excess Earnings	0,0	0,7	1,5	1,8	2,4	3,0	3,2	3,9	3,9	5,7	7,2	8,6	13,0	14,8	16,2	16,9

5.3.4   Synergien als Bestandteil des Goodwill

5.3.4.1 Überblick

Im Folgenden wird untersucht, inwieweit der originäre Goodwill (5.3.4.2) und der derivative Goodwill (5.3.4.3) durch Synergien erklärt werden können.

5.3.4.2 Berücksichtigung von Synergien bei der Erklärung des originären Goodwill

Synergien[524] können sich – bei Betrachtung von Unternehmenszusammenschlüssen – in allen Komponenten der – als Free Cashflow verstandenen – Einkommen der beteiligten Unternehmen sowie in deren gewichteten Kapitalkosten niederschlagen. Typische Beispiele für Synergien sind Umsatz- und Kostensynergien[525] sowie aus Diversifikationen resultierende Synergien.

Einkommen und Kapitalkosten eines betrachteten Unternehmens stellen – dies wurde unter 4.5.2 dargelegt – die Ausgangsdaten der Ableitung des als Entity Value verstandenen Wertes dieses Unternehmens sowie der Bewertung von dessen immateriellen Vermögenswerten dar. Da der Entity Value und die Werte der immateriellen Vermögenswerte aus diesen Daten abgeleitet werden, gehen die in den Ausgangsdaten erfassten Synergien unmittelbar in die Wertermittlungen ein. Beispielsweise führen positive Umsatzsynergien sowie synergiebedingte Erhöhungen der EBITA-Marge c.p. zu höheren Free Cashflows, zu höheren umsatzbezogen ermittelten ersparten Lizenzzahlungen sowie zu höheren Excess Earnings. Der Entity Value ist dementsprechend durch die berücksichtigten Synergien bestimmt und wird – wie dargelegt – durch die Werte der Vermögenswerte, die gleichfalls durch die Synergien bestimmt sind, erklärt.

Der originäre Goodwill kann – wie unter 2.6.5 dargelegt – durch die beizulegenden Zeitwerte der nicht bilanzierungsfähigen Vermögenswerte und die beizulegenden Zeitwerte der zukünftig geplanten Vermögenswerte – erforderlichenfalls unter Einbeziehung der bei Anwendung der MPEEM unter Zugrundelegung modellexogen vorgegebener vermögenswertspezifischer Zinssätze auftretenden Bewertungsdifferenz – vollständig erklärt werden. Damit schlagen sich im originären Goodwill Synergien insoweit nieder, als sie in die beizulegenden Zeitwerte der genannten Vermögenswerte eingegangen sind. Die Erklärung des originären Goodwill erfordert dennoch keine gesonderte Erfassung dieser Synergien, da die Erklärung bereits durch die beizulegenden Zeitwerte dieser Vermögenswerte gegeben ist.

In Tabelle 5-6 werden den beizulegenden Zeitwerten der Vermögenswerte von BU2 sowie dem unter Zugrundelegung der Annahmen der Market Participants bestimmten Entity Value der Geschäftseinheit die Werte gegenübergestellt, die sich für diese Vermögenswerte sowie das Unternehmen bei Nichteinbeziehung der Market-Participant-Syner-

---

524   Das Verständnis von PPD IVS 104.190.1 von Synergien wurde unter 3.2.3.4.4 dargelegt. Zu Synergien siehe z. B. Angermayer-Michler/Oser (2012), S. 1101 ff.

525   Vgl. auch PPD IVS 104.190.1 ff.

gien ergeben. Die so abgegrenzten, den zukünftig geplanten Kundenbeziehungen und den Nachfolgegenerationen der Basistechnologie zuzuordnenden Synergien haben sich – als Komponente der Werte dieser Vermögenswerte – im originären Goodwill niedergeschlagen. Die beizulegenden Zeitwerte der Vermögenswerte von BU2 sowie der zugehörige Entity Value wurden aus Tabelle 4-16 übernommen. Auf die Darstellung der Ableitung der Werte der Vermögenswerte von BU2 sowie des Entity Value der Geschäfteinheit bei Nichteinbeziehung der Market-Participant-Synergien wird verzichtet, da die Ableitung dieser Werte der Bestimmung der Werte unter Zugrundelegung der Annahmen der Market Participants folgt und deswegen mit deren Wiedergabe keine zusätzlichen Erkenntnisse verbunden sind. Beide Vorgehensweisen unterscheiden sich lediglich durch die Einbeziehung bzw. Nichtberücksichtigung der sich aus Tabelle 4-7 ergebenden Market-Participant-Synergien.

Tab. 5-6: Analyse der im originären Goodwill erfassten Synergien

Analysis of Synergies Mio. EUR	Market Participant	ex Synergies	Difference	Part of Goodwill
Customer Relationship				
Acquired	99,7	80,0	19,7	
Residual				
Customer Relationship NEW	62,4	47,9	14,5	14,5
Core Technology	157,3	154,7	2,6	
Core Technology NEW	15,7	12,4	3,3	3,3
Process Technology	19,9	19,5	0,3	
Trademark	23,1	23,1	0,0	
CA Software	6,9	6,8	0,0	
MA-Software	4,2	4,2	0,0	
Assembled Workforce BU 2	6,7	6,7	0,0	
Working Capital BU 2	75,0	75,0	0,0	
Land	40,0	40,0	0,0	
Tangible Fixed Assets BU 2	100,0	100,0	0,0	
Total	610,7	570,3	40,4	17,7
Entity Value incl. Amortization	610,9	570,6	40,4	

5.3.4.3 Berücksichtigung von Synergien bei der Erklärung des derivativen Goodwill

Ableitung des derivativen Goodwill aus dem originären Goodwill

Die unter 5.3.2 eingeführte Beziehung

$$GW_t^d - GW_t^o = CT^{FV} + \sum_{j=1}^{o} L_{j,t}^{FV} - V_t^{FV}$$

zeigt, dass der derivative Goodwill aus dem originären Goodwill abgeleitet werden kann. Hierzu ist die Differenz aus beizulegendem Zeitwert der entrichteten Gegenleistung zuzüglich den beizulegenden Zeitwerten der übernommenen Schulden und dem beizulegenden Zeitwert des in das erworbene Unternehmen investierten Kapitals dem originären Goodwill hinzuzurechnen.

Analyse unter Zugrundelegung einer vereinfachenden Annahme
Unter Zugrundelegung der vereinfachenden Annahme, dass der beizulegende Zeitwert der erbrachten Gegenleistung zuzüglich der beizulegenden Zeitwerte der übernommenen Schulden gleich dem unter Einbeziehung der erwerberspezifischen Synergien ermittelten Entity Value V_t^{ES} ist, kann die Beziehung für $GW_t^d - GW_t^o$ mit

$$V_t^{ES} = CT^{FV} + \sum_{j=1}^{o} L_{j,t}^{FV}$$

umgeformt werden in den Ausdruck

$$GW_t^d - GW_t^o = V_t^{ES} - V_t^{FV}$$

Der unter Einbeziehung der erwerberspezifischen Synergien ermittelte Entity Value kann – den Betrachtungen unter 2.6.3.1 bzw. 2.6.4.3.2 sowie unter 5.3.4.2 folgend – durch die unter Berücksichtigung der erwerberspezifischen Synergien abgeleiteten Werte der Vermögenswerte des betrachteten Unternehmens – erforderlichenfalls unter Einbeziehung der bei Anwendung der MPEEM unter Zugrundelegung modellexogen vorgegebener vermögenswertspezifischer Zinssätze auftretenden Bewertungsdifferenz – vollständig erklärt werden. Bei Bewertung des Vermögenswertes i = n mittels der Residual Value-Methode[526] gilt

$$V_t^{ES} = \sum_{i=1}^{n} V_{i,t}^{ES}$$

Durch Einsetzen dieser Beziehung sowie der Beziehung

$$V_t^{FV} = \sum_{i=1}^{n} V_{i,t}^{FV}$$

in den Ausdruck $GW_t^d - GW_t^o$ ergibt sich die Beziehung

$$GW_t^d - GW_t^o = \sum_{i=1}^{n} V_{i,t}^{ES} - \sum_{i=1}^{n} V_{i,t}^{FV}$$

Die Beziehung legt dar, dass sich originärer und derivativer Goodwill durch die Differenzen zwischen den unter Einbeziehung erwerberspezifischer Synergien ermittelten Werten der Vermögenswerte und den unter Berücksichtigung von Market-Participant-Synergien

---

526 Auf die Darstellung der Analyse bei der Bewertung des Vermögenswertes i = n mittels der MPEEM wird verzichtet, da diese Betrachtung zu keinen zusätzlichen Erkenntnissen führt.

abgeleiteten beizulegenden Zeitwerten der Vermögenswerte unterscheiden. Bei Bezeichnung der Summe dieser Differenzen mit $\Delta Syn_{i,t}^{ES-FV}$ mit

$$\Delta Syn_{i,t}^{ES-FV} = \sum_{i=1}^{n} V_{i,t}^{ES} - \sum_{i=1}^{n} V_{i,t}^{FV}$$

ergibt sich der Ausdruck

$$GW_t^d - GW_t^o = \Delta Syn_{i,t}^{ES-FV}$$

Tabelle 5-7 betrachtet den Fall, dass die Erwerber AG davon ausgeht, dass sie auf Ebene von BU2 erwerberspezifische Synergien erzielen kann. In der Tabelle werden den beizulegenden Zeitwerten der Vermögenswerte von BU2 sowie dem unter Zugrundelegung der Annahmen der Market Participants bestimmten Entity Value der Geschäftseinheit die Werte gegenübergestellt, die sich für diese Vermögenswerte sowie das Unternehmen bei Einbeziehung der erwerberspezifischen Synergien ergeben. Die Differenzbeträge bringen die – die Market-Participant-Synergien übersteigenden – erwerberspezifischen Synergien zum Ausdruck. Die beizulegenden Zeitwerte der Vermögenswerte von BU2 sowie der zugehörige Entity Value wurden aus Tabelle 4-16 übernommen. Auf die Darstellung der Ableitung der Werte der Vermögenswerte von BU2 sowie dem Entity Value der Geschäftseinheit bei Einbeziehung erwerberspezifischer Synergien wird verzichtet, da die Ableitung dieser Werte der Bestimmung der Werte unter Zugrundelegung der Annahmen der Market Participants folgt und deswegen ihre Wiedergabe zu keinen zusätzlichen Erkenntnissen führt. Beide Vorgehensweisen unterscheiden sich lediglich durch die einbezogenen Synergien.

Tab. 5-7: Analyse der im derivativen Goodwill erfassten Synergien

Analysis of Synergies Mio. EUR	Market Participant	Entity Specific	Difference
Customer Relationship			
Acquired	99,7	129,8	-30,1
NEW	62,4	84,3	-22,0
Core Technology	157,3	161,1	-3,8
Core Technology new	15,7	20,9	-5,2
Process Technology	19,9	20,3	-0,5
Trademark	23,1	23,1	0,0
CA Software	6,9	6,9	0,0
MA Software	4,2	4,2	0,0
Assembled Workforce BU 2	6,7	6,7	0,0
Working Capital BU 2	75,0	75,0	0,0
Land	40,0	40,0	0,0
Tangible Fixed Assets BU 2	100,0	100,0	0,0
Total	610,7	672,3	-61,6
Entity Value incl. Amortization	610,9	672,6	-61,7

In Tabelle 5-8, Spalte (1), wird der derivative Goodwill unter Zugrundelegung der Annahme, dass die von der Erwerber AG erbrachte Gegenleistung gleich dem unter Einbeziehung der auf Ebene von BU2 anfallenden, erwerberspezifischen Synergien ermittelten Entity Value ist, bestimmt und erklärt. Die Betrachtung zeigt, dass der derivative Goodwill vollständig aus dem originären Goodwill abgeleitet werden kann. Hierzu sind – unter Berücksichtigung der Anpassung des Working Capital an dessen beizulegenden Zeitwert – die Synergien, die in den sich aus Tabelle 5-7 ergebenden Differenzen zwischen den unter Zugrundelegung erwerberspezifischer Annahmen und den unter Zugrundelegung der Annahmen der Market Participants bestimmten Werten zum Ausdruck kommen, einzubeziehen.

Aufgabe der vereinfachenden Annahme

Bei Aufgabe der der Betrachtung zugrunde gelegten vereinfachenden Annahme, dass der beizulegende Zeitwert der erbrachten Gegenleistung zuzüglich der beizulegenden Zeitwerte der übernommenen Schulden gleich dem unter Einbeziehung der erwerberspezifischen Synergien ermittelten Entity Value V_t^{ES} ist, sind folgende Fälle zu unterscheiden:

Fall 1: Der unter Einbeziehung der erwerberspezifischen Synergien ermittelte Entity Value V_t^{ES} übersteigt den beizulegenden Zeitwert der erbrachten Gegenleistung zuzüglich der beizulegenden Zeitwerte der übernommenen Schulden.

Für

$$V_t^{ES} > CT^{FV} + \sum_{j=1}^{o} L_{j,t}^{FV}$$

ergibt sich mit $V_t^{ES} = CT^{FV} + \sum_{j=1}^{o} L_{j,t}^{FV} + X$

$$GW_t^d - GW_t^o = V_t^{ES} - X - V_t^{FV}$$

sowie nach den oben vorgenommenen Umformungen

$$GW_t^d - GW_t^o = \Delta Syn_{i,t}^{ES-FV} - X$$

mit $X > 0$.

Die Beziehung zeigt, dass dann, wenn der
*   derivative Goodwill den originären Goodwill übersteigt – es gilt $GW_t^d > GW_t^o$ und damit $\Delta Syn_{i,t}^{ES-FV} > X$ –, in den derivativen Goodwill nur ein Teilbetrag der Differenzen zwischen den unter Einbeziehung erwerberspezifischer Synergien ermittelten Werten und den unter Berücksichtigung von Market-Participant-Synergien abgeleiteten beizulegenden Zeitwerten eingeht; sowie dass dann, wenn der
*   derivative Goodwill den originären Goodwill unterschreitet – es gilt $GW_t^d < GW_t^o$ und damit $\Delta Syn_{i,t}^{ES-FV} < X$ –, die Differenzen aus den Werten einschließlich erwerberspezifischer Synergien und den bei Einbeziehung der Market-Participant-Synergien bestimmten beizulegenden Zeitwerten sich im derivativen Goodwill nicht niederschlagen. Der derivative Goodwill kann durch die beizulegenden Zeitwerte der nicht bilanzierungsfähigen und der zukünftig geplanten Vermögenswerte abzüglich des Betrages

$\Delta Syn_{i,t}^{ES-FV} >$ erklärt werden. Dieser Fall tritt dann ein, wenn der beizulegende Zeitwert der erbrachten Gegenleistung zuzüglich der beizulegenden Zeitwerte der übernommenen Schulden unter dem – unter Zugrundelegung der Annahmen der Market Participants ermittelten – Entity Value des übernommenen Unternehmens liegt. Dieses Ergebnis kann in vom Erwerber erfolgreich geführten Verhandlungen begründet sein.

In Tabelle 5-8, Spalten (2) und (3), wird der derivative Goodwill unter Zugrundelegung der Annahme, dass die von der Erwerber AG erbrachte Gegenleistung den unter Einbeziehung der erwerberspezifischen Synergien ermittelten Entity Value nicht erreicht, bestimmt und erklärt. Die Betrachtung zeigt, dass im Fall, dass der

- derivative Goodwill den originären Goodwill übersteigt, im derivativen Goodwill sich nur ein Teilbetrag der Synergien, die in den sich aus Tabelle 5-7 ergebenden Differenzen zwischen den unter Zugrundelegung erwerberspezifischer Annahmen und den unter Zugrundelegung der Annahmen der Market Participants bestimmten Werten zum Ausdruck kommen, niederschlägt; sowie im Fall, dass der
- derivative Goodwill den originären Goodwill nicht erreicht, im derivativen Goodwill sich nur ein Teilbetrag der beizulegenden Zeitwerte der nicht bilanzierungsfähigen Vermögenswerte (Mitarbeiterstamm) und der zukünftig geplanten Vermögenswerte (zukünftige Kundenbeziehungen sowie Nachfolgegenerationen der Basistechnologie) niederschlägt.

Fall 2: Der beizulegende Zeitwert der erbrachten Gegenleistung zuzüglich der beizulegenden Zeitwerte der übernommenen Schulden übersteigt den unter Einbeziehung der erwerberspezifischen Synergien ermittelten Entity Value V_t^{ES}.

Für

$$V_t^{ES} < CT^{FV} + \sum_{j=1}^{o} L_{j,t}^{FV}$$

ergibt sich mit $V_t^{ES} + Y = CT^{FV} + \sum_{j=1}^{o} L_{j,t}^{FV}$

$$GW_t^d - GW_t^o = V_t^{ES} + Y - V_t^{FV}$$

sowie nach den oben durchgeführten Umformungen

$$GW_t^d - GW_t^o = \Delta Syn_{i,t}^{ES-FV} + Y$$

mit Y > 0.

Die Beziehung legt dar, dass der derivative Goodwill durch den originären Goodwill und die Differenzen aus den unter Einbeziehung der betrachteten erwerberspezifischen Synergien bestimmten Werten und den beizulegenden Zeitwerten, in die die Market-Participant-Synergien eingegangen sind, nicht vollständig erklärt werden kann. Der zu diesem Ergebnis führende, beizulegende Zeitwert der erbrachten Gegenleistung kann in vom Erwerber erwarteten Synergien, die nicht beim erworbenen Unternehmen berücksichtigt, sondern auf Ebene des Erwerbers erfasst werden, begründet sein. Allerdings kann auch eine Überzahlung seitens des Erwerbers vorliegen.

In Tabelle 5-8, Spalte (4), wird der derivative Goodwill unter Zugrundelegung der Annahme, dass die von der Erwerber AG erbrachte Gegenleistung den unter Einbeziehung der – bei BU2 anfallenden – erwerberspezifischen Synergien ermittelten Entity Value über- steigt, bestimmt und erklärt. Die Betrachtung zeigt, dass der derivative Goodwill nur dann aus dem originären Goodwill abgeleitet werden kann, wenn neben den bei BU2 anfallen- den Synergien auch auf Ebene der Erwerber AG Synergien aus dem Unternehmenszusam- menschluss resultieren. Ansonsten ist davon auszugehen, dass die Erwerber AG einen zu hohen Kaufpreis bezahlt hat.

Tab. 5-8: Ableitung und Erklärung des derivativen Goodwill unter Berücksichtigung von Synergien

Mio. EUR	Consideration Transfered			
	equal	lower	significantly lower	higher
	Entity Value			
	(1)	(2)	(3)	(4)
Consideration Transferred	672,6	642,6	592,6	702,6
Assets Recognized	-526,0	-526,0	-526,0	-526,0
Step up Working Capital	-5,0	-5,0	-5,0	-5,0
Goodwill Acquired	141,6	111,6	61,6	171,6
Assets Not Recognized	-6,7	-6,7	-6,7	-6,7
Assets new	-78,0	-78,0	-78,0	-78,0
Adjustment			18,4	
Entity Specific less Market Participant Synergies	-61,6	-61,6	-61,6	-61,6
Adjustment		30,0	61,6	
Other Synergies / Overpayment				-30,0
Valuation Difference	-0,3	-0,3	-0,3	-0,3
Adjustment Step up Working Capital	5,0	5,0	5,0	5,0
Total	0,0	0,0	0,0	0,0
Percentage of Assets				
definite Lifetime	4,6%	5,8%	10,2%	3,8%
indefinite Lifetime	95,4%	94,2%	89,8%	96,2%

5.3.5 Einfluss abschreibungsbedingter Steuervorteile und latenter Steuern auf den originären Goodwill

Im Folgenden wird am Beispiel von BU2 der

- Einfluss abschreibungsbedingter Steuervorteile, der
- Einfluss latenter Steuern sowie der
- kombinierte Einfluss abschreibungsbedingter Steuervorteile und latenter Steuern

auf den originären Goodwill verdeutlicht.

Einfluss abschreibungsbedingter Steuervorteile auf den originären Goodwill

Der Einfluss abschreibungsbedingter Steuervorteile auf den originären Goodwill kann dadurch aufgezeigt werden, dass der Goodwill ausgehend

- vom Entity Value ohne Berücksichtigung der aus den Abschreibungen der erworbenen immateriellen Vermögenswerte resultierenden Steuervorteile und
- von den Werten dieser Vermögenswerte ohne Einbeziehung abschreibungsbedingter Steuervorteile sowie
- ohne den Ansatz latenter Steuern

bestimmt wird. Tabelle 5-9, Spalte (1), fasst dieses Vorgehen zusammen.

Der Entity Value ohne Berücksichtigung der aus den Abschreibungen der erworbenen immateriellen Vermögenswerte resultierenden Steuervorteile in Höhe von EUR 547,9 Mio. wird aus Tabelle 4-7 übernommen. Die Summe der beizulegenden Zeitwerte der angesetzten Vermögenswerte ergibt sich aus Tabelle 5-2, Spalte (1) mit EUR 531,0 Mio. und wird um die Summe der darin enthaltenen abschreibungsbedingten Steuervorteile (EUR 58,6 Mio.), die in Tabelle 5-2, Spalte (7), zusammengestellt sind, bereinigt. Auf dieser Grundlage ergibt sich ein Goodwill in Höhe von EUR 75,5 Mio. Dieser Goodwill kann – nach Bereinigung der Anpassung des Wertes des Working Capital an dessen beizulegenden Zeitwert – in den in Tabelle 4-18 bestimmten originären Goodwill von EUR 85,0 Mio. übergeleitet werden. Hierzu ist die Differenz aus

- dem – sich aus Tabelle 4-15 in Höhe von EUR 63,1 Mio. ergebenden – Barwert der aus den Abschreibungen der immateriellen Vermögenswerte resultierenden Steuervorteile, der in dem der Ableitung des originären Goodwill zugrunde gelegten Entity Value von EUR 610,9 Mio. berücksichtigt wurde, und
- den in die Werte der immateriellen Vermögenswerte einbezogenen abschreibungsbedingten Steuervorteilen, die sich aus Tabelle 5-2, Spalte (7), ergeben

einzubeziehen. Bei dieser Differenz handelt es sich um eine Bewertungsdifferenz, die daraus resultiert, dass unterschiedliche Zinssätze – gewichtete Kapitalkosten von BU2 einerseits und vermögenswertspezifische Zinssätze andererseits – der Abzinsung identischer jährlicher Steuervorteile angewendet werden.

Diese Überleitung macht deutlich, dass der unter Zugrundelegung der Annahme, dass ein Asset Deal vollzogen wird, abgeleitete originäre Goodwill durch den genannten Differenzbetrag beeinflusst ist; dieser Differenzbetrag wird im Folgenden kurz als Asset-Deal-spezifische Steueranpassung bezeichnet. Bei der Erklärung des originären Goodwill von BU2 unter 4.3.5.5.5 wurde dieser Unterschiedsbetrag nicht gesondert betrachtet und ist in die Werte der nicht bilanzierungsfähigen Vermögenswerte und die Werte der zukünftig geplanten Vermögenswerte eingegangen. Zur Vereinfachung der Darstellungen wird auf die Korrektur dieser Werte verzichtet.

Tab. 5-9: Analyse des Einflusses latenter Steuern auf den Goodwill

Mio. EUR		(1)	(2)	(3)	(4)	(5)	(6)
Tax Amortization Benefit		Ex	Incl.	Incl.	Incl.	Ex	Ex
Entity Value							
ex Amortization		547,8	547,8	547,8	547,8	547,8	547,8
Deferred Tax							
Deferred Taxes					94,8		75,7
Present Value Deferred Taxes				64,1		52,2	
Tax Amortization Benefit			58,6				
Total Assets	531,0		-531,0	-531,0	-531,0		
less Tax Amortization Benefit	58,6	-472,4				-472,4	-472,4
Goodwill		75,4	75,4	81,0	111,7	127,7	151,2
Adjustments							
Working Capital		5,0	5,0	5,0	5,0	5,0	5,0
Deferred Taxes Differences				-1,1	-1,1		
Present Value Deferred Taxes					-30,6		-23,5
Deferred Taxes						-52,2	-52,2
Internal Generated Goodwill							
pre Tax Adjustment		80,4	80,4	85,0	85,0	80,4	80,4
Tax Adjustment Asset Deal		4,5	4,5			4,5	4,5
Internal Generated Goodwill		85,0	85,0	85,0	85,0	85,0	85,0

Einfluss latenter Steuern auf den originären Goodwill

Der Einfluss latenter Steuern auf den originären Goodwill wird im Folgenden dadurch aufgezeigt, dass unterschiedliche Bewertungen der latenten Steuern einander gegenübergestellt werden. In die Goodwill-Ableitung werden – zur Abgrenzung des Einflusses der latenten Steuern – die beizulegenden Zeitwerte der immateriellen Vermögenswerte, die die abschreibungsbedingten Steuervorteile einschließen, einbezogen. Die Betrachtungen ergeben sich aus Spalten (2) bis (4) von Tabelle 5-9.

- In Spalte (2) der Tabelle wird der Fall betrachtet, dass die latenten Steuern mit den abschreibungsbedingten Steuervorteilen der Vermögenswerte gleichgesetzt werden. Da die Einbeziehung der so bemessenen latenten Steuern die in den beizulegenden Zeitwerten der immateriellen Vermögenswerte erfassten abschreibungsbedingten Steuervorteile genau ausgleicht, führt dieses Vorgehen zu dem bereits in Spalte (1) der Tabelle bestimmten Goodwill. Dieser kann durch die zuvor genannten Anpassungen in den originären Goodwill überführt werden.

- In Spalte (3) werden die unter Zugrundelegung der gewichteten Kapitalkosten der Market Participants ermittelten Barwerte der latenten Steuern einbezogen. Diese ergeben sich aus Tabelle 5-2, Spalte (6). Im unteren Teil von Spalte (6) der Tabelle wird der Barwert der latenten Steuern in die mit den steuerlichen Abschreibungen der immateriellen Vermögenswerte verbundenen Steuervorteile, die sich aus Tabelle 4-15 ergeben, übergeleitet. Diese unterscheiden sich dadurch, dass in die Berechnung der latenten Steuern – im Unterschied zur Bestimmung der genannten Steuervorteile – die Anpassung des Wertes des Working Capital an dessen beizulegenden Zeitwert, die MA-Software, nicht jedoch der Mitarbeiterstamm einbezogen wird.

Auf dieser Grundlage ergibt sich ein Goodwill in Höhe von EUR 81,0 Mio. Dieser Goodwill kann – nach Bereinigung der Anpassung des Wertes des Working Capital an dessen beizulegenden Zeitwert – durch Einbeziehung der Differenz aus dem Barwert der latenten Steuern und dem Barwert der mit den steuerlichen Abschreibungen der immateriellen Vermögenswerte verbundenen Steuervorteile in den originären Goodwill übergeleitet werden.

Die oben als »Asset-Deal-spezifische Steueranpassung« bezeichnete Goodwill-Komponente ist bei diesem Vorgehen im mit EUR 81,0 Mio. abgeleiteten Goodwill bereits enthalten. Dementsprechend erfordert die Überleitung dieses Goodwill in den originären Goodwill insoweit keine Korrektur.

- In Spalte (4) der Tabelle werden die sich aus Tabelle 5-2, Spalte (5), ergebenden latenten Steuern angesetzt. Auf dieser Grundlage ergibt sich ein Goodwill in Höhe von EUR 111,7 Mio. Der Vergleich dieses Goodwill mit dem in Spalte (3) der Tabelle bestimmten Goodwill zeigt, dass der hier ermittelte Goodwill nur dadurch zu erklären ist, dass neben den Komponenten des originären Goodwill die Differenz zwischen den latenten Steuern und deren Barwert herangezogen wird. Der so bestimmte Goodwill ist dementsprechend in Höhe dieser Differenz verzerrt.[527]

  Spalte (8) von Tabelle 5-2 legt dar, dass die Summe der sich aus Tabelle 4-15 ergebenden jährlichen, aus den Abschreibungen der immateriellen Vermögenswerte resultierenden Steuervorteile gleich dem Betrag der latenten Steuern ist. Damit wird ersichtlich, dass sich latente Steuern und abschreibungsbedingte Steuervorteile lediglich durch die Abzinsung mit den vermögenswertspezifischen Zinssätzen unterscheiden.

Einfluss abschreibungsbedingter Steuervorteile und latenter Steuern

In Spalten (5) und (6) von Tabelle 5-9 werden in die Goodwill-Ermittlung die beizulegenden Zeitwerte der immateriellen Vermögenswerte abzüglich der abschreibungsbedingten Steuervorteile angesetzt und die latenten Steuern unter Zugrundelegung dieser Werte bestimmt. Spalte (5) geht vom Barwert der latenten Steuern, Spalte (6) vom nicht abgezinsten Betrag der latenten Steuern aus. Die um die abschreibungsbedingten Steuervorteile bereinigten Werte der Vermögenswerte, die auf dieser Grundlage bestimmten latenten Steuern sowie die Barwerte der latenten Steuern sind in Tabelle 5-2, Spalten (10) bis (12) zusammengefasst.

Die Betrachtungen zeigen, dass bei Nichtberücksichtigung der abschreibungsbedingten Steuervorteile sich der Goodwill um den Barwert bzw. den nicht abgezinsten Betrag der einbezogenen latenten Steuern – im Vergleich zu dem sich bei Ansatz der abschreibungsbedingten Steuervorteile ergebenden Goodwill – erhöht und damit verzerrt ist.

---

527 Zu den Gründen, latente Steuern nicht mit dem beizulegenden Zeitwert zu bewerten, siehe IFRS 3.BC281.

5.3.6   Einfluss der einbezogenen Vermögenswerte auf Höhe und Zusammensetzung des originären Goodwill

5.3.6.1 Vorgehen

Die dargestellten Analysen der Komponenten des Goodwill bauen darauf auf, dass alle Vermögenswerte des übernommenen Unternehmens unabhängig davon, ob sie bilanzierungsfähig oder nicht bilanzierungsfähig sind, identifiziert und bewertet werden können. Im Folgenden wird untersucht, ob Einschränkungen und ggf. welche Einschränkungen der abgeleiteten Ergebnisse mit dieser Annahme verbunden sein können.

Zur Untersuchung dieser Fragestellung werden die Veränderungen betrachtet, die die
- Einkommensbeiträge der Vermögenswerte des zugrunde liegenden Unternehmen (5.3.5.2), die
- Werte dieser Vermögenswerte (5.3.5.3) sowie die
- Komponenten des originären Goodwill (5.3.5.4)

durch die Nichtberücksichtigung ausgewählter Vermögenswerte erfahren. In die Betrachtungen werden das Working Capital und die Sachanlagen nicht einbezogen, da die Identifikation dieser Vermögenswerte zumeist gegeben ist.

Die Untersuchungen gehen davon aus, dass die vermögenswertspezifischen Zinssätze der einbezogenen Vermögenswerte aufgrund der Nichtberücksichtigung ausgewählter Vermögenswerte nicht anzupassen sind. Latente Steuern werden zur Vereinfachung der Darstellungen nicht einbezogen.

5.3.6.2 Analyse der Einkommensbeiträge der Vermögenswerte

Die Nichtberücksichtigung eines (unterstützenden) Vermögenswertes i* mit i* = 3 bis o + p führt zum
- Entfall des dem Vermögenswert zugerechneten Einkommensbeitrages $CF_{i^*,t+1}$ sowie zum
- Anstieg der Excess Earnings des (mittels der MPEEM bewerteten) Vermögenswertes j mit j = o + p + 1 bis n um den anteiligen – dem betrachteten Vermögenswert j zugerechneten – Einkommensbeitrag des (unterstützenden) Vermögenswertes i*. Dies zeigt die unter 3.3.4.2.3.3 abgeleitete Beziehung für die Bestimmung der Excess Earnings des Vermögenswertes j mit j = o + p + 1 bis n

$$CF_{j,t+1}^{EE} = S_{j,t+1} \cdot ebita_{j,t+1} \cdot (1-s) + CF_{j,t+1}^{Dev\ after\ Tax} - CF_{jj,t+1}^{Dev\ after\ Tax} + s \cdot A_{jj,t+1}$$

$$-\left(V_{1j,t+1} - V_{1j,t}\right) - \left(V_{2j,t+1} - V_{2j,t}\right) - \sum_{i=1}^{2}\left(V_{ij,t} \cdot r_i + V_{ij,t} - V_{ij,t+1}\right)$$

$$-\sum_{i=3}^{o}\left(V_{ij,t} \cdot r_i + CF_{ij,t+1}^{of\ after\ Tax}\right) - \sum_{i=o+1}^{o+p} incon_{i,t+1} \cdot adj_{ij,t+1}^{S} \cdot S_{j,t+1} \cdot (1-s)$$

Bei Nichtberücksichtigung beispielsweise der Vermögenswerte i = 3 und i = o + 1 ergeben sich die angepassten Excess Earnings des Vermögenswertes j aus der Beziehung

$$CF_{j,t+1}^{EE} + V_{3j,t} \cdot r_3 - CF_{3j,t+1}^{Dev\ after\ Tax} + incon_{o+1j,t+1} \cdot adj_{o+1j,t+1}^{S} \cdot S_{j,t+1} \cdot (1-s) - CF_{o+1j,t+1}^{Dev\ after\ Tax}$$

$$= S_{j,t+1} \cdot ebita_{j,t+1} \cdot (1-s) + CF_{j,t+1}^{Dev\ after\ Tax} - CF_{3j,t+1}^{Dev\ after\ Tax} - CF_{o+1j,t+1}^{Dev\ after\ Tax}$$

$$-CF_{jj,t+1}^{Dev\ after\ Tax} + s \cdot A_{jj,t+1} - \left(V_{1j,t+1} - V_{1j,t}\right) - \left(V_{2j,t+1} - V_{2j,t}\right) - \sum_{i=1}^{2}\left(V_{ij,t} \cdot r_i + V_{ij,t} - V_{ij,t+1}\right)$$

$$-\sum_{i=4}^{o}\left(V_{ij,t}^{j} \cdot r_i + CF_{ij,t+1}^{of\ after\ Tax}\right) - \sum_{i=o+2}^{o+p} incon_{i,t+1} \cdot adj_{ij,t+1}^{S} \cdot S_{j,t+1} \cdot (1-s)$$

Das Einkommen des betrachteten Unternehmens kann weiterhin vollständig durch die Einkommensbeiträge der identifizierten Vermögenswerte erklärt werden. Dies ist darin begründet, dass die

- Nichtberücksichtigung des (unterstützenden) Vermögenswertes i* mit i* = 3 bis o + p – unter den zugrunde liegenden Annahmen – das als Free Cashflow verstandene Einkommen des Unternehmens nicht verändert und dass die
- Summe der anteiligen, den (mittels der MPEEM bewerteten) Vermögenswerten j mit j = o + p + 1 bis n zugerechneten Einkommensbeiträge des nicht berücksichtigten (unterstützenden) Vermögenswertes i* gleich dem Einkommensbeitrag des Vermögenswertes i* ist und dementsprechend die Summe der Erhöhungen der für die Vermögenswerte j mit j = o + p + 1 bis n abgeleiteten Excess Earnings den weggefallenen Einkommensbeitrag des Vermögenswertes i* exakt ausgleicht. Es gilt $CF_{i,t+1} = \sum\limits_{j=o+p+1}^{n} CF_{ij,t+1}$

Aus der Nichtberücksichtigung eines (mittels der MPEEM bewerteten) Vermögenswertes j* mit j* = o + p + 1 bis n resultiert, dass dessen Einkommensbeitrag den Excess Earnings zumindest eines anderen (mittels der MPEEM bewerteten) Vermögenswertes j mit j = o + p + 1 bis n und j*≠j zugeordnet wird; diese Excess Earnings können auch auf mehrere (mittels der MPEEM bewertete) Vermögenswerten j entfallen. Dies ist in den Annahmen begründet, die den Analysen unter 3.3.4.2.3.3 zugrunde gelegt wurden.

In Tabelle 5-10 werden die Einkommensbeiträge der Vermögenswerte von BU2 unter Zugrundelegung der Annahme zusammengestellt, dass die Marke »AS« nicht identifiziert wurde. Der Vergleich der sich aus der Tabelle ergebenden Einkommensbeiträge mit den in Tabelle 4-13 zusammengestellten Einkommensbeiträgen bei Identifikation der Marke »AS« zeigt, dass die Nichtidentifikation der Marke zum Anstieg der den erworbenen und den zukünftig aufzubauenden Kundenbeziehungen zugeordneten Excess Earnings führt. Die Einkommensbeiträge aller anderen Vermögenswerte sowie das Einkommen des Unternehmens werden dadurch nicht berührt.

Tab. 5-10: Einkommensbeiträge der Vermögenswerte bei Nichtidentifikation der Marke »AS«

Year	2016	2017	2018	2019	2020	2021	2022	2023	2024	2025	2026	2027	2028	2029	2030	2031
Income Contribution																
Customer Relationship																
Acquired		18,1	20,5	20,8	17,7	19,2	20,7	19,2	19,6	17,6	18,1	15,6	11,0	5,8	2,3	0,0
NEW		0,0	1,2	2,3	2,9	3,7	4,7	5,1	6,1	6,2	8,8	11,2	13,5	20,2	23,1	25,4
Core Technology		28,8	31,1	32,3	33,0	33,7	34,3	35,0	29,2	0,0	0,0	0,0	0,0	0,0	0,0	0,0
Core Technology new		-12,6	-13,6	-14,2	-14,4	-14,7	-15,0	-15,3	-9,1	20,1	20,1	20,1	20,1	20,1	20,1	20,1
Process Technology		3,5	3,8	4,1	4,2	4,3	4,4	4,5	3,7	0,0	0,0	0,0	0,0	0,0	0,0	0,0
Trademark		0,0	0,0	0,0	0,0	0,0	0,0	0,0	0,0	0,0	0,0	0,0	0,0	0,0	0,0	0,0
CA Software		-1,1	2,5	0,9	2,8	2,6	-10,0	2,2	2,1	2,0	1,9	-1,1	2,5	0,9	2,8	2,6
MA Software		0,4	0,4	0,3	0,2	0,1	1,3	1,2	1,1	1,0	0,9	0,7	0,6	0,5	0,4	0,3
Assembled Workforce BU 2		0,5	0,5	0,5	0,5	0,5	0,5	0,5	0,5	0,5	0,5	0,5	0,5	0,5	0,5	0,5
Working Capital BU 2																
Return on Invested Capital pre Tax		4,1	4,9	5,2	5,3	5,4	5,5	5,6	5,8	5,9	5,9	5,9	5,9	5,9	5,9	5,9
Land																
Return on Invested Capital pre Tax		3,9	3,9	3,9	3,9	3,9	3,9	3,9	3,9	3,9	3,9	3,9	3,9	3,9	3,9	3,9
Tangible Fixed Assets BU 2																
Return on Invested Capital pre Tax		8,2	7,2	7,0	10,0	8,7	5,7	8,1	7,8	9,7	6,8	7,1	8,8	7,5	7,9	8,2
EBITA		53,9	62,4	63,3	66,0	67,4	56,1	70,0	70,6	66,9	66,9	64,1	66,9	65,5	66,9	66,9
Tax-effecting EBITA		37,7	43,7	44,3	46,2	47,2	39,2	49,0	49,4	46,8	46,8	44,8	46,8	45,8	46,8	46,8
Incremental Invested Capital																
MA Sofware		0,8	0,8	0,8	0,8	-11,2	1,0	1,0	1,0	1,0	1,0	1,0	1,0	1,0	1,0	1,0
Working Capital BU 2		-15,0	-5,3	-1,8	-1,9	-2,0	-2,0	-2,1	-2,1	0,0	0,0	0,0	0,0	0,0	0,0	0,0
Land		3,0	0,0	0,0	0,0	0,0	0,0	0,0	0,0	0,0	0,0	0,0	0,0	0,0	0,0	0,0
Tangible Fixed Assets BU 2		12,0	2,0	-36,0	16,0	36,0	-29,0	4,0	-24,0	36,0	-4,0	-21,0	16,0	-4,0	-4,0	0,0
Free Cashflow		35,6	41,2	7,4	61,1	70,0	9,2	51,9	24,3	83,8	43,8	24,8	63,8	42,8	43,8	47,8
Entity Value	547,8	555,4	557,8	594,3	580,0	555,6	590,0	584,5	606,2	570,0	571,0	591,0	573,7	576,0	577,4	575,0

7,86%

5.3.6.3 Analyse der Werte der Vermögenswerte

Die Veränderung des Wertes eines (mittels der MPEEM bewerteten) Vermögenswertes j mit $j = o + p + 1$ bis n bei Nichtberücksichtigung eines (unterstützenden) Vermögenswertes i^* mit $i^* = 3$ bis $o + p$ ergibt sich durch Diskontierung der unter 5.3.6.2 abgeleiteten Veränderung der dem Vermögenswert j zugeordneten Excess Earnings mit dessen vermögenswertspezifischen Zinssatz. Da sich der durch Diskontierung des Free Cashflow mit den gewichteten Kapitalkosten bestimmte Entity Value – bei Außerachtlassung der mit den Abschreibungen der immateriellen Vermögenswerte verbundenen Steuervorteile – durch die Nichtberücksichtigung des Vermögenswertes i^* nicht ändert, gilt

$$\sum_{j=o+p+1}^{n} \Delta V_{j,t} - V_{i^*,t} + \Delta \varepsilon_{i^*,t} = 0$$

Die Komponente $\Delta \varepsilon_{i^*,t}$ ist durch das Verhältnis der vermögenswertspezifischen Zinssätze der Vermögenswerte j zum vermögenswertspezifischen Zinssatz des Vermögenswertes i^* bestimmt. Insbesondere gilt:

- $\Delta \varepsilon_{i^*,t} > 0$, wenn die vermögenswertspezifischen Zinssätze der Vermögenswerte j den vermögenswertspezifischen Zinssatz des Vermögenswertes i^* übersteigen;
- $\Delta \varepsilon_{i^*,t} = 0$, wenn die vermögenswertspezifischen Zinssätze der Vermögenswerte j gleich dem vermögenswertspezifischen Zinssatz des Vermögenswertes i^* sind;
- $\Delta \varepsilon_{i^*,t} < 0$, wenn die vermögenswertspezifischen Zinssätze der Vermögenswerte j kleiner als der vermögenswertspezifische Zinssatz des Vermögenswertes i^* sind.

Bei Nichtberücksichtigung eines (mittels der MPEEM bewerteten) Vermögenswertes j^* mit $j^* = o + p + 1$ bis n ergibt sich in entsprechender Weise mit $\Delta V_{j^*,t} = 0$

$$\sum_{j=o+p+1}^{n} \Delta V_{j,t} - V_{j^*,t} + \Delta \varepsilon_{i,t} = 0$$

In Tabelle 5-11 werden die beizulegenden Zeitwerte der Vermögenswerte von BU2 unter Zugrundelegung der Annahme zusammengestellt, dass die Marke »AS« nicht identifiziert wurde. Der Vergleich der sich aus der Tabelle ergebenden beizulegenden Zeitwerte mit den in Tabelle 4-16 zusammengestellten beizulegenden Zeitwerten bei Identifikation der Marke »AS« zeigt, dass die Nichtidentifikation der Marke zum Anstieg der Werte der erworbenen und der zukünftig aufzubauenden Kundenbeziehungen führt. Die Werte aller anderen Vermögenswerte werden dadurch nicht berührt. Die Tabelle zeigt weiter, dass die bei Anwendung der MPEEM unter Zugrundelegung modellexogen vorgegebener vermögenswertspezifischer Zinssätze auftretende Bewertungsdifferenz durch die Nichtberücksichtigung der Marke ansteigt; dies ist darin begründet, dass die den erworbenen und den zukünftig zu akquirierenden Kundenbeziehungen zugeordneten vermögenswertspezifischen Zinssätze den der Marke zugeordneten Zinssatz übersteigen sowie dass ein abschreibungsbedingter Steuervorteil für die zukünftig geplanten Kundenbeziehungen nicht einbezogen wird. Weiter wird deutlich, dass der Entity Value leicht sinkt; dies ist damit verbunden, dass im Entity Value Steuervorteile aus der Abschreibung der zukünftig geplanten Kundenbeziehungen nicht erfasst werden.

Tab. 5-11: Beizulegende Zeitwerte der Vermögenswerte bei Nichtidentifikation der Marke »AS«

Year	2016	2017	2018	2019	2020	2021	2022	2023	2024	2025	2026	2027	2028	2029	2030	2031	2032
Customer Relationship																	
Acquired	109,7	105,3	98,8	91,4	85,5	78,0	68,7	59,5	49,2	39,3	28,1	17,5	9,2	3,6	0,0	0,0	0,0
NEW	68,3	75,6	82,9	90,1	97,7	105,5	113,5	122,0	130,7	140,3	149,1	157,1	164,4	167,8	169,5	169,8	169,5
Core Technology	157,3	145,2	13C,4	113,5	94,6	73,5	50,1	24,2	0,0	0,0	0,0	0,0	0,0	0,0	0,0	0,0	0,0
Core Technology new	15,7	26,0	38,1	51,8	67,0	84,0	102,8	123,7	142,3	142,3	142,3	142,3	142,3	142,3	142,3	142,3	142,3
Process Technology	19,9	18,4	16,6	14,4	12,0	9,4	6,4	3,1	0,0	0,0	0,0	0,0	0,0	0,0	0,0	0,0	0,0
Trademark	0,0	0,0	0,0	0,0	0,0	0,0	0,0	0,0	0,0	0,0	0,0	0,0	0,0	0,0	0,0	0,0	0,0
CA Software	6,9	7,8	6,3	5,7	3,8	1,9	8,8	7,9	7,0	6,1	5,3	6,4	5,1	4,8	3,2	1,6	1,7
MA Software	4,2	3,3	2,5	1,7	0,8	12,0	11,0	10,0	9,0	8,0	7,0	6,0	5,0	4,0	3,0	2,0	2,4
Assembled Workforce BU 2	6,7	6,6	6,5	6,4	6,3	6,2	6,1	5,9	5,8	5,6	5,4	5,4	5,4	5,4	5,4	5,4	5,4
Working Capital BU 2	75,0	90,0	95,3	97,0	99,0	101,0	103,0	105,0	107,1	107,1	107,1	107,1	107,1	107,1	107,1	107,1	107,1
Land	40,0	40,0	40,0	40,0	40,0	40,0	40,0	40,0	40,0	40,0	40,0	40,0	40,0	40,0	40,0	40,0	40,0
Tangible Fixed Assets BU 2	100,0	88,0	86,0	122,0	106,0	70,0	99,0	95,0	119,0	83,0	87,0	108,0	92,0	96,0	100,0	100,0	100,0
Total	603,6	606,3	603,4	634,1	612,8	581,5	609,2	596,3	610,1	571,8	571,2	589,8	570,5	571,0	570,5	568,2	568,4
Entity Value incl. Amortization	608,7	611,5	608,8	639,8	619,4	588,6	616,1	603,5	617,4	579,6	578,8	597,1	577,9	578,1	577,4	575,0	575,0
Valuation Difference	5,1	5,2	5,4	5,7	6,6	7,2	6,9	7,2	7,3	7,8	7,5	7,3	7,4	7,1	6,9	6,8	6,6
as percentage of entity value	0,84%	0,85%	0,89%	0,89%	1,07%	1,22%	1,12%	1,19%	1,18%	1,35%	1,30%	1,22%	1,28%	1,23%	1,19%	1,18%	1,15%

5.3.6.4 Analyse der Komponenten des originären Goodwill

Die Nichtberücksichtigung eines (unterstützenden) Vermögenswertes i* mit i* = 3 bis
o + p führt dann, wenn es sich bei diesem Vermögenswert um einen bilanzierungsfähigen
Vermögenswert handelt, c. p. insoweit zu einer Erhöhung des originären Goodwill, soweit
sich die Werte der zukünftig geplanten (mittels der MPEEM bewerteten) Vermögenswerte
j mit j = o + p + z + 1 bis n – unter Berücksichtigung der auf diese Vermögenswerte entfallenden Veränderung der Bewertungsdifferenz $\Delta \varepsilon_{i^*,t}^{NEW}$ – erhöhen. Es gilt

$$\Delta GW_t^o = \sum_{j=o+p+z+1}^{n} \Delta V_{j,t} + \Delta \varepsilon_{i^*,t}^{NEW}$$

Bei der Nichtberücksichtigung eines nicht bilanzierungsfähigen (unterstützenden) Vermögenswertes ist zu beachten, dass der bei der Nichtberücksichtigung eines bilanzierungsfähigen (unterstützenden) Vermögenswertes zumeist auftretenden Erhöhung des originären
Goodwill der Wegfall des nicht bilanzierungsfähigen (unterstützenden) Vermögenswertes
gegenübersteht. Hieraus resultiert, dass sich der originäre Goodwill bei Nichtberücksichtigung eines nicht bilanzierungsfähigen Vermögenswertes c.p. insgesamt zumeist vermin-
dern wird. Dies zeigt die Beziehung

$$\Delta GW_t^o = \sum_{j=o+p+z+1}^{n} \Delta V_{j,t} - V_{i^*,t} + \Delta \varepsilon_{i^*,t}^{NEW}$$

Die Betrachtungen machen weiter deutlich, dass der Wert eines am Bewertungsstichtag
verfügbaren (mittels der MPEEM bewerteten) Vermögenswerte j mit j = o + p + 1 bis
o + p + z insoweit überbewertet wird, soweit die Nichtberücksichtigung des (unterstützenden) Vermögenswertes i* mit i* = 3 bis o + p zur Erhöhung des Wertes des am Bewertungsstichtag verfügbaren Vermögenswertes j führt.

   In entsprechender Weise führt die Nichtberücksichtigung eines bilanzierungsfähigen
(mittels der MPEEM bewerteten) Vermögenswertes j* mit j* = o + p + 1 bis o + p + z –
unter Berücksichtigung der Veränderung der Bewertungsdifferenz – insoweit zu einer
Erhöhung des originären Goodwill, soweit der Einkommensbeitrag des Vermögenswertes
j* den Excess Earnings zukünftig geplanter (mittels der MPEEM bewerteten) Vermögenswerte j mit j = o + p + z + 1 bis n zugeordnet wird. Ansonsten führt die Nichtberücksichtigung dieses Vermögenswertes zu einer Überbewertung der bilanzierungsfähigen (mittels
der MPEEM bewerteten) Vermögenswerte j mit j = o + p + 1 bis o + p + z und j* ≠ j. Bei
Nichtberücksichtigung eines nicht bilanzierungsfähigen Vermögenswertes j* mit j* =
o + p + z + 1 bis n ist zu beachten, dass bei der Bestimmung der Veränderung des originären Goodwill der Wegfall des Wertes des Vermögenswertes j* mit j* = o + p + z + 1 bis n
zu berücksichtigen ist.

   In Tabelle 5-12 wird der originäre Goodwill von BU2 unter Zugrundelegung der
Annahme abgeleitet, dass die Marke »AS« nicht identifiziert wurde. Der Vergleich des so
ermittelten originären Goodwill mit dem in Tabelle 4-18 bei Identifikation der Marke »AS«
bestimmten Goodwill zeigt, dass die Nichtidentifikation der Marke zu einer Erhöhung des

Tab. 5-12: Analyse des Goodwill bei Nichtberücksichtigung der Marke »AS«

Year	2016	2017	2018	2019	2020	2021	2022	2023	2024	2025	2026	2027	2028	2029	2030	2031
Internal Generated Goodwill																
Entity Value	608,7	611,5	608,8	639,8	619,4	588,6	616,1	603,5	617,4	579,6	578,8	597,1	577,9	578,1	577,4	575,0
Intangible Assets Recognized	-297,8	-280,0	-254,6	-226,7	-196,8	-174,8	-144,9	-104,7	-65,2	-53,4	-40,3	-29,9	-19,3	-12,4	-6,2	-3,6
Tangible Assets	-215,0	-218,0	-221,3	-259,0	-245,0	-211,0	-242,0	-240,0	-266,1	-230,1	-234,1	-255,1	-239,1	-243,1	-247,1	-247,1
Goodwill	95,9	113,5	133,0	154,0	177,7	202,8	229,2	258,8	286,0	296,0	304,3	312,1	319,5	322,6	324,1	324,2
Other Intangible Assets (MPEEM)	-90,7	-108,3	-127,5	-148,3	-171,1	-195,7	-222,3	-251,6	-278,7	-288,2	-296,8	-304,8	-312,1	-315,5	-317,2	-317,5
Differenz	5,1	5,2	5,4	5,7	6,6	7,2	6,9	7,2	7,3	7,8	7,5	7,3	7,4	7,1	6,9	6,8

Goodwill führt. Der unter 5.3.6.3 dargestellte Vergleich des beizulegenden Zeitwertes der erworbenen Kundenbeziehungen und des Wertes der zukünftig aufzubauenden Kundenbeziehungen mit den in Tabelle 4-16 abgeleiteten Werten bestätigt, dass der beizulegende Zeitwert der Marke »AS« – unter Berücksichtigung der mit der Veränderung der abschreibungsbedingten Steuervorteile verbundenen Verminderung des Entity Value sowie der Erhöhung der Bewertungsdifferenz – sich in diesen Vermögenswerten niederschlägt. Darüber hinaus wird deutlich, dass die Nichtberücksichtigung der Marke »AS« zu einer Überbewertung der erworbenen Kundenbeziehungen führt.

5.3.7   Ergebnisse der Analyse der Komponenten des Goodwill

Die Analyse der Komponenten des Goodwill führte insbesondere zu folgenden Ergebnissen:
* Der originäre Goodwill kann bei Bewertung eines ausgewählten Vermögenswertes mittels der Residual-Value-Methode durch die
  - beizulegenden Zeitwerte der nicht bilanzierungsfähigen Vermögenswerte sowie durch die
  - beizulegenden Zeitwerte der zukünftig geplanten Vermögenswerte

  vollständig erklärt werden. Bei Bewertung eines ausgewählten Vermögenswertes mittels der MPEEM unter Zugrundelegung modellexogen vorgegebener vermögenswertspezifischer Zinssätze ist der originäre Goodwill darüber hinaus durch die unter 2.6.4.3.2 untersuchte Bewertungsdifferenz bestimmt.

  Weiter ist zu berücksichtigen, dass der originäre Goodwill dann, wenn er unter Zugrundelegung der Annahme, dass ein Asset Deal vollzogen wird, abgeleitet wird, durch den Differenzbetrag aus dem im Entity Value berücksichtigten Barwert der abschreibungsbedingten Steuervorteile der immateriellen Vermögenswerte und den in die beizulegenden Zeitwerte dieser Vermögenswerte einbezogenen abschreibungsbedingten Steuervorteilen beeinflusst ist. Wird auf die gesonderte Erfassung dieses Unterschiedsbetrages verzichtet, schlägt sich dieser in den Werten der nicht bilanzierungsfähigen Vermögenswerte und den Werten der zukünftig geplanten Vermögenswerte nieder.
* Der derivative Goodwill kann aus dem originären Goodwill abgeleitet werden. Ein zwischen diesen beiden Goodwill-Abgrenzungen bestehender Unterschiedsbetrag kann ganz oder teilweise zurückzuführen sein auf
  - Differenzen, die zwischen den unter Einbeziehung erwerberspezifischer Synergien ermittelten Werten der Vermögenswerte des betrachteten Unternehmens und den unter Berücksichtigung von Market-Participant-Synergien abgeleiteten beizulegenden Zeitwerten dieser Vermögenswerte bestehen, auf
  - Synergien, die beim Erwerber anfallen und in den genannten Wertdifferenzen nicht enthalten sind, sowie auf
  - zu hohe bzw. zu niedrige Kaufpreise.
* Der Ansatz passiver latenter Steuern erhöht den Goodwill um den Unterschiedsbetrag aus dem Betrag der latenten Steuern und dem unter Zugrundelegung der gewichteten Kapitalkosten des Unternehmens abgezinsten Barwert der latenten Steuern. Darüber

hinaus kann der Goodwill durch zumeist unbedeutende, abgrenzungsbedingte Differenzen beeinflusst sein.

- Ein Going-Concern-Element des Goodwill ist nicht zu identifizieren. Dieser Komponente kommt dementsprechend für die Erklärung des Goodwill keine Bedeutung zu.
- Der Identifikation aller dem betrachteten Unternehmen zuzuordnenden Vermögenswerte kommt nicht nur für die Bestimmung des Goodwill Bedeutung zu. Nicht identifizierte Vermögenswerte können auch zur Überbewertung anzusetzender Vermögenswerte führen.

5.4   Allokation des Goodwill auf zahlungsmittelgenerierende Einheiten

5.4.1   Ausgangsüberlegungen

Nach IAS 36.80[528] erfolgt die Überprüfung des Goodwill[529] auf Wertminderung[530] auf Ebene der zahlungsmittelgenerierenden Einheiten[531] (Cash Generating Units oder kurz CGUs) des erwerbenden Unternehmens bzw. auf Ebene von Gruppen von CGUs.[532] Dementsprechend bedarf es neben der Ableitung des derivativen Goodwill auch dessen Verteilung auf die CGUs des Erwerbers.[533] Damit ist die Bedeutung, die der Goodwill-Allokation zukommt, ersichtlich: Sie stellt einen der Faktoren dar, die darauf Einfluss nehmen, ob in zukünftigen Rechnungsperioden ein Erfordernis zur Erfassung einer Wertminderung des Goodwill gegeben ist oder nicht.[534]

---

528   Zum Goodwill Impairment Test nach US-GAAP siehe z. B. Watrin/Stöver (2012), S. 178 ff.

529   Zum Diskussionsstand der Folgebilanzierung Rohleder/Tettenborn (2015), S. 309 ff.

530   Auf die Überprüfung des Goodwill auf Wertminderung wird in einer Vielzahl von Beiträgen eingegangen. Vgl. statt vieler etwa Brücks/Kerkhoff/Richter (2005), S. 1 ff.; Bollmann/Wabnitz (2008), S. 11 ff.; Brösel/Zwirner (2009), S. 190 ff.; Kümpel/Klopper (2014a), S. 125 ff.; Kümpel/Pollmann (2015), S. 20 ff. Haaker (2015), S. 1918; Lorson (2016), S. 906 ff. Auf Einzelaspekte gehen beispielsweise ein Freiberg/Lüdenbach (2005), S. 479 ff ; Lienau/Zülch (2006), S. 319 ff.; Aders/Joest (2010), S. 13 ff.; Müller/Reinke (2010), S. 23 ff.; Ruhnke/Canitz (2010), S. 13 ff.; Zülch/Siggelkow (2010), S. 29 ff., S. 177 ff.; Zwirner/Mugler (2011), S. 445 ff.; Hachmeister/Ungemach/Ruthardt (2012), S. 233 ff. Zur Bedeutung von Goodwill-Abschreibungen siehe Küting (2012), S. 1932 ff.; Küting (2011), S. 1676 ff.; Küting (2010), S. 1855 ff.; Küting (2009), S. 1863 ff.; Küting (2008), S. 1795 ff.; Küting (2007), S. 2025 ff.; Küting (2006), S. 1665 ff.; Tettenborn/Rohleder/Rogler (2013), S. 33 ff; Gundel/Möhlmann-Mahlau/Sündermann (2014), S. 130 ff.; Kümpel/Klopper (2014b); bezogen auf Banken Freese/Schilling (2013), S. 171 ff. Weiter ist auf die seit 2009 jährlich veröffentlichten Goodwill Impairment Studies von Duff & Phelps (http://www.duffandphelps.com/insights/publications/goodwill-impairment/goodwill-impairment) sowie auf die von Houlihan Lokey 2009 bis 2013 (Houlihan Lokey (2009); Houlihan Lokey (2010); Houlihan Lokey (2011a); Houlihan Lokey (2012a)) veröffentlichten Untersuchungen zu verweisen.

531   IAS 36.6 versteht unter einer zahlungsmittelgenerierenden Einheit »die kleinste identifizierbare Gruppe von Vermögenswerten, die Mittelzuflüsse erzeugen, die weitestgehend unabhängig von den Mittelzuflüssen anderer Vermögenswerte oder Gruppen von Vermögenswerten sind«.

532   Zur Vereinfachung der Darstellungen wird im Folgenden nur von CGUs, nicht jedoch von Gruppen von CGUs gesprochen. Die Ausführungen schließen jedoch auch Gruppen von CGUs ein.

533   Zur Reallokation des Goodwill im Falle interner Umstrukturierungen vgl. Hermens/Klein (2010), S. 6 ff.

534   Siehe hierzu beispielsweise Haaker (2005), S. 426 ff.; Hachmeister/Kunath (2005), S. 62 ff.; Wulf (2009), S. 729 ff.

Im Zusammenhang mit der Zuordnung eines derivativen Goodwill auf die CGUs des Erwerbers kommt vor allem zwei Fragestellungen, die auch IAS 36.80 anspricht, eine besondere Bedeutung zu: der

- Abgrenzung der CGUs sowie dem
- Allokationsmaßstab.

Die erste Fragestellung ist Gegenstand einer Reihe von Beiträgen im Schrifttum,[535] die insbesondere die Grundsätze, die bei der Bildung der CGUs zu beachten sind, darlegen. Zu diesem Problembereich kann auf das Schrifttum verwiesen werden.[536]

Zur zweiten Fragestellung führt IAS 36.80 lediglich aus, dass die Verteilung des derivativen Goodwill auf die CGUs des Erwerbers so vorgenommen werden soll, dass dieser den CGUs zugeordnet wird, »die aus den Synergien des Zusammenschlusses Nutzen ziehen sollen«.[537] Ein konkreter Verteilungsmaßstab wird allerdings nicht genannt. Im Schrifttum wird diese Fragestellung oftmals nur am Rande, insbesondere durch Verweis auf die in IAS 36.80 aufgeführten Synergien, angesprochen.[538] Lediglich einzelne Beiträge[539] erörtern konkrete Allokationsmaßstäbe.[540]

Im Folgenden[541] wird die Allokation des Goodwill auf die CGUs des Erwerbers auf Basis der Komponenten des Goodwill anhand der bisher betrachteten Fallbeispiele erläutert (5.4.3). Dieser Goodwill-Allokation werden die Ergebnisse der Anwendung verschiedener, im Schrifttum genannter Allokationsmaßstäbe (5.4.4.1) sowie das Vorgehen nach US GAAP (5.4.4.2) gegenübergestellt. Abschließend wird eine vereinfachende Annahme über die für die Unternehmensübernahme bewirkte Gegenleistung, die den Betrachtungen zugrunde liegt, aufgegeben (5.4.5). Vorab werden die erforderlichen Erweiterungen des Fallbeispiels vorgenommen (5.4.2).

5.4.2 Erweiterung des Fallbeispiels

5.4.2.1 Ausgangsdaten

Die Erwerber AG ist Muttergesellschaft der Erwerber-Gruppe, deren Geschäftstätigkeit vier Geschäftsbereiche umfasst. Die zum 1. Januar 2017 im Wege eines Asset Deal übernommene AS verfügt über die zwei Geschäftseinheiten BU1 und BU2. Beide Geschäftseinheiten wurden bereits im Einzelnen betrachtet: BU1 in Kapitel 2, BU2 in Kapitel 4. Die Geschäfts-

---

535 Siehe statt vieler Hachmeister/Kunath (2005), S. 67 ff.; Klingels (2005); Haaker (2008), S. 348 ff.; Hachmeister (2014), S. 377 ff.

536 Zur Integration von in- und externem Rechnungswesen im Rahmen des Goodwill Impairment Test nach IAS 36 siehe auch die Untersuchung von Crasselt/Pellens/Rowoldt (2014), S. 2092 ff.

537 Diese CGUs werden im Folgenden vereinfachend auch als »nutzenziehende CGUs« bezeichnet.

538 So z. B. Pottgießer/Velte/Weber (2005), S. 1750 f.; Schultze/Hirsch (2005), S. 117 f.; Boeckem/Schlögel (2011), S. 183 f., verweisen u. a. auf das Vorgehen nach ASC 350.

539 Siehe etwa IDW RS HFA 16, S. 721–738, Tz. 94; Pawelzik/Dörschell (2012), Tz. 2040; Haaker (2005), S. 430; Klingels (2006), S. 281; Haaker (2008), S. 359.

540 Zur Allokation des Goodwill nach DRS 23 siehe Kirsch/Engelke/Faber (2016), S. 1008 ff.

541 Siehe hierzu auch Moser/Hüttche (2010), S. 519 ff.; Moser/Hüttche (2013), S. 285 ff.

tätigkeit von BU1 ist Geschäftsbereich 1 der Erwerber Gruppe, die von BU2 deren Geschäftsbereich 2 zuzuordnen.

Veräußerer und Erwerber vereinbarten für die Übertragung der Vermögenswerte – Schulden wurden nur im Rahmen des Working Capital übernommen – eine Gegenleistung in Höhe von EUR 1.465,4 Mio. Der unter Zugrundelegung der Annahmen der Market Participants abgeleitete Entity Value beträgt für BU1[542] EUR 662,9 Mio. (Tab. 2-13), der für BU2 EUR 610,9 Mio. (Tab. 4-7). Im Zeitpunkt des Unternehmenszusammenschlusses erwartete die Erwerber AG, dass mit der Übernahme der Geschäftseinheiten nachhaltige – über Market-Participant-Synergien hinausgehende – erwerberspezifische Synergien von insgesamt EUR 191,6 Mio. verbunden sind.

Für Zwecke der Werthaltigkeitsprüfung im IFRS-Abschluss wurden die CGUs der Erwerber-Gruppe auf der Grundlage der Geschäftsbereiche abgegrenzt. Die beizulegenden Zeitwerte der CGUs ergeben sich aus Tabelle 5-13. Anteilige Nutzungswerte sowie anteilige Ergebnisgrößen (EBIT und EBITDA) der CGUs weichen nicht wesentlich von den anteiligen beizulegenden Zeitwerten ab, weswegen auf die Angabe der Nutzungswerte und Ergebnisgrößen zur Vereinfachung der Ausführungen verzichtet wird.

Die übernommenen Vermögenswerte sind, angesichts der Eingliederung von BU1 in Geschäftsbereich 1 und von BU2 in Geschäftsbereich 2, CGU1 bzw. CGU2 zuzuordnen. Gemeinschaftliche Vermögenswerte (IAS 36.100 ff.) wurden – zur Vereinfachung der Betrachtungen – nicht erworben.

Tab. 5-13: Beizulegende Zeitwerte der CGUs sowie Zuordnung der Synergien

Mio. EUR	Total	CGU 1	CGU 2	CGU 3	CGU 4
Fair Value	40.200,0	5.500,0	7.500,0	11.700,0	15.500,0
as percentage	100,0%	13,7%	18,7%	29,1%	38,6%
Synergy	191,6	0,0	61,6	90,0	40,0
as percentage	100,0%	0,0%	32,1%	47,0%	20,9%

Die Ergebnisse der Bewertungen der im Rahmen des Unternehmenszusammenschlusses erworbenen bilanzierungsfähigen und nicht bilanzierungsfähigen Vermögenswerte sowie der zukünftig geplanten Vermögenswerte der beiden Geschäftseinheiten sind in Tabelle 5-14, Spalten 1 und 2, zusammengestellt; die Werte wurden aus Tabelle 2-24 und Tabelle 4-16 übernommen. Darüber hinaus ergeben sich aus Spalte 3 der Tabelle die Synergien, deren Erzielung bei BU2 geplant ist; diese werden verstanden als Differenzbeträge der unter Einbeziehung der erwerberspezifischen Synergien bestimmten Werte der Vermögenswerte von BU2 und den – unter Zugrundelegung der Annahmen der Market Participants ermittelten – beizulegenden Zeitwerten dieser Vermögenswerte und wurden aus Tabelle 5-7 übernommen.

---

542 Planungsrechnung und Kapitalkosten von BU1 liegen die Annahmen der Market Participants zugrunde.

Tab. 5-14: Ableitung und Allokation des Goodwill

Mio.EUR	Value of Assets		Syner-gies	Goodwill		Allocation of Goodwill				
	BU1	BU2	BU2	inter-nal	purchased	CGU 1	CGU 2	CGU 3	CGU 4	Total
	(1)	(2)	(3)	(4)	(5)	(6)	(7)	(8)	(9)	(10)
Consideration Transferred					1.465,4					
Entity Value	662,9	610,9		1.273,8						
Assets										
Customer Relationship new	111,3	62,4	22,0			111,3	62,4			173,7
Core Technology new	5,8	15,7	5,2			5,8	15,7			21,4
Customer Relationship	183,9	99,7	30,1	-283,6	-283,6					
Core Technology	165,6	157,3	3,8	-322,9	-322,9					
Process Technology	20,9	19,9	0,5	-40,8	-40,8					
Trademark		23,1		-23,1	-23,1					
CA Software		6,9		-6,9	-6,9					
MA Software		4,2		-4,2	-4,2					
Assembled Workforce		6,7					6,7			6,7
Working Capital	75,0	75,0		-150,0	-150,0					
Land		40,0		-40,0	-40,0					
Tangible Fixed Assets	100,0	100,0		-200,0	-200,0					
Valuation Difference	0,3	0,2				0,3	0,2			0,5
Subtotal	662,9	610,9								
Internal Generated Goodwill				202,4		117,4	85,0			202,4
Synergies										
BU2 Level			61,6	61,6			61,6			61,6
Acquirer Level				130,0				90,0	40,0	130,0
Purchased Goodwill				393,9	393,9	117,4	146,5	90,0	40,0	393,9

Die Erwerber AG geht aufgrund der durchgeführten Analysen davon aus, dass neben den bei BU2 anfallenden, über Market-Participant-Synergien hinausgehenden erwerberspezifischen Synergien weitere, bei Geschäftsbereichen 3 und 4 zu realisierende erwerberspezifische Synergien zu erwarten sind. Unter anderem sollen durch konzerninterne Lieferungen, insbesondere von Geschäftsbereich 3, gruppenfremde Lieferanten von BU2 mit der Folge ersetzt werden, dass bei der Erwerber-Gruppe sowohl zusätzliche Margen als auch – durch eine verbesserte Auslastung der Produktion von Geschäftsbereich 3 – Margenverbesserungen anfallen. Außerdem erwartet die Erwerber AG Kosteneinsparungen im Vertriebsbereich sowie durch Technologietransfer im Geschäftsbereich 4. Die Zuordnung der Werte der Synergien zu den CGUs auf dieser Grundlage ergibt sich aus Tabelle 5-13.[543]

---

543 Auf die Darstellung der Ermittlung des Werts der bei der Erwerber AG erwarteten Synergien wird verzichtet.

5.4.2.2 Ableitung und Erklärung des Goodwill

Der derivative Goodwill aus der Übernahme der Geschäftseinheiten BU1 und BU2 durch die Erwerber AG ergibt sich durch Abzug der beizulegenden Zeitwerte der erworbenen bilanzierungsfähigen Vermögenswerte (EUR 1.071,4 Mio.) von der bewirkten Gegenleistung (EUR 1.465,4 Mio.). Er beträgt gemäß Tabelle 5-14, Spalte 5, EUR 393,9 Mio.

Die Analyse und Erklärung des so abgeleiteten derivativen Goodwill folgt den unter 5.3 dargelegten Überlegungen: Zunächst wird der originäre Goodwill abgeleitet und sodann in den derivativen Goodwill übergeleitet. Anschließend wird der originäre Goodwill erklärt.

Der originäre Goodwill ergibt sich aus Tabelle 5-14, Spalte 4, in Höhe von EUR 202,4 Mio. durch Abzug der beizulegenden Zeitwerte der erworbenen bilanzierungsfähigen Vermögenswerte (EUR 1.071,4 Mio.) vom – unter Zugrundelegung der Annahmen der Market Participants abgeleiteten – Entity Values der AS (EUR 1.273,8 Mio.). Der Entity Value der AS setzt sich aus den den Annahmen der Market Participants folgenden Entity Values der beiden Geschäftseinheiten zusammen; dies zeigt Tabelle 5-15, Spalte 1.

Tab. 5-15: Alternative Kaufpreise

	Entity Value (1)	Base Case (2)	Modification 1 (3)	Modification 2 (4)	Modification 3 (5)	Modification 4 (6)
Entity Value						
BU 1	662,9	662,9	662,9	662,9	662,9	662,9
BU 2	610,9	610,9	610,9	610,9	610,9	610,9
Synergies		191,6	191,6	172,4		
Premium			100,0			-19,2
	1.273,8	1.465,4	1.565,4	1.446,2	1.273,8	1.254,6

Tabelle 5-14, Spalte 4, zeigt im unteren Teil die Überführung des originären Goodwill (EUR 202,4 Mio.) in den derivativen Goodwill (EUR 393,9 Mio.). Der Differenzbetrag zwischen beiden Goodwill-Größen (EUR 191,6 Mio.) entfällt in vollem Umfang auf den Wert der – über die Market-Participant-Synergien hinausgehenden – bei BU2 sowie bei der Erwerber AG erwarteten erwerberspezifischen Synergien. Die von der Erwerber AG entrichtete Gegenleistung als Grundlage der Bestimmung des derivativen Goodwill geht – dies legt Tabelle 5-15, Spalte 2, dar – von den unter Zugrundelegung der Annahmen der Market Participants ermittelten Entity Values von BU1 und BU2 aus und bezieht darüber hinaus den Wert der genannten Synergien ein.

Der originäre Goodwill setzt sich – dies zeigen die Spalten 6 und 7 von Tabelle 5-14 – zusammen aus

- dem Wert des Mitarbeiterstammes von BU2 (EUR 6,7 Mio.);
- den Werten der zukünftig geplanten Vermögenswerte von BU1 und BU2 in Höhe von insgesamt EUR 195,2 Mio. sowie

- den Bewertungsdifferenzen (EUR 0,5 Mio.), die bei Bewertung eines ausgewählten Vermögenswertes mittels MPEEM unter Zugrundelegung modellexogen vorgegebener vermögenswertspezifischer Zinssätze auftreten.

5.4.3   Allokation des Goodwill unter Zugrundelegung der Komponenten des Goodwill

Die unter 5.4.2.2 identifizierten Komponenten des aus der Übernahme der Geschäftseinheiten BU1 und BU2 resultierenden derivativen Goodwill weisen folgenden Bezug zu den CGUs der Erwerber-Gruppe auf:
- Die Werte der zukünftig geplanten Vermögenswerte wurden gesondert für BU1 und BU2 ermittelt und können damit CGU1 und CGU2 eindeutig zugeordnet werden.
- Der nicht bilanzierungsfähige Mitarbeiterstamm von BU2 wurde gleichfalls gesondert bestimmt und ist CGU2 zuzuweisen.
- Der Identifikation und Bewertung der über die Market-Participant-Synergien hinausgehenden erwerberspezifischen Synergien liegen detaillierte Untersuchungen zugrunde, deren Ergebnisse nach Geschäftsbereichen zusammengefasst wurden (Tab. 5-13). Damit ist auch eine eindeutige Aufteilung dieser Goodwill-Komponente auf die CGUs gegeben.

Tabelle 5-14 stellt in den Spalten 6 bis 9 die Allokation des Goodwill auf die CGUs der Erwerber-Gruppe auf der Grundlage der Analyse und Aufteilung der einzelnen Goodwill-Komponenten zusammen: Im oberen Teil der Tabelle, Spalte 6 und 7, werden die Werte der zukünftig geplanten Vermögenswerte sowie des Mitarbeiterstammes CGU 1 und 2 zugeordnet. Im unteren Bereich der Tabelle werden in den Spalten 7 bis 9 die betrachteten erwerberspezifischen Synergien CGU 2 bis 4 zugeordnet. Spalte 10 fasst die Werte der zugeordneten Goodwill-Komponenten zusammen. Damit ist dargelegt, dass der erworbene Goodwill den vier CGUs der Erwerber-Gruppe eindeutig und vollständig unter exakter Abbildung des zugrunde liegenden Sachverhalts zugeordnet werden kann.

Zum gleichen Ergebnis führt im vorliegenden Fallbeispiel folgendes Vorgehen: Für jede CGU wird zunächst der Entity Value unter Zugrundelegung der Annahmen der Market Participants vor Unternehmensübernahme sowie der Entity Value unter Zugrundelegung erwerberspezifischer Annahmen nach Unternehmensübernahme sowie als Differenz aus beiden die übernahmebedingte Veränderung der Entity Values ermittelt. Letztere entsprechen den Entity Values unter Zugrundelegung der Annahmen der Market Participants der übernommenen Geschäftseinheiten zuzüglich der den CGUs zugeordneten Synergien. Der einer jeden CGU zuzuordnende Teilbetrag des derivativen Goodwill ergibt sich sodann durch Abzug der beizulegenden Zeitwerte der der jeweiligen CGU zugeordneten bilanzierungsfähigen Vermögenswerte von der übernahmebedingten Veränderung des Entity Value der jeweiligen CGU (Tab. 5-16).

Tab. 5-16: Allokation des Goodwill auf Basis der akquisitionsbedingten Veränderung der unternehmensspezifischen Werte der CGUs

Allocation based on	Total	CGU 1	CGU 2	CGU 3	CGU 4
Investment Value of BU allocated	1.273,8	662,9	610,9	0,0	0,0
Synergies	191,6	0,0	61,6	90,0	40,0
Impact of Acquisition on Investment Value of CGU	1.465,4	662,9	672,5	90,0	40,0
as percentage		45,24%	45,89%	6,14%	2,73%
Fair Value of Recognized Assets	1.071,4	545,5	526,0	0,0	0,0
Goodwill	393,9	117,4	146,5	90,0	40,0

5.4.4 Anwendung anderer Allokationsmaßstäbe

5.4.4.1 Ausgewählte, im Schrifttum vorgeschlagene Allokationsregeln

Im Schrifttum werden insbesondere die folgenden Verteilungsregeln betrachtet:[544]
* Synergiepotenziale
* beizulegende Zeitwerte der CGUs
* beizulegende Zeitwerte des Vermögens der CGUs
* Nutzungswerte der CGUs
* Nutzungswerte der CGUs auf Stand-alone-Basis
* Buchwerte der CGUs
* Kapitalwert der Akquisition sowie
* Ergebnisgrößen, insbesondere EBIT und EBITDA

IDW RS HFA 40[545] weist in diesem Zusammenhang darauf hin, dass eine Anwendung anderer Größen als der erwarteten Synergieeffekte der CGUs nur dann in Betracht kommt, wenn »diese die Synergieeffekte im Einzelfall angemessen reflektieren«.[546]

Tabelle 5-17 stellt der Goodwill-Allokation auf Basis der Goodwill-Komponenten die Ergebnisse der Anwendung folgender Allokationsmaßstäbe gegenüber:
* Zurechnung entsprechend den über die Market-Participant-Synergien hinausgehenden erwerberspezifischen Synergien,
* Zuordnung basierend auf den beizulegenden Zeitwerten der CGUs, »die aus den Synergien des Zusammenschlusses einen Nutzen ziehen sollen« (IAS 36.80), also der nutzenziehenden CGUs,
* Kombination der beiden zuvor genannten Zurechnungsschlüssel,

---

544 So vor allem IDW RS HFA 16, Tz. 94; Pawelzik/Dörschell (2012), Tz. 2040, unter Bezugnahme auf IDW RS HFA 16; Haaker (2005), S. 430; Klingels (2006), S. 281; Haaker (2008), S. 359.

545 IDW RS HFA 40, in: FN 2015, S. 335 ff., Tz. 73; so auch schon der aufgehobene Standard IDW RS HFA 16, Tz. 94; ähnlich auch Bollmann/Wabnitz (2008), S. 13, die die Anwendung vereinfachender Maßstäbe auf Fälle von geringer Bedeutung begrenzen wollen.

546 Darüber hinaus nimmt IDW RS HFA 40, Tz. 72, auf den »Nutzen aus dem going concern element des erworbenen Geschäftsbetriebs« Bezug. Zum Going-Concern-Element des Goodwill siehe unter 5.3.3.

- Zuordnung gemäß der akquisitionsbedingten Veränderung der beizulegenden Zeitwerte der CGUs.

Auf die Darstellung der Goodwill-Allokationen unter Zugrundelegung der Nutzungswerte der CGUs sowie von Ergebnisgrößen der CGUs, z. B. EBIT oder EBITDA, wird – den Ausführungen unter 5.4.2.1 folgend – verzichtet. Der »Kapitalwert der Akquisition« ist im vorliegenden Fallbeispiel ein ungeeigneter Allokationsmaßstab, da er sowohl für die Übernahme insgesamt als auch auf Ebene der CGUs null ist. Die beizulegenden Zeitwerte des Vermögens der CGUs sowie die Buchwerte der CGUs werden nicht betrachtet, weil dadurch keine zusätzlichen Erkenntnisse gewonnen werden.

Tab. 5-17: Allokation des Goodwill auf Basis ausgewählter, im Schrifttum genannter Maßstäbe

Allocation based on	Total	CGU 1	CGU 2	CGU 3	CGU 4
Synergy	393,9	0,0	126,6	185,1	82,3
as percentage		0,0%	32,1%	47,0%	20,9%
Fair Value of CGU	393,9	53,9	73,5	114,7	151,9
as percentage		13,7%	18,7%	29,1%	38,6%
Combined					
Synergy	191,6	0,0	61,6	90,0	40,0
FairValue of CGU	202,4	27,7	37,8	58,9	78,0
Total	393,9	27,7	99,3	148,9	118,0
as percentage		7,0%	25,2%	37,8%	30,0%
Impact of Acquisition					
on Fair Value of CGU	393,9	178,2	180,8	24,2	10,8
as percentage		45,24%	45,89%	6,14%	2,73%
Components of Goodwill	393,9	117,4	146,5	90,0	40,0
as percentage		29,8%	37,2%	22,8%	10,2%

Die betrachteten Zuordnungsregeln führen zu Goodwill-Allokationen auf die CGUs der Erwerber-Gruppe, die deutlich von der den Goodwill-Komponenten folgenden, die zugrunde liegenden wirtschaftlichen Verhältnisse zutreffend reflektierenden Zurechnung abweichen:
- Bei der ersten Regel, den Synergiepotenzialen,[547] sind die Gründe für die Abweichung unmittelbar ersichtlich: Diese Vorgehensweise stellt zwar auf eine im Fallbeispiel mit einem Anteil von 49,5 % bedeutende Goodwill-Komponente ab, lässt jedoch die beiden anderen Komponenten außer Betracht. Auf die zukünftig geplanten Vermögenswerte entfällt ein Anteil am Goodwill von 44,1 %. Dem Mitarbeiterstamm kommt demgegenüber mit einem Anteil am Goodwill von lediglich 1,7 % eine geringere Bedeutung zu. Das Fallbeispiel zeigt auch, dass diese beiden Goodwill-Komponenten nicht mit dem

---

547   Dies Regel präferiert Haaker (2008), S. 359 ff.; Haaker (2005), S. 430 ff.

Argument außer Betracht gelassen werden können, dass sie der Zuordnungsregel »Synergiepotenziale« folgen.

Im Fallbeispiel wird die Problematik der Zurechnungsregel Synergiepotenziale auch dadurch besonders deutlich, dass CGU1 kein Goodwill zugewiesen wird, da die Erwerber AG gem. Tabelle 5-13 davon ausgeht, dass in dieser CGU keine übernahmebedingten Synergien zu erzielen sind. Darüber hinaus scheiden die Synergiepotenziale als Aufteilungsregel in den Fällen von vornherein aus, in denen der Erwerber nicht beabsichtigt, aus der Unternehmensübernahme Synergien zu ziehen. Damit ist festzuhalten, dass sich der Allokationsmaßstab Synergiepotenziale zumeist wohl nur in den Fällen als tragfähig erweisen wird, in denen insbesondere der Wert der zukünftig geplanten Vermögenswerte (zufälligerweise) von ganz untergeordneter Bedeutung ist.

- Die Zuordnung entsprechend den beizulegenden Zeitwerten der CGUs, »die aus den Synergien des Zusammenschlusses einen Nutzen ziehen sollen« (IAS 36.80), erweist sich deshalb als problematisch, weil zwischen diesen Werten und den Komponenten des Goodwill kein zwingender Zusammenhang festzustellen ist. Die Allokation des Goodwill auf die nutzenziehenden CGUs ist darüber hinaus von der Verteilung der beizulegenden Zeitwerte der CGUs abhängig: Eine von Tabelle 5-13 abweichende Verteilung der beizulegenden Zeitwerte der involvierten CGUs der Erwerber-Gruppe führt c.p. zu einer anderen Allokation des Goodwill auf die CGUs. Dies zeigt die in Tabelle 5-18 dargestellte Modifikation besonders deutlich, die die beizulegenden Zeitwerte von CGU1 bis CGU4 gem. Tabelle 5-13 lediglich in anderer Reihenfolge diesen CGUs zuweist. Dementsprechend ist diese Regel als willkürlich zu qualifizieren und erfüllt damit auch nicht die von IDW RS HFA 40[548] geforderte angemessene Abbildung der Synergieeffekte. Gleiches gilt für die Anwendung des Nutzungswerts der CGUs[549] sowie für die Heranziehung von Ergebnisgrößen der CGUs, beispielsweise EBIT oder EBITDA, die, wie bereits ausgeführt, nicht betrachtet werden.

- Im Falle der Kombination der beiden zuvor dargestellten Zuordnungsregeln wird der Goodwill auf zwei Teilbeträge aufgeteilt, die gesondert den CGUs der Erwerber-Gruppe zugerechnet werden: Der Wert der Synergien wird unter Zugrundelegung der erwarteten Synergiepotenziale verteilt, der danach verbleibende Goodwill entsprechend den beizulegenden Zeitwerten der nutzenziehenden CGUs. Damit werden zwar die Synergien – dies zeigt ein Vergleich von Tabelle 5-17 mit Tabelle 5-14 – zutreffend allokiert; die Aufteilung des verbleibenden Teilbetrags bildet allerdings die Zuordnung der zukünftig geplanten Vermögenswerte sowie des Mitarbeiterstamms zu den CGUs nicht ab. Demensprechend führt auch dieser kombinierte Maßstab zumindest in den Fällen, in denen der Wert der zukünftigen Vermögenswerte nicht (zufälligerweise) von untergeordneter Bedeutung ist, insgesamt zu einer willkürlichen Goodwill-Allokation.

- Die Anwendung der Allokationsregel »akquisitionsbedingte Veränderung der beizulegenden Zeitwerte der CGUs« erfordert zunächst die Ermittlung der durch die Unternehmensübernahme bewirkten Veränderungen der beizulegenden Zeitwerte der CGUs. Diese fallen – aufgrund der dem Fallbeispiel zugrunde liegenden Annahmen – mit den

---

548   IDW RS HFA 40, Tz.73.

549   So auch Haaker (2008), S. 359 ff.; Haaker (2005), S. 430 ff.

übernahmebedingten Veränderungen der Entity Values der CGUs zusammen und können Tabelle 5-16 entnommen werden. Da die zutreffende Goodwill-Allokation aus den übernahmebedingten Veränderungen der Entity Values der CGUs abzüglich der beizulegenden Zeitwerte der den CGUs zuzuordnenden Vermögenswerte resultiert (Tab. 5-16), kann die auf dem hier betrachteten Allokationsmaßstab beruhende proportionale Aufteilung des Goodwill im Fallbeispiel nicht – in anderen Fallgestaltungen allenfalls zufällig – zum gleichen Ergebnis führen.

Tab. 5-18: Alternative beizulegende Zeitwerte der nutzenziehenden CGUs

Mio. EUR	Total	CGU 1	CGU 2	CGU 3	CGU 4
Base Case					
Fair Value of CGU	40.200,0	5.500,0	7.500,0	11.700,0	15.500,0
as percentage		13,7%	18,7%	29,1%	38,6%
Allocation of Goodwill	393,9	53,9	73,5	114,7	151,9
Modification					
Fair Value of CGU	40.200,0	15.500,0	11.700,0	7.500,0	5.500,0
as percentage		38,6%	29,1%	18,7%	13,7%
Allocation of Goodwill	393,9	151,9	114,7	73,5	53,9
Components of Goodwill	393,9	117,4	146,5	90,0	40,0
as percentage		29,8%	37,2%	22,8%	10,2%

5.4.4.2 Goodwill-Allokation nach US GAAP

ASC 350-20-35-41[550] verlangt, dass die Methodik, die der Verteilung des Goodwill auf die Reporting Units zugrunde gelegt wird, begründbar und nachvollziehbar ist. Deren Ergebnisse sollen konsistent zu dem in ASC 350-20-35-42 bis 43[551] beschriebenen Ansatz sein: Zur Ableitung des Goodwill einer Reporting Unit ist von einem fiktivem Kaufpreis der Reporting Unit auszugehen, von dem der Saldo der ihr zugeordneten Vermögenswerte und Schulden abzuziehen ist. Der fiktive Kaufpreis der Reporting Unit ist dabei durch deren beizulegenden Zeitwert zu bestimmen. In den Fällen, in denen einer Reporting Unit keine Vermögenswerte und Schulden zugeordnet werden, ist auf die positive Differenz aus dem beizulegenden Zeitwert der Reporting Unit vor und dem nach der Unternehmensübernahme abzustellen.

Bei Anwendung dieser Allokationsregel ist zu beachten, dass die Allokationsregel nach SFAS 142.35 regelmäßig nicht auf die Ebene der Reporting Units, sondern auf die Ebene der aus der Unternehmensübernahme resultierenden Zugänge zu den Reporting Units bezogen wurde.[552] Tabelle 5-19 zeigt die dieser Interpretation von ASC 350-20-35-42 bis

---

550   Bisher SFAS 142.34.
551   Vormals SFAS 142.35.
552   So insbesondere Küting/Weber/Wirth (2001), S. 187 f.; Esser (2005), S. 103 ff.; Lopatta (2006), S. 104 ff.; siehe in diesem Zusammenhang auch Sellhorn (2004), S. 188 ff.; ausführlich zur Goodwill-Allokation nach US GAAP Thalke Focken (2006), S. 84 ff.

43 folgende Goodwill-Allokation:[553] Zunächst werden den übernommenen Geschäftsein-heiten BU1 und BU2 die fiktiven Kaufpreise (EUR 762,6 bzw. 702,8 Mio.) für deren Über-nahme zugeordnet. Diese ergeben sich, indem die anteiligen Werte der beiden Geschäfts-einheiten am Wert des übernommenen Unternehmens gemäß Tabelle 5-15, Spalte 1, bestimmt (52,0 % für BU1 bzw. 48,0 % für BU2) und auf die für die Unternehmensüber-nahme geleistete Gegenleistung (EUR 1.465,4 Mio.) angewendet werden. Sodann sind die beizulegenden Zeitwerte der einer jeden Geschäftseinheit zugeordneten bilanzierungsfä-higen Vermögenswerte, die sich aus Tabelle 5-14 in Höhe von EUR 545,5 Mio. bzw. EUR 526,0 Mio. ergeben, von den fiktiven Kaufpreisen abzuziehen. Hieraus resultiert ein CGU1 bzw. CGU2 zuzuweisender Goodwill von EUR 217,1 Mio. bzw. EUR 176,8 Mio. Für CGU3 und CGU4, denen laut Sachverhalt keine Vermögenswerte zugeordnet werden, sind schließlich die akquisitionsbedingten Veränderungen der beizulegenden Zeitwerte der CGUs abzuleiten und als Goodwill zuzurechnen. Diese entsprechen im Fallbeispiel den gemäß Tabelle 5-13 jeweils erwarteten Synergiepotenzialen (EUR 90 Mio. bzw. EUR 40 Mio.).

Tab. 5-19: Allokation des Goodwill auf Basis von ASC 350

Allocation based on	Total	CGU 1	CGU 2	CGU 3	CGU 4
Purchase Price	1.465,4				
percentage of Fair Value		52,0%	48,0%		
Allocation to CGUs		762,6	702,8		
Fair Value of Assets	1.071,4	545,5	526,0		
Basis for Allocation	523,9	217,1	176,8	90,0	40,0
as percentage	100,0%	41,4%	33,7%	17,2%	7,6%
Allocation of Goodwill					
Alternativ 1	393,9	163,2	133,0	67,7	30,1
Alternativ 2	393,9	149,5	114,5	90,0	40,0
Components of Goodwill		117,4	146,5	90,0	40,0

Der auf diese Weise den CGUs zugewiesene Goodwill beträgt insgesamt EUR 523,9 Mio. und übersteigt damit den zu verteilenden Goodwill (EUR 393,9 Mio.) um den CGU3 und CGU4 zugeordneten Betrag von EUR 130,0 Mio. Tabelle 5-19 stellt zwei mögliche Vertei-lungen dieses Differenzbetrags auf die CGUs dar:

• Alternative 1 geht von einer proportionalen Verminderung des einer jeden CGU zuge-wiesenen Goodwill aus.

• Alternative 2 weist CGU3 und CGU4 die in diesen Bereichen erwarteten Synergien in vollem Umfang zu und reduziert die CGU1 und CGU2 zugeordneten Goodwill-Beträge im Verhältnis der anteiligen Werte dieser CGUs.

---

553 Da die Goodwill-Allokation im Fallbeispiel nach IFRS und nicht nach US GAAP erfolgt, wird im Folgenden der Ausdruck »CGU« und nicht der von ASC 350 bzw. SFAS 142 verwendete Terminus »Reporting Unit« verwendet.

Beide Verteilungsalternativen führen zu Goodwill-Allokationen, die wiederum deutlich von der den Goodwill-Komponenten folgenden Zurechnung abweichen. Die bei CGU1 und CGU2 auftretenden Differenzen zur komponentenbasierten Goodwill-Allokation betragen bei Alternative 2 jeweils EUR 32,0 Mio. oder 27,3 % bzw. -21,9 %.

5.4.5 Betrachtung alternativer Gegenleistungen für die Unternehmensübernahme

Der bisherigen Untersuchung lag die vereinfachende Annahme zugrunde, dass die für die Übernahme der Geschäftseinheiten BU1 und BU2 durch die Erwerber AG bewirkte Gegenleistung dem unter Zugrundelegung der Annahmen der Market Participants bestimmten Entity Value der AS unter vollständiger Einbeziehung der erwarteten Synergien entspricht. Auf dieser Grundlage konnte der aus der Übernahme resultierende Goodwill mittels dessen Komponenten eindeutig und vollständig auf die CGUs der Erwerber-Gruppe allokiert werden.

Kaufpreise bei Unternehmensübernahmen sind regelmäßig Gegenstand von Verhandlungen und können dementsprechend von der dem Ausgangsfall zugrunde liegenden Bemessung abweichen. Tabelle 5-15 stellt Beispiele für mögliche Kaufpreise für die beiden Geschäftsbereiche – nach Komponenten aufgegliedert – zusammen. In der Tabelle sind, wie bereits angesprochen, auch der Entity Value und der Kaufpreis des unter 5.4.3 und 5.4.4 diskutierten Ausgangsfalls zu finden.

Fall 1 liegt eine Gegenleistung in Höhe von EUR 1.565,4 Mio., die den Kaufpreis des Ausgangsfalls um EUR 100 Mio. übersteigt, zugrunde. Da dem Sachverhalt (5.4.2) keine Argumente entnommen werden können, die diese Prämie begründen, ist davon auszugehen, dass ein zu hoher Kaufpreis bezahlt wurde. Von dem sich ergebenden derivativen Goodwill in Höhe von EUR 493,9 Mio. (Kaufpreis EUR 1.565,4 Mio. abzüglich der Summe der anzusetzenden Vermögenswerte EUR 1.071,4 Mio.) kann lediglich ein Teilbetrag von EUR 393,9 Mio. erklärt und auf die CGUs allokiert werden (5.4.3). Der übersteigende Betrag (EUR 100,0 Mio.) zieht damit grundsätzlich die Erfassung eines Wertminderungsaufwands nach sich.

In Fall 2 wurde eine Gegenleistung in Höhe von EUR 1.446,2 Mio. bewirkt, die neben den unter Zugrundelegung der Annahmen der Market Participants bestimmten Entity Values der übernommenen Geschäftseinheiten auch anteilige Synergien umfasst. Aus Tabelle 5-20 (Alternative 2), Spalte 2,[554] ergibt sich ein derivativer Goodwill in Höhe von EUR 374,7 Mio., der – gemäß Spalte 4 bis 7 der Tabelle – durch den Wert des Mitarbeiterstammes und die Werte der zukünftig geplanten immateriellen Vermögenswerte (insgesamt EUR 202,4 Mio.) sowie den Wert der bezahlten Synergien (EUR 172,4 Mio.) zu erklären ist. In Spalte 4 bis 7 der Tabelle wird der Goodwill diesen Komponenten folgend auf die CGUs allokiert, wobei die bezahlten Synergiepotenziale proportional verteilt werden.

---

554 Es ist zu beachten, dass in der Tabelle die in Tabelle 5-13 einzeln aufgeführten Werte der Vermögenswerte in der Zeile »Value of Assets« zusammenfasst wurden.

Damit ist auch in diesem Fall eine einfache und sachgerechte Zuordnung des Goodwill zu den CGUs der Erwerber-Gruppe möglich.

Die Gegenleistung in Fall 3 beschränkt sich auf die Vergütung der unter Zugrundelegung der Annahmen der Market Participants ermittelten Entity Values der übernommenen Geschäftseinheiten. Auf dieser Grundlage ergibt sich aus Tabelle 5-20 (Alternative 3), Spalte 2, ein Goodwill in Höhe von EUR 202,4 Mio., der sich – gemäß Spalte 4 bis 7 der Tabelle – aus dem Wert des Mitarbeiterstammes und den Werten der zukünftig geplanten immateriellen Vermögenswerte (insgesamt EUR 202,4 Mio.) zusammensetzt. Die Spalten 4 bis 7 der Tabelle stellen die diesen Komponenten folgende Allokation des Goodwill auf die CGUs dar. Damit ist in dieser Fallgruppe wiederum eine vollständige und eindeutige Zuordnung des Goodwill zu den CGUs der Erwerber-Gruppe möglich.

Abschließend wird in Tabelle 5-20 (Alternative 4) der Fall betrachtet, dass die Gegenleistung mit EUR 1.254,6 Mio. um EUR 19,20 Mio. unter dem Kaufpreis von Fall 3 und damit unter dem unter Zugrundelegung der Annahmen der Market Participants abgeleiteten Entity Values der beiden Geschäftsbereiche (EUR 1.273,8 Mio.) liegt. Dadurch verringert sich der derivative Goodwill auf EUR 183,2 Mio. und liegt wiederum mit EUR 19,20 Mio. unter der Summe aus dem Wert des Mitarbeiterstammes und den Werten der zukünftig geplanten immateriellen Vermögenswerte (EUR 202,4 Mio.). Die Spalten 4 bis 7 der Tabelle verteilen diesen Korrekturbetrag proportional auf CGU1 und CGU2, also die CGUs, denen die genannten Goodwill-Komponenten zuzurechnen sind. Liegen im Einzelfall bessere Informationen vor, kann die Aufteilung des Korrekturbetrags präzisiert werden.

Tab. 5-20: Ableitung und Allokation des Goodwill bei alternativen Gegenleistungen

Alternative 2

Consideration Transfered 1.446,2

| | Value of Assets (1) | Consideration Transfered (2) | Entity Value (3) | | | Allocation of Goodwill | | |
				CGU 1 (4)	CGU 2 (5)	CGU 3 (6)	CGU 4 (7)	Total (8)
Consideration Transfered		1.446,2						
Entity Value			1.273,8					
Value of Assets	1.071,4	-1.071,4	-1.071,4	117,4	85,0			202,4
Internal Generated Goodwill		202,4	202,4					
Adjustments								
Synergies		172,4	172,4	0,0	55,4	81,0	36,0	172,4
Goodwill purchased		374,7	374,7	117,4	140,4	81,0	36,0	374,7

Alternative 3

Consideration Transfered 1.273,8

| | Value of Assets (1) | Consideration Transfered (2) | Entity Value (3) | | | Allocation of Goodwill | | |
				CGU 1 (4)	CGU 2 (5)	CGU 3 (6)	CGU 4 (7)	Total (8)
Consideration Transfered		1.273,8						
Entity Value			1.273,8					
Value of Assets	1.071,4	-1.071,4	-1.071,4	117,4	85,0			202,4
Internal Generated Goodwill		202,4	202,4					
Adjustments								
Synergies		0,0	0,0	0,0	0,0	0,0	0,0	0,0
Goodwill purchased		202,4	202,4	117,4	85,0	0,0	0,0	202,4

Alternative 4

Consideration Transfered 1.254,6

| | Value of Assets (1) | Consideration Transfered (2) | Entity Value (3) | | | Allocation of Goodwill | | |
				CGU 1 (4)	CGU 2 (5)	CGU 3 (6)	CGU 4 (7)	Total (8)
Consideration Transfered		1.254,6						
Entity Value			1.273,8					
Value of Assets	1.071,4	-1.071,4	-1.071,4	117,4	85,0			202,4
Internal Generated Goodwill		202,4	202,4					
Adjustments								
Synergies		-19,2	-19,2	-11,1	-8,1	0,0	0,0	-19,2
Goodwill purchased		183,2	183,2	106,3	76,9	0,0	0,0	183,2

Tabelle 5-21 stellt die Goodwill-Allokationen zusammen, die sich nach ASC 350 für die zuvor betrachteten Kaufpreisalternativen ergeben. Es zeigt sich wiederum, dass diese deutlich von der den Goodwill-Komponenten folgenden Zurechnung, die die zugrunde liegenden wirtschaftlichen Verhältnisse reflektiert, abweichen.

Tab. 5-21: Allokation des Goodwill auf Basis von ASC 350 bei alternativen Kaufpreisen

Alternative 1	Total	CGU 1	CGU 2	CGU 3	CGU 4
Consideration Transfered	1.565,4				
percentage of fair value		52,0%	48,0%		
allocation to CGUs		814,6	750,7		
Fair Value of Assets	1.071,4	545,5	526,0		
Basis for Allocation	623,9	269,2	224,8	90,0	40,0
as percentage	100,0%	43,1%	36,0%	14,4%	6,4%
Allocation of Goodwill	493,9	213,1	178,0	71,2	31,7

Alternative 2	Total	CGU 1	CGU 2	CGU 3	CGU 4
Consideration Transfered	1.446,2				
percentage of fair value		52,0%	48,0%		
allocation to CGUs		752,6	693,6		
Fair Value of Assets	1.071,4	545,5	526,0		
Basis for Allocation	374,7	207,1	167,6	0,0	0,0
as percentage	100,0%	55,3%	44,7%	0,0%	0,0%
Allocation of Goodwill	374,7	207,1	167,6	0,0	0,0

Alternative 3	Total	CGU 1	CGU 2	CGU 3	CGU 4
Consideration Transfered	1.273,8				
percentage of fair value		52,0%	48,0%		
allocation to CGUs		662,9	610,9		
Fair Value of Assets	1.071,4	545,5	526,0		
Basis for Allocation	202,4	117,4	85,0	0,0	0,0
as percentage	100,0%	58,0%	42,0%	0,0%	0,0%
Allocation of Goodwill	202,4	117,4	85,0	0,0	0,0

Alternative 4	Total	CGU 1	CGU 2	CGU 3	CGU 4
Consideration Transfered	1.254,6				
percentage of fair value		52,0%	48,0%		
allocation to CGUs		652,9	601,7		
Fair Value of Assets	1.071,4	545,5	526,0		
Basis for Allocation	183,2	107,4	75,7	0,0	0,0
as percentage	100,0%	58,6%	41,4%	0,0%	0,0%
Allocation of Goodwill	183,2	107,4	75,7	0,0	0,0

5.4.6   Zusammenfassung

Als Maßstab zur Verteilung des im Rahmen eines Unternehmenszusammenschlusses erworbenen Goodwill auf die CGUs des erwerbenden Unternehmens vermag allein die Goodwill-Allokation auf Basis der Komponenten des Goodwill zu überzeugen. Alle anderen Allokationsregeln führen im Regelfall zu willkürlichen Goodwill-Verteilungen. Dies gilt – abgesehen vom Fall der Bezahlung eines zu hohen Kaufpreises – unabhängig von der Höhe der im Rahmen des Unternehmenszusammenschlusses entrichteten Gegenleistung.

5.5   Nutzungsdauer des Goodwill

5.5.1   Überblick

IFRS 3 (rev. 2004) leitete einen konzeptionellen Wandel bei der Bilanzierung des Goodwill nach IFRS ein. Der Goodwill wird als immaterieller Vermögenswert[555] mit unbestimmter Nutzungsdauer[556] mit der Folge betrachtet, dass er nicht mehr der planmäßigen Abschreibung unterliegt; stattdessen ist er nach IAS 36 mindestens einmal jährlich auf Wertminderung zu überprüfen (Impairment-Only-Ansatz).[557] Damit erübrigt sich für Zwecke der Bilanzierung nach IFRS die Zuordnung einer Nutzungsdauer zum Goodwill.[558]

Die Diskussion der Frage, ob die Nutzungsdauer des Goodwill bestimmt werden kann oder nicht,[559] wurde durch IFRS 3 (rev. 2004) nicht beendet. Vor allem durch die Novellierung des HGB durch das BilMoG[560] erlangte dieser Problemkreis erneut eine besondere Bedeutung.[561] Die gesetzliche Regelung des HGB schreibt – im Unterschied zu IFRS 3 – in § 246 Abs. 1 Satz 4 HGB fest, dass der derivative Goodwill als »zeitlich begrenzt nutzbarer Vermögensgegenstand« zu betrachten ist, der der planmäßigen Abschreibung auf »seine individuelle betriebliche Nutzungsdauer«[562] unterliegt. Nach § 253 Abs. 3 Satz 4 i. V. m. Satz 3 HGB i. d. F. des BilRUG[563] ist dieser Abschreibung eine Nutzungsdauer von 10 Jahren zugrunde zu legen, wenn »in Ausnahmefällen die voraussichtliche Nutzungsdauer …

---

555   So IFRS 3 (2004).51.

556   Siehe IFRS 3 (2004).BC 101 sowie BC 136 ff.

557   IFRS 3 (2004).55. Zu Einzelheiten siehe statt vieler Küting/Wirth (2004), S. 167 ff.; Brücks/Wiederhold (2004), S. 177 ff.

558   Für eine planmäßige Abschreibung des Goodwill sprechen sich beispielsweise Scheren/Scheren (2014), S. 86 ff. aus. Siehe auch die Diskussion von Haaker/Freiberg (2015), S. 221 f.

559   Siehe zur Erörterung dieser Frage beispielsweise schon bei Moxter (1979), S. 744 ff.; Wagner/Schomaker (1987), S. 1365 ff. m. w. N.

560   Gesetz zur Modernisierung des Bilanzrechts (Bilanzrechtsmodernisierungsgesetz – BilMoG), BR-Drs. 270/09.

561   Zu den Vorschlägen des RefE bzw. RegE des BilMoG zur Behandlung des Goodwill siehe statt vieler Oser (2008), S. 361 ff.; Oser/Reichart/Wirth (2008), S. 417 ff.; Küting/Ellmann (2008), S. 268 ff.; Mujkanovic (2010), S. 167 ff.

562   BMJ, Gesetzentwurf der Bundesregierung eines Gesetzes zur Modernisierung des Bilanzrechts (Bilanzrechtsmodernisierungsgesetz – BilMoG) vom 21.05.2008 (RegE), Begründung zu § 246 Abs. 1 Satz 4, S. 104 f.

563   Bilanzrichtlinie-Umsetzungsgesetz (BilRUG), BGBl. I 2015 S. 1245 ff.

nicht verlässlich geschätzt werden (kann)«. §§ 285 Nr. 13, 314 Abs. 1 Nr. 20 HGB verlangen, dass der »… Zeitraum, über den ein entgeltlich erworbener Geschäfts oder Firmenwert abgeschrieben wird,« im Anhang bzw. Konzernanhang erläutert wird.

Im Folgenden wird die Frage untersucht, inwieweit eine bestimmte Nutzungsdauer des Goodwill begründet und abgeleitet werden kann.[564] Hierzu wird zunächst das in Kapitel 4 eingeführte Fallbeispiel fortgeführt und die Nutzungsdauer des unter 5.2.4 abgeleiteten Goodwill beurteilt (5.5.2). Sodann werden in der Begründung des Regierungsentwurfs zum BilMoG[565] beispielhaft angeführte Anhaltspunkte, die zur Schätzung einer individuellen betrieblichen Nutzungsdauer des Goodwill geeignet sein sollen, im Einzelnen betrachtet (5.5.3). Auf eine ausführliche Darstellung des Schrifttums[566] zur Nutzungsdauer des Goodwills wird im Folgenden verzichtet.[567] Die Ausführungen behalten – auch soweit auf die handelsrechtliche Regelung Bezug genommen wird – die bisherige Terminologie bei. Insbesondere wird der Ausdruck »Vermögenswert« und nicht der Terminus »Vermögensgegenstand« verwendet.

5.5.2   Analyse der Nutzungsdauer des Goodwill von BU2

5.5.2.1 Nutzungsdauern der Komponenten des Goodwill von BU2

Der derivative Goodwill von BU2 kann sich – wie unter 5.3 dargelegt – zusammensetzen aus
- dem Wert der die Market-Participant-Synergien übersteigenden, bei BU2 anfallenden erwerberspezifischen Synergien, aus
- beim Erwerber anfallenden erwerberspezifischen Synergien, aus
- dem beizulegenden Zeitwert des Mitarbeiterstamms als nicht bilanzierungsfähigem Vermögenswert, aus
- den Werten der zukünftig geplanten Vermögenswerte sowie – insbesondere bei einem Share Deal – aus
- den Einflüssen latenter Steuern.

Darüber hinaus kann die vollständige Erklärung des Goodwill die Einbeziehung der sich bei Anwendung der MPEEM unter Zugrundelegung modellexogen vorgegebener vermögenswertspezifischer Zinssätze ergebenden Bewertungsdifferenzen erfordern. Da diese aus Zinssatzdifferenzen resultieren, kann ihnen keine Nutzungsdauer zugeordnet werden.

---

564   Grundlegend hierzu Moser/Hüttche (2009), S. 394 ff.

565   RegE-Begründung zu § 246 Abs. 1 Satz 4, S. 105.

566   Siehe hierzu etwa bei Zimmermann (2002), S. 385 ff.; Velte (2008), S. 280 ff.

567   Hinzuweisen ist auf die Untersuchung zur Bilanzierungspraxis des Goodwill von Mujkanovic/Roland (2012), S. 379 ff.

Die genannten Komponenten weisen folgende Nutzungsdauern auf:

- (Positive) Synergien[568] können – dies wurde unter 5.3.4.1 dargelegt – vor allem aus Kosteneinsparungen, also Margenverbesserungen, Umsatzsteigerungen oder Risikoverminderungen resultieren. Die Realisierung derartiger Vorteile kann auf einen bestimmten Zeitraum begrenzt, jedoch auch nachhaltig möglich sein. Im zuerst genannten Fall bestimmt der Zeitraum der Vorteilserzielung die Nutzungsdauer dieser Goodwill-Komponente, wohingegen im Falle einer erwarteten nachhaltigen Umsetzung der Synergiepotenziale von einer unbestimmten Nutzungsdauer dieser Goodwill-Komponente auszugehen ist. Zu beachten ist, dass – unabhängig davon, ob die Nutzungsdauer bestimmt oder unbestimmt ist – ein Ausbleiben der bei der Übernahme vom Erwerber im Kaufpreis bezahlten Synergieeffekte in zukünftigen Jahren eine außerplanmäßige Goodwill-Abschreibung nach sich ziehen kann.

  Mit der Übernahme von BU2 verbindet die Erwerber AG – laut Sachverhalt – die Erwartung, nachhaltige Kosteneinsparungen umsetzen zu können. Damit kommt dieser Goodwill-Komponente eine unbestimmte Nutzungsdauer zu.

- Der Mitarbeiterstamm eines Unternehmens als Beispiel eines nicht bilanzierungsfähigen Vermögenswerts, der ganz überwiegend mittels des Cost Approach bewertet wird, weist typischerweise eine bestimmte Nutzungsdauer auf. Zu deren Bestimmung bietet es sich an, auf die Mitarbeiterfluktuation, gemessen durch die durchschnittliche Verbleibensdauer der Mitarbeiter im Unternehmen, abzustellen.[569]

  Auf dieser Grundlage ergibt sich für die nicht bilanzierungsfähigen Vermögenswerte von BU2 eine Nutzungsdauer von 10 Jahren.

- Die Werte der zukünftig geplanten Vermögenswerte werden – dies wurde unter 2.6.2.1 eingeführt – unter Zugrundelegung von unbestimmten Nutzungsdauern ermittelt. Dadurch wird erreicht, dass der Wert eines betrachteten zukünftig geplanten Vermögenswertes die Werte unendlich vieler Vermögenswerte zusammenfasst, die bestehende bzw. zukünftige Vermögenswerte substituieren werden. Mit dieser Grenzwertbetrachtung ist verbunden, dass den so verstandenen zukünftig geplanten Vermögenswerten bestimmte Nutzungsdauern nicht zugeordnet werden können. Damit sind den zukünftig geplanten Vermögenswerten von BU2 – den zukünftig geplanten Kundenbeziehungen und den zukünftig geplanten, die Basistechnologie und deren Nachfolger ersetzenden Technologien – unbestimmte Nutzungsdauern zuzuordnen.

  Darüber hinaus ist denkbar, einen betrachteten zukünftig geplanten Vermögenswert in einen oder mehrere unmittelbare Nachfolger und in alle übrigen Nachfolger aufzulösen. Den unmittelbaren Nachfolgern, die in zukünftigen Jahren entwickelt und genutzt werden, können bestimmte Nutzungsdauern zugeordnet werden. Auf die nicht gesondert betrachteten Nachfolger findet die Grenzwertbetrachtung Anwendung. Auf dieser Grundlage kann allerdings lediglich eine Abschreibung der gesondert betrachteten

---

568 Im Folgenden kann auf eine Differenzierung zwischen den beim übernommenem Unternehmen anfallenden, die Market-Participant-Synergien übersteigenden erwerberspezifischen Synergien und den beim Erwerber anfallenden erwerberspezifischen Synergien verzichtet werden. Dementsprechend wird im Weiteren vereinfachend von »Synergien« gesprochen.

569 Zur Bestimmung der Nutzungsdauer des Mitarbeiterstamms siehe auch Smith/Parr (2005), S. 219.

Nachfolger für die Jahre der zukünftigen Nutzung der Nachfolger begründet werden. Dieser Ansatz wird im Folgenden nicht weiter betrachtet.

- Die insbesondere im Falle eines Share Deal anzusetzenden latenten Steuern folgen den Nutzungsdauern der zugrunde liegenden Vermögenswerte bzw. Wirtschaftsgüter. Damit weist diese Goodwill-Komponente zumeist eine bestimmte Nutzungsdauer auf.

5.5.2.2 Folgerungen für die Nutzungsdauer des einheitlichen Goodwill

Die am Beispiel der Übernahme von BU2 dargestellte Untersuchung der Nutzungsdauern der einzelnen Komponenten des Goodwill zeigt, dass diese sehr unterschiedlich sind: Eine Komponente – die Werte der zukünftig geplanten Vermögenswerte – weist eine unbestimmte Nutzungsdauer auf, eine andere – die mittels des Cost Approach bewerteten nicht bilanzierungsfähigen Vermögenswerte – dagegen eine bestimmte. Bei der dritten Komponente, den Synergien, hängt die Nutzungsdauer von den Verhältnissen des konkreten Einzelfalls ab. Die latenten Steuern sind wiederum zumeist durch eine bestimmte Nutzungsdauer gekennzeichnet. Damit ist ersichtlich, dass ein Schluss von der bestimmten Nutzungsdauer einzelner Komponenten des Goodwill auf eine bestimmte Nutzungsdauer des einheitlichen Goodwill zumeist sehr schwierig sein wird.[570]

Im unteren Teil von Tabelle 5-1 und Tabelle 5-8 wird der Anteil der Goodwill-Komponenten, die eine bestimmte bzw. unbestimmte Nutzungsdauer aufweisen, am – um die Bewertungsdifferenz und die Anpassung des Working Capital an dessen beizulegenden Zeitwert bereinigten – derivativen Goodwill angegeben. Die Tabellen zeigen, dass ganz überwiegend fast 90 % oder mehr der Goodwill-Komponenten eine unbestimmte Nutzungsdauer aufweisen. Lediglich im Falle des Share Deal, bei dem der derivative Goodwill unter den der Betrachtung zugrunde liegenden Annahmen von den latenten Steuern geprägt ist, entfallen auf die Goodwill-Komponenten mit einer bestimmten Nutzungsdauer knapp 70 % des Goodwill.

5.5.3   Anhaltspunkte der Begründung des Regierungsentwurfs des BilMoG zur Schätzung der individuellen betrieblichen Nutzungsdauer des Goodwill

5.5.3.1 Überblick

Die Begründung zum RegE des BilMoG[571] nennt eine Reihe von Anhaltspunkten, die nach deren Ansicht der Schätzung der »individuellen betrieblichen Nutzungsdauer« des entgeltlich erworbenen Goodwill zugrunde gelegt werden können.[572] Diese knüpfen im Wesentlichen an Bestimmungsgrößen an, die typischerweise für den Erfolg von Unternehmen,

---

570 Siehe hierzu auch Oser/Reichhart/Wirth (2008), S. 419; Küting (1997), S. 451.
571 RegE-Begründung zu § 246 Abs. 1 Satz 4 HGB-E, S. 105.
572 Auffallend ist eine gewisse Ähnlichkeit dieser Anhaltspunkte zu den in IAS 38.90 beispielhaft aufgeführten Faktoren, die zur Ermittlung der Nutzungsdauer eines immateriellen Vermögenswerts in Betracht gezogen werden sollen.

insbesondere gemessen durch den Unternehmenswert, und damit auch für den Erfolg von Unternehmenszusammenschlüssen von entscheidender Bedeutung sind.

Im Folgenden werden zunächst die einzelnen, von der Begründung des RegE genannten Anhaltspunkte zur Bemessung der Nutzungsdauer des Goodwill kurz erläutert. Dabei wird auch deren Einfluss auf die einzelnen Komponenten des Goodwill dargelegt. Sodann wird auf der Grundlage der unter 5.5.2 aufgezeigten Bestimmungsgrößen der Nutzungsdauer der einzelnen Goodwill-Komponenten untersucht, inwieweit die Nutzungsdauern der Komponenten von den in der Begründung des RegE genannten Anhaltspunkten beeinflusst werden.

Die Untersuchung berücksichtigt – zur Vereinfachungen der Ausführungen – keine nicht bilanzierungsfähigen Vermögenswerte. Diejenigen, die mittels des Cost Approach bewertet werden, weisen typischerweise eine bestimmte Nutzungsdauer auf, deren Einschätzung in der Regel nicht weiter problematisch ist.[573] Die Behandlung der nicht bilanzierungsfähigen Vermögenswerte, die auf der Grundlage des Income Approach bewertet werden, folgt im Wesentlichen der Behandlung der zukünftig geplanten Vermögenswerte. Die Ausführungen beschränken sich auf die Darstellung und Erörterung ausgewählter Aspekte; eine abschließende Analyse ist im hier gegebenen Rahmen nicht möglich.

5.5.3.2 Einfluss der Anhaltspunkte zur Schätzung der Nutzungsdauer des Goodwill auf die Komponenten des Goodwill

Die in der Begründung des RegE genannten Anhaltspunkte für die Bestimmung der Nutzungsdauer des Goodwill können in folgende Gruppen eingeteilt werden:

1. Unternehmensexterne Faktoren
Unternehmensexterne Faktoren sind Bestimmungsgrößen für den Unternehmenserfolg, die der Unternehmensumwelt zuzuordnen sind.[574] Zu deren Analyse kommen insbesondere Konzepte wie Porter's 5 Forces oder die PEST-Analyse in Betracht. Folgende der von der Begründung des RegE genannten Anhaltspunkte zur Bestimmung der »individuellen betrieblichen Nutzungsdauer« des Goodwill sind diesem Bereich zuzuordnen:
- Stabilität und Bestandsdauer der Branche des erworbenen Unternehmens,
- Auswirkungen von Veränderungen der Absatz- und Beschaffungsmärkte sowie der wirtschaftlichen Rahmenbedingungen des erworbenen Unternehmens sowie
- erwartetes Verhalten potenzieller Wettbewerber des erworbenen Unternehmens.

Im Zeitpunkt der Übernahme des erworbenen Unternehmens bereits absehbare zukünftige Veränderungen der Unternehmensumwelt, für deren Auftreten der zuerst genannte Anhaltspunkt möglicherweise als Indikator fungieren kann, können zukünftige immaterielle Vermögenswerte und Synergien wesentlich beeinflussen. Dies gilt nicht nur für negative, sondern auch für positive Veränderungen: Ist beispielsweise von einer rückläufigen

---

573 Aufgrund der Anwendung des Cost Approach schlagen sich, wie unter 4.3.4 gezeigt, deren zukünftige Substitute nicht im Goodwill nieder.

574 Zur Umweltanalyse siehe z. B. Bea/Haas (2005), S. 89 ff.

Entwicklung des bisherigen Hauptabsatzmarktes des übernommenen Unternehmens, der jedoch eine prosperierende Entwicklung auf einem derzeit noch wenig bedeutsamen Absatzmarkt gegenübersteht, auszugehen, kann damit verbunden sein, dass die aktuelle, bei der Kaufpreisallokation gesondert angesetzte Technologie obsolet wird und durch zukünftige, noch zu entwickelnde Technologien ersetzt werden muss. Bei gegebenem Entity Value bestimmen – in einfachen Fällen – c.p. die die Marktentwicklung kennzeichnenden Parameter das Verhältnis des beizulegenden Zeitwertes der aktuell genutzten Technologie zum Wert der zukünftig geplanten Technologien. Bei Synergiepotenzialen ist sowohl denkbar, dass sie nur bezogen auf den bisherigen Hauptabsatzmarkt umgesetzt werden können, als auch möglich, dass von ihrer Realisierung bezogen auf den zukünftigen Absatzmarkt ausgegangen werden kann.

2. Unternehmensinterne Faktoren

Unternehmensinterne Faktoren sind Bestimmungsgrößen für den Unternehmenserfolg, die an den Potenzialen von Unternehmen ansetzen.[575] Zu deren Analyse kommen insbesondere Potenzialanalysen, wie etwa Porter's Wertkettenanalyse oder die Analyse strategischer Erfolgsfaktoren, in Betracht. Folgende der von der Begründung zum RegE genannten Anhaltspunkte zur Bestimmung der Nutzungsdauer des Goodwill sind diesem Bereich zuzuordnen:

- Art des erworbenen Unternehmens,
- Umfang der Erhaltungsaufwendungen, die erforderlich sind, um den erwarteten ökonomischen Nutzen des erworbenen Unternehmens zu realisieren, sowie
- voraussichtliche Tätigkeit von wichtigen Mitarbeitern oder Mitarbeitergruppen für das erworbene Unternehmen.

Die immateriellen Vermögenswerte eines Unternehmens weisen einen engen Zusammenhang zu dessen Potenzialen, insbesondere zur Wertkette, auf. Dies zeigt sich vor allem darin, dass bei deren Identifikation im Rahmen einer Kaufpreisallokation der Potenzialanalyse, insbesondere in Form der Wertkettenanalyse, eine zentrale Bedeutung zukommt.[576] Damit bestimmt die so verstandene Art des erworbenen Unternehmens auch dessen zukünftige immateriellen Vermögenswerte. Gleiches gilt für die von einem Erwerber aus einem Unternehmenszusammenschluss zu ziehenden Synergien, was wiederum darin deutlich wird, dass zu deren Identifikation zumeist ebenfalls auf die Potenzialanalyse, insbesondere die Wertkettenanalyse, zurückgegriffen wird.[577] Vom Geschäftsmodell eines Unternehmens hängen dementsprechend insbesondere die erforderlichen Forschungs- und Entwicklungsaktivitäten bzw. Marketingaktivitäten, die notwendigen Aufwendungen zur Umsetzung von Synergien sowie auch der Umfang der erforderlichen Investitionen in Sachanlagen ab.

Eine besondere Bedeutung für den Erfolg eines Unternehmens kommt dessen Mitarbeitern zu, die sich beispielsweise in Kundenakquisitionen, Kundenbindung, Aufbau von

---

575   Zur Unternehmensanalyse siehe etwa Bea/Haas (2005), S. 111 ff.
576   Vgl. 2.2.3.
577   Siehe z. B. Berens/Mertes/Strauch (2005), S. 45 ff.

Marken, Entwicklung von Technologien oder auch in der Zusammenführung von Unternehmen nach einer Unternehmensübernahme äußern kann. Dementsprechend bringt ein Ausscheiden wichtiger Mitarbeiter oder Mitarbeitergruppen oftmals einschneidende Nachteile für das betreffende Unternehmen, z. B. in den genannten Bereichen, mit sich.

3. Bezug zu immateriellen Vermögenswerten

Weitere der von der Begründung des RegE genannten Anhaltspunkte zur Schätzung der Nutzungsdauer des Goodwill knüpfen an im Rahmen einer Kaufpreisallokation angesetzten immateriellen Vermögenswerten an. Hierzu sind zu rechnen:

- Lebenszyklus der Produkte des erworbenen Unternehmens sowie
- Laufzeit wichtiger Absatz- und Beschaffungsverträge des erworbenen Unternehmens.

Der Lebenszyklus von Produkten folgt oftmals dem Lebenszyklus von immateriellen Vermögenswerten, beispielsweise von Marken, Designs oder Technologien. So ist etwa denkbar, dass der Produktlebenszyklus dem Lebenszyklus einer bedeutsamen Technologie, die bei der Kaufpreisallokation als immaterieller Vermögenswert angesetzt wird, folgt. An diesem können auch andere angesetzte immaterielle Vermögenswerte, z. B. Kundenbeziehungen und eine weitere Technologie, anknüpfen. In anderen Fällen ist der Produktlebenszyklus vom Absatzmarkt vorgegeben und bestimmt dann durch die für Produktentwicklungen erforderlichen Forschungs- und Entwicklungs-, Design- und Marketingaktivitäten die entsprechenden immateriellen Vermögenswerte des Unternehmens. Damit kommt den die Geschäftstätigkeit eines Unternehmens prägenden Lebenszyklen, insbesondere Produkt-, Marken- und Technologielebenszyklen, eine grundlegende Bedeutung für die Relation zwischen den bei der Kaufpreisallokation angesetzten immateriellen Vermögenswerten und den zukünftig geplanten immateriellen Vermögenswerten zu.

Absatzverträge bilden die Grundlage vertraglicher Kundenbeziehungen,[578] weswegen deren Laufzeit zumeist als ein wesentlicher Parameter der Nutzungsdauer dieses immateriellen Vermögenswertes zu betrachten ist. Damit wirkt sich die Laufzeit der Absatzverträge – zumindest neben anderen Faktoren – regelmäßig auf die Relation zwischen vertraglichen Kundenbeziehungen und zukünftigen Kundenbeziehungen aus. Für Beschaffungsverträge, die etwa im Falle von vorteilhaften Verträgen grundsätzlich als immaterielle Vermögenswerte anzusetzen sind, lassen sich ähnliche Überlegungen anstellen, auf deren Erörterung im hier gegebenen Rahmen jedoch verzichtet wird.

Die Umsetzung von Synergien kann an Lebenszyklen oder Absatz- und Beschaffungsverträge gebunden sein; sie kann hiervon jedoch auch unabhängig sein. Beispielsweise kann eine Synergie dadurch aus einem vorteilhaften Beschaffungsvertrag gezogen werden, dass der Erwerber durch die Unternehmensübernahme in die Lage versetzt wird, diese Vorteile auch für andere Unternehmen seiner Unternehmensgruppe zu realisieren. Mit Beendigung des vorteilhaften Beschaffungsvertrags fällt diese Synergie weg.

---

578 Siehe z. B. Lüdenbach/Prusaczyk (2004a), S. 204 ff.

4. Lebensdauer des Unternehmens bzw. des Unternehmenszusammenschlusses

Die letzte Gruppe von Anhaltspunkten, die die Begründung des RegE zur Schätzung der »individuellen betrieblichen Nutzungsdauer« des Goodwill anführt, zielt auf die Lebensdauer des erworbenen Unternehmens bzw. des Unternehmenszusammenschlusses. Im Einzelnen werden dort genannt:

- voraussichtliche Bestandsdauer des erworbenen Unternehmens sowie
- voraussichtliche Dauer der Beherrschung des erworbenen Unternehmens.

Zumeist wird weder die Bestandsdauer eines Unternehmens noch die voraussichtliche Dauer eines Unternehmenszusammenschlusses grundsätzlich zur Frage stehen. In den (seltenen) Ausnahmefällen, in denen ein Unternehmen von vornherein auf eine bestimmte Lebensdauer angelegt ist, sind zukünftige immaterielle Vermögenswerte sowie Synergien nur während dieser Zeitperiode verfügbar. In den Fällen, in denen der Unternehmenszusammenschluss zeitlich begrenzt ist, sind zukünftige immaterielle Vermögenswerte über diesen Zeitraum hinaus verfügbar, jedoch vom Erwerber – ebenso wie Synergien – nur begrenzt auf diesen nutzbar.

5.5.3.3 Folgerungen für die Nutzungsdauern der Komponenten des Goodwill

1. Zukünftige Vermögenswerte

Zukünftig geplante, mittels des Income Approach bewertete Vermögenswerte weisen – wie unter 5.5.2 ausgeführt – bei Zugrundelegung der Unternehmensfortführung eine unbestimmte Nutzungsdauer auf. Hieraus resultiert, dass – abgesehen vom Fall einer begrenzten Lebensdauer des erworbenen Unternehmens – keiner der von der Begründung des RegE angeführten Anhaltspunkte für die Schätzung der Nutzungsdauer des Goodwill geeignet ist, eine bestimmte Nutzungsdauer der hier erörterten Goodwill-Komponente zu begründen:

Beispielsweise können bereits bei der Übernahme eines Unternehmens zukünftige negative Veränderungen unternehmensexterner und/oder -interner Faktoren, etwa ein Wegbrechen wichtiger Absatzmärkte oder das altersbedingte Ausscheiden von Schlüsselmitarbeitern, erkennbar sein. Derartige Umstände werden sich regelmäßig im Kaufpreis des zu übernehmenden Unternehmens und damit auch im Goodwill niederschlagen. Dementsprechend ergeben sich für die zukünftig geplanten Vermögenswerte im Vergleich zu einer Situation, in der die negativen Entwicklungen nicht erwartet werden, niedrigere Werte. Solange jedoch von der Unternehmensfortführung nicht abgegangen wird, kommt diesen Werten grundsätzlich eine unbestimmte Nutzungsdauer zu. Allerdings ist in derartigen Fällen nicht auszuschließen, dass in zukünftigen Jahren eine Wertminderung des Goodwill gegeben ist.

Lebenszyklen bestimmen, ebenso wie Absatz- und Beschaffungsverträge, die Nutzungsdauern der diesen folgenden immateriellen Vermögenswerte. Sie sind auch für das Verhältnis der Werte der zukünftig geplanten Vermögenswerte zu den beizulegenden Zeitwerten der verfügbaren Vermögenswerte von grundlegender Bedeutung, begrenzen jedoch – bei Zugrundelegung der Unternehmensfortführung – nicht deren Nutzungsdauer. Den Werten der zukünftig geplanten Vermögenswerte liegt ein nachhaltiger und nicht lediglich ein einmaliger Ersatz der angesetzten und der diese ersetzenden Vermögenswerte zugrunde. Auch aus diesem Grund folgt dieser Wert keinem Lebenszyklus.

Im Falle einer begrenzten Lebensdauer eines Unternehmens bestimmt diese selbstverständlich die Nutzungsdauer der hier betrachteten Goodwill-Komponente. Allerdings ist zu beachten, dass eine Wertminderung des Goodwill dann eintreten kann, wenn bei der Bemessung des Kaufpreises von der Unternehmensfortführung ausgegangen und nicht die begrenzte Lebensdauer berücksichtigt wurde.

Anders sieht es bei einer zeitlich begrenzten Dauer eines Unternehmenszusammenschlusses aus. In diesem Fall kann der Erwerber die zukünftigen immateriellen Vermögenswerte zwar nur während dieses Zeitraums nutzen, sie sind jedoch, sofern von einer Unternehmensfortführung auszugehen ist, darüber hinaus verfügbar. Dementsprechend verlangt eine exakte Abbildung dieses Sachverhalts eine Aufteilung der hier betrachteten Goodwill-Komponente in eine planmäßig abzuschreibende Teilkomponente (Zeitraum der Goodwill-Nutzung) und einen nicht planmäßig abzuschreibenden Teilbetrag (Zeitraum nach Beendigung des Unternehmenszusammenschlusses).

2. Synergien

Die Nutzungsdauer dieser Goodwill-Komponente hängt – wie unter 5.5.2 erläutert – davon ab, ob der Ermittlung des Unternehmenswertes, der als Grundlage der Kaufpreisbemessung diente, eine nachhaltige oder eine auf einen bestimmten Zeitraum begrenzte Umsetzung von Synergiepotenzialen zugrunde gelegt wird. Zur Beantwortung der Frage, ob Synergien nachhaltig oder lediglich begrenzt auf einen bestimmten Zeitraum erzielt werden können, ist vor allem auf unternehmensexterne und unternehmensinterne Faktoren, einschließlich der immateriellen Vermögenswerte, abzustellen.

Damit setzen die von der Begründung des RegE angeführten Anhaltspunkte für die Schätzung der Nutzungsdauer des Goodwill an den Einflussfaktoren an, die im Wesentlichen bestimmend für die Nutzungsdauer der hier betrachteten Goodwill-Komponente sind. Allerdings zeigte die Erörterung des Einflusses der genannten Anhaltspunkte auf die Umsetzung von Synergien, dass aus bestimmten, mit den Anhaltspunkten verbundenen Sachverhalten, z.B. einer erwarteten zukünftigen – negativen oder positiven – Entwicklung der Absatzmärkte, nicht von vornherein auf eine nachhaltige oder eine zeitlich begrenzte Erzielung von Synergien geschlossen werden kann. Hierzu sind eingehende Analysen der Synergiepotenziale vorzunehmen. Lediglich im Falle einer begrenzten Bestandsdauer des Unternehmens bzw. einer begrenzten Dauer des Unternehmenszusammenschlusses kommt eine durch den betreffenden Zeitraum vorgegebene Nutzungsdauer der Synergien in Betracht.

Vor diesem Hintergrund sollten die zur Einschätzung der Nutzungsdauer dieser Goodwill-Komponente notwendigen Untersuchungen nicht erst im Zeitpunkt der Aktivierung des Goodwill angestellt werden. Vielmehr sind die erforderlichen Untersuchungen spätestens bei der Unternehmensbewertung, die als Grundlage der Kaufpreisbemessung dienen soll, vorzunehmen. Wird der Kaufpreisbemessung eine nachhaltige Synergieerzielung zugrunde gelegt, bei Schätzung der Nutzungsdauer dieser Goodwill-Komponente jedoch von einer bestimmten Nutzungsdauer ausgegangen, so ist das Erfordernis der Erfassung eines Wertminderungsaufwands des Goodwill zumindest nicht auszuschließen.

5.5.4 Zusammenfassung

Die Nutzungsdauer des Goodwill kann im Regelfall nicht einheitlich als bestimmt oder unbestimmt qualifiziert werden, da dessen Komponenten zum Teil bestimmte, zum Teil unbestimmte Nutzungsdauern aufweisen. Im Einzelnen gilt:

- Die Nutzungsdauer der vereinfacht als »Synergien« bezeichneten Goodwill-Komponente hängt davon ab, ob die zugrunde liegenden Vorteile lediglich während eines begrenzten Zeitraumes oder nachhaltig erzielt werden können. Im zuerst genannten Fall wird die Nutzungsdauer dieser Goodwill-Komponente durch den Zeitraum der Vorteilserzielung bestimmt; im zweiten Fall ist von einer unbestimmten Nutzungsdauer auszugehen.
- Mit der Goodwill-Komponente »zukünftig geplante Vermögenswerte« ist konzeptionell eine unbestimmte Nutzungsdauer verbunden.
- Nicht bilanzierungsfähige, jedoch bewertbare Vermögenswerte, die nach dem Cost Approach bewertet werden (z. B. Mitarbeiterstamm), schlagen sich regelmäßig mit einer bestimmten Nutzungsdauer im Goodwill nieder; jene Vermögenswerte, die mittels des Income Approach zu bewerten sind und eine bestimmte Nutzungsdauer aufweisen, können in einen Teilbetrag mit bestimmter und einen Teilbetrag mit unbestimmter Nutzungsdauer aufgespalten werden.
- Latenten Steuern kommt zumeist eine bestimmte Nutzungsdauer zu.
- Damit ist auch ersichtlich, dass eine Aggregation der Nutzungsdauern der einzelnen Goodwill-Komponenten zu einer Nutzungsdauer des einheitlichen Goodwill sich zumeist wohl als äußerst schwierig gestalten wird.

Zu den in der Begründung des Regierungsentwurfs des Bilanzrechtsmodernisierungsgesetzes beispielhaft angeführten Anhaltspunkten, die zur Schätzung einer individuellen betrieblichen Nutzungsdauer des Goodwill geeignet sein sollen, ist lediglich anzumerken, dass diese allenfalls in (seltenen) Ausnahmefällen einen Beitrag zur Bestimmung der Nutzungsdauer des Goodwill leisten können.

Literaturverzeichnis

Abrams, Jay B. (2012): Regression Analysis in the Market Approach. In: The Value Examiner (March/April), S. 8–22.

Aders, Christian/Joest, Andreas (2010): Wertkonzepte in der Anwendung des IAS 36. In: BWP, S. 13–18.

Aders, Christian/Weidemann, Florian (2001): Brand Valuation. Errechnen die bekannten Ansätze der Markenbewertung entscheidungsrelevante Markenwerte? In: FB, S. 469–478.

AICPA (2001): Practice Aid: Assets Acquired in a Business Combination to Be Used in Research and Development Activities. A Focus on Software, Electronic Devices and Pharmaceutical Industries. New York.

AICPA (2011): Working Draft of AICPA Accounting and Valuation Guide. Assets Acquired to be Used in Research and Development Activities. New York.

Alvarez, Manuel/Biberacher, Johannes (2002): Goodwill-Bilanzierung nach US-GAAP – Anforderungen an Unternehmenssteuerung und -berichterstattung. In: BB, S. 346–353.

Angermayer-Michler, Birgit/Oser, Peter (2012): Berücksichtigung von Synergieeffekten bei der Unternehmensbewertung. In: Peemöller, Volker H. (Hrsg.): Praxishandbuch der Unternehmensbewertung. 5. Aufl., Herne, S. 1101–1118.

Anson, Weston/Martin, Daryl (2004): Accurate IP Valuation in Multiple Environments. In: Intellectual Asset Management, S. 7–10.

Anson, Weston/Suchy, Donna (2005): Intellectual property valuation. A primer for identifying and determining value. Chicago.

Appraisal Practices Board (2013): Concept Paper. Valuation Issues in Separating Tangible and Intangible Assets. The Appraisal Foundation. Washington.

Appraisal Practices Board (2016): APB VFR Valuation Advisory #2. The Valuation of Customer-Related Assets. The Appraisal Foundation. Washington.

Aschauer, Ewald/Purtscher, Victor (2011): Einführung in die Unternehmensbewertung. Wien.

Aschauer, Ewald/Purtscher, Victor (2013): Plausibilisierung der Unternehmensplanung. Formelle Plausibilisierung. In: BWP, S. 2–6.

Ballweiser, Wolfgang/Wiese, Jörg (2010): Cost of Capital. In: Catty, James P. (Hrsg.): Guide to Fair Value under IFRs. Hoboken, S. 129–130.

Ballweiser, Wolfgang/Hachmeister, Dirk (2013): Unternehmensbewertung. Prozess, Methoden und Probleme. 4. Aufl. Stuttgart.

Bansbach, Florian/Dornbach, Eike/Petersen, Karl (2014): IFRS-Praxishandbuch. Ein Leitfaden für die Rechnungslegung mit Fallbeispielen. 9. Aufl. München.

Barreca, Stephen L. (o. J.): Technology Life-Cycles And Technological Obsolescence. Online verfügbar unter http://www.bcri.com/Downloads/Valuation%20Paper.pdf (Abruf am 11.04.2015).

Barreca, Stephen L. (1999): Assessing Functional Obsolescence in a Rapidly Changing Marketplace. Online verfügbar unter http://www.bcri.com/Downloads/Technology%20Obsolescence.pdf. (Abruf am 11.04.2015)

BDU (2016): Grundsätze ordnungsgemäßer Markenbewertung. Hrsg. v. Bundesverband Deutscher Unternehmensberater (BDU) e. V. Bonn, Berlin, Brüssel.

Bea, Franz Xaver/Haas, Jürgen (2005): Strategisches Management. 4. Aufl. Stuttgart.

Behr, Patrick/Güttler, Andre (2004): Kapitalkosten. Basel II und interne Ratings. In: UM, S. 7–12.

Beine, Frank/Lopatta, Kerstin (2008): Purchase Price Allocation. Brückenschlag zwischen Bilanz-recht und Unternehmensbewertung. In: Ballwieser, Wolfgang/Grewe, Wolfgang (Hrsg.): Wirt-schaftsprüfung im Wandel. Herausforderungen an Wirtschaftsprüfung, Steuerberatung, Consulting und Corporate Finance. Festgabe 100 Jahre Südtreu/Deloitte 1907 bis 2007. München, S. 451–474.

Berens, Wolfgang/Mertes, Martin/Strauch, Joachim (2005): Unternehmensakquisitionen. In: Berens, Wolfgang/Brauner, Hans U./Strauch, Joachim (Hrsg.): Due Diligence bei Unternehmensakquisiti-onen. 4. Aufl. Stuttgart, S. 27–68.

Bertram, Klaus/Kessler, Harald (2012): IDW ERS 34. Mehr Sicherheit bei der Bewertung unsicherer Schulden. In: DB, S. 985–993.

Beumer, Jochen/Duscha, Hendrik (2012): Steuerliche Bewertungsmaßstäbe. In: Peemöller, Volker H. (Hrsg.): Praxishandbuch der Unternehmensbewertung. 5. Aufl. Herne, S. 1143–1173.

Beumer, Jochen/Hense, Heinz-Hermann/Kleinbielen, Hermann-Otto (2012): Die Bewertung des Goodwill nach IAS/IFRS. In: Peemöller, Volker H. (Hrsg.): Praxishandbuch der Unternehmensbe-wertung. 5. Aufl. Herne, S. 931–961.

Beyer, Sven (2008): Fair Value-Bewertung von Vermögenswerten und Schulden. In: Ballwieser, Wolfgang/Beyer, Sven/Zelger, Hansjörg (Hrsg.): Unternehmenskauf nach IFRS und US-GAAP. Purchase Price Allocation, Goodwill und Impairment-Test. 2. Aufl. Stuttgart, S. 151–202.

Beyer, Sven/Mackenstedt, Andreas (2008): Grundsätze zur Bewertung immaterieller Vermögens-werte (IDW S 5). In: WPg, S. 338–349.

Beyer, Sven/Menninger, Jutta (2009): Bewertung immaterieller Werte. Das Konzept der Wirtschafts-prüfer (IDW S 5). In: Möller, Klaus/Piwinger, Manfred/Zerfaß, Ansgar (Hrsg.): Immaterielle Ver-mögenswerte. Bewertung, Berichterstattung und Kommunikation. Stuttgart, S. 113–123.

Beyer, Sven/Zwirner, Christian (2014): Fair Value-Bewertung von Vermögenswerten und Schulden. In: Ballwieser, Wolfgang/Beyer, Sven/Zelger, Hansjörg (Hrsg.): Unternehmenskauf nach IFRS und HGB. Purchase Price Allocation, Goodwill und Impairment-Test. 3. Aufl. Stuttgart, S. 187–249.

Beyhs, Oliver/Wagner, Bernadette (2008): Die neuen Vorschriften des IASB zur Abbildung von Unternehmenszusammenschlüssen. Darstellung der wichtigsten Änderungen in IFRS 3. In: DB, S. 73–83.

Binder, Christof (2011): Was kostet eine Marken-Lizenz? In: Marke41 (4), S. 888–892. Online verfüg-bar unter www.marke41.de.

Binder, Christof (2016): Using PPA Data as Comparables in Upcoming Valuations. The Case of Tra-demarks and Brands. In: quickreadbuzz (2016/05/04).

Binder, Christof/Morrison, Robert B. (2015): Indefinite is not Infinite. Solving a Dichotomy in Trade-mark Valuation. In: Business Valuation Resources (May), S. 1–12. Online verfügbar unter www.bvrresources.com.

Binder, Christof/Nestler, Anke (2015a): Valuation of Intangibles and Trademarks. Do Not Miss Out On the Advantages of the Profit-Split Method Despite Uniloc. In: Valuation Strategies (July/August), S. 6–17.

Binder, Christof/Nestler, Anke (2015b): Valuation of Intangibles and Trademarks. A Rehabilitation of the Profit-Split Method after Uniloc. In: Les Nouvelles, S. 203–212.

Bissinger, Daniel/Dornauer, Benjamin/Schneemann, Ingo (2010): Intangible Assets. Bewertung von immateriellen Vermögenswerten. In: CFB, S. 240–256.

Blum, Andreas/Weber, Sabrina (2012): Bewertung von Marken. Ein Vergleich zwischen IDW S 5 und ISO 10668. In: WPg, S. 442–450.

Boeckem, Hanne/Schlögel, Gordon (2011): Goodwillbewertung: Erstmalige Allokation des Goodwill und Konsequenzen konzerninterner Reorganisation. In: KoR, S. 182–186.

Boer, F. Peter (1999): The Valuation of Technology, Business and Financial Issues in R & D. New York.

Bollmann, Frank (2010): Die neuen Standards des IVSC in Verbindung mit den entsprechenden Rege-lungen des IASB. In: BWP (3), S. 16–20.

Bollmann, Frank/Wabnitz, Michael (2008): Praktische Probleme bei der Durchführung eines Goodwill Impairment Test. In: BWP (4), S. 11–16.

Born, Karl (2003): Unternehmensanalyse und Unternehmensbewertung. 2. Aufl. Stuttgart.

Bösch, Martin (2009): Finanzwirtschaft. Investition, Finanzierung, Finanzmärkte und Steuerung. München.

Breitenbücher, Ulrich/Ernst, Dietmar (2004): Der Einfluss von Basel II auf die Unternehmensbewertung. In: Frank Richter und Christian Timmreck (Hrsg.): Unternehmensbewertung. Moderne Instrumente und Lösungsansätze. Stuttgart, S. 77–97.

Brösel, Gerit/Zwirner, Christian (2009): Zum Goodwill nach IFRS aus Sicht des Abschlussprüfers. In: BFuP, S. 190–206.

Brösel, Gerrit/Müller, Sven (2007): Goodwillbilanzierung nach IFRS aus Sicht des Beteiligungscontrollings. In: KoR, S. 34–42.

Brückner, Ingo (2005): Monetäre Bewertung von Patentportfolios. In: VPP-Rundbrief, S. 149–155.

Brücks, Michael/Kerkhoff, Guido/Richter, Michael (2005): Impairmenttest für den Goodwill nach IFRS. Vergleich mit den Regelungen nach US GAAP. Gemeinsamkeiten und Unterschiede. In: KoR, S. 1–7.

Brücks, Michael/Wiederhold, Philipp (2004): IFRS 3 Business Combinations. Darstellung der neuen Regelungen des IASB und Vergleich mit SFAS 141 und SFAS 142. In: KoR, S. 177–185.

Buss, Brian (2016): Brand Valuations: Identifying the Opportunities and Challenges. In: The Value Examiner (September/October), S. 7–13.

BVF (2007): Zehn Grundsätze der monetären Markenbewertung. Hrsg. v. Brand Valuation Forum (BVF). Ein Arbeitskreis von G-E-M und Markenverband e. V.

BVR (2015): Benchmarking identifiable intangibles and their useful lives in business combinations. 2. Aufl. Portland.

BVR (2012): Benchmarking identifiable intangibles and their useful lives in business combinations. 1. Aufl. Portland.

Casta, Jean-Francois/Paugam, Luc/Stolowy, Hervé (2011): An explanation of the nature of internally generated goodwill based on aggregation of interacting assets. In: French Finance Association (AFFI) (Hrsg.): International Conference of the French Finance Association (AFFI) 2011.

Castedello, Marc (2014): Fair Value-Bewertung ausgewählter immaterieller Vermögenswerte. In: Ballwieser, Wolfgang/Beyer, Sven/Zelger, Hansjörg (Hrsg.): Unternehmenskauf nach IFRS und HGB. Purchase Price Allocation, Goodwill und Impairment-Test. 3. Aufl. Stuttgart, S. 251–280.

Castedello, Marc (2009): Fair Value Measurement. Der neue Exposure Draft 2009/5. In: WPg, S. 914–917.

Castedello, Marc/Beyer, Sven (2009): Steuerung immaterieller Werte und IFRS. In: BFuP, S. 152–171.

Castedello, Marc/Klingbeil, Christian (2012): IFRS 13: Anwendungsfragen bei nicht-finanziellen Vermögenswerten in der Praxis. In: WPg, S. 482–488.

Castedello, Marc/Klingbeil, Christian/Schröder, Jacob (2006): IDW RS HFA 16. Bewertung bei der Abbildung von Unternehmenserwerben und bei Werthaltigkeitsprüfungen nach IFRS. In: WPg, S. 1028–1036.

Castedello, Marc/Schmuch, Matthias (2008): Markenbewertung nach IDW S 5. In: WPg, S. 350–356.

Chen, Yea-Mow/Barreca, Stephen L. (2010): The Cost Approach. In: Catty, James P. (Hrsg.): Guide to Fair Value under IFRS. Hoboken, S. 19–35.

Copeland, Thomas E./Koller, Tim/Murrin, Jack (1993): Unternehmenswert. Methoden und Strategien für eine wertorientierte Unternehmensführung. 1. Aufl. Frankfurt a. M.

Copeland, Thomas E./Koller, Tim/Murrin, Jack (2002): Unternehmenswert. Methoden und Strategien für eine wertorientierte Unternehmensführung. 3. Aufl. Frankfurt a. M.

Copeland, Tom/Antikarov, Vladimir (2001): Real options. A practitioner's guide. New York.

Corporate and Intangible Value Organization LLC (2017), www.ceiv-credential.org/mandatory-performance-framework-and-application (Abruf am 21.05.2017).

Crasselt, Nils/Pellens, Bernhard/Rowoldt, Maximilian (2014): Integration von in- und externem Rechnungswesen im Rahmen des Goodwill Impairment Test nach IAS 36. Ergebnisse einer Befragung kapitalmarktorientierter Unternehmen in Deutschland. In: BB, S. 2092–2096.

Creutzmann, Andreas (2012): Liquiditätskennzahlen bei der Analyse von Beta-Faktoren. In: BWP (2), S. 56–60.

Deloitte (2016): Working Capital, Flüssige Mittel und gebundenes Kapital. Hrsg. v. Deloitte & Touche GmbH Wirtschaftsprüfungsgesellschaft. Online verfügbar unter https://www2.deloitte.com/de/de/pages/finance/articles/working-capital.html (Abruf am 16.09.2016).

Deutsche Prüfstelle für Rechnungslegung DPR e. V. (Hrsg.) (2016): Prüfungsschwerpunkte 2016. Online verfügbar unter httphttp://www.frep.info/docs/pressemitteilungen/2015/20151119_pm.pdf (Abruf am 18.12.2016).

Deutsche Prüfstelle für Rechnungslegung DPR e. V. (Hrsg.) (2015): Prüfungsschwerpunkte 2015. Online verfügbar unter http://www.frep.info/docs/pressemitteilungen/2014/20141028_pm.pdf (Abruf am 18.12.2016).

Deutsche Prüfstelle für Rechnungslegung DPR e. V. (Hrsg.) (2014): Prüfungsschwerpunkte 2014. Online verfügbar unter http://www.frep.info/docs/pressemitteilungen/2013/20131015_pm.pdf (Abruf am 18.12.2016).

Deutsche Prüfstelle für Rechnungslegung DPR e. V. (Hrsg.) (2013): Prüfungsschwerpunkte 2013. Online verfügbar unter http://www.frep.info/docs/pressemitteilungen/2012/20121011_pm.pdf (Abruf am 18.12.2016).

Deutsche Prüfstelle für Rechnungslegung DPR e. V. (Hrsg.) (2012): Prüfungsschwerpunkte 2012. Online verfügbar unter http://www.frep.info/docs/pressemitteilungen/2011/20111020_pm.pdf (Abruf am 18.12.2016).

Deutsche Prüfstelle für Rechnungslegung DPR e. V. (Hrsg.) (2011): Prüfungsschwerpunkte 2011. Online verfügbar unter http://www.frep.info/docs/press_releases/2010/20101021_pruefungsschwerpunkte_2011.pdf (Abruf am 18.12.2016).

Deutsche Prüfstelle für Rechnungslegung DPR e. V (Hrsg.) (2010): Prüfungsschwerpunkten 2010. Online verfügbar unter http://www.frep.info/docs/press_releases/2009/20091022_pruefungsschwerpunkte_2010.pdf (Abruf am 18.12.2016).

Deutsche Prüfstelle für Rechnungslegung DPR e. V. (Hrsg.) (2009): Prüfungsschwerpunkte 2009. Online verfügbar unter http://www.frep.info/docs/press_releases/2008/20081021_pressemitteilung_Pruefungsschwerpunkte%202009.pdf (Abruf am 18.12.2016).

Deutsche Prüfstelle für Rechnungslegung DPR e. V (Hrsg.) (2008): Prüfungsschwerpunkte 2008. Online verfügbar unter http://www.frep.info/docs/press_releases/2007/2007-11-26_dpr_pruefungsschwerpunkte_2008.pdf (Abruf am 18.12.2016).

Deutsche Prüfstelle für Rechnungslegung DPR e. V. (Hrsg.) (2007): Prüfungsschwerpunkte 2007. Online verfügbar unter http://www.freb.info/docs/press_releases/2006/20061220_dpr-pruefungschwerpunkte_jahresabschluss_2006.pdf (Abruf am 18.12.2016).

DIN ISO 10668: Markenbewertung – Anforderungen an die monetäre Markenbewertung, 2011.

DIN 77100: Patentbewertung – Grundsätze der monetären Patentbewertung, 2011.

Dörschell, Andreas/Franken, Lars/Schulte, Jörn (2012): Der Kapitalisierungszinssatz in der Unternehmensbewertung. Praxisgerechte Ableitung unter Verwendung von Kapitalmarktdaten. 2. Aufl. Düsseldorf.

Dörschell, Andreas/Franken, Lars/Schulte, Jörn (2006): Praktische Probleme bei der Ermittlung der Kapitalkosten bei der Unternehmensbewertung. In: BWP (3), S. 2–7.

Dörschell, Andreas/Ihlau, Susann/Lackum, Peter W. v. (2010): Die Wertermittlung für kundenorientierte immaterielle Vermögenswerte. Bewertungsgrundsätze und Vorgehen am Beispiel der Residualwertmethode. In: WPg, S. 978–988.

Drews, David (2007): Patent Valuation Techniques. In: Les Nouvelles, S. 365–370.

Drukarczyk, Jochen/Schüler, Andreas (2016): Unternehmensbewertung. 7. Aufl. München.

Duhr, Andreas (2006): Grundsätze ordnungsmäßiger Geschäftswertbilanzierung, Düsseldorf, Mannheim.

Ebert, Michael/Simons, Dirk (2009): Bilanzpolitisches Potenzial im Rahmen der Goodwillbilanzierung. Transaktionsgestaltung beim Unternehmenserwerb. In: KoR, S. 622–630.

Elfers, Jürgen (2006): Bewertung von Handelsunternehmen. In: Drukarczyk, Jochen/Ernst, Dietmar (Hrsg.): Branchenorientierte Unternehmensbewertung. München, S. 73–130.

Elmore, John (2015): A Primer on the Approaches and Issues Involved in Valuing Trademarks. In: quickreadbuzz (2015/03/11).

Ensthaler, Jürgen/Strübbe, Kai (2006): Patentbewertung. Ein Praxisleitfaden zum Patentmanagement. Berlin, Heidelberg.

Enzinger, Alexander/Kofler, Peter (2011): Das Roll Back-Verfahren zur Unternehmensbewertung. Zirkularitätsfreie Unternehmensbewertung bei autonomer Finanzierungspolitik anhand der Equity-Methode. In: BWP (4), S. 2–10.

Enzinger, Alexander/Kofler, Peter (2011a): DCF-Verfahren. Anpassung der Beta-Faktoren zur Erzielung konsistenter Bewertungsergebnisse. In: RWZ, S. 52–57.

Ernst & Young (2009): Acquisition accounting. What's next for you? A global survey of purchase price allocation practices.

Esser, Maik (2005): Goodwillbilanzierung nach SFAS 141/142. Eine ökonomische Analyse. Frankfurt a. M.

Essler, Wolfgang/Dodel, Kerstin (2008): Berücksichtigung des Size-Effekts bei der Ermittlung von Kapitalkosten. In: BWP (3), S. 2–8.

Fernandez, Pablo (2013): Valuation and Common Sense. Chapter 25 – Valuation of Brands and Intellectual Capital. 3. Aufl. Online verfügbar unter http://ssrn.com/abstract = 270688 (Abruf am 17.02.2014).

Fischer, Marc/Schmollmeyer, Thomas (2010): Ein Ansatz zur Messung des finanziellen Werts versunkener Marken. In: zfbf, S. 598–624.

Franke, Günter/Hax, Herbert (2009): Finanzwirtschaft des Unternehmens und Kapitalmarkt. 6. Aufl. Berlin, Heidelberg.

Franken, Lars/Schulte, Jörn/Brunner, Alexander/Dörschell, Andreas (2016): Kapitalkosten und Multiplikatoren für die Unternehmensbewertung. Unternehmens- und Branchenanalysen 2016/2017. 4. Aufl. Düsseldorf.

Freese, Michael/Schilling, Dirk (2013): Goodwill Impairment-Test. Eine empirische Analyse europäischer Banken von 2009 bis 2011. In: PiR, S. 171–180.

Freiberg, Jens/Lüdenbach, Norbert (2005): Ermittlung des Diskontierungszinssatz nach IAS 36. In: KoR, S. 479–487.

Frey, Hannes/Herberger, Tim/Oehler, Andreas (2011): Fair-Value-Ermittlung patentierter Technologien im Rahmen der Rechnungslegung nach IFRS: eine Befragung unter den deutschen Wirtschaftsprüfern. In: IRZ, S. 141–147.

Frey, Hannes/Oehler, Andreas (2009): Bilanzierung und Bewertung immaterieller Vermögenswerte im Deutschen Aktienindex DAX der Jahre 2005 bis 2007. In: KoR, S. 316–323.

Garland, Pamela J. (2004): Estimating Intellectual Property Useful Life. In: Insights Special Issue, S. 5–12.

Garland, Pamela J./Reilly, Robert F. (2003): Trade Secrets Remaining Useful Life Analysis. In: Insights Special Issue, S. 6–11.

Gebhardt, Günther/Daske, Holger (2005): Kapitalmarktorientierte Bestimmung von risikofreien Zinssätzen für die Unternehmensbewertung. In: WPg, S. 649–655.

Gemeraad, Paul/Harrison, Suzanne/Lucas, Carl (2003): IP Tactics In Support Of The Business Strategy. In: Les Nouvelles, S. 120–127.

Glaum, Martin/Wyrwa, Sven (2011): Making acquisitions transparent. Goodwill accounting in times of crisis; an analysis of how European companies dealt with IFRS disclosures in the field of M & A accounting (IFRS 3, IAS 36) in 2009 financial statements. Frankfurt a. M.

Goddar, Heinz (1995): Die wirtschaftliche Bewertung gewerblicher Schutzrechte beim Erwerb technologieorientierter Unternehmen. In: Mitteilungen der deutschen Patentanwälte, S. 357–366.

Goldscheider, Robert (2012): The Current Realities Of The Classic 25 % Rule. An Attempt To Put The House In Order. In: Les Nouvelles, S. 1–7.

Goldscheider, Robert/Jarosz, John/Mulhern, Carla (2002): Use of the 25 Per Cent Rule in Valuing IP. In: Les Nouvelles, S. 123–133.

Gros, Stefan E. (2005): Bilanzierung eines »bargain purchase« nach IFRS 3. Sofortige erfolgswirksame Erfassung eines negativen Unterschiedsbetrages aus der Kapitalkonsolidierung im Konzernabschluss. In: DStR, S. 1954–1960.

Groß, Michael (1998): Aktuelle Lizenzgebühren in Patentlizenz-, Know-how- und Computerprogrammlizenz-Verträgen 1996/1997. In: BB, S. 1321–1323.

Groß, Michael (1995): Aktuelle Lizenzgebühren in Patentlizenz-, Know-how- und Computerprogrammlizenz-Verträgen. In: BB, S. 885–891.

Groß, Michael/Rohrer, Oswald (2012): Lizenzgebühren. 3. Aufl. Frankfurt a. M.

Große, Jan-Velten (2011): IFRS 13 Fair Value Measurement. Was sich (nicht) ändert. In: KoR, S. 286–296.

Grünewald, Theo/Wurzer, Alexander J. (2012): Monetäre Patentbewertung nach DIN 77100. Mit Anwendungsfällen für die praktische Bewertung. Berlin.

Gundel, Tobias/Möhlmann-Mahlau, Thomas/Sündermann, Frank (2014): Wider dem Impairment-Only-Approach oder die Goodwillblase wächst. In: KoR, S. 130–137.

Günther, Thomas/Ott, Christian (2008): Behandlung immaterieller Ressourcen bei Purchase Prise Allocation. Ergebnisse einer explorativen empirischen Studie. In: WPg, S. 917–926.

Haaker, Andreas (2015): Zum Mythos der konzeptionellen Überlegenheit des Impairment-only-Ansatzes. In: DB, S. 1918.

Haaker, Andreas (2008): Potential der Goodwill-Bilanzierung nach IFRS für eine Konvergenz im wertorientierten Rechnungswesen. Eine messtheoretische Analyse. Wiesbaden.

Haaker, Andreas (2006): Einheitstheorie und Fair-Value-Orientierung. Informationsnutzen der Full Goodwill Method nach ED IFRS 3 und mögliche Auswirkungen auf die investororientierte Bilanzanalyse; Grundgedanken zum bilanzanalytischen Umgang mit den geplanten Regelungen des ED IFRS 3. In: KoR, S. 451–458.

Haaker, Andreas (2005): Die Zuordnung des Goodwill auf Cash Generating Units zum Zweck des Impairment-Tests nach IFRS. Zur Notwendigkeit der Berücksichtigung eines »negativen Goodwill« auf Ebene der Cash Generating Units. In: KoR, S. 426–434.

Haaker, Andreas/Freiberg, Jens (2015): Goodwill-Abschreibung für Value-Investoren? In: PiR, S. 221–222.

Haaker, Andreas/Freiberg, Jens (2011): Sofortige Vereinnahmung eines »negativen goodwill« als Ertrag? In: PiR, S. 324 f.

Hachmeister, Dirk (2014): Goodwill-Impairment-Test nach IFRS und HGB. In: Ballwieser, Wolfgang/Beyer, Sven/Zelger, Hansjörg (Hrsg.): Unternehmenskauf nach IFRS und HGB. Purchase Price Allocation, Goodwill und Impairment-Test. 3. Aufl. Stuttgart, S. 371–413.

Hachmeister, Dirk/Hermens, Ann-Sophie (2011): Möglichkeiten und Grenzen der Bilanzpolitik durch veränderte Einflussnahme und Goodwillbilanzierung. In: BFuP, S. 37–52.

Hachmeister, Dirk/Kunath, Oliver (2005): Die Bilanzierung des Geschäfts- und Firmenwerts im Übergang auf IFRS 3. In: KoR, S. 62–75.

Hachmeister, Dirk/Ungemach, Fiona/Ruthardt, Frederik (2012): Bestimmung der Kapitalkosten beim Impairment-Test. Kritische Bemerkungen zum Ansatz von Prämien für Länderrisiken und für geringe Unternehmensgröße. In: IRZ, S. 233–237.

Hall, C. Fred (2016): Using Regression Analysis in the Market Approach. In: The Value Examiner (July/August), S. 16–24.

Haller, Axel (2009): Erfassung immaterieller Werte in der Unternehmensberichterstattung. In: Möller, Klaus/ Piwinger, Manfred/Zerfaß, Ansgar (Hrsg.): Immaterielle Vermögenswerte. Bewertung, Berichterstattung und Kommunikation. Stuttgart, S. 97–111.

Hanlin, William A. Jr./Claywell, Richard (2010): The Market Approach. In: Catty, James P. (Hrsg.): Guide to fair value under IFRS. Hoboken, S. 37–55.

Hellebrand, Ortwin/Himmelmann, Ulrich (2011): Lizenzsätze für technische Erfindungen. 4. Aufl. Köln.

Hendler, Matthias/Zülch, Henning (2008): Unternehmenszusammenschlüsse und Änderung von Beteiligungsverhältnissen bei Tochterunternehmen. Die neuen Regelungen des IFRS 3 und IAS 27. In: WPg, S. 484–493.

Henselmann, Klaus (2010): Projecting Financial Statements. In: Catty, James P. (Hrsg.): Guide to fair value under IFRS. Hoboken, S. 183–199.

Henselmann, Klaus/Kniest, Wolfgang (2015): Unternehmensbewertung. Praxisfälle mit Lösungen. 5. Aufl. Herne.

Henselmann, Klaus/Kniest, Wolfgang (2011): Immaterielle Werte beim Substanzwert im Sinne des Bewertungsgesetzes. In: BWP (3), S. 10–17.

Hermens, Ann-Sophie/Klein, Christian (2010): Berücksichtigung des Goodwill bei internen Restrukturierungen. Eine kritische Würdigung des relative value approach. In: KoR, S. 6–12.

Heyd, Reinhard/Lutz-Ingold, Martin (2007): Immaterielle Vermögenswerte und Goodwill nach IFRS. Bewertung, Bilanzierung und Berichterstattung. München.

Hitz, Jörg-Markus (2006): SFAS 15X, Fair Value Measurements – Zur Fortentwicklung der Fair Value-Konzeption in der Kapitalmarktorientierten Rechnungslegung. In: KoR, S. 357–369.

Hitz, Jörg-Markus/Zachow, Jannis (2011): Vereinheitlichung des Wertmaßstabs »beizulegender Zeitwert« durch IFRS 13 »Fair Value Measurement«. In: WPg, S. 964–972.

Holloway, Brian P./Reilly, Robert F. (2012): Intangible Asset Valuation Approaches and Methods. In: Insights (Autum), S. 13–33.

Hommel, Michael/Buhleier, Claus/Pauley, Denise (2007): Bewertung von Marken in der Rechnungslegung. Eine kritische Analyse des IDW ES 5. In: BB, S. 371–377.

Hommel, Michael/Dehmel, Inga (2010): Tax Amortization Benefit und Fair Value – Traumwelten auf der Spur. In: Königsmaier, Heinz/Rabel, Klaus (Hrsg.): Unternehmensbewertung. Theoretische Grundlagen – praktische Anwendung. Festschrift für Gerwald Mandl zum 70. Geburtstag. Wien, S. 281–303.

Hoppen, Peter/Hoppen, Christian (2009): Bewertung und Bilanzierung selbst erstellter Software. Auswirkungen des BilMoG und Vorgehensweise bei der Wertbestimmung. In: CR, S. 761–767.

Houlihan Lokey (2016): 2015 Purchase Price Allocation Study.

Houlihan Lokey (2015): 2014 Purchase Price Allocation Study.

Houlihan Lokey (2014): 2013 Purchase Price Allocation Study.

Houlihan Lokey (2013): 2012 Purchase Price Allocation Study.

Houlihan Lokey (2012a): The European Goodwill Impairment Study 2012–2013.

Houlihan Lokey (2012b): 2011 Purchase Price Allocation Study.

Houlihan Lokey (2011a): The European Goodwill Impairment Study 2011–2012.

Houlihan Lokey (2011b): 2010 Purchase Price Allocation Study.

Houlihan Lokey (2010): The European Goodwill Impairment Study 2010–2011.

Houlihan Lokey (2009): The European Goodwill Impairment Study 2009.

Hüttche, Tobias/Moser, Ulrich (2008): Immaterielle Vermögenswerte. In: Freidank, Carl-Christian/Peemöller, Volker H. (Hrsg.): Corporate Governance und interne Revision. Handbuch für die Neuausrichtung des Internal Auditings. Berlin, S. 365–384.

Hütten, Christoph/Mojadadr, Mana (2014): Goodwillbilanzierung nach IFRS in der Unternehmenspraxis. Das Beispiel SAP. In: Ballwieser, Wolfgang/Beyer, Sven/Zelger, Hansjörg (Hrsg.): Unternehmenskauf nach IFRS und HGB. Purchase Price Allocation, Goodwill und Impairment-Test. 3. Aufl. Stuttgart, S. 447–477.

IDW (2014): WP Handbuch online, Band II. Kapitel B: Bewertung immaterieller Vermögenswerte. Hrsg. v. Institut der Wirtschaftsprüfer in Deutschland.

IDW RS HFA 47: Stellungnahme zur Rechnungslegung: Einzelfragen zur Ermittlung des Fair Value nach IFRS 13, vom 06.12.2013. In: FN 2014, S. 84–100.

IDW RS HFA 40: IDW Stellungnahme zur Rechnungslegung: Einzelfragen zu Wertminderungen von Vermögenswerten nach IAS 36, vom 04.05.2015. In: FN 2015, S. 335–360.

IDW RS HFA 16: Stellungnahme zur Rechnungslegung: Bewertung bei der Abbildung von Unternehmenserwerben und bei Werthaltigkeitsprüfungen nach IFRS, vom 18.05.2005. In: FN 2005, S. 721–738.

IDW S 5 (2015): Grundsätze der Bewertung immaterieller Vermögenswerte, vom 16.04.2015. In: FN 2011, S. 467–484, FN 2015, S. 447 f.

IDW S 5 (2007): Grundsätze der Bewertung immaterieller Vermögenswerte, vom 12.07.2007. In: FN 2007, S. 610–621.

IDW S 1 i.d.F. 2008: Grundsätze zur Durchführung von Unternehmensbewertungen, vom 04.07.2016. In: FN 2008, S. 271 ff., IDW Life 2016, S. 731.

International Valuation Standards Council (PPD IVS 2017): Pre-publication Draft International Valuation Standards 2017, London, December 2016.

International Valuation Standards Council (ED IVS 2017): Exposure Draft International Valuation Standards 2017, London, 7. April 2016.

International Valuation Standards Council (IVSC TIP 3): Technical Information Paper 3. The Valuation of Intangible Assets, London, 2012.

International Valuation Standards Council (IVSC TIP 2): Exposure Draft Technical Information Paper 2. Depreciated Replacement Cost, London, 31. Mai 2011.

International Valuation Standards Council (IVSC GN 4): Guidance Note No. 4.: Valuation of Intangible Assets, London, Februar 2010.

International Valuation Standards Council (IVSC ED GN 4): Revised International Valuation Guidance Note No. 4: Valuation of Intangible Assets London, 30. April 2009.

International Valuation Standards Council (IVSC ED GN 16): Proposed new International Valuation Guidance Note No. 16: Valuation of Intangible Assets for IFRS Reporting Purposes, London, Januar 2009.

International Valuation Standards Committee (IVSC ED 2007): Determination of Fair Value of Intangible Assets for IFRS Reporting Purposes, Discussion Paper, London, July 2007.

IPRA, Inc. (Pharmaceuticals): Royalty Rates for Pharmaceuticals & Biotechnology. 8. Aufl.

IPRA, Inc. (Technology): Royalty Rates for Technology. 6. Aufl.

Jäger, Rainer/Himmel, Holger (2003): Die Fair Value-Bewertung immaterieller Vermögenswerte vor dem Hintergrund der Umsetzung internationaler Bewertungsstandards. In: BFuP, S. 417–440.

Jaskolski, Torsten (2013): Akquisitionsmethode und Bewertung immaterieller Vermögenswerte nach IFRS 3 unter besonderer Berücksichtigung von Tax Amortization Benefits. Eine interdisziplinäre und gesamtheitliche Betrachtung des Tax Amortization Benefit. Wiesbaden.

Johnson, L. Todd/Petrone, R. Kimberley (1998): Is Goodwill an Asset? In: Accounting Horizons, S. 293–303.

Joppich, Brigitte/Nestler, Anke (2003): Die Lizenzanalogie bei Markenverletzungen auf dem Prüfstand. Rechtliche Anforderungen und betriebswirtschaftliche Anwendung. In: WRP, S. 1409–1417.

Kaplan, Robert S./Norton, David P. (2004): Measuring the Strategic Readiness of Intangible Assets. In: Harvard Business Review (February), S. 1–14.

Karamehmedovic, Jasna (2008): Attrition Analysis: Estimating the Remaining Useful Life of the Customer Relationships Intangible Asset. In: Insights, S. 56–59.

Kasperzak, Rainer/Kalantary, Ashkan (2011): Objektivierung des Prognosezeitraums bei der Fair-Value-Bewertung immaterieller Vermögenswerte – Teil 1. In: WPg, S. 1114–1119.

Kasperzak, Rainer/Kalantary, Ashkan (2011a): Objektivierung des Prognosezeitraums bei der Fair-Value-Bewertung immaterieller Vermögenswerte - Teil 2. In: WPg, S. 1171–1178.

Kasperzak, Rainer/Nestler, Anke (2010): Bewertung von immateriellem Vermögen. Anlässe, Methoden und Gestaltungsmöglichkeiten. Weinheim.

Kasperzak, Rainer/Nestler, Anke (2007): Zur Berücksichtigung des Tax Amortisation Benefit bei der Fair Value-Ermittlung immaterieller Vermögenswerte nach IFRS 3. Ist eine pauschale Anwendung des AICPA Practice Aid sachgerecht? In: DB, S. 473–478.

Kern, Christian/Mölls, Sascha H. (2010): Ableitung CAPM-basierter Betafaktoren aus einer Peer-group-Analyse. Eine kritische Betrachtung alternativer Verfahrensweisen. In: CFB, S. 440–448.

Khoury, Sam (2001): Valuing Intangibles? Consider the Technology Factor Method. In: Les Nouvelles, S. 87–90.

Khoury, Sam/Daniele Joe/Gemeraad, Paul (2001): Selection and Application of Intellectual Property Valuation Methods in Portfolio Management and Value Extraction. In: Les Nouvelles, S. 77–86.

Khoury, Sam/Lukeman, D. Scott (2002): Valuation Of BioPharm Intellectual Property. Focus On Research Tools And Platform Technology. In: Les Nouvelles, S. 48–53.

Kidder, Doug/Mody, Nisha (2003): Are Patents Really Options. In: Les Nouvelles, S. 190–192.

Kienzle, Daniel (2006): Bilanzierung und Bewertung des Goodwills nach internationalen Rechnungslegungsstandards. Bremen.

King, Alfred M. (2010): Fair Value Concepts. In: Catty, James P. (Hrsg.): Guide to fair value under IFRS. Hoboken, S. 1–17.

Kirsch, Hans-Jürgen/Dettenrieder, Dominik/Ewelt-Knauer, Corinna/Köhling, Kathrin (2015): Ausmaß der Fair Value-Bewertung. Eine deskriptive Analyse der Unternehmen des DAX 30. In: BFuP, S. 1–20.

Kirsch, Hans-Jürgen/Engelke, Frederik/Faber, Marcel (2016): Aufteilung eines Geschäfts- oder Firmenwertes auf Geschäftsfelder. Implikationen für die Folgebewertung gemäß DRS 23. In: WPg, S. 1008–1014.

Klamar, Nils/Linning, Lukas (2016): Ermittlung der verbleibenden Nutzungsdauer von Kundenbeziehungen im Rahmen einer Kaufpreisallokation. In: KoR, S. 223–229.

Klingels, Bernd (2005): Die cash generating unit nach IAS 36 im IFRS-Jahresabschluss, Berlin.

Klingels, Bernd (2006): Der Impairment-Test einer geschäftswerttragenden Cash Generating Unit. Eine Fallstudie über Wertveränderungen aufgrund der Zuordnung des Geschäfts- oder Firmenwertes. In: KoR, S. 276–282.

Kniest, Wolfgang (2005): Quasi-risikolose Zinssätze in der Unternehmensbewertung. In: BWP, S. 9–12.

Kniest, Wolfgang (2010): Income Approach: Discounting Method. In: Catty, James P. (Hrsg.): Guide to fair value under IFRS. Hoboken, S. 65–81.

Koch, Matthias/Simon, Jürg (2014): Recht. In: Vögele, Alexander (Hrsg.): Geistiges Eigentum – Intellectual Property. München, S. 1–74.

Kossovsky, Nir/Arrow, Alex (2000): TRRU Metrics: Measuring the Value and Risk of Intangible Assets. In: Les Nouvelles, S. 139–142.

KPMG (2009): Immaterielle Vermögenswerte und Goodwill in Unternehmenszusammenschlüssen. Analysiert nach Branchen. München.

KPMG International (2012): Profitability and royalty rates across industries: Some preliminary evidence.

Kramer, Michael (2010): Ermessensspielräume bei der Fair-Value-Ermittlung immaterieller Vermögenswerte. Eine empirische Analyse. Wiesbaden.

Krolle, Sigrid/Schwetzler, Bernhard (Hrsg.) (2005): Multiplikatorverfahren in der Unternehmensbewertung. Anwendungsbereiche, Problemfälle, Lösungsalternativen. Stuttgart.

Kümpel, Katharina/Oldewurthel, Christoph/Wolz, Matthias (2012): Der Fair Value in den IFRS. Das Problem einer systeminhärenten Sackgasse. In: PiR, S. 103–109.

Kümpel, Thomas/Klopper, Tanja (2014a): Goodwill Impairment-Test nach IFRS. Eine Analyse des DAX30 (Teil1). In: KoR, S. 125–129.

Kümpel, Thomas/Klopper, Tanja (2014b): Goodwill Impairment-Test nach IFRS. Eine Analyse des DAX30 (Teil2). In: KoR, 177-185.

Kümpel, Thomas/Pollmann, René (2015): Bedeutung des Goodwill als Bilanzposition. Fortführung des Goodwill-Impairment-Test auf Ebene von Cash-Generating-Units. In: Der Betriebswirt, S. 20–27.

Kümpel, Thomas/Sander, Sarah (2012): Unternehmenszusammenschlüsse und Goodwill. Der Publizitätsindex im DAX 30. In: DStR, S. 2029–2034.

Kunowski, Stefan (2012): Bewertungen im Rahmen von Unternehmensübernahmen für Zwecke der Rechnungslegung nach IFRS 3 (Purchase Price Allocation). In: Peemöller, Volker H. (Hrsg.): Praxishandbuch der Unternehmensbewertung. 5. Aufl. Herne, S. 727–740.

Küting, Karlheinz (2012): Der Geschäfts- oder Firmenwert in der deutschen Konsolidierungspraxis 2011. In: DStR, S. 1932–1939.

Küting, Karlheinz (2011): Der Geschäfts- oder Firmenwert in der deutschen Konsolidierungspraxis 2010. In: DStR, S. 1676–1683.

Küting, Karlheinz (2010): Der Geschäfts- oder Firmenwert in der deutschen Konsolidierungspraxis 2009. In: DStR, S. 1855–1862.

Küting, Karlheinz (2009): Der Geschäfts- oder Firmenwert in der deutschen Konsolidierungspraxis 2008. In: DStR, S. 1863–1870.

Küting, Karlheinz (2008): Der Geschäfts- oder Firmenwert in der deutschen Konsolidierungspraxis 2007. In: DStR, S. 1795–1802.

Küting, Karlheinz (2007): Der Geschäfts- oder Firmenwert in der deutschen Konsolidierungspraxis 2006. In: DStR, S. 2025–2031.

Küting, Karlheinz (2006): Der Geschäfts- oder Firmenwert in der deutschen Konsolidierungspraxis 2005. In: DStR, S. 1665–1671.

Küting, Karlheinz (1997): Der Geschäfts- oder Firmenwert aus der Kapitalkonsolidierung. Eine Bestandsaufnahme in Theorie und Praxis. In: Kropff, Bruno/Forster, Karl-Heinz/Grunewald, Barbara/Lutter, Marcus/Semler, Johannes (Hrsg.): Aktien- und Bilanzrecht. Festschrift für Bruno Kropff. Düsseldorf, S. 445–471.

Küting, Karlheinz/Cassel, Jochen (2012): Zur Hierarchie der Unternehmensbewertungsverfahren bei der Fair Value-Bewertung. In: KoR, S. 322–328.

Küting, Karlheinz/Ellmann, David (2008): Immaterielles Vermögen. In: Küting, Karlheinz/Pfitzer, Norbert/Weber, Claus-Peter (Hrsg.): Das neue deutsche Bilanzrecht. Handbuch für den Übergang auf die Rechnungslegung nach dem Bilanzrechtsmodernisierungsgesetz (BilMoG). Stuttgart, S. 243–276.

Küting, Karlheinz/Lauer, Peter (2012): Die Fair Value-Bewertung von Schulden nach IFRS 13. Anwendungsbereich, Konzeption und Probleme einer mitunter paradoxen Bewertung. In: KoR, S. 275–283.

Küting, Karlheinz/Metz, Christian (2012): Variable Kaufpreisvereinbarungen bei Unternehmenszusammenschlüssen nach IFRS 3. Gestaltungsformen und Abgrenzungsfragen. In: KoR, S. 394–403.

Küting, Karlheinz/Weber, Claus-Peter/Wirth, Johannes (2008): Die Goodwillbilanzierung im finalisierten Business Combinations Project Phase II. Erstkonsolidierung, Werthaltigkeitstest und Endkonsolidierung. In: KoR, S. 139–152.

Küting, Karlheinz/Weber, Claus-Peter/Wirth, Johannes (2001): Die neue Goodwillbilanzierung nach SFAS 142. Ist der Weg frei für eine neue Akquisitionswelle? In: KoR, S. 185–198.

Küting, Karlheinz/Wirth, Johannes (2006): Bilanzierung eines negativen Unterschiedsbetrags nach IFRS 3 und die Bedeutung der Erfassung von Eventualschulden in der Kaufpreisallokation. In: IRZ, S. 143–151.

Küting, Karlheinz/Wirth, Johannes (2004): Bilanzierung von Unternehmenszusammenschlüssen nach IFRS 3. In: KoR, S. 167–177.

Lagarden, Martin (2015): Praktische Umsetzung der Markenbewertung. In: Willmanns, Jobst/Menninger, Jutta/Lagarden, Martin (Hrsg.): Marken in multinationalen Unternehmen. Verrechnungspreisaspekte aus dem Blickwinkel des nationalen und internationalen Steuerrechts. Berlin, S. 46–77.

Leibfried, Peter/Fassnacht, Andreas (2007): Unternehmenserwerb und Kaufpreisallokation. Eine Fallstudie zur Anwendung von IFRS 3 und IAS 38. In: KoR, S. 48–56.

Licensing Executive Society (LES 2012): Global BioPharmaceutical Royalty Rates & Deal Terms Survey. Hrsg. v. Licensing Executives Society (U.S.A. and Canada), Inc. (LES) und Licensing Executive Society International (LESI). Online verfügbar unter http://www.lesusacanada.org/docs/surveys/2012-royalty-rates-survey.pdf?sfvrsn = 0 (Abruf am 17.12.2012).

Lienau, Achim/Zülch, Henning (2006): Die Ermittlung des Value in Use nach IFRS. Eine Betrachtung der Einflussfaktoren des Value in Use vor dem Hintergrund der Vermittlung entscheidungsnützlicher Abschlussinformationen. In: KoR, S. 319–329.

Löhnert, Peter G./Böckmann, Ulrich J. (2012): Multiplikatorverfahren in der Unternehmensbewertung. In: Peemöller, Volker H. (Hrsg.): Praxishandbuch der Unternehmensbewertung. 5. Aufl. Herne, S. 679–701.

Lopatta, Kerstin (2006): Goodwillbilanzierung und Informationsvermittlung nach internationalen Rechnungslegungsstandards. Business Combinations (IFRS, US-GAAP), Kaufpreisallokation, Impairment Test, Konvergenzbestrebungen. Wiesbaden.

Lorson, Peter (2016): Zum Mythos der konzeptionellen Überlegenheit des Impairment-only-Ansatzes. Erwiderung und Replik zu Haaker, DB 2015, S. 1918. In: DB, S. 906–909.

Lu, Jiaqing »Jack« (2010): Does Upfront Payments Reduce Running Royalty Rates. Theoretical Perspectives and Empirical Analysis. In: Les Nouvelles, S. 160–165.

Lüdenbach, Norbert/Prusaczyk, Peter (2004a): Bilanzierung von Kundenbeziehungen in der Abgrenzung zu Marken und Goodwill. In: KoR, S. 204–214.

Lüdenbach, Norbert/Prusaczyk, Peter (2004b): Bilanzierung von »In-Process Research and Development« beim Unternehmenserwerb nach IFRS und US-GAAP. In: KoR, S. 415–422.

Mackenstedt, Andreas/Fladung, Hans-Dieter/Himmel, Holger (2006): Ausgewählte Aspekte bei der Bestimmung beizulegender Zeitwerte nach IFRS 3. Anmerkungen zu IDW RS HFA 16. In: WPg, S. 1037–1048.

Mandl, Gerwald/Rabel, Klaus (1997): Unternehmensbewertung. Eine praxisorientierte Einführung. Wien.

Mard, Michael J./Hitchner, James R./Hyden, Steven D. (2011): Valuation for financial reporting. Fair Value, Business Combinations, Intangible Assets, Goodwill, and Impairment Analysis. 3. Aufl. Hoboken.

Marmann, Jochen (2008): Ansätze zur Erklärung des Unternehmenswerts durch immaterielle Werte: Dissertation Universität Chemnitz.

Matschke, Manfred Jürgen/Brösel, Gerrit (2007): Unternehmensbewertung. Funktionen – Methoden – Grundsätze. 3. Aufl. Wiesbaden.

Meitner, Matthias/Streitferdt, Felix (2012): Die Bestimmung des Betafaktors. In: Peemöller, Volker H. (Hrsg.): Praxishandbuch der Unternehmensbewertung. 5. Aufl. Herne, S. 511–575.

Menninger, Jutta (2015): Auswahl geeigneter Bewertungsverfahren und -methoden. In: Willmanns, Jobst/Menninger, Jutta/Lagarden, Martin (Hrsg.): Marken in multinationalen Unternehmen. Verrechnungspreisaspekte aus dem Blickwinkel des nationalen und internationalen Steuerrechts. Berlin, S. 34–45.

Menninger, Jutta (2012): Bewertung immaterieller Vermögenswerte. In: Peemöller, Volker H. (Hrsg.): Praxishandbuch der Unternehmensbewertung. 5. Aufl. Herne, S. 909–929.

Menninger, Jutta/Reiter, Nicoletta/Sattler, Henrik/Högl, Siegfried/Klepper, Dominik (2012): Markenstudie 2012.

Menninger, Jutta/Wurzer, Alexander J. (2014): Bewertungsstandards für Patente und Marken. Kommentare zu DIN 77100, DIN ISO 10668, IDW S5 und IVS 210. Weinheim.

Möller, Klaus/Gamerschlag, Ramin (2009): Immaterielle Vermögenswerte in der Unternehmenssteuerung. Betriebswirtschaftliche Perspektiven und Herausforderungen. In: Möller, Klaus/Piwinger, Manfred/Zerfaß, Ansgar (Hrsg.): Immaterielle Vermögenswerte. Bewertung, Berichterstattung und Kommunikation. Stuttgart, S. 3–21.

Moser, Ulrich (2017): Bewertung immaterieller Vermögenswerte. In: Kranebitter, Gottwald/Maier, David (Hrsg.): Unternehmensbewertung für Praktiker. 3. Aufl. Wien, S. 499–544.

Moser, Ulrich (2014): Wertorientiertes Innovations- und Wissensmanagement. In: Mohnkopf, Hermann/Moser, Ulrich (Hrsg.): Wissensmanagement für Schutzrechte und ihre Bewertung. Wissen entlang der Wertschöpfungskette praktisch nutzbar machen. Berlin, Heidelberg, S. 143–266.

Moser, Ulrich (2013): Bewertung immaterieller Vermögenswerte. In: Schmeisser, Wilhelm/Krimphove, Dieter/Hentschel, Claudia/Hartmann, Matthias (Hrsg.): Handbuch Innovationsmanagement. Konstanz, München, S. 345–404.

Moser, Ulrich (2013a): Bewertung immaterieller Vermögenswerte Teil 1 – Grundlagen der Goodwill-Analyse. In: CFB, S. 285–296.

Moser, Ulrich (2013b): Bewertung immaterieller Vermögenswerte Teil 2 – Anwendung der Goodwill-Analyse. In: CFB, S. 355–373.

Moser, Ulrich (2012): Beurteilung der Plausibilität des Goodwill – ein Praxisfall. In: BWP (1), S. 15–27.

Moser, Ulrich (2011): Bewertung Immaterieller Vermögenswerte. Grundlagen, Anwendung, Bilanzierung und Goodwill. Stuttgart.

Moser, Ulrich (2010a): Anwendungsfragen der Multi-Period Excess Earnings Method – Teil 5. Berücksichtigung der Abschmelzung des Kundenstamms während dessen Nutzungsdauer. In: BWP (1), S. 20–28.

Moser, Ulrich (2010b): Varianten der Contributory Asset Charges bei der Multi-Period Excess Earnings-Method. In: BWP (4), S. 20–22.

Moser, Ulrich (2009a): Anwendungsfragen der Multi-Period Excess Earnings Method – Teil 3. Grundlagen der Bestimmung der Contributory Asset Charges als Leasing-Zahlung. In: BWP (3), S. 8–20.

Moser, Ulrich (2009b): Anwendungsfragen der Multi-Period Excess Earnings Method – Teil 4. Vorgehensweise in der Praxis zur Bestimmung der Contributory Asset Charges auf Sachanlagen. In: BWP (4), S. 24–35.

Moser, Ulrich (2009c): Einzelfragen zur Kaufpreisallokation. Beurteilung der Plausibilität des Goodwill. In: BWP (1), S. 24–33.

Moser, Ulrich (2008a): Anwendungsfragen der Multi-Period Excess Earnings Method – Teil 1. Grundlagen. In: BWP (3), S. 8–19.

Moser, Ulrich (2008b): Anwendungsfragen der Multi-Period Excess Earning Method – Teil 2. Ableitung der Excess Earnings. In: BWP (4), S. 10–18.

Moser, Ulrich (2008c): Bestimmungsgrößen des Goodwill. Untersuchung des Einflusses zukünftiger immaterieller Werte. In: FB, S. 788–803.

Moser, Ulrich (2008d): Plausibilisierung des Goodwills im Rahmen einer Kaufpreisallokation nach IFRS 3 durch zukünftige immaterielle Vermögenswerte. In: FB 10, S. 732–746.

Moser, Ulrich (2005): Anhang zu Kapitel 4. In: Auge-Dickhut, Stefanie/Moser, Ulrich/Widmann, Bernd (Hrsg.): Praxis der Unternehmensbewertung, München, Stand Dezember 2005.

Moser, Ulrich (2002): Behandlung der Reinvestitionen bei der Ermittlung des Terminal Value. In: Betriebswirtschaft special. Betriebsberater für Unternehmensbewertung. BB-Beilage zu Heft 38, S. 17–23.

Moser, Ulrich (1999): Discounted Cash-Flow-Methode auf der Basis von Free Cash-Flows. Berücksichtigung der Besteuerung. In: FB, S. 117–123.

Moser, Ulrich/Auge-Dickhut, Stefanie (2003a): Unternehmensbewertung. Der Informationsgehalt von Marktpreisabschätzungen auf Basis von Vergleichsverfahren. In: FB, S. 10–22.

Moser, Ulrich/Auge-Dickhut, Stefanie (2003b): Unternehmensbewertung. Zusammenhang zwischen Vergleichs- und DCF-Verfahren. In: FB, S. 213–223.

Moser, Ulrich/Goddar, Heinz (2011): Traditional valuation methods: cost, market and income approach. In: Munari, Federico/Oriani, Raffaele (Hrsg.): The economic valuation of patents. Methods and applications. Cheltenham, Northampton, S. 109–140.

Moser, Ulrich/Goddar, Heinz (2010): Patents. In: Catty, James P. (Hrsg.): Guide to fair value under IFRS. Hoboken, S. 391–408.

Moser, Ulrich/Goddar, Heinz (2009): Fundamental Principles in the Valuation of Intangible Assets, Taking the Valuation of Technologies Protected by Patents as Examples. In: Schmeisser, Wilhelm/Mohnkopf, Hermann/Hartmann, Matthias/Metze, Gerhard (Hrsg.): Innovation performance accounting. Financing Decisions and Risk Assessment of Innovation Processes. Berlin, Heidelberg, S. 113–166.

Moser, Ulrich/Goddar, Heinz (2008): Grundlagen der Bewertung immaterieller Vermögenswerte. In: Schmeisser, Wilhelm/Mohnkopf, Hermann/Hartmann, Matthias/Metze, Gerhard (Hrsg.): Innovationserfolgsrechnung. Innovationsmanagement und Schutzrechtsbewertung, Technologieportfolio, Target-Costing, Investitionskalküle und Bilanzierung von FuE-Aktivitäten. Berlin, Heidelberg, S. 121–179.

Moser, Ulrich/Goddar, Heinz (2007): Grundlagen der Bewertung immaterieller Vermögenswerte am Beispiel der Bewertung patentgeschützter Technologien. Praktische Anwendung der wichtigsten Bewertungsmethoden (Fallbeispiel). In: FB, S. 594–609; 655–666.

Moser, Ulrich/Hüttche, Tobias (2013): Allokation des Goodwill auf Zahlungsmittel generierende Einheiten. In: Meckl, Reinhard (Hrsg.): Jahrbuch des Unternehmenskaufs 2013. Düsseldorf, S. 285–305.

Moser, Ulrich/Hüttche, Tobias (2010): Allokation des Goodwill auf Zahlungsmittel generierende Einheiten. In: CFB, S. 519–530.

Moser, Ulrich/Hüttche, Tobias (2009): Begründung der Nutzungsdauer des Goodwill. Überlegungen vor dem Hintergrund des BilMoG. In: FB, S. 393–403.

Moser, Ulrich/Schiezsl, Sven (2001): Unternehmenswertanalyse auf Basis von Simulationsrechnungen am Beispiel eines Biotech-Unternehmens. In: FB, S. 530–541.

Moser, Ulrich/Tesche, Thomas/Hell, Christoph (2017): Analyse des Einkommens eines Unternehmens. Erklärung des EBITA ausgehend von Verzinsung und Veränderung des investierten Kapitals. In: BWP, S. 52–61.

Moser, Ulrich/Tesche, Thomas/Hell, Christoph (2016): Bewertungsgrundsätze der IVS 2017: Entwurf des IVS 104 Bases of Value. In: BWP, S. 89–95.

Moser, Ulrich/Tesche, Thomas/Hell, Christoph (2015a): Analyse des Cost approach. Teil 1: Grundlagen des Cost Approach. In: BWP, S. 98–102.

Moser, Ulrich/Tesche, Thomas/Hell, Christoph (2015b): Analyse des Cost approach. Teil 2: Vergleich des Cost Approach mit dem Income Approach. In: BWP, S. 146–156.

Moxter, Adolf (1991): Grundsätze ordnungsmäßiger Unternehmensbewertung. 2. Aufl. Wiesbaden.

Moxter, A. (1979): Die Geschäftswertbilanzierung in der Rechtsprechung des Bundesfinanzhofs und nach EG-Bilanzrecht. In: BB, S. 741–747.

Mujkanovic, Robin (2010): Die Bilanzierung des derivativen Geschäfts- oder Firmenwerts. In: StuB, S. 167–173.

Mujkanovic, Robin/Roland, Sandra (2012): Goodwill-Bilanzierung nach BilMoG. Rechtsverweigerung durch die Praxis. In: StuB, S. 379–386.

Müller, Stefan/Reinke, Jens (2010): Parameter bei der Bestimmung von Wertminderungen nach IAS 36. Eine empirische Analyse mit Blick auf Angabepflichten und abschlusspolitische Auswirkungen auf der Basis der im DAX, MDAX und SDAX notierten Unternehmen. In: KoR, S. 23–32.

Mun, Johnathan (2002): Real Options Analysis. Hoboken.

Natusch, Ingo (2009): Intellectual Property Rights im Rahmen der Unternehmensfinanzierung. In: FB, S. 438–445.

Nestler, Anke (2016): BDU-Grundsätze ordnungsgemäßer Markenbewertung – welcher »Wertbeitrag« ist für die Bewertungspraxis zu erwarten? In: BB, S. 809–813.

Nestler, Anke (2015): »Übliche Markenlizenzraten« – die Suche nach belastbaren Quellen für einen angemessenen Wert. In: BB, S. 811–815.

Nestler, Anke (2013): Angemessene Lizenzbewertung anhand der Profit-Split-Methode: Was man von der Knoppe-Formel lernen kann. In: BB, S. 2027–2029.

Nestler, Anke (2010): Unpatented Technologies. In: Catty, James P. (Hrsg.): Guide to fair value under IFRS. Hoboken, S. 487–499.

Nestler, Anke (2008): Ermittlung von Lizenzentgelten. In: BB, S. 2002–2006.

Nestler, Anke/Hunkemöller, Manfred (2009): Der Wert der Marke in der Insolvenzpraxis. In: ZInsO, S. 2233–2235.

Nestler, Anke/Schaflitzl, Andreas (2011): Praktische Anwendungsfragen für die Bewertung bei Funktionsverlagerungen nach dem neuen BMF-Schreiben. In: BB (4), S. 235–240.

Neuburger, Benedikt (2005): Die Bewertung von Patenten. Theorie, Praxis und der neue Conjoint-Analyse-Ansatz. Göttingen.

Obermaier, Robert (2009): Fair Value-Bilanzierung nach IFRS auf der Basis von Barwertkalkülen. Ermittlung und Wirkungen kapitalmarktorientierter Basiszinssätze. In: KoR, S. 545–554.

Oser, Peter (2008): Absage an den Impairment-Only-Approach im HGB nach BilMoG. In: DB, S. 361–363.

Oser, Peter/Reichart, Susanne/Wirth, Johannes (2008): Kapitalkonsolidierung. In: Küting, Karlheinz/Pfitzer, Norbert/Weber, Claus-Peter (Hrsg.): Das neue deutsche Bilanzrecht. Handbuch für den Übergang auf die Rechnungslegung nach dem Bilanzrechtsmodernisierungsgesetz (BilMoG). Stuttgart, S. 407–427.

Parr, Russell L. (2007): Royalty rates for licensing intellectual property. Hoboken.

PAS 1070: Grundsätze ordnungsgemäßer Patentbewertung. Initiative »Innovation mit Normen und Standards«. Online verfügbar unter http://www.beuth.de.

Paugam, Luc/André, Paul/Philippe, Henri/Harfouche, Roula (2016): Brand valuation. New York.

Pawelzik, Kai Udo/Dörschell, Andreas (2012): Wertminderungen in Anlagevermögen. In: Heuser, Paul J./Theile, Carsten (Hrsg.): IFRS-Handbuch. Einzel- und Konzernabschluss. 5. Aufl. Köln.

Peemöller, Volker H. (2005a): Der Betafaktor als unternehmensindividuelle Risikovariable. Glossar zu Fachbegriffen aus der Unternehmensbewertung. In: UM, S. 157–160.

Peemöller, Volker H. (2005b): Das Capital Asset Pricing Model. Glossar zu Fachbegriffen aus der Unternehmensbewertung. In: UM, S. 222–224.

Pellens, Bernhard/Amshoff, Holger/Sellhorn, Thorsten (2008): IFRS 3 (rev. 2008). Einheitstheorie in der M&A-Bilanzierung. In: BB, S. 602–606.

Perdue, Glenn (2013): Patent Valuation Standards In The United States. Applying Existing Standards And Terminology To A Developing Field Of Practice. In: Les Nouvelles, S. 130–136.

Perridon, Louis/Steiner, Manfred (2007): Finanzwirtschaft der Unternehmung. 14. Aufl. München.

Pitkethly, Robert (1997): The Valuation of Patents. A review of patent valuation methods with consideration of option based methods and the potential for further research. Oxford.

Poredda, Andreas/Wildschütz, Sabine (2004): Patent Valuation – A Controlled Market Share Approach. In: Les Nouvelles, S. 77–85.

Porter, Michael E. (1992): Wettbewerbsvorteile. Spitzenleistungen erreichen und behaupten. 3. Aufl. Frankfurt a. M.

Porter, Michael E. (2008): Wettbewerbsstrategie. Methoden zur Analyse von Branchen und Konkurrenten. 11. Aufl. Frankfurt a. M.

Pottgießer, Gaby/Velte, Patrick/Weber, Stefan C. (2005): Ermessensspielräume im Rahmen des Impairment-Only-Approach. Eine kritische Analyse zur Folgebewertung des derivativen Geschäfts- oder Firmentwertes (Goodwill) nach IFRS 3 und IAS 36 (rev. 2004). In: DStR, S. 1748–1752.

Preißer, Michael/Bressler, Dominik (2011): Bilanzierungsfragen beim negativen Geschäftswert im Falle des Share Deal. In: BB, S. 427–433.

Pries, Fred/Astebro, Thomas/Obeidi, Amer (2003): Economic Analysis of R & D Projects, Real Options vs. NPV Valuation Revisited. In: Les Nouvelles, S. 184–186.

Purtscher, Victor (2008): Purchase Price Allocation. Ein Überblick über die wesentlichen Grundlagen und Methoden sowie die Vorgehensweise bei der Kaufpreisallokation nach IFRS 3. In: Seicht, Gerhard (Hrsg.): Jahrbuch für Controlling und Rechnungswesen. Wien, S. 107–124.

Rammert, Stefan (2014): Der Kalkulationszinssatz bei der Bewertung von immateriellen Vermögenswerten zum fair value nach IFRS 13. In: Dobler, Michael/Hachmeister, Dirk/Kuhner, Christoph/Rammert, Stefan (Hrsg.): Rechnungslegung, Prüfung und Unternehmensbewertung. Festschrift zum 65. Geburtstag von Professor Dr. Dr. h. c. Wolfgang Ballwieser. Stuttgart, S. 639–663.

Rappaport, Alfred (1995): Shareholder-Value. Wertsteigerung als Maßstab für die Unternehmensführung. Stuttgart.

Razgaitis, Richard (1999): Valuation and Pricing of Technology-Based Intellectual Property. Hoboken.

Reilly, Robert F. (2016): Consider Market Approach Intellectual Property Valuation Methods. In: quickreadbuzz (2016/01/27).

Reilly, Robert F. (2015): Technology Intangible Asset Valuation Procedures. In: Les Nouvelles (March), S. 1–10.

Reilly, Robert F. (2013): Due Diligence Procedures for Intangible Asset Economic Damages. In: The Value Examiner (January/February), S. 7–11.

Reilly, Robert F./Schweihs, Robert P. (1999): Valuing intangible assets. New York.

Reimsbach, Daniel (2011): Der Kapitalisierungszinssatz bei der Fair Value-Ermittlung von immateriellen Vermögenswerten. WACC versus WARA. In: KoR, S. 230–235.

Reitzig, Markus (2002): Die Bewertung von Patentrechten. Eine theoretische und empirische Analyse aus Unternehmenssicht. Wiesbaden.

Richter, Frank (2013): Highest and best-use-Annahme nach IFRS 13. Der Fall – die Lösung. In: IRZ, S. 88 ff.

Rogler, Silvia/Schmidt, Marco/Tettenborn, Martin (2014): Ansatz immaterieller Vermögenswerte bei Unternehmenszusammenschlüssen. Diskussion bestehender Probleme anhand eines Fallbeispiels. In: KoR, S. 577–585.

Rogler, Silvia/Straub, Sandro Veit/Tettenborn, Martin (2012): Bedeutung des Goodwill in der Bilanzierungspraxis deutscher Kapitalmarktorientierter Unternehmen. In: KoR, S. 343–351.

Rohleder, Stephan/Tettenborn, Martin (2015): Zum aktuellen Diskussionsstand der Goodwill-Folgebilanzierung. Eine (Kompromiss-)Lösung in Sicht? In: PiR, S. 309–314.

Rohleder, Stephan/Tettenborn, Martin/Straub, Sandro (2014): Index- und branchenbezogene Bedeutung identifizierbarer immaterieller Vermögenswerte. Eine deskriptive Analyse deutscher Indexunternehmen von 2010 bis 2012. In: KoR, S. 521–528.

Roth, Christian (2011): Die Bewertung selbsterstellter Software für Veräußerungszwecke in der Bilanz. In: StB, S. 74–79.

Ruffalo, Brandi L. (2010): Customer Relationships. In: Catty, James P. (Hrsg.): Guide to fair value under IFRS. Hoboken, S. 241–253.

Ruhnke, Klaus/Canitz, Ilka (2010): Indikatoren für eine Wertminderung gem. IAS 36. Eine empirische Analyse unter besonderer Berücksichtigung eines die Marktkapitalisierung übersteigenden Buchwerts des Reinvermögens. In: KoR, S. 13–22.

Ruiz de Vargas, Santiago (2012): Bestimmung der historischen Marktrisikoprämie im Rahmen von Unternehmensbewertungen. Arithmetisches oder geometrisches Mittel? In: DB, S. 813–819.

Rüssli, Stefan/Binder, Christof (2015): The useful life of trademarks. In: World Trademark Review (December 2014/Januar 2015), S. 22–25. Online verfügbar unter www.worldtrademarkreview.com.

Ruthardt, Frederik/Hachmeister, Dirk (2016): Unternehmensbewertung für die Erbschaftsteuer in Deutschland und den USA: Gemeiner Wert vs. Fair Market Value. In: DStR, S. 1048–1054.

Ruthardt, Frederik/Hachmeister, Dirk (2014): Unternehmensbewertung in den USA. In: WPg, S. 428–438.

Rzepka, Maximilian/Scholze, Andreas (2012): Bewertungsunsicherheiten bei der Bemessung des beizulegenden Zeitwertes nach IFRS 13. Zur weiteren Diskussion um die Erläuterung quantitativer Auswirkungen von Level-3-Inputparametern im Anhang. In: WPg, S. 1146–1158.

Rzepka, Maximilian/Scholze, Andreas (2010): Die Bewertung kundenorientierter immaterieller Vermögenswerte im Rahmen von IFRS 3. Beurteilung des Entwurfs einer Fortsetzung von IDW S 5. In: KoR, S. 297–306.

Sablatnig, Alexander (2006): Der Firmenwert als Teil des immateriellen Vermögens. Ein Vergleich der nationalen und internationalen Vorschriften. Saarbrücken.

Saidens, Susan (2010): Software and Systems. In: Catty, James P. (Hrsg.): Guide to fair value under IFRS. Hoboken, S. 477–485.

Sattler, Henrik (2005): Markenbewertung: State of the Art. In: Research Papers of Marketing and Retailing, University of Hamburg (No. 27).

Scheren, Michael/Scheren, Thomas (2014): Der Geschäfts- oder Firmenwert nach IFRs. Plädoyer für eine typisierte planmäßige Abschreibung. In: WPg, S. 86–93.

Scheunemann, Marc P./Mandelsloh, Cord Frhr. v./Preuß, Linda (2011): Negativer Kaufpreis beim Unternehmenskauf. Bilanzielle und steuerliche Behandlung. In: DB, S. 201–205.

Schildbach, Thomas (2011): Information des Kapitalmarkts mithilfe der fair value-Statik: »fair is foul and foul is fair«. In: IRZ, S. 71–77.

Schildbach, Thomas (2010): Fair Value. Leitstern für Wege ins Abseits. In: DStR, S. 69–75.

Schildbach, Thomas (2009): Fair-Value-Bilanzierung und Unternehmensbewertung. In: BFuP, S. 371–387.

Schmachtenberg, Frederik/Pfister, Simon/Schäfer, Dirk (2009): Die Bilanzierung von aus defensiven Gründen erworbenen Marken nach IFRS und US-GAAP. Eine kritische Auseinandersetzung mit den Neuregelungen des IFRS 3 (2008) und des SFAS 141 (R). In: KoR, S. 100–112.

Schmalenbach-Gesellschaft (2009): Arbeitskreis »Immaterielle Vermögenswerte im Rechnungswesen« der Schmalenbach-Gesellschaft für Betriebswirtschaft e. V. Immaterielle Werte im Rahmen der Purchase Price Allocation bei Unternehmenszusammenschlüssen nach IFRS – Ein Beitrag zur Best Practice (zfbf Sonderheft 60/09).

Schmalenbach-Gesellschaft (2001): Arbeitskreis »Immaterieller Vermögenswerte im Rechnungswesen« der Schmalenbach-Gesellschaft für Betriebswirtschaft e. V. Kategorisierung und bilanzielle Erfassung immaterieller Werte. In: DB, S. 989–995.

Schulte, Jörn/Franken, Lars/Koelen, Peter/Lehmann, Dominik (2010): Konsequenzen einer (Nicht-) Berücksichtigung von Debt Beta in der Bewertungspraxis. In: BWP (4), S. 13–21.

Schultze, Wolfgang/Hirsch, Cathrin (2005): Unternehmenswertsteigerung durch wertorientiertes Controlling. Goodwill-Bilanzierung in der Unternehmenssteuerung. München.

Sellhorn, Thorsten (2004): Goodwill impairment. An empirical investigation of write-offs under SFAS 142. Frankfurt a. M., New York.

Seppelfricke, Peter (2003): Handbuch Aktien- und Unternehmensbewertung. Bewertungsverfahren, Unternehmensanalyse, Erfolgsprognose. Stuttgart.

Siegrist, Louis/Stucker, Jürg (2007): Die Bewertung von immateriellen Vermögenswerten in der Praxis. Ein Erfahrungsbericht. In: IRZ, S. 239–245.

SIGNO: Standard für das SIGNO-Gutachten Patentwert. SIGNO Projektmanagement. Institut der deutschen Wirtschaft.

Sinclair, Roger (2010): Trademarks and Brands. In: Catty, James P. (Hrsg.): Guide to fair value under IFRS. Hoboken, S. 501–519.

Smith, Gordon V./Parr, Russell L. (2000): Valuation of intellectual property and intangible assets. 3. Aufl. New York.

Smith, Gordon V./Parr, Russell L. (2005): Intellectual property. Valuation, exploitation, and infringement damages. 4. Aufl. Hoboken.

Sommer, Ulrich/Schmitz, Frank/Simon, Marc (2010): Kaufpreisallokation bei Banken. In: KoR, S. 447–454.

Spranger, Hans Christoph (2006): Die Bewertung von Patenten: Dissertation Universität Würzburg.

Stasik, Eric (2010): Royalty rates and Licensing Strategies for Essential Patents on LTE (4G) Telecommunication Standards. In: Les Nouvelles, S. 114–119.

Stegink, Rudolf/Schauten, Marc/Graaff, Gijs de (2007): The discount rate for discounted cash flow valuations of intangible assets. Online verfügbar unter http://papers.ssrn.com/sol3/papers.cfm?-abstract_id = 976350 (Abruf am 13.08.2010).

Stellbrink, Jörn/Brückner, Carsten (2011): Beta Schätzung: Schätzzeitraum und Renditeintervall unter statistischen Gesichtspunkten. In: BWP (3), S. 2–9.

Sullivan, Patrick H./Edvinsson, Leif (1996): A Model for Managing Intellectual Capital. In: Parr, Russell L./ Sullivan, Patrick H. (Hrsg.): Technology licensing. Corporate strategies for maximizing value. New York, S. 35, 249 ff.

Tettenborn, Martin (2015): Abbildung immaterieller Vermögenswerte im Zusammenhang mit Unternehmenszusammenschlüssen. Kritische Würdigung und Weiterentwicklung der betreffenden internationalen Rechnungslegungsvorschriften. Dissertation. Hamburg.

Tettenborn, Martin/Rohleder, Stephan (2016): Der passive Unterschiedsbetrag aus der Kapitalkonsolidierung. In: StuB, S. 418–423.

Tettenborn, Martin/Rohleder, Stephan/Rogler, Silvia (2013): Überdurchschnittliche Goodwillabschreibungen und Managementwechsel. Eine empirische Untersuchung deutscher Indexunternehmen im Zeitraum 2008 bis 2011. In: CFB, S. 33–40.

Tettenborn, Martin/Straub, Sandro/Rogler, Silvia (2013): Bestimmung der Cashflows für im Rahmen von Unternehmenszusammenschlüssen erworbene immaterielle Vermögenswerte. In: IRZ, S. 223–230.

Tettenborn, Martin/Straub, Sandro/Rogler, Silvia (2013a): Bestimmung der Nutzungsdauer für im Rahmen von Unternehmenszusammenschlüssen erworbene immaterielle Vermögenswerte. In: IRZ, S. 185–190.

Tettenborn, Martin/Straub, Sandro/Rogler, Silvia (2012): Bestimmung des Kapitalkostensatzes nach IFRS 13 mithilfe einer Peer-Group-Analyse. In: IRZ, S. 483–487.

Thalke Focken, Elke Maren (2006): Die Bilanzierung des Goodwill nach SFAS 141/142. Eine sinnvolle Konzeption zur Steigerung der Informationsqualität? Frankfurt a. M.

The Appraisal Foundation, TAF (2012): Discussion Draft. The Valuation of Customer-Related Assets. Washington.

The Appraisal Foundation, TAF (2010a): Best Practices for Valuations in Financial Reporting. Intangible Asset working Group – Contributory Assets. »The Identification of Contributory Assets and the Calculation of Economic Rents«; jetzt VFR Valuation Advisory #1. Washington.

The Appraisal Foundation, TAF (2010b): Identification of Contributory Assets and Calculation of Economic Rents. Toolkit, Washington.

The Appraisal Foundation, TAF (2009): Best Practices for Valuations in Financial Reporting. Intangible Asset Working Group. »The Identification of Contributory Assets and the Calculation of Economic Rents«, Exposure Draft. Washington.

The Appraisal Foundation, TAF (2008): Best Practices for Valuation in Financial Reporting. Intangible Asset Working Group. »The Identification of Contributory Assets and the Calculation of Economic Rents«, Exposure Draft. Washington.

Timmreck, Christian (2004): Bestimmung der Eigenkapitalkosten. In: Richter, Frank/Timmreck, Christian (Hrsg.): Unternehmensbewertung. Moderne Instrumente und Lösungsansätze. Stuttgart, S. 61–75.

Tran, Duc Hung (2011): Die Bilanzierung immaterieller Vermögensgegenstände. Normative Erkenntnisse empirischer Befunde. In: KoR, S. 538–542.

Trommsdorff, Volker (2004): Verfahren der Markenbewertung. In: Bruhn, Manfred (Hrsg.): Handbuch Markenartikel. Kompendium zum erfolgreichen Markenmanagement: Strategien – Instrumente – Erfahrungen. 2. Aufl. Wiesbaden, S. 1853–1875.

Ulrich, Nadine (2012): Geistiges Eigentum in Unternehmenserwerb und Veräußerung. Dissertation.

van Wijk, Lex (2001): Measuring the Effectiveness of a Company's Patent Asset. In: Les Nouvelles, S. 25–33.

Varner, Thomas R. (2012): An Economic Perspective On Patent Licensing Structure And Provisions. In: Les Nouvelles, S. 28–36.

Varner, Thomas R. (2010): Technology Royalty Rates in SEC Filings. In: Les Nouvelles, S. 120–127.

Velte, Patrick (2008): Zur Abnutzbarkeit des derivativen Geschäfts- oder Firmenwerts. »Renaissance« der steuerrechtlichen Einheitstheorie? In: StuW, S. 280–287.

Vettinger, Thomas/Hirzel, Christian (2010): Herausforderungen bei der Bestimmung der Kapitalkosten in Einklang mit IFRS 3, IAS 38 und IAS 36. In: IRZ, S. 387–391.

Vögele, Alexander (2014): Transferpakete bei Funktionsverlagerung. In: Vögele, Alexander (Hrsg.): Geistiges Eigentum – Intellectual Property. München, S. 919–936.

Vögele, Alexander/Homont, Philip de/Witt, Wolf/Braukmann, Tom/Pusch, Daniela (2014): Bewertungsmethoden und Quantitative Grundlagen des Geistigen Eigentums. In: Vögele, Alexander (Hrsg.): Geistiges Eigentum – Intellectual Property. München, S. 601–808.

Wagner, Franz W./Schomaker, Helmut (1987): Die Abschreibung des Firmenwertes in Handels- und Steuerbilanz nach der Reform des Bilanzrechts. In: DB, S. 1365–1372.

Watrin, Christoph/Stöver, Rüdiger (2012): Vereinfachung des Goodwill Impairment-Test nach US GAAP. In: KoR, S. 178–186.

Weber, Lynne J./Schwartz, Rick G. (2009): Valuing Contingent Consideration under SFAS 141R, Business Combinations. Issues and Implications for CFOs and the Transaction Team. In: Business Valuation Review, S. 59–66.

Weber, Claus-Peter/Wirth, Johannes (2002): Immaterielle Vermögenswerte in der US-amerikanischen Konzernrechnungslegung nach SFAS 141/142. In: Küting, Karlheinz/Weber, Claus-Peter (Hrsg.): Vom financial accounting zum business reporting. Kapitalmarktorientierte Rechnungslegung und integrierte Unternehmensteuerung. Stuttgart, S. 43–69.

Welling, Marion/Lewang, Katja (2011): Die bilanzielle Behandlung des passiven Unterschiedsbetrags nach BilMoG. In: DB, S. 2737.

Wiederhold, Gio (2007): What is Your Software Worth? Stanford University. 11.08.2013.

Wiederhold, Gio (2006): What is Your Software Worth? In: Communications of the ACM (9), S. 65–75.

Wiederhold, Gio (2005): What is Your Software Worth? Stanford University. 31.05.2013.

Wirth, Johannes (2005): Firmenwertbilanzierung nach IFRS. Unternehmenszusammenschlüsse, Werthaltigkeitstest, Endkonsolidierung. Stuttgart.

Wöhe, Günter (1980): Zur Bilanzierung und Bewertung des Firmenwertes. In: StuW, S. 89–108.

Wolf, Klaus (2004): Value Reporting – Grundlagen und praktische Umsetzung. In: UM, S. 420–425.

Woodward, Caroline (2002): Valuation of Intellectual Property. In: Wild, Joff (Hrsg.): Building and enforcing intellectual property value. An international guide for the boardroom. London, S. 48–51.

Wulf, Inge (2009): Bilanzierung des Goodwill nach IFRS 3 und IAS 36. Eine Fallstudie unter Berücksichtigung bilanzpolitischer Gestaltungsmöglichkeiten beim Goodwill-Impairment. In: KoR, S. 729–736.

Wulf, Inge/Hartmann, Haucke-Frederik (2013): Goodwill-Bilanzierung der DAX30-Unternehmen im Kontext der Finanzkrise. Eine empirische Analyse zu Entwicklung und Impairment von Goodwill in den Jahren 2007–2011. In: KoR, S. 590–598.

Wünsch, Martin (2009): Die indikative Kaufpreisallokation bei der Bilanzierung von Business Combinations nach IFRS 3. Bedeutung, Funktionen und Methoden der »Pre-Deal PPA«: Dissertation Handelshochschule Leipzig.

Wurzer, Alexander J./Reinhardt, Dieter F. (2006): Bewertung technischer Schutzrechte. Praxis der Patentbewertung. Köln, München.

Zeidler, Gernot W./Tschöpel, Andreas/Bertram, Ingo (2012): Kapitalkosten in Zeiten der Finanz- und Schuldenkrise. Überlegungen zu empirischen Kapitalmarktparametern in Unternehmensbewertungskalkülen. In: CFB, S. 70–80.

Zelger, Hansjörg (2014): Purchase Price Allocation nach IFRS und HGB. In: Ballwieser, Wolfgang/Beyer, Sven/Zelger, Hansjörg (Hrsg.): Unternehmenskauf nach IFRS und HGB. Purchase Price Allocation, Goodwill und Impairment-Test. 3. Aufl. Stuttgart, S. 139–186.

Zimmermann, Jochen (2002): Widersprüchliche Signale des DSR zur Goodwillbilanzierung. In: DB, S. 385–390.

Zülch, Henning (2016): Der Badwill. Eine unterschätzte Größe in der deutschen Bilanzierungspraxis. In: KoR, 313 f.

Zülch, Henning/Erdmann, Mark-Ken/Gebhardt, Ronny (2008): Goodwill – Erwerbsmethode und Impairmenttest. In: Freidank, Carl-Christian/Peemöller, Volker H. (Hrsg.): Corporate Governance und interne Revision. Handbuch für die Neuausrichtung des Internal Auditings. Berlin, S. 385–406.

Zülch, Henning/Hendler, Matthias (2009): Bilanzierung nach International Financial Reporting Standards (IFRS). Weinheim.

Zülch, Henning/Siggelkow, Lena (2010): Der Impairment-Test gemäß IAS 36: Problembereiche und Implikationen der Wirtschaftskrise. In: IRZ, S. 29–35.

Zülch, Henning/Stork genannt Wersborg, Tobias/Detzen, Dominic (2015): Plausibilisierung einer Kaufpreisallokation nach IFRS 3 – Theoretische Grundlagen und Fallbeispiel. In: BFuP, S. 300–327.

Zwirner, Christian/Boecker, Corinna (2014): Fair Value Measurement nach IFRS 13. IDW RS HFA 47 zu Einzelfragen der Fair Value-Ermittlung. In: IRZ, S. 50–53.

Zwirner, Christian/Busch, Julia/Mugler, Jörg (2012): Kaufpreisallokation und Impairment-Test. Eine Fallstudie zur Wertermittlung und Werthaltigkeitsprüfung beim Unternehmenserwerb. In: KoR, S. 425–431.

Zwirner, Christian/Mugler, Jörg (2011): Werthaltigkeitsprüfung des Geschäfts- und Firmenwerts nach IAS 36. Anmerkungen zur Nutzungswertbestimmung und Praxisbefunde zur Zinssatzermittlung. In: KoR, S. 445–448.

Stichwortverzeichnis